Markus Hofbauer

Die mangelhafte Reise

Das Gewährleistungssystem des Reisevertragsrechts
aus der Sicht des Reisenden und unter Zugrundelegung des Reisecharakters
für eine einzelfallbezogene Ermittlung und Beurteilung der Mangelhaftigkeit

Markus Hofbauer, Jahrgang 1974, studierte von 1996 bis 2000 Rechtswissenschaften an der Universität Würzburg. Im Anschluss Referendariat im OLG-Bezirk Bamberg, Zweites Staatsexamen bestanden im November 2002. Danach Zulassung als Rechtsanwalt, daneben weiterhin Assistententätigkeit an der Universität Würzburg bis Ende 2005. Anwaltliche Berufsausübung in Selbständigkeit, als freier Mitarbeiter und zuletzt als angestellter Rechtsanwalt. Einreichung der vorliegenden Dissertation Januar 2007. Seit September 2007 Angestellter eines Versicherungsunternehmens in München.

Markus Hofbauer

DIE MANGELHAFTE REISE

Das Gewährleistungssystem des Reisevertragsrechts
aus der Sicht des Reisenden und unter Zugrundelegung des Reisecharakters
für eine einzelfallbezogene Ermittlung und Beurteilung der Mangelhaftigkeit

ibidem-Verlag
Stuttgart

Bibliografische Information der Deutschen Nationalbibliothek
Die Deutsche Nationalbibliothek verzeichnet diese Publikation in der Deutschen Nationalbibliografie; detaillierte bibliografische Daten sind im Internet über http://dnb.d-nb.de abrufbar.

Bibliographic information published by the Deutsche Nationalbibliothek
Die Deutsche Nationalbibliothek lists this publication in the Deutsche Nationalbibliografie; detailed bibliographic data are available in the Internet at http://dnb.d-nb.de.

zugleich: Dissertation, Universität Würzburg, 2007
Erstgutachter: Prof. Dr. iur. utr. Hubert Drüppel
Tag der mündlichen Prüfung 27.06.2007

∞

Gedruckt auf alterungsbeständigem, säurefreien Papier
Printed on acid-free paper

ISBN-10: 3-8382-0004-7

ISBN-13: 978-3-8382-0004-0

Printed in Germany

Ob wenig oder viel, sei zufrieden,
dann hörst Du keinen Vorwurf in der Fremde.
Schlimm ist ein Leben von einem Haus zum andern;
wo Du fremd bist, darfst Du den Mund nicht auftun.

(Sir 29,23-24)

Inhaltsübersicht

Inhaltsverzeichnis

Literaturverzeichnis

Asendorf, Dieter: Das Reiserecht im Lichte des Wettbewerbsrechts, RRa 1995, 198 (Teil 1) u. 218 (Teil 2).

Bamberger, Heinz Georg / Roth, Herbert: Kommentar zum Bürgerlichen Gesetzbuch, Bd. 2, §§ 611 - 1296, ErbbauVO, WEG, München 2003
(zitiert: *Bearbeiter*, in: *Bamberger/Roth*).

Bartl, Harald: Reiserecht, Bonn 1979 (zitiert: *Bartl*, Reiserecht).

Bartl, Harald: Reiserecht, 2. Auflage, Bonn 1981 (zitiert: *Bartl*, Reiserecht 2. Aufl.).

Baranowski, Uwe: Die Gastwirtshaftung des Reiseveranstalters, RRa 1994, 146.

Baumbach, Adolf: Zivilprozessordnung - Kommentar, 64. Auflage, München 2006
(zitiert: *Baumbach/Bearbeiter*).

Baumbach, Adolf / Hopt, Klaus: Handelsgesetzbuch, 32. Auflage, München 2006
(zitiert: *Baumbach/Hopt*, HGB).

Bechhofer, Jack: Reisevertragsrecht, München 1995 (zitiert: *Bechhofer*).

Bendref, Bernd: Die Berechnung der Entschädigung wegen vertaner Urlaubszeit, Aufsatz, in: NJW 1986, 1721.

Bernreuther, Jörg: Die Pauschalreise, Dissertation, Bayreuth 1981 (zitiert: *Bernreuther*).

Bidinger, Helmuth: Reisevertragsgesetz Kommentar, Berlin 1985 (zitiert: *Bidinger*).

Bidinger, Rita / Müller, Ralph: Der Reisekatalog – ein Vertragsangebot des Veranstalters?, RRa 1993, 49.

Bidinger, Helmuth / Müller, Ralph: Zur Rechtslage bei Reisen mit Erlebnischarakter, RRa 1994, 198.

Bidinger, Rita / Müller, Ralph: Reisevertragsrecht, Kommentar zu den §§ 651a - 651l BGB, 2. Auflage, Berlin 1995 (zitiert: *Bidinger/Müller*).

Bidinger, Rita / Bidinger-Müller, Ralph: Der Anwendungsbereich des Reisevertragsrechts de lege lata und de lege ferenda, in: DGfR (Hrsg.), Zur Notwendigkeit einer weiteren Reiserechts-Novelle, Baden-Baden 2000, S. 39-53.

Blaurock, Uwe / Wagner, Christoph: Der Anspruch auf Schadensersatz wegen Nichterfüllung im Reisevertragsrecht, Jura 1985, 169.

Bociniak, Hans-Jürgen: Schadensersatzansprüche gegen den Reiseveranstalter wegen Personen- und Sachschäden, VersR 1998, 1076.

Brender, Dieter: Das reisevertragliche Gewährleistungsrecht und sein Verhältnis zum allgemeinen Recht der Leistungsstörungen, Frankfurt a.M. 1985 (zugl. Diss. Heidelberg 1984) (zitiert: *Brender*).

Brennecke, Carsten: Höhere Gewalt im Reisevertragsrecht, Dissertation, Köln 2003
(zitiert: *Brennecke*).

Brox, Hans / Walker, Wolf-Dietrich: Besonderes Schuldrecht, 31. Auflage, München 2006
(zitiert: *Brox/Walker*).

Brüning, Mirja: Zum Begriff der Pauschalreise und des Reiseveranstalters, RRa 2005, 199.

Coester-Waltjen, Dagmar: Die Rechte des Reisenden bei mangelhaften Leistungen im Reisevertragsrecht, Jura 1995, 329.

Degott, Paul: Plädoyer für eine erweiterte Legaldefinition des Begriffes „Reiseveranstalter“, in: DGfR (Hrsg.), Zur Notwendigkeit einer weiteren Reiserechts-Novelle, Baden-Baden 2000, S. 55.

Demmig, Jörg: Die Mängelhaftung im Reisevertragsrecht, Dissertation, Münster 1990 (zitiert: *Demmig*).

Deutsch, Erwin: Das „allgemeine Lebensrisiko“ als negativer Zurechnungsgrund, VersR 1993, 1041.

Dewenter, Jörg: Haftung des Reisebüros bei der Vermittlung von Individualreisen, MDR 1998, 1136.

Dewenter, Jörg: Die rechtliche Stellung des Reisebüros, Schriften zum Reise- und Verkehrsrecht Bd. 2, Baden-Baden 2000 (zitiert: *Dewenter*).

Dreier, Horst: Grundgesetz Kommentar Bd. I, 2. Auflage, Tübingen 2004 (zitiert: *Dreier/Bearbeiter*).

Echtermeyer, Sandra: Die 9. Herbsttagung der DGfR in Erfurt, RRa 2001, 260.

Echtermayer, Sandra: Verkehrssicherungspflichten im Reiserecht - Der „Balkonsturz“ lebt, RRa 2003, 60.

Echtermayer, Sandra: Anmerkung zu BGH Urt. v. 11. 1. 2005 - X ZR 118/03, VuR 2005, 184.

Eckert, Hans-Werner: Das Reisebüro als Reiseveranstalter bei Zusammenstellung mehrerer Einzelleistungen auf Wunsch des Kunden?, RRa 2003, 194.

Eckert, Hans-Werner: Die Risikoverteilung im Pauschalreiserecht, Eine Untersuchung des Rechtsverhältnisses zwischen dem Reisenden und dem Reiseveranstalter unter Berücksichtigung der Beziehungen zu den Leistungsträgern, Neuwied 1988 (zitiert: *H.-W. Eckert*).

Eilmann, Götz: Die Abgrenzung des reisevertraglichen Gewährleistungsrechts vom Recht der allgemeinen Leistungsstörungen unter besonderer Berücksichtigung der Rechtsnatur des Reisevertrages, Frankfurt a.M. 1990 (zugl. Diss. Frankfurt a.M. 1990) (zitiert: *Eilmann*).

Eisenmann, Hartmut / Jautz, Ulrich: Grundriss Gewerblicher Rechtsschutz und Urheberrecht, 6. Auflage, Heidelberg 2006 (zitiert: *Eisenmann/Jautz*).

Eisner, Helmut: Reiserecht Entscheidungen, 6. Auflage, Bonn 2005 (zitiert: *Eisner*).

Ensthaler, Jürgen: Gewerblicher Rechtsschutz und Urheberrecht, Berlin, Heidelberg 2003 (zitiert: *Ensthaler*).

Erman: Bürgerliches Gesetzbuch Handkommentar, 10. Auflage, Köln 2000 (zitiert: *Erman/Bearbeiter*).

Ernst, Stefan: Aktuelle Fragen der Online-Vermarktung von Reiseleistungen, RRa 2001, 111.

Fischer, Nikolaj: Schadensersatz gemäß § 651f Abs. 2 BGB bei Überbuchung der Reise, RRa 2005, 98.

Führich, Ernst: 1 Jahr Insolvenzsicherung – Erste Erfahrungen im Reiserecht, RRa 1996, 119.

Führich, Ernst: Reiserecht von A-Z, Verbraucherschutz bei Pauschal- und Individualreisen, 2. Auflage, München 2000 (zitiert: *Führich*, Reiserecht von A-Z).

Führich, Ernst: Zweite Novelle des Reisevertragsrechts zur Verbesserung der Insolvenzsicherung und der Gastschulaufenthalte, NJW 2001, 3083.

Führich, Ernst: Reiserecht, Handbuch des Reisevertrags-, Reiseversicherungs- und Individualreiserechts, 4. Auflage, Heidelberg 2002 (zitiert: *Führich*, Reiserecht (4. Aufl.)).

Führich, Ernst: Reisevertrag nach modernisiertem Schuldrecht, Aufsatz, NJW 2002, 1082.

Führich, Ernst: BGH: Preiserhöhungsklausel beim Reisevertrag unwirksam, RRa 2003, 4.

Führich, Ernst: Terror, Angst und höhere Gewalt - Antworten des Reiserechts, RRa 2003, 50.

Führich, Ernst: Kündigung des Reisevertrags wegen höherer Gewalt durch Krieg, Terror, SARS-Epidemie und Naturkatastrophen, VersR 2004, 445.

Führich, Ernst: Reiserecht, Handbuch des Reisevertrags-, Reiseversicherungs- und Individualreiserechts, 5. Auflage, Heidelberg 2005 (zitiert: *Führich*, Reiserecht).

Führich, Ernst: Dynamic Packaging und virtuelle Veranstalter, RRa 2006, 50.

Führich, Ernst: Informationspflichten über Pass- und Visumvorschriften, RRa 2006, 194.

Gängel, Andreas / Gansel, Timo: Urlaub, Reise, Recht: Das Reiserecht mit Beispielen, Praxistips und Gerichtsurteilen, Freiburg i. Br. 1995 (zitiert: *Gängel/Gansel*).

Gansfort, Guy: Ist der luftverkehrsrechtliche Chartervertrag ein Vertrag zugunsten Dritter?, RRa 1994, 2 (Teil 1) u. 22 (Teil 2).

Gerauer, Alfred: Die Haftung des Reiseveranstalters für Mängel des Leistungsträgers aus dem Gesichtspunkt der Verkehrssicherungspflicht, BB 1989, 1003.

Göpfert, Burkard / Siegrist, Carolin: Incentivereisen - Haftungsfalle für den Arbeitgeber?, NJW 2006, 2806.

Grunewald, Barbara: Der Leistungsträger als atypischer Erfüllungsgehilfe des Reiseveranstalters, Aufsatz in NJW 1980, 1924.

Hansen, Ewald: Das Rücktrittsrecht des Reisenden vom Reisevertrag gem. § 651i BGB, Dissertation, Bielefeld 1988 (zitiert: *Hansen*).

Heinz, Thomas: Reisevertragsrecht von A - Z, Herne, Berlin 1994 (zitiert: *T. Heinz*, Reisevertragsrecht).

Heinz, Uwe: Die Rechtsstellung des Reisenden nach Inkrafttreten der Reisevertragsnormen, Frankfurt a.M. 1983 (zitiert: *U. Heinz*, Rechtsstellung).

Humberg, Andreas: Stellt die unangekündigte Trageverpflichtung eines Armbandes einen zur Minderung berechtigenden Mangel bei all-inclusive-Reisen dar?, RRa 2002, 201.

Isermann, Edgar: Rechtsfragen zum Reisebüro, VuR 1987, 301.

Isermann, Edgar: Reisen – nur noch ein Rechtsabenteuer?, NJW 1988, 873.

Isermann, Edgar: Reisevertragsrecht, 2. Auflage, München 1991 (zitiert: *Isermann*).

Isermann, Edgar: Schuldrechtsmodernisierung und Reiserechtsverjährung, RRa 2001, 135.

Jacob-Wendler, Ernst: Reisevertragsrecht und Veranstalterreisen, Zur Einbeziehung der Teilpauschalreise in eine korrigierte Reisevertragsdefinition, Dissertation, Tübingen 1985 (zitiert: *Jacob-Wendler*).

Janssen, Monika: Reisevertragliches Gewährleistungsrecht bei Gruppenreisen, Dissertation, Bielefeld 1986 (zitiert: *Janssen*).

Jauernig, Othmar (Hrsg.): Bürgerliches Gesetzbuch, 11. Auflage, München 2004 (zitiert: *Jauernig/Bearbeiter*).

Juris Praxiskommentar: BGB, Band 2.3, Schuldrecht, 2. Auflage, Saarbrücken 2004 (zitiert: Juris Praxiskommentar/*Bearbeiter*).

Kaller, Paul: Das Verhältnis des Gewährleistungsrechts nach §§ 651 c ff BGB zum allgemeinen Recht der Leistungsstörungen, RRa 1999, 19.

Kaller, Paul: Reiserecht, München 1999 (zitiert: *Kaller*, Reiserecht (1999)).

Kaller, Paul: Reiserecht, 2. Auflage, München 2005 (zitiert: *Kaller*, Reiserecht).

Kaller, Paul / Schäfer, Holger: Die rechtlichen Probleme der Fortuna-Reise, RRa 1995, 78.

Kauffmann, Peter: Reiseprozess - Die Rechtsstellung der Mitreisenden, MDR 2002, 1036.

Klatt, Heinz: Gesetz über den Reisevertrag, München 1979 (zitiert: *Klatt*).

Klein, Stefan: Reiserechtliche Besonderheiten des Gastschulaufenthaltes, RRa 2004, 50.

Krüger, Ulrich Jürgen: Die Rechtsstellung des Reisebüros bei der Luftbeförderung, Dissertation, Köln 1991 (zitiert: *Krüger*).

Lammich, Klaus: Stellt die Verpflichtung zum Tragen eines Plastikarmbandes einen Reisemangel dar?, RRa 2002, 203.

Löwe, Walter: Das neue Reisevertragsgesetz, BB 1979, 215.

Löwe, Walter: Interessenwahrungspflichten bei der Vermittlungstätigkeit durch Reisebüros und Reiseveranstalter, RRa 1996, 215.

Mädrich, Matthias: Das allgemeine Lebensrisiko, Berlin 1980 (zitiert: *Mädrich*).

Martis, Rüdiger: Aktuelle Entwicklungen im Reiserecht, MDR 2002, 901.

Mattheus, Daniela: Die Neuordnung des allgemeinen Leistungsstörungsrechts, in: *Schwab/ Witt* (Hrsg.): Einführung in das neue Schuldrecht, München 2002, S. 67-122.

Matlach, Olaf: Regress der Sozialversicherungsträger bei Schadensersatzansprüchen im Reiserecht, ZfS 2006, 423.

Medicus, Dieter: Bürgerliches Recht, 19. Auflage, München 2002 (zitiert: *Medicus*, Bürgerliches Recht)

Medicus, Dieter: Schuldrecht, 2. Besonderer Teil, 12. Auflage, München 2004 (zitiert: *Medicus*, Schuldrecht).

Meyer, Wilhelm: Gegen die Seligsprechung der Reiseveranstalter, RRa 2003, 254.

Micklitz, Hans-Wolfgang / Rott, Peter: Vergemeinschaftung des EuGVÜ in der Verordnung (EG) Nr. 44/2001, EuZW 2001, 325.

Montasser, Thomas: Reiserecht, München 1992.

Mühlbauer, Holger: DIN Standardisiertes Wörterbuch Tourismus, DIN Deutsches Institut für Normung e.V., Berlin 2004 (zitiert: *Mühlbauer*).

Müller, Werner: Schadensersatz aufgrund verdorbenen Urlaubs, Dissertation, Berlin 1986, (zitiert: *Müller*).

Müller-Langguth, Horst: Stellungnahme zur „Frankfurter Tabelle zur Reisepreisminderung", NJW 1985, 900.

Müller-Langguth, Horst: Unzulässige Schematisierung der Reisepreisminderung?, NJW 1985, 1887.

Müller-Langguth, Horst: Zur Wirksamkeit der Vorauszahlungsklausel im Reisevertrag, MDR 1986, 807.

Münch, Ingo v.: Recht im Wohlstand. Oder: Eure Sorgen möchten wir haben, NJW 1997, 990.

Münchner Kommentar: Kommentar zum Bürgerlichen Gesetzbuch, Band 3 Schuldrecht Besonderer Teil, 1. Halbband, 2. Auflage, München 1988
(zitiert: MüKo(2. Aufl.)/*Bearbeiter*).

Münchner Kommentar: Kommentar zum Bürgerlichen Gesetzbuch, Band 4 Schuldrecht Besonderer Teil II, 4. Auflage, München 2005 (zitiert: MüKo/*Bearbeiter*).

Mundt, Jörn W.: Einführung in den Tourismus, 2. Auflage, München 2001
(zitiert: *Mundt*, Tourismus).

Neuner, Jörg: Der Reisevermittlungsvertrag, AcP 193 (1993), 1.

Niehuus, Mark: Reisemängel von A-Z, Bonn 1997 (zitiert: *Niehuus*, Reisemängel).

Niehuus, Mark: Reisemängel von A-Z, 2. Auflage, Bonn 2001
(zitiert: *Niehuus*, Reisemängel (2. Aufl.)).

Niehuus, Mark: Reiserecht in der anwaltlichen Praxis, 2. Auflage, Bonn 2001
(zitiert: *Niehuus*, Reiserecht).

Nies, Irmtraud: Beratungspflichten des Reisebüros, RRa 1997, 211.

*Nies, Irmt*raud: Reisebüro, Rechts- und Versicherungsfragen, 2. Auflage, München 2005
(zitiert: *Nies*).

Nies, Irmtraud: Die Entwicklung der Reise-Rücktrittskosten- und Reiseabbruch-Versicherung in der Folge des 11. September 2001, RRa 2002, 251.

Noll, Rainer: Besteht eine Pflicht des Reisevermittlers, den billigsten Reiseveranstalter zu empfehlen?, RRa 1996, 67 (Teil I) u. 95 (Teil II).

Noll, Rainer: Bedarf es einer gesetzlichen Regelung des Reisevermittlungsrechts?, in: DGfR (Hrsg.), Zur Notwendigkeit einer weiteren Reiserechts-Novelle, Baden-Baden 2000, S. 127-137.

Noll, Rainer: Die Reiseaktivitäten von kirchlichen Trägern, Vereinen und Verbänden im Lichte des Pauschalreiserechts, RRa 2004, 98.

Oetker, Hartmut / Maultzsch, Felix: Vertragliche Schuldverhältnisse, Berlin 2002
(zitiert: *Oetker/Maultzsch*).

Opaschowski, Horst: Tourismus - Eine systematische Einführung, 3. Auflage, Opladen 2002 (zitiert: *Opaschowski*).

Palandt: Kommentar zum Bürgerlichen Gesetzbuch, Beck'sche Kurz-Kommentare Band 7; 60. Auflage, München 2001 (zitiert: Palandt(60.A.)/*Bearbeiter*).

Palandt: Kommentar zum Bürgerlichen Gesetzbuch, Beck'sche Kurz-Kommentare Band 7; 65. Auflage, München 2006 (zitiert: *Palandt/Bearbeiter*).

Pellet, Volker: Das reisevertragliche Gewährleistungsrecht in Deutschland, England und Frankreich und die Auswirkungen der EG-Pauschalreiserichtlinie, Frankfurt a.M., 1993 (zugl. Diss. Göttingen 1992) (zitiert: *Pellet*).

Pick, Eckhart: Reiserecht, Kommentar zu den §§ 651a bis 651l BGB, München 1995
(zitiert: *Pick*).

Pieroth, Bodo / Schlink, Bernhard: Grundrechte - Staatsrecht II, 22. Auflage, Heidelberg 2006 (zitiert: *Pieroth/Schlink*).

Posner, Thorsten: Konkurrenzen im Reisevertragsrecht, Frankfurt a.M. 1994 (zugl. Diss. Frankfurt a.M. 1993) (zitiert: *Posner*).

Rauch, Marion: Kündigung bei erheblicher Beeinträchtigung der Reise, Eine Untersuchung der reiserechtlichen Kündigungsrechte (§ 651e BGB, § 651j BGB), Dissertation, Marburg 1988 (zitiert: *Rauch*).

Reichsgerichtsrätekommentar RGRK: Das Bürgerliche Gesetzbuch unter besonderer Berücksichtigung der Rechtsprechung des Reichsgerichts und des Bundesgerichtshofs, Kommentar, Bd. II/2, 12. Auflage, Berlin 1997 (zitiert: RGRK/*Bearbeiter*).

Rixecker, Roland: Ausschluß- und Verjährungsfristen im Reisevertragsrecht, VersR 1985, 216.

Rodegra, Kay: Pauschalreisen – Allgemeines Lebensrisiko und hinzunehmende Unannehmlichkeiten, MDR 2002, 919.

Rodegra, Kay: Reisevertragliche Schadensersatzansprüche wegen Nichterfüllung und nutzlos aufgewendeter Urlaubszeit, MDR 2004, 550.

Rother, Werner: Der Vertrag als Vertragsgegenstand, in: Festschrift für Karl Larenz zum 70. Geburtstag, München 1973, S. 452.

Saria, Gerhard: Die Frankfurter Tabelle im Spiegel der Rechtsprechung des Handelsgerichts Wien, RRa 2001, 43.

Schattenkirchner, Silvia: ADAC-Tabelle zur Reisepreisminderung, Arbeitshilfe mit Anmerkung, NJW 2005, 2506.

Schattenkirchner, Silvia: Preisminderung bei Reisemängeln, München 2006 (zitiert: *Schattenkirchner*, Preisminderung).

Schlotmann, Regina: Das Recht der Pauschalreise: Reklamationen in der touristischen Praxis, Neuwied 1993 (zitiert: *Schlotmann*, Recht).

Schlotmann, Regina: Das Reisevertragsgesetz: Theorie und Praxis, Bochum 1992 (zugl. Diss. Bochum 1991) (zitiert: *Schlotmann*, Reisevertragsgesetz).

Schlotmann, Regina: Reisereklamationen und Reiseklagen in der touristischen Praxis, RRa 1995, 2 (Teil I), 22 (Teil II), 42 (Teil III).

Schmid, Ronald: Rechtsprechung zum Charterflug, Rechtsprobleme bei der Luftbeförderung im Rahmen von Flugpauschalreisen, Neuwied 1997 (zitiert: *Schmid*).

Schmid, Ronald: Einige Überlegungen zur Geltendmachung des Treibstoffzuschlags 2000 im Rahmen von Reiseveranstaltungen, NJW 2000, 1301.

Schmid, Ronald: Pauschalreiserecht – Die Änderungen durch die Zweite Reiserechtsnovelle und die Schuldrechtsreform, MDR 2002, 789.

Schmid, Ronald: Zur Beobachtungs-, Erkundigungs- und Informationsweitergabepflicht eines Reiseveranstalters hinsichtlich terroristischer Gefahren im Urlaubsland, RRa 2004, 242.

Schmid, Ronald: Der Krieg im Irak und das Reiserecht, RRa 2003, 63.

Schmid, Ronald: Anmerkung zu BGH Urt. v. 11. 1. 2005 - X ZR 118/03, RRa 2003, 63.

Schmid, Ronald: Welchen Wert haben „Reisepreisminderungstabellen"?, NJW 2005, 2945.

Schmitt, Jochem: Leistungsstörungen im Reisevertragsrecht, JR 1987, 265.

Schneider, Egon: Logik für Juristen, 5. Auflage, München 1999 (zitiert: *Schneider*).

Schulz, Daniela: Rechtsprechungsübersicht zum Reiserecht 2004 bis 2006, VuR 2006, 177.

Schwab, Martin / Witt, Karl-Heinz (Hrsg.): Einführung in das neue Schuldrecht, München 2002 (zitiert: *Schwab/Witt*).

Seyderhelm, Bernhard: Reiserecht, Kommentar, Heidelberg 1997 (zitiert: *Seyderhelm*).

Siebert, Klaus: Haftung des Reiseveranstalters auch für das allgemeine Lebensrisiko des Reisenden?, RRa 1994, 110 (Teil 1) u. 126 (Teil 2).

Soergel: Bürgerliches Gesetzbuch mit Einführungsgesetz und Nebengesetzen, Band 4/2, Schuldrecht III/2 (§§ 651a – 704), 11. Auflage, Stuttgart 1980 (zitiert: *Soergel*(11.A.)/*Bearbeiter*).

Soergel: Bürgerliches Gesetzbuch mit Einführungsgesetz und Nebengesetzen, Band 4/2, Schuldrecht III/2 (§§ 651a – 704) 12. Auflage, Stuttgart 2000 (zitiert: *Soergel/Bearbeiter*).

Solveen, Klaus; *Tonner, Klaus*: Neues Reiserecht – Staatshaftung bei Insolvenz des Reiseveranstalters, Köln 1994.

Spode, Hasso: Wie die Deutschen Reiseweltmeister wurden, Einführung in die Tourismusgeschichte, Landeszentrale für politische Bildung Thüringen, Erfurt 2003 (zitiert: *Spode*).

Staudinger: Kommentar zum Bürgerlichen Gesetzbuch, Buch 2 Recht der Schuldverhältnisse, §§ 651a – 651m, 13. Auflage – Neubearbeitung 2003, Berlin 2003 (zitiert: *Staudinger/Bearbeiter*).

Stuppi, Frank: Die Bedeutung der Attentate am 11. September 2001 für die Beendigung reiserechtlicher Verträge, RRa 2002, 54.

Sudbrink, Holger: Die Kündigung der Reise wegen höherer Gewalt (§ 651j BGB) unter besonderer Berücksichtigung des Entschädigungsanspruchs des Reiseveranstalters, Dissertation, Hamburg 1990 (zitiert: *Sudbrink*).

Tamm, Marina: Die Pflichten des Reisebüros gegenüber dem Reisekunden und die Folgen einer Pflichtverletzung, VuR 2006, 329.

Teichmann, Arndt: Die Struktur der Leistungsstörungen im Reisevertrag, JZ 1979, 737.

Teichmann, Arndt: Anmerkung zu BGH, Urteil v. 20. 3. 1986 - VII ZR 187/85, JZ 1986, 759.

Teichmann, Arndt: Die Haftung für „Mängel“ und „höhere Gewalt“ im Reiserecht, JZ 1990, 1117.

Teichmann, Arndt: Die Entwicklung der Rechtsprechung zum Reiserecht von 1986 bis 1993, JZ 1993, 823 (Teil 1) u. 990 (Teil 2).

Teichmann, Arndt: Die Rechtsprechung zum Reiserecht in den Jahren 2001 bis 2005, JZ 2006, 445 (Teil1) und 499 (Teil 2).

Tempel, Otto: Materielles Recht im Zivilprozeß, München 1983 (zitiert: *Tempel*, Materielles Recht).

Tempel, Otto: Entwicklungen im Reisevertragsrecht, JuS 1984, 81.

Tempel, Otto: Die Bemessung der Minderung der Vergütung in Reisevertragssachen, NJW 1985, 97.

Tempel, Otto: Unzulässige Schematisierung der Reisepreisminderung?, NJW 1985, 1885.

Tempel, Otto: Voraussetzungen für die Ansprüche aus dem Reisevertrag, NJW 1986, 547.

Tempel, Otto: Materielles Recht im Zivilprozeß, 2. Auflage, München 1992 (zitiert: *Tempel*, Materielles Recht (2. Aufl.)).

Tempel, Otto: Die Zuweisung einer anderen Unterkunft als Reisemangel, RRa 1995, 158.

Tempel, Otto: Informationspflichten bei Pauschalreisen, NJW 1996, 1625.

Tempel, Otto: Das zeitliche Moment bei der Bemessung von Minderung und Schadensersatz in Reisesachen, RRa 1997, 67.

Tempel, Otto: Das Hochzeitsessen in der Dominikanischen Republik - eine mißglückte Hochzeitsreise oder eine missglückte Berechnung der Minderung?, RRa 1997, 131.

Tempel, Otto: Geringfügige Reisemängel, NJW 1997, 2206.

Tempel, Otto: Entwicklungen und Tendenzen im Reisevertragsrecht - Rückschau und Zukunftsperspektiven, RRa 1998, 19.

Tempel, Otto: Der maßgebende Prospekt und der Inhalt der Leistungspflichten des Reiseveranstalters bei einer Vorausbuchung, RRa 1998, 147.

Tempel, Otto: Anmerkung zu LG Frankfurt am Main, Urteil vom 10.12.1998 – 2/24 S 109/98, RRa 1999, 56.

Tempel, Otto: Die Zulässigkeit von Vertragsänderungen und Verzichtserklärungen im Reiserecht, Aufsatz, RRa 1999, 107.

Tempel, Otto: Die Pflichten des vermittelnden Reisebüros, NJW 1999, 3657.

Tempel, Otto: Was ist eine „Tabelle“ und was ist ein „Spiegel“? - Bemerkungen zum neuen „Mainzer Minderungsspiegel“, RRa 2000, 67.

Tempel, Otto: Der Schadensersatzanspruch des Reisenden auf Gestellung einer Ersatzreise, RRa 2000, 107.

Tempel, Otto: Anmerkung zu LG Frankfurt am Main, Urt. v. 12.8.1999 – 2/24 S390/98, in: RRa 2000, 173.

Tempel, Otto: Zur Haftung des Reiseveranstalters für Verkehrsunfälle im Rahmen des Transfers, RRa 2002, 4.

Tempel, Otto: Die ungerechtfertigte Kündigung im Reiserecht - Voraussetzungen und Rechtsfolgen, RRa 2002, 146.

Tempel, Otto / Seyderhelm, Bernhard: Materielles Recht im Zivilprozess, 4. Auflage, München 2005 (zitiert: *Tempel/Seyderhelm*).

Tilly, Klaus-Peter: Vernunft im Reiserecht, RRa 1998, 51.

Tonner, Klaus: Zur Aufklärungspflicht des Reisbüros über Billig-Angebote, RRa 1995, 221.

Tonner, Klaus: Das Fernabsatzgesetz – (k)ein Thema für die Tourismuswirtschaft?, RRa 2000, 163.

Tonner, Klaus: Der Reisevertrag, Kommentar zu §§ 651a – 651l BGB, 4.Auflage, Neuwied 2000 (zitiert: *Tonner*, Reisevertrag).

Tonner, Klaus: Die Insolvenzabsicherung im Pauschalreiserecht und das Zweite Rechtsänderungsgesetz, Baden-Baden 2002 (zitiert: *Tonner*, Insolvenzabsicherung).

Tonner, Klaus: Schlichten statt Richten?, RRa 2005, 110.

Tonner, Klaus: Zur Reformbedürftigkeit des Reiserechts auf europäischer Ebene, RRa 2005, 149.

Tonner, Klaus / Lindner, Beatrix: Immaterieller Schadensersatz und der EuGH, Aufsatz und Urteilsbesprechung, in: NJW 2002, 1475.

Tonner, Klaus: Anmerkung zu BGH Urt. v. 11. 1. 2005 - X ZR 118/03, JZ 2005, 734.

Unholtz, Jörg Sebastian: Der Ersatz „frustrierter Aufwendungen" unter besonderer Berücksichtigung des § 284 BGB, Diss., Saarbrücken 2003 (zitiert: *Unholtz*).

Wedepohl, Udo: Das reisevertragliche Gewährleistungsrecht, Ein Vergleich zwischen altem und neuem Recht, Dissertation, Marburg 1982 (zitiert: *Wedepohl*).

Wiegand-Schneider, Annette: Entwicklungstendenzen in der Rechtsprechung zum Reiserecht, DRiZ 2003, 90.

Wieland, Peter: Das Recht der Pauschalreise in Deutschland und Österreich, Frankfurt 1991 (zugl. Diss. Bielefeld 1990) (zitiert: *Wieland*).

Willingmann, Armin: Prozessuale Modelle zur Vereinheitlichung der Rechtsprechung - Zur Übertragbarkeit des Rechtsentscheids gemäß § 541 ZPO auf den Reiseprozeß, RRa 1997, 91.

Wolter, Udo: Das Verhältnis des reiserechtlichen Gewährleistungsrechts der §§ 651c ff BGB zum allgemeinen Recht der Leistungsstörungen, AcP 183 (1983), 35.

Xanke, Peter; *Dutschke, Ingrid*: Praxis des Pauschalreiserechts, Kissing 1994 (zitiert: *Xanke/Dutschke*).

Zedelmaier, Jutta: Brauchen wir eine Definition des Begriffs „Reiseveranstalter"?, in: DGfR (Hrsg.), Zur Notwendigkeit einer weiteren Reiserechts-Novelle, Baden-Baden 2000, S. 59-63.

Gesetzesmaterialien

Bundestags-Drucksache 7/5141 v. 5.6.1976, Gesetzentwurf der Bundesregierung - Entwurf eines Gesetzes über den Reiseveranstaltungsvertrag

Bundestags-Drucksache 8/786 v. 27.7.1977, Gesetzentwurf der Bundesregierung - Entwurf eines Gesetzes über den Reiseveranstaltungsvertrag

Sitzungsprotokoll Nr. 43 v. 10.5.1978, Stenographische Protokolle des Rechtsausschusses, Deutscher Bundestag, 8. Wahlperiode 1976, 6. Ausschuss

Sitzungsprotokoll Nr. 49 v. 5.10.1978, Stenographische Protokolle des Rechtsausschusses, Deutscher Bundestag, 8. Wahlperiode 1976, 6. Ausschuss

Sitzungsprotokoll Nr. 51 v. 8.11.1978, Stenographische Protokolle des Rechtsausschusses, Deutscher Bundestag, 8. Wahlperiode 1976, 6. Ausschuss

Bundestags-Drucksache 8/2343 v. 4.12.1978, Beschlussempfehlung und Bericht des Rechtsausschusses zu dem von der Bundesregierung eingebrachten Entwurf eines Gesetzes über den Reiseveranstaltungsvertrag - Drucksache 8/786 -

Plenarprotokoll 8/124 v. 13. 12. 1978, Verhandlungen des Deutschen Bundestages, 8. Wahlperiode, Stenographische Berichte Band 108, S. 9693ff: Zweite und Dritte Beratung des von der Bundesregierung eingebrachten Entwurfs eines Gesetzes über den Reiseveranstaltungsvertrag

Bundesrats-Drucksache 29/1/79 v. 31.1.1979, Empfehlungen der Ausschüsse zum Gesetz zur Änderung des Bürgerlichen Gesetzbuchs (Reisevertragsgesetz)

Bundestags-Drucksache 8/2589 v. 19.2.1979, Unterrichtung durch den Bundesrat - Gesetz zur Änderung des Bürgerlichen Gesetzbuchs (Reisevertragsgesetz) – Drucksachen 8/786, 8/2343 – hier: Anrufung des Vermittlungsausschusses

Bundestags-Drucksache 12/5354 v. 1.7.1993, Gesetzentwurf der Bundesregierung - Entwurf eines Gesetzes zur Durchführung der Richtlinie des Rates vom 13. Juni 1990 über Pauschalreisen

Bundestags-Drucksache 12/7334 v. 20.04.1994, Beschlussempfehlung und Bericht des Rechtsausschusses zu dem Gesetzentwurf der Bundesregierung – Drucksache 12/5354 – Entwurf eines Gesetzes zur Durchführung der Richtlinie des Rates vom 13. Juni 1990 über Pauschalreisen

Bundestags-Drucksache 14/2658 v. 9.2.2000, Gesetzentwurf der Bundesregierung – Entwurf eines Gesetzes über Fernabsatzerträge und andere Fragen des Verbraucherrechts sowie zur Umstellung auf Euro

Bundestags-Drucksache 14/5944 v. 4.5.2001, Gesetzentwurf der Bundesregierung - Entwurf eines Zweiten Gesetzes zur Änderung reiserechtlicher Vorschriften

Bundestags-Drucksache 14/6040 v. 14.5.2001, Gesetzentwurf der Abgeordneten Alfred Hartenbach u. a. - Entwurf eines Gesetzes zur Modernisierung des Schuldrechts

Bundestags-Drucksache 14/7752 v. 7.12.2001, Gesetzentwurf der Bundesregierung – Entwurf eines Zweiten Gesetzes zur Änderung schadensersatzrechtlicher Vorschriften

Abkürzungen

a. A.	anderer Ansicht
a. Anf.	am Anfang
a. a. O.	am angegebenen Ort
abl.	ablehnend
ABlEG	Amtsblatt der Europäischen Gemeinschaften
AcP	Archiv für die civilistische Praxis
a. E.	am Ende
a. F.	alte Fassung
AG	Amtsgericht
AI	all inclusive (Verpflegungskategorie)
allg. M.	allgemeine Meinung
Alt.	Alternative
Anm.	Anmerkung
ARB	Allgemeine Reisebedingungen (einheitliche AGB der Reiseveranstalter)
Aufl.	Auflage
Az.	Aktenzeichen
BAnz	Bundesanzeiger
BB	Betriebsberater
bea.	beachte
BGH	Bundesgerichtshof
BT-Dr	Bundestags-Drucksache (zitiert nach Wahlperiode / laufende Nummer)
BVerfG	Bundesverfassungsgericht
CEN	Comité Européen de Normalisation (europäisches Normungsgremium)
COTIF	Convention relative aux transports internationaux ferroviaires (Konvention betreffend den internationalen Eisenbahntransport)
DAR	Deutsches Autorecht
DB	Der Betrieb
DIN	Deutsches Institut für Normung e.V.
ders.	derselbe
DGfR	Deutsche Gesellschaft für Reiserecht
DRiZ	Deutsche Richterzeitung
DRV	Deutscher Reiseverband
DTV	Deutscher Tourismusverband
Einl.	Einleitung
EuZW	Europäische Zeitschrift für Wirtschaftsrecht
Fn., Fnn.	Fußnote, Fußnoten
gds.	grundsätzlich
gem.	gemäß
GoA	Geschäftsführung ohne Auftrag
GRUR	Gewerblicher Rechtsschutz und Urheberrecht
h. Lit.	herrschende Literaturmeinung
h. M.	herrschende Meinung
h. Rspr.	herrschende Rechtsprechung
HS	Halbsatz
i. d. R.	in der Regel
i. H. v.	in Höhe von
insbsd.	insbesondere
insges.	insgesamt
i. S. d., i. S. v.	im Sinne des/der, im Sinne von
i. ü.	im übrigen
i. V. m.	in Verbindung mit

Jura	Juristische Ausbildung
JR	Juristische Rundschau
JZ	Juristen-Zeitung
Kap.	Kapitel
LG	Landgericht
Lit.	Literatur
LMK	Lindenmaier-Möhring, Kommentierte BGH-Rechtsprechung
Ls.	Leitsatz
m.	mit
MDR	Monatsschrift des Deutschen Rechts
m. E.	meines Erachtens
M. M.	Mindermeinung
MüKo	Münchener Kommentar
Nachw.	Nachweis(e)
NJW	Neue Juristische Wochenschrift
o.	oben
o. g.	oben genannt
OLG	Oberlandesgericht
RegEntw	Regierungsentwurf
RiLi	Richtlinie
Rn., Rnn.	Randnummer, Randnummern
RRa	Reiserecht aktuell
Rspr.	Rechtsprechung
s., s. a .	siehe, siehe auch
s. o.	siehe oben
sog.	sogenannt
SpuRt	Sport und Recht
st. Rspr.	ständige Rechtsprechung
str.	strittig
s. u.	siehe unten
Tz.	Textzeichen
u.	unten/und
UA	Unterabsatz
umfangr.	umfangreich
unstr.	unstrittig
unzutr.	unzutreffend
UA	Unterabsatz
u. U.	unter Umständen
Var.	Variante
VersR	Versicherungsrecht
VuR	Verbraucher und Recht
vgl.	vergleiche
w.	weiter
WRP	Wettbewerb in Recht und Praxis
ZfS	Zeitschrift für Schadensrecht
ZivK	Zivilkammer
zust.	zustimmend
zutr.	zutreffend
zw.	zweifelhaft

Im übrigen nach Kirchner/Butz, Abkürzungsverzeichnis der Rechtssprache, 5. Auflage, 2003

Einleitung

Schon in antiker Zeit unternahmen Menschen weite Reisen, auch wenn es damals keine touristische Erholung, sondern eher eine beschwerliche Notwendigkeit politischer, wirtschaftlicher oder religiöser Natur war, die sie diese Reisen unternehmen ließ.[1]
Als die Templer im Hochmittelalter im Nachgang der Kreuzzüge durch gesicherte Schiffs- und Landpassagen sowie Unterkünfte Tausenden von Pilgern die Reise ins gelobte Land ermöglichten, waren sie damit sozusagen die Vorfahren der heutigen Reiseveranstalter.[2] Zu jener Zeit war man allerdings froh, wenn man die „Reise" überhaupt überlebte – denn nicht wenige taten dies nicht.

Im Spätmittelalter prägten neben den Kaufleuten mit dem aufkommenden Universitätswesen auch die im Rahmen ihrer Ausbildung reisenden Schüler, die Scholaren, das Bild vom „Reisen". Bald wuchs die Zahl jener Scholaren an, die ohne Anstellung bettelnd und sittlich verwahrlost im Lande umherstreiften; die Grenze zu dem seit jeher verrufenen „fahrenden Volk" der Spielleute verwischte, es entwickelte sich das als regelrechte Landplage empfundene Vagantentum.
Immerhin deutete sich mit diesen fahrenden Scholaren ein Wandel zum Individualismus an, mit der später einsetzenden humanistischen Bewegung wurde das Wandern und Reisen zu einem Mittel der Selbstverwirklichung.[3]

Aus dem etwa seit dem 14. Jahrhundert geltenden Wanderbrauch der jungen Handwerker wurde im Laufe der folgenden Jahrhunderte der Wanderzwang der Gesellen, und neben den Scholaren bildeten sie als dynamischer Bevölkerungsteil den Großteil der „Reisenden" jener Zeit.[4] Ab dem 16. bis ins 18. Jahrhundert begaben sich junge europäische Adelige auf eine mehrjährige „Grand Tour" quer durch Europa als Teil ihres „Erziehungsprogramms", die genauso dem Erwerb eines gewissen *savoir vivre* des Adeligen wie auch seiner Einführung in die adelige Gesellschaft durch den Besuch der fremden Höfe diente.[5]

Im Zeitalter der Aufklärung erwuchs sodann das Ideal des Bildungsreisenden, dessen beschwerliches, höchst individuell organisiertes Bereisen fremder Erdteile und Kulturen keineswegs der Erholung oder Unterhaltung, sondern einem selbstauferlegten naturwissenschaftlich-forschergeistlichen Entdeckerziel diente. Das Stereotyp vom begüterten und etwas schrulligen englischen Gentleman als Weltenbummler, der sich in höherem Forscherauftrag wähnend mit Tabakpfeife und Skizzenblock die Indianer Nordamerikas oder die Ruinen der Pharaonen in umfangreichen „Expeditionen" bestaunte und zugleich dokumentierte, war der erste *tourist*.[6]

---

[1] Vgl. auch die historische Darstellung bei *Pick*, Einl. Rnn. 7ff; s. a. *Schlotmann*, Reisevertragsgesetz, S. 3ff, die allerdings - ernsthaft? - etwas verkennend den Feldzug des Hannibal inkl. Alpenüberquerung im Rahmen des zweiten Punischen Krieges als erste Organisation einer „Abenteuerreise" in Erwägung zieht.
[2] *Schmid*, Editorial RRa 1999, 106.
[3] Vgl. zu all dem *Opaschowski*, S. 29ff.
[4] *Opaschowski*, S. 35.
[5] *Opaschowski*, S. 31f.; *Spode*, S. 10.
[6] S. a. *Spode*, S. 7, u. zur „Forschertätigkeit" der Bildungsreisenden *ders.*, S. 10f.

1841 organisierte der Engländer Thomas Cook die erste Pauschalreise im modernen Sinne, als er eine Zugfahrt mit Verpflegung zu einer Veranstaltung - ein Vortrag über die Tücken des Alkohols - für 1 Shilling anbot; 570 „Pauschalreisende" nahmen an dieser Fahrt teil.[7] Diese Reise am 5. Juli 1841 wird gemeinhin als Geburtsstunde des modernen Pauschaltourismus angesehen.[8] Thomas Cook weitete in Folge seine Organisation von Reisen aus, und auch in Deutschland entstanden um diese Zeit die ersten Reiseveranstalter.[9]
Die Kundenzahlen stiegen, die heute noch gültigen grundlegenden Instrumentarien der Touristikbranche wurden entwickelt: Komplette Leistungspakete wurden für Rundreisen zusammengestellt, mit Beförderung, Verpflegung, Unterkunft bis hin zum Honorar für den Dolmetscher und den Kameltreiber. Die Hemmschwellen für Reiseunerfahrene wurden dadurch abgebaut, und durch Mengenrabatte die Beförderung verbilligt.[10] Auch wenn sich diese Pauschalreisen der damaligen Reiseveranstalter nur eine wohlhabendere Oberschicht leisten konnte, so gab es schon bald neben Reisen ins Gebirge und an die See auch Kreuzfahrten, Reisen in entfernte Erdteile und Weltreisen.[11] Doch selbst die vermeintlich schlichte Badereise blieb zunächst einer vermögenden Minderheit vorbehalten.[12]

Nach der Jahrhundertwende erreichte das Reisen auch breitere Bevölkerungsschichten durch verschiedene der körperlichen und geistigen Erbauung dienende Organisationen wie Naturfreunde, Alpen-, Gebirgs- und Wandervereine.[13] Nach einem zwangsläufigen Einbruch während des Ersten Weltkrieges nahm das Reisen auch in Deutschland weiter allmählich zu.
Eine erhebliche Ausweitung erfuhr das Reisen in Deutschland dann als politisch geschickt instrumentalisiertes Ereignis während des Dritten Reiches durch die mit politischem Kalkül betriebene Freizeitorganisation „Kraft durch Freude". Die straff durchorganisierten und mit politischen Reiseleitern versehenen Reisen waren konkurrenzlos billig.[14] Das Programm erwies sich als derart populär und somit im Sinne der „Erfinder" als erfolgreich, dass es rasch anwuchs und schon bald zu einem regelrechten „Massentourismus" führte, mit Urlauberzahlen in den Millionen - letztlich waren 43 Millionen KdF-Reisen durchgeführt worden.[15] Mit Kriegsbeginn brach dieser staatlich inszenierte Volks- und Sozialtourismus ein und kam mit Fortschreiten des Krieges völlig zum Erliegen: „Erst siegen, dann reisen!".[16]

Auch ohne Sieg setzte schon recht bald wieder das Reisen ein, anfangs aufgrund der wirtschaftlichen Lage noch zaghaft. Reisen war für die meisten Deutschen noch ein Luxusgut.[17]

---

[7] „Urlaub für jedermann", in: Der Tagesspiegel, Sonntagsbeilage, Ausg. v. 24.6.2006, S. B 03; *Spode*, S. 62.
[8] *Schlotmann*, Reisevertragsgesetz, A. I., S. 3.
[9] *Spode*, S. 62.
[10] *Spode*, S. 63.
[11] *Spode*, S. 64f.
[12] *Schlotmann*, Reisevertragsgesetz, S. 5 u.; *Pick*, Einl. Rn. 49.
[13] *Spode*, S. 85ff.
[14] *Opaschowski*, S. 52.
[15] S. hierzu eingehend *Schlotmann*, Reisevertragsgesetz, A. VI., S. 6f; *Opaschowski*, S. 52.
[16] S. bei *Spode*, S. 130.
[17] *Opaschowski*, S. 52f.

Mit dem einsetzenden wirtschaftlichen Aufschwung erholte sich der Tourismus in der jungen Bundesrepublik und erreichte gegen Ende der 60er Jahre im Ausmaß das Vorkriegsniveau. Zunächst waren Individualreisen mit der Bahn oder dem „Käfer" vorherrschend, tatsächlich beschleunigte gerade die Massenmotorisierung der 60er Jahre die Entwicklung des Massentourismus, es wurde massenhaft im eigenen Auto verreist, zeitgleich wurde das Camping populär.[18] Der verstärkte Wunsch nach Reisen wurde dabei zunächst von den Reiselustigen als Individualreise in Eigenregie verwirklicht, doch zugleich bildete sich im Rahmen der Marktwirtschaft auch zunehmend stärker eine Reiseart heraus, bei der für die Organisation der einzelnen Reiseleistungen ein Reiseveranstalter zwischengeschaltet wurde.[19] Die Reiseveranstalter boten ein fertig geschnürtes Komplettpaket als Produkt an: die Pauschalreise, deren Bedeutung gegenüber dem Individualtourismus seither stetig zugenommen hat.

Die Vorzüge, welche aus Sicht des heutigen Verbrauchers die vom Reiseveranstalter organisierte Pauschalreise so attraktiv erscheinen lassen, sind zuvorderst der gegenüber einem direkten Erwerb der gleichen Einzelleistungen niedrigere Preis der Pauschalreise, aber auch die Vielfalt der in den Angeboten eingeschlossenen Reiseleistungen, die durch Baukastensysteme und Zusatzangebote bestehende Individualisierungsmöglichkeit der konkreten Pauschalreise nach den Wünschen des Reisekunden, das offensive Marketing und die Bewerbung der Angebote durch die Reiseveranstalter sowie nicht zuletzt die mit der Pauschalreise verbundene Rechtssicherheit.[20] Denn während der Individualreisende sich bei Mängeln mit der Fluggesellschaft, dem ausländischen Hotelier und sonstigen Erbringern der Reiseleistungen jeweils einzeln nach dortigem Recht streiten müsste, hat der Pauschaltourist bei Problemen in Gestalt seines Reiseveranstalters *eine* greifbare Anlaufstelle, *einen* universell Verantwortlichen hier in Deutschland, unter zwingender Anwendung des deutschen Reisevertragsrechts.

Auch aufgrund dieser Beliebtheit der Pauschalreise ist das oft bemühte Klischee von den Deutschen als „Weltmeister im Reisen"[21] in vielerlei Hinsicht nur all zu wahr: 2004 gaben die Deutschen insgesamt 57,1 Mrd. Euro für Reiseaktivitäten aller Art aus und verwiesen damit die USA mit Ausgaben in Höhe von 52,8 Mrd. Euro auf Platz zwei.[22] Von den insgesamt 79,5 Mio. Urlaubsreisen des Jahres 2005 von über 5 Tagen Dauer führten 50,6 Mio. ins Ausland.[23]

Zwar ist dabei der Anteil individuell organisierter Reisen in den letzten Jahren wieder leicht angestiegen,[24] dennoch ist die Bedeutung der Pauschalreise als erheblicher Wirtschaftsfak-

---

[18] *Opaschowski*, S. 53 u. 144f.
[19] *Pick*, Einl. Rn. 55.; s. a. Fn. 1.
[20] S. *Führich*, RRa 2006, 50.
[21] Vgl. *Spode*, S. 7/8.
[22] „Fakten und Zahlen zum deutschen Reisemarkt", Ausgabe 2006, hrsg. v. DRV, S. 1.
[23] „Fakten und Zahlen zum deutschen Reisemarkt", Ausgabe 2006, hrsg. v. DRV, S. 3.
[24] So lag bei den Reisen ab 5 Tagen Dauer der Anteil der Pauschalreisen im Jahr 2004 bei 36% gegenüber 64% individueller Direktbuchung der Reiseleistungen, während in den Jahren 1997 bis 2001 ein Verhältnis von etwa 44% Pauschal- gegenüber 56% Individualreisen bestand, vgl. „Fakten und Zahlen zum deutschen Reisemarkt", Ausgabe 2005, hrsg. v. DRV, S. 3.

tor und gesellschaftliche Erscheinung nach wie vor immens: die Zahlen aus dem Jahr 2005 belegen für Pauschalreisen ein Umsatzplus von 4,4 % mit 28,2 Mio. Reisenden und einem Umsatz von 15,2 Mrd. Euro.[25]

Dass bei derartigen Zahlen gerade auch angesichts der Komplexität der Reisen in ferne Länder mit fremden Kulturen Probleme nicht ausbleiben, liegt auf der Hand.
Die Anfangsjahre des Tourismusbooms wiesen teils gravierende Missstände im geradezu explosionsartig expandierenden Reisemarkt auf, und auch durch krasse Fälle betrogener Reisender stellte sich die Notwendigkeit rechtlicher Behandlung der neuen Materie Pauschalreise.[26] Dies erfolgte zunächst durch wegweisende Rechtsprechung auf der Grundlage des Werkvertragsrechts. Nach verschiedenen Anläufen zur Schaffung eines entsprechenden Gesetzeswerkes trat am 1.10.1979 das Reisevertragsgesetz in Kraft, das die §§ 651a ff in das BGB einfügte und allein der rechtlichen Regelung der Pauschalreise gewidmet war.[27]

Auch wenn schon in den Anfangszeiten der bundesdeutschen Pauschalreisewelle Rechtsstreitigkeiten auftraten und diese auch unter Anwendung v.a. des Werkvertragsrechts von der Rechtsprechung gelöst wurden, so führte dieses Rechtsgebiet in der Literatur ein wenig ein Schattendasein und rückte erst mit dieser Einführung der §§ 651a ff BGB ins Bewusstsein nicht nur der Öffentlichkeit, sondern auch der rechtswissenschaftlichen Literatur, und man begann sich nun verstärkt mit dieser neuen Materie zu befassen.[28]

Dabei ist das Reisevertragsrecht der §§ 651a ff BGB auch innerhalb des „besonderen Schuldrechts" etwas besonders „Besonderes"[29] - denn hier wurde eine eingehende Regelung eines einzelnen, sehr speziellen Vertragstyps geschaffen,[30] mit eigens auf die Situation und Erfordernisse des darin definierten Reisevertrages zugeschnittenen Normen. Man sollte meinen, damit sei die Pauschalreise als Rechtsproblem abschließend gelöst. Dass dem nicht so ist, zeigt die bis heute anhaltende Diskussion über Interpretation und Anwendung der einzelnen Regelungen des Reisevertragsrechts; gerade auch zwischen Veranstaltern und Reisenden bestehen ausweislich der unvermindert großen Zahl an Entscheidungen in Reisesachen unterschiedliche Ansichten zur Rechtslage in den einzelnen Streitfragen.

Im Vergleich zu anderen Rechtsgebieten weist das Reisevertragsrecht dabei eine „für nahezu jeden spürbare Lebensnähe" auf,[31] mit greifbaren Praxisproblemen zu den unterschiedlichsten Fällen, von der beinahe sprichwörtlichen Kakerlake auf Mallorca bis hin zu schweren Unfällen mit gravierenden Folgen, und rechtlich von einfachen, vor Ort hingenommenen oder behobenen Unannehmlichkeiten bis hin zu komplizierten Fallgestaltungen und

---

[25] Vgl. *Führich*, RRa 2006, 50.
[26] *Schlotmann*, Reisevertragsgesetz, S. 1.
[27] Zur Gesetzgebungsgeschichte s. eingehend Erster Teil A. I. (S. 12ff).
[28] *Bartl*, Reiserecht (2. Aufl.), Vorwort, S. 6.
[29] Vgl. *Staudinger/J. Eckert*, Vorbem zu §§ 651a-m Rn. 35: Sondergesetz, Fremdkörper innerhalb des BGB.
[30] Siehe auch den Einwand des Abg. *Helmrich* in der zweiten Lesung zum Reisevertragsgesetz gegen die Schaffung eines derartigen eigenen Vetragstyps, man könne gleich auch einen Möbelkaufvertrag, einen Anzugkaufvertrag, einen Hemdenkaufvertrag schaffen, s. Plenarprotokoll 8/124 v. 13.12.1978, Verhandlungen des Deutschen Bundestages, 8. Wahlperiode, Stenographische Berichte Band 108, S. 9699.
[31] *Bartl*, Reiserecht, Vorwort, S. 5.

jahrelangen Prozessen. Hinter der bunten, bisweilen kurios anmutenden Fassade der Sachverhalte - vom *A*ffenbiss in Kenia über die Filzläuse auf dem russischen Kreuzfahrtschiff bis hin zu den beklagten staubigen Sandalen durch die Wege auf Zypern[32] - steckt ein komplexes und dogmatisch schwieriges Rechtsgebiet zu einer Thematik, die für den reisenden Verbraucher offensichtlich von besonderer Wichtigkeit ist:[33]

Sicherlich haben Reiseprozesse per se nicht die Brisanz beispielsweise von Sorgerechtsfällen, Kündigungsschutzklagen o. ä. - dennoch handelt es sich bei der Urlaubsreise letztlich zumindest in der Erwartungshaltung um die sprichwörtlich „schönsten Wochen des Jahres", auf die zumal der erwerbstätige Verbraucher sich als Höhepunkt des Jahres freut.

Zur Zahl der Reiserechtsstreitigkeiten trägt dabei gewiss auch die Einstellung und das Verhalten der Reisenden selbst bei, die sich oft ein falsches Bild von der „Traumreise" machen, eifrig gefördert von den bewusst schönfärberischen Prospekten der Veranstalter,[34] und die ausweislich der aktenkundigen Fälle[35] bisweilen auch ein gewisses Einfühlungsvermögen in die im Ausland anzutreffenden Verhältnisse vermissen lassen.[36]

So zitiert *Schmid*[37] den Gründer des Türkeireiseveranstalters Öger-Tours, *Vural Öger*, mit den Worten „Die Deutschen machen Urlaub bei Leuten, die sie als Nachbarn nicht haben wollen" und führt diese Erscheinung darauf zurück, dass dies eben gerade durch das Produkt Pauschalreise gefördert würde. Der Reisende müsse sich um nichts kümmern, brauche nicht mit der Bevölkerung des Landes in Kontakt treten, muss sich auf Kultur und Sprache nicht einlassen - alles erledigt die Reiseleitung, es können somit sorglos Personen Reisen unternehmen, die sie sonst nie machen würden.

Und so wird im Reiserecht immer wieder eine mangelnde Leidens- und kulturelle Anpassungsfähigkeit der Reisenden beklagt, welche wegen allerlei vermeintlicher oder tatsächlicher Kleinigkeiten die Gerichte in kaum zu bewältigender Zahl[38] beschäftigen.

Das beinahe schon verächtliche Herabblicken auf die erbsenzählenden, kleinkarierten Pauschaltouristen mit ihren Quisquilien ist populär,[39] und natürlich gibt es Reisende, die sich über die Fliege, oder besser gesagt den Gecko an der Wand ärgern.[40] Dennoch ist dieser Generalvorwurf an die Reisenden m. E. kaum gerechtfertigt. Derartige Streitbereitschaft auf

---

[32] S. jew. *AG München* RRa 1996, 88 (89); *OLG Frankfurt a.M.*, RRa 1993, 50 (53); *Isermann*, A. II. 2. b), S. 61f.

[33] S. a. *Schlotmann*, Reisevertragsgesetz, S. 124.

[34] Vgl. eingehend *Schlotmann*, Recht, A. III. 1., S. 18ff.

[35] Illustrativ: *Bechhofer*, Reisevertragsrecht, § 651c, III. 1. a), S. 34.

[36] S. a. *Rodegra*, MDR 1990, 919.

[37] *Schmid*, Editorial RRa 2004, 49.

[38] Vgl. *Schmid*, Editorial RRa 1996, 190; *Tilly*, RRa 1998, 51.

[39] Allzu vordergründig erscheint dabei allerdings das Bemühen eines Vergleichs mit der Not hungernder Menschen in der Dritten Welt, wie ihn *v. Münch* in seinem Aufsatz in NJW 1997, 990 unter dem Titel „Recht im Wohlstand. Oder: Eure Sorgen möchten wir haben" moralisch entrüstet vornehmlich angesichts diverser Reiserechtsfälle unternimmt. In der Tat hält einem solchen Vergleich mit elementarem Elend wohl kaum ein deutsches Zivilrechtsgebiet im Alltagsgeschäft vor deutschen Amtsgerichten stand. Einen augenzwinkernd humorvollen Blick auf die Klagen der Reisenden wirft hingegen *Noll* in seiner Glosse „Murphy's Gesetze über Reisereklamationen" in RRa 1994, 86ff.

[40] Das ist durchaus wörtlich zu verstehen, vgl. *LG Frankfurt a.M.*, NJW-RR 1992, 630; *OLG Düsseldorf*, RRa 2001, 49.

dem Niveau des sprichwörtlichen „Knallerbsenstrauchs im Maschendrahtzaun“ erfasst alle vor den bundesdeutschen Amtsgerichten vertretenen Zivilrechtsgebiete, und sie sind kein Spezifikum des Reiserechts, auch wenn sich hier vielleicht die illustrativen Fallgestaltungen besonders für die allgemeine Wahrnehmung anbieten.

Man mag die teilweise in der Tat haarsträubend wirkende Klagebereitschaft für die eigene Person selbst weit von sich weisen und sich über die als kleinlich empfundene Rechthaberei echauffieren: das ganze ist jedenfalls kein Monopol des Reiserechts, der klagende Reisende macht letztlich nichts anderes, als sein alter ego im Alltagsleben hierzulande, der als Verbraucher jede Kleinigkeit rechtschutzversichert zu seinem Anwalt trägt - oder eben auch nicht, was ja immer noch im reise- wie allgemein zivilrechtlichen Lebenssachverhalten den ganz überwiegenden Regelfall darstellt.

Diese schweigende Mehrheit wird aber eben nicht wahrgenommen. Auch im Reiserecht werden Millionen mangelfreier oder eben zwar nicht perfekter, aber hingenommen mangelbehafteter Reisen „justizlos“ durchgeführt. In Relation zur Gesamtzahl der Reisen sind Beschwerden beim Reiseveranstalter realiter nicht häufig und Gerichtsverfahren eher eine sehr seltene Ausnahme.[41]

Zudem ist die alte Grundwahrheit zu bedenken, dass zu jedem Streit immer zwei gehören, und das Reiserecht bildet hierbei keine Ausnahme. Hier ist es der eine, der Erwartungen geweckt bzw. vertraglich geschuldete Leistungen versprochen und diese jeweils nicht erfüllt hat, und der andere, der dies, teilweise auch bei Geringfügigkeiten, nicht hinzunehmen bereit ist. Ein klagender Reisender nimmt letztlich nur das ihm eröffnete bzw. (vermeintlich) zustehende Recht wahr. Wer das nicht will, muss höhere Gerichtsgebühren, einen Missbrauchstatbestand oder eine Mindestschwelle für den Zutritt zu Gericht fordern – doch das will dann wohl doch niemand ernsthaft.

Die unterstellte Erbsen- bzw. Kakerlakenzählerei der Reisenden mag vielen kleinlich und typisch deutsch erscheinen, die Motivation leuchtet aber ein, wenn man sich den Hintergrund dafür vergegenwärtigt: Wenn Menschen auch eher bereit sind, Unbill und Widrigkeiten im täglichen Geschäfts- und Privatleben hinzunehmen, so erwarten sie doch tendenziell wenigstens in ihrem Urlaub eine mangelfreie Reise.[42]

Zu bedenken ist auch, dass derartige tatsächliche Kleinigkeiten meist nicht isoliert eingeklagt, sondern eher an eine wegen substantiellerer Mängel ohnehin eingereichte Klage „angehängt“ werden, weil sich der Reisende eben insgesamt über die Schlechtleistung geärgert hat.

[41] Siehe *Isermann*, NJW 1988, 873 (878/879), wonach die Reklamationsquote lediglich 1 % beträgt, und nur 0,04% der Pauschalurlauber letztlich ein Gerichtsverfahren anstrengen; siehe auch die empirische Untersuchung hierzu bei *Schlotmann*, Reisevertragsgesetz, S. 125ff, nach der das Reklamationsverhalten bei Reisen eher niedriger als normal ist.

[42] In den „den schönsten Wochen des Jahres“, vgl. *Isermann*, NJW 1988, 873; *Staudinger/J. Eckert*, § 651f Rn. 56; *Schlotmann*, Reisevertragsgesetz, S. 124.

Die in der Regel niedrigen Streitwerte führen dazu, dass Pauschalreisestreitigkeiten meist - und häufig genug abschließend - vor Amtsgerichten geführt werden,[43] bei deren Entscheidungen sich gelegentlich der Eindruck aufdrängt, dass sie weniger von dogmatischer Stringenz, denn vom gewollten Ergebnis geprägt sind. Die „Qualität" der Rechtsprechung in Reisesachen - und zwar nicht nur die der Amtsgerichte - wird in der reiserechtlichen Literatur immer wieder bemängelt,[44] die Entscheidungen sind häufig wenig oder allenfalls im Ergebnis überzeugend und fallen untereinander widersprüchlich aus. Nicht umsonst ist im Hinblick auf die unvorhersehbare Praxis der Rechtsprechung zum reisevertraglichen Gewährleistungsrecht immer wieder die Rede von der „Reise als Rechtsabenteuer".[45] Offen zutage tritt dies, wenn der identische Fall am gleichen Gericht in zwei parallelen Verfahren zu unterschiedlichen, wenn nicht gar diametral gegensätzlichen Urteilen führt.[46] Generell lässt sich eine starke Tendenz beobachten, dass die gerichtlichen Entscheidungen klar gegen die klagenden Reisenden ausfallen.[47]

Insgesamt könnte man so den Eindruck gewinnen, dass anscheinend der reisende und klagende Verbraucher selbst als das eigentliche Übel angesehen wird, mit einem überzogenen Anspruchsdenken, unwillig, sich an die Besonderheiten ausländischer Kultur sowie Mentalität anzupassen und Unannehmlichkeiten hinzunehmen. Die nicht zuletzt wegen ihm so überlastete, bedauernswerte Justiz belästigt er mit seinen völlig überzogenen Ansprüchen, nur weil sein Reisevertrag nicht auf das letzte i-Tüpfelchen genau erfüllt wurde.[48]

Diese Kritik ist sachlich angesichts der statistischen Zahlen zur Klagehäufigkeit kaum berechtigt. Vielmehr kann man die ganze Situation auch einmal umgekehrt aus der Sicht des

---

[43] *Isermann*, NJW 1988, 873 (878) nennt die Zahl von 93,2% der Verfahren, die beim Amtsgericht anhängig gemacht wurden; s. a. *Teichmann*, JZ 1993, 823; s. *Tonner*, Reisevertrag, Einl. Rn. 32, S. 10.

[44] Vgl. etwa *Tonner*, ebenda; *Tilly*, RRa 1998, 51; s. a. das Editorial von *Schmid* in RRa 1997, 66 zu sprachlich-grammatikalischen Unzulänglichkeiten der Urteile, sowie das aus tatsächlich erfolgten Urteilsformulierungen zusammengesetzte fiktive humoristische AG-Urteil in RRa 1999, 80.

[45] Ausgehend vom Aufsatz *Isermanns* in NJW 1988, 873, mit dem Titel „Reisen - nur noch ein Rechtsabenteuer?" haben sich dieser Einschätzung in der Folge immer wieder Autoren angeschlossen, vgl. etwa *Schlotmann*, Reisevertragsgesetz, S. 18 u. 63; *Tonner*, RRa 98, 28; *Bociniak*, VersR 1998, 1076 (1082); *Tempel*, RRa 1998, 19 (28).

[46] So etwa die beiden Entscheidungen des *AG Tempelhof-Kreuzberg* vom 16.7. und 8.8.1996, RRa 1996, 248; Leitsatz des einen Urteils „Bei einer Sonderreise zum Weltfrauen-Kongreß 1995 in Peking muß der Reiseveranstalter nicht darauf hinweisen, daß die Teilnahme an den Veranstaltungen nur möglich ist, wenn sich die Teilnehmerinnen vorher registrieren lassen." (Klageabweisung), Leitsatz des anderen Urteils „Bei einer Sonderreise zum Weltfrauen-Kongreß 1995 in Peking muß der Reiseveranstalter darauf hinweisen, daß die Teilnahme an den Veranstaltungen nur möglich ist, wenn sich die Teilnehmerinnen vorher registrieren lassen." (Minderung 80%). Vgl. auch die widersprüchlichen und widersprüchlich begründeten Entscheidungen des *AG Erkelenz* vom 28.11.2003 u 27.1.2004 zum identischen Fall eines im Hafen festliegenden Kreuzfahrtschiffes, RRa 2004, 73 u. dort Anm. *Lettow*; vgl. ferner *OLG Düsseldorf a.M.* in Fn. 53.

[47] *Schlotmann*, Recht, C. II. 4., S. 127, spricht angesichts der Ergebnisse ihrer empirischen Untersuchung zu recht von einer „traurigen Bilanz" der Erfolgsaussichten klagender Reisender; geltend gemachte Mängel werden demnach noch nicht einmal in einem Drittel der Fälle überhaupt anerkannt. Und auch dann sind die Entschädigungsbeträge gering, so dass angesichts der Tatsache, dass über die Hälfte der Verfahren mit völliger Klageabweisung und Kostentragung endet und auch in den übrigen Verfahren zumeist ein Teil der Kosten mitgetragen werden muss, letztlich 75% der Reisenden durch ihre Klage einen finanzieller Verlust erleiden. S. a. *Pick*, Einl. Rn. 79 a. E., wonach zwei Drittel aller Klagen scheiterten; *Heine* merkt an, dass ca. 80% der Reiserechtsstreitigkeiten von den Reisenden verloren werden - vgl. RRa 1997, 125 (127).

[48] Zur vermeintlichen Klagefreudigkeit s. a. *Schmid*, NJW 2005, 2945.

reisenden Verbrauchers sehen, wobei die mangelbeschwerten Reisenden bei entsprechender umgekehrter Dramatisierung eigentlich eher bemitleidenswert erscheinen können:

Sie haben einen Vertrag geschlossen, aber die vertragliche Leistung nicht wie vereinbart erhalten. Als Vertragspartner sehen sie sich Reiseveranstaltern gegenüber, die sich als große Konzerne als Teil einer weitreichend oligopol geprägten Anbieterstruktur[49] nur teilweise gnädig herablassen zu einer teilweisen Anerkennung der Monita, häufig genug werden sie in pauschalen, aus Textbausteinen zusammengesetzten Anschreiben verbunden mit symbolischen Kleinbeträgen abgewimmelt, ohne dass auf das eigentliche konkrete Anliegen des Reisenden oder dessen Begründetheit eingegangen wird.[50]

Vor dem Hintergrund eines unübersichtlichen Rechtsgebietes gerät der rechtssuchende Verbraucher dann möglicherweise an fachfremde Rechtsanwälte, die nach deutschem Vergütungssystem motiviert durch streitwert-, aber nicht erfolgsabhängige Gebühren und somit unbehindert von Fragen der Erfolgsaussichten dem Reisenden keine Hilfe bieten, sondern ihn in aussichtslose oder betragsmäßig überzogene Klagen treiben, die dann regelmäßig scheitern.[51]

Und zuletzt sieht sich der Reisende Richtern gegenüber, die überlastet sind oder sich zumindest so fühlen, keine rechte Begeisterung aufbringen können für das Reisevertragsrecht mitsamt den lästigen Klagen der als störend empfundenen Pauschaltouristen,[52] deren Rechtsprechung uneinheitlich und nicht selten materiellrechtlich schlicht falsch ist, zumindest aber allgemein als unvorhersehbar empfunden wird.[53] Bei eingeklagten Kleinbeträgen unterhalb der Berufungsschwelle ist das Rechtsabenteuer hier sodann auch - statistisch gesehen mit einer Klageabweisung - zu Ende. De minima non curat lex.

---

[49] Laut der Übersicht „Fakten und Zahlen zum deutschen Reisemarkt", Ausgabe 2006, hrsg. v. DRV, S. 13, entfielen im Jahre 2005 in Deutschland auf die sechs größten Reisekonzerne zusammen 81,8 % des effektiven Marktvolumens für Pauschalreisen, auf die führenden drei alleine 66,4%; s. a. *Pick*, Einl. Rnn. 74, 76.

[50] Aufschlussreich *Meyer*, RRa 2003, 254, wonach der Reisende in aller Regel einer konsequenten Abwehr aller, auch begründeter Gewährleistungsansprüche durch die Reiseveranstalter begegne, die u. a. nach der Reise eine Strategie der langen Bank und Entmutigung der Konsumenten betrieben, indem Schreiben unbeantwortet blieben, unzutreffend auf die Verantwortlichkeit der Leistungsträger verwiesen werde, und die schließlich im Prozess mit allerlei formalen Winkelzügen ihrer Einstandspflicht zu entgehen versuchten. Interessant in diesem Zusammenhang auch die Schilderung von *Huff* im Editorial RRa 1998, 90, zum thematisch verwandten Beschwerdemanagement einer Fluggesellschaft.

[51] Zur problematischen Rolle der Rechtsanwälte in Reiseprozessen *Schlotmann*, Recht, S. 171f, 200 (unzureichende Substantiierung und unkritische Übernahme der Schilderungen des Mandanten), 204 (große Zahl formeller Fehler) und schließlich S. 232 zum Überschätzen der eigenen Rechtsposition durch die Reisenden: „Anwälte können oder wollen nicht korrigierend eingreifen. Nach den Ergebnissen dieser Untersuchung übernehmen sie nicht nur in einem überwiegenden Teil der Fälle die hohen vorprozessualen Forderungen der Reisenden; manchmal erhöhen die diese auch noch." S. a. als willkürliches Beispiel handwerklicher Unfähigkeit oder Unwilligkeit die eingeklagten „165% Minderung" in *LG Düsseldorf*, RRa 2004, 67. Zu den allgemein für die Reisenden schlechten Prozessergebnissen s. o. Fn. 47.

[52] *Tonner*, RRa 2005, 110.

[53] S. *Tilly*, RRa 1998, 51; *Isermann*, NJW 1988, 873 (passim); vgl. a. *Tonner*, a. a. O. (Fn. 52); s. a. zuletzt die spektakulär gegensätzlichen Entscheidungen des *OLG Düsseldorf* zum *identischen* Sachverhalt einer Haftung des Reiseveranstalters für Verletzungen eines Ehepaares bei einem Unfall im Rahmen eines vor Ort durchgeführten Jeep-Ausflugs, die Eheleute gerieten an unterschiedliche Senate, vgl. Urteil 18. Senat (Haftung bejaht) RRa 2005, 121 (=VuR 2005, 221) gegenüber Urteil 12. Senat (keine Haftung) RRa 2005, 118 (=VuR 2005, 223), s. dazu auch *Schulz*, VuR 2006, 177 (183).

Zugegebenermaßen eine übertrieben dramatisierte und überspitzte, keineswegs aber völlig aus der Luft gegriffene Darstellung, zu verstehen als Gegenstück zum gängigen umgekehrt überzeichneten Bild des querulatorischen Reisenden, der gleichsam schon mit Mängeltabelle in der Hand die Reise antritt[54] und lieber Mängel als Sehenswürdigkeiten fotografiert.[55]

Die überzogen pessimistisch geschilderten praktischen Probleme aus Sicht des Reisenden im juristischen Alltag der Geltendmachung reisevertragsrechtlicher Gewährleistungsansprüche sollen - und können - nicht Gegenstand dieser Arbeit sein. Minimale Grundvoraussetzung für eine sachgerechte Behandlung der Thematik in der Praxis ist aber eine Klärung der materiellen Rechtslage. Denn selbst bei bestem Willen und Bemühen aller Beteiligten - und den sollte man entgegen obiger bewusst verzerrter Darstellung immer unterstellen - bleiben reisevertragsrechtliche Konstellationen bei einer schwierigen, in vielen Teilbereichen ungeklärten Materie in der Tat ein im Ergebnis nicht vorhersagbares „Rechtsabenteuer".

Bei einer Flut unterschiedlichster Judikatur und trotz der vorhandenen Literatur, Kommentierungen und eigener Fachzeitschrift ist es aber bisher nicht gelungen, die Unsicherheiten bzw. Diskrepanzen in der Auslegung des Reisevertragsrechts zu beseitigen.[56] Zwar hat sich in den letzten beinahe 30 Jahren seit Inkrafttreten des Reisevertragsgesetzes einiges an ursprünglichen Unsicherheiten und Streitpunkten verdichtet und geklärt, zugleich stellen sich aber auch neue rechtliche Zweifelsfragen zu bereits für geklärt gehaltene Fragestellungen.[57]

Insofern soll die vorliegende Arbeit versuchen, eine Bestandsaufnahme des Reisevertragsrechts vorzunehmen, der gegenwärtige Stand materiellrechtlicher Probleme in der Diskussion im Schrifttum und in Rechtsprechung soll untersucht und strukturiert dargestellt werden unter jeweiliger Stellungnahme zu den strittigen Punkten.

Als besonders schwierig wird dabei nach wie vor die grundsätzliche Frage empfunden, wann denn nun ein Reisemangel vorliegt, und wie dieser zu bewerten ist.[58] Daher soll neben der Bestandsaufnahme des reisevertragsrechtlichen Gewährleistungssystems auch der Schwerpunkt darauf liegen, als elementare Voraussetzung desselben auf die Ermittlung und Bewertung des Reisemangels als zentralen Begriff des Reisevertragsrechts einzugehen.
Diese Betrachtung soll auch unter dem Blickwinkel des Ziels erfolgen, für den das Reisevertragsrecht ursprünglich geschaffen wurde, das aber gelegentlich etwas in den Hintergrund rückt: als gesetzliche Grundlage für einen angemessenen Interessenausgleich zwischen Reisendem und Reiseveranstalter, der die Rechtsstellung des Verbrauchers verbessert,[59] somit als dem reisenden Verbraucher an die Hand gegebenes Recht für eine sachgerechte Regelung bei Mängeln der Reise.

---

[54] Vgl. bei *Tempel*, RRa 1998, 19, (27) (ebenfalls ablehnend) über *Köhler*, JZ 1985, 188.
[55] S. bei MüKo(2. Aufl.)/*Tonner*, Vor § 651a Rn. 47 a. E.
[56] S. a. *Eisner*, Einl. S. 9.
[57] Vgl. auch die jüngste Entscheidung des *BGH* zur rechtlichen Rolle des Reisebüros bei der Vermittlung von Pauschalreisen, s. u. Erster Teil C. III. 8.) (S. 98).
[58] *Schulz*, VuR 2006, 177 (186).
[59] Vgl. das erklärte Ziel des Reisevertragsgesetzes im Bericht des Rechtsausschusses, BT-Dr 8/2343, S. 6.

Gegenstand und Gang der Darstellung

Die Arbeit bemüht sich um eine klärende Darstellung des derzeitigen Standes des Reiserechts hinsichtlich des reisevertragsrechtlichen Gewährleistungssystems für Mängel und Störungen im Rahmen einer Pauschalreise. Diese materielle Rechtslage soll gerade auch aus Sicht des reisenden Verbrauchers und unter eingehender Untersuchung des zentralen Begriffs des Reisemangels erfolgen.

Hingegen wird auf eine Darstellung prozessualer Probleme, etwa der Darlegungs- und Beweislast, Fragen der Beweissicherung sowie etwa auch handwerklicher Fehler der Gerichte in den reiserechtlichen Urteilen weitestgehend verzichtet. Derartige prozessuale Eigenheiten und praktische Probleme der Verfahren in Reisesachen wären vollumfänglich einer eigenständigen dissertativen Bearbeitung würdig - und eine solche wohl auch ebenfalls nötig. Auch auf allgemeine Ansprüche aus unerlaubter Handlung soll bei dieser auf das spezielle reisevertragsrechtliche Gewährleistungssystem ausgerichteten Arbeit nur am Rande eingegangen werden. Ferner soll das Recht der Allgemeinen Geschäftsbedingungen bzw. der Allgemeinen Reisebedingungen nicht vertieft dargestellt, sondern darauf nur soweit nötig an gegebener Stelle kurz eingegangen werden. Zwar finden diese in Form der ARB in der Praxis breite Verwendung und ihnen kann eine entsprechende Bedeutung in der Praxis nicht abgesprochen werden. Dennoch handelt es sich hierbei zum einen nicht um das reisevertragsgesetzliche Regelungssystem, sondern letztendlich doch um Vereinbarungen zwischen den Vertragsparteien, die - zumindest theoretisch - je nach Verwender ganz unterschiedlich ausfallen und jederzeit inhaltlich - unter Beachtung des § 651m BGB - geändert werden können, auch wenn in der Praxis die ARB recht einheitliche Verwendung finden. Zum anderen würde die zusätzliche Aufarbeitung der Diskussion um die zahlreichen Probleme im Zusammenhang mit zulässigen und unzulässigen Inhalten der AGB im Reiserecht schlicht den Umfang der Arbeit sprengen.

Gegenstand ist vielmehr das materielle Reiserecht, und zwar in Form des Reisevertragsrechts der §§ 651a - 651m BGB, welche das Rechtsverhältnis zwischen Reisendem[60] und Reiseveranstalter[61] im Rahmen von Pauschalreisen[62] regeln. Die rechtlichen Beziehungen im Rahmen einer Individualreise hingegen regeln sich nach den entsprechenden einzeln abgeschlossenen Verträgen, also bspw. Beförderungs- und Beherbergungsvertrag.[63]
Eine Untersuchung der möglichen rechtlichen Gestaltungen im Sinne des Individualreiserechts ist auch nicht Nebenziel dieser Arbeit, auf Individualreisen ist nur abgrenzend und teilweise hinsichtlich einer analogen Anwendung des Reisevertragsrechts einzugehen.[64]
Hingegen erweitert sich auch bei dezidierter Untersuchung der Rechte des Pauschalreisekunden angesichts von Mängeln in Teilbereichen der Blick über die §§ 651a ff BGB hinaus, nämlich dort, wo sich im Rahmen von Mängeln im Zusammenhang mit einer Pauschalreise

---

[60] S. u. Erster Teil C. I. (S. 58).
[61] S. u. Erster Teil C. II. (S. 69).
[62] S. u. Erster Teil B. I. (S. 29).
[63] Zum Individualreiserecht s. etwa *Führich*, Reiserecht, 8. und 9. Kapitel, S. 673ff.
[64] S. u. Erster Teil B. II. (S. 52).

auch Ansprüche direkt gegen die Erfüllungsgehilfen des Veranstalters selbst ergeben, insbesondere das Reisebüro als regelmäßiger Vermittler der Pauschalreise.

Zunächst soll mit einer zwangsläufig kurzen Darstellung der historischen Entwicklung des Gesetzes bis zum heutigen Stand der Hintergrund für die nachfolgenden Überlegungen bereitet werden. In einem nächsten Schritt werden die rechtlichen Grundlagen des Reisevertragsrechts festgestellt. Der Anwendungsbereich des Pauschalreiserechts soll sachlich und personell abgegrenzt sowie die dabei prägenden Rechtsbegriffe und Rechtsbeziehungen charakterisiert werden. Ein eingehender Exkurs soll dabei auch auf die oftmals vernachlässigte Rolle des Reisebüros eingehen, weil sich hier bei jedweden Mängeln im Zusammenhang mit der Buchung für den Reisenden die enorm praxisrelevante Frage von Ansprüchen auch gegen den Reisevermittler stellt.

Mit diesen Grundlagen im Ersten Teil wird der Rahmen abgesteckt, um im Zweiten Teil der Arbeit auf das zentrale Thema des Reiserechts, die Mangelhaftigkeit der Reise, näher einzugehen. Der Begriff des Mangels soll in seinen verschiedenen tatsächlichen und damit rechtlichen Aspekten substantiiert erörtert und definiert werden; Hauptaugenmerk liegt dabei auf dem zentralen Begriff des Reisemangels gem. § 651c I BGB. Es soll gerade keine rein deskriptive und dennoch notwendigerweise breite Wiedergabe der umfangreichen Einzelfälle anhand der Rechtsprechung erfolgen, sondern statt dessen Dogmatik und Inhalt des Mangelbegriffs erörtert und strukturiert werden.

Im Gegensatz zur herkömmlichen Unterteilung nach Mängelarten soll hier ein nach Ansicht des Verfassers sachgerechterer Ansatz versucht werden: Ausgehend vom Begriff des Reisecharakters inklusive der Besonderheiten einzelner Reisearten und damit des Inhalts der geschuldeten Leistung soll darauf basierend versucht werden, einen adäquaten Ansatz zur Handhabung der jeweiligen Einzelfallfrage zu finden, ob eine Störung unter Zugrundelegung des jeweiligen Reisecharakters und damit Vertragsinhalts tatsächlich ein Reisemangel im technischen Sinne ist, und von welcher Erheblichkeit. Diese Herangehensweise betont den in der Natur der Sache liegenden Einzelfallcharakter der Fragestellung, ob ein Reisemangel vorliegt. Im Anschluss soll noch auf Störungen eingegangen werden, die aus der Sicht des Reisenden im weitesten Sinne seine Reisepläne stören, aber technisch keine Reisemängel darstellen, wie beispielsweise zulässige Vertragsänderungen, die Absage der Reise durch Reiseveranstalter oder auch ein Rücktritt des Reisenden aus persönlichen Gründen.

Schließlich widmet sich der Dritte Teil der eingehenderen Darlegung der verschiedenen rechtlichen Folgen eines Reisemangels, den verschiedenen Ansprüchen und Rechten des Reisenden im Gewährleistungssystem des Reisevertragsrechts. Dieser Bereich ist nicht nur für den Reisenden, sondern aufgrund der vielfältigen offenen Rechtsfragen auch juristisch interessant und es wird entsprechend näher auf die verschiedenen hierbei auftretenden offenen Fragen und Streitigkeiten einzugehen sein, unter Einbeziehung der im Zweiten Teil zur Frage des Vorliegens und der Bewertung von Mängeln gewonnenen Erkenntnisse und Ansätze.

Erster Teil: Rechtliche Grundlagen und Terminologie

Das für den Pauschalreisenden interessante Recht ist neben begleitenden Rechtsgebieten und -normen vor allem das eigens für das Verhältnis zwischen Reisendem und Reiseveranstalter im Rahmen einer Pauschalreise geschaffene Reisevertragsrecht in den §§ 651a bis § 651m BGB. Es soll daher zunächst dieses Reisevertragsrecht in seiner Entstehungssituation und -entwicklung vorgestellt werden. Sodann sind der Anwendungsbereich des Reisevertragsrechts und dabei die grundlegenden Begriffe und Rechtsbeziehungen im Rahmen der Pauschalreise zu klären, teilweise werden dafür auch Regelungen bzw. Rechtsbeziehungen außerhalb des Reisevertragsrechts untersucht werden müssen.

A. Das Reisevertragsrecht

Zunächst soll einführend in diesem Abschnitt die Entwicklung des Reisevertragsrechts grob nachgezeichnet werden, wie es gerade auch seine heutige gesetzliche Form erhalten hat. Im Anschluss daran soll eine kurze rechtliche Charakterisierung und Einordnung des damit geformten Vertragstyps „Reisevertrag" erfolgen.

I. Geschichtliche Entwicklung des Pauschalreiserechts

Seit dem Wirtschaftswunder gewann das Reisen für die Deutschen wieder mehr an Bedeutung. Dabei bildete sich mit der Pauschalreise zunehmend eine neue Art des Verreisens heraus, die schnell und bis zum heutigen Tag weiter an Bedeutung gewann: im Unterschied zur Individualreise, bei der sich der Reisende selber um seine Anreise zum Urlaubsziel, die dortige Unterkunft, Verpflegung etc. kümmert, bietet bei einer Pauschalreise der Veranstalter sozusagen ein komplettes „Paket" an Reiseleistungen an, das der Veranstalter fertig organisiert hat und das der Reisende nur noch in Anspruch nehmen, „konsumieren" muss.

Ein derartiger Reiseveranstaltervertrag wurde angesichts der veranstaltenden, die einzelnen Leistungen vermittelnden Reisebüros zunächst als Maklervertrag i. S. d. §§ 652 ff BGB, dann mit der Entwicklung hin zu spezialisierten reinen Reiseveranstaltern als Geschäftsbesorgungsvertrag mit Werkcharakter gem. § 675 BGB angesehen.[65]
Doch auch letztere Einordnung wurde dem Charakter der Pauschalreise nicht gerecht, hat doch der Reisende kaum die Weisungsrechte eines Geschäftsherrn, sondern muss die bereits vor Vertragsschluss vom Veranstalter festgelegte Pauschalreise als fertig entworfenes Produkt annehmen.

Freilich spricht dieser „vorgefertigte" Charakter der Pauschalreise in gewisser Weise für eine Einordnung als Werkvertrag, bei dem ja eigentlich der Besteller ein bestimmtes Werk in Auftrag gibt. So hatte sich schließlich die Einordnung als Werkvertrag i. S. d. §§ 631 ff BGB durchgesetzt, da dieser der Natur des Pauschalreisevertrages noch am ehesten zu ent-

---

[65] Vgl. *Staudinger/J. Eckert*, Vorbem zu §§ 651a-m Rn. 8, sowie die Darstellung bei *Demmig*, S. 3f m. w. Nachw.

sprechen schien.[66] Diese Charakterisierung war durch den *BGH* bestätigt worden[67] und blieb bis zum Inkrafttreten des Reisevertragsgesetzes mit den §§ 651a ff BGB herrschende Meinung.

Mit dem Bedeutungszuwachs dieser neuen Reiseart einhergehend entwickelte sich aber zugleich zunehmend spezifischer rechtlicher Regelungsbedarf; die Einordnung als Werkvertrag half nur bedingt weiter: mit der neuen Figur des Reiseveranstalters und dem Produkt Pauschalreise entstanden nun diverse Nachteile für die Verbraucher.
Bei Individualreisen schließt der reisende Verbraucher selbst die einzelnen Verträge mit den Erbringern der verschiedenen Reiseleistungen ab. Diese warfen rechtlich keine besonderen Probleme auf, so waren der Beförderungsvertrag, der Beherbergungsvertrag und - bei gleichzeitig vereinbarter Verpflegung - der Bewirtungsvertrag mit den gängigen schuldrechtlichen Vertragsmodellen (Werk-, Kauf- Miet- und Dienstvertragsrecht) handhabbar.[68]

Wirtschaftlich-tatsächlich konnte der individuell selber Buchende bei Reklamationen direkt mit dem Leistungserbringer, beispielsweise dem Hotelier, in Kontakt treten und sich behelfen. Aufgrund der üblichen Verfahrensweise, dass bei privater Buchung für die Unterkunft zunächst allenfalls eine Anzahlung geleistet wird, kann der Reisende bei Mängeln die Restzahlung zurückhalten, es ist dann der Hotelier, der sich um den ausstehenden Betrag sorgen muss.

Bei den durch Reiseveranstalter angebotenen fertigen Pauschalreisen wurde der Reisepreis vor bzw. bei Reiseantritt bezahlt; bei Mängeln der konkreten Leistung vor Ort war es dann der Reisende, der sich später rechtsverfolgend an den Vertragspartner Veranstalter wenden und um eine Rückzahlung bemühen muss. Der Aufwand und das Risiko der Rechtsverfolgung liegt also hier beim Reisenden.[69]
Zugleich war zu beobachten, dass die Reiseveranstalter zunehmend einseitig begünstigende AGB verwendeten, in denen sie sich u.a. durch sog. Freizeichnungsklauseln nur als Vermittler bezeichneten und somit einer Haftung für Mängel der Reise zu entgehen suchten; neben dem weitgehenden Ausschluss der Haftung für die Leistungsträger als Erfüllungsgehilfen wurde die Haftung der Höhe nach meist auf den einfachen Reisepreis begrenzt und des weiteren einseitige Leistungsänderungsvorbehalte des Veranstalters in den AGB festgelegt.[70]

Hinsichtlich der Rechtsbeziehungen zum Veranstalter bestand auch ein strukturelles Ungleichgewicht aufgrund der Marktsituation in der Tourismusindustrie. Während bei der Individualreise dem Verbraucher als Hotel oder Gaststätte nicht selten ein mittelständisches oder kleines Familienunternehmen gegenübersteht, war (und ist) der Markt hinsichtlich Pauschalreisen geprägt von einer geradezu oligopolistischen Struktur bedeutender Groß-

---

[66] Vgl. *Hansen*, S. 1 (Typisierung als Werkvertrag „das kleinere Übel").
[67] Vgl. *BGHZ* 60, 14.
[68] *Staudinger/J. Eckert*, Vorbem zu §§ 651a-m Rn. 7; eingehend zu den einzelnen individualreiserechtlichen Vertragstypen s. *Führich*, Reiserecht, 8. und 9. Kapitel, S. 673ff.
[69] *Tonner*, Reisevertrag, Einl. Rn. 9, S. 5.
[70] *Brennecke*, S. 15.

konzerne, die dem Pauschaltouristen die Reisebedingungen weitgehend einseitig diktierten. Dieser Trend zur Oligopolisierung auf Anbieterseite zeichnete sich früh ab und hält auch heute noch an.[71] Aufgrund ihrer überlegenen Stellung konnten diese Anbieter in ihren AGB ungünstige Klauseln durchsetzen, welche die reisenden Verbraucher übermäßig belasteten.

Der dringend gebotene Interessenausgleich erfolgte zunächst durch wegweisende Rechtsprechung des *BGH*. Das Urteil zum sog. „Impfschadenfall" vom 30.11.1972[72] wandte sich gegen überhöhte Stornogebühren. Im „Ferienhausfall" erklärte der *BGH* sodann mit Urteil vom 18.10.1973[73] die Vermittlerklausel für unzulässig, nach der laut AGB der Veranstalter nur den Vertrag zwischen Reisendem und dem einzelnen Leistungsträger vermittle, der Reisende sich also bei Reklamationen nicht an den Veranstalter halten konnte. Im Urteil vom 10.10.1974 zum sog. „Rumänienfall"[74] sprach der *BGH* schließlich dem Reisenden einen Schadensersatzanspruch wegen nutzlos aufgewendeter Urlaubszeit zu, wie er jetzt in § 651f II BGB geregelt ist.[75]

Damit war zwar punktuell der Verbraucherschutz in bedeutender Hinsicht verbessert worden, es war aber nach wie vor deutlich, dass es an einem geschlossenen System eines Vertragsrechts für diese Pauschalreisen mangelte. Auch bei entsprechender Anwendung des Werkvertrags bestanden Rechtsunsicherheiten und Zweifelsfragen, weshalb nach Ansicht des Gesetzgebers ein entsprechendes spezielles Pauschalreiserecht im Interesse der Rechtssicherheit, Rechtsklarheit und des besseren Kundenschutzes für erforderlich gehalten wurde. Nicht zuletzt sollte damit auch im Sinne des § 9 II AGBG (a. F.), nunmehr § 307 II BGB, ein gesetzliches Leitbild des Reisevertrags geschaffen werden, an dem die AGB-Klauseln der Veranstalter ausgelegt werden konnten.[76]

Nach zwei Referentenentwürfen aus dem Bundesjustizministerium 1973 und 1975 brachte die Bundesregierung 1976 einen Gesetzentwurf in den Bundestag ein,[77] der aber in dieser 7. Legislaturperiode dann nicht mehr abschließend behandelt werden konnte. Er wurde daher in der folgenden 8. Legislaturperiode in unveränderter Form erneut vorgelegt.[78]

Dieser von der Bundesregierung entwickelte Entwurf orientierte sich am wenige Jahre zuvor unterzeichneten, aber nicht ratifizierten und insofern gescheiterten *Brüsseler Übereinkommen über den Reisevertrag* und sah ein vertragliches Regelsystem mit einem einheitlichen Leistungsstörungsbegriff vor, das als Spezialgesetz außerhalb des BGB stehen sollte.

Der Rechtsausschuss des Bundestages kritisierte den Entwurf, er sei zu perfektionistisch und führe mit seiner Verortung außerhalb des BGB zu weiterer, nicht wünschenswerter Rechtszersplitterung. Die konservative Opposition lehnte eine eigene Kodifizierung zum Pauschalreiserecht ohnehin als Beispiel unnötiger Gesetzgebung ab, es seien bereits bisher

[71] *Tonner*, Reisevertrag, Einl. Rn. 12, S. 5; s. a. oben Fn. 49.
[72] *BGHZ* 60, 14.
[73] *BGHZ* 61, 267.
[74] *BGHZ* 63, 98.
[75] S. u. Dritter Teil G. (S. 431ff).
[76] S. a. *Löwe*, BB 1979, 1957 (1958).
[77] BT-Dr 7/5141 v. 5.6.1976.
[78] BT-Dr 8/786 v. 27.7.1977.

im Rahmen des Werkvertragsrechts Millionen Reisen zufriedenstellend verlaufen, und auch ein eigenes Gesetz werde die Reiseleistungen nicht automatisch mangelfrei machen. Die Rechtsprechung habe, wo notwendig, v.a. in Form der *BGH*-Entscheidungen grundlegende Verbraucherrechte entwickelt, über die auch der Gesetzentwurf nicht hinausgehe.[79]
Um einer weiteren Rechtszersplitterung durch ein Spezialgesetz außerhalb des BGB entgegenzuwirken, sollte das Gesetz gestrafft im BGB untergebracht werden. Der Entwurf wurde schließlich radikal von 25 auf 11 Paragraphen gekürzt und in das BGB im Anschluss an das Werkvertragsrecht eingefügt.[80]

Nach allgemeiner Auffassung[81] fiel dieser radikalen Kürzung Verständlichkeit, Regelungssinn und -dichte sowie Konsistenz, kurzum die Brauchbarkeit und Qualität des neuen Reisevertragsgesetzes[82] in nicht unerheblichem Ausmaß zum Opfer; die Unstimmigkeiten und Regelungsungenauigkeiten bieten Juristen in Rechtsprechung und Lehre bis heute Beschäftigung.

In dieser veränderten Form trat das Reisevertragsgesetz[83], das die §§ 651a bis 651k in das BGB als zweiten Untertitel des 9. Titels „Werkverträge und ähnliche Verträge" einfügte, am 1.10.1979[84] in Kraft.

In der Folge versuchte die Rechtsprechung in den 80er Jahren, die im Zusammenhang mit der Einführung des neuen Rechts ungeklärten bzw. neu hinzugekommenen Fragen zu klären und dabei dem Verbraucherschutz, der ja auch das erklärte Ziel des Gesetzes war, mit wegweisenden Entscheidungen Geltung zu verschaffen.[85]
Als Beispiel sei ein Urteil des *BGH* genannt, das die §§ 651a ff BGB unter gewissen Umständen für analog anwendbar erklärte, wenn ein Reiseveranstalter nur eine einzelne Reiseleistung erbringt.[86] Auch etwa zu Fragen der Kündigung nach § 651e und § 651j BGB[87] sowie zum Ersatz des vertanen Urlaubs § 651f II BGB[88] bestanden Zweifelsfragen, zu denen der *BGH* Stellung nahm.

Die nächste bedeutende Änderung erfuhr das deutsche Reiserecht durch die damalige EG. Mit der Einheitlichen Europäischen Akte von 1985 wurde das Ziel der Schaffung eines einheitlichen europäischen Binnenmarktes festgelegt. Dies bedeutete auch die Schaffung eines

---

[79] Vgl. etwa Plenarprotokoll 8/124 v. 13.12.1978, Verhandlungen des Deutschen Bundestages, 8. Wahlperiode, Stenographische Berichte Band 108, S. 9698; s. auch die Einschätzung von *Isermann*, NJW 1988, 873 (875).

[80] Vgl. Bericht des Rechtsausschusses BT-Dr 8/2343 v. 4.12.1978, der als einziger die Gesetzesmotive der geänderten Fassung dokumentiert und daher noch heute grundlegende Bedeutung für die Auslegung hat.

[81] Vgl. *Staudinger/J. Eckert*, Vorbem zu §§ 651a-m, Rn. 16; *Tonner*, Reisevertrag, Einl. Rn. 23, S. 8.

[82] Schon der Begriff ist etwas unglücklich bzw. unscharf, regelt es doch nur den Pauschalreisevertrag, der bis zu diesem Zeitpunkt als „*Reiseveranstaltungsvertrag*" bezeichnet wurde; *Reisevertrag* ist hingegen terminologisch-hermeneutisch ein Oberbegriff, der von der Wortbedeutung her u. a. *auch* Reisevermittlungsverträge mit umfasst.

[83] Verabschiedung im Bundestag am 13.12.1978 BR-Dr. 29/1/79, Verkündung am 4.5.1979.

[84] BGBl 1979 I, 509.

[85] Vgl. eingehendere Darstellung hierzu bei *Staudinger/J. Eckert*, Vorbem zu §§ 651a-m, Rnn. 14ff.

[86] *BGH* NJW 1985, 906.

[87] *BGHZ* 85, 50 (= NJW 1983, 33) (Mauritiusfall).

[88] *BGH* NJW 1983, 35 (Montenegrofall) und NJW 1983, 218 (Schülerfall).

einheitlichen Binnenmarktes für Reiseveranstaltung. Nötig war dafür aber eine gewisse Angleichung der rechtlichen Regelungen zum Reiserecht in den einzelnen Mitgliedsstaaten. Statt einer völligen Harmonisierung des Rechts wurde für Dienstleistungen das Konzept der Mindeststandards festgelegt, d.h. die Mitgliedsstaaten können im nationalen Recht ein abweichend *höheres* Schutzniveau für die Verbraucher schaffen, aber nicht den europarechtlich vorgegebenen Mindeststandard unterschreiten.[89]
Am 13.6.1990 wurde die EG-Pauschalreiserichtlinie[90] verabschiedet, die eben jene Rechtsannäherung unter den Mitgliedsstaaten mit Mindeststandards zum Verbraucherschutz beinhaltete, geprägt vor allem von Regelungen zu Informationspflichten, zur Insolvenzabsicherung, zur Beschränkung der Möglichkeit nachträglicher Preis- und Leistungsänderungen sowie zu einer grundsätzlichen Haftung des Reiseveranstalters mit eingeschränkter Möglichkeit des der Entlastung bei Nichtverschulden.[91] Aufgrund der Stellung dieser Richtlinie mit den darin festgelegten, nicht zu unterschreitenden Mindeststandards bzgl. des Verbraucherschutzes wirkt sich die Richtlinie auch nach der Umsetzung weiterhin auf die Definition und Interpretation der einzelnen Begrifflichkeiten und Regelungen des deutschen Reiserechts aus, worauf bei einzelnen Regelungen im Rahmen dieser Arbeit zurückzukommen sein wird.[92]

Die Richtlinie setzte in Art. 9 I den Mitgliedsstaaten eine Frist bis zum 31.12.1992 zur Umsetzung in nationales Recht.
Der von der Bundesregierung hierzu im Juli 1993 eingebrachte Gesetzesentwurf[93] erfuhr mehrfach Änderungen[94] und die entsprechende deutsche Umsetzung trat daher erst erheblich verspätet zum 1. 11. 1994 in Kraft.[95]
Preis- und Leistungsänderungsvorbehalte, bisher durch die AGB der Reiseveranstalter und somit über das AGB-Gesetz behandelt, wurden nunmehr reiserechtlich spezialgesetzlich geregelt (§ 651a III u. IV (a.F.), nunmehr IV u. V BGB), der Vorrang des § 651j BGB gegenüber § 651e BGB bei Vorliegen höherer Gewalt wurde in § 651j BGB festgeschrieben und damit die gegenteilige Rechtsanwendung durch den *BGH*[96] korrigiert, in § 651f I BGB wurde die bereits in der Rechtsprechung entwickelte Beweislastumkehr eines vermuteten Verschuldens des Veranstalters festgeschrieben, und es wurde in § 651a BGB in Absatz 5 eine Ermächtigungsnorm für eine Verordnung über Informationspflichten geschaffen.

---

89 Vgl. nunmehr Art. 153 V EG-Vertrag.
90 Richtlinie 90/314/EWG des Rates v. 13.6.1990 über Pauschalreisen, ABlEG Nr. L 158 v. 23.6.1990, S. 59.
91 S. a. MüKo/*Tonner*, Vor § 651a Rnn. 25ff; zur Haftung s. Art. 5 II der Richtlinie(Fn. 90).
92 S. a. Erster Teil A. III. (S. 24).
93 BT-Dr 12/5343 v. 1.7.1993.
94 Beratung Rechtsausschuss am 12.1. und 24.2.1994, daraufhin Vorlage Bericht und Beschlussempfehlung mit einer geänderten Fassung an den Bundestag (BT-Dr 12/7013), von dort erneute Verweisung an die Ausschüsse; schließlich Verkündung des „Gesetzes zur Durchführung der Richtlinie des Rates vom 13. Juli 1990 über Pauschalreisen" am 22.4.1994
95 „Gesetz zur Durchführung der Richtlinie des Rates vom 13.6.1990 über Pauschalreisen" v. 24.6.1994, BGBl I, 1322.
96 *BGHZ* 85, 50 (= NJW 1983, 33) (Mauritiusfall).

Schließlich erforderte die Pauschalreiserichtlinie die in § 651k BGB eingefügte Pflicht zur Insolvenzabsicherung. Gerade diesbezüglich aber führte die verspätete Umsetzung durch die Bundesrepublik Deutschland zum berühmten Dillenkofer-Urteil des *EuGH*,[97] der einen Staatshaftungsanspruch unmittelbar gegen die Bundesrepublik feststellte zugunsten geschädigter Verbraucher, die im Ausland gestrandet waren, weil deren Reiseveranstalter in der Zwischenzeit in Insolvenz geraten waren.

Die aufgrund des damaligen § 651a V BGB subsequent erlassene *Verordnung über die Informationspflichten von Reiseveranstaltern* (InfVO) vom 14.11.1994[98] schrieb Pflichtangaben im Reisekatalog, bei der Buchung und schließlich bei Übersendung der Reiseunterlagen vor (diese Vorschriften finden sich heute in §§ 4 ff BGB-InfoV).

Zum 1.1.1997 wurde § 651k BGB in Absatz 4 nochmals geringfügig geändert[99] bzgl. des Ausschlusses der Leistung einer Anzahlung durch den Verbraucher ohne den Nachweis der Insolvenzsicherung durch den Veranstalter, weitere sehr geringe Änderungen brachte am 27.6.2000 das Fernabsatzgesetz,[100] u.a. mit einer Umstellung von DM auf Euro-Beträge.

Die nächste größere Modifikation erfuhr das Reisevertragsrecht durch das *Zweite Gesetz zur Änderung reiserechtlicher Vorschriften*[101] vom 23.7.2001, in Kraft getreten am 1.9.2001.[102] Unter anderem wurde die bisherige Verordnungsermächtigung in § 651a Absatz 5 BGB gestrichen und eine neue einheitliche Ermächtigungsgrundlage in Art. 238 Abs.1 EGBGB geschaffen. Die Insolvenzschutzregelung des § 651k BGB wurde generalüberholt und um erweiterte Regelungen zugunsten der Reisenden ergänzt.[103] Schließlich wurde mit § 651l BGB völlig neu eine explizite Regelung für internationale Gastschulaufenthalte aufgenommen. § 651g I BGB erhielt einen zweiten Satz, der § 174 BGB für unanwendbar erklärt, womit klargestellt ist, dass der Anwalt des geschädigten Reisenden für die Anmeldung von Ansprüchen keine Originalvollmacht vorlegen muss; hierüber herrschte lange Zeit Unklarheit und widersprüchliche Rechtsprechung. [104]

Am 1.1.2002 trat das *Gesetz zur Modernisierung des Schuldrechts*[105] in Kraft. Die anstehende Umsetzung mehrerer EU-Richtlinien[106] hat man zum Anlass für eine umfangreiche

---

[97] *EuGH* Urteil v. 8.10.1996, Slg. 1996, I-4845 – Dillenkofer. (abgedr. u.a. auch in NJW 1994, 3141); vgl. auch eingehend *Solveen/Tonner*, Neues Reiserecht – Staatshaftung bei Insolvenz des Reiseveranstalters, Köln 1994, mit eingehender Diskussion für (*Tonner*) bzw. gegen (*Solveen*) eine Haftung der Bundesrepublik Deutschland wegen der verspäteten Insolvenzschutz-Umsetzung.

[98] BGBl 1994 I, 3436; nunmehr ersetzt durch §§ 4 bis 8 BGB-InfoV.

[99] BGBl 1996 I, 2090.

[100] BGBl 2000 I, 897.

[101] *Kaller* schreibt die im Folgenden geschilderten Änderungen unzutreffend dem *Gesetz zur Modernisierung des Schuldrechts* zu, s. *ders.*, Reiserecht, A.II. Rn. 7, S. 4f.

[102] BGBl I 2001, 1658; BT-Dr 14/5944 v. 4.5.2001; zur Entstehungsgeschichte vgl. *Staudinger/J. Eckert*, Vorbem zu §§ 651a-m Rn. 29, S. 25.

[103] Eingehender hierzu *Staudinger/J. Eckert*, Vorbem zu §§ 651a-m Rn. 30, S. 26.

[104] Motiviert war diese Gesetzesänderung wohl durch eine kurz zuvor ergangene, allgemein als verfehlt angesehene (vgl. etwa MüKo/*Tonner*, Vor § 651a Rn. 48) anderslautende Entscheidung des *BGH* (*BGH* NJW 2001, 289); s. a. *Führich*, NJW 2001, 3087.

[105] BGBl 2001 I, 3138.

Neuordnung des Schuldrechts genommen. Wenn dies auch für das Schuldrecht im BGB allgemein geradezu revolutionäre Umwälzungen brachte, nahmen sich die Änderungen für das Reisevertragsrecht vergleichsweise geringfügig aus;[107] insbesondere bestätigte sich der Charakter des Reisevertragsrechts, eine abgeschlossene Sonderregelung zu bilden, die nicht auf die allgemeinen Leistungsstörungsregeln des Schuldrechts zugreift.[108]

Geändert wurde zunächst einmal § 651a BGB, dem ein neuer Abs. 3 eingefügt wurde, wonach dem Reisenden nach Vertragsschluss eine legaldefinierte Reisebestätigung ausgehändigt werden muss, nämlich eine die nach Informationsverordnung notwendigen Angaben enthaltende Urkunde über den Reisevertrag.
Der die Preisänderung behandelnde nunmehr Abs. 4 bekam einen zusätzlichen dritten Satz mit dem Verweis auf § 309 Nr.1 BGB; demnach sind die an sich unter den entsprechenden Voraussetzungen zulässigen Preisänderungen generell ausgeschlossen, wenn die Reise innerhalb von vier Monaten nach Vertragschluss stattfinden soll.
§ 651d I 1, 2 BGB verweist nun bzgl. der Minderung auf die entsprechenden Regelungen im Werkvertragsrecht, § 638 III u. IV BGB, wobei die vorzunehmende „Schätzung“ (§ 651d I 1 i. V. m. § 638 III 2 BGB) ohnehin gängige Praxis war.[109] Auch der neue § 651e III 2 BGB verweist auf § 638 III BGB, im Gegensatz zum vorherigen Verweis auf die kaufrechtliche Norm des § 472 BGB (a.F.).

Bedeutend insbesondere für die Praxis sind aber vor allem die Änderungen bezüglich der Verjährungsfrist, die in § 651g II 1 BGB von vorher sechs Monaten auf nunmehr zwei Jahre verlängert wurde, weil nach Auffassung des Gesetzgebers[110] ja auch im Kauf- und Werkvertragsrecht die sechsmonatige Verjährungsfrist abgeschafft und kein besonderer Grund erkennbar sei, warum ausgerechnet im Reiserecht der Reiseveranstalter eines besonderen, darüber hinausgehenden Schutzes einer kurzen Verjährungsfrist bedürfe; insbesondere sei der Veranstalter ja im Reisevertragsrecht bereits durch die einmonatige Ausschlussfrist des § 651g I 1 BGB besonders geschützt.
Der Hinweis der Kritiker auf den in Reisesachen bestimmenden Zeitfaktor und die gerade hier mit zunehmendem zeitlichen Abstand von der vergangenen Reise erheblich zunehmenden Beweisschwierigkeiten, ist an sich treffend.[111] Angesichts der aus Sicht des Anspruchstellers, des reisenden Verbrauchers, günstigeren Regelung einer längeren Verjährungsfrist darf aber m. E. bezweifelt werden, ob, wie die teilweise Kritik der Literatur an

---

[106] Nämlich die sog. „Verbrauchsgüterkaufrichtlinie“ (Richtlinie 1999/44/EG des Europäischen Parlaments und des Rates zu bestimmten Aspekten des Verbrauchsgüterkaufs und der Garantien für Verbrauchsgüter, ABlEG Nr. L 171, S. 12), die sog. „e-commerce-Richtlinie“ (Richtlinie 2000/31/EG des Europäischen Parlaments und des Rates vom 8. Juni 2000 über bestimmte rechtliche Aspekte der Dienste der Informationsgesellschaft, insbesondere des elektronischen Geschäftsverkehrs, im Binnenmarkt, ABlEG Nr. L 178, S. 1, hiervon die Artikel 10, 11 und 18), und die sog. „Zahlungsverzugsrichtlinie“ (Richtlinie 2000/35/EG des Europäischen Parlaments und des Rates vom 29. Juni 2000 zur Bekämpfung von Zahlungsverzug im Geschäftsverkehr, ABlEG Nr. L 200, S. 35).
[107] S. a. Zweiter Teil A. II. (S. 124) u. B. III. 2.) (S. 128) sowie Dritter Teil A. I. 5.) (S. 311).
[108] S. Dritter Teil A. I. 4.) (S. 307).
[109] *Kaller*, Reiserecht, A. II., Rn. 7.
[110] Vgl. BT-Dr 14/6040, S. 268f.
[111] S. *Isermann*, RRa 2001, 135 (136); *Führich*, NJW 2002, 1082 (1083) [II. 2. a)].

der Verjährungsverlängerung ausführt,[112] die alte Regelung kürzerer Verjährungsfristen dabei tatsächlich dem Interesse des mangelbeschwerten Reisenden besser entsprach. Die Behauptung bzw. Annahme, eine kurze Verjährung läge im Interesse des reisenden, weil damit die Beweislage noch „frisch" wäre, ist als bevormundende Beglückung mittels Rechtsverkürzung verfehlt, es liegt am Reisenden selbst (bzw. seinem Anwalt), seine Beweissituation und somit Erfolgsaussichten seiner Klage nach 6 Monaten noch einzuschätzen.

Zu beachten ist in diesem Zusammenhang aber die parallel zur Fristverlängerung auf zwei Jahre nun in § 651m S. 2 BGB vorgesehene Möglichkeit der vertraglichen (individuell oder durch AGB) Verkürzung der Verjährungsfrist, wobei aber als Minimum ein Jahr nicht unterschritten werden kann.

Am eigentlichen Gewährleistungssystem der §§ 651c bis 651f BGB selber wurde keine Änderung vorgenommen, es bleibt beim Vorrang der spezifischen reisevertragsrechtlichen Regelungen,[113] auch der reisevertragsrechtliche Mangelbegriff wurde nicht geändert, obwohl sich angesichts des neuen Leistungsstörungssystems und dessen Nähe zur Konzeption des universalen Mangelbegriffs des Reisevertragsrechts eine Konsolidierung bzw. Eingliederung des Reisevertragsrechts in das neue allgemeine System angeboten hätte und verschiedentlich auch gefordert worden war.[114]

Die bis dahin bestehende reisevertragsrechtsspezifische *Verordnung über Informationspflichten von Reiseveranstaltern* (s.o.) wurde ersetzt bzw. zu einem Bestandteil[115] der neugeschaffenen allgemeinen *Verordnung über Informations- und Nachweispflichten nach bürgerlichem Recht* (BGB-InfoV)[116] in deren 3. Abschnitt.

Das *Zweite Gesetz zur Änderung schadensersatzrechtlicher Vorschriften,*[117] in Kraft getreten zum 1.8.2002, betrifft das Reiserecht nur indirekt, dafür aber nicht unerheblich. Durch die Einführung eines Anspruchs auf Schmerzensgeld bei Verletzung des Körpers und der Gesundheit als Teil der allgemeinen Schadensersatzregelung im neuen § 253 II BGB wird eine Verschuldenshaftung für entsprechende immaterielle Schäden, die vorher über den zugleich gestrichenen § 847 BGB nur bei Ansprüchen aus Delikt existierte, jetzt allgemein Teil des Schadensersatzrechts und damit auch auf vertragliche Ansprüche erweitert. Dies erweitert auch den Umfang der reisevertragsrechtlichen Anspruchsgrundlage für Schadensersatz in § 651f I BGB. Ein aufgrund eines Reisemangels am Körper geschädigter Reisender kann nun einen Schadensersatzanspruch aus Reisevertrag auf Schmerzensgeld haben, er ist nicht auf deliktische Ansprüche angewiesen. Interessant ist dies gerade auch im Hinblick auf die Haftung des Veranstalters für seine Erfüllungsgehilfen gem. § 278 BGB - ohne die

---

[112] *Führich*, a. a. O.: „im Interesse beider Parteien ... bewährt"; s. a. *Isermann*, a. a. O., sowie eingehend *Staudinger/J. Eckert*, § 651g Rn. 4, jew. m. w. Nachw.
[113] S. Dritter Teil A. I. 4.) (S. 307).
[114] Vgl. Nachweise bei *Staudinger/J. Eckert*, Vorbem zu §§ 651a-m Rn. 31 a. E.
[115] Nämlich in den §§ 4 bis 11 u. 15 der BGB-InfoV.
[116] BGBl 2002 I, 342; Neufassung BGBl 2002 I, 3002.
[117] S. BT-Dr 14/7752.

Möglichkeit einer Exkulpation wie bei der Geschäftsherrenhaftung § 831 I BGB. Damit entfiel auch das Erfordernis der konstruiert wirkenden Aufstellung deliktischer Verkehrssicherungspflichten des Veranstalters, mittels derer die Rechtsprechung den Reisenden unter der alten Rechtslage zu Schmerzensgeldansprüchen verhalf.[118]

Seither sind keine gesetzlichen Änderungen mehr erfolgt, eine Rechtsfortentwicklung fand aber selbstverständlich weiterhin durch die Rechtsprechung statt, insbesondere auch aufgrund weiterer klärender Entscheidungen des BGH, etwa zu Verkehrssicherungspflichten,[119] zur Überbuchung[120] sowie zur Rolle und Haftung des Reisebüros als Vermittler.[121]

II. <u>Würdigung des Reisevertragsrechts als Verbraucherschutzrecht</u>

Laut Gesetzesbegründung war „aufgrund der wirtschaftlichen und sozialen Bedeutung der Pauschalreise eine auf einen angemessenen Interessenausgleich gerichtete gesetzliche Regelung der vertraglichen Beziehungen zwischen dem Reiseveranstalter und dem Reisenden geboten", das entsprechende Reisevertragsgesetz hatte als Regelung dabei gerade auch das Ziel, „die Rechtsstellung des Verbrauchers zu verbessern".[122]

Auch wenn damit ein explizit genanntes Ziel die Verbesserung der Rechte des reisenden Verbrauchers war[123] und das Reisevertragsgesetz somit neben dem AGBG[124] als Teil der frühen Verbraucherrechtsgesetzgebung anzusehen ist, erfolgte dies unter der zweiten Prämisse eines „angemessenen Interessenausgleichs", also eben gerade nicht in Form einer rein einseitig die Rechte des Reisenden verbessernden gesetzlichen Regelung, die zugleich umgekehrt einseitig zu Lasten des Veranstalters erfolgen würde.
Das neue Gesetz war vielmehr geprägt durch ein Geben und Nehmen,[125] und so führte das Reisevertragsrecht auch tatsächlich in einigen nicht unerheblichen Punkten zu einer deutlichen Schlechterstellung des Reisenden im Vergleich zur vorherigen Rechtslage. Dies wurde auch vom Gesetzgeber teilweise erkannt, etwa hinsichtlich der neu eingeführten Haftungsbeschränkung in § 651h I BGB, aber ausdrücklich bewusst in Kauf genommen,[126] weil die entsprechenden Regelungen angesichts der Besonderheiten des Reisevertrages als sachgerecht empfunden wurden.[127] So statuiert auch § 651g I BGB neu eine für den Reisenden sehr nachteilige und in der Praxis häufig fatale kurze Ausschlussfrist, weil man eben angesichts des Charakters des Reiseverkehrs vom Erfordernis einer beschleunigten Abwicklung ausging.

---

[118] S. hierzu eingehend Zweiter Teil E. VI. (S. 268), Dritter Teil A. IV. (S. 317) u. F. II. 3.) b) (S. 425).
[119] *BGH* NJW 2006, 2918 (kindgerechte Ausstattung/splitternde Glastür); NJW 2006, 3269 (Wasserrutsche).
[120] *BGH* NJW 2005, 1047 (Maledivenurteil).
[121] *BGH* NJW 2006, 2321; s. hierzu eingehend Erster Teil C. III. 8.) (S. 98).
[122] S. Begründung Regierungsentwurf BT-Dr 8/786, S. 10, wie auch Bericht Rechtsausschuss BT-Dr 8/2343, S. 6.
[123] S. *Pick*, Einl. Rn. 74: Schutzgedanke als „roter Faden" in der Entwicklung der reiserechtlichen Regelungen.
[124] Vgl. auch das AGBG v. 9.12.1976, BGBl I, 3317.
[125] *Schmitt*, JR 1987, 265ff.
[126] S. BT-Dr BT 8/2343, S. 11.
[127] S. a. *BGH* NJW 1987, 1937.

Daran wird offensichtlich, dass das Reisevertragsrecht weniger auf eine einseitig verbraucherschützende Regelung, als vielmehr auf den Versuch einer der besonderen Sachlage des Pauschalreisevertrags angemessenen *gerechten* Regelung abzielt. Eine beiderlei Interessen gerecht werdende Lösung fordert aber eben aufgrund der Historie und der nach wie vor anhaltenden, natürlichen Versuche der strukturell überlegenen Reiseveranstalter auf einem weitgehend oligopolistisch geprägten Markt,[128] sich tendenziell der Einstandspflicht zu entziehen, eine gewisse Betonung der Rechte des Reisekunden, gewissermaßen als Schutz und Ausgleich für den per se in schwächerer Position befindlichen Verbraucher. In diesem Sinne stellt sich auch die Konzeption des Reisevertragsrechts als recht striktes Regelungssystem ohne viel Raum für die Vertragsfreiheit dar, wonach gem. § 651m BGB einseitig dispositiv von den gesetzlich festgeschriebenen Rechten des Reisenden nur zu dessen Gunsten individualvertraglich abgewichen werden kann.

In der Literatur erfolgte die Bewertung des neuen Reisevertragsrechts, gerade auch als Verbraucherschutzrecht, zunächst deutlich kritisch. Tatsächlich ist nach rückblickender Einschätzung kaum ein anderes Gesetz in der juristischen Literatur so heftig und nachhaltig kritisiert worden.[129]

Zum Teil war schon lange vor Inkrafttreten des Reisevertragsgesetzes während seiner Entstehung vor selbigem als nicht notwendig und rechtsdogmatisch schädlich gewarnt worden.[130] Nach Ansicht von *Schmitt* habe das neue Gesetz von Anfang an mehr Ablehnung als Zustimmung erfahren, weil es entgegen der Zielsetzung keineswegs gelungen sei, eine eindeutige klare Regelung zu schaffen.[131]

Laut *Bartl* habe das Gesetz mehr Probleme als Lösungen gebracht[132] und es werde als rechtspolitische Fehlleistung in die neuere Geschichte des Verbraucherrechts eingehen. Besonders harsche Kritik wurde auch von *Teichmann* geübt.[133] Dieser verweist auf die von ihm erkannten Unstimmigkeiten, die sich durch die Verkürzung und unbedachte Einfügung in das BGB ergaben, wodurch sich in der Rechtsanwendung eine Fülle von Strukturproblemen ergäben. Insgesamt hätten die §§ 651a-k wohl mehr Probleme aufgeworfen als geklärt, das Gesetz sei zu kompliziert.[134] Der einzelne würde ratlos, wenn er versuchte, seine Rechte aus dem Gesetzestext selbst bestimmen zu wollen, die Bestimmungen drohten, zu einer Domäne von Spezialisten zu werden. Das Gesetzeswerk sei systematisch laienhaft, es werde im akademischen Unterricht Platz finden als ein Beispiel eines wohl gutgemeinten, aber

---

[128] Vgl. Einleitung S. 8, dort Fn. 49; s. a. *Pick*, Einl. Rnn. 74 u. 76.
[129] *Schlotmann*, Recht, S. 2.
[130] S. *Bartl*, Reiserecht, Rn. 6, S. 20, sowie dort Fn. 37 m. w. Nachw.
[131] *Schmitt*, JR 1987, 265 (267).
[132] *Bartl*, Reiserecht (2. Aufl.), S. 6.
[133] *Teichmann*, JZ 1979, 737.
[134] In der Tat zeigt sich heute noch, dass die Reisenden selbst oft noch nicht einmal ihre elementarsten Rechte aus den §§ 651a ff BGB kennen (vgl. etwa *OLG Frankfurt a.M.* RRa 2000, 165, 166, wonach der Kläger das Kündigungsrecht des § 651j BGB nicht kannte und nicht wusste, dass er angesichts des herannahenden Hurrikans kündigen konnte), geschweige denn Besonderheiten wie die wichtige Ausschlussfrist des § 651g I BGB, die Feinheiten der Systematik einer Selbsthabhilfe oder die diffizile Feststellung, wann etwa ein zur Kündigung berechtigender Mangel im Sinne des § 651e I BGB vorliegt.

oberflächlichen, unzureichend durchdachten, unklaren und unvollständigen Regelungsversuchs, den es so besser nicht gegeben hätte.[135] Es sei in dieser Form ein missglückter Alleingang innerhalb eines insgesamt revisionsbedürftigen Leistungsrechts.[136] Letztlich resümiert er lakonisch, dem Verbraucher sei viel Glück zu wünschen bei dem Versuch, sein Recht in diesem Gesetz nachzulesen.[137]

All zu viel würde er nach Einschätzung *Schmitts* dabei auch nicht finden, denn die Verbesserung der Rechtsposition des Reisenden würde zwar als Ziel genannt, bei Betrachtung des Gesetzes im Detail fänden sich jedoch nur geringfügige Verbesserungen, denen auch Verschlechterungen gegenüberstünden.[138] Dabei würden mindestens so viele Fragen aufgeworfen, wie durch das Gesetz beantwortet würden.[139] Die Regelungen seien überflüssig und wenig geglückt, aber als geltendes Recht zu beachten.[140]

Kritisch wurde das neue Recht auch von *Löwe* gesehen, es werfe viele neue Zweifelsfragen auf.[141] Nach *Isermann* sei lediglich die vorher durch die Rechtsprechung erreichte Rechtslage festgeschrieben worden.[142]
Das neue Reisevertragsrecht der §§ 651a ff BGB wurde verbreitet als Fehlschlag des Gesetzgebers angesehen und generell bezweifelt, dass es den beabsichtigten Verbraucherschutz gewährleisten würde; es sei jenseits von Gut und Böse, schaffe mehr Unklarheit als Klarheit, sei einfach gründlich misslungen.[143]

Mit vergrößertem zeitlichem Abstand finden sich auch zunehmend weniger kritische bzw. durchaus positive Einschätzungen. So spricht *Eilmann* 1990 von einer überwiegend gelungenen Regelung, die den Problemen des Massentourismus gerecht werde.[144]

1993 kam der Gesetzgeber selbst anlässlich der durch die erforderliche Umsetzung der EG-Pauschalreiserichtlinie notwendig gewordenen Novellierung des Reisevertragsrechts zur rückblickenden Einschätzung, dass die geltenden Vorschriften der §§ 651 a ff BGB zu einem angemessenen und gerechten Interessenausgleich zwischen dem Reisenden und dem Reiseveranstalter führten und sich bewährt hätten, weshalb auch grundsätzlich keine Änderungen vorgenommen werden sollten außer den zur Umsetzung der EU-Vorgaben nötigen Anpassungen.[145]

Nach Beurteilung durch *H.-W. Eckert* könnten mit dem Reisevertragsrecht in bedeutsamen Problemfeldern des modernen Pauschaltourismus sachgerechte Lösungen erreicht werden.

---

[135] *Teichmann*, JZ 1979, 739 (742).
[136] *Teichmann*, a. a. O., dort Fn. 67.
[137] *Teichmann*, JZ 1979, 739 (743).
[138] *Schmitt*, JR 1987, 265 (270).
[139] *Schmitt*, a. a. O., S. 265.
[140] *Schmitt*, a. a. O., S. 272.
[141] *Löwe*, BB 1979, 1357 (1358).
[142] *Isermann*, NJW 1988, 873 (875).
[143] Vgl. Darstellung bei *Schlotmann*, Recht, S. 3, sowie bei *Soergel/H.-W. Eckert*, Vor § 651a Rn. 28.
[144] *Eilmann*, S. 200.
[145] S. BT-Dr 12/5354 S. 9; erneut in BT-Dr 14/5944, S. 8, wo auch das an die EU-Vorgaben angepasste Gesetz als bewährt bezeichnet wird. Vgl. dazu *Staudinger/J. Eckert*, Vorbem zu §§ 651a-m Rn. 36, der diese Einschätzung als „erstaunlich" bezeichnet.

Es könne auf der Grundlage der reisevertraglichen Normen der §§ 651a ff BGB durchaus eine angemessene und gerechte Risikoverteilung zwischen Reisendem und Reiseveranstalter entsprechend der Zielsetzung des Gesetzgebers erreicht werden.[146]

Soweit *J. Eckert* meint, dass das Reisevertragsrecht als Verbraucherschutzgesetz seinen Zweck erfüllt habe, weil es das Bewusstsein des Verbrauchers für seine Rechte gestärkt habe, und er nunmehr seine Rechte aus dem Gesetz ablesen könne,[147] dürfte ersteres m. E. wohl eher auf die Medienberichterstattung als den nüchternen Gesetzestext zurückzuführen sein, und sich letzteres, wenn überhaupt, wohl eher aus den erläuternden AGB der Veranstalter als aus dem nackten Gesetzestext selber ergeben, was *J. Eckert* letztlich auch selber einräumt.[148]

Auch bei rückblickender Betrachtung aus heutiger Sicht werden deutliche Defizite des Reisevertragsrechts festgestellt: Das Ziel einer abschließenden Regelung des Lebenssachverhaltes Pauschalreise sei laut *Tonner* teilweise verfehlt worden, faktisch liege die Entwicklung des Reisevertragsrechts nach wie vor in den Händen der Rechtsprechung.[149] Andererseits resümiert *Tempel* wohl zutreffend, dass sich trotz aller Kritik nunmehr kaum jemand den vorherigen Rechtszustand zurück wünscht.[150]

Die bei Inkrafttreten des Reisevertragsgesetzes empfundenen schwierigen Auslegungs- und Strukturfragen[151] sind nunmehr weitgehend geklärt, so die Abgrenzung zwischen Werkvertrag und Reisevertrag, oder etwa die Bestimmung, wann ein Reisevertrag vorliegt, wer Reiseveranstalter ist, wann eine Gesamtheit von Reiseleistungen im Sinne des § 651a I 1 BGB vorliegt. Auch die lange intensiv geführte Diskussion um das Verhältnis des Reisevertragsrechts zum allgemeinem Leistungsstörungsrecht, insbesondere zu den Regeln zur Unmöglichkeit, ist nunmehr weitgehend beendet bzw. im wesentlichen beantwortet. Diese weitgehende Beantwortung der ursprünglichen offenen Streitfragen wird sich im Rahmen der vorliegenden Arbeit an den entsprechenden Punkten zeigen.

Hingegen ist die bereits etwas zurückliegende Feststellung *Tonners*, dem Interesse des Verbrauchers trügen die Rechtsbehelfe der §§ 651c bis f BGB ausreichend Rechnung, entscheidend sei aber weniger der diesbezügliche Gesetzestext, sondern die Frage, ob überhaupt ein Mangel vorliegt und mit welchem Minderungssatz er zu bewerten sei,[152] nach wie vor hochaktuell. Gerade auch dieser Frage widmet sich die vorliegende Arbeit. Hierbei soll ebenfalls nicht völlig einseitig allein aus Verbrauchersicht nach dessen Vorteil gesucht werden, sondern insgesamt das Regelwerk des Reisevertragsrechts als ein Instrumentarium untersucht werden zur Lösung pauschalreiserechtlicher Sachverhalte und Problemstellungen.

---

[146] *Soergel/H.-W. Eckert*, Vor § 651a Rn. 30.
[147] *Staudinger/J. Eckert*, Vorbem zu §§ 651a-m Rn. 34.
[148] *J. Eckert*, a. a. O.
[149] MüKo(2. Aufl.)/*Tonner*, Vor § 651a Rn. 45.
[150] *Tempel*, RRa 1998, 19.
[151] S. *Teichmann*, JZ 1979, 739 (742) u. dort Fn. 66.
[152] MüKo(2. Aufl.)/*Tonner*, Vor § 651a Rn. 46.

Dabei bleibt mit *J. Eckert* festzuhalten, dass das Reisevertragsrecht eine Vielzahl von Kompromissformeln enthält und ein klares Lösungsmuster vermissen lässt.[153] Bei der Rechtsanwendung ergibt sich das Problem, dass zu den einzelnen Fragestellungen jeweils Kompromissformeln zum Ausgleich der Interessen von Reisendem und Veranstalter gefunden werden müssen.[154] Daran wie überhaupt an der ganzen Situation des Reisevertragsrechts hat sich auch angesichts der Schuldrechtsmodernisierung nichts geändert, denn diese ging am Reisevertragsrecht weitgehend vorüber. Auf die wenigen, vor allem indirekten diesbezüglichen Veränderungen wird an gegebener Stelle einzugehen sein.

III. Rechtsnatur des Reisevertrags und Auslegungsgrundsätze

Die Frage nach der thematisch-systematischen Charakterisierung des Vertragstyps „Reisevertrag" ist nicht eitler Selbstzweck, sondern erlangt jeweils akute Bedeutung bei der Beantwortung auftretender Fragen zu Auslegung und Lückenfüllung in der konkreten Rechtsanwendung der §§ 651a ff BGB.

Wie schon angedeutet, erscheint das Reisevertragsrecht auch innerhalb des Besonderen Schuldrechts als etwas „besonders Besonderes".[155] Dies liegt zum einen in der konkreten Art der rechtlichen Regelung, aber auch in der Natur der Sache Pauschalreise begründet.

Bei Betrachtung des Vertragsgegenstandes Pauschalreise fällt zunächst auf, dass diese Leistung nicht am Stück erbracht wird und auch nicht auf längere oder unbestimmte Dauer, sondern über eine gewisse überschaubare Zeitspanne hinweg; es liegt eine Art zeitlich beschränktes Dauerschuldverhältnis vor.[156] Dabei können zwar auch gegenständliche Leistungen erbracht bzw. übereignet werden, man denke etwa an Getränke und Speisen im Rahmen der Verpflegung, auch dies erfolgt jedoch nicht in einem Stück, sondern über den Urlaub verteilt.

Wie bei der Miete wird häufig ein Unterkunftsobjekt zur Verfügung gestellt,[157] im Gegensatz dazu erschöpft sich bei der Pauschalreise die Grundkonstellation aber nicht darin, sondern stellt eine komplexe Mischung aus verschiedenen Leistungen, insbesondere Dienstleistungen dar, deren Erfüllung zudem meist im oft fernen Ausland erfolgt durch selbständige Leistungsträger vor Ort.

Aufgrund der komplexen, im voraus auch nicht abstrakt festlegbaren Kombination der verschiedensten Elemente wurde der Reisevertrag als eine erstmalig ausführlich durchgeführte eigenständige Regelung eines Typenkombinationsvertrags bezeichnet.[158] Auch der Werklie-

---

153 *Staudinger/J. Eckert*, Vorbem zu §§ 651a-m Rn. 36.

154 *Staudinger/J. Eckert*, Vorbem zu §§ 651a-m Rn. 37.

155 *Staudinger/J. Eckert*, Vorbem zu §§ 651a-m Rn. 35, bezeichnet das Reisevertragsgesetz als Sondergesetz und Fremdkörper innerhalb des BGB.

156 S. a. *BGH* NJW 1987, 1931 (1932), wonach im Gegensatz zum Leitbild des Werkvertrags keine Abnahme möglich sei, sondern „der erstrebte Nutzen ständig während der gesamten Reise eintrete".

157 In der Tat wird ja das isolierte Anmieten einer Ferienwohnung grundsätzlich außerhalb des Reisevertragsrechts mit den Normen des Mietrechts geregelt, während die gleiche Unterkunft im Rahmen einer Pauschalreise den §§ 651a ff BGB unterfällt - bea. aber, dass bei *veranstaltermäßigem* Anbieten einer Ferienwohnung nunmehr eine analoge Anwendung der §§ 651a ff BGB erfolgt, vgl. Erster Teil B. II. (S. 52ff).

158 *Jacob-Wendler*, S. 103.

ferungsvertrag ist ein solcher Typenkombinationsvertrag, aber eben nur aus den beiden Elementen Werkvertrag und Kaufvertrag, und normiert in nur einem einzigen Paragraphen, § 651 BGB, der auf das Kaufrecht verweist.

Angesichts der Besonderheiten und auch der gesellschaftlichen Bedeutung der Pauschalreise hatte sich der Gesetzgeber demnach entschieden, hierfür als Rechtslage nicht länger auf die Vertragstypen des BGB bzw. eine Mischung derselben zurückzugreifen, sondern eigens den Vertragstyp des Reisevertrages mit eigenem Gewährleistungssystem in den §§ 651a ff BGB zu schaffen.[159]

Dadurch wurde die Lage aber noch einen Schritt komplizierter. Denn nach Reisevertragsrecht muss der Veranstalter als Schuldner des Reisevertrags nämlich nicht nur für die Erbringung der einzelnen, abstrakt nicht festlegbaren Einzelleistungen einstehen, sondern darüber hinausgehend haftet er für einen Nutzen der *Reise an sich*,[160] für ein über die einzelnen Elemente hinausgehendes, sich daraus ergebendes *Gelingen der Reise*. Unklar und näher zu untersuchen ist, was darunter zu verstehen ist, auch stellt sich dieser wie auch immer zu definierende Erfolg der Reise typischerweise nicht am Ende ein, sondern bereits fortlaufend *während* der Reise.[161] Weiterhin stellt sich die Frage, was denn nun Entschädigungsgegenstand des § 651f II BGB ist, wenn der Reisende seine Urlaubszeit wegen Beeinträchtigungen der Reise nutzlos verbracht hat.

In der Regel werden die einzelnen Leistungen nicht vom Veranstalter selbst, sondern durch Leistungsträger, selbständige Unternehmen wie Fluggesellschaften und Hoteliers, erbracht, mit denen er entsprechende Verträge abschließt. Seine tatsächlich originäre Leistung liegt daher in dieser Organisation der Reise, in der Reiseveranstaltung.[162] Er koordiniert die verschiedenen Leistungserbringer, wählt sie sorgfältig aus, und bietet dem Pauschalreisenden insgesamt die Gewähr für eine erfolgreiche Reise. Dies ist auch der elementare Unterschied zur Reisevermittlung, die ebenfalls rein tatsächlich zu einer Erbringung der Reiseleistungen durch die selbständigen Unternehmen vor Ort führt, bei der aber über den reinen Vermittlungserfolg hinaus keine Gewähr für die einwandfreie Erbringung dieser Leistungen, geschweige denn für das Gelingen der *Reise an sich* übernommen wird.

Wie ist somit der Reisevertrag rechtlich einzuordnen? Vom Gesetzgeber wurde das Reisevertragsrecht in den Siebten Titel des Siebenten Abschnitts „Einzelne Schuldverhältnisse" des Zweiten Buchs „Recht der Schuldverhältnisse" unter der Überschrift „Werkvertrag und ähnliche Verträge" eingeordnet. Auch wenn daraus mittlerweile Buch 2, Abschnitt 8, Titel 9 geworden ist, so blieb doch der Reisevertrag neben dem in einem Paragraphen kurz behandelten Werkliefervertrag der einzige gesondert bzw. eingehend eigens rechtlich ausgestaltete der „ähnlichen Verträge". Die Verortung im Anschluss an den Werkvertrag bot sich

[159] Vgl. Bericht Rechtsausschuss BT-Dr 8/2343, S. 6.

[160] H. M., vgl. aber abweichende Mindermeinung zum „engen Mangelbegriff", Zweiter Teil C. II. 2.) (S. 147).

[161] *Führich*, Reiserecht, § 7 I. 3. c), Rn. 203, S. 162 u.

[162] Vgl. auch die ursprüngliche und treffendere Bezeichnung des Reisevertrags als „Reiseveranstaltungsvertrag", s. a. unten Fn. 177.

damals schon allein deshalb an, weil ja bis dato die Pauschalreise in der Rechtsprechung mit den Normen des Werkvertrages gehandhabt worden war.

Auch wegen dieser systematischen Einordnung wird verbreitet wenn nicht sogar vorherrschend die Auffassung vertreten, dass es sich beim Reisevertrag um einen Unterfall des Werkvertrages handele oder dass der Reisevertrag diesem zumindest derart ähneln würde, dass zur Lückenfüllung auf die §§ 631ff zurückgegriffen werden könne.[163]
Bei konsequenter Analyse allein der systematischen Stellung einer Einteilung der beiden Vertragstypen in die zwei jeweiligen Untertitel unter der Überschrift „Werkvertrag und ähnliche Verträge“ muss man aber die Schlussfolgerung ziehen, dass sie sich *unterscheiden* und lediglich *ähnlich* sind. Zwar ist der genannten Ansicht einer Werkvertragsähnlichkeit auch zuzugestehen, dass das Reisevertragsrecht selbst in einigen Fällen ausdrücklich Bezug auf das Werkvertragsrecht nimmt, wenn es etwa in § 651d I oder § 651e III 2 BGB dorthin verweist - dies allerdings erst seit der Änderung im Rahmen der Schuldrechtsmodernisierung. In alter (ursprünglicher) Fassung wurde an den genannten Stellen ins Kaufrecht verwiesen,[164] womit deutlich wird, dass diese Verweisungen lediglich auf die technische Anwendung der jeweils dort genannten Regelung abzielen und keine Aussage über eine entsprechende generelle Charakterisierung treffen können.
Letztlich ist aber m. E. vor allem aufgrund der oben dargestellten, auch vom Gesetzgeber zugrundegelegten Eigenheiten festzustellen, dass es sich nicht um eine besondere Art von Werkvertrag, sondern um ein aliud handelt, das zwar in gewissen Teilbereichen Parallelen zum Werkrecht aufweisen mag, es zeigen sich aber auch Ähnlichkeiten zu anderen Schuldverhältnisses wie etwa Miet- oder Geschäftsbesorgungsvertrag.

Aus gleichem Grund muss auch der Ansatz scheitern, im Reisevertrag als Konglomerat einzelner Leistungsarten einen reinen Typenkombinationsvertrag zu sehen, und zur Lückenfüllung auf das jeweilige Recht der Einzelleistung (Beförderung, Unterkunft bzw. Beherbergung etc.) zurückzugreifen.[165] Auch dies verkennt die Gesamtkonzeption des Reisevertrags, dessen Eigenart sich ja gerade aus dem über die Einzelleistungen hinausgehenden Vertragsgegenstand, die weite Einstandspflicht des Veranstalters für das Gelingen der Reise an sich, ergibt.
Diese spezifische Haftung des Veranstalters für das Gelingen, den Erfolg der Reise an sich als Ergebnis vielerlei Einzelleistungen, und nicht nur das Gelingen der konkreten Teilleistung, zeigt nicht nur, wie gerechtfertigt es erscheint, diesen Vertragstyp eigenständig zu regeln, sondern auch, wie schwierig sich ein Unterfangen gestalten muss, sachgerechte Anlehnungen aus anderen Vertragstypen zu finden. Daher ist das Reisevertragsrecht zutreffen-

[163] *Schmitt*, JR 1987, 265 (270); *Jauernig/Teichmann*, § 651a Rn. 2; *Löwe*, BB 1979, 1357 (1358); *Erman/Seiler*, Vor 651a Rn. 4; *Pick*, Einl. Rn. 113; *Palandt/Sprau*, Einf Vor § 651a Rn. 2 (hinsichtlich Anwendung Werkvertragsregelungen); RGRK/*Recken*, § 651a Rn. 26f; *Brox/Walker*, § 28 I. 1., Rn. 1, S. 335; deutlich gerade auch *Staudinger/J. Eckert*, § 651a Rn. 7f.
[164] S. o. Erster Teil A. I. (S. 17).
[165] S. *Jacob-Wendler*, S. 103.

der als eigenständig anzusehen,[166] es handelt sich um einen eigenen Vertragstyp sui generis,[167] weshalb in Zweifelsfällen jeweils deutlich vorrangig eine Lösung innerhalb des Reisevertragsrechts unter Zugrundelegung der Zielsetzung dieses Vertragstyps zu entwickeln ist.[168] So ist bei angetroffenen Regelungslücken vorzugsweise auf eine analoge Anwendung der vorhandenen reisevertraglichen Normen §§ 651a ff BGB zurückzugreifen.[169]

Bei einer solchen Herangehensweise mit entsprechender Auslegung der §§ 651a ff BGB sind das gesetzgeberische Ziel und insbesondere zwingende europarechtliche Vorgaben zu beachten.

Aufgrund der rechtspolitischen Stellung des Reisevertragsrechts ist zunächst dieses als verbraucherschützendes Recht soweit möglich in kundenfreundlichem Sinne auszulegen.[170]

Diese generelle Forderung mag noch eher programmatisch erscheinen; wesentlich unmittelbarer sind die konkreten Zwänge des Europarechts. Das bereits vorher eingeführte Reisevertragsrecht der §§ 651a ff BGB bildet seit der Novellierung aufgrund der EG-Pauschalreiserichtlinie[171] die erforderliche deutsche Umsetzung derselben.

Im Urteil des *EuGH* vom 16.7.1998 in der Rechtssache C-355/96 (Silhouette International Schmied), *EuGH* Slg. 1998, I-4799, Rn. 36, hat der Gerichtshof entschieden, dass zwar eine Richtlinie selbst keine Verpflichtungen für einen Einzelnen begründen kann, so dass diesem gegenüber eine Berufung auf die Richtlinie als solche nicht möglich ist, dass aber ein einzelstaatliches Gericht das nationale Recht am Wortlaut und Zweck der Richtlinie auszulegen hat, um das mit ihr verfolgte Ziel zu erreichen. Nochmals bestätigt wurde dies gerade auch bezogen auf die Pauschalreiserichtlinie in EuGH Urt. vom 12.3.2002 - Rs. C 168/00 (Leitner), EuGH Slg. 2002, I-2631, Rnn. 20ff.[172]

Damit sind die Vorgaben der EG-Pauschalreiserichtlinie entscheidend, denn diesen muss eine Auslegung der §§ 651a ff BGB zwingend genügen.

Bedeutsam ist hierbei, dass das Ziel der EG-Pauschalreiserichtlinie der Verbraucherschutz ist;[173] sie sieht daher ausdrücklich vor, dass von den enthaltenen Regelungen durch strengere Vorschriften zum Schutz des Verbrauchers im Rahmen der Umsetzung durch die Mitgliedsstaaten abgewichen werden kann.[174] Umgekehrt aber darf von den Regelungen der EG-Pauschalreiserichtlinie nicht zum Nachteil des Reisenden abgewichen werden. Insofern stellen die Artikel der Richtlinie einen zwingenden Mindeststandard[175] an Verbraucher-

---

[166] S. a. *Bidinger/Müller*, Vorbemerkung vor § 651a Anm. 16, S. 32; *Brennecke*, S. 14; *Soergel/H.-W. Eckert*, Vor § 651a Rn. 21, die allerdings jeweils dennoch auf Regeln des Werkvertragsrechts zurückgreifen wollen, soweit eine Ähnlichkeit der beiden Vertragstypen dies erlaube. M. E. zw., da aus dargelegten Gründen gegenüber einer solchen Ähnlichkeit grundsätzliche Zweifel bestehen.

[167] S. a. *Seyderhelm*, § 651a Rn. 1; *Führich*, Reiserecht, § 5 I. 1., Rn. 85; vgl. auch MüKo/*Tonner*, Vor § 651a Rn. 18, mit dem lakonischen Hinweis, sonst hätte ihn der Gesetzgeber nicht eigens zu regeln brauchen.

[168] *Führich*, Reiserecht, § 5 I. 1., Rn. 85.

[169] S. a. *Führich*, Reiserecht, § 7 I. 3. c), Rn. 203, S. 163.

[170] S. a. *Führich*, a. a. O..

[171] Richtlinie 90/314/EWG des Rates v. 13.6.1990 über Pauschalreisen, ABlEG Nr. L 158 v. 23.6.1990, S. 59.

[172] Auch abgedruckt in NJW 2002, 1255 und RRa 2002, 117.

[173] S. a. MüKo/*Tonner*, Vor § 651a Rn. 27a.

[174] Vgl. Art. 8 der Richtlinie.

[175] *Führich*, Reiserecht, § 3 VIII., Rn. 69.

schutz auf, der von der nationalen Rechtslage nicht unterschritten werden darf. Gerade dieser letzte Aspekt ist von großer Bedeutung für die Auslegung der §§ 651a ff BGB bei Zweifelsfragen im Rahmen der vorzunehmenden Untersuchung: es muss zumindest das Schutzniveau der EG-Pauschalreiserichtlinie erreicht werden.

B. Der Reisevertrag als sachlicher Anwendungsbereich des Reisevertragsrechts

Das der Rechtsbeziehung zwischen Reisendem und Reiseveranstalter zugrundeliegende Schuldverhältnis, aus dem sich die Rechte und Pflichten der §§ 651a ff BGB ergeben, ist der in § 651a I BGB definierte „Reisevertrag".

Dieser Begriff war nicht ganz glücklich gewählt, hatte sich doch vorher teilweise die Verwendung desselben als Oberbegriff für sämtliche Verträge des Reisewesens, also auch Reisevermittlungsverträge und Verträge über einzelne Reiseleistungen eingebürgert.[176] Der Gesetzgeber hatte sich in der letztlich verwirklichten Fassung aber – ohne Not und ohne überzeugende Begründung[177] – gegen den wesentlich präziseren[178] Begriff des „Reiseveranstaltungsvertrages"[179] und für die Bezeichnung „Reisevertrag" entschieden.[180] Nach anfänglicher Kritik in der Literatur hat sich diese Terminologie aber mittlerweile fest etabliert. Der Vertrag mit dem Reisebüro wird als Reisevermittlungsvertrag bezeichnet und rechtlich gesondert gehandhabt,[181] er wird nicht in den §§ 651a ff BGB behandelt. Auch einzelne Reiseleistungen im Rahmen einer Individualreise sind grundsätzlich nicht erfasst und firmieren unter der Bezeichnung des jeweiligen Vertragstyps der jeweiligen Reiseleistung (Beförderungsvertrag, Beherbergungsvertrag etc.).[182]

Nur der Reiseveranstaltungsvertrag über eine Pauschalreise ist als „Reisevertrag" im Sinne des § 651a I 1 BGB Gegenstand der Regelungen der §§ 651a ff BGB.

---

[176] Vgl. *Demmig*, S.20, mit Verweis auf das Brüsseler Abkommen und m. weiteren Nachw. dort in Fn. 1.

[177] Nachdem jahrelang die Gesetzesentwürfe die Bezeichnung Reiseveranstaltervertrag bzw. Reiseveranstaltervertragsgesetz verwendeten, taucht der Begriff Reisevertrag erstmals im Abänderungsantrag des Abgeordneten *Schöfberger* im September 1978 (sog. Entwurf Dr. Schöfberger) zum Entwurf BT-Dr 8/786 auf (vgl. *Klatt*, S. 189ff). Die Begründung für die Änderung des Titels in Reisevertragsgesetz im letzten Bericht des Rechtsausschusses lautet, die Überschrift sei geändert worden, weil das Reisevertragsrecht nunmehr im Bürgerlichen Gesetzbuch und nicht als Spezialgesetz geregelt werde, vgl. BT-Dr 8/2343 S.7 - dies bezieht sich jedoch offensichtlich auf den Titel „Änderung des Bürgerlichen Gesetzbuchs", nicht aber auf die Bezeichnung als „Reisevertragsgesetz". Im Redebeitrag des Rechtsausschuss-Berichterstatters *Pfennig* in der 2. Lesung des Gesetzes am 13.12.1978 freut sich dieser, das „von der Regierung erfundene schon sprachlich unschöne Monstrum Reiseveranstaltungsvertragsgesetz" sei weggefallen, was auf sprachästhetische Überlegungen hindeuten könnte; vgl. zuvor schon Abgeordneter *Schöfberger* in Protokoll Nr. 51 (8. Wahlperiode) des Rechtsausschusses vom 8.11.1978, S. 17, die Änderung der Bezeichnung erfolge „in Anpassung an die Terminologie im Bürgerlichen Gesetzbuch", diese Änderung werde „lediglich aus sprachlichen Gründen" vorgeschlagen und bedinge keine inhaltlichen Änderungen.

[178] So auch MüKo/*Tonner*, § 651a Rn. 44.

[179] So noch der ursprüngliche Regierungsentwurf, vgl. BT-Dr 8/786.

[180] Vgl. *Schlotmann*, Reisevertragsgesetz, C.II., S. 19, m. w. Nachw. zur „Missverständlichkeit" der „wenig glücklich gewählten", „kürzeren, aber unzutreffenderen" Formulierung; lt. *Eisner*, S. 13, verleitet der Titel „Reisevertrag" zur Annahme einer umfassenden, abschließenden Regelung des *Reiserechts* schlechthin.

[181] S. dazu eingehend Erster Teil C. III. (S. 74).

[182] S. a. die Abgrenzung zur Individualreise, Erster Teil B. II. (S. 52).

I. Reise im Sinne der §§ 651a ff BGB

Der Reisevertrag ist ein gegenseitiger Vertrag, der für den Reiseveranstalter gem. § 651a I 1 BGB die Hauptpflicht begründet, dem Reisenden eine Gesamtheit von Reiseleistungen zu erbringen; im Gegenzug hat der Reisende gem. § 651 I 2 BGB als Hauptpflicht den vereinbarten Reisepreises zu bezahlen.

Grundidee der Pauschalreise im klassischen Sinne ist die Urlaubsreise des Verbrauchers als touristische Erholungsreise bestehend aus der Erbringung von Beförderung und Unterbringung durch den Veranstalter.[183]

1.) Definition Reisevertrag § 651a I BGB: Gesamtheit von Reiseleistungen

Wesentliches Definitionsmerkmal für den Reisevertrag i. S. d. § 651a I 1 BGB ist demnach die „Gesamtheit von Reiseleistungen".

Geschuldeter Vertragsgegenstand ist die Erbringung einer Gesamtheit von Reiseleistungen, vgl. § 651a I 1 2.HS BGB. Das Merkmal der „Gesamtheit von Reiseleistungen" wird durch zwei Komponenten definiert, nämlich erstens das Vorliegen von mindestens zwei einzelnen Leistungen, und sodann zweitens deren Bündelung zu einer Gesamtheit.[184]

Somit ist der Reisebegriff des § 651a BGB an der sogenannten Pauschalreise orientiert, bei der ein Veranstalter in seinen Katalogen ein fertiges Produkt anbietet, das aus Flug/Beförderung, Unterkunft im Hotel mit Verpflegung und eventuellen zusätzlichen Leistungen besteht und einen pauschalen Gesamtpreis hat.[185]

Auch die EG-Pauschalreiserichtlinie,[186] an der die deutschen Reiserechtsnormen als Mindeststandard auszulegen sind,[187] definiert den Begriff „Pauschalreise" in Art. 2 Nr. 1 S. 1 als „im voraus festgelegte Verbindung von mindestens zwei der folgenden Dienstleistungen", wobei lit. a, b und c des Art. 2 Nr. 1 S. 2 die „Beförderung" und „Unterbringung" nennen sowie „andere touristische Dienstleistungen, die nicht Nebenleistungen von Beförderung oder Unterbringung sind und einen beträchtlichen Teil der Gesamtleistung ausmachen." Zugleich werden aber Reisen, die kürzer als 24 Stunden sind und keine Übernachtung einschließen, von der Definition in Art. 2 Nr. 1 S. 1 der Pauschalreiserichtlinie ausgenommen. Das deutsche Recht kennt eine solche Einschränkung nicht, auch die im Rahmen einer Tagesfahrt zu einer Gesamtheit gebündelten Einzelleistungen können eine Pauschalreise im Sinne des § 651a I 1 BGB darstellen.[188]

---

[183] S. a. BT-Dr 8/786, S. 13.

[184] Verfehlt schon allein aufgrund des Gesetzeswortlauts „Gesamtheit" daher die Mindermeinung, die von isoliert zu betrachtenden Einzelleistungen ausgeht, also einer einfachen „Mehrheit" von Reiseleistungen; siehe hierzu unten Zweiter Teil C. II. 2.) (S. 147); vgl. auch *Tonner*, RRa 2000, 163 (164).

[185] *Führich* ist daher auch der Ansicht, „Pauschalreise" wäre gegenüber „Gesamtheit von Leistungen" der präzisere Ausdruck gewesen, vgl. *Führich*, Reiserecht, § 5 I. 2. a), Rn. 86, S. 66.

[186] Richtlinie 90/314/EWG des Rates v. 13.6.1990 über Pauschalreisen, ABlEG Nr. L 158 v. 23.6.1990, S. 59; s. a. Erster Teil A. I. (S. 16).

[187] s.o. Erster Teil A. III. (S. 27).

[188] Vgl. BT-Dr 12/5354, S. 13; *Pick*, § 651a Rn. 42; nachdem das deutsche Recht dabei den vom Reisevertragsrecht umfassten Schutzbereich gegenüber der Richtlinie ausweitet, ist dies auch zulässig; bea. für den

a) Zwei oder mehr Teilleistungen

Als derartige zu bündelnde Reiseleistungen kommen grundsätzlich alle im weitesten Sinne touristischen Dienstleistungen in Betracht, die mit der Reise zusammenhängen, klassischerweise eben die Beförderung zum Reiseziel, die Unterkunft am Reiseziel sowie Verpflegung, daneben aber auch diverse Aktivitäten am Urlaubsort, teilweise abhängig von der konkreten Reiseart, wie etwa Kurse und Weiterbildungsangebote, Veranstaltungen und Besichtigungen.[189] Keine touristische Reise vor dem Hintergrund der Urlaubsreise als Gegenstand des § 651a I 1 BGB sind demnach umgekehrt beispielsweise Seminare, Geschäftsreisen oder betriebliche Veranstaltungen wie Betriebsausflüge.[190]

Mindestens zwei derartige Einzelleistungen müssen verbunden vorliegen, wobei eine sog. Haupt- und eine völlig untergeordnete Nebenleistung nicht ausreichen sollen, vielmehr muss es sich um zwei gleichwertige oder nahezu gleichgewichtige, nicht unbedeutende Einzelleistungen handeln.[191] Der klassische Pauschalreisefall umfasst Beförderung und Beherbergungsleistung, andererseits reicht jegliche Verbindung von erheblichen Reiseteilleistungen, die Beförderung ist kein unverzichtbarer Bestandteil.[192]
Eine erhebliche Reiseteilleistung liegt immer dann vor, wenn sie als einzelne Leistung einen losgelösten Einzelwert hat oder aber funktionell-thematisch keiner anderen Leistung zuzuordnen ist.[193] Wann zwei gleichgeordnete, wesentliche Reiseteilleistungen vorliegen, und wann nicht, lässt sich kurz anhand einer notwendigerweise knapp gehaltenen Kasuistik illustrieren, bea. aber hierzu die eigene Stellungnahme im Anschluss.

(aa) Bündelung zweier erheblicher Reiseleistungen

Bündelung zweier erheblicher, etwa gleichgeordneter bzw. gleichrangiger Einzelleistungen wurde angenommen bei der Kombination:

Unterkunft/Verpflegung und Sprachschule,[194]
Unterkunft und erfahrener Bergführer,[195]
Stop-Over-Angebote, also Verbindung von Flug und organisiertem Zwischenaufenthalt/Übernachtungen,[196]
Fahrt und Musicalbesuch,[197]
Flug und Wohnmobil,[198]

Fall der Eintagesreisen aber, dass u. U. gem. § 651k VI Nr. 2 BGB bei einem Reisepreis unter 75 € die Insolvenzsicherungsvorschriften des § 651k BGB nicht gelten.

189 Vgl. *Pick*, § 651a Rn. 38f.

190 *Führich*, Reiserecht, § 5 I. 2. a), Rn. 86, S. 67; s. auch Erster Teil B. I. 1.) e) (S. 36).

191 Vgl. Regierungsentwurf BT-Dr 8/786, S. 4 (§ 1 I S. 1 Nr. 1-3) u. S. 13; *Staudinger/J. Eckert*, § 651a Rn. 4.

192 *Führich*, Reiserecht, § 5 I. 2. a), Rn. 86, S. 68.

193 *Staudinger/J. Eckert*, § 651a Rn. 16.

194 *LG Frankfurt a.M.* NJW-RR 1990, 1210.

195 Vgl. BT-Dr 8/786, S. 13.

196 *LG Frankfurt a.M.* RRa 1995, 168; s. a. *Niehuus*, Reiserecht, § 3 A. II., Rn. 26; *Führich*, Reiserecht, § 5 I. 3. c) (9), Rn. 91, S. 75; *ders.* kritisch in RRa 1996, 119 (120).

197 *LG Frankfurt a.M.* NJW-RR 1999, 57.

198 *LG Frankfurt a.M.* NJW-RR 1993, 952.

Unterkunft und Ausflugsprogramm am Urlaubsort,[199]
Unterkunft und Sport-/Freizeiteinrichtungen,[200]
Unterkunft und Ausbildungskurs (Ferienfahrschule).[201]

(bb) Hauptleistung mit untergeordneten Nebenleistungen

Hingegen liegt in den folgenden Fällen eine nur untergeordnete bzw. eine der Hauptleistung funktionell zuzuordnende Nebenleistungen vor, und somit kein Fall des Reisevertrags i. S. d. § 651a I 1 BGB (insofern eben nicht weitere erhebliche Teilleistungen hinzutreten):

Flug mit Bordverpflegung,[202]
Flug und Transfer,
Unterkunft mit Verpflegung,[203]
Unterkunft und Stellung einer örtlichen Reiseleitung (str.),[204]
Fähre mit Kabine,[205]
Beförderung im Schlafwagen,[206]
Unterkunft und bloße Vermittlung fremd durchgeführter Ausflüge vor Ort.[207]

M. E. wird bei der Einordnung einer Leistung als gleichgewichtige zweite Teilleistung[208] zu wenig auf den Reisecharakter bzw. –zweck abgestellt.[209] So liegt auf der Hand, dass im Rahmen einer Studienreise der sachkundige, besonders qualifizierte und für den Reisezweck wichtige Reiseleiter eine ganz andere Beurteilung zu erfahren hat als die übliche, im Rahmen einer Pauschalreise schon aus Organisationsgründen vorhandene Reiseleitung.[210] Auch Ausflüge, Veranstaltungen oder Kurse können je nach ihrer Rolle in der konkreten Reise(art) von erheblicher oder von untergeordneter Bedeutung sein.

Abwegig erscheint die Einzelansicht, die Organisation der Pauschalreise selbst sei als eine erhebliche Leistung anzusehen.[211] Die ganz h. M. lehnt dies zu Recht ab. Zwar hat das Organisieren der Reise durch den Veranstalter sehr wohl einen hohen Wert für den Reisekunden, und dies macht neben dem Preis auch die Attraktivität der Pauschalreiseangebote aus.

---

[199] Vgl. BT-Dr 8/786, S. 13.
[200] Vgl. „Center Parcs" - Entscheidung *BGH* NJW 2000, 1639.
[201] *LG Frankfurt a.M.* NJW-RR 1989, 1399.
[202] Vgl. BT-Dr 8/786, S. 13.
[203] Vgl. BT-Dr 8/786, S. 13; MüKo/*Tonner*, § 651a Rn. 25; gerade bei einem Hotelaufenthalt bei einem Hotelier mit Voll- oder Halbpension kann lt. *Führich*, Reiserecht, § 5 I. 2. b), Rn. 87, S. 69/70, nach Verkehrsauffassung gds. nur *eine* Leistung angenommen werden; a. A. *Staudinger/J. Eckert*, § 651a Rn. 16; *OLG München* NJW 1984, 132.
[204] A. A. (Vorliegen einer Bündelung zweier Leistungen bejahend) *LG Frankfurt a.M.* NJW-RR 1987, 175; m. E. ist diese Frage gds. ähnlich zu beurteilen wie der abzulehnende „Eigenwert" der Organisation als eigene Reiseleistung, s. dazu im Folgenden.
[205] BT-Dr 8/786, S. 13.
[206] BT-Dr 8/786, S. 13.
[207] Vgl. insgesamt hierzu *Führich*, Reiserecht, § 5 I. 2. b), Rn. 87, S. 69.
[208] Vgl. etwa die unterschiedlichen Bewertungen bei MüKo/*Tonner*, § 651a Rn. 25.
[209] S. zu diesem Begriff eingehend Zweiter Teil D. (S. 175).
[210] Immerhin bzgl. des Aspekts Reiseleitung ähnlich angedeutet bei *Führich*, Reiserecht, § 5 I. 2. b), Rn. 87; vgl. auch den Fall Unterkunft und erfahrener Bergführer, s.o.
[211] Vertreten nur von *Jacob-Wendler*, Viertens A. II. 2., S. 128ff, u. Viertens B. II., S. 139ff.

Funktionell unter dem Blickwinkel der Reiseleistungsdefinition handelt es sich dabei aber um einen mit den einzelnen Reiseleistungen unmittelbar zusammenhängenden Aspekt der Reise, der losgelöst keinen Eigenwert besitzt.[212] Zudem würde mit dieser Ansicht praktisch jede angebotene einzelne Reiseleistung zu einer Pauschalreise i. S. d. § 651a I 1 BGB werden, was den sprachlichen Bedeutungsspielraum des Ausdrucks „Gesamtheit von Reiseleistungen" m. E. klar verlässt.

(cc) Scheinleistungen

Die früher in Rechtsprechung und Literatur intensiv und breit geführte Diskussion[213] darüber, ob bei der Verbindung einer Flugbeförderung mit einer nur zum Schein bestehenden weiteren Reiseleistung[214] von einem Reisevertrag i. S. d. §§ 651a ff BGB oder nur von einem Beförderungsvertrag (Werkvertrag §§ 631 ff BGB) auszugehen sei, hat heutzutage jegliche Relevanz verloren. Hintergrund waren die damaligen luftverkehrsrechtlichen Regelungen. Mit der Schaffung von Charterflügen durch entsprechende Scheinreiseleistung (z. B. wertlose Hotelvouchers) wollte man den teuren Linienflugtarifen entgehen und eine preisgünstigere Luftbeförderung erreichen. Durch die Liberalisierung des Luftverkehrs stellt sich diese Problematik nicht mehr, der Streit um die Einordnung hat derzeit keine praktische Bedeutung mehr.[215]

Sollte dieselbe oder eine ähnlich gelagerte Frage der Bewertung derartiger Scheinreiseverträge in Zukunft durch Änderung der äußeren Rahmenbedingungen wieder aktuell werden, so würde man unter Rückgriff auf die heutigen, auch in dieser Arbeit dargelegten Ansichten zu Haupt- und Nebenleistung sowie zur analogen Anwendung des Reisevertragsrechts bei veranstaltermäßiger Reiseeinzelleistung wohl zu folgendem Ergebnis kommen müssen: Als tatsächlich absolute Nebenleistung genügt die bei den Schein-Vouchers zweite Reiseleistung nicht dem Erfordernis einer Gesamtheit von Reiseleistungen i. S. d. § 651a I 1 BGB. Gleichwohl gebietet die Tatsache, dass der Veranstalter ja gerade den Anschein einer *veranstaltermäßig* erbrachten Reise erweckt, die analoge Anwendung der §§ 651a ff BGB.[216]

b) Bündelung

Weitere Voraussetzung ist die Bündelung der Einzelleistungen zu einer Gesamtheit, d.h. sie müssen nach einem im Voraus festgelegten Programm in einem Leistungsbündel als Paket

---

[212] *Führich*, Reiserecht, § 5 I. 2. a), Rn. 86 a. E.

[213] Vgl. die eingehende Darstellung bei *Krüger*, S. 223ff; s. a. *Isermann*, A. I. c), S. 26ff, sowie *Zedelmaier*, in: DGfR (Hrsg.), Zur Notwendigkeit einer weiteren Reiserechts-Novelle, S. 62. Nach *Seyderhelm* lehnte die h. M. damals wegen § 117 BGB die Anwendung des Reisevertragsrechts ab, vgl. *ders.*, § 651a Rn. 43 m. umfangr. Nachw.

[214] Praktisch wertlose oder ohnehin nur zum Schein bestehende Unterbringungsleistungen, die auch nach dem Verständnis der Vertragsparteien nicht in Anspruch genommen werden, vgl. auch die gebräuchlichen Bezeichnungen „Campingflüge" (da nur ein Platz auf einem Campingplatz reserviert wird) oder „Wegwerfunterkünfte" (da der entsprechende Hotelvoucher nicht in Anspruch genommen, sondern weggeworfen wird).

[215] S. a. *Tonner*, Reisevertrag, § 651a Rn. 9 a. E.; vgl. insgesamt *Führich*, Reiserecht, § 5 I. 5. f), Rn. 98.

[216] S. hierzu Erster Teil B. II. 4.) (S. 55).

angeboten werden.[217] Eine derartige Bündelung liegt darin, dass die Einzelleistungen innerhalb eines vorher festgelegten Gesamtprogramms angeboten werden. Nur wenn der Veranstalter die Reiseleistungen nach einem vorher festgelegten Programm anbietet, ist es gerechtfertigt, ihn zur programmgemäßen Erbringung der Reise zu verpflichten bzw. dafür haften zu lassen.[218] Als Gegenbeispiel darf die Reise nicht vom Kunden bzw. auf dessen Initiative hin für ihn zusammengestellt worden sein.
Auch eine bloße Aneinanderreihung von Teilleistungen nach den Wünschen des Kunden stellt keine Reise i. S. d. § 651a I 1 BGB dar.[219] Andererseits sind die Voraussetzungen aber erfüllt, wenn der Reisende mehrere mit Einzelpreisen versehene, vom Veranstalter vorgefertigte Einzelleistungen im Rahmen des sog. Baukastenprinzips nach seinen individuellen Wünschen kombiniert.[220]
Einzelne Indizien für eine entsprechende Bündelung sind ein dieses Reiseangebot enthaltender Prospekt bzw. das Anbieten der Einzelleistungen in einer gemeinsamen Reiseausschreibung, ein Gesamtpreis[221] oder etwa die Ausgabe eines Sicherungsscheins (der ja gem. § 651k BGB eben nur für Pauschalreisen i. S. d. §§ 651a ff BGB vorgeschrieben ist).[222]
Dies sind aber keine festen Kriterien oder Tatbestandsmerkmale, sondern eben nur Indizien; entscheidend ist der Gesamteindruck, wie er sich aus Sicht des Reisekunden darstellt.[223]
So kann etwa das Vorliegen einer Pauschalreise i. S. d. § 651a I 1 BGB nicht durch ein Vermeiden eines Gesamtpreises[224] mittels Ausweisen lediglich der Teilbeträge umgangen werden, vgl. auch Art. 2 Abs.1 S.3 der Pauschalreiserichtlinie.[225]

Diese Einzelkomponenten müssen vom Veranstalter zu einem Leistungspaket zusammengeschnürt und untrennbar verschmolzen nach einem festgelegten Programm angeboten werden.[226]
Aus dieser Definition der Reise dahingehend, dass eine Gesamtheit an Leistungen miteinander *verschmolzen* angeboten wird und sich darin der Urlaubszweck bildet, folgt auch als Gegenstand des Reisevertrages, dass eben nicht nur eine Mehrheit von einzelnen Reiseleistungen, sondern darüber hinaus deren Verschmolzenheit zu einem Gesamterfolg geschuldet wird. Dies ist vor allem auch noch später im Bereich der Mangeldefinition und –bewertung von Bedeutung, weil eine fehlende bzw. fehlerhaft erbrachte Teilleistung eben nicht nur diese Teilleistung, sondern den geschuldeten Gesamterfolg, das Gesamtwerk Reise betrifft bzw. beeinträchtigt.[227]

---

[217] vgl. BT-Dr 8/2343, S. 7.
[218] BT-Dr 8/2343, S. 7.
[219] *Hanseatisches OLG* RRa 1997, 136 (137).
[220] S. u. Erster Teil B. I. 1.) d) (S. 35).
[221] S. *Brüning*, RRa 2005, 199 (201).
[222] Vgl. auch die Qualifizierungskriterien im Urteil des *LG Hamburg* RRa 2000, 167 (169).
[223] *Führich*, Reiserecht, § 5 I. 2. c) aa) a. E., Rn. 88, S. 71.
[224] S. a. zu einem fehlenden Gesamtpreis beim sog. Baukastensystem, Erster Teil B. I. 1.) d) (S. 35).
[225] Richtlinie 90/314/EWG des Rates v. 13.6.1990 über Pauschalreisen, ABlEG Nr. L 158 v. 23.6.1990, S. 59; s. a. Erster Teil A. I. (S. 16).
[226] *Soergel/H.-W. Eckert*, § 651a Rn. 11; *Kaller*, Reiserecht, A. III. 1. a), Rn. 10.
[227] S. Zweiter Teil C. II. (S. 144).

Das Werk der Verschmelzung der Teilleistungen durch den Reiseveranstalter zu einem *Ganzen*, das ganz im Aristotelischen Sinne *mehr ist als die Summe seiner Teile*, besteht zum einen daraus, dass der Veranstalter aus den auf dem Markt verfügbaren Reiseteilleistungen der Fluggesellschaften, Reedereien, Hotelbetreiber etc. die Beförderungs-, Unterbringungs-, Verpflegungs- und sonstigen Leistungen auswählt oder selbst deren Vornahme organisiert, und zum anderen dann aus der zeitlich-räumlichen Abstimmung dieser Teilleistungen aufeinander. Zuletzt trifft ihn ihm Rahmen seiner Organisationsleistung hinsichtlich der Leistungsträger auch eine Pflicht zur Überwachung bzgl. deren Teilleistungen sowie hinsichtlich der Reisenden eine Betreuungspflicht durch seine örtliche Reiseleitung.[228] Diese Zusammenstellung zu einem fertigen Produkt wird sodann im Rahmen eines fertigen Reiseangebots, typischerweise zu einem einheitlichen Preis, als eigene Leistung des Veranstalters angeboten.

M. E. ist bei der Annahme einer Bündelung zu einer Gesamtheit vor dem Hintergrund des Geistes des Reisevertragsrechts, das ja einen Schutz des Reisekunden fördern soll durch entsprechende sachgerechte Regelungen in den §§ 651a ff BGB, entsprechend großzügig zu verfahren. Im Zweifel sollte sowohl hinsichtlich des Erfordernisses der *mindestens zwei gleichgeordneten Teilleistungen* wie auch der *Bündelung* derselben auf Verbrauchersicht abgestellt und unter Berücksichtigung des Gesamteindrucks, den das Reiseangebot erweckt, von einer Pauschalreise ausgegangen werden.

c) Zeitpunkt der vorherigen Bündelung

Es liegt auf der Hand, dass auch ein Reisebüro bei entsprechender Zusammenstellung von Einzelleistungen zu einem Gesamtangebot u. U. als Veranstalter anzusehen ist.[229] Die Bündelung von Einzelleistungen durch ein Reisebüro ist aber aus anderem Grund für die Definition der Reise i. S. d. § 651a I 1 BGB relevant geworden, denn anlässlich einer Entscheidung des *EuGH*[230] über einen solchen Fall der von einem Reisebüro vermittelten Reise kam es auch zu einer Neudefinition des Merkmals der *vorherigen* Bündelung.

Bisher entsprach es allgemeiner Ansicht, dass entsprechend dem Leitbild der Pauschalreise als einem „Fertigprodukt" die geforderte *Bündelung* der Einzelleistungen vorliegen muss, *bevor* die Reise als ebensolches „Fertigprodukt" dem Reisekunden *angeboten* wird.[231] Das Definitionsmerkmal der *vorherigen Bündelung* soll aber nunmehr gemäß der in Folge der Entscheidung mittlerweile vorherrschenden Ansicht[232] auch dann erfüllt sein, wenn das Angebot auf Wunsch des Reisekunden vom Reisebüro aus diversen Einzelleistungen erst für diesen zusammengestellt wird, weil diese Zusammenstellung ja immer noch technisch gesehen – wenn auch u.U. nur für eine juristische Sekunde - *vor dem Vertragsschluss* er-

---

[228] Vgl. auch *Führich*, Reiserecht, § 5 I. 2. c) aa), Rn. 88, S. 70.
[229] S. u. Erster Teil C. III. 2.) (S. 75).
[230] *EuGH* Urt. v. 30.4.2002 - Rs. C-400/00 „Club Tour" (EuZW 2002, 402 = RRa 2002, 119).
[231] Vgl. Hinweise bei MüKo/*Tonner*, § 651a Rn. 21 u. dort Fn. 44 – 48 u. insbesondere Fn. 49.
[232] *Eckert*, RRa 2003, 197; *Führich*, Reiserecht, § 5 I. 2. c) aa), Rn. 88, S. 71; *Staudinger/J. Eckert*, § 651a Rn. 19; MüKo/*Tonner*, § 651a Rn. 22.

folgte.[233]

Dies wirkt m. E. ein wenig bemüht konstruiert, und dies entspricht wohl nicht der gesetzgeberischen Intention der nach Art. 2 Nr. 1 S. 1 der Pauschalreiserichtlinie erforderlichen vorherigen Zusammenstellung - „im voraus festgelegte Verbindung" - im Sinne der Pauschalreise[234] als fertig angebotenes Produkt. Andererseits entspricht eine derartige, weitreichende Ausweitung des Begriffs der Pauschalreise und damit der Anwendbarkeit des Pauschalreiserechts der ursprünglichen Zielsetzung effektiven Verbraucherschutzes und ist daher aus dieser entsprechenden Sicht der Reisekunden zu begrüßen.

Schließlich führt an der Neudefinition des Pauschalreisebegriffs mit dieser neuen Auslegung des Merkmals „vorherige Bündelung" auch im deutschen Reiserecht kein Weg vorbei: Der *EuGH* interpretiert autoritativ die Merkmale der Pauschalreiserichtlinie,[235] und das deutsche Reisevertragsrecht muss die Vorgaben der Richtlinie als Mindestgehalt garantieren, es *kann* daher gar keine engere Definition für den Anwendungsbereich der §§ 651a ff BGB verwenden;[236] Luxemburg locuta, causa finita.

d) Baukastenprinzip, Dynamic Packaging

Heutzutage sind Reisekataloge häufig nach dem sog. „Baukastenprinzip" aufgebaut, d.h. eine Vielzahl von Einzelleistungen sind jeweils mit Preisen versehen und können durch den Reisekunden ausgewählt kombiniert werden, wodurch dieser – freilich im Rahmen dieser begrenzten Auswahlmöglichkeit – seine Reise bedingt individuell nach seinen Wünschen zusammenstellen kann. Dies entspricht dem in den letzten Jahren gestiegenen Verlangen der Reisekunden nach einem immer individuelleren und flexibleren Reiseprogramm.[237]

Auch in dieser Fallgestaltung ist das Merkmal der vorherigen Bündelung der Teilleistungen als erfüllt anzusehen,[238] denn der Veranstalter hat auch in diesem Fall seine Vor-Auswahl touristischer Einzelleistungen getroffen und bietet sie dergestalt aufeinander abgestimmt und koordiniert im Baukastenkatalog an, dass sie im Rahmen des Baukastensystems des Reisekatalogs nach entsprechend vorgegebenen Regeln kombiniert werden können.[239]

Teilweise wird im Fall der Baukastenreise für eine Anerkennung als Reise i. S. d. § 651a I 1 BGB gefordert, dass eine gemeinsame Beförderungsleistung des Veranstalters die Einzel-

---

[233] Vgl. Ls. 2 u. Tz. 20 der „Club-Tour" - Entscheidung *EuGH* Urt. v. 30.4.2002 - Rs. C-400/00 (EuZW 2002, 402 = RRa 2002, 119).

[234] Richtlinie 90/314/EWG des Rates v. 13.6.1990 über Pauschalreisen, ABlEG Nr. L 158 v. 23.6.1990, S. 59; s. a. Erster Teil A. I. (S. 16).

[235] Vgl. MüKo/*Tonner*, § 651a Rn. 23.

[236] Zum verbindlich einzuhaltenden Mindeststandard der EU-Richtlinie s. o. Erster Teil A. III. (S. 27).

[237] S. *Führich*, RRa 2006, 50 (51) [III. 3.].

[238] MüKo/*Tonner*, § 651a Rn. 24; vgl. demgegenüber noch die von *Jacob-Wendler*, S. 162, geäußerte, nunmehr eher kurios-antiquiert wirkende Befürchtung aus dem Jahre 1985: den Japanern sei es gelungen, dank moderner Elektronik ein System zu entwickeln, bei dem die Reisen nach den Wünschen der Reisenden zusammengestellt würden - wenn sich dies auf Europa ausdehnte, bestünde die Gefahr, dass das deutsche Reisevertragsrecht der §§ 651a ff BGB wegen des Erfordernisses der „vorfabrizierten" Bündelung leer laufe.

[239] *Führich*, Reiserecht, § 5 I. 2. c) bb), Rn. 88, S. 71; *Seyderhelm*, § 651a Rn. 17f.

leistungen verklammert[240] oder dass diese Einzelleistungen zusammen und nicht nacheinander gebucht werden.[241] Dass dabei kein Gesamtpreis, sondern nur die Einzelpreise ausgewiesen werden, ist hingegen angesichts des Gesamteindrucks unschädlich.[242]

Der noch junge Begriff des „Dynamic Packaging"[243] bezeichnet quasi eine moderne Weiterentwicklung des altbewährten Baukastensystems unter Verwendung der Möglichkeiten des neuen Mediums Internet: auf einem entsprechenden „Portal" kann der Reisekunde online unter den verschiedenen auf der Website angebotenen Reiseelementen auswählen und diese Einzelleistungen oder Teilkombinationen selbst zu einer Reise verbinden und diese buchen. Diese Art der „virtuellen" Reisebuchung erfreute sich innerhalb kürzester Zeit eines rasanten Wachstums und bedroht vor allem das klassische Vertriebskonzept über „reale" Reisebüros.[244]

Nach Anwendung der soeben bereits dargelegten Kriterien zu vorheriger Bündelung[245] und zum Baukastenprinzip stellt sich diese Form eigentlich unproblematisch als das Anbieten von Pauschalreisen i. S. d. § 651a I 1 BGB dar, und der Portalbetreiber unterliegt somit als Reiseveranstalter den Regelungen der §§ 651a ff BGB.[246]

Dieser insoweit unstrittigen Ansicht in der Literatur vermögen die Betreiber dieser Portale auch nicht dadurch zu entgehen, indem sie sich selbst immer wieder in Selbstdarstellung, Impressum u. ä. als bloße Vermittler bezeichnen:[247]
Bei altgedienten Reiserechtlern könnten vielleicht Erinnerungen an die Frühzeit des Reiserechts vor der BGH-Entscheidung „Ferienhausfall I" im Jahre 1973[248] und Einführung der §§ 651a ff BGB wach werden,[249] als sich die Reiseveranstalter in ähnlicher Weise regelmäßig durch Verwendung der Vermittlerklauseln als Vermittler darstellen wollten, um sich haftungsrechtlich weitgehend freizustellen - nihil novum sub sole. Heute allerdings genügt eigentlich ein Blick in die insofern seit mittlerweile 27 Jahren bestehende klare gesetzliche Regelung des § 651a II BGB, um die Erfolglosigkeit eines solchen Ansinnens zu erkennen.

e) Zweck der Reise, Geschäfts- und Incentive-Reisen

Entsprechend des gesetzgeberischen Leitbilds des vom reisenden Verbraucher vorgenommenen Erholungsurlaubs spielt auch der Zweck der Reise eine Rolle für die Einordnung als Pauschalreise i. S. d. § 651a I 1 BGB und damit für die Geltung des Reisevertragsrechts.
Geschäftsreisen eines Einzelnen oder einer Gruppe für ein Unternehmen bzw. im Rahmen eines Gewerbes oder sonstige berufsbezogene Reisen unterfallen daher nicht dem Pauschal-

---

[240] *Bidinger/Müller*, § 651a Anm. 5, S. 53.
[241] Zu beidem vgl. *OLG Frankfurt a.M.* NJW-RR 1991, 1018f; *Staudinger/J. Eckert*, § 651a Rn. 19.
[242] Ganz h. M.; statt vieler *Führich*, Reiserecht, § 5 I. 2. c) bb), Rn. 88, S. 71; MüKo/*Tonner*, § 651a Rn. 24.
[243] Zum Begriff vgl. *Führich*, RRa 2006, 50 (52f).
[244] Vgl. *Führich*, RRa 2006, 50 (52).
[245] Vgl. dabei v. a. auch die *EuGH*-Entscheidung im „Club Tour" – Fall (s.o. Fn. 230); vgl. auch *Tonner*, RRa 2005, 149.
[246] *Führich*, Reiserecht, § 5 I. 2. c) cc), Rn. 88, S. 71; *ders.*, RRa 2006, 50 (57); MüKo/*Tonner*, § 651a Rn. 23.
[247] Vgl. *Tonner* im Editorial RRa 2005, 97.
[248] *BGHZ* 61, 275.
[249] S. o. Erster Teil A. I. (S. 13).

reiserecht der §§ 651a ff BGB, diese Reisen entsprechen selbst bei Vorliegen aller übrigen Voraussetzungen des § 651a I BGB jedenfalls nicht dem Leitbild des vom reisenden Verbraucher vorgenommenen Erholungsurlaubs.[250] Eine gesetzgeberische Klärung unter Einfügung des Begriffs des Verbrauchers wäre gleichwohl wünschenswert.

Hingegen können die *durch* ein Unternehmen als unkonventionelle Entlohnungs- oder Werbemaßnahme an Mitarbeiter, Vertragspartner oder Kunden verschenkten Incentive-Reisen unproblematisch als Reisevertrag im Sinne obiger Definition des § 651a I BGB angesehen werden,[251] wenn sie nach Erscheinungsbild und -inhalt für sich eine touristische Pauschalreise darstellen.[252]

Zumindest gilt dies für den Regelfall, dass das Unternehmen die Reise von einem externen Veranstalter durchführen lässt. Das Reisevertragsrecht der §§ 651a ff BGB finden hingegen selbstverständlich keine Anwendung auf Incentive-Reisen, die das Unternehmen vollständig *selbst* organisiert und seinen Arbeitnehmern schenkt. Bei einer solchen Schenkung mangelt es schon an einem synallagmatischen Reisevertrag i. S. d. § 651a I BGB. Der Arbeitgeber ist kein Reiseveranstalter i. S. d. § 651a I 1 BGB, er haftet hier nur in seiner Funktion als Arbeitgeber im Rahmen seiner Schutz- bzw. Fürsorgepflicht aus dem Arbeitsverhältnis § 611 BGB.[253]

Für den Regelfall hingegen, dass das Unternehmen die Incentive-Reise bei einem fremden Reisekonzern einkauft bzw. von diesem durchführen lässt, ist das Unternehmen als Besteller „Reisender" i. S. d. § 651a I 1 BGB, es liegt ein Reisevertrag im Sinne dieser Vorschrift vor und damit ist die Anwendbarkeit der §§ 651a ff BGB gegeben: Auch wenn das *Unternehmen* als Vertragspartner des Reisevertrags mit der Incentive-Reise geschäftlich-kommerzielle Interessen verfolgt, kann sie im Sinne des Reisevertragsrechts bezüglich des tatsächlich reisenden Begünstigten je nach Ausgestaltung einem Erholungs- bzw. Urlaubszweck dienen.

Konsequenterweise stellen demnach auch *die* Incentive-Reisen keinen Reisevertrag i. S. d. § 651a BGB dar, bei denen die Reise auch für den Begünstigten keinen touristischen und somit insgesamt einen betriebsbezogenen Charakter aufweist, wie dies etwa bei geschenk-

---

[250] S. a. *Bidinger/Bidinger-Müller*, in: DGfR (Hrsg.), Zur Notwendigkeit einer weiteren Reiserechts-Novelle, S. 50; *Führich*, Reiserecht, § 5 I. 2. a), Rn. 86, S. 67; *Jauernig/Teichmann*, § 651a Rn. 4; a. A. *Kaller*, Reiserecht, A. III. 1. c), Rn. 14; analoge Anwendung der §§ 651a ff BGB erwägend *Pick*, § 651a Rn. 49. Auch MüKo/*Tonner*, § 651a Rn. 16f, hält die von ihm nicht gewünschte Einbeziehung der Geschäftsreisen de lege lata mangels teleologischer Reduzierbarkeit für unausweichlich; er vernachlässigt dabei m. E. aber das klar bspw. in BT-Dr 8/786, S.10 zum Ausdruck kommende telos des Schutzes des *Verbrauchers* bei einer *Urlaubsreise*; auch die EG-Pauschalreiserichtlinie steht einer entsprechenden Reduktion nicht entgegen, schränkt sie doch selber ihren Anwendungsbereich auf die *touristischen* Reiseleistungen ein, vgl. Wortlaut Art. 1 S. 1 Nr. 3 RiLi.

[251] *BGH* NJW 2002, 2238.

[252] Daher kein Reisevertrag i. S. d. § 651a I BGB, wenn nicht eine fertige, vorfabrizierte Reise verschenkt wird, sondern die Mitarbeiter nach speziellen Wünschen ihre Reisen zusammenstellen lassen: dann Vermittlungs- oder Werkvertrag je nach Offenlegung des vermittelnden Unternehmens, vgl. *Führich*, Reiserecht, § 5 III. 2. e), Rn. 120, S. 98; bea. aber, dass u. U. die Überlegungen zum Baukastensystem zum Tragen kommen, s. o.

[253] Zur Haftung des Arbeitgebers in diesem Fall s. *Göpfert/Siegrist*, NJW 2006, 2807ff [III. 1.].

ten Reisen zu Tagungs- oder Kongressveranstaltungen der Fall ist.[254]
Der Begünstigte ist bei dieser Konstellation als Dritter im Sinne eines Vertrags zugunsten Dritter § 328 I BGB zu sehen,[255] der demgemäß alle Rechte aus dem Reisevertrag hat; siehe hierzu die später erfolgenden Ausführungen zur Rechtsstellung des reiseteilnehmenden begünstigten Dritten.[256]

f) Reiseverträge nichtgewerblicher bzw. gemeinnütziger Veranstalter

Noll[257] und *Führich*[258] erwägen, angesichts der Begründung zur Ausgrenzung von Geschäftsreisen auch die Veranstaltung von Reisen durch entsprechende private Veranstalter wie Kirchen, Verbände und Vereine im Rahmen ihres Organisationszwecks vom Reisebegriff des § 651a I 1 BGB auszunehmen. Beispiele wären die Veranstaltung entsprechender Fortbildungsreisen, Lehrgänge oder durch Sportausübung bedingte Reisen etwa zu Meisterschaften.

Dem ist m. E. nicht zuzustimmen; nachdem auch die Betätigung im Rahmen etwa eines Sportvereins und somit auch die dabei erfolgende Reise zu einem Wettbewerb bzw. auch nur zur Sportausübung den freiwillig zur Erholung bzw. als Ausgleich ergriffenen Freizeitaktivitäten zuzurechnen ist, fallen auch derartige Reisen in den vorgesehenen Anwendungsbereich des Reisevertragsrechts.
Insofern „freiwillig" ergriffene Freizeitaktivitäten stellen aber auch die kirchliche Betätigung oder Mitgliedschaft in einem Posaunenchor dar. Es kann aber - natürlich vorausgesetzt, die übrigen Merkmale der Pauschalreise liegen vor!- keinen Unterschied machen, ob der Verbraucher sich Urlaub nimmt bzw. eine Reise unternimmt, um für sich je nach Neigung entweder

- einerseits im Rahmen einer Mallorcareise am Strand, als Taucher am (bzw. im) Bodensee oder als Bildungstourist mit einem straffen Besichtigungsprogramm der Kirchen Oberitaliens, oder
- andererseits als begeisterter Leichtathlet im Rahmen eines Trainingslagers seines Sportvereins, als Mitglied einer Kirchengemeinde durch Fahrt nach Lourdes oder in seiner Lieblingsbeschäftigung als Klarinettenspieler in einem Musikverein durch seine Teilnahme an einem Bläsertreffen

für seine körperlich-geistige Erholung und Zerstreuung zu sorgen.

Vgl. auch unten zu dem subjektiv-individuell unterschiedlich geprägten und im Einzelfall jeweils festzustellendem Begriff, was unter dem Urlaubs- bzw. Reisezweck zu verstehen ist, was der jeweilige Reisende als Erholung ansieht.[259]

---

[254] *Führich*, Reiserecht, § 5 I. 2. c) ee), Rn. 88 a. E.
[255] *Führich*, Reiserecht, § 5 III. 2. e), Rn. 120, S. 97.
[256] S. u. Erster Teil C. I. 2.) a) (S. 61).
[257] *Noll*, RRa 2004, 98 (99).
[258] *Führich*, Reiserecht, § 5 I. 3. b), Rn. 90 a. E.
[259] So kann die „Erholung" je nach Reisecharakter im Rahmen einer sog. Abenteuerreise oder Safari durchaus aus enormen Strapazen bestehen, siehe zum Reisecharakter Zweiter Teil D. (S. 175) und zum individuell

Ob dieses Ergebnis rechtspolitisch wünschenswert ist angesichts einer gesellschaftlich angezeigten Förderung gemeinwohldienlicher Organisationen, auch hinsichtlich der aus diesem Ergebnis folgenden Einbeziehung dieser Organisierenden in den vollwertigen Reiseveranstalterbegriff[260] durch den Gesetzgeber, steht auf einem anderen Blatt. Jedenfalls erscheint dem Verfasser eine Unterscheidung basierend auf einer künstlich-wertenden Aufspaltung des Reisebegriffs als nicht sachgerecht.

2.) Zustandekommen des Reisevertrags

Der Reisevertrag wird in der Regel vor Ort im Reisebüro geschlossen; dabei sind mangels spezifischer Regelungen innerhalb der §§ 651a ff BGB die allgemeinen Regeln des BGB zum Vertragsschluss anzuwenden.

a) Vertragsschluss

Auch wenn andere Verfahrensweisen denkbar sind und praktiziert werden, so stellt sich der Vertragsschluss typischerweise so dar, dass sich der Verbraucher auf der Suche nach einer Pauschalreise in ein Reisebüro begibt. Dort wird er sich nach Beratung und Vorstellung verschiedener Reiseangebote durch das Reisebüro schließlich für ein Reiseangebot entscheiden und dieses beim Reisebüro „buchen". Damit gibt er rechtlich einen Antrag § 145 BGB auf Abschluss eines Reisevertrages mit dem Inhalt des jeweils gebuchten Reiseangebots ab.

Je nach rechtlicher Rolle des Reisebüros kann dieses im Rahmen eines Filialbetriebs des Veranstalters als dessen Stellvertreter[261] gem. § 164 I 1 BGB das Angebot sofort annehmen und den Vertragsschluss herbeiführen, oder, wie dies wesentlich häufiger bzw. praktisch regelmäßig der Fall ist, das Angebot lediglich für den Veranstalter *entgegennehmen*. Im ersteren Fall kommt der Vertrag sofort, im zweiteren Fall durch die Buchungs- bzw. Reisebestätigung durch den Veranstalter zustande, nachdem das Reisebüro den Antrag des Kunden weitergeleitet hat.[262]

Soweit das Reisebüro nicht als Abschlussvertreter § 164 I BGB des Veranstalters auftritt,[263] so handelt es nur als Empfangsbote des Reiseveranstalters; fragt das Reisebüro telefonisch

---

daraus abgeleiteten jeweiligen *Erholungserlebnis* auch als Gegenstand der Entschädigung nach § 651f II BGB unten Dritter Teil G. IV. 1.) b) (S. 441).

[260] Da solche Organisationen häufig nicht einmal die Voraussetzungen der zumindest geringfügig privilegierten Stellung eines Gelegenheitsveranstalters erreichen, s. dazu Erster Teil C. II. 2.) (S. 70). S. a. *LG Hamburg* RRa 2005, 208, zu einem gemeinnützigen Verein als Reiseveranstalter für Segelsport.

[261] Wie dies vor allem für Filialen bzw. Buchungsstellen des Veranstalters der Fall sein dürfte; ansonsten haben Agenturen und freie Reisebüros in der Regel keine vom Veranstalter erteilte Abschlussvollmacht.

[262] Dies kann auch im Rahmen eines Online-Buchungssystems erfolgen, durch welches das Reisebüro die Verfügbarkeit nachprüfen und mittels fester Buchung die Bestätigung des Veranstalters sofort einholen kann.

[263] Was in aller Regel der Fall ist, weil die Reiseveranstalter auf diese Weise Kontrolle und Einwirkungsmöglichkeit auf ihre Reiseangebote sowie Koordinierung zur Vermeidung von Überbuchungen ausüben können (letzter Punkt allerdings jedoch heutzutage durch die Online-Reservierungssysteme weitgehend gegenstandslos) , vgl. *LG Kiel* RRa 1996, 203.

oder durch ein elektronisches Computer-Reservierungssystem (CRS)[264] beim Reiseveranstalter nach und erhält eine sofortige Bestätigung über Verfügbarkeit und Buchung, so ist bereits in letzterer die Annahme zu sehen; eine später eintreffende schriftliche Reisebestätigung hat keine konstitutive Wirkung mehr bzgl. des Vertragsschlusses, sondern nur noch deklaratorische, klarstellende Funktion.[265]

Die frühere einzeln in der Literatur genannte Ansicht, bereits das „Angebot" im Reisekatalog stelle auch ein juristisches Angebot i. S. d. § 145 BGB, so dass bereits mit der Buchung durch den Reisenden als Annahme der Reisevertrag zustande käme,[266] ist schon nach den allgemeinen zivilrechtlichen Grundsätzen der invitatio ad offerendum klar abzulehnen, ohne dass es spezifischer reisevertragsrechtlicher Überlegungen bedarf.[267]

b) Abweichende Bestätigung bzw. Änderungsmitteilung

Weicht eine konstitutive Bestätigung von der Buchung ab, so stellt dies nach allgemeinen Regeln (§ 150 II BGB) ein neues Angebot dar, ein Vertrag ist somit zunächst einmal nicht zustandegekommen. Allerdings müsste in einem dennoch stattfindenden Reiseantritt oder auch schon vorher bei Zahlung des Reisepreises eine Billigung des geänderten Vertragsinhalts, eine konkludente Annahme durch den Reisenden gesehen werden.[268]
Eine andere Ausgangssituation liegt vor, wenn nach bereits geschlossenem Vertrag noch eine - deklaratorische - Reisebestätigung, die einen abweichenden Inhalt „bestätigt", oder eine ausdrückliche Änderungsmitteilung - vgl. auch § 651a V 1 BGB - den Reisenden erreicht. Äußert sich der Reisende hierzu nicht und tritt widerspruchslos die Reise an, so wird darin teilweise eine schlüssige Annahme dieser Vertragsänderung gesehen. Lediglich bei einem abweichenden Schreiben, welches den Reisenden kurz vor Reiseantritt erreicht, herrscht weitgehende Einigkeit,[269] dass man in einem daraufhin dennoch widerspruchslosen Reiseantritt durch den Reisenden keine schlüssige Zustimmung zu den Änderungen sehen kann.[270]

Begründet wird dies mit der Situation des Reisende kurz vor Reiseantritt. Er befindet sich in einer Zwangslage,[271] wenn er, im Extremfall nach Organisation seiner Abwesenheit am

264 Vgl. *Führich*, RRa 2006, 50 (52) [IV. 2.].
265 S. a. *LG Kiel* RRa 1996, 203
266 MüKo(2. Aufl.)/*Tonner*, § 651a Rn. 29; soweit *Tonner* dabei anmerkt, der Veranstalter könne ja zugleich eine globale Vorbehaltsklausel über diese Katalog-Angebote erstrecken, verkennt er, dass es sich mit dieser Einschränkung gerade nicht mehr um ein bindendes Angebot und damit um einen Antrag im Sinne des § 145 BGB handelt.
267 *Bidinger/Müller*, RRa 1993, 49f; s. a. *Soergel/H.-W. Eckert*, § 651a Rn. 38.
268 S. a. *AG Bad Homburg* RRa 1996, 186.
269 A. A. nur vereinzelt, so bspw. das verfehlte Urteil des *AG Emden* RRa 1996, 154: analoge Anwendung des § 640 II BGB.
270 S. *Tempel*, RRa 1999, 107 (110); vgl. insges. *Seyderhelm*, § 651a Rn. 130; *Führich*, Reiserecht, § 5 VII. 5., Rn. 181; s. a. *Staudinger/J. Eckert*, § 651a Rnn. 190, 193: grundsätzlich stelle eine vorbehaltlose Zahlung bzw. widerspruchsloser Reiseantritt eine konkludente Zustimmung zur Änderung des Reisevertrages dar (Rn. 190), nur bei Mitteilung der Änderung kurz vor Reisebeginn nicht wegen entsprechender Zwangssituation (Rn. 193).
271 Vgl. auch *Seyderhelm* a. a. O. (Fn. 270): der Reisende sieht bei kurzfristiger Änderungsmitteilung in der Regel keine andere Möglichkeit, als die geänderte Reise notgedrungen trotzdem anzutreten.

Morgen des Abreisetags auf gepackten Koffern sitzend noch Tagespost öffnend, noch unmittelbar vor Reiseantritt eine geänderte Bestätigung erhält. In solchen Fällen, in denen es dem Reisenden nicht mehr zugemutet werden kann oder rein tatsächlich schlicht gar nicht mehr möglich ist, nachzuverhandeln, widerspräche es Treu und Glauben, im Reiseantritt eine Annahme einer Vertragsänderung hin auf den neuen Inhalt zu sehen. Dies gilt aber nicht nur für den unmittelbaren Moment vor Reiseantritt, sondern auch schon für den Zeitraum der letzten Tage vor Reisebeginn, da bzw. insoweit sich auch hier schon der psychische Druck einer Alternativlosigkeit zur Annahme des geänderten Reiseinhalts ergeben wird.

Der Ablehnung einer konkludenten, vorbehaltslosen Annahme durch Reiseantritt bei kurzfristig vor Reiseantritt erfolgenden Änderungsmitteilungen ist selbstverständlich zuzustimmen. Aber auch bei einer längerfristig vor Reiseantritt erfolgenden Änderungsmitteilung bedarf es kritischer Hinterfragung, ob man dem Schweigen des Reisenden eine Erklärungswirkung beilegen kann.[272]
Unzulässig wäre es, den Reiseantritt selbst als Zustimmungserklärung zu sehen,[273] denn der Reisende nimmt ja dadurch lediglich die ihm geschuldete wenn auch mangelhafte Reise tatsächlich in Anspruch, wozu er ja auch gehalten ist zur Vermeidung von Annahmeverzug bzw. Unmöglichkeit bei Verzögerung oder Nichtantritt.

Ein schweigender Reisender, der sich zu den mitgeteilten Änderungen nicht äußert, vorbehaltlos die Reise antritt und hernach die mitgeteilten Mängel rügt, mag zwar merkwürdig erscheinen. Dies ändert aber nichts an der Geltung des allgemeinen zivilrechtlichen Grundsatzes, dass das Schweigen allgemein keinen Erklärungswert besitzt, und ihm nur unter besonderen Umständen eine Zustimmungsbedeutung zukommen kann. *Qui tacet, consentire videtur* - aber eben nur *ubi loqui debuit atque potuit*. Entscheidend ist hier offensichtlich die Frage des *debuit*: Um dem Verhalten des Reisenden eine Bedeutung im Sinne eines Einverständnisses beilegen zu können, bedürfte es besonderer Voraussetzungen, einer im weitesten Sinne untechnischen „Pflicht“ des Reisenden zur Äußerung.

Möglich ist die Konstruktion eines beredten Schweigens zunächst einmal dergestalt, dass der geschlossene Reisevertrag qua AGB des Veranstalters eine entsprechende vertragliche Vereinbarung enthält, wonach der Reisende auf eine abweichende bzw. Änderungsmitteilung zu reagieren hat, andernfalls ihm sein Schweigen als Zustimmung ausgelegt wird. Dies erscheint jedenfalls dann unbedenklich, wenn dem Reisenden dabei gleichzeitig eine ausreichende Frist zur Antwort eingeräumt wird und der Veranstalter sich in der AGB-Klausel verpflichtet, den Reisenden bei Beginn der Frist, also in der Änderungsmitteilung, auf die zustimmende Wirkung eines eventuellen Schweigens hinzuweisen, vgl. § 308 Nr. 5 lit. a, b BGB. Selbstverständlich muss sich der Veranstalter dann auch an diese Hinweispflicht gehalten haben.[274] Ein gem. § 307 BGB berechtigtes Interesse des Veranstalters an einer

[272] Vgl. etwa *Staudinger/J. Eckert*, § 651a Rn. 190 a. E.
[273] Vgl. auch *Tempel*, Materielles Recht (2. Aufl.), § 6 II. 1. c) (2), S. 390.
[274] S. *Palandt/Heinrichs*, § 308 Rn. 26a.

solchen AGB-Klausel ergibt sich aus dem organisatorischen Bedürfnis für einen reibungslosen Ablauf in Zeiten des Massentourismus.[275]

Eine solche zustimmende Wirkung des Schweigens könnte sich aber ohnehin aus der rechtlich festgelegten Gestalt des Reisevertrages ergeben. Ein Blick auf § 651a V 4 BGB zeigt, dass dort dem Reisenden auferlegt wird, bei einer Änderungsmitteilung durch den Veranstalter im Sinne des § 651a V 1 BGB unverzüglich zu erklären, ob er seine Rechte auf Rücktritt bzw. Ersatzreise gem. § 651a V 2 bzw. 3 BGB geltend machen will.[276]
Diese Auferlegung einer unverzüglichen Geltendmachung ergibt nur dann Sinn, wenn ihre Verletzung nicht nur den Verlust des Rechts auf Rücktritt oder Ersatzreise, sondern überhaupt der weitergehenden Gewährleistungsansprüche bedeutet.[277] Die grundsätzlich neben den Rechten aus § 651a V 2, 3 BGB bestehenden Gewährleistungsrechte, insbesondere auf Kündigung und daneben auf Schadensersatz, gelten bei *erheblichen* Änderungen ohnehin weiter neben den Rechten aus § 651a V BGB. Die Verletzung der Obliegenheit in § 651a V 4 BGB zur unverzüglichen Geltendmachung bliebe in diesen Fällen relativ folgenlos, würde sie sich nur im Verlust der Rechte aus § 651a V 2, 3 BGB erschöpfen. Vielmehr verliert daher richtigerweise der Reisende bei verspäteter Reaktion auf eine Änderungsmitteilung auch seine Gewährleistungsrechte bezüglich der entsprechenden Änderungen, diese stellen keine Reisemängel mehr dar, der ursprüngliche Reisevertrag hat nun den geänderten Inhalt.[278]

Nichts anderes kann aber m. E. gelten, wenn der Reisende nicht nur verspätet, sondern überhaupt nicht auf eine Änderungsmitteilung reagiert.

Für die vorliegende Untersuchung zu Reisemängeln bleibt diesbezüglich jedenfalls festzuhalten, dass sich der Reisende in diesem Fall nicht mehr auf den Vertragsinhalt, wie er seiner Buchung zugrunde lag, berufen kann. Bei einer Abweichung vom ursprünglichen Inhalt, die dem neuen Vertragsinhalt entspricht, liegt dann kein Reisemangel vor.

c) Online-Buchung

In jüngster Zeit zunehmend beliebter wird beim reisewilligen Verbraucher die Möglichkeit, sich des Internets zu bedienen, um sich über Reiseangebote zu informieren und entweder direkt beim Veranstalter oder über Online-Vermittler[279] den Reisevertrag abzuschließen. Mittelfristig wird das klassische Reisebüro darunter leiden, auch weil derzeit noch eine sehr hohe Versorgungsdichte bzgl. Reisebüros besteht. Dennoch wird das klassische Reisebüro

[275] Vgl. *Palandt/Heinrichs*, § 308 Rn. 27.
[276] S. insgesamt hierzu eingehend Zweiter Teil F. VI. (S. 284).
[277] Die entsprechende Begründung zum Gesetzentwurf BT-Dr 12/5354, S. 10, nennt bzgl. der Einführung des Erfordernisses einer unverzüglichen Reaktion des Reisenden auf die Mitteilung (damals § 651a IV 4 BGB a. F.) das Motiv, „damit der Reiseveranstalter möglichst bald erfährt, welche Rechte der Reisende geltend macht", schweigt sich aber leider über den entscheidenden Punkt aus, was eigentlich die Folge einer Nichteinhaltung dieses Erfordernisses sein soll.
[278] So auch *Palandt/Sprau*, § 651a Rnn. 23 u. 26.
[279] Zur Rolle der Online-Vermittler als Reiseveranstalter im Rahmen des sog. „dynamic packaging" s. o., Erster Teil B. I. 1.) d) (S. 35).

m. E. aber nicht ganz verschwinden, denn die Buchung über das Reisebüro hat für den Kunden einige unabweisbare Vorteile gegenüber der anonymen Buchung im Internet.[280] So kann er u. U. von den ganz persönlichen Reiseerfahrungen und –tips der dortigen Angestellten profitieren und sich - Stichwort „Bedarfsermittlung" - gerade auch bei ungenauen Vorstellungen über seinen konkreten Urlaub dort leichter an „seine" Reise heranführen lassen. Nicht übersehen werden darf auch, dass immer noch ein nicht geringer Anteil gerade der reiselustigen Bevölkerungskreise fortgeschrittenen Alters immer noch das Medium Internet nicht benutzt. Und schließlich hat man im Reisebüro einen kurzfristigen persönlichen Ansprechpartner vor Ort für Rückfragen und bei Problemen.

Der Vertragsschluss selber stellt sich bei einer Online-Buchung als unproblematisch dar. Der Austausch von Willenserklärungen über das Internet richtet sich nach allg. Ansicht nach den Regeln für verkörperte Willenserklärungen unter Abwesenden.[281] Die im Internet ausgeschriebenen Reiseangebote stellen ebenso wie Reiseangebote in Katalogen invitationes ad offerendum dar. Der Kunde entscheidet sich für ein Angebot, füllt eine entsprechende Maske aus und schickt seine Anmeldung ab. Dies stellt den Antrag auf Abschluss des entsprechenden Reisevertrages § 145 BGB dar, die Willenserklärung wird mit Mausklick oder Betätigung der Eingabetaste abgegeben.

Verfügt das Online-Buchungssystem des Veranstalters über ein Reservierungssystem mit sofortiger Verfügbarkeitsprüfung, so kommt der Vertrag mit der erfolgten Reservierung auf dem Rechner des Veranstalters zustande.[282] Eine später erfolgende schriftliche Auftragsbestätigung hat hierbei nur noch deklaratorische Wirkung.[283] Gelegentlich in den AGB der Anbieter verwendete Klauseln, wonach der Veranstalter den Vertragsschluss von einer solchen späteren schriftlichen Bestätigung abhängig machen will, sind gegenstandslos.

Wenn keine Online-Reservierung erfolgt, wird der Vertrag tatsächlich erst mit der Reisebestätigung durch den Veranstalter als Annahme gem. § 147 II BGB geschlossen, unabhängig davon, ob diese schriftlich oder auch wiederum elektronisch per Email erfolgt.

Anzumerken ist noch gerade aus Sicht des Reisekunden, dass die §§ 312b ff BGB über Fernabsatzverträge - und somit insbesondere das Widerrufsrecht des §§ 312d I 1, 355ff BGB - wegen § 312b III Nr. 6 BGB hierbei keine Anwendung finden:[284] Gem. § 312b III Nr. 6 BGB sind Verträge über die Erbringung von Dienstleistungen in Form von Unterbringung, Beförderung, Verpflegung und Freizeitgestaltung vom Anwendungsbereich der

---

[280] Vgl. auch *Führich*, RRa 2006, 50 (52) [IV. 1.], wonach derzeit der stationäre Vertrieb über Reisebüros gerade bei komplexen Pauschalreisen noch als vertrauenswürdiger bevorzugt werde, das Internet werde vor allem für die Buchung von Einzelleistungen genutzt; im Jahre 2004 seien nur 12,9% der Pauschalreisen über das Internet gebucht worden, es bestehe aber diesbezüglich ein hohes Potential für die Zukunft.

[281] S. *Ernst*, RRa 2001, 111, u. dort Fn. 4.

[282] *Führich*, Reiserecht, § 5 III. 1. f), Rn. 114, S. 91 u.

[283] *LG Kiel* RRa 1996, 203; *Führich*, a. a. O.; MüKo/*Tonner*, § 651a Rn. 65; *Seyderhelm*, § 651a Rn. 91.

[284] Allg. Ansicht; vgl. *LG Berlin*, RRa 2005, 211 (212); *Staudinger/J. Eckert*, § 651a Rn. 67; *Führich*, Reiserecht, § 5 I. 2. c) ee), Rn. 88 a. E.; *Palandt/Grüneberg*, § 312b Rn. 16; eingehend Ernst, RRa 2001, 111 (112) [I. 2.]; kritisch lediglich *Tonner* in MüKo/*ders.*, § 651a Rn. 69, sowie eingehend in *ders.*, RRa 2000, 163 (164), der zwar letztlich die Nichtanwendbarkeit hinnehmen will, aber inhaltlich für ungerechtfertigt und aus Verbrauchersicht für bedauerlich hält.

§§ 312b ff BGB explizit ausgenommen, wenn der Unternehmer sich verpflichtet, diese Leistungen zu einem bestimmten Zeitpunkt oder innerhalb eines bestimmten Zeitraums zu erbringen. Auch wenn Pauschalreiseverträge i. S. d. § 651a I 1 BGB nicht ausdrücklich genannt sind, fallen auch diese als Bündelung der genannten Einzelleistungen unter die Ausnahme des § 312b III Nr. 6 BGB.[285]

Gleichwohl ist allerdings die Vorschrift des § 312e BGB zu beachten, der die Pflichten des Unternehmers im elektronischen Geschäftsverkehr regelt.
Voraussetzung ist zunächst ein Vertrag zwischen einem Unternehmer § 14 BGB als Veranstalter und einem Verbraucher § 13 BGB als Reisekunden, der unter Verwendung eines Tele- oder Mediendienstes geschlossen wird, hier online über das Internet. § 312e BGB stellt somit für online getätigte Reisebuchungen in § 312e I 1 Nr. 1 bis 4 BGB verschiedene Pflichten des Reiseveranstalters auf hinsichtlich Erkennbarkeit und Korrigierbarkeit von Eingabefehlern (Nr. 1), zur Mitteilung der nach BGB-InfoV erforderlichen Informationen (Nr. 2), zur Bestätigung des Zugangs (Nr. 3) und zur Abrufmöglichkeit bzgl. der Vertrags- und Allgemeinen Geschäftsbedingungen (Nr. 4).

Eine Verletzung dieser Pflichten führt nicht zu einer Unwirksamkeit des Vertrages; § 312e III 2 BGB weitet in diesem Fall lediglich die Frist für die Ausübung eines bestehenden Widerrufsrechts aus. Wie bereits festgestellt, ist aber der Reisevertrag kein Fernabsatzvertrag und somit besteht schon gar keine zu verlängernde Widerrufsmöglichkeit.

Allerdings steht dem Verbraucher u. U. ein Schadensersatzanspruch aus c.i.c., §§ 280 I i. V. m. 241 II, 311 II BGB, zu. Voraussetzung ist aber nach allgemeinen Regeln, dass der Schaden gerade auf der Pflichtverletzung beruht, also etwa bei Abschluss eines Reisevertrages mit ungünstigem Inhalt wegen Verletzung der Pflichten zur Kontroll- oder Korrekturmöglichkeit oder bzgl. Informationen zur Reise, § 312e I Nr. 1 bzw. 2 BGB. Im Rahmen der Naturalrestitution des § 249 I BGB kann der Schadensersatzanspruch des Reisenden sich auf Aufhebung oder entsprechende inhaltliche Anpassung des Reisevertrages richten.[286]

Zum häufigen Aspekt des grenzüberschreitenden Vertragsschlusses im Internet siehe auch die noch folgenden Ausführungen zur Frage des Gerichtsstandes und anzuwendenden Rechts bei internationalen Bezügen.[287]

d) Last-Minute-Reisen

Reiseverträge über Last-Minute-Reisen werden erst kurz vor Reiseantritt geschlossen. Wegen der zeitkritischen Situation erfolgt der Vertragsschluss direkt durch die Zusage des Reisebüros auf die Anmeldung des Reisenden hin. Eine Reisebestätigung durch den Veranstalter erfolgt hierbei entweder gar nicht oder geht erst unmittelbar vor Reiseantritt zu; die Bestätigung hat in diesen Fällen dann nur noch deklaratorische Bedeutung. Auch übrige Reise-

---

[285] S. *Palandt/Grüneberg*, § 312b Rn. 16; vgl. auch ausdrücklich die amtliche Begründung zum Fernabsatzgesetz, BT-Dr 14/2658, S. 35, u. die Nachweise in vorheriger Fn.
[286] *Staudinger/J. Eckert*, § 651a Rn. 69; MüKo/*Wendehorst*, § 312e Rn. 122.
[287] S. u. Erster Teil B. III. (S. 56).

unterlagen entfallen meist; ein Mindestmaß an Information auch bei Last-Minute-Reisen schreibt § 6 V 2 BGB-InfoV vor, wonach der Reisende zumindest über einzuhaltende Fristen und zuständige Stelle bei Mängeln sowie über die Möglichkeit einer Versicherung zu unterrichten ist. Hinsichtlich der strittigen Frage, welche Zeitspanne zwischen Angebot und Reiseantritt für eine Last-Minute-Reisen vorliegen muss und zur Betrachtung aus Reisemangelsicht siehe eingehend diesbezügliche Ausführungen im Zweiten Teil.[288]

3.) Inhalt des Reisevertrages

Vertragsgegenstand ist die *Reise an sich*, die sich aus der *Gesamtheit* von Reiseeinzelleistungen gem. § 651a I 1 BGB ergibt. Damit stellt der geschuldete Leistungsgegenstand mehr bzw. etwas anderes dar als nur die einzelnen Reiseleistungen, und daraus ergibt sich der *Nutzen der Reise* als Gegenstand der verschuldensunabhängigen Einstandspflicht des § 651c I BGB.
Dieser Inhalt des Reisevertrages ist schwierig zu fassen, da sich die Frage stellt, inwieweit in die geschuldete Reise und deren Erfolg auch Faktoren wie nicht beeinflussbare Umweltfaktoren, Definition der Erholung oder des Empfindens von Urlaubsfreude etc. mit einfließen, aber teilweise auch ausgegrenzt werden. Schwierigkeiten bzw. Unterschiede bzgl. der Interpretation der rechtlichen Gestalt und des Inhalts der geschuldeten „Reise" als Vertragsgegenstand bilden den Ausgangspunkt für Meinungsverschiedenheiten bei der Interpretation einzelner Normen des Reisevertragsrechts,[289] insbesondere auch hinsichtlich der zentralen Frage der Reichweite der verschuldensunabhängigen Einstandspflicht des Veranstalters für Reisemängel § 651c I BGB.[290] Ein Versuch der Beschreibung der verschiedenen mangelrelevanten Aspekte der geschuldeten Reise findet sich im Zweiten Teil der Arbeit unter dem Ansatz des *Reisecharakters* als Ausgangspunkt für die Ermittlung und Bewertung vorliegender Reisemängel.[291]

Zur bereits angesprochenen Problematik einer späteren Änderung des Vertragsinhalts vgl. eben dort - s. o. B. I. 2.) b) (S. 40) - sowie auch das Rücktrittsrecht bei Änderungen, s. u. Zweiter Teil F. VI. (S. 284).

a) Vertragsinhalt bei Vertragsschluss

Der geschuldete Vertragsinhalt im jeweiligen Einzelfall ergibt sich demnach wie soeben angesprochen zunächst einmal aus den beschreibenden Angaben in dem bei Vertragsschluss zugrundeliegenden Katalog bzw. Prospekt, den zusätzlich explizit mündlich oder auch kon-

---

[288] S. u. Zweiter Teil D. III. 2.) n) (S. 239).

[289] Bspw. auch zum Streit um das Verhältnis von § 651e und 651j BGB, vgl. *Teichmann*, JZ 1990, 1117 [1.]; zu diesem mittlerweile weitgehend geklärten Streit s. a. Dritter Teil E. I. (S. 398).

[290] Die grundlegende Unterscheidung, ob als Vertragsgegenstand nur die einzelnen Teilleistungen, so *Tempel* u. *Seyderhelm*, vgl. Fn. 884ff (S. 147) bzw. Fn. 902 (S. 150), oder aber eine darüber hinausgehende Gesamtleistung Reise, so die h. M., vgl. Fn. 871 (S. **Fehler! Textmarke nicht definiert.**), geschuldet sind, stellt auch den Ausgangspunkt für den Streit zwischen engem und weitem Mangelbegriff im Reisevertragsrecht dar, s. hierzu eingehend Dritter Teil C. II. (S. 144ff).

[291] Siehe Zweiter Teil D. (S. 175).

kludent bei Vertragsschluss getroffenen Vereinbarungen und Zusicherungen, sowie dem Reisecharakter, wie er sich daraus nach dem Verständnis der Parteien ergibt. Der Begriff des Reisecharakters beschreibt hierbei umfassend Reiseart und -zweck sowie die näheren Umstände der Leistungserbringung; auf ihn wird im Zweiten Teil der Arbeit noch näher einzugehen sein.[292]

Besondere Bedeutung besitzt der bei Vertragsschluss zugrundeliegende Reisekatalog bzw. Reiseprospekt.[293] Die Angaben hierin sind häufig nicht nur die wichtigste Informationsquelle des Reisekunden, der er ein besonderes Vertrauen hinsichtlich Richtigkeit, Vollständigkeit und Verlässlichkeit entgegenbringt.[294] Im Gegensatz zu möglichen Beweisschwierigkeiten bzgl. mündlicher Abreden und Zusicherungen kann der Inhalt des (damaligen) Kataloges auch nach längerer Zeit später unschwer sicher festgestellt werden.

Wenn somit auch unstrittig sein dürfte, welchen Inhalt der jeweilige Katalog hatte, so können sich dennoch Schwierigkeiten bei der Interpretation bzw. rechtlichen Bewertung dieses Inhalts ergeben, insbesondere hinsichtlich der Frage, ob darin enthaltene Aussagen im Einzelfall jeweils nur als unverbindliche Werbeaussagen oder konkrete vertragsinhaltsgestaltende Angaben zu verstehen sind.

Diese Schwierigkeit gründet im janusköpfigen Wesen der Kataloge, einerseits das Objekt zu beschreiben und dabei wahre Angaben zu machen, gerade auch um spätere Gewährleistungsansprüche auszuräumen, und andererseits der dabei bestehenden Marketing-Notwendigkeit, das Angebot in möglichst gutem Licht erscheinen zu lassen, um es attraktiv zu machen, damit es überhaupt zu einem entsprechenden Reisevertrag bzgl. der beschriebenen Reisen kommt.

Aus dieser Dichotomie des Prospektinhalts heraus hat sich eine Katalogsprache entwickelt, die zwar nicht offen „lügt", aber dennoch bei unbedarftem Lesen einen falschen Eindruck erweckt. Ähnlich wie im landläufig bekannten vergleichbaren Fall arbeitsrechtlicher Zeugnisse - wenn auch nicht ganz so ausgeprägt - ist man gehalten, zwischen den Zeilen zu lesen.

So bedeutet etwa - es folgen willkürliche Beispiele - die Aussage „Hotel für junge Leute", dass Beweglichkeit vorausgesetzt wird wegen langer Strecken und Wege, fehlender Aufzüge und genereller Unannehmlichkeiten, Trubel u. ä.; „x Entfernung zum Meer" heißt zwar nicht unbedingt, dass man auf einem direkten Weg dieser Länge x dorthin gelangt, und es kann sich auch um eine unbegehbare Steilküste o. ä. handeln - aber die Entfernungsangabe hierbei ist konkret und nachprüfbar. Hingegen soll die Aussage „schöner Strand" überhaupt keinen konkreten Aussagewert haben, sondern wird als reine Werbeaussage bewertet.[295]

Zu unterscheiden sind insofern euphemistische oder wohlklingende Beschreibungen, die dennoch Aussagewert haben, von völlig unverbindlichen, schönfärberischen inhaltsleeren

---

[292] Zweiter Teil D. (S. 175).

[293] vgl. *Eisner*, S. 20; *Staudinger/J. Eckert*, § 651c Rn. 10; *Bechhofer*, S. 38.

[294] *Führich*, Reiserecht, § 7 II. 2. b), Rn. 234.

[295] Zu den in der „Geheimsprache der Reisebranche" verwendeten Beschreibungen s. *Kaller*, Reiserecht, A. VI. 2. b), Rnn. 57-60; s. insgesamt hierzu auch eingehend *Schlotmann*, Recht, A. III. 1., S. 18ff.

Werbeaussagen zu Zwecken des Marketings. Darüber hinaus können durch entsprechende Hervorhebung und Gestaltung einzelne Tatsachenangaben auch das Ausmaß einer Zusicherung und damit entsprechend prägende Bedeutung für den Charakter der Reise erlangen. Je nach rechtlicher Bewertung der Angaben formt sich daraus ein entsprechender geschuldeter Vertragsinhalt, weshalb diese Thematik näherer Untersuchung im Rahmen der Frage des Reisemangels bedarf.[296]

Bei der zweifellos wichtigen Diskussion um die Katalogangaben darf aber nicht übersehen werden, dass es daneben gerade auch die bereits angesprochenen, zwischen Reisendem und Reiseveranstalter, gegebenenfalls durch das Reisebüro, vereinbarten individuellen Zusagen und Absprachen mit rechtlich vorrangiger Bedeutung gibt. Diese ermöglichen es dem Reisenden, eine individuelle Reise nach seinen persönlichen Wünschen und Neigungen[297] durchzuführen.[298]

b) Vorausbuchung auf Grundlage alten Katalogs

Unter Anwendung allgemeinen Zivilrechts wird grundsätzlich der Vertragsinhalt durch den Reisekatalog mit den darin enthaltenen Angaben und AGB festgelegt, der zum Zeitpunkt des Vertragsschlusses vorlag. Ein Problem ergibt sich bei einer Vorausbuchung für einen Urlaubszeitraum, für den die dann geltenden Kataloge noch nicht erschienen sind. Die Buchung erfolgt hierbei unter Vorlage des zum Zeitpunkt des Vertragsschlusses gültigen, aber im Zeitpunkt des Reiseantritts veralteten Katalogs.[299]

Abzulehnen ist hierbei die Ansicht von *Bidinger* u. *Müller*, dass im Rahmen einer solchen Vorausbuchung auch ohne ausdrückliche diesbezügliche Vereinbarung der noch unbekannte spätere Katalog für den Vertragsinhalt maßgeblich sein soll.[300] Dies verkennt m. E. die elementaren allgemeinen zivilrechtlichen Regeln des Vertragsschlusses.
Vielmehr kommt *ohne* einen entsprechenden Hinweis auf den späteren Katalog schlicht ein Vertrag auf Grundlage des alten Katalogs bzw. mit dessen Inhalt zustande - es ist Sache des Reiseveranstalters, ob er einen solchen Vertrag schließen will, oder nicht.

Der von der h. M. für eine wirksame Einbeziehung der zukünftigen Kataloginhalte geforderte Hinweis auf den noch erscheinenden Katalog[301] führt zwar zu einer Kenntnis des Reisenden von dieser Bedingung, wirft m. E. aber dennoch schwierige Fragen auf: So wird zwar bei einem solchen Hinweis nach h. M. dem Reisenden eine Pflicht auferlegt, sich über den neuen Katalog zu informieren[302] und dessen Inhalt mit seiner Auftragsbestätigung zu

---

[296] Zur rechtlichen Beurteilung der Katalogangaben daher eingehend Zweiter Teil B. III. 3.) (S. 129).
[297] Vgl. *BGHZ* 100, 157 (164).
[298] Zu Absprachen und Zusicherungen vgl. insgesamt Zweiter Teil B. III. (S. 127).
[299] Vgl. *AG Landau i.d.Pf.* RRa 1997, 56 u. Berufungsinstanz *LG Landau i.d.Pf.* RRa 1997, 156, mit einem Fall, in dem zwar im alten Katalog eine Änderungsklausel für Vorausbuchungen enthalten war, dem Reisenden bei Erscheinen der neuen Kataloge aber (unzutreffend) versichert wurde, der alte Katalog habe immer noch Gültigkeit.
[300] So *Bidinger/Müller*, § 651c Anm. 7, S. 102.
[301] *Führich*, Reiserecht, § 5 V. 1. b), Rn. 138, S. 111 u.; *AG Landau i.d.Pf.* RRa 1997, 56, u. Berufung *LG Landau i.d.Pf.* RRa 1997, 156; *Tempel*, RRa 1998, 147.
[302] Vgl. *Seyderhelm*, § 651a Rn. 99.

vergleichen;[303] es fehlt aber eine klare Aussage zur Folge, wenn dann auch eine Abweichung festgestellt wird.[304] § 651a V 2 BGB erfasst diese Abweichungen nur zum Teil, nämlich hinsichtlich eines mehr als hundertfünfprozentigen neuen Reisepreises oder einer „erheblichen Änderung einer wesentlichen Reiseleistung".

Von der Stellung der Vertragsparteien her bestehen, auch vor dem Hintergrund des hinter den §§ 315ff BGB stehenden Gedankens, grundsätzliche Bedenken, ob eine Vertragspartei eine quasi inhaltsleere Erklärung abgeben kann: auch mit Kenntnis des Reisenden würde die Klausel der Gültigkeit des noch erscheinenden Katalogs dem Reiseveranstalter ein vollständiges einseitiges Bestimmungsrecht über den gesamten Inhalt des Reisevertrages geben, das nicht nur Nebenleistungen und nebensächliche, hauptreiseleistungsinhaltsausfüllende Serviceangebote, sondern auch handfest die essentialia Preis, Unterkunftsobjekt wie auch Zeitpunkt betrifft[305] - der Reisende hielte nur eine leere Vertragshülle in der Hand - mit dem stark eingeschränkten „Trost" des § 651a V BGB hinsichtlich ganz besonders gravierender Änderungen.[306]

M. E. kann eine sachgerechte Lösung entlang der folgenden Kriterien erfolgen.
Grundsätzlich wird der Katalog Vertragsgrundlage, der bei Buchung vor- und somit dem Vertragsschluss zugrunde liegt.
Dem Reiseveranstalter ist grundsätzlich die Möglichkeit einzuräumen, bei noch nicht erschienenen Katalogen für den Reisedurchführungszeitraum auf den für diesen Zeitpunkt geltenden, noch nicht erschienenen Katalog Bezug zu nehmen. Hierfür muss er aber bei einer derartigen „Vorausbuchung" aufgrund eines bis Reiseantritt veralteten Katalogs ausdrücklich und unmissverständlich darauf hinweisen, dass der neue, noch erscheinende Katalog gelten soll und sich dadurch bestimmte Änderungen im Leistungsinhalt ergeben können.

Selbst dann können sich Änderungen nur auf solche Inhalte beschränken, die nicht durch § 4 BGB-InfoV als wesentliche Informationen der Reise angesehen werden. Auch die dennoch zulässigen Änderungen müssen sich als einseitig vom Reiseveranstalter ausgeübte Inhaltsbestimmungen im Rahmen von Treu und Glauben bewegen und dürfen den Reisenden nicht unangemessen benachteiligen. Verlassen die Änderungen diesen Bereich hinzunehmender Änderungen, also bei einer erheblich nachteiligen Inhaltsänderung oder überhaupt bei einer Änderung der wesentlichen in § 4 BGB InfoV genannten Eigenschaften, so ist dem Reisenden ein außerordentliches Kündigungsrecht zuzugestehen, durch dessen Ausübung er sich ohne die üblichen Stornogebühren vom Vertrag lösen kann. Eine solche

---

[303] Vgl. *Tempel*, a. a. O. (Fn. 301).

[304] Exemplarisch aussagefrei hierzu bspw. *Kaller*, Reiserecht, A. VI. 2. b), Rn. 55, S. 26.

[305] Hinsichtlich des Preises versteht sich eine Erhöhung im neuen Katalog von selbst, doch darin ändern sich oft genug auch die Abflugzeiten nach neuen Flugplänen, und schließlich beschreibt gerade der dem Urteil des *AG Landau i.d.Pf.* RRa 1997, 56, u. Berufungsurteil *LG Landau i.d.Pf.* RRa 1997, 156 (= NJW-RR 1998, 192), zugrundeliegende Sachverhalt den Fall, dass unter gleicher Objektnummer nunmehr ein wesentlich abweichendes *anderes* Ferienhaus geführt wurde.

[306] S. a. oben zur nachträglichen Änderung, Erster Teil B. I. 2.) b) (S. 40), wobei der Unterschied zur dortigen Konstellation darin liegt, dass dort ein bestehender fester Inhalt eines geschlossenen Vertrages geändert werden soll, hier aber ein Vertrag unter Änderungsvorbehalt bzw. mit noch unbestimmten zukünftigem Inhalt vorliegen soll.

Kündigungsmöglichkeit ist konkludent in der Klausel der Gültigkeit des noch erscheinenden Katalogs mitenthalten bzw. durch Ausdehnung des in § 651a V 2 BGB für schwerwiegende Änderungen wesentlicher Reiseleistungen enthaltenen Rücktrittsrechts.[307]

c) Besondere Reisearten

Was jeweils spezifischer Inhalt des Vertrages im Detail ist, richtet sich gerade auch nach dem Charakter des konkreten Vertrages; insbesondere Spezialreisearten haben ihren ganz eigentümlichen Vertragsgegenstand. Weil dieser aber über den Umfang der Leistungspflicht hinaus entscheidend für die daran zu prüfende Mangelhaftigkeit ist, wird auf besondere Reisearten mit besonderen Eigenheiten in Teil Zwei näher eingegangen, wo auf diese Eigenheiten im Rahmen des zentralen Begriffs des Reisecharakters einzugehen sein wird.[308]

d) Einbeziehung von AGB

Regelmäßig werden bei Vertragsschluss seitens der Reiseveranstalter Allgemeine Geschäftsbedingungen in den Reisevertrag einbezogen. In der Regel geschieht dies durch Aushändigung der Reisekataloge, in denen die AGB mit abgedruckt sind.
Die Wirksamkeit der AGB ist zum einen an § 651m BGB zu messen, wonach der Reisende durch diese Regelungen gegenüber den gesetzlichen Regelungen der §§ 651a ff BGB nicht benachteiligt werden darf. Zum anderen gelten auch die allgemeinen Vorschriften zum Recht der AGB nach §§ 305ff BGB.
Obwohl es sich unter den großen Reiseveranstaltern mittlerweile praktisch ausnahmslos durchgesetzt hat,[309] keine eigenen AGB zu entwickeln und zu verwenden, sondern statt dessen die vom *Bundesverband Deutscher Reisebüros und Reiseveranstalter* empfohlenen, vom Bundeskartellamt genehmigten und in Abständen im Bundesanzeiger aktualisiert veröffentlichten Allgemeinen Reisebedingungen (AGB-DRV)[310] zu übernehmen, musste der *BGH* wiederholt in Verbandsprozessen einzelne Klauseln derselben als unwirksam aufheben; zudem verwenden viele kleinere und Spezialreiseveranstalter eigene AGB, die regelmäßig Gegenstand von Abmahnungen und Verbandsklagen der Verbraucherverbände sind.[311]

e) Zusatzleistungen bei Vertragsschluss und am Urlaubsort

Häufig werden in Verbindung mit der Reise zusätzliche Nebenleistungen separat angeboten, meist wird auf diese Möglichkeiten schon im Katalog hingewiesen.

Hierbei ist zu unterscheiden, ob es sich um eine Fremdleistung eines dritten Anbieters handelt, oder um eine Zusatzleistung des Reiseveranstalters, die dann in seine Einstandspflicht für die von ihm erbrachte Gesamtheit von Reiseleistungen § 651a I 1 BGB einbezogen

---

[307] S. dazu auch die Ausführungen zur Vertragsänderung durch den Veranstalter, Zweiter Teil F. VI. (S. 284).
[308] S. Zweiter Teil D. (S. 175), dort D. II. 1.) a) (S. 193) u. insbesondere D. III. (S. 210).
[309] S. *Kaller*, Reiserecht, A. V. 3. a), Rn. 42.
[310] Vgl. etwa „ARB 2002“ in BAnz Nr. 103/2002 v. 8.6.2002.
[311] Zu beidem s. *Führich*, Reiserecht, § 2 I. 1., Rn. 28.

wird. Die Zusatzleistung wird also im letzteren Fall Teil der geschuldeten Pauschalreise, während im ersteren Fall einer Fremdleistung der Reiseveranstalter nur die ordnungsgemäße Vermittlung schuldet[312] und sich ansonsten der Reisende bei Mängeln an den Dritten, den Leistungserbringer halten muss.[313] Diese Unterscheidung ist oft von elementarer Bedeutung, weil bei Annahme einer Fremdleistung die Geltendmachung von Ansprüchen, etwa auf Schadensersatz wegen vom Fahrer verursachten Unfalls bei einem Ausflug, im Ausland oft sehr erschwert bis aussichtslos erscheint.

Hauptreiseleistungen[314] bzw. Leistungen, die der Reise ihr Gepräge im Rahmen des Reisecharakters geben (bspw. die einzelnen Sportaktivitäten bei einem entsprechenden Aktivitätenurlaub)[315] dürfen von vornherein keine Fremdleistung sein, da ansonsten die Gefahr einer Umgehung der grundsätzlichen Haftung des Reiseveranstalters für seine Reise als solche gem. §§ 651a ff BGB besteht.[316] Einer solchen Annahme widerspricht auch dem Grundgedanken hinter der sog. Vermittlerklausel des § 651a II BGB.

Soweit die Leistung also schon im Katalog und damit bei Vertragsschluss angekündigt wird, spricht die Ausweisung eines gesonderten Preises, die Bezahlung vor Ort sowie die Erteilung gesonderter Vouchers bzgl. der Zusatzleistung für eine eigenständige Fremdleistung, letztlich auch die Angabe des Fremdanbieters in der Reisebestätigung.[317]

Schwieriger gestaltet sich die Beurteilung erst vor Ort im Urlaub durch den Reiseleiter und/oder entsprechend ausliegende Mappen des Veranstalters bekannt werdender möglicher Leistungen. Die entsprechenden Vorträge des Reiseleiters wie auch die Mappen enthalten häufig den pauschalen Hinweis, der Veranstalter trete hierbei lediglich als Vermittler auf.[318]

Es stellt sich die Frage, inwiefern bzw. inwieweit derartige Einzelleistungen in den Reisevertrag und damit den juristischen Geltungsbereich der §§ 651a ff BGB einbezogen sind. In der Literatur wird auf dieses Problem nicht näher eingegangen. Auch § 651a II BGB hilft formal nicht weiter, da auch diese Vorschrift sich wörtlich auf „vertraglich vorgesehene" Leistungen bezieht. In der Rechtsprechung wird stillschweigend von einer Möglichkeit der Einbeziehung der erst vor Ort angebotenen Zusatzleistungen in den Reisevertrag ausgegangen.[319]

---

312 Der Reiseveranstalter haftet somit u.U. als Vermittler quasi wie ein Reisebüro im Rahmen eines Vermittlungsvertrages, vgl. hierzu *Löwe*, RRa 1996, 215 (216), sowie umfassend zur Haftung des Reisevermittlers unten Erster Teil C. III. (S. 74).

313 Vgl. bspw. *AG Düsseldorf* RRa 2001, 118f.

314 S. a. oben Erster Teil B. I. 1.) a) (bb) (S. 31).

315 S. *Tonner*, Reisevertrag, § 651a Rn. 32.

316 Vgl. *Führich*, Reiserecht, § 5 IV. 2., Rn. 134, S.108; s. a. *Tonner*, Reisevertrag, § 651a Rn. 32: keine Fremdleistungsklausel für Reiseleistungen, die der jeweiligen Reiseart das Gepräge geben.

317 Vgl. auch *Niehuus*, Reiserecht, § 3 A. II. 10., Rn. 49.

318 Vgl. den Sachverhalt bei *OLG Düsseldorf* RRa 2005, 118.

319 Bea., dass sich der frappierende Widerspruch der Ergebnisse der beiden Entscheidungen zweier Senate des *OLG Düsseldorf* zur Haftung des Veranstalters für vor Ort angebotene Jeep-Ausflüge, RRa 2005, 118 u. 121, nur auf den konkreten Fall, nicht aber auf die grundsätzlich übereinstimmend angenommene grundsätzliche Möglichkeit der nachträglichen Einbeziehung vor Ort angebotener Leistungen bezieht.

Dies erscheint zunächst dogmatisch bedenklich angesichts der ursprünglichen Voraussetzung einer „vorherigen Bündelung", die also spätestens im Zeitpunkt der Vertragsunterzeichnung erfolgt sein muss.[320]

Eine etwas umständliche Konstruktion wäre das Hineininterpretieren einer einvernehmlichen Reisevertragsänderung vor Ort hinsichtlich einer Aufnahme der Zusatzleistung in einen geänderten Reisevertrag anlässlich der Buchung der Zusatzleistung vor Ort.
Dies wirkt zugegebenermaßen etwas gekünstelt und ergebnisorientiert; naheliegender dürfte die Einbeziehung unter Zugrundelegung des Kriteriums der veranstaltermäßig erbrachten Leistung weiterhelfen, das im Zusammenhang mit der analogen Anwendung des Pauschalreiserechts auf Einzelleistungen von der Rspr. herausgearbeitet wurde.[321]

Damit also umgekehrt die vor Ort angebotene Leistung als Fremdleistung eines Drittanbieters einzuordnen ist, muss der Veranstalter unmissverständlich diesbezüglich seine reine Vermittlerstellung im Angebot zum Ausdruck bringen.[322] Für eine Fremdleistung spricht auch ein nur lockerer Bezug zum eigentlichen Hauptreisezweck.[323]

Bei aller Unsauberkeit in der Herleitung erscheint das in der Rechtsprechung vertretene Ergebnis einer Einbeziehung aus Verbrauchersicht sachgerecht, da die vom Reiseveranstalter erbrachten Zusatzleistungen vor Ort nach unjuristischer Verkehrsanschauung ja als Teil des vom Veranstalter geleisteten Gesamturlaubserlebnisses empfunden werden. Typische Zusatzangebote sind bspw. allerlei Arten von Ausflügen, Besuche von Aufführungen oder Sportangebote wie Segeln, Tennis oder Tauchen.[324]

Letztlich kommt es damit in beiden Fällen von Zusatzleistungen bei Vertragsschluss wie auch vor Ort auf den aus Gesamtschau der Umstände gewonnenen Eindruck[325] *veranstaltermäßiger Erbringung* an, unter dem die Zusatzleistung angeboten wird. Bei verbleibenden Zweifeln ist von einer veranstaltereigenen Zusatzleistung als Teil der Pauschalreise auszugehen:[326] der Veranstalter hat es selber in der Hand, durch klare Angeben einen solchen Eindruck seines Angebotes zu verhindern.

Teilweise wird durch sog. Fremdleistungsklauseln in den AGB der Reiseveranstalter versucht, Zusatzleistungen vor Ort per se als lediglich vermittelte Fremdleistungen einzuordnen. Hierzu ist klar festzuhalten, dass eine solche Klausel niemals konstitutiv den Charakter der Zusatzleistung als Fremdleistung festlegen kann, sondern allenfalls bei ohnehin vorliegender Erfüllung der oben dargestellten Voraussetzungen eine Einordnung als Fremdleis-

---

[320] S. o. Erster Teil B. I. 1.) c) (S. 34).
[321] S. Erster Teil B. II. 4.) (S. 55).
[322] Vgl. *OLG Düsseldorf* RRa 2005, 118 (auf einem vom Reiseleiter ausgeteilten Angebotszettel angebrachter Vermerk), s. aber auch *OLG Düsseldorf* RRa 2005, 121.
[323] S. a. *AG Düsseldorf* RRa 2001, 118.
[324] Vgl. die ausführlichere Auflistung bei *Führich*, Reiserecht, § 5 IV. 2. Rn. 134, S.108, die dennoch naturgemäß nur einen Bruchteil der unzähligen denkbaren Zusatzangebote wiedergeben kann.
[325] Sehr zweifelhaft daher die Ablehnung einer dem Reiseveranstalter zuzurechnenden Zusatzleistung durch *LG Frankfurt a.M.* RRa 2005, 65, bei einer Jeep-Safari angesichts der Jeeps mit Beschriftung des Reiseveranstalters und dessen Internet-Werbung mit „eigenen Jeep-Safaris".
[326] Vgl. insges. *Führich*, Reiserecht, § 5 IV. 2., Rn. 134; s. a. *Wiegand-Schneider*, DRiZ 2003, 90 (91).

tung im Sinne einer deklaratorischen Klausel bestätigen kann; eine entsprechende Klausel hat also keine Wirkung bzw. rechtliche Bedeutung. Der BGH hat eine derartige Klausel mit dem konkreten Wortlaut

> „Wir haften nicht für Leistungsstörungen im Bereich von Fremdleistungen, die lediglich vermittelt werden und in der Reiseausschreibung ausdrücklich als solche gekennzeichnet werden“

wegen Verstoßes gegen das Transparenzgebot und wegen unangemessener Benachteiligung für unwirksam erklärt.[327]

M. E. war diese Unwirksamkeitserklärung unnötig, da es sich ohnehin um eine eigentlich nichtssagende Formulierung handelt, denn mit der Aufnahme der Bedingung der „vermittelten Fremdleistung“ ist definitorisch nichts gewonnen, weil dies ja gerade die zu regelnde Kernfrage ist.

II. Abgrenzung: Einzelleistung und Individualreise

Abzugrenzen ist die Pauschalreise i. S. d. § 651a BGB vom Gegenbegriff der nur einzeln geschuldeten Reiseleistung. Der historische Hintergrund des Reisevertragsgesetzes war ja gerade die Schaffung einer Regelung für die zunehmend an Bedeutung gewinnende Reiseform der Pauschalreise gegenüber den bis dahin ausschließlich vorherrschenden Individualreisen bestehend aus einzeln vom Verbraucher gebuchten Reiseleistungen.[328]

1.) Materielle Rechtslage bei Einzelleistung und Individualreise nach Gesetz

Fehlt es an einer Gesamtheit von Reiseleistungen im Sinne des § 651a I 1 BGB, weil beispielsweise überhaupt nur *eine* Reiseleistung oder aber eine Reiseleistung mit lediglich untergeordneter oder funktionell zuzuordnender Nebenleistung Gegenstand des Vertrages ist, so sind nach Gesetzeswortlaut die § 651a ff BGB eigentlich unanwendbar und die schuldrechtliche Beziehung zwischen Reisendem und Veranstalter bestimmt sich nach den Regelungen des Vertragstyps der jeweiligen Reiseleistung (Beförderungs-, Beherbergungsvertrag etc.).[329]

Dies ist insbesondere der Fall bei einer vom Reisenden selbst organisierten sog. Individualreise. Auch hier liegt oft eine Bündelung mehrerer Teilleistungen zu einer Gesamtheit - nämlich der selbst organisierten Reise - vor; nur nimmt diese Bündelung nicht ein Reiseveranstalter, sondern der Reisende selber vor. Im Gegensatz zur Pauschalreise, die der Reisende mit den jeweils enthaltenen Einzelleistungen bei einem Reiseveranstalter als fertiges Produkt bucht, organisiert er im Rahmen einer Individualreise den Ablauf und die dabei jeweils in Anspruch genommenen Teilleistungen wie Beförderung, Unterkunft etc. selber.

Wenn der Reisende sich bei dieser Organisation seiner Reise der Hilfe eines Reisebüros bediente, so kann sich bei Fehlern des Reisebüros u. U. eine Haftung desselben aus dem

[327] Vgl. *BGHZ* 156, 220 [Ls. 2] (= NJW 2004, 681).
[328] Zur Historie s. o. Erster Teil A. I. (S. 12).
[329] Zu den Vertragstypen im Individualreiserecht s. etwa *Führich*, Reiserecht, 8. und 9. Kapitel, S. 673ff.

Vermittlungsvertrag zwischen Reisendem und Reisebüro ergeben, auch wenn es nur eine einzelne Reiseleistung vermittelte. Allerdings haftet es in beiden Fällen nicht aus Reisevertrag nach den §§ 651c ff BGB für die mangelfreie Erbringung der Reiseleistungen an sich, sondern nur für Mängel im Rahmen der Vermittlung,[330] wozu aber eben auch bspw. eine falsche Beschreibung der Unterkunft zählen kann.

Je nach Einbindungsintensität und Rolle des Reisebüros kommt möglicherweise sogar eine Haftung des Reisebüros als Veranstalter in Frage. Dann richtet sich die Haftung ganz regulär nach der eines Veranstalters für die Pauschalreise gemäß Reisevertragsrecht.

Ansonsten muss der Individualreisende sich hinsichtlich einer Mangelhaftigkeit seiner Reise an die einzelnen Leistungserbringer direkt halten. Denn im Gegensatz zur Pauschalreise im Sinne des Reisevertragsrechts der §§ 651a ff BGB, bei welcher der Reisende den Vertrag mit dem Veranstalter schließt und dieser ihm gegenüber für die Erbringung der Reise haftet, sieht sich bei der Individualreise der selbst organisierende Reisende direkt dem jeweiligen Leistungserbringer als Vertragspartner gegenüber. Nachdem diese sich ja dann oft am Ort der Leistungserbringung im Ausland befinden, ist die Rechtslage weniger überschaubar und letztlich ein Rechtsstreit mit erheblichen *finanziellen* und angesichts der ausländischen Prozesssituation erheblichen *rechtlichen* Risiken verbunden.

2.) Gesetzgeberische Intention und Korrektur durch die Rechtsprechung

Mittlerweile ist man bzgl. der Erbringung von Einzelleistungen in Teilbereichen des Individualreiserechts von diesem Grundsatz abgewichen und wendet analog die §§ 651a ff BGB an.

Die ausdrückliche Intention des Gesetzgebers ausweislich der Materialien zum Gesetzgebungsverfahren war es, dass die Regelungen des Reisevertragsrechts §§ 651a ff BGB nur auf Pauschalreisen als gebündelte Gesamtheit von Reiseleistungen und gerade nicht auf Einzelleistungen Anwendung finden, „da die Gründe, die für eine Regelung der Verantwortlichkeit des Reiseveranstalters sprechen, nicht für die Erbringung oder Verschaffung nur einzelner Reiseleistungen Geltung beanspruchen können".[331]

Demgegenüber ist man allerdings in der Rechtsprechung mittlerweile dazu übergegangen, gerade eben aus Gründen einer angenommenen Vergleichbarkeit die §§ 651a ff BGB in einer Reihe von Fällen auch auf Reiseeinzelleistungen analog anzuwenden,[332] angefangen mit der grundlegenden Entscheidung des BGH von 1985 zur analogen Anwendung von § 651f I, II BGB im Fall der Bereitstellung eines Ferienhauses zu Urlaubszwecken wegen gleicher Interessenlage und Zweckbestimmung der Verträge.[333] Schließlich stellte der BGH

---

[330] S. u. Erster Teil C. III. (S. 74).

[331] *Seyderhelm*, § 651a Rn. 22; vgl. auch Bericht Rechtsausschuss BT-Dr 8/2343, S.7; vgl. auch die Begründung des (nicht umgesetzten) Regierungsentwurfs BT-Dr 8/786, A. 5. b), S. 11 - allerdings ist dies insoweit widersprüchlich, als § 1 III des Entwurfes (später gestrichen) von einer Anwendung des Reisevertragsrechts auch auf Einzelleistungen ausgeht.

[332] Kritisch hierzu u.a. *Staudinger/J. Eckert*, § 651a Rn. 21.

[333] *BGH* NJW 1985, 906 (Ferienhausfall II).

1992 allgemein die analoge Anwendung des gesamten Reisevertragsrechts auf die Vermietung von Ferienhäusern durch einen Veranstalter fest, weil auch diese Fallgestaltungen dem durch die §§ 651a ff BGB geprägten Leitbild der Reiseveranstaltung entsprächen.[334] In Folge wurde in der Rechtsprechung die analoge Anwendung auch auf Wohnmobile[335] und Bootscharter[336] erstreckt, letztlich sogar auf die bloße Zurverfügungstellung einer Hotelunterkunft.[337]

3.) Ansatz der Rspr. zur Ausweitung der Anwendung des Reisevertragsrechts

Begründet hat der BGH seine analoge Anwendung auf den Fall der Miete eines Ferienhauses damit, dass auch bei einer einzelnen Reiseleistung die Merkmale einer Veranstalterreise vorliegen können. Wegen der ähnlichen Interessenlage sei dann eine Gleichbehandlung beider Sachverhalte geboten,[338] der Gesetzgeber habe dies übersehen,[339] es liege eine planwidrige Gesetzeslücke vor.[340]

Nicht nur sind die Instanzgerichte diesem Ansatz gefolgt und haben ihrerseits an der Ausweitung der Anwendung auf Einzelleistungen mitgewirkt, auch in der Literatur wurde diese Ausweitung des Anwendungsbereiches weitgehend begrüßt und hat sich durchgesetzt.[341] Die gesetzgeberische Abgrenzung ausgehend von *einer* gegenüber *gebündelten mehreren* Reiseleistungen wird als nicht mehr sachgerecht empfunden angesichts von mittlerweile nach Verkehrsanschauung pauschalreisengleich angebotenen Einzel- und Teilleistungen am Markt.[342]

Auch wenn diese Korrektur durch die Rspr. angesichts der Intention des Gesetzgebers und des eindeutigen Gesetzeswortlauts dogmatisch bedenklich erscheint,[343] so ist dem Ergebnis

---

[334] *BGH* NJW 1992, 3158 (3160) (Ferienhausfall III) [IV 2 c].

[335] Bspw. *OLG Düsseldorf* RRa 97, 222 (223); *OLG Karlsruhe* NJW-RR 1988, 954 (955) [4 a] unter Berufung auf die *BGH*-Auffassung (siehe die beiden vorhergehenden Fn.) zur analogen Anwendung auf die Ferienhausmiete mit dem Argument, ein Wohnmobil sei ein „rollendes Ferienhaus"; aus gleichem Grunde („Ferienhaus auf Rädern") zustimmend MüKo/*Tonner*, § 651a Rn. 33 a. E.

[336] Bspw. *OLG München* NJW-RR 1987, 366 [Ls. 1].

[337] Bspw. *LG Frankfurt* NJW-RR 1993, 124; zustimmend hierzu: MüKo/*Tonner*, § 651a Rn. 33 a. E.; ablehnend *Staudinger/J. Eckert*, § 651a Rn. 34; vgl. auch eingehend hierzu *Seyderhelm*, § 651a Rnn. 29ff.

[338] *BGH* NJW 1985, 906.

[339] *BGHZ* 119, 152 (163).

[340] Was m. E. aber angesichts des klaren Wortlauts in den Materialien bezweifelt werden darf, vgl. BT-Dr 8/786, A. 5. b), S. 11, und BT-Dr 8/2343, S. 7; nochmals anlässlich Novellierung BT-Dr 12/5354, S. 6; s. a. *Staudinger/J. Eckert*, § 651a Rn. 26: „Gesetzgeber ... ausdrücklich und unmissverständlich" bzgl. Ausschluss von Einzelleistungen aus dem Anwendungsbereich; vgl. auch *Zedelmaier*, in: DGfR (Hrsg.), Zur Notwendigkeit einer weiteren Reiserechts-Novelle, S. 59: eine „offenbar ... höchst planmäßige Regelungslücke".

[341] Vgl. MüKo/*Tonner*, § 651a Rn. 32; *Führich*, Reiserecht, § 5. I. 5 a), Rn. 93, S. 78; *Staudinger/J. Eckert*, § 651a Rn. 27 u. 29ff; *Seyderhelm*, § 651a Rn. 21 jew. m. w., umfangr. Nachw.; mittlerweile hat sich die analoge Anwendung der §§ 651a ff BGB auf Ferienhäuservermietung anscheinend derart durchgesetzt, dass die *Analogie* der Anwendung - immerhin ja klar gegen den Wortlaut des § 651a I 1 BGB - überhaupt nicht mehr erwähnt wird, vgl. etwa *AG Münster* RRa 2005, 39.

[342] Vgl. *Seyderhelm*, § 651a Rn. 22; vgl. auch *Jacob-Wendler*, passim, insb. auch S. 82a, 83.

[343] S. Darstellung der Kritik bei MüKo/*Tonner*, § 651a Rn. 31; vgl. auch *Seyderhelm*, § 651a Rn. 21, der die „offene Gesetzeskorrektur" zwar als „dogmatisch nicht völlig überzeugend" einstuft, aber im Ergebnis für sachgerecht hält; gleichwohl übt er nachfolgend (Rn. 23) Kritik an der durch diese Definition geschaffene schwieriger gewordenen Abgrenzung in der Praxis. *Staudinger/J. Eckert*, § 651a Rn. 28, lehnt das eigent-

m. E. aus Verbrauchersicht zuzustimmen.[344] Eine analoge Anwendung des Reisevertragsrechts auf Einzelleistungen ist immer dann sinnvoll, wenn die Einzelleistung veranstaltermäßig erbracht wird, also der Eindruck beim Reisekunden entstehen muss, dass sein Vertragspartner als Reiseveranstalter die Gestaltung des Urlaubs an sich verspricht.[345]
Ein Kriterium dafür ist beispielsweise, dass die Reiseleistung als Angebot in einem Reisekatalog eines Veranstalters aufgeführt wird, wobei der Fremderbringer der Leistung in den Hintergrund tritt und nur als Leistungsträger des Veranstalters erscheint. Letzteres insbesondere auch durch das Indiz der intensiven Hervorhebung des eigenen Namens des Veranstalters im Katalog,[346] so dass der Eindruck des Erbringens der Leitung in eigener Verantwortung entstehen muss. Ein deutlicher Hinweis darauf, dass sich der Anbieter einer Einzelleistung als Veranstalter geriert, liegt auch in der Ausgabe eines Sicherungsscheins i. S. d. § 651k III BGB für die Reiseleistung.[347]

4.) Faktische Ausweitung des Reisebegriffs qua analoger Anwendung

Die aufgezeigte Entwicklung analoger Anwendung der §§ 651a ff BGB hat als solche gewissermaßen effektiv die Definition der Reise geändert - entscheidend ist nun nicht mehr die Erbringung einer Gesamtheit von Reiseleistungen, sondern es wird für die Reisebegriffsbeschreibung das in § 651a II BGB zur Abgrenzung vom Vermittlungsvertrag genannte Kriterium des Eindrucks der Erbringung - eben auch einer einzelnen Reiseleistung - in eigener Verantwortung herangezogen.[348] Ob nun eine demgemäss *veranstaltermäßig* erbrachte Urlaubsleistung in Form einer Pauschalreise oder einer Einzelleistung vorliegt, ist dann m. E. letztlich nur noch für den formalen Aspekt der direkten oder analogen Anwendung der §§ 651a ff BGB von Bedeutung.[349]

---

lich als sachgerecht empfundene Ergebnis aufgrund des eindeutigen Gesetzeswortlauts und gesetzgeberischen Willens als methodisch und verfassungsrechtlich unzulässige offene Korrektur des Gesetzeswortlautes ab.

344 Vgl. auch die Wertung von *Degott*, in: DGfR (Hrsg.), Zur Notwendigkeit einer weiteren Reiserechts-Novelle, S. 55: „zweckmäßig"; MüKo/*Tonner*, § 651a Rn. 32: „vom Ergebnis her überzeugend".

345 Vgl. schon 1973 vor Schaffung des Reisevertragsrecht s. *BGHZ* 61, 275 (279ff) zur Haftung als Reiseveranstalter bei isolierter Ferienhausmiete; s. a. *BGH* NJW 1995, 2630, 2631 (Bootscharter).

346 *Martis*, MDR 2002, S. 902 u. dort Fn. 29; *Führich*, Reiserecht, § 5 I. 5 a), Rn. 93, S. 77.

347 *Seyderhelm*, § 651a Rn. 25.

348 So zutreffend resümierend *Seyderhelm*, § 651a Rn. 23, vgl. auch *BGH* NJW 1985, 906 (907) [I 2 b]; *Staudinger/J. Eckert*, § 651a Rn. 27.

349 *Zedelmaier*, in: DGfR (Hrsg.), Zur Notwendigkeit einer weiteren Reiserechts-Novelle, S. 62, empfindet die Ausweitung auf Einzelleistungen durch analoge Anwendung als problematisch: die Insolvenz-Absicherungspflicht § 651k BGB sei dann möglicherweise nicht durch § 147b GewO mit Androhung eines Bußgeldes abgesichert wegen der im Ordnungswidrigkeitenrecht problematischen analogen Anwendung, und es fehle daher an Sanktionen bei Nichtbeachtung des § 651k BGB. *Zedelmaier* vernachlässigt m. E. aber, dass auch bei Ablehnung einer Ordnungswidrigkeit die Nichtbeachtung der Pflichten als Reiseveranstalter zu vertraglichen Gewährleistungsansprüchen des Kunden führen kann und im übrigen der fortgesetzte Rechtsverstoß durch einen „analogen" Reiseveranstalter ein wettbewerbswidriges Verhalten (Vorsprung durch Rechtsbruch) darstellt, welches insofern wettbewerbsrechtlich nach UWG verfolgt und unterbunden würde. Vgl. i. ü. auch die kritische Einschätzung von *Tonner*, Insolvenzabsicherung, 2. Kap. VIII. 1., S. 51, der § 147b GewO habe „in der Praxis keine Wirkung entfaltet", da die Gewerbeaufsichtsämter fachlich und personell nicht zur Anwendung der Vorschrift in der Lage seien.

Für die vorliegende Arbeit ist diese Ausweitung insofern von Bedeutung, als die Ausführungen und Feststellungen somit auch für entsprechend veranstaltermäßig erbrachte Einzelleistungen gelten. Allerdings ist der *BGH* bzw. die Entwicklung zur Ausweitung durch analoge Anwendung auf halbem Wege stehengeblieben und es zeigen sich dabei einige Ungereimtheiten.

So scheidet nach ganz h. M. die Anwendung auf von Veranstaltern angebotene Flüge von vornherein aus,[350] was angesichts des Kriteriums der Urlaubsleistung und der auch nach Verkehrsanschauung lediglich als Beförderungsleistung empfundenen Fluges noch eher nachvollzogen werden kann.[351]

Hingegen führt es zu sachlich kaum gerechtfertigten Unterscheidungen, wenn die §§ 651a ff BGB auf die Reiseeinzelleistung eines Ferienhauses o. ä. nicht analog angewendet werden sollen, wenn diese vom Eigentümer selber angeboten werden.[352] So weist *Zedelmaier* darauf hin, dass ein Unternehmen, dass sowohl eigene, als auch fremde Ferienwohnungen anbietet, demnach hinsichtlich der eigenen Wohnungen durch Anwendung des Mietrechts in weniger strenge Verpflichtung bzw. Gewährleistung genommen würde, obwohl diese enger in seinem Einflussbereich liegen, weil er ja deren Eigentümer ist.[353]

Letztlich wäre auch hier richtigerweise wiederum darauf abzustellen, ob der Anbieter einer touristischen Einzelleistung den gesamten Umständen und dem daraus auf den Reisenden wirkenden Eindruck nach als Reiseveranstalter auftritt.[354] Immer dann, wenn er dadurch den Eindruck einer Übernahme der Verantwortung über reine Gestellung der Einzelleistung hinaus für den Urlaub selber übernimmt, ist eine analoge Anwendung des Reisevertragsrechts der §§ 651a ff BGB gerechtfertigt bzw. im Rahmen der BGH-Rechtsprechung zur analogen Anwendung nur konsequent.[355]

III. Internationaler rechtlicher Bezug bei Pauschalreisen

Bei einer vom Reisenden selber organisierten Individualreise mit einzelnen Vertragsbeziehungen vor Ort zu den jeweiligen Leitungserbringern (Beförderungsunternehmen, Beherbergungsbetrieb etc.) muss sich der Reisende bei Leistungsstörungen mit diesen einzelnen Vertragspartnern selber auseinandersetzen, was rechtlich auch insofern umständlich und unattraktiv ist, weil sich diese ja meist im Ausland befinden und das dortige Recht zur Anwendung gelangt. Demgegenüber soll dem Reisenden mit der Schaffung des Reisevertragsrechts mit seinen Rechten und Pflichten in den §§ 651a ff BGB *ein* Verantwortlicher an die Hand gegeben werden, an den er sich halten kann, nämlich die Figur des Reiseveranstalters.

---

[350] Vgl. etwa *AG Bad Homburg v.d.H.* RRa 2001, 101/102.

[351] *Führich*, Reiserecht § 5 I. 5. a), Rn. 93, und § 5 I. 3. e), Rn. 97; *AG Hannover* RRa 2005, 41 (42).

[352] *Staudinger/J. Eckert*, § 651a Rn. 30.

[353] *Zedelmaier*, in: DGfR (Hrsg.), Zur Notwendigkeit einer weiteren Reiserechts-Novelle, S. 60.

[354] Vgl. *Seyderhelm*, § 651a Rn. 25.

[355] Ähnlich weitgehend *Jacob-Wendler*, vgl. etwa S. 82a, 83, sowie passim, der die Einschränkung in § 651a I BGB auf eine Gesamtheit von Leistungen als einen Irrtum des Gesetzgebers darlegt und die §§ 651a ff BGB auf sämtliche Reiseeinzelleistungen eines Reiseveranstalters ausdehnen will, wofür er den Begriff der Teilpauschalreise verwendet; vgl. auch die Darstellung der Argumentation bei *Staudinger/J. Eckert*, § 651a Rn. 27, die *J. Eckert* selbst gleichwohl als kaum einleuchtend ablehnt.

Es fragt sich nun, inwieweit die §§ 651a BGB auf das Verhältnis zu einem Reiseveranstalter im häufigen Fall des Auslandsbezuges einer Reise (dort Leistungserbringung, evtl. auch ausländischer Sitz des Veranstalters) zur Anwendung gelangen und darüber hinaus der deutsche Reisende auch „bequem" in Deutschland seine entsprechenden Rechte prozessual geltend machen kann.

Die Fragestellung verschärft sich angesichts der im Zuge des fortschreitenden europäischen Zusammenwachsens vermehrt zu beobachtenden Fälle, dass gerade im grenznahen Gebiet zu den Nachbarstaaten deutsche Verbraucher bei ausländischen Reiseveranstaltern buchen, was häufig genug auch direkt in Deutschland möglich ist, umgekehrt bieten auch ausländische Veranstalter vermehrt in Deutschland ihre Reisen an.[356]

1.) Anzuwendendes Recht

Nach Art. 27 I EGBGB können im internationalen Verkehr die Parteien grundsätzlich durch Rechtswahl das für ihre Vertragsbeziehung geltende Recht frei wählen. Diese Parteiautonomie wird aber für Verbraucherverträge in Art. 29 EGBGB ausdrücklich eingeschränkt.

Zwar ist der Reisevertrag kein „klassischer" Verbrauchervertrag i. S. d. Art. 29 I EGBGB, jedoch wird in Art. 29 IV 2 EGBGB der Anwendungsbereich ausdrücklich erweitert auf „Reiseverträge, die für einen Pauschalpreis kombinierte Beförderungs- und Unterbringungsleistungen vorsehen", was dem Reisevertrag i. S. d. § 651a I 1 BGB entspricht.[357]
Demnach unterliegt ein mit einem ausländischen Veranstalter geschlossener Reisevertrag gemäß Art. 29 I Nr. 1 u. 2 EGBGB den zwingenden Vorschriften (vgl. § 651m BGB) der §§ 651a ff BGB, wenn ein Verbraucher mit Wohnsitz[358] in Deutschland hier von der Werbung des Reiseveranstalters erreicht wird und daraufhin bucht (Nr. 1) oder seine Buchung auch ohne derartige Werbung hierzulande vom Veranstalter entgegengenommen wird (Nr. 2), was in aller Regel durch eine solche Buchung bei einem - als zur Entgegennahme berechtigt anzusehenden - entsprechenden Reisebüro erfolgt.[359]
Die Voraussetzungen des Art. 29 I EGBGB sind im Umkehrschluss hingegen nicht erfüllt (und somit erfolgt keine zwingende Anwendung der §§ 651a ff BGB), wenn der Reisende von sich aus im Ausland nach attraktiven Reiseangeboten sucht und diese dort bucht.[360]

Allerdings wird unter Anwendung der vorstehenden Voraussetzungen des § 29 EGBGB die Heranziehung deutschen Rechts und damit der §§ 651a ff BGB bejaht bei einer in Deutschland empfangbaren ausländischen Fernsehwerbung eines ausländischen Reiseveranstalters und auch bei einer von einem deutschen Verbraucher vorgenommenen Online-Buchung.[361]

---

[356] Vgl. *Führich*, Reiserecht, § 4 I. 1., Rn. 78.
[357] Vgl. *Führich*, Reiserecht, § 4 I. 3., Rn. 80.
[358] Sogenanntes „Wohnsitzprinzip", vgl. *Tonner*, Reisevertrag, Vorbem Rn. 19.
[359] Vgl. *Führich*, Reiserecht, § 4 I. 3. b), Rn. 81, S. 58.
[360] *Tonner*, Reisevertrag, Vorbem Rn. 20, S. 24; für eine rechtsvergleichende Übersicht s. *Führich*, Reiserecht, § 3 X. Rnn. 72f, bzw. Literatur in MüKo/*Tonner*, Vor § 651a Rn. 54, dort Fn. 105.
[361] S. *Führich*, Reiserecht, § 4 I. 3. b), Rn. 81, u. dort Nachweise in Fn. 8; m. E. aber nicht unproblematisch angesichts der technisch praktisch kaum möglichen Einschränkbarkeit des Empfangs, s. a. *Tonner*, Reisevertrag, Vorbem Rn. 17.

2.) Gerichtsstand

Der Gerichtsstand regelt sich hinsichtlich des europäischen Auslands[362] im Verhältnis zu EU – Mitgliedern (außer Dänemark) nunmehr seit 1.3.2002 nach EuGVVO,[363] im übrigen nach dem Europäischen Gerichtsstands- und Vollstreckungsabkommen EuGVÜ[364] bzw. dem Luganer Übereinkommen[365] (Dänemark, Island, Liechtenstein, Norwegen, Schweiz).[366] Diese Regelungen umfassen gerade auch Pauschalreiseverträge[367] und sehen übereinstimmend hinsichtlich eines Verbrauchers als Reisekunden vor, dass dieser an seinem Wohnsitz klagen kann; nach EuGVÜ, wenn er an seinem Wohnsitz vom ausländischen Reiseveranstalter kontaktiert wurde (Art. 13 EuGVÜ), nach Art. 15 I EuGVVO hingegen reicht es nunmehr sogar schon, wenn die Tätigkeit des ausländischen Reiseveranstalters (auch) auf das Land des Verbrauchers ausgerichtet war.

Letzteres erfasst sogar Internet-Geschäfte, solange der Veranstalter sein Online-Angebot nicht klar erkennbar für Verbraucher aus dem Land des Klagenden ausgeschlossen hat.[368]

In der Regel kann also der Reisende den ausländischen Reiseveranstalter an seinem Wohnort[369] verklagen und dabei seine Rechte aus den §§ 651a ff BGB herleiten.

C. Die Beteiligten an Reisevertrag und Vertragsdurchführung

Parteien des Reisevertrags sind gem. § 651a I 1, 2 BGB der Reiseveranstalter und der Reisende.[370] Daneben spielen im Rahmen der Reisedurchführung aber noch weitere Beteiligte eine gerade auch aus reisemangelspezifischer Sicht wichtige Rolle.

I. Der Reisende

Der Begriff des Reisenden i. S. d. §§ 651a ff BGB ist nicht legaldefiniert, sondern wird innerhalb dieser Vorschriften als bekannt vorausgesetzt.[371]

---

362 Im nichteuropäischen Bezug bleibt es bei den grundsätzlichen Regeln der §§ 12 ff, 17ff ZPO als internationales Zivilverfahrensrecht, vgl. MüKo/*Tonner*, Vor § 651a Rn. 58, u. *Baumbach/Hartmann*, Übers § 12 Rnn. 6ff.

363 VO (EG) Nr. 44/2001 des Rates vom 22.12.2000 über gerichtliche Zuständigkeit und die Anerkennung und Vollstreckung in Zivil- und Handelssachen, ABlEG L 12 v. 16.1.2001; es ersetzte ab 1.3.2002 im Verhältnis der EG Mitgliedsstaaten untereinander (Ausnahme: Dänemark) das EuGVÜ, vgl. Art. 68 EuGVVO.

364 Übereinkommen über die gerichtliche Zuständigkeit und die Vollstreckung gerichtlicher Entscheidungen in Zivil- und Handelssachen v. 27.9.1968.

365 Luganer Übereinkommen über die gerichtliche Zuständigkeit und die Vollstreckung gerichtlicher Entscheidungen in Zivil- und Handelssachen v. 16.9.1988.

366 Vgl. MüKo/*Tonner*, vor § 651a Rn. 58.

367 Art. 13 I Nr. 3 EuGVÜ bzgl. Verbraucherverträgen über Dienstleistungen; Art. 15 III EuGVVO nennt ausdrücklich Reiseverträge, die für einen Pauschalpreis kombinierte Beförderungs- und Unterbringungsleistungen vorsehen, s. *Micklitz/Rott*, EuZW 2001, 325 (330) [III. 7.].

368 S. *Micklitz/Rott*, EuZW 2001, 325 (331) [III. 7.]; s. a. *Führich*, Reiserecht, § 4 III. 3., Rn. 83, S.61.

369 Womit er sogar günstiger gestellt ist als bei einer Klage gegen einen deutschen Reiseveranstalter, den er an dessen Firmensitz verklagen muss, vgl. § 17 GVG.

370 *Palandt/Sprau*, § 651a Rn. 2.

371 *Kaller*, Reiserecht, A. III. 5., Rn. 23, S. 12.

1.) Begriff des Reisenden und des Verbrauchers

Die EG-Pauschalreiserichtlinie[372] kennt nicht den Begriff des „Reisenden", sondern nennt nur den Begriff des „Verbrauchers" in Art. 2 Nr.4 RiLi. Im Gegensatz zu anderen Verbraucherschutz-Richtlinien der EU enthält der Verbraucherbegriff der Pauschalreiserichtlinie nicht die Voraussetzung des Vertragsschlusses außerhalb beruflicher oder gewerblicher Tätigkeit, er ist damit klar weiter als der Verbraucherbegriff des BGB in § 13 BGB, der auf den privaten Lebensbereich natürlicher Personen abzielt.
Nach Art.2 Nr. 4 RiLi ist Verbraucher im Sinne der Pauschalreiserichtlinie *jede* Person, welche die Reise bucht („Hauptkontrahent"), für welche die Reise gebucht wird („die übrigen Begünstigten") oder an die die Reise abgetreten wird („Erwerber").

Nachdem das Reisevertragsrecht der §§ 651a ff BGB den Mindestschutzstandard der Pauschalreiserichtlinie gewähren muss, ist es zwingend,[373] dass der Begriff des „Reisenden" in § 651a BGB nicht dem engen Verbraucherbegriff des § 13 BGB entspricht, sondern weitergehend dem des „Verbrauchers" i. S. d. Art. 2 Nr. 4 der Pauschalreiserichtlinie.[374] Somit unterfallen auch gewerblich bzw. beruflich „Reisende", Geschäftsreisende und Organe von Unternehmen, die eine Pauschalreise buchen, dem persönlichen Anwendungsbereich des § 651a BGB; denkbar wäre etwa eine Pauschalreise i. S. d. § 14 I BGB eines Reisejournalisten oder in der Branche Tätigen rein zum Zweck der beruflichen Beurteilung der Reise.
Derartige reine Geschäftsreisen scheiden aber dennoch angesichts des sachlichen Anwendungsbereiches aus,[375] da sie nicht dem Leitbild der Erholungsreise entsprechen.[376]

Auch wenn sich die Anwendung der §§ 651a ff BGB in der Praxis vorwiegend auf private Konsumenten als Reisende beschränkt,[377] und auch nach seiner ursprünglichen Zielsetzung das Reisevertragsrecht der §§ 651a ff BGB der Stärkung des Verbraucherschutzes dienen sollte, so ist es doch formal kein Verbrauchervertragsrecht i. S. d. §§ 13, 355 I 1 BGB, da auch Gewerbetreibende oder gar Unternehmen i. S. d. § 14 BGB Reisende sein können,[378] etwa wenn sie Incentive-Reisen zum Verschenken an ihre Arbeiter und Angestellten erwerben.[379]

Reisender ist nach obigen Ausführungen somit jeder, der mit dem Reiseveranstalter einen Reisevertrag schließt, und zwar entweder für sich, für sich und andere, oder aber auch nur

---

[372] Richtlinie 90/314/EWG des Rates v. 13.6.1990 über Pauschalreisen, ABlEG Nr. L 158 v. 23.6.1990, S. 59; s. a. Erster Teil A. I. (S. 16).
[373] MüKo/*Tonner*, Vor § 651a Rn15 a. E.
[374] Allg. Ansicht, vgl. statt aller MüKo/*Tonner*, § 651a Rn. 11.
[375] S. a. Erster Teil B. I. 1.) e) (S. 36).
[376] Missverständlich bzw. problematisch undeutlich daher *Soergel/H.-W. Eckert*, § 651a Rn. 33 a. E., der auch den zu einem Geschäftstermin reisenden Unternehmer erfasst sieht, ohne auf die Frage des sachlichen Anwendungsbereichs der §§ 651a ff BGB einzugehen.
[377] S. a. *Führich*, Reiserecht, § 5.I. 4., Rn. 92.
[378] *Führich*, a. a. O.
[379] Reisender im Sinne des § 651a I 2 BGB ist ja nicht der tatsächlich an der Reise Teilnehmende, sondern der zur Zahlung des Kaufpreises verpflichtete Vertragspartner des Reiseveranstalters, hier das Unternehmen, s. dazu im Folgenden; s. a. oben Erster Teil B. I. 1.) e) (S. 36).

für andere.[380] Nur dieser „Reisende" im Sinne des § 651a BGB ist als Vertragspartner des Veranstalters zur Entrichtung des Reisepreises verpflichtet gem. § 651a I 2 BGB.

In grobem Unterschied zum allgemeinen Wortsinn ist also reisevertragsrechtlich sogar derjenige *Reisender*, der den Reisevertrag in seinem Namen abschließt, aber die Reise gar nicht selber antritt,[381] weil er die Reise für eine weitere Person bucht, die dann in den Genuss der Reiseleistungen kommen soll – man denke etwa an die Reise, die der Vater dem Sohn schenkt, oder etwas abstrakter aber durchaus gängig der Fall eines Unternehmens, das im Rahmen einer Aktion Reisen für seine Mitarbeiter oder Kunden bucht, sog. Incentive-Reisen.[382]

Der reiserechtliche *Reisende* kann, muss aber nicht identisch sein mit der Person des *Reiseteilnehmers,* die also an der Reisedurchführung *teilnimmt,* mit anderen Worten die Reiseleistungen (= die Urlaubsreise) tatsächlich in Anspruch nimmt.

Gem. § 651b BGB ist dem Reisenden ein Recht zur Vertragsübertragung durch Benennung eines Ersatzreisenden eingeräumt, was insbesondere dann wichtig ist, wenn der ursprünglich Buchende seine Reise aufgrund irgendwelcher persönlicher Probleme oder Störungen die Reise nicht selber antreten kann. Siehe hierzu eingehend Kapitel F. II. im Zweiten Teil der Arbeit.

2.) Buchung für Dritte

Bezüglich eines Vertragsschlusses des Reisenden *auch* oder *nur* für Dritte ist zu unterscheiden:

Bei einer Buchung für andere in *fremdem* Namen als deren Stellvertreter i. S. d. § 164 I 1, 2 BGB werden diese nach allgemeinen Stellvertretungsregeln Vertragspartner und als solche als Reisende berechtigt und verpflichtet. Dies ist als Regelfall anzunehmen, wenn dem Veranstalter durch den Buchenden kein besonderes Näheverhältnis zum Angemeldeten dargelegt wird oder sich aufgrund der Umstände, wie etwa gemeinsamer Familienname, ergibt.[383] Bei einer offensichtlichen Sammelbestellung ist der Anmeldende hinsichtlich der anderen Teilnehmer gar nur als deren Erklärungsbote zu sehen.[384]

Bucht der Anmeldende aber auch bezüglich der Mitreisenden in *eigenem* Namen, so wird allein er Vertragspartner (und somit Reisender i. S. d. §§ 651a ff BGB) des Veranstalters

---

[380] Ungenau daher die häufige Definition „für sich selbst und gegebenenfalls für andere", vgl. *Staudinger/J. Eckert*, § 651a Rn. 48; *Führich*, Reiserecht, § 5 I. 4. Rn. 92; präzise hingegen MüKo/*Tonner*, Vor § 651a Rn. 15 und § 651a Rn. 9; *Niehuus*, Reiserecht, § 3. A. III., Rn. 54; wie hier auch *BGH* NJW 2002, 2238 (2239) [II. 2. b) bb)] („für sich und/oder andere"); Begriffe des Reisenden und des Reiseteilnehmers wohl verwechselnd *AG Bielefeld* RRa 1996, 35 (36).

[381] Daher schlicht verfehlend die „zur Vermeidung von Streitfällen" vorgenommene Standardisierung der Terminologie (vgl. Selbstdarstellung zu Inhalt/Zielsetzung bei *Mühlbauer*, Wörterbuch) durch CEN/DIN – Definition, *Mühlbauer*, Wörterbuch, S. 8, 2.1.3: „Person, die sich von einem Ort zu einem anderen begibt".

[382] Zu sog. Incentive-Reisen Erster Teil B. I. 1.) e) (S. 36); siehe auch *Brox/Walker*, § 28 I. 2. b), Rn. 4; *BGH* NJW 2002, 2238 (2239).

[383] *AG Hamburg-Altona* RRa 2001, 5 (7); *AG Homburg v.d.H.* RRa 2001, 101.

[384] *Erman/Seiler*, § 651a Rn. 7; s. a. *LG Frankfurt a.M.* NJW-RR 1988, 247.

und zur Zahlung des Gesamt-Reisepreises verpflichtet. Er begründet aber mit seinem Reisevertrag für die Mitreisenden einen Vertrag zugunsten und mit Schutzwirkung zugunsten Dritter i. S. d. § 328 I, II BGB.[385]

a) Rechtstellung des begünstigten Dritten als Reiseteilnehmer

In letzterem Fall stellt sich aus Sicht der vorzunehmenden Untersuchung zu Gewährleistungsrechten die Frage der konkreten Rechtsstellung des Dritten. Über die Anwendung der Norm des § 328 I BGB besteht Einigkeit,[386] die konkrete Rechtsfolge daraus hinsichtlich des Umfangs der Ansprüche bzw. der Stellung des begünstigten Dritten ist aber strittig oder bleibt zumindest häufig unklar.

Das gleiche Problem ergibt sich, wenn der tatsächlich Reisende (begünstigter Reiseteilnehmer) nicht der Reisende im technischen Sinne des § 651a I 1 BGB als zahlungsverpflichteter Vertragspartner des Reiseveranstalters (vertragsschließender Reisender) ist. Derartige Konstellationen sind nicht selten;[387] neben den Familienreisen ergeben sie sich beispielsweise dann, wenn der Vater dem Sohn zum Schulabschluss oder etwa die Kinder den Eltern zur Silberhochzeit eine Reise schenken, bei gewonnenen Reisen oder regelmäßig bzgl. sogenannter Incentive-Reisen[388], bei denen das Unternehmen den Reisevertrag abschließt und bezahlt, aber an der eigentlichen Reise die Arbeitnehmer oder sonstige Begünstigten teilnehmen.

(aa) Ansichten zum Umfang der Rechte des Dritten als Reiseteilnehmer

Von *Kauffmann*[389] und *Sprau*[390] wird ausdrücklich die Ansicht vertreten, im oben dargelegten Fall eines Vertrags zugunsten Dritter stehe den Mitreisenden zwar gem. § 328 I BGB ein eigener Erfüllungsanspruch auf die Reiseleistungen und gem. § 328 II BGB auch ein eigener Anspruch auf Schadensersatz nach § 651f BGB zu[391] – sie hätten aber davon abgesehen keine eigenen Gewährleistungsrechte bei Reisemängeln,[392] diese hätte somit nur der Reisende im o. g. technischen Sinne des Vertragspartners, bzw. der Dritte.

---

[385] Vgl. RGRK/*Recken*, § 651a Rn. 21; in diesem Sinne zusammenfassend *AG Bad Homburg v.d.H.* RRa 2001, 101: „Der Reisevertrag ist nur dann ein Vertrag zugunsten Dritter, nämlich der Mitreisenden, wenn es sich um eine Familienreise oder ein ähnliches besonderes Näheverhältnis zwischen dem Reisenden und dem Dritten handelt, das dem Reiseveranstalter bei der Buchung erkennbar ist. Im übrigen kommen separate Reiseverträge mit den Reisenden zustande, und zwar auch dann, wenn einer der Reisenden den gesamten Reisepreis bezahlt."

[386] MüKo/*Tonner*, § 651a Rn. 10.

[387] *Janssen*, S. 22.

[388] S. o. Erster Teil B. I. 1.) e) (S. 36).

[389] *Kauffmann*, MDR 2002, 1036.

[390] *Palandt/Sprau*, § 651a Rn. 2.

[391] Insoweit allg. Ansicht, vgl. auch die Nachweise bei *BGH* LM § 651a BGB Nr.5 Bl. 2.

[392] So *Palandt/Sprau*, § 651a Rn. 2; *Kauffmann*, MDR 2002, 1036; ähnlich wohl auch *Bechhofer*, § 651a IV.1., S. 9; Ablehnung von Gewährleistungsansprüchen letztlich auch bei *Martis*, MDR 2002, 901 in einer ansonsten etwas wirren Aussage zu einer analogen Anwendung des § 328 BGB, die er dort in Fn. 11 mit der Entscheidung des *AG Bad Homburg v.d.H.* RRa 2001, 101 nachweist, die aber gerade keine Aussage zu einer analogen Anwendung enthält, sondern den Fall einer Stellvertretung betrifft.

In der übrigen Literatur wird darauf wenig eingegangen, und wenn, dann häufig nicht wünschenswert klar und direkt.[393] Zumeist finden sich indirekt im Rahmen der Aktivlegitimation bzgl. der Geltendmachung von Gewährleistungsrechten Aussagen zur Abtretung von Ansprüchen oder zu deren Geltendmachung durch Dritte.[394]

Bei *Tonner* und im Verweis darauf bei *Führich* findet sich eine Andeutung unter Hinweis auf die Pauschalreiserichtlinie, dass den Mitbegünstigten Dritten die gleichen Rechte wie dem Vertragschließenden zustehen,[395] nur *H.-W. Eckert* stellt dies klar fest.[396]

Zumindest besteht insofern generell Einigkeit darüber, dass dem Dritten Entschädigungsansprüche nach § 651f I u. II BGB zustehen sollen.[397]

In der Rechtsprechung wird das Thema uneinheitlich gehandhabt, tendenziell finden sich auch hier wenige eindeutige Aussagen zugunsten der Gewährleistungsrechte des begünstigten Dritten i. S. d. § 328 BGB.[398]

(bb) Eigene Stellungnahme

Ein Rückgriff auf den allgemeinen zivilrechtlichen Streit zur Frage der Gewährleistungsrechte des Dritten nach § 328 BGB[399] erscheint nur bedingt hilfreich; vielmehr ist hier dem auch der Einheitslösung[400] zugrundeliegenden Gedanken Rechnung zu tragen, eine Lösung rechtlicher Problemstellungen innerhalb der reisevertragsrechtlichen Regelungen zu suchen, die eigens für die besondere Situation der Pauschalreise geschaffen wurden. Beim ohnehin zu vermeidenden Rückgriff auf die allgemeinen Regeln zur Leistungsstörung müssen zumindest die besonderen Umstände der Pauschalreise in der Anwendung und Auslegung mit einbezogen werden.

M. E. muss die Ansicht von *Sprau* und *Kauffmann*, dem mitbegünstigten Dritten stünden zwar ein Erfüllungs- und ein Schadensersatzanspruch, aber ansonsten keinerlei eigene

---

393 Typisch etwa *Niehuus*, Reiserecht, § 3 III., Rn. 54, S. 44, die begünstigten Dritten könnten „die ordnungsgemäße Erfüllung verlangen"; eingehende präzise Untersuchung zu den einzelnen Gewährleistungsrechten des begünstigten Dritten allein bei *Janssen*, S. 23-61.

394 Vgl. auch *Eisner*, S. 14, wonach § 328 II BGB hier so auszulegen sei, dass bzgl. der Gewährleistungsansprüche der Mitreisenden allein der Anmeldende aktivlegitimiert sein soll, was er aber selbst als selten erörtertes und strittiges Problem bezeichnet.

395 *Führich* ohne diesbezügliche Aussage in *ders.*, Reiserecht, § 5 III. 2. b), Rn. 118, S. 96; vgl. aber *ders.* etwas undeutlich a. a. O., § 5. I. 4., Rn. 92, mit Verweis auf MüKo/*Tonner*, § 651a Rn. 10; *Tonner* übersieht aber m. E. an genannter Stelle den real bestehenden Streit über den konkreten Umfang der Rechte der Mitbegünstigten („unstreitige Sicht").

396 *H.-W. Eckert* als Kommentator in *Soergel/H.-W. Eckert*, § 651a Rn. 35, für die mitangemeldeten Familienmitglieder im Rahmen des § 328 I BGB; nicht zu verwechseln mit der fehlenden klaren Aussage von *J. Eckert* in *Staudinger/J. Eckert*, § 651a Rnn. 48 und 75ff.

397 S. auch *BGH* NJW 1983, 35 (36) [I. 5. a)]; *Janssen*, S. 23 m. w. Nachw. dort in Fn. 2.

398 Gewährleistungsrechte des Dritten (unklar) andeutend *AG Düsseldorf* RRa 1996, 164 (165): dem Dritten stünden sämtliche Rechte aus dem Vertrag zu; Abhilfeanspruch § 651c II BGB des Dritten bejahend *AG München* RRa 1997, 20/21, wenn es meint, das Abhilfeverlangen selbst eines minderjährigen Dritten sei voll wirksam: „Zwangsläufig kann nur der Reisende selbst (gemeint ist der reiseteilnehmende Dritte, Anm. d. Verf.) die von ihm festgestellten Mängel rügen."; Gewährleistungsrechte des Dritten andeutend *AG Bad Homburg v.d.H.* RRa 2001, 101; ablehnend hingegen *AG Bergisch-Gladbach* RRa 1998, 134 (135/136); *AG Düsseldorf* RRa 2000, 101, 103.

399 *Palandt/Grüneberg*, § 328, Rn. 5.

400 S. u. Dritter Teil A. I. 4.) (S. 307).

Rechte bei Reisemängeln zu, ganz deutlich abgelehnt werden.
Dem beim Vertragsschluss des Reisenden in eigenem Namen über § 328 I, II BGB mitbegünstigten Dritten müssen die gleichen Rechte bei Mangelhaftigkeit der Reise zugestanden werden wie dem Reisenden.

Zunächst stößt m. E. die Unterscheidung der Gegenansicht zwischen zustehendem Erfüllungsanspruch und nicht zustehenden Mängelrechten angesichts des universellen Leistungsstörungsbegriffs bei einem Teil- oder Totalausfall der Reise mit der gerade fehlenden Abgrenzung zwischen Nicht- und Schlechtleistung im Reiserecht[401] auf dogmatische Schwierigkeiten. Zudem kann man auch die reisevertragsrechtlichen Ansprüche betreffend Abhilfe- und Selbstabhilfe als Modifikation des ursprünglichen Erfüllungsanspruchs ansehen.

Noch bedeutsamer sind die unabweisbaren Zwänge, die durch europarechtlichen Vorgaben erzeugt werden. Denn die EG-Pauschalreiserichtlinie[402] definiert in Artikel 2 Nr. 4 nicht den „Reisenden", sondern den Begriff des „Verbrauchers", worunter sowohl der Buchende als „Hauptkontrahent" wie auch „die übrigen Begünstigten" fallen.[403] Beiden Gruppen stehen unter dem allein entscheidenden Dachbegriff des „Verbrauchers" die gleichen Rechte aus der Pauschalreise-Richtlinie zu, also auch die Gewährleistungsrechte.[404]
Würden nun dem mitbegünstigten Dritten, dem tatsächlichen Reiseteilnehmer, eigene Rechte bei Mängeln abgesprochen, so würde damit gegen den einzuhaltenden Mindeststandard bezüglich des Verbraucherschutzes verstoßen, den die deutsche Rechtslage in Umsetzung der Richtlinie gewähren *muss*.[405] Eine derartige Rechtsauffassung zu den Mitbegünstigten verstößt somit gegen EU-Recht und ist daher unzulässig.

Der Wortlaut des Reisevertragsrechts steht der hier vertretenen Auffassung nicht entgegen (und dürfte es im übrigen auch nicht angesichts der Pauschalreiserichtlinie), da der Gesetzgeber keinen Unterschied zwischen Reisendem und Reiseteilnehmer thematisiert bzw. keine Probleme bei der Geltendmachung durch einen Dritten gesehen hat; eine entsprechende redaktionelle Fassung hätte den ohnehin auf Kürze bedachten, letztlich umgesetzten knappen Entwurf nur sprachlich überfrachtet.[406]

Somit sind dem Reiseteilnehmer als Begünstigtem aus dem Reisevertrag zugunsten dieses Dritten weitestmöglich die Gewährleistungsrechte aus diesem Vertrag einzuräumen.

Und zwar überdies auch aus Erwägungen zur tatsächlichen Situation der Beteiligten beim Reisevertrag. Der reiseteilnehmende Dritte ist allein vor Ort - regelmäßig im fernen Ausland - anwesend und hat auch nicht unbedingt die Möglichkeit zur ständigen Rücksprache mit dem, der die Reise ursprünglich zu seinen Gunsten gebucht hatte. Er ist derjenige, der im u.U. fernen Ausland die Reisemängel erfährt und als Betroffener vor Ort beurteilen kann

[401] S. u. Dritter Teil A. I. 4.) (S. 307), insbesondere auch A. II. 1.) (S. 312).
[402] Richtlinie 90/314/EWG des Rates v. 13.6.1990 über Pauschalreisen, ABlEG Nr. L 158 v. 23.6.1990, S. 59; s. a. Erster Teil A. I. (S. 16).
[403] Vgl. Art. 2 Nr. 4 der Richtlinie 90/314/EWG.
[404] Vgl. MüKo/*Tonner*, § 651a Rn. 10.
[405] S. zu den Auslegungsgrundsätze oben Erster Teil A. III. (S. 27).
[406] S. *Janssen*, S. 25.

bzw. erleiden muss. Abhilfe § 651c II BGB und Selbstabhilfe § 651c III BGB müssen daher bei einem allein, ohne den Vertragschließenden reisenden Dritten schon aus rein praktischen Gründen diesem tatsächlichen Reiseteilnehmer zustehen:
Abhilfe ist nur sinnvoll, wenn sie zeitnah erfolgt; bei Voraussetzung einer Rücksprache mit dem daheimgebliebenen Reisevertragsabschließenden, wie das als Konsequenz aus der Gegenansicht nötig wäre, wäre damit eine Abhilfe nur unter zeitlichen Verzögerungen und Schwierigkeiten oder auch gar nicht möglich. Und eine Selbstabhilfe kann ohnehin rein tatsächlich nur der vor Ort befindliche Reiseteilnehmer vornehmen.[407]

Diese Erwägungen zur tatsächlichen Situation gelten um so mehr für das Kündigungsrecht nach § 651e und auch § 651j BGB. Die hierfür notwendige und auch schwierige Einschätzung, ob die jeweiligen Voraussetzungen besonderer Beeinträchtigung vorliegen, kann am besten der Reiseteilnehmer aufgrund der Verhältnisse vor Ort einschätzen. Er ist es auch, der vor Ort den in diesen Vorschriften geregelten Beeinträchtigungen beispielsweise durch schwerste Reisemängel oder höhere Gewalt in Form von Terrorgefahr oder Naturkatastrophen ausgesetzt ist. Hätte der Reiseteilnehmer kein eigenes Kündigungs- und damit Rückbeförderungsrecht (§ 651e IV 1, § 651j II 1 BGB), so wäre er - zumindest rechtlich - gezwungen, vor Ort zu verbleiben, wenn der ursprünglich Buchende zuhause als allein Kündigungsberechtigter nicht kündigen will oder mangels Verständigung gar nicht kann.[408]

Hinsichtlich der Schadensersatzansprüche aus §§ 651f I, II BGB besteht ohnehin Einigkeit, dass diese auch dem begünstigten Dritten als Geschädigten zustehen (s.o.).

Fraglich erscheint somit allenfalls das Minderungsrecht § 651d I BGB bzw. der sich aus der Minderung in aller Regel aufgrund der Vorauskassepraxis ergebende Rückzahlungsanspruch gegen den Veranstalter. Gezahlt hatte den zu mindernden Reisepreis ja der Buchende, nicht der begünstigte Reiseteilnehmer.
Andererseits ist unstreitig der begünstigte Dritte derjenige, dessen Name auf den Flugtickets und Hotelvouchers erscheint, er hat den unmittelbaren Erfüllungsanspruch. Dieser Erfüllungsanspruch hat den Wert der Reise, somit des Reisepreises. Mit der Schenkung der Silberhochzeitsreise oder Gewährung der Incentivereise ist der Wert dieser Reise nach Willen von Buchenden und Begünstigten auf letztere übergegangen. Deren Anspruch, bzw. der Wert desselben, wird aber beeinträchtigt, wenn bei einer mangelhaften Reiseerbringung die Wertdifferenz dem vertragschließenden Buchenden zustehen soll.[409]

Die Minderung tritt im Reiserecht nicht aufgrund Erklärung, sondern kraft Gesetzes allein schon aufgrund der Mangelhaftigkeit der Reise ein.[410]
Damit verwandelt sich der Anspruch auf mangelfreie Reiseleistung teilweise um in einen Anspruch auf Erstattung der mangelbedingten Minderung des Wertes der Reise. Den ursprünglichen Anspruch, dass *ihm* die Reiseleistungen mangelfrei erbracht werde, hat aber

[407] *Janssen*, S. 26f.
[408] S. a. *Janssen*, S. 43/44 sowie S. 46.
[409] *Janssen*, S. 29.
[410] Vgl. Wortlaut § 651d I BGB; s. a. eingehend Dritter Teil D. I. (S. 350).

der begünstigte Dritte.[411] *Sein* Anspruch unterliegt der Wertminderung durch die Mängel; somit muss auch er zur Minderung und Erhalt entsprechender minderungsbedingter Rückzahlungen berechtigt sein.[412]

Dem begünstigten Dritten stehen somit nach hier vertretener Auffassung entgegen verbreiteter Ansicht die reiserechtlichen Gewährleistungsrechte bei Leistungsstörungen im Zusammenhang mit der Durchführung der Reise („Reisemängeln") aus eigenem Recht zu. Dieses Ergebnis ergibt sich aus europarechtlichen Erfordernissen, beim alleinreisenden Reisenden zudem ohnehin schon zwingend aufgrund von dessen tatsächlicher Situation.
Diese Auffassung bewegt sich im übrigen auch innerhalb des Regelungsgehalts des § 328 I BGB nach allgemeinem Zivilrecht, da hiernach die Auslegung des Vertrages ergeben kann, dass diverse Gewährleistungsrechte dem Dritten zustehen;[413] hier ist dies zwingend aufgrund der angesprochenen besonderen Situation des Reisevertrags der Fall.

b) Handeln des Buchenden als Stellvertreter

Wann im Sinne des § 164 I 2 Alt. 2, II BGB nach den Umständen von einer Buchung des Anmeldenden in eigenem oder fremdem Namen ausgegangen werden kann, ist im Einzelfall schwer abzugrenzen. Orientierungspunkt ist die Frage, inwieweit der Buchende den Mitreisenden aus Sicht des Empfängers nahe steht und insofern davon ausgegangen werden kann, dass er bei einem derartigen Näheverhältnis die Reise für diese bezahlen will.[414] Dies ist im Zweifel anzunehmen etwa bei Ehegatten[415] und Familienangehörigen, erkennbar am gleichen Familiennamen der Reisenden.[416]

Namensungleichheit zwischen Buchendem und dritten Mitangemeldeten, also beispielsweise im Falle nachnamensunterschiedlicher Familienmitglieder,[417] nichtehelicher Lebensgemeinschaft oder bei Gruppenreisen, deutet zunächst grundsätzlich auf eine Vertretung hin;[418] werden allerdings die Anschriften der Mitreisenden nicht genannt, so ist i. S. d. § 164 II BGB von einer mangelnden Offenlegung des Handelns in fremden Namen auszugehen, der Anmeldende wird also allein Vertragspartner.
Auch wenn trotz Namensungleichheit ein gemeinsames Doppelzimmer gebucht wird, so ist von einem entsprechenden Näheverhältnis und somit nicht von einer Vertretung auszugehen.[419]

Mit der Annahme eines Handelns des Buchenden als Vertreter ist noch keine Aussage darüber getroffen, ob er den Angemeldeten auch wirksam verpflichten kann, weil er eine entsprechende Vollmacht besitzt.

---

[411] S. *Janssen*, S. 29 u. 32.
[412] So auch *Janssen*, S. 33.
[413] Vgl. *Palandt/Grüneberg*, § 328 Rn. 5f.
[414] S. a. *Staudinger/J. Eckert*, § 651a Rn. 80.
[415] *Niehuus*, Reiserecht, § 3 C. I., Rn. 67, u. dort in Fn 176 m. w. Nachw. zur Rspr.
[416] *Pick*, § 651a Rn. 23.
[417] Vgl. *AG Hamburg-Altona* RRa 2001, 5 (7).
[418] Vgl. *Führich*, Reiserecht, § 5 III. 2. b), Rn. 117, S. 95; *Eisner*, S. 13/14.
[419] *AG Hamburg* RRa 2000, 134 Ls. 2, 3 u. S. 135.

Eine tatsächlich fehlende Vertretungsmacht soll in den Fällen einer Annahme des Handelns in fremdem Namen insofern unschädlich sein, als im Reiseantritt durch den Vertretenen eine konkludente nachträgliche Genehmigung (§ 177 I HS 2, § 184 I BGB) zu sehen sei;[420] dies ist m. E. fraglich, weil ja derjenige sich einer solchen rechtlichen Bedeutung seiner Reiseteilnahme gar nicht bewusst sein muss, etwa weil er von einer Reisebuchung durch den Anmeldenden in dessen Namen ausgeht.

Bzgl. einer Vertretung des Ehegatten durch den buchenden Partner wird eine Anwendung des § 1357 I BGB nach h. M. abgelehnt, m. E. zu Recht, da in aller Regel mit einer Urlaubsreise kein entsprechender Fall eines „alltäglichen Geschäfts zur Deckung des Lebensbedarfs" vorliegt,[421] sondern ein „Geschäft größeren Umfangs, das ohne Schwierigkeiten zurückgestellt werden kann".[422] Auch ist über den Antritt einer Reise in der Regel eine Verständigung und Abstimmung der Ehepartner gewöhnlich zu erwarten.[423]

Auf die Geltendmachung von Rechten der Mitreisenden durch den Anmelder oder sonstige Dritte sei am Ende der Arbeit näher eingegangen.[424]

3.) <u>Vertragspflichten des Reisenden</u>

Der Reisende ist zuvorderst verpflichtet, den Reisepreis zu zahlen. Tatsächlich ist es diese Zahlungspflicht, die ihn gem. § 651a I 2 BGB als den Reisenden im Sinne des Reisevertragsrechts definiert. Allerdings enthält das Gesetz keine Regelung über den Zeitpunkt der Fälligkeit.

Eine Zahlungspflicht erst nach der Reise würde bedeuten,[425] dass der Veranstalter nach seinerseits erbrachter Leistung das Risiko der Einbringbarkeit der Zahlungsforderung trägt; bei Zahlungsunwilligkeit des Verbrauchers müsste er letzten Endes den Reisepreis einklagen. In einer solchen Konstellation wird zwar in anderen Vertragsarten kein Problem gesehen, gerade etwa bei Fernabsatzverträgen wird diese Situation sogar noch durch zusätzliche Rechte des Verbrauchers zugunsten desselben verstärkt.

Im Reisevertragsrecht wird dies aber als unzulässige Benachteiligung des Veranstalters gesehen[426] - zynisch könnte man mutmaßen, ob man vielleicht gerade bei Pauschalreisen eine schlechte Zahlungsmoral der Kunden befürchtet aufgrund erfahrungsgemäß häufig mangelhaft erbrachter oder empfundener Leistung. Zu konzedieren ist allerdings ganz objektiv, dass der Reiseveranstalter zur Organisation der Reise erhebliche Kosten hat, die er dann vollständig vorfinanzieren müsste.

---

[420] *Führich*, Reiserecht, § 5 III.2. b), Rn. 117, S. 95.
[421] *OLG Düsseldorf* NJW-RR 1990, 186f; s. a. *Eisner*, S. 14.
[422] Vgl. *Führich*, Reiserecht, § 5 III. 2. b), Rn. 117, S. 95, m. w. Nachw.
[423] *OLG Köln* FamRZ 1991, 434 [2 b].
[424] S. u. Dritter Teil I. (S. 481), insbesondere I. I. 6.) (S. 492).
[425] So *Palandt/Sprau*, § 651a Rn. 6, sowie RGRK/*Recken*, § 651a Rn. 47, jeweils unter Verweis auf die Regelung des § 646 BGB im Werkvertragsrecht, wonach bei der Reise als nichtgegenständliches Werk die Vollendung an die Stelle der Abnahme tritt.
[426] Juris Praxiskommentar/*Keller*, § 651a Rn. 40.

Bei Vorkasse hingegen trägt der Reisende das Risiko der vertragsgemäßen Leistungserbringung bzw. das Problem der letztlich klageweisen Geltendmachung seiner Rückforderung bei Inäquivalenz von Leistung und Gegenleistung und daraus resultierenden Gewährleistungsansprüchen insbesondere in Form der Minderung.
Bis zur Einführung des § 651k BGB trug der Reisende bei Vorauskasse überhaupt das Ausfallrisiko bei Insolvenz des Reiseveranstalters vor oder auch während der Reise.[427] Im Rahmen der eingefügten Insolvenzsicherungsregelungen des § 651k BGB bestimmt Abs. 4 S. 1, dass nunmehr vom Veranstalter keine Reisepreiszahlung eingefordert oder auch angenommen werden darf, wenn er nicht im Gegenzug einen entsprechenden Sicherungsschein über die Absicherung der Kundengelder bei einem Versicherungsinstitut aushändigt. Umgekehrt soll das aber nicht bedeuten, dass mit der Übergabe des Sicherungsscheins auch eine Zahlungspflicht des Reisenden in voller Höhe ausgelöst wird. Dies würde zu weit gehen, da ein solcher Zeitpunkt schon bei Vertragsschluss viele Monate vor Reisebeginn liegen kann, was wiederum als unangemessene Benachteiligung, diesmal des Reisenden, angesehen wird.[428]

Bleibt noch der allgemeine Grundsatz des Zug-um-Zug - Prinzips des § 320 BGB für synallagmatische Verträge, wie ja auch der Reisevertrag einer ist. Ein Austausch der Ware „Reise" gegen Geld ist aber nicht möglich aufgrund der Natur der Reise als über einen gewissen Zeitraum hinweg andauernde Erbringung von Leistungen, zumeist im Ausland.[429]

Der *BGH* hat schließlich eine Vorleistungspflicht des Reisenden grundsätzlich gebilligt. Damit wollte der *BGH* ganz bewusst den Reisenden die Möglichkeit nehmen, durch schlichte Zurückbehaltung ihre Gewährleistungsrechte nach der Reise wahrzunehmen. Die Gretchenfrage, wer im Streitfalle einer mangelhaften Reise sein Geld prozessual verfolgen muss, wurde mit der Vorleistungspflicht bewusst veranstalterfreundlich entschieden. Dies gipfelt in der entsprechenden *BGH*-Entscheidung schließlich sogar in der zynischen anmutenden Überlegung, es wäre wohl nicht im Interesse des Reisenden, durch ein ihm eingeräumtes Zurückbehaltungsrecht dazu verleitet zu werden, möglicherweise nicht zustehende Gewährleistungsrechte geltend zu machen.[430]

Dennoch ist auch bei grundsätzlich vor Reiseantritt zu leistender Reisepreiszahlung aus dem genannten Grund einer Abwägung zwischen den beiderseitigen Interessen eine möglichst zeitnahe Verknüpfung von Reise und Zahlung zu suchen. Dementsprechend wird ein Anspruch auf Zahlung des Reisepreises in voller Höhe erst unmittelbar vor Reiseantritt angenommen, wobei dies allerdings weit ausgelegt wird als ein Zeitraum von vier Wochen vor Reiseantritt.[431]

---

[427] S. hierzu die Staatshaftung wegen verspäteter Umsetzung der Insolvenzsicherung in deutsches Recht, Erster Teil A. I. (S. 17).
[428] Juris Praxiskommentar/*Keller*, § 651a Rn. 40.
[429] S. ähnlich *Seyderhelm*, § 651a Rn. 168.
[430] *BGH* NJW 1987, 1931 (1934) [II. 2. c) aa)].
[431] *Führich*, Reiserecht, § 5 VI. 2. d), Rn. 155, S. 125.

Hinsichtlich bereits vorher zu leistender Anzahlungen in entsprechenden AGB - Klauseln herrscht ähnliche Ungewissheit wie im Fall der zulässigen Stornobeträge nach § 651i II, III BGB (s. dazu sogleich im Folgenden). Einigkeit herrscht jedenfalls darüber, dass eine derartige Regelung in den AGB grundsätzlich möglich sein soll.[432]
Frühere Rechtsprechung des *BGH* hierzu über eine zulässige „verhältnismäßig geringe" Anzahlung in Höhe von 10%[433] bedurfte im Lichte der Verbesserung der Insolvenzabsicherungsregelung des § 651k IV BGB einer großzügigeren Anpassung.[434] Entsprechend werden nunmehr Anzahlungen in Höhe von 20% als zulässig erachtet,[435] allerdings wohlgemerkt erst bei Vertragsabschluss, und nicht schon bei Buchung durch den Kunden. Durch die modernen Buchungssysteme mit unmittelbarer Bestätigung und damit Annahme durch den Veranstalter fallen diese beiden Zeitpunkte allerdings in der Regel nicht auseinander, und in unjuristischem, landläufigen Sinne wird daher tatsächlich meist die Anzahlung „bei Buchung im Reisebüro" fällig.
Nach jüngster Rechtsprechung des *BGH* ist nunmehr auch nach dessen explizit geäußerter Ansicht eine Anzahlung in Höhe von 20% gegen Übergabe des Sicherungsscheins zulässig.[436]

Neben der Hauptpflicht der Reisepreiszahlung treffen den Reisenden aber auch Nebenpflichten, die gesetzlich nicht festgehalten, aber aus dem Vertragsverhältnis abzuleiten sind.[437] Generell muss der Reisende die seinerseits erforderliche Mitwirkung leisten und darf nicht die Erreichung des Urlaubszwecks erschweren oder gefährden. Insofern ist er selber dafür verantwortlich, dass er die nötigen Reisevoraussetzungen in seiner Person erfüllt, wie etwa notwendige Impfungen, Besitz der erforderlichen Fahrerlaubnis für Mietwagen/Wohnmobil oder allgemein der gültigen Reisedokumente, insbesondere Reisepass und Visa.[438] Auch hat er die festgelegten Termine einzuhalten.

Die Mitwirkung geht aber nicht so weit, dass der Reisende aus einer entsprechenden Pflicht heraus Reisemängel hinzunehmen hätte. So kann sich beispielsweise allein daraus auch nicht die Pflicht des Reisenden zum Tragen eines Plastikarmbandes zur Kennzeichnung als AI-verpflegungsberechtigter Hotelgast ergeben, solange eine solche Pflicht nicht vertraglich vereinbart oder aufgrund sonstiger Kenntnis dieser Pflicht im Rahmen der gebuchten Reise durch den Reisenden Teil des Reisecharakters geworden ist.[439]

Wird die Reise aus Gründen mangelnder erforderlicher Mitwirkung unmöglich oder teilunmöglich, so richten sich die Rechtsfolgen grundsätzlich nach allgemeinen zivilrechtlichen Regeln, insbesondere verliert der Veranstalter nicht seinen Anspruch auf den Reise-

---

[432] *Führich*, Reiserecht, § 5 VI. 2. a), Rn. 151f.
[433] *BGHZ* 100, 158 (= NJW 1987, 1931).
[434] *Führich*, Reiserecht, § 5 VI. 2. c), Rn. 153, S. 123; so nun auch ausdrücklich *BGH* NJW 2006, 3134 (3135) [Tz. 14].
[435] *Führich*, Reiserecht, § 5 VI. 2. c), Rn. 153, S. 123.
[436] *BGH* NJW 2006, 3134, m. abl. Anm. *Staudinger*.
[437] *Seyderhelm*, § 651a Rn. 178.
[438] Vgl. *LG Baden-Baden* RRa 2003, 82 (83); *AG München* RRa 2002, 174.
[439] Dies ist allerdings strittig; s. hierzu eingehend Zweiter Teil D. III. 2.) h) (S. 226).

preis § 326 II BGB. In Betracht zu ziehen ist in diesen Fällen allerdings eine Anwendung der Regelung des § 651i BGB zum Rücktritt des Reisenden vor Reisebeginn, da sowohl wertungsmäßig wie auch tatsächlich ein fließender Übergang zum konkludenten Rücktritt durch Nichtantritt der Reise besteht. Auch dann jedoch erhält der Veranstalter eine Entschädigung, die sich in diesem Fall weit an den Reisepreis annähern dürfte.[440]

Vor Ort darf der Reisende weder andere Reisende noch das Personal der Leistungsträger unzulässig belästigen oder gar gefährden. Auch das Eigentum des Leistungsträgers darf er nicht über das normale Maß der Nutzung hinaus beschädigen.[441] Andernfalls kann der Veranstalter bei Verletzung der vertraglichen Treuepflicht den Reisevertrag nach § 242, 314 BGB, u. U. erst nach Abmahnung § 314 II 1 BGB, außerordentlich kündigen und auch aus § 280 I, 241 II BGB wegen Verletzung vertraglicher Nebenpflichten Schadensersatzansprüche stellen.[442]

Abgesehen von den vertraglichen Nebenpflichten hat der Reisenden außerdem eine Reihe von Obliegenheiten im Gewährleistungsfall, insbesondere zur rechtzeitigen Mängelanzeige. Auf diese ist jeweils im Zusammenhang mit den einzelnen Gewährleistungsrechten im Dritten Teil der Arbeit näher einzugehen.

II. Der Reiseveranstalter

Reiseveranstalter ist derjenige, der als Vertragspartner des Reisenden diesem entspr. § 651a I 1 BGB verspricht, die Gesamtheit der Reiseleistungen zu erbringen[443] Er hat für Reisemängel einzustehen und ist Anspruchsgegner für die Gewährleistungsrechte des Reisevertragsrechts §§ 651c ff BGB. Die Bestimmung, ob bzw. in welcher Person der Reiseveranstalter vorliegt ist insofern von elementarer Bedeutung für die Geltendmachung und damit den praktischen Wert der Gewährleistungsrechte.

Durch das Element der eigenverantwortlichen Bündelung der Einzelleistungen ist die Feststellung der Reiseveranstaltereigenschaft eng mit der Frage des Vorliegens einer gebündelten Gesamtheit von Reiseleistungen, also überhaupt dem Vorliegen eines Reisevertrages verknüpft.[444]

1.) Definition

In Art. 2 Nr. 2 der EG-Pauschalreiserichtlinie[445] wird als Reiseveranstalter derjenige definiert, der nicht nur gelegentlich Pauschalreisen organisiert und diese direkt oder über einen Vermittler verkauft bzw. anbietet.

Der deutsche Begriff des Reiseveranstalters in § 651a I 1 BGB kennt diese Einschränkung

---

[440] S. u. Zweiter Teil F. III. (S. 276).

[441] Vgl. *LG Frankfurt a.M.* RRa 2000, 72 (73) (Hund des Reisenden verwüstet Hotelzimmer), sowie die zutr. Anmerkung hierzu von *Tempel* RRa 2000, 173.

[442] S. a. *Führich*, Reiserecht, § 5 VI. 3. b), Rn. 158; *Seyderhelm*, § 651a Rn. 181 (ohne konkret benannte §§).

[443] *Brox/Walker*, § 28 I. 2. a), Rn. 2, S. 336.

[444] vgl. *Degott*, in: DGfR (Hrsg.), Zur Notwendigkeit einer weiteren Reiserechts-Novelle, S. 55.

[445] Richtlinie 90/314/EWG des Rates v. 13.6.1990 über Pauschalreisen, ABlEG Nr. L 158 v. 23.6.1990, S. 59; s. a. Erster Teil A. I. (S. 16).

nicht, grundsätzlich ist auch ein nur gelegentlicher Anbieter von Pauschalreisen ein Reiseveranstalter i. S. d. §§ 651a ff BGB, u.U. genügt schon das einmalige Angebot einer Pauschalreise.[446]

Weil damit aber der Anwendungsbereich bzw. Schutzbereich des deutschen Reisevertragsrechts zugunsten des Reisenden weiter geht als der von der Pauschalreiserichtlinie vorgeschriebene Mindeststandard, ist diese Abweichung zulässig.[447]

Die Definition des Reiseveranstalters im deutschen Reiserecht nimmt neben der Häufigkeit der Veranstaltertätigkeit grundsätzlich auch keine Rücksicht darauf, ob der Veranstalter hierbei gewerblich handelt oder nicht, entscheidend ist allein, ob er sich zur Erbringung eine Reise i. S. v. § 651a I 1 BGB als eigene[448] Leistung verpflichtet. Entscheidend für die Beurteilung, ob eine veranstaltermäßige Erbringung einer Gesamtheit von Leistungen vorliegt, ist der objektive Gesamteindruck, den sein Angebot unter Würdigung aller Umstände, insbesondere Katalog und Werbung, auf die angesprochenen Verkehrskreise, also die Reisenden, macht.[449]

Nach vorherrschender Ansicht soll gegen eine Veranstaltereigenschaft sprechen, dass der Organisierende keine eigene Vergütung erhält, sondern lediglich die tatsächlich anfallenden Kosten von den Teilnehmern ersetzt verlangt.[450] Dies ist m. E. nicht unproblematisch, denn dadurch entstehen Abgrenzungsschwierigkeiten, weil die h. M. bzgl. des Reiseveranstalterbegriffs im übrigen ja zugleich davon ausgeht, dass weder Gewerblichkeit noch sonstige Gewinnerzielungsabsicht bei der Tätigkeit als Veranstalter Voraussetzung sind.[451]

2.) Gelegenheitsveranstalter

Ohne die Voraussetzung einer gewerblichen, unternehmerischen Betätigung bei der Reiseveranstaltung fallen grundsätzlich auch typische Fälle von Gelegenheitsreiseveranstaltungen wie etwa von Vereinen, Kirchen, Schulen oder Zeitungen organisierte Mitglieder- resp. Leserreisen in den Bereich der §§ 651a ff BGB.[452]

Diese möglicherweise unter dem Begriff der Gelegenheitsveranstalter einzuordnenden nichtgewerblichen, nur gelegentlich tätigen Veranstalter sind lediglich privilegiert hinsichtlich Informations- und Insolvenzsicherungsvorschriften. Nach § 11 BGB-InfoV sind die Gelegenheitsveranstalter insbesondere von den Informationspflichten der §§ 4 bis 8 BGB-InfoV über detaillierte Reiseangaben befreit. Eine wesentliche Erleichterung bedeutet auch

---

[446] So *Führich*, Reiserecht, § 5 I. 3. b), Rn. 90; dafür spricht immerhin auch die Überlegung, dass es bei langsamer Tätigkeitsaufnahme eines kleinen Reiseveranstalters immer ein erstmaliges Angebot geben wird, dass dann bis zur zweiten organisierten Reise einmalig bleibt.

[447] S. a. *Staudinger/J. Eckert*, § 651a Rn. 46

[448] S. *Kaller*, Reiserecht, A. III. 2. b), Rn. 18 S. 9.

[449] Vgl. *Führich*, Reiserecht, § 5 I. 3. a) Rn. 89.

[450] *Isermann*, A. I. 1. a), S. 25; übernommen bei *Kaller*, Reiserecht, A. III. 2. b), Rn. 18 a. E.; s. a. *Staudinger/J. Eckert*, § 651a Rn. 45.

[451] Dieser h. M. folgend eben auch *Kaller*, Reiserecht, A. III. 2. b), Rn. 17; vgl. i. ü. *Bechhofer*, S. 6; *Führich*, Reiserecht, § 5 I. 3. b), Rn. 90 a. Anf.

[452] Weitere Beispiele bei *Kaller*, Reiserecht, A. III. 2. b) Rn. 18 S. 10; *Führich*, Reiserecht, § 5 I. 3. b) Rn. 90 S. 74; *Bechhofer*, S. 6.

die Befreiung gemäß § 651k VI Nr. 1 BGB von der Pflicht zur Insolvenzabsicherung und Erteilung eines entspr. Sicherungsscheins (§ 651k I bis V BGB).
Beide Regelungen, § 11 BGB-InfoV und § 651k VI Nr.1 BGB, beziehen sich mit insofern identischem Wortlaut auf einen Reiseveranstalter, der „nur gelegentlich und außerhalb seiner gewerblichen Tätigkeit Reisen veranstaltet". Beide Merkmale müssen also kumulativ vorliegen, und sie sind beide nicht unproblematisch.

a) Gelegentlichkeit der Veranstaltertätigkeit

Unter „gelegentlicher" Reiseveranstaltung soll nach Willen des Gesetzgebers das Anbieten von ein bis zwei Reisen pro Jahr zu verstehen sein.[453] Gegen die Formulierung „gelegentlich" und die enge Einschränkung auf nur etwa zwei Reisen pro Jahr wird in der Literatur m. E. zu Recht eingewandt, dass damit nichtgewerbliche Organisationen wie Sportvereine und dergleichen bei häufigerer Veranstaltung nicht mehr von der Ausnahme erfasst sind, was rechtspolitisch bedenklich ist:[454] Viele Vereine im Bereich der Jugendarbeit und Wohlfahrtspflege können die von ihnen häufig öfter als zweimal pro Jahr durchgeführten Veranstaltungen dann i. d. R. nicht mehr wie gewünscht selbst organisieren, sondern werden ihre Reisen angesichts der finanziellen und organisatorischen Erschwerung (Versicherungspflicht, Sicherungsscheine) über ein gewerbliches Reiseunternehmen durchführen lassen.
Daher ist es angezeigt, die Voraussetzung der *gelegentlichen* Veranstaltung weit auszulegen im Sinne einer geringfügigen Veranstaltertätigkeit; das Gesetz hätte besser den Begriff der „Unregelmäßigkeit" verwendet.[455]

b) Nichtgewerblichkeit

Aber auch das Merkmal „außerhalb seiner gewerblichen Tätigkeit" ist m. E. näher besehen unsauber formuliert, denn genau genommen setzt dies überhaupt erst die Existenz einer gewerblichen Tätigkeit voraus. Selbstverständlich muss die Ausnahme aber erst recht für die typischen „privaten" Veranstalter wie Kirchen, Schulen und Vereine gelten, die schon von vornherein gar keine gewerbliche Haupt- oder Nebentätigkeit als Veranstalter aufweisen. Dass man dazu de lege lata sofort und zwingend aufgrund von Auslegung gelangt, ändert nichts daran, dass die Formulierung „nicht als gewerbliche Tätigkeit" bzw. „außerhalb gewerblicher Tätigkeit" (also ohne „seiner") präziser gewesen wäre.

Auch mit dieser treffenderen Formulierung würde man das sachgerechte Ziel erreichen, beispielsweise einerseits das Reisebüro, das hauptsächlich vermittelt, dabei aber gelegentlich selber eine Reise veranstaltet, nicht mit in die Ausnahmeregelung einzubeziehen, andererseits aber etwa den Betriebsausflug einer Firma.[456]

---

[453] Vgl. BT-Dr 12/5354, S. 13.
[454] S. *Führich*, Reiserecht, § 16 VII. 1., Rn. 595, S. 469; vgl. auch MüKo/*Tonner*, § 651k Rn. 48 a. E., der dies zwar auch für bedauerlich, angesichts des klaren Gesetzeswortlauts aber für unausweichlich hält.
[455] S. *Führich*, Reiserecht, § 16 VII. 1., Rn. 595, S. 468; vgl. *Seyderhelm*, § 651k Rn. 38 a. E.
[456] Beispiele bei MüKo/*Tonner*, § 651k Rn. 48.

3.) Vermeidung der Einordnung als Veranstalter

Um einer Einordnung auch nur als Gelegenheitsreiseveranstalter und damit den übrigen Regelungen der §§ 651a ff BGB, insbesondere der umfassenden Einstandspflicht für die Reise nach dem System des Reisevertragsrechts, zu entgehen, müssen die Organisierenden auch bei Beauftragung eines Reiseunternehmens vermeiden, selber als Reiseveranstalter zu erscheinen. Es genügt hierfür nicht unbedingt, bei Organisation der Reise durch Inanspruchnahme eines gewerblichen Reiseveranstalters in Werbung und Anmeldung überhaupt auf diesen fremden Veranstalter der Reise hinzuweisen, denn u. U. führt dies lediglich dazu, dass dieser als weiterer Veranstalter neben den Verein/Verband tritt.[457] Vielmehr muss der ausführende Veranstalter und dessen alleinige Verantwortung klar und deutlich herausgestellt werden.

Unter geltender Rechtslage können Vereine, Schulen, kirchliche Organisationen und ähnliche Organisierende bei ihren privat bzw. quasi „ehrenamtlich" organisierten Reisen dem Reiseveranstaltungsbegriff und der entsprechenden Verantwortlichkeit dann entgehen, wenn sie alles vermeiden, was den Eindruck einer Veranstaltereigenschaft erweckt.
So ist auf prospektmäßige Werbung für die Reise unter Herausstellung des eigenen Namens zu verzichten, es sind die einzelnen vermittelten Reiseleistungen mit jeweiligem Leistungserbringer (z. B. Busunternehmen, Unterkunft) und Einzelpreis zu nennen sowie deutlich auf die reine Vermittlungseigenschaft und den Ausschluss der Einstandspflicht für die Leistungserbringung hinzuweisen[458] und im übrigen wie angesprochen nur die tatsächlich anfallenden Kosten geltend zu machen.

Die Ablehnung einer Veranstaltereigenschaft zugunsten einer Einordnung als Vermittler ist angesichts des § 651a II BGB eng zu handhaben, bei der Beurteilung wirken jegliche Zweifel zugunsten der Veranstaltereigenschaft,[459] auch wenn eine bloße Vermittlereigenschaft um so eher angenommen werden kann, je weiter sich der Organisierende als solcher von einem gewerbsmäßigen Veranstalter entfernt.[460]
Zu beachten ist allerdings, dass die Vereine o. ä. auch als Vermittler eine gewisse Einstandspflicht für Fehler bei der Vermittlungstätigkeit haben.[461]

Auch bezüglich der am Urlaubsort durch den Reiseveranstalter angebotenen zusätzlichen Leistungen wie etwa Ausflügen ist zu untersuchen, ob er hierbei für deren Erfüllung als Reiseveranstalter einzustehen hat, weil sie zur Pauschalreise hinzuzuzählen sind, oder ob er hierbei als Vermittler anzusehen ist und lediglich für die ordnungsgemäße Vermittlung einer fremd erbrachten bzw. von einem Dritten geschuldeten Leistung haftet.[462]

---

[457] So *Führich*, Reiserecht, § 5 I. 3. b), Rn. 90.
[458] Vgl. *Führich*, Reiserecht, § 5 I. 2. c) dd), Rn. 88, S. 72 oben, i. V. m. § 5 I. 3. b), Rn. 90, S. 74.
[459] Vgl. auch *Führich*, Reiserecht, § 5 I. 3. a), Rn. 89.
[460] So *Staudinger/J. Eckert*, § 651a Rn. 44 a. E., ohne nähere Begründung oder Substantiierung, im Ergebnis m. E. aber eine rechtspolitisch sachgerechte Überlegung.
[461] Sie haften dann u. U. wie ein Reisebüro als Vermittler, hierzu s. eingehend Erster Teil C. III. 6.) (S. 82).
[462] S. dazu oben Erster Teil B. I. 3.) e) (S. 49).

4.) Vertragspflichten des Veranstalters

Die Hauptpflicht des Veranstalters ist die mangelfreie Erbringung der vertraglich geschuldeten Reise, § 651a I 1 BGB. Er hat dafür alle vorbereitenden Maßnahmen zu treffen, die Reise und deren Ablauf zu organisieren, entsprechende Leistungsträger auszuwählen bzw. ausgewählte Leistungsträger weiterhin zu überwachen und etwaige Reisehindernisse zu beseitigen.[463]
Art und Umfang der reisevertraglich geschuldeten Leistung ergeben sich aus den im Rahmen des Reisevertrags getroffenen Vereinbarungen und dem sich daraus ableitenden Reisecharakter.[464] Daher fließen auch mündliche Zusagen, Angaben und Hervorhebungen im Reisekatalog wie auch weitere Umstände bei der Buchung mit ein (beispielsweise Berücksichtigung einer bei Buchung erkennbaren Gehbehinderung des Reisenden); der Begriff des Reisecharakters ist im Zweiten Teil der Arbeit noch eingehend zu erörtern.[465] Insofern gehört zur vertraglichen Leistung je nach Vereinbarung und Reisecharakter etwa auch die Verschaffung von Kursunterlagen für einen entsprechenden Ferienkurs, Reiseliteratur für eine Studienreise oder Waffeneinfuhrgenehmigungen für eine Jagdreise.

Die Hauptpflicht zur mangelfreien Erbringung der Reise untergliedert sich in verschiedene darauf gerichtete Einzelpflichten. Die innerhalb anderer Vertragstypen relevante Unterscheidung von Haupt- und Nebenpflichten hat im Reisevertragsrecht kaum Bedeutung.[466] Hier ist der Veranstalter nicht lediglich zur Erbringung der einzelnen Leistungen verpflichtet, sondern ihn trifft eine verschuldensunabhängige Einstandspflicht für das Gelingen der Reise an sich: im Rahmen des universellen Leistungsstörungsbegriffs des Reisevertragsrechts[467] führen Verletzungen der Einzelpflichten jeweils zu einem Reisemangel nach § 651c I BGB und lösen damit jeweils die Gewährleistungsrechte der §§ 651c ff BGB aus. Insofern sind die einzelnen Pflichten Spiegelbild der entsprechenden Reisemängel.
Dazu zählen zunächst die in der BGB-InfoV festgelegten Informationspflichten.[468] Insbesondere hat der Veranstalter gem. § 4 I Nr. 6 BGB-InfoV über Einreisebestimmungen der Reiseländer aufzuklären. Als explizit normierte Pflicht hat der Veranstalter nach § 651k III 1 BGB eine Insolvenzabsicherung abzuschließen und dem Reisenden einen entsprechenden Sicherungsschein zu übergeben. Unabhängig von dieser vertraglichen Pflicht stellt die Entgegennahme von Reisepreiszahlungen ohne Übergabe eines solchen Sicherungsscheins auch eine bußgeldbewehrte Ordnungswidrigkeit nach § 147b GewO dar.

Ferner bestehen Hinweis- und Aufklärungspflichten etwa über vor Ort drohende Ereignisse höherer Gewalt oder hinsichtlich besonders erhöhter Risiken des allgemeinen Lebensrisikos (beispielsweise außergewöhnlich hohe Kriminalität). Um diesen Pflichten genügen zu können, besteht effektiv auch eine Beobachtungspflicht hinsichtlich der Verhältnisse vor Ort -

---

[463] Vgl. *Seyderhelm*, § 651a Rn. 40.
[464] *Führich*, Reiserecht, § 5 V. 1. f), Rn. 144.
[465] S. u. Zweiter Teil D. (S. 175ff).
[466] S. a. *Führich*, Reiserecht, § 5 V. 1. a), Rn. 137.
[467] S. sog. Einheitslösung, Dritter Teil A. I. 4.) (S. 307), u. insbesondere auch Dritter Teil A. II. 2.) (S. 313).
[468] Eingehend *Führich*, Reiserecht, § 5 V. 1. c), Rn. 139ff.

der Veranstalter kann sich nicht auf fahrlässige Unkenntnis berufen.[469] Dieser Beobachtungspflicht wird er in der Praxis regelmäßig über seine Vertragspartner, die Leistungsträger, und die örtliche Reiseleitung nachkommen.

Angesichts der weitreichenden Hauptpflichten bleibt im Reisevertragsrecht wenig Raum für Nebenpflichten des Leistungsschuldners. Zu denken wäre an eine Pflicht zur Beantwortung von Anfragen der Reisekunden zwischen Vertragsabschluss und Reiseantritt, wenn für diese aufgrund seriöser Informationen die Reise in Frage gestellt oder schwere Mängel zu erwarten sind und der Kunde daher ein berechtigtes Interesse an der Beantwortung hat, damit die berechtigten Bedenken ausgeräumt werden.[470]

III. Das Reisebüro als Reisevermittler

Reisevermittler ist jeder, der, ohne selbst Vertragspartei des Reisevertrages zu werden, das Zustandekommen eines Reisevertrages zwischen Reisendem und Reiseveranstalter *vermittelt*.[471] Zwar können auch Fremdenverkehrsstellen o. ä. Reisevermittler sein,[472] in der Praxis ist dies aber die originäre Aufgabe der in großer Zahl[473] vorhandenen Reisebüros.[474]

Aufgrund seiner Rechtsstellung ist das Reisebüro eigentlich auf den ersten Blick als Reisevermittler grundsätzlich kein Anspruchsgegner in den klassischen Fällen der Reisemängel im Sinne des § 651c I BGB, weil es ja als Vermittler nicht für die inhaltlich mangelfreie bzw. überhaupt Erbringung der Reiseleistung haftet.

In Bezug auf eine Haftung spielt das Reisebüro dennoch in dreierlei Hinsicht eine Rolle: Zum einen tritt es als Erfüllungsgehilfe des Veranstalters auf und *dieser* haftet daher u. U. für etwaige Fehler (Pflichtverletzungen) des Reisebüros; zum anderen kommt eine *eigene* Haftung des Reisebüros in zwei Gruppen von Fällen in Frage, einerseits, wenn das Reisebüro ausnahmsweise tatsächlich selber als Veranstalter tätig wird - dann gilt in vollem Umfang die klassische „Haftung" des Veranstalters als Schuldner der reisevertraglichen Leistung, andererseits bei originären Fehlern des Reisebüros (sowie deren Auswirkungen) im Rahmen seiner Vermittlertätigkeit.

---

[469] Vgl. hierzu Zweiter Teil E. V. 2.) (S. 263).

[470] S. *AG Duisburg* RRa 2004, 116 (118) (ein solches Interesse ablehnend bei einem RTL-Fernsehbeitrag „RTL Extra" zu Mängeln einer Hotelanlage auf Mallorca, da die Sendung „nicht objektiv und sachlich, sondern plakativ und übertreibend" sei); s. a. Juris Praxiskommentar/*Keller*, § 651a Rn. 38.

[471] Vgl. auch Art. 2 Nr. 3 der Pauschalreiserichtlinie EG RiLi 90/314/EWG, s. Erster Teil A. I. u. dort Fn. 90 (S. 16); s. a. *Pick*, § 651a Rn. 13f.

[472] *Führich*, Reiserecht, § 27 I., Rn. 700, S. 540.

[473] Laut der Übersicht „Fakten und Zahlen zum deutschen Reisemarkt", Ausgabe 2006, hrsg. v. DRV, S. 14, gab es in Deutschland im Jahr 2005 insgesamt 12.639 Reisebüros (2004: 13.753); in dieser Zahl noch nicht enthalten sind die Buchungsstellen der Reiseveranstalter, s. u. 3. (S. 76).

[474] Daher wird aus Gründen der Lebensnähe in den folgenden Ausführungen oftmals die Bezeichnung Reisebüro verwendet, obgleich die Aussagen auch auf sonstige Reisevermittler zutreffen.

1.) Bedeutung für Mängel der Reise i. w. S.

Der rechtliche Charakter des Verhältnisses zwischen potentiellem Reisenden und dem Reisebüro hängt von der konkreten Rolle des Reisebüros im einzelnen Fall ab und ist darüber hinaus auch bei reiner Vermittlungstätigkeit teilweise strittig (zu beidem s. im Folgenden).

Die rein *reisevermittelnde* Tätigkeit eines Reisebüros wird vom Reisevertragsrecht der §§ 651a ff BGB nicht erfasst. In einigen Werken zum Reiserecht, bei denen sich auch ein Seitenblick auf dieses Rechtsverhältnis zum Reisevermittler thematisch anbieten würde, fehlt daher ein solcher, wohl aus dem (nicht ausgesprochenen) Grund, dass dieses Verhältnis eben nicht in den §§ 651a ff BGB zu finden ist; die Reisevermittlung wird lediglich in § 651a II und § 651k IV BGB *genannt*, aber eben nicht als solche behandelt.

Aber das Recht des Reisenden im Rahmen seiner Pauschalreise umfasst eben nicht nur das Reisevertragsrecht der §§ 651a ff BGB, sondern eben auch die übrigen reisebezogenen Rechtsverhältnisse, und dem pauschalreisenden Verbraucher ist eine solche Differenzierung bzgl. der gesetzlichen Verortung seiner Rechte auch grundsätzlich egal: aus seiner Sicht eines mangelbeschwerten Reisenden kommt eben u. U. auch eine Verantwortlichkeit des Reisebüros in seiner Funktion als Vermittler in Frage, weshalb Stellung und mögliche Haftung des Reisebüros im Zusammenhang mit Abschluss und Durchführung der Reise hier näher untersucht werden sollen.

Eine eigene bzw. zusätzliche Haftung des Reisevermittlers kommt dabei zunächst immer bei solchen Mängeln in Betracht, die nicht erst vor Ort bei mangelhafter Durchführung der Reise auftreten, sondern schon in einem fehlerhaften Vertragsschluss angelegt sind, weil durch falsche Beratung oder Zusicherungen durch das Reisebüro schon von vornherein die reisevertragsgegenständlich geschuldete Leistung nicht dem entspricht, was der Reisende erwartet, auch wenn sich dies oft genug erst vor Ort während der Reisedurchführung herausstellt.

2.) Rechtliche Rolle des Reisebüros nach Tätigkeit

Zunächst ist die rechtliche Stellung des Reisebüros zu beleuchten; diese hängt davon ab, in welcher Rolle es tätig wird:[475]

- Ein Reisebüro kann *selber* Reiseleistungen zusammenstellen und gebündelt als *Pauschalreise*[476] anbieten und mit einem entsprechenden, nach außen dem Kunden gegenüber erfolgenden erkennbaren Auftritt schlicht die Voraussetzungen des Veranstalterbegriffs § 651a I 1 BGB erfüllen;[477] es haftet somit für auftretende Reisemängel ganz normal als Reiseveranstalter.

[475] S. *Isermann*, NJW 1988, 873 [II. 1.], sowie *ders.*, Reisevertragsrecht, S. 32; vgl. auch *Tonner*, Reisevertrag, § 651a Rn. 33; *Pick*, § 651a Rnn. 15ff.
[476] S. o. Erster Teil B. I. (S. 29), insb. auch B. I. 1.) c) (S. 34).
[477] Vgl. *Tonner*, Reisevertrag, § 651a Rnn. 33 (Fall 4), 34; *Pick*, § 651a Rn. 18.

- Das Reisebüro kann *einzelne* Reiseleistungen *selber* erbringen. Denkbares Beispiel ist ein Busunternehmen mit angeschlossenem Reisebüro, das die eigenen Busfahrten anbietet.[478] In diesem Fall liegt mangels Bündelung mehrerer Einzelleistungen kein Reisevertrag i. S. d. § 651a ff BGB vor, das Reisebüro erfüllt somit nicht die Definition des Reiseveranstalters in § 651a I 1 BGB. Es gelten die Gewährleistungsrechte des direkt zwischen Reisebüro und Kunden geschlossenen Vertragstyps, also beispielsweise des Beförderungsvertrages.[479] Unter gewissen Umständen kann es hierbei zu einer analogen Anwendung des Reisevertragsrechts auf Einzelleistungen kommen.[480]
- Das Reisebüro kann eine *einzelne fremde* Reiseleistung vermitteln. In diesem Fall wird das Reisebüro rein vermittelnd tätig, im Rechtsverhältnis zwischen Kunden und Reisebüro gelten grundsätzlich die gleichen Ausführungen wie im letzten Fall, der Vermittlung von zu einer fremden Pauschalreise gebündelten Einzelleistungen.
- Schließlich die schon genannte klassische Vermittlungstätigkeit, bei der die *Pauschalreise* eines *fremden Reiseveranstalters* vermittelt wird.

Nur diese letzte Tätigkeit ist für das Thema der vorliegenden Arbeit von Interesse, und nur diese Rolle bei der Vermittlung fremder Pauschalreisen soll daher im Folgenden näher untersucht werden.

Allerdings muss die Vermittlungstätigkeit unmissverständlich erkennbar sein; bei Zweifeln, ob das Reisebüro nicht vielleicht als Veranstalter anzusehen ist, gehen diese gem. § 651a II BGB zu Lasten des Reisebüros, es würde selber als Reiseveranstalter für die Pauschalreise an sich gem. §§ 651a ff BGB haften.[481] Es genügt aber, wenn es auch bei auf Wunsch des Kunden vorgenommener vorheriger Bündelung von Einzelleistungen zu einem Paket an einer eigenverantwortlichen Gesamtleistung fehlt, indem die bloße Vermittlerstellung dem Kunden gegenüber in Werbung, Anmeldeformular, Katalog und in Rechnung sowie durch Nennung der einzelnen Leistungsträger[482] klar und deutlich herausgestellt wird.[483]

3.) Unterteilung Arten von Reisebüros nach Selbständigkeit

In welcher Form bzw. ob überhaupt das Reisebüro im Rahmen der Vermittlungstätigkeit in den Kreis von Rechten und Pflichten bei einer Pauschalreise einbezogen wird,[484] hängt zunächst davon ab, welche Form von Reisebüro vorliegt. Es lässt sich nach dem Grad der Selbständigkeit differenzieren:[485]

---

[478] Vgl. *Tonner*, Reisevertrag, § 651a Rn. 33 (Fall 3).
[479] Der ein Fall des Werkvertrags ist, vgl. *Führich*, Reiserecht, § 46 I. 1. a), Rn. 1102; die Regelungen des PersBefG sind auf diesen Fall nicht anwendbar, dieses umfasst nur den Linienverkehr.
[480] Zur analogen Anwendung auf Einzelleistungen s. o. Erster Teil B. II. 3.) (S. 54).
[481] *Tonner*, Reisevertrag, § 651a Rn. 29 a. E.; *Staudinger/J. Eckert*, § 651a Rn. 60.
[482] *Führich*, Reiserecht, § 5 I. 2. c) dd), Rn. 88, S. 72.
[483] *Führich*, Reiserecht, § 27 V., Rn. 710, m. umfangreicher Kasuistik zur Unterscheidung zw. Veranstalter- und Vermittlertätigkeit dort in Fn. 64; vgl. auch zuletzt *Brüning*, RRa 2005, 199 (201f).
[484] Vgl. *Pick*, § 651a Rn. 12.
[485] Vgl. *Führich*, Reiserecht, § 27 I., Rn. 700, S. 539.

Zunächst wären da die eigenen Filialbetriebe der Reiseveranstalter zu nennen, die dem Eigenvertrieb des jeweiligen Reisekonzerns dienen. Diese Buchungsstellen können sich zwar als Reisebüros bezeichnen, sind aber in keinem Fall Vermittler einer fremden Pauschalreise, sondern schlicht Teil des jeweiligen Reiseunternehmens.[486] Eine Eigenhaftung eines derartigen „Reisebüros" scheidet von vornherein schon mangels eigener Rechtspersönlichkeit aus.[487] Es liegt kein Fall einer Vermittlung durch einen Dritten, sondern der Fall einer Buchung direkt beim Reiseveranstalter vor; eine Willenserklärung wirkt als direkt dem Reiseveranstalter gegenüber abgegeben,[488] falsche Erklärungen bzw. Pflichtwidrigkeiten bei Beratung und Buchung durch die dortigen Angestellten wirken sich - nur - gegen den Veranstalter aus (§ 164 I BGB bzw. § 278 BGB).[489]

Abgesehen von diesem auszuscheidenden Fall der nichtselbständigen Buchungsstellen werden Reisebüros entweder als Agenturen eines Reiseveranstalters oder als veranstalterunabhängige freie Reisebüros tätig. Der häufigste dürfte der erstere Fall einer agenturvertraglichen Bindung eines selbständigen Reisebüros an einen oder mehrere [490] Reiseveranstalter sein. Durch den schriftlich abzuschließenden Agenturvertrag bindet der Reiseveranstalter das Reisebüro in gewisser Weise an sich, ohne ein eigenes Filialnetz organisieren zu müssen,[491] umgekehrt erhalten die Reisebüros im Rahmen des Agenturvertrags höhere Provisionen für die Vermittlung der jeweiligen Reisen des Veranstalters.[492] Das Reisebüro wird im Rahmen des Agenturvertrages „ständig mit der Vermittlung dieses Reiseveranstalters" i. S. d. § 84 I 1 HGB betraut, es liegt also ein Handelsvertreterverhältnis §§ 84ff HGB vor.[493]

Die im Gegensatz dazu nicht an bestimmte Reiseveranstalter gebundenen unabhängigen Reisebüros bestehen entweder als sog. „freie" Reisebüros oder sind Bestandteil einer Kooperation von Reisebüros zur Verbesserung der Konditionen gegenüber den Reiseveranstaltern (Filialen einer Reisebürokette oder Kooperationsverbund). Bei beiden Formen der nicht-veranstaltergebundenen Reisebürotätigkeit liegt keine Handelsvertretung vor, weil sie nicht mit der Vermittlung des Angebots des Anbieters bzw. Veranstalters ständig betraut sind i. S. d. § 84 I HGB. Stattdessen sind sie nach h. M.[494] als Handelsmakler i. S. d. §§ 93 ff HGB zu charakterisieren.[495]

---

[486] S. a. *Soergel/H.-W. Eckert*, Vor § 651a Rn. 15; vgl. eingehend *Schlotmann*, Reisevertragsgesetz, S. 23f.
[487] S. Neuner, AcP 193 (1993), 1 (19).
[488] Vgl. *Schlotmann*, Recht, A. I., S. 9.
[489] S. *Führich*, Reiserecht, § 5 II. 3., Rn. 105 (1. Abs.) u. § 5 II. 4. a), Rn. 107 a. E.
[490] Üblicherweise bestehen Agenturverträge mit mehreren, den „gängigen" Reiseveranstaltern, vgl. auch *Nies*, RRa 1997, 211.
[491] Vgl. *BGHZ* 82, 219 (222).
[492] Verglichen mit den freien, ungebundenen Reisebüros; s. a. *Führich*, Reiserecht, § 5 II. 4. b), Rn. 108, S. 87.
[493] *Führich*, Reiserecht, § 5 II. 4. a), Rn. 107, S. 86.
[494] S. *Noll*, in: DGfR (Hrsg.), Zur Notwendigkeit einer weiteren Reiserechts-Novelle, S. 134 u. dort Fn. 9.
[495] Vgl. *Führich*, Reiserecht, § 5 II. 4. b), Rn. 108; a. A.: MüKo/*Tonner*, § 651a Rn. 47 nimmt eine Stellung als Zivilmakler gem. §§ 652 ff BGB an unter Verweis darauf, dass die vermittelten Reiseverträge nicht dem sachlichen Anwendungsbereich des § 93 I HGB unterliegen.

4.) Doppelfunktion des Reisebüros

In beiden Fällen einer Tätigkeit als Agentur oder als freies Reisebüro ist das Reisebüro in dieser Rolle als Vermittler der Reiseverträge eines fremden Veranstalters hinsichtlich der diesem obliegenden Pflichten bzw. hinsichtlich diesbezüglicher Versäumnisse oder Fehlleistungen als Erfüllungsgehilfe i. S. d. § 278 BGB anzusehen, sein Verschulden also dem Reiseveranstalter zuzurechnen. Dies zwar auch im Rahmen vorvertraglicher Haftung für culpa in contrahendo - vgl. etwa § 651a III 2 BGB i. V. m. § 4, 5 BGB-InfoV -, allerdings logisch zwingend erst, sobald sich die Beratungs- bzw. Vermittlungstätigkeit auf ein bestimmtes Angebot bzw. zumindest einen bestimmten Veranstalter konkretisiert hat.
Daneben besteht jedoch auch die eigene schuldrechtliche Verbindung und eben Verpflichtung des Reisebüros direkt gegenüber dem Kunden im Rahmen des zwischen beiden bestehenden Vermittlungsvertrages.

Beide Pflichtenkreise, aus eigenem Vermittlungsvertrag wie auch als Erfüllungsgehilfe des Reiseveranstalters, überschneiden sich weitgehend,[496] das Reisebüro ist somit nach allg. Ansicht in einer Doppelfunktion tätig.[497] Bei seiner beratenden Tätigkeit im Rahmen der Buchung der Reise handelt es einerseits in Erfüllung seiner eigenen Verpflichtung aus dem Vermittlungsvertrag mit dem Reisekunden, zugleich aber andererseits auch als Erfüllungsgehilfe des Reiseveranstalters zur Erfüllung der diesem obliegenden Verbindlichkeit (etwa bei Erfüllung der Informationspflichten nach § 5 BGB-InfoV).

Das nach Definition des Erfüllungsgehilfen § 278 BGB erforderliche Handeln in Erfüllung einer Verbindlichkeit des Schuldners ist durch ein gleichzeitiges Handeln in Erfüllung eigener Verbindlichkeit nicht ausgeschlossen.[498] Insofern ist auch die Ansicht abzulehnen, § 278 BGB komme schon allein deshalb nicht in Frage, weil das Reisebüro in Erfüllung eigener Verbindlichkeit aus Vermittlungsvertrag tätig wird.[499]

Diese doppelte Funktion des Reisebüros ist für den Verbraucher von nicht zu unterschätzender praktischer Bedeutung. Ansprüche wegen einer Pflichtverletzung des Reisebüros bei der Beratung u. ä. können zusätzlich gegen das Reisebüro selber geltend gemacht werden, was vor allem dann wichtig ist, wenn sich Ansprüche gegen den Veranstalter nicht verwirk-

---

[496] *Führich*, Reiserecht, § 28 II., Rn. 716, S. 552; *Seyderhelm*, § 651a Rnn. 70ff.

[497] Allgemeine Ansicht, vgl. *Bechhofer*, S. 159; *Dewenter*, Kap. V. B. II. 1. a) cc), S. 70f; *Isermann*, VuR 1987, 301 (304); *ders.*, NJW 1988, 873; *Soergel/H.-W. Eckert*, Vor § 651a Rn. 11; *Führich*, Reiserecht, § 5 II. 3., Rn. 105; MüKo/*Tonner*, § 651a Rn. 45; *Staudinger/J. Eckert*, § 651a Rnn. 58 u. 61; *BGH* NJW 1982, 377 (378) [I 1 e]; als h. M. auch von *Neuner*, AcP 193 (1993), 1 (11f) [III. 2. c)] angesehen („in Lit. unisono"), aber differenzierend: nur bei Tätigkeit eines freien Büros als Handelsmakler; nicht hingegen bei Agentur-Reisebüro: hier bestünden lediglich Vertragsbeziehungen zwischen Reisebüro und Reiseveranstalter, da auch bei anderen Konstellationen des Handelsvertreters kein eigenes Vertragsverhältnis zwischen Handelsmakler und Kunden angenommen wird. Bea. **a. A.** nunmehr *BGH* NJW 2006, 2321, der eine Überschneidung von Vermittlungsvertrag und Reisevertrag und damit die Doppelfunktion ablehnt, s. dazu eingehend Erster Teil C. III. 8.) (S. 98).

[498] So allgemein *BGHZ* 13, 111 (113f); weitergehend *BGHZ* 82, 219 (224), wonach diese Konstellation nicht nur prinzipiell zulässig, sondern sogar „nicht ungewöhnlich" ist; vgl. auch *Tamm*, VuR 2006, 329 (331).

[499] So aber unzutreffend *AG Emmerich* RRa 1995, 110 (111).

lichen lassen, etwa bei Insolvenz des Veranstalters oder evtl. wegen Einreden wie etwa der Verjährung.[500]

5.) Einstandspflicht des Reiseveranstalters für das Reisebüro nach § 278 BGB

Abgesehen davon, dass das freie Reisebüro eine inhärent interessenneutralere Stellung als eine Agentur hat, die als Handelsvertreter gem. § 86 I HGB bevorzugt die Reisen „ihres" Reiseveranstalters zu vermitteln hat und je nach Provisionsregelung rein praktisch auch selbst daran interessiert ist, betrifft beides vor allem das Rechtsverhältnis zwischen Reisebüro und Reiseveranstalter. Aus Sicht des Kunden ist entscheidend, dass auch Fehler des freien Reisebüros dem Reiseveranstalter zugerechnet werden können, für die Haftung des Reiseveranstalters für das Reisebüro als Erfüllungsgehilfen gem. § 278 BGB[501] kommt es auf die Tätigkeit als Agentur oder selbständiges Reisebüro nicht an.[502]

Zu unterscheiden ist die Haftung des Veranstalters für „sein" Reisebüro gem. § 278 BGB von der Tatsache, dass das Reisebüro allgemein als vom Veranstalter verhandlungsermächtigt angesehen wird (schon allein angesichts der Zurverfügungstellung der Kataloge) und die vom Reisebüro gemachten Zusagen auch gegen den Veranstalter wirken; entscheidend ist daher der Vertragsinhalt, wie er vor Ort zwischen Reisendem und Reisebüroangestelltem festgelegt wird, spätere Übermittlungsfehler vom Reisebüro an den Veranstalter gehen zu dessen Lasten; das Reisebüro ist insofern als Empfangbote in der Sphäre des Veranstalters anzusehen.[503]

In der Funktion als Erfüllungsgehilfe unterliegt bzw. erfüllt das Reisebüro Aufklärungs- und Informationspflichten des Reiseveranstalters.[504] Allerdings kann der Reiseveranstalter die Informationspflichten eben auch selber und nicht über das Reisebüro erfüllen, wie dies bei Informationsangaben in der Reisebestätigung geschieht; er haftet aber dafür, dass die Informationspflichten überhaupt erfüllt werden. Auch haftet er beispielsweise für die richtige Weiterleitung der Anmeldung, weil er sich eben des Reisebüros als Erfüllungsgehilfen bedient[505] und sich nicht auf den Vertragsschluss direkt bei sich selbst oder beim eigenen Filialnetz verlässt.

Entscheidendes Tatbestandsmerkmal der Haftung für den Erfüllungsgehilfen nach § 278 BGB ist allerdings das Handeln des Reisebüros „in Erfüllung der Verbindlichkeit".

a) Herrschende Meinung zum Erfüllungszusammenhang

Die Ansicht, dass das Reisebüro nicht per se generell Erfüllungsgehilfe des Reiseveranstalters gemäss § 278 BGB ist,[506] ist unstrittig und ergibt sich schon allein daraus, dass eben die

---

[500] S. u. Erster Teil C. III. 6.) (S. 82).
[501] Grundsatzentscheidung des *BGH* hierzu im sog. „Reisebürofall" NJW 1982, 377, 378 [I 1 e].
[502] Allg. Ansicht, statt vieler: *Führich*, Reiserecht, § 7 II. 2. b) dd) (3), Rn. 241.
[503] *BGHZ* 82, 219; *Staudinger/J. Eckert*, § 651a Rn. 58; MüKo/*Tonner*, § 651a, Rn. 55; *Tempel*, NJW 1996, 1625 (1633f).
[504] So *Staudinger/J. Eckert*, § 651a Rn. 63.
[505] Vgl. *Staudinger/J. Eckert*, § 651a Rn. 64.
[506] So der insoweit wenig erkenntnisreiche Leitsatz 1 zum Urteil *AG Emmerich* RRa 1995, 110.

Voraussetzungen des § 278 BGB erfüllt sein müssen, darunter auch das Handeln *in Erfüllung* einer Verbindlichkeit des Schuldners Reiseveranstalter.

Nach h. M. erstreckt sich diesbezüglich die Haftung des Reiseveranstalters *nicht* auf Fehler des Reisebüros im Rahmen der Beratung des Kunden zur *Auswahl* verschiedener Angebote verschiedener Veranstalter.[507]

Beispielhaft für diese verbreitete Ansicht ist der Fall und die Begründung des *AG Stuttgart* in folgender Entscheidung:[508]

> 1. Eine Haftung des Reiseveranstalters gemäß § 278 BGB für Handlungen und Erklärungen eines Reisebüros, dessen er sich zur Vermittlung bedient, kommt nur für Handlungen in Betracht, die nach erfolgter Reiseanmeldung vorzunehmen sind.
> 2. Dagegen haftet der Reiseveranstalter nicht für solche Erklärungen, die Bedienstete eines Reisebüros bei der Beratung eines Kunden im Zusammenhang mit der Auswahl der Reise abgeben.
>
> Eigene, verkürzte Zusammenfassung des Sachverhalts: Der Kläger wollte im Reisebüro eine Pauschalreise nach Heraklion mit Unterkunft in einem *2-Sterne*-Hotel mit *Halbpension* buchen, ein angeblich entsprechendes Angebot wurde ihm daraufhin vorgelegt und ein Reisevertrag abgeschlossen. Tatsächlich umfasste dieses Angebot aber nur *Übernachtung mit Frühstück* in einem Hotel mit *einem* Stern. Der Reisende verklagte den Reiseveranstalter.
>
> Die Klage wurde abgewiesen, da sich der Veranstalter die falschen Versprechungen des Reisebüros nicht zurechnen lassen müsse.[509]
>
> Zur Begründung führt das Gericht aus, ein Erfüllungszusammenhang im Sinne des § 278 BGB liege nur bei solchen Maßnahmen vor, die sich auf den Abschluss und die Durchführung des Reisevertrags *nach* Abgabe eines verbindlichen Angebots zum Abschluss eines Reisevertrags beziehen, also für Handlungen, die nach erfolgter Reiseanmeldung vorzunehmen sind, wie etwa Weiterleitung der Anmeldung und der Buchungsbestätigung.
>
> Hingegen hafte der Reiseunternehmer nicht für solche Erklärungen, die Bedienstete eines Reisebüros bei der Beratung eines Kunden im Zusammenhang mit der Auswahl der Reise abgeben, weil sie nicht Vertreter derjenigen Reiseunternehmer sein könnten, deren Reisen sie anbieten, solange es um die Auswahl einer Reise geht.
> Dies u.a. deshalb, weil in einem solchen Beratungsgespräch auch die Vor- und Nachteile von verschiedenen Reisen abgewogen werden; wenn aber nun ein Angestellter eines Reisebüros bei einer Reise bestimmte Nachteile im Vergleich zu anderen Reisen hervorhebt, könne man ihn sicher nicht als Erfüllungsgehilfen des Reiseunternehmers ansehen, dessen Reiseangebot im Vergleich zu anderen Reisen als nicht so günstig geschildert wird.
>
> Zudem könnten die Bediensteten eines Reisebüros auch nicht nach dem jeweiligen Verlauf eines Beratungsgespräches, ob nämlich eine Reise im Verhältnis zu anderen

---

[507] *Führich*, Reiserecht, § 7 II. 2. b) dd) (3), Rn. 241.

[508] RRa 1993, 31; soweit ersichtlich blieb diese Entscheidung in der Lit. unwidersprochen, vgl. etwa bei *Führich*, a. a. O. (Fn. 507).

[509] In Frage kommt aber natürlich eine Haftung des Reisebüros, dies war aber nicht Verfahrensgegenstand.

Reisen positiv geschildert wird oder nicht, als Erfüllungsgehilfe des jeweiligen Reiseunternehmens angesehen werden. Andernfalls wäre ein Bediensteter gleichzeitig Erfüllungsgehilfe mehrerer miteinander konkurrierender Reiseunternehmen.

Dass der Kläger sich im konkreten Fall gleich für die erste vom Personal des Reisebüros vorgeschlagene Reise entschieden hatte, ohne noch weitere Angebote zu prüfen, weil gleich diese erste den vorgetragenen Wünschen des Reisenden angeblich entsprach (was sich eben als falsch erwies und somit Ursache der Klage war), wurde vom *AG* ausdrücklich als unerheblich verworfen.

b) Eigene Stellungnahme

Der Ansatz der herrschenden Meinung ist m. E. differenziert zu betrachten und die konkrete Entscheidung im o.g. Fall abzulehnen.
Zu bedenken ist zum einen, dass der Reiseveranstalter als Schuldner auch für Pflichtverletzungen seiner Erfüllungsgehilfen im Vorfeld der Vertragsanbahnung einzustehen hat.[510] Es ist zudem gerade Wesen des Verschuldens bei Vertragsverhandlungen, dass der spätere Vertrag noch nicht konkretisiert ist.
Umgekehrt ist es gerade das Wesen der Reisebürotätigkeit – auch in der Funktion als Erfüllungsgehilfe des Reiseveranstalters – über eine Beratung und Information zu den Reiseangeboten den Reisevertragsschluss herbeizuführen.[511]

Gerade im streitgegenständlichen Fall, in dem Beratung und Information nur zu *einem* konkreten Angebot erfolgte und dieses auch sofort Vertragsgegenstand wurde, liegt ein unabweisbarer Zusammenhang zwischen der Fehlinformation, der zu vorteilhaft geschilderten Reise, und der nur darauf beruhenden Buchung nur dieses *einen* spezifischen Reiseangebots des *einen* Reiseveranstalters vor, bei dem Überlegungen zur Problematik einer Erfüllungsgehilfeneigenschaft für mehrere Veranstalter nicht angezeigt und nicht einschlägig sind.

Allgemein ist ohnehin bei Beratungstätigkeit mit mehreren Angeboten verschiedener Veranstalter die Konstruktion m. E. dergestalt, dass das Reisebüro jeweils für *den* Reiseveranstalter als Erfüllungsgehilfe bei der Vertragsanbahnung tätig wird, dessen Angebot er gerade entsprechend beschreibt und qualifiziert, um es dem Kunden zu erläutern und somit anzubieten;[512] es ist dogmatisch unbedenklich, dass das Reisebüro insofern im Rahmen eines Beratungsgesprächs nacheinander für mehrere Reiseveranstalter jeweils als Erfüllungsgehilfen tätig wird; virulent wird die Haftung ohnehin nur, wenn der Reisende bezüglich *eines* bestimmten falsch dargestellten Angebots einen Schaden erleidet - in der Regel also einleuchtenderweise das Angebot, das aufgrund der falschen Angaben gebucht wird.

---

[510] Auch nach damaliger alter Rechtslage nach den Grundsätzen der c.i.c. (vgl. dazu *BGH* NJW-RR 1997, 144), heute in § 311 II Nr.1 BGB. Vgl. zur Erstreckung über den genannten § 241 II BGB hinaus auch auf unrichtige Informationen bei Vertragsverhandlungen *Palandt/Heinrichs*, § 311 Rn. 42.

[511] Diese Pflicht zur ordentlichen Beratung schuldet das Reisebüro zwar auch aus eigenem Reisevermittlungsvertrag mit dem Reisenden - siehe dazu Erster Teil C. III. 6.) a) (S. 83); diese gleichzeitig bestehende Erfüllung eigener Verbindlichkeit steht aber der Eigenschaft als Erfüllungsgehilfe nicht entgegen, vgl. *BGH* NJW 1982, 377 (378) [I 1 e] wie auch allgemein *BGHZ* 13, 114; s. a. *Palandt/Heinrichs*, § 278 Rn. 7.

[512] Vgl. auch *BGH* NJW 2321 (2322).

Erst recht wäre eine Haftung im vorliegenden Fall zu bejahen gewesen: Der falsch beratende Reisebüroangestellte war hier gar nicht vergleichend tätig, er hat *eine konkrete Reise* falsch beschrieben, die deswegen gebucht wurde. Er war hierbei Erfüllungsgehilfe des *einen* Reiseveranstalters, dessen *eine* Reise er durch die falschen Angaben verkaufen konnte. Der Reiseveranstalter muss sich dieses Verschulden dieser Person, derer er sich zur Vertragsanbahnung bedient hat, zurechnen lassen. Der Reisevermittler hat nicht nur bei Abwicklung, sondern auch bei Abschluss des Reisevertrages als „Arm des Veranstalters“[513] alle Sorgfalts- und Informationspflichten für diesen zu erfüllen.

Diese Ansicht einer vorvertraglichen Haftung des Reiseveranstalters ab dem Zeitpunkt der Konzentration auf ein konkretes Angebot oder einen konkreten Veranstalter teilt nun auch ausdrücklich der BGH [514]- der dies freilich zum Anlass nimmt, ab diesem Zeitpunkt das Reisebüro aus dessen eigener Haftung zu entlassen.[515]

Für einen Regress mag sich der Veranstalter im „Innenverhältnis“ des Vertragsverhältnisses mit dem Reisebüro an jenes halten, bei Agenturverhältnis über die Handelsvertreterbeziehung (vgl. § 86 HGB), bei freien Reisebüros über den Maklervertrag (vgl. § 98 HGB).

c) Handeln nicht in Erfüllung

Die Einstandspflicht des Reiseveranstalters für seinen Vermittler hat dort seine Grenze, wo der Reisevermittler erkennbar nicht in Erfüllung für den Reiseveranstalter handelt, wie das etwa bei klarem Widerspruch zwischen den Zusagen des Reisebüros und dem Inhalt bzw. den Leistungsbeschreibungen des Prospekts bzw. der Katalogangaben des Veranstalters der Fall ist,[516] oder wenn das Reisebüro sich zur Darstellung des Angebotsumfangs erkennbar auf den Katalog eines ganz anderen Veranstalters bezieht.[517]

6.) Wesen und Bedeutung der eigenen Haftung des Reisebüros

Neben der Haftung des Reiseveranstalters kommt aber u. U. auch eine Haftung des Reisebüros in Frage. Zum Teil haftet das Reisebüro zeitlich-thematisch schon vor Beginn einer vorvertraglichen Haftung des Reiseveranstalters; daneben aber auch im Rahmen einer zusätzlichen, eigenen Haftung neben dem Reiseveranstalter. Dies entspricht auch der natürlichen Ansicht des Reisekunden, der bei falscher Beratung bzw. Information das Verschulden und somit seinen Regress billigerweise bei dem Reisebüro verortet, das bzw. dessen Angestellter ihn falsch beraten hat.

Das Reisebüro ist als *zusätzlicher* Anspruchsgegner nicht nur ohnehin generell vorteilhaft für den beschwerten Reisekunden, sondern insbesondere auch als typischerweise vor Ort

---

[513] So *Führich*, Reiserecht, § 7 II. 2. b) dd) (3), Rn. 241.

[514] *BGH* NJW 2006, 2321 (2322) Tz.11.

[515] S. hierzu eingehend Erster Teil C. III. 8.) (S. 98).

[516] *AG Stuttgart* RRa 1994, 49; *Führich*, Reiserecht, § 7 II. 2. b) dd) (3), Rn. 241 a. E. u. dort Fn. 262 m. umfangr. Nachw. zur Rspr.

[517] *LG Düsseldorf* RRa 2002, 67 (68); s. a. *LG Frankfurt a.M.* NJW 1987, 495; 1985, 1166 (1167) (hoteleigener Prospekt); *Führich*, Reiserecht, § 5 V. 1. b), Rn. 138 u. dort Fn. 427.

greifbarer, bekannter und unkomplizierter Anspruchsgegner „der kurzen Wege“ bei weit entferntem oder sonstwie schwierig zu belangendem Veranstalter.[518]

Elementar wichtig wird diese eigene Haftung des Reisebüros für Fehler im Rahmen seiner Doppelfunktion vor allem bei wirtschaftlicher Wertlosigkeit der Ansprüche gegen den Veranstalter.[519]

Einerseits unterliegen Ansprüche gegen den Vermittler nach h. M. nicht der kurzen Ausschlussfrist des § 651g I BGB, der Reisende kann sich also gleichwohl noch an das Reisebüro halten.[520] Zum anderen ist dieser zusätzliche Anspruch gegen das Reisebüro wichtig in den nicht abwegigen[521] Fällen einer Insolvenz des Reiseveranstalters. Die gesetzliche Insolvenzsicherung in § 651k BGB mitsamt Kundengeldabsicherung und Sicherungsschein umfasst lediglich Rückzahlung des gezahlten Reisepreises und insolvenzbedingte Aufwendungen des Reisenden (bspw. aus eigener Tasche gezahlter Rückflug) gem. § 651k I Nr. 1 u. 2 BGB, jedoch gerade nicht Gewährleistungsansprüche des Reisekunden. Diese sind gegenüber dem Insolvenzverwalter des Veranstalters geltend zu machen, also Teil der Insolvenzmasse.[522]

In diesen Fällen steht dem Reisekunden nur gegen das Reisebüro ein wirtschaftlich aussichtsreicher Anspruch zu, es muss sich aber um eine Pflichtverletzung handeln, die auch eine Pflichtverletzung hinsichtlich des Vertragsverhältnisses zwischen Reisebüro und Reisekunden darstellt.

Zwischen Reisekunden und Reisebüro besteht bzgl. der Beratung, Auswahl und Durchführung der Buchung der Reise ein Reisevermittlungsvertrag.[523] Fraglich ist zunächst die genauere rechtliche Einordnung dieses zwischen Reisebüro und Kunden bestehenden Vertragsverhältnisses.

a) Charakter des Reisevermittlungsvertrages

Schon der Regierungsentwurf von 1976 für ein Reisegesetzeswerk bezog den Vertrag zwischen Reisebüro und Kunden nicht in den Regelungsbereich des zu schaffenden Gesetzes mit ein, weil man dieses Rechtsverhältnis für ausreichend mit den bestehenden Vertragsformen des Dienstvertrages, des Geschäftsbesorgungsvertrages oder des Maklervertrages geregelt hielt.[524] Dennoch stellt sich die Frage des konkreten Vertragstyps bzw. der auf die Reisevermittlung anzuwendenden Normen.

---

[518] Vgl. auch *BGH* NJW 1987, 1931 (1933) [A. II. 2. b)].
[519] S. zum Folgenden auch *Tamm*, VuR 2006, 329 (336f) [III. 5.].
[520] Vgl. *Seyderhelm*, § 651a Rn. 72; s. eingehend hierzu Erster Teil C. III. 7.) c) (S. 98).
[521] Dies zeigt schon allein die Existenz des § 651k BGB.
[522] *Führich*, Reiserecht, § 16 II. 2., Rn. 574, u. § 16 II. 3. a), Rn. 579.
[523] *Führich*, Reiserecht, § 27 I., Rn. 701.
[524] BT-Dr 7/5141, Begründung A. 2.; *Klatt*, S. 104.

Gegen die vereinzelt anzutreffende Annahme eines Auftragsverhältnisses i. S. d. §§ 662ff BGB[525] spricht die - von den Vertretern dieser Ansicht konsequent abgelehnte - Entgeltlichkeit der Tätigkeit des Reisebüros: ohne Entgelt würde ein Reisebüro als erwerbswirtschaftliches Unternehmen gar nicht tätig werden hinsichtlich Buchungstätigkeit für die Kunden. Dass das Entgelt in Form der Provision gegenüber dem Reisekunden oftmals gar nicht eigenständig quantifiziert in Erscheinung tritt, spricht nicht gegen das Merkmal der Entgeltlichkeit; es handelt sich nur um eine technische Frage der Zahlungsmodalität, wenn der durch den Kunden bezahlte Reisepreis nur unter Abzug der vereinbarten Provision vom Reisebüro an den Veranstalter weitergeleitet wird.[526]

Insoweit ersichtlich hauptsächlich[527] von *Rother* vertreten wurde die Anwendung des Kaufrechts, weil das Reisebüro eben Reiseverträge „verkaufe".[528]
Dieser Ansicht ist m. E. zwar zuzugeben, dass es sich bei Pauschalreisen oft um ein „Fertigprodukt" handelt; immerhin spricht auch die Pauschalreiserichtlinie[529] in Art. 1 davon, dass die Pauschalreisen „verkauft oder zum Verkauf angeboten" werden.
Das Reisebüro schuldet aber nicht diesen „Kaufgegenstand" Reisevertrag, sondern eben nur dessen Vermittlung, zum Zeitpunkt des „Kaufs" existieren diese Reiseverträge ja auch noch gar nicht, zudem übersieht diese Ansicht die im Vordergrund stehende Informations- und Beratungstätigkeit des Reisebüros;[530] die isolierte Ansicht *Rothers* wird daher einmütig abgelehnt.[531]

Näherliegender erscheint die Annahme eines Maklervertrages,[532] da es sich ja offensichtlich um eine Vermittlungstätigkeit handelt und hierbei auch das Prinzip des Erfolgshonorars gilt.[533] *Tonner* will einen Maklervertrag zumindest für den Fall annehmen, dass das Reisebüro auf Initiative des Reisebürokunden zur Ausfindigmachung und Buchung bei Reiseveranstaltern tätig wird, mit denen es nicht in ständigem Kontakt steht.[534]
Davon abgesehen aber wird die Annahme eines Maklervertrages im Verhältnis Reisebüro-Reisekunde[535] von der h. M. abgelehnt: im Normalfall werde das Reisebüro mit einem bindenden Antrag des Kunden auf Vertragsabschluß eines konkreten Reiseangebots beauftragt, was dem Prinzip der Auftrags- und Entschließungsfreiheit beim Maklerverhältnis wider-

---

[525] *Krüger*, 1. Teil 1. Kap. II. A., S.16ff (insbsd. 19f) u. 1. Teil 2. Kap. I. A., S. 59; RGRK/*Recken*, § 651a Rnn. 15 u. 20; Unentgeltlichkeit auch angenommen von *LG Stuttgart* NJW-RR 1993, 1020, allerdings Rechtscharakter des Verhältnisses offenlassend.
[526] *Neuner*, AcP 193 (1993), 1 (5) [II. 1. a)].
[527] Vgl. aber die Nachweise bei *Rother*, in: FS Larenz, 1973, S. 452, dort Fn. 37.
[528] *Rother*, a. a. O.
[529] Richtlinie 90/314/EWG des Rates v. 13.6.1990 über Pauschalreisen, ABlEG Nr. L 158 v. 23.6.1990, S. 59; s. a. Erster Teil A. I. (S. 16).
[530] S. *Neuner*, AcP 193 (1993), 1 (6) [II. 1. b)]; *Führich*, Reiserecht, § 27 II. 2. b), Rn. 703 u. dort Fn 10.
[531] Deutlich *Staudinger/J. Eckert*, § 651a Rn. 59; *Neuner*, AcP 193 (1993), 1 (6) [II. 1. b)].
[532] So RGRK/*Recken*, § 651a Rn. 19; *OLG Hamm* NJW-RR 1994, 54; *LG Konstanz* NJW-RR 1992, 691.
[533] *Neuner*, AcP 193 (1993), 1 (7) [II. 1. d)].
[534] MüKo/*Tonner*, § 651a Rn. 47.
[535] Nicht zu verwechseln mit einer möglichen Maklertätigkeit im Verhältnis Reisebüro-Reiseveranstalter.

spreche. Zudem verkenne auch die Annahme eines Maklervertrages die schon zuvor bestehende Beratung und Information als Hauptpflicht.[536]

Die weit überwiegende h. M.[537] qualifiziert die Vermittlungstätigkeit des Reisebüros als Geschäftsbesorgungswerkvertrag gem. §§ 675, 631 BGB. Das Reisebüro wird angesichts der Provision entgeltlich tätig und schuldet als Erfolg den erfolgreichen Abschluss des vermittelten Reisevertrages, womit dann auch die Zahlung des Werklohns „Provision" anfällt.

Neuner untersucht diesen Ansatz und kommt zum Schluss, es liege vielmehr ein Geschäftsbesorgungsdienstvertrag vor i. S. d. §§ 675, 611 BGB, denn geschuldet werde kein *Erfolg*, sondern nur ein *sachgerechtes Tätigwerden*.[538] Man könne nicht erwarten, dass das Reisebüro eine Pflicht zu Verschaffung des Vertrages übernehme, ohne zu wissen, ob die Buchung überhaupt gelingen wird.

Seine fundiert vorgetragene Ansicht fehlt zwar seither in keiner Darstellung zu dem Thema, ist aber nur von *Dewenter* näher analysiert worden. Er lehnt mit *Neuner* den Erfolgsbegriff des Geschäftsbesorgungswerkvertrages der h. M. ab, zugleich aber auch das Vorliegen eines Geschäftsbesorgungsdienstvertrages: etwas unklar will er durch eine „präzisere Fassung des Erfolgsbegriffs" als Erfolg die Tätigkeit mit abschließender Herbeiführung der Gewissheit des Kunden über den Vertragsabschlusses sehen und damit letztlich wieder einen Geschäftsbesorgungswerkvertrag annehmen.[539]

M. E. ist der Ansatz *Neuners* eher deshalb abzulehnen, weil seine Konstruktion einer fingierten Klausel der nur im Erfolgsfall zu zahlenden Vergütung[540] dem Tatbestandsmerkmal der Entgeltlichkeit des Tätigwerdens widerspricht, die auch *Neuner* selbst als Aspekt des Vermittlungsvertrages deutlich betont.[541]

Insofern ist der h. M. zu folgen, der Vermittlungsvertrag stellt sich noch am ehesten als ein Geschäftsbesorgungswerkvertrag dar, gerichtet auf das Werk der erfolgreichen Vermittlung des jeweiligen Reisevertrages.

Er wird in der Regel formlos geschlossen dadurch, dass der Reisende bzgl. einer Reise nachfragt und das Reisebüro durch seinen Angestellten § 164 I 1, 2 2.Alt. BGB diesen Antrag konkludent annimmt § 147 I BGB, indem letzterer konkret mit Angebotsrecherche und Beratung beginnt.[542]

---

536 *Oetker/Maultzsch*, § 9 C. I. 2., S. 506; *Neuner*, AcP 193 (1993), 1 (8) [II. 1. d)].

537 *Führich*, Reiserecht, § 27 II. 2. a), Rn. 702 mit sehr umfangreichen Nachweisen in Fn. 7; *Oetker/Maultzsch*, § 9 C. I. 2., S. 506; *Dewenter*, Kap. IV. B. I. 3. b) bb) (3), S. 48f; *ders.*, MDR 1998, 1137 u. dort Fn. 8; zuletzt *Tamm*, VuR 2006, 329 (330); unbefriedigend unpräzise angesichts des Darstellungsgegenstandes *Nies*, A. II. 2., Rn. 10, u. C. I., Rn. 102: „Geschäftsbesorgungsvertrag" § 675 BGB; im Ergebnis auch *Isermann*, VuR 1987, 301 (302) [3. a)].

538 *Neuner*, AcP 193 (1993), 1 (8) [II. 2.].

539 *Dewenter*, Kap. IV. B. I. 3. b) bb) (3), S. 48f; zustimmend *Noll*, in: DGfR (Hrsg.), Zur Notwendigkeit einer weiteren Reiserechts-Novelle, S. 128: geschuldeter Werkerfolg sei die fachgerechte Durchführung der Vermittlung.

540 *Neuner*, AcP 193 (1993), 1 (8) [II. 2.].

541 *Neuner*, AcP 193 (1993), 1 (5) [II. 1. a)].

542 Vgl. auch *Neuner*, AcP 193 (1993), 1 (9) [III. 1. a)].

b) Pflichten des Reisebüros aus dem Vermittlungsvertragsverhältnis

Das Reisebüro wird im Rahmen dieses Geschäftsbesorgungsvertrages im Interesse des Reisenden tätig und hat insofern Sorgfalts- und Informationspflichten, aus deren Verletzung sich eine eigene Haftung des Reisebüros ergeben kann.

Diese Pflichten des Reisebüros als Vermittler bestehen schon vorvertraglich aus c.i.c. (§ 280 I i. V. m. §§ 311 II , 241 II BGB) - gerade angesichts des vom Reisebüro aufgrund seiner Sachkenntnis in Anspruch genommenen Informationsvertrauens[543] - für Auskünfte schon im Vorfeld einer konkreten Buchungsanfrage[544] sowie in Form der nach allg. Ansicht im Rahmen der Theorie der Doppelfunktion üblichen Schutz- bzw. Nebenpflichten i. S. d. § 241 II BGB im Rahmen der Vertragsdurchführung bzw. -abwicklung. Ansonsten ergeben sich neben einer möglichen Haftung aus c.i.c. drei hauptsächliche Pflichtenkreise, nämlich die Pflicht zur Vermittlung des Reisevertrages, Informationspflichten hinsichtlich Aufklärung und Beratung hierbei sowie die Pflicht zur korrekten Vertragsabwicklung.

Nach der neueren, abzulehnenden[545] Ansicht des *BGH*, der ab Beratung hinsichtlich eines konkreten Angebots die Verpflichtung nur noch des Reiseveranstalters und keine eigenen Pflichten des Reisebüros aus einem Vermittlungsvertrag mehr gelten lassen will, würden sich Pflichten nur auf der vorgelagerten Stufe der Beratung (noch) ohne konkrete Reiseangebote ergeben,[546] weshalb von den nachfolgend ausgeführten Pflichten allenfalls die Informationspflichten in Frage kämen.

(aa) Pflicht zur Vermittlung des Reisevertrages

Der Reisevermittler haftet für den Erfolg der Vermittlungstätigkeit (hier: Abschluss Pauschalreisevertrag), allerdings nicht verschuldensunabhängig, sondern nur im Rahmen von Vorsatz und Fahrlässigkeit.[547] Er hat sich nach Kräften und lege artis, mit der Sorgfalt eines ordentlichen Reisebürokaufmanns, um das Zustandekommen des vom Kunden gewünschten Reisevertrages zu bemühen.

Dazu gehört zunächst als primäre Pflicht, den Reisekunden entsprechend dessen Wünschen und Vorstellungen etwa über den geeigneten Zielort und konkrete passende Angebote aus seinem Sortiment zu beraten.[548]

---

[543] *Neuner*, AcP 193 (1993), 1 (19f) [IV.].

[544] S. a. *Führich*, Reiserecht, § 28 III. 1., Rn. 717; denkbar etwa eine falsche Fahrplanauskunft, wegen der der Reisende von vornherein auf die Buchung des Transportmittels verzichtet und ihm zusätzliche Kosten für Alternativen entstehen; auch im o.g. Fall (*AG Stuttgart* RRa 1993, 31; s. o. S. 80) einer falschen Beratung im Vorfeld kommt natürlich zuvorderst eine Haftung des Reisebüros in Betracht. Im Einzelfall sicher oft schwierig ist die Abgrenzung zwischen der Haftung aus c.i.c. bei Erteilung von erkennbar für den Kunden wichtiger Auskünfte für dessen Abschluss eines Hauptvertrages gegenüber rein informellen Anfragen von Passanten oder am Telefon, die kostenlos erteilt werden und für die das Reisebüro grundsätzlich nicht haften soll gem. § 675 II BGB, vgl. *Führich*, Reiserecht, § 28 III. 1., Rn. 717, S. 552/553.

[545] S. eingehend hierzu Erster Teil C. III. 8.) b) (S. 100).

[546] Vgl. *BGH* NJW 2006, 2321 (2322).

[547] S. *Führich*, Reiserecht, § 28 II., Rn. 716.

[548] Vgl. auch *Tempel*, NJW 1999, 3657 (3660) [IV. 1. a)]; *Seyderhelm*, § 651a Rn. 66: Haftung, wenn Reisebüro eine Reise empfiehlt, deren Zuschnitt dem erkennbaren Interesse des Reisenden zuwiderläuft.

Neben der sachgerechten Beratung ist elementare Pflicht - vor allem in dem Fall, dass das Reisebüro keine Abschlussvollmacht hat - die unverzügliche Weiterleitung des Antrags des Kunden an den Veranstalter, um insbesondere zu verhindern, dass dieses Angebot wegen einer Verzögerung dann ausgebucht ist und daher abgelehnt wird.[549]

Diese Hauptpflicht der Herbeiführung des Vertragsabschlusses unterliegt keiner verschuldensunabhängigen Gewährleistungshaftung im Sinne eines Sachmangels §§ 675, 633, 634 BGB, Nacherfüllungs-, Minderungs- und Selbstbeseitigungsrechte i. S. d. § 634 BGB scheiden aus; nur wenn die Hauptpflicht, der Werkerfolg „Vertragsabschluss" wegen vorsätzlicher oder fahrlässiger Pflichtverletzung ausbleibt, begründet dies als positive Vertragsverletzung § 280 I, II BGB einen Schadensersatzanspruch.[550]
Bei Verletzung der Pflichten aus Vermittlung liegt meist zugleich[551] eine Verletzung der Pflichten des Reiseveranstalters vor, als dessen Erfüllungsgehilfe das Reisebüro in seiner Doppelfunktion auftritt. Dies, und auch die Frage, ob ein Reisebüro im konkreten Fall als Vermittler oder selber als Veranstalter auftritt,[552] ist dabei insofern von Bedeutung, als das Reisebüro als Vermittler im Unterschied zur Haftung des Veranstalters nicht auf Schadensersatz wegen vertaner Urlaubszeit § 651f II BGB haftet.[553] Offensichtlich ist auch, dass Mängel allein der konkreten praktischen *Durchführung* der Reise nicht gegenüber dem Reisevermittler geltend gemacht werden.

Hat der Kunde keinen konkreten Veranstalter benannt, sondern die Auswahl dem Reisebüro überlassen, so muss das Reisebüro bei der Auswahl ihm bekannte Hinweise aus Branchenkreisen auf eine etwaige Unzuverlässigkeit bestimmter Veranstalter berücksichtigen,[554] auch wenn das Reisebüro keine grundsätzliche „Kontrollpflicht" bzgl. der Zuverlässigkeit des Reiseveranstalters trifft. So sollte das Reisebüro auch allgemein warnen bei Bekanntheit bzw. Erfahrungswerten zu einer latenten Überbuchungspraxis des jeweiligen Reiseveranstalters hinsichtlich der gewählten Urlaubsunterkunft, und nicht nur dann, wenn konkrete diesbezügliche Verdachtsmomente vorliegen.[555]

Als nicht unwesentliche Pflicht ist schließlich noch zu nennen, dass das Reisebüro den Kunden auch unverzüglich über eine negative Antwort des Reiseveranstalters und somit das Scheitern der Vertragsanbahnung informiert, damit der Reisekunde sich umgehend um eine alternative Reisevertrag kümmern kann.[556]

---

[549] Vgl. *Neuner*, AcP 193 (1993), 1 (21) [V. 1. a)]; *Tamm*, VuR 2006, 329 (330) [II. 1. a)].
[550] S. *Führich*, Reiserecht, § 28 II., Rn. 716; zuzugeben ist *Neuner*, dass diese Konstruktion der h. M. dogmatisch fragwürdig erscheint, *ders.*, AcP 193 (1993), 1 (7) [II. 1. c)].
[551] S. o. Erster Teil C. III. 4.) (S. 78).
[552] S. o. Erster Teil C. III. 2.) (S. 75).
[553] *AG Stuttgart* RRa 1998, 200 (201); *Führich*, Reiserecht, § 28 II., Rn. 716, S. 552.
[554] *Neuner*, AcP 193 (1993), 1 (21) [V. 1. a)]; *Tamm*, VuR 2006, 329 (330); für eine Informationspflicht über Zweifel an der Solvenz des Veranstalters *LG Traunstein* RRa 1993, 39; a. A. *OLG Hamm* RRa 1994, 51.
[555] So aber *AG Stuttgart* RRa 1998, 200 (201).
[556] Vgl. auch *Tempel*, NJW 1999, 3657 (3550) [IV. 1. b)].

(bb) Pflicht zur korrekten Vertragsabwicklung

Das Reisebüro übernimmt im Rahmen des Vermittlungsvertrages als Geschäftsbesorgungsvertrag für den Reisekunden den Kontakt zum Reiseveranstalter; die ordnungsgemäße Vornahme dieser Geschäftsbesorgung hinsichtlich seiner Tätigkeit bei Vertragsabschluss ist insofern elementare Hauptpflicht. Das Reisebüro hat demgemäss[557]

- Sonderwünsche des Reisenden zu berücksichtigen und an den Reiseveranstalter weiterzuleiten,[558]
- dem Reisenden mitzuteilen, ob der vom Reisenden gebuchte Vertrag nun zustandegekommen oder gescheitert ist,[559]
- über die einzuhaltenden Abflug- bzw. check-in-Zeiten, über das Erfordernis einer nochmals vom Reisenden vorzunehmenden Rückbestätigung sowie Flugänderungen zu informieren,[560]
- sämtliche vom Veranstalter erhaltenen Reiseunterlagen und –dokumente an den Reisenden weiterzugeben,[561]
- den Reisepreis korrekt zu berechnen,[562] und schließlich
- den vom Reisenden gezahlten Reisepreis an den Veranstalter weiterzuleiten.[563]

Zudem hat das Reisebüro eine auch aus dem Vermittlungsvertragsverhältnis bestehende,[564] zusätzlich aber auch in § 651k III 4 BGB normierte Pflicht zur Kontrolle des Sicherungsscheins.

(cc) Informationspflichten

Entsprechend der Sachkenntnis, um deretwillen der Reisekunde das Reisebüro bei seiner Reisebuchung in Anspruch nimmt, haftet das Reisebüro für vielfältige Hinweis- und Aufklärungspflichten.

(1) Besondere Gefahren des Reiseziels

So hat das Reisebüro den Reisenden über in Erfahrung gebrachte drohende Gefahren bzw. mögliche erhebliche Beeinträchtigungen der Reise zu benachrichtigen, so etwa hinsichtlich Unruhen, Kriege, Epidemien oder außergewöhnlicher Überfallgefahr am Urlaubsort.[565] Nach Vertragsschluss besteht keine Pflicht des Reisebüros, sich bis zum Reiseantritt des Kunden über Änderungen der Gegebenheiten der Reise auf dem laufenden zu halten und

---

[557] Vgl. zum Folgenden auch *Neuner*, AcP 193 (1993), 1, (24/25) [V. 1. c)].
[558] MüKo/*Tonner*, § 651a Rn. 51, S. 2.
[559] Vgl. „Reisebürofall" *BGH* NJW 1982, 377 (378); die Problematik ist durch die Online-Reservierungssysteme zumindest hins. der großen Veranstalter heute weitgehend entschärft.
[560] *Führich*, Reiserecht, § 28 III. 4., Rn. 726; *LG Mönchengladbach* NJW-RR 1986, 56.
[561] *Führich*, Reiserecht, § 28 III. 4., Rn. 726.
[562] Vgl. - allerdings zur Vermittlung Einzelleistung Flug - *AG Grevenbroich* RRa 2004, 25. S. a. *Führich*, Reiserecht, § 28 III. 3., Rn. 725.
[563] *Staudinger/J. Eckert*, § 651a Rn. 62 a. Anf.
[564] *Führich*, Reiserecht, § 28 III. 4., Rn. 726 a. E.
[565] *Führich*, Reiserecht, § 28 III. 2. a), Rn. 718.

sich aktiv über Änderungen der Umstände zu informieren; falls das Reisebüro jedoch Kenntnis von wesentlichen Änderungen erlangt, muss es auch den Reisenden darüber unterrichten.[566]

(2) Billigstes Angebot

Eine gewisse Breite an Diskussion hat im Reiserecht die Frage erreicht, inwieweit für das Reisebüro bzgl. der Beratung im Vorfeld einer konkreten Buchung eine „Pflicht zum Hinweis auf das billigste Angebot" besteht. Bezüglich des Reisebüros liegt hier insofern ein Interessenkonflikt vor, als ein möglichst günstiger Preis für seine Kunden häufig ein wichtiger, wenn nicht sogar der entscheidende Aspekt bei der Reiseauswahl, andererseits die Vergütung für die Vermittlungstätigkeit des Reisebüros, die Provision, häufig an den Preis der vermittelten Reise gekoppelt ist.[567]
Weit überwiegend, wenn auch mit unterschiedlichen Nuancen, besteht mittlerweile Konsens dahingehend, dass *keine* Pflicht des Reisebüros besteht, von sich aus *ungefragt* auf das billigste Angebot hinzuweisen.[568] Hat der Kunde aber ausdrücklich nach dem billigsten, spezifiziert benannten Angebot aus dem Sortiment des Vermittlers gefragt, dann soll der Vermittler nicht nur auch tatsächlich sein billigstes Angebot zu den angefragten Spezifika vorzulegen, sondern darüber hinaus darauf hinzuweisen haben, dass außerhalb seines Sortiments möglicherweise noch günstigere Angebote existieren könnten.[569]

Eine Gegenansicht vertritt *Löwe*.[570] Er beklagt, dass Verbraucher die Preisunterschiede auf dem Reisemarkt nicht zur Kenntnis nehmen und häufig, wie auch in anderen Lebensbereichen, unkritisch geradewegs das teuerste Angebot wählen.
Dem will er damit begegnen, dass er eine Pflicht des Reisebüros dahingehend annimmt, dass dieses bei Vorliegen mehrerer Angebote verschiedener Reiseveranstalter für die gleiche vom Kunden nachgefragte Reise (er stellt auf die Kriterien gleicher Flug und gleiches Hotel ab) von sich aus auf das Vorliegen eben mehrerer Angebote und damit auf das günstigste hinzuweisen habe.

Festzuhalten ist m. E. zunächst einmal, dass sich das Problem überhaupt nur stellt, wenn die Leistungen der Angebote wirklich gleich sind,[571] also den gleichen Termin, das gleiche Reiseziel, gleiche Unterkunft etc. betreffen.[572] M. E. ist es schon schwierig, festzulegen, wann genau ein insofern gleiches Angebot vorliegt. Eigentlich liegt schon ein anderer Reisevertrag vor, wenn beispielsweise auch nur der Abflugort unterschiedlich ist. Und selbst bei gleichem Flug, Unterkunft und Verpflegungsart könnte man haarspaltend anmerken, dass sich der Reisevertrag eines „teureren" Anbieter durchaus in einer besseren Reiseleitung

---

566 *Seyderhelm*, § 651a Rn. 65.
567 Vgl. *Führich*, Reiserecht, § 28 III. 2. f), Rn. 723.
568 *Tonner*, RRa 1995, 221; MüKo/*Tonner*, § 651a Rn. 54; *Noll*, RRa 1996, 67 (74) [II. 8.]; *Staudinger/J. Eckert*, § 651a Rn. 62 a. E.; *Führich*, Reiserecht, § 28 III. 2. f), Rn. 723 u. dort Fn. 62 m. w. Nachw.
569 Vgl. *Führich*, Reiserecht, § 28 III. 2. f), Rn. 723; *Tamm*, VuR 2006, 329 (332) [II. 2. b) bb)].
570 *Löwe*, RRa 1996, 215ff.
571 S. *Seyderhelm*, § 651a Rn. 67: „kaum zwei Angebote im Leistungsinhalt völlig identisch".
572 Vgl. *Löwe*, RRa 1996, 215.

bzw. Betreuung und umfangreicheren kleinen Nebenleistungen zeigen könnte, auch weil - wenn auch praktisch bei geringen Unterschieden nicht messbar - eine Wechselwirkung zwischen Preis und zu erwartendem Leistungsniveau besteht.[573]

Stellt man hingegen auf den Reisenden und seinen möglicherweise gar nicht wählerischen, sondern breit bedienbaren Wunsch nach bspw. „Flug in den Süden, zwei Wochen in der Sonne am Meer, Hotel mit Halbpension"[574] mit dem Hauptkriterium „möglichst billig"[575] ab, so kämen Myriaden von „gleichen" Angeboten in Frage.

Zudem überzeugt die Begründung von *Löwe* für eine Notwendigkeit einer Pflicht zum ungefragten Hinweis auf das billigste Angebot nicht. Sie widerspricht dem Leitbild des mündigen Verbrauchers[576] und würde weiter einer allgemein zu beobachtenden Tendenz zur Vollkaskomentalität Vorschub leisten: Wenn ein Reisender als Verbraucher zu unkritisch ist, um von sich aus nach billigen Angeboten zu fragen oder sich überhaupt der Tatsache bewusst zu sein, dass es möglicherweise ganz erhebliche Spannweiten bzgl. der Preise für die gleiche Leistung gibt, so leistet sich dieser unkritische Verbraucher in der modernen Welt mit seinem Verhalten einen Luxus, der eben hier wie auch in den anderen Lebensbereichen im wahrsten Sinne des Wortes „seinen Preis hat."

Aus den vorgenannten Überlegungen ergibt sich, dass der h. M. zu folgen ist, was die Ablehnung einer Pflicht des Reisebüros zur ungefragten Nennung des günstigsten Angebots angeht. Und auch hinsichtlich der vom Kunden geäußerten Nachfrage nach einem günstigen Angebot ist Zurückhaltung angebracht, was die Vergleichbarkeit von Reisen und damit eine Pflicht zur Nennung angeht, denn die wenigsten Angebote sind völlig identisch.

In der Praxis des Gesprächs im Reisebüro muss der Kunde daher m. E. schon deutlich im Sinne der Nennung von Kriterien selber die Vergleichbarkeit schaffen, indem er etwa nachfragt, ob es in der Gegend nicht ein billigeres Hotel gäbe, ob diese Reise zu einem anderen Termin billiger käme, ob es dieses Unterkunftsangebot nicht bei einem anderen Veranstalter möglicherweise billiger gäbe usw.

Dann, aber auch nur dann im Fall einer entsprechenden Vergleichsgrundlage besteht m. E. ganz normal die Auskunftspflicht des Reisebüros bzgl. dieser Anfrage, die sich i. ü. dann auch nicht von Nachfragen bzgl. sonstiger Kriterien unterscheidet, und auch nicht von der sonstigen Haftung des Reisebüros für diesbezügliche Falschauskünfte.

---

[573] Zum Preis als den Reisecharakter und entsprechend zu erwartende Leistungen prägenden Faktor s. eingehend Zweiter Teil D. II. 4.) c) (S. 205).

[574] Bzw. schlicht „Reise in die Sonne", vgl. den Sachverhalt zu *LG Hamburg* RRa 2000, 167 (168).

[575] Vgl. *Führich*, Reiserecht, § 28 III. 2. f), Rn. 723: „Preis oft das wichtigste Auswahlkriterium".

[576] Vgl. auch das im Wettbewerbsrecht für Werbe-, Aufklärungs- und Informationshinweise zugrundegelegte Leitbild des *EuGH* eines aufgeklärten, umsichtigen, kritisch prüfenden, verständigen Verbrauchers, vgl. die Entscheidungen WRP 1998, 848 (Gut Springenhain), WRP 2000, 289 (Liftingcreme) sowie WRP 2000, 489 („d'arbo naturrein"), auf das sich auch der *BGH* weg von seinem früheren Leitbild des flüchtigen, unaufmerksamen und unkritischen Durchschnittsverbrauchers mittlerweile zubewegt hat, vgl. WRP 2000, 517 (Orient-Teppichmuster). Mittlerweile ist auch im deutschen Verbraucherleitbild von einer zumindest situationsadäquaten Aufmerksamkeit des Verbrauchers auszugehen, d. h. weniger kritisch beim Erwerb geringwertiger Alltagsgütern, hingegen kritischeres Verhalten bei nichtalltäglichen, höherwertigen Produkten, wie gerade die Urlaubsreise eines ist; vgl. insg. *Eisenmann/Jautz*, 7. Abschnitt 1.6.4, Rn. 366.

Auf eine Pflicht zu einem jedes Mal zu erfolgenden Hinweises des Reisebüros im Sinne eines ceterum censeo, dass „möglicherweise außerhalb des eigenen Sortiments noch günstigere Angebote für diese Reise bestehen", kann m. E. hingegen getrost verzichtet werden, denn dabei handelt es sich um eine nichtssagende Offensichtlichkeit und Selbstverständlichkeit.

Greifbar für den Verbraucher wird diese Allerweltstatsache ohnehin erst, wenn er sich tatsächlich „außerhalb" dieses einen Sortiments, nämlich in einem weiteren Reisebüro, informiert. Auch allgemein ist die Intensität der Diskussion um das billigste Angebot aus Sicht vernünftigen Verbraucherverhaltens wenig nachvollziehbar. Nachdem Beratung und Angebotsdarlegung im Reisebüro den Reisenden ohnehin nichts kostet, ist er allgemein gut beraten, immer eine zweite Meinung bei einem anderen Reisebüro vor Buchung einer größeren Reise einzuholen.

Dabei wird sich am Markt das Reisebüro behaupten, das dann wegen der vom ihm vorgestellten günstigeren Angebote den „Zuschlag" der Reisekunden erhält. Das Reisebüro, das sich ob einer kurzfristigen und -sichtigen Provisionsmaximierung nicht am Kundenwunsch nach einem günstigen Angebot orientiert, sollte dies durch die fehlenden Abschlüsse relativ bald spüren.

(3) Einreisebestimmungen

Ein weiterer Streit betrifft Bestehen und Umfang einer Pflicht des Reisevermittlers zur Information über Einreise-, Durchreise- bzw. Visabestimmungen. Art. 4 I lit. a der Pauschalreiserichtlinie[577] sieht vor, dass die nationalen Vorschriften eine entsprechende Informationspflicht für Veranstalter und/oder Vermittler enthalten. In der deutschen Umsetzung in § 4 I 1 Nr. 6, § 5 Nr. 1 BGB-InfoV ist sie aber nur für den Reiseveranstalter statuiert.

Unter Verweis auf das besondere Vertrauen des Reisenden in die Sachkunde des Reisebüros bzgl. der Einreise- und Visabestimmungen nimmt die wohl überwiegende Ansicht in Rechtsprechung und Literatur eine Pflicht des Reisebüros als Vermittler zur Information über die Einreisebestimmungen an.[578] Bei erkennbar benötigtem Visum müsse auch ungefragt darauf hingewiesen werden; Klauseln in Geschäftsbedingungen, wonach allein der Reisende für die Einhaltung der jeweiligen Bestimmungen persönlich verantwortlich sei, sollen demnach unwirksam sein.[579]

Hingegen weist eine in beachtlichem Umfang vertretene gegenteilige Ansicht eine solche Informationspflicht ab unter Hinweis darauf, dass von einem Reisevermittler unmöglich verlangt werden könne, sämtliche Einreisebestimmungen aller Länder zu kennen.[580] Noch

---

577 Richtlinie 90/314/EWG des Rates v. 13.6.1990 über Pauschalreisen, ABlEG Nr. L 158 v. 23.6.1990, S. 59; s. a. Erster Teil A. I. (S. 16).

578 *Dewenter*, Kap. V. B. II. 1. b) bb), S. 76f („in Literatur einhellig bejaht") m. entspr. Nachw. in Fn. 247; *Führich*, Reiserecht, § 28 III. 2. c), Rn. 720, S. 553/554, dort Fn. 42 m. umfangr. Nachw.; *Tempel*,. RRa 1999, 57; ders., NJW 1999, 3657 (3660) [IV. 1. a)].

579 *Führich*, Reiserecht, § 28 III. 2. c), Rn. 720, S. 554.

580 So ausdrücklich unter Verwerfen der gegenteiligen Meinung *AG Kronach* RRa 2002, 82 (83).

weiter geht der *BGH* in seiner jüngsten Entscheidung[581] hierzu, wenn er meint, der bundesdeutsche Gesetzgeber habe sich bei Umsetzung des Art. 4 Abs.1 lit. a der Pauschalreiserichtlinie bewusst gegen eine Informationspflicht des Reisevermittlers entschieden, weil die §§ 4, 5 BGB-InfoV nur den Reiseveranstalter nennen, nicht aber den Vermittler.[582] Die Annahme einer inhaltsgleichen Informationspflicht des Reisebüros im Rahmen des Reisevermittlungsvertrages sei daher nicht nur inhaltlich abzulehnen, vielmehr bestünden sogar Bedenken, ob Gerichte angesichts des gesetzgeberischen Willens eine solche Pflicht im Rahmen der Auslegung des Vermittlungsvertrages überhaupt auferlegen dürften.[583]

Zutreffend ist m. E. zwar, dass die gesetzlich normierte Informationspflicht über die Einreisebestimmungen in § 4 I 1 Nr. 6, § 5 Nr. 1 BGB-InfoV nur den Reiseveranstalter erfasst, nicht aber den Reisevermittler. Dies vermag aber nicht weiter zu verwundern, beziehen sich diese Paragraphen doch auf das Reisevertragsrecht des BGB, in welchem der Reisevermittlungsvertrag ohnehin bewusst nicht geregelt wurde.[584]

Ein daraus gezogenes argumentum e contrario dahingehend, der Gesetzgeber habe sich damit bewusst gegen Informationspflicht des Reisevermittlers entschieden, und eine solche Pflicht *dürfe* daher wegen des entgegenstehenden gesetzgeberischen Willens gar nicht angenommen werden, ist unzulässig, der *BGH* „begründet" hierbei im Rahmen eines klassischen Logikfehlers im Nachhinein mit der Unterstellung beredten Schweigens des Gesetzgebers sein schon zuvor gefundenes Ergebnis einer fehlenden Informationspflicht des Reisebüros.[585]

Nur weil eine Informationspflicht des Reisebüros in §§ 4, 5 der BGB-InfoV nicht genannt wird, heißt das noch lange nicht, dass damit eine negative Aussage bzgl. einer solchen Pflicht seitens des Reisevermittlers getroffen ist,[586] denn §§ 4, 5 BGB-InfoV sind ja nur die Ausgestaltung des § 651a III 2 BGB; diese Norm, wie auch die entsprechenden Paragraphen der BGB-InfoV und überhaupt die §§ 651a ff BGB regeln aber eben gerade nicht die Reisevermittlung, sondern nur den Reisevertrag zwischen Reisendem und Reiseveranstalter.

Abgesehen davon, dass der Auslegungsansatz des singularia non sunt extendenda als prinzipieller Methodenansatz als überholt gilt,[587] bleibt es vor allem dabei, dass die BGB-InfoV mit den §§ 4 ff BGB lediglich die in § 651a III 2 BGB vorgesehene Angabenverordnung darstellt, sich beides daher allein an den Reiseveranstalter richtet, und dass durch die Normen zum Reisevertrag in §§ 651a ff BGB und den nach § 651a III 2 BGB dazugehörigen §§ 4, 5 BGB-InfoV keine, auch keine negative Aussage zum Reisevermittlungsvertrag getroffen wird.[588]

---

[581] *BGH* NJW 2006, 2321ff.
[582] S. a. schon vorher *LG Kleve* NJW-RR 2002, 558.
[583] S. *BGH* NJW 2006, 2321 (2323) Tz. 18.
[584] Die Reisevermittlung wird lediglich, wo unumgänglich, *genannt*, vgl. in § 651a II BGB gerade zur Abgrenzung oder § 651k III, IV BGB.
[585] Vgl. *Schneider*, § 35, S. 151ff.
[586] Vgl. auch *Schneider*, § 35, S. 153, zur Aussagekraft des „Schweigens des Gesetzgebers".
[587] Vgl. *Neuner*, AcP 193 (1993), 1 (32) [VI. 2. c)] m. Nachw. in Fn. 125.
[588] *Neuner*, AcP 193 (1993), 1 (33) [VI. 2. c)].

Nicht zu überzeugen vermag m. E. zudem das Argument, das dem Reisebüro bei Annahme einer Informationspflicht über Einreisebestimmungen vom Reisenden entgegengebrachte Vertrauen wäre übermäßig, denn das Reisebüro könne ja in der Praxis schlechterdings nicht alle Einreisebestimmungen kennen. Denn ein solches Wissen wird allgemein, auch von den Vertretern dieser Ansicht, ohne weitere Bedenken dem Reiseveranstalter zugesprochen. Hier ist die Argumentation wohl weniger von rechtlich-dogmatischen Überlegungen, als vielmehr vom praktisch häufigen (aber eben nicht immer zutreffenden!) Bild vom großen Reisekonzern als Veranstalter und dem kleinen Reisebüro an der Ecke geprägt.
Gerade aber wenn man fernab der Dogmatik von den Interessen und Überlegungen in der Praxis ausgeht, muss man konstatieren, dass die Kenntnis (und diesbezügliche Kenntnisweitergabe!) um Einreisebestimmungen bei Reisen in ferne Länder doch das originär dem Reisebüro vom Verbraucher zugedachte und erwartete Fachwissen ist.[589]
Zudem erscheint eine solche Anforderung an Wissen und Fähigkeiten eines Reisebüros keineswegs überspannt:[590] das Wissen muss ja nicht aktuell im Wissen des Reisebüromitarbeiters präsent sein, es genügt eine aktuell gehaltene Nachschlagemöglichkeit, die ja auch nicht jedes Reisebüro für sich selbst neu erfinden müsste; zudem betrifft der ganz überwiegende Teil der Buchungen die wenigen gängigen, bekannten Reiseziele von etwa ein bis zwei Dutzend Ländern; bucht ein Reisender einmal ein ausgefallenes Reiseziel, dann bedeutet das eben Gelegenheit und auch Notwendigkeit gegenüber dem Kunden, im konkreten Fall „recherchierend" tätig zu werden und diese Information auch dem Kunden zukommen zu lassen. Zudem ist eine im Rahmen von Treu und Glauben § 157 BGB innerhalb des Vermittlungsvertrages anzunehmende Informationspflicht im Umfang an die gesetzliche Vorstellung von der Informationspflicht in § 4 I 1 Nr. 6, § 5 Nr. 1 a. E. BGB dergestalt anzulehnen, dass auf Reisendenseite nur eine Information über die Einreisebestimmungen für deutsche bzw. europäische Staatsangehörige erwartet werden kann.[591]

Eine solche Informationspflicht liegt auch im Interesse der klassischen Reisebüros, die als solche gefordert sind, ihre Bedeutung heutzutage angesichts der per Internet leichter möglichen Angebotsvergleichung und -auswahl sowie Direktbuchungen der Reisekunden selbst beim Veranstalter[592] gerade durch solchen Informationsservice zu erhalten. Der überwie-

---

[589] Lt. *Meyer* in Anm. zu *AG Berlin-Mitte* RRa 1998, 179 (180), eine nicht zuletzt durch das von den Reisebüros für sich selbst in der Werbung eingenommene Selbstverständnis einer „umfassenden Beratung" hervorgerufene Erwartungshaltung.

[590] Vgl. auch *Meyer* in Anm. zu *AG Berlin-Mitte* RRa 1998, 179 (180), wonach die Einholung der Information zumutbar sei, die entsprechende Information sei im Reisebüro vorhanden oder mühelos zu beschaffen. Praktisch würde der Informationspflicht m. E. wohl ohnehin dadurch genügt werden, dass die Reisebüros auf die diesbezüglich bereitgehaltenen Informationen der Reiseveranstalter zurückgreifen würden, denen diese Pflicht ja unstrittig ohnehin gesetzlich obliegt - Reisebüros können als Vermittler von Pauschalreisen ja ohnehin nur die Produkte der Veranstalter vermitteln, wenn sie nicht selbst als Veranstalter tätig werden wollen.

[591] Zu einem ähnlichen Ergebnis, gestützt auf Zumutbarkeitserwägungen, gelangend *Tamm*, VuR 2006, 329 (333). Bea. auch *Führich*, RRa 2006, 194 (196), [III. 3.], der angesichts des Wortlautes des Art. 4 IV lit. a der Pauschalreiserichtlinie (90/314/EWG) die §§ 4 I 1 Nr. 6 und 5 Nr. 1 BGB-InfoV richtlinienkonform dahingehend auslegt, dass derartige Informationen bzgl. sämtlicher EU-Nationalitäten bei Buchung bereitgehalten werden müssen.

[592] S.o. Erster Teil B. I. 1.) d) (S. 35) sowie B. I. 2.) c) (S. 42).

genden Meinung, die eine eigene Informationspflicht des Reisevermittlers über Einreise- und Passbestimmungen annimmt, ist m. E. somit zu folgen.

(4) Reiseversicherungen

Ein ähnlicher Streit betrifft auch die Frage, inwiefern das Reisebüro eine eigene Pflicht zur Information des Reisekunden über abschließbare bzw. ratsame Reiseversicherungen (Reiserücktritts-, Reiseabbruch-, Auslandskrankenversicherung) trifft, wobei hier die wohl leicht überwiegende Meinung eine solche Pflicht ablehnt unter Hinweis darauf, dass die Vermittlung solcher Versicherungen für ein Reisebüro nur eine untergeordnete Nebenleitung darstellt, ein Reisebüro sei eben keine Versicherungsagentur.[593]
Die Pflicht zum Hinweis auf die Möglichkeit des Abschlusses einer Reiserücktrittskostenversicherung ergibt sich für den *Veranstalter* aus § 6 II Nr.9 BGB-InfoV.

Letztlich muss m. E. für die Information über Reiseversicherungen das gleiche gelten wie für die Information über Einreisebestimmungen. Denn auch hinsichtlich der Information über Reiseversicherungen, insbesondere die Reise-Rücktrittskosten-Versicherung, bringt der Reisekunde dem Reisebüro Vertrauen auf dessen Fachkunde und Beratung entgegen.[594] Auch diesbezüglich haftet das Reisebüro aus dem Vermittlungsvertrag, da auch die Reiseversicherungen unmittelbar zur Beratung über die Reise und diesbezüglich zu beachtender Aspekte gehört, wie auch die Einbeziehung in den Katalog der verbindlich zu erteilenden Reiseinformation in Art. 4 I lit. b der Pauschalreiserichtlinie[595] zeigt - wenn auch in der deutschen BGB-InfoV nur für den Veranstalter umgesetzt, gleichwohl aber eben auch hier in einem Atemzug mit den anderen Reiseinformationen in § 6 II Nr. 9 BGB genannt.[596]

In der Praxis freilich werden die wie oben dargestellt auch dem Reisebüro selbst obliegenden Informationspflichten im Regelfall schlicht durch die Übergabe der Prospekte, Kataloge o. ä. erfüllt, die die nach BGB-InfoV notwendigen Angaben des Veranstalters enthalten.
Die entsprechenden Reiseunterlagen haben somit ebenso eine Doppelfunktion: durch deren Übergabe werden entweder die auferlegten Pflichten des Veranstalters und des Vermittlers erfüllt, oder eben hinsichtlich beider Verpflichteter auch nicht erfüllt bei unterlassener Übergabe.

(5) Sonstige Pflichten

Selbstverständlich treffen das Reisebüro i. ü. auch die allgemein üblichen Nebenpflichten i. S. d. § 241 II BGB, also Sorgfalts-, Obhuts- und Verkehrssicherungspflichten beispielsweise bezüglich der Räumlichkeiten seines Ladenlokals.

---

593 Vgl. *Führich*, Reiserecht, § 28 III., 2. d) Rn. 721; ohne Begründung und unklar bzw. unsauber *Nies*, E. I., Rn. 169, die zwar von einer diesbezüglichen Pflicht von Reiseveranstalter und Reisevermittler spricht, aber im letzteren Fall wohl - wie die Bezugnahme auf § 6 Nr. 3 lit. i InfV andeutet - nur die Erfüllung dieser Veranstalterpflicht durch das Reisebüro als Erfüllungsgehilfen meint.

594 Vgl. ähnlich *Führich* in früherer Auflage: *ders.*, Reiserecht (4. Aufl.), § 28 III. 2., Rn. 577b.

595 Richtlinie 90/314/EWG des Rates v. 13.6.1990 über Pauschalreisen, ABlEG Nr. L 158 v. 23.6.1990, S. 59; s. a. Erster Teil A. I. (S. 16).

596 Für eine eigene Informationspflicht des Reisebüros bzgl. Reiseversicherungen ebenfalls auch *Niehuus*, Reiserecht, § 15 E., Rn. 31, S. 366.

7.) Art und Umfang sowie Durchsetzung der Schadensersatzansprüche

Im Folgenden soll der Schadensersatzanspruch des Reisenden bei einer Verletzung o. g. Pflichten des Reisebüros näher untersucht werden.

a) Positives Interesse, Haftungsbegrenzung

Im Rahmen der vertraglichen Haftung des Reisevermittlers aus positiver Verletzung der Pflichten aus dem Geschäftsbesorgungsvertrag §§ 280 I i. V. m. 675, 631 I, 241 II BGB hat der Vermittler dem geschädigten Reisenden das positive Interesse zu ersetzen, er ist demnach so zu stellen, wie wenn der Geschäftsbesorgungsvertrag ordnungsgemäß, ohne die schädigende Pflichtverletzung erfüllt worden wäre.
Es gelten die allgemeinen Regeln der §§ 249 ff BGB, es sind insofern sämtliche adäquat-kausal auf der Pflichtverletzung beruhenden Schadenspositionen zu ersetzen.[597]

Theoretisch denkbar ist eine summenmäßige Begrenzung des Umfangs der Haftung auf den dreifachen Reisepreis, gerade auch durch AGB innerhalb der Voraussetzungen der § 309 Nr.7 u. 8 BGB (d. h. nicht bei Vorsatz oder grober Fahrlässigkeit).[598] Nachdem der Vermittlungsvertrag zwischen Reisekunden und Vermittler aber in aller Regel nicht explizit vereinbart, sondern konkludent durch die Anfrage des Reisekunden und Beratungsaufnahme durch den Angestellten des Reisebüros erfolgt, dürfte in aller Regel eine Einbeziehung derartiger AGB schwierig sein.[599]

b) Analoge Anwendung des § 651f II BGB

Umstritten ist die Frage, inwiefern eine analoge Anwendung des § 651f II BGB[600] auf den Vermittlervertrag und somit der besondere Schadensersatzanspruch wegen nutzlos aufgewendeter Urlaubszeit in Frage kommt.[601] Ein solcher ist vom normalen Umfang eines Schadensersatzes nach § 280 I BGB nicht umfasst.

(aa) Herrschende Meinung

Die herrschende Meinung in Literatur[602] und Rspr.[603] lehnen dies ab; der Vermittler stehe eben gerade nicht für die Reiseleistung an sich ein und hafte nicht für die Erreichung des

---

[597] Denkbar etwa Mehrkosten für zusätzliche Übernachtungen, Mehrkosten für Ersatzbeschaffung oder Stornokosten; vgl. *LG Göttingen* NJW-RR 1990, 1387.

[598] S. a. *Tempel*, NJW 1999, 3657 (3663) [V. 3.].

[599] Vgl. auch *Führich*, Reiserecht, § 28 I. b), Rn. 712, u. IV. 2., Rn. 732; s. a. *Tempel*, NJW 1999, 3657 (3664) [V. 3.].

[600] S. u. Dritter Teil G. (S. 431).

[601] Zu denken wäre auch ohne analoge Anwendung des § 651f II BGB an die früher auch schon vor dessen Schaffung herangezogene Konstruktion eines kommerzialisierten Wertes der Urlaubszeit, der dann als materieller Schaden unproblematisch Teil eines Schadensersatzanspruches aus § 280 I BGB wäre; zu diesem früheren Kommerzialisierungsansatz s. eingehend u. Dritter Teil G. (S. 431), insbesondere G. I. (S. 432) u. G. IV. 1.) a) (S. 439).

[602] *Seyderhelm*, § 651a Rn. 73; *Staudinger/J. Eckert*, § 651a Rn. 28; 651f Rn. 61; *Führich*, Reiserecht, § 28 I. b) Rn. 712 u. IV. 2. Rn. 732; *Palandt/Sprau*, § 651f Rn. 1; *Tamm*, VuR 2006, 329 (336) [III. 4.].

[603] *LG Düsseldorf* RRa 1995, 53ff; *LG Landau* 1997, 156 (159); *LG Baden-Baden* 2000, 194 (195); *LG Düsseldorf* RRa 2005, 38

Urlaubszwecks, sondern allein für die Vermittlung und Herbeiführung des Reisevertrages mit dem Reiseveranstalter; Inhalt des Vermittlungsvertrages sei daher gerade nicht die durch § 651f II BGB erfasste erstrebte Erholung.[604] Entgegen dem Reiseveranstalter, der gem. §§ 651a ff BGB eine gesteigerte Verantwortung für die Erreichung des Urlaubszwecks habe, falle die bloße Vermittlung des Reisevertrages eben nicht unter die in §§ 651a ff BGB eigens geregelte besondere Verantwortung des Veranstalters für das Gelingen der von ihm als Pauschalreise angebotenen Leistung.

§ 651f II BGB stelle insofern eine abschließende, nicht analogiefähige Ausnahmeregelung dar,[605] dies scheitere auch an der abschließenden Sperre des § 253 BGB, die ausdrücklich durch § 651f II BGB nur für Fälle durchbrochen werde, in denen das Vertragsinteresse unmittelbar auf die Urlaubsgestaltung gerichtet sei.[606]

Im übrigen fehle es für eine Analogie schon methodologisch an der erforderlichen planwidrigen Regelungslücke,[607] da der Gesetzgeber sich bewusst dafür entschieden habe, diesen Ausnahmetatbestand nur für den Regelungsbereich des Reisevertrages §§ 651a ff BGB bereitzustellen.[608] Für immaterielle Schäden im Rahmen einer Verletzung von Pflichten aus Vermittlungsvertrag bleibe es daher bei den Regelungen der §§ 249ff BGBG, insbesondere der von der Rechtsprechung entwickelten Grundsätzen zum Kommerzialisierungsgedanken.[609]

(bb) Mindermeinung

Hingegen will *Bechhofer*[610] die Vorschrift analog auch auf den Reisevermittlungsvertrag anwenden, da im Extremfall ein Fehler des Reisebüros eben auch zum Totalausfall der Reise führen könne und daher ebenfalls die Urlaubszeit nutzlos aufgewendet würde.

Neuner[611] bezieht sich bei gleichem Ergebnis einer analogen Anwendung auf die Regelungsintention des Gesetzgebers. Die Regelung des § 651f II BGB rechtfertige sich aus „der typischen Zweckbestimmung des Reisevertrages, dem Reisenden durch die entsprechende Gestaltung der Urlaubszeit Urlaubsfreude zu vermitteln.“[612] Daraus zieht er den Schluss, es komme nicht auf den Begriff des Reiseveranstalters an, sondern auf den Vertragszweck Urlaubsfreude. Diesen Inhalt habe aber auch der Reisevermittlungsvertrag zum Inhalt.

Bechhofer wie auch *Neuner* verweisen zudem auf die analoge Anwendung des § 651f II BGB durch die Rechtsprechung in den entschiedenen Fällen einer isolierten Einzelvermietung eines Ferienhauses[613], einer Wohnmobilmiete[614] und eines Boots-Chartervertrages.[615]

---

604 *LG Landau* 1997, 156 (159).
605 So *LG Düsseldorf* RRa 1995, 53 (54); *Seyderhelm*, § 651a Rn. 73.
606 *LG Düsseldorf* RRa 2005, 38.
607 *Staudinger/J. Eckert*, § 651f Rn. 61.
608 *Staudinger/J. Eckert*, § 651a Rn. 28.
609 *Staudinger/J. Eckert*, § 651f Rn. 61; s. a. Fn. 601.
610 *Bechhofer*, 3. VI. 3., S. 158f.
611 *Neuner*, AcP 193 (1993), 1 (32f) [VI. 2. c)].
612 Bericht Rechtsausschuss BT-Dr 8/2343, S. 11.
613 *BGH* NJW 1985, 906; vgl. auch *BGH* NJW 1992, 3158 (3160) [IV 2 c]; s. a. Erster Teil B. II. 2.) (S. 53).

(cc) Eigene Stellungnahme

M. E. ist *Bechhofer* und *Neuner* zwar zuzugeben, dass durch einen Fehler des Reisebüros die Reise letztendlich ebenso völlig vereitelt werden kann, wie durch einen Fehler des Veranstalters.

Letztlich arbeiten aber beide unscharf bei ihrer Begründung, auch der Vermittlungsvertrag habe ja letztlich die erfolgreiche Urlaubsdurchführung und somit die Urlaubsfreude zum Gegenstand.

Der Vermittlungsvertrag ist von vornherein primär auf die *Vermittlung* des Hauptvertrages gerichtet. Ein Bezug zur gelungenen *Durchführung* desselben und somit zur Erreichung der „Urlaubsfreude" ist nur sekundär-indirekt über den Reisevertrag gegeben. Letztlich müsste der Ansatz von *Bechhofer* und *Neuner* konsequent zu Ende gedacht auf eine Einstandspflicht für das Gelingen der Reise und damit auf eine Anwendung des gesamten reisevertragsrechtlichen Gewährleistungsrechts §§ 651c - f BGB, wenn nicht sogar des darauf gerichteten Reisevertragsrechts der §§ 651a ff BGB überhaupt, hinauslaufen.

Dass ein Fehler der Vermittlung sich auch auf den Reisevertrag auswirken kann bzw. in aller Regelmäßigkeit auswirken wird, ist eine faktische Folge. Insofern unterscheidet sich dieser Fall aber letztlich nicht davon, dass der Taxifahrer, den der Reisende zur Beförderung zum Flughafen ausdrücklich zum Zwecke seines Urlaubsantritts einschaltet, mit einem schuldhaften Verhalten (Unfall) den Urlaubsantritt und damit gegebenenfalls die gesamte Reise vereiteln kann, oder dass sich der Reisende am ausdrücklich als Verpflegung für unterwegs gekauften Brötchen den Magen und damit die Reise verdirbt.

Letztlich müsste nach der Mindermeinung jeder, der bewusst zur Erreichung des Reiseantritts bzw. zur Reisedurchführung eingeschaltet wird, unter eine analoge Anwendung des § 651f II BGB fallen. Dies führt aber zu weit; § 651f II BGB ist eine Ausnahmevorschrift, die sich speziell an der besonderen Situation des *Veranstalters* der Reise wegen dessen hervorgehobener Verantwortung für das Gelingen der *von ihm organisierten* Reise wendet. Nur er trägt dieses außergewöhnliche und eben darum mit eigenem Vertragsrecht ausgestattete Geschäftsrisiko der Pauschalreiseveranstaltung.

Insofern lässt sich auch aus den von der Mindermeinung herangezogenen entschiedenen Fällen der Rechtsprechung zur analogen Anwendung des § 651f II BGB auf Reiseinzelleistungen keine Begründung für die Anwendung auf den Vermittlungsvertrag herleiten. Denn der sachliche Unterschied für eine Ungleichbewertung zum Reisebüro liegt darin, dass die analoge Anwendung in diesen Fällen gerade deswegen erfolgte, weil es sich um *veranstaltermäßig* erbrachte Einzelleistungen handelte, also auch hier eine veranstaltergleiche Einstandspflicht für das inhaltliche Gelingen der jeweiligen Reiseleistung besteht.[616]

---

[614] *OLG Karlsruhe* NJW-RR 1988, 954 (955) [4 a].
[615] *OLG München* NJW-RR 1987, 366.
[616] Vgl. MüKo/*Tonner*, § 651f Rn. 45.

Der h. M. ist somit zu folgen und eine analoge Anwendung des § 651f II BGB auf den Reisevermittlungsvertrag ist abzulehnen.

c) Verjährung; Prozessuales

Auch die Verjährungsvorschrift des § 651g II BGB ist nach h. M. konsequenterweise nur auf den Reisevertrag, nicht aber auf den Vermittlungsvertrag anzuwenden.[617]
Wie auch bzgl. § 651f II BGB fehlt es auch hier bereits an einer Regelungslücke;[618] m. E. verbietet sich eine isolierte analoge Anwendung des § 651g II BGB auch deshalb, weil diese für den Reisenden ungünstige Regelung - Verkürzung der Verjährung auf zwei Jahre bzw. praktisch wegen § 651m S. 2 BGB häufig nur ein Jahr, ursprünglich nach § 651g II BGB (a. F.) sogar nur sechs Monate - als Teil des gesamten Regelungswerkes der §§ 651a ff BGB mit für den Verbraucher günstigen und ungünstigen Elementen zu sehen ist.[619]
Es bleibt insofern bei der regulären Verjährung für Ansprüche aus dem Geschäftsbesorgungswerkvertrag gem. §§ 675, 631, 634a I Nr.3, 195, 199 I, II BGB, d.h. drei Jahre ab Ende des Jahres, in dem die Pflichtverletzung begangen wurde.[620]

Der Gerichtsstand bestimmt sich nach allgemeinen Regeln der ZPO, d.h. gem. § 13 o. § 17 ZPO ist in der Regel das Gericht am Sitz des Reisebüros örtlich zuständig. Ebenfalls nach allgemeinen Regeln richten sich Darlegungs- und Beweislast, d.h. der Reisekunde hat bei seinem Schadensersatzanspruch gegen das Reisebüro die Pflichtverletzung und einen daraus adäquat-kausal entstandenen Schaden darzulegen; umgekehrt trifft das Reisebüro im Rahmen der Beweislastumkehr des § 280 I 2 BGB die Beweislast dafür, dass es die Pflichtverletzung nicht zu vertreten hat.[621]

8.) BGH-Urt. v. 25.4.2006 X ZR 198/04 - Vermittlungstätigkeit des Reisebüros

Es soll nicht verschwiegen werden, dass der *BGH* in einem jüngst veröffentlichten Urteil[622] seine Entscheidung auf eine Ablehnung der Doppelfunktion gestützt hat, welche die gesamte bisherige, in Rspr. und Lit. vorherrschende allgemeine Ansicht zur Doppelfunktion verwirft, die Haftung des Reisebüros weitgehend ausschließt und die bisher erfolgten Ausführungen damit weitreichend einschränken würde bzw. obsolet erscheinen ließe.

Wegen dieser Bedeutung, und weil das Urteil noch keinen Eingang in die Literatur gefunden hat,[623] der Autor aber eine solche wegen der weitreichenden Implikationen des Urteils

---

617 So auch *Tempel*, NJW 1999, 3657 (3663/3664) [V. 4. a)]; *Seyderhelm*, § 651a Rn. 72; *Führich*, Reiserecht, § 28 V. 2., Rn. 737; *AG Stuttgart* RRa 1999, 179 (180); a. A. auch hier *Bechhofer*, 3. X., S. 161, sowie *Neuner*, AcP 193 (1993), 1 (33) [VI. 2. c)]; s. a. *AG Baden-Baden* RRa 1995, 28 m. ablehnender Anmerkung von *Noll*, RRa 1995, 29.

618 *Noll*, RRa 1996, 95 (102) [VI. 2.].

619 S. a. Erster Teil A. II. (S. 20).

620 Vgl. *Führich*, Reiserecht, § 28 V. 2., Rn. 737.

621 Vgl. hierzu insges. *Bechhofer*, 3. XI., S. 161; *Führich*, Reiserecht, § 28 V. 4., Rn. 739.

622 *BGH* Urteil v. 25.4.2006 - X ZR 198/04, veröffentlicht in NJW 2006, 2321ff.

623 Eine Ausnahme ist der Aufsatz von *Führich* „Informationspflichten über Pass- und Visumvorschriften" in RRa 2006, 194, der zugleich eine Besprechung des *BGH*-Urteils darstellt; *Führich* geht dabei aber vorrangig allgemein auf Einreise-Informationspflichten ein und nur gegen Ende und am Rande auf die m. E. eigentliche Problematik, dass der BGH die Doppelfunktion des Reisebüros in Abrede stellt. Insoweit teilt

erwartet, und eben wegen der Bedeutung dieses Urteils für die vorliegende Arbeit, insbsd. die vorgehenden Ausführungen zu den Rechten des Reisekunden gegen das Reisebüro selbst, soll auf diese Entscheidung im Folgenden näher eingegangen werden.

a) Fall und Entscheidung

Im entschiedenen Fall hatte ein Reisebüro eine Familie nicht darauf hingewiesen, dass im Rahmen der Urlaubsreise nach Bulgarien für die dortige Einreise ein Reisepass für den 16-jährigen Sohn erforderlich war. Die durch die Komplikationen ausgelösten Schäden (Flugumbuchungsgebühr auf den nächsten Tag, Fahrtkosten und Urlaubstagverlust durch Rück- und am nächsten Tag erneute Hinfahrt zum entfernt liegenden Flughafen) verlangte die Familie nun als Schadensersatz von dem Reisebüro, dessen Angestellte sie nicht richtig informiert hatte.

Die Vorinstanzen (*AG* und *LG Bremen*[624]) hatten die Klage abgewiesen, auch die Revision vor dem *BGH* hatte keinen Erfolg. In seiner Begründung führt der BGH aus, dass er die Frage, ob zwischen Reisekunden und Reisebüro überhaupt ein Vermittlungsvertrag besteht, auch weiterhin offen lassen will (Tz. 8 a. E.).

Jedenfalls ende ein solcher in dem Moment, in dem ein konkretes Angebot bzw. das Sortiment eines konkreten Reiseveranstalters ins Auge gefasst wird, weil ab diesem Moment die vorvertragliche Haftung des Reiseveranstalters greife und das Reisebüro nur noch als Erfüllungsgehilfe des Veranstalters handele. Es entstehe wegen der vorvertraglichen Haftung keine Schutzlücke für den Reisekunden, umgekehrt benötige dieser keinen doppelten Schutz, der aus einer eigenen Haftung des Reisebüros entstehen würde (Tz. 11).
Es bestehe auch kein Grund, vom Grundsatz abzuweichen, dass zwischen Handelsvertreter und Kunden keine eigene Vertragsbeziehung bestehe (Tz. 12). Somit treffe die Pflicht zur Information bzgl. der Reise inkl. Belehrung über die Notwendigkeit eines Reisepasses allein den Reiseveranstalter (Tz. 14).

Auch im Rahmen der Auswahlberatung, also bevor die Haftung des Reisebüros nach Ansicht des *BGH* von der vorvertraglichen Haftung des Veranstalters abgelöst wird, bestehe keine Pflicht des Reisebüros zur Information über Einreisebestimmungen. §§ 4 I Nr. 6, 5 Nr. 1 BGB-InfoV normierten eine solche Pflicht nur für den Veranstalter (Tz. 17). Diese Normen stellten die nationale Umsetzung der EG-Pauschalreiserichtlinie dar, die es offen gelassen habe, ob national den Veranstalter oder den Vermittler die Informationspflicht trifft.

Weil sich der deutsche Gesetzgeber in der Umsetzung der EG-Pauschalreiserichtlinie bewusst nur für eine Pflicht des Veranstalters entschieden habe, bestünden Bedenken, ob ein

der Aufsatz aber die hier vertretene Ansicht einer Kritik an der *BGH*-Entscheidung. Ganz ähnlich geht auch *Tamm*, VuR 2006, 329 (332), in einem Aufsatz zu den Pflichten des Reisebüros explizit auf das Urteil nur am Rande im Zusammenhang mit dessen von *Tamm* abgelehnter inhaltlicher Aussage zur Informationspflicht ein, wenngleich ersichtlich wird, dass sie auch die hier vertretene Auffassung zur Doppelfunktion teilt und damit das Urteil auch diesbezüglich ablehnen muss, vgl. *dies.*, a. a. O., S. 331.

[624] Abgedruckt in RRa 2001, 205.

Gericht sich über diese bewusste Entscheidung des Gesetzgebers überhaupt hinwegsetzen dürfe. (Tz. 18).

b) Kritik

Die Entscheidung des zehnten Senats des *BGH* stellt bei auch nur geringfügig näherer Betrachtung gerade zu eine (fehlstimmige) Symphonie mit gehörigem Paukenschlag dar, der, um im Bild zu bleiben, nicht im Notenblatt vorgesehen ist und auch nicht zum Stück passt.

Das Bemerkenswerte ist nicht, dass der *BGH* – wieder einmal – explizit eine rechtliche Charakterisierung des Reisevermittlungsvertrages meidet, einen solchen sogar ausdrücklich durch Konjunktiv in den Bereich der ungewissen Existenz bzw. Spekulation abschiebt.[625]

Auch dass er sich im alten Streit um die eigene Informationspflicht des Reisebüros als Reisevermittler bezüglich Einreisebestimmungen auf die Seite der – soweit ersichtlich – in der Minderheit befindlichen Ansicht stellt, die eine solche Pflicht ablehnt[626], ist ein Meinungsstandpunkt zu einer konkreten strittigen Sachfrage und als solcher wichtig, aber nicht weiter bewegend.

Das Umwerfende, nicht weniger als Revolutionäre an der Entscheidung ist, dass der *BGH* mit leichter Hand - und ohne Not - die Theorie der Doppelfunktion des Reisebüros bei Beratung und Abwicklung der gebuchten Reise ausdrücklich verwirft. Bis dahin war eigentlich kaum jemand[627] wirklich auf die Idee gekommen, diese in reiserechtlicher Literatur und instanzgerichtlicher Rechtsprechung fest verwurzelte Ansicht[628] überhaupt in Frage zu stellen, dass das Reisebüro sowohl als Erfüllungsgehilfe des Reiseveranstalters § 278 BGB wie auch in Erfüllung eigener Pflichten aus dem Reisevermittlungsvertrag tätig werde; dazu bestand auch kein Bedarf.

Nun stellt aber der *BGH* ausdrücklich fest, dass es dieser nach bisher allg. Ansicht parallel nebeneinander friedlich koexistierender doppelter Verpflichtung weitgehend nicht bedürfe, und zwar ab dem Zeitpunkt, in dem ein konkretes Reiseangebot ins Auge gefasst wird. Ab diesem Zeitpunkt, so argumentiert der *BGH*, hafte der Veranstalter aus c.i.c., eine zusätzliche Haftung des Reisebüros würde zu konkurrierender Haftung und Gesamtschuldnerschaft führen. Und weil nicht sein darf, was nicht sein braucht, genüge es eben, wenn schon der Veranstalter hafte.

---

[625] In *BGHZ* 82, 219 (223f) hatte der *BGH* eine solche eigene Haftung des Reisevermittlers aus Vermittlungsvertrag noch ausdrücklich erwogen und zugleich festgestellt, dass diese der streitgegenständlichen Haftung des Veranstalters nicht entgegenstünde.

[626] S. hierzu oben Erster Teil C. III. 6.) b) (cc) (3) (S. 91).

[627] *Tempel*, NJW 1996, 1625 (1634) [III. 2. b) bb)], hält immerhin die h. M. hinsichtlich eines Reisevermittlungsvertrages zumindest im Falle eines als Handelsvertreter agierenden Reisebüros für bedenklich. Allerdings will auch er wegen des besonderen Vertrauens des Reisenden in die Sachkunde des Reisebüros dennoch eine Haftung des Letzteren annehmen. Er erkennt dabei aber zumindest dann kein schutzwürdiges Interesse des Reisenden an einer Haftung des Reisebüros, soweit dieser er durch die Haftung des Veranstalters, u. U. aus c.i.c., abgesichert ist. Wie noch darzulegen sein wird, ist aber der Reisende durch die Haftung des Veranstalters durchaus nicht umfassend abgedeckt, so dass ein Interesse des Reisenden besteht und somit auch nach *Tempel* durch eine Haftung des Reisebüros abzudecken wäre.

[628] S. a. *Führich*, RRa 2006, 194 (197).

Mit dem Zeitpunkt des Vertragsschlusses ist somit die Verpflichtung des Reisebüros aus den (ohnehin vom *BGH* leicht in den Bereich des Spekulativen abgeschobenen) vermittlungsvertraglichen Pflichten vorbei – der Vermittlungsvertrag endet, sobald von Reisekunden und Reisebüromitarbeitern ein konkretes Reiseangebot oder auch nur das Sortiment eines Veranstalters näher betrachtet wird.

Auch hinsichtlich des Standpunktes des *BGH* wird nicht ganz klar, *warum* er die Doppelfunktion verwerfen will, die Argumentation hierzu ist wenig einleuchtend.
Allein daraus, dass es einer Haftung des Reisebüros nicht bedürfe, weil ja schon die Haftung des Veranstalters bestehe, kann man nicht umgekehrt zwingend folgern, dass es sie nicht geben könne bzw. dürfe (so aber der *BGH*). Konkurrenz von Ansprüchen auch gegenüber verschiedenen Anspruchsgegnern ist, um es unverfänglich zu formulieren, im allgemeinen Zivilrecht gesetzlich vorgesehen und allgemein anerkannt.

Im übrigen ist die Ansicht, dieses doppelten Schutzes bedürfe es nicht, weil mit dem Übergang in die vorvertragliche Haftung des Reiseveranstalters für den Reisekunden keine Schutzlücke entstehe, insbesondere brauche letzterer für den Fall der unterlassenen oder unrichtigen Information keinen zweiten Haftungsgegner, schlicht und ergreifend falsch.

Wegen § 651g I, II BGB können Ansprüche wegen mangelhafter Beratung gegen den Veranstalter schon verjährt sein, wenn sie noch gegen das Reisebüro geltend gemacht werden können. Diese Ansicht zur Ablehnung einer analogen Anwendung des § 651g BGB auf den Reisevermittlungsvertrag entspricht vorherrschender Ansicht, wenn auch immerhin nicht unstrittig[629].
Völlig unumstritten dürfte aber die Tatsache sein, dass in der Lebensrealität Reiseveranstalter hin und wieder insolvent werden.[630] Die Feststellung, der Reisende sei mit der Haftung des Veranstalters vollständig bedient, ist insofern eine reine Sachverhaltsunterstellung des *BGH* – er scheint vom Idealbild des großen solventen Reisekonzerns und des armen „Tante-Emma - Reisebüros“ an der Ecke auszugehen. Tatsächlich ist eine Insolvenz des Reiseveranstalters aber gar nicht so abwegig, und die Insolvenzabsicherung des § 651k BGB hilft hier kein Stück weiter, denn sie erfasst nach ganz herrschender Ansicht - auch des BGH[631] - nicht die Gewährleistungsansprüche des Reisenden. Um genau die ginge es aber im Falle verletzter Beratungspflichten.

Die Ansicht des *BGH* hätte zudem auch folgende paradoxe Konsequenz:
Wenn der *BGH* jegliche eigene vertragliche Verpflichtung des Reisebüros schon nach konkreter Konzentration auf ein Angebot in Abrede stellt, dann haftet für die Pflicht des Reisebüros, den Reisenden über ihm bekannt gewordene Schwierigkeiten bei diesem Veranstalter bzgl. der Vertragsdurchführung - etwa hinsichtlich bekannt gewordener Unzuverlässigkeit,

---

[629] S. o. Erster Teil C. III. 7.) c) (S. 98).
[630] Dies zeigt schon die Existenz des § 651k BGB. Auf die Bedeutung der Doppelfunktion für einen Schutz des Reisenden bei Insolvenz des Veranstalters abstellend auch *Führich*, RRa 2006, 194 (197) [IV. 1. a. E.].
[631] Vgl. *BGH* RRa 2005, 116

Überbuchung oder andere Beeinträchtigungen wie gerade auch bevorstehender Insolvenz und Unvermögens der Reisedurchführung durch den Reiseveranstalter - allenfalls eben dieser Reiseveranstalter, nicht aber das Reisebüro. Der ist aber eben nicht nur insolvent, ihn trifft darüber hinaus schon nicht die Pflicht, auf seine eigenen Insolvenzschwierigkeiten hinzuweisen. Also kann diese nicht existente Pflicht auch nicht durch seinen Erfüllungsgehilfen verletzt werden.

Das Reisebüro könnte bei einer bevorstehenden Undurchführbarkeit der Reise durch den maroden Reiseveranstalter nun entweder den Reisenden warnen, würde somit die Zahlung des Reisepreises verhindern, und damit selbst seiner (von der Zahlung abzuziehenden) Provision verlustig gehen - oder es würde nichts sagen, der Kunde würde zahlen und das Reisebüro seine Provision erhalten. Ein solch berechnend unethisches Verhalten verstößt natürlich gegen Treu und Glauben und verletzt eine konkret bestehende Mitteilungspflicht, haften würde für einen aus Realisierung dieser verschwiegenen Insolvenzgefahr entstehenden Schaden nach Ansicht des *BGH* allerdings nicht das Reisebüro, sondern allenfalls der - insolvente! - Reiseveranstalter.

Auch führen praktische Überlegungen dazu, dass das Reisebüro aus Sicht des Kunden der nähere Ansprechpartner ist,[632] sowohl was die Möglichkeit der örtlich nahen Klage (anstatt einer Klage gegen den oft weit entfernten Veranstalter)[633] angeht,[634] wie auch die Nähe zur Pflichtverletzungshandlung, die ja unabhängig von der juristischen Zurechnung rein tatsächlich der Reisebüroinhaber oder einer seiner Angestellten begangen hat.

Gerade auch in dem Fall, in dem gegen die Pflicht zur ordnungsgemäßen Vertragsabwicklung verstoßen wird, weil das Reisebüro die Buchung, also das Vertragsangebot des Reisekunden nicht weiterleitet, würde nach Ansicht des *BGH* gegenüber dem Reisekunden *allein* der Veranstalter dafür haften, dass er gerade nicht mit dem Reisekunden kontrahieren konnte, weil er nie etwas von ihm gehört hat. Das ist zwar im Rahmen des § 278 BGB eine dogmatisch saubere Konstruktion, wirkt davon abgesehen aber - unjuristisch wertend betrachtet - dann doch ein wenig merkwürdig.

Auch die Gesetzeslogik hinter § 651k III BGB spricht gegen die Auffassung des *BGH.* § 651k III 4 BGB stellt eine Pflicht des Reisevermittlers auf, den Sicherungsschein des Veranstalters vor Aushändigung an den Reisenden zu prüfen. Ein Verstoß dagegen stellt nach der allg. Ansicht eine Pflichtverletzung des Vermittlungsvertrages dar und führt zu einem Schadensersatzanspruch gem. § 280 I BGB.[635]

Es wäre interessant zu wissen, wie der *BGH* dies lösen will, wenn er die Existenz eines

---

[632] Tatsächlich wenden sich nach Erhebung durch *Schlotmann*, Reisevertragsgesetz, E. II. 4. a), S. 186f, mindestens 40% der Reisenden nach der Reise mit ihren Mangelansprüchen an ihr Reisebüro.

[633] Bzgl. des Gerichtsstands s. u. Dritter Teil I. II. 2.) (S. 495).

[634] Die faktischen Schwierigkeiten ergeben sich letztlich aus der auch vom *BGH* gebilligten Vorauszahlungspflicht des Reisenden und werden von ihm auch in diesem Zshg. in *BGH* NJW 1987, 1931 (1933) ausdrücklich anerkannt: „(Die Reisenden) müssen also, wenn der Reiseveranstalter eine angemessene Minderung oder Entschädigung ablehnt, an dessen Sitz klagen, das sich daraus ergebende erhöhte Kostenrisiko in Kauf nehmen und die damit verbundenen Hemmungen überwinden."

[635] Vgl. statt vieler *Führich*, Reiserecht, § 16 IV. 3. b), Rn. 589.

vermittlungsvertraglichen Schuldverhältnisses zwischen Reisebüro und Reisendem zu diesem Zeitpunkt in Abrede stellt.[636] Es bliebe noch nicht einmal die Ordnungswidrigkeit nach § 147b GewO, da diese sich explizit nur auf die Pflicht zur *Aushändigung* nach § 651k IV 1 BGB bezieht, nicht aber auf die Überprüfungspflicht nach § 651k III 4 BGB.[637] Im übrigen hilft ein Bußgeld dem Reisenden nicht weiter, in dessen Interesse der § 651k III 4 BGB ja geschaffen wurde.[638]
Somit spricht allein schon die Existenz des § 651k III 4 BGB gegen die Ansicht des BGH, es bestünde keinerlei eigene rechtliche Beziehung zwischen Reisebüro und Reisekunden.

Unzutreffend ist auch die Ansicht des *BGH*, hier sei kein Grund ersichtlich, der es rechtfertigen würde, vom Grundsatz abzuweichen, dass zwischen einem Handelsvertreter und dem Kunden kein Vertragsverhältnis bestehe. Unstrittig ist dabei, dass das Verhältnis zwischen einem Reisebüros mit Agenturvertrag und einem Reiseveranstalter als Handelsvertreterverhältnis gem. §§ 84 ff HGB zu qualifizieren ist; im übrigen aber liefert der *BGH* in seinen weiteren Ausführungen die Argumente gegen seine Ansicht ironischerweise teilweise gleich selber mit:
Zum einen räumt er selbst ein, dass es durchaus solche Fälle eines eigenen Vertrages zwischen Handelsvertreter und Kunden gibt. Die vom *BGH* zitierte Stelle in *Baumbach/Hopt*, § 84 Rn. 49, sagt nichts weiter aus, als dass der Handelsvertreter *als solcher* nur in Vertragsbeziehung zum Unternehmer steht. Das ist offensichtlich, den er ist ja der *Handelsvertreter* hier *des Reiseveranstalters* und nicht des Kunden. Dies sagt aber umgekehrt nichts darüber bzw. dagegen aus, dass er *außerhalb* seiner Funktion als Handelsvertreter aus einem *anderen* Grund eine schuldrechtliche Beziehung zum Kunden hat. Und tatsächlich zeigt schon die nächste Randnummer nach der vom *BGH* angeführten Stelle, also *Baumbach/Hopt*, § 84 Rn. 50, dass es sehr wohl Fälle einer *eigenen* Haftung des Handelsvertreters gegenüber dem Kunden gibt, zitiert werden die durchaus sachlich vergleichbaren Konstellationen des Versicherungsmaklers, des Anlagenvermittlers und des Versicherungsvermittlers.

Auch zitiert der *BGH* seine eigene ständige Rechtsprechung, wonach eine eigene Haftung des Handelsvertreters anzunehmen ist, wenn er gegenüber dem Kunden in besonderem Maße Vertrauen in Anspruch nimmt und dadurch die Verhandlung oder den Vertragschluss erheblich beeinflusst hat, wenn er den Eindruck vermittelt, er werde persönlich mit seiner Sachkunde die ordnungsgemäße Abwicklung des Geschäfts gewährleisten, oder wenn er ein eigenes wirtschaftliches Interesse am Vertragsschluss hat.
Beide Bedingungen sind im Fall des Reisebüros und Vermittlungsvertrages aber geradezu exemplarisch erfüllt. Gerade *wegen* seiner Marktübersicht sowie Kenntnis der Reiseangebo-

---

[636] Vgl. auch die Gesetzesbegründung BT-Dr 14/5944, S. 12, wonach sich der Vermittler bei Verletzung der Pflicht „schadensersatzpflichtig" macht. Um dem zu entsprechen, bliebe dem *BGH* allenfalls der Ausweg über einen deliktischen Anspruch wegen unerlaubter Handlung, er müsste § 651k III 4 BGB zu einem Schutzgesetz i. S. d. § 823 II BGB erklären; davon ist aber in den Gesetzesmotiven keinerlei Rede, diese scheinen eher von einem vertraglichen Schadensersatzanspruch geleitet.

[637] Daher ist entgegen *Führich*, Reiserecht, § 16 IV. 3. b), Rn. 589, m. E. § 147b GewO wegen des hier bestehenden Verbotes der Analogie in malam partem, nicht auf § 651k III 4 BGB anwendbar, s. a. § 3 OWiG.

[638] S. BT-Dr 14/5944, S. 12: „Pflicht (...) im Interesse des Reisenden auferlegt".

te und der angebotenen Inhalte wird es vom Kunden aufgesucht,[639] er wird vom Reisebüro eingehend beraten und nur aufgrund der Auswahl aus allen vorhandenen Angeboten und Anbietern, aufgrund der konkreten Informationen und Empfehlungen zu einem Angebot wird schließlich der konkrete Vertragsschluss herbeigeführt - mehr Einfluss kann ein Handelsvertreter durch seine Beratungstätigkeit gar nicht nehmen.
Der Reisekunde wendet sich an das Reisebüro, weil er erwartet, dass es für ihn einen Marktüberblick schafft, ihm bei der Auswahl zur Seite steht. Vom Reiseveranstalter selber erwartet er eine solche veranstalterübergreifende Beratung selbstverständlich nicht.

Schließlich hat das Reisebüro auch im Sinne der soeben aufgestellten Voraussetzungen ein elementares eigenes Interesse am Vertragsschluss, denn nur dann erhält es aus dem Reisepreis seine anteilige Vergütung, für die bloße Beratungstätigkeit allein erhält es weder vom Kunden noch vom Veranstalter irgendein Entgelt.

Der letzte Fehlgriff im Urteil des *BGH* betrifft allein die Sachentscheidung zum Nichtbestehen einer Informationspflicht bezüglich Einreisebestimmungen und ist insofern weniger weitreichend, gleichwohl ebenfalls schlicht falsch.

Zu den Überlegungen betreffend einer generellen Informationspflicht des Reisebüros über Einreisebestimmungen s. o.[640] Der *BGH* stützt sich in seiner Entscheidung auf eine Argumentation mit der BGB-InfoV i. V. m. der EG-Pauschalreiserichtlinie, genauer gesagt darauf, dass „§ 4 I Nr. 6" (präziser: § 4 I 1 Nr. 6) und § 5 Nr.1 BGB-InfoV nur dem Veranstalter die strittige Informationspflicht auferlegen, woraus laut *BGH* geschlossen werden müsse, dass der Gesetzgeber bewusst nur den Veranstalter und nicht den Vermittler verpflichten wollte, weil er ja laut EG-Pauschalreiserichtlinie beide hätte verpflichten können.[641]
Auf die Ausführungen zur Informationspflicht des Reisebüros sei verwiesen:[642] nachdem die entsprechenden Paragraphen der BGB-InfoV lediglich der Ausfüllung des § 651a III 2 BGB dienen, und diese Norm als Teil des Reisevertragsrechts ohnehin nur das Rechtsverhältnis zwischen Reisendem und Reiseveranstalter regelt, ist es nur natürlich, dass auch dort in §§ 4, 5 BGB-InfoV keine Aussage zu einer Pflicht des Vermittlers getroffen wird. Weil diese Normen den Vermittlervertrag nicht zum Gegenstand haben und keinerlei Aussage zu diesem treffen, verbietet sich auch jeder darin vermeintlich zu lesender Schluss irgendeiner Aussage für oder gegen eine Pflicht des Vermittlers, wenn dieser dort nicht genannt ist.

Umgekehrt zeigt gerade die vom *BGH* bemühte EG-Pauschalreiserichtlinie mit ihrer Möglichkeit, die Informationspflicht „dem Veranstalter und / oder dem Vermittler" aufzuerlegen (vgl. Wortlaut Art. 4 Abs. 1 lit. a und zudem auch Art. 3 Abs. 1 EG-Richtlinie 90/314/-EWG), dass es entgegen der Auffassung des *BGH* nach Ansicht der EG-Pauschalreiserichtlinie sehr wohl möglich sein kann, ja sogar sachgerecht erscheint, dass

---

[639] So auch *Führich*, RRa 2006, 194 (197 o.).
[640] S. o. Erster Teil C. III. 6.) b) (cc) (3) (S. 91).
[641] *BGH* NJW 2006, 2321, (2323), Tz. 18.
[642] S. o. Erster Teil C. III. 6.) b) (cc) (3) (S. 91).

der Reisevermittler selbst zur Information des Verbrauchers über Einreisebestimmungen verpflichtet wird.

Letztlich erscheint die Entscheidung des *BGH* von einem vorher feststehenden, zu erreichenden Ergebnis geleitet, dem eine etwas hängende, bemüht wirkende, keineswegs überzeugende, teilweise falsche und letztlich sachlich verfehlte Argumentation hinterhergereicht wurde.

Was würde nun die Ansicht des *BGH* in der Praxis bedeuten? Im Ergebnis bestünde für den Vermittlungsvertrag kaum noch ein Anwendungsbereich, er würde nur noch in der thematisch und zeitlich schmalen Nische bis zum ersten konkreten Angebot existieren, irgendwo zwischen der unverbindlichen Auskunft an Passanten, für die das Reisebüro ohnehin nicht haftet, und dem ersten dem Reisenden konkret ins Auge fallenden Reiseangebotsaushang, vom Ansprechen des Reisebüromitarbeiters bis zum ersten konkret näher betrachteten Reiseangebot bzw. Prospekt, oder auch nur bis zur Nachfrage nach einem Veranstalter, dessen Katalog oder Plakat der Reisende vielleicht gerade hinter dem Reisebüromitarbeiter erblickt.

Mit dieser Rechtsansicht ist die Einstandspflicht der Reisebüros für eine ordentliche Beratung und Reisevermittlung direkt gegenüber dem Kunden weitestgehend beseitigt. Dass die Reisebüros selber nicht mehr für eine ordnungsgemäße Vermittlertätigkeit einstehen, bessert sicherlich nicht deren Image bei den Kunden, noch damit ihre Chancen gegenüber den neuen Online-Vertriebsformen[643] auf.
Doch wäre für das Reisebüro durch die Entscheidung des *BGH* im Regelfall auch rechtlich wenig gewonnen. Denn selbst wenn es dem Reisenden gegenüber dann nicht direkt haften würde, so würde es doch dem Reiseveranstalter im „Innenverhältnis" im Rahmen seines Agenturvertrages haften. Denn der Reiseveranstalter würde ja - nunmehr alleinig - durch den Reisenden für die Pflichtverletzung in Anspruch genommen werden und dafür seinerseits Regress bei seinem Handelsvertreter nehmen, der mit der Falschberatung und damit der Erzeugung des Haftungsanspruchs des Reisenden gegen die Interessenwahrungspflichten aus dem Agenturvertrag verstoßen hat.[644]

Irgendeine Wirkung kann der Ansatz des *BGH* nur dann überhaupt entfalten, wenn dies zugleich zu einem unbefriedigendem Ergebnis führen würde:
Einmal im gar nicht seltenen Fall, dass der Verbraucher sich mit seiner Mängelanzeige nach der Reise nur an das (hierfür unzuständige) Reisebüro wendet, dieses die Beschwerde nicht weiterleitet und somit der Reisende seinen Anspruch gegen den Veranstalter wegen § 651g I BGB verliert.
Oder dann, wenn es zu der vom *BGH* in seinen Ausführungen gerade ausgeschlossenen Schutzlücke kommt: das Reisebüro berät falsch, bucht falsch oder bucht gar nicht, es ent-

---

[643] Siehe oben Erster Teil B. I. 1.) d) (S. 35) u. B. I. 2.) c) (S. 42).
[644] Die entsprechende Haftung im Innenverhältnis zwischen Reisebüro und Veranstalter hat der *BGH* selbst in *BGH* NJW-RR 1990, 114 festgestellt.

steht ein Mangelanspruch des Reisenden, der Veranstalter geht in Insolvenz, und der Reisende bleibt auf seinem Schaden sitzen.

Letztlich ist das Urteil des *BGH* im Ergebnis, vor allem aber in seiner Begründung als grober Fehlgriff zu bewerten und seine Ansicht eines Bestreitens der Doppelfunktion des Reisebüros in Ergebnis und Begründung als nicht sachgerecht und deduktiv fehlerhaft abzulehnen. Es bleibt insofern bei den obigen Ausführungen zu Ansprüchen des Reisenden auch *direkt* gegen das Reisebüro, wenn dieses gegen seine *eigenen* Pflichten aus Vermittlungsvertrag verstößt.

IV. Erfüllungsgehilfen des Veranstalters

Die einzelnen Reiseleistungen zur Durchführung der Pauschalreise erbringt der Reiseveranstalter in der Regel nicht selber, sondern schließt diesbezüglich seinerseits Verträge mit Flugunternehmen, Hotels etc. ab. Auch das Reisebüro stellt sich im Rahmen seiner Doppelfunktion als Erfüllungsgehilfe des Veranstalters dar.[645]
Nachdem er sich dieser Vertragspartner somit zur Erfüllung seiner Verbindlichkeiten aus dem Reisevertrag bedient, sind diese grundsätzlich als Erfüllungsgehilfen i. S. d. § 278 BGB zu klassifizieren. Das Reisevertragsrecht hat aber hierbei den Begriff des Leistungsträgers als qualifizierten Erfüllungsgehilfen geschaffen, bezüglich dessen Haftungserleichterungen vorgesehen sind. Daher ist zwischen „normalem" Erfüllungsgehilfen und dem Leistungsträger als „qualifiziertem Erfüllungsgehilfen" zu unterscheiden.

1.) Unterscheidung normale Erfüllungsgehilfen und Leistungsträger

Die Unterscheidung zwischen einfachem und qualifiziertem Erfüllungsgehilfen erfolgt nach dem Grad der organisatorischen Bindung an den Reiseveranstalter.

a) Erfüllungsgehilfen

Reguläre Erfüllungsgehilfen, für die der Reiseveranstalter gem. § 278 BGB voll haftet, sind immer dann anzunehmen, wenn es sich um eigene Angestellte des Reiseveranstalters oder sonstige Personen handelt, die in seine Organisation eingebunden und insofern weisungsgebunden sind. Beispiele sind die Sachbearbeiter in der Zentrale des Veranstalters, aber auch die veranstaltereigenen Repräsentanten vor Ort, insbesondere regelmäßig Reiseleiter.[646]

b) Leistungsträger als Sonderform des Erfüllungsgehilfen im Reiserecht

Hingegen sind die Vertragspartner des Reiseveranstalters, die eigenverantwortlich für diesen die Reiseleistungen erbringen, als Leistungsträger zu qualifizieren (vgl. auch Begriff in § 651a II BGB). Sie sind mit dem Reiseveranstalter weder rechtlich noch wirtschaftlich verbunden, abgesehen vom geschlossenen schuldrechtlichen Vertrag jeweilige über die

---

[645] Wegen der besonderen Bedeutung des Reisebüros eigenständige Darstellung in Erster Teil C. III. (S.74).
[646] Zu Letzterem s. Erster Teil C. IV. 6.) (S. 116); bea. aber, dass Repräsentanz vor Ort und Reiseleitung auch durch selbständige Beauftragte bzw. selbständige Organisationen vor Ort erfolgen kann.

Leistungserbringung (Charterverträge, Hotelreservierungsverträge etc.).

Die Leistungsträger schulden lediglich die ordnungsgemäße Erfüllung aus Vertrag, unterstehen darüber hinaus aber keinerlei Direktions- und Weisungsrecht des Reiseveranstalters. Typische Fälle von Leistungsträgern sind die Fluggesellschaft, die Reederei oder der Hotelier. Auch deren Angestellte sind grundsätzlich als Hilfspersonen des Erfüllungsgehilfen[647] bei Pflichtverletzungen unter den Status des Leistungsträgers demselben zuzuordnen.

Die Haftung für Pflichtverletzungen seiner Leistungsträger nach § 278 BGB kann der Reiseveranstalter summenmäßig beschränken, s. dazu im Folgenden.

2.) <u>Haftung des Reiseveranstalters für Erfüllungsgehilfen nach § 278 BGB</u>

Gemäß der Definition des § 278 BGB hat der Reiseveranstalter das Verschulden der Personen zu vertreten, derer er sich zur Erfüllung seiner reisevertraglich geschuldeten Verbindlichkeit bedient. Dies betrifft sowohl die normalen wie auch die „qualifizierten" Erfüllungsgehilfen.

a) <u>Probleme des Erfüllungszusammenhangs</u>

Eine Einstandspflicht für durch die Erfüllungsgehilfen verursachte Schäden kann jedoch zunächst daran scheitern, dass der Erfüllungsgehilfe bei der schädigenden Handlung nicht „in Erfüllung der Verbindlichkeit" des Schuldners handelte. Ein solcher Erfüllungszusammenhang fehlt nach allgemeinem Zivilrecht, wenn der Erfüllungsgehilfe nicht *in Ausübung*, sondern nur *bei Gelegenheit* der Erfüllungshandlung eine schädigende Handlung begeht.[648]

So wurde beispielsweise eine Haftung des Reiseveranstalters für einen Hotelangestellten, der einen Reisenden beschimpft und verprügelt hatte, abgelehnt, weil der Erfüllungsgehilfe den Rahmen des innerlich-sachlichen Zusammenhangs mit der Vertragserfüllung verlassen hatte.[649]

Problematisch könnte auch der Erfüllungszusammenhang bzgl. des Hotels an sich erscheinen, wenn man beispielsweise an die Fälle denkt, in denen der Hotelier bewusst unter Missachtung der vertraglichen Verpflichtung gegenüber dem Reiseveranstalter das Hotel überbucht und damit gegenüber dem Reisenden nicht die Unterbringung erbringen kann.[650] Schließlich, so könnte man andenken, handelt der Hotelier ja hierbei vorsätzlich unter Abweichung von der vertraglichen Pflicht, was man als ein Indiz für einen fehlenden inneren Zusammenhang zur Erfüllungshandlung sehen könnte. Abgesehen davon, dass in diesem Fall ohnehin ein eigenes Verschulden des Veranstalters gem. § 276 BGB hinsichtlich Auswahl und Überwachung seiner Leistungsträger in Frage kommen dürfte, greift auch § 278 BGB. Der Zusammenhang zur Vertragserfüllung wird nicht dadurch unterbrochen, dass der Erfüllungsgehilfe bewusst von den Weisungen des Schuldners abweicht oder in die eigene

---

647 Vgl. *Palandt/Heinrichs*, § 278 Rn. 9.

648 Vgl. *Palandt/Heinrichs*, § 278 Rn. 20.

649 *AG Hamburg* RRa 2002, 172 (= NJW-RR 2003, 63).

650 Zur Problematik der Überbuchung s. u. Zweiter Teil E. IV. (S. 252).

Tasche wirtschaften will, und kann auch bei vorsätzlichem Handeln vorliegen.[651] Insofern ist der Begriff des inneren sachlichen Zusammenhangs weit auszulegen und gerade auch anzunehmen bei einem Hotel, das bei Bereitstellung der Bettenkapazität bzw. Zimmer fehlerhaft arbeitet.

Ein solcher Fall der Überbuchung ist zu unterscheiden von vorsätzlichen kriminellen Schädigungshandlungen nur *bei Gelegenheit*, wie etwa bei der Unterschlagung von im Hotelsafe deponierten Wertgegenständen und Geld durch Hotelbedienstete.[652]

b) Privilegierte vertragliche Haftung für Leistungsträger

Der Reiseveranstalter haftet grundsätzlich über § 278 BGB auch für die Pflichtverletzungen durch die Leistungsträger.[653] Im Unterschied zu den „normalen" Erfüllungsgehilfen kann der Veranstalter aber hierbei gem. § 651h BGB seine Haftung für reisevertragliche Schadensersatzansprüche aus § 651f BGB summenmäßig begrenzen.

Weil der reisevertragsrechtliche Leistungsstörungsbegriff in § 651c I BGB umfassend und das Gewährleistungssystem der §§ 651c ff BGB vorrangig ist,[654] gilt § 651h BGB auch für entsprechende vertragliche Ansprüche aus c.i.c. und p.V.V., nicht aber für die verschuldensunabhängigen Gewährleistungsrechte wie §§ 651c III, 651d I, 651e III, IV BGB und auch nicht für Ansprüche aus unerlaubter Handlung.[655]

(aa) Haftungsbeschränkung nach § 651h II BGB

Nach § 651h II BGB kann sich der Reiseveranstalter auf solche internationale Übereinkommen oder darauf beruhende gesetzliche Vorschriften berufen, die eine Einschränkung der Haftung des Leistungsträgers selbst für die von ihm erbrachte Leistungsänderung betreffen.

Hintergrund für diese Privilegierung war die Überlegung des Gesetzgebers, dass der Reiseveranstalter nicht schärfer haften soll als der Leistungsträger selbst, in dessen originärem Bereich der Schaden entstanden ist,[656] zumal, so die Begründung zum ursprünglichen Regierungsentwurf, die „Einwirkungsmöglichkeiten gerade auf ausländische Leistungsträger oftmals begrenzt sein werden".[657] Zudem ist dem Reiseveranstalter selber in diesen Fällen ein entsprechender Regress bei seinem ausländischen Vertragspartner aufgrund eben dieser Übereinkommen verwehrt.[658]

---

[651] *Palandt/Heinrichs*, § 278 Rn. 20.

[652] Vgl. die Kasuistik bei *Palandt/Heinrichs*, § 278 Rn. 22. Man beachte, dass damit das *Verschulden* des Veranstalters entfällt; die Frage einer verschuldensunabhängigen Einstandspflicht für derartige Vorfälle, die klar in der betrieblichen Sphäre des Veranstalters liegen, ist eine andere, und m. E. entgegen der Rechtsprechung zu bejahen, s. hierzu eingehend unter dem von der Rechtsprechung diesbezüglich herangezogenen Kriteriums des allgemeinen Lebensrisikos Zweiter Teil C. III. 1.) a) (S. 154, 158ff).

[653] Vgl. auch *BGHZ* 100, 185 (189); *BGHZ* 93, 274f.

[654] Vgl. hierzu eingehend Dritter Teil A. (S. 301).

[655] *BGH* NJW 1987, 1937.

[656] Vgl. Begründung Rechtsausschuss zu § 651h II BGB, BT-Dr 8/2343, S. 12.

[657] Vgl. Begründung Regierungsentwurf BT-Dr 8/786, S. 31

[658] *Staudinger/J. Eckert*, § 651g Rnn. 2 u. 38.

Bedeutendster Fall der Haftungsbeschränkung aufgrund internationaler Übereinkommen ist das Montrealer Übereinkommen[659], das für die Flugbeförderung gilt.[660] Ähnliche gesetzliche Haftungsbeschränkungen existieren auch im Eisenbahn-[661] und Schifffahrtsverkehr inkl. Kreuzfahrten[662].

(bb) Haftungsbeschränkung nach § 651h I BGB

§ 651h I BGB eröffnet dem Reiseveranstalter die Möglichkeit, seine Haftung auf den dreifachen Reisepreis zu beschränken. Nach § 651h I Nr. 1 BGB kann der Reiseveranstalter eine dementsprechende allgemeine Haftungsbeschränkung aussprechen, wobei aber Fälle grob fahrlässiger oder vorsätzlicher Schadensverursachung von einer solchen Beschränkung nicht erfasst werden können.

§ 651h I Nr. 2 BGB geht gerade auch in der Praxis noch wesentlich weiter. Demnach kann der Reiseveranstalter durch AGB seine Haftung überhaupt auf den dreifachen Reisepreis beschränken für einen Schaden, der kein Körperschaden ist und für den er allein wegen eines Verschuldens des Leistungsträgers verantwortlich ist. Demnach kann er also nach dieser einmaligen Ausnahmeregelung im Bereich des Zivilrechts[663] seine Haftung auch für grob fahrlässiges oder gar vorsätzliches Handeln seines Erfüllungsgehilfen einschränken. Von dieser Möglichkeit der Haftungsbeschränkung wird in den AGB der Reiseveranstalter durchgehend Gebrauch gemacht.[664]

Die Begründung des Gesetzgebers für diese Privilegierung war auch hier, dass der Reiseveranstalter keinen Einfluss auf den selbständig agierenden ausländischen Leistungsträger habe.[665]

Die Privilegierung selbst, gerade aber auch die Begründung dafür wird in der Literatur m. E. zu Recht kritisiert.[666] Zum einen ist es angesichts der bestehenden Vertragsbeziehung

---

[659] Welches ab 27.6.2004 das Warschauer Abkommen ablöste, daher überholt das Beispiel „Art. 24 Warschauer Abkommen" bei *Palandt/Sprau*, § 651h Rn. 4 a. E.

[660] Eingehend *Führich*, Reiserecht, § 13 III. 3. b), Rn. 498, *ders.* auch insgesamt zu den übrigen Übereinkommen in § 13 III., Rnn 494ff.

[661] Vgl. Übereinkommen für den internationalen Eisenbahnverkehr COTIF, dessen Art. 27 u. 28 als Schadensersatznormen gem. Art. 46 die nationale Regelung in § 651f I, II BGB verdrängen, s. a. *Führich*, Reiserecht, § 13 III. 3. a), Rn. 497.

[662] Vgl. die Anlage „Bestimmungen über die Beförderung von Reisenden und ihrem Gepäck auf See" zu § 664 HGB, BGBl 1986 I, 1120, als Umsetzung des Athener Übereinkommens, mit Haftungshöchstgrenzen in Art. 6; s. a. *Führich*, Reiserecht, § 13 III. 3. c), Rn.. 499.

[663] So schon *Dietlein* in der 49. Sitzung des Rechtsausschusses, vgl. Protokoll Nr. 49 (8. Wahlperiode) des Rechtsausschusses vom 4.10.1978, S. 71: „Beschränkbarkeit des Schadensersatzes auf das Dreifache des Reisepreises selbst bei Verschulden (ist) in der deutschen Rechtsordnung singulär"; bea. zudem: außerhalb § 651h BGB gilt § 309 Nr.7 lit. b BGB, vgl. *Führich*, Reiserecht, § 13 II. 2., Rn. 489; s. a. MüKo/*Tonner*, § 651h Rn. 10.

[664] S. *Führich*, Reiserecht, § 13 II. 1., Rn. 488.

[665] S. BT-Dr 8/786, S. 32, und BT-Dr 8/2343, S. 12 a. Anf.

[666] Vgl. MüKo/*Tonner*, § 651h Rn. 10: „nicht begründet", „verfehlt"; s. a. *ders.*, Reisevertrag, § 651h Rn. 6: „rechtssystematisch falsch", „verfehlt"; *Führich*, Reiserecht, § 13 II. 4., Rn. 492: „rechtspolitisch verfehlt"; *Kaller*, Reiserecht, D. III. 2. a) Rn. 309: „verbraucherunfreundlich", als nicht sinnvolle Risikoverlagerung „unverständlich"; *Staudinger/J. Eckert*, § 651h Rn. 11: „überzeugt nicht", „rechtspolitische Bedenken"; *ders.* gleichwohl differenzierend in Rn. 30f; a. A.: *Seyderhelm*, § 651h Rn. 3: „kann nicht als unbillig bezeichnet werden", da dreifacher Reisepreis ausreichen dürfte und der Reisende sich i. ü. ja gegen Schäden

fraglich, ob der Veranstalter wirklich keinen Einfluss auf den Leistungserbringer hat;[667] zudem hat es der Veranstalter selber in der Hand, ob er sich Leistungsträger aussucht, die er beeinflussen kann oder nicht.[668]

Entscheidend ist aber zum anderen, dass es auf eine derartige tatsächliche Einflussmöglichkeit, die allgemein auch in anderen (nicht-reiserechtlichen) Konstellationen des § 278 BGB oft nicht gegeben ist,[669] gar nicht ankommt. Die Haftung für den Erfüllungsgehilfen beruht nicht auf einer Einflussnahmemöglichkeit, sondern auf der Tatsache, dass der Schuldner sich bewusst des Gehilfen zur Erfüllung seiner vertraglichen Pflicht bedient und somit auch das Risiko für denselben zu tragen hat.[670]

Bei der allegierten Begründung mangelnder Einflussmöglichkeit ist die resultierende Risikoverlagerung auf den Reisenden zudem nicht logisch, weil dieser den Leistungsträger ja noch weniger beeinflussen kann.[671]

Die ursprüngliche noch weitergehende Haftungsbeschränkung des § 651h BGB in der Urfassung führte zu einer regelrechten „Flucht ins Deliktrecht"[672] der Geschädigten, denn auf Schadensersatzansprüche aus unerlaubter Handlung ist § 651h BGB nicht anwendbar.[673]

Und auch wenn mittlerweile der ursprüngliche Hauptkritikpunkt, die Beschränkung der Haftung auch bei Personenschäden, durch die Neufassung im Rahmen der Umsetzung der Pauschalreiserichtlinie beseitigt worden ist, ist das Haftungsprivileg des § 651h BGB, insbesondere des § 651h I Nr. 2 BGB, weiterhin kritisch zu sehen.[674]

Das ändert freilich nichts daran, dass es als definitive gesetzliche Vorgabe nicht ignoriert werden kann. Immerhin gibt es aber Grund genug, sie möglichst restriktiv zu handhaben,[675] und bei jeglicher wirtschaftlich-organisatorischer Verbindung zwischen Veranstalter und Leistungserbringer § 651h I Nr. 2 BGB für unanwendbar anzusehen.[676]

---

selber versichern könne - m. E. ist es a priori verfehlt, den Gläubiger hinsichtlich Gewährleistung seines Schuldners stattdessen auf eine eigene Versicherungsmöglichkeit zu verweisen.

667 *Tonner*, Reisevertrag, § 651h Rn. 6, nennt die beiden Beispiele einerseits eines kleinen Veranstalters gegenüber einer großen Fluggesellschaft, andererseits den wohl häufigeren Fall eines Großveranstalters gegenüber einem örtlichen Hotelier.

668 Vgl. *Kaller*, Reiserecht, D. III. 2. a), Rn. 308.

669 Worauf zutreffend MüKo/*Tonner*, § 651h Rn. 10, und *Kaller*, Reiserecht, D. III. 2. a), Rn. 308, hinweisen.

670 Vgl. *Führich*, Reiserecht, § 13 II. 4., Rn. 492; *Tonner*, Reisevertrag, § 651h Rn. 6

671 S. MüKo/*Tonner*, § 651h Rn. 10; *Kaller*, Reiserecht, D. III. 2. a), Rn. 309.

672 MüKo/*Tonner*, § 651f Rn. 63.

673 *Staudinger/J. Eckert*, § 651h, Rn. 6 a. E.; *Seyderhelm*, § 651h, Rn. 2 a. E.; s. dazu näher im Folgenden; s. a. Dritter Teil A. IV. (S. 317).

674 Vgl. etwa vgl. MüKo/*Tonner* § 651h Rn. 10; s. a. insges. oben Fn. 666.

675 Vgl. *Tempel/Seyderhelm*, § 7 IV. 5. e) (4), S. 522, wonach bei Festlegung der Haftungsbeschränkung in AGB wegen der nach h. M. zusätzlichen Inhaltskontrolle an § 307 BGB eine Haftung nicht ausgeschlossen werden könne, soweit es sich um die Verletzung von Kardinalpflichten handelt oder die typischerweise zu erwartenden Schäden über dem dreifachen Reisepreis liegen.

676 Es bliebe insofern die normale Beschränkung für leichte Fahrlässigkeit nach § 651h I Nr.1 BGB. Vgl. a. *Bechhofer*, S. 124; MüKo/*Tonner*, § 651h Rn. 11; einschränkend *Staudinger/J. Eckert*, § 651h Rnn. 28f.

(cc) Anwendbarkeit auf Gewährleistungsrechte und deliktische Ansprüche

Zu beachten ist, dass die Haftungsbeschränkungen in § 651h BGB sich nur auf vertragliche Schadensersatzansprüche beziehen und sich daher nicht auf eine Beschränkung der übrigen (verschuldensunabhängigen) Gewährleistungsrechte oder auf deliktische Ansprüche aus unerlaubter Handlung erstreckt.
Letzteres, also die Frage, ob die Haftungsbeschränkung auch auf deliktische Ansprüche Anwendung findet, ist nicht ganz unstrittig, wird aber von der h. M. verneint.[677]
In der Diskussion hierzu wird m. E. aber etwas die Tatsache vernachlässigt, dass eine deliktische Haftung des Reiseveranstalters für den Leistungsträger systematisch zwingend weitestgehend ausscheidet, da der Begriff des Leistungsträgers als selbständiger, nicht weisungsgebundener und nur durch Vertrag verbundener Erfüllungsgehilfe des Reiseveranstalters per definitionem die Klassifizierung als weisungsgebundener, sozial abhängiger Verrichtungsgehilfe im Sinne des § 831 I BGB ausschließt.
Die Ansicht, dass die Haftungsbeschränkung sich nicht auf deliktische Ansprüche erstreckt, erlangt insofern m. E. eigentlich nur für den Fall der Beschränkung der Haftung des Veranstalters aus § 823 I BGB bei eigener, einfacher Fahrlässigkeit nach § 651h I Nr.1 BGB Bedeutung.

c) Auswahl- oder Überwachungsverschulden hinsichtlich Leistungsträger

Zu berücksichtigen ist ferner, dass beide Formen der Haftungsbeschränkung bzgl. Leistungsträgerverschulden für den Reiseveranstalter natürlich insofern nicht gelten, als ihn ein eigenes Verschulden hinsichtlich Auswahl oder Überwachung dieser Leistungsträger trifft,[678] weil etwa der Leistungsträger als unzuverlässig bzw. nachlässig bekannt war oder hätte bekannt sein müssen.[679]
Dies ist insbesondere auch dann der Fall, wenn der vom Veranstalter durch entsprechende Kontingente unter Vertrag genommene Hotelier bekanntermaßen bzw. erfahrungsgemäß seine Kapazitäten bewusst durch Überbuchungen überschreitet.[680]

Wie bereits oben angesprochen,[681] kann der Veranstalter seine Haftung für eigenes Verschulden gem. § 651h I Nr.1 BGB durch AGB betragsmäßig auf den dreifachen Reisepreis nur für einfache bzw. normale Fahrlässigkeit einschränken. Die nach § 276 II BGB, erst recht die häufig bei regulären Reiseveranstaltern heranzuziehende nach § 347 HGB erforderliche besondere Sorgfalt ist im Fall der Auswahl unzuverlässiger Leistungsträger nicht eingehalten; der Veranstalter kann sich hierbei weder auf mangelnde Überwachungsfähig-

[677] Vgl. *Kaller*, Reiserecht, D. II. 1., Rn. 296; *Führich*, Reiserecht, § 13 I. 2., Rnn. 486f unter Verweis auf *BGH*-Rspr. und EG-Pauschalreiserichtlinie sowie mit Darstellung des Streitstandes; a. A., für eine Einbeziehung deliktischer Ansprüche hingegen *Staudinger/J. Eckert*, § 651h Rn. 17; *Soergel/H.-W. Eckert*, § 651h Rn. 3 a. E.
[678] S. *Bechhofer*, S. 125 oben.
[679] MüKo/*Tonner*, § 651h Rn. 9.
[680] MüKo/*Tonner*, a. a. O.; zur Überbuchung s. eingehend Zweiter Teil E. IV. (S. 252).
[681] S. o. Erster Teil C. IV. 2.) b) (bb) (S. 109).

keit noch Überlastung berufen, genausowenig auf die Üblichkeit von Überbuchungspraktiken oder das Bestehen eines diesbezüglichen üblichen Brauchs.[682]

3.) Deliktische Haftung des Veranstalters für seine Leistungserbringer

Der Reiseveranstalter haftet gem. § 831 I BGB für unerlaubte Handlungen seiner Verrichtungsgehilfen. Als solche kommen aber nur eigene Angestellte des Veranstalters in Betracht, beispielsweise u. U. der Reiseleiter vor Ort je nach dessen Einbindung in die Organisation und Vertragsbeziehung mit dem Reiseveranstalter.[683]

Keine Verrichtungsgehilfen sind mangels entsprechender Weisungsgebundenheit und Abhängigkeitsverhältnis die selbständig agierenden Leistungsträger.[684] Allerdings hat die Rechtsprechung bezüglich der Leistungsträger eine recht weitgehende Auswahl- und Überwachungspflicht des Veranstalters entwickelt, so dass letzterer insbesondere bei baulichen Sicherheitsmängeln[685] vor Ort wegen Verletzung eigener Verkehrssicherungspflichten aus § 823 I BGB haftet.[686]

4.) Ansprüche des Reisenden gegen die Erfüllungsgehilfen

Aus Sicht des Reisenden stellt sich bzgl. der Erfüllungsgehilfen, insbesondere der Leistungsträger, die Frage, ob und welche *eigenständigen* Ansprüche er unmittelbar gegen diese hat.

a) Vertragliche Ansprüche direkt gegen die Erfüllungsgehilfen

Der Reisevertrag wird zwischen Reisendem und Reiseveranstalter geschlossen. Mit den einzelnen Erbringern der Reiseleistungen hat der Reisende keinen Vertrag; vielmehr schließt der Reiseveranstalter entsprechende Verträge über die einzelnen Reiseleistungen (Beförderung, Beherbergung etc.) und stellt diese dann seinem Reisekunden zur Verfügung.

Weil diese Verträge zwischen Reiseveranstalter und Leistungsträger primär im Interesse des Reisenden geschlossen werden, damit dieser diese Reiseleistungen in Anspruch nehmen kann, geht die h. M. von einem Vertrag zugunsten Dritter § 328 BGB mit dem Reisenden als Begünstigten aus.[687]
Eine Mindermeinung hingegen will darin lediglich einen Vertrag mit Schutzwirkung zugunsten Dritter sehen.[688]
Schließlich wird noch die Ansicht vertreten, es stünden dem Reisenden selbst schlicht kei-

---

[682] Vgl. *Führich*, Reiserecht, § 13 II. 3. b), Rn. 491 (Überbuchung sei „eingerissene Unsitte").
[683] So sieht *Führich*, Reiserecht, § 7 I. 4. c), Rn. 210, S.168, die örtliche Repräsentanz des Veranstalters mangels Weisungsgebundenheit nicht als dessen Verrichtungsgehilfen, s. a. Nachw. dort in Fn. 86.
[684] *Palandt/Sprau*, § 831, Rnn. 6 u. 8 a. E.
[685] *Echtermeyer*, RRa 2003, 60, 63.
[686] S. dazu eingehend unten Zweiter Teil E. VI. (S. 268).
[687] S. *Führich*, Reiserecht, § 5 II. 2. a) Rn. 101 m. umfangr. Nachw. dort in Fn. 161; s. a. ausführliche Darstellung des Streitstandes bei *Gansfort*, RRa 1994, 2ff u. 22ff, der selber von einem unechten Vertrag zugunsten Dritter ausgeht, bei dem der Leistungsträger lediglich mit befreiender Wirkung gegenüber dem Reisenden erfüllen kann, letzterer aber keinen eigenen Erfüllungs*anspruch* gegen ersteren habe (a. a. O., S. 27).
[688] *Jauernig/Teichmann*, § 651a Rn. 9; *LG Frankfurt a.M.* NJW-RR 1986, 852.

nerlei vertragliche Ansprüche direkt gegen den Leistungsträger zu, und der Vertrag sei auch kein Vertrag mit Schutzwirkung zugunsten Dritter, weil sich der Reisende dem Veranstalter nicht im Sinne eines besonderen personenrechtlichen Näheverhältnisses anvertraue und ohnehin wegen § 278 BGB auch die Verletzung von Schutz- und Sorgfaltspflichten des Leistungsträgers über den Reiseveranstalter abgedeckt sei.[689]

Im Unterschied zur h. M. hätte der Reisende bei den beiden zuletzt genannten Ansichten keine eigenen unmittelbaren Erfüllungsansprüche gegen die Leistungsträger, von Relevanz wird diese Frage vor allem im Fall der Insolvenz des Reiseveranstalters.

Der *BGH* hat für den Fall der Erbringung der Flugbeförderungsleistung im Rahmen eines Charterfluges festgestellt,[690] dass der Reisende in der Tat im Sinne des § 328 I BGB einen *eigenen Anspruch* auf Beförderung habe und ihm von der Fluggesellschaft auch nicht die Einwendung aus dem Deckungsverhältnis entgegengehalten werden könne, der Veranstalter habe ihr die Vergütung nicht gezahlt. Denn den entsprechenden § 334 BGB sah der BGH als stillschweigend abbedungen an.

Bei Verweigerung der Beförderung macht sich somit die Fluggesellschaft schadensersatzpflichtig, vgl. § 280 III i. V. m. § 281 I, II BGB.

In der Folge wurde darüber diskutiert, ob diese Grundsätze auch auf andere Leistungsträger, insbesondere Hoteliers, übertragen werden können.

Grundsätzlich dürften hier die gleichen Überlegungen zutreffen, so dass diese Frage theoretisch zu bejahen ist; m. E. wird aber in der Diskussion oft der in den meisten Fällen entscheidende Umstand vernachlässigt, dass die Anwendung des § 328 BGB überhaupt erst voraussetzt, dass in dieser vertraglichen Beziehung zwischen Reiseveranstalter und einem im Ausland befindlichen Leistungsträger deutsches Recht zur Anwendung gelangt.[691] Und das dürfte bei internationalen Vertragsbeziehungen eher die Ausnahme sein, nachdem die Rechtswahl zwar in gewissem Umfang den Vertragsparteien freisteht, aber sachlich der Leistungsschwerpunkt vor Ort im Ausland liegt. Und selbst wenn der Reisende einen „deutschen“ Anspruch aus § 328 BGB gegen beispielsweise den Hotelier vor Ort in Kolumbien haben sollte, dürfte dieser aus rein praktischen Gründen juristisch, zumal in der kurzen Zeitspanne des Urlaubs, kaum durchsetzbar sein, wenn Hotelier Pedro unbeeindruckt von § 328 des ehrwürdigen BGB sich schlicht und ergreifend weigert. Insofern hat die Frage eines eigenen Anspruchs vor allem Bedeutung für den Flugbeförderungsanspruch, und für diesen hat der *BGH*, wie bereits aufgezeigt, in der Tat einen eigenen Anspruch des Reisenden aus § 328 I BGB festgestellt.

Anzumerken ist schließlich noch, dass aus dem Umstand, dass zwischen Reisendem und Leistungserbringer kein Vertragsverhältnis besteht, auch folgt, dass umgekehrt der Leistungsträger nicht von sich aus ohne weiteres die Leistungserbringung gegenüber dem Reisenden aufkündigen kann, wenn dieser ein Fehlverhalten an den Tag legt. Vielmehr muss

---

[689] Vgl. *Staudinger/J. Eckert*, § 651a Rn. 57.
[690] Vgl. *BGHZ* 93, 271 (= NJW 1985, 1457).
[691] Darauf treffend hinweisend *Führich*, Reiserecht, § 5 II. 2. a), Rn. 101 a. E.

der Leistungsträger sich in diesem Fall in der Regel soweit möglich an den Reiseveranstalter als seinen Vertragspartner wenden, was rein praktisch bei Streitigkeiten bzw. Problemen des Leistungserbringers mit einem schwierigen Reisenden auf eine Vermittlung durch den vor Ort tätigen Repräsentanten, den Reiseleiter, hinausläuft.[692]

b) Deliktische Eigenhaftung der Erfüllungsgehilfen

Unabhängig von vertraglichen Pflichtverletzungen der Erfüllungsgehilfen haften diese selbstverständlich selber für die von ihnen begangenen unerlaubten Handlungen nach den allgemeinen Grundsätzen im Rahmen deliktischer Haftung nach § 823 I BGB, bzw. § 831 I BGB etwa hinsichtlich der Angestellten des Leistungserbringers.

In der Praxis stellt sich hierbei allerdings das Problem, dass sich bei Auslandsreisen die Haftung des dort Handelnden gem. Art. 40 I EGBGB nach ausländischem Recht richtet,[693] mit entsprechender Unsicherheit, Aufwand und Risiko in rechtlicher und finanzieller Hinsicht bei einem derartigen Verfahren. Somit dürften deliktische Ansprüche gegen den in erster Linie verantwortlichen Leistungsträger etwa bei baulichen Sicherheitsmängeln der Hotelanlage[694] zumindest bei Auslandsreisen wenig brauchbar sein. Gleiches gilt für eine eigene Haftung seiner Angestellten als unmittelbar Handelnde, etwa der Fahrer des Hotelbusses bei einem verschuldeten Verkehrsunfall.[695]

5.) Erfüllungsgehilfen als Adressaten für Vorbringen des Reisenden

Wenn dem Reisenden vor Ort eine mangelhafte oder sonst problembehaftete Leistung erbracht wird, so ist es nur natürlich, wenn dieser dazu neigt, diese Mängel direkt beim Leistungsträger, der dafür verantwortlich ist, zu rügen, also beispielsweise im Hotel das mangelhafte Zimmer. Der Leistungsträger ist aber nur Erfüllungsgehilfe, nicht Vertreter § 164 I BGB des Reiseveranstalters, der reisevertragsrechtlich als Vertragspartner des Reisevertrages allein richtiger Adressat für die Mängelanzeige ist. Es stellt sich allerdings die Frage, ob der Leistungsträger hinsichtlich einer vom Reisenden abgegebenen Beschwerde nur als dessen Erklärungsbote, oder als Empfangsbote des Veranstalters eingeordnet werden kann.

Zu berücksichtigen ist hierbei auch die Interessenlage des Leistungsträgers, also bspw. des Hoteliers, dessen Leistung gerade moniert wird. Die Beschwerde des Reisenden betrifft hierbei die Erbringung der Leistung, die im Beispiel der Hotelier gerade auch dem Reiseveranstalter als dessen Vertragspartner schuldet. Mit einer Empfangszuständigkeit des Hotels als Erbringers der bemängelten Leistung würde man metaphorisch gesprochen den Bock zum Richter darüber machen, ob er ein guter Gärtner ist. Er müsste als Empfangsbote des Veranstalters seine eigene Schlechtleistung an den Veranstalter weitermelden. Bei die-

---

[692] Vgl. *Tempel* in seiner Anmerkung RRa 2000, 173ff, zu *LG Frankfurt a.M.* RRa 2000, 72ff.
[693] S. a. *Führich*, Reiserecht, § 13 I. 2. b), Rn. 487 a. E.
[694] Vgl. *Echtermeyer*, RRa 2003, 60 (61).
[695] Zur deliktischen Haftung des Veranstalters in solchen Fällen s. zuvor Erster Teil C. IV. 3.) (S. 112) sowie Zweiter Teil E. VI. (S. 268).

ser Sachlage spricht die eigene Interessenlage des Leistungsträgers eigentlich dagegen, dass die Anzeige als an den Veranstalter zugegangen anzusehen ist.

Wie eingangs festgestellt, ist es aber eigentlich nur natürlich, wenn wegen der Leistungs- bzw. Mangelnähe und der häufig größeren Präsenz des Leistungsträgers gegenüber der örtlichen Vertretung des Veranstalters der Reisende, der oft auch als Laie gar nicht zwischen Veranstalter und Leistungserbringer unterscheidet bzw. unterscheiden kann, sich direkt an den Leistungsträger wendet.[696]

Bedenkenswert ist zudem, dass unterhalb der Mangelschwelle, also bei den für die subjektive Zufriedenheit oft entscheidenden Details zur Leistungserbringung, bzgl. derer der Reisende wegen Unerheblichkeit keinen Rechtsanspruch Im Sinne eines „Mangels", sondern diese empfundene Einschränkung oder „Störung" hinzunehmen hat,[697] der Leistungserbringer selbst der einzige (tatsächliche) Ansprechpartner ist. Man denke etwa an Wünsche bzw. erbetene Gefallen bzgl. Essen, Platzierung im Speisesaal, zusätzliches Paar Handtücher, zusätzliches oder anderes Mobiliar, Mietwagen in anderer Farbe o. ä.
Auf derartiges hat der Reisende regelmäßig keinen verbindlichen *Anspruch*, und die Einschaltung des Reiseveranstalters in Form des Reiseleiters ist daher nicht unbedingt nötig, weil es sich ohnehin um eine „Kulanzleistung" des Hotels selber handelt. Es ist also naheliegend, dass der Reisende sich hinsichtlich derartiger „Probleme" aus rein tatsächlichen Erwägungen zunächst an den Leistungserbringer wendet.[698]

Dennoch muss die unbürokratische, laienhaft einleuchtende „Lösung der kurzen Wege" in der Praxis direkt zwischen Reisendem und Leistungserbringer klar abgegrenzt werden von der *rechtserheblichen* Geltendmachung echter Reisemängel im technischen Sinne des § 651c I BGB. Die Kenntnis der klaren Unterscheidung zwischen Leistungserbringer und dem einzig vertraglich verpflichteten und damit für die Anzeige zuständigen Reiseveranstalter ist dem Reisenden zu unterstellen, weil und insofern er vor Reiseantritt gem. § 6 II Nr. 7 i. V. m. § 8 I 1 Nr. 3 BGB-InfoV über Notwendigkeit und Möglichkeit der Anzeige beim Reiseleiter informiert wurde.

Selbstverständlich muss es aber dem Veranstalter möglich sein, in den AGB festzulegen, dass der Reisende sich wirksam direkt an den Leistungserbringer wenden *kann*. Dies dürfte vor allem für kleinere Reiseveranstalter interessant sein, die keine bzw. wenig Repräsentanz vor Ort haben und/oder diese entlasten möchten.[699]

---

[696] Vgl. auch *Seyderhelm*, § 651d Rn. 109, der aus § 242 BGB eine Pflicht des Reisenden ableitet, sich bei geringfügigen Mängeln (z.B. defekte Glühbirne) zunächst an das Hotel selbst zu wenden.

[697] S. dazu Zweiter Teil C. III. 2.) c) (S. 171), D. I. 3.) (S. 187) u. D. II. 4.) d) (S. 207).

[698] Auch hier kann es - unjuristisch, rein faktisch - vorteilhaft sein, dass der Reisende sich an den Reiseleiter wendet, da dieser regelmäßig eine bessere Verhandlungsposition (weil er den Veranstalter repräsentiert) oder schlicht bessere Verhandlungsfähigkeit (aufgrund seiner Kenntnis der örtlichen Verhältnisse und Gebräuche sowie der handelnden Personen) hat als der Reisende. Zum Reiseleiter eingehend im Folgenden.

[699] Vgl. insgesamt auch *Führich*, Reiserecht, § 7 III. 1. d) cc), Rn. 266, S. 210, mit ähnlicher Tendenz.

Ansonsten gilt das Hotel nur als Erklärungsbote des Reisenden, dieser trägt also das Risiko dafür, dass seine beim Leistungsträger aufgegebene Mängelanzeige den Veranstalter nicht erreicht.[700]

6.) Reiseleiter

So wie dem Reisenden bei Buchung das Reisebüro gegenübertritt, ist während der Reise der Reiseleiter die Erscheinungsform, in der dem Reisekunden der Veranstalter üblicherweise gegenübertritt.

Beide sind Erfüllungsgehilfen des Reiseveranstalters i. S. d. § 278 BGB. Im Unterschied zum Reisebüro[701] hat der Reiseleiter aber keine *eigene* vertragliche Beziehung zum Reisenden.

Ansprüche des Reisenden direkt gegen den Reiseleiter bei Unregelmäßigkeiten bzw. Mängeln ergeben sich daher allenfalls im Ausnahmefall aus Delikt, so beispielsweise, wenn der Reiseleiter selbst als Fahrer die Beförderung der Reisenden übernimmt und dabei einen Unfall verursacht, bei dem die Reisenden geschädigt werden, § 823 I BGB.

Der Reiseleiter spielt aber davon abgesehen als Vertreter des Reiseveranstalters eine wichtige tatsächliche Rolle für die Reisedurchführung. Zu seinen allgemeinen Aufgaben gehören die Repräsentation des Veranstalters vor Ort, die Informationsvermittlung an die Reisegäste, allgemeine Gästebetreuung, Hilfestellung in Not- und Ausnahmesituationen, Beschwerdeannahme, Bemühen um Verhinderung und Beseitigung von Reklamationsursachen im Bereich der Leistungsträger sowie die Berichterstattung an den Reiseveranstalter.[702]

In letzterer Funktion ist er auch wichtig für die Informationsgewinnung des Reiseveranstalters über die Verhältnisse vor Ort bzgl. Einschränkungen wie etwa Bauvorhaben in der Nachbarschaft oder auch drohende Ereignisse höhere Gewalt.[703]

Für vorliegende Untersuchung wichtigster, aber wohl auch für die Reisenden bedeutendster Aspekt ist seine Rolle als rechtlich tauglicher und tatsächlich primärer Adressat für Mängelanzeige und Abhilfeverlangen bei Reisemängeln. Dies ermöglicht nicht nur die „Rettung" des Urlaubs gerade bei geringfügigen, abstellbaren Mängeln, sondern ist auch zwingende Voraussetzung für die spätere Geltendmachung der Gewährleistungsrechte.[704]

Die Organisation, das Vorhandensein einer Reiseleitung ist zwar keine wesentliche touristische Leistung i. S. d. § 651a I 1 BGB für die Definition des Reisevertrages, dennoch aber zweifellos eine für den Reisenden wertvolle Einrichtung nicht nur hinsichtlich o. g. Rolle bei Reisemängeln, sondern auch außerhalb der rechtlichen Rolle als tatsächlicher Ansprechpartner bei allerlei Nachfragen und Problemen.

Dennoch - eine *generelle* Pflicht zur Einrichtung einer regelrechten Reiseleitung besteht

---

[700] Vgl. *Teichmann*, JZ 2006, 499 [IV. 1. a)].
[701] Eingehend oben Erster Teil C. III. (S. 74).
[702] S. a. *Gängel/Gansel*, 2. 5., S. 51.
[703] S. u. Dritter Teil H. II. 2.) (S. 472).
[704] Dazu näher Dritter Teil B. I. (S. 318), C. I. 1.) (S. 342), D. II. 2.) (S.352) sowie E. II. 2.) a) (S. 409).

nicht,[705] was sich schon aus § 8 I 1 Nr. 3 BGB-InfoV ergibt; vielmehr ist es dem Veranstalter entsprechend dieser Vorschrift auch zu gestatten, dass er als mindestnotwendige Repräsentanz seine Leistungsträger als Adressaten für Mängelanzeigen und Abhilfeverlangen designiert,[706] was insbesondere der Interessenlage kleinerer Veranstalter entgegenkommen dürfte, die es sich nicht leisten können, flächendeckend überall eigene Bevollmächtigte einzurichten.

Das Fehlen einer Reiseleitung kann aber gleichwohl im Einzelfall, abhängig von der Art der Reise bzw. des jeweiligen Reisecharakters, einen Mangel darstellen. Besondere Bedeutung - gerade auch mit besonderen Anforderungen an seine „Qualität“ – erlangt der Reiseleiter beispielsweise im Rahmen geführter Städte- und Studienreisen. Hier wirkt sich schon eine ungenügende Befähigung bzw. unzureichendes Wissen des Reiseleiters als Reisemangel aus.[707]

Hinsichtlich seiner rechtlichen Rolle als zuständiger Adressat von Mängelanzeigen und insbesondere Abhilfeverlangen des Reisenden muss der Reiseleiter entsprechend präsent sein und darf auch derartige Erklärungen während üblicher Arbeitszeit nicht ignorieren, insbesondere nicht auf die Sprechstunden an einem anderen Tag verweisen; je nach Schwere und Dringlichkeit der Mängel muss er diese auch außerhalb der Sprechstunde, gegebenenfalls sogar nachts entgegennehmen.[708]

---

[705] Missverständlich insofern *Gängel/Gansel*, 2.5, S. 51: „Die Sicherstellung der Erreichbarkeit des Reiseleiters am Urlaubsort gehört zu den wichtigsten Pflichten des Reiseveranstalters im organisatorischen Bereich.“

[706] Vgl. *Führich*, Reiserecht, § 7 III. 1. d) bb), Rn. 266, S. 210.

[707] *LG Frankfurt a.M.* MDR 1985, 141; s. hierzu auch Zweiter Teil D. III. 2.) f) (S. 224).

[708] *Bidinger-Müller*, § 651c Anm. 29 a. E.; zu Mängelanzeige und Abhilfeverlangen s. a. Dritter Teil B. I. 2.) (S. 319) sowie D. II. 2.) (S.352).

D. Kurzzusammenfassung zu den Grundlagen

Mit dem Reisevertragsrecht der §§ 651a ff BGB wollte der Gesetzgeber dem Bedürfnis nach einer angemessenen Regelung des wirtschaftlich und gesellschaftlich zu enormer Bedeutung gelangten Lebenssachverhalts der Pauschalreise Rechnung tragen.[709] Der Reisevertrag ist innerhalb des BGB eine nicht nur selbständige, sondern ganz eigenständige Vertragsform.[710] Anlehnungen an andere Vertragsformen bieten sich daher eher weniger an; vielmehr ist im Zweifelsfall vorzugsweise eine Lösung innerhalb des Systems des Reisevertragsrechts und aufgrund des ohnehin bestehenden Primats der europarechtlichen Vorgaben unter Heranziehung der Inhalte der Pauschalreiserichtlinie zu finden.[711]

Das Reisevertragsrecht der §§ 651a ff BGB findet nach Wortlaut wie auch gesetzgeberischem Willen nur Anwendung auf die Pauschalreise, d. h. eine gebündelt als Gesamtpaket angebotene Mehrzahl von einzelnen Reiseleistungen.[712] Diese Voraussetzung erfüllen auch sogenannte Baukastensysteme und die neuartige Vertriebsform des Dynamic Packaging;[713] deren Anbieter unterliegen daher als Reiseveranstalter dem Reisevertragsrecht.
Die Rechtsprechung hat die Anwendung der §§ 651a ff BGB darüber hinaus teilweise ausgeweitet auf das Erbringen einzelner Reiseleistungen,[714] insoweit und dann eben weil dies veranstaltermäßig geschieht; dies allerdings bisher nur bzgl. Unterkünften in Form von Ferienwohnungen, Wohnmobilen und Booten. Dies erscheint inkonsequent - entweder man hält sich an Wortlaut und Intention des Gesetzes, oder man wendet die §§ 651a BGB konsequent immer dann analog an, wenn eine Reiseleitung veranstaltermäßig erbracht wird.

Der Reisevertrag wird zwischen dem Reisenden und dem Reiseveranstalter als Vertragsparteien geschlossen. Der Veranstalter verpflichtet sich zur Erbringung der vereinbarten Reise. Der Reisende wiederum ist zur Zahlung des Reisepreises verpflichtet, diese erfolgt in aller Regel vor Reiseantritt.[715]
Der Begriff des Reisenden[716] als zahlungsverpflichteter Vertragspartner des Veranstalters ist somit nicht zwingend gleichzusetzen mit der Person, die tatsächlich an der Reise teilnimmt. Auch wenn der Reiseteilnehmer ein insofern begünstigter Dritter[717] ist, so muss dieser nach hier vertretener Auffassung allein schon aus praktischen Erwägungen heraus als tatsächlicher Reiseteilnehmer vor Ort, insbesondere aber aufgrund europarechtlicher Vorgaben die Gewährleistungsrechte der §§ 651c ff BGB haben.

Reiseveranstalter[718] ist, wer Einzelleistungen gebündelt anbietet im Sinne des § 651a I BGB. Anbieter kann auch ein Reisebüro oder ein gemeinnütziger Verein sein. Ein Verweis

[709] Erster Teil A. I. (S. 12).
[710] Erster Teil A. III. (S. 24).
[711] Erster Teil B. (S. 28).
[712] Erster Teil B. I. (S. 29).
[713] Erster Teil B. I. 1.) d) (S. 35).
[714] Erster Teil B. II. (S. 52).
[715] Erster Teil C. I. 3.) (S. 66).
[716] Erster Teil C. I. (S. 58).
[717] Erster Teil C. I. 2.) a) (S. 61).
[718] Erster Teil C. II. (S. 69).

auf die reine Vermittlungsfunktion ist gem. § 651a II BGB nicht möglich, wenn ansonsten die Voraussetzungen für eine Einordnung als Veranstalter vorliegen.

Ein Reisebüro[719] kann entweder als Vermittler von Reiseverträgen oder aber selbst als Veranstalter einer Reise tätig werden. Im letzteren Fall ist es schlicht Reiseveranstalter und haftet somit entsprechend als solcher. Im Falle einer bloßen Vermittlungstätigkeit ist es am Reisevertrag selbst nicht als Vertragspartei beteiligt. Eine Haftung für Fehler im Rahmen der Buchung der Reise, etwa aufgrund falscher Beratung oder Angebotsbeschreibung, ergibt sich dann dennoch nach der Theorie der Doppelfunktion des Reisebüros auf zweierlei Weise. Zum einen wirken sich derartige Fehler des Reisebüros auf den Veranstalter aus, soweit das Reisebüro als dessen Erfüllungsgehilfe tätig ist; die Fehler stellen sich insofern als Reisemängel innerhalb des Reisevertragsrechts dar.

Daneben besteht aber im Rahmen der Vermittlungstätigkeit auch eine eigene Vertragsbeziehung des Reisebüros zum Reisekunden in Form eines Geschäftsbesorgungsvertrages.[720] Fehlverhalten des Reisevermittlers führt somit zusätzlich zu dessen eigener Haftung für seine Pflichtverletzung im Rahmen des § 280 I BGB. Diese „zusätzliche" Einstandspflicht des Reisebüros neben dem Reiseveranstalter ist entgegen neuester Ansicht des *BGH* weder rechtlich unzutreffend noch überflüssig.[721]

Zur Erfüllung seiner Vertragsverpflichtungen bedient sich der Reiseveranstalter zweierlei Arten von Erfüllungsgehilfen.[722] Zum einen ist das sein eigenes Personal wie etwa die Reiseleitung vor Ort. Daneben gibt es die reisevertragsrechtliche Sonderfigur der Leistungsträger. Es sind dies die selbständigen Vertragspartner des Veranstalters, die letzterer zur Erbringung der Reiseleistungen einsetzt. Für diese Sonderform des Erfüllungsgehilfen ist eine privilegierte Möglichkeit der Haftungseinschränkung vorgesehen.

Der Reisende hat mit diesen Leistungsträgern keinen Vertrag; allerdings hat er gem. § 328 I BGB aus dem Vertrag zwischen Veranstalter und Leistungsträger Anspruch darauf, dass ihm gegenüber die jeweilige Reiseleistung erbracht wird.[723]

Bei Fehlleistungen des Leistungsträgers stehen dem Reisenden die reisevertragsrechtlichen Gewährleistungsrechte gegen den Reiseveranstalter zu, als dessen Erfüllungsgehilfe der Leistungsträger agiert.[724] Eine deliktische Geschäftsherrenhaftung des Veranstalters für die Leistungsträger scheitert daran, dass diese per definitionem die Leistung selbständig in Eigenregie erbringen und nur über die Vertragsbeziehung mit dem Veranstalter verbunden sind. Eine eigene Haftung dieser Erfüllungsgehilfen direkt gegenüber dem Reisenden kann sich grundsätzlich allenfalls aus Delikt ergeben. Dabei ist allerdings zu beachten, dass sie sich regelmäßig am Urlaubsort im Ausland befinden und eine Rechtsdurchsetzung insofern problematisch sein wird.

---

[719] Erster Teil C. III. (S. 74).
[720] Erster Teil C. III. 4.) (S. 78) und C. III. 6.) (S. 82).
[721] Erster Teil C. III. 8.) (S. 98).
[722] Erster Teil C. IV. (S. 106).
[723] Erster Teil C. IV. 4.) (S. 112).
[724] Erster Teil C. IV. 2.) (S. 107).

Zweiter Teil: Reisemangel und sonstige Störungen der Reise

Im Zweiten Teil der Arbeit sollen nach Feststellung der Grundlagen des Reisevertrags i. S. d. §§ 651a ff BGB nun die Störungen, die im Rahmen der Durchführung dieses Vertrages auftreten können, aus Sicht des Reisenden näher erörtert werden. Zentraler Punkt ist dabei der in § 651c BGB definierte Reisemangel; daneben kommen aber auch noch andere Störungen in Betracht, auf die im Anschluss kurz eingegangen werden soll. Denn aus Sicht des Reisenden sind neben klassischen Reisemängeln wie schlechter Unterkunft, Verpflegung etc. auch der Totalausfall der Reise, Überbuchungen, höhere Gewalt sowie sonstige erlittene Ungemach wie Krankheit, Unfälle oder Kriminalität allesamt Störungen, „Mängel" seines Urlaubs.

A. Reisemangel als Darstellungsgegenstand

Als „Mangel der Reise" kommt hier zuvorderst der in § 651c I BGB definierte Reisemangel in Frage; dieser soll als für die Gewährleistungsrechte der §§ 651c ff BGB entscheidender Begriff entsprechend als Schwerpunkt hauptsächlich untersucht werden.

I. Reisemangel als Oberbegriff; Zweigliedrigkeit und Zweistufigkeit

Dreh- und Angelpunkt des reisevertraglichen Gewährleistungssystems ist der Begriff des Reisemangels; an dieser Stelle entscheidet sich, ob Gewährleistungsrechte des Reisenden ausgelöst werden. Dies macht § 651c I BGB zur zentralen Norm des reiserechtlichen Gewährleistungssystems.[725] In Absatz 1 der Norm wird der Reisemangel umschrieben, dieser ist jeweils Voraussetzung für die nachfolgenden Gewährleistungsrechte.

Der Reisemangel des § 651c I BGB umfasst als Oberbegriff zwei Alternativen; zum einen das Fehlen einer zugesicherten Eigenschaft, zum anderen den die Reise beeinträchtigenden Reisefehler als Abweichung vom geschuldeten Leistungsinhalt.[726]

Hinsichtlich der zugesicherten Eigenschaft stellt sich die Frage, inwiefern diesem Begriff angesichts der scheinbar gleichen Rechtsfolgen wie beim normalen Reisefehler und angesichts der erfolgten Schuldrechtsmodernisierung überhaupt noch eine eigene Bedeutung zukommt. Bezüglich des Reisefehlers wird noch zu untersuchen sein, was denn genau die Sollbeschaffenheit der Reise ist, wann eine Abweichung davon vorliegt und inwiefern über eine Reisebeeinträchtigung darin ein Mangel zu sehen ist.

Von der Zweiteilung des Mangelbegriffs in die beiden Varianten des Fehlens einer zugesicherten Eigenschaft einerseits und des beeinträchtigenden Reisefehlers andererseits ist dabei zu unterscheiden die Zweistufigkeit der zweiten Mangelalternative, bei der ein auf erster Stufe festgestellter Reisefehler erst über die zweite Stufe einer beeinträchtigenden Auswirkung auf die Reise zu einem Mangel wird. Diese Zweistufigkeit wird häufig nicht sauber zugrundegelegt, was sich insbesondere in zwei Fällen auswirkt:

---

[725] *Tonner*, Reisevertrag, § 651c Rn. 4.
[726] *Führich*, Reiserecht, § 7 II., Rn. 214, S. 172.

Nach einer verbreiteten Ansicht sei die Zweiteilung des reisevertragsrechtlichen Mangelbegriffs aufzugeben und von einem zusammengeführten einheitlichen Begriff des Reisemangels auszugehen. Das Merkmal des Fehlens einer zugesicherten Eigenschaft habe keine eigenständige Bedeutung, weil jedes Fehlen einer zugesicherten Eigenschaft per se zugleich eine Minderung der Tauglichkeit der Reise nach dem subjektiven Fehlerbegriff darstelle.[727]

Dem ist zwar zuzugeben, dass jede Zusicherung die vertraglich geschuldete Leistung mitbestimmt und somit über die Sollbeschaffenheit im Rahmen des subjektiven Fehlerbegriffs ein Fehlen der zugesicherten Eigenschaft begrifflich immer auch einen Reisefehler darstellt.

Das ist aber nur die halbe Strecke auf dem Weg zum Reisemangel, übersehen wird die Unterscheidung zwischen Reisefehler und Reisemangel, nicht jeder Fehler ist auch ein Mangel, wie sich im entsprechenden Wortlaut des § 651c I BGB zeigt: der Reise*fehler* muss auch den „Wert oder die Tauglichkeit" des vertraglichen Nutzens aufheben oder mindern, somit eine gewisse Beeinträchtigungswirkung haben, damit er auch einen Reise*mangel* darstellt.[728]

Dieser Nutzen der Reise ist nicht gleichzusetzen mit den einzelnen Details des Reisevertrags.[729] Vielmehr erwächst aus diesen einzelnen Details ein Reisecharakter, der ein über die Einzelkomponenten hinausgehendes Ziel der Reise, den Nutzen der Reise, formt.

Dieser Zweck der Reise je nach Reisecharakter lässt sich unter Umständen auch bei Abweichungen von den Detailvereinbarungen erreichen, der aus den Details geformte Reisecharakter mit dem darin beschriebenen Nutzen der Reise ist nicht gleichzusetzen mit der blanken Summe der einzelnen Detailregelungen. Wenn im Vertrag für die Durchführung einer Rundfahrt durch Patagonien vor Ort ein Geländewagen XY vereinbart ist, vor Ort erhält der Reisende aber - ceteris paribus - einen für die Rundreise genauso tauglichen Geländewagen YZ, dann liegt zwar aufgrund der Abweichung zweifellos ein Reisefehler vor. Gemessen an dem - auch aus den anderen Inhalten dieses Vertrages, etwa Flug dorthin, Unterkünfte unterwegs etc., geformten - Reisecharakter der Rundfahrt ist es aber denkbar, dass sich durch den Fehler im Sinne einer Abweichung vom Vertragstext keine Beeinträchtigung des Reisezwecks, wie er sich aus dem Vertragstext formt, ergibt.

Dies entspricht dem Wortlaut des Gesetzes, der damit wie auch die anderen spezifischen Regelungen des Reisevertragsrechts (vgl. etwa die Abhilfe und die Selbstabhilfe, der Anspruch aus § 651f II BGB mit seinem ganz eigenen Entschädigungsgegenstand etc.) dem besonderen Vertragsgegenstand Pauschalreise Rechnung trägt. Dieser Vertragsgegenstand ist schwer greifbar und schwer messbar, soll aber noch folgend[730] mit dem Begriff des Reisecharakters beschrieben werden. Jedenfalls zeigt sich schon hier, dass die aufgrund dieses

---

[727] Vgl. etwa *Bernreuther*, 3. Kap. A. I. 1. b), S. 66f; MüKo/*Tonner*, § 651c Rn. 11 a. E.; *Oetker/Maultzsch*, § 9 D. I. 1. b) aa), S. 511; differenzierend *Erman/Seiler*, § 651c Rn. 3, der der Unterscheidung zwar keine praktische Bedeutung einräumen will, aber wie hier ausgehend vom Wortlaut anerkennt, dass allein das Fehlen zugesicherter Eigenschaften bereits Mangelgewährleistung auslöst, ohne dass es, wie bei Fehlern, auf die Feststellung einer Wert- oder Tauglichkeitsminderung ankommt.

[728] Angedeutet auch bei *LG Kleve* RRa 2001, 39.

[729] Dies wohl jedoch unterstellend die in Fn. 727 genannten, insb. *Oetker/Maultzsch*.

[730] S. u. Zweiter Teil D. (S. 175ff).

Vertragsgegenstandes geschuldete Leistung aus Mangelsicht zwar von den Vertragsbedingungen *mit* ausgeht, sich daraus aber etwas entwickelt, was davon als Reisecharakter im Rahmen der Einstandspflicht des Veranstalters für das Gelingen *der Reise* abweicht bzw. eigenständig ist - die Einstandspflicht für das Gelingen kann daher über diese Details der Vertragsvereinbarung hinausgehen, diese aufgestellte Summe an Details aber auch unterschreiten, ohne dass es zu einem Mangel *der Reise* führt, wie in obigem Beispiel.

Zumindest ist aufgrund Wortlaut und damit verfolgtem Sinn des Gesetzes erkennbar, dass für den Reisemangel in Form des Reisefehlers zusätzlich eine beeinträchtigende Wirkung hinzutreten muss - und diese zusätzliche Voraussetzung besteht gerade nicht für den Reisemangel in Form der fehlenden zugesicherten Eigenschaft.[731]

Eine fehlende Beeinträchtigung kann im Fall einer Zusicherung durchaus Auswirkungen für einzelne Gewährleistungsrechte *in Folge* dieses Mangels haben (so etwa bei der Höhe der Minderung, die sich nach der Beeinträchtigung richtet, umgekehrt aber nicht bei der Frage eines Anspruchs auf Abhilfe) - dogmatisch ist das aber von der Frage zu unterscheiden, ob ein Mangel überhaupt *vorliegt*.

Mit anderen Worten, über die Alternative der zugesicherten Eigenschaft werden auch Reisefehler erfasst, die mangels beeinträchtigender Wirkung auf den Nutzen der Reise sonst keinen Reisemangel darstellen würden. Zudem, wie noch zu zeigen sein wird, kommt der Zusicherung auch eine erhebliche Bedeutung für die Bewertung der Schwere eines Mangels zu, womit sie auch bei gleichzeitiger Erfüllung beider qualifizierender Definitionen, ob überhaupt ein Mangel vorliegt, zudem noch eine eigenständige quantifizierende Bedeutung zur Ermittlung der Gravität des Mangels, gerade auch über die Feststellung des Charakters der Reise, hat.

Die angesprochene saubere Trennung zwischen Fehler und Mangel wird leider in Rechtsprechung und Literatur kaum vorgenommen und stattdessen zu oft beides vermischt.[732] Sie ist aber nicht nur aufgrund der aufgezeigten Natur des Reisevertragsgegenstandes, sondern auch aus der Gesetzessystematik zwingend aufgrund des Wortlauts vorgegeben: Wenn schon der Begriff des Fehlers die negative Beeinträchtigung enthielte, so wäre es in § 651c I Alt. 2 BGB eine insofern inhaltsgleiche, unsinnige Verdopplung, wenn für den Mangel in Form des Fehlers in der zweiten Hälfte des § 651c I BGB nochmals vorausgesetzt wird, dass dieser Fehler die Reise negativ beeinträchtige.

Demnach wären Fehler zugleich automatisch auch Mängel, der Begriff des Fehlers würde vollständig im weiteren, da auch das Fehlen zugesicherter Eigenschaften umfassenden Oberbegriff des Mangels aufgehen.[733] Der Gesetzeswortlaut zeigt aber, dass die *beeinträchtigenden* Fehler (Reisemängel) nur eine Teilmenge aller Reisefehler darstellt.

---

[731] So im Ergebnis auch *Staudinger/J. Eckert*, Vorbem zu §§ 651c-g Rn. 9 a. E. sowie § 651c Rn. 48.

[732] Worauf *Tempel*, NJW 1997, 2206 (2207f) zutreffend hinweist; vgl. beispielsweise bzgl. Vermischung Fehler und Mangel *Schlotmann*, Recht, S. 35ff, sowie *Staudinger/J. Eckert*, § 651c Rn. 8 - hingegen letzterer wie hier vertreten unterscheidend zwischen Fehler und Mangel in *Staudinger/ders.*, § 651c Rn. 49.

[733] Insofern immerhin konsequent *Seyderhelm*, § 651c Rn. 7 a. E.

Die Vermischung von Fehler und Mangel findet sich auch schon früher zum Sachmangelbegriff im alten Kauf- oder Werkvertragsrecht.[734] Wenn aber der Fehler schon als negative Abweichung definiert wird dergestalt, dass die tatsächliche Beschaffenheit von der geschuldeten Beschaffenheit so abweicht, dass der Wert oder die Tauglichkeit zum gewöhnlichen oder vertraglich vereinbarten Nutzen aufgehoben oder gemindert wird, so wird damit die Prüfung, ob ein Mangel vorliegt, schon in den Fehlerbegriff mit einbezogen.
Diese mangelnde Unterscheidung zwischen Fehler und Mangel mag im früheren Kauf- und Werkrecht bedeutungslos gewesen sein - im Reisevertragsrecht ist sie das aufgrund des eigenartigen Vertragsgegenstandes (s. o.) jedenfalls nicht.
Treffend ist hingegen der Gesetzeswortlaut, der zwischen der Abweichung von Soll- und Istbeschaffenheit im Sinne eines Fehlers und einer daraus folgenden Auswirkung auf die Reise im Sinne eines Mangels unterscheidet.

M. E. ist daher bei der Ermittlung des Reisemangels klar unterscheidend vorzugehen. Auf der ersten Stufe des Reisefehlers ist zu untersuchen, ob eine Abweichung der Ist- von der Sollbeschaffenheit vorliegt. Erst auf der zweiten Stufe der Prüfung, ob dies auch einen Mangel darstellt, ist die negative Beeinträchtigung im Sinne der Aufhebung oder Minderung des Wertes oder der Tauglichkeit zum vertraglich vereinbarten oder gewöhnlichen Nutzen zu prüfen. Diese zweite Stufe entfällt bei der ersten Alternative des Reisemangels, dem Fehlen einer zugesicherten Eigenschaft.

Von dieser Unklarheit über Zweigliedrigkeit des Reisemangels und Zweistufigkeit des Reisefehlers als Reisemangel abgesehen, besteht aber insgesamt schon hinsichtlich des Begriffs des Reisemangels überhaupt eine breite Diskussion über den Umfang und die Grenzen der Einstandspflicht des Veranstalters. Insbesondere darüber, ob er nur für beherrschbare Mängel konkreter Einzelleistungen haftet, oder weitergehend für das Gelingen der Reise als solcher insgesamt, oder anders gesagt, wann überhaupt ein Mangel in Form der Beeinträchtigung vorliegt. Auch hier spielt also die Zweistufigkeit eine Rolle.

Strenggenommen muss weiterhin unterschieden werden zwischen einerseits dem Streit um einen engen und weiten Mangelbegriff hinsichtlich des Anknüpfungspunktes der Beeinträchtigung - die einzelne Reiseleistung oder die Reise als solche - und andererseits dem engen und weiten Fehlerbegriff, bzw. was hinsichtlich der Fehlerhaftigkeit unter der Sollbeschaffenheit zu verstehen ist. Beide Fragestellungen überschneiden sich teilweise sowohl im Punkt des beeinträchtigten „Nutzens der Reise" bzgl. des Mangels, als auch bei der Abweichung von der „Sollbeschaffenheit" hinsichtlich des Fehlers, weshalb in den Darstellungen auch beide an sich eigenständigen Problemkreise in der Regel vermengt werden.[735]

Es soll im Gegensatz dazu vorliegend versucht werden, den Streit um die verschiedenen Ansichten auf verschiedenen Ebenen sauber aufzutrennen und über eine Ermittlung der Mangelhaftigkeit zur - letztendlich - Einstandspflicht des Reiseveranstalters zu gelangen.

---

[734] Vgl. bspw. *Palandt*(54.A.)/*Putzo*, § 459 BGB Rn. 8, wo der Begriff des *Fehlers* unter Einbeziehung der negativen Abweichung definiert und somit eigentlich der Sach*mangel* beschrieben wird.
[735] Vgl. bspw. *Schlotmann*; *Staudinger*/*J. Eckert*, jeweils a. a. O. (Fn. 732).

II. Auswirkungen des neuen Schuldrechts auf den Mangelbegriff

Entgegen der verschiedentlich im Schrifttum zum Reiserecht geäußerten Anregung,[736] anlässlich der umfassenden Schuldrechtsmodernisierung[737] auch den reiserechtlichen Mangelbegriff zu reformieren und diesen entweder im Rahmen des allgemeinen Begriffs der Pflichtwidrigkeit zu regeln oder mit einer spezifischen neuen Regelung im Reisevertragsrecht den Mangelbegriff dahingehend zu ändern, dass bloße Unannehmlichkeiten und die Verwirklichung persönlicher Lebensrisiken[738] explizit aus dem Reisemangelbegriff herausgenommen werden, hat die Schuldrechtsreform den Mangelbegriff des Reiserechts in § 651c I BGB nicht angetastet.[739]

Nachdem es im Bereich des Mangels der Kaufsache oder des Werkes, § 434 resp. § 633 BGB, den Begriff der zugesicherten Eigenschaft nun nicht mehr gibt, aber § 276 I 1 BGB nunmehr in der ersten Alternative des letzten Halbsatzes die Eigenschaftszusicherung in Form der „Übernahme einer Garantie" erfasst, befürchtet *Teichmann*,[740] dass es angesichts der im Reiserecht in § 651c I BGB nach wie vor bestehenden Formulierung der „zugesicherten Eigenschaft" dazu kommen könnte, dass sich die verschuldensabhängige Haftung des Veranstalters hierdurch nun zu einer verschuldensunabhängigen wandeln könnte.

Dieser aufgeworfenen Frage ist im Rahmen einer näheren Untersuchung zum Begriff der Zusicherung im Reisevertragsrecht zu begegnen; siehe dazu im Folgenden.

B. Reisemangel in Form des Fehlens zugesicherter Eigenschaft § 651c I Alt. 1 BGB

Die erste Alternative des zweigliedrigen Reisemangelbegriffs[741] in § 651c I BGB ist das Fehlen einer zugesicherten Eigenschaft. Hierbei bedarf es im Unterschied zum Reisemangel in Form des Reisefehlers gerade nicht der Beeinträchtigung der Reise durch dieses Fehlen, ein solcher Reisemangel liegt also auch ohne negative Auswirkungen auf die Reise vor,[742] vgl. Wortlaut § 651c I BGB.

I. Tatbestandsmerkmale Zusicherung und Eigenschaft

Nach herkömmlicher Definition kommen als zusicherungsfähige Eigenschaften alle tatsächlichen, rechtlichen und wirtschaftlichen Verhältnisse in Betracht, die wegen ihrer Art und Dauer nach der Verkehrsanschauung Einfluss auf die Wertschätzung oder Brauchbarkeit der Reise zu üben pflegen.[743]

Diese Definition ist m. E. angesichts des besonderen Charakters des Reisevertrages und des dabei in der zweiten Mangelvariante Reisefehler herangezogenen subjektiven Fehlerbegriffs

---

[736] *Führich*, NJW 2002, 1082 (1084) [III. 3.].

[737] S. hierzu auch oben Erster Teil A. I. (S. 18).

[738] S. u. Zweiter Teil C. III. (S. 152ff).

[739] So *Führich*, NJW 2002, 1082 (1084) [III. 3.]; s. a. *ders.*/Reiserecht § 7 I. 3. c), Rn. 203, S. 163 u.

[740] Referiert bei *Echtermeyer*, RRa 2001, 260(262).

[741] S.o. Zweiter Teil A. I. (S. 120).

[742] Vgl. *Eisner*, S. 20.

[743] Vgl. MüKo/*Tonner*, § 651c Rn. 16, und *Führich*, Reiserecht, § 7 II. 3. a) Rn. 243, mit Verweis auf die Urteile *RGZ* 117, 315, und *BGHZ* 79, 184, die aber eben jeweils keine reisevertragsspezifische Definition der Zusicherungsfähigkeit liefern.

zu ungenau bzw. zu eng und daher dahingehend zu erweitern, dass auch Aspekte zusicherungsfähig sein müssen, die *nach dem beiderseitigen Parteiverständnis* bei Vertragsschluss Einfluss auf den Wert oder Brauchbarkeit der Reise haben. Warum sollte man es den Parteien im Rahmen der Vertragsfreiheit verwehren, über - nach allgemeinem Verständnis und somit Verkehrsanschauung- eigentlich scheinbar völlig sinn- oder wertlose Merkmale eine Zusicherung zu vereinbaren, wenn nach der vom Veranstalter verstandenen und akzeptierten Ansicht des Reisenden besonderer Wert darauf zu legen ist?[744]

Zusicherung bedeutet, der Reiseveranstalter gibt dem Reisenden durch ausdrückliche oder stillschweigende Erklärung zu erkennen, dass er für den Bestand der betreffenden Eigenschaft einstehen will.[745] Es liegt damit ein Einvernehmen zwischen den Parteien vor darüber, dass es dem Reisenden als Empfänger der entsprechend beschriebenen Leistung auf das Erfüllen der zugesicherte Eigenschaft ankommt.

II. Überschneidung von Zusicherung und Fehlerbegriff

Zusicherungen bei der Buchung, sei es nun durch als Zusicherungen zu qualifizierende Angaben im Reiseprospekt/-katalog[746] oder durch explizites Besprechen,[747] legen aber zugleich auch den geschuldeten Inhalt des Reisevertrages fest bzw. ergänzen oder konkretisieren diesen. Deshalb wirkt sich das Fehlen einer zugesicherten Eigenschaft auch immer auf das Vorliegen eines Reisefehlers aus, der sich ja nach subjektivem Fehlerbegriff aus einem Vergleich der geschuldeten Soll- mit der tatsächlich erfolgten Ist-Leistung ermittelt.[748]

1.) Mindermeinung: Zusicherung ohne eigene Bedeutung

Wegen dieser per definitionem logisch zwingenden Überschneidung von Zusicherung und Fehlerbegriff stellen nicht wenige Autoren eine eigenständige Bedeutung des § 651c I Alt. 1 BGB, des Fehlens einer zugesicherten Eigenschaft, in Abrede.[749] Einige wollen auf die ei-

---

[744] Gleichwohl wäre es dem Reiseveranstalter rein praktisch bei der Zusicherung eines Umstandes, auf den er keinen Einfluss hat (bspw. Wetterzusagen - „wo die Sonne immer scheint"; Erleben von Vulkanausbrüchen auf Hawaii; Sichtung bestimmter Tiere bei Safari - „bestaunen sie garantiert die Big Five"; „mit Walhaigarantie" o. ä.) , zu empfehlen, gerade auch aus Sicht des Erscheinungsbildes dem Kunden gegenüber, eine solche Garantie nicht über eine Zusicherung mit - bei Eintreten des Garantiefalls - Gewährleistung wegen Reisemangels über die Leistungsstörung abwickeln zu müssen, sondern vielmehr bereits vorher in Form konkreter Beschreibung Garantieklauseln in den Vertrag bzw. die Reisebeschreibung im Reiseprospekt aufzunehmen, wonach bei Nichteinhaltung eine feste, für den Reisenden klar vorhersehbare Folge eintritt, was auch im Rahmen der Werbung für das Garantieangebot vorteilhaft herausgestellt werden kann; bspw. „sonst Geld zurück", „sonst 500€ zurück", „sonst 50% Abschlag" o. ä.

[745] MüKo/*Tonner*, § 651c Rn. 10.

[746] Die Qualifizierung von Angaben in Prospekten und Katalogen hinsichtlich Zusicherung wird noch eingehender zu diskutieren sein, s. Zweiter Teil B. III. 3.) (S. 129).

[747] Vgl. MüKo/*Tonner*, § 651c Rn. 10 a. E.

[748] S. Zweiter Teil C. I. (S. 142).

[749] Widersprüchlich *Seyderhelm*, § 651c Rnn. 8, 9, der in Rn. 8 keine eigenständige Bedeutung der zugesicherten Eigenschaft wegen des Gleichlaufs mit dem Anwendungsbereich des Fehlers sehen will, in Rn. 9 aber (zutreffend) feststellt, dass durch die Zusicherung auch Umstände als Mangel erfasst würden, für die der Veranstalter sonst nicht einstehen würde, und verweist auf das Bsp. Algenpest in *LG Frankfurt a.M.* NJW-RR 1990, 761.

genständige Mangelalternative der fehlenden zugesicherten Eigenschaft und damit auf die Zweigliedrigkeit des Mangelbegriffs verzichten, und statt dessen von einem vereinheitlichten Reisemangelbegriff ausgehen.[750]

2.) Stellungnahme zur eigenständigen Bedeutung der Zusicherung

Diese Ansicht, die eine eigenständige Bedeutung der Zusicherung in Abrede stellt, verkennt, dass nicht *jeder* Reisefehler auch ein Reisemangel ist, sondern nur *der* Reisefehler, der sich auch über eine beeinträchtigende Wirkung auf Wert oder Tauglichkeit der Reise auswirkt.
Nach klarem Gesetzeswortlaut kommt es auf diese Voraussetzung einer Reisebeeinträchtigung beim Reisemangel in Form des Fehlens einer zugesicherten Eigenschaft gerade nicht an.[751] Und so stellen zwar beide Mangelalternativen einen Reisemangel dar und eröffnen auf der Folgenseite prinzipiell die gleichen Gewährleistungsrechte[752] - aber eben unter verschiedenen Voraussetzungen.

Zudem unterliegt der Reisemangel in Form des Reisefehlers verschiedenen Einschränkungen hinsichtlich Geringfügigkeiten oder der Verwirklichung des allgemeinen Lebensrisikos.[753] Es muss einem Veranstalter aber gerade auch möglich sein, zugunsten seines Marketings mit einer entsprechend beworbenen und inhaltlich beschriebenen „Sonnengarantie" / „Zufriedenheitsgarantie" o. ä. das kalkulierbare Risiko auf sich zu nehmen, für eigentlich außerhalb seiner Einflusssphäre liegende oder aber gewöhnlich unterhalb der Erheblichkeitsschwelle für einen Mangel liegende Aspekte einstehen zu wollen.
Die Zusicherung hilft somit als Reisemangelalternative in diesen Fällen über die entsprechende „Hürde" im Rahmen des Reisefehlers hinweg, denn es können auch Umstände zugesichert werden, für deren Fehlen der Veranstalter sonst nicht einstehen würde.[754]

Ähnliches gilt auch für Fälle höherer Gewalt - nach Ansicht *Tempels* greift bei Vorliegen einer diesbezüglichen Zusicherung die Sperrwirkung des § 651j BGB nicht, der Reisende darf statt dessen auf § 651e BGB zurückgreifen,[755] insoweit ein Fall einer zugesicherten, aber durch ein Ereignis höherer Gewalt vereitelten Eigenschaft vorliegt.
Das erscheint an sich richtig, bedarf m. E. aber einer wichtigen Einschränkung bzw. Präzi-

---

[750] *Bernreuther*, 3. Kap. A. I. 1. b), S.66f; *Oetker/Maultzsch*, § 9 D. I. 1. b) aa), S. 511; vgl. auch Mü-Ko/*Tonner*, § 651c Rn. 11 a. E., wonach die Unterscheidung zwischen Reisefehler und Fehlen zugesicherter Eigenschaft mangels differenzierender Rechtsfolgen keine Bedeutung habe; dies ist unzutr., s. a. oben Zweiter Teil A. I. (S. 120).

[751] Allg. Ansicht, vgl. *Führich*, Reiserecht, § 7 II. 3. a), Rn. 243; *Staudinger/J. Eckert*, § 651c Rn. 46; *Tempel*, RRa 1998, 19 (23) [II. 8. a)]; *H.-W. Eckert*, 3. Kap. I. 1. a), S. 47.

[752] Immerhin ist den Gegnern einer eigenständigen Bedeutung der Zusicherung zuzugeben, dass auf der Folgenseite des Mangels beispielsweise im Rahmen der vom Ausmaß der Beeinträchtigung abhängigen Minderung § 651d I BGB diese praktisch „gegen Null gehen" dürfte bei einem Reisemangel in Form des Fehlens zugesicherter Eigenschaften, der zugleich aber die Reise nicht beeinträchtigt; s. a. *Seyderhelm*, § 651d Rn. 8 a. E., s. dazu auch Dritter Teil D. II. 1.) (S. 351); ähnliches gilt für die Voraussetzung erheblicher Beeinträchtigung für die Kündigung nach § 651e I BGB, beispielsweise aber umgekehrt nicht für den Abhilfeanspruch § 651c II BGB.

[753] S. u. Zweiter Teil C. III. (S. 152).

[754] Dies räumt auch *Seyderhelm*, § 651c Rn. 9, ein.

[755] S. *Tempel*, RRa 1998, 19 (23) [II. 8. a)].

sierung: Nachdem § 651e I 1 BGB explizit das Erfordernis einer erheblichen Beeinträchtigung aufstellt, muss in diesem speziellen Fall zur Zusicherung zusätzlich eine *durch den Ausfall der zugesicherten Eigenschaft* vorliegende erhebliche Beeinträchtigung der Reise hinzutreten, es wäre also nicht auf die Beeinträchtigungsintensität der höheren Gewalt bezogen auf die Reise an sich abzustellen. Jede andere Auffassung würde erneut[756] den § 651j BGB weitgehend aushebeln, wenn beispielsweise bei weitgehender Verwüstung des Hotels durch einen Wirbelsturm allein der bei Buchung zugesicherte Meerblick des ohnehin nun nicht mehr vorhandenen Zimmers zu einer Anwendung der Kündigung nach § 651e BGB führen würde.

Schließlich hat die Zusicherung auch deshalb als eigenständige Mangelalternative eine Existenzberechtigung, weil sie gegenüber der einfachen Vertragsinhaltsbeschreibung im Rahmen des Reisecharakters mindestens eine Indizwirkung hinsichtlich der Bedeutung dieser zugesicherten Eigenschaft für die Reise hat. Dies wiederum ist wichtig für die Beurteilung des Ausmaßes der Beeinträchtigung,[757] etwa für die Höhe der Minderung oder das Vorliegen der besonderen Beeinträchtigungsintensität in § 651e I 1 oder § 651f II BGB.

III. Vorliegen einer Zusicherung

Bis zur Schuldrechtsreform beschränkte sich die Problematik bei der Ermittlung, ob eine Zusicherung vorliegt, darauf, eine tatsächliche Eigenschaftszusicherung von einer bloßen Leistungsbeschreibung ohne Zusicherungsqualität zu unterscheiden. Völlig unverbindliche, reklamehafte Anpreisungen sind dabei von vornherein auszuschließen.[758]

1.) Direkte Auswirkungen des Schuldrechtsmodernisierungsgesetzes

Mit der Schuldrechtsreform haben sich neue Definitions- und Abgrenzungsfragen hinsichtlich Inhalt und Bedeutung der Zusicherung ergeben.
Das Schuldrechtsmodernisierungsgesetz hat den Wortlaut des § 651c I BGB unangetastet gelassen, die Schuldrechtsreform hat generell das Gewährleistungssystem des Reiserechts nicht direkt geändert.[759] Hingegen hat es die Gewährleistung im Kauf- und Werkvertragsrecht grundlegend neu gestaltet. Nach der Reform gibt es nicht mehr die zuvor in diesen Vertragstypen bestehenden eigenen Regelungen zur Zusicherung, § 459 II, § 463 BGB (a.F.) hinsichtlich des Kaufrechts und § 633 I Alt. 1 BGB (a.F.) hinsichtlich des Werkvertragsrechts. Statt dessen wurde eine Einstandspflicht des Vertragspartners für Zusicherungen allgemein in einer Erweiterung am Ende des § 276 I 1 BGB hinzugefügt, wonach der Schuldner nunmehr nicht nur für Vorsatz oder Fahrlässigkeit einzustehen hat, sondern auch unabhängig von einem tatsächlichen Verschulden aus einer nach Inhalt des Schuldverhältnisses schärferen Haftung, namentlich Übernahme einer Garantie oder eines Beschaffungs-

---

[756] Nach Ausweitung der Anwendbarkeit des § 651e BGB durch die Rspr. wurde der § 651j BGB bis zur klarstellenden Gesetzeskorrektur weitestgehend ausgehöhlt, s. hierzu eingehend Dritter Teil E. I. (S. 398).
[757] S. u. Zweiter Teil C. III. 4.) (S. 175) u. D. II. 5.) (S. 209).
[758] *Führich*, Reiserecht, § 7 II. 3. b), Rn. 244 a. E.
[759] S. o. Erster Teil A. I. (S. 18), Zweiter Teil A. II. (S. 124).

risikos.
Dazu „passend“ spricht auch die entsprechende Anspruchsgrundlage für einen Schadensersatz im Rahmen des neuen, einheitlichen Leistungsstörungssystems nun in § 280 I 2 BGB nicht von einem „Verschulden“, sondern von einem „Vertretenmüssen“.

Der Zusicherungsbegriff des Reisevertragsrechts selbst wird durch diese Einführung einer allgemeinen Regelung in seiner Existenzberechtigung nicht betroffen.
Erstens wurde er durch das Schuldrechtsmodernisierungsgesetz bewusst nicht verändert,[760] anders als im Werkvertrags- oder Kaufrecht. Zweitens ist das Leistungsstörungsrecht des Reisevertragsrechts historisch und systematisch als eigenes, weitestgehend in sich abgeschlossenes Leistungsstörungssystem ausgestaltet[761] und richtet sich grundsätzlich nicht nach den allgemeinen Leistungsstörungsregeln im übrigen BGB, wie sich ja auch an der nicht erfolgten Einbindung in die Änderungen anlässlich der Schuldrechtsreform zeigte. Drittens und damit zusammenhängend hat die Zusicherung, wie bereits oben gezeigt, eine eigenständige Bedeutung innerhalb des Reisevertragsrechts v. a. hinsichtlich einer Erweiterung des Reisemangelbegriffs gegenüber der Reisemangelalternative des Reisefehlers.

2.) Indirekte Auswirkungen des Schuldrechtsmodernisierungsgesetzes

Das Fehlen einer zugesicherten Eigenschaft als Reisemangelalternative bleibt also an sich erhalten; dennoch wirkt sich die Änderung des § 276 I 1 BGB durch das Schuldrechtsmodernisierungsgesetz auch auf das Reisevertragsrecht aus und macht eine Neubewertung bzw. Neuordnung des Zusicherungsbegriffs notwendig.

Wie bisher eröffnen Reisemängel in Form des Fehlens zugesicherter Eigenschaft oder des Vorliegens eines beeinträchtigenden Reisefehlers grundsätzlich beide den Weg zum Gewährleistungssystem der §§ 651c ff BGB.
Dort ist für die Ansprüche auf Schadensersatz nach § 651f I und II BGB zusätzlich ein Vertretenmüssen erforderlich, vgl. § 651f I a. E. BGB. Nach dem alten Wortlaut des § 276 I BGB (a.F.) hatte der Veranstalter also für Verschulden in Form von Vorsatz oder Fahrlässigkeit einzustehen, hätte also schuldhaft das Fehlen der zugesicherten Eigenschaft oder den Reisefehler herbeiführen müssen. Allerdings bestand schon unter der alten Rechtslage die Ansicht, die ungeachtet des alten Wortlauts des § 276 I 1 BGB im Zusammenhang mit dem Prinzip des Verschuldenserfordernisses für Schadensersatz davon ausging, dass bei Vorliegen einer zugesicherten Eigenschaft der Veranstalter deren Fehlen im Sinne des § 651f I a. E. BGB zu vertreten habe.[762]
Jedenfalls lässt sich dies nunmehr eindeutig aus dem Gesetz entnehmen. Im Reisevertragsrecht ist aber noch die „normale“ Abgrenzung der Zusicherung als beeinträchtigungsloser Reisemangel von der Reisemangelalternative des Reisefehlers zu berücksichtigen. Die Neuregelung des § 276 I BGB spielt dem entgegen.

---

[760] Eingehend *Brennecke*, 3. Teil A. III., S.29ff.
[761] S. hierzu auch Dritter Teil A. I. 4.) (S. 307).
[762] Vgl. *LG Frankfurt a.M.* NJW-RR 1992, 115 (116); s. a. *Brennecke*, 3. Teil A. III. 1. a. E., S. 33.

Durch den Zusatz der vertraglich vereinbarten schärferen Haftung, namentlich der Übernahme einer Garantie oder eines Beschaffungsrisikos, im neuen § 276 I 1 BGB folgt, dass bei Vorliegen einer solchen „Garantie" ein Vertretenmüssen kein Verschulden mehr erfordert. Liegt somit eine Zusicherung in der Intensität vor, dass sie das Maß einer Garantie i. S. d. § 276 I 1 a. E. BGB erreicht, so haftet der Reiseveranstalter für das Einhalten der Zusicherung im Rahmen eines Schadensersatzanspruchs § 651f BGB nunmehr auch verschuldensunabhängig auf Schadensersatz.[763] Hingegen reicht die normale Zusicherung lediglich dafür aus, eine Zusicherung im Sinne der ersten Mangelalternative in Abgrenzung zum Reisefehler anzunehmen.

3.) <u>Unterteilung innerhalb eines Stufenmodells nach Zusicherungsintensität</u>

Daher ist nunmehr hinsichtlich von Aussagen beim Vertragsschluss zwischen insgesamt vier Intensitätsstufen der Gewährleistungsübernahme durch den Veranstalter wie folgt zu unterscheiden:

- unverbindliche Aussage, die keinen konkreten sachlichen Kern enthält und daher weder den Inhalt des Reisevertrages festlegt, noch eine Zusicherung darstellt
- bloße Leistungsbeschreibung, die zwar den Vertragsinhalt festlegt bzw. konkretisiert, und bei deren Fehlen damit im Rahmen des subjektiven Fehlerbegriffs auch ein Reisefehler vorliegt, die aber keine Zusicherung darstellt
- eigentliche Zusicherung einer Eigenschaft mit Folge einer entsprechenden Leistungsvereinbarung, bei deren Fehlen ein Reisemangel i. S. d. § 651c I Alt. 1 BGB vorliegt, also auch ohne Beeinträchtigung (auch hierbei erfolgt freilich durch die Zusicherung eine Festlegung des Vertragsinhalts bzw. der geschuldeten Leistung, was im Rahmen des subjektiven Fehlerbegriffs zu einem Reisefehler führt, wenn dadurch die Reise entspr. gem. § 651c I a. E. BGB beeinträchtigt wird)
- Zusicherung einer Eigenschaft in der Intensität einer Garantieübernahme durch den Veranstalter; zusätzlich zu den soeben geschilderten Rechtsfolgen ergibt sich bei Nichterfüllung einer solchen garantieartigen Zusicherung über § 276 I 1 BGB die Rechtsfolge der Schadensersatzansprüche nach § 651f I u. II BGB auch ohne ein Verschulden des Reiseveranstalters.

Es gilt nun, diese unterschiedlichen, steigenden Intensitäten der Zusicherung durch Beschreibung und Definition voneinander abzugrenzen. Der Verfasser hofft, durch bzw. im Rahmen dieser vierstufigen Unterteilung auch eine sachgerechte Strukturierung der bislang etwas unübersichtlichen Wertungen und Standpunkte[764] zur Bedeutung von Prospekt- bzw. Katalogangaben, Zusicherungen, Sonderwünschen u.ä. zu erreichen.

---

[763] S. a. MüKo/*Tonner*, § 651c Rn. 12.

[764] Bspw. nennt MüKo/*Tonner*, § 651c Rn. 11, die Abgrenzung zwischen Fehler und Fehlen einer zugesicherten Eigenschaft als im Reiserecht „nicht mit der Sorgfalt vorgenommen, wie im früheren Kaufrecht", was sich insbesondere an der Bewertung der Prospektangaben als zugesicherte Eigenschaften zeige, obwohl

a) Unverbindliche bzw. bedeutungslose Aussagen

Als solche sind die rein reklamehaften Anpreisungen und nichtssagenden Floskeln in den Reiseprospekten zu sehen,[765] die keine konkrete, substantiierte Aussage enthalten und daher aus der Sicht der durchschnittlichen Reisenden als angesprochene Verkehrskreise keine verbindliche Angabe sein sollen.[766] Die Grenze zu substantiellen Angaben innerhalb solcher Äußerungen, die dann Vertragsinhalt werden können, ist allerdings fließend.

Zusätzlich in die Gruppe rechtlich unbeachtlicher Aussagen zählen Äußerungen des Reisebüromitarbeiters, die erkennbar nicht den Inhalt des Reisevertrages festlegen sollen, beispielsweise unverbindliche Schilderungen eigener Reiseerfahrungen des Reisebüromitarbeiters bei einer ähnlichen Reise in diese Urlaubsregion o. ä.

(aa) Der Begriff der „Angabe" im wettbewerbsrechtlichen Sinn

Es lohnt sich m. E. hierbei wegen der angesprochenen fließenden Grenze zwischen inhaltsleeren Aussagen und inhaltlichen Angaben ein Seitenblick auf ein benachbartes Rechtsgebiet: Für diese zu Recht als schwierig empfundene Abgrenzung[767] könnte ein vergleichendes Heranziehen des im Wettbewerbsrecht zur Frage irreführender Angaben (§ 3 UWG (a.F.); jetzt § 5 UWG) eingehend diskutierten Merkmals der „Angabe" fruchtbar sein.

Während die reiserechtliche Fragestellung dahingeht, ob eine Aussage zur Reise eine konkrete Angabe ist, damit sie vertragsinhaltsgestaltend wirken kann, oder nur eine inhaltsleere Werbephrase, stellt sich im Wettbewerbsrecht das ähnliche Problem, inwiefern Angaben konkret genug sind, um mit Ihrem Aussageinhalt überhaupt eine Irreführung herbeiführen zu können, oder ob es sich auch hier um praktisch gehaltlose Äußerungen handelt. Was aber mangels Inhalt schon nicht zur Irreführung taugt, kann erst recht nicht eine vertragsinhaltsgestaltende Angabe sein.

Im Wettbewerbsrecht sind „Angaben" zu definieren als nachprüfbare Aussagen über relevante geschäftliche Verhältnisse, die einen Aussag*egehalt* besitzen;[768] Angaben können - wie im übrigen nach allgemeiner Ansicht auch im Reiserecht[769] - auch Bilder sein.
Dieser Aussagegehalt muss eine sachlich nachprüfbare Information sein, d.h. sie muss zumindest theoretisch dem Wahrheitsbeweis zugänglich sein.[770]
Tatsachenbehauptungen sind in der Regel derartige nachprüfbare Aussagen.[771] Beispiele

---

diese eher reine Beschreibungen ohne zusätzliche Zusicherungen darstellten; er führt dies allerdings (unzutr.) darauf zurück, dass der Unterschied mangels differenzierender Rechtsfolgen keine Bedeutung habe.

765 *Schlotmann*, Recht, A. III. 1. b), S. 24, spricht treffend von semantisch indifferenten Begriffen, die keine exakte *Denotation*, aber eine Fülle positiver *Konnotationen* besitzen und so eine für jeden positive Grundstimmung auslösen, ohne eine tatsächliche konkrete Sachaussage zu treffen; Beispiele: „reizvolle Landschaft", „einmalige Lage".

766 *Führich*, Reiserecht, § 7 II. 3. b), Rn. 244 a. E.; vgl. *Seyderhelm*, § 651c Rn. 10; vgl. auch *AG Stuttgart-Bad Cannstatt* RRa 1996, 106, bzgl. eines allgemeinen Prospektfotos eines Zimmers mit Meerblick.

767 Vgl. *Bidinger/Müller*, § 651c Anm. 7 a. E.: „schmaler Grat"; *Schlotmann*, Recht, S.19.

768 *Eisenmann/Jautz*, 7. Abschn. 4. 2. 1., Rn. 518.

769 Vgl. bspw. *AG Stuttgart - Bad Cannstatt* RRa 1996, 106; *LG Kleve* RRa 1997, 58.

770 *Ensthaler*, S. 244.

771 S. a. *Eisenmann/Jautz*, 7.Abschn. 4.2.1., Rn. 519.

sind Spitzengruppen- oder Alleinstellungsbehauptungen wie bspw. „einer der größten Hersteller" oder „meistgekauft"[772]; vergleichende, konkret nachprüfbare Behauptungen wie „kostet weniger als Produkt XY"[773]; wahre, unwahre oder selbstverständliche Beschaffenheitsangaben wie Angabe technischer Daten einer Maschine, die Formulierungen „Material echtes Leder" [774] oder „Massagezahnbürste aus Spezialborsten"[775], selbst wenn sie missverständlich oder mehrdeutig sind, z.B. „neu" oder „fabrikneu".[776]

Keine Angaben sind hingegen reine Werturteile, bloße Meinungsäußerungen und Fragen des Geschmacks wie „ein wunderbares Erzeugnis"[777] oder „Deutschlands beliebtester Spinat"[778], suggestive Kaufappelle wie etwa „AEG - den und keinen anderen"[779], nicht nachprüfbare Anpreisungen wie bspw. hinsichtlich eines Kinderbreis „Mutti gibt mir immer nur das Beste",[780] oder gar völlig sinnleere Aussagen - „Linoleum hat die Schlacht um den Artikel Linoleum gewonnen"[781].

Zugegebenermaßen sind auch hier die Abgrenzungen und auch die Gruppen untereinander nicht trennscharf; dennoch ergeben sich aber handhabbare Ansatzpunkte und in der Gesamtschau ein Bild von der grundsätzlichen Unterteilung, wann eine Angabe vorliegt.

Wohlgemerkt, es geht hier bei diesem Seitenblick nicht um die Frage der Irreführung durch Angaben im Reiseprospekt, sondern schon einen Schritt vorher allein um die Frage, ob nämlich überhaupt eine relevante Angabe vorliegt, um eine Beschreibung des Begriffs der Angabe.

(bb) „Angabe" im Sinne des Reisevertragsinhalts

Auf die hier zu behandelnde Frage der Erheblichkeit bzw. Verbindlichkeit von Angaben im Reiseprospekt lässt sich das Kriterium einer substantiellen, nachprüfbaren Sachaussage übertragen. Was schon keine derartige *Angabe* ist, kann erst recht kein haftungsbegründendes *Leistungsversprechen* sein. Als Beispiel mag der im Prospekt angepriesene „Traumurlaub" dienen, der als Wort mit einer Fülle positiver Konnotationen zwar nicht sinnleer, aber irgendwo zwischen bloßer Meinungsäußerung und Frage des Geschmacks eine jedenfalls nicht greifbare Aussage enthält, weil sich jeder Angesprochene darunter konkret etwas anderes vorstellt.[782]

Doch schon bei Aussagen wie„malerische Umgebung" oder „traumhafter Strand" ist Vorsicht geboten. So wurde in einem Fall der Formulierung „direkt an einem schönen Strand-

---

[772] Vgl. jew. *BGH* GRUR 69, 415; WRP 1976, 656.
[773] S. a. *Eisenmann/Jautz*, 7. Abschn. 4. 2. 1., Rn. 519, S. 204.
[774] Vgl. jeweils *Eisenmann/Jautz*, 7.Abschn., 4. 2. 2. 1. 3., Rn. 532.
[775] *BGH* GRUR 61, 293.
[776] *BGH* BB 1980, 390f; BB 82, 1747f.
[777] *Eisenmann/Jautz*, 7. Abschn. 4. 2. 1., Rn. 519.
[778] So *OLG Hamm* WRP 77, 346; m. E. zw., da durch demoskopische Erhebung m. E. durchaus nachprüfbar.
[779] *BGH* GRUR 65, 365ff.
[780] *BGH* GRUR 65, 363.
[781] *BGH* GRUR 64, 33f.
[782] Vgl. auch *AG Bad Homburg v.d.H.*, RRa 2000, 135 (136): „faszinierende Unterwasserwelt" sei keine Zusicherung intakter Hartkorallen.

abschnitt gelegen" ein Reisemangel angenommen, obwohl die Anlage tatsächlich direkt am Strand lag, der allerdings aus einem schmalen Band größerer Steine bestand, auch war das Baden dort nur bedingt möglich. Nach oben zitierter Formulierung als Aussage im Prospekt sei die Erwartung eines breiten Sandstrandes zum Sonnen und mit Bademöglichkeit im Meer geweckt und damit Vertragsinhalt geworden.[783]

Abgesehen von diesem sicherlich zweifelhaften Beispielsfall ist aber der angewandte Grundsatz zutreffend, dass Unklarheiten, ob es sich um eine inhaltsleere Worthülse oder aber um eine konkrete Beschreibung handelt, zu Lasten des Veranstalters als Inhaltsbeschreibung auszulegen sind:[784] es besteht kein Grund, den Reiseveranstalter nicht an seinen Werbeaussagen festzuhalten.

Zwar kann die Vorstellung, was ein „Traumstrand" ist, möglicherweise subjektiv von Urlauber zu Urlauber verschieden sein; relativ schnellen Konsens wird man allerdings erreichen können bei der Frage, was definitiv *kein* Traumstrand ist, wenn entgegen einer solchen Bezeichnung durch den Veranstalter vor Ort nur ein betonierter Kai oder ein müllhaldenähnlich verdreckter Küstenstreifen gegeben ist.[785] Insofern ist in derartig „greifbaren" Beschreibungen eine - in diesem Fall negativ abgrenzende - vertragsinhaltsbeschreibende Angabe zu sehen.

Lediglich allgemeine, unverbindliche Aussagen bleiben an sich ohne konkrete Rechtsfolgen. Es ist allenfalls denkbar, dass derartige Aussagen in den Reisecharakter, der sich ja als Gesamtbild eines Mosaiks aus einer Vielzahl einzelner Momente ergibt, mit einfließen. Wenn der Reiseveranstalter auch das sicher ausschließen und sich in keinerlei Weise an seinen Aussagen festhalten lassen will, so bleibt es ihm unbenommen, auf entsprechend auswirkende Werbeaussagen zu verzichten.

b) Vertragsinhaltsgestaltende Leistungsbeschreibung

Hingegen sind Sachaussagen im Reiseprospekt oder auch im Buchungsgespräch, die auch nur ansatzweise substantiiert sind und/oder konkrete Tatsachen betreffen, im Zweifel dahingehend zu bewerten, dass der Reiseveranstalter dafür dergestalt einstehen wird, dass dies Vertragsinhalt wird.[786] Dies ist die Hauptgruppe, in die die Großzahl der bei Vertragsschluss geäußerten Angaben fällt. Typisches Beispiel ist die Angabe der Hotelklassifizierung bzw. -kategorie der Unterkunft.[787]

Nach allg. Ansicht werden derlei Angaben im Reiseprospekt bzw. Katalog des Veranstal-

---

783 *AG Düsseldorf* RRa 1994, 116: Reisemangel und Minderung um 10%; es half auch nichts, dass der Reisende 2 - 3 Gehminuten entfernt am Nachbarstrand bzw. 10 Gehminuten entfernt vor dem Nachbarhotel diese Bedingungen erfüllt vorfand: die Formulierung deute gerade auf einen solchen Strand ohne nennenswerte Wege direkt am Hotel hin.

784 So auch *Bidinger/Müller*, § 651c Anm. 7 S. 104; *Pick*, § 651c Rn. 40.

785 Vgl. auch *AG Hannover* RRa 2001, 36: kein „Traumstrand", wenn dieser als Lager für Baumaterial und Bauschutt genutzt wird.

786 S. a. *Bechhofer*, § 651c III. 2. b) bb), S. 39.

787 *Führich*, Reiserecht, § 7 II. 3. b), Rn. 244, S. 188 u.; hingegen will *Pick*, § 651c Rn. 42, darin eine Zusicherung sehen.

ters regelmäßig Vertragsinhalt;[788] dazu gehören auch bildliche Darstellungen etwa des Hotels oder der Zimmer.[789] Die Prospektangaben sind die wichtigste Informationsquelle des Reisekunden, denen er ein besonderes Vertrauen hinsichtlich Richtigkeit, Vollständigkeit und Verlässlichkeit entgegenbringt.[790]

Dabei sollte selbstverständlich sein, dass unter Anwendung allgemeinen Zivilrechts grundsätzlich der Vertragsinhalt von *dem* Katalog mit den darin enthaltenen Angaben und AGB den festgelegt wird, der zum Zeitpunkt des bzw. *beim* Vertragsschlusses vorlag. Bei Vorausbuchungen auf Grundlage eines Katalogs, der zum Zeitpunkt des Reiseantritts durch einen neuen Katalog ersetzt sein wird, kann u. U. durch entsprechende Klausel im Reisevertrag teilweise die Geltung der Angaben im neuen Katalog vereinbart werden.[791]

(aa) <u>Reiseführerhafte Beschreibungen</u>

Eine Zwischenstellung nehmen die Aussagen in Reiseprospekt bzw. Katalog ein, die mit der Reise selbst nichts zu tun haben, sondern ähnlich einem Reiseführer nur allgemein das Urlaubsgebiet, Feste, Ausflugsmöglichkeiten, Verkehrsverbindungen etc. beschreiben.

Nach üblicher Ansicht scheiden diese aus der Einstandspflicht des Veranstalters aus, weil durch diese die Reiseleistung selber nicht betroffen ist.[792]

M. E. liegt darin aber gerade auch das entscheidende Kriterium zur Bewertung solcher „reiseführerhaften" Angaben. Diese sind vertragsinhaltsgestaltende Angaben dann, wenn sie den Reisecharakter mitprägen, es ist also auch hier wieder auf das entscheidende Merkmal des Reisecharakters[793] zurückzugreifen.
So kann eine berühmte Festlichkeit oder Ausflugsmöglichkeit die Reisemotivation der Kunden gerade für dieses Angebot entscheidend bestimmen. Auch wäre die generelle meteorologische Beschreibung, dass in der Region das ganze Jahr hindurch Wind von einer gewissen Stärke wehe, für einen Windsurf-Urlaub von entscheidender Bedeutung.[794] Gleiches gilt im Fall einer als „schneesicheres Gebiet" allgemein beschriebenen Winterurlaubsregion.[795] In diesen Fällen handelt es sich aufgrund des Reisecharakters bei den „reiseführerhaften" allgemeinen Aussagen um durchaus reisebezogene Angaben.

(bb) <u>Fremdleistungen vor Ort</u>

Ein im Vergleich zu den reiseführerhaften Umgebungsbeschreibungen zu Ausflugsmöglichkeiten, Festen u. ä. noch weitergehender Schritt hin zu einer Einstandspflicht liegt bei

---

[788] H. M., vgl. *Eisner*, S. 20; *Führich*, Reiserecht, § 7 II. 3. b), Rn. 244; überwiegend sogar als Zusicherung eingeordnet, vgl. *Soergel/H.-W. Eckert*, § 651c Rn. 5 m. w. Nachw. dort in Fn. 10; *Coester-Waltjen*, Jura 1995, 329 (330/331); s. a. *BGHZ* 119, 152 (173) (=NJW 1992, 3158).
[789] *Seyderhelm*, § 651a, Rn. 152.
[790] *Führich*, Reiserecht, § 7 II. 2. b), Rn. 234.
[791] S. dazu Erster Teil B. I. 3.) b) (S. 47).
[792] *Führich*, Reiserecht, § 7 II. 2. b), Rn. 233.
[793] S. Zweiter Teil D. (S. 175).
[794] S. *LG Verden* RRa 1997, 21.
[795] Vgl. *Soergel/H.-W. Eckert*, § 651c Rn. 6 a. E.

Angaben zu den vor Ort angebotenen Leistungen durch dritte Fremdanbieter vor.
Zwar haftet der Veranstalter u. U. nicht für Art und Weise der Durchführung der Dienstleistungen dieser selbständigen Fremdanbieter.[796] Er kann sich jedoch keinesfalls darauf herausreden, dass er diese Fremdleistung lediglich vermittle, wenn er auf dieselben im Katalog hingewiesen hat und diese für die Reise keine völlig untergeordnete Bedeutung haben - zumindest haftet er für das Vorhandensein dieser Fremdleistung.
Je nach Reisecharakter und insofern Einbindung der Fremdleistung wird diese Bestandteil der Reise und als solcher auch Teil der Einstandspflicht des Veranstalters für Art und Weise der Leistungserbringung.[797]

(cc) Prospektinhalt: Prospektwahrheit und Prospektklarheit

Für die Angaben in Katalog bzw. Prospekt gilt der Grundsatz der Prospektwahrheit und Prospektklarheit:[798] Die Angaben müssen richtig sein, klar und vollständig, d. h. es muss auf alle wesentlichen Umstände hingewiesen werden. Dies wirkt sich in Konsequenz auch *für* den Reiseveranstalter aus, denn auf einen negativen Umstand, auf den bereits klar und deutlich erkennbar im Katalog hingewiesen wurde, kann sich der Reisende später nicht als Mangel berufen.[799] Dies liegt auf der Hand, wird doch mit den Katalogangaben der geschuldete Vertragsinhalt auch im Negativen konkret festgelegt, beispielsweise hinsichtlich eines unbeheizten Pools, Bautätigkeit o. ä.

Andererseits dient der Prospekt bzw. Katalog dem Reiseveranstalter nicht nur zur Festlegung des Vertragsinhalts, sondern vor allem in erster Linie der Werbung, woraus sich ein gewisser Interessenkonflikt ergibt. Diesem versuchten und versuchen Reiseveranstalter dadurch zu begegnen, dass sie durch schönfärberische, verharmlosende, euphemistische oder verschleiernde Angaben auf Beeinträchtigungen hinweisen und diese von einer Mängelhaftung ausnehmen wollen, ohne dass dem Reisenden dies bei der Lektüre der beschriebene Mangel allzu bewusst wird: die sogenannte Prospektsprache.[800]

Auf die umfangreichen Einzelheiten der Katalogsprache kann im Rahmen der vorliegenden Arbeit naturgemäß nicht eingegangen werden;[801] dies ist aber im Prinzip auch nicht nötig:
Rechtlich verfehlt diese Geheimsprache insofern zu einem nicht unerheblichen Teil ihren Sinn, als jegliche Unklarheiten und missverständliche Formulierungen hierbei zu Lasten des

---

[796] S. hierzu Erster Teil B. I. 3.) e) (S. 49) sowie im Folgenden.
[797] Vgl. *BGH* NJW 2000, 1188 (Reitclubfall).
[798] MüKo/*Tonner*, § 651a Rn. 71; *Staudinger/J. Eckert*, § 651c Rn. 11.
[799] S. a. *H.-W. Eckert*, 3. Kap. I. 1. a) bb), S. 53 unten.
[800] *Schlotmann*, Recht, A. III. 1. b), S. 23, schildert einen Versuch der Stiftung Warentest, in dem 50 Testpersonen ausgewählte Reisekataloge vorgelegt und danach deren Vorstellungen über 20 ausgewählte Hotelbeschreibungen untersucht wurden. Die Überprüfung mit der Wirklichkeit durch Besichtigung vor Ort ergab, dass nicht eine einzige der 20 Hotelbeschreibungen bei den Kunden eine realistische Vorstellung über die Gegebenheiten vor Ort auslöste.
[801] Vgl. hierfür die umfangreiche Darstellung und Kasuistik bei *Schlotmann*, Recht, A. III. 1. a), S. 21f, sowie *Kaller* A. VI. 2. b), S. 27ff.

Veranstalters gehen.[802] Der Veranstalter darf nicht darauf vertrauen, dass der Kunde zwischen den Zeilen lesen kann.[803]

Somit entfalten oft gerade *die* Formulierungen, die besonders erfolgreich den damit umschriebenen Mangel verschleiern, keine Wirkung. Die Rechtsprechung zeigte sich nämlich in der Vergangenheit gegenüber der Katalogsprache erfreulicherweise wenig tolerant.[804]
So wurde beispielsweise selbst die eigentlich recht deutliche Formulierung „Hotel in zentraler Lage“ bzw. „Verkehrsgünstige Lage“ als unzulässige Geheimsprache eingestuft, die nicht hinreichend deutlich auf Verkehrslärm hinweist.[805]
Durch entsprechende Rechtsprechung wurden somit zumindest die gröbsten Auswüchse der Katalogsprache mit der Zeit beseitigt.[806] Demnach dürfen leistungseinschränkende Angaben auch nicht getrennt an anderer Stelle im Katalog oder in einem separaten Preis- und Infoteil „versteckt“ werden, sondern müssen sich bei der konkreten Angebotsbeschreibung finden - sie müssen sich dort befinden, wo der Reisende sie erwarten darf.[807]

(dd) Bedeutung der verbindlichen Prospektangaben

Dass Angaben in Prospekt bzw. Katalog auch nach Willen des Gesetzgebers den Vertragsinhalt festlegen, zeigt sich in § 4 BGB-InfoV zumindest hinsichtlich der darin genannten Angaben.
Weil der Reiseveranstalter somit durch die Angaben im Prospekt schlicht einerseits hinsichtlich der Hauptbestandteile der Reise den gesetzlichen Vorgaben zur Informationspflicht entspricht[808] und andererseits der praktischen Notwendigkeit nachkommt, dem Kunden überhaupt den Inhalt der Reise darzulegen,[809] kann aus seiner bloßen Leistungsbeschreibung allein nicht darauf geschlossen werden, dass er eine besondere Zusicherung abgeben will.[810] Vielmehr müssen neben die bloße Nennung einer Angabe im Reisekatalog weitere Faktoren treten,[811] die noch darzulegen sein werden.

Die Mindermeinung, die in jeder konkreten Katalogangabe stets eine Eigenschaftszusicherung sehen will,[812] verweist auf die Anlehnung des Reisevertragsrechts an das Werkrecht. Im Rahmen des insofern als Vorbild zu sehenden § 633 BGB (a.F.) habe es für eine Zusicherung gereicht, wenn der Werkhersteller eine Erklärung zu den Werkeigenschaften in vertraglich bindender Form abgab; dies müsse auch für die Zusicherung im Reisevertrags-

---

[802] Allg. Ansicht; vgl. schon *Bidinger*, § 651c, Anm. 2, S. 23; s. a. *Führich*, Reiserecht, § 7 II. 3. b), Rn. 228.
[803] *Tonner*, Reisevertrag, § 651c Rn. 40.
[804] S. *Schlotmann*, Recht, A. III. 1. a), S.21f; vgl. auch Zusammenstellung von durch die Rspr. als unzulässige Geheimsprache verworfenen Formulierungen bei *Führich*, Reiserecht, § 7 II. 2. b) aa) (3), Rn. 228.
[805] S. *Führich*, Reiserecht, § 7 II. 2. b) aa) (3), Rn. 228.
[806] So *Schlotmann*, Recht, A. III. 1. b), S. 25; a. A. *Kaller*, Reiserecht, A. VI. 2. b), Rn. 56.
[807] Vgl. *Schlotmann*, Recht, A. III. 1. a), S. 22, unter Verweis auf entspr. st. Rspr. des *LG Frankfurt a.M.*
[808] *Bidinger/Müller*, § 651c Anm. 14, S. 108; *Staudinger/J. Eckert*, § 651c Rn. 47.
[809] S. a. *Staudinger/J. Eckert*, § 651c Rn. 45: für den Reisenden stelle der Prospekt häufig die einzige Informationsquelle dar; s. a. *BGHZ* 100, 157 (177) u. 119, 152 (172) [XI. 2. b] (= NJW 1992, 3152, 3162).
[810] Vgl. *Staudinger/J. Eckert*, § 651c Rn. 47.
[811] So auch *Brennecke*, 3.Teil A. III. 3. c), S. 39.
[812] So *Blaurock/Wagner*, Jura 1985, 169f; *Coester-Waltjen*, Jura 1995, 329 (330/331); *Schmitt*, JR 1987, 265 (270/271).

recht gelten.[813]

Gerade hier zeigt sich aber, wie eingangs bereits angesprochen,[814] dass es für eine sachgerechte Lösung von Streitfragen auf jeden Fall vorzugswürdig ist, eine Lösung innerhalb des Reisevertragsrechts mit seinen Besonderheiten zu suchen, anstatt analog Regelungen des Werkrechts heranzuziehen. Denn die Besonderheit des Pauschalreisevertrags liegt in diesem Fall gerade darin, dass der dem Vertragsschluss zugrundeliegende Reiseprospekt eine wesentliche Funktion auch für die Werbung und grundsätzliche Information des Kunden hat;[815] die Reise muss auch aus organisatorischen Gründen im Wesentlichen im Katalog überhaupt beschrieben werden; hinzu tritt die schon genannte gesetzliche Pflicht, gewisse Informationen und Angaben darin unterzubringen.

Dies alles lässt es m. E. unsachgemäß erscheinen, Katalogangaben per se als Zusicherungen anzusehen, die Eigenheiten des Reisevertrages sprechen gegen für eine Anwendung der werkvertraglichen Regelung.[816] Nachdem auch die mündlichen Vereinbarungen vertraglich bindende Erklärungen darstellen, hätte die Ansicht der Mindermeinung zudem zur Folge, dass kaum jemals eine gewöhnliche Fehlerhaftigkeit i. S. d. § 651c I Alt. 2 BGB vorläge und diese Vorschrift praktisch bedeutungslos wäre.[817]

Schließlich sprechen auch die Gesetzesmaterialien gegen eine generelle zusichernde Bedeutung der Prospektangaben: nach Begründung des Rechtsausschusses können Abweichungen von der Ausschreibung als Abweichung vom vertraglich vorausgesetzten Nutzen (und somit als Reisefehler i. S. d. § 651c I Alt. 2 BGB) anzusehen sein, darüber hinaus können „je nach Lage des Einzelfalls ... Angaben im Prospekt auch als Zusicherung von Eigenschaften gewertet werden."[818]

Angaben in Prospekt bzw. Katalog sowie einfache Leistungsbeschreibungen durch das Reisebüro bei Vertragsschluss sind somit ohne das Hinzutreten weiterer Umstände nicht per se als Zusicherungen zu werten,[819] sondern legen zunächst einmal lediglich den geschuldeten Vertragsinhalt fest.

(ee) Sonderproblem: Leistungsbeschreibung durch Unterlassen

Problematisch ist auch, ob durch Unterlassen einer Aussage, also durch Nichterwähnung die Abwesenheit einer betreffenden Eigenschaft zugesagt bzw. vereinbart sein soll. Im Prinzip könnte das denkbar sein, auch hier lohnt sich ein Vergleich mit dem Begriff der „Angabe" im Bereich des Wettbewerbsrechts: durch Unterlassen einer Angabe kann dort

---

[813] S. *Blaurock/Wagner*, a. a. O. (Fn. 812).
[814] S.o. Erster Teil A. III. (S. 24).
[815] Vgl. auch *H.-W. Eckert*, 3. Kap. I. 1. a) aa), S. 49.
[816] So aber *Blaurock/Wagner*, Jura 1985, S. 169.
[817] Vgl. *Staudinger/J. Eckert*, § 651c Rn. 45 a. E.; *Bidinger/Müller*, § 651c Anm. 14; *H.-W. Eckert*, 3. Kap. I. 1. a) aa), S. 51; *Wieland*, 3. A. I. 1. a. aa., S. 79ff.
[818] S. Bericht Rechtsausschuss BT-Dr 8/2343, S. 9; vgl. auch *Brennecke*, 3. Teil A. III. 3. c), S. 38.
[819] So auch *Tempel*, RRa 1998, 19 (23/24) [II. 8. b)].

eine Aussage getroffen werden, wenn der angesprochene Verbraucher mit dem beworbenen Produkt eine feste Eigenschaft verbindet.[820]

Übertragen auf das Reisevertragsrecht wäre somit denkbar, dass mit einem bestimmten Reisebegriff, insbesondere einer besonderen Reiseart, in der festen Vorstellung der Allgemeinheit der Reisekunden auch bestimmte erwartete Eigenschaften verknüpft sind. Letztlich handelt es sich bei dieser Konstruktion aber um nichts anderes als den Begriff des Reisecharakters,[821] und eine fehlende Eigenschaft, die mit der entsprechenden Reise zwingend verknüpft ist, ist bereits durch den subjektiven Fehlerbegriff hinreichend sachgerecht erfasst. Bei der Konstruktion einer „Zusicherung durch Unerlassen" ist somit äußerste Vorsicht geboten - sonst bestünde die Gefahr, das für lediglich inhaltsbeschreibende Aussagen sachgerechte Erfordernis zu unterlaufen, dass zusätzlich durch deren Nichterfüllung eine Beeinträchtigung der Reise eintreten muss.

Die Nichterwähnung eines Umstandes ist somit in der Regel keine Zusicherung der Abwesenheit; es kann aber unter dem subjektiven Fehlerbegriff eine angabebedürftige Tatsache durch das Nichterwähnen ein Mangel sein, wenn sie eine unübliche, unerwartete Beeinträchtigung darstellt. Es handelt sich hier am praktischen Beispiel illustriert um den Baulärm, auf den hingewiesen werden muss, weil man sonst selbstverständlich von dessen Abwesenheit ausgehen kann. Dies entspricht auch dem o.g. Kriterium der Prospektvollständigkeit als Ausprägung der Prospektwahrheit, wonach auf alle wesentlichen Umstände hinzuweisen ist.[822]

Etwas anderes, nämlich die Qualität einer Zusicherung, könnte sich ergeben, wenn das Objekt - u. U. auch nur unter den dem Reiseveranstalter erkennbaren besonderen subjektiven Bedürfnissen des Reisenden - eine Gefahrenquelle aufweist. So kann etwa eine für einen noch zu errichtenden Swimming-Pool ausgehobene Grube hinter einem gemieteten Ferienhaus im Falle einer Familie mit kleinen Kindern durchaus eine Gefahrenquelle darstellen, auf deren Nichtvorhandensein mangels Angabe derselben bei Buchung die Familie vertrauen durfte, weil etwas derartiges ungewöhnlich bzw. nicht zu erwarten ist.[823]

In derartigen Fällen kann man auch nicht auf die Heranziehung des Kriteriums der Haftung des Veranstalters für Verkehrssicherungspflichten bzgl. des Urlaubsobjekts verweisen, weil dies erst greift, wenn buchstäblich das Kind schon in den Brunnen bzw. hier die Grube gefallen ist. Vielmehr liegt auch schon vor bzw. ohne Realisation der Gefahr ein Mangel vor. So liegt nach Reisefehlerbegriff und Mangeldefinition etwa in obigem Beispiel eine Beeinträchtigung vor, weil es sich dem Reisecharakter nach um eine Reise handelt, die eine Fa-

---

[820] Vgl. beispielsweise *Eisenmann/Jautz*, 7. Abschn. 4. 2. 1., Rn. 520f a. E.: nach *OLG Hamburg* WRP 1992, 395 sei der Begriff Davidoff-Zigarren mit der Herkunft aus Kuba und mit einem kräftigen Geschmack verbunden; beim Wechsel auf Tabak aus der Dominikanischen Republik mit entsprechend deutlich leichterem Geschmack bedarf es eines diesbezüglichen aufklärenden Hinweises des Herstellers.

[821] S. Zweiter Teil D. (S. 175ff).

[822] S. o. Zweiter Teil B. III. 3.) b) (cc) (S. 134); s. a. *Staudinger/J. Eckert*, § 651c Rn. 11 a. E.

[823] Unrealistisch und verfehlt daher *AG Syke* RRa 1995, 228: wenn die Familie sichergehen wolle, dass keine Swimming-Pool-Baugrube neben dem Haus ist, hätte sie explizit danach nachfragen und sich das Fehlen einer solchen zusichern lassen müssen.

milie mit Kleinkindern unternimmt, und die daher wegen des durch die Existenz der Gefahrenquelle erhöhten Beaufsichtigungsaufwands bzw. verminderter Unbeschwertheit und Sorglosigkeit im Nutzen bzw. Tauglichkeit für die Eltern beeinträchtigt ist.

Es bleibt festzuhalten, dass vertragsinhaltsgestaltende Angaben keine Zusicherungen i. S. d. § 651c I Alt. 1 BGB sind,[824] das Fehlen dieser Eigenschaften stellt somit nicht per se einen Reisemangel dar. Als Vertragsinhalt bestimmen sie aber im Rahmen des subjektiven Fehlerbegriffs die Soll-Leistung, daher kann ihr Fehlen einen Reisemangel darstellen, wenn sie die Reise als solche beeinträchtigen, vgl. § 651c I BGB a. E.

Im Prinzip gilt das auch umgekehrt für das Nichtvorhandensein von Besonderheiten, insbesondere Gefahrenquellen oder sonstige Beeinträchtigungen, mit denen üblicherweise nicht gerechnet zu werden braucht: weil bei deren Vorliegen den Veranstalter eine diesbezügliche Hinweispflicht trifft, kann vom Reisenden aus dem Fehlen einer entsprechenden Angabe auf das Nichtvorhandensein geschlossen werden.

c) Einfache Zusicherung einer Eigenschaft

Die Qualität einer Zusicherung i. S. d. § 651c I Alt. 1 BGB erhalten Angaben über Eigenschaften der Reise dann, wenn es für den Reiseveranstalter erkennbar ist (oder auch durch das entsprechende Herausstellen in seinem Angebot/Prospekt von ihm erkennbar hervorgerufen wurde), dass es dem Reisenden gerade auf diese Eigenschaft besonders ankommt, und er als Veranstalter nicht deutlich zu erkennen gibt, dass er diese Eigenschaft im Rahmen der Reise nicht zusichern will.[825]

Die Erkennbarkeit der Relevanz für den Reisenden kann in Form einer expliziten Nachfrage desselben vorliegen, aber auch dadurch, dass diese Relevanz dem Veranstalter aufgrund der gesamten äußeren Umstände offenbar wird bzw. sich geradezu aufdrängen muss.

Insbesondere auch der zugrundegelegte, beiderseits so verstandene Charakter der Reise lässt auf eine Zusicherung entsprechender Eigenschaften schließen, so etwa eine als Badereise ausgeschriebene Fernreise auf einen tatsächlich das Baden erlaubenden Zustand des Strandes,[826] bei einer wissenschaftlichen Studienreise eine entsprechend qualifizierte Reiseleitung.[827]

Weil der Reiseveranstalter in den seltensten Fällen selber mit dem Reisenden dessen Reisebuchung bespricht und durchführt, sondern sich dabei des Reisebüros bedient,[828] ist somit konsequent auf Kenntnisse und Aussagen des Reisebüromitarbeiters abzustellen,[829] der

---

[824] *Tempel*, RRa 1998, 19 (23/24) [II. 8. b)].

[825] S. a. *Brennecke*, 3. Teil A. III. 3. c), S. 39: Prospektangaben gelten dann als Zusicherungen, wenn sie entweder eine besonders hervorgehobene Eigenschaften betreffen, oder ein erkennbares besonderes Interesse des Reisenden daran bestehe.

[826] Vgl. *Soergel/H.-W. Eckert*, § 651c Rn. 6; s. a. *Brennecke*, 3.Teil A. III. 3. c), S.39.

[827] Vgl. *LG Frankfurt a.M.* MDR 1985, 141.

[828] S. o. Erster Teil C. III. 5.) (S. 79).

[829] S. a. BGH NJW 1982, 377 [I. 1. d.]; *Bechhofer*, § 651c III.3.b) S.43/44; MüKo/*Tonner*, § 651e Rn. 13.

zwar in der Regel nicht abschlussbevollmächtigt ist, aber nach allg. Ansicht als bevollmächtigt zum Führen der Vertragsverhandlungen angesehen wird.[830]

Die Variante einer sich geradezu aufdrängenden relevanten Besonderheit gilt beispielsweise für den Fall, dass ein gehbehinderter Reisekunde auf Krücken oder ein Rollstuhlfahrer das Reisebüro *betritt* und betont, er möchte sein Zimmer im Erdgeschoss haben, oder wenn ein Rollstuhlfahrer ein Hotel bucht, dessen Beschreibung das Vorhandensein eines Aufzugs beinhaltet. Es kann in einem solchen Fall nicht verlangt werden, dass der Behinderte seinen Sonderwunsch ausdrücklich mit dem Verweis auf seine Behinderung begründet. Es liegt insofern am Reisebüromitarbeiter, seine gewonnene Erkenntnis um die besondere Relevanz einzelner Aspekte der Buchung entsprechend weiterzuleiten.[831]

Wenn hier quasi das Gebrechen des Reisenden somit Teil des Vertragsinhalts wird, so hat dies u. U. zur Folge, dass an sich mangelfreie Leistungen als nicht behindertengerecht mangelhaft werden,[832] beispielsweise ein abseits gelegenes Zimmer mit besonders langen Wegen für einen Gehbehinderten oder ein an sich einwandfreies, für einen Rollstuhlfahrer aber zu enges Badezimmer.[833]

Das Abstellen auf das Buchungsgespräch im Reisebüro gilt auch für geäußerte Sonderwünsche des Reisenden,[834] die der Reisebüromitarbeiter aufnimmt und weiterleitet. Wenn der Reiseveranstalter sodann schlicht die Reisebuchung bestätigt, ist auch bei Schweigen des Reiseveranstalters, ohne seine explizite Anerkenntnis, die Eigenschaft als zugesichert anzusehen;[835] geäußerte „unverbindliche" Sonderwünsche des Reisenden muss der Veranstalter deutlich in seiner Annahme (in Form der Bestätigung) ablehnen, wenn er sie nicht erfüllen kann bzw. will.[836]

Bei eindeutig geäußerten, verbindlichen Sonderwünschen durch den Reisenden hat dieser die Bedeutung dieser Eigenschaft für seine Reise entsprechend hervorgehoben, deshalb muss der Reiseveranstalter in seiner Bestätigung deutlich darauf hinweisen, wenn er diese nicht bestätigen kann oder will; verbleibende Unklarheiten gehen zu seinen Lasten.[837]

Auch bereits vom Reisebüromitarbeiter ausdrücklich auf Anfrage des Reisenden zugesicherte Sonderwünsche binden nach allgemeiner Ansicht den Veranstalter im Rahmen einer

---

830 Vgl. *Tempel*, NJW 1996, 1625 (1633) [III. 2. a) aa)]; s. a. Fn. 838; es ist ein internes Problem zwischen Veranstalter und Reisebüro, wenn letzteres bei Weiterleitung des Angebots an den Veranstalter die von ihm mit dem Reisenden getroffenen Absprachen und Zusagen als Inhalt des Vertrages zur Reise nicht weitergibt; vgl. auch *Tempel*, NJW 1996, 1625 (1634) [III. 2. a) bb)] a. E.

831 *BGH* a. a. O. (Fn. 829).

832 S. a. *Bechhofer*, § 651c VI. 3. c), S. 54; s. a. *LG Frankfurt a.M.* NJW 1989, 2397.

833 Vgl. zu beidem *Schlotmann*, Recht, IV. 1., S. 32/33.

834 *Eisner*, S. 20.

835 Vgl. die insofern verfehlte Entscheidung des *AG Hannover* RRa 2003, 122, mit abl. Anm. *Führich*.

836 So *Führich*, Reiserecht, § 5 III. 1. e), Rn. 113; s. a. *AG Kleve* RRa 1998, 174 (Hinweispflicht, wenn dem Wunsch von vornherein nicht entsprochen werden kann).

837 *Staudinger/J. Eckert*, 651c Rn. 10; *Führich*, Reiserecht, § 5 V. 1. e), Rn. 113.

Anscheinsvollmacht; dies ist einleuchtend, da der Reisende in der Tat auf solche Erklärungen vertraut.[838]

Die Grenze ist konsequenterweise dort erreicht, wo der Reisebüromitarbeiter Eigenschaften zusichert, die klar im Widerspruch zu den Angaben des Veranstalters in dessen Prospekt bzw. Katalog stehen,[839] oder auch bei offensichtlich erkennbaren Zusicherungen „ins Blaue hinein". Hier handelt das Reisebüro klar außerhalb des Rahmens, in dem es für den Veranstalter das Reiseangebot verhandeln kann,[840] für derartige Falschangaben haftet nicht der Veranstalter, sondern allein das Reisebüro selbst.[841]

Besteht eine Zusicherung i. S. d. § 651c I Alt. 1 BGB vor, so liegt ein Mangel verschuldensunabhängig allein schon aufgrund eines Fehlens der zugesicherten Eigenschaft vor.

d) Garantieähnliche Zusicherung einer Eigenschaft

An das Vorliegen einer garantieähnlichen Zusicherung sind nicht nur begrifflich, sondern auch wegen der bedeutenden Folge einer verschuldensunabhängigen Schadensersatzpflicht § 651f BGB hohe Anforderungen zu stellen.[842]

Es ist zunächst zu fordern, dass die zugesicherte Eigenschaft ganz wesentlicher Umstand der Reise ist, dass also der Reisende hieran ein besonderes Interesse hat,[843] dass er das Reiseangebot ganz wesentlich wegen dieses Umstandes wahrgenommen hat, dass die Reise quasi mit der zugesicherten Eigenschaft steht oder fällt.

Als weitere Voraussetzungen ist m. E. erstens zu fordern, dass diese Bedeutung dem Veranstalter bekanntgegeben wurde oder diesem sonst klar erkennbar war. Schließlich muss eine zugesicherte Eigenschaft als solche explizit zwischen Reisendem und Reiseveranstalter vereinbart worden sein, d.h. der Reisende muss ausdrücklich um eine solche Zusicherung nachgefragt haben, und der Reiseveranstalter muss explizit bestätigt haben, dass er für das Eintreten dieses Umstandes einstehen werde. In Umkehr des Grundsatzes zu den anderen „Stufen" der Zusicherung müssen hier jegliche Unklarheiten oder Missverständnisse, ob eine solche Garantieübernahme erfolgte, zu Lasten des Reisenden gehen.

Sind diese strengen Kriterien aber erfüllt, so kann dabei praktisch jeder Umstand zugesichert werden, gerade eben auch ein solcher, auf den der Reiseveranstalter keinen Einfluss hat, weshalb er ansonsten hierfür nach § 651f I i. V. m. § 276 I 1 BGB nicht haften würde.

---

[838] Allg. Ansicht, vgl. *BGH* NJW 1982, 377 [I. 1. d)]; *Bechhofer*, § 651c III. 3. b), S. 43 unten; *Pick*, § 651c Rn. 34; *Soergel/H.-W. Eckert*, § 651c Rn. 4 m. w. Nachw. dort in Fn. 9; vgl. auch *LG Frankfurt a.M.* RRa 1994, 60 (60f) [I. A. 1.]; *LG Frankfurt a.M.*, NJW-RR 1990, 761 (763); a. A. *Tempel*, JuS 1984, 81 (82f) [II. 2.]; vgl. hingegen aber *ders.*, NJW 1996, 1625 (1634) [III. 2. a) bb)] a. E.;. Die in diesem Zshg. häufig in den AGB zu findende Klausel, Sonderwünsche müssten zur Wirksamkeit schriftlich fixiert werden, ist angesichts § 305b BGB gegenstandslos, so auch *Staudinger/J. Eckert*, § 651c Rn. 19; *LG Frankfurt a.M.* NJW-RR 1994, 1542 (1543).

[839] S. *AG Bad Homburg v.d.H.* RRa 2001, 164; vgl. auch *LG Frankfurt a.M.* RRa 1998, 173.

[840] S. *Führich*, Reiserecht, § 7 II. 2. b) dd) (3), Rn. 241; *Bechhofer*, § 651c III. 3. b), S. 44.

[841] S. a. *Tamm*, VuR 2006, 329 (331) [II. 1. c)].

[842] Ähnliche Überlegung bei MüKo/*Tonner*, § 651c Rn. 12.

[843] *Tempel*, NJW 1997, 2206 (2207) [II. 1. a)].

Mit Hilfe dieser Konstruktion ist es den Parteien möglich, einen Reisevertrag zu schließen, den der Reisekunde ansonsten wegen der Ungewissheit bzw. Befürchtung eines Nichteintritts der wesentlichen Eigenschaft nicht antreten würde, den der Reiseveranstalter aber als fachkundiger und rein wirtschaftlich kalkulierender Unternehmer anbieten will, weil er das Risiko des Nichteintritts besser einschätzen kann und auf seiner breiten Basis vieler Reiseveranstaltungen übernehmen will.

Folge einer „garantieartigen" Zusicherung ist, wie bereits dargestellt, dass bei Eintritt des „Garantiefalls" nicht nur ein Reisemangel vorliegt mit der Folge der verschuldensunabhängigen Gewährleistungsrechte der §§ 651c ff BGB, sondern dass darüber hinaus der Reiseveranstalter auch verschuldensunabhängig auf Schadensersatz haftet § 651f I BGB.[844]

IV. Prägung des Reisecharakters durch Zusicherung

Auch hinsichtlich der Prägung des Reisecharakters - auf diesen zentralen Begriff wird noch zurückzukommen sein -[845] muss unterschieden werden zwischen einfach als vorhanden „zugesicherten" Reiseleistungen im Katalog, also den im obigen Sinne schlicht vertragsinhaltsgestaltenden Leistungsbeschreibungen, und der erkennbaren besonderen Bedeutung, die der Reisende bzgl. einer Reiseleistung gerade dadurch erkennen lässt, dass er nach diesem Merkmal nochmals eindeutig nachfragt und sich dieses bei der Vertragsanbahnung (im Reisebüro) näher schildern und ausdrücklich zusichern lässt.

Durch letzteres erhält ein „einfaches" Leistungsmerkmal - z. B. das Vorhandensein eines Aufzugs, eines Tennisplatzes, einer Bade- oder Shopping-Möglichkeit - ein besonderes Gewicht, welches den Charakter der Reise prägt und insofern bei der Bewertung einer Minderung oder für die Frage der Erheblichkeit eines Mangels im Rahmen von § 651e oder § 651f II BGB eine entscheidende Rolle spielt.

C. Reisemangel in Form des beeinträchtigenden Reisefehlers § 651c I Alt. 2 BGB

Die Ermittlung, ob ein Reisemangel in der Variante eines Reisefehlers vorliegt, vollzieht sich in zwei Schritten: zunächst ist festzustellen, ob ein Fehler vorliegt. In einem zweiten Schritt ist zu prüfen, ob dieser Fehler auch zu einer Beeinträchtigung von Wert oder Tauglichkeit des vertraglich vorausgesetzten Nutzens führt, somit einen Reisemangel im Sinne der zweiten Alternative in § 651c I BGB darstellt und damit als solcher von der Einstandspflicht des Veranstalters umfasst wird.[846]

Hinsichtlich der nach Erheblichkeit des Mangels differenzierten Rechtsfolgen der Gewährleistungsrechte auf Kündigung und Schadenersatz bzw. auch für die Höhe der Minderung ist weiterhin eine Feststellung nötig, von welcher Bedeutung der jeweilige Mangel für die Reise ist.

---

[844] Zum reisevertraglichen Schadensersatzanspruch nach § 651f I BGB s. Dritter Teil F. (S. 419ff).
[845] S. Zweiter Teil D. (S. 175ff).
[846] S. o. Zweiter Teil A. I. (S. 120); a. A. *Seyderhelm*, § 651c Rn. 7, S. 90 u.: Fehler sei immer auch Mangel.

I. Reisefehler: anzuwendender Fehlerbegriff

Ein Fehler der Reise liegt nach allgemeiner Definition vor bei Abweichung der Ist- von der Soll-Beschaffenheit. Es gilt also, zu untersuchen, ob die tatsächlich erbrachte Beschaffenheit der Leistung von der vertraglich geschuldeten Beschaffenheit abweicht. Über die Vorgehensweise bei dieser Abweichungsermittlung gibt es unterschiedliche Ansichten, insbesondere darüber, was als Soll-Beschaffenheit zugrundezulegen ist.

1.) Subjektiver Fehlerbegriff

Nach dem hier als „subjektiver Fehlerbegriff" bezeichneten Ansatz[847] der h. M.[848] ist als geschuldete Soll-Beschaffenheit die vertragliche Vereinbarung maßgeblich,[849] also die Vertragsinhalt gewordenen Angaben, die zugesicherten Eigenschaften wie auch der aus diesen Elementen zum Vertragsinhalt gewordene Zweck und Nutzen der jeweiligen Reise,[850] der als zentraler Begriff des Reisecharakters noch näher zu untersuchen sein wird.[851]

Soweit der Vertrag keine konkrete Beschaffenheitsvereinbarung enthält, sollen Leistungen mittlerer Art und Güte nach objektiver Verkehrsanschauung und mit inländischem Standard geschuldet sein.[852] Dieser Fehlerbegriff umfasst damit primär subjektive und nur subsidiär objektive Elemente.[853] Zur Beurteilung, ob ein Fehler vorliegt, muss daher zunächst der Inhalt des Vertrages ermittelt werden.

2.) Subjektiv-objektiver Fehlerbegriff

Hingegen will eine Gegenansicht von einem subjektiv-objektiven Fehlerbegriff ausgehen:[854] Die tatsächliche Ist-Beschaffenheit ist demnach mit der gewöhnlichen bzw. üblichen Beschaffenheit als Soll-Leistung zu vergleichen.[855]

Wie im Kaufrecht könne der Reisekunde schlechterdings nur aus fertigen Produkten wählen;[856] teilweise sprechen die Vertreter dieser Ansicht auch von einer „Gattungsschuld des Reiseveranstalters"[857] unter analoger Anwendung des § 91 BGB, es bleibe kaum Raum für

---

[847] Vgl. zur Terminologie auch *Tempel*, RRa 1998, 19 (20/21) [II. 4.]; *Brennecke*, 3. Teil A. I., S. 23, weist zutreffend darauf hin, dass die Bezeichnungen subjektiver und subjektiv-objektiver Fehlerbegriff oft nicht klar getrennt werden.

[848] So *Blaurock/Wagner*, Jura 1985, 169 (170); *Isermann*, A. II. 3. a), S. 69; *Seyderhelm*, § 651c Rn. 7; *Tempel*, RRa 1998, 19 (21) [II. 4. a)]; *Brennecke*, 3. Teil A. I. 1., S. 23 u. dort Fn. 122 m. w. Nachw.; der subjektive Fehlerbegriff wird auch von den Vertretern der Gegenansicht als vorherrschend angesehen, vgl. *Kaller*, Reiserecht, C. 1. Teil I. 1., Rn. 146 a. E., S. 84; *Pick*, § 651c Rn. 4.

[849] *Jauernig/Teichmann*, § 651c Rn. 1.

[850] *Isermann*, A. II. 3. a). S. 69; zum Vertragsinhalt s. a. Erster Teil B. I. 3.) (S. 45) und Zweiter Teil B. III. 3.) b) (S. 132).

[851] S. Zweiter Teil D. (S. 175ff).

[852] *Bidinger/Müller*, § 651c Anm. 5, S. 100, und Anm. 10, S. 106/107; *Isermann*, A. II. 3. a), S. 70.

[853] So *Brennecke*, 3. Teil A. I. 1., S. 24 oben.

[854] MüKo/*Tonner*, § 651c Rnn. 8, 9; *Kaller*, Reiserecht, C.1.Teil I. 1., Rn. 146 a. E., S. 84; *Coester-Waltjen*, Jura 1995, 329 (330) [III.]; *Pick*, § 651c Rn. 5; dieser Ansicht folgend wohl auch *Schlotmann*, Reisevertragsgesetz, C III. 1. a), S. 63ff; sowie *dies.*, Recht, A. IV. 1., S. 30f.

[855] *Kaller*, Reiserecht, C. 1. Teil I. 1., Rn. 146, S. 84.

[856] MüKo/*Tonner*, § 651c Rn. 9; *Coester-Waltjen*, Jura 1995, 329 (330) [III.].

[857] *OLG Frankfurt* NJW 1986, 1620; *LG Hannover* NJW-RR 1986, 213; MüKo(2. Aufl.)/*Tonner* § 651c Rn. 9; *Müller-Langguth*, MDR 1986, 807 (808); *Pick*, § 651c Rn. 5; daran zweifelnd angesichts der Individua-

individualvertragliche Vereinbarungen. Daher sei grundsätzlich auf den gewöhnlichen mit dieser Reise verbundenen objektiven Nutzen abzustellen;[858] es wird also die Art der Reise in den Vordergrund gestellt für die Festlegung der Soll-Beschaffenheit.[859]

Soweit allerdings dessen ungeachtet tatsächlich individuelle Vereinbarungen erfolgen, ist vorrangig subjektiv auf diese abzustellen.[860]

Von einer derartigen „Vereinbarung" der Beschaffenheit könne nur gesprochen werden, wenn die Katalogbeschreibung Inhalt des Reisevertrages werde, hinzu kämen noch individuelle Zusagen des Reiseveranstalters, welche die Katalogbeschreibung ergänzen oder verändern. Nur hinsichtlich dieser Vereinbarungen komme der subjektive Fehlerbegriff zur Anwendung, ansonsten sei allein der objektive Fehlerbegriff von Bedeutung, wozu der gewöhnliche Nutzen der Reise zu bestimmen sei. Für letzteres sei auf Sicht und Erwartungshaltung eines Durchschnittsreisenden abzustellen.[861]

3.) Eigene Stellungnahme: Ermittlung der Fehlerhaftigkeit

Wie schon bei auch nur halbwegs aufmerksamer Lektüre der Darstellung zu beiden Meinungen auffällt, insbesondere auch zuletzt zu den subjektiven Elementen innerhalb der subjektiv-objektiven Fehlertheorie, ist der Streit nicht nur praktisch ohne große Bedeutung,[862] sondern auch dogmatisch eher von semantischer Natur, denn beide Ansichten verwenden die gleichen Kriterien und gelangen eigentlich zu den gleichen Ergebnissen. Beide räumen den Parteivereinbarungen Vorrang ein und greifen dort, wo solche Vereinbarungen nicht getroffen wurden, auf - die gleichen! - objektiven Maßstäbe zurück.

Diese Mischung aus objektiven und subjektiven Elementen vermag auch nicht zu verwundern, entspricht sie doch schon dem Gesetzeswortlaut in § 651c I BGB, der vom „gewöhnlichen oder vertraglich vorausgesetzten Nutzen" als anzulegende Soll-Beschaffenheit spricht.[863]

Der Ansatz für eine Mangelprüfung im Sinne einer Abweichung der Ist- von der Sollbeschaffenheit, bei der der Maßstab für die Soll-Leistung in erster Linie der vereinbarte Vertragsinhalt ist, und, soweit keine Vereinbarung getroffen wurde, auf normale objektiv gewöhnliche bzw. zu erwartende Beschaffenheit einer solchen Reise abzustellen ist,[864] ähnelt interessanterweise sehr der neuen Mangeldefinition im Kauf- bzw. Werkvertragsrecht nach der Schuldrechtsreform, § 434 I BGB bzw. § 633 II BGB.

---

lisierung durch den Reisetermin MüKo/*Tonner*, § 651c Rn. 9, Fn. 16; diesbezüglich wiederum ablehnend *Kaller*, Reiserecht, C. Teil 1. II. 1., Rn. 147, Fn. 7: Reisedatum sei nichts anderes als die Leistungszeit i. S. d. § 271 BGB unabhängig von der Einteilung als Stück- oder Gattungsschuld.

858 MüKo/*Tonner*, § 651c Rn. 9.

859 Vgl. *Coester-Waltjen*, Jura 1995, 329 (330).

860 MüKo/*Tonner*, a. a. O. (Fn. 858).

861 MüKo(2. Aufl.)/*Tonner* § 651c Rn. 9 a. E.; *Kaller*, Reiserecht, C. 1.Teil I. 1., Rnn. 147f ; *Pick*, § 651c Rn. 5 a. E.

862 So auch *Tempel*, RRa 1998, 19 (21) [II. 4.]: „Abweichung in den Ergebnissen geringfügig und für die praktische Rechtsanwendung nicht relevant".

863 Und damit auch einen gemischt subjektiv-objektiven Maßstab anlegt, vgl. auch *Pick*, § 651c Rn. 5 a. E.

864 S. a. *Bechhofer*, S. 38.

Und natürlich haben beide Recht in ihrem Ansatz, vorrangig die individuellen Vereinbarungen der konkreten Reise für den Vergleich zwischen Ist- und Soll-Beschaffenheit zugrundezulegen. Dort, wo sich auch aus Auslegung nach §§ 133, 157 BGB keine Vereinbarungen ermitteln lassen und insofern noch Lücken bestehen, kann auf die nach Reiseart und soweit ermittelbar Reisecharakter üblicherweise zu erwartenden Leistungen von durchschnittlicher Art und Güte abgestellt werden.

Die Beurteilung, ob ein Reisefehler vorliegt, bleibt damit stets eine Einzelfallentscheidung unter Ermittlung des jeweils konkret geschuldeten Reiseinhalts. Die Heranziehung der Reisemängeltabellen zur pauschalen Feststellung eines Fehlers ist daher verfehlt.[865] Vielmehr ist konkret die Soll-Leistung festzustellen, der geschuldete Vertragsgegenstand, der sich aus Prospekt, Katalog und Buchungsbestätigung, zusätzlichen Abreden und Zusicherungen, insgesamt also aus dem - als Begriff noch näher darzulegenden - Reisecharakter der konkreten Reise ergibt.[866] Weicht die Istbeschaffenheit bei der Reisedurchführung bei einem Vergleich damit ab, liegt ein Fehler vor, und wird durch diesen entweder der Wert oder die Tauglichkeit der Reise herabgesetzt, so liegt durch diesen Fehler ein Mangel vor, [867] wobei aber möglicherweise noch Unwägbarkeiten, Unbeherrschbarkeiten und nur geringfügige Unannehmlichkeiten abzuziehen sind. Somit gelangt man vom Reisefehler zum Reisemangel. Der Ansatzpunkt für diesen Feststellungsprozess ist im Folgenden zu erörtern.

II. <u>Beeinträchtigung: anzuwendender Mangelbegriff</u>

In einem zweiten Schritt ist zu untersuchen, ob festgestellte Fehler auch im Sinne des § 651c I a. E. BGB dazu führen, dass sie „den Wert oder die Tauglichkeit zu dem ... vorausgesetzten Nutzen aufheben oder mindern", ob also die Abweichung auch zu einer Beeinträchtigung des Nutzens der Reise führt. Unklarheit besteht nun darüber, was unter diesem Nutzen der Reise zu verstehen ist, was also Anknüpfungspunkt für die zu prüfende Beeinträchtigung sein soll.

Ein Reisefehler kann also auf zweierlei Weise einen Mangel darstellen: er kann die Tauglichkeit der durchgeführten Reise zur Erreichung des eigentlich verfolgten Reisenutzens beeinträchtigen, oder aber auch den diesbezüglichen Wert, worauf häufig nicht näher eingegangen wird,[868] m. E. zu Recht:
Denn stellt man für diese zweite Alternative auf einen *subjektiven* „Wert für den Nutzen der Reise" für den Reisenden ab, so ergibt sich kein Unterschied zur Alternative der Tauglichkeit, es würde sich in diesem Fall lediglich um eine semantische Redundanz in der Gesetzesformulierung handeln.

---

865 *Eisner*, S. 20; Beispiel: nach Frankfurter Tabelle sei ein fehlendes eigenes WC stets mit 15% oder ein zugesagter Fernseher immer mit 5% Minderung zu veranschlagen; zur Problematik schematisierter Beurteilung nach Tabellen eingehend Dritter Teil D. IV. (S. 366).
866 Zum Reisecharakter insgesamt s. Zweiter Teil D. (S. 175); hinsichtlich der Rolle des Reisecharakters für die Sollbeschaffenheit siehe unten Zweiter Teil C. III. 3.) (S. 172).
867 Vgl. *Niehuus*, Reiserecht, § 4 C. I. 4., S. 100.
868 Vgl. *Tempel*, NJW 1997, 2206 (2208) [II. 2. b) bb)].

Eine eigenständige Bedeutung hat der „Wert“ als Alternative möglicherweise dann, wenn man den Wert objektiv nach der Verkehrsüblichkeit bestimmt.[869]

Doch auch dann wird dieses Alternative völlig von der Voraussetzung der Tauglichkeit vereinnahmt: so ergäbe sich zwar unter Anwendung der objektiven Wertbeeinträchtigung kein Mangel, wenn der Veranstalter mit einem anderen, aber eindeutig höherwertigen Hotel erfüllt. Dieses ist aber nicht „tauglich“, die konkret-subjektiv geschuldete Unterbringung im vertraglich vereinbarten ursprünglichen Hotel zu erfüllen.
Es darf aber, damit kein Mangel vorliegt, kumulativ keine der beiden Alternativen Wertbeeinträchtigung oder Tauglichkeitsbeeinträchtigung vorliegen. Es ist zwar denkbar, dass eine gleich- oder höherwertige Ersatzleistung zwar nicht der Sollbeschaffenheit im Rahmen des Fehlerbegriffs entspricht, dabei aber gleichzeitig tauglich ist, die vertraglich vereinbarte Reise zu erfüllen. Dennoch werden beide Alternativen üblicherweise in Schrifttum und Rechtsprechung bei der Mangelermittlung zusammengefasst. [870]

Der im Folgenden dargelegte Meinungsstreit, wann bzw. inwiefern eine Beeinträchtigung vorliegt, ist in der Motivation davon geprägt, dass auf unterschiedliche Weise versucht wird, das gleiche Ziel einer sachgerechten Haftung des Reiseveranstalters zu erreichen, die angesichts der nach gesetzgeberischem Ansatz verschuldensunabhängigen Einstandspflicht für das Gelingen der Reise generell als zu weitgehend empfunden wird und auf verschiedene Weise eingeschränkt werden soll.

Nach Gesetzeswortlaut muss für einen Reisemangel die Reise so erbracht werden, dass sie entweder einen den gewöhnlichen oder vereinbarten Nutzen beeinträchtigenden Fehler aufweist oder ihr die zugesicherte Eigenschaft fehlt. Somit dreht sich der Streit zunächst darum, was unter der „Reise“ zu verstehen ist, was also der Anknüpfungspunkt für die Mangelhaftigkeit ist.
Der Streit ist verknüpft - wenn auch zu unterscheiden - sowohl mit der Frage, was genau eigentlich der Gegenstand des Reisevertrages ist, als auch dadurch im Rahmen des subjektiven Fehlerbegriffs über die Sollbeschaffenheit mit der Frage des Reisefehlers.

Es wird zu untersuchen sein, wie weit die beiden verschiedenen Ansichten zum Mangelbegriff mit ihrem unterschiedlichen Ansatz hinsichtlich der Ergebnisse auseinanderliegen.

Ausgangspunkt ist zunächst die verschuldensunabhängige Einstandspflicht des Reiseveranstalters für eine Beeinträchtigung in Form der Aufhebung oder Minderung des Wertes oder der Tauglichkeit zum vertraglich vereinbarten oder gewöhnlichen Nutzens, § 651c I BGB.

---

[869] So *Tempel*, a. a. O.
[870] S. *Tempel*, NJW 1997, 2206 (2208) [II .2. b) bb)] , sowie dort Fn. 37.

1.) Weiter Mangelbegriff

Die h. M.[871] geht vom sog. „weiten Mangelbegriff" aus: Anknüpfungspunkt für die Beeinträchtigung ist *die Reise* an sich. Der Reiseveranstalter haftet verschuldensunabhängig für den Erfolg der Reise als solche und trägt grundsätzlich die Gefahr ihres Misslingens, also grundsätzlich auch einer Beeinträchtigung durch Umfeldprobleme.
Diese Einstandspflicht bezieht sich auf die Reise als Gesamtheit aller ineinander gefügten Reiseleistungen; die Reise ist nicht als bloße Aneinanderreihung von Einzelteilen, sondern als eine Verschmelzung zu einem einheitlichen Ganzen zu sehen.

Der weite Mangelbegriff bezieht somit auch außerhalb der eigentlich vom Veranstalter zu erbringenden Einzelleistungen liegende Umstände, die auf die Reise einwirken, in die Gewährleistung mit ein.[872] Dies sei berechtigt, weil er die Reise von der Auswahl des Reiseziels und der einzelnen Leistungsträger, der konkreten Organisation und Koordination bis zur konkreten Durchführung im wesentlichen in der Hand habe, während der Reisende sich auf ihn verlasse und in fremdem Land auf den Veranstalter und dessen Erfüllungsgehilfen angewiesen sei.[873] Aufgrund der umfassenden verschuldensunabhängigen Einstandspflicht spiele es letztlich keine Rolle, worauf der Reisemangel zurückzuführen sei.[874]

Durch das Abstellen auf die Beeinträchtigung des „Gesamtwerkes" Reise ist der weite Mangelbegriff theoretisch nicht erfüllt, wenn durch den Mangel einer Teilleistung nicht die Reise als solche betroffen ist.[875] Es ist aber praktisch schwer vorstellbar, dass eine einzelne Reiseleistung beeinträchtigend betroffen wird, ohne dass dadurch die Reise als solche gestört wird[876] - auch wenn die Reise als Metabegriff mehr ist als die Summe der Einzelleistungen, so sind diese doch vom Begriff mit umfasst: ein Mangel einer Teilleistung wird zugleich auch ein Mangel der Reise sein.[877]

Andererseits stellen die Vertreter des weiten Mangelbegriffs aus dem Grundsatz von Treu und Glauben bzw. im Rahmen einer angemessenen Risikoabwägung Grenzen für die

---

[871] *BGH* NJW 2000, 1188 (1189); *BGHZ* 97, 255 (260); *BGH* NJW 1995, 2629; *BGHZ* 85, 50 (53ff); OLG *Frankfurt*, RRa 1994, 8 (11); MüKo/*Tonner*, § 651c Rn. 4, u. *ders.*/Reisevertrag § 651c Rn. 15; *Führich*, Reiserecht, § 7 II. 1. b), Rn. 220, S. 174 u. dort Fn. 135; *Bidinger/Müller*, § 651c Anm. 5; *Soergel/H.-W. Eckert*, § 651c Rn. 9; *Geib*, in: *Bamberger/Roth*, § 651c Rn. 5 a. E.; *Staudinger/J. Eckert*, § 651c Rn. 8; *Posner*, B. I. 3. b) ee), S. 75.

[872] *Führich*, Reiserecht, § 7 II. 1. b), Rn. 220, S. 174.

[873] Vgl. MüKo/*Tonner*, § 651c Rn. 9.

[874] S. *Führich*, Reiserecht, § 7 II. 1. b) Rn. 220 S. 174.

[875] Zwar spricht *Schlotmann*, Recht, A. IV. 2., S. 35, von „Einigkeit darüber", dass ein Mangel einer einzelnen Reiseleistung immer auch als Mangel der Reise anzusehen ist, vgl. aber *Eilmann*, 2. Kap. III. 1. b) ba), S. 38, *Oetker/Maultzsch*, § 9 D. I. 1. b) bb), S. 513, und angedeutet auch bei *Bidinger/Müller*, § 651c Anm. 5, S. 101: ein anderes Ergebnis könnte eintreten, wenn dem fehlerhaften Leistungsteil im Gesamtpaket kein erhebliches Gewicht zukomme; m. E. ist dies aber keine Frage der Qualifizierung, *ob* dann eine Beeinträchtigung auch der Gesamtreise vorliegt, sondern allein der Quantifizierung, *wie erheblich* dadurch die Reise als solche beeinträchtigt wird. Die Ausführungen von *Oetker/Maultzsch* zielen denn auch eher auf die Frage der generell hinzunehmenden geringfügigen Störungen ab, die aber schon innerhalb der Teilleistung keinen Mangel darstellen, vgl. hierzu Zweiter Teil C. III. 2.) (S. 166).

[876] S. a. *Isermann*, Reisevertragsrecht, A. II. 3., S.68/69.

[877] Vgl. Bericht Rechtsausschuss BT-Dr 8/2343, S. 9.

Einstandspflicht des Reiseveranstalters auf;[878] für geringfügig-unerhebliche oder dem allgemeinen Lebensrisiko zuzurechnende Störungen der Reise soll der Veranstalter nicht haften.[879]

Statt des Kriteriums der Beherrschbarkeit stellen einige Vertreter des weiten Mangelbegriffs auf eine Einteilung nach Risikosphären ab: Das allgemeine Lebensrisiko in Form des privaten Risikos des Reisenden sowie das Umfeld der Reise, soweit es nicht Vertragsgrundlage geworden ist, sind nicht der Risikosphäre des Veranstalters zuzurechnen, sondern vom Reisenden selbst zu tragen.[880] Betrifft die Beeinträchtigung den Vertragsinhalt gewordenen Zweck der Reise, so ist die Leistungspflicht des Veranstalters im Rahmen seines unternehmerischen Risikos betroffen.

Demnach haftet er für einen Streik des Museumspersonals bei einer Städtereise, die eben diese Museen im Programm hatte, oder auch bei einem Streik der Bediensteten einer staatlichen Eisenbahn im Rahmen einer Bahnreise durch Südamerika; ähnliches gilt für einen Streik des Flugpersonals, weil der Flug zum Leistungsprogramm der Reise gehört.[881] Dass der Veranstalter keinen Einfluss auf diese Streiks hatte, ist unerheblich. Insofern haftet er im Rahmen einer Badereise auch für eine von ihm nicht beherrschbare Algenpest, die das Baden praktisch unmöglich macht.[882]

Eine Eingrenzung wollen die Vertreter des weiten Mangelbegriffs von außen durch verschiedene eingrenzende Beschränkungen der Einstandspflicht erreichen.[883]

2.) Enger Mangelbegriff

Tempel[884] warf im Kontrast zum weiten Mangelbegriff die Frage auf, ob nicht die verschuldensunabhängige Einstandspflicht des Reiseveranstalters einzuengen sei, wenn außerhalb seines Einwirkungsbereichs liegende Umstände wie Naturereignisse, aber auch sonstige nicht voraussehbare oder nicht beherrschbare Ursachen die Reise beeinträchtigen, und begründete dabei den sogenannten „engen Mangelbegriff".

Ausgangspunkt für eine solche Eingrenzung sei zunächst, dass auf die einzelnen Reiseleistungen abzustellen sei, aus denen die Reise besteht. Die „Reise" selbst als ablösbares Resultat daraus gebe es nicht; ohnehin wäre es eine viel zu vage Fragestellung, ob „die Reise" beeinträchtigt sei.[885] Nur ein Mangel einer konkreten einzelnen Hauptreiseleistung könne ein Reisemangel sein, sonstige Beeinträchtigungen, die nicht auf einer fehlerhaften Erbringung einer konkreten Teilleistung beruhen, fallen automatisch aus dem Verantwortungsbereich des Veranstalters und damit aus dem Mangelbegriff heraus. Der Reiseveranstalter könne ja nur die einwandfreie Erbringung der konkreten Teilleistungen beeinflussen und

---

[878] *Bidinger/Müller*, § 651c Anm. 17ff.
[879] Dazu noch näher im Folgenden, s. Zweiter Teil C. III. (S. 152).
[880] *Führich*, Reiserecht, § 7 II. 1. b), Rn. 220, S. 175.
[881] Abstellend auf den organisierbaren Leistungsbereich *Isermann*, A. II. 3. b), S. 70ff.
[882] Vgl. insges. *Führich*, Reiserecht, § 7 II. 1. b), Rn. 220, S. 175.
[883] Dazu später, s. u. Zweiter Teil C. III. (S. 152).
[884] *Tempel*, JuS 1984, 81 (85f) [III. 2.].
[885] *Tempel*, Materielles Recht (2. Aufl.), § 6 III. 3 a) a. E., S. 404.

damit billigerweise schulden. Diese Teilleistungen müssen zudem Hauptreiseleistungen sein.[886]

Im Beispielsfall der berühmten Safari-Entscheidung,[887] bei der eine Safari mit Elefantenjagd wegen nicht vorhandener Elefanten mangels Abschuss erfolglos blieb, hatte der Reiseveranstalter die geschuldeten Teilleistungen - etwa Flugbeförderung, Unterkünfte, Fahrten vor Ort im Gelände etc. - unstreitig jeweils einwandfrei erbracht. Dass die Wildtiere nicht vor Ort anzutreffen war, entzog sich dem Einflussbereich des Reiseveranstalters. Es war also der Zweck der Reise beeinträchtigt, ohne dass der Reiseveranstalter Teilleistungen mangelhaft erbracht hätte.
Der *BGH* nahm ausgehend von der verschuldensunabhängigen Einstandspflicht für das *Gelingen der Reise an sich* einen Reisemangel an - und vertrat damit letztlich den weiten Mangelbegriff. Nach dem engen Reisemangelbegriff *Tempels* hingegen wären die einzelnen Reiseleistungen einwandfrei und die geschuldete Reise somit mangelfrei erbracht worden.[888] Unter der Reise versteht *Tempel* somit nur die Mehrheit einzelner konkreter Teilleistungen, nicht aber die sich daraus bildende Gesamtheit „Reise".

Der Unterschied zum weiten Mangelbegriff kommt somit besonders dann zum Tragen, wenn bei eigentlich korrekt erbrachten Reiseeinzelleistungen äußere Umstände - insbesondere Fälle höherer Gewalt - das Umfeld der Reise beeinträchtigen, und damit auch den Zweck der Reise selbst stören oder vereiteln, etwa im Fall einer Algenpest beim Badeurlaub.[889]

Eine weitere Konsequenz des engen Mangelbegriffs, der allein auf die einzelne Reiseleistung abstellt, ist, dass im Rahmen der Berechnung der Minderung eine zweifache Deckelung erfolgt, und zwar auf den maximalen Wert und die maximale Dauer der betroffenen mangelhaften Einzelleistung. Nachdem auch von den Vertretern des engen Mangelbegriffs die Minderung nach § 651d I 1 BGB nach dem Andauern des Mangels in Tagen berechnet wird, ist die Anzahl der mangelbehafteten Tage und damit der Minderungsbetrag von vornherein beschränkt auf die maximale Dauer der Einzelleistung.[890] Zur Illustration: wenn beispielsweise bei einer siebentägigen Hochzeitsreise zur Trauung im Urlaub die Hochzeitsfeierlichkeit ausfällt, so kann die Minderung maximal überhaupt nur ein Siebtel erreichen, weil ja an den anderen sechs Tagen keine Hochzeitsfeierlichkeit geschuldet war und dieser Rest des Urlaubs mangelfrei erbracht wurde.[891]

Nach dem „engen Mangelbegriff" werden zudem auch innerhalb des Ansatzes zu den einzelnen Reiseleistungen nur solche Umstände als Mangel anerkannt, die vom Reiseveranstal-

---

[886] *Tempel*, Materielles Recht (2. Aufl.), § 6 III. 3. b), S. 405.
[887] *BGHZ* 77, 310. Zur Reiseart Safari s. a. unten Zweiter Teil D. III. 2.) c) (S. 219).
[888] S. *Tempel*, JuS 1984, 81 (85) [III. 2. a)]; über die Konstruktion einer Gewähr für die Zustandsbeschreibung im konkreten Fall gelangt er aber in *Tempel*, Materielles Recht (2. Aufl.), § 6 III. 3. a) a. E., S. 404, zum gleichen Ergebnis einer Einstandspflicht.
[889] Vgl. *Staudinger/J. Eckert*, § 651c Rn. 8; s. *LG Frankfurt a.M.* NJW-RR 1991, 695 (695f).
[890] *Tempel*, RRa 2002, 4 (5/6) [II. 2. a)].
[891] S. a. *Tempel*, RRa 1997, 131 (133).

ter beherrschbar sind,[892] seine Einstandspflicht endet dort, wo auch seine Einflusssphäre aufhört. Zum nicht beherrschbaren Gefahrenbereich zählen nicht vorhersehbare höhere Gewalt, Störungen durch Verwirklichung des allgemeinen Lebensrisikos und Umweltbeeinträchtigungen des Umfelds im Zielgebiet der Reise.[893] Es liegt kein Mangel vor, wenn der Reisefehler auch bei jeder erdenklichen Sorgfalt des Reiseveranstalters nicht zu vermeiden war.[894] Konsequenterweise stellt *Tempel* eben auch nicht auf das Gelingen „der Reise" als solcher ab, sondern nur auf das Gelingen der konkret zu erbringenden und beherrschbaren Reiseeinzelleistungen.[895]

Als weiteres Erfordernis, um im Rahmen der Risikoabgrenzung die verschuldensunabhängige Gewährleistung des Veranstalters zu begrenzen, wurden von den Vertretern des engen Mangelbegriffs auch solche Schäden aus dem Begriff des Reisemangels ausgeschieden, die „aufgrund plötzlich auftretender Ereignisse" zu einem Körper- oder Sachschaden des Reisenden führen. Zum Begriff des Reisemangels nach § 651c I BGB gehöre demnach auch ein gewisses Andauern der Beeinträchtigung, ein Reisemangel liegt also nicht vor bei einem kurzzeitigen, plötzlichen Ereignis.[896]
Derartige Fallgestaltungen, vornehmlich „Unfälle" im klassischen Sinn, will *Tempel* begrifflich nicht vom Reisemangel erfasst sehen und statt dessen allein über den Schadensersatz lösen.[897] Beispiel wäre die Verletzung des Reisenden an schadhaftem Buffetgeschirr, was nach dieser Ansicht keinen Reisemangel darstellen soll, auch wenn der Reisende nach dem Nähen der Wunde im Urlaub mehrere Tage Bettruhe einhalten muss.[898]

Der Ausschluss von Ereignissen, die vom Reiseveranstalter nicht beherrschbar sind, führt dazu, dass derartige Konstellationen allenfalls über eine Schadensersatzpflicht erfasst werden. Insofern haftet der Veranstalter für derartige Beeinträchtigungen nur verschuldensabhängig über § 651f I BGB, und zwar über eine Verletzung von diesbezüglichen Informations- (im Falle von Umweltbeeinträchtigungen) oder Verkehrssicherungspflichten (bei Unfällen).[899]

Der enge Mangelbegriff wurde in der Folge hauptsächlich von *Tempel* und der lange von ihm geleiteten 24. Zivilkammer des *LG Frankfurt a.M.*,[900] darüber hinaus von einigen Instanzgerichten[901] und nur vereinzelt im Schrifttum[902] vertreten.

---

[892] *Tempel*, JuS 1984, 81 (86) [III. 2. e)].
[893] Vgl. Darstellung bei *Führich*, Reiserecht, § 7 II. 1. b), Rn. 220, S. 174.
[894] S. a. Darstellung bei *Tonner*, Reisevertrag, § 651c Rn. 10 a. E.; die Ähnlichkeit der Formulierung zum früheren Wortlaut des § 7 II StVG (a. F.) zum „unabwendbaren Ereignis" ist durchaus gewollt, vgl. *Tempel*, JuS 1984, 81 (86) [III. 2. e)] a. E. und dort Fn. 71.
[895] Ebenso *Führich*, Reiserecht, § 7 II. 1. a) (3), Rn. 218.
[896] Vgl. *LG Frankfurt a.M.* NJW-RR 1986, 214; *AG Stuttgart* RRa 1993, 6 (8).
[897] S. *Tempel*, Materielles Recht (2. Aufl.), § 6 III. 3. c), S. 406f; später teilweise relativiert in *Tempel*, RRa 2002, 4 (5) [II. 1.]; s. a. *Seyderhelm*, § 651c Rn. 16; Beispiel aus der Rspr.: *AG Stuttgart* RRa 1993, 6 (8).
[898] S. *AG Stuttgart* RRa 1993, 6 (8).
[899] Vgl. *Bidinger/Müller*, § 651c Rn. 18.
[900] *LG Frankfurt a.M.* RRa 1994, 156; stellvertretend und instruktiv in der Darlegung des Meinungsstreits *LG Frankfurt a.M.* NJW-RR 1990, 761 (762).
[901] So etwa *LG Düsseldorf* RRa 2000, 12; *AG Hamburg* 1998, 178 (179); *LG Hannover*, NJW-RR 1989, 633; *AG Stuttgart* RRa 1993, 6.

3.) Vorzugswürdigkeit des weiten Mangelbegriffs

Oetker und *Maultzsch* werfen dem engen Mangelbegriff vor, dass dieser wegen seiner Zugrundelegung allein der Haupt-Einzelleistungen und Ablehnung eines eigenen Werts der Reise als Gesamtheit im Falle einer fehlerhaften zeitlichen Abfolge des organisierten Programms durch fehlerhafte Koordinierung keinen Mangel annehmen würde.[903] Dies wäre unbillig etwa im Falle einer zweiwöchigen Reise, bei der auf ein anstrengendes Besichtigungsprogramm in der ersten Woche eine Erholungswoche folgen sollte, dann aber die beiden Wochen vertauscht würden.[904]
Abgesehen davon, dass die genaue Einhaltung eines solchen Ablaufs nur in Ausnahmefällen besondere Bedeutung erlangt und sich in eben genau diesen Fällen richtigerweise als eine Frage des Reisecharakters darstellt, übersehen *Oetker* und *Maultzsch* auch, dass die Vertreter des engen Mangelbegriffs gerade auch die Koordination als eine Hauptleistung ansehen,[905] weshalb auch das Zugrundelegen des engen Mangelbegriffs zum gleichen Ergebnis eines Reisemangels führen würde.

Hingegen überzeugt der teilweise gegen den engen Mangelbegriff vorgebrachte Einwand, er führe über das Kriterium der Beherrschbarkeit unzulässigerweise Verschuldenselemente in den Mangelbegriff ein,[906] zumindest größtenteils, wenn auch aus dem Blickwinkel des weiten Mangelbegriffs nicht völlig: Zwar ist die Kritik inhaltlich zutreffend, dass sich ein Verschuldenselement nicht mit dem verschuldensunabhängigen Mangelbegriff verträgt - dagegen taugt dies als abgrenzender Einwand der Vertreter des weiten Mangelbegriffs gegen den engen Mangelbegriff weniger. Denn auch die Versuche der Vertreter des weiten Mangelbegriffs, die Einstandspflicht des Veranstalters über verschiedene Instrumente, namentlich über Risikosphären (welche Einflussmöglichkeit bzw. Verantwortlichkeit für die eigene „Sphäre" und somit Quasi-Verschulden suggerieren), zu begrenzen, in anders gefärbtem Gewand letztlich auf ein ähnliches Ergebnis zu. Insofern ist *Tempel* teilweise in seiner zuletzt verstärkt vertretenen Einschätzung zuzustimmen, dass sich beide Meinungen in gewisser Weise dann doch wieder in der Mitte treffen:[907] nach seinem zuletzt eingenommenen Standpunkt handele sich „überwiegend um eine dogmatische Streitfrage, die für die Entscheidung einzelner Fälle keine Relevanz" habe.[908]

---

902 So *Seyderhelm*, § 651c 14ff (n. b.: *Seyderhelm* war Beisitzer von *Tempel* und später dessen Nachfolger als Vorsitzender der 24. Zivilkammer des *LG Frankfurt a.M.*); für den engen Mangelbegriff auch *Demmig*, 2.Teil C. V., S. 91, u. VI. 3., S.92, mit der Begründung, der Reisevertrag sei als typengemischter Vertrag zu behandeln und daher wie dabei üblich nur an die Teilleistungen anzuknüpfen.

903 *Oetker/Maultzsch*, § 9 D. I. 1. b) bb), S. 513.

904 Vgl. den zugrundeliegenden Sachverhalt in *LG Mönchengladbach* NJW-RR 1990, 317.

905 S. *Tempel*, Materielles Recht (2. Aufl.), § 6 III. 3. b) (2), S. 405.

906 MüKo/*Tonner*, 651c Rn. 4 a. E.

907 *Tempel*, RRa 1998, 19 II. 7. a. E., S. 23.

908 Vgl. *Tempel* in *ders./Seyderhelm*, § 7 III. 2. b) (10) a. E., S. 482; bei dieser nun gewonnenen Einsicht drängt sich allerdings die Frage auf, wieso er damals überhaupt die Diskussion um den engen Mangelbegriff angestrengt hat.

Der enge Mangelbegriff ist m. E. jedenfalls dennoch klar abzulehnen. Er berücksichtigt nicht, dass die geschuldete Reiseleistung gerade durch die Verschmelzung der Reiseeinzelleistungen zu einer Gesamtheit i. S. d. § 651a I 1 BGB ihr Gepräge erhält.

Schon als *Tempel* 1984 seinen engen Mangelbegriff erstmals andachte, war in Gesetzgebung[909] und auch vom *BGH*[910] - schon vor Inkrafttreten des Reisevertragsgesetzes - eigentlich geklärt, dass auf *die Reise an sich* abzustellen ist, wie *Tempel* selbst einräumt.[911] Entgegen der Ansicht von *Seyderhelm*[912] spricht auch der Gesetzeswortlaut eindeutig für den weiten Mangelbegriff: § 651c I BGB spricht nicht von einer Beeinträchtigung der „Reiseeinzelleistungen" oder etwa „der im Rahmen der Reise geschuldeten Leistungen" o. ä., sondern schlicht vom Nutzen *der Reise*. Die Einzelleistungen der Reise treten in dieser Norm gar nicht explizit in Erscheinung.
Auch ergibt sich nichts anderes,[913] wenn man zusätzlich § 651a I 1 BGB heranzieht: dort ist nicht von einer „Mehrzahl an Reiseleistungen" o. ä. die Rede, sondern vielmehr ist die Reise als „Gesamtheit von Reiseleistungen" definiert. Schon in der Wortbedeutung ist eine Gesamtheit mehr als nur eine Mehrzahl einzelner Leistungen, die „Gesamtheit" erfährt begrifflich eine darüber hinausgehende und qualitativ eigene Bedeutung.[914] Die gleiche Erkenntnis liefert auch ein Blick in die Gesetzesmaterialien.[915]

Soweit *Tempel* meint, die Einstandspflicht des Veranstalters könne nur im Rahmen der von ihm übernommenen Pflichten bestehen,[916] so liefert er damit kein Argument, sondern dreht sich mit dieser Aussage im Kreis, um des Pudels Kern herum. Dieser ist eben die Frage, was Vertragsgegenstand ist, wofür der Veranstalter einzustehen hat. Und im Rahmen einer verschuldensunabhängigen Einstandspflicht haftet er eben mit seinem unternehmerischen Risiko für das Gelingen der Reise an sich. Und das ist genau auch der Ansatz, der von der h. M. mit dem weiten Mangelbegriff verfolgt wird, nur ist eben ihr Ansatzpunkt „die Reise" als eigener Begriff der Gesamtheit an Reiseleistungen.

Abschließend ist festzustellen, dass der Veranstalter gemäß sowohl Wortlaut wie auch Intention des § 651a I 1 BGB die Pflicht zur Erbringung nicht einzelner Teilleistungen, sondern einer Gesamtheit von Reiseleistungen übernommen hat, und demgemäss auch nach

---

909 Vgl. Begründung Rechtsausschuss BT-Dr 8/2343, S. 9, „zu § 651c", dritter Absatz, wörtlich: „Anknüpfungspunkt sind nicht die einzelnen Reiseleistungen , sondern die ‚Reise' im Sinne der nach § 651a Abs. 1 geschuldeten Gesamtheit der Reiseleistungen".

910 Der *BGH* legte in dem als „Safari-Fall" bekannt gewordenen Urteil BGHZ 77, 310 (319) [II. 1. d)] aus dem Jahre 1977 angesichts der geschuldeten Pauschalreise noch einen Werkvertrag zugrunde, wobei er zur Mangelermittlung auf die Auswirkung des Umstandes Wegzug der Wildtiere auf den Wert der Reise abstellte.

911 S. *Tempel*, JuS 1984, 81 (85) [III. 2. a)].

912 S. *Seyderhelm*, § 651c Rn. 14.

913 So aber *Tempel*, JuS 1984, 81 (85) [III. 2. b)].

914 Vgl. auch überzeugend *H.-W. Eckert*, 3. Kap. I. 1. a) bb), S. 52.

915 Vgl. Bericht Rechtsausschuss BT-Dr 8/2343, S. 9 (s. o. Fn. 909); vgl. zuvor schon Berichterstatter *Schöfberger* in Protokoll Nr. 49 (8. Wahlperiode) des Rechtsausschusses vom 4.10.1978, S. 24: mit der Definition in § 651a I BGB werde „sichergestellt, dass eine Organisation von Reisezusammenhängen, eine Gesamtreiseleistung, erbracht werden müsse"; vgl. auch *Brennecke*, 6. B. V. 3. b) cc), S. 121f.

916 *Tempel*, JuS 1984, 81 (86) [III. 2. e)].

§ 651c I BGB für den Nutzen *der Reise* haftet. Das ist auch der Ansatz, auf den im Folgenden noch näher quasi als „weit-individueller Mangelbegriff" einzugehen sein wird, denn es hängt vom individuellen Charakter der konkreten Reise ab, was geschuldet und was somit als Beeinträchtigung der geschuldeten Reise ein Mangel ist.

III. Eingrenzende Kriterien des Reisemangelbegriffs

Durch den Ansatz, dass unter Anwendung des subjektivem Fehlerbegriffs und des weiten Mangelbegriffs in Reinform jedwede Beeinträchtigung der geschuldeten Reise eigentlich einen Reisemangel darstellt, wird die Einstandspflicht des Reiseveranstalters äußerst weit gespannt; er haftet danach eigentlich strenggenommen für jegliche Unwägbarkeiten, geringfügigste Beeinträchtigungen und blanke Zufälle, die sich auf die Reise auswirken.[917] Auch wenn dies eigentlich genau der Inhalt einer verschuldensunabhängigen Gewährleistung ist[918] - schließlich fragt im Werkvertrags- oder Kaufrecht grundsätzlich auch niemand, warum der Unternehmer schlecht erfüllt - wird dies allgemein als zu weitgreifend und daher als unangemessen angesehen,[919] wohl auch wegen der in der Natur der Sache liegenden besonderen Komplexität und Fehleranfälligkeit des Vertragsgegenstandes Reise an sich.

Der durch Anwendung des weiten Mangelbegriffs somit grundsätzlich sehr weitreichende Begriff des Reisemangels wird daher durch verschiedene konkretisierende bzw. ausschließende Kriterien sachgerecht einzugrenzen versucht.

Es handelt sich hierbei grob unterteilt zum einen um eine unterstellte Geringfügigkeit der Beeinträchtigungen durch insofern hinzunehmende Störungen, zum anderen um die Ausgrenzung von Umständen, auf die der Reiseveranstalter keinerlei bzw. kaum Einfluss hat und die daher billigerweise auch nicht von ihm getragen werden sollen.

Hinsichtlich dieser Eingrenzungen bedarf es vorab einer Anmerkung, auf die später noch vertiefend einzugehen sein wird.
Im Zusammenhang mit diesen Ansätzen zur Beschränkung der Haftung des Veranstalters findet sich in Rspr. und Lit. häufig die Klage, dass deutsche Urlauber sich ungenügend flexibel zeigten, dass sie von deutschen Standards ausgingen, die man eben im Ausland nicht erwarten könne, dass sie kleinlich und pingelig seien, was die Hinnahme von vermeintlich oder tatsächlich geringfügigen „Mängeln" in einem fernen Land angehe.[920]

Hierbei ist m. E. klar a priori festzuhalten, dass es auch im Reisevertragsrecht keinerlei Grund gibt, vom allgemein gültigen Wesen der Vertragsbindung abzuweichen. Auch im

---

[917] Vgl. schon MüKo(2. Aufl.)/*Wolter*, § 651c, Rn. 5.

[918] Zutreffend *Staudinger/J. Eckert*, § 651c Rn. 51 a. E., wonach der Veranstalter das „volle unternehmerische Risiko" auch für das Umfeld trage, das er sich für sein Reiseangebot zunutze macht.

[919] Vgl. MüKo(2. Aufl.)/*Wolter*, § 651c, Rn. 5: Eingrenzung der Einstandspflicht aus einer dem Gerechtigkeitsgefühl entstammenden prinzipiellen Erwägung heraus, dass in einem gegenseitigen Vertrag nicht eine Partei sämtliche Risiken der Vertragserfüllung tragen dürfe; s. a. *Seyderhelm*, § 651c Rn. 15, wonach der Veranstalter keine Vollkaskoversicherung sei.

[920] S. a. Erster Teil A. I. (S. 5); übersehen wird dabei m. E. auch, dass derartige Kleinigkeiten in aller Regel nicht isoliert eingeklagt werden, sondern an Klagen wegen erheblicherer Mängel „angehängt" werden.

Reisevertragsrecht kann es nicht sein, dass von der geschuldeten Vertragsleistung ohne weiteres negativ abgewichen werden kann.

Es ist nicht so, dass nach Leitbild des Reisevertrages der Reisende Abstriche von der vertraglich geschuldeten Reiseleistung hinzunehmen hätte, pacta sunt servanda gilt - selbstverständlich - auch im Reiserecht. Und mag der Urlaub auch an noch so entlegenen Ecken der Welt mit den vielleicht sonderbarsten (oder gerade sehr vernünftigen?) dortigen kulturellen und rechtlichen Sitten stattfinden – der Reiseveranstalter haftet nach deutschem Recht. Und dem ist es fremd, dass die vertraglichen Pflichten derart nachgiebig seien.

Was üblicherweise als hinzunehmende, geringfügige Mängel angesehen wird, ist m. E. genaugenommen eher in der Frage unterzuordnen, was genau der Gegenstand der geschuldeten Leistung ist.[921]

Es ist nämlich richtigerweise so, dass beispielsweise gewisse Unannehmlichkeiten inhärenter Teil der geschuldeten Leistung sind.

Dazu zählen zunächst einmal die Eigentümlichkeiten der verschiedenen Reisearten.[922] Zudem ist eine gewisse - aber eben nur geringe bzw. vom Reisecharakter definierte! - Spannbreite, ein gewisser „Abschlag“ von der *perfekten* Leistungserbringung je nach Art der geschuldeten Leistung enthalten. Außerhalb konkreter Abreden und Zusagen muss in allen nicht explizit geregelten Einzelheiten die geschuldete Leistung, die Reise als Vertragsgegenstand, nur von üblicherweise zu erwartender Beschaffenheit sein,[923] was einen gewissen, vom jeweiligen Reisecharakter in Art und Ausmaß abhängigen Spielraum für reisetyptypische Imperfektion zur Folge hat.

Wenn laut Rechtsprechung eine Kakerlake zu einem „Normalurlaub“ auf Gran Canaria eben „dazu gehört“,[924] so ist es eben genau im Sinne dieser Charakterisierung einer Leistungsqualifizierung, dass diese Kakerlake für *diese* Art von Reise hinzunehmen ist, weil sie bei einer solchen Reise durchaus auftreten kann bzw. üblicherweise auftritt; der Charakter dieser konkreten Reise enthält sozusagen einen gewissen Spielraum für einige wenige Kakerlaken. Hier spielt auch die Landesüblichkeit eine Rolle, und auch das generelle Leistungsniveau - in einem Luxushotel wird entschieden weniger Spielraum bestehen als bei einfacher Unterbringung im „unverfälscht authentischen Fischerdorf“. Die Frage hinzunehmender Geringfügigkeiten entscheidet sich somit im Zusammenhang mit diesen Kriterien innerhalb der Sollbeschaffenheit nach jeweiligem Reisecharakter.

Auf diesen Ansatz, die im Folgenden beschriebenen Beschränkungen teilweise über den Reisecharakter schon in der geschuldeten Soll-Leistung unterzubringen, wird später noch näher einzugehen sein.[925]

---

[921] Unnötig insofern die „entsprechende Anwendung des § 459 S. 2 BGB“ a. F. (gemeint ist wohl § 459 I 2 BGB a. F.) durch das *AG Bad Homburg v.d.H.* RRa 1999, 155, bzgl. hinzunehmender Unannehmlichkeit.

[922] S. u. Zweiter Teil D. III. (S. 210).

[923] Vgl. auch den nunmehr in §§ 434 I 2 Nr. 2, 633 II 2 Nr. 2 BGB nach der Schuldrechtsmodernisierung verwendeten Mangelbegriff.

[924] *AG Bonn* RRa 1996, 220.

[925] S. u. Zweiter Teil C. III. 3.) (S. 172) u. D. I. 3.) (S. 187).

Ob die folgend dargestellten einschränkenden Kriterien als nachträgliche Begrenzung des Mangelbegriffs oder schon im Rahmen der Sollbeschaffenheit angewendet werden, ändert freilich nichts am praktischen Ergebnis einer Haftungsbeschränkung; es handelt sich lediglich um eine systematisch-dogmatische Einordnung.

1.) Risikosphären und allgemeines Lebensrisiko als Haftungsbegrenzung

Die Vertreter des engen Mangelbegriffs benutzen den Aspekt der Beherrschbarkeit, um den Reiseveranstalter von seiner Einstandspflicht für Umstände zu befreien, auf die er keinen Einfluss nehmen kann (s. o.).[926]

Dies wird zwar von der h. M., den Vertretern des weiten Mangelbegriffs, abgelehnt, weil dieser Ansatz zu nahe an eine verschuldensabhängige Haftung rückt.[927] Andererseits wird anerkannt, dass die Haftung des Veranstalters für nicht beeinflussbare Umstände in gewissen Fällen unbillig erscheint. Daher will man eine Risikozurechnung nach Sphären vornehmen, und den Reiseveranstalter nur für verwirklichte Risiken aus „seiner" Risikosphäre einstehen lassen, bzw. zumindest nicht für solche, die der persönlichen Risikosphäre des Reisenden zugeordnet werden.

Daraus folgt zunächst, dass der Veranstalter nicht für Probleme einzustehen hat, die zur Risikosphäre des Reisenden zählen, weil sie allein durch den Reisenden verschuldet wurden, beispielsweise, wenn dieser sich bewusst über von ihm einzuhaltende Sicherheits-, Bedienungs- oder Verhaltensregeln hinwegsetzt und in Folge Mängel der Reise verursacht.

Ein weiterer und weiter Bereich, der von der Einstandspflicht des Veranstalters ausgenommen und der Risikosphäre des Reisenden zugerechnet wird, sind die Fälle, in denen sich für letzteren das allgemeine Lebensrisiko verwirklicht.[928]

a) Allgemeines Lebensrisiko in Form des privat-persönlichen Risikos

Bei diesen nicht mit der Reise zusammenhängenden Störungen handelt es sich um die Manifestation allgemeiner Gefahren des täglichen Lebens,[929] die nicht reisespezifisch sind und die der Reisende daher auch im Urlaub selbst tragen soll.[930]
Mit anderen Worten soll jetzt nicht der Veranstalter nur deshalb haften, weil etwas, das dem Reisenden auch sonst passieren könnte, sich hier nun einmal während einer Reise verwirklicht hat. Allein der Abschluss eines Reisevertrages rechtfertige es nicht, dieses allgemeine Lebensrisiko des Reisenden auf das Touristikunternehmen zu verlagern.[931]

Wohlgemerkt hat diese reisevertragsrechtliche Verwendung des „allgemeinen Lebensrisikos" eine andere Bedeutung, als dieses Kriterium im allgemeinen Schadensrecht §§ 249ff BGB zur Eingrenzung der Haftung auf Schadensersatz innerhalb des Zurechnungszusam-

---

[926] S. *Seyderhelm*, § 651c Rn. 17.
[927] Vgl. *Bidinger/Müller*, § 651c Anm. 18; *Führich*, Reiserecht, § 7 II. 1. b) (3), Rn. 220.
[928] Vgl. *Führich*, Reiserecht, § 7 II. 1. b) (3), Rn. 220, S. 175 u. § 7 II. 4. a), Rn. 246.
[929] Vgl. *Siebert*, RRa 1994, 110.
[930] S. *AG Freiburg* RRa 1999, 54 (56); zur Begriffsklärung vgl. auch Zweiter Teil E. V. 3.) (S. 264).
[931] *H.-W. Eckert*, 3.Kap. III. 2., S. 128.

menhangs hat.[932] Hier dient es als Ausnahme von der allgemeinen, verschuldensunabhängigen Gewährleistungspflicht des Reiseveranstalters für das Gelingen der Reise.

Daher schließt eine risikobezogene Betrachtungsweise die Haftung des Veranstalters für folgende Gruppen von Störungen aus, in denen sich nach Ansicht der Rechtsprechung lediglich ein allgemeines Lebensrisiko des Reisenden verwirklicht hat:

- der Reisende wird Opfer von Kriminalität (v. a. Diebstähle; Überfälle)[933]
- der Reisende erleidet eine Gesundheitsbeeinträchtigung (Verletzung, Erkrankung)[934]
- der Reisende erleidet einen Unfall (v.a. Stürze; Verkehrsunfälle)[935]

Man beachte, dass in der in Fnn. 933 bis 935 genannten Kasuistik von der Rechtsprechung grundsätzlich eine Verwirklichung des allgemeinen Lebensrisikos angenommen wurde, also das Vorliegen eines Reisemangels verneint wurde.

Darüber hinaus fallen hierunter alle weiteren Sachverhalte, in denen sich „Risiken" oder als Störung empfundene Umstände einstellen, die nicht reisespezifisch sind, sondern dem Rei-

---

932 S. hierzu eingehender Zweiter Teil E. V. 3.) (S. 264).

933 *BGH* NJW 1982, 1521 (Kriminalität in Jamaika); *OLG Karlsruhe* RRa 1993, 39 (= NJW-RR 1993, 1076) (Überfall mit Steinen durch Eingeborene auf einer Trekking-Tour in Kamerun)(zw.); *AG Bad Homburg v.d.H.* RRa 1994, 78 (Einbruch in Ferienhaus); *AG Düsseldorf* RRa 1994, 104 (Diebstahl); *LG Hamburg RRa 1995, 8* (Überfall); *AG Hamburg* RRa 1999, 120, 122 (Diebstahl des Gepäcks während des Wartens auf die Abreise/Abfahrt); *AG Syke* RRa 1995, 152 (ausländerfeindlicher Überfall auf deutsche Touristen); *AG Hamburg* RRa 1998, 178 (Diebstahl); *AG Freiburg* RRa 1998, 54 (56) (gezielter Schuss eines Unbekannten auf den Reisenden am Fenster der Ferienwohnung in Italien); *LG Frankfurt a.M.* RRa 2000, 76 (Raubüberfall); *LG Frankfurt a.M.* RRa 1994, 156; *AG Hamburg* RRa 1995, 72; *AG Kleve* RRa 1996, 102; *AG Baden-Baden* 1996, 107; *AG München* 1996, 204 (alle: Diebstahl aus Hotelzimmer); *AG Duisburg* RRa 2005, 29 (Diebstahl durch Hotelangestellte aus Hotelsafe) (sehr zw.).

934 *OLG Düsseldorf* NJW-RR 1992, 1461 (Herzinfarkt bei Schiffsausflug wegen Überfüllung des Schiffes und Sturm); *LG Frankfurt a.M.* 1993, 6 (generell bestehende Gefahr von Insektenstichen); *AG Düsseldorf* RRa 1994, 103 (Durchfallerkrankung); *AG Düsseldorf* RRa 1994, 104 (Kreislaufkollaps in den Tropen beim Warten auf das Transferschiff); *AG Bad Homburg v.d.H.* RRa 1994, 168 (Platzangst und Atembeschwerden bei Kreuzfahrt); *OLG Düsseldorf* RRa 1994, 122 (Verletzung an Glasscherbe im Pool); *AG Düsseldorf* RRa 1999, 39 (Verletzung an scharfkantigem Stein unter Wasser beim Baden); *AG Bad Homburg v.d.H.* RRa 1997, 15 (dermatologische Erkrankung mit Blasen und Juckreiz am ganzen Körper aufgrund Schimmelpilzbefalls des Hotelzimmers); *LG Frankfurt a.M.* RRa 1996, 145 (Ciguatera-Vergiftung bei Fischgericht) - vgl. aber a. A. *LG Düsseldorf* RRa 2001, 120 (121) (für Mangelhaftigkeit kommt es nur auf die objektive Ungenießbarkeit der Hotelverpflegung wegen des Ciguatoxins an); *LG Frankfurt a.M.* RRa 2002, 43 (Thrombose mit Lungenembolie durch langes Sitzen im Flug bei geringem Sitzabstand); *AG Hannover* RRa 2005, 30 (Verletzung an schadhaften Poolfliesen) (sehr zw.).

935 *AG Stuttgart* 1993, 55 (Ausrutschen auf einer nassen Treppe auf einem Segelschiff); AG München RRa 1994, 62 (Ausrutschen auf feuchtem Steinboden); *OLG Frankfurt a.M.* NJW-RR 1990, 188 (Sturz vom Pferd im Rahmen eines Reitausfluges); *AG Bad Homburg v.d.H.* RRa 1998, 217 (Sturz wegen Loch im Rasen der Hotelanlage); *LG Darmstadt* RRa 2004,134 (Ausrutschen auf Ölfleck am Buffet); *LG Bremen* 2004, 203 (Sturz aufgrund schlingernder Bewegungen eines Schiffes bei Seegang); *LG Düsseldorf* RRa 2005, 26 (Sturz auf unbeleuchteter Treppe der Hoteldisko); *OLG Frankfurt a.M.* RRa 2003, 19 (Sturz aufgrund witterungsbedingt nasser Fliesen; Lebensrisiko im obiter dictum); *AG Duisburg* RRa 2004, 264 (Sturz aufgrund unzureichend gesicherter bzw. unzureichend getrockneter nasser Stelle im Hotelspeisesaal); *AG Bad Homburg v.d.H.* RRa 2003, 120 (Sturz bzw. Sportverletzung wegen Stein auf Spielfläche); *LG Düsseldorf* RRa 2003, 215 (Sturz auf nasser, schadhafter Treppe); *OLG Frankfurt a.M.* RRa2001, 243; *LG Kleve* 2000, 206 (jeweils Sturz aufgrund Nässe im Bereich des Swimming-Pools); *LG Frankfurt a.M.* RRa 2002, 168 (Sturz auf Treppe, in die das Dach der Poolbar hineinragt); *OLG Celle* RRa 2002, 16 (Sturz aus dem Stand beim Skifahren); s. a. *BGH* NJW 1988, 1380 (Balkonsturz); vgl. auch *OLG Düsseldorf* RRa 2005, 21, und *AG Bad Homburg v.d.H.* RRa 2002, 218 (jeweils Verletzung eines Unbeteiligten durch Ballspiel im Rahmen eines von Hotelmitarbeitern durchgeführten Animationsprogramms).

senden auch anderweitig ereilen könnten.
Hierher gehört m. E. richtigerweise auch der berühmte Behinderten-Fall des *AG Flensburg*,[936] der seinerzeit in den Medien und auch in der reiserechtlichen Literatur für Furore sorgte.[937] Dass sich der Kläger mit geistig Schwerstbehinderten oder überhaupt mit Elend „konfrontiert“ sieht, kann ihm praktisch überall und jederzeit im Leben widerfahren.

Vom ursprünglichen Gedanken her ist das Kriterium der Verwirklichung des persönlichen Lebensrisikos m. E. ein sachgerechter Ansatz. Es erscheint einleuchtend und sinnvoll, die Einstandspflicht des Veranstalters auszuschließen, wenn dem Reisenden beispielsweise sein unbeaufsichtigtes Gepäck gestohlen wird, er auf der Treppe stolpert oder sich beim Sport bzw. beim Baden verletzt. Dies sind Vorfälle, die diesem bei entsprechender Verhaltensweise genausogut auch im Alltag zuhause widerfahren könnten, wo er sich dafür auch nicht an einem Reiseveranstalter schadlos halten kann.

Etwas weniger offensichtlich, aber immer noch einsichtig ist es, wenn dabei auf das *vor Ort* übliche Lebensrisiko abgestellt wird, also auch solche Ereignisse mit einbezogen werden, die zuhause in Deutschland nicht passieren könnten oder weitaus unwahrscheinlicher wären.[938] Denn der Reisende hat sich ja bewusst für eine Auslandsreise entschieden und kann daher nicht heimische Verhältnisse zugrundelegen. Wer ins Ausland reist, setzt sich der dort herrschenden, unterschiedlichen Lebenssituation aus, was teilweise den Reiz einer Reise ausmacht, andererseits aber eben auch andere Lebensrisiken beinhaltet. Ein Großteil der in Fn. 933 bis 935 genannten Urteile ist nur unter Zugrundelegung der jeweiligen besonderen Reiseverhältnisse als Verwirklichung eines allgemein bestehenden Lebensrisikos verständlich.
Insofern ist der Begriff des Reisecharakters[939] auch für das Kriterium des allgemeinen Lebensrisikos fruchtbar, weil eben auf die „Risikosituation“ der jeweiligen konkreten Reise inkl. Destination abzustellen ist.[940]

Wird allerdings auch dieser erweiterte, großzügigere ausländische Maßstab des allgemeinen Lebensrisikos überschritten, so ist wiederum ein Mangel anzunehmen, etwa bei *außergewöhnlich* hoher Kriminalität am Urlaubsort oder *konkreter* Gefahr von Überfällen.[941] In diesen Fällen wird häufig eine diesbezügliche Informationspflicht des Reiseveranstalter angenommen.[942] Auch verletzt er seine Verkehrssicherungs- bzw. Sorgfaltspflicht, wenn

---

936 *AG Flensburg* NJW 1993, 272 (Minderung von 10%, weil Mahlzeiten im Hotel zusammen mit Behinderten einzunehmen waren); hingegen in der Anwesenheit behinderter Gäste keinen Mangel sehend *AG Kleve* 1999, 190, und *AG Bad Homburg v.d.H.* RRa 1999, 2069. Wie *AG Flensburg* ähnlich bereits zuvor *LG Frankfurt a.M.* NJW 1980, 116; dazu treffend differenzierend *Bechhofer*, § 651c IV. 6., S. 62.

937 Lit. hierzu vgl. Nachw. bei *Führich*, Reiserecht, § 9 III. 1. i), Rn. 312, dort Fnn. 214 u. 216.

938 Hingegen stellt *AG Hamburg* RRa 1998, 178 (179) für das Merkmal des allgemeinen Lebensrisikos deutlich darauf ab, dass der vom Kläger vorgetragene Geschehensablauf (Einbruch in Ferienbungalow und sodann auch in bezogenes Ersatzquartier; Ungarnurlaub) genauso gut in Deutschland hätte vorfallen können.

939 S. u. Zweiter Teil D. (S. 175ff), insbesondere D. I. 3.) (S. 187).

940 S. a. *Brennecke*, S. 137ff.

941 Vgl. *BGH* NJW 1982, 1521 (erhöhte Kriminalität in Jamaica); *AG Hamburg* RRa 1998, 178 (normale Überfallgefahr in Ungarn).

942 *BGH* a. a. O.; s. a. *OLG Düsseldorf* NJW-RR 1991, 879.

Gefahren etwa durch bauliche Konstruktionsmängel oder Gefahrenquellen auf dem Hotelgelände das auch nach ausländischem Maßstab bzw. anzulegendem Standard zu erwartende Ausmaß überschreiten.[943]

Anfangs nur sinnvolle Begrenzung, erfreute sich der schillernde Begriff des allgemeinen Lebensrisikos schnell großer Popularität gerade auch in der Rechtsprechung und entwickelte sich zusehends zu einer Art Allzweckwaffe, zu einem „§ 242 BGB" des Reiserechts. Der Verweis auf die Verwirklichung des allgemeinen Lebensrisikos wurde zu einem Totschlagargument, mit dem man bequem Klagen in allen möglichen Fallgestaltungen abweisen konnte.

Diese weit überdehnte Anwendung dieses Kriteriums führte einerseits zu Fallgestaltungen, die - wenn auch im Ergebnis gerechtfertigt - schlicht die grammatikalische Bedeutung des Begriffs „allgemeines Lebensrisiko" überstrapazieren,[944] andererseits aber ungerechtfertigterweise zu einer Haftungsfreistellung des Reiseveranstalters führen können in Fällen, die im Sinne des ursprünglichen Ansatzes eigentlich klar seiner Risikosphäre, und nicht der des Reisenden zuzurechnen sind:

Der Sturz vom Pferd im Rahmen eines Reitausfluges,[945] die Glasscherbe im Hotelpool,[946] dermatologische Erkrankung mit Blasen und Juckreiz am ganzen Körper aufgrund des Schimmelpilzbefalls des Hotelzimmers,[947] eine Ciguatera-Vergiftung durch das Essen im Hotel,[948] der Diebstahl von Wertsachen des Reisenden aus dem Hotelsafe durch die Hotelangestellten[949] - angesichts des ursprünglichen Ansatzes, nämlich die umfassende verschuldensunabhängige Gewährleistung des Veranstalters für das Gelingen der Reise zu beschränken und durch eine Einteilung in Risikosphären zu einer angemessenen Risikoverteilung zwischen Reisendem und Reiseveranstalter zu gelangen, sind dies genau besehen eigentlich alles Fälle, die im Sinne des ursprünglichen Ausgangspunktes eigentlich eindeutig der Risikosphäre des Veranstalters und nicht der des Reisenden zuzuschlagen sind.[950] Daran kann auch die Einschaltung des selbständigen Hoteliers als Leistungsträger und damit verminderte Leistungserbringungsnähe des Veranstalters zur Reiseleistung nichts ändern.

---

[943] S. bspw. *AG Bad Homburg v.d.H.* RRa 2001, 250.

[944] Es ist eben begrifflich nicht Teil des „allgemeinen Lebensrisikos", sondern schlicht unnormal, beim Herantreten ans Fenster beschossen zu werden - vgl. so aber *AG Freiburg* RRa 1998, 54 (56); die Urteilslektüre legt nahe, dass hier wohl unausgesprochen vor allem auf das Merkmal der fehlenden Beherrschbarkeit durch den Veranstalter abgestellt wurde.

[945] *OLG Frankfurt a.M.* NJW-RR 1990, 188.

[946] *OLG Düsseldorf* RRa 1994, 122.

[947] *AG Bad Homburg v.d.H.* 1997, 15.

[948] *LG Frankfurt a.M.* RRa 1996, 145; *LG Düsseldorf* RRa 2001, 120.

[949] *AG Duisburg* RRa 2005, 29 - dass hierbei eine Haftung gem. § 278 BGB am Erfüllungszusammenhang angesichts der diebischen Angestellten scheitern würde, ist für das Vorliegen eines (verschuldensunabhängigen) Reisemangels ohne Belang.

[950] Vgl. insofern noch die ursprüngliche, zutreffend sachlich begrenzte Anwendung des allgemeinen Lebensrisikos durch *LG Essen* RRa 1995, 12: „Die Unfallgefährlichkeit der Ausstattung der Ferienunterkunft wird nach der gefestigten Rechtsprechung des Bundesgerichtshofes (NJW 1982, 1521), der sich die Kammer anschließt, als Reisemangel angesehen. Entgegen der Auffassung der Beklagten hat sich vorliegend nicht das allgemeine Lebensrisiko realisiert. Der Sturz ist auf die mangelnde Sicherheit der Terrasse zurückzuführen."

Oder, wie *Siebert* treffend hierzu formuliert:

> „Wenn ein Automobil-Hersteller von seinen Lieferanten Bremsen, Lenkräder oder einen Airbag bezieht und diese in ein von ihm zu lieferndes Automobil einbaut, ist es für uns selbstverständlich, dass der Automobilhersteller aufgrund des von ihm gebauten und gelieferten Endproduktes auch für die Qualität und die Funktionalität der von ihm benutzten Zuliefererteile haftet. Wenn man aber über Pauschalreise-Produkte spricht, soll auf einmal das Produkt Urlaub aufgrund der großen räumlichen Entfernung zwischen dem Produzenten Reiseveranstalter und dem Lieferanten Hotelier, Transporteur oder Ausflugsanbieter etc. eine andere Dimension erlangen? Wenn ein Reiseveranstalter also ein Produkt aus verschiedenen Leistungsbestandteilen zusammensetzt, dann bemisst sich die Qualität des Produktes, ebenso wie beim Pkw, am reibungslosen Ineinandergreifen und Funktionieren der einzelnen Teile. Danach hat ein Urlauber selbstverständlich das Recht, diese praktische Funktionalität seines gebuchten Urlaubes für sich auch zu beanspruchen.“[951]

Diese Überlegungen sind treffend. Auch im Sinne der reisevertragsrechtlichen Definition des allgemeinen Lebensrisikos als reiseunspezifische Ereignisse, die also dem Reisenden auch außerhalb einer Reise widerfahren können, kann demnach der zentrale Kern, der Zweck der Reise von diesem Haftungsausschlusskriterium nicht erfasst sein, auch weil sonst das unternehmerische Risiko auf den Reisenden abgewälzt würde.

Im Rahmen einer Vermischung des Verschuldens bei deliktischer Haftung mit dem bequemen, griffigen Kriterium des allgemeinen Lebensrisikos wurde im Anschluss an die Balkonsturz - Entscheidung des *BGH*[952] die Überlegung, dass stichprobenartige Überprüfungen des Leistungsträgers genügen (zur Erfüllung der Verkehrssicherungs- bzw. Sorgfaltspflicht im Rahmen deliktischer Haftung!), und dass alles, was bei einer derartigen stichprobenartigen Überprüfung nicht zu entdecken sei, eben allgemeines Lebensrisiko des Reisenden konstituiere, gelegentlich unsauber auf die verschuldensunabhängige Frage des Vorliegens eines Reisemangels übertragen.

Zu den traurigen vorläufigen Höhe- bzw. Tiefpunkten des Missbrauchs des Kriteriums des allgemeinen Lebensrisikos dürften die beiden folgenden Beispiele zählen:

So wollte das *AG Düsseldorf* in einem Fall Lärm trotz Katalogangabe „Hotel befindet sich in ruhiger Lage“ mit Verweis auf das allgemeine Lebensrisiko nicht als Reisemangel anerkennen. Dass das Zimmer des Reisenden „eine nicht ganz so ruhige Lage“ wegen des unstrittigen Lärms aufgrund auch die Nacht hindurch häufig an- und abfahrender Reisebusse aufwies, war nach Ansicht des Gerichts kein Reisemangel, denn es sei

> „mit einem erheblichen Aufkommen von Reisenden zu rechnen, da der Trend zu Billigreisen ungebrochen ist. Die Beklagte hat insoweit zutreffend darauf hingewiesen, dass es das allgemeine Lebensrisiko des Reisenden ist, gerade in der Hochsaison ein

---

[951] *Siebert*, RRa 1994, 110 (111/112).

[952] *BGHZ* 103, 298 (= NJW 1988, 1380); s. a. Zweiter Teil E. VI. 3.) (S. 270).

> Zimmer zu erhalten, welches eine nicht ganz so günstige Lage innerhalb des Hotelkomplexes aufweist."[953]

Ganz unabhängig davon, ob die Ablehnung *im Ergebnis* zutreffend sein mag (auch das wohl zw.), fühlt man sich jedenfalls ob dieser *Begründung* angeregt, zynisch anzudenken, ob es überhaupt nicht ganz generell allgemeines Lebensrisiko sei, dass eine Reise einen Reisemangel aufweist.

Ähnlich bedenklich die Begründung in einer weiteren Entscheidung, wonach in einem Fall einer Verletzung des Reisenden aufgrund *defekter Fliesen am Swimmingpool* nach Ansicht des *AG Hannover* kein Reisemangel vorliegen soll:

> „Die von dem Kläger zur Grundlage seiner Klage gemachte Störung (Verletzung) ist jedoch keine, die die Hauptleistungspflichten der Beklagten berührt. Vielmehr hat sich hier eine nicht reisespezifische Gefahr verwirklicht, mit deren Auftreten auch im privaten Alltag stets gerechnet werden muss und die deshalb nicht zur Einstandspflicht des Reiseveranstalters führt, sondern der Privatsphäre des Reisenden zugerechnet werden muss."[954]

Auch hier ist es nicht das Ergebnis, das angesichts der konkreten Umstände des streitgegenständlichen Sachverhalts sogar stimmig sein mag,[955] sondern die Begründung, die stutzig machen sollte.

Natürlich ist wie im übrigen Reiserecht gerade auch zu den Fragen der Verwirklichung des allgemeinen Lebensrisikos die instanzgerichtliche Kasuistik unübersichtlich und widersprüchlich.

Insofern finden sich auch hinreichend Fälle, in denen ein Ausweichen auf das allgemeine Lebensrisiko zutreffend verneint wird. So handele es sich etwa explizit nicht um eine Verwirklichung des allgemeinen Lebensrisikos, wenn ein Reisender einen Sturz erleidet, weil ein Reisender mit einem Mitarbeiter der Fluggesellschaft quer durch den Flughafen hastet, um statt des eigentlich geschuldeten Fluges kurzfristig einen Ersatzflug noch zu erreichen.[956]

Auch bei Unfällen mit Bussen des Reiseveranstalters bzw. der von diesem beauftragten Busunternehmer wird dies als allgemeines Lebensrisiko verneint und stattdessen zutreffend der Risikosphäre des Reiseveranstalters zugerechnet,[957] obwohl auch hierbei das Merkmal des allgemeinen Lebensrisikos nicht ganz korrekt verstanden wird, denn das Wahrschein-

---

[953] *AG Düsseldorf* RRa 2003, 239.

[954] *AG Hannover* RRa 2005, 30f; vgl. hingegen *LG Essen* RRa 1995, 12 (oben Fn. 950).

[955] Im konkreten Fall war die Stelle mit den schadhaften Fliesen durch Flatterband abgesperrt gewesen, was durch den geschädigten Elfjährigen ignoriert worden war.

[956] *OLG Celle* RRa 2002, 162.

[957] *LG Koblenz* RRa 2004, 206; völlig zutreffend *LG Frankfurt a.M.* RRa 2001, 79: „Ein Verkehrsunfall, der sich auf einer Transferfahrt ereignet, betrifft nicht lediglich das allgemeine Lebensrisiko des Reisenden, sondern den unmittelbaren Pflichtenkreis des Reiseveranstalters. Der Reiseveranstalter hat daher für einen solchen Verkehrsunfall grundsätzlich verschuldensunabhängig wegen eines Reisemangels zu haften."; vgl. auch *AG Bonn* RRa 1999, 154.

lichkeitsmaß „typisch“ muss für das Vorliegen einer Verwirklichung des allgemeinen Lebensrisikos nicht erreicht sein:

> „Bei dem streitgegenständlichen Unfall, der selbst zwischen den Parteien nicht im Streit steht, handelt es sich auch nicht um ein die Haftung ausschließendes allgemeines Lebensrisikos des Reisenden, das Fälle umfasst, die nicht aus dem Verantwortungsbereich des Veranstalters stammen und mit deren Auftreten auch im privaten Alltag gerechnet werden muss. Zwar müssen auch im Urlaub die allgemeinen Gefahren des Straßenverkehrs einkalkuliert werden; es gehört jedoch nicht zu den typischen Gefahren des Straßenverkehrs, auf einem Parkplatz von einem manövrierenden Bus angefahren zu werden; jedenfalls rührt der Mangel aus der Sphäre der Beklagten, da der Unfall durch einen Reisebus des von ihr beauftragten Busunternehmens verursacht wurde.“ [958]

Wenig sachgerecht bzw. nachgerade unverständlich erscheint schließlich die Rechtsprechung in den enorm zahlreichen Fällen des Diebstahls von Gegenständen des Reisenden aus dem Hotelzimmer: in der ganz überwiegenden Mehrheit der Entscheidungen und auch der Literatur wird dies dem allgemeinen Lebensrisiko zugerechnet und somit das Vorliegen eines Reisemangels abgelehnt.[959] Dies sogar selbst dann, wenn es bei einem Diebstahl aus dem Hotelsafe offensichtlich ist, dass er nur von Hotelangestellten begangen worden sein kann.[960] Regelmäßig wird dabei auch eine (analoge) Anwendung der Gastwirtshaftung aus § 701 BGB abgelehnt.[961]

Letzteres ist zwar dogmatisch aufgrund des abschließenden Charakters des Reisevertragsrechts an sich richtig[962] - doch sowohl der hinter § 701 BGB wie auch der hinter der Einführung der §§ 651a ff BGB als die Rechtstellung des Reisenden verbessernde Gesetzgebung stehende *telos* wird von den Gerichten anscheinend nicht für verwirklichungsbedürftig gehalten, denn mit sachlich richtigerweise zu erwartender diebstahlverhindernder Ausstattung und Organisationsablauf bzw. Zurechnung des Verhaltens der Hotelangestellten in die Risikosphäre des Veranstalters könnte zumindest über die Annahme eines Reisemangels für eine gewisse Gewährleistung gesorgt werden, wenn schon nicht für einen Schadensersatzanspruch.

Denn das Haftungsausschlusskriterium des allgemeinen Lebensrisikos ist in diesen Fällen von seinen Voraussetzungen her nicht erfüllt: Der Begriff der Verwirklichung eines allgemeinen privaten Lebensrisikos und somit eine Störung aus der persönlichen Risikosphäre des Reisenden liegt hier nicht vor, denn dieses Risiko besteht nicht allgemein, sondern allein deswegen, weil der Reisende sich bzw. sein Eigentum in die Obhut des Hotels gibt,

---

958 Auszug aus *LG Koblenz* RRa 2004, 206 (207).

959 *AG Bad Homburg v.d.H.*, RRa 1994, 78; *AG Nordenham*, RRa 1994, 17; *LG Berlin*, NJW 1985, 144 (145). S. a. oben Fn. 933. A. A. *AG Bamberg* RRa 1994, 135 (*direkte* Anwendung des § 701 BGB) (dogmatisch verfehlt).

960 *AG Duisburg* RRa 2005, 29.

961 Exemplarisch *AG Hamburg* RRa 95, 72; vgl. auch *Seyderhelm*, § 651c Rn. 51

962 S. a. Dritter Teil A. I. 4.) (S. 307).

welches eindeutig dem Einflussbereich und damit der Risikosphäre des Reiseveranstalters über seinen Erfüllungsgehilfen Hotelbetreiber zuzurechnen ist.

Diese Vorfälle sind daher eindeutig dem Verantwortungsbereich des Hotels, also des Erfüllungsgehilfen des Reiseveranstalters, zuzurechnen, denn er bzw. seine Angestellten haben die Schlüssel für die Zimmer und den Hotelsafe. Der Reisende hat letztlich gar keine Chance, sich gegen diese Kriminalität der Hilfspersonen des Leistungsträgers zu schützen, indem er seine Wertsachen zugriffsgeschützt verstauen kann. Es ist daher grob unbillig, ihm die Schäden für dieses „landesübliche Lebensrisiko“[963] aufzubürden.

Soweit also der Diebstahl aus dem abgeschlossenen Hotelzimmer oder dem Hotelsafe die Reise beeinträchtigt,[964] was nicht unbedingt der Fall sein muss,[965] liegt somit ein Reisemangel i. S. d. § 651c I BGB vor; der st. Rspr. ist insofern nicht zu folgen.[966] Die Frage des Verschuldens und damit eines Schadensersatzes gem. § 651f I BGB für die gestohlenen Gegenstände ist eine andere und kann u. U. durchaus negativ beantwortet werden. Dass eine Haftung für den Erfüllungsgehilfen § 278 BGB in diesen Fällen mangels des Erfüllungszusammenhangs bei vorsätzlichem Diebstahl ausscheidet,[967] ist aber für die verschuldens*un*abhängige Frage der Gewährleistung gerade unerheblich.[968]

Die mittlerweile wie dargestellt in verschiedener Hinsicht aus dem Ruder gelaufene Anwendung des Kriteriums des „allgemeinen Lebensrisikos“ sollte wieder auf ihre Ursprünge, auf ihre Rolle innerhalb einer sachgerechten Unterteilung von billigerweise zuzurechnenden Risikosphären des Veranstalters und des Reisenden zurückgeführt werden, um die - und das gilt es in diesem Zusammenhang als Ausgangspunkt zu betonen - ansonsten umfassende, verschuldensunabhängige Einstandspflicht des Reiseveranstalters *ausnahmsweise* in unbil-

---

[963] So aber bspw. *AG Düsseldorf* RRa 1998, 196 (197): gerade in südlichen Ländern müsse mit Hoteldiebstählen gerechnet werden.

[964] Soweit *Rodegra*, MDR 2002, 919 (924) [IV. 5.], (m. E. zutreffend) feststellt, dass beim Reisemangel nicht auf eine persönliche Beeinträchtigung des Reisenden, sondern auf die Störung der vertraglichen Reiseleistungen abzustellen sei, und daraus (m. E. unzutreffend) folgert, dass schon deshalb ein Diebstahl oder sonstige Kriminalität keinen Mangel begründen können, verkennt er m. E., dass gerade durch eine solche Straftat neben der persönlichen Betroffenheit auch die Reise an sich bzw. der Reisezweck beeinträchtigt oder vereitelt werden kann.

[965] Fehlende Auswirkungen auf die Reise selbst denkbar etwa bei hinterlegtem Geld, Schmuck o. ä.; vgl. aber dargestellten Sachverhalt bei *Siebert*, RRa 1994, 126 (129), in dem der Diebstahl eines Kameraobjektivs das (als wesentliches Element der Reise angesehene) Fotografieren auf einer Thailandreise beeinträchtigte.

[966] Vgl. auch den Fall *AG Neuss* RRa 2000, 181 (182), in dem einer Reisenden Minderung i. H. v. 100% und Anspruch aus § 651f II BGB zugesprochen wurde, weil sie nach einem zunächst mangelfreien Urlaub in der letzten Nacht vor der Rückreise von einem Hotelangestellten vergewaltigt wurde. Das Ergebnis wirkt zwar im Ergebnis nur all zu billig, ist aber inkonsequent angesichts der Tatsache, dass schon bei einfacher Kriminalität wie dem Diebstahl durch Hotelangestellte regelmäßig von der Rspr. in den in Fn. 933 genannten Fällen eine verschuldensunabhängige Einstandspflicht in Form des Reisemangels und erst Recht ein Verschulden des Veranstalters abgelehnt wird, weil es sich hier um bewusst kriminelles Verhalten der Angestellten handelt, das dem Veranstalter nicht zuzurechnen ist. Wenn man also im Fall des *AG Neuss* - richtigerweise! - das Verhalten des Angestellten der Risikosphäre des Veranstalters zurechnet, müsste man das konsequenterweise auch in den Fällen des einfachen Diebstahls des Hotelpersonals aus Zimmern und Hotelsafe so sehen. Entweder das - kriminelle - Verhalten des Personals ist generell der Risikosphäre des Veranstalters zuzurechnen, oder eben nicht - tertium non datur.

[967] Dies verkennend MüKo/*Tonner*, § 651f Rn. 41 a. E.

[968] Diesen grundsätzlich verschuldensunabhängigen Charakter der Gewährleistung für Reisemängel verkennend *Baranowski*, RRa 146 (147).

lig erscheinenden Fällen teilweise einzuschränken.[969] Nicht zuletzt spricht *Seyderhelm* davon, dass das allgemeine Lebensrisiko lediglich ein Schlagwort sei für die sachgerechte Beantwortung der Frage nach dem Vorliegen einer Einstandspflicht für einen Reisemangel über die Einordnung der jeweiligen Fälle in die Risikosphäre des Reisenden oder des Veranstalters.[970]

Vernünftig gehandhabt kann das Merkmal der Verwirklichung des privaten Lebensrisikos aber unabhängig von der dogmatischen Herleitung ein praktisch sinnvoller, weil sachgerechter Bestandteil eines auf dem weiten Mangelbegriff aufbauenden Verständnisses zum Reisemangel sein, wodurch die ansonsten zu weitgehende Gewährleistungspflicht des Reiseveranstalters begrenzt werden kann. Dabei ist jedoch der Ansatzpunkt der Unterteilung in die jeweiligen Risikosphären zu beachten, bzw. gleich auf dieses Kriterium der Risikosphären abzustellen.

b) Allgemeines Lebensrisiko in Form des Umfeldrisikos

Eine zweite Gruppe des allgemeinen Lebensrisikos betrifft Risiken aus dem Umfeld der Reise, die von außen gleichwohl auf die Reise bzw. den Reisenden einwirken.

Auch dieses Umfeldrisiko, Ereignisse in der Umwelt, werden als allgemeines Lebensrisiko der Risikosphäre des einzelnen zugerechnet und stellen somit keinen Reisemangel dar, soweit dieses Umfeld nicht Vertragsgrundlage geworden ist.

(aa) Umwelt, Tiere bzw. Kleinsttiere

Gerade in den Fällen der Verwirklichung von Risiken aus der landestypischen Fauna, die den jeweiligen Reisenden individuell betreffen, ist die Abgrenzung zur anderen Unterart des persönlich-privaten Lebensrisikos schwierig, weil ja auch dort auf das „ortsübliche" private Lebensrisiko abgestellt wird, was eben auch die Risiken durch die lokale Tierwelt umfasst. Für die Praxis ist diese Differenzierung aber auch nicht nötig, es handelt sich ja lediglich um eine Begrifflichkeit zur gedanklichen thematischen Strukturierung, die Voraussetzungen und die rechtliche Folge fehlender Einstandspflicht des Veranstalters hierfür ist bei beiden Unterarten des Lebensrisikos ohnehin die gleiche.

Teilweise aus sich selbst heraus, teilweise aber nur unter Zugrundelegung der Lebenssituation vor Ort sind die jeweiligen folgenden Fälle als allgemeines Lebensrisiko verständlich, als Beispiele seien genannt (wiederum jeweils Reisemangel abgelehnt wegen Verwirklichung des allgemeinen Lebensrisikos):[971]

Stechmücken,[972] Auftreten von Quallen und dadurch eingeschränkte Bademöglichkeit,[973]

---

[969] Nicht ohne Attraktivität ist die Einschätzung *Tonners*, die höhere Gewalt sei überhaupt kein taugliches Kriterium zur Eingrenzung der Einstandspflicht, sondern allenfalls das Ergebnis einer solchen Prüfung, ob ein Reisemangel vorliegt, s. MüKo/*Tonner*, § 651c Rn. 25.

[970] *Seyderhelm*, § 651c Rn. 24.

[971] Vgl. auch insges. *Siebert*, RRa 1994, 126 (127f).

[972] *LG Frankfurt a.M.* RRa 2000, 75 (interessanterweise in gleichem Urteil als allg. Lebensrisiko abgelehnt: Wanzen im Bett).

[973] Vgl. *LG Düsseldorf*, Urteil vom 2.8.1991 – 22 S 498/90, nur verkürzt in RRa 1994, 121 (Nr. 31.3).

hochgiftige Schlange (Viper) in der Unterkunft in Afrika (Senegal) mit Verätzung des Auges durch das Schlangengift,[974] dreistündige Störung[975] bzw. zwölf Stiche[976] durch einen verirrten Bienenschwarm in der Hotelanlage, Froschquaken,[977] Angriff durch einen verirrten Ziegenbock auf dem Hotelgelände in Spanien[978] bzw. Affenbiss durch freilaufende Affen auf dem Hotelgelände in Kenia.[979]

Für diese häufig als „Naturgegebenheiten"[980] bezeichneten Tier- und Kleinsttierfälle ist die Grenze zum Kriterium der hinzunehmenden, weil geringfügigen Unannehmlichkeit bzw. Landesüblichkeit fließend: ein ortsübliches Insekt im Apartment in südlichen Ländern kann man als allgemein hinzunehmende Geringfügigkeit,[981] als landesüblich[982] oder eben auch als Verwirklichung des dortigen allgemeinen Lebensrisikos ansehen.[983]
Diese Vermischung verschiedener Aspekte der Eingrenzung der Einstandspflicht zeigt sich exemplarisch in den Ausführungen in einem Urteil des *LG Frankfurt a.M.* zum Auffinden eines Skorpions durch den Reisenden in seiner Ferienwohnung am Luganer See (Hervorhebungen jeweils durch Verf.):

> „Grundsätzlich braucht ein Reisender das gehäufte Auftreten auch von Insekten, Käfern oder ähnlichem nicht ersatzlos hinzunehmen. Insofern entlastet den Reiseveranstalter ein Hinweis auf die *Landesüblichkeit* nicht. Diese Grundsätze gelten jedoch nur, wenn eine *übermäßige Beeinträchtigung* des Reisenden infolge eines gehäuften Auftretens von Insekten oder ähnlichem vorliegt. ... Die Belästigung durch vereinzelt auftretende Insekten hingegen liegt im Rahmen dessen, was ein durchschnittlicher Reisender *im Rahmen des allgemeinen Lebensrisikos* erwarten muß ... Zum anderen hat der Kläger auch andere vereinzelt auftretende Insekten, die Menschen und insbesondere auch Kleinkindern gefährlich werden können, wie z.B. Wespen und Bienen im Rahmen des bereits angesprochenen *allgemeinen Lebensrisikos* auch an seinem Wohnort und folglich erst recht auch im Urlaub ersatzlos *hinzunehmen.*"[984]

M. E. bietet es sich zur logischen Strukturierung an, unter den Begriff der „Verwirklichung eines Lebensrisikos" tatsächlich auch nur die Fälle zu ziehen, in denen sich ein echtes „Risiko" verwirklicht hat. Dies ist beim Stich eines Skorpions der Fall, nicht aber, wenn es

---

[974] *AG Bad Homburg v.d.H.* RRa 1997, 154.
[975] *LG Frankfurt a.M.* RRa 2000, 159.
[976] *AG Bad Homburg v.d.H.* RRa 99, 9 (10).
[977] So rechnet *AG Hamburg* RRa 1995, 51, das Froschquaken aus Teichen zusammen mit weiteren „Naturereignissen wie Gerüche aus Tümpeln ... oder das Geräusch eines Wasserfalls" zum allgemeinen Lebensrisiko eines Reisenden.
[978] *LG Frankfurt a.M.* RRa 2000, 59.
[979] Urteil des *AG München* RRa 1996, 88 (89): „In Kenia von einem Affen gebissen zu werden, stellt demnach ebenso ein allgemeines Lebensrisiko dar, wie ein Biss durch einen freilaufenden Hund in Deutschland."
[980] *AG Wiesbaden* RRa 1996, 115 (116); s. a. *AG Bonn* in folgender Fn.
[981] Vgl. *AG Bonn* RRa 1996, 220 (221): Kakerlaken seien „Naturgegebenheit", eine Zahl von unter zehn Kakerlaken in Gran Canaria sei hinnehmbar, „Unannehmlichkeit" und „ortsübliche Belästigung"; *LG Bonn* RRa 1996, 223: Auftreten von Kakerlaken und herumstreunende Katzen auf Gran Canaria „hinzunehmende Unannehmlichkeit" *OLG Düsseldorf* 2001, 49: „hinzunehmende Unannehmlichkeit".
[982] Vgl. *AG Stuttgart* RRa 96, 2902: Kakerlaken in Türkei „als ortsüblich hinzunehmen".
[983] Hingegen wenig verständlich ist, wenn man bspw. Kakerlaken in die Kategorie der „Unannehmlichkeiten des Massentourismus" - siehe dazu unten Zweiter Teil C. III. 2.) a) (S. 167) - einordnen will; so aber *AG Kleve* RRa 1998, 138.
[984] *LG Frankfurt* a.M. RRa 1993, 6.

glücklicherweise beim Entdecken und Anblick bleibt. Erst recht muss dies für die Fälle harmloser Tiere wie Geckos, Kakerlaken u.ä. gelten. Diese Fälle sind begrifflich unter dem Aspekt der landesüblichen Unannehmlichkeit besser untergebracht, was zugegebenermaßen am praktischen Ergebnis aber nichts ändert.
Freilich ist auch eine Landesüblichkeit in Form derartiger „Naturgegebenheiten" letztlich als Teil des Reisecharakters aufzufassen, siehe daher nochmals eingehend dort.[985]

Jedenfalls dürfte sich bei den betroffenen Reisenden die Freude über diese „Naturgegebenheiten" in Grenzen halten, entgegen des von Gerichten teilweise geäußerten Gefallens an der „jedenfalls noch teilweise intakten Natur".[986]

(bb) <u>Abgrenzung zur höheren Gewalt</u>

Einigkeit zwischen den Reisenden und Rechtsprechung dürfte aber sicherlich darüber herrschen, dass eine weitere Gruppe von Störungen keine geringfügigen Unannehmlichkeiten, sondern handfeste Probleme auslöst:
Umfeldrisiken in Form von Terrorgefahr[987] bzw. -anschlägen, ausgewachsenen Naturkatastrophen wie Erdbeben, Vulkanausbrüchen oder Wirbelstürmen,[988] die als Fälle höherer Gewalt behandelt werden. Weniger spektakuläre, aber für die Reise selbst nicht minder gravierende äußere Störungen, die unter diese Fallgruppe einzuordnen sind, betreffen etwa plötzlich vom Reiseland eingeführte strengere Einreisebestimmungen,[989] Umweltverschmutzungen bzw. -zerstörung[990] oder Generalstreiks im Reiseland.[991]

Hinsichtlich der Prüfung, ob bei Beeinträchtigungen der Reise durch die Höhere Gewalt ein Reisemangel vorliegt, könnte das Kriterium des allgemeinen Lebensrisikos dazu führen, dass trotz der u. U. ganz erheblichen Beeinträchtigungen der Reise bis hin zu ihrem völligen Ausfall kein Reisemangel vorliegen würde. Richtigerweise handelt es sich aber um unterschiedliche Begriffe, die bei näherer Betrachtung einer unterschiedlichen Bewertung bedürfen.

Ausgehend vom Grundsatz der verschuldensunabhängigen Einstandspflicht des Veranstalters haftet dieser für jegliche Beeinträchtigungen der Reise im Sinne des § 651c I BGB. Dazu zählen grundsätzlich auch Auswirkungen höherer Gewalt. Auch diese stellen grundsätzlich Reisemängel dar. Erreichen sie ein besonders intensiv die Reise beeinträchtigendes Ausmaß, so steht den Parteien in § 651j BGB ein Sonderkündigungsrecht zu.[992]

Höhere Gewalt liegt nach allgemeiner Definition auch im Reisevertragsrecht vor bei einem außerordentlichen Ereignis, das unverschuldet von außerhalb des Betriebskreises herein-

---

[985] Zweiter Teil D. I. 3.) (S. 187) u. D. II. 4.) a) (S. 201).
[986] So *LG Frankfurt a.M.* a. a. O. angesichts des (ungefährlichen) gebietstypischen Skorpions in Oberitalien.
[987] *LG Frankfurt a.M.* RRa 1995, 88.
[988] Vgl. *OLG Frankfurt a.M.* RRa 2001, 178.
[989] *OLG Frankfurt a.M.* RRa 2004, 258.
[990] Vgl. Kasuistik bei *Führich*, Reiserecht, § 7 II. 4. a) bb), Rn. 248.
[991] S. a. Zweiter Teil E. V. (S. 262) u. Dritter Teil H. (S. 464).
[992] S. dazu Dritter Teil H. (S. 464).

bricht und unter den gegebenen Umständen auch durch äußerste, nach Lage der Sache vom Betroffenen zu erwartende Sorgfalt nicht verhindert werden kann.[993] Für derartige Ereignisse, die völlig von außerhalb auf die Reise einwirken, wird dennoch eine Einstandspflicht des Veranstalters angenommen.[994] Aufgrund der höheren Gewalt wird die *Reise als solche* beeinträchtigt oder vereitelt.

Hingegen handelt es sich bei Fällen der Verwirklichung des allgemeinen Lebensrisikos um Ereignisse, die persönlich dem *privaten Risiko* des Reisenden zuzurechnen sind, und mit deren Vorkommen wenn auch nicht konkret, so doch mindestens entfernt gerechnet werden kann nach allgemeiner Lebenserfahrung. Diese *reiseunspezifischen* Vorkommnisse betreffen den Reisenden persönlich und können ihn genausogut zuhause oder eben außerhalb einer Reise im Alltag vor Ort im Reisegebiet ereilen. Denn mit der Reise hat der Reisende bewusst heimische Umwelt und Verhältnisse verlassen und setzt sich den teilweise erhöhten[995], vor allem aber schlicht andersartigen allgemeinen Lebensrisiken der dortigen Verhältnisse aus.[996]

Immerhin ist zuzugeben, dass sich die Grenze zwischen allgemeinem Lebensrisiko und höherer Gewalt schwer ziehen lässt und Überschneidungsbereiche bestehen. Bei beiden Merkmalen handelt es sich letztlich um ein jeweils von den Parteien nicht beherrschtes Ereignis.

Merkmalstypisch von Bedeutung ist zum einen für die höhere Gewalt die Außergewöhnlichkeit und die Tatsache, dass dadurch die Reise an sich betroffen wird, während in Fällen der Verwirklichung des allgemeinen Lebensrisikos der Reisende selber oder in seiner Beziehung zur Umwelt betroffen wird durch ein Ereignis, dass ihm reiseunspezifisch aufgrund der allgemeinen Lebensumstände am Urlaubsort widerfahren kann und sich auf die Reise nur peripher oder indirekt über ihn auswirkt.

Dass die Einteilung schwierig ist bzw. eine Trennung teils nicht möglich, zeigen - nachvollziehbare - Entscheidungen in der Rechtsprechung, wonach etwa das Auftreten eines Wirbelsturms, eigentlich ein klassischer Fall der höheren Gewalt, die Verwirklichung eines in der Karibik bestehenden allgemeinen Lebensrisikos darstellt.[997] Auch eine latente Terrorgefahr bzw. empfundene Bedrohung durch vereinzelte Terroranschläge im Reiseland werden zuweilen als allgemeines Lebensrisiko aus der Mangelhaftung des Reiseveranstalters herausgenommen.[998]

---

[993] Siehe schon *RGZ* 101, 95; 117, 12; *BGHZ* 100, 185 (188); MüKo/*Tonner*, § 651j Rn. 7; *Erman/Seiler*, § 651j Rn. 3; *Brennecke*, S. 63.

[994] Ganz h. M., vgl. etwa MüKo/*Tonner*, § 651c Rn. 26; *Führich*, Reiserecht, § 7 II. 1. c), Rn. 221; *Seyderhelm*, § 651c Rn. 48, jeweils m. w. Nachw.; a. A.: *Bidinger/Müller*, § 651c Anm. 21, sowie *Bechhofer*, § 651c, S. 45/46.

[995] *Bidinger/Müller*, § 651c Anm. 21, S. 111; MüKo(2. Aufl.)/*Wolter*, § 651c Rn. 38; MüKo/*Tonner*, § 651c Rn. 24.

[996] *Brennecke*, S. 136.

[997] Vgl. *OLG Frankfurt a.M.* RRa 2001, 178 (179): „Letztlich realisiert sich mit einem Hurrikan ein allgemeines Lebensrisiko. Bei einem Flug in die Karibik ist grundsätzlich die Gefahr eines Wirbelsturmes gegeben."; s. a. *AG Frankfurt a.M.* RRa 1996, 18.

[998] S. *AG München* RRa 1993, 9.

Ob diese Fälle gleichzeitig aber zu einer Kündigung wegen höherer Gewalt berechtigen, was bei Wirbelstürmen eher bejaht und bei latenter Terrorgefahr bis hin zu vereinzelten Anschlägen eher verneint wird, ist keine Frage des Vorliegens eines Reisemangels. Insofern ist die Frage des Vorliegens eines Reisemangels § 651c I BGB klar zu trennen von der Kündigung wegen höherer Gewalt § 651j I BGB,[999] bzw. stellt die höhere Gewalt eine insofern besondere Mangelkategorie dar.[1000]

Schlechtes Wetter stellt an sich immer eine Verwirklichung des allgemeinen Lebensrisikos dar; egal, ob ein Reiseprogrammpunkt nun durch einen Taifun, ein mittleres Unwetter oder einen schlichten Regenguss beeinträchtigt wird und „ins Wasser fällt", es liegt an sich kein Reisemangel vor. Ob das Unwetter das Ausmaß „erheblicher Beeinträchtigung durch höhere Gewalt" i. S. d. § 651j annimmt und insofern zur Kündigung berechtigt, steht auf einem ganz anderen Blatt.[1001]

Auch wird in der Rechtsprechung eine entsprechende Unterscheidung oft nicht vorgenommen, sondern beides teilweise vermischt. So wird das Vorliegen höherer Gewalt häufig mit dem Verweis auf das Vorliegen eines Falls der Verwirklichung des allgemeinen Lebensrisikos abgelehnt. Grundtenor: Terroranschläge gehörten zum allgemeinen Lebensrisiko, zumal in den erhöht terrorgefährdeten Reiseländern, daher liege keine Kündigungsmöglichkeit wegen höherer Gewalt vor.[1002]
Es ließe sich demnach andenken, ob die gewisse Chance einer Realisierung eines latent vorhandenen bspw. Hurrikan-Risikos nicht ohnehin Bestandteil des Charakters einer Reise in entsprechende tropische Gebiete ist.[1003]

Freilich muss etwas anderes gelten, wenn der Reiseveranstalter entsprechende Zusagen über das Umfeld abgegeben hat und diese Unwägbarkeiten damit Vertragsbestandteil geworden sind.[1004] So wie ein Veranstalter das Vorhandensein eines Fischbestandes bei einem Angelurlaub zusichern kann, so kann er auch im Rahmen eines Badeurlaubs eben die Gelegenheit zum Baden zusichern und haftet somit für eine auftretende Algenpest, die als Reisemangel das Baden unmöglich macht - [1005] in diesem Fall auch ohne ausdrückliche Zusage allein aufgrund der Tatsache, dass das Baden den Kernbereich der Reise betrifft, für deren Gelingen er verschuldensunabhängig einstehen muss. Auch dies ist eine Frage des geschuldeten Reiseinhalts und lässt sich somit als Frage des Reisecharakters darstellen.

2.) Hinzunehmende geringfügige Beeinträchtigungen

Diese Einschränkungen des Mangelbegriffs bilden Umstände, die zwar von der h. M. als Reisefehler angesehen werden im Sinne des oben dargestellten Fehlerbegriffs, die aber all-

[999] S. hierzu Dritter Teil H. (S.464).
[1000] Daher nochmals eigens darauf eingehend Zweiter Teil E. V. (S. 262).
[1001] Zutreffende Unterscheidung bei *OLG Frankfurt a.M.* RRa 2000, 165 (166).
[1002] S. *AG Stuttgart* RRa 1995, 103 (104); s. a. *AG München* RRa 1993, 9; *AG Ludwigsburg* RRa 94, 43.
[1003] S. daher Zweiter Teil D. I. 3.) (S. 187) u. D. II. 4.) a) (S. 201).
[1004] Vgl. *Führich*, Reiserecht, § 7 II. 1. b), Rn. 220, S. 175; zur Zusicherung s. o. Zweiter Teil B. (S. 124).
[1005] Vgl. *LG Frankfurt a.M.* NJW-RR 1990, 761 (763).

gemein als hinnehmbare geringfügige Beeinträchtigung gewertet werden und deswegen keinen Reisemangel i. S. d. § 651c I Alt. 2 BGB darstellen sollen.

a) Massentourismus

Dies gilt zunächst einmal für all die Erscheinungen, die mit dem Massentourismus verbunden sind, und die daher als ebenso unvermeidliche wie hinnehmbare Störungen vom Reisenden zu ertragen sind.[1006]

Dieser Aspekt betrifft meist Fragen der Abwicklung der An- und Abreise, der Beförderung, Abfertigung oder Bedienung einer jeweils großen Vielzahl von Personen,[1007] also jeweils Nachteile wie Verspätungen beim Flug, Transferverzögerungen, Wartezeiten bei der Kofferausgabe, im Speisesaal oder bei der Getränkeausgabe.[1008]
In der Literatur wird dieses Argument zunehmend kritisch gesehen, es habe zu Beginn der Entwicklung des Massentourismus noch seine Berechtigung gehabt, verliere aber heutzutage seine Tragfähigkeit,[1009] insbesondere logistische Schwierigkeiten bei Transport, Unterbringung und Verpflegung seien nicht mehr hinzunehmen, da dies heute weitestgehend perfekt organisierbar sei.[1010] Eine längere Wartezeit vor dem Speisesaal[1011] sei eben keine typische Begleiterscheinung des Massentourismus, sondern beruhe schlicht darauf, dass die Verpflegungseinrichtungen und -räumlichkeiten zu klein dimensioniert seien.[1012]

Dem ist zuzustimmen; zumutbare Unannehmlichkeiten unter Verweis auf deren Unvermeidbarkeit im Massentourismus haben dort ihre Grenze, wo der Veranstalter oder sein Leistungsträger seine bereitgestellten Kapazitäten zu gering dimensioniert bzw. zu knapp kalkuliert, denn darauf beruhende Beschwernisse des Reisenden sind nicht unvermeidbar, sondern letztlich vom Veranstalter bzw. seinem Erfüllungsgehilfen verschuldet. Er muss - zumindest im Grundsatz - seine Infrastruktur so auslegen, dass alle Reisenden dadurch ordnungsgemäß versorgt werden; ansonsten darf er eben nur die Anzahl Reisender kontrahieren, für die seine Einrichtungen noch ausreichen.

Für die häufigste nach wie vor aktuelle Erscheinung von Störungen im Rahmen des Massentourismus, den sowohl in der Rechtsprechung[1013] wie auch in der Lebenswirklichkeit

---

[1006] S. a. *Pick*, § 651e Rn. 15.
[1007] *Isermann*, A. II. 2. c), S. 62.
[1008] Zur Kasuistik generell vgl. *Schlotmann*, Recht, IV. 1., S. 31f; umfangreiche Kasuistik auch bei *Führich*, Reiserecht, § 7 II. 4. b), Rn. 252ff, dort allerdings unspezifisch zusammen mit anderen *Unannehmlichkeiten* (zu diesen noch im Folgenden) aufgeführt.
[1009] Vgl. *Isermann*, A. II. 2. c), S. 63; s. a. *Führich*, Reiserecht, § 7 II. 4. b), Rn. 251, und § 7 II. 2. b) cc), Rn. 238, wonach dieser Gesichtspunkt nur in beschränktem Umfang zu berücksichtigen sei und nicht dazu führen dürfe, Fehlleistungen des Veranstalters zu entschuldigen.
[1010] *Führich*, Reiserecht, § 7 II. 4. b), Rn. 251; ebenso *Bechhofer*, § 651c III. 1., S. 35; a. A. *Bidinger/Müller*, § 651c Anm. 19.
[1011] Vgl. die Beispiele bei *Schlotmann*, Recht, IV. 1., S. 32 oben - u. a. Wartezeiten bei der Essensausgabe von bis zu 2 Stunden bei 450 Gästen.
[1012] Vgl. *Seyderhelm*, § 651c Rn. 41.
[1013] Vgl. umfangreiche Kasuistik bei *Führich*, Reiserecht, § 7 II. 4. b) aa), Rn. 252.

häufigen Verzögerungen bei der Flugbeförderung,[1014] tendiert die h. M. zu einer Grenze von noch hinzunehmenden vier Stunden.[1015] *Führich* hält differenzierend nach Flugstrecke eine Verspätung von zwei Stunden für Kurzstreckenflüge bis maximal vier Stunden bei Langstreckenflügen für hinnehmbar,[1016] und verweist auch auf die neue EU-Verordnung VO(EG) Nr. 261/2004, die in Art. 6 derartige Werte für entsprechende Ansprüche nach Art. 8 u. 9 der Verordnung zugrunde legt.[1017]

Hingegen stellen sich Unannehmlichkeiten durch die nach den Terroranschlägen vom 11. September 2001 erhöhten Sicherheitsmassnahmen, insbesondere bei der Einreise in die USA, nicht als ein Aspekt des Massentourismus dar, sondern könnten eher unter dem Blickwinkel höherer Gewalt gesehen werden.
Tatsächlich handelt es sich aber m. E. hierbei schon nicht um einen Reisefehler, denn diese Sicherheitsmaßnahmen sind inhärenter Teil des Reisevertrages, da die Reise von vornherein gar nicht anders erbracht werden kann. Um höhere Gewalt handelt es sich erst, wenn aufgrund einer Terrorgefahr außergewöhnliche, also besonders beeinträchtigende, unzumutbare Sicherheitsmassnahmen erfolgen.[1018]

Interessant, wenn auch schon fast an der Grenze zum Zynischen, erscheint die im Zusammenhang mit den häufigen Hoteldiebstählen von *Niehuus* angedeutete Überlegung, es läge im Interesse des Reisenden, dass er im Rahmen des Massentourismus gewisse Unannehmlichkeiten hinzunehmen habe, denn deren Vermeidung würde einen Personalaufwand erfordern, der sich auf den Reisepreis auswirken und so dem Reisenden nicht mehr die günstige Reise ermöglichen würde.[1019]

Richtig ist daran, dass beides, sowohl der Reisepreis wie auch der Aspekt des Massentourismus, sich in gewisser Weise bedingen und beide auch als solche Bestandteile des Reisecharakters darstellen, woraus sich wiederum ableitet, dass bei einer billigen Massentourismus-Reise eben die entsprechenden Unannehmlichkeiten hinzunehmen sind. Ob dazu aber auch sozusagen ein festes Maß an kriminellen Akten, zumal teilweise der Angestellten als Erfüllungsgehilfen des Reiseveranstalters,[1020] gehört, darf getrost bezweifelt werden - hier ist eindeutig eine Grenze nicht nur erreicht, sondern überschritten.

[1014] So erklärt auch *Isermann*, NJW 1988, 873 (876) [III. 1. a)] a. E., die Teilleistung des Charterflugs zum heutzutage übriggebliebenen Bereich, in dem das Argument des Massentourismus noch gelten kann.
[1015] S. *Tempel*, NJW 1997, 2206 (2209) [III. 1. a)].
[1016] *Führich*, Reiserecht, § 7 II. 4. b) aa), Rn. 252, u. § 45 VI. 2. b), Rn. 1042.
[1017] "Verordnung (EG) Nr. 261/2004 des Europäischen Parlaments und des Rates über eine gemeinsame Regelung für Ausgleichs- und Unterstützungsleistungen für Fluggäste im Fall der Nichtbeförderung und bei Annullierung oder großer Verspätung von Flügen und zur Aufhebung der Verordnung (EWG) Nr. 295/91", ABlEG L 46, S. 1ff, vom 17.2.2004, sog. „EG-AusgleichsVO"; diese gilt auch für Flüge (sowohl Charter- wie Linienflüge) im Rahmen von Pauschalreisen, gewährt aber als Ansprüche bei Verspätung hauptsächlich in Art. 9 Betreuungsleistungen und nur in Ausnahmefällen die Erstattung des Reisepreises nach Art. 8 Nr.1 lit. a der Verordnung.
[1018] Vgl. auch *Führich*, RRa 2003, 50 (56) [IV. 3. a)].
[1019] Vgl. *Niehuus*, Reiserecht, § 4 C. I., Rn. 103; s. hierzu auch oben Zweiter Teil C. III. 1.) a) (S. 160).
[1020] S. o. Zweiter Teil C. III. 1.) a) (S. 160).

b) Orts- bzw. Landesüblichkeit

Einen Großteil der hinzunehmenden Beeinträchtigungen machen Umstände aus, die für die Urlaubsregion schlechthin typisch oder gar prägend sind. Wer ins Ausland reist, setzt sich bewusst den dortigen, andersartigen Lebensverhältnissen aus. Gerade diese machen ja regelmäßig den Reiz der Reise aus.[1021] Der Reisende kann daher nicht deutsche Standards erwarten, sondern muss derartige Landesüblichkeiten hinnehmen.[1022]

Insbesondere in diesem Bereich manifestiert sich der in der Literatur immer wieder monierte, in den Bereich des Querulatorischen gerückte Vorwurf der Kleinlichkeit deutscher Reisender[1023] in Form von deren Unfähigkeit oder Unwilligkeit, sich auf die fremde Kultur und dortige Lebensverhältnisse einzustellen. Die Bereitschaft der Reisenden, ihren Urlaub immer weiter von zuhause an den entlegensten Punkten des Globus zu verbringen, geht auch aufgrund der bequem möglichen Pauschalreisen oft nicht Hand in Hand mit einer entsprechenden Kenntnis des Urlaubslandes oder auch nur der Bereitschaft, zu akzeptieren, dass in einem anderen Land andere Verhältnisse hinsichtlich klimatischer Bedingungen, Tierwelt, Infrastruktur, Essgewohnheiten, Sitten und Gebräuche oder überhaupt nicht-deutsche bzw. überhaupt nicht-mitteleuropäische Lebensstandards herrschen.[1024]

So findet es *Bechhofer* „geradezu unmöglich, nicht eine Realsatire“ hierzu zu schreiben, die zur Illustration hier wiedergegeben werden soll:

> „In der Praxis haben sich Gerichte unter anderem mit der Frage auseinandersetzen müssen, ob das Servieren von Hammel und anderen türkischen Speisen in einem Hotel in der Türkei eine Reisepreisminderung rechtfertigt (nein) oder ob scharf gewürzte Speisen in der Karibik einen Reisemangel darstellen (nein). Es wurde prozessual auch schon die Frage angeschnitten, ob eine in der Nähe eines türkischen Hotels gelegene Moschee eine Reisepreisminderung rechtfertigt (nein). Reisende haben allerdings nicht nur Vorbehalte gegen islamische Gotteshäuser. Das Amtsgericht Frankfurt mußte auch schon der Frage nachgehen, ob das Läuten von Kirchenglocken in Südtirol vom Reisenden hinzunehmen ist (ja). Mancher Reisende verübelt es Einheimischen, wenn sie Hotels in ihrem eigenen Heimatland aufsuchen. Der eine oder andere Reisende hat schon versucht, Minderungsansprüche geltend zu machen, weil sich in einem türkischen Hotel Türken, in einem Hotel in Florida am Swimmingpool sich ein oder mehrere Schwarze aufhielten bzw. eine portugiesische Mädchenschulklasse in einem Hotel in Portugal Urlaub machte!“[1025]

[1021] *Bidinger/Müller*, § 651c Anm. 20.

[1022] Ein ungeschriebener, letztlich qua Vertragsauslegung §§ 133, 157 BGB aus dem Reisevertrag abzuleitender und für diesen generell geltender Grundsatz, s. schon im Gesetzgebungsverfahren Bericht des Rechtsausschusses BT-Dr 8/2343, S. 9; s. a. *BGH* NJW 1987, 1931 (1935f), wonach zwar der Grundsatz der Landesüblichkeit vorbehaltlich konkret vereinbarter Leistungsbeschreibungen gilt, gleichwohl aber eine Landesüblichkeitsklausel in den AGB unzulässig ist. Eine solche Klausel habe zwar keine eigene rechtliche Bedeutung, könne aber einen benachteiligenden Eindruck auf die Reisenden machen, indem diese sie für erheblich halten und sich dadurch von der Geltendmachung ihnen etwa durch Individualvereinbarung zustehender Standards der Leistungen abhalten lassen.

[1023] S. schon Einleitung, S. 5; siehe auch Zweiter Teil C. III. (S. 152).

[1024] *Bechhofer*, § 651c III. 1., S. 34f.

[1025] *Bechhofer*, § 651c III. 1., S. 34/35, ausgehend von realen Urteilen.

Wie sich an diesem unnachahmlichen Querschnitt *Bechhofers* von zugegebenermaßen extremen Beispielen zeigt, existiert zum Kriterium der Landesüblichkeit ein ebenso bunter wie großer Strauß an Kasuistik, auf den hier nur beispielhaft eingegangen werden kann.

Demnach sei hinsichtlich „tierischer Landesüblichkeit" Gran Canaria bekannt für die große Anzahl an dort herumstreunenden Katzen,[1026] eine eingehende regelrechte „Kakerlakenkasuistik" unter Berücksichtigung der jeweiligen Urlaubsregion findet sich bei *Kaller*,[1027] und noch in Oberitalien müsse mit Skorpionen gerechnet werden.[1028] Erkennbar überschneidet sich hierbei der Begriff der Landesüblichkeit mit dem Kriterium des allgemeinen Lebensrisikos, was nicht verwundert, werden doch auch dort die landesüblichen Verhältnisse dem Begriff des Lebensrisikos zugrundegelegt.[1029]

Landesüblichkeit äußert sich auch kulinarisch, so sei kaltes Essen teilweise typisch für den Orient bzw. öliges (Spanien) oder fettiges (Dalmatien) Essen für den Mittelmeerraum,[1030] scharfes Essen für die Karibik,[1031] eingeschränkte Essensmengen für Sri Lanka[1032] und schließlich eintöniges, undefinierbares Essen für ein sozialistisches Land (Kuba).[1033]
Darüber hinaus sei in Ländern mit niedrigem Lebensstandard allgemein mit aggressiver Bettelei zu rechnen.[1034]

Umfangreiche Landesüblichkeitsrechtsprechung betrifft bemängelten Lärm.[1035] Der Grundtenor in der Rechtsprechung hierzu lautet trotz einzelner Ausnahmen dahingehend, dass in südlichen Ländern allgemein mit erhöhtem Umgebungslärm gerechnet werden müsse, so auch etwa spätabends bzw. nachts mit erheblichem Verkehrslärm, weil die Bewohner südlicher Länder andere Vorstellungen vom Beginn der Nachtruhe hätten als Nordeuropäer.[1036]

Diese Aussage beinhaltet sicherlich Wahres, aber mindestens ebensoviel Vorurteil und Pauschalisierung. Eine Reise nach Südeuropa muss je nach konkreter Lage der Unterkunft nicht zwingend stets mit erheblichen Lärmbelästigungen verbunden sein, und es kann daher auch nicht mit der Buchung einer Reise in ein entsprechendes Zielland eine bereitwillige Inkaufnahme bzw. konkludentes Einverständnis mit jeglichem Lärm gesehen werden.
Richtigerweise und für beide Vertragsparteien von klärendem Vorteil wäre daher ein entsprechender Hinweis auf übermäßigen Lärm bei der Objektbeschreibung im Katalog zu fordern,[1037] soweit er sich nicht automatisch aus dem Charakter der Reise ergibt - letzteres

---

[1026] *AG Hamburg* RRa 1998, 45.
[1027] S. *Kaller*, Reiserecht, C. Teil 2 III. 2. c) bb), Rn. 232, S. 198/199; vgl. aber auch a. A. *LG Frankfurt a.M.* NJW-RR 1988, 245: Kakerlaken auf Gran Canaria nicht landesüblich.
[1028] *LG Frankfurt a.M.* RRa 1993, 6.
[1029] Allgemein zu „landesüblichen Tieren" vgl. *Siebert*, RRa 1994, 126 S. 127f; zum allgemeinen Lebensrisiko s. o. Zweiter Teil C. III. 1.) (S. 154).
[1030] S. jeweils *Niehuus*, Reisemängel (2. Aufl.), S. 23; vgl. auch *Führich*, Reiserecht, § 7 II. 4. c) cc) Rn. 261.
[1031] S. die soeben (Fn. 1025) zitierte Darstellung *Bechhofers*.
[1032] *AG Düsseldorf*, Urteil vom 20.9.1993 – 47 C 13431/92 (zw.), vgl. inoffizieller Leitsatz in RRa 1994, 103.
[1033] *LG Düsseldorf* RRa 1994, 103.
[1034] *Seyderhelm*, § 651a Rn. 158.
[1035] Vgl. *Führich*, Reiserecht, § 7 II. 4. c) dd), Rn. 262, m. umfangr. Nachw. zur Rspr.
[1036] S. hierzu wie auch insges. die einschlägige Kasuistik bei *Schlotmann*, Recht, IV. 1., S. 34; s. a. *Führich*, Reiserecht, § 7 II. 4. c) dd), Rn. 262: Nachtruhe erst ab 24.00 Uhr zu erwarten.
[1037] So auch *Isermann*, A. II. 2. d) bb), S. 69.

wäre der Fall etwa beispielsweise bei Unterbringung in belebter Innenstadt, Cluburlaub in Tourismuszentrum mit gewollt aktivem Nachtleben, bewusste Buchung eines Hotels in der Innenstadt von Rio de Janeiro im Rahmen einer Vergnügungsreise zur Zeit des berühmten Karnevals.[1038]
Wie auch beim Kriterium der Verwirklichung allgemeinen Lebensrisikos wird auch bzgl. der Unannehmlichkeit[1039] in der Rechtsprechung häufig auf die örtlichen Verhältnisse hingewiesen. So überschneidet sich bspw. in einem Urteil zu einer hinzunehmenden Geruchsbelästigung durch Abfallverbrennung auf einer maledivischen Nachbarinsel das Kriterium der Ortsüblichkeit mit dem der als geringfügig hinzunehmenden Unannehmlichkeit: die aufgrund der Entfernung und Fotos als gering unterstellte Geruchsbelästigung sei hinzunehmen, weil dies der ortsüblichen, landestypischen Abfallbeseitigung entspreche.[1040] Auch überschneidet sich das Kriterium der landesüblichen Erscheinungen mit Unannehmlichkeiten, die genau besehen schon gar keine Beeinträchtigungen, sondern Selbstverständlichkeiten sind, wie das Antreffen Einheimischer am Strand.[1041]

Im übrigen besteht auch hinsichtlich der an sich als landesüblich hinzunehmenden Störungen für den Reiseveranstalter bei entsprechenden Zusagen gleichwohl eine Einstandpflicht. So kann er sich beispielsweise später nicht auf die Landesüblichkeit von Lärmbelästigung berufen, wenn er im Reisekatalog die Unterkunft ausdrücklich als „ruhiges Feriendomizil in ruhiger Lage“ beschreibt und insofern eine entsprechende Ruhe Vertragsgrundlage bzw. -inhalt wird.[1042]

c) Bloße Unannehmlichkeiten

Die größte Gruppe, die als Hintergrund eigentlich auch die bisher genannten Kategorien durchwirkt, stellen die allgemein als bloße Unannehmlichkeiten bezeichneten sehr geringfügigen Beeinträchtigungen dar.
Entgegen Wortsinn (!) sind die sogenannten „Unannehmlichkeiten“ eben nicht unannehmbar, sondern stellen eine Gruppe von Störungen dar, die hinzunehmen sind: sie bleiben unterhalb der Definitionsschwelle des § 651c I BGB und stellen mangels Beeinträchtigung der Reise somit keinen Reisemangel dar; sie lösen demnach keinerlei Gewährleistungsrechte aus, sondern sind vom Reisenden folgenlos hinzunehmen.

Bei diesem Kriterium spielen oft auch die schon genannten gedanklichen Ansätze zu Massentourismus oder Landesüblichkeit mit hinein, zudem spielt in besonderem Maße auch der spezifischen Charakter der Reise eine entscheidende Rolle.
Beispiele sind etwa ein leicht überhitzter Reisebus, der kurzzeitige Stromausfall bzw. Aus-

---

[1038] S. *OLG Karlsruhe* NJW-RR 1988, 246.
[1039] Zu diesem eigenen Kriterium im folgenden Abschnitt.
[1040] *AG Bad Homburg v.d.H.* RRa 2000, 164 (165).
[1041] *AG Aschaffenburg* RRa 1997, 147 (Strand auf Mauritius).
[1042] Vgl. *AG Kleve* RRa 1997, 74.

fall von Wasser gerade in südlichen Ländern (die Schnittstelle zur Landesüblichkeit wird deutlich), Unfreundlichkeit des Hotelpersonals u. v. m.[1043]

Bei der Beurteilung der Geringfügigkeit der Beeinträchtigung als hinzunehmender Unannehmlichkeit wird auf subjektive Befindlichkeiten und dadurch eine individuelle im konkreten Fall erhöhte Belastung grundsätzlich keine Rücksicht genommen, beispielsweise, wenn einem Reisenden bei halbstündigem Bodenaufenthalt des Flugzeugs bei einer Zwischenlandung übel wird, wenn ein Reisender mit Rückenbeschwerden bei einer Safari-Tour besonders unter den unebenen Wegen leidet, [1044] oder wenn eine Reisende aufgrund erst kurz zuvor erfolgter Operation besonders empfindlich ist für Erschütterungen bei einer holprigen Transferfahrt im Kleinbus bei der Ankunft.[1045]

Auch hier muss freilich etwas anderes gelten, wenn dem Reiseveranstalter besondere Gebrechen oder subjektive Empfindlichkeiten bzw. Bedürfnisse des Reisenden bekannt waren oder hätten sein müssen und damit Teil des Reisecharakters bzw. Vertragsinhalt wurden.[1046]

Problematisch ist m. E. die in der Literatur nicht weiter erörterte Problematik, dass mehrere einzeln für sich betrachtet unerhebliche Unannehmlichkeiten innerhalb einer Reise zusammen auftreten können. Auch wenn für den Reisenden ein solcher Urlaub möglicherweise weitgehend verdorben erscheinen mag, ist nach dem Modell der h. M. wohl eine Mangelhaftigkeit zu verneinen, da sich nicht verschiedene hinzunehmende Beeinträchtigungen addieren und quasi zusammen eine kumulierte Störung vom Ausmaß einer relevanten Beeinträchtigung erreichen. Vielmehr bleibt es dabei, dass jede einzelne Störung für sich unerheblich ist und somit alle zusammen unterhalb der Erheblichkeitsschwelle bleiben. Zum gleichen Ergebnis kommt man erst recht bei der hier vertretenen, noch darzustellenden Zugrundelegung des Reisecharakters als entscheidendes Kriterium zur Beurteilung der Mangelhaftigkeit, weil sich hierbei die einzelnen hinzunehmenden Störungen jeweils nicht als Abweichung, sondern noch als Teil des geschuldeten Vertragsinhalts darstellen.[1047]

3.) Hinzunehmende Beeinträchtigungen als Teil des Reisecharakters

Die aufgezeigten Kategorien zur Eingrenzung des Mangelbegriffs nach herkömmlichem Ansatz sind untereinander nicht trennscharf, wie bereits dargestellt können Störungen häufig unter mehreren Kategorien der Nicht-Mangelhaftigkeit eingeordnet werden.

Genaugenommen sind eigentlich alle drei genannten Kategorien - Unvermeidbarkeiten des Massentourismus, landesübliche sowie allgemein geringfügige Unannehmlichkeiten - letzt-

---

[1043] Vgl. Beispiele m. Nachw. bei *Pick*, § 651e Rnn. 8-10; jeder Jurastudent kennt wohl auch das berühmte Doppelbetturteil des *AG Mönchengladbach* (NJW 1995, 884 = RRa 1995, 134) mit der nach eigener Kenntnis des Gerichts die Beischlafgewohnheiten nicht beeinträchtigenden Ausstattung eines Hotelzimmers mit zwei Einzelbetten statt mit einem gemeinsamen Doppelbett.

[1044] Beispiele bei *Isermann*, S. 62.

[1045] *AG Bad Homburg v.d.H.* RRa 2000, 69 (70).

[1046] S. o. Zweiter Teil B. III. 3.) c) (S. 138).

[1047] So auch *Staudinger/J. Eckert*, § 651c Rn. 50; zur Einordnung der sog. Unannehmlichkeiten als Teil der nach Reisecharakter geschuldeten Leistung im Folgenden sowie u. Zweiter Teil D. I. 3.) (S. 187).

lich eine Frage des Reisevertragsinhalts in Form des Reisecharakters. Zum Teil fallen auch Fragen des allgemeinen Lebensrisikos hier hinein, und zwar insofern, als auf das landesübliche Lebensrisiko abgestellt wird. Generell bleibt aber auch nach dem hier vertretenen Ansatz über den Reisecharakter der Begriff des allgemeinen Lebensrisikos als eigenständiges Ausschlusskriterium bei der Mangelermittlung erhalten.

Auch in der bisherigen Literatur und Rechtsprechung wird im Zusammenhang mit hinzunehmenden Beeinträchtigungen der Bezug zur konkreten Reise angesprochen.[1048] Diesen Ansatz vertiefend, sind die üblichen Kriterien letztlich nach Auffassung des Verfassers als Fragen des geschuldeten Vertragsinhalts, des Reisecharakters aufzufassen.[1049] So gehört zu einer Abenteuerreise eben die Hinnahme von teilweise erheblich schlechterer Verpflegung, oder zu einer Reise in den Orient eben auch scharfes oder kaltes Essen, je nach dortiger Üblichkeit und - Charakter der Reise.

Andererseits ist das Kriterium der Landesüblichkeit ohne den Reisecharakter wenig hilfreich, denn nicht alles, was im fernen Lande üblich sein mag, ist auch hinzunehmen. Vielmehr ist eine verschieden auszulegende Landesüblichkeit ein Element des Charakters der Reise, und über dieses Kriterium ist eine Störung auf ihre Qualität als Mangel hin zu überprüfen.

Das Eingrenzungskriterium, dass geringfügige Beeinträchtigungen - egal, ob sich ihre Geringfügigkeit aus den Umständen des Massentourismus, aus der Landesüblichkeit oder aus sich selbst heraus ergibt - keinen Mangel darstellen sollen, wurde bisher gängigerweise darauf gestützt, dass auch in den Mangelbegriffen des Kaufrechts § 459 I 2 BGB (a.F.)[1050] bzw. des Mietrechts § 536 I 3 BGB[1051] der Rechtsgedanke festgelegt war bzw. ist, dass eine nur unerhebliche Wert- bzw. Tauglichkeitsminderung keinen Mangel darstellen soll.

Abgesehen davon, dass der Sachmangelbegriff des Kaufrechts nach der Schuldrechtsreform ganz anders definiert wird und sich die Formulierung des alten § 459 I 2 BGB (a.F.) ohnehin nicht mehr findet, steht nun einmal fest, dass der Gesetzgeber diese oder eine ähnliche Formulierung im § 651c I BGB gerade nicht gewählt hat. Eine Differenzierung hinsichtlich eines qualifizierten „erheblichen" Reisemangels findet sich allerdings sehr wohl, und zwar in § 651e I 1 BGB und § 651j I BGB für die gravierende Folge eines Kündigungsrechts sowie in § 651f II BGB für einen Anspruch auf Schadensersatz wegen vertaner Urlaubszeit. Daraus ist umgekehrt zu schließen, dass in § 651c I BGB für das Vorliegen eines „einfachen" Reisemangels gerade keine Erheblichkeit der Beeinträchtigung zu fordern ist, bzw. zumindest eine andere, wesentlich geringere „Erheblichkeit" als in §§ 651e, 651j BGB.

[1048] Vgl. etwa *Isermann*, A. II. 2. d) bb), S. 66: Landesüblichkeit sei auch von der Reiseart abhängig, „je nachdem, ob es sich um eine Erholungs- oder Expeditionsreise handelt"; *Schlotmann*, Recht, A IV. 1., S. 33: „Nach den Besonderheiten des einzelnen Reisevertrages, wie Charakter des Urlaubs (Erholungs-, Kreuzfahrt-, Studien-, Sport- oder Abenteuerreise), Art der Unterbringung und Preis der Reise (Billig-, Komfort- oder Luxusreise) sowie dem Ziel der Reise ist zu beurteilen, was landesüblich ist."; s. a. *Staudinger/Eckert*, a. a. O.

[1049] Zum Begriff des Reisecharakters s. im Anschluss an dieses Kapitel.

[1050] So bspw. *Tempel*, NJW 1997, 2206 (2208) [II. 2. c)].

[1051] Vgl. etwa *Führich*, Reiserecht, § 7 II. 4. b), Rn. 250.

Die Lösung, um den unerwünscht weiten Mangelbegriff einzugrenzen, liegt m. E. darin, schon eine Stufe früher zu fragen, ob nach der subjektiven oder auch subjektiv-objektiven Fehlertheorie überhaupt eine Fehlerhaftigkeit angesichts der geschuldeten Soll-Beschaffenheit der Reise vorliegt.[1052]

Hintergrund des Gedankens ist der, dass auch bei anderen Vertragstypen eine gewisse Unschärfe bzw. ein Toleranzbereich besteht hinsichtlich des Vertragsgegenstandes. Eine Leistung muss nicht perfekt erbracht werden, sondern eben nur so, dass sie mangelfrei ist; bei Gattungsschulden spricht man von mittlerer Art und Güte, § 243 I BGB. Der Schuldner kann auch eine besonders gute, über die mittlere Art und Güte hinausgehende Leistung erbringen, muss es aber nicht, er erfüllt auch mit einer „nur“ durchschnittlichen Leistung ordnungsgemäß. Wenn der Konditor im Rahmen eines Werkvertrages eine Torte herstellen soll, kann sie ihm ganz besonders gut gelingen, oder sie gelingt nur durchschnittlich gut bzw. „normal“; das beim Bäcker gekaufte Brötchen kann besonders gut schmecken, oder eben nur durchschnittlich; es muss eben zumindest einwandfrei essbar sein.

Auch bzw. gerade bei einem so komplexen Leistungsbündel, wie es eine Pauschalreise mit all den sie beeinflussenden Faktoren ist, sind gewisse geringfügige Schwankungsbreiten in der Leistungserbringung hinzunehmen. So wie das gekaufte Brötchen nicht fantastisch schmecken, sondern eben nur „genießbar“ sein muss, um mangelfrei zu sein, so muss auch die Reise nicht traumhaft perfekt, sondern eben nur im wahrsten Sinne des Wortes „genießbar“ sein.[1053] Dies ist sie dann, wenn sie dem entspricht, was aufgrund des Reisevertrags erwartet werden kann. Und dies wiederum ergibt sich aus dem konkreten Vertragsinhalt der jeweiligen Reise, insbesondere dem jeweiligen Reisecharakter.

Was im herkömmlichen Ansatz oft mit dem Argument des angesichts des Massentourismus oder der Landesüblichkeit hinzunehmenden, weil nur geringfügigen Mangels mit einem Vergleich zum unerheblichen Mangel im Mietrecht gelöst wird, ist in Wirklichkeit gar kein Mangel, sondern Teil der Reise, die eben je nach Charakter einen Schwankungs- bzw. Toleranzbereich enthält, wie „perfekt“ eine Reiseleistung erbracht werden muss.

Beispielsweise ist hinsichtlich des Kriteriums Massentourismus eben zu untersuchen, inwieweit sich die konkrete Reise in ihrem Reisecharakter als typische Massentourismus-Pauschalreise darstellt. Es liegt auf der Hand, dass bei einer Expeditions-Bergtour in einer kleinen Gruppe eher auf den einzelnen Reisenden eingegangen werden kann, als wenn dieser einen Badeurlaub auf Mallorca zusammen mit tausenden anderen in der gleichen großen Hotelanlage verbringt. Und so gehören etwa zum Reisecharakter einer Massenreise nach Mallorca eben auch die Erscheinungen des Massentourismus wie Warteschlangen oder geringfügige Verzögerungen.

[1052] Ähnliche Gedanken klingen an bei *Tempel*, NJW 1997, 2206 (2209) [III. 1. a)], wenn dieser bezüglich einer vierstündigen Abflugverzögerung von einer hinzunehmenden Geringfügigkeit spricht, weil sich eine solche Überschreitung „grundsätzlich im Rahmen der üblichen Sollbeschaffenheit“ bewege.

[1053] Vgl. auch *OLG Düsseldorf* RRa 1999, 143: die geschuldete „Bademöglichkeit in einem Naturgewässer (Lagune) bedeutet nicht, daß diese keinerlei Verschmutzungen aufweisen darf. Baden muß vielmehr nur nicht gesundheitsgefährdend und ohne Überwindung von Abscheu oder gar Ekel möglich sein.“

Ob der Reisende nun beim Besteigen des Flugzeugs sofort durchgewunken wird oder eine halbe Stunde anstehen muss, ob er sein Essen sofort bekommt oder erst nach zehn Minuten, das liegt eben beides innerhalb des akzeptablen Qualitätstoleranzbereich der Leistungserbringung.[1054] Und wenn eine billige Reise in ein Dritte-Welt-Land mit nur landesüblich durchschnittlicher Unterbringung Teil des Reisecharakters ist, so gehört es auch zur hinzunehmenden Leistungsbandbreite, ob die Kellner sofort reagieren oder eben landesüblich „unaufdringlich" sind.

Zum Charakter einer Reise in ein bestimmtes Land gehört prinzipiell auch die dortige lokale Tierwelt und die Möglichkeit der Begegnung mit derselben. Weiterhin ist im Rahmen der konkreten Region, des Preisniveaus und Art der Reise (Expedition oder Hotelurlaub) - kurzgesagt also nach dem jeweiligen Reisecharakter - auch ein entsprechendes Essen zu erwarten. Ebenso ist es inhärenter Teil einer Reise in ein bestimmtes Land, dass dort am öffentlichen Strand wie auch sonst in diesem Land eben auch Einheimische anzutreffen sein werden.[1055]

Auf den Begriff des Reisecharakters als zentralen Begriff der reisevertragsrechtlichen Mangelbewertung ist sogleich folgend einzugehen.

4.) Bedeutung der Zusicherung

Wie schon verschiedentlich angedeutet, greift der Ausschluss von Störungen, die eigentlich unter die obigen Kriterien des allgemeinen Lebensrisikos oder der als geringfügig hinzunehmenden Unannehmlichkeiten fallen, nicht, wenn die jeweiligen Umstände Gegenstand einer Zusage des Reiseveranstalters sind. Dann nämlich darf der Reisende davon ausgehen, dass der Veranstalter dafür eintreten werde, die entsprechenden Zusicherungen der Anwesenheit bzw. Abwesenheit solcher Umstände sind dann Vertragsinhalt geworden und somit liegt gem. § 651c I Alt.1 BGB bei Nichteinhaltung auch dieser Geringfügigkeiten ein Reisemangel vor.[1056]

D. Der Reisecharakter als Ansatzpunkt zur Beurteilung der Mangelhaftigkeit

Im Folgenden soll der Reisecharakter als nach Ansatz des Verfassers zentraler Begriff für die Beurteilung der Mangelhaftigkeit der Reise dargestellt werden. Die Bezeichnung Reisecharakter entspricht in ihrem Umfang und Gestalt der Wortbedeutung, umfasst also in weitem, noch darzulegenden Umfang alle charakterisierenden Eigenschaften, Umstände und selbst Motive der konkreten Reise.

[1054] Insbesondere bzgl. des letzteren Aspekts, hinsichtlich Service gerade auch beim Essen, ist diese zu tolerierende Leistungsbandbreite zudem vom Element der Preisklasse als Teil des Reisecharakters abhängig, s. u. Zweiter Teil D. II. 4.) c) (S. 205).

[1055] S. auch *Bechhofer*, § 651c III. 1., S. 34/35; vgl. auch *AG Aschaffenburg* RRa 1997, 147.

[1056] Zur Zusicherung siehe eingehend Zweiter Teil B. (S. 124).

I. Die Bedeutung des Reisecharakters für die Mangelhaftigkeit

Im Rahmen der Definition des Reisemangels stellte sich die Frage, was der Anknüpfungspunkt für die Beeinträchtigung i. S. d. § 651c I BGB sein soll.[1057] Dabei wird unter dem vorzugswürdigen weiten Mangelbegriff auf den „Nutzen der Reise" (vgl. Wortlaut § 651c I BGB) abgestellt als eine über die Einzelleistungen hinausgehende Gesamtheit von Reiseleistungen. Damit wird zwar zutreffend gegenüber dem engen Mangelbegriff nicht nur auf die einzelne konkrete Teilleistung abgestellt, es ist aber dennoch näher zu klären, was unter diesem Begriff des „Nutzens der Reise" zu verstehen ist, bzw. was sich hinter der „Gesamtheit" als ablösbarer, eigenständiger Mehrwert gegenüber der Summe der Einzelleistungen verbirgt.

Darüber hinaus bestehen zur Beschränkung der nach dem weiten Mangelbegriff per se sehr bzw. *zu* weitreichenden Einstandspflicht des Veranstalters verschiedene Ansätze, die über unterschiedliche Kriterien den Reisemangelbegriff einschränken wollen.[1058]

Schließlich ist zudem bei Vorliegen eines Mangels weiterhin festzustellen, wie schwer dieser Mangel im Rahmen der konkreten Reise wiegt, weil sich danach Anwendbarkeit und Ausmaß der Gewährleistung richten, insbesondere die Höhe der Minderung sowie die Frage des erheblichen Mangels (vgl. § 651e I 1, § 651f II 2. Alt., § 651j I BGB) oder gar der völligen Vereitelung der Reise (vgl. § 651f II Alt. 1 BGB).[1059]

Die Lösung aller drei Problemkreise muss durch eine individuelle Betrachtung der jeweiligen konkreten Reise erfolgen, der zentrale Schlüsselbegriff ist hierfür nach Ansatz des Verfassers der Reisecharakter.

Der Reisecharakter entspricht dabei zu einem großen Teil dem, was der Gesetzgeber etwas unscharf in § 651c I BGB als Nutzen der Reise beschrieben hat. Dieser „Nutzen" ist vom Gesetzgeber als Begriff gewählt worden, weil der § 633 I 1 BGB a.F. aus dem Werkvertragsrecht, dem der § 651c nachgebildet wurde, die für das Reiserecht wenig passende Formulierung des gewöhnlichen oder nach Vertrag vorausgesetzten *Gebrauch* des Werkes verwendete.[1060]

Für die Ermittlung, ob ein Reisemangel vorliegt, erweist sich der Begriff des „Nutzens" aber als wenig treffend. Der Begriff des Reisecharakters umfasst nicht nur den mit der Reise verbundenen Nutzen bzw. Zweck, der sich als Meta-Begriff der *Reise* als eine aus den Teilleistungen geschaffene Gesamtheit and Reiseleistungen ergibt, und somit positiv den geschuldeten Inhalt des Reise. Vielmehr legt er auch negativ fest, was nicht Bestandteil der Reise ist, nicht erwartet werden kann bzw. hingenommen werden muss.

In den Begriff des Reisecharakters fließen ausfüllend alle Komponenten und Faktoren der Reise ein, beispielsweise das Reiseziel, die Beförderungsmittel, der Standard der Unterbringung, das Preisniveau, der Reisezeitpunkt, Art und Anzahl der Reisenden, ein Ziel bzw.

[1057] S. o. Zweiter Teil C. II. (S. 144).
[1058] S. o. Zweiter Teil C. III. (S. 152).
[1059] S. hierzu jeweils im Dritten Teil sowie im Folgenden, Zweiter Teil D. I. 4.) (S. 191).
[1060] Vgl. BT-Dr 8/2343, S. 9.

Motto, unter dem die Reise steht, bzw. der verfolgte Zweck u. v. a. m. So unterscheidet sich der „normale" Badeurlaub schon danach, ob er mit oder ohne Kinder stattfindet, ob er zur Hauptsaison oder in einer Nebensaison stattfindet, ob er in einer exklusiven Clubanlage, ruhig abgelegen oder in einer belebten Touristenhochburg mit öffentlichem Strand und entsprechender Lebhaftigkeit stattfindet.

Daraus ergibt sich, dass der Reisecharakter jeweils individuell für die betreffende Reise zu ermitteln ist. Er formt sich dabei aus allen gestaltenden Faktoren, die den Parteien zumindest zurechenbar bewusst sind.

Der Begriff des Reisecharakters überschneidet sich damit zwar zu einem großen Teil mit dem der geschuldeten Sollbeschaffenheit, ist aber etwas anderes und geht darüber hinaus. So ist der Reisecharakter größtenteils schon innerhalb der Reisefehlerermittlung in der Sollbeschaffenheit enthalten, denn der Reisecharakter bildet sich ja aus all den geschuldeten Faktoren. Ein Reisefehler als Abweichung von der Sollbeschaffenheit ist somit in aller Regel auch eine Beeinträchtigung des Reisecharakters, muss es aber nicht zwingend sein. So ist denkbar, dass trotz einer Abweichung in der Art der Erbringung der geschuldeten Leistung der Charakter erhalten bleibt.[1061]

Dass jeweils auf die individuellen Umstände der konkreten Reise abzustellen ist, klingt banal bzw. selbstverständlich, vor allem auch unter Anwendung des subjektiven Fehlerbegriffs. Abgesehen von den wenigen Vertretern, vorrangig *Tempel*, die gerade nicht eine Einzelfallbetrachtung, sondern eine allgemeine und schematisierte Betrachtung vornehmen wollen, wird dies auch durchgängig immer wieder so ausgesagt,[1062] aber m. E. nicht konsequent eingehend umgesetzt.

Statt dessen wird gängigerweise nach einer solchen Aussage zu einer einzelfallbezogenen Betrachtung doch wieder auf Kasuistik abgestellt, die vom jeweils zugrundeliegenden Sachverhalt abstrahiert nur den Mangel selbst anspricht, aber nicht den *Kontext*, aus dem sich diese Mangelhaftigkeit ergibt. Dieser Kontext ist nach dem hier verfolgten Ansatz des Verfassers der *Reisecharakter*. Im Folgenden soll versucht werden, den Reisecharakter als entscheidendes Element zur Mangelqualifizierung entsprechend näher zu beleuchten und zu definieren.

1.) Bisherige gedanklich verwandte Ansätze zur Figur des Reisecharakters

Wie soeben bereits angedeutet, ist der hinter dem Ansatz zur Mangelbewertung über die Figur des Reisecharakters stehende Gedanke nicht neu. Auch bisher wurde schon regelmäßig in der Literatur bzgl. der Mangelhaftigkeit der Reise festgestellt, dass es jeweils auf die Umstände der einzelnen Reise zur Bewertung von Vorliegen und Erheblichkeit eines Reisemangels ankommt.

[1061] Vgl. auch oben Zweiter Teil A. I. (S. 120), insbesondere S. 121 mit Beispiel.

[1062] Beispielhaft etwa *Humberg*, RRa 2002, 201 (202): „Somit ist in jedem Einzelfall der Inhalt des Kontraktes zwischen dem Reiseveranstalter und dem Reisenden von entscheidender Bedeutung".

Somit findet sich dieser richtungsweisende, aber ausbaufähige und -bedürftige Ansatz vielfach zumindest passim, doch wird er m. E. doch nicht konsequent genug implementiert.

Dabei findet sich dieser Grundgedanke bereits jetzt, oft nur andeutungsweise, relativ weitverbreitet, wenn auch in unterschiedlicher Verwendung und Kontext - beispielsweise oft auch im Zusammenhang mit der Frage, was unter der Gesamtheit der Leistungen des § 651a I 1 BGB zu verstehen sei, was ja spiegelbildlich als geschuldete Leistung der Abweichung hiervon beim Mangel in § 651c BGB entspricht - und in unterschiedlicher Form bzw. Bezeichnung.

Bereits das Gesetz verwendet in § 651c I BGB den Begriff „Nutzen der Reise", der dem Reisecharakter wenn auch nicht entspricht, so doch weit entgegenkommt. Im Gesetzgebungsverfahren war auch vom „Erfolg der Reise" als Umschreibung für den geschuldeten Inhalt des Reisevertrages die Rede, wobei „unter Erfolg der Reise (...) zunächst das Wohlbefinden des Urlaubers zu verstehen ist."[1063]

Das *OLG Frankfurt* stellt bei der Mangelermittlung auf die Beeinträchtigung des Nutzens der Reise ab, den es wie folgt definiert (und dabei bzw. deswegen den engen Mangelbegriff verwirft):

> „Pauschalreisende buchen eine Urlaubsreise nicht nur, um befördert, untergebracht und verpflegt zu werden. Mit dem Reisepreis „erkauft" sich der Reisende die Eindrücke und Erfahrungen aus dem Erleben fremder Gegenden, dem Kontakt zu fremden Menschen, ihrer Lebensweise, das Genießen eines angenehmen Klimas, Bequemlichkeiten in der Lebensführung, Regeneration der körperlichen und geistigen Kräfte, Möglichkeiten zu körperlicher, insbesondere sportlicher Betätigung, er erwartet geistige und körperliche Unterhaltungsmöglichkeiten, bei Familienreisen auch die Möglichkeit gemeinsamer Unternehmungen usw. Dies ist der gewöhnliche und nach dem Vertrag auch vorausgesetzte Nutzen im Sinne des § 651 c Abs. 1 BGB. Insbesondere bei erwerbstätigen Menschen steht dabei der Erholungszweck im Vordergrund."[1064]

Seyderhelm nennt im Zusammenhang mit der Reichweite der Haftung des Veranstalters den „Reisezweck" bzw. will das „Institut der Zweckverfehlung" anwenden: der Reisende erkaufe sich die Leistungen des Veranstalters nur, „um in den Genuss des eigentlichen Zweckes der Reise" zu kommen, beispielsweise bezahle er bei einem Badeurlaub zwar mit dem Reisepreis für die Beförderung und Unterkunft, jedoch nur, um dort einen ungestörten Badeurlaub am und im Meer zu verbringen.[1065] So spiele auch eine Algenpest an den Stränden der besuchten Städte keine Rolle im Rahmen einer Studienreise durch Norditalien, umgekehrt aber ein Streik der Museumsangestellten. Sein Ansatz beruht somit zumindest teilweise auf dem Gedanken von *Teichmann* zum sog. „Verwendungsrisiko" zur Eingrenzung der Haf-

---

[1063] So Berichterstatter *Linde* in der 2. Lesung am 13.12.1978, Plenarprotokoll 8/124 v. 13.12.1978, Verhandlungen des Deutschen Bundestages, 8. Wahlperiode, Stenographische Berichte Band 108, S. 9701.
[1064] *OLG Frankfurt a.M.* RRa 1998, 68 (70) [B. 2. 2. b)].
[1065] *Seyderhelm*, § 651c Rn. 20, S. 98.

tung des Veranstalters.[1066] Im Zusammenhang mit der Abgrenzung von Mangel und Unmöglichkeit verwendete *Teichmann* frühzeitig den Begriff der „Zweckverfehlung".[1067]

Coester-Waltjen spricht bzgl. der Soll-Beschaffenheit im Rahmen des Reisefehlers die „Art der Reise" an und unterscheidet als kurz genannte Beispiele die Luxusreisen gegenüber den Billigreisen sowie untereinander Aktiv- bzw. Bildungsreisen, Erholungsreisen sowie Abenteuer- bzw. Expeditionsreisen.[1068] Bzgl. der Wert- bzw. Tauglichkeitsminderung müsse diese „je nach Art und Charakter der vereinbarten Reise festgestellt werden",[1069] dies wird aber nicht weiter ausgeführt. *Pick* nennt als „Kriterien für die Bestimmung des Mangels...vor allem die Art und Zweck der Reise sowie der sich daraus ergebende Gesamtcharakter", wobei auch er unter Verweis auf Sprachreisen, Studienreisen und Exkursionen auf die Reiseart abstellt. Allerdings nennt der den Preis als einen zusätzlicher Aspekt, womit dieser nicht von seinem Verständnis des „Gesamtcharakters" umfasst zu sein scheint.[1070]

Zur Ermittlung, ob der Mangel bei einer einzelnen Reiseleistung auch zu einer Fehlerhaftigkeit der Reise als Ganzes führt, will *Rauch* die Bedeutung und das Vorliegen des einzelnen Mangels im Rahmen einer eingehend einzelfallbezogenen Bewertung eines Mangels vom Gesamtcharakter und Zweck sowie dem Zuschnitt der Reise abhängig machen. Einzelne Mängel erhielten dabei je nach den Umständen der Reise ganz unterschiedliches Gewicht.[1071]

Darauf bezieht sich auch *Bernreuther* und will Mängel einer einzelnen Reiseleistung dann nicht als Mangel der Reise im Sinne des § 651c I BGB werten, wenn diese Einzelleistungen nur eine untergeordnete Rolle spielen. Letzteres bestimme sich im Rahmen einer Gesamtschau unter Differenzierung nach dem Zweck der Reise.[1072] Dieser Ansatz stellt zwar auch im weitesten Sinne auf eine Beurteilung nach konkretem Charakter der Reise ab, geht aber mit seinen Überlegungen zu Mängeln der Einzelleistungen, die keine Reisemängel sein sollen, m. E. ein Stück zu weit. Eindeutig abzulehnen ist daher seine - immerhin konsequente - Ansicht, Fehler bei der Beförderung erscheinen nicht geeignet als Reisemängel, da keine Reise den Zweck in der Beförderung hat,[1073] oder dass eine mangelhafte Beherbergung bei einer Erholungsreise, nicht aber bei einer Studienreise die Reise fehlerhaft erscheinen lasse, da bei letzterer die Reisenden nicht aus Gründen der Erholung, sondern zur Besichtigung in das Hotel vor Ort eingezogen seien.[1074] Und obwohl *Bernreuther* diese Methode nur auf kleine und mittlere Mängel beschränken und bei schweren Mängeln durchbrechen will,[1075]

[1066] *Teichmann*, JZ 1990, 1117.
[1067] *Teichmann*, JZ 1979, 737 (739) [II. 1. b)] a. E.
[1068] *Coester-Waltjen*, Jura 1995, 329 (330) [III.].
[1069] *Coester-Waltjen*, Jura 1995, 329 (331) [III.] a. E.
[1070] Vgl. insges. *Pick*, § 651f Rn. 48.
[1071] *Rauch*, 1. Abschnitt A. I. 1. b) ff), S. 37ff.
[1072] *Bernreuther*, 3. Kap. A. I. 1. b) cc), S. 74.
[1073] Diese Prämisse erscheint in ihrer Absolutheit ohnehin zweifelhaft angesichts entsprechender autotelischer Bahn- oder Schiffsreisen, bei denen das Reisen an sich im Sinne einer Fortbewegung und Ortsveränderung im Vordergrund steht, s. hierzu *Mundt*, Tourismus, 3.2.2.3, S. 141ff.
[1074] S. jeweils *Bernreuther*, a. a. O. (Fn. 1072).
[1075] *Bernreuther*, a. a. O. (Fn. 1072), S. 74/75.

so schießt er m. E. dennoch mit seinem Ansatz über das unausgesprochene bzw. nicht explizit so benannte, aber erkennbare Ziel einer Berücksichtigung des individuellen Reisecharakters hinaus.

Auch *Blaurock* und *Wagner* stellen fest, dass „je nach Fallkonstellation (...) auch der vertraglich vorausgesetzte Nutzen einer Reise aufgehoben oder gemindert" sein könne und dazu auf den „Charakter einer Reise" abzustellen sei, „soweit er zum Vertragsbestandteil gemacht worden ist",[1076] wobei sie die Beispiele Clubreise, Sportreise und FKK-Urlaub nennen, was wiederum auf ein Gleichsetzen des Charakters der Reise mit der Reiseart schließen lässt. Im Rahmen der Abgrenzung zwischen Mangel und Unmöglichkeit verwenden sie die Begriffe „Reisepaket" bzw. „Gesamtzuschnitt der Reise".[1077] Letztere Formulierung des „Gesamtzuschnitts der Reise" benutzt *Heinz* zur Beurteilung der Intensität eines Mangels, illustriert dies aber nur kurz an einem Beispiel;[1078] an anderer Stelle lässt er den Veranstalter haften „für den Erfolg der Reise, und zwar je nach Art der Reise: Badeaufenthalt, Sport-, Sprach-, Studien oder Abenteuerreise."[1079]
Schattenkirchner weist darauf hin, dass zur Beurteilung, ob ein Mangel vorliegt, neben einer Abweichung von den Vereinbarungen im Reisevertrag „auch der Reisecharakter (z. B. Bildungsreise, Sportreise, Clubreise)" eine Rolle spielen könne; auch sie stellt also mit dem Begriff des Reisecharakters vornehmlich auf die Reiseart ab. Als konkretes Beispiel verweist sie darauf, dass im Rahmen einer Bildungsreise der Reisende andere Ansprüche an die Reiseleitung stellen könne, als bei einer Badereise. Wesentlich sei demnach Reiseart und -qualität, denn auch der Preis sei ein wesentliches Kriterium dafür, welcher Standard zu erwarten sei.[1080]

Als Anknüpfungspunkt im Rahmen des weiten Mangelbegriffs nennt *Niehuus* das „Gesamtleistungsbündel",[1081] die Fehlerhaftigkeit will er ermitteln aus dem „Vertragsinhalt sowie dem zum Vertragsinhalt gewordenen Zweck und Nutzen der Reise", weshalb neben Katalogbeschreibung, Reisebestätigung und mündlichen Nebenabreden „auch auf Reisecharakter und Reisezweck" abzustellen sei.[1082] Leider führt er aber nicht weiter aus, was nach seiner Auffassung den Begriff des Reisecharakters ausmacht bzw. was er darunter versteht.
Mühl spricht vom „Leistungsbündel",[1083] *J. Eckert* verwendet die Formulierungen „beson-

---

[1076] *Blaurock/Wagner*, Jura 1985, 169 (171).
[1077] *Blaurock/Wagner*, Jura 1985, 169 (170, 178).
[1078] Vgl. *T. Heinz*, Reisevertragsrecht, S. 142: der Veranstalter hafte für eine geschlossene Tauchschule, auch wenn er sich nur als Vermittler bezeichnet, nach dem Gesamtzuschnitt der Reise, wenn es sich um die Buchung einer Malediveninsel durch Tauchsportanhänger handelt, da der gesamte Urlaub hier seinen Wert verlieren würde mangels Ausweichmöglichkeiten auf andere Sport- oder Zerstreuungsmöglichkeiten. Diese Argumentation ist m. E. sehr fraglich, da auch bei Ausweichmöglichkeiten auf andere Aktivitäten nicht einzusehen ist, dass der Veranstalter dem Reisenden mit dem Ausfall der primär geplanten Aktivität quasi einseitig vorschreiben kann, wie dieser seinen Urlaub zu gestalten habe
[1079] *T. Heinz*, Reisevertragsrecht, S. 109.
[1080] *Schattenkirchner*, Preisminderung, A. III. 2., Rn. 14.
[1081] *Niehuus*, Reiserecht, § 4 C. I. 4, Rn. 113.
[1082] *Niehuus*, Reiserecht, § 4 C. I. 4, Rn. 114.
[1083] *Soergel*(11. Aufl.)/*Mühl*, Vorb § 651a Rn. 3.

deres Gepräge" der Reise,[1084] „Reisezweck" und „Art der Reise".[1085] *Eisner* betont immerhin, dass die Beurteilung der Mangelhaftigkeit als Einzelfallentscheidung individuell je nach Reise zu ermitteln sei.[1086]

Nach *Pellet* ist „Anknüpfungspunkt für die Beurteilung der Fehlerhaftigkeit der Reise ... in erster Linie die im Reiseprospekt enthaltene Leistungsbeschreibung sowie der zum Vertragsinhalt gewordene Zweck und Charakter der Reise sowie deren Preiskategorie." Was er dabei konkret unter dem Begriff des Charakters der Reise versteht, wird nicht weiter dargelegt; allerdings führt er weiter aus, dass die „Fehlerhaftigkeit ... sich folglich nur für den konkreten Einzelfall ermitteln" lasse, „die Aufstellung allgemeiner Kriterien ist unmöglich, da für eine Luxusreise andere Qualitätsanforderungen gelten als für die Billig- oder Abenteuerreise."[1087] Außerdem sei „anhand des Charakters und Preises der Reise festzustellen, ob die landestypische Qualität der Reiseleistungen den Erwartungen des Reisenden entspricht."[1088] Anzumerken ist in diesem Zusammenhang m. E., dass, wenn der Reisepreis schon derart die Reise prägt, auch dieser den Charakter der geschuldeten Reise festlegt und bereits dort mit einzubeziehen ist.[1089]

H.-W. Eckert will ebenfalls eine Einzelfallbetrachtung vornehmen, es findet sich bei ihm auch der Ausdruck „Charakter der Reise", er bezieht ihn aber nur jeweils vereinzelt auf die Reiseart bzw. auf den Aspekt des Massentourismus.[1090] *Schlotmann* geht bzgl. des Reisefehlers von der „durch Prospektangaben und Nebenabreden im Einzelfall konkretisierten Reise" aus;[1091] im Rahmen des Kriteriums der Landesüblichkeit will sie die „Besonderheiten des einzelnen Reisevertrages" zugrundelegen, wozu sie die Art der Unterbringung, den Preis der Reise und den „Charakter des Urlaubs" zählt.[1092] Mit letzterem Begriff meint allerdings auch *Schlotmann* wie schon einige der bisher Genannten die Reise*art* im hier verwendeten Sinne.[1093].

Die Sollbeschaffenheit der Reise im Zusammenhang mit der Reisefehlerermittlung will *Eilmann* am „zwischen den Parteien zustande gekommenen Vertrag, z.B. als Sport-, Bade- oder Abenteuerreise" ausrichten. Darüber hinaus sei entscheidend, „ob es sich um eine Komfort- oder Billigreise handelt, bei der keine hohen Qualitätsanforderungen gestellt werden können." Auch der Hotelstandard sei entscheidend.[1094]

Die hinzunehmenden Unannehmlichkeiten stellen nach seiner Betrachtung keinen Fehler dar; die Entscheidung hierüber richte sich nach der „Zielrichtung" der Reise, worunter er als „Reisekategorien" verschiedene Reisearten wie Aktivurlaub, Bildungsurlaub, Kreuzfahrt u.

[1084] *Staudinger/J. Eckert*, § 651c Rn. 8 a. E.
[1085] *Staudinger/J. Eckert*, § 651c Rn. 10.
[1086] Vgl. *Eisner*, S. 20.
[1087] *Pellet*, Teil 1 C. 2., S. 20.
[1088] *Pellet*, ebenda.
[1089] Dazu eingehend unten Zweiter Teil D. II. 4.) c) (S. 205).
[1090] S. *H.-W. Eckert*, 3. Kap. I. 1. a) cc), S. 54, bzw. 3. Kap. I. 1. a) dd), S. 55.
[1091] *Schlotmann*, Recht, A. IV. 1., S. 32.
[1092] Vgl. *Schlotmann*, Recht, A. IV. 1., S. 33.
[1093] Zum Begriff der Reiseart als bedeutendes Element des Reisecharakters s. u. Zweiter Teil D. III. (S. 210).
[1094] *Eilmann*, 2. Kap. III. 1., S. 35.

a. versteht.[1095] Ob der Mangel einer Einzelleistung auch einen Mangel der Reise an sich im Sinne des § 651c I BGB darstellt, bestimme sich nach den Umständen, wie etwa, ob es sich um ein schlechtes Essen im 5-Sterne-Hotel oder bei einem Abenteuerritt durch Ungarn handelt; insofern sei der Reisecharakter ein wichtiger Ansatzpunkt für die Fehlerbestimmung.[1096]

Wenngleich seine inhaltliche Aussage zum Mangel einer Einzelleistung (wie etwa der schlechten Verpflegung), der aber keinen Mangel der Gesamtreise darstellen soll, m. E. so nicht ganz überzeugen kann, so ist doch andererseits in seinem Ansatz deutlich die Verwandtschaft zur hier vertretenen Notwendigkeit einer Einzelfallbetrachtung bei der Fehlerermittlung, ausgerichtet an den konkreten bzw. besonderen Umständen, dem Charakter der Reise, erkennbar. In Zusammenhang mit den Voraussetzungen des § 651e I 1 BGB deutet er zudem an, dass darüber hinaus auch zur Ermittlung der Erheblichkeit des Mangels auf den Reisecharakter abzustellen sei, die gleichen kleineren Mängel könnten bei einer Komfortreise zur Erheblichkeit führen, während sie bei einer Standardreise hinzunehmen seien.[1097] Der Ansatz ist tendenziell richtig - erstaunlich ist aber m. E. hierbei der praktisch schwer vorstellbare (wenn auch theoretisch mögliche) Sprung über den normalen Mangel hinweg von einer bloßen Unannehmlichkeit direkt zu einer erheblichen Beeinträchtigung, die das Kündigungsrecht auslöst.

„Von Bedeutung ist" nach *Xanke* und *Dutschke* „auch der Charakter der gebuchten Reise", in Folge zählen sie stichpunktartig diesen Reisecharakter nach Reiseart auf, beispielsweise seien „bei Erholungsreise: Ruhe und Unterkunft", „bei Jagdreise: Gelegenheit zum Schuss" und „bei Abenteuerreise: gewisse Risiken, Unbequemlichkeiten und Unwägbarkeiten" von besonderer Bedeutung.[1098] Damit bewegen sie sich im Prinzip sehr nahe am hier vertretenen Ansatz bezüglich des Reisecharakters, gerade auch weil sie später an anderer Stelle für die Feststellung des Vertragsinhalts „Prospektbeschreibungen, die Reisebestätigung, mündliche oder schriftliche Nebenabreden sowie Reisecharakter und Reisezweck" heranziehen wollen.[1099]

Anlässlich der Darstellung zum Meinungsstreit über engen und weiten Mangelbegriff merkt *Tonner* an, dass der enge Mangelbegriff zu einer begrifflichen Starre führe, die der notwendigen angemessenen Risikoverteilung im Wege stehe, vielmehr sei der weite Mangelbegriff anzuwenden, allerdings unter Risikoabwägung in jedem Einzelfall.[1100]

Tatsächlich wird von den Vertretern des engen Mangelbegriffs zur Mangelbewertung die eingehende Einzelfallbetrachtung der Reise als Ganzes und damit in Konsequenz eigentlich auch der darauf aufbauende, hier vertretene Ansatz zum Reisecharakter in Frage gestellt. Das ist insofern verständlich, als der enge Mangelbegriff die Reise in Gestalt einer über die

---

[1095] *Eilmann*, 2. Kap. III. 1 b) ba)., S. 39.
[1096] *Eilmann*, 2. Kap. III. 1. b) ba), S. 38.
[1097] *Eilmann*, 2. Kap. III. 2. a), S. 56.
[1098] *Xanke/Dutschke*, B. I. 4., Rn. 65.
[1099] *Xanke/Dutschke*, B. II., Rn. 71.
[1100] Vgl. *Tonner*, Reisevertrag, 651c Rn. 15.

Einzelleistungen hinausgehenden Gesamtheit der Reiseleistungen als Vertragsgegenstand ablehnt und statt dessen nur von den einzelnen konkret zu erbringenden Teilleistungen ausgeht.[1101]

Bei den im Rahmen des engen Mangelbegriffs einzeln betrachteten jeweiligen konkreten Beförderungsleistungen, Unterkunftsleistungen etc. ist zugegebenermaßen klarer, was jeweils geschuldet ist - im Gegensatz zum offensichtlich als undeutlich empfundenen Vertragsgegenstand Reise als nebulöse Gesamtheit der Reiseleistungen, denn der vom Reisenden empfundene „Erfolg der Reise" als „Gefühl des Reisenden über Erfolg oder Misserfolg der Reise",[1102] die „Erholung", sei hingegen nicht messbar und nicht definierbar.[1103] Es sei unklar, inwieweit sich die „Reise" als geschuldete Leistung dann überhaupt vom „Urlaub" und „dem daraus resultierenden Urlaubsgenuß" unterscheide.[1104]

Das ist aber genau der Punkt - letzteres überschneidet sich nämlich tatsächlich, und gewolltermaßen,[1105] mit der „Reise." Zur Klärung bzw. auch schon Bezeichnung dieser Gemengelage bietet sich ja gerade der Begriff des Reisecharakters an.

Die Vertreter des engen Mangelbegriffs hingegen blenden die Vielfalt des Reiselebens in Form verschiedener „Reisen" aus und gehen statt von einer mitunter schwierigen und eingehenden Einzelfallbetrachtung von fest definierten Einzelleistungen aus. Insbesondere ermöglicht der enge Mangelbegriff, das Abstellen auf einzelne Leistungen, unter Ausblendung der jeweiligen Eigenheiten des konkreten Falls die Automation der Anwendung des „Programms" der Frankfurter Tabelle auf einzelne Mängel innerhalb der Teilleistungen, wodurch weitestgehend ohne mühsame Einzelfallbetrachtung feste - wenn auch oft nicht sachgerechte - Ergebnisse gewonnen werden können.[1106]

Die Vertreter des engen Mangelbegriffs verkennen aber nicht nur die gesetzliche Vorgabe,[1107] sondern eben auch die Lebenswirklichkeit inklusive deren Diversität. Es ist nun mal so, dass ein einzelner Mangel je nach Reisecharakter auf die gesamte Reise ausstrahlt, dass es viele verschiedene, ganz unterschiedliche Reisen gibt und sich die jeweiligen Reisenden je nach ihrer Vorstellung von Zweck oder Urlaubsgenuss unter Kenntnis des Reiseveranstalters die entsprechende Reise aussuchen - und genau aus diesem Grund gibt es auch keinen festen bzw. abstrakt-generell festlegbaren Begriff, was die Reise bzw. -inhalt und was dabei ein Reisemangel ist; je nach Inhalt der Reise kann der Reisecharakter, der Zweck

---

[1101] S.o. zum engen Mangelbegriff Zweiter Teil C. II. 2.) (S. 147); dieser Ansatz erleichtert den Vertretern des engen Mangelbegriffs, eine schematisierte Beurteilung von Reisemängeln nach dem System der sog. „Frankfurter Tabelle" vorzunehmen, wie dies insbesondere von Tempel als Schöpfer derselben vertreten wird. Zur Schematisierung nach Frankfurter Tabelle sozusagen als antagonistisches Gegenmodell zum hier vorgestellten individualisiert-einzelfallbezogenen Ansatz über den Reisecharakter wird im Rahmen der Minderung, zu deren Berechnung die Frankfurter Tabelle gedacht ist, näher einzugehen sein, s. u. Dritter Teil D. IV. 3.) (S. 377).

[1102] *Tempel*, RRa 1997, 131.

[1103] So *LG Düsseldorf* RRa 2000, 12.

[1104] *Seyderhelm*, § 651c Rn. 15 am Anf., S. 93.

[1105] Zum Gesetzgebungsverfahren s. Fn. 1063; s. a. oben Ausführungen zum weiten Mangelbegriff Zweiter Teil C. II. 3.) (S. 150).

[1106] S. u. eingehend Dritter Teil D. IV. 3.) (S. 377).

[1107] S. BT-DR 8/2343, S. 9, sowie oben Zweiter Teil C. II. 3.) (S. 150).

bzw. der von den Beteiligten darunter verstandene Erholungswert oder Urlaubsgenuss ganz unterschiedlich sein.

Diesbezüglich räumt auch *Tempel* als Hauptvertreter des engen Mangelbegriffs ein, dass der vereinbarte Reisezweck durchaus eine Rolle spielen könne, insbesondere zu einer Ausweitung oder einer Einschränkung der vertraglichen Leistungspflichten, bzw. sogar ganz zu zusätzlichen Pflichten führe.[1108] Damit zeigen sich auch die Vertreter des engen Mangelbegriffs letztlich als zumindest eingeschränkte Anwender einer Einzelfallbetrachtung der Gesamtreise abhängig von deren *Zweck*,[1109] der wiederum wesentlicher Teil des Begriffs des Reisecharakters bzw. eine grob verkürzte Variante dieses Modells ist.

Neben dem „Nutzen“ oder „Zweck der Reise“, der erstrebten konkreten Art der „Erholung“ oder des „Urlaubsgenusses“ und ähnlichen genannten Bezeichnungen erscheint dem Verfasser der Begriff des *Reisecharakters* am treffendsten, um das damit verbundene Konzept zu beschreiben.

Dieses geht zusammen mit der h. M. zum weiten Mangelbegriff zunächst davon aus, dass die geschuldete Reise mehr ist als nur eine Summe einzelner Teilreiseleistungen. Vielmehr bildet sich aus letzteren eine „Gesamtheit der Reiseleistungen“, die ein Mehr gegenüber den Einzelteilen ist. Der Metabegriff des Reisecharakters als Umschreibung der vertraglich vereinbarten und somit geschuldeten Reise in all ihren Facetten entsteht, der „Qualität, Art und Umfang“[1110] der reisevertraglich geschuldeten Leistung in positiver Festlegung wie auch negativer Abgrenzung beinhaltet.

Führich geht dementsprechend davon aus, dass auch ergänzende Umstände nach Treu und Glauben aus Zweck und Nutzen des geschlossenen Reisevertrags und der Verkehrssitte entscheiden, was der Reisende erwarten darf.[1111] Prägend dabei sei primär der Reisecharakter, wobei an dieser Stelle seines Kommentars noch unklar bleibt, ob er diesen Ausdruck allein auf die verschiedenen Reise*arten* bezieht oder auch das Kriterium der Landesüblichkeit ebenso wie die Umstände in der Person des Reisenden sowie den Aspekt des Massentourismus hinzuzählt; zumindest sieht er diese Faktoren aber als zusätzliche bestimmende Elemente zur Ermittlung des Leistungsprogramms des Veranstalters an.[1112] An anderer Stelle jedoch kommt sein Standpunkt unmissverständlich ganz klar der vom Verfasser vertretenen Auffassung zum Reisecharakter sehr nahe, wenn *Führich* feststellt, dass der Vertrags-

---

[1108] *Tempel*, RRa 1998, 19 (23) [II. 7.] u. dort Fn 17 („Beschränkung bei Abenteuerreisen“), sowie RRa 1998, 19 (26) [III. 4. b)]: „Naturgemäß bestehen Abweichungen hinsichtlich der einzelnen Prozentsätze bei den einzelnen Reisemängeln, die zum Teil auf den Umständen des Einzelfalles beruhen, insbesondere der Art und Intensität der Beeinträchtigung. Insoweit wird es stets bei unterschiedlichen Bewertungen bleiben“; s. a. *ders.*, RRa 1997, 131 (133) u. dort Fn 17. Zur Erweiterung der Mitwirkungspflichten des Reisenden je nach konkretem Reisecharakter vgl. *LG Berlin*, RRa 1997, 75 (man beachte diesbezüglich auch die beiden wenige Tage auseinanderliegenden, gegensätzlichen Entscheidungen des *AG Tempelhof-Kreuzberg* als Vorinstanz zu identischem Sachverhalt, RRa 1996, 248).

[1109] S. a. *Seyderhelm*, § 651c Rn. 20, S. 98.

[1110] S. *Staudinger/J. Eckert*, 651c Rn. 10.

[1111] *Führich*, Reiserecht, § 7 II. 2. b) cc), Rn. 238.

[1112] S. *Führich*, Reiserecht, a. a. O.

inhalt auch durch den Reisecharakter mitbestimmt werde, wozu die Reiseart, das Preisniveau sowie die Aspekte der Landesüblichkeit und des Massentourismus zu zählen seien.[1113]

Neben *Führich* ebenfalls dem hier vertretenen Ansatz des Verfassers recht nahekommend erscheinen *Bidinger* und *Müller*, die auch den gleichen Begriff des „Reisecharakters" verwenden. Sie setzen ihn synonym mit dem „Reisezweck". Dieser ergebe sich einerseits aus dem Motto der Reise, zum anderen aus dem Gesamtzusammenhang der Prospektbeschreibung.[1114] Unklar ist hier allerdings die Aussage, dass ganze Kataloge einem bestimmten Reisezweck gewidmet seien, genannt werden die Beispiele Städtereisen und Cluburlaub. Damit dürfte dort aber wohl eher der Begriff der Reiseart, wie er hier verstanden wird,[1115] gemeint sein. Diese ist m. E. zwar ein ganz bedeutender Teil des Reisecharakters,[1116] aber keineswegs synonym bzw. von der Bedeutung her inhaltsgleich mit diesem.

2.) Reisecharakter als entscheidendes Element des „Nutzens der Reise"

Es wurde bereits dargestellt, dass im Rahmen des nach Gesetzeswortlaut und -intention anzuwendenden weiten Mangelbegriffs die „Reise" als eine über die Teilleistungen hinausgehende Gesamtheit an Reiseleistungen geschuldet ist. Hierbei stellt sich aber die schwierige Frage, was unter dieser Gesamtheit als Metabegriff sowie dem „Nutzen der Reise" als Anknüpfungspunkt für die Beeinträchtigung beim Reisemangel in Form des Reisefehlers zu verstehen ist.[1117]

Die Reise als Gesamtheit stellt sich im Begriff des Reisecharakters dar. Er ergibt sich zum einen aus den konkret vereinbarten Einzelleistungen, zum anderen aber auch aus den in diesem Zusammenhang abgegebenen Zusagen und etwa dem Motto, unter dem die Reise nach dem Verständnis bzw. zumindest zurechenbarer Kenntnis beider Parteien steht.
Daraus leitet sich subsequent auch der Nutzen der Reise ab. Der Nutzen der Reise sind die vom Reisenden mit diesem Urlaub verfolgten Teil- und Fernziele in konkretisierter Form, insoweit sie dem Veranstalter zumindest zurechenbar bekannt sind und dem Vertrag somit zugrundegelegt wurden bzw. innewohnen.
Dafür lässt sich auch der Begriff der *Erholung* verwenden, dieser darf aber nicht landläufig verstanden werden als ein physisches oder psychisches Nichtstun, sondern im Sinne einer *Regeneration* durch Freizeithandlungen im Rahmen der Reise, die eben *auch* in Form von Unterlassungen vorgenommen werden können. Je nach Reisecharakter, insbesondere je nach Reiseart kann diese „Erholung" aber vom Reisenden eben gerade auch in intensivster Anstrengung gesucht werden, beispielsweise im Rahmen einer Abenteuerreise. Dafür wird

---

[1113] *Führich*, Reiserecht, § 5 V. 1. f), Rn. 144.
[1114] *Bidinger/Müller*, § 651c Anm. 8, S. 104.
[1115] S. u. Zweiter Teil D. III. (S. 210).
[1116] S. u. Zweiter Teil D. II. 1.) a) (S. 193) u. D. III. (S. 210).
[1117] Vgl. auch vorhergehende Seite sowie Zweiter Teil C. II. (S. 144ff); insofern zeigt sich hierbei auch der Schnittpunkt zum engen Mangelbegriff. *Führich*, Reiserecht, § 7 II. 1. a) (3), Rn. 218, ist zwar insofern zuzustimmen, als auch nach dessen Ansicht „der nach dem Vertrag vorausgesetzte Nutzen" geschuldet ist; aber entgegen dessen Auffassung dazu ist das gerade auch der Reisezweck. Geschuldet ist die vereinbarte Reise, die einen jeweiligen Reisecharakter aufweist, der mitsamt der darin enthaltenen Reiseart als Zweck den geschuldeten Inhalt positiv und negativ umgrenzt.

im weiteren Verlauf der Arbeit der Begriff des „Erholungserlebnisses" als Entschädigungsgegenstand im Sinne des § 651f II BGB dargelegt werden.[1118]

Anders als bei anderen Vertragsarten spielen hier gewollt Motive mit hinein. Diese konkretisieren sich als „Nutzen der Reise" nicht nur in einem entsprechenden Fernziel, sondern auch in den Teilkomponenten, die in dieser Komposition vom Reisenden gebucht wurden, um zu der von ihm gesuchten individuellen Form der „Erholung", dem individuellen „Erholungserlebnis" als „Zweck der Reise", zu führen.

Als praktische Beispiele zur Illustration ist etwa bei einer bestimmten Abenteuerreise nicht nur die körperliche Anstrengung und das Abenteuer per se geschuldet, sondern auch die Erbringung desselben durch die konkreten Einzelkomponenten Dschungelmarsch, Besteigung des Bergs XY, Floßfahrt über den YZ, Geländewagendurchquerung des XZ-Schlammgeländes.

Bei einem Erholungs-Badeurlaub (Erholung im landläufigen Sinne) ist nicht nur generell die Möglichkeit des Badens, sondern des Badens an der bestimmten Örtlichkeit, dabei Unterbringung in dem bestimmten Hotel, mit bestimmter Verpflegung etc. geschuldet.

Schließlich ist Gegenstand einer Bildungs-Studienreise nicht nur die Bildung bzw. das Studium *irgendeines* Sachverhaltes *an sich*, sondern das Studium eines bestimmten Themas durch Besichtigung konkreter einzelner Objekte, beispielsweise bestimmter alttestamentarischer Stätten, verbunden mit der vereinbarten Beförderung zu den einzelnen Stätten im Rahmen eines bestimmten Programms sowie Unterkunft, die Stellung eines passend qualifizierten Reiseleiters und u. U. einschlägiger Literatur zur Vorbereitung.[1119]

Die Motivation des Reisenden, der mit der Reise verfolgte Zweck bzw. das, was als Reise für ihn das Erholungserlebnis ausmacht, ist jeweils im Einzelfall zu ermitteln; dies ausgehend davon, was dem Reiseveranstalter zuzurechnen ist bzw. was als Zweck der Reise im Rahmen des Vertragsschlusses durch einzelne Leistungsbeschreibungen, Besprechung der Reise und dabei abgegebene bzw. in Aussicht gestellte Zusagen und Angaben als Reisecharakter hervortrat.

Vor Generalisierungen hinsichtlich des mit der Reise verfolgten Zwecks sollte man sich, gerade auch im Rahmen einer Mangelermittlung, hüten. So kann man beispielsweise einem Fernreisenden nicht schlechterdings unterstellen, er interessiere sich dafür, andere Länder und Leute kennenzulernen und müsse insofern Lärm und Festivitäten der Einheimischen vor seinem Hotel nicht als Mangel, sondern als Bereicherung empfinden.[1120]

Vielmehr ist es objektiv als genauso legitim anzusehen, wenn ein Erholungssuchender, der die gewünschten Gegebenheiten einer Erholung an einem einsamen Palmenstrand mit klarem warmem Wasser und durchgängig 30° Temperatur in Deutschland nicht vorzufinden vermag, sich dazu auf die Malediven begibt, ohne sich - grob gesagt - einen Deut für die

---

[1118] Siehe dort, Dritter Teil G. IV. 1.) b) (S. 441); siehe i. ü. zur jeweils individuell-subjektiv anders verstandenen „Erholung" auch Erster Teil B. I. 1.) f) (S. 38).

[1119] Zu diesen Beispielen vgl. auch unten die jew. Reisearten, Zweiter Teil D. III. (S. 210).

[1120] So aber *AG Aschaffenburg* RRa 1997, 147.

Bevölkerung und deren Kultur zu interessieren.[1121] Einem an ägyptischer oder hethitischer Antike interessierten Reisenden muss nicht unbedingt an der heutigen Alltagskultur und Gesellschaftsleben im modernen Ägypten bzw. der Türkei gelegen sein. Umgekehrt ist denkbar, dass es einem Thailandurlauber gar nicht so sehr auf die Strände und Badegelegenheiten ankommt, sondern er sich für die exotische Kultur, das bunte Treiben in den einheimischen Städten und Märkten und Einkaufsmöglichkeiten interessiert.

Es muss aber betont werden, dass der persönlich vom Reisenden verfolgte Zweck nur insoweit bei der Mangelermittlung Berücksichtigung finden kann, wie er als Teil des vereinbarten bzw. dem Veranstalter zurechenbar erkennbaren Reisecharakters geschuldeter Gegenstand des Reisevertrags geworden ist.

3.) Reisecharakter hinsichtlich Eingrenzung der weiten Einstandspflicht

Wie bereits dargestellt, führt die Anwendung des weiten Mangelbegriffs im Rahmen der verschuldensunabhängigen Einstandspflicht zu einer nicht gewünschten, als zu weitgehend empfundenen Haftung des Veranstalters.[1122] Daher wird versucht, durch verschiedene Kriterien die Einstandspflicht zu beschränken und letztlich damit auch nachträglich den Begriff des Mangels im technischen Sinne des § 651c I BGB, für den der Veranstalter haften muss. Hierzu zählen neben dem Kriterium des allgemeinen Lebensrisikos[1123] auch die Postulierung hinzunehmender Geringfügigkeiten in Form der Aspekte des Massentourismus, der Landesüblichkeit oder der allgemeinen Geringfügigkeit.[1124]

Der Ausschluss geringfügiger Unannehmlichkeiten wird dabei z. T. mit einer analogen Anwendung des in § 459 I 2 BGB (a.F.) bzw. § 537 I 3 BGB (a.F.) (nunmehr § 536 I 3 BGB) kodifizierten Rechtsgedankens begründet, dass eine nur unerhebliche Wert- bzw. Tauglichkeitsminderung keinen gewährleistungsrechtlich bedeutsamen Mangel darstellen soll.[1125] Diese Begründung überzeugt aber m. E. nicht, da der Gesetzgeber im Reisevertragsrecht bewusst auf eine entsprechende Einschränkung in § 651c I BGB verzichtet hat, um dort den speziellen weitreichenden Vertragsgegenstand „Reise" umfassend einzubeziehen, und sich daher statt dessen die Einschränkung einer „Erheblichkeit" für besonders bedeutende Gewährleistungsrechte vorbehalten hat: Die „erhebliche Beeinträchtigung" findet sich im Rahmen der Kündigungsrechte der §§ 651e und 651j BGB sowie im Anspruch auf Schadensersatz wegen entgangener Urlaubsfreude § 651f II BGB.[1126]

[1121] Was bspw. im konkreten Fall der Malediven auch tourismuspolitisch sogar zu verhindern gesucht wird durch die Freigabe nur bestimmter besuchbarer „Einheimischeninseln"; ähnliches ist auch denkbar bei Reisen etwa in sozialistisch abgeschottete Länder. Praktisch häufiger ist der Fall, dass in Urlaubsdestinationen in der Dritten Welt der Reisende aufgrund der Kriminalitätsgefahr faktisch gar nicht die Möglichkeit haben wird, authentisch außerhalb der Hotelanlage das „wahre Leben" und die örtlichen Verhältnisse kennenzulernen; generell kritisch gegenüber dem sich vorgeblich für die Einheimischen und deren Kultur interessierenden Ansatz der Kritiker des Pauschaltourismus *Opaschowski*, IV. 3., S.124ff.

[1122] Zur Einschränkung des weiten Mangelbegriffs s. o. Zweiter Teil C. III. (S. 152).

[1123] S. o. Zweiter Teil C. III. 1.) (S. 154).

[1124] S. o. Zweiter Teil C. III. 2.) (S. 166).

[1125] *Führich*, Reiserecht, § 7 II. 4. b), Rn. 250; *Tempel*, NJW 1997, 2206 (2208) [II. 2. c)].

[1126] Zur Gewährleistungsabstufung nach Beeinträchtigungsintensität vgl. Zweiter Teil E. I. (S. 245).

Die Lösung, um den unerwünscht weiten Mangelbegriff einzugrenzen, liegt meines Erachtens darin, schon eine Stufe früher zu fragen, ob nach der subjektiven Fehlertheorie überhaupt eine Fehlerhaftigkeit angesichts der geschuldeten Soll-Beschaffenheit der Reise vorliegt.[1127]

Näher an der Sache und überzeugender ist es daher, wenn *Führich* neben seinem Verweis auf § 459 I 2 BGB (a.F.) an anderer Stelle andeutet, Treu und Glauben würden es gebieten, derartige Einschränkungen als ergänzend in den Vertragsinhalt hineinzulesen, so dass der Reisende eine Haftung für diese Fälle nicht erwarten dürfe.[1128]

Dieser Ansatz ist richtungsweisend. In Fortführung dieses Gedankens ist zu bedenken, dass auch bei anderen Vertragstypen eine gewisse Spannweite an Leistungsqualität hinsichtlich des Vertragsgegenstandes bzw. der -erfüllung besteht. Der Vertrag muss nicht bestmöglichst erfüllt werden, sondern eben nur so gut, dass die erbrachte Leistung mangelfrei ist. Bei Gattungsschulden spricht man von mittlerer Art und Güte, § 243 I BGB. Der Schuldner kann auch mit einer besonders guten, über die mittlere Art und Güte hinausgehenden Leistung den Vertrag erfüllen, muss dies aber nicht.

Mangelfreie Vertragserfüllung liegt hier wie allgemein auch bei einer „nur" durchschnittlichen Leistung vor. Dem Konditor kann die geschuldete Torte besonders gut gelingen oder eben nur wie üblich, dem Porträtmaler das Bild besonders gut oder eben nur (noch) brauchbar. Das gekaufte Brot kann besonders schmackhaft sein, oder eben nur essbar ohne die Gefahr von Gesundheitsbeeinträchtigungen. Der geschuldete Vertragsgegenstand unterliegt somit je nach Vertragsart und konkretem Gegenstand einer mehr oder weniger großen Qualitätstoleranz, ohne dass von einem Fehler gesprochen werden kann.

Bei einer Pauschalreise trifft dies in besonderem Maße zu, sowohl hinsichtlich der rechtlichen Konstruktion Reisevertrag wie auch dem hochkomplexen Vertragsgegenstand Reise. So wie das gekaufte Brot nicht fantastisch schmecken muss, sondern für die Mangelfreiheit zumindest eben „genießbar", so muss auch die Reise nicht traumhaft perfekt, sondern eben nur im wahrsten Sinne des Wortes „genießbar" sein. Dies ist sie bereits dann, wenn sie dem entspricht, was aufgrund der aus dem Reisevertrag geschuldeten Leistung erwartet werden kann. Und dies zeigt sich im jeweiligen Reisecharakter.

Die übliche Lösung, innerhalb eines Vergleichs zum „unerheblichen Mangel" im Mietrecht oder dem alten Kaufrecht geringfügige Mängel mit dem Argument des Massentourismus oder der Landesüblichkeit auszuschließen, ist daher ungenau, denn in Wirklichkeit stellen diese Probleme bei der Reise schon gar keinen Mangel, sondern Teil des Inhalts der vertraglich geschuldeten konkreten Reise dar, die eben je nach ihrem Reisecharakter neben inhärenten Einschränkungen des Leistungsinhalts auch einen gewissen Toleranzbereich enthält, wie gut eine Reiseleistung erbracht werden muss.

[1127] Siehe auch schon Zweiter Teil C. III. 3.) (S. 172) u. dort Fn. 1052.

[1128] *Führich*, Reiserecht, § 7 II. 2. b) cc), Rn. 238; s. a. ähnlich angedeutet bei *Staudinger/J. Eckert*, § 651c Rn. 50.

Davon ausgehend wurde bereits eingehend angesprochen,[1129] dass sich nach Ansicht des Verfassers sowohl die drei genannten Kategorien der hinzunehmenden Unannehmlichkeiten - Unvermeidbarkeiten des Massentourismus, landesübliche sowie allgemeine geringfügige Unannehmlichkeiten, wie auch zum Teil der Gesichtspunkt des allgemeinen Lebensrisikos - letztlich als eine Frage des Reisevertragsinhalts in Form des Reisecharakters darstellen. Über den Begriff des Reisecharakters, der die genannten Elemente inhärent enthält, setzt der dargestellte Ansatz nicht erst bei der Frage des Vorliegens eines Mangels durch Beeinträchtigung der Reise an, sondern schon einen Schritt früher im Rahmen des Fehlerbegriffs, denn der Reisecharakter definiert schon die entsprechende Soll-Leistung, weshalb u.U. bei entsprechend vorliegender Soll-Leistung gar keine Abweichung von der Ist-Leistung und damit schon kein Reisefehler vorliegt. Auch wenn einzelne Unannehmlichkeiten oder Verwirklichungen des Lebensrisikos im Einzelfall durchaus aus der Sicht des Reisenden eine erhebliche Beeinträchtigung darstellen können, vermögen sie dann nicht im Rahmen der Mangelprüfung als Beeinträchtigung durchzuschlagen, wenn und weil sie schon keinen Reisefehler im Sinne der durch den Reisecharakter geprägten Sollbeschaffenheit darstellen. Eine nachträgliche Eingrenzung des weiten Mangelbegriffs erübrigt sich somit hinsichtlich dieser Aspekte.

So gehören zum Reisecharakter einer Massenreise nach Mallorca eben auch pauschale Abfertigungen oder kurzfristige Warteschlangen oder Verzögerungen, umgekehrt kann innerhalb einer kleineren Gruppe im Rahmen einer Studienreise oder Expedition eher erwartet werden, dass mehr auf den einzelnen Reisenden eingegangen werden kann. Zur „Landesüblichkeit“ einer Reise in ein Reiseland in der Dritten Welt gehört eben in gewissem Rahmen die dortige Tierwelt, das entsprechende ortsübliche Risiko, mit derselben zusammenzutreffen, und je nach Preisniveau der Reise bzw. geschuldetem Hotelstandard auch das eine oder andere übliche bzw. unvermeidliche Kleinstgetier. Und Teil einer Reise in ein bestimmtes Gebiet ist - Stichpunkt „Land & Leute“ - eben auch das öffentliche Leben der dortigen Bevölkerung, der man in der Öffentlichkeit, am Strand und eben auch im Hotel begegnen kann,[1130] es sei denn, es ist eben je nach konkretem Reisecharakter bspw. ein abgeschlossener Cluburlaub o. ä. geschuldet, bei dem derartige in diesem Fall ungewollte Kontakte ausgeschlossen sind.[1131]

Auch das Kriterium der Verwirklichung des allgemeinen Lebensrisikos zeigt sich als teilweise vom Reisecharakter geprägt. Nach h. M. hat der Veranstalter hierfür grundsätzlich nicht einzustehen, ausnahmsweise aber dann, wenn er diesbezüglich dem Reisenden eine Zusage gegeben hat,[1132] beispielsweise die Möglichkeit des Windsurfens vor Ort zusichert wegen - vermeintlich - stets vorhandener günstiger Windverhältnisse.[1133] Dann aber ist die-

[1129] S.o. Zweiter Teil C. III. 3.) (S. 172ff).

[1130] S. hierzu die Ausführungen und Beispiele zur Landesüblichkeit, Zweiter Teil C. III. 2.) b) (S. 169).

[1131] Ähnlich *Staudinger/J. Eckert*, § 651c Rn. 50, wonach sich aufgrund der Art der Reise gewisse hinzunehmende Beeinträchtigungen ergeben, bspw. bei einer Gruppenreise im Bus durch das notwendige Anpassen an Mitreisende und das Hinnehmen der durch diese entstehenden Beeinträchtigungen.

[1132] Vgl. auch Zweiter Teil B. II. 2.) (S. 126).

[1133] S. o. Zweiter Teil B. III. 3.) b) (aa) (S. 133) u. dort Fn. 794.

se Zusage nichts anderes als prägendes Element innerhalb des Reisecharakters geworden. Der Reiseveranstalter hat demnach in einem derartigen Fall seine Einstandspflicht auch auf diesbezügliche für ihn an sich unbeherrschbare Variablen ausgedehnt.
Darüber hinausgehend kann unter Zugrundelegung des Ansatzes über den Reisecharakter schon die Reise selbst erkennbar praktisch ausschließlich oder zumindest beinahe ausschließlich auf einen bestimmten Bestandteil, einen Höhepunkt oder ein Event hin ausgerichtet sein, so dass sich aus dem Charakter einer solchen Reise eine Einstandspflicht für diesen zentralen Punkt auch hinsichtlich unbeherrschbarer äußerer Einflüsse ergibt. Irrelevant ist dann, ob diese fremd und nicht innerhalb der Pauschalreise erbracht werden - etwa bei einer Städtereise wegen der dortigen Ausstellung im Museum, oder einer Konzert- / Musicalreise. Eine Musicalreise, bei der das Musical ausfällt, ist wertlos. Der Ausfall der Veranstaltung ist keine Verwirklichung des allgemeinen Lebensrisikos, sondern ein zentral reisespezifisches Ereignis, das dem Reisenden nur deshalb widerfahren kann, weil er die Reise zur Veranstaltung gebucht hat.
Die an sich umfassende Einstandspflicht des Reiseveranstalters nach § 651c I BGB für das Gelingen der Reise erstreckt sich somit auch auf diese Fremdveranstaltung, weil er diese Umgebungsvariable bewusst als Grundlage seines Geschäfts genutzt hat.[1134]

In diesen Fällen muss aber - spiegelbildlich zur o.g. Erweiterung der Haftung durch Zusicherung - dem Veranstalter im Rahmen der Vertragsfreiheit die Gestaltungsmöglichkeit zugestanden werden, sich durch deutliche explizite Haftungsfreistellung vom Risiko einer Gewährleistung auch in diesen Fällen zu befreien. Für eine solche nicht unbedeutende Haftungseinschränkung ist ein entsprechend deutlicher Hinweis nötig, der als negative Vertragsinhaltsbeschreibung dort angebracht sein muss, wo auch die positiv prägenden Bestandteile der Reise herausgestellt werden, also im Angebot selbst.[1135]
Hinsichtlich § 651m BGB ist dies insofern zuzulassen, als eine solche Eingrenzung der Haftung schon auf der Ebene des Vertragsinhalts und nur hinsichtlich sachlich gerechtfertigter Faktoren einzuräumen ist, etwa hinsichtlich Unwägbarkeiten der Natur bei Safaris. Damit aber im Rahmen des Reisecharakters eine entsprechende Haftungsbegrenzung für Unwägbarkeiten schon im Vertragsinhalt greift, ist zu fordern, dass sie mindestens ebenso deutlich wie das der Unwägbarkeit unterstellte Element der Reise im Angebot zum Ausdruck kommen muss.
Ob Reiseveranstalter in der Praxis gewillt sind, mitten in ihrer Anpreisung beispielsweise eines Konzerts den Vermerk anzubringen, der Veranstalter hafte nicht für den teilweisen

[1134] Zu beachten ist hierbei, dass im reisevertragsrechtlichen Kontext dieser Begriff nicht wie allgemein üblich auf ein Entfallen des Verschuldens wegen fehlenden Zurechnungszusammenhangs bei der Frage eines Schadensersatzanspruchs gerichtet ist, sondern im Rahmen einer Risikosphärenzuordnung hier die verschuldensunabhängige Einstandspflicht des weiten Mangelbegriffs entfallen lässt. Mit der Ablehnung eines allgemeinen Lebensrisikos im genannten Fall ist somit noch keinerlei Aussage über ein Verschulden des Veranstalters hins. etwa § 651f I, II BGB getroffen.
[1135] Vgl. auch oben Zweiter Teil B. III. 3.) b) (cc) a. E. (S. 134) sowie dort Fn. 807; s. a. unten Zweiter Teil D. III. 2.) l) (S. 235).

oder völligen Ausfall, mag eine - dort wohl zu verneinende - Frage des Marketings sein. Rechtlich muss aber die Möglichkeit einer derartigen Freistellung eröffnet sein.

4.) Reisecharakter zur Ermittlung der Erheblichkeit des Reisemangels

Von Bedeutung ist aber nicht nur, *ob* ein Reisemangel vorliegt, sondern gerade auch, *wie schwer* dieser wiegt, denn danach bestimmen sich im Rahmen des nach Beeinträchtigungsintensität abgestuften Gewährleistungssystems[1136] des Reisevertragsrechts nicht nur die eröffneten Gewährleistungsrechte, sondern auch innerhalb derselben beispielsweise die konkrete Höhe der Minderung.

Auch hierfür ist der jeweilige Reisecharakter heranzuziehen. Unter Zugrundelegung des Reisecharakters wird nicht nur deutlich, ob ein leichter oder schwerer Mangel vorliegt, sondern angesichts des Zwecks der Reise, insbesondere des Kernelements der *Reiseart* wird zudem auch klar, wann eine Reise für den Reisenden durch einen Mangel als völlig gescheitert bzw. vereitelt anzusehen ist.

Wie zuvor gerade bereits dargelegt, werden mit Hilfe des Reisecharakters bei der Ermittlung der Intensität einer Beeinträchtigung durch eine (empfundene) Störung zunächst landesübliche Umstände, geringe Probleme des Massentourismus sowie generell geringfügige Unannehmlichkeiten bereits auf der Reisefehlerebene im Rahmen der Sollbeschaffenheit aus der Mangelprüfung ausgeschieden. Weiter ist nach dem konkreten individuellen Reisecharakter die Bedeutung des jeweiligen Mangels für diese Reise zu bestimmen. Dabei ist zu berücksichtigen, dass Reisemängel häufig eine Ausstrahlungswirkung ausüben und damit auch die eigentlich mangelfrei erbrachten anderen Teilleistungen in ihrem Wert mindern.

Im überspitzten Extremfall nutzt dem Reisenden der mangelfrei erbrachte Beförderungsleistung mitten in die Serengeti wenig, wenn er dort weder Unterkunft noch Verpflegung antrifft. Aber auch in weniger extremen Beispielen wird die Ausstrahlungswirkung deutlich. So ist eine Hochzeitsreise insgesamt weitgehend beeinträchtigt, wenn der Tag der Trauung durch mangelhafte Leistung nicht „gelingt" bzw. die Trauung selbst ausfällt. Der Ärger des (verhinderten) Brautpaares dürfte sich nicht nur auf den Reisetag beschränken, an dem diese mangelhafte Leistung erbracht bzw. eben nicht erbracht wurde. Vielmehr stehen auch die übrigen, möglicherweise völlig mangelfrei erbrachten Urlaubstage vor Ort unter diesem „schlechten Stern", u. U. wird die ganze Reise von den Brautleuten als „vermiest" bzw. vereitelt angesehen.[1137]

Gleiches gilt für eine Familienreise, bei der ein Kind sich am schadhaften Pool schon zu Beginn des Urlaubs verletzt - darunter leidet nicht nur das einzelne Kind für die Tage, die es nicht ins Wasser kann oder gar das Krankenbett hüten muss, sondern die ganze Familie,

---

[1136] Zum abgestuften System der reisevertragsrechtlichen Gewährleistung s. u. Zweiter Teil E. I. (S. 245).

[1137] Vgl. *LG Hamburg* RRa 1997, 62, das anlässlich einer mangelbehafteten Hochzeitsreise befand, dass „das Erlebnis einer einmaligen Hochzeit im Vordergrund der gesamten Reise stand und die üblichen Urlaubsleistungen eine der Hochzeit untergeordnete Bedeutung hatten." Der dabei verlebte Urlaub in der Dominikanischen Republik trete in den Hintergrund, „Ziel war es vielmehr, eine unvergessliche Hochzeitsreise zu erleben, bei der der Hochzeitstag im Mittelpunkt stand."

deren Reise nunmehr ungewollt durch das im günstigsten Fall zumindest schlechtgelaunte kranke Kind beeinträchtigt wird.[1138]

Eine besonders schwere Beeinträchtigung kann zeitlich nicht nur den restlichen Urlaub, sondern u.U. die gesamte Reise und somit auch rückwirkend den bereits mangelfrei verbrachten Urlaubsteil beeinträchtigen, wenn dadurch der mit der Reise im Rahmen des Reisecharakters verfolgte Zweck letztlich vereitelt wird. Beispiel wäre etwa der ausfallende *Abschluss* bei einem darauf konzentrierten Ferienkurs (Ferienfahrschule o. ä.), oder auch wenn die durch den Urlaub gesuchte generelle *Erholung* noch kurz vor der Abfahrt zunichte gemacht wird, weil der Reisende Opfer eines schweren Verbrechens durch die Hotelangestellten wird.[1139]

Auch hinsichtlich einzelner Komponenten bzw. konkreter Eigenschaften der zu erbringenden Reiseleistung entscheidet der Reisecharakter, wie wichtig diese jeweils sind.

Eine vor Ort laut Katalog vorhandene Tauchbasis, die dann doch fehlt, beeinträchtigt den Reisenden ohne das Hinzutreten weiterer Umstände lediglich in dessen potentieller Möglichkeit, diese in Anspruch zu nehmen. Kommt es dem Reisenden aber gerade darauf an (die Kenntnis darüber muss natürlich dem Reiseveranstalter zurechenbar sein), weil er beispielsweise den Urlaub genommen hat, um diesen Sport dort zu erlernen oder auszuüben, so stellt das Nichtvorhandensein oder ein Mangel dieser Tauchbasis auch eine schwere Beeinträchtigung für seine Reise insgesamt dar. Der Flug, die Unterkunft, die Verpflegung, sonstige Nebenleistungen können alle völlig mangelfrei erbracht sein und praktisch nominell vollständig den gezahlten Reisepreis ausmachen. Dennoch wird der Reisende in diesem Fall seine Reise als weitgehend wertlos ansehen - zu Recht, wenn man den Reisecharakter berücksichtigt, in dessen Mittelpunkt hier das Tauchen stand.[1140]

Unabhängig davon, ob dies vor Ort als Fremdleistung erbracht wird, haftet der Veranstalter für das Vorhandensein und die grundsätzliche Erbringung der Fremdleistung, wenn ihm die Bedeutung dieses Aspekts für die Reise des Kunden, somit der Reisecharakter insofern mindestens zurechenbar bekannt ist.[1141]

Was also als objektiv identischer Mangel im einen Fall lediglich eine geringe Beeinträchtigung darstellt, die allenfalls eine niedrig anzusetzende Minderung auslöst, bedeutet im anderen Fall eine weitgehende Beeinträchtigung bis hin zum Scheitern der Reise gemessen am Reisezweck als Teil des Reisecharakters.

[1138] Ähnliche Überlegung angedeutet bei *Staudinger/J. Eckert*, § 651c Rn. 50.

[1139] S. *AG Neuss* RRa 2000, 181 (182).

[1140] Vgl. auch *Seyderhelm*, § 651c Rn. 20, S. 98, wonach der Reisende sich über die konkreten Teilleistungen seinen eigentlich mit der Reise verbundenen, dahinterstehenden Zweck erkaufe, der in den konkreten Einzelleistungen zwar nicht zum Ausdruck kommt, aber für den Reisenden den eigentlichen Gegenstand der Reise ausmacht.

[1141] Vgl. *BGH* NJW 2000, 1188 (Reitclubfall); s. a. Erster Teil B. I. 3.) e) (S. 49) sowie Zweiter Teil D. III. 2.) d) (S. 221).

II. Mangelrelevante Aspekte des Reisecharakters

In der reiserechtlichen Literatur wird üblicherweise zwar nach verschiedenen Mängelarten (z.B. Lärm, weiter unterteilt in Baulärm, Verkehrslärm, Lärm in der Unterkunft selber etc.) unterschieden, zu wenig aber dabei auf die jeweilige Reiseart und damit vertragsinhaltlich geschuldete Leistung geachtet, trotz der immer wieder in unterschiedlicher Ausprägung betonten Notwendigkeit,[1142] dass zur Mangelbeurteilung jeweils auf den Einzelfall abgestellt werden müsse.

Nachdem es *die* Reise per se nicht gibt, sondern ganz unterschiedliche Reisearten mit dabei unterschiedlichem Reisecharakter, was sich jeweils auf die Bedeutung eines Mangels auswirkt bzw. auf die Frage, ob ein solcher überhaupt vorliegt, soll hier der Ansatz verfolgt werden, für die Mangelhaftigkeitsbeurteilung über eine Einzelfallbetrachtung verschiedene Aspekte des Reisecharakters zu beleuchten.

Hierzu gehören alle Faktoren, die den Reisecharakter als Beschreibung der vertraglich geschuldeten Meta-Reiseleistung „Reise" bestimmen, also z.B., ob es sich um quasi-individuellen (wenn auch als Pauschalreise organisierten) „Rucksacktourismus" im Rahmen einer Expedition im Dschungel Myanmars oder um einen typischen Massentourismus-Badeurlaub in Italien oder auf Mallorca handelt, ob es sich um eine hochpreisige Luxusreise oder eher einen Billigsturlaub handelt, etc. Im Folgenden soll auf die den Reisecharakter und damit den Inhalt des Reisevertrages prägenden Faktoren näher eingegangen werden.

1.) Reiseart, Reisezweck und Reisemotiv

Von Bedeutung für den Reisecharakter ist zunächst unter dem Gesichtspunkt des „Erfolgs der Reise" das mit der Reise verfolgte Ziel hinsichtlich Art, Zweck und auch Motiv.

a) Reiseart und Zweck der Reise

Zunächst ist hierzu der Begriff der „Reiseart" zu klären. Häufig wird dieser mit dem Begriff des Reisecharakters synonym gesetzt.[1143]

Das entspricht nicht der hier verwendeten Terminologie. Reiseart wird in der vorliegenden Arbeit verstanden als eine sachlich-thematische Unterteilung nach generell-objektiviertem Zweck der Reise.[1144] Die Reiseart ist zwar wesentlicher Teil des Reisecharakters, zu letzterem treten aber weitere Aspekte hinzu. Der Reisecharakter als Metabegriff der Reiseleistung ist umfassender und detaillierter, individueller als die grobe Unterteilung in sachlich-thematische Reisearten.

Zwar könnte man semantisch alternativ auch für das hier vertretene Konzept insgesamt statt Reisecharakter den Begriff der Reiseart verwenden; dies wäre aber erstens hinsichtlich des Gesamtcharakters ungenau und würde zweitens dessen Teilkomponente der sachlich-thematischen Reiseart die Bezeichnung nehmen.

[1142] S. o. Zweiter Teil D. I. 1.) (S. 177ff) (passim).
[1143] S. o. Zweiter Teil D. I. 1.) (S. 177ff).
[1144] S. u. Zweiter Teil D. III. (S. 210).

Dieser Begriff der Reiseart überschneidet sich auch teilweise mit dem Begriff des Verwendungszwecks bzw. des Urlaubsmotivs. Alle drei Begriffe beschreiben grundsätzlich das mit den einzelnen Teilreiseleistungen durch diese verfolgte und über diese hinausgehende eigentliche thematische „Ziel" der Reise. Reiseart ist dabei eine weitgehend objektiv-generelle Beschreibung, der Reisezweck ähnelt dem Begriff der Reiseart, ist jedoch etwas subjektivierter und kann daher die Reiseart modifizieren, die Urlaubsmotive schließlich stellen eine eigene abstrakt-emotionale Unterteilung dar, auf die noch gesondert einzugehen sein wird.

Der vom Reisenden individuell-subjektiv verfolgte Zweck ist schwer generell bestimmbar, allenfalls ein genereller objektiver Zweck durch Rückschluss aus der Reiseart. Wesentlich bedeutender ist daher die konkrete Heranziehung des Reisezwecks, wie er von den Vertragsparteien verstanden wird.

Der Reisecharakter ist nicht allein, aber zu einem prominenten Teil von der Reiseart und dem individuell-subjektiv verfolgten Reisezweck bestimmt.

Die normale Reise ist die einer Erholungsreise im klassischen Sinne, bei der in Abwesenheit individueller Vertragsabreden die Erholung durch weitgehende Abwesenheit von Stress in Form von Lärm, durch problemlose Versorgung und Unterkunft sowie generellem Nichtvorhandensein von Störungen herbeigeführt werden kann.

Die Bestimmung der Reiseart darf aber nicht zu einer Generalisierung verleiten, es müssen jeweils individuell verfolgter Zweck und Intention dabei bedacht werden. So kann im Rahmen der Mangelbewertung etwa einem Fernreisenden nicht a priori unterstellt werden, er unternehme seine Reise, um fremde Menschen und deren Kultur kennenlernen zu wollen[1145] - er kann und darf genauso gut nur an den meteorologischen Vorzügen („sonniger Süden"), der (nur) dort möglichen besonderen Aktivitäten (Bergsteigen, Tauchen, kulturelle Veranstaltungen etc.) o. ä. interessiert sein.[1146]

b) <u>Motive</u>

Wesentlicher Bestandteil des Begriffs des Reisecharakters sind aufgrund der Besonderheiten des Reisevertragsrechts auch Motive. Letztere einerseits in Form der Urlaubsmotivation ähnlich dem von *Teichmann*[1147] beschriebenen Verwendungszweck, allerdings nur hinsichtlich der subjektiven Komponente, andererseits in Gestalt der mit diesem Zweck der Reise verbundenen Motive in Form von atmosphärisch-emotionalen Erwartungen.

Die Urlaubsmotive im ersteren Sinne können sehr generell klassifiziert werden und ähneln insofern einer eigenen Unterteilung in abstrakt-emotionale Reisearten; so werden durch *Opaschowski* die Urlaubsmotive Ruhe, Sonne, Kontrast, Natur, Freiheit, Kontakt, Spaß,

---

[1145] Daher insofern verfehlt *AG Aschaffenburg* RRa 1997, 147: „Wer Fernreisen unternimmt, ... ist doch ganz offensichtlich darum bemüht, andere Länder und Leute kennenzulernen".

[1146] Vgl. eingehend oben Zweiter Teil D. I. 2.) (S.185).

[1147] Vgl. Zweiter Teil D. I. 1.) (S. 177).

Komfort, Kultur und Aktivität unterschieden.[1148] Wie auch bei dem hier verwendeten thematisch-objektivierten Begriff der Reise*arten* liegt dabei auf der Hand, dass in der Praxis kaum eine Reinform, sondern in der Regel Mischungen bzw. Kombinationen der genannten Motive vorliegen werden.[1149] Wenn ein solches Urlaubsmotiv bzw. subjektiver Verwendungszweck dem Veranstalter bekannt ist bzw. wie meist von ihm selbst durch sein darauf abzielendes Reiseangebot ausgeht, dann ist die Beurteilung der Mangelhaftigkeit, der verschuldensunabhängigen Einstandspflicht für das Gelingen der Reise auch an diesen Motiven auszurichten, das Motiv schlägt sich dann in einem konkreten Reisezweck nieder.

Aufgrund der eigentümlichen Natur des Reisevertragsgegenstandes finden schließlich unter Umständen auch emotional-atmosphärische Motive als mit der Reise verbundene Erwartungen Berücksichtigung, insoweit sie für den Reisenden den Nutzen der Reise i. S. d. § 651c I BGB (mit-)bestimmen.
Sie prägen in mangelrelevanter Weise den Reisecharakter, jedoch nur in dem Umfang, in dem sie unter den Vertragsparteien im weitesten Sinne „vereinbart" sind. Wegen ihrer sehr subjektiven Natur sind derartige Motive allerdings kaum überhaupt konkret greifbar und somit nur in Ausnahmefällen tatsächlich von Relevanz für eine Mangelhaftigkeit.

Als ein solches ausnahmsweise in der Rechtsprechung wiederholt anerkannt relevantes emotionales Motiv wird bei einer Kreuzfahrt gelegentlich die erwartete „Seefahrtromantik" als geschuldet gesehen. Diese sei beispielsweise beeinträchtigt, wenn die gebuchte Außenkabine zurückgesetzt war und nur einen Blick auf die äußere Schiffswand anstatt des Blicks aufs Meer gestattete. Der dadurch fehlende Blick aufs blaue Meer stelle deswegen eine bedeutsame Einschränkung dar, weil damit ein Teil der erwarteten Seefahrtromantik fehle.[1150] Letztere fehlt auch, wenn das Schiff sich nicht auf hoher See befindet, sondern aufgrund technischer Defekte tagelang im Hafen liegt.[1151] Mit dieser Kreuzfahrtromantik, zumal der einer Karibikkreuzfahrt, lässt sich auch schwer vereinbaren, wenn das Schiff fast vollständig von einer alpenländischen Jodelgruppe bevölkert ist, die sich auch entsprechend verhält.[1152] Seefahrtromantik zeigt sich somit als ein wenig konkret fassbares Motiv dar, dass aber nichtsdestotrotz sehr wohl beeinträchtigt werden und damit Grund für einen Reisemangel sein kann.

Bei einer Expeditions- bzw. Abenteuerreise als weiterem Beispiel prägen gerade die Erwartungen an eine Atmosphäre des „Abenteuerlichen", des anstrengenden Bewältigens unbekannter, widriger Wildnis die Reise - entsprechend würde es sich als Mangel darstellen, wenn die Route stattdessen in klimatisierten Reisebussen auf ausgebauten Strassen stattfindet.[1153]

[1148] Vgl. *Opaschowski*, III.8., S. 91ff.
[1149] S. u. Zweiter Teil D. III. 3.) (S. 243).
[1150] S. *AG Stuttgart - Bad Cannstatt* RRa 1996, 56 (57).
[1151] Vgl. *AG Erkelenz* RRa 2004, 71 (72).
[1152] Siehe hierzu im Speziellen wie auch insges. unten Zweiter Teil D. III. 2.) a) (S. 212).
[1153] Vgl. auch unten Zweiter Teil D. III. 2.) b) (S. 217).

Somit fließen auch Motive mangelrelevant in den Reisecharakter mit ein, soweit unter den Parteien darüber (stillschweigendes) Einverständnis besteht bzw. dem Veranstalter dieses Motiv bekannt ist, etwa weil es allgemein als untrennbar verbunden mit der jeweiligen Reise gesehen wird, oder von ihm selbst der Reise zugrundegelegt wird. Zumeist ist es ja der Reiseveranstalter, der bei der Vertragsanbahnung über den Katalog oder den Reisebüromitarbeiter auf Anfrage des Kunden eine Reise entsprechend bestimmter Erwartungen bzw. Motivation vorschlägt.[1154]

2.) Reiseteilnehmer

Der Charakter der Reise ist auch ganz wesentlich abhängig von den Personen, die sie unternehmen, und zwar zum einen vom Reiseteilnehmer[1155] selbst wie auch von den Mitreisenden, mit denen zusammen er die Reise unternimmt.

a) Person des Reisenden

Zu unterscheiden ist zunächst zwischen Besonderheiten der Reise und Besonderheiten in der Person des Reisenden selbst.

Natürlich liegt es in erster Linie am Reisenden, sich nicht für eine besondere Reiseart anzumelden, deren Anforderungen er persönlich aus den unterschiedlichsten Gründen von vornherein nicht gewachsen ist. Bei einer besonders anstrengenden Reise oder Teils der Reise[1156] muss der Reisende grundsätzlich selbst aufgrund der ihm vorliegenden Informationen beurteilen, ob er den besonderen Anstrengungen gewachsen ist. In verschärftem Maße gilt das für körperliche Gebrechen bei außergewöhnlich anstrengenden Reisen wie Abenteuer-Expeditionen oder auch schon bei einer Studienfahrt in südlichen Ländern mit straffem Programm.[1157]

Damit der Reisende aber eine informierte Entscheidung über seine Eignung für diese Reise bzw. Teilleistung treffen kann, müssen ihm dafür auch die besonderen Anforderungen und/oder Risiken bekannt sein.

Eine interessante Idee wäre es hier nach Ansicht des Verfassers, dem Reisenden nach dem grundsätzlichen Gedanken der im Arztrecht verwendeten, vom Patienten zu unterschreibenden Merkblättern bzw. Einwilligungsformularen eine Beschreibung bspw. des Jeep-Ausflugs oder der stichpunktartig zusammengefassten Anforderungen und realistischen

---

[1154] S. a. *Tempel*, NJW 1996, 1625 (1634) [III. 2. a) bb)] a. E.

[1155] Der allerdings nicht identisch sein muss mit dem „Reisenden" i. S. d. § 651a I BGB als Vertragspartner des Veranstalters, s. o. Erster Teil C. I. (S. 58).

[1156] Vgl. Teilnahme an einem „Abenteuerausflug / Jeep-Safari" *OLG Düsseldorf* RRa 2002, 210.

[1157] Vgl. *LG Frankfurt a.M.* RRa 1993, 29 (Teilnahme einer 72jährigen an einer Busrundreise Nationalparks im Südwesten der USA inkl. Wanderungen); *AG Bad Homburg v.d.H.* RRa 1994, 168 (Teilnahme eines 67jährigen mit Platzangst an einer Norwegen-„Kreuzfahrt" auf einem Versorgungsschiff der Hurtigruten in Norwegen mit sehr beengten Innenkabinen); s. auch den Sachverhalt zu *OLG Frankfurt a.M.* RRa 1994, 8 (extremes Gebirgstrekking und Dschungelexpedition, bei dem der Kläger mit dem Tempo der Gruppe in schwierigem Gelände nicht mithalten konnte); *AG Ludwigsburg* RRa 1994, 167 (Ägyptenurlaub).

Risiken zu übergeben,[1158] wenn sich dies nach der besonderen Art der Reise bzw. dabei einzelnen Reiseleistung anbietet.

Zwingend zu fordern ist eine solche Aufklärung m. E. zwar nicht, sie wäre aber u. U. für beide Seiten sinnvoll. Es wäre zum einen sichergestellt, dass der Reisende dann über die u. U. exotische Natur der Reiseleistung, an der er teilnimmt, aufgeklärt informiert und somit im Klaren darüber ist, was für eine Reise auf ihn zukommt. Mit der Unterschrift des Reisenden unter die aufklärende Beschreibung ist aber zum anderen auch der Reiseveranstalter auf der sicheren Seite, denn der Reisende konnte nun informiert selbst entscheiden, ob er sich den spezifischen Risiken und Anforderungen stellen wollte, und muss sich diese Entscheidung nachher entgegenhalten lassen.

Abgesehen von diesen Sonderfällen außergewöhnlicher Reisen muss es sich aber der Veranstalter zurechnen lassen, wenn ihm mitgeteilte bzw. zumindest zurechenbar erkennbare Besonderheiten des Reisenden eine entsprechende Berücksichtigung bei der Beschaffenheit einer ansonsten „normalen" Reise erfordern, wenn diese Berücksichtigung im Rahmen der Reisedurchführung erbracht werden kann und der Reisende dies auch erwarten durfte, dann aber die geleistete Reise diese letztlich nicht aufweist.

Der klassische Fall ist der einer dem Reiseveranstalter (über das vertragsanbahnende Reisebüro) erkennbaren Gehbehinderung des Reisenden (Krücken, Rollstuhl). Insofern liegt es am Veranstalter, den behinderten Reisenden nicht in einer besonders weit von den Einrichtungen entfernten Unterkunft oder in einem höheren Stockwerk eines Hotels ohne funktionierenden Aufzug unterzubringen,[1159] bzw. haftet er für eine nicht den Bedürfnissen des Behinderten entsprechenden Reiseleistung etwa bei Beförderung und Unterkunft.[1160]

Aber auch die Diätverpflegung, Sonderwunsch nach besonders vorsichtigem Transfer aufgrund Empfindlichkeit wegen Operation[1161] und ähnliches prägen die Reise, soweit sie Vertragsinhalt geworden sind. Einer jugendlichen Reisegruppe sind andere Reiseumstände, Anforderungen oder auch Reiseprogramm zuzumuten als einer Seniorengruppe, siehe dazu auch den nächsten Punkt der vom Reiseveranstalter zu beachtenden Sorgfaltspflichten.

[1158] Zugegebenermaßen hinkt dieser Vergleich gewaltig, geht es im Rahmen der Reise zwar neben der vertraglichen u. U. auch ebenso um eine deliktische Haftung, doch evident nicht um eine Rechtfertigung für einen sicher erfolgenden Eingriff in die körperliche Integrität des Reisenden; die Gemeinsamkeiten liegen aber darin, dass zum einen in beiden Fällen nur dann eine wirksame Entscheidung des Betroffenen vorliegt, wenn er über die besonderen Umstände eines der Allgemeinheit nicht detailliert bekannten Sachverhalts (dort: Operation, hier: außergewöhnliche Reise) aufgeklärt wurde; zum anderen ist auch im Reiserecht - wie etwa auch im Werkrecht (vgl. *Palandt/Sprau*, § 631 Rn. 14) - anerkannt, dass gds. eine Aufklärungspflicht des Veranstalters besteht, vgl. etwa *Führich*, Reiserecht, § 5 V. 1. c), Rn. 140. S. a. *BGH* NJW 1987, 1931 (1936) zur eingehenden Aufklärungspflicht des Veranstalters hinsichtlich der „Besonderheiten des Ziellandes".

[1159] S. a. oben Zweiter Teil B. III. 3.) c) (S. 139).

[1160] Vgl. auch *LG Frankfurt a.M.* RRa 1999, 187: nicht behindertengerechte Ausstattung des Busses und der Unterkünfte bei Amerika-Busrundreise bei zugerechneter Kenntnis des Veranstalters (über das Reisebüro) von der Behinderung (im konkreten Fall m. E. allerdings zweifelhaft, da die Reisenden betonten, dass die Behinderung keine besonderen Schwierigkeiten erzeuge bzw. Einschränkungen bedeute, s. a. Anmerkung *Bechhofer* im Anschluss an die Entscheidung, a. a. O., S. 189).

[1161] Vgl. insofern *AG Bad Homburg v.d.H.* RRa 2000, 69 (Wunsch nach schonender Transfer-Beförderung in Limousine statt Kleinbus wegen besonderer Empfindlichkeit nach wenig zurückliegender Operation).

b) Mitreisende

Reiseerlebnisse möchte man gemeinhin teilen bzw. gemeinsam erfahren. Auch Singles suchen sich üblicherweise vor Reiseantritt geeignete Urlaubspartner, mit denen die Reise zusammen unternommen wird. Urlaub ohne Bezugspartner irgendeiner Art (Partner oder Freunde/Bekannte) ist generell nicht gefragt, nur etwa sechs Prozent der Urlauber sind tatsächlich allein unterwegs, und auch diese überwiegend unfreiwillig.[1162]

Vor diesem Hintergrund ist einleuchtend, dass der Reisecharakter auch davon geprägt sein kann, *mit wem* bzw. dass *mit diesem* die Reise durchgeführt wird. Selbst wenn es sich bei individueller Buchung rechtlich um eigenständige Reiseverträge handelt, so ist eine gegenseitige Abhängigkeit hinsichtlich des vertraglich geschuldeten Erfolgs bzw. Nutzens der Reise doch offenbar. Aus Reisemangelsicht kann u. U. eine Ausstrahlungswirkung bestehen, die der Reisemangel der Reise eines Mitreisenden auf die Reise des an sich vom Mangel selbst Unbetroffenen bzw. nur mittelbar Betroffenen anderen hat.[1163] Wird beispielsweise ein Reisender im Rahmen eines gemeinsamen Urlaubs verletzt oder gar getötet, bleibt auch beim physisch unbetroffenen Partner wenig Erholungsnutzen der Reise übrig.[1164]

Bei Familienreisen führen fehlende Betreuungsleistung der Anlage oder Verletzung eines Kindes zur Beeinträchtigung der Reise auch bei den übrigen Familienmitgliedern.[1165] Insofern liegt je nach Reisecharakter wegen mittelbarer Betroffenheit des Reisenden ein Reisemangel vor, wenn sich die eigentlich bei einem Mitreisenden bestehende Beeinträchtigung auch auf den Reisenden beeinträchtigend auswirkt. Eine solche Ausstrahlungswirkung ist insbesondere dann anzunehmen, wenn die Mitreisenden in für den Veranstalter erkennbarer Weise in persönlicher Beziehung zum unmittelbar betroffenen Reisenden stehen.[1166]

Auch hinsichtlich der wenigen Reisenden, die tatsächlich allein die Reise buchen, kommt den Mitreisenden eine wichtige Bedeutung zu, insofern auch hier je nach konkreter Reise das Bedürfnis nach Kontakt und gemeinsamen Aktivitäten in der Gruppe im Vordergrund

[1162] Lt. *Opaschowski*, III. 10., S. 102.

[1163] Vgl. *OLG Düsseldorf* RRa 2003, 14 [Ls. 2].

[1164] Vgl. den Fall zu *OLG München* RRa 2002, 57, in dem bei einem nach Ansicht des Gerichts vom Veranstalter zu verantwortenden Lawinenunglück im Rahmen eines Skitouren-Urlaubs der Ehemann der Klägerin getötet wurde.

[1165] Zur Ausstrahlungswirkung vgl. auch *LG Frankfurt a.M.* NJW-RR 1993, 1330 [Ls. 4] (Salmonellenerkrankung der 13 und 19 Jahre alten Söhne durch die Hotelverpflegung), sowie *AG Hannover* NJW-RR 1992, 51 (sechsjährige Tochter verletzt sich an scharfkantigen Poolfliesen).

[1166] Vgl. *Führich*, Reiserecht, § 8 III. 2. d), Rn. 307; vgl. auch *OLG Düsseldorf* RRa 2003, 14 (17): die Ehefrau verletzte sich aufgrund eines baulichen Mangels der Hotelanlage und musste Gips tragen sowie das Bein schonen, womit sie für die verbliebene Reisezeit zum Aufenthalt in der Hotelanlage gezwungen war: „Beeinträchtigt war die Reise damit zugleich auch für ihren mitreisenden Ehemann, weil er sich um seine Frau kümmern und Hilfestellungen leisten musste und weil auch kein gemeinsames Schwimmen und keine gemeinsamen Spaziergänge am Strand etc. möglich waren ... Dem zu Folge war die Reise sowohl für die Klägerin als auch für ihren mitreisenden Ehemann mangelhaft". Sehr weitgehend auf Nähebeziehung für Ausstrahlungswirkung verzichtend *LG Hannover* RRa 2004, 109: Minderung von 50-100% für die folgenden Reisetage, nachdem der Reisende Zeuge wurde, wie ein mit ihm in keiner persönlichen Beziehung stehender Mitreisender aufgrund verkehrsunsicheren Zustandes des Kreuzfahrtschiffes verstarb. S. a. Zweiter Teil D. III. 2.) i) (S. 231).

stehen.[1167] Zu einer entsprechenden Reise gehört somit auch, dass eine entsprechende Gruppe und auch passende Gruppenzusammensetzung vom Veranstalter organisiert wird bzw. vor Ort ein entsprechendes Aktivitätenprogramm vorhanden sind.[1168] Wollte der Reisende zusammen mit Bekannten in der gleichen Anlage untergebracht seinen Urlaub verbringen, so ist dies im Rahmen der Mangelhaftigkeit bei Unterbringung in einer anderen Unterkunft (etwa wegen Überbuchung) zu berücksichtigen.[1169]

Auch diese Elemente des Reisecharakters können nur insoweit mangelrelevant werden, wie der Veranstalter für sie einzustehen hat.[1170] Zurechenbare Kenntnis liegt aber bzgl. der Bedeutung der Mitreisenden schon in der gemeinsamen Buchung beispielsweise des Doppelzimmers oder bei Alleinreisenden durch die Buchung eines entsprechenden Aktivitäten-Kontakturlaubs vor.

Verschiedene Reisearten wie Studienreisen werden in der Form von Gruppenreisen durchgeführt. Der Charakter einer solchen Reise innerhalb einer Kleingruppe erfordert unterstellbar gemeinhin bekannt eine Rücksichtnahme des Reisenden auf die Erfordernisse der anderen Reiseteilnehmer bei Fragen der konkreten Durchführung der Reise, beispielsweise der Häufigkeit und Dauer von Pausen.[1171]

3.) Obhuts-, Sorgfalts- und Verkehrssicherungspflichten

Noch am ehesten, aber eben nicht völlig unabhängig vom Reisecharakter sind die vom Veranstalter zu beachtenden Obhutspflichten im weitesten Sinne. Verletzungen von Sorgfalts- und Schutz- bzw. Verkehrssicherungspflichten führen über die tatsächliche Verletzung an Körper und Gesundheit des Reisenden zu einem Reisemangel, denn durch die Beeinträchtigung des Gesundheitszustandes ist regelmäßig auch der Reisenutzen beeinträchtigt, da dieser vom verletzten Reisenden nicht mehr wahrgenommen werden kann.[1172]
Auch kann bei Verletzung von Beobachtungs- und Informationspflichten durch den Veranstalter eine besondere Einstandspflicht für Beeinträchtigungen aufgrund von Ereignissen höherer Gewalt eintreten. Der Reiseveranstalter haftet hierbei nicht für die höhere Gewalt an sich, sondern für seine diesbezügliche Pflichtverletzung.[1173]

Die Pflicht zur Sorgfalt und Verkehrssicherung hinsichtlich der Wahrung der Gesundheit und körperlichen Unversehrtheit des Reisenden besteht an sich grundsätzlich zunächst unabhängig von der Reiseart; dennoch kann auch in diesem Punkt die Intensität der zu beach-

---

[1167] Vgl. *Opaschowski*, III. 10., S. 100f.
[1168] S. Zweiter Teil D. III. 2.) j) (S. 232).
[1169] Vgl. *AG Hamburg* RRa 2002, 266 (267).
[1170] S. a. *AG Hamburg*, a. a. O.
[1171] S. a. *Tempel*, RRa 1999, 107 (113), der dem Reiseleiter insofern ein Bestimmungsrecht nach § 315 BGB zuspricht; s. a. *Staudinger/J. Eckert*, § 651c Rn. 50.
[1172] Vgl. MüKo/*Tonner*, § 651c Rn. 51 u. dort Fn. 260; s. a. *Kaller*, Reiserecht, C. Teil 2 I. 2., Rn. 216; *Pick*, § 651d Rn. 6; a. A. *Tempel* in *ders.*, Materielles Recht (2. Aufl.), § 6 III. 3. c) (1), S. 406/407, der darin keinen Reisemangel sehen will; diese Mindermeinung *Tempels* ausdrücklich abgelehnt bspw. von *OLG Düsseldorf* RRa 2003, 14.
[1173] S. u. Zweiter Teil E. V. (S. 262), insb. E. V. 2.) (S. 263).

tenden Sorgfalt oder auch das Bestehen besonderer Sorgfaltspflichten von einem besonderen Reisecharakter abhängen.

Nach verbreiteter Ansicht sollen „keine überspannten Anforderungen" an die Verkehrssicherungspflicht des Veranstalters selbst gestellt werden dürfen.[1174] Die Pflicht des Veranstalters wird daher darauf begrenzt, dass der Veranstalter sich bei Untervertragnahme und später bei regelmäßiger Überwachung allgemein von ausreichendem Sicherheitsstandard vor Ort bzw. seitens der Leistungserbringer überzeugt.

Diese Überlegungen mögen im Rahmen deliktischer Ansprüche inkl. Verschulden ihre Berechtigung haben - bzgl. vertraglicher Ansprüche sind sie m. E. im Ansatz falsch, da die Einstandspflicht des Veranstalters für die ordnungsgemäße Leistungserbringung § 651c I BGB verschuldensunabhängig ist; und auch in den Fällen vertraglichen Schadensersatzes und somit erforderlichen Verschuldens gilt, dass es sich nach wie vor auch bei selbständig agierenden Leistungserbringern wie bspw. Hoteliers um Erfüllungsgehilfen i. S. d. § 278 BGB handelt, deren Handeln sich der Veranstalter zur Leistungserbringung zunutze macht. Es ist nicht einzusehen, warum die Haftung des Schuldners gerade dafür erleichtert werden soll, dass er Dritte zur Erfüllung einschaltet, auf die er dann keinen Einfluss zu haben geltend macht.

Beispielsweise trifft den Reiseveranstalter eine Verkehrssicherungspflicht hinsichtlich der Anlage und unmittelbaren Umgebung des Hotels. Hierbei gibt es zum einen Entscheidungen, welche die geringe bauliche Sicherung von Terrassen oder Treppen im Rahmen der Unterkunft bzw. Hotelanlage als dazugehörigen, nicht zu bemängelnden Umstand ansehen,[1175] und andere, die darin eine Pflichtverletzung erkennen.[1176]

Auch dieser scheinbare Widerspruch lässt sich unter Heranziehung des individuellen Reisecharakters lösen:
So betraf ein Fall aus der ersten Gruppe eine „Urlaubsreise in ein überseeisches Entwicklungsland", bei der im Rahmen der geschuldeten Unterkunft ein Freiluftrestaurant als „rustikale Lodge" in offener Bauweise und die Lage als in einer fast unberührten Landschaft befindlich beschrieben waren. Aufgrund dieser Beschreibung konnte sich die Reisende nicht darauf verlassen, dass hier deutschen bauordnungsrechtlichen Sicherheitsvorschriften entsprechende bauliche Sicherungen erfolgen würden. Statt dessen musste sich die Reisende hier gemäß der Beschreibung im Reiseprospekt auf entsprechende bauliche Besonderheiten einstellen, wie etwa den streitgegenständlichen, einen Meter hohen und nicht weiter gesicherten Absatz zwischen verschiedenen Ebenen des Restaurants, und musste nach Ansicht des erkennenden Gerichts selber durch entsprechend umsichtiges Verhalten für ihre eigene Sicherheit zu sorgen.
In einem Fall zur zweiten Gruppe war Vertragsgegenstand ein „Kuraufenthalt im Kur- und Schlosshotel B.", den der Reiseveranstalter im „Prospekt insbesondere für Kuren bei Band-

---

1174 Vgl. etwa *LG Frankfurt a.M.* RRa 1995, 62; vgl. a. *BGH* NJW 1988, 1380 (1381) [III. 2].
1175 *OLG Düsseldorf* NJW-RR 1993, 315.
1176 *LG Hannover* RRa 1998, 58.

scheibenschäden, Gelenkerkrankungen, Wirbelsäulenverkrümmungen, Haltungsschäden, Rehabilitation nach Unfällen und Operationen“ angepriesen hatte. Entsprechend des fortgeschrittenen Alters und/oder der Mobilitätsschwierigkeiten des angesprochenen, besonders schutzbedürftigen Adressatenkreises, hier eben auch der Klägerin, darf in einem solchen Fall von einer diese Umstände besonders berücksichtigenden erhöhten Verkehrssicherungspflicht ausgegangen werden, was den Zustand der Treppen zum Kurpark hin betrifft.

Wie schon soeben bzgl. der Haftung für die Leistungsträger als Erfüllungsgehilfen angesprochen, ist die Verletzung der Sorgfalts- und Verkehrssicherungspflichten nicht allein unter dem Gesichtspunkt der Deliktshaftung des Reiseveranstalters, sondern nach dem sog. „weiten“ Mangelbegriff auch im Hinblick auf die reisevertraglichen Gewährleistungs- und Schadensersatzregelungen der §§ 651c ff BGB zu sehen, die auch die Verletzung von Nebenpflichten im Sinne von Schutz- und Erhaltungspflichten erfassen.[1177]

Somit ist die Erbringung der geschuldeten Reiseleistungen unter Einhaltung der genannten Pflichten Bestandteil der Sollbeschaffenheit des je nach Reise geschuldeten Leistungsumfangs, und damit wiederum eine Frage des Reisecharakters, weil je nach konkretem Charakter der jeweiligen Reise u. U. unterschiedlich weitgehende Sorgfalts- u. Sicherungspflichten gefordert werden müssen.

4.) Geschuldeter Standard, hinzunehmende Störungen nach Leistungsinhalt

Wie bereits angedeutet,[1178] stellen sich viele Einschränkungen der Einstandspflicht des Veranstalters nach dem hier verfolgten Ansatz als Frage des je nach konkretem Reisecharakter geschuldeten Inhalts dar.

a) Bedeutung des Reiseziels: Ortsüblichkeit und allgemeines Lebensrisiko

Dass die konkrete Ausgestaltung der zu erbringenden Reiseleistungen stark vom Reiseziel und der dortigen Landesüblichkeit abhängt, liegt ohnehin auf der Hand, war aber darüber hinaus schon im Gesetzgebungsverfahren explizit festgestellt worden und seither immer wieder auch vom *BGH* bestätigt worden.

So schildert der Bericht des Rechtsausschusses, man sei einstimmig der Ansicht gewesen, dass die Ortsüblichkeit bei der Auslegung der Begriffe „Tauglichkeit zu dem gewöhnlichen Nutzen“ zu berücksichtigen sei, weil gerade bei Auslandsreisen nicht jede Abweichung von gewohnten deutschen Standards schon als Mangel bezeichnet werden könne. Allerdings könne die Ortsüblichkeit jedoch nicht alleiniger Maßstab für die Leistungspflicht des Veranstalters sein.[1179]

Damit ist die zentrale Bedeutung der Landesüblichkeit angesprochen, zugleich aber auch die offensichtliche Tatsache angedeutet, dass diese nur insoweit (aber eben auch so weit)

[1177] So *OLG Frankfurt a.M.* RRa 1994, 8 (10); vgl. auch *Bidinger/Müller*, RRa 1994, 198 (199).
[1178] S.o. Zweiter Teil C. III. 3.) (S. 172) u. D. I. 3.) (S. 187).
[1179] Vgl. BT-Dr 8/2343, S. 9.

greifen kann, wie keine ausdrücklichen Vereinbarungen zwischen Veranstalter und Reisenden über die Ausgestaltung der Reiseleistungen getroffen wurden.

Auch der *BGH* betont die Bedeutung des Zielortes bzw. der dort üblichen Verhältnisse für die Beschaffenheit der Reise bzw. der dabei erbrachten Teilleistungen. Bei einer Reise ins Ausland dürfe man dort nicht „heimatliche Maßstäbe" anlegen, „sondern muss in gewissen Grenzen abweichende Umstände in Kauf nehmen", wozu der *BGH* „etwa die landesübliche Ausstattung von Hotelzimmern oder Verkehrsmitteln und die Art der Speisenzubereitung" zählt.[1180]

Nachdem der Veranstalter im Rahmen des weiten Mangelbegriffs jedoch nicht nur für die mangelfreie Erbringung der einzelnen Teilleistungen, sondern gds. für den Erfolg der Reise schlechthin einsteht, muss der Begriff der Landesüblichkeit m. E. über diese konkreten Einzelleistungen hinaus gerade auch auf Eigenschaften des Umfelds im Reiseland oder der lokalen Gegend (Ortsüblichkeit) ausgedehnt werden.

Es liegt beispielsweise auf der Hand, um ein extremes, aber illustratives Beispiel zu verwenden, dass bei einer Reise nach Rio de Janeiro nicht zu Zwecken aber eben zu Zeiten des berühmten Karnevals eine erhöhte Geräuschkulisse bei Tag und Nacht dort ortsüblich ist.[1181]

Weniger spektakulär, aber eigentlich wesentlich tiefergehend sind die Auswirkungen der Landesüblichkeit auf eine Reise in ein sozialistisches und/oder Entwicklungsland. So sei es nach Auffassung des *AG Dortmund* bei einer Rundreise in einem sozialistischen Land wie Vietnam „nicht ungewöhnlich, dass aus Angst vor Repressalien sowohl Einheimische als auch Reiseleiter sich bei politischen Schilderungen und Bewertungen politischer Vorgänge ihres Landes eher stärker zurückhalten."[1182] Zu einzelnen Fällen der Landesüblichkeit vergleiche auch die bereits oben dargestellten Beispiele.[1183]

Die örtlichen Gegebenheiten sind aber nicht nur bezogen auf Auslandsreisen als Landesüblichkeit, sondern prinzipiell als Ortsüblichkeit auch bei Inlandsreisen zu berücksichtigen, auch wenn derartige Fälle soweit ersichtlich kaum gerichtsanhängig werden, wohl auch, weil die Unterschiede in den lokalen Lebensumständen hierzulande weniger ausgeprägt sind.

Die gewissen Grenzen, von denen der *BGH* im Zusammenhang mit der hinzunehmenden Landesüblichkeit spricht (s. o.), betreffen zum einen selbstredend vertraglich vereinbarte Standards und sonstige zugesagte Merkmale der Reise.[1184] Zum anderen erscheint aber auch einleuchtend, unabhängig von den teilweise äußerst dürftigen lokalen Verhältnissen ein

---

1180 *BGH* NJW 1987, 1931 (1936) [B. II. 1.].

1181 Vgl. *OLG Karlsruhe* NJW-RR 1988, 246 (nicht ersichtlich, ob der Karneval gerade Anlass der Reise war); vgl. auch das bei *Isermann,* A. II. 2. a), S. 61, zitierte Beispiel von „Einschränkungen im Urlaubsgenuß" bei einer Reise nach Israel durch die große Anzahl von Touristen und Einheimischen, weil während der Dauer des Aufenthalts das Passah-Fest gefeiert wird.

1182 *AG Dortmund* RRa 2000, 193 (194).

1183 S. Zweiter Teil C. III. 2.) b) (S. 169ff).

1184 Vgl. auch *OLG Frankfurt a.M.* RRa 2001, 29: herumstreunende Katzen am Abendbüfett nicht hinzunehmen bei einem First-Class - Hotel, auch wenn streunende Katzen in Jordanien nicht ungewöhnlich seien.

gewisses Mindestmaß an Leistungsstandard zu fordern, insbesondere betreffend Hygiene und Mindestkomfort. So ist beispielsweise auch bei Unterbringung auf einem „einfachen Flussboot" während einer Indonesienrundreise ungeachtet der ortsüblichen Zustände eine erhebliche Verschmutzung der Unterkunft nicht hinzunehmen.[1185] Hat der Reisende im Rahmen einer Bildungs-Rundreise durch Sibirien in der ersten Septemberhälfte Hotelzimmer mit Bad oder Dusche/WC gebucht, dann gehört dazu auch, dass die Räume beheizbar sind und Warmwasser zur Verfügung steht,[1186] selbst wenn das Gegenteil landesüblich sein sollte:

> „Auch bei Reisen nach Sibirien kann ein Reiseteilnehmer, der keine ausgesprochene Abenteuerreise bucht, einen gewissen Mindest-Standard erwarten. Dazu gehören neben fließend Wasser und Elektrizität auch Heizung und Warmwasser, wenn – wie hier – das Vorhandensein eines Bades oder einer Dusche zugesichert wird. Der unbefangene Reiseteilnehmer wird die Erklärung, das Hotelzimmer verfüge über Bad oder Dusche so verstehen, daß er dort auch warm baden oder duschen kann, zumal, wenn die Außentemperaturen recht niedrig sind."[1187]

Das Ausmaß dieses Mindeststandards ist in jedem Einzelfall von der jeweiligen Reise abhängig und kann sich je nach konkretem Reisecharakter beispielsweise im Rahmen einer Expeditionsreise quasi bis auf nahezu Null reduzieren, wie auch in obigem Zitat angedeutet.

Weil die Landesüblichkeit sozusagen der Hintergrund ist, vor dem jede Reise durchgeführt wird, bedarf es eines entsprechenden Hinweises darauf im Reisevertrag / -bestätigung bzw. einer entsprechenden - zwangsläufig lediglich deklaratorischen - Klausel in den AGB nicht. Vielmehr wird eine solche Formulierung teilweise sogar als unzulässig abgelehnt, weil sie geeignet sei, den Kunden dahingehend irrezuführen, dass er dieser Klausel eine besondere Wirkung auf den Reisevertrag zuschreibt und dadurch die Wirksamkeit der ihm durch Individualabreden zugesagten, zustehenden Reiseeigenschaften in Frage stelle.[1188]

Davon zu unterscheiden ist die notwendige konkrete Beschreibung von relevanten landesüblichen Besonderheiten, deren allgemeine Kenntnis man beim Reisenden nicht erwarten darf. Nach abzulehnend weiter Ansicht des *BGH* müssen im Rahmen einer entsprechenden Aufklärung alle vom inländischen Standard abweichenden Lebensverhältnisse, soweit sie die Reiseleistungen beeinflussen, möglichst konkret geschildert werden, um dem Kunden eine eigene Einschätzung zu erlauben.[1189] Konkreter und auch sachgerechter dürfte es sein, eine Aufklärung nur über solche Abweichungen zu fordern, die unbekannt sein dürften, dafür aber auch umgekehrt erhebliche Umstände des Umfelds mit einzubeziehen.

Generell ist hinsichtlich Aufklärungspflichten über landesübliche Gegebenheiten auf den durchschnittlichen, verständigen, aber nicht auslandserfahrenen Reisenden abzustellen, der

---

1185 Vgl. *LG Frankfurt a.M.* RRa 1995, 48.
1186 Vgl. *OLG Frankfurt a.M.* RRa 1998, 95.
1187 *OLG Frankfurt a.M.* 1998, 95 (96).
1188 Vgl. *BGH* NJW 1987, 1931 (1936) [B. II. 4.].
1189 *BGH* NJW 1987, 1931 (1936) [B. II. 1.].

dieses Ziel zum ersten Mal bereist.[1190] Falls eine Unterrichtung bzgl. eines Umstandes unterbleibt, der dem konkreten Reisenden aber gleichwohl aufgrund seiner persönlichen Verhältnisse etwa aufgrund Erfahrungen aus früheren Reisen oder aus sonstigen Quellen bekannt war, so kann er sich m. E. diesbezüglich nicht auf einen Mangel berufen.

Der Grundsatz der Landesüblichkeit muss auch für den Aspekt der Verwirklichung eines allgemeinen Lebensrisikos gelten. Dabei muss das jeweils verwirklichte „landesübliche" allgemeine Lebensrisiko nicht unbedingt den Wahrscheinlichkeitsgrad erreicht haben, dass es gar schon typisch ist.

Durch die Reise kommt der Urlauber mit Risiken und Gefahren in Berührung, denen er zuhause nicht oder nach aller Wahrscheinlichkeit nicht ausgesetzt ist. Es wäre aber verfehlt, aufgrund dieser „Gefahreneröffnung" durch die Reise eine entsprechende Haftung des Veranstalters konstruieren zu wollen.[1191] Zu der Reise gehört auch das jeweilige ortsübliche allgemeine Lebensrisiko, dass sich dort eben auf andere Weise äußert:[1192] so unwahrscheinlich es ist, am Wohnort in Deutschland von einem Affen gebissen zu werden, so unwahrscheinlich ist es, im Urwald von einem Auto angefahren zu werden.

Für weitere Beispiele sei auf die bereits erfolgten Ausführungen zur Landesüblichkeit im Rahmen der Einschränkung des Mangelbegriffs oben verwiesen.[1193]

Die Landesüblichkeit durchwirkt als Hintergrund, vor dem die Reise erbracht wird, den Charakter der Reise. Sie bestimmt im Zusammenwirken mit den anderen Elementen des Reisecharakters maßgeblich mit, in welcher Ausformung die einzelnen Eigenschaften der Reise wie auch des Umfeldes erwartet werden können.

b) Unvermeidbarkeiten des Massentourismus

Gegenüber dem Gesichtspunkt der Landesüblichkeit sind die sogenannten Unvermeidbarkeiten des Massentourismus von nachrangiger Bedeutung.

Hinsichtlich dieses letzteren Aspektes sind Störungen nämlich nur insofern gewährleistungsfrei hinzunehmen als Teil der Reise, wie sie durch den Reisecharakter bedingt als praktisch unvermeidliche Probleme auftreten. Es ist aber den Veranstaltern heutzutage zuzumuten, durch entsprechende Organisation, die ja gerade den Kern ihrer Veranstalterleistung darstellt, die Reise bzw. die entsprechenden Leistungen und Umstände dem Massentourismus anzupassen, wenn es sich um eine entsprechende Reise handelt.

Bei einer Unterbringung auf einer Yacht oder exklusiven Hotelanlage mit ohnehin nur einem Dutzend Gästen, oder einer Studienreise im Rahmen einer Kleinstgruppe kann dem

---

[1190] Vgl. auch *Führich*, Reiserecht, § 7 II. 2. b) aa) (2), Rn. 225, für die Auslegung von Katalogangaben.

[1191] Ähnlich aber die Argumentation der Rechtsprechung zur Konstruktion einer deliktischen Haftung des Veranstalters für Sicherheitsmängel der Hotelanlagen u. ä., s. eingehend Zweiter Teil E. VI. (S. 268).

[1192] Vgl. *Brennecke*, 6. Teil B. VII., S. 135ff, der unter ähnlichen Überlegungen, dass der Reisende sich bewusst dem andersartigen bzw. erhöhten Risiko einer Auslandsreise aussetzt (S. 136), letztlich zum Ergebnis gelangt, dass das besondere Umfeldrisiko im Ausland Teil des gezielt risikobehafteten Produkts Reise des Veranstalters und demnach der Unternehmenssphäre des letzteren zuzurechnen ist, entsprechende Risikoverwirklichungen somit also einen Reisemangel darstellen (*Brennecke*, a. a. O., S. 138f); zur Begriffsklärung hins. des „allgemeinen Lebensrisikos" siehe auch Zweiter Teil E. V. 3.) (S. 264).

[1193] S. o. Zweiter Teil C. III. 2.) b) (S. 169) und bereits zuvor Zweiter Teil C. III. 1.) (S. 154).

Charakter dieser Reise nach erwartet werden, dass vor Ort individueller auf den Reisenden eingegangen wird.[1194] Auch diese Reisen kommen aber zumindest hinsichtlich des Teilaspekts einer Flugbeförderung nicht völlig an den Erscheinungen des Massentourismus vorbei.

Als Unvermeidbarkeiten des Massentourismus sind somit vornehmlich kurzfristige Wartezeiten allgemein im Rahmen des Fluges und je nach Reiseart auch der Beförderung bzw. Organisation vor Ort hinzunehmen, jedoch nicht unzureichende Kapazitäten der Transferbeförderung oder etwa der Verpflegungseinrichtungen im Hotel, die zu entsprechenden Verzögerungen und Wartezeiten führen. Auf die bereits erfolgten Ausführungen mit Beispielen sei verwiesen.[1195]

c) Reisepreis und Leistungsstandard: Luxusreisen - Billigreisen

Deutlich geprägt wird der Charakter einer Reise und damit der Vertragsinhalt vom gebuchten Standard oder gar nur vom bloßen Reisepreis selbst.[1196]

Auch außerhalb bzw. unabhängig von konkreten Leistungsbeschreibungen verbindet sich mit dem Standard oder Preisniveau die Erwartung eines entsprechend einhergehenden Leistungsniveaus. Für den Charakter einer Reise gilt in besonderem Maße die alte Erkenntnis, dass man das bekommt, wofür man bezahlt hat. So kann bei einer Billigreise an die Reiseleistung des Reiseveranstalters bzw. deren Niveau nicht der gleiche Anspruch gestellt werden, wie bei einer teuren Luxusreise. Der Reisende muss bei einer Billigreise damit rechnen, dass der Veranstalter an der Qualität des angebotenen Standards spart, um diesen Preis anbieten zu können.[1197] Von einem teuren Hotel kann man eben ein allgemein höheres Niveau erwarten als von einer billigen, einfachsten Unterkunft.[1198]

Diese allgemeine Erkenntnis zur Leistungsabhängigkeit vom Preis wirkt sich konkret auf praktisch alle Einzelaspekte wie beispielsweise angefangen von der Servicequalität des Personals über Reichhaltigkeit und Abwechslung bei der Verpflegung[1199] bis hin zu Ausstattung und Größe der Zimmer[1200] aus. Für das *LG Hamburg* stellt die Einnahme des Essens im Schichtbetrieb „keinen Mangel dar, weil ein solcher Schichtbetrieb ... landesüblich ist bei Reisen ins Ausland zum Preis von nur 1.049,– DM für zwei Wochen."[1201]

Aus dem Reisegesamtpreis von 1.599 DM für eine immerhin 17-tägige Sri-Lanka-Reise hat das *AG Nürnberg* gefolgert, nach dem hierbei zu erwartenden Standard seien

---

1194 Allerdings kann es wiederum im Reisecharakter bei einer Expedition im Rahmen gerade einer Kleinstgruppe liegen, dass sich beispielsweise aufgrund der Verhältnisse die Essenszubereitung verzögert.

1195 S.o. Zweiter Teil C. III. 2.) a) (S. 167).

1196 *Bernreuther*, 3. Kap. A. I. 1. b) bb), S. 71/72; *Führich*, Reiserecht, § 5 V. 1. f) Rn. 144, S. 115.

1197 *Kaller*, Reiserecht, A. VIII. 7., Rn. 172, S. 104.

1198 *Bernreuther*, a. a. O. (Fn. 1196), S. 72.

1199 Vgl. *OLG Celle* RRa 2005, 17 (19/20); *AG Duisburg* RRa 2004, 116 (118).

1200 S. *AG Kiel* RRa 2000, 190: Zimmer mit 2,3 x 3,7m entspreche nicht einem „Komforthotel"; s. a. *Schlotmann*, Reisevertragsgesetz, C. III. 1. a) aa), S. 65.

1201 *LG Hamburg* RRa 1996, 7 (8); die Reise war ein Sonderangebot für einen zweiwöchigen Aufenthalt auf Gran Canaria.

„eine Bahnlinie hinter dem Hotel, eine Schlange unter dem Liegestuhl, eine Ratte im Treppenhaus und Kakerlaken in der Frühe auf der Toilette ebensowenig ein Mangel wie ein Stück Draht auf der Liegewiese und die Nähe eines Dorfes."[1202]

Umgekehrt ist bei einer Luxusreise sogar ein entsprechendes gehobenes Verhalten der Mitreisenden zu erwarten,[1203] bzw. muss sogar auch umgekehrt der Reisende selbst sich an das gehobene Niveau der Unterkunft anpassen.[1204] Beides wird immer wieder insbesondere bzgl. des Benehmens und Bekleidung beim Essen im Hotel gerichtsanhängig.[1205]

Laut *OLG Celle* folgen auch bei Verwendung veranstaltereigener Hotelkategorien aus vier Sternen bzw. anderen Symbolen entsprechende Ansprüche einer gehobenen Mittelklasse hinsichtlich Hygiene und Abwechslung beim Essen. Unter anderem sei appetitliches Aussehen und Herrichten der Speisen geschuldet, die schmackhaft und wohltemperiert, nicht zerkocht zu sein hätten.[1206]

Illustrativ hat das *OLG Frankfurt a.M.* festgestellt, dass nach dem im wesentlichen als unstreitig (!) erkannten Vortrag des Klägers -

„Dieses Hotel und der dazu gehörige Strand seien völlig verdreckt gewesen. Am Strand hätten Plastikteile, Essenreste und sonstiger Müll in Massen herum gelegen; entsprechend sei dieser Strand ein Tummelplatz für unzählige streunende Katzen gewesen, die mit ihrem Kot den Strand vollends unbenutzbar gemacht hätten, weshalb es zudem überall von Fliegen gewimmelt habe.

Das ihnen zugewiesene Hotelzimmer sei total heruntergewirtschaftet und stark verschmutzt gewesen; der Teppich habe große Löcher aufgewiesen; dies haben sie mit Fotos belegt. Die Matratzen seien stark gelbbraun verfleckt gewesen. Die Armaturen des Bades seien – belegt durch Fotos – teilweise verrostet und undicht gewesen, so dass aus dem Duschkopf kaum Wasser gekommen sei. Die WC-Lüftung habe nicht funktioniert. Im Schrank hätten sich nur zwei Bügel befunden. Eine Minibar habe gefehlt. Im Garten habe überall Unrat und gammelnde Speisereste gelegen, die von den Obern beim Abräumen der Tische dorthin geworfen und von den unzähligen Katzen nur teilweise vertilgt worden seien. Es habe kein Büfett gegeben, lediglich einige auswählbare Gerichte, die in einem Pavillon zubereitet worden seien. Während des Essens seien zahlreiche Katzen bettelnd um sie - die Kläger - herumgestreunt."

- die Unterkunft nicht dem gebuchten Standard eines First-Class - Hotels entspricht.[1207]

[1202] *AG Nürnberg* RRa 99, 143.

[1203] S. a. *AG Düsseldorf* RRa 1996, 45, welches den Erholungswert eines Aufenthaltes in einem Luxushotel mit 5 Sternen „durch die Anwesenheit von Gästen mit einfachem Niveau" als nicht unerheblich beeinträchtigt gesehen hat: „Als erheblichen Mangel sieht das Gericht allerdings den von der Beklagten nicht bestrittenen Umstand an, daß sich in dem Hotel überwiegend sogenannte Billig-Touristen aus Rußland, Polen, Ägypten und Israel aufhielten, welche sich insbesondere während der Mahlzeiten entsprechend verhielten. Wenn diese Gäste abends am Tisch in Unterhemden saßen und das Essen in sich hineinschlangen, dann wird dadurch das Ambiente, welches der Reisegast bei der Buchung in einem 5-Sterne-Hotel erwarten kann, ganz wesentlich gestört."; s. a. *Tempel*, NJW 1997, 2206 (2211) [III. 3. b)].

[1204] Vgl. etwa *AG Hamburg* RRa 1996, 166 (dem Kläger war im gehobenen Mittelklassehotel auf Rhodos (gepflegtes Hotel der Klasse A nach griechischer Einteilung) der Zutritt zum Speisesaal aufgrund unangemessener Kleidung - kurze Hosen - verwehrt worden).

[1205] Vgl. *AG Düsseldorf*, a. a. O. (Fn. 1203).

[1206] Vgl. *OLG Celle* a. a. O. (Fn. 1199).

[1207] *OLG Frankfurt a.M.* RRa 2001, 29 (First-Class - Hotel in Aqaba/Jordanien).

Allerdings gibt es selbst bei vereinbartem niedrigen Leistungsniveau, wenn ausdrücklich auf einen niedrigen Standard durch den Reiseveranstalter hingewiesen wurde,[1208] gewissermaßen eine unterste Grenze des Zumutbaren. Diese wird angenommen u.a. wenn die Unterkunft nicht über elektrischen Strom oder fließendes Wasser verfügt, oder geringsten Anforderungen an Hygiene und Sauberkeit nicht entspricht, wobei aber eben u. U. aufgrund des Reisecharakters einfache Verschmutzungen hinzunehmen sind.[1209]
Wichtig für einen solchen Reisecharakter ist hierbei jedoch nicht nur der Reisepreis, sondern auch die übrigen, den Reisecharakter prägenden Elemente, v. a. die Reiseart. So sind fehlende Elektrizität und kein fließend Wasser offensichtlich keine Beeinträchtigung einer ohnehin als Abenteuer- oder Expeditionsreise gedachten Unternehmung, unabhängig vom u. U. durchaus stattlichen Preis.

Das Preisniveau kann somit zwar nicht allein einen bestimmten Reisecharakter festlegen, „färbt" aber nicht unerheblich den zu erwartenden Inhalt der Reise hinsichtlich der Qualität ihrer Ausgestaltung.

d) Allgemein geringfügigste Unannehmlichkeiten

Wenig Raum bleibt im Ansatz über den Reisecharakter neben den Kriterien Landesüblichkeit, Massentourismus und Preisniveau sowie der vorstehenden Ausführungen zur Qualitäts-Schwankungsbreite innerhalb der Sollbeschaffenheit schließlich für den Aspekt der allgemein hinzunehmenden, weil absolut geringfügigen Unannehmlichkeiten. Diese fallen meist in eine der bereits genannten Kategorien, oder sie sind eben gar nicht so „absolut geringfügig".
So stellt sich etwa das Beispiel monierter staubiger Schuhe auf einem Fußweg auf Kreta genaugenommen als Landesüblichkeit angesichts der dort herrschenden Wege- und Witterungsverhältnisse dar.[1210]
Ob etwa ein fehlender Seifenspender, ein fehlender Hotelsafe oder der fehlende zugesagte Hotel-Minigolfplatz tatsächlich als objektiv völlig unerhebliche Beeinträchtigungen zu bewerten sind,[1211] darf aber m. E. bezweifelt werden. Im Verhältnis zur Gesamtreiseleistung möglicherweise untergeordnet, stellen sie sich dessen ungeachtet zweifelsohne als Fehler und auch fühlbare Beeinträchtigung dar.

Ebenso fragwürdig ist die generelle Beurteilung einmaliger und/oder kurzfristiger Beeinträchtigungen wie Strom- oder Wasserausfall als unerhebliche Geringfügigkeit unter Verweis auf den Reisevertrag als Dauerschuldverhältnis.[1212]

[1208] Vgl. die Prospektangaben zur Reisebeschreibung im Tatbestand zu *LG Frankfurt a.M.* RRa 1995, 48: „Einschiffung auf einfachem Flussboot" im Dschungel Borneos mit „sehr einfacher Übernachtungsmöglichkeit an Bord".

[1209] S. *Kaller*, Reiserecht, A. VIII. 7., Rn. 172, S.105; s. a. oben zur ähnlichen Einschränkung beim Kriterium der Landesüblichkeit Zweiter Teil D. II. 4.) a) (S. 202).

[1210] S. a. *Isermann*, A. II. 2. b), S. 61f, der dies allerdings als subjektive Empfindlichkeit des Reisenden kategorisiert.

[1211] So jeweils *Isermann*, A. II. 2. a), S. 60f, m. Nachw. aus der Rspr.

[1212] *Isermann*, a. a. O.

Je nach den konkreten Umständen kann der Ausfall von Strom oder Wasser nämlich durchaus ein fühlbares Ärgernis darstellen. Wer als reiseveranstaltender Schuldner auch nur kurzfristig kein geschuldetes Wasser leistet, muss damit rechnen, dass er bspw. gerade jemanden eingeseift unter der Dusche damit überrascht - statistisch ist das bei vielen hundert Reisenden in einem Hotel geradezu garantiert.

Sachgerechter erscheint es, derartige Vorkommnisse unter dem Blickwinkel des geschuldeten Leistungsniveaus der Reise zu sehen, was sich schließlich hauptsächlich als Funktion der Kriterien Landesüblichkeit und Reisepreis darstellt. Bei einer Luxusreise in Nordeuropa erscheinen derartige kurzfristige Ausfälle weniger hinnehmbar als bei einem billigen Hotel in der Türkei oder einem Entwicklungsland in Afrika.

Letztlich ist somit auch die Frage einer hinzunehmenden „absoluten Geringfügigkeit" eben nicht bzw. meist nicht *abstrakt-absolut*, sondern sachgerechter *relativ* über den individuellen Reisecharakter der konkreten Reise zu beantworten.

e) Zeitliche Abfolge und Reiseprogramm

Das Einhalten eines bestimmten Ablaufs bzw. zeitlichen Programms der Erbringung der Reiseleistungen spielt nur in wenigen Sonderfällen eine Rolle.

Zu unterscheiden ist dieser Problemkreis von vornherein von den - gerade auch aufgrund des Fixcharakters des Reisevertrages - generell einzuhaltenden Reiseterminen und Zeiträumen.[1213]

Vielmehr betrifft dieser Punkt Reisen, bei denen es ihrem Charakter nach gerade auf die Einhaltung einer zeitlichen Abfolge eines Programms ankommt. In der Regel dürfte es auch im Rahmen einer Studienreise keine erhebliche Rolle spielen, ob Besichtigung X am zweiten und Besichtigung Y am dritten Tag, oder eben umgekehrt erfolgen.

Etwas anderes gilt, wenn das Programm je nach Gegenstand der Bildungsreise besonders vom Ablauf abhängt, etwa weil die einzelnen Besichtigungen bzw. Ausfüge thematisch, logisch und / oder historisch aufeinander aufbauen.

Ferner ist der Ablauf auch unter dem Aspekt der vom Reisenden insgesamt erwarteten bzw. vertraglich vereinbarten Art der Erholung relevant, wenn beispielsweise eine zweiteilige Reise aus einem eher anstrengend-aktiven ersten und einem eher entspannenden zweiten Teil besteht.[1214]

Beispiele dafür wären zweiwöchige Reisen, bei denen die erste Woche für eine Sri-Lanka-Rundfahrt, die zweite für einen Maledivenurlaub verwendet wird, ähnliches wird bzgl. Thailand auch innerhalb eines Landes angeboten. Ebenfalls hierher gehören die bekannten Nilkreuzfahrt-Kombinationen, bei denen die erste Woche aus einer Nilkreuzfahrt mit straf-

---

[1213] Vgl. *Führich*, Reiserecht, § 5 I. 1., Rn. 84, S. 65: „Charakter eines Termingeschäfts"

[1214] Vgl. Wechsel der Reihenfolge Rundreise und Badeaufenthalt im Rahmen einer Türkeireise *AG Düsseldorf* NJW-RR 1997, 1343; s. a. *AG Stuttgart* RRa 1994, 133; *AG Ludwigsburg* RRa 1994, 167.

fem Besichtigungsprogramm, die zweite Woche aus einem Badeurlaub am Roten Meer besteht.[1215]

Demgemäss ist jeweils nach dem festzustellenden Charakter der konkreten Reise zu entscheiden, welche Rolle hierbei der zeitliche Ablauf einnimmt und ob daher eine Veränderung desselben einen Mangel darstellt.

5.) Zusicherungen und Fremdleistungen

Da der Reiseveranstalter nicht persönlich mit dem Reisenden in Kontakt tritt, sondern die Darstellung der Reiseinhalte regelmäßig durch die Ausführungen im Katalog und deren Erläuterung und Ergänzungen durch das Reisebüro erfolgen wird, kommt es für die Herausbildung des konkreten Reisecharakters insbesondere auch auf die Aussagen bzw. Vereinbarungen mit dem Reisebüro an.
Ausdrückliche Zusicherungen spielen im Rahmen des Reisecharakters eine prägende Rolle und sind gerade auch für die Ermittlung der Intensität eines konkreten Mangels von Bedeutung. Durch seine Nachfrage - beispielsweise, ob auch tatsächlich ein Kinder-Hotelpool vorhanden ist oder auch vegetarisches Essen bei der Hotelverpflegung angeboten wird - hat der Reisende erkennen lassen, dass es ihm auf dieses Reisemerkmal besonders ankommt.
Wie bereits oben dargestellt,[1216] muss sich der Veranstalter die Aussagen des Reisebüros im Rahmen von dessen Verhandlungsermächtigung zurechnen lassen, solange diese Aussagen an den Reiseprospekt anknüpfen oder aber auf direkte Anfrage als Zusicherung erfolgen und dabei nicht offensichtlich in Widerspruch zu den aus dem Katalog erkennbaren Angaben stehen.[1217]

So kann durch Zusicherungen sogar die wesentliche Prägung des Reisecharakters in Form der Reiseart auch unabhängig von der Prospekt- und Katalogbeschreibung erfolgen, wenn beispielsweise auf besondere Nachfrage etwa die Segelmöglichkeit vor Ort bei Vertragsschluss thematisiert und dem Reisenden ausdrücklich zugesichert wird.[1218] Der nach Vertragsschluss vorgesehene Badeurlaub wandelte sich in diesem Fall zu einem Sporturlaub mit Betonung des Segelns.

Die grundsätzlich reisecharakterprägende Wirkung eines derartigen zentralen Themas muss selbst dann gelten, wenn diese so wesentliche Leistung vor Ort durch einen formal vom Reiseveranstalter getrennten Fremdanbieter erbracht und somit vom Veranstalter nur vermittelt wird: bei einem derartigen Zweck oder zumindest bedeutendem Teilzweck der Reise haftet der Reiseveranstalter zumindest für die Existenz und praktische Möglichkeit der In-

[1215] Vgl. bspw. *AG Ludwigsburg* a. a. O.; *AG Bonn* 1996, 231; *LG Frankfurt a.M.* RRa 2001, 79; *AG Bad Homburg v.d.H.* RRa 2002, 217; *AG Hamburg* RRa 2003, 225.
[1216] S. Zweiter Teil B. III. 3.) c) (S. 138).
[1217] Vgl. *LG Frankfurt a.M.* RRa 1994, 60 (61).
[1218] *LG Frankfurt a.M.*, a. a. O.

anspruchnahme des fremd erbrachten Angebots, je nach Einbindung in seine Organisation oder das Reiseangebot auch inhaltlich für die Art der Erbringung.[1219]

III. Reisecharakter und Mängel besonderer Reisearten

Der Reisecharakter ist nicht allein, aber zu einem prominenten Teil von der Reiseart bestimmt, sie ist das wohl bedeutendste Element des Reisecharakters. Entsprechend dieser besonderen Bedeutung der Reiseart soll auf dieses Element im Folgenden eigens vertiefend eingegangen werden.

1.) Hintergrund des Ansatzes

Die Reiseart ist gegenüber dem Reisezweck[1220] oder dem Urlaubsmotiv[1221] des Reisenden noch am ehesten objektiv bestimmt. Sie indiziert regelmäßig auch den subjektiven Zweck, den der Reisende mit seiner Reise verfolgt, und auch die Motivation, mit der der Reisende diesen Urlaub verbringt. Die Reiseart legt maßgeblich fest, auf welche Weise er die Erholung[1222] als „Nutzen der Reise" i. S. d. § 651c I BGB sucht. Demgemäss hat die Reiseart eine erhebliche Bedeutung innerhalb des Reisecharakters gerade auch für die Beurteilung des Vorliegens und der Schwere einer Beeinträchtigung im Sinne eines Reisemangels oder gar einer völligen Vereitelung der Reise.

Aufgrund des relativ objektiven Charakters des hier verwendeten thematisch-objektiven Begriffs der Reiseart[1223] ist der jeweils damit verknüpfte Inhalt leichter konkret beschreib- und bestimmbar, als dies bspw. bezüglich der oft wenig greifbaren Motivation[1224] der Fall ist. Auch kann die Kenntnis der Vertragsparteien über die mit den jeweiligen Reisearten verknüpften Inhalte unterstellt werden.

Zumeist erfolgt die Festlegung der Reiseart durch den Veranstalter schon in seinen Angeboten, häufig stehen schon die entsprechend gewidmeten Kataloge unter dem Motto einer bestimmten Reiseart (etwa „Studienreisen Sommer 2006" o. ä.),[1225] sie kann aber darauf basierend ohne weiteres durch die individuellen Vereinbarungen bei Vertragsschluss ein anderes Gepräge erhalten.[1226]

Im Folgenden sollen einzelne Reisearten im Hinblick auf den charakteristischen Inhalt und die jeweiligen mangeltechnischen Besonderheiten kurz beleuchtet werden. Die Feststellung der vorliegenden Reiseart erleichtert bzw. ermöglicht über den Reisecharakter in Verbin-

---

[1219] S. a. *Führich*, Reiserecht, § 9 IV. 7., Rn. 349; s. a. *BGH* NJW 2000, 1188 (Reitclubfall); vgl. auch unten Ausführungen zum Sporturlaub, Zweiter Teil D. III. 2.) d) (S. 221).

[1220] S. o. Zweiter Teil D. II. 1.) a) (S. 193).

[1221] S. o. Zweiter Teil D. II. 1.) b) (S. 194).

[1222] S. o. Zweiter Teil D. II. 1.) a) (S. 193).

[1223] Vgl. hingegen die allgemein uneinheitliche Verwendung des Begriffs oben Zweiter Teil D. I. 1.) (S. 179ff) sowie die Einteilung der Reisearten nach Motiven in D. II. 1.) b) (S. 194f).

[1224] S. o. Zweiter Teil D. II. 1.) b) (S. 194f).

[1225] *Bidinger/Müller*, § 651c Anm. 8.

[1226] S. kurz zuvor zu der entsprechenden Wirkung von Zusicherungen, Zweiter Teil D. II. 5.) (S. 209).

dung mit den übrigen Elementen desselben nach Ansicht des Verfassers eine sachgerechte Beurteilung des konkreten Einzelfalls bei der Ermittlung einer Mangelhaftigkeit.

Zugrunde liegt dieser Einzelfallbestimmung der Reiseart die Grundwahrheit, dass es „die" Reiseart mit „dem" reisevertraglichen Zweck nicht gibt.
Zwar gibt es einen gewissen Grundtypus einer Erholungsreise im klassischen Sinn der Erholung als Entspannen und Befreiung von Stress und Hektik.[1227] Neben diesem Grundfall der Erholungsreise[1228] mit entsprechend der individuellen Präferenz diesem Erholungszweck dienendem Urlaub „im Süden", „am Meer", „im Gebirge" etc. gibt es aber auch besondere Reisearten mit einem ganz eigenen, besonderen Charakter bzw. Inhalt, der dann auch verbunden mit dem dadurch entstehenden Reisezweck Auswirkung auf die Bewertung der Mangelhaftigkeit haben kann.[1229] Hierbei sucht der Reisende die „Erholung" im Sinne einer erholsamen Abwechslung vom Alltag auf jeweils besondere Weise, und die muss auch nicht unbedingt ohne körperliche (bspw. Expedition) oder geistige (bspw. Studienfahrt, Feriensprachkurs) Anstrengung sein.[1230]

Insofern stellt sich die durch den Reisevertrag zu erreichende „Erholung", der „Urlaubserfolg" oder auch das „Wohlbefinden des Urlaubers" durchaus über die Reiseart innerhalb des Reisecharakters als eine mindestens annäherbar je nach Vertragsart beschreibbare Größe dar[1231]; das vor allem über die jeweilige Reiseart vom Reisenden verfolgte Erholungserlebnis bildet letztlich auch den Entschädigungsgegenstand des § 651f II BGB.[1232]

Mit der Gegenmeinung, die eine „Erholung", ein Erholungserlebnis bzw. „Urlaubsfreude" als Meta-Inhalt des Reisevertrages als Folge der Bündelung der Einzelleistungen ablehnt, sind die Vertreter des engen Mangelbegriffs der Ansicht, dass die Reise nur aus Einzelleistungen besteht, es also keine über die Einzelleistungen hinausgehend geschuldete „Gesamtheit von Leistungen" gibt. Wie bereits dargelegt, ist diese Ansicht schon aufgrund des Gesetzeswortlautes abzulehnen und entspricht auch nicht dem gesetzgeberischen Willen.[1233]
Dennoch kann der Begriff des Reisecharakters und dabei gerade die Berücksichtigung der Reiseart auch nach dem Ansatz dieser Mindermeinung von Nutzen sein, indem die nachfolgend skizzierten Überlegungen zu den Reisearten auch als Ansatz bei der Bestimmung des Leistungsinhaltes der Einzelleistungen herangezogen werden.

[1227] S. a. *Montasser*, Reiserecht, S. 68.
[1228] Vgl. auch *Mundt*, Tourismus, 3.2.1.3, S. 124f.
[1229] *Führich*, Reiserecht, § 5 V. 1. f), Rn. 144, S. 115.
[1230] Vgl. hierzu *Mundt*, 3.2.1.3., S. 124ff, und 3.1.2.5, S. 130ff, wonach die Reisemotivation entweder in der Such nach Ruhe bei physischer Ermüdung oder in einem Kontrast zum Alltag bei psychischer Sättigung besteht; in letzterem Fall wird Erholung gerade durch neue Kontraste, Aktivitäten, Herausforderungen als positiver Stress gesucht.
[1231] Vgl. ablehnend *LG Düsseldorf* RRa 2000, 12: Erholung als Urlaubszweck sei nicht mit dem Mangelbegriff des § 651c BGB erfassbar, sie werde in jeweils unterschiedlichen Formen erreicht; auch lasse sich der mit der Reise verfolgte Zweck ebensowenig auf Grundlage des Vertrages objektivieren wie der Eintritt des tatsächlichen Erfolges. Das *LG Düsseldorf* begründet mit dieser Argumentation seine Anwendung des engen Mangelbegriffs: geschuldet sei nicht die Erholung als solche, sondern nur konkrete Einzelleistungen; der engen Mangelbegriff ist, wie bereits dargelegt, abzulehnen, s. o. Zweiter Teil C. II. 3.) (S. 150).
[1232] Dazu im Rahmen von § 651f II BGB siehe Dritter Teil G. IV. 1.) b) (S. 441).
[1233] S. Zweiter Teil C. II. 3.) (S. 150), vgl. a. D. I. 1.) (S. 177).

Die in der Praxis vorzunehmende (gedankliche) Einordnung einer streitgegenständlichen Reise in eine der typisierten Reisearten bzw. auch ohne diese Festlegung die Feststellung der Reiseart-spezifischen individuellen Besonderheiten des Reisecharakters (auch innerhalb der einzelnen Reisearten bestehen ja gewisse Variationsbreiten) hat sich an Prospektangaben bzw. Katalogbeschreibung der Reise sowie den bei Buchung vorgetragenen bzw. explizit oder unausgesprochen verstandenen vereinbarten Merkmalen zu orientieren, für die Ermittlung der Reiseart zählt der Gesamteindruck der Reise.[1234]

2.) Besonderheiten einzelner Reisearten

Im Folgenden sollen nach obigem Ansatz zur Feststellung des individuellen Reisecharakters nun einige typische Reisearten als Grundtypus näher beschrieben werden. Betont sei aber nochmals, dass die Feststellung der Reiseart keinesfalls von der Ermittlung des im individuellen Fall vorliegenden übrigen Reisecharakters entbindet, der auch bei grober Einordnung der Reise in eine der folgenden typisierten Reisearten durch besondere fehlende oder hinzutretende Elemente bzw. allgemein bestehende Aspekte wie etwa Landesüblichkeit und Preisniveau eine ganz eigene Prägung erfahren kann.

Dabei ist a priori klar festzuhalten, dass aufgrund der Vielfalt der Lebenswirklichkeit und der Unterschiede im Detail jeder einzelnen Reise nie eine abschließende, allgemeingültige Katalogisierung bestehender Reisearten mit sämtlichen Variationen und Besonderheiten erfolgen kann, da jede Reise für sich individuelle Ausprägungen hat.[1235]
Dennoch soll versucht werden, soweit eben möglich, prägnante Besonderheiten einiger typisierter Reisearten darzustellen, wie sie in der Praxis häufig vorkommen. Diese werden regelmäßig auch die im konkreten Einzelfall zu beurteilende einschlägige Reise prägen und sollen, soweit und insoweit sie zu einer der Reisearten zu zählen sind, im Folgenden kurz angesprochen werden.

Neben der Darstellung der wesensbestimmenden Inhalte der typisierten Reisearten soll bei dieser Gelegenheit zudem kurz auf deren jeweilige gewährleistungsrechtlich besonders neuralgische Aspekte eingegangen werden.

a) Kreuzfahrten

Der wesentliche Zweck einer Hochsee-Kreuzfahrt besteht in der Erholung und dem Vergnügen an der Schiffsreise als solcher,[1236] worunter neben der Anwesenheit auf hoher See (Stichwort Seefahrtromantik) gerade auch das besondere Ambiente an Bord, in den Salons und bei den Abendveranstaltungen zählt.[1237]

1234 Vgl. *Bidinger/Müller*, § 651c Anm. 8, S. 105.

1235 S. hierzu auch im Anschluss, Zweiter Teil D. III. 3.) (S. 243) u. D. III. 4.) (S. 243).

1236 So *Demmig*, S.154; zur Kreuzfahrt quasi als Reinform des „autotelischen Reiseerlebnisses" (Bewegung, Unterwegssein an sich als Reisezweck, sozusagen im zen-buddhistischen Sinne von „der Weg ist das Ziel") vgl. *Mundt*, Tourismus, 3.2.2.3, S.141ff.

1237 Vgl. *Lettow*, RRa 2004, 73 in Anm. zu *AG Erkelenz* RRa 2004, 71.

Nebenbei ist je nach Ausgestaltung der jeweiligen vereinbarten Kreuzfahrt auch das Anlaufen und Kennenlernen von Häfen und Inselorten Reiseinhalt, u. U. mit der Gelegenheit des jeweiligen Erlebnisses eines dortigen touristischen Kurzaufenthalts (Besichtigungen etc.). Besonders ausgeprägt ist ein solches Besichtigungsprogramm gerade auch bei den sogenannten Flusskreuzfahrten. Sowohl Hochsee- wie auch Flusskreuzfahrten erfreuen sich gerade auch in jüngster Zeit wieder zunehmender Beliebtheit.[1238]
Bei sogenannten Tauch- oder auch Angelkreuzfahrten, die mit überschaubarer Teilnehmerzahl auf kleinen Motoryachten durchgeführt werden, steht entgegen der insofern irrführenden Bezeichnung nicht der Charakter als Kreuzfahrt, sondern das jeweilige sportliche Moment der Sportausübung im Vordergrund.[1239]

Im Gegensatz zur reinen Schiffspassage bzw. Fahrt auf einer Fähre mit Kabine, die nur eine Beförderungsleistung mit darin eingeschlossener Unterkunftsgewährung ist,[1240] stellt die Teilnahme an einer Kreuzfahrt mit einer Bündelung mehrerer Leistungselemente[1241] – wie die eigtl. Beförderung, dazu aber auch Unterkunft, Bewirtung sowie u. U. Unterhaltungsprogramme, Veranstaltungen, Ausflüge etc. - eine Pauschalreise i. S. d. Reisevertragsrechts dar, sie entspricht unproblematisch der Definition der Reise i. S. d. § 651a I 1 BGB.[1242]

Besonders ist an dieser Reiseart die Unterbringung auf einem Schiff, wodurch der Reisende unterwegs völlig vom Schiff hinsichtlich seiner gesamten Versorgung und Unterhaltung abhängig ist; aufgrund der fehlenden Ausweichmöglichkeiten erhalten Mängel in Unterkunft und Verpflegung ein besonderes Gewicht.[1243]

Weiterer Problemkreis bei Kreuzfahrten ist bzgl. der Reisemängelhaftung die Frage der Stellung der selbständigen Gewerbetreibenden, die in eigener Regie diverse Dienstleistungen an Bord erbringen bzw. anbieten. Nach Ansicht von *Demmig* hat der Veranstalter zwar eine Einstandspflicht, wenn solche Dienstleister entgegen der Prospektangabe völlig fehlen; weil die Dienstleistungen aber von selbständigen Gewerbetreibenden angeboten werden und der Passagier dafür gesonderte Entgelte zu zahlen hat, seien diese Personen keine Erfüllungsgehilfen des Veranstalters, letzterer hafte daher nicht für deren mangelbehaftete Leis-

---

[1238] Anzahl deutscher Reisender auf Hochseekreuzfahrten 2005: rd. 639.000 (Vorjahr: rd. 583.000), auf Flusskreuzfahrten 2005: rd. 325.600, (Vorjahr: 306.500); Quelle: „Fakten und Zahlen zum deutschen Reisemarkt", Ausgabe 2006, hrsg. v. DRV, S. 11.

[1239] S. u. Zweiter Teil D. III. 2.) c) (S. 219) u. D. III. 2.) d) (S. 221).

[1240] S. Begründung Regierungsentwurf BT-Dr 8/786, S. 13.

[1241] *Führich*, Reiserecht, § 9 IV. 4., Rn. 346, spricht von einer „angenehmen Kombination" der „Grundelemente Schiffsaufenthalt mit Verpflegung, Programm und Service"; das erscheint m. E. etwas ungenau bzw. greift zu kurz, denn dies wäre auch bei einem drei Wochen im Hafen ankernden Schiff gegeben; *wesentliches* (autotelisches, s. o. Fn. 1236) Element ist m. E. gerade auch die *Fahrt* mit dem Schiff, vgl. *AG Erkelenz* RRa 2004, 71 m. Anm. *Lettow*.

[1242] *Tonner*, Reisevertrag, § 651a Rn. 8, S. 37.

[1243] *Bechhofer*, § 651c V. 6., S.68; so auch *Staudinger/J. Eckert*, § 651c Rn. 74, S. 250. Tatsächlich unterscheidet die Kreuzfahrt sich m. E. in diesem Aspekt allerdings kaum von vielen „normalen" Reisen, bei denen der Reisende in einem unterentwickelten Land und/oder am Rande der Zivilisation in einer Hotelanlage untergebracht ist und hier ebenso auf den Veranstalter und seinen Leistungsträger angewiesen ist. Vgl. wohl ähnlich MüKo/*Tonner*, § 651e Anh Rn. 95, der die besondere Bedeutung von Mängeln bei Quantität und Qualität des Essens bei Kreuzfahrten hervorhebt.

tungserbringung.[1244]
M. E. steht zwar das Merkmal der Selbständigkeit einer Qualifikation als Erfüllungsgehilfe nicht entgegen - es ist vielmehr sogar die Regel, dass im Reiserecht die Erfüllungsgehilfen in der Sonderform des Leistungsträgers rechtlich selbständig agieren, vgl. Hotels, Fluggesellschaften etc.; in der Tat aber hat *Demmig* recht hinsichtlich des wesentlichen, nicht von der Hand zu weisenden Merkmals des gesondert zu zahlenden Entgelts.[1245]

Dennoch ist das Ergebnis aus der Ansicht *Demmigs* problematisch. Denn zunächst einmal ist festzuhalten, dass auch diese Dienstleister - durchaus so wie bspw. ein Hotel - der vertraglichen Einflussmöglichkeit des Veranstalters unterliegen; als Gewerbetreibender an Bord des Schiffes[1246] eher noch mehr.
Eine Einstandspflicht des Veranstalters muss m. E. spätestens dort einsetzen, wo die Schlechterfüllung oder gar völlige Nichterbringung der Dienstleistung durch den selbständigen Anbieter das geschuldete Vorhandensein an sich auszuhöhlen beginnt. Soweit diese Dienstleistungen in der Reisebeschreibung mit aufgeführt wurden, ist somit deren grundsätzliches Vorhandensein Teil des Reisecharakters der Kreuzfahrt (Beispiele wären etwa Einkaufs- oder Wellnessangebote an Bord) und damit insofern von der Einstandspflicht des Veranstalters umfasst.

Eine weitere Sonderrolle nimmt bei Kreuzfahrten einerseits der Kapitän[1247] und andererseits der Schiffsarzt[1248] ein. Für deren (bzw. durch ihre Vertreter u. Mitarbeiter) in ihrer jeweiligen Rolle in seemännischer bzw. medizinischer Verantwortung getroffenen (u.U. eben falschen) Entscheidungen, die sich dann entsprechend auf die Reise auswirken, soll eine Haftung des Reiseveranstalters ausgeschlossen sein.[1249]

M. E. entspricht dies wohl eher Bedürfnissen der Praxis, bzw. die ergangenen Urteile der Einzelfallgerechtigkeit, als dass sich dies sauber dogmatisch begründen ließe, insbesondere bzgl. des Kapitäns, der integraler Bestandteil der geschuldeten Schiffsbeförderung ist. Denn selbstverständlich ist er, ebenso wie der Hotelleiter, ein Erfüllungsgehilfe des Reiseveranstalters; seine Fehleinschätzungen betreffen unmittelbar und erheblich die Schifffahrt bis hin zum völligen Ausfall. Die Fehlentscheidungen eines notorisch unfähigen, inkompetenten Kapitäns wären m. E. sehr wohl dem Veranstalter zuzurechnen, der darauf wie auch bei sonstigen Leistungsträgern durch vertragliche Einflussnahme für deren korrekte Leistungserbringung und Zuverlässigkeit zu sorgen hat bzw. deren Fehler zu verantworten hat. Auch ohne ein Verschulden hinsichtlich Verletzung einer entsprechenden Auswahl- und Überwachungspflicht stammt im Sinne der Risikosphärenzuordnung im Rahmen der Einstandspflicht für das Gelingen der Reise jegliche Fehlentscheidung des Schiffspersonals inklusive

---

1244 *Demmig*, S. 154/155.
1245 S. a. Erster Teil B. I. 3.) e) (S. 49).
1246 Auch laut *Demmig*, S. 155, ist dies die zugrundezulegende „örtliche Einflußsphäre des Veranstalters".
1247 *T. Heinz*, Reisevertragsrecht, S. 66.
1248 *OLG Hamburg* MDR 1985, 141; zuletzt *AG Offenbach* RRa 2004, 219.
1249 Bzgl. Kapitän s. Nachweise bei *T. Heinz*, Reisevertragsrecht, S. 66; bzgl. Schiffsarzt vgl. Fn 1248.

Kapitän und Schiffsarzt jedenfalls aus der dem Veranstalter zuzurechnenden unternehmerischen Risikosphäre.

Und je nach Art und Route der Kreuzfahrt (Tage auf hoher See fernab von Häfen; Klima) sowie Zusammensetzung der Passagiere (Anzahl, Alter etc.) kann sich m. E. schon aus dem Reisecharakter im Sinne einer Fürsorgepflicht im Rahmen von Treu und Glauben die Verpflichtung ergeben, an Bord einen Schiffsarzt zu stellen. Dieser muss dann selbstverständlich auch von entsprechender Güte sein, um diese Nebenpflicht zu erfüllen; dazu dürfte im Regelfall die Möglichkeit gehören, sich auf Deutsch oder Englisch mit diesem verständigen zu können.[1250]

Selbstverständlich ist, dass ein Abweichen von der vereinbarten Reiseroute in Form des Ausfalls von im Reiseprogramm vorgesehener Anlandungen einen Reisemangel der Kreuzfahrt darstellen.[1251] Dies soll nach durchaus gängig vertretener Ansicht nicht gelten für die vom Veranstalter nicht beherrschbaren Fälle witterungsbedingter Abweichungen von der Reiseroute bei Sturm oder schwerer See, seltener in Form von behördlichen Entscheidungen (Quarantäne) oder gar terroristischen Akten.[1252].

Nach vorherrschender Ansicht allerdings haftet der Veranstalter im Rahmen seiner verschuldensunabhängigen Einstandpflicht für das Gelingen der Reise auch für Beeinträchtigungen derselben aufgrund höherer Gewalt.[1253] Und um einen gewährleistungsfreien Fall der Verwirklichung des allgemeinen Lebensrisikos handelt es sich möglicherweise auch nicht. Zwar wird für das Kriterium des allgemeinen Lebensrisikos auf die jeweiligen örtlichen Verhältnisse abgestellt[1254] - mit anderen Worten, ob dieses Ereignis dem Reisenden auch außerhalb der Reise dort im Alltagsleben widerfahren könnte. Das ist aber schwer denkbar, denn nur aufgrund der Schiffsreise ist er mit der Möglichkeit konfrontiert, dass der Besuch der jeweiligen Häfen aufgrund schlechter maritimer Verhältnisse ausfällt.
Es handelt sich somit um den Kernbereich der Reiseleistung, die der Veranstalter anbietet, und für den er damit eigentlich haftet, weil er in der Sphäre seines unternehmerischen Risikos liegt.
Gerade wegen dieses Kernbereichs dieser Art von Reise wäre aber eine sachgerechte Lösung unter dem Aspekt des Reisecharakters denkbar. Dem Reisenden ist bewusst, dass gerade Schiffsreisen unter entsprechender Möglichkeit maritimer Naturereignisse stattfinden:[1255] in mare alto sumus in manu Dei - auch in der heutigen Zeit noch, zumindest hin-

---

[1250] S. aber a. A. *AG Offenbach* RRa 2005, 219.

[1251] *BGH* NJW 1980, 2189; vgl. zum Thema zuletzt auch *AG Erkelenz* RRa 2004, 71 m. Anm. *Lettow*; irrelevant ist allerdings nach gängiger Ansicht in der Regel, in welcher Reihenfolge die Programmpunkte erfüllt werden, so kann etwa auch eine Nilkreuzfahrt in umgekehrter Reihenfolge flussauf- statt flussabwärts erfolgen, solange gds. die gleichen Programmpunkte erfüllt werden, vgl. etwa *LG Bonn*, NJW-RR 1994, 884.

[1252] *Demmig*, S. 156 a. E.; gegenteilige Ansicht des *BGH* NJW 1980, 2189f (allerdings noch zur alten Gesetzes- und Rechtslage): Minderung bei Ausfall von anzusteuernden Häfen gleichgültig, ob der Ausfall auf schlechte Wetterverhältnisse zurückzuführen ist.

[1253] S. o. Zweiter Teil C. III. 1.) b) (bb) (S. 164), s. u. Zweiter Teil E. V. (S. 262).

[1254] S. o. Zweiter Teil C. III. 1.) (S. 154); s. a. Zweiter Teil D. I. 3.) (S. 187).

[1255] S. a. *Kaller*, Reiserecht, A. VIII. 2., Rn. 97: bei einer Kreuzfahrt müsse der Reisende damit rechnen, dass von der Reiseroute witterungsbedingt abgewichen wird.

sichtlich des unsteuerbaren Wettergeschehens! Damit wären im weitesten Sinne nautisch-metereologische Beeinträchtigungen als Teil des unausgesprochenen Vertragsverständnisses nach dem Reisecharakter einer Kreuzfahrt von der Haftung ausgenommen, soweit sie es tatsächlich unmöglich machen, die nach Programm anzulaufenden Häfen zu erreichen. Der Veranstalter (in Form seines Erfüllungsgehilfen Kapitän) ist natürlich verpflichtet, alles zu tun, dass diese Leistungen erbracht werden - es geht hier allein um die Fälle, in denen dies nicht möglich ist aufgrund der besonderen Naturverhältnisse bei einer Seefahrt.
In den sonstigen Fällen höherer Gewalt bleibt es bei dem allgemeinen reisevertragsrechtlichen Grundsatz, dass Beeinträchtigungen hierdurch Mängel darstellen, bei besonderer Intensität greift das besondere Kündigungsrecht § 651j BGB.

Einen Mangel der Kreuzfahrt stellt es selbstverständlich auch im umgekehrten Fall dar, wenn das Schiff aufgrund eines Maschinenschadens den Hafen gar nicht erst verlässt, sondern tagelang dort festliegt. Unabhängig davon, dass Verpflegung und Bordprogramm ordnungsgemäß erfüllt werden und u. U. sogar ungeschuldet zusätzliche Landausflüge vor Ort angeboten werden, geht doch - nachvollziehbar - die „Seefahrtsromantik" einer Hochseekreuzfahrt erheblich verloren, wenn das Schiff im Hafen am Betonkai liegt.[1256]

Aus diesen Überlegungen zum Reisecharakter einer Kreuzfahrt folgt auch, dass allgemein seebedingte Sicherheitsrisiken wie etwa Sturz und Verletzungen durch Rollen und Stampfen des Schiffes bei schwerem Seegang keine Haftung des Veranstalters auslösen – auch diese Fälle werden als „allgemeines Lebensrisiko" bei Kreuzfahrten eingestuft[1257] und somit im Ergebnis zutreffend der Einstandspflicht des Veranstalters entzogen: Der Veranstalter haftet nicht für die (realisierte) Gefahr von Verletzungen, die bei einem Sturm auf hoher See durch die entsprechenden naturgemäß schlingernden Bewegungen des Schiffes entstehen.[1258] Etwas anderes muss freilich gelten bei unterlassenen Sicherheits- bzw. Sicherungspflichten des Schiffsbetreibers, so etwa bei schadhaftem Zustand der Geländer, Deckplanken etc.

Eine Kreuzfahrt verliert ihren Reisecharakter, wenn der Großteil der Passagiere keine Kreuzfahrer sind, sondern das Schiff lediglich als Transportmittel benutzen und wegen des häufigen Wechsels dieser Passagiere und deren Gepäck die Kreuzfahrtatmosphäre verloren geht.[1259]

Letztlich lässt sich mit dem Reisecharakter auch der bekannte kuriose Fall der Karibikkreuzfahrt mit Schweizer Folkloregruppe sachgerecht einordnen, denn es entspricht nicht dem zugrundezulegenden Charakter einer Kreuzfahrt in der Karibik, dass statt Reggae und

[1256] *AG Erkelenz* RRa 2004, 71, m. Anm. *Lettow*.
[1257] *Kaller*, Reiserecht, C. Teil 1. 1. 5. b), Rn. 167 a. E., S. 102.
[1258] Vgl. *LG Bremen* RRa 2004, 203 s. a. *Niehuus*, Reisemängel (2. Aufl.), S. 45; *LG Düsseldorf* MDR 1992, 351.
[1259] Vgl. *T. Heinz*, Reisevertragsrecht, S. 65.

Calypso den ganzen Tag - und abends - auf dem Schiff entsprechende Alpenfolklore mit Blaskapellen, Trachtentänzen, Chörli-Singen, Jodeln und Alphornblasen vorherrscht. [1260]

b) Expeditionen, Abenteuerreisen

Prägendes Merkmal der sog. Expeditions- oder Abenteuerreisen ist gerade der Wegfall der Erholung im klassischen Sinn.[1261] Im Gegenteil sind hier gerade der Wegfall von Service und komfortabler Unterkunft, die unberechenbaren Schwierigkeiten, Unwägbarkeiten und auch physische Anforderungen wesentliche Elemente. Dieses „Flair des Abenteuers"[1262] bestimmt auch den spezifischen Gewährleistungsbereich.

Die im Folgenden wiedergegebenen Auszüge aus einem Prospekt zu einer solchen Expedition, zitiert aus einer Entscheidung des LG Frankfurt a.M.,[1263] mögen zwecks Charakterisierung für sich selbst sprechen:

> „Sulawesi ist Paradies und Hölle zugleich ... Dort (Teil der Fahrtstrecke, Anm. d. Verf.) ist mit gigantischen Schlammlöchern, unergründlichen Wasserlöchern, gelegentlich metertiefem, zähem Schlamm zu rechnen. Über schwindelerregende, halbzerfallene Baumbrücken müssen unsere 2 Tonnen schweren Geländefahrzeuge einige Male manövriert werden, einige Brücken müssen wir in harter Teamarbeit selbst bauen, befestigen und erneuern. Unsere Trans-Sulawesi-Expedition ist eine Tour voller Tücken und Überraschungen. (...)
> Erfordert uneingeschränkte körperliche Fitneß. Die Belastungen – aufgrund der Höhe/unwegsamen Gelände – sind hoch. Teamgeist, aber auch sportlicher Ehrgeiz und der Wille, sich selbst zu besiegen, sind ganz wichtig."

Zwar sind auch hier trotz des von Unwägbarkeiten, fehlender konkreter Detailplanung und Anstrengungen geprägten Charakters die fest zum Vertragsinhalt gemachten konkreten Reisebestandteile einzuhalten,[1264] der Verzicht auf Komfort, Erholung und Service entsprechend der Natur einer Expedition bzw. einer Abenteuerreise führt aber dazu, dass der Teilnehmer eine Vielzahl von Unbequemlichkeiten und Einschränkungen hinzunehmen hat, die bei jeder anderen Reise handfeste Mängel darstellen würden:[1265]

Beispiele aus der Rechtsprechung sind etwa die Verwendung schmutziger Zelte,[1266] das Servieren des Essens auf dreckigen Brettern und mit sich im Essen befindlichen Insekten

---

[1260] Von den 560 Passagieren an Bord gehörten 500 einer Schweizer Trachten-Reisegruppe an, die das Schiff und Bordprogramm regelrecht übernommen hatten inkl. Borddurchsagen, die „durch den schweizerischen Betreuer mit dem Namen Bruno in ‚Schwyzer Dütsch' erfolgten". Daher Mangel und entsprechend Minderung i. H. v. 40% angenommen durch *LG Frankfurt a.M.* NJW-RR 1993, 951. In einem nur scheinbar vergleichbaren Fall konnte das *LG Hamburg* NJW-RR 1993, 1465, keinen Mangel darin erkennen, dass ein hoher Anteil (40%) jodelnder Folkloregruppen an der Kreuzfahrt teilnimmt - auch dieses Ergebnis ist unter dem Blickwinkel des Reisecharakters stimmig, denn diese Reise war in der Tat als „Internationale Kreuzfahrt" und „Folklorekreuzfahrt" vom Veranstalter geführt worden.

[1261] Wobei sich für die Teilnehmer einer solchen Abenteuerreise eben durchaus ihre eigene Art von Erholungserlebnis in Form eines Kontrastes und entsprechender Eindrücke und Erlebnisse (positiver Stress) gerade durch die besonderen Bedingungen und Anforderungen einer solchen Reise einstellen kann.

[1262] *Demmig*, S. 149; *OLG München* OLGZ 84, 234, 235f; *OLG Karlsruhe* OLGZ 84, 250.

[1263] RRa 1994, 173.

[1264] *Führich*, Reiserecht, § 9 IV. 3., Rn. 345, S. 280.

[1265] S. a. *Tempel*, NJW 1997, 2206 (2212) [III. 4. b) cc)].

[1266] *LG München* I RRa 1993, 25 (26).

bei einer Nord-Thailand-Safari[1267] oder das Fehlen von Funk, Schwimmwesten oder Rettungsbooten einer auf ein Riff aufgelaufenen Fähre bei einer Flussfahrt in Sulawesi.[1268]

Aber nicht nur, dass entsprechende „erschwerte Bedingungen“ in Form von körperlichen Strapazen, Pannen, Störungen und allerlei Unannehmlichkeiten dem Reisenden zugemutet werden – sie stellen vielmehr ausgehend vom Reisecharakter einer solchen Expedition gerade die geschuldete Reiseleistung dar.[1269]

Tatsächlich wurde auch teilweise schon das „Ausbleiben“ der vom reisenden „Abenteurer“ erwarteten widrigen Umstände, das nicht erfüllte „Interesse an körperlicher Belastung“, schlicht der vorgefundene, aber nicht erwünschte *Komfort* als Mangel erfolgreich eingeklagt,[1270] was aus gesundem Menschenverstand heraus zunächst sonderbar erscheinen mag,[1271] genaugenommen aber dogmatisch sauber und konsequent ist.[1272]

Angesichts der besonderen Bedingungen und der Abgeschiedenheit in entlegenem und schwierigem Gelände sind einerseits entsprechende Anforderungen an die Befähigung des Reiseleiters einer solchen Expedition zu stellen,[1273] andererseits ist der Reiseteilnehmer selber dafür verantwortlich, dass er die besonderen physischen Anforderungen einer solchen Reise in seiner Person erfüllt.[1274]

Hierfür muss er aber auch entsprechend über die *besonderen* Bedingungen und Schwierigkeiten der Reise aufgeklärt worden sein - auf Selbstverständlichkeiten wie wetterfeste Kleidung und festes Schuhwerk für jegliche Art von Wanderung[1275] braucht der Veranstalter dabei nicht hinzuweisen.

Angesichts der Tatsache, dass derartige naturnahe Reisen in hohem Grade von der Witterung betroffen sein können - man denke an die unbefestigten Strassen oder die den Elementen ausgesetzten Teilnehmer einer Trekking-Expedition zu Fuß - muss es entsprechend dem unter den Parteien verstandenen Reisecharakter dem Reiseveranstalter generell möglich sein, auf witterungsbedingte Gegebenheiten mit einer Änderung des Programms, insbesondere der geplanten Route zu reagieren.[1276] Dies gilt wiederum nicht, wenn einzelne Programmpunkte bzw. Ziele zugesichert die Expedition wesentlich prägen.

[1267] *LG München* I NJW-RR 1994, 124.

[1268] *AG Königstein i.T.* RRa 1994, 29 (30).

[1269] So auch zutreffend *Kaller*, Reiserecht, C. 1. I. 5. c), Rn. 168.

[1270] Vgl. Berufungsurteil des *LG Frankfurt a.M.* RRa 1994, 173 (entgegen des noch klageabweisenden erstinstanzlichen Urteils des *AG Königstein i.T.* RRa 1994, 29): Minderung 10%, weil „komfortabler, als es die Prospektangabe erwarten lässt“.

[1271] Vgl. - allerdings nicht sauber rechtlich analysierend, sondern polemisch überzogen - *v. Münch*, NJW 1997, 990 (991): „nachgerade pervers“.

[1272] So auch *Tempel*, NJW 1997, 2206 (2212/2213) [III. 4. b) dd)]; *Staudinger/J. Eckert*, § 651c Rn. 29 a. E.

[1273] Vgl. *LG Frankfurt a.M.* 1995, 67 (68); vgl. auch *Demmig*, S. 150/151.

[1274] Vgl. auch *OLG Frankfurt a.M.* RRa 1994, 8 (medizinischer Fragebogen).

[1275] Vgl. *AG München* RRa 1997, 195, zugegebenermaßen anlässlich eines Irland-Trekkings, aber von der Argumentation her auch hier zutreffend, mit dem Hinweis: „bei der Buchung eines Badeurlaubs muss schließlich auch nicht auf die Notwendigkeit eines Badeanzugs hingewiesen werden!“.

[1276] Vgl. auch *H.-W. Eckert*, 3. Kap. I. 1. a) bb), S. 54.

c) Angel- und Jagdreisen, Jagd- und Fotosafaris

Bei dieser Reiseart verspricht der Veranstalter dem Reisenden die Ausübung des jeweiligen Sports, der hier u. U. ganz konkrete Ziele beinhalten kann. So soll bei einer Angel- oder Jagdreise dem Reisenden eine Angel- bzw. Abschussmöglichkeit von frei lebenden Tieren, teilweise ganz konkret benannter Spezies, geboten werden, Foto- und u. U. Tauchsafaris versprechen oft die Gelegenheit zur Sichtung ganz bestimmter zugesagter Tiere.
Dabei dürften m. E. anzunehmenderweise die echten Jagden mit Veränderung von Umweltbewusstsein und -ethik in der Gesellschaft wohl immer mehr in den Hintergrund treten zugunsten von Fotojagden und pulverlosem Naturerleben, letztere aber aufgrund des an sich steigenden Naturinteresses insgesamt weiter zunehmen.

Diese Reisen dienen zwar weniger der Erholung im klassischen Sinne eines Ausruhens, und es wird auch kein besonderer Komfort geschuldet,[1277] es dürfte aber etwas zu weit gehen, sie einfach in den Bereich der Abenteuer- und Expeditionsreisen mit einzuordnen.[1278] Der Unterschied liegt darin, dass hier Unbequemlichkeiten und etwaige Strapazen nicht im Vordergrund als Inhalt der Reise stehen, sondern nur um der Möglichkeit der Sportausübung willen in Kauf genommen werden.

Für den Reisemangel steht hier natürlich im Brennpunkt, dass die wilden Tiere als eigentliche raison d'etre der Reise es aber nun einmal an sich haben, eben wild und daher nicht unbedingt fest berechenbar-planbar in ihrem Vorhandensein bzw. Erscheinen zu sein.

So wird nach teilweiser Ansicht auch in der Rechtsprechung das Ausbleiben beispielsweise eines Fischbestandes oder der zu jagenden Tiere als Unwägbarkeit der Natur aus dem Verantwortungsbereich des Veranstalters herausgenommen.[1279] Dies unter Verweis darauf, dass ein entsprechendes Reiseangebot des Veranstalters an §§ 133, 157 BGB orientiert ausgelegt werden müsse, dass seine Zusage unter dem Vorbehalt der in der Natur der Sache liegenden Unwägbarkeiten und Launen der Natur stehe,[1280] sozusagen als spezifische Ausprägung des allgemeinen Lebensrisikos.[1281] Noch weiter geht eine Ansicht, wonach der Veranstalter hinsichtlich tatsächlich außerhalb seines Einflusses liegender Naturlaunen wegen der nicht auszuschließenden Unwägbarkeiten per se „vernünftigerweise" nicht an seiner Zusage festgehalten werden könne.[1282]

In der Bewertung dieser Meinungen ist zunächst letztere einer völligen Haftungsfreistellung des Reiseveranstalters trotz dessen Zusage klar abzulehnen. Der Veranstalter weiß selber am besten um diese Unwägbarkeiten, es muss ihm also die Möglichkeit gegeben werden, durch eine feste Zusage in seinem Angebot das Risiko bewusst einzugehen (das er auch entsprechend in seiner Preiskalkulation berücksichtigen wird), dass das wie auch immer

---

[1277] *Kaller*, Reiserecht, A. VIII. 5., Rn. 101, sowie C. 1. I. 5. e), Rn. 171.
[1278] So aber bei *Führich*, Reiserecht, § 9 IV. 3., S. 281, und *Bidinger/Müller*, RRa 1994, 198.
[1279] Vgl. *OLG Frankfurt a.M.* NJW-RR 1988, 1328 (1329) (witterungsbedingt verspäteter Wanderungsbeginn der Großforelle); dem gds. zustimmend *Kaller*, Reiserecht, A. VIII. 5., Rn. 101.
[1280] *Bechhofer*, § 651c V.5. S.67
[1281] Vgl. *Führich*, Reiserecht von A-Z, S. 16 o.; *OLG Frankfurt a.M.* NJW-RR 1988, 1328.
[1282] So aber *Bechhofer*, § 651c V. 5., S. 67.

wahrscheinliche oder unwahrscheinliche Ausbleiben der Tiere tatsächlich eintritt. Ansonsten darf er eben die Tiere nicht „zusagen“, sondern ausdrücklich nur auf die „(hohe) Wahrscheinlichkeit“ der Sichtung der Tiere und auf die Möglichkeit des Ausbleibens hinweisen.

Aber auch sonst bedarf die Aussage zu einer fehlenden Einstandspflicht des Veranstalters mindestens kritischer Ergänzung. Grundsätzlich beinhaltet der Reisecharakter einer Safari, bei der *auch* wilde Tiere angetroffen werden können, in der Tat eine gewisse Wahrscheinlichkeit, dass diese Tierbegegnungen ganz oder teilweise ausfallen. Dies je nach konkreter Reise abhängig davon, wie selten bzw. wie scheu die jeweils konkrete Tierart ist oder wie generell schwierig, sie anzutreffen. Selbst unter diesem Grundsatz gilt aber richtigerweise, dass der Veranstalter nach oben dargelegter Sphärentheorie nur dann nicht für das „Ausbleiben des Jagderfolgs“ einzustehen hat, wenn dies für ihn weder vorhersehbar noch beeinflussbar war.

Noch weitergehend muss man nach dem hier vertretenen Ansatz über den Reisecharakter und der vorherrschenden Ansicht zur weiten Haftung des Veranstalters eine verschuldensunabhängige Einstandspflicht annehmen, wenn dieser das Antreffen der Tiere zentral in den Mittelpunkt seiner angebotenen Reise gestellt und nicht deutlich genug klargestellt hat, dass er gerade keine Haftung für das Antreffen der Tiere, immerhin zentraler Fokus der Reise, übernehmen will. Wenn er sein Reiseangebot auf diesem Umstand des Antreffens der Tiere aufbaut, trägt er auch das unternehmerische Risiko dafür, dass diese Tiere ausbleiben.

So wurde vom *BGH* im grundlegenden Safari-Reisen-Fall eine Gewährleistungspflicht angenommen und damit ein Reisemangel bejaht angesichts des Fehlens der erwarteten Elefantenherde, die wegen Trockenheit weggezogen war. Die Möglichkeit, „auf Elefanten zum Schuss zu kommen“, sei wesentlicher Gegenstand der Reise gewesen und das Fehlen einer entsprechenden Abschussmöglichkeit somit ein erheblicher Mangel.[1283] Das Urteil stammt zwar aus einer Zeit sowohl noch vor Einführung des Reisevertragsrechts wie auch erkennbar einer anderen Mentalität bzw. Umweltethos, die vom *BGH* dabei aufgestellten Grundsätze gelten jedoch nach wie vor auch heute.

Wenn der Veranstalter nicht durch deutlichen Hinweis auf die Wahrscheinlichkeit des Ausbleibens und somit Fehlschlagens des eigentlichen Reiseziels hinweisen möchte, sondern bewusst gerade auch aus Marketinggründen die Tiere zusagen und damit das Ausfallrisiko eines Ausbleibens eingehen will, so empfiehlt sich m. E. Folgendes: Damit seine Zusage bei Nichteinhalten dann nicht über den Umweg des Reisemangels und Gewährleistungsrecht gelöst werden muss, empfiehlt es sich, schon in der Vertragsgestaltung die „Garantie“ und entsprechende Folgen zu regeln.

Tatsächlich gibt es derartige Konstruktionen bereits, so wird beispielsweise von Tauchsafariveranstaltern teilweise die Sichtung der ebenso seltenen, wie beim entsprechenden Publikum populären Walhaie (*Rhincodon typus*) „garantiert“; bei einer derartigen „Walhaigarantie“ erhält der Reisende bei Eintritt des „Garantiefalls“ sodann laut Angebot wenn auch

[1283] *BGHZ* 77, 310 (319) (= NJW 80, 2192); s. a. *Kaller*, Reiserecht,, C. 1. I. 5. e), Rn. 171.

nicht den gesamten Reisepreis, so doch den größten Teil zurückerstattet. Dies ist für den Veranstalter kalkulierbar, weil er einen entsprechenden Preis und ein Gebiet wählt, bei dem er mit entsprechender Wahrscheinlichkeit von einem Antreffen der Tiere ausgehen kann; umgekehrt sind für den Reisenden klar Regelungsinhalt und Folge der Garantie erkennbar.

Weiterhin muss der Veranstalter die in seinem Beherrschbarkeitsbereich liegenden Voraussetzungen zum Gelingen der Reise schaffen; entsprechend der Jagdmöglichkeit als zentralem Mittelpunkt der Reise liegt mit der Vereitelung der Jagdmöglichkeit regelmäßig auch ein erheblicher Mangel bzw. eine Vereitelung der Reise als solcher vor. Insofern stellt es einen erheblichen Mangel dar, wenn die Jagdmöglichkeit dadurch eingeschränkt bzw. vereitelt wird, dass zu wenige Treiber und Hunde vom Veranstalter eingesetzt werden. Eine wesentliche Mangelhaftigkeit liegt auch vor, wenn sich aufgrund fehlender Waffeneinfuhrgenehmigung der reisende Jäger nicht seiner gewohnten menschlichen Hilfsmittel bedienen kann, um den Tieren nachzustellen.[1284] Der Veranstalter trägt somit die zur Erreichung des Reisezwecks erforderlichen Ersatzmaßnahmen, etwa die Kosten einer Leihwaffe;[1285] auch trägt er die Kosten einer Selbstabhilfe durch den Reisenden, wenn beispielsweise das vertragsgegenständliche Mufflonwild im Jagdrevier des Veranstalters fehlt und der Reisende aufgrund eigener Initiative durch Aufenthaltsverlängerung und erfolgreichen Abschuss in einem anderem Revier das Ziel der Reise, das Töten eines Mufflon-Widders, doch noch erreicht.[1286]

d) Sportreisen

Zweck der Sportreisen ist die Ausübung des jeweiligen Sports. Zu den typischerweise gerade im Rahmen einer dafür unternommenen Reise ausgeübten Sportarten zählen u.a. Skifahren, Bergtouren, Reiten, Radfahren, Surfen, Tauchen oder Golf, u. U. auch Tennis[1287]; ob allerdings auch Minigolf[1288] im Sinne dieser Sportreisedefinition eine Betätigung darstellt, um derentwillen die Reise unternommen wird, erscheint m. E. eher fraglich.[1289] Hierbei dürfte es sich eher um eine übliche Nebenleistung der jeweiligen Hotelanlage, nicht aber um eine Sportart als Reiseinhalt handeln, mit deren Ausübung der Reiseerfolg steht oder fällt.

Diese Reiseart überschneidet sich mit der im folgenden Abschnitt behandelten Gruppe der Reisen mit Kursen bzgl. der jeweiligen Sportart, man beachte daher zusätzlich auch die Ausführungen dort.

Aus Reisemangelsicht bleibt zunächst einmal die Dominierung der Reise durch den Zweck der Sportausübung festzuhalten. Entsprechend dieses Charakters der Sportreisen schuldet der Reiseveranstalter in erster Linie das Vorhandensein und die Benutzbarkeit der jeweili-

---

[1284] *LG Köln* RRa 1994, 117; *OLG Köln* RRa 1995, 29.
[1285] *OLG Köln* RRa 1995, 29 (32).
[1286] S. *LG Köln* RRa 1996, 242.
[1287] Vgl. *T. Heinz*, Reisevertragsrecht, S. 133 u.
[1288] S. *Führich*, Reiserecht, § 9 IV. 7., Rn. 349, S.288; vgl. dort auch Rspr.-Nachw. zu versch. Sportarten.
[1289] S. a. *Führich*, Reiserecht von A-Z, S. 164.

gen entsprechenden Sporteinrichtungen. Deren Unbenutzbarkeit wegen Mängeln oder vollständigem Fehlen stellen einen erheblichen Mangel der Reise dar.[1290]

Problematisch ist hierbei, dass diese Sportangebote vor Ort häufig nicht vom Veranstalter selbst, sondern von rechtlich selbständigen Fremdanbietern erbracht werden (wobei dieser Fremdanbieter häufig der rechtlich selbständige Leistungsträger Hotelanlagenbetreiber sein kann), welche die entsprechenden Verträge über die Leistungen auch selbständig abschließen und abrechnen.
Doch auch hier haftet der Reiseveranstalter zunächst einmal dafür, dass die Angebote durch die Fremdanbieter überhaupt vorliegen.

Darüber hinaus ist es aber durchaus möglich, dass je nach den konkreten Umständen, insbesondere der Bedeutung des Sportangebots für die Reise, die Ausrichtung des Reiseangebots des Veranstalters auf diese Fremdleistung sowie organisatorische und tatsächliche Nähe zum Fremdanbieter dazu führen, dass der Veranstalter sich nicht auf eine reine Vermittlung einer fremd erbrachten Leistung zurückziehen kann, sondern tatsächlich auch für die Art und Weise der Durchführung der Leistungserbringung durch die Fremdanbieter haftet.
Dies mag am sog. Reitclubfall[1291] exemplarisch illustriert werden: im Reiseangebot eines Cluburlaubanbieters wurde auf die vielfachen Sportmöglichkeiten im beworbenen tunesischen Club hingewiesen, unter anderem auch substantiiert auf den Reitstall mit Angabe der Zahl und Art der Pferde sowie auf die verschiedenen Reiteinrichtungen und deren Lage; die Reitmöglichkeit wurde auf dem Gelände der Clubanlage angeboten. Obwohl die entsprechenden Reitausflüge weder beim Veranstalter, noch vor Ort bei dessen Reiseleitung gebucht wurden, sondern bei der tunesischen Clubanlage, die als eine eigenständige einheimische juristische Person firmierte, wurde daher dem Reiseveranstalter vom *BGH* eine Einstandspflicht nicht nur für das Vorhandensein der Reitmöglichkeit, sondern auch für dessen geeignete Ausstattung zur Ausübung der Sportart auferlegt.[1292]

Ein weiteres spezifisches Problem dieser Reisen sind zum anderen widrige Wetterbedingungen, die die Sportausübung be- oder verhindern. Hierzu zählen zum einen der wohl ins Allgemeingut eingegangene Fall des Schneemangels bei Skireisen, aber auch allgemein schlechte Witterung für die davon betroffenen Outdoor-Sportarten wie Radfahren oder Bergtouren. Diese Launen der Natur liegen außerhalb des Einflusses des Veranstalters und sind grundsätzlich nach allgemeiner Ansicht als allgemeines Lebensrisiko vom Reisenden hinzunehmen,[1293] nach hier vertretener Auffassung sind diese Unwägbarkeiten nach Reisecharakter unausgesprochen Teil der geschuldeten Reise. Etwas anderes ergibt sich freilich, wenn der Misserfolg aufgrund schlechter Wetter- bzw. Umweltbedingungen im weitesten Sinne seiner unternehmerischen Risikosphäre unterlag, etwa wenn er trotz der Unwägbar-

---

[1290] *Staudinger/J. Eckert*, § 651c Rn. 35; s. a. zur Bedeutung der Zusicherung hierbei folgenden Abschnitt betr. Ausbildungsreisen.
[1291] *BGH* NJW 2000, 1188 = RRa 2000, 85.
[1292] *BGH*, a. a. O., Ls. 2 und I. 2. c.
[1293] *Führich*, Reiserecht, § 9 IV. 7., Rn. 349, S. 288 und dort Fn. 724.

keit eine ausdrückliche Zusicherung passender Wetterverhältnisse gegeben hat.[1294] Einzustehen hat er für einen Reisemangel auch dann, wenn er bei Kenntnis zumindest den Reisenden darauf hätte hinweisen müssen, dass die äußeren Bedingungen der Sportausübung voraussichtlich entgegenstehen werden;[1295] der Mangel ist hierbei nicht das Wetter an sich, sondern die diesbezüglich verletzte Hinweis- bzw. Informationspflicht.

e) Reisen mit Ausbildungscharakter: Kurse, Lehrgänge, Sprachreisen

Gemeinsam ist diesen Reisen, dass der Kurs, das Erlernen oder Vertiefen bestimmter Kenntnisse oder Fertigkeiten, im Vordergrund steht. Hierzu zählen Sprachkurse, Ausbildungen etwa zu Übungsleitern o. ä. oder auch Ferien-Fahrschul-Programme[1296]. Auch wenn sich durch Kombination verschiedener Einzelleistungen hierbei das Bild einer Pauschalreise ergibt, so tritt doch der sonstige Erholungscharakter je nach Umständen tendenziell hinter den Ausbildungs- bzw. Unterrichtszweck zurück.[1297]
Hierunter fallen aber auch viele Sportarten, die nicht einfach aufs Geratewohl ausgeübt werden können (bzw. sollten!), sondern einer mehr oder weniger intensiven Ausbildung bedürfen, bevor sie im Sinne einer reinen Sportausübungsreise (s.o.) im Urlaub nicht mehr erlernt, sondern nur noch ausgeübt werden.
Hierzu zählen Sportausbildungen von unterschiedlicher Komplexität - vom Windsurfen und Segeln über das Tauchen bis hin zu Fallschirmspringen, Paragliding und sogar Pilotenscheinen für Segel-, Ultraleicht- oder gar kleine Motorflugzeuge. Gemeinsam ist ihnen aber, dass der Urlaub oft nur diesem Zweck dient, was um so mehr gilt, je komplexer, intensiver, anspruchsvoller und teurer die jeweilige Ausbildung ist: Während beim Surfkursurlaub (egal, ob Windsurfen oder Wellenreiten) in einem südlichen Meeresurlaubsort noch eher davon ausgegangen werden kann, dass beim Ausfall der Surfschule noch ein wie auch immer subjektiv geringerer Restwert bleibt, so sieht das bei einem Fahrschüler, noch mehr aber bei einem angehenden Himmelsstürmer, der für seinen dreiwöchigen Kurs an einem oft unspektakulären und an sich irrelevanten Ort eine beträchtliche Summe zum Erwerb der Privatpilotenlizenz zu zahlen hat, schon anders aus: mit einem Ausfall der Ausbildung, die diese Reise absolut dominiert hat, ist die Reise für den am Boden gebliebenen wertlos.[1298]

Es ist daher nach dem hier vertretenen Ansatz jeweils zur Bestimmung der Gravität eines Ausfalls der Teilleistung bzw. des versprochenen Elements zu prüfen, ob es dem Reisenden bei Buchung der Pauschalreise, die einen Kurs oder die Möglichkeit eines Kurses durch verbindliche Zusage einer entsprechenden Schulung enthält, gerade auf diese Komponente der Reise ankam, oder ob diese „nur" ein zusätzliches Element innerhalb der auch für sich bedeutungsvollen Reise darstellt.[1299] Eine im Einzelfall besonders herausgehobene Bedeu-

---

[1294] *LG Verden* RRa 1997, 21.
[1295] Vgl. *LG Frankfurt a.M.* NJW-RR 1992, 890.
[1296] Vgl. den zugrundeliegenden Sachverhalt zu *LG Frankfurt a.M.* NJW-RR 1989, 1399.
[1297] Vgl. *LG Frankfurt a.M.*, a. a. O.: Mängel der Unterkunft träten zurück, entscheidend seien die Verhältnisse im Fahrschulbetrieb.
[1298] Vgl. auch *Bernreuther*, 3. Kap. I. 5., S. 88/89.
[1299] Ähnlich auch *T. Heinz*, Reisevertragsrecht, S. 142.

tung einer an sich nur nebensächlichen Teilleistung müsste vom Reisenden bei Vertragsschluss (bei seiner Buchung) explizit erklärt werden oder zumindest sonst für den Reiseveranstalter erkennbar sein.

Insofern kommt der Zusicherung hier wie auch bei den Sportausübungsreisen eine besondere Bedeutung zu: wenn sich ein Reisender eine Teilleistung ganz deutlich zusagen lässt, dann ist daraus eben auch erkennbar, dass es dem Reisenden gerade auf diese Teilleistung ankommt, und diese damit entsprechend mit dem Gesamterfolg der Reise verknüpft wird. Zu denken wäre etwa an den engagierten semiprofessionellen Tennis-Regionallistenspieler, der auch im Urlaub unbedingt weitertrainieren „muss" und daher größten Wert auf den versprochenen hoteleigenen Tennisplatz legt.

Unverständlich ist es daher m. E., wenn in der Frankfurter Tabelle und entsprechender Rechtsprechung v.a. des *LG Frankfurt a.M.* z.B. für fehlende Tauch-, Segelschule, Tennisplätze oder Reitmöglichkeit etc. überhaupt nur bei Zusage des Veranstalters ein Minderungssatz von gerade einmal 5 bis 10% angesetzt wird, und laut den Erläuterungen erhebliche Beeinträchtigungen im Sinne von Kündigung und Schadensersatz § 651f II BGB erst ab einer prozentualen Schwelle von 20 bzw. 50 % in Betracht kommen.[1300]

f) Studienreisen; Städtereisen; Bildungsreisen

Der Inhalt von Studienreisen ist es, den Teilnehmern besondere Themen - Länder, Regionen, Kulturgüter Sehenswürdigkeiten und/oder ähnliches mehr - auf sachkundigem, gehobenem Niveau zu präsentieren,[1301] weshalb es eines entsprechend qualifizierten Reiseleiters bedarf.[1302] Grundsätzlich prägt sich der Reisecharakter aus dieser fachkundigen Präsentation der entsprechenden Besuchsziele auf eben jenem „gehobenem Niveau", auch wegen des üblicherweise zugleich „gehobenen Preisniveaus" dieser Reisen,[1303] was zudem grundsätzlich Auswirkung auf Fragen des Leistungsniveaus und damit der Mangelhaftigkeit hat.

Dementsprechend sind die mangelneuralgischen Punkte bei dieser Reiseart zum einen der Ausfall von Programmteilen und zum anderen mangelnde Kenntnisse und Qualifikation des vom Veranstalter gestellten Reisebegleiters.[1304]

Bei den den Studienreisen ähnlichen Städtereisen wird allgemein ein etwas geringerer Anspruch an die Qualifikation des reiseleitenden Fremdenführers gelegt.[1305]

Das besondere an den ebenfalls hierher zu zählenden Bildungsreisen ist die vorherige Zurverfügungstellung vorbereitender Literatur durch den Veranstalter; fehlt diese, so stellt dies einen Mangel dar.[1306] Die Unterscheidung zwischen beiden Reisearten ist schwierig und

---

[1300] Siehe zur Frankfurter Tabelle unten Dritter Teil D. IV. 2.) b) (S. 371) und zur Kritik an derselben Dritter Teil D. IV. 3.) b) (S. 382) sowie c) (S. 386).

[1301] *Demmig*, S.156/157; *Führich*, Reiserecht, § 9 IV. 2., Rn. 344.

[1302] *Kaller*, Reiserecht, A. VIII. 1., Rn. 95.

[1303] Vgl. auch *Führich*, Reiserecht, § 9 IV. 2., Rn. 344.

[1304] Vgl. auch *Demmig*, S. 158.

[1305] *LG Frankfurt a.M.* NJW-RR 1992, 566.

[1306] *LG Hildesheim* NJW-RR 1988, 1333.

auch nicht nötig; abzustellen ist aus Mangelsicht schlicht darauf, ob im Einzelfall derartige vorbereitende Literatur geschuldet ist.

Dem Reisetyp der Studienreise ist infolge des üblicherweise straff organisierten Reiseablaufs inklusive der Zurücklegung längerer Wegstrecken mit nur kurzen Pausen eine gewisse körperliche Anstrengung zu eigen, so dass letztere als in der Natur der Sache bzw. des Reisecharakters liegende Unannehmlichkeit, auf die der Veranstalter auch nicht besonders hinzuweisen hat,[1307] keinen Reisemangel darstellt.[1308]

Nachdem der zentrale Kern dieser Reisen der Besuch entsprechender Museen, historischer Stätten oder dergleichen ist, hängt das Gelingen der Reise als solcher eminent von eben diesen Zielen ab. Hierauf erstreckt sich grundsätzlich die verschuldensunabhängige Einstandspflicht und damit Gewährleistung des Veranstalters, weshalb es für die verschuldensunabhängige Gewährleistung für das Gelingen der Reise an sich nicht darauf ankommt, ob der Ausfall der im Prospekt genannten Stätten oder Einrichtungen durch einen außerhalb der Einflussmöglichkeiten und Beherrschbarkeit des Veranstalters liegenden Umstand – beispielsweise Schließung durch behördliche Anordnungen oder Streik der Hotelangestellten – verursacht wird;[1309] es liegt grundsätzlich gemessen am Zweck der klar auf die Besichtigung hin ausgerichteten Reise ein Mangel vor.

g) Clubreisen

Bei einem Cluburlaub ist Vertragsinhalt die Unterbringung in einer Clubanlage, in der sich der Urlaub grundsätzlich abgeschlossen von der Außenwelt vollzieht und dabei die Möglichkeit bietet, sportlich und sozial aktiv zu sein.[1310] Demgemäß liegen die Sport- und Unterhaltungseinrichtungen grundsätzlich innerhalb dieses geschlossenen Bereichs, welcher Außenstehenden nicht zugänglich ist - die Reisenden bleiben „unter sich“.

Das Vorhandensein der Freizeitanlagen, ein Unterhaltungs- bzw. Animationsprogramm inklusive Betreuung durch Animateure sind wesentlicher Bestandteil der geschuldeten Reiseleistung.[1311] Entsprechend dem Charakter dieser Urlaubsart mit einem hohen Stellenwert der Unterhaltung ist von einer erhöhten Aktivität und entsprechender Geräuschkulisse auszugehen, laute Geselligkeit und Belustigung sind Vertragsinhalt und stellen nach einschlägiger Rechtsprechung nur in Extremfällen einen Reisemangel dar, etwa bei täglichen überlauten Veranstaltungen bis spät in die Nacht,[1312] doch selbst dann wird das Vorliegen eines Mangels teilweise angezweifelt,[1313] angesichts des Charakters einer solchen Reise m. E. zu Recht.

Gelegentlich verwenden Clubbetreiber zur Erkennung der „dazugehörigen“ Reisenden

---

[1307] S. *Bechhofer*, § 651c IV. 2. a. E., S. 65.
[1308] *Kaller*, Reiserecht, C 1. I. 5. a), Rn. 166.
[1309] So aber *Demmig*, S. 158; zutreffend wie hier hingegen *Seyderhelm*, § 651c Rn. 20 a. E.
[1310] Vgl. *Kaller*, Reiserecht, C. 1. I. 5. d), Rn. 170, sowie *Staudinger/J. Eckert*, § 651a Rn. 41.
[1311] *Staudinger/J. Eckert*, § 651a Rn. 41.
[1312] Vgl. *Führich*, Reiserecht, § 9 IV. 5., Rn. 347.
[1313] So zutreffend *Bechhofer*, § 651c V. 3., S.65, unter Hinweis darauf, gerade auch der nächtliche Betrieb mit Tanzabenden und Diskotheken mache ja eine der Attraktionen des Club-Urlaubs aus.

(„Clubmitglieder") farbige Armbänder; auf diese Problematik sei im folgenden Abschnitt zu den All-inclusive-Reisen näher eingegangen.

h) All-inclusive-Reisen

Thematisch den Clubreisen verwandt bezüglich der umfassenden Versorgung sind die sog. All-inclusive-Reisen, bei denen sämtliche[1314] Verpflegung und die Benutzung aller Anlagen und Einrichtungen durch den Reisepreis im voraus pauschal entrichtet sind,[1315] vor Ort also keine zusätzlichen Kosten etwa für Getränke oder Sportgeräte anfallen, unabhängig vom Umfang der tatsächlichen Inanspruchnahme durch den Reisenden.
Der Reisende braucht sich also - diesbezüglich und damit weitgehend - um Bezahlung oder Bargeld im Urlaub nicht zu kümmern. Dies ist nicht nur bequem und praktisch, sondern kann sich je nach Konsum-, v.a. Trinkgewohnheiten, auch finanziell für den Urlauber lohnen.[1316] Genaugenommen lohnt sich diese Verpflegungsart um so mehr, je mehr der Reisende die Verpflegung in Anspruch nimmt - dementsprechend sollen bei dieser Reiseart entsprechende Belästigungen durch den Alkoholkonsum der mitreisenden All-inclusive-Urlauber als Unannehmlichkeit hinzunehmen sein.[1317] M. E. ist hier zu differenzieren. Zunächst einmal folgt eine solche „Qualität" der Reise nicht allein zwingend aus dem Verpflegungsmerkmal „All-inclusive", sondern auch aus den übrigen Elementen des Reisecharakters wie etwa dem allgemeinen Niveau, angedeutet auch durch Reisepreis, Hotelkategorie sowie evtl. Reiseziel. Dabei ist durchaus vorstellbar, dass das bequeme „All-inclusive" wegen seiner praktischen Vorzüge auch für Familienurlaube oder auch im Rahmen hochpreisiger Komfortreisen angeboten wird, bei denen nicht reisecharakterinhärent von laut pöbelnden Betrunkenen ausgegangen werden muss.

(aa) Meinungsstreit bzgl. AI-Armband

Spezifisches Problem aus Reisemangelsicht ist das teilweise auch bei Clubreisen, vor allem aber im Bereich der AI-Angebote in der Regel zu tragende farbige Plastikarmband: damit der Anlagenbetreiber im täglichen Betrieb unkompliziert erkennen kann, bei welchem Gast

[1314] Erwartungsgemäß konnte das Tourismusmarketing angesichts des attraktiven Werbens mit der „all-inclusive"-Bezeichnung (vgl. hierzu auch *Schmid*, Editorial RRa 1996, 26) nicht der Versuchung widerstehen, diesen eigentlich selbsterklärend festen Begriff zu schleifen und im Leistungsumfang einzuschränken, so dass der Begriff auch innerhalb einzelner Reiseveranstalter uneinheitlich verwendet wird bzw. der jeweilige Umfang sogar von Unterkunft zu Unterkunft variiert; mittlerweile ist im regulären *all-inclusive* entgegen der Bezeichnung eben nicht alles enthalten (bspw. nicht Cocktails/Markenspirituosen, oder nur eine begrenzte Menge an allgemeinen Getränken); und selbst bei den mittlerweile erfundenen nächsthöheren (=teureren) Kategorien, die je nach Veranstalter als *„Super-All-Inclusive"*, *„Maxi-Inclusive"* , *„All-Inclusive-Plus"* u.ä. bezeichnet werden, erweitert sich zwar der Leistungsumfang, ist aber auch hier nicht völlig umfassend; daher die offenlassende CEN/DIN-Definition von „all inclusive" (vgl. bei *Mühlbauer*, Wörterbuch, 10.4.5, S. 62), der Preis enthalte hierbei Unterkunft, Mahlzeiten, „ausgewiesene Getränke sowie ausgewiesene Leistungen".

[1315] S. *Führich*, Reiserecht von A-Z, S. 15.

[1316] Im Rahmen der Mischkalkulation wird diese überdurchschnittliche Inanspruchnahme natürlich durch einen bei unterdurchschnittlicher Inanspruchnahme eigentlich nicht angemessenen Preis ausgeglichen, was sich die „normal" konsumierenden Reisenden oft nicht vor Augen führen oder aus den angesprochenen Gründen der Bequemlichkeit in Kauf nehmen.

[1317] *LG Kleve* RRa 2001, 39; *Führich*, Reiserecht, § 9 IV. 5., Rn. 347 a. E.

bspw. für den eingeschenkten Wein kassiert werden muss, und wer ihn einfach so bekommt, ist weltweit die Verfahrensweise anzutreffen, dass die All-inclusive – Urlauber ein farbiges Plastikarmbändchen des Hotelbetreibers erhalten, um sie von den nicht begünstigten anderen Urlaubern zu unterscheiden.

Hauptproblem ist hierbei, dass dieses Armband in der Regel während des gesamten Urlaubs vom Urlauber nicht abgenommen werden kann bzw. darf, um einem Missbrauch durch zeitweilige Weitergabe zu verhindern.[1318]

Als Verstoß gegen das allgemeine Persönlichkeitsrecht wird die Pflicht zum Tragen von Armbändern bei der Verpflegungskategorie All-inclusive von einem Teil der Rspr. in vielen Entscheidungen als Reisemangel gewertet,[1319] und zwar teilweise selbst dann, wenn der Reisende bei Buchung auf diese übliche Praxis des AI-Armbands hingewiesen wurde.[1320] Hingegen wird dies umgekehrt in ebenso vielen Entscheidungen als hinzunehmende Unannehmlichkeit gesehen,[1321] selbst wenn der Reisende bei Vertragschluss nicht darauf hingewiesen wurde.[1322]

Auch in der Literatur reichen die Ansichten zwar grundsätzlich von einer Bejahung eines Mangels bei fehlender vorheriger Kenntnis des Reisenden von der Tragepflicht[1323] bis hin zur völligen Ablehnung eines Reisemangels.[1324]

Als durchaus repräsentativ bzw. typisch kann aber innerhalb der Literaturmeinungen Standpunkt und Argumentation *Führichs* gelten, der das Vorliegen eines Mangels ablehnt und das Tragen der Armbänder auch ohne vorherigen Hinweis für eine bloße Unannehmlichkeit hält: Dem Hotelier müsse es möglich sein, den begünstigten Personenkreis von den anderen Gästen zu unterscheiden, daher entspreche das Tragen des Armbands dem Reisecharakter, auch ohne Hinweis durch den Veranstalter bei Vertragsschluss. Vielmehr müsse der Reisende, der eine Mitwirkungspflicht zum Gelingen des Reisevertrags habe, gem. Treu und Glauben und seiner Mitwirkungspflicht diese Kennzeichnung hinnehmen.[1325]

[1318] Die Armbändchen sind aus Plastik zur Einmalverwendung so konstruiert, dass sie beim Öffnen zerstört werden, vgl. eingehend zur Konstruktionsbeschreibung den Tatbestand zu *LG Frankfurt a.M.* NJW 1997, 2246.

[1319] *LG Frankfurt a.M.* NJW 1997, 2246; *AG Köln* RRa 1998, 193; *AG München* RRa 1999, 193; *AG Baden-Baden* NJW 1999, 1340; S. a. umfangr. entspr. Rspr.-Nachw. bei *Staudinger/J. Eckert*, § 651c Rn. 34.

[1320] Vgl. *LG Frankfurt a.M.* NJW-RR 2000, 1161 (entsprechender Hinweis im Katalog als Teil der Reiseinhaltsbeschreibung).

[1321] Vgl. die Rspr.-Nachweise für und wider bei *Führich*, Reiserecht, § 7 II. 4. b) dd), Rn. 255, S. 201, dort in Fn 504; siehe auch *Martis*, MDR 2002, 901 (903).

[1322] *AG Charlottenburg* RRa 1997, 139 (140).

[1323] *Lammich*, RRa 2002, 203 (205).

[1324] So *Humberg*, RRa 2002, 201 (202f), allerdings mit inkonsequenter und mit Sachverhaltsunterstellungen arbeitender Argumentation.

[1325] *Führich* in seiner Urteilsanmerkung RRa 1997, 230, zum Urteil des *LG Frankfurt a.M.* NJW 1997, 2246; ähnlich *Staudinger/J. Eckert*, § 651c Rn. 34, sowie *Tempel* in NJW 1997, 2206 (2213).

(bb) Eigene Stellungnahme

Zunächst ist für eine sachgerechte Bewertung der Problematik m. E. erst einmal festzuhalten, dass das Armband eine für den Anlagenbetreiber praktische, aber keinesfalls die *einzige* denkbare Möglichkeit ist, All-inclusive-Service praktisch implementieren zu können.[1326]

Es ist nicht ersichtlich, wieso nicht beispielsweise das übliche Belegsystem, bei dem der Reisende innerhalb der Unterkunft mit Angabe von Name und Zimmernummer (gegebenenfalls Unterschrift) „bezahlt", nicht auch hier angewendet werden könnte; am Ende werden die Belege der AI-Urlauber schlicht nicht zur Rechnung gebracht bzw. eingefordert. Die Gefahr des Missbrauchs durch Angabe falschen Namens oder Zimmernummer gegenüber bspw. dem Kellner ist bei AI auch nicht höher als im normalen Betrieb, wo dieses Risiko offensichtlich ohne größere Probleme hingenommen wird.

Eine weitere denkbare Möglichkeit wäre das Ausstellen entsprechender „AI-Ausweise" durch das Hotel, welche die AI-Urlauber bei sich führen und bei Inanspruchnahme von Leistungen vorzeigen.[1327] Inwieweit das für einen nur mit Badehose bekleideten Urlauber praktischer ist, mag dahingestellt sein; immerhin aber könnte er diesen Ausweis, im Unterschied zum Armband, für die Zeit der Nichtbenötigung „ablegen", und es ist zumindest eine andere denkbare Verfahrensweise, eine Alternative zum Armband gerade auch innerhalb eines Hotelbetriebes mit AI-Armbändern, wenn sich einmal ein Reisender durch das Armbandtragen gestört sieht und einen individualisierten „Berechtigungsschein" vorzieht. Es wäre also nur eine zusätzliche Möglichkeit, der Reisende könnte sich entscheiden, was er für praktischer hält und mit guten Grund am Armband festhalten.

Und schließlich hat es der Veranstalter zumindest theoretisch und somit zurechenbar in der Hand, seine Angebote so zu organisieren, dass einzelne Anlagen entweder umfassend mit AI oder eben ganz ohne betrieben werden, wodurch die „Vermischung" von All-inclusive-Berechtigten mit „normalen" Urlaubern und damit die Notwendigkeit der Unterscheidung von vornherein entfällt. Keiner zwingt ihn, mit einem Hotel als Leistungsträger zu kontrahieren und dieses in seinem Sortiment an Pauschalreisen anzubieten, wenn dieses sich einer solchen Organisation oder den geschilderten Alternativen widersetzt und Plastikarmbänder vor Ort verwenden will.

Dies vorausgeschickt ist zuzugeben, dass das Tragen von Plastikarmbändern dem Zweck eines reibungslosen unkomplizierten Serviceablaufs zweifellos hervorragend dienlich ist.
Der Reisende *kann* in diese, je nach Einstellung auch aus seiner Sicht möglicherweise als unkompliziert-vorteilhaft empfundene Vertragsmodalität einwilligen:
Verfehlt beziehungsweise überzogen ist die Ablehnung dieser Willensbetätigung des Rei-

---

1326 So auch *LG Frankfurt a.M.* NJW-RR 1999, 1161; *AG Baden-Baden* NJW 1999, 1340.

1327 Vgl. *AG Köln* RRa 1998, 193; *AG Baden-Baden* NJW 1999, 1340, 1341; vgl. zudem AG *Bad Homburg v.d.H.* RRa 1999, 155. In Zeiten von Digitalkameras und Farbdruckern zu Preisen, die nur einen Bruchteil auch nur eines Reklamationsverfahrens ausmachen, können diese Ausweise auch ohne Probleme individualisierbar mit Foto und somit faktisch nicht übertragbar gestaltet werden.

senden unter Bemühung des großen Wortes von der Menschenwürde[1328] oder dem daraus in Zusammenhang mit Art. 2 I GG abgeleiteten allgemeinen Persönlichkeitsrecht.[1329]
Zwar wäre damit rechtlich dogmatisch sauber mit dem Rückgriff auf Art. 1 GG die Kenntnis des Reisenden von der Armbandpflicht unbeachtlich und seine Einwilligung hierein bei Vertragschluss nichtig, da die Menschenwürde ja nicht zur Disposition des einzelnen Inhabers steht. Es liegt aber keine Gefahr für die Menschenwürde vor,[1330] es entspricht gerade nicht der Bedeutung, der Würde (sic!) dieser wichtigen, fundamentalen Garantie und Grundsteins unseres Rechtssystems, wenn sie inflationär für derartige Kleinigkeiten unter Privatleuten herhalten muss; das Plastikarmband wäre insofern ein neuer Höhepunkt in der allgemein in Staatsrecht und Rechtsphilosophie beklagten Tendenz der Trivialisierung des stolzen Satzes von der Menschenwürde, das Plastikarmband wäre gleichsam Symbol der Ubiquität des Rekurses auf die Menschenwürde im täglichen Kampf der Meinungen im juristischen Alltag mit der Folge einer sinnverflachenden Inhaltsentleerung dieses Höchstwertes unserer Verfassung.[1331]

Ebenso verfehlt[1332] ist m. E., wenn man sich von vornherein auf eine Verletzung des Persönlichkeitsrechts beruft und aus diesem Grund die Armbandpflicht ablehnt. Das Tragen eines Armbands, um im Gegenzug im Urlaub auf das Herumtragen von Bargeld bzw. Geldbeutel o. ä. bequem verzichten zu können - dieser konkrete Teil der Persönlichkeit, dieser Ausfluss des Persönlichkeitsrecht muss der freien Willensbetätigung des Einzelnen unterliegen.
Inwieweit das Plastikarmband eine Zumutung darstellt, hängt vom einzelnen Reisenden, vom individuellen Menschen ab; der eine mag es tatsächlich entsprechend *Führichs* Anmerkung[1333] so harmlos und unbeachtlich wie das Tragen seiner Armbanduhr empfinden, während ein anderer - zumal im Urlaub! - gerade keine Armbanduhr tragen will und trägt, oder sich unwohl und nicht hinnehmbar an die bunten Plastik-Ohrmarken einer Kuhherde auf einer Alpe erinnert fühlt.

Aus diesem Grunde muss es dem Einzelnen überlassen bleiben, ob er in diese Vertragsmodalität einwilligen will oder nicht; die Auffassung von Teilen der Rechtsprechung, die das Tragen von Armbändern wegen Verstoßes gegen Menschenwürde und Persönlichkeitsrecht von vornherein ausschließen will, würde diese Entscheidungsfreiheit auch den Urlaubern nehmen, die sich durch die Armbänder nicht gestört fühlen, sondern sie als ebenso praktisch

[1328] Zugegebenermaßen wird einen als Deutscher reflexartig ein ungutes Gefühl überkommen bei dem Gedanken, eine Menschengruppe aufgrund eines gemeinsamen Merkmals mit einem derartigen sichtbaren Erkennungszeichen zu versehen, was sich als unreflektierte Emotion aber rational für den vorliegend harmlosen Fall überwinden lässt.
[1329] S. a. *Tempel*, NJW 1997, 2206 (2213).
[1330] Man bedenke und vergleiche vorliegenden Fall mit den handfesten Verstößen gegen die Menschenwürde, die die damalige Justiz nur all zu willfährig in den Zeiten des „gesunden Volksempfindens" vollzogen bzw. denen sie gedient hat, und die man bei Schaffung des Art. 1 GG im Hinterkopf hatte.
[1331] Vgl. insges. *Dreier/ders.*, Art. 1 I Rnn. 46-48.
[1332] *AG Köln* RRa 1998, 193 deutet obiter dictans an, dass man dies für „zu weitgehend" erachten könne.
[1333] Vgl. *Führich* in Reiserecht-Umschau RRa 1997, 230, zum Urteil *LG Frankfurt a.M.* NJW 1997, 2246.

empfinden wie der Veranstalter - wovon es anscheinend nicht wenige gibt.[1334] Volenti non fit iniuria.

Insofern *kann* der Verbraucher darüber entscheiden, er *muss* aber auch in die Lage versetzt werden, eine informierte Entscheidung überhaupt treffen zu können, ob er die Armbandpflicht eingehen will.

Weil die eingangs kurz dargelegten alternativen Möglichkeiten der Organisation der AI-Unterbringung ohne Verwendung des Armbandes in Theorie, gerade aber auch in der Praxis der am Markt erhältlichen AI-Angebote real existieren, ist das Plastikarmband kein begriffsnotwendig immanenter Bestandteil von AI-Reisen; allein aus der Buchung einer AI-Reise durch den Reisenden kann daher nicht auf dessen Kenntnis und konkludentes Einverständnis bzgl. der Pflicht zum Tragen von Plastikarmbändern am Urlaubsort geschlossen werden.

Letzteres ist jedoch der Fall, wenn er bei der Buchung explizit darauf hingewiesen wurde, aber auch dann, wenn es als Teil der Prospektangaben, der Reisebeschreibung oder letztlich zumindest bei Buchungsbestätigung genannt wird.

Dann aber kann er sich später nicht mehr darüber beklagen, denn der Reisende handelt widersprüchlich, venit contra factum proprium, wenn er in Kenntnis dieses Vertragsbestandteils „Pflicht zum Tragen von Armbändern" den Vertrag schließt und sich bei Vertragsdurchführung dieser Pflicht widersetzt oder nach dem Urlaub diesen Umstand als Mangel reisepreismindernd geltend machen will.

Liegt nach den oben dargestellten Überlegungen hingegen keine wirksame Einwilligung des Reisenden vor, weil er nicht auf die Armbandpflicht hingewiesen wurde, dann ist er nicht verpflichtet, ein solches Armband zu tragen, bzw. es liegt ein Mangel vor, wenn er trotz Widerspruchs dazu genötigt oder mangels Befolgung nicht mehr oder nicht mehr kostenfrei versorgt wird.[1335] Zwar hat ein Reisender sehr wohl nach allgemeinen Vertragsgrundsätzen aus § 242 BGB i. V. m. dem Prinzip der Vertragstreue eine Mitwirkungspflicht zum Gelingen des Reisevertrages[1336]; diese geht aber nicht so weit, dass das Tragen des Armbands eine „im Zeitalter des Massentourismus zumutbare Mitwirkungshandlung"[1337] darstellt, wenn es andere Möglichkeiten der Organisation des AI-Service gibt (s. o.) und der Urlauber, der nicht auf die Tragepflicht hingewiesen wurde, sich durch das Tragen gestört fühlt, was durchaus nachvollziehbar und nicht völlig willkürlich erscheint.

Zu einem anderen Ergebnis gelangt man nur, wenn man die Kenntnis vom Tragen von Armbändern im Rahmen eines All-inclusive–Urlaubs als Allgemeingut ansieht, das in der Bevölkerung bekannt ist, so dass dies unweigerlich fest mit einer solchen Reise in Verbindung gebracht wird. Dann würde das Armband als Teil des Reisecharakters zum vertraglich

[1334] Vgl. Parteivortrag der Beklagten in *LG Frankfurt a.M.* NJW 1997, 2246: seit Jahren üblich, ohne dass es bisher zu Beschwerden gekommen sei.

[1335] Wie hier auch *AG Köln* RRa 1998, 193f.

[1336] Vgl. *Führich* in Reiserecht-Umschau RRa 1997, 230, Anm. zu *LG Frankfurt a.M.* NJW 1997, 2246.

[1337] So aber die Vorinstanz zu *LG Frankfurt a.M.* NJW 1997, 2246.

geschuldeten Reiseinhalt, so dass es eines Hinweises an den Reisenden nicht bedarf. Trotz der Beliebtheit von AI-Reisen ist eine derartige Kenntnis aber vor allem in Fachkreisen und im jeweiligen Konsumentenkreis AI-Reisender, jedoch auch aufgrund der möglichen anderen Verfahrensweisen wahrscheinlich noch nicht als allgemein bekannt vorauszusetzen.

i) Familienurlaub, Urlaub mit Kindern

Für die im Rahmen eines Familienreiseangebots im Angebot zugesagten einzelnen Einrichtungen wie etwa Kinderbetreuung, Hotelkindergarten, Kinderplanschbecken, Kinderspielplatz und dergleichen[1338] gelten die allgemeinen Grundsätze über im Katalog versprochene Leistungsmerkmale.[1339] Das Fehlen oder Einschränkungen der Brauchbarkeit (aufgrund bspw. technischer Defekte, Verschmutzung oder zu enger Öffnungszeiten) der jeweiligen Installationen ist für den Urlaub der Familie, der sich naturgemäß vor allem an den Kindern orientiert, bedeutsam und stellt nach allgemeinen Grundsätzen entsprechend gewichtige Mängel dar.[1340]
Wird in den Prospektangaben des Veranstalters eine „kindgerechte Ausstattung" der Unterkunft beworben, so schuldet der Veranstalter nicht nur zusätzliche Ausstattungselemente, sondern auch eine bauliche Beschaffenheit der Unterkunft selbst, welche die Gefahren für Kinder möglichst gering hält.[1341]

Aus Reisemangelsicht ist zudem die Frage interessant, was unter einer nicht näher substantiiert als „kinderfreundlich" bezeichneten Unterkunft zu verstehen ist, und was damit bei einem als Familienurlaub in einer „kinderfreundlichen" Anlage beschriebenen Reiseangebots im Rahmen des Reisecharakters als Vertragsgegenstand geschuldet ist. Darüber besteht im Einzelnen in Rechtsprechung und Literatur Uneinigkeit, tendenziell aber erweist sich die Erwartungshaltung der Eltern an diese Bezeichnung als zu hoch.

Elemente einer Legitimation des Prädikats „kinderfreundlich" sind u.a.:

- das Personal verhält sich Kindern gegenüber besonders freundlich
- von der Anlage und der Umgebung gehen keine besonderen Gefahren für Kinder aus, das Hotelgrundstück liegt weitab von Hauptverkehrsstrassen
- es sind Freizeiteinrichtungen speziell für Kinder vorhanden[1342]

„Kinderfreundlich" ist zwar schon begrifflich keine Zusage einer Kinderbetreuung. Noch weitergehend soll aber aufgrund der Hotelbeschreibung als „kinderfreundlich" auch kein Anspruch auf das Vorhandensein von Kindermenüs, Hochstühlen und anderer kinderspezifischer Serviceleistungen bestehen.[1343] Dieser Verzicht selbst auf kindgerechte Stühle und Menüs erscheint m. E. nicht unbedenklich angesichts des anzunehmend geringen Aufwan-

---

[1338] Vgl. Nachweise bei *T. Heinz*, Reisevertragsrecht, S. 62/63.
[1339] S. Zweiter Teil B. III. 3.) b) (S. 132).
[1340] Vgl. Führich, Reiserecht von A-Z, S. 134/135
[1341] Vgl. *BGH* NJW 2006, 2918 (ungesicherte Glastür nicht aus Sicherheitsglas).
[1342] Vgl. *T. Heinz*, Reisevertragsrecht, S. 62; *Staudinger/J. Eckert*, § 651c Rn. 141.
[1343] So *Führich*, Reiserecht, § 9 II. 7. b) Rn. 340, mit Hinweis auf *LG Köln* MDR 1991, 839; s. a. *Staudinger/J. Eckert*, § 651c Rn. 141

des der Implementierung verglichen mit der in Anspruch genommenen Werbewirkung der selbstgewählten Bezeichnung als „kinderfreundlich". Zuzustimmen ist hingegen der Aussage, dass „kinderfreundlich" nicht „babyfreundlich" bedeute, somit kann nicht erwartet werden, dass Babynahrung oder Windeln im Hotel vorhanden sind oder gestellt werden.[1344]

Fehlende Kinderbetreuung schlägt naturgemäß auf den Urlaub der Eltern durch, die dann das Unterhaltungs- und Sportprogramm für Erwachsene nicht in Anspruch nehmen können,[1345] was den isolierten Reisemangel der fehlenden Kinderbetreuung in erheblichem Maße auf die Gesamtreise durchschlagen lässt, sozusagen „Kind als Schaden" mal in einer ganz anderen Variante.

Die Freude der Eltern am bunten Treiben ihres Nachwuchses wird nicht immer in gleichem Maße von der Umwelt geteilt. Soweit sich aber Reisende beim Essen u. ä. von den Kindern gestört fühlen, so ist dies regelmäßig eine Verwirklichung des allgemeinen Lebensrisikos.[1346] Allenfalls bei ausgesprochenen Ruheurlauben kann sich eine Pflicht des Veranstalters über seinen Leistungsträger ergeben, mäßigend bzw. ruheanmahnend auf die Eltern einzuwirken, wie sich auch für die Eltern aus ihren vertraglichen Mitwirkungspflichten in diesen Sonderfällen ein entsprechendes Rücksichtnahmegebot ergeben kann.

In letzter Zeit fanden sich immer wieder findige Hotelbetreiber, die für ihre Anlage werbewirksam ein „Kinderverbot" ausrufen und insofern keine Gäste unterhalb einer gewissen Altersschranke annehmen. Unabhängig von dem Sturm der Entrüstung, die dies öffentlich hervorruft, ist zumindest nüchtern rechtlich betrachtet dagegen nichts einzuwenden, woran auch das AGG als neueste gesetzgeberische „Errungenschaft" nichts ändern dürfte, vgl. §§ 2 I Nr. 8, 10 1, 20 I AGG.

Gerade wenn der Hotelier nur mit einer angemessenen Altersgrenze sein besonders angebotenes Reiseziel Ruhe o. ä. innerhalb einer besonderen Reiseart erreichen kann oder aufgrund der besonderen örtlichen Verhältnisse aus Sicherheitsgründen keine Kleinkinder als Gäste annehmen kann, ist dies auch sachlich gerechtfertigt.

j) <u>Single-Urlaub, Kontakturlaub; Jugendreisen</u>

Beim Single- bzw. Kontakturlaub steht der Kontakt bzw. das Kennenlernen neuer Leute, die Geselligkeit und das gemeinsame Erleben mit „Gleichgesinnten" im Vordergrund.[1347] Insofern ähnelt diese Reiseart dem o.g. Cluburlaub, findet aber eben nicht innerhalb einer geschlossenen Clubanlage statt. Typisches, wenn auch nicht zwingendes Kriterium der Gemeinsamkeit ist hierbei die Altersgruppe.

[1344] So *T. Heinz*, Reisevertragsrecht, S. 62.

[1345] S. *LG Frankfurt a.M.* RRa 1997, 33 (34).

[1346] Es gelten insofern die grundsätzlich gleichen Überlegungen wie zum Vorhandensein bzw. Gestörtfühlen durch die Anwesenheit von Behinderten, s. o. Zweiter Teil C. III. 1.) a) (S. 156).

[1347] Abzugrenzen ist daher ein solcher auf den Kontakt ausgerichteter Urlaub vom schlicht Alleinreisenden, bei dem der Kontakt oder auch Geselligkeit nicht notwendigerweise im Vordergrund stehen müssen, vgl. auch *Opaschowski*, S. 100.

Dementsprechend stellt es einen Mangel dar, wenn eine als Kontakturlaub[1348] vereinbarte Reise den Kunden in einen Urlaubsort führt, der zu diesem Zeitpunkt weitgehend menschenleer ist, bei dem die meisten Unterhaltungsgeschäfte und Tanzlustbarkeitslokale geschlossen haben oder überwiegend Publikum einer falschen Altersgruppe anwesend ist.

Eine noch genauere Differenzierung der Altersgruppen wird bei Jugendreisen vorgenommen, der reisende Jugendliche darf bei entsprechender Ausweisung verschiedener Altersgruppen erwarten, dass am Urlaubsort auch tatsächlich genügend Teilnehmer seiner Altersgruppe zugegen sind.[1349]

Zu beachten ist bei diesen Reisen ferner, dass ein minderjähriger Reiseteilnehmer zwar wirksam Mängel anzeigen, keinesfalls aber rechtswirksam durch Bereiterklärungen etc. auf Gewährleistung verzichten kann, vgl. § 106 BGB.

k) Ausgesprochener Ruhe- und Erholungsurlaub

Hierbei stehen - noch stärker als dies in der Regel ohnehin bei einer Reise der Fall ist - Ruhe und Erholung im Vordergrund; Idylle, Ruhe und Stille solcher „Ruheoasen" werden vom Veranstalter in seinem Angebot in den Vordergrund gestellt. Der Reisende verzichtet nicht nur auf fehlende Animations- und Unterhaltungsprogramme, es kommt ihm gerade darauf an. Diesem Charakter entsprechend sind diese Reisen in gesteigertem Maße anfällig für Störungen etwa durch Bautätigkeit oder lautstarkes Nachtleben in der Umgebung der Anlage.[1350]

Probleme können sich ferner innerhalb der Unterkunft daraus ergeben, dass seitens des Leistungsträgers bzw. seitens verschiedener Veranstalter mit Kontingenten in der gleichen Anlage diese einmal für Erholungssuchende, ein andermal als Aktivitätscenter / Club angeboten wird, oder einerseits als idyllisch-romantisches Erholungshotel für Verliebte o. ä. und gleichzeitig als „Familienspaß mit Kindern" – Angebot vermarktet wird.

Hier könnte man im Einzelfall entgegenhalten, dass es sich bei den in der Reisebeschreibung bzw. Katalogangabe verwendeten Bezeichnungen „idyllisch", „Ruheoase" etc. nur um allgemeine, schönfärberische Werbesprache ohne ableitbare konkrete Leistungsbestimmende Aussage handelt.

M. E. liegt der Fall hier aber anders als bei typischen unverbindlichen Werbeaussagen wie „Traumurlaub", „paradiesisch" etc., unter denen sich in der Tat jeder etwas anderes vorstellen mag. Die bewusste, deutliche Invokation einer durch Stille und Ruhe geprägten Unterkunft durch das Angebot löst bei den angesprochenen Verkehrskreisen, den Urlaubern, eine

---

[1348] Vgl. den Sachverhalt zum Urteil des *AG Hanau* RRa 1995, 90, wonach der Reisende nach eigener Vorgabe „eine einwöchige Reise an einen Ort unternehmen wollte, der speziell für unternehmenslustige Urlauber und speziell für die Bedürfnisse der jüngeren Generation geeignet ist. Der Urlaubsort sollte ein umfangreiches Angebot an Diskotheken, Restaurants und Bars, also ein umfangreiches Freizeitangebot aufweisen."

[1349] Vgl. *AG Bielefeld*, RRa 2001, 183; vgl. zuletzt auch *LG Frankfurt a.M.* RRa 2005, 166: gebuchte „Piratenkreuzfahrt" für Jugendliche unter 25 Jahren, dann aber Unterbringung auf einem anderen Schiff, auf dem sich dann außer den Klägern lediglich Reisende im Alter von über 75 Jahren befanden.

[1350] S. allg. zu Lärm *Führich*, Reiserecht, § 9 III. 2., Rnn. 323ff, wobei aber eben nicht bzw. kaum nach Reiseart bzw. Reisecharakter differenziert wird.

durchweg unzweifelhafte, uniforme Vorstellung der dezidierten Abwesenheit von Lärm, Hektik und Aktivität aus, die dem Angebot daher eine ganz konkrete Prägung gibt, das auch nicht für alle Urlauber attraktiv erscheint - so wird sich etwa ein jugendliches Partypublikum von einer derartigen Reise fernhalten.

Somit bleibt festzuhalten, dass durch entsprechend starke Betonung der Abgeschiedenheit und Ruhe ein Reisevertrag geschaffen wird, dessen Inhalt intensiv charakterisiert wird von genau diesen Faktoren.

Insofern hat der Veranstalter für die Erfüllung dieses Vertragsziels zu sorgen und muss für Beeinträchtigungen der Ruhe verstärkt einstehen, ein *erheblicher* Mangel liegt daher vor, wenn die Ruhe nicht gegeben ist. Der Reiseveranstalter muss hier auch für ein Verhalten der Mitreisenden einstehen, das bei anderen Reisearten nur einen weniger gravierenden oder gar keinen Mangel darstellt, so etwa für lautstark feiernde Mitreisende, aber auch für exzessiven Kinderlärm.

Auch wenn das Verhalten der Kinder „natürlich" ist, so muss man sich von einer wohlmeinend sozial-moralischen Betrachtungsweise lösen und dies nüchtern rechtlich beurteilen,[1351] und daher sind m. E. die gleichen Grundsätze für das Einstehen des Veranstalters heranzuziehen wie sonst bei Verhalten der Mitreisenden (vgl. Betrunkene etc.) bzw. Mitreisendenzusammenstellung. Man vgl. den obigen Abschnitt zu „Kreuzfahrten" und den dortigen Fall, in dem ja auch die Erwartungen an eine Karibikkreuzfahrt durch die Alpenländischen Jodler und Blaskapellen so gestört wurden, wie bei einem versprochenen Ruhe- und Erholungsurlaub durch viele übermäßig laute Kinder, die ja als Kinder so sein mögen und dürfen, aber eben nicht dorthin gehören.

Mit anderen Worten, und um kniereflexartigen Missverständnissen vorzubeugen, es ist nicht der „Fehler" der Kinder, dass sie so sind, wie sie eben nun mal sind, sondern klar ein Organisationsverschulden des Veranstalters, sie falsch zu „vergesellschaften". Deutlicher, weil von Moralvorstellungen zur gesellschaftlich-politisch angemahnten Kinderfreundlichkeit befreit und daher unverkrampfter, wird dies im folgenden Fall:

Wenn das gleiche Hotel vom Veranstalter A als eine Art „Ruheoase" angepriesen wird, die Vergabe weiterer Kontingente durch den Leistungsträger Hotel an einen weiteren Veranstalter B erfolgt, bei dem das gleiche Hotel als „Fun & Activity Center" für ein vergnügungsorientiertes, fröhliches Partypublikum angeboten wird, so stellt dies aufgrund des Charakters der Reise für die ruhesuchenden Kunden des Veranstalters A einen Mangel dar, den der Veranstalter über seinen Leistungsträger zu verantworten hat; dies gilt natürlich erst recht, wenn aufgrund gleicher Situation bereits in der Vorsaison dieser Umstand dem Veranstalter A bekannt bzw. grob fahrlässig unbekannt ist.

[1351] Vgl. zur Loslösung von gutmeinenden moralisch-ethischen Überlegungen bei einer nüchtern rechtlichen Betrachtung auch *Bechhofer*, § 651c IV. 6., S. 62/63, für den Fall geistig behinderter Mitreisender.

Auf die spezifische besondere Empfindlichkeit ausgeprägter „Ruheurlaube“ wurde aber bislang, soweit ersichtlich, in der Rechtsprechung zu Lärmbelästigungen nicht eingegangen, allenfalls andeutungsweise in der Literatur.[1352]

l) Ereignisreisen: Aufführungen, Veranstaltungen

Bei einer solchen Reise steht für den Reisenden der Besuch des entsprechenden Ereignisses im Vordergrund. Typische Beispiele sind Konzerte und Aufführungen, Sportveranstaltungen wie Weltmeisterschaften oder Olympiaden, aber auch Reisen zu einer Papstaudienz oder zum Weltfrauenkongress[1353]. Hingegen stellen Safaris zwecks Abschuss von Elefanten nach der hier vertretenen Charakterisierung keine Ereignisreise dar,[1354] derartige Jagdreisen haben ihren abgrenzbar eigenen Charakter und wurden daher oben eigens behandelt.[1355]

Diese Reisen werden häufig nicht alleine durchgeführt, angesichts der Bedeutung des *gemeinsamen* Erlebens des Ereignisses kommt es gerade hier auf den Aspekt des Mitreisenden und das mit ihm geteilte Erlebnis an.[1356] Daher ist es auch ohne entsprechende explizite Vereinbarung als Mangel anzusehen, wenn bei gemeinsamer Buchung der Konzert- oder Musicalreise die Platzkarten weit auseinander liegen.[1357]

Entsprechend dem Reisezweck ist aus Mangelsicht vor allem die Frage interessant, wie der Ausfall des jeweiligen Ereignisses zu bewerten ist.[1358] Soweit teilweise vertreten wird, dieser stelle keinen Reisemangel dar, weil die eigentliche Veranstaltung außerhalb der vom *Reise*veranstalter übernommenen Leistungsverpflichtung liegt,[1359] so kann dem schon aus dem Blickwinkel einer fehlenden Beeinflussbarkeit nicht gefolgt werden. Der Vergleich des selbständigen und mit dem Veranstalter nicht identischen Konzertausrichters oder Musicalbetreibers mit dem selbständig agierenden Leistungsträger Hotelbetreiber drängt sich m. E. auf, insbesondere, wenn der Reiseveranstalter ein großes Kartenkontingent an der Veranstaltung hat, ein übermächtig großer Reiseveranstalter die Veranstaltung einer Kleinbühne exklusiv vermarktet, sonstwie mit der Organisation verbunden ist oder auf sie einwirken kann. Der eigentliche Ereignisveranstalter mag rechtlich selbständig sein, dennoch ist er in diesen Fällen schlicht als Leistungsträger bzw. Erfüllungsgehilfe § 278 BGB des Reiseveranstalters zu sehen, wenn nach dem Gesamteindruck der Anschein erweckt wird, es sei eine Veranstaltung des Reiseveranstalters.

Insofern ist eine Reise, die deutlich erkennbar auf dieses Ereignis als Reiseinhalt zugeschnitten ist und den Eintritt dazu beinhaltet, im Rahmen der verschuldensunabhängigen

---

[1352] Vgl. etwa *Führich*, Reiserecht, § 9 III. 2., Rn. 323, S. 259 oben.

[1353] Vgl. *AG Berlin-Tempelhof* RRa 1996, 248.

[1354] So aber *Demmig*, S. 159, der sie in eine Reihe mit Olympia und Papstaudienz stellt; etwas unglücklich bzw. unfreiwillig morbide-zynisch wirken seine Ausführungen insofern, als er sich nach dem Erlegen der Wildtiere sogleich dem Ausfall des Ereignisses Papstaudienz wegen eines Attentats widmet.

[1355] S. o. Zweiter Teil D. III. 2.) c) (S. 219).

[1356] Zweiter Teil D. II. 2.) b) (S. 198).

[1357] S. *LG Frankfurt a.M.* NJW-RR 1999, 57; bea. a. A. die Vorinstanz; ebenfalls ablehnend *AG Pirmasens* RRa 1994, 203.

[1358] *AG Bad Homburg v.d.H.*, RRa 2002, 18.

[1359] S. *Demmig*, S. 159.

Erfolgshaftung des Reiseveranstalters bei Ereignisausfall mangelbehaftet und löst entsprechende Gewährleistungsansprüche aus;[1360] der Mangel wird überdies regelmäßig als erheblich zu bewerten sein.

Doch selbst dann, wenn das Ereignis gar nicht Teil der mit dem Reisepreis abgegoltenen oder abgeltbaren Leistungen ist, stellt der Ausfall einen Mangel dar, falls die Reise klar auf dieses Ereignis hin ausgerichtet war, denn der Veranstalter macht hier einen Umgebungsfaktor bewusst zur Grundlage seines Reiseangebots und trägt damit das unternehmerische Risiko, die verschuldensunabhängige Einstandspflicht dafür. Im Sinne der Sphärentheorie ist eine Aufführung, zu der der Reiseveranstalter seine Reise anbietet, eher der Risikosphäre des Veranstalters als des Reisenden zuzurechnen. Wenn die Reise nach dem äußeren objektiven Eindruck des Angebots auf Dritte oder unter Ausnutzung der allgemeinen Erwartungshaltung klar auf ein bestimmtes Ereignis hin zugeschnitten ist, dann kann sich der Veranstalter seiner über den Reisecharakter entstehenden Einstandspflicht nur dann entziehen, wenn er genauso zentral in seinem Angebot herausstellt, dass er keinerlei Gewährleistung für das Fremdereignis übernimmt, um damit eine entsprechende haftungserzeugende Wirkung des Reisecharakters von vornherein zu verhindern.[1361]

m) Fortunareisen

Bei diesen auch unter den Bezeichnungen Joker-, Roulette- oder auch Glücksreise[1362] geführten Reiseverträgen steht zum Zeitpunkt der Buchung nur mehr oder weniger präzise das Zielgebiet fest, aber nicht die dortige konkrete Unterbringung.[1363] Diese ist beim Angebot einer Fortunareise aber nach bestimmten Merkmalen näher eingegrenzt, so wird in der Regel eine Unterkunft mit einer bestimmten Mindestkategorie zugesichert[1364] oder das konkrete Objekt wird aus den in einem bestimmten Katalog vorhandenen Angeboten ausgewählt.[1365]

Der Veranstalter behält sich das Recht zur Bestimmung der konkreten Unterkunft vor und hat so größere Flexibilität für das Management der Auslastung seiner einzelnen Hotels bzw. Unterkünfte.[1366] Diesen Vorteil gibt er über einen günstigeren Preis an die Kunden weiter bzw. erkauft sich damit deren für ihn günstige Flexibilität. Der Reisepreis liegt daher niedriger als bei direkter Buchung der gleichen Unterkünfte aus dem Reisekatalog.

[1360] Im Ergebnis ebenso *Bechhofer*, § 651c V. 9., S. 70.

[1361] S. a. oben Zweiter Teil D. I. 3.) (S. 189f).

[1362] Weitere Angebotsbezeichnungen verschiedener Veranstalter für diese Reisen mit „Unterkunft auf Zuweisung“ sind u. a. „Supersparreise“, „Prima-Reise“, „3-Sterne-Special“, „4-Sterne-Special“, „Inselspezial“, „Inselpoker“; s. a. *Kaller/Schäfer*, RRa 1995, 78 u. dort Fn. 2 bis 5; passend erscheint m. E. angesichts der vom Reisenden eingegangenen Unwägbarkeit der Begriff „Fortuna-Reise“ schon aus etymologischer Sicht des lat. Nomens fortuna, -ae: das *Glück*, aber eben auch das *Unglück* und das *Schicksal*.

[1363] S. a. Begründung zur InfoVO BT-Dr 12/5354, S. 17.

[1364] Missverständlich insofern *Kaller*, Reiserecht, C. 1. 4., Rn. 163, S. 99, der „Qualitätsstandard (stehe) nicht von Anfang an fest“ – hinsichtlich eines vereinbarten einzuhaltenden *Mindest*standards eben durchaus.

[1365] Vgl. *Pick*, § 651e Rn. 38.

[1366] Vgl. *Seyderhelm*, § 651d Rn. 128; *Bechhofer*, § 651c V.4., S. 66.

Rechtlich gesehen stellt sich diese Konstruktion als ein einseitiges Leistungsbestimmungsrecht des Veranstalters gem. § 315 I BGB bzgl. der konkreten Unterkunftsleistung dar.[1367]

Abgesehen von dieser Unbestimmtheit der konkreten Unterkunft sind Fortunareisen aber normale Reiseverträge, insbesondere sind es keineswegs qualitativ *minderwertige* Reiseangebote, so dass hier die übliche Qualität der Reiseleistung erwartet werden kann und nicht mit Hinweis auf einen geringerwertigen Charakter ein großzügigerer Mangelmaßstab anzuwenden wäre;[1368] selbstverständlich ist auch, dass der garantierte Mindeststandard/Mindestkategorie und sonstige erfolgte Festlegungen und Reisebestandteile, insbesondere Zielgebiet, einzuhalten sind.[1369]

Ist kein konkreter Mindeststandard vereinbart, so ist die Auswahl der Unterkunft gem. § 315 III 1 BGB nach billigem Ermessen zu treffen, unterste Grenze ist hierbei der Standard, der von dem Veranstalter zu dem Preis der Fortunareise regulär geboten wird.[1370]

Auch ist es dem Reiseveranstalter zwar überlassen, *wann* er sein Bestimmungsrecht ausübt, ob direkt nach der Buchung oder erst bei Ankunft des Reisenden vor Ort durch den Reiseleiter gem. § 315 II BGB i. V. m. § 164 I BGB;[1371] er darf bzw. kann es aber, dem Charakter als Gestaltungsrecht[1372] entsprechend, nur *einmalig* ausüben:[1373] mit Zuweisung des Reisenden an ein konkretes Unterkunftsobjekt gilt dieses als von Anfang an geschuldete Reiseleistung i. S. v. § 243 II BGB.[1374]

Der Veranstalter kann die einmal getroffene Entscheidung nicht rückgängig machen und etwa den Reisenden nach einiger Zeit in einer anderen Unterkunft unterbringen.[1375] Mit der erstmalig getroffenen Zuweisung an eine vergleichsweise luxuriöse Unterkunft mit qualitativ hochwertigem Standard gilt sowohl diese Unterkunft als auch dieses hohe Niveau[1376] – trotz des günstigen Preises – als von vornherein geschuldete Unterkunftsleistung im Rahmen des Reisevertrages.[1377]

Diese Konkretisierung auf das zugewiesene Objekt bedeutet konsequenterweise auch, dass der Veranstalter sich nicht auf Prospektangaben zu Mängeln eines anderen im Rahmen des Fortuna-Angebots ausgeschriebenen Unterkunftsobjekts berufen kann,[1378] in das der Reisende ja genauso gut hätte eingewiesen werden können, also mit diesem Mangel seiner Un-

---

[1367] *Staudinger/J. Eckert*, § 651c Rn. 37.
[1368] *Führich*, Reiserecht, § 5 V. 1. g), Rn. 145, S.116/117; s. a. *LG Frankfurt a.M.* NJW-RR 1987, 495; 1988, 248.
[1369] *LG Frankfurt a.M.* NJW 1985, 143; NJW-RR 1994, 178; *LG Mönchengladbach* NJW-RR 1986, 1175; *Führich*, Reiserecht, § 9 IV. 1., Rn. 343, S278/279.
[1370] *OLG Düsseldorf* NJW-RR 1991, 1202; *Kaller/Schäfer*, RRa 1995, 78 (81) [III. 2. b)].
[1371] Zur Stellung des Reiseleiters als Vertreter des Veranstalters s. o. Erster Teil C. IV. 6.) (S. 116).
[1372] Dies dogmatisch sauber klarstellend *Kaller/Schäfer*, RRa 1995, 78 (79).
[1373] Vgl. *LG Frankfurt a.M.* NJW 1985, 143; *Bechhofer*, § 651c V. 4., S. 66; *Pick*, § 651e Rn. 37.
[1374] *Führich*, Reiserecht, § 5 V.1.g) Rn. 145, S. 116.
[1375] *LG Frankfurt* NJW 1985, 143f.
[1376] Vgl. oben Zweiter Teil D. II. 4.) c) (S. 205).
[1377] Vgl. *T. Heinz*, Reisevertragsrecht, S. 44; *Kaller/Schäfer*, RRa 1995, 78 (82); *Demmig*, S. 162: *LG Frankfurt a.M.* NJW 1985, 143; *LG Hannover* NJW-RR 1986, 213; a. A. *Seyderhelm*, § 651c Rn. 136.
[1378] *T. Heinz*, Reisevertragsrecht S. 44 u.

terkunft eigentlich rechnen musste und durch gleichwohl erfolgte Buchung seine Bereitschaft zur Hinnahme dieser - potentiellen - Einschränkung erklärt hat.

Im Zusammenhang mit den sog. Fortuna-Reisen und der einseitigen Bestimmung der Unterkunft durch den Reiseveranstalter aus der konkreten Auswahl von Unterkünften der entsprechenden Kategorie seines Kataloges herrscht eine gewisse Uneinigkeit darüber, mit welchen Mängelrügen bzw. Gewährleistungsansprüchen der Reisende ausgeschlossen ist.

So vertritt *Seyderhelm*[1379] den Standpunkt, dass die Parteien gerade kein konkretes Hotel vereinbart hätten, dem Reisenden die Katalogangaben des letztlich gewählten Hotels somit weder zugute kommen (beispielsweise Anspruch etwa auf den beschriebenen Pool o. ä.) noch entgegengehalten werden können (beispielsweise Hinweis auf Straßenlärm etc.);[1380] vielmehr seien nicht die Aussagen zu den Objekten im Katalog, sondern nur der konkrete Ausschreibungsinhalt im speziellen Angebot der jeweiligen Fortuna-Reise entscheidend.

Dies schränkt m. E. gerade den Sinn der Fortuna-Reise, nämlich dem Veranstalter eine Auswahlmöglichkeit unter seinen verschiedenen Hotels zu verschaffen, zu stark ein. Es ist praktisch kaum möglich, alle positiven und auch negativen Angaben zu allen in Frage kommenden Hotels in der Angebotsausschreibung zur Fortuna-Reise unterzubringen: letztlich liefe das auf eine Reproduktion des Katalogs hinaus.
Die Ansicht *Seyderhelms* ist daher m. E. abzulehnen. Im Falle eines im Fortuna-Angebot enthaltenen Hinweises bzw. Verweises auf die zur Auswahl stehenden Objekte *des Kataloges* ist vielmehr auf diese inkl. ihrer qualifizierenden Beschreibungsangaben Bezug genommen.[1381]

Ob, wie das in der Praxis der Fall sein mag, der Reisende diesen Katalog mit seinen Beschreibungen tatsächlich nicht zur Kenntnis nimmt, spielt entgegen *Kaller* und *Schäfer*[1382] hier ebenso keine Rolle wie auch sonst im Zivilrecht, wenn eine Partei einen Vertrag unterschreibt, ohne die Details (etwa AGB) genau gelesen und bewusst wahrgenommen zu haben. Es zwingt ihn keiner, diesen Vertrag abzuschließen; schließt er ihn ab, so ist Vertragsgegenstand, dass Unterkunft eine von den jeweils umgrenzten im Katalog sein wird. Wenn sich der Reisende nicht die Mühe macht, nachzusehen, ob sich unter diesen Objekten, die möglicherweise seine Unterkunft sein können, auch welche befinden, die er - aus welchen Gründen auch immer - nicht haben möchte, ist das sein eigenes, auf eingesparter Sorgfalt beruhendes Risiko. Bei einer solchen tatsächlichen Unkenntnis kauft er somit *insofern*, auf *diesen* Aspekt bezogen, in der Tat die berühmte „Katze im Sack“. Diese gilt sowohl für negative wie aber auch für positive Beschreibungen der Unterkunft im Katalog.[1383]

[1379] *Seyderhelm*, § 651d Rn. 136.
[1380] Im Ergebnis ebenso *LG Frankfurt a.M.* NJW-RR 1987, 495; NJW 1987, 747, (748); NJW-RR 1988, 248.
[1381] Vgl. auch *T. Heinz*, Reisevertragsrecht, S. 44.
[1382] Vgl. *Kaller/Schäfer*, RRa 1995, 78 (82), die die Geltung der konkreten Hotelbeschreibungen im Katalog nicht gelten lassen wollen, weil sie es für nicht zumutbar halten, dass der Reisende sich die Objekte im Katalog ansieht.
[1383] Verfehlt daher *LG Frankfurt a.M.* NJW 1988, 248, dass einseitig zwar alle positiven Leistungsbeschreibungen des Objekts, nicht aber die negativen gelten lassen will. Der Fortunareisende stünde somit besser

Es wird zudem verkannt, dass mit dieser Bezugnahme auf den Katalog hinsichtlich der Unterbringung in der Tat eine Gattungsschuld i. S. d. § 243 I BGB vorliegt. Die beschränkte Gattung ist hier nämlich genau durch die Merkmale bestimmt, die auch das Fortuna-Angebot zur Eingrenzung bzw. Charakterisierung nennt,[1384] also bspw. „alle Hotels der Region XY mit mindestens drei Sternen (oder anderen Klassifizierungsmerkmalen wie Globen o. ä.) aus dem Katalog XZ-Reisen 2006".

Letztlich ist der Reisende aus reisemangeltechnischer Sicht bei Fortuna-Reisen ausschließlich mit den spezifischen Gewährleistungsansprüchen ausgeschlossen, die sich aus der Lage oder dem Standard der Unterkunft in Verbindung mit dem Charakter der Fortuna-Reise ergeben;[1385] mit anderen Worten, er kann sich nicht darauf berufen, innerhalb der Auswahl an Hotels eines der schlechteren bekommen zu haben, oder eines der weiter vom Strand entfernten. Im übrigen hat er den gleichen Leistungsanspruch und Mängelrechte wie bei einer „normalen" Reise, d. h. bei direkt konkret benannt gebuchter Unterkunft. Der Veranstalter kann durch Verwendung des Fortuna-Angebots nicht die reisevertragsrechtliche Gewährleistung für Reisemängel umgehen.[1386]

n) Last-Minute-Reisen

Der Begriff der Last-Minute–Reise bezieht sich weniger auf den Vertragsinhalt, denn auf Art und Zeitpunkt des Vertragsschluss, der hierbei erst kurz vor Antritt der Reise erfolgt.[1387]

In diesem Rahmen bieten die Veranstalter bis dahin noch nicht verkaufte, freie Kapazitäten an, die sonst ungenutzt leer bleiben würden. Daher sind die Last-Minute-Reisen auch entsprechend preisgünstig,[1388] was sie wiederum beim reisenden Publikum so beliebt macht.

Inhaltlich ist mit dieser *Art des Vertragsschlusses* keine besondere Reiseart im hier zugrundegelegten thematischen Sinne verknüpft; es liegt aber auf der Hand, dass sie sich eher für beinahe homogen austauschbare[1389] „Badeurlaube im Süden" anbietet als für lange im voraus zu planende und längerer Vorbereitungen (Impfungen, Einfuhrgenehmigungen, Visa etc.) bedürftiger Expeditionen oder Safaris.

---

als jene Reisende, die eines der Fortuna-Objekte teuer direkt gebucht haben und sich die beschriebenen Einschränkungen - zu recht - entgegenhalten lassen müssen.

[1384] Dies verkennen *Kaller/Schäfer*, RRa 1995, 78f.

[1385] Vgl. auch *LG Frankfurt a.M.* NJW-RR 1987, 826; NJW-RR 1987, 495f; NJW-RR 1991, 317.

[1386] Vgl. *Kaller/Schäfer*, RRa 1995, 78 (81/82).

[1387] Unklar ist der mit dem Begriff „last minute" zu verbindende Zeitraum; gängig ist ein Verständnis von maximal 14 Tagen (vgl. *LG Düsseldorf* RRa 1995, 211; *Asendorf*, RRa 1995, 198); nach einer Erhebung durch *Graefe*, RRa 1996, 23f, verbinden 90% der Verbraucher mit diesem Begriff einen Zeitraum von nicht mehr als 14 Tagen, 60% sogar von nicht mehr als vier Tagen; vgl. auch *Schmid* im Editorial RRa 1995, 197, wonach eine Zeitdauer von mehr als 4 Wochen den Begriff „last minute" ad absurdum führen würde. Geht man von den Privilegierungen der BGB-InfoV für *Informationspflichten bei kurzfristigen Reisen* aus, so müssen de lege zwischen Buchungserklärung des Reisenden und Reiseantritt weniger als sieben Tage liegen, vgl. § 6 V 1 BGB-InfoV; s. a. *Kaller*, Reiserecht, A. VII. 7., Rn. 92f.

[1388] Vgl. *Führich*, Reiserecht, § 29 II. 3., Rn. 745, S. 568; zur Irreführung durch Anbieten von Last-Minute-Reisen ohne den vom Verbraucher dabei erwarteten Preisvorteil vgl. *Asendorf*, RRa 1995, 198 [I. 1.].

[1389] Vgl. *Spode*, S.154

Es stellt sich die Frage, ob mit dem geringeren Preis (im Vergleich zu einer langfristigen Buchung des gleichen Angebots) aus Mangelsicht ein von vornherein minderwertigeres Leistungsniveaus einhergeht. Nach der hier vertretenen Auffassung ist das nicht der Fall.
Im Gegensatz zur Billigreise erhält der Last-Minute-Urlauber den Preisnachlass für die Bereitschaft, flexibel Restangebote des Veranstalters anzunehmen, wobei er mit dem „Warten bis zuletzt" das Risiko eingeht, dass für den vorgesehenen Zeitraum keine Angebote oder zumindest nicht mehr die vorliegen, die er vielleicht präferiert hätte. Insofern ähnelt diese dem Veranstalterkapazitätsmanagement entgegenkommende Flexibilität des Reisenden dem diesbezüglich vergleichbaren Hintergrund bei der Fortunareise. Wie auch dort ist geschuldeter Vertragsinhalt ohne Abstriche die jeweilige Reise mit dem der Reiseart entsprechenden Inhalt und Anspruchsniveau. Regelmäßig dürfte aber durch die Art und Weise der Buchung der Inhalt der Reise nur knapp bzw. mit Eckdaten umrissen sein; dieser Beschränkung des Inhalts bei Vertragsschluss muss dann auch der spätere geschuldete Reiseinhalt entsprechen. Dies ist m. E. nur konsequent und richtig, weil der Reisende das bekommt, worüber er gemäß Angebot bzw. Buchung auch einen Vertrag geschlossen hat.
Besonderheiten ergeben sich aus der Natur der Last-Minute-Reisen für den Vertragsschluss. Wegen der kurzen Zeitspanne zwischen Buchung und Reiseantritt ist abweichend vom sonstigen Grundsatz auch ein selbständiges Reisebüro als bevollmächtigt anzusehen, die auf die Buchung des Reisenden als Antrag notwendige Annahmeerklärung abzugeben und somit den Reisevertrag abzuschließen.[1390]

o) Gesundheitsreisen, Kuraufenthalte

Diese Art von Reisen, bei der die Erholung in ganz ursprünglich-physischem, direkt medizinischem Sinne besonders deutlich als Zweck hervortritt bis hin zu einer erwarteten Verbesserung eines pathologischen Zustands, findet erstaunlicherweise trotz des seit einiger Zeit anhaltenden Trends zu sogenannten Wellness-Reisen[1391] in der Rechtsprechung kaum und in der Literatur noch weniger Beachtung. Wenn ein inländisches Hotel mit pauschalen Angeboten inklusive „Wellnessprogrammen" o. ä. wirbt, erfüllen derartige Reisen auch für Selbstfahrer regelmäßig die Definition des Pauschalreisevertrags nach § 651a I 1 BGB,[1392] soweit dieses „Wellnessprogramm" ausgeprägt als wesentliche Leistung neben Unterkunft/Verpflegung tritt. Keine Pauschalreisen sind dagegen reine Klinikaufenthalte zu medizinischen Zwecken; trotz der Bündelung mehrerer Einzelleistungen wie Unterkunft, Beköstigung, Pflege und ärztliche Behandlung liegt hier kein touristischer Erholungsurlaub, sondern ein medizinischer Heilungserfolg im Vordergrund,[1393] und damit keine Reise i. S. d. §§ 651a ff BGB vor.

1390 *LG Frankfurt a.M.* NJW-RR 1991, 690; *Kaller*, Reiserecht, A. VII. 6., Rn. 90f.
1391 Für das Jahr 2004 verzeichneten allein die deutschen Heilbäder und Kurorte 17,2 Millionen Gäste, davon nur 10% innerhalb klassischer von den Krankenkassen bezahlter Kur- bzw. Reha-Maßnahmen, Quelle: „Zahlen, Daten, Fakten - Tourismus in Deutschland 2004", hrsg. v. DTV, Bonn 2005, S. 16.
1392 Vgl. a. *Fischer* im Editorial RRa 2003, 3.
1393 Vgl. BGHZ 80, 366 (= NJW 1981, 1833); *Staudinger/J. Eckert*, § 651f Rn. 60.

Inhalt eines sog. Kurvertrages ist in der Regel die Unterkunft mit Verpflegung sowie diverse Kuranwendungen bzw. –einrichtungen. Wie bei den Sportreisen (s.o.) schuldet der Veranstalter zunächst einmal das Vorhandensein der zugesagten Einrichtungen.[1394] Entsprechend des Erholungs-, „Kur"-Charakters sind diese Reisen besonders sensibel für Lärmbeeinträchtigungen.

Wegen des zumeist älteren und/oder gebrechlichen Teilnehmerkreises der Kururlauber ist auch eine gesteigerte Verkehrssicherungspflicht anzunehmen hinsichtlich der Hotelanlage, und hierbei insbesondere bzgl. Treppen und Geländer.[1395]

p) Sonderfall: Gastschulaufenthalte

Die Aufenthalte von Schülern im Ausland, um dort am Schulbetrieb teilzunehmen, gewinnen als sog. Gastschulaufenthalte zunehmend an Bedeutung.[1396] Laut Begründung des Gesetzentwurfs zur Schaffung des entsprechenden § 651l BGB seien diese „internationalen Gastschulaufenthalte" ein „wichtiges Instrument zur Persönlichkeitsentwicklung der Jugendlichen".[1397] Auch die jeweiligen Eltern, von denen meist die Initiative zu solchen kommerziell angebotenen, erwerbswirtschaftlich organisierten Schülerreisen ausgeht, meinen damit einen wichtigen Beitrag zur Persönlichkeitsentwicklung ihres Nachwuchses zu leisten.[1398]

Diese Schülerreisen stellen auch schon insofern einen Sonderfall unter den aufgeführten Reisearten dar, als sie eigens Eingang ins Gesetz fanden, weshalb hier auch abweichend von den anderen Reisearten ausnahms- und auch nur ansatzweise auf diese besonderen rechtlichen Regelungen eingegangen werden soll. Wegen der Bündelung der verschiedenen Leistungen Beförderung, Unterkunft mit Beköstigung und Betreuung während des Aufenthalts wurde auf diese Verträge schon früher analog oder direkt das Reisevertragsrecht angewandt.[1399] Nach einer Entscheidung des *EuGH*, der die Pauschalreiserichtlinie für nicht anwendbar auf Gastschulaufenthalte erklärte,[1400] sah sich der Gesetzgeber zur Einfügung des § 651l BGB genötigt, um klarzustellen, dass diese weiterhin im deutschen Recht als Pauschalreisen anzusehen sind.[1401]

Der Schüler wird für die Dauer seines Aufenthaltes, also in der Regel mehrere Monate (mindestens drei Monate für die obligatorische Geltung des § 651l BGB, vgl. § 651l I 1 BGB), sozusagen „privat" bei einer Gastfamilie untergebracht, nimmt dort am Familienleben und von dort aus am Schulbesuch teil. Die „Beschaffenheit" dieser Gastfamilie ist hier-

---

[1394] Vgl. *Tempel*, RRa 1999, 107 (109).
[1395] Vgl. *LG Hannover* RRa 1998, 58.
[1396] Vgl. Begründung Regierungsentwurf BT-Dr. 14/5944, S. 9.
[1397] Begründung Regierungsentwurf BT-Dr. 14/5944, S. 8.
[1398] Vgl. auch *Kaller*, Reiserecht, I. I., Rn. 473 und I. IV. 2. a), Rn. 491, S. 375.
[1399] S. *Führich*, Reiserecht, § 17 I. 1., Rn. 604; a. A. *Teichmann*, RRa 1998, 232, unter Hinweis auf den fehlenden Urlaubscharakter - dem ist m. E. zuzustimmen.
[1400] Weil der Aufenthalt in der Gastfamilie nicht als Unterbringung im Sinne der EG-Pauschalreiserichtlinie (dort Art. 2 Nr. 1a) anzusehen sei, vgl. *EuGH* Urt. v. 11.2.1999 - C-237/97, Slg. I-825 (Schüleraustausch) (= NJW 1999, 2105 = EuZW 1999, 219).
[1401] Vgl. näher zur Entstehungsgeschichte *Kaller*, Reiserecht, I. I., Rn. 471ff.

bei der für gerügte Mängel neuralgische Punkt. Laut § 651l II Nr. 1 BGB ist der Veranstalter verpflichtet zur „nach den Verhältnisseen des Aufnahmelandes angemessenen Unterbringung, Beaufsichtigung und Betreuung des Gastschülers in einer Gastfamilie".

Um zu erkennen, was denn nun hier als angemessen anzusehen ist, muss man sich den Zweck des Gastschulaufenthaltes klarmachen. So soll der Schüler ja nicht nur das Schulleben, sondern gerade auch den Alltag, die alltägliche Lebenswirklichkeit des fremden Landes kennenlernen. Insofern soll es mit dieser Begründung laut gesetzgeberischem Willen[1402] gerade auf die zufällige Auswahl der Familie ankommen, die „mittlerer Art und Güte" sein muss, also mehr oder weniger durchschnittlich.[1403] Ein Mangel kann daher sogar darin liegen, dass der Schüler „zu gut" untergebracht wird,[1404] nämlich in höheren gesellschaftlichen Kreisen bzw. bei außergewöhnlich gutsituierter Gastfamilie,[1405] weil dadurch der Aufenthaltszweck, die authentische Erfahrung der typischen Lebenswirklichkeit im Gastland, verfehlt würde.

Umgekehrt stellt es sich natürlich - in der Praxis offensichtlich weitaus häufiger - auch als Mangel dar, wenn die Gastfamilie weit unterdurchschnittlich Mindestanforderungen an die erzieherische und zeitliche Fähigkeit zur Betreuung und Beaufsichtigung des Schülers nicht erfüllt, etwa wenn beide Gastelternteile Alkoholiker sind.[1406]

Die Regelungen zum Gastschulaufenthalt enthalten in § 651l IV BGB ein eigenes, besonders ausgestaltetes Kündigungsrecht, das dem Umstand der Jugendlichkeit des Reisenden Rechnung trägt und ihm auch ohne Vorliegen von Mängeln die vorzeitige Rückkehr durch Kündigung ermöglichen soll. Demnach muss sich der Veranstalter in diesem Fall die ersparten Aufwendungen anrechnen lassen (S. 2) und für die Rückbeförderung des Gastschülers sorgen (S. 3). Die dadurch entstehenden Mehrkosten trägt allerdings der Gastschüler (S. 4).[1407]

Aus der Natur des Gastschulaufenthaltes folgt, dass hierbei im Falle von Mängeln eine Entschädigung nach § 651f II BGB für vertane Urlaubszeit nicht in Frage kommt, da hier keine „Urlaubszeit" im Sinn dieser Vorschrift vorliegt,[1408] dient doch ein Gastschulaufenthalt dem Charakter nach nicht der „Erholung" oder „Urlaubsfreude" i. S. d. § 651f II BGB,[1409] sondern hat einen Schulbesuch in fremdem Land zum Gegenstand.[1410] Ein Gastschulaufenthalt ist keine Urlaubszeit,[1411] oder auch süffisanter: Schulbesuch ist weder Erholung noch Freude.

[1402] Begründung Regierungsentwurf BT-Dr 14/5944, S. 14.

[1403] Vgl. *Führich*, Reiserecht, § 17 II. 1., Rn. 608, S. 477.

[1404] Der Vergleich mit den Abenteuerreisen und dem dortigen Mangel in Form von zu viel Komfort drängt sich auf, s. o. Zweiter Teil D. III. 2.) b) (S. 218).

[1405] Vgl *Kaller*, Reiserecht, I. III. 1. a), Rn. 478, S. 369.

[1406] Vgl. *Brox/Walker*, § 28 IX. 2., Rn. 32; s. a. *Führich*, NJW 2001, 3083 (3086) [III. 3. b)].

[1407] Vgl. insges. *Führich*, Reiserecht, § 17 IV. 2., Rn. 615.

[1408] *Führich*, Reiserecht, § 11 III. 1. b) (6), Rn. 410 a. E.; vgl. auch *Teichmann*, a. a. O. (Fn. 1399).

[1409] Zum Entschädigungsgegenstand des § 651f II BGB s. eingehend Dritter Teil G. IV. 1.) (S. 438).

[1410] Vgl. *Teichmann* RRa 1998, 234 in Anm. zu *OLG Karlsruhe* RRa 1998, 231; *Klein*, RRa 2004, 50 (57) [III. 6.]; s. a. zuletzt *LG Berlin* RRa 2005, 71 (75) u. 2005, 227 (229).

[1411] Vgl. *Führich*, Reiserecht, § 17 IV. 1., Rn. 614, S. 480.

3.) Kombinationen verschiedener Reisearten

Es liegt auf der Hand, dass die bisher genannten Reisearten weder normiert sind noch stets in jeweiliger Reinform auftreten. Häufig werden verschiedene an sich abgrenzbare Reisearten miteinander verbunden. So stellt eine Nilkreuzfahrt mit Besichtigungsprogramm und anschließendem Badeurlaub eine Kombination aus Elementen einer Kreuzfahrt, einer Studienfahrt und eines klassischen Erholungsurlaubs dar.

An diesem Beispiel zeigen sich auch die beiden grundsätzlichen Arten der Kombination: gleichzeitige Vermischung oder sukzessive Abfolge bzw. Aneinanderreihung der Elemente verschiedener Reisearten.

Hinsichtlich der Mangelhaftigkeit ist für die Beurteilung der Beeinträchtigungsintensität, das Ausmaß der Minderung und auch für die Frage der Vereitelung der Reise jeweils zu untersuchen, inwiefern der Mangel nur ein solches Element oder die gesamte Reise betrifft. Tritt der Reisemangel nur innerhalb einer Reiseart auf, so ist zu untersuchen, ob dieser Mangel gleichwohl auf die anderen Elemente oder sogar die Reise als ganzes beeinträchtigend ausstrahlt.

4.) Offener Charakter der Klassifizierung

Wie schon eingangs angemerkt, kann eine solche Aufzählung von Reisearten allenfalls die gängigsten, typisierten Reisearten beschreiben, keinesfalls aber auch nur annähernd abschließend alle individuell möglichen Arten von Reisen. Ein solcher Versuch wäre ohnehin angesichts der unzähligen Möglichkeiten in der Realität von vornherein zum Scheitern verurteilt.

Es ist aber bei hier nicht genannten oder auch neuen Reisearten eine Charakterisierung der jeweils zu beurteilenden Reise anhand der dafür zu schaffenden Kategorie bzw. Typus möglich, wobei hierbei häufig auf die objektive Komponente des Reisezwecks abzustellen sein wird.

So wird es bei einer ausdrücklich als Shopping-Tour ausgelegten Reise mit angebotener besonders günstiger Gelegenheit zum Goldkauf oder etwa besonders buntem Bazar-Angebot den Reisenden selbstredend gerade auf diese Shopping-Möglichkeiten ankommen. Wird eine Studienreise ausdrücklich als Fotoreise ausgeschrieben,[1412] so steht im Vordergrund, dass auf das Interesse der Reisenden am Fotografieren Rücksicht genommen und ihnen die Möglichkeit zur Fotografie verschafft wird. Einzelne Elemente der Reise können durch entsprechende Hervorhebung den Charakter der Gesamtreise entscheidend prägen.[1413] Bei der konkreten Einzelfallbewertung ist die geistige Übung einer charakterisierend-deskriptiven Beschreibung zur - gedachten - Bildung eines passenden neuen Reiseart-Typus somit ein hilfreicher Ansatz, um die mangeltechnischen Besonderheiten der konkret zu beurteilenden Reise herauszuarbeiten.

[1412] Vgl. Tatbestand zu *OLG Frankfurt a.M.* RRa 2001, 137.

[1413] *AG Erkelenz* RRa 2004, 120 (121).

Auch innerhalb der oben genannten Kategorien von typisierten Reisearten gibt es eine gewisse Streuung (s. a. jeweils bei den einzelnen Reisearten), so dass die konkrete Feststellung der individuellen Ausprägung der Reiseart im Einzelfall ebenso wie die Berücksichtigung der übrigen Elemente des Reisecharakters des einzelnen Vertrages auch bei Zuordnung einer Reise zu einer Reiseart keinesfalls entfällt. So wird auch bei einer Fluss-Schifffahrt im Rahmen einer Expeditions-Abenteuerreise ein anderer Maßstab anzulegen sein wie bei einer normalen Donau- oder Nil-Kreuzfahrt o. ä.

Letztlich führt trotz der herausragenden Bedeutung der Reiseart kein Weg an der in jedem Einzelfall vorzunehmenden Feststellung des gesamten konkreten Charakters der Reise vorbei,[1414] um daran gemessen dann die Bewertung der Schwere des zu beurteilenden Mangels vorzunehmen. Diese Charakterisierung muss nicht mit einem kategorisierbaren Schlagwort versehen werden können, wie dies bspw. bei einer „Hochzeitsreise" der Fall wäre, wenn gerade der Ausfall wesentlicher Leistungen am Hochzeitstag über den rechnerischen Wert dieses Einzeltages hinaus den Gesamtzweck und somit -wert der Hochzeitsreise in Frage stellt.[1415]

Vielmehr reicht es, wenn man auch nur gedanklich den Charakter der Reise unter Einbeziehung der Reiseart umschreibt und sich vergegenwärtigt, um Mängel sachgerecht für diesen Einzelfall bewerten zu können. Hierfür dürfen natürlich nur Umstände herangezogen werden, die explizit Vertragsbestandteil geworden sind oder zumindest dem Veranstalter zurechenbar bekannt waren.

E. Einzelne Arten von Mängeln im reiserechtlichen Gewährleistungssystem

Eine erschöpfende oder auch nur eingehende, einzelfallbezogene Auflistung aller Fälle von Mängeln und deren Bewertung in der zahllosen Rechtsprechung zum Reisevertragsrecht kann und soll im Rahmen dieser Arbeit nicht erfolgen. Es ist auch nicht ansatzweise möglich, im Folgenden auf eine Darstellung einzelner Reisemängel einzugehen, die Vielfalt und Anzahl der denkbaren oder auch nur der bereits entschiedenen konkreten Reisemängel ist praktisch grenzenlos und reicht alphabetisch vom „Abendbuffet mit Kantinencharakter" bis zur unplanmäßigen „Zwischenlandung",[1416] bzw. - etwas bunter - vom „Affenbiss" in Kenia bis zum Angriff durch einen „Ziegenbock" in Spanien.[1417]

Eine derartige umfassende konkrete kasuistische Aufstellung sei daher den einschlägigen Entscheidungssammlungen überlassen, die genau dieses zu eben ihrem Gegenstand haben.[1418]

Hingegen soll im Rahmen dieses Kapitels auf einige Besonderheiten und Charakteristika innerhalb der Mängel im reisevertragsrechtlichen Gewährleistungssystem eingegangen werden.

[1414] S. a. *Bidinger/Müller*, § 651c Anm. 8, S. 105.

[1415] Zum konkreten Fall s. o. Zweiter Teil D. I. 4.) (S. 191), s. u. Dritter Teil D. III. 2.) a) (S. 361).

[1416] Vgl. *Niehuus*, Reisemängel (2. Aufl.), S. 3 bzw. 77.

[1417] Vgl. *AG München* RRa 1996, 88; *LG Frankfurt a.M.* NJW-RR 2001, 52.

[1418] S. etwa *Eisner*, Reiserecht Entscheidungen, 6. Aufl., Bonn 2006; vgl. auch Darstellung u. Bewertung der sog. Mängeltabellen Dritter Teil D. IV. (S. 366).

I. Abgestuftes Gewährleistungssystem nach Beeinträchtigungsintensität

Die Reisebeeinträchtigungen werden üblicherweise[1419] in drei Intensitätsstufen unterschieden, da je nach Schwere der Beeinträchtigung unterschiedliche Gewährleistungsrechte ausgelöst werden.

1.) Bloße Unannehmlichkeiten und hinzunehmende Störungen

Auf der niedrigsten Beeinträchtigungsstufe lösen die „bloßen Unannehmlichkeiten" als unerhebliche, hinzunehmende Störungen keine Gewährleistungspflicht des Veranstalters aus, der Reisende kann sie rechtlich nicht beanstanden. Unter diese Kategorie fallen die bereits genannten[1420] geringfügigen Beeinträchtigungen aufgrund der unvermeidbaren Erscheinungen des Massentourismus oder aus dem Aspekt der Landesüblichkeit heraus, sowie allgemein ganz geringfügige Störungen der Reise.[1421]

Differenzierend will *Tempel* weiter zwischen „bloßen Unannehmlichkeiten", die nach Treu und Glauben hingenommen werden müssen, und „geringfügigen Beeinträchtigungen" unterscheiden.[1422] Unter die erste Gruppe fallen demnach Aspekte der Landesüblichkeit und absolut geringfügige, nur aufgrund subjektiver Empfindlichkeit des Reisenden als störend empfundene Fälle, in die zweite Gruppe sind Sachverhalte einzuordnen, bei denen zwar eine fühlbare, dennoch aber nur geringfügige Belästigung oder Störung vorliegt.
Ähnlich will *Seyderhelm* noch vor den „reinen Unannehmlichkeiten" die Gruppe der „tatsächlichen Umstände" schaffen, die als normale Gegebenheiten oder Selbstverständlichkeiten noch nicht einmal auch nur eine geringfügige Störung darstellen; als Beispiel nennt er das türkische Essen in einem türkischen Mittelklassehotel.[1423]

Nach obigem[1424] Ansatz und insofern ähnlichem Verständnis des Verfassers entsprechen derartige Geringfügigkeiten, die vom Reisenden als störend empfunden werden, in der Regel entweder ohnehin dem geschuldeten Leistungsinhalt bzw. fallen zumindest in die tatsächliche Schwankungsbreite der Qualität der Leistungserbringung und stellen insofern schon gar keine Beeinträchtigungen bzw. Leistungsstörung dar.

Die Unterscheidung, ob man den Begriff der hinzunehmenden Unannehmlichkeiten weiter differenzieren will bzw. Teile herausnehmen und bereits in die Sollbeschaffenheit einordnen will, ist lediglich eine dogmatische, die gewährleistungsrechtliche Folge bleibt nach allen Ansätzen die gleiche, nämlich letztlich keine.

Hinsichtlich dieser Rechtsfolge fehlender Gewährleistungsrechte - aber auch nur insofern - gehören auch die Fälle der Verwirklichung des allgemeinen Lebensrisikos hierher.[1425] Zwar

---

[1419] Vgl. etwa *Staudinger/J. Eckert*, § 651c Rn. 4; *Tempel*, Materielles Recht (2. Aufl.), § 6 III. 3. d), S. 407/408; *Xanke/Dutschke*, B. II., Rnn. 70 u. 74ff; *Isermann*, A. II. 1, S. 58ff.
[1420] S. o. Zweiter Teil C. III. 2.) (S. 166) bzw. auch D. II. 4.) (S. 201).
[1421] *Isermann*, NJW 1988, 873 (876) [III. 1. a)]; vgl. auch *Xanke/Dutschke*, B. II. 1., Rn. 75.
[1422] Vgl. *Tempel*, Materielles Recht (2. Aufl.), § 6 III. 3. d), S. 407/408.
[1423] *Seyderhelm*, § 651c Rn. 3, Ziff. 1.
[1424] S. o. Zweiter Teil C. III. 3.) (S. 172) u. D. I. 3.) (S. 187).
[1425] S. o. Zweiter Teil C. III. 1.) (S. 154) sowie u. Zweiter Teil E. V. 2.) (S. 263).

können derartige Vorfälle wie Stürze, Unfälle etc. potentiell von erheblicher Beeinträchtigungsintensität sein - wer würde schon bei einem schweren Unfall mit Krankenhausaufenthalt die Schwere der Störung in Abrede stellen wollen - , diese Ereignisse werden aber bewusst aus dem Mangelbegriff ausgegrenzt, um die verschuldensunabhängige Einstandspflicht des Reiseveranstalters gerade im Rahmen des weiten Mangelbegriffs einzuschränken. Insofern führt auch die Verwirklichung des allgemeinen Lebensrisikos wie die bereits dargelegten Fallgruppen grundsätzlich zu keinen Gewährleistungsansprüchen.

2.) Einfacher Reisemangel

Der „normale" Reisemangel ist in § 651c I BGB definiert und wurde oben bereits in seinen Alternativen Fehlen einer zugesicherten Eigenschaft[1426] oder Vorliegen eines die Reise beeinträchtigenden Fehlers[1427] dargestellt. Hier wird die Schwelle von den hinzunehmenden Störungen hin zu den gewährleistungsrelevanten Fehlern überschritten, andererseits handelt es sich aber noch nicht um erhebliche Beeinträchtigungen, so dass der Reisende seinen Urlaub noch zu Ende führen kann.[1428] Dem Reisenden stehen aufgrund des einfachen Reisemangels grundsätzlich als Gewährleistungsrechte der Anspruch auf Abhilfe § 651c II BGB, das Recht auf Selbsthilfe § 651c III BGB und auf Minderung § 651d I BGB, sowie ein Schadensersatzanspruch gem. § 651f I BGB zu, soweit die jeweiligen übrigen Voraussetzungen vorliegen.[1429]

3.) Qualifizierter Reisemangel in Form erheblicher Beeinträchtigung

Wenn ein Reisemangel sogar zu einer *erheblichen* Beeinträchtigung der Reise führt, hat der Reisende *zusätzlich* zu den eben genannten Gewährleistungsrechten[1430] auch grundsätzlich einen Anspruch auf Entschädigung wegen nutzlos aufgewendeter Urlaubszeit gem. § 651f II BGB sowie ein Recht auf Kündigung des Reisevertrages gem. § 651e I 1 BGB. Liegt der erheblichen Beeinträchtigung ein Ereignis höherer Gewalt zugrunde, so ist grundsätzlich[1431] statt § 651e BGB als Sonderregelung das Kündigungsrecht nach § 651j BGB heranzuziehen. Vor dem Hintergrund dieser Rechtsfolgen kann der Begriff der erheblichen Beeinträchtigung dahingehend ausgelegt werden, dass die Reise gemessen an ihrem individuellen Reisecharakter als gescheitert oder zumindest weitestgehend gescheitert angesehen werden muss;[1432] fraglich ist, wann dies der Fall ist.

[1426] S. o. Zweiter Teil B. (S. 124).
[1427] S. o. Zweiter Teil C. (S. 141).
[1428] Vgl. *Pick*, § 651e Rn. 16.
[1429] Vgl. *Isermann*, A. II. 1. b), S. 58; zu den einzelnen Gewährleistungsrechten vgl. Dritter Teil.
[1430] Insofern ungenau *Isermann*, A. II. 1. c), S. 59, sowie *Kaller*, Reiserecht, C. Teil 1 .I. 2. c), Rn. 154.
[1431] Eine Ausnahme gilt bei Zusicherung, vgl. oben Zweiter Teil B. II. 2.) (S. 126).
[1432] *Seyderhelm*, § 651c Rn. 3 a. E., deutet an, man könne insofern weiter unterteilen in einerseits „Mängel, die zu einer erheblichen Beeinträchtigung der Reise im Sinne des § 651e I BGB führen", und andererseits „Mängel, die die Reise insgesamt als vereitelt oder erheblich beeinträchtigt erscheinen lassen"; dies ist m. E. nicht sehr hilfreich: wie sich schon an seiner Unterteilung zeigt, decken sich beide Gruppen, denn in beiden Fällen ist die Rede von einer erheblichen Beeinträchtigung und es wird auch in beiden Fällen ein Anspruch nach § 651f II BGB auslöst. Hinsichtlich der Erheblichkeitsschwelle des § 651f II BGB bestehen begründete europarechtliche Bedenken, siehe hierzu eingehend Dritter Teil G. III. (S. 434).

Voraussetzung ist zunächst das Vorliegen eines Reisemangels i. S. d. § 651c I BGB, der sodann aber in objektiver wie auch subjektiver Hinsicht besonders schwer wiegen muss, so dass er die Reise in ihrem Nutzen stark herabsetzt oder als unerfüllt bzw. als eine andere erscheinen lässt.[1433] Der Rahmen dessen, was bei einfachen Reisemängeln noch durch Abhilfe und Minderung gewährleistungsrechtlich aufgefangen werden kann, wird überschritten, so dass dem Reisenden in diesen Fällen zusätzlich ein Recht auf Kündigung bzw. der Anspruch auf Ersatz der als nutzlos zu bewertenden Urlaubszeit zugestanden wird.

Ein Teil der Rechtsprechung will mit einem quantifizierenden Ansatz einen erheblichen Mangel im Sinne beider Vorschriften dann annehmen, wenn dieser im Rahmen einer Minderung nach § 651d I 1 i. V. m. § 638 III 1 BGB zu einer Minderungsquote von über 50% führt.[1434] Hinsichtlich der Kündigung nach § 651e BGB wird aber von einer verbreiteten Gegenansicht in der Rechtsprechung die wortgleiche „erhebliche Beeinträchtigung" dagegen schon bei 20% angesetzt,[1435] um mit einer erleichterten Kündigung die Möglichkeit zu geben, diesen mangelhaften Vertrag vorzeitig zu beenden und den Resturlaub auf andere, angenehmere Art zu verbringen.[1436] In der Literatur findet sich zudem die Ansicht, einheitlich ein Drittel bzw. 30% als Erheblichkeitsgrenze innerhalb beider Vorschriften anzuwenden.[1437]

Im Gegensatz zu diesen quantifizierenden Ansätzen findet sich auch immer noch in nicht unerheblichem Umfang die einst überwiegende Gegenansicht,[1438] dass eine am Reisezweck und am Reisecharakter orientierte Gesamtwürdigung aller Umstände erforderlich sei und auf starre Prozentsätze nicht abgestellt werden könne.[1439] Maßgebend sei vor allem, ob dem Reisenden die Fortsetzung der Reise angesichts der Reisemängel zumutbar sei.

Auch wenn Vertreter der prozentsatzbasierten Abgrenzung kritisieren, bei dieser „Gesamtwürdigung" begnüge man sich „zur Umschreibung der erheblichen Beeinträchtigung mit leerformelartigen Definitionen unter Abstellen auf die Umstände des Einzelfalls"[1440], so ändert dies m. E. nichts an der Grundwahrheit, dass tatsächlich nur eine am Reisecharakter orientierte konkrete Bewertung aller Umstände des Einzelfalls zu einer jeweils sachgerechten Entscheidung führen kann. Diese individuell wertende Entscheidung ist nicht in Zahlen

---

[1433] S. a. *Pick*, § 651e Rn. 46; *Isermann*, A. II. 4. b), S. 90/91.

[1434] Vgl. beispielsweise *OLG Düsseldorf* NJW-RR 1986, 280; *LG Hannover* NJW-RR 1986, 213/214.

[1435] S. Darstellung bei MüKo/*Tonner*, § 651e Rn. 9; Erheblichkeitsschwelle schon bei 20% einer mangelhaften Teilleistung *LG Frankfurt a.M.* (24. Zivilkammer) in bislang st. Rspr.: NJW 1983, 2884 (2885), NJW 1985, 143 (144); NJW-RR 1992, 1083; neuerdings aber unter Aufgabe seiner früher so vehement vertretenen Auffassung abstellend auf Gesamtwürdigung, s. RRa 2006, 71.

[1436] Vgl. *Isermann*, NJW 1988, 873 (877) [III. 1. c)] a. E.; vgl. auch *LG Köln* MDR 1991, 840, das für § 651f II BGB 50% fordert, nicht aber für § 651e BGB. Siehe hierzu auch Dritter Teil E. II. 1.) a) (bb) (S. 402).

[1437] Vertreten v. a. von *Tonner*, vgl. MüKo/*Tonner*, § 651e Rn. 10, m. w. Nachw. dort in Fn. 35; s. a. *Führich*, Reiserecht, § 10 II. 1. a), Rn. 365: in Vorauflage noch 30%, nunmehr aber 50%; s. a. Rspr.: *LG Köln* MDR 1991, 840; *KG* MDR 1982, 317.

[1438] So noch *Tempel*, Materielles Recht (2. Aufl.), § 6 IV. 4. b), S. 437: „überwiegende Meinung".

[1439] *Staudinger/J. Eckert*, § 651e Rn. 17; *Soergel/H.-W. Eckert*, § 651e Rn. 7; *OLG Frankfurt a.M.* NJW-RR 2005, 371.

[1440] *Tempel*, Materielles Recht (2. Aufl.), § 6 IV. 4. b), S. 437; interessanterweise hat sich gerade die 24. Zivilkammer des *LG Frankfurt a.M.*, deren Vorsitzender *Tempel* früher war, nunmehr dieser Gegenmeinung einer Gesamtwürdigung angeschlossen, s. o. Fn. 1435.

und Prozentsätze umsetzbar.[1441]
Hinsichtlich einer Kündigung nach § 651e BGB ist dabei in der Tat berücksichtigenswert, dass dem Reisenden gerade dann erleichtert die Möglichkeit gegeben werden sollte, mit einer Kündigung die mangelhafte Reise abzubrechen und mit einer anderen doch noch seinen Urlaub wunschgemäß zu verbringen, wenn schon zu Beginn der Reise absehbar nicht behebbare Mängel vorliegen. Bezüglich des Anspruchs auf Schadensersatz wegen vertaner Urlaubszeit gem. § 651f II BGB ist aus zweierlei Gründen das Anlegen einer hohen Erheblichkeitsschwelle nicht angezeigt. Zum einen aus europarechtlichen Überlegungen heraus, denn die als Mindest-Verbraucherschutzstandard einzuhaltende Vorgabe der EG-Pauschalreiserichtlinie kennt keine Erheblichkeitsschwelle für einen solchen Schadensersatzanspruch. Andererseits bietet § 651f II BGB unproblematisch die Möglichkeit, im Rahmen der Anspruchs*höhe* das - evtl. geringfügige - Maß der Beeinträchtigung des Urlaubs zu berücksichtigen.[1442]

II. Zeitpunkt und Zeitraum des Reisemangels

Zwar sind nach der Einheitslösung des *BGH* [1443] unabhängig vom Zeitpunkt der Entstehung sämtliche nach Vertragsschluss[1444] auftretende Leistungsstörungen, die nicht allein der Sphäre des Reisenden zuzurechnen sind, als Reisemängel nach dem Gewährleistungssystem des Reisevertragsrechts zu behandeln, also auch unabhängig etwa davon, ob sie vor oder nach Reiseantritt auftreten.
Davon unabhängig sind aber rein *tatsächlich* Zeitpunkt und zeitliche Dauer eines Mangels innerhalb des Gewährleistungssystems des Reisevertragsrechts von Bedeutung und fließen bei Beurteilung und Folgen der Mangelhaftigkeit mit ein.

Zunächst liegt auf der Hand, dass sich ein Mangel zu Beginn des Urlaubs tendenziell stärker auf die Reise auswirken wird als der gleiche Mangel gegen Ende kurz vor Abreise:
Ein negatives Urlaubserlebnis in Form eines erheblichen Mangels strahlt vor allem in die Zukunft aus und verdirbt zusätzlich noch die nachfolgenden Tage. Das ist insbesondere für den Erholungszweck der Reise und somit gerade auch für die Entschädigungen wegen vertaner Urlaubszeit nach § 651f II BGB von Bedeutung.[1445]
In Extremfällen kann aber auch ein späterer Mangel, insbesondere bei Körper- und Gesund-

---

[1441] Vgl. auch MüKo/*Tonner*, § 651e Rn. 10; s. a. eingehend Dritter Teil E. II. 1.) a) (S. 401).
[1442] Zu beiden Rechten siehe eingehend Dritter Teil E. (S. 398) sowie G. (S. 431).
[1443] S. u. Dritter Teil A. I. 4.) (S. 307).
[1444] Zutreffend wird verschiedentlich darauf hingewiesen, dass nach Argumentation des BGH die Einheitslösung ausschließlicher Anwendung der §§ 651c ff BGB auch die Fälle anfänglicher Unmöglichkeit erfassen muss, s. etwa *Teichmann*, NJW 1986, 759 (761); *Führich*, Reiserecht, § 7 I. 3. c) aa), Rn. 203, S. 162.
[1445] Siehe *OLG Frankfurt a.M.* RRa 2003, 110 (113): nur die ersten vier Tage des Urlaubs waren von den Auswirkungen eines Hurrikans betroffen, danach wurden die Reisenden in einen unbetroffenen Landesteil verlegt; dennoch entschied das *OLG*, „dass der Erholungswert der Urlaubsreise für die Reisegruppe der Klägerin auf Grund der vorangegangenen schwerwiegenden Katastrophenereignisse nachhaltig und fortwirkend entwertet worden war, so dass der mit der Reise erstrebte Nutzen auch für die verbleibenden Tage bis zum Rückflug nach Deutschland entfiel. ... Es erscheint ohne weiteres nachvollziehbar, dass ein derartiges Katastrophenereignis prägend auch für die folgenden Urlaubstage nachwirkt." S. *OLG Frankfurt a.M.* auch schon zuvor in RRa 1998, 68 (70).

heitsschäden, rückwirkend ausstrahlen und die zunächst mangelfrei verbrachten Urlaubstage im Nachhinein noch beeinträchtigen bzw. den Urlaub insgesamt gescheitert erscheinen lassen.[1446]

Besonders sensibel ist die Situation bei Ankunft des Reisenden im Zielgebiet. Der von der nicht selten langen und anstrengenden Anreise gestresste Reisende ist in diesem Moment besonders „verwundbar", und gerade zu diesem Zeitpunkt treten die meisten Mängel zutage. Denn naturgemäß stellt sich *bei Ankunft* heraus, dass beispielsweise gar kein Zimmer für den Reisenden gebucht ist oder aufgrund Überbuchung nicht zur Verfügung steht, dass das Hotel entgegen Katalogbeschreibung nicht in der erwarteten idyllischen Umgebung sondern inmitten mehrerer Grossbaustellen liegt, dass das Zimmer nicht den Meerblick und auch nicht das versprochene eigene Bad hat oder dieses verschmutzt ist - kurzum, die meisten Mängel offenbaren sich zu diesem Zeitpunkt.
Nicht umsonst wird daher in Verschärfung des Grundsatzes der Präsenz der Reiseleitung gefordert, dass diese bei Ankunft und in Folge am Ankunfts*tag* dem Reisenden zur Verfügung stehe, damit dieser unverzüglich Mängel anzeigen und Abhilfe verlangen kann.[1447]
Auch wird der besonderen Be- und Empfindlichkeit des Reisenden bei Ankunft zum Teil durch eine Verkürzung zumutbarer Abhilfefristen Rechnung getragen und zu Recht gefordert, der Reisende müsse am Ankunftstag spätestens nach 2-3 Stunden Wartezeit *die* bzw. *eine* Unterkunft beziehen und dort ohne wesentliche Beeinträchtigungen übernachten können, ansonsten kann er sofort zur Selbsthilfe übergehen und sich anderweitig einquartieren.[1448]

Bei Mängeln kurz vor Abreise ist Abhilfe bzw. Selbstabhilfe in der verbleibenden Zeit kaum mehr möglich, auch entsprechende angemessene Abhilfefristen lassen sich nicht mehr realisieren. Umgekehrt ist kurz vor ohnehin stattfindender Abreise einem Reisenden eher zuzumuten, dieses Reiseende im Rahmen einer Kündigung wegen Reisemangels mit Rückbeförderungsanspruch noch abzuwarten. Auch hat dieser späte Zeitpunkt Einfluss auf die Frage, ob der Reisende noch gehalten ist, ein Ersatzangebot des Umzugs in ein anderes Hotel als Abhilfeleistung anzunehmen, denn kurz vor Reiseende ist es ihm nicht zuzumuten, noch einmal umzuziehen und Hotel sowie Umgebung zu wechseln.[1449]

III. Typische Mängelarten

Hier soll keine Mängeltabelle erstellt und keine Kasuistik ausgebreitet, zumindest aber sollen ganz kurz typische Mängelarten genannt werden.[1450] Theoretisch sind der Vielfalt an

[1446] S. *OLG Frankfurt a.M.* RRa 1998, 70 [B. 2. 2. b)], *OLG München* RRa 2002, 57 (62) [I. 7.]; *AG Neuss* RRa 2000, 181 (182).
[1447] *LG Frankfurt a.M.* NJW 1985, 330; *Führich*, Reiserecht, § 7 III. 1. d) bb), Rn. 266, S. 209; *Seyderhelm*, § 651d Rn. 102; MüKo/*Tonner*, § 651c Rn. 55; *Pick*, § 651c Rn. 64.
[1448] *Tempel*, NJW 86, 547 (550) [III. 1.b)].
[1449] *Tempel*, Materielles Recht (2. Aufl.),. § 6 IV. 1. c) (6) a. E., S. 426.
[1450] Für eine eingehende Darlegung der Kasuistik gerade auch der folgend genannten häufigen Mängel vgl. die im Dritten Teil dargestellten Mängeltabellen sowie dortigen Verweise auf Entscheidungssammlungen in der Literatur, s. Dritter Teil D. IV. (S. 366) sowie dort Fn. 2191 u. 2193.

Reisemängeln zwar keine Grenzen gesetzt, tatsächlich haben sich aber typische Mängelarten herausgebildet, die den Großteil der forensischen Praxis ausmachen. Systematisch lassen sich die monierten Störungen in Mängel bei Beförderung, Mängel der Unterkunft, der Verpflegung und sonstige Mängel unterscheiden.

1.) <u>Beförderung</u>

Typische Mängel bei der Beförderung sind Verzögerungen und Wechsel der Fluggesellschaft;[1451] eine zeitlang war auch der enge Sitzabstand auf Flügen häufiger Gegenstand von Rechtsstreitigkeiten, v. a. hinsichtlich bestehender oder verwirklichter Thrombosegefahr, wobei ein Reisemangel regelmäßig abgelehnt wurde.

2.) <u>Unterkunft</u>

Im Rahmen der Unterkunft werden bemängelt Hygiene und Größe der Zimmer sowie deren Ausstattung (Mobiliar, fehlender Balkon/Klimaanlage/TV); Ungeziefer in der Unterkunft; desweiteren Lärm in der Umgebung und im Hotel selber. Als neuralgisch erweisen sich auch immer wieder die Punkte Bad und WC: häufig haben die Zimmer keine eigenen Toiletten/Bäder oder diese sind verschmutzt.[1452]

3.) <u>Verpflegung</u>

Bezüglich des Essens selber wird gelegentlich Eintönigkeit bzw. Zusammensetzung und Auswahl oder zu geringe Temperatur der warmen Speisen gerügt; bei der Essenseinnahme geben Wartezeiten am Büffet oder bei der Bedienung, überhaupt mangelhafte Bedienung sowie verschmutzte Plätze oder Besteck Anlass zu Unzufriedenheit bei den Reisenden.

4.) <u>Sonstige Fehler</u>

Der vertraglich vereinbarte Strand fehlt, ist verschmutzt, es fehlen Strandliegen und/oder Sonnenschirme. Häufig sind nach Leistungsbeschreibung zugesagte Einrichtungen nicht vorhanden oder mangelhaft. Hotel-Swimmingpools bzw. Hallenbäder sind verschmutzt, unbeheizt oder nicht vorhanden; in der Anlage fehlen häufig die Angebote zur Sportbetätigung, wie Tennisplätze, Segel-/Tauchschule und dergleichen, oder sonstige Einrichtungen, wie die Kinderbetreuung, Restaurant, Supermarkt, gerade auch Vergnügungseinrichtungen wie Diskothek, Kino, Animationsprogramm. Ausflüge fallen aus oder sind unbefriedigend.

In der Hotelanlage selber oder in unmittelbarer Umgebung befinden sich Baustellen oder sonstige Lärmquellen.
Die Reiseleitung ist schwer zu erreichen oder fehlt ganz, wenn sie erreichbar vorhanden ist, dann wird sie häufig als unfreundlich oder nicht hilfreich empfunden.

[1451] Vgl. hierzu umfangr. Nachw. bei *Teichmann*, JZ 2006, 445 (450), dort Fn. 70ff.
[1452] Zu Mängeln der Unterkunft s. umfangr. Rspr.-Nachw. bei *Teichmann*, a. a. O., S. 451, dort Fn. 87ff.

5.) Statistische Verteilung geltend gemachter Reisemängel

In ihrer Untersuchung zu Reklamationen in der juristischen Praxis erfolgte durch *Schlotmann* auch eine Erhebung zum jeweiligen Bezugspunkt der Beschwerden und zur Häufigkeit verschiedener Mängelarten.[1453] Dazu ist betonend vorauszuschicken, dass Bezugsgröße der folgend genannten Prozentzahlen nicht die Gesamtzahl der Reisen, sondern eben die Gesamtzahl der tatsächlich erfolgten Beschwerden ist, die für sich ja überhaupt nur in einem geringen Teil der Reisen erfolgen.[1454]

Dabei liegt der Schwerpunkt mit beinahe 80% bei Beschwerden über das Unterkunftsobjekt.[1455] Dies mag aber insofern nicht verwundern, als die übrigen Beschwerdekategorien Beförderung, Reiseveranstalter und Prospekt waren und somit unter „Objekt" praktisch alle eigentlichen Probleme vor Ort umfasst werden. Allerdings ergibt sich insgesamt auch aus der Heranziehung anderer Untersuchungen[1456] das Bild, dass als herausragend mangelanfälliger Teil der Reise die Unterkunft deutlich herausragt.[1457]

Etwas detaillierter aufgeschlüsselt nach den häufigsten Mängeln treten deutlich hervor die Ausstattung des Objekts (42%),[1458] der dortige Service (19%) und die Verpflegung (16%).[1459] Knapp 12% der Beschwerden betrafen die Lage der Unterkunft und deren Umfeld,[1460] Baulärm wurde in gut 14% der Fälle zum Problem. Immerhin knapp 17% beschwerten sich, weil sie eine andere als die gebuchte Leistung erhalten haben, also Ersatzleistungen[1461] im weitesten Sinne, beispielsweise eine andere Art von Zimmer oder auch ein ganz anderes Hotel.[1462]

Etwa 4% der Reisenden zeigten sich bei ihren Beschwerden unzufrieden mit der Reiseleitung. *Schlotmann* vergleicht dies mit einer Umfrage, bei der 3% der Befragten die Leistung der Reiseleitung mit sehr mangelhaft, 7% mit mangelhaft und 16% mit mittelmäßig bewerteten,[1463] und erklärt den Unterschied damit, dass bzgl. letzterer Ergebnisse nicht die tatsächlich erfolgten Beschwerden, sondern die Meinung aller Reisenden ermittelt wurde, unabhängig davon, ob sie sich tatsächlich beschwert hatten. Hieran zeigt sich die auch den

---

[1453] *Schlotmann*, Recht, C. II. 1. b), S. 94ff.

[1454] Vgl. *Isermann*, NJW 1988, 873 (878/879) [IV. 3.]; s. a. *Schlotmann*, Recht, B. II. 2., S. 76.

[1455] *Schlotmann*, Recht, C. II. 1. b), S. 95 u. dort Grafik 6.

[1456] *Schlotmann*, Recht, A. II. 1., S. 15.

[1457] S. a. das Resümee bei *Schlotmann*, Recht, C. II. 1. b), S. 104 u.

[1458] Die Erhebung *Schlotmanns* erfolgt eher tatsächlich denn juristisch unterteilt insofern, als zwischen Mängeln und jeweiliger Prospektbeschreibung unterschieden wird; daher wären auch zur Mangelart „Objektausstattung" die anderweitig vermerkten 3,7% der Beschwerden über die Beschreibung der Objektausstattung im Prospekt hinzuzuzählen, denn juristisch betrachtet führt eine falsche Beschreibung der Unterkunft im Prospekt zu einem Reisemangel der Unterkunft.

[1459] S. jeweils *Schlotmann*, Recht, C. II. 1. b), S. 98 u. dort Grafik 7, auch im Folgenden.

[1460] Zzgl. knapp 4% bemängelter Prospektbeschreibung von Lage und Umfeld, vgl. o. Fn. 1458.

[1461] S. dazu auch unten zur Abhilfeleistung Dritter Teil B. II. (S. 322).

[1462] *Schlotmann*, Recht, C. II. 1. b), S. 101.

[1463] *Schlotmann*, ebenda., S. 102; genannte Hauptkritikpunkte dabei waren, dass der Reiseleiter vorgebrachte Beschwerden abwimmelte (37%), wichtige Informationen vorenthielt (34%), mangelnde Ortskenntnis besaß (25%) und durch Unpünktlichkeit oder allgemein zu wenige Sprechstunden schlecht erreichbar war (12 bzw. 8%).

Zahlen bei *Isermann*[1464] m. E. zu entnehmende Tendenz, dass die meisten Reisenden empfundene Reisemängel schlicht hinnehmen, ohne deswegen gleich entschädigungsfordernd oder auch nur reklamierend tätig zu werden.

Interessant ist auch noch, dass nur knapp 8% der Beschwerden die Transportleistung - Beförderung zum und vom Urlaubsort (5,1 %) sowie den dortigen Transfer zum und vom Hotel (2,7%) - betrafen.[1465]

Dies mag verwundern, wo doch m. E. gerade hier erhebliches Potential liegt für Störungen und Unbequemlichkeiten durch Wartezeiten, Verzögerungen, enge, unbequeme Sitze, schlechten Service, Ausfälle etc. Der dennoch vergleichsweise geringe Anteil der gerügten Beförderungsmängel an den eingereichten Beschwerden lässt sich m. E. wohl auch darauf zurückführen, dass die Reisenden an die Beförderung selbst keine allzu hohen Erwartungen knüpfen und hier eher bereit sind, Einschränkungen hinzunehmen. Es wird noch an anderer Stelle darauf zurückzukommen sein,[1466] dass der Transport an sich eher als lästiges Mittel bzw. geradezu Übel zum Erreichen des eigentlichen Urlaubszweckes angesehen wird.[1467]

IV. Überbuchung als besonderer Fall des weitreichenden Mangels

Eine besondere Art von Reisemangel, die aufgrund ihrer Eigenheiten hinsichtlich Entstehung und Auswirkungen kurzer eigener Beleuchtung und Anmerkung verdient, ist die Überbuchung.

1.) Situationsbeschreibung

Die Geschichte der Überbuchung ist wohl schon so alt wie die des Pauschalreisetourismus überhaupt: schon bei der ersten, damals 1841 von Thomas Cook als erstem Veranstalter einer Pauschalreise im modernen Sinne organisierten Reise[1468] kam es zu einem erheblichen Andrang, „570 Fahrgäste drängelten sich am 5. Juli in neun verdecklosen Stehplatz-Waggons“[1469] Und noch ein Zweites lernt man aus diesem Ur-„Sündenfall“, so man im Rückblick aus heutiger Sichtweise eine wegen Überfüllung vorliegende Schlechterfüllung unterstellt: dass nämlich die Gesetze der Selbstregulierungskräfte des Marktes bzw. dabei der Kunden als entsprechend „sanktionierend“ Handelnde realiter schlicht nicht funktionieren: die Reisen des Herrn Cook wurden immer beliebter.

Und auch heute ist die Überbuchungsproblematik allgemein bekannt, der Verbraucher hat aber angesichts des weitgehenden Angebotsoligopols von praktisch wenigen einzelnen großen Touristikkonzernen[1470] kaum eine Wahl, denn Überbuchungen kommen bei diesen al-

---

[1464] S. *Isermann*, NJW 1988, 873 (878f) [IV.], mit einer Reklamationsquote von 1% und einer Klageerhebung in 0,04% der Zahl der Gesamtbuchungen.

[1465] *Schlotmann*, Recht, C. II. 1. b), S. 98 u. 103.

[1466] S. u. Dritter Teil D. III. 1.) b) (S.359) u. dort Fn. 2144.

[1467] S. a. *OLG Celle* RRa 2003, 12.

[1468] S. zur Historie oben Einleitung (S. 2).

[1469] „Urlaub für jedermann“, in: Der Tagesspiegel, Sonntagsbeilage, Ausg. v. 24. 6. 2006, S. B 03.

[1470] Laut der Übersicht „Fakten und Zahlen zum deutschen Reisemarkt“, Ausgabe 2006, hrsg. v. DRV, S. 13, entfielen im Jahre 2005 auf die größten fünf Veranstalter zusammen 81,7% des effektiven Marktvolumens.

len vor, auch weil es oft ursächlich nicht an den Veranstaltern, sondern an der Kontingentierungspraxis ihrer Leistungsträger liegt, der Fluggesellschaften und insbesondere der Hotels vor Ort. Daher sind es oft veranstalterunabhängig die gleichen Hotels und Destinationen, die unter chronischer Überbuchung leiden. Dennoch sind auch diese vom Leistungsträger (Hotel, Fluggesellschaft) selbst herbeigeführten Überbuchungen selbstverständlich dem Veranstalter zuzurechnen, dessen Erfüllungsgehilfe sie sind, § 278 BGB.

Das besondere Problem der Überbuchung stellt sich tendenziell um so eher, je mehr Nachfrage für eine Reiseleistung besteht, dabei das Angebot aber aus welchen Gründen auch immer nicht beliebig erweitert bzw. dem Bedarf angepasst werden kann.

Zur Erläuterung dieser Situation mögen als illustratives, geradezu Schulbeispiel die Malediveurlaube gelten - nicht umsonst beschäftigen sich zu Überbuchung und Ersatzunterbringung ergangene Urteile auffällig häufig mit Maledivenreisen.[1471]

Diese Maledivenreisen haben die Unterkunft auf einer recht kleinen Insel zum Gegenstand, so dass in der Regel jede Insel mit der darauf befindlichen einzigen Hotelanlage identisch ist mit typischerweise 40 bis 100, selten mehr als 130 Zimmern bzw. Bungalows. Die Zahl der verfügbaren Inseln ist beschränkt, weniger als 100 sind von der Regierung für den Tourismus überhaupt freigegeben, und beschränkt ist auch der Platz auf den typischerweise zwischen 100x200m bis etwa 500x2.000m großen Inseln.[1472] Diese eingeschränkte Kapazität trifft auf eine hohe Nachfrage und entsprechend hohe Auslastung, 2003 bereisten erstmals über 500.000 Besucher pro Jahr die Inseln.[1473]

Hinzu kommt, dass diese Inseln auch nicht untereinander beliebig austauschbar sind. Sie unterscheiden sich in den natürlichen Gegebenheiten und vorhandenen Einrichtungen der Hotelanlagen, es gibt ruhigere kleine und lebhaftere größere Inseln, auch die Nähe zu besonderen Tauchplätzen oder die Möglichkeit zum Hausriff-Tauchen oder Surfen ist nicht gleichförmig gegeben. Schließlich unterscheiden sich auch die Hotelanlagen selbst in Ausstattung und Komfort - auch innerhalb gleicher Kategorie gibt es merkliche Unterschiede in Ausstattung und Service, bestimmte Inseln haben insofern einen gewissen „Ruf".

Kurzum, die Inseln sind nicht homogen austauschbar. Viele Wiederholungsurlauber bevorzugen ganz bestimmte Inseln, auch aufgrund der nicht unerheblichen Kosten einer solchen Reise bereiten sich Reisende auf diesen „Traumurlaub" vor und informieren sich entsprechend vorher besonders über „ihre" Insel, die sie gezielt aussuchen. Dabei bilden sich über die verschiedensten Informationsquellen einige allgemein besonders beliebte Inseln heraus.

Das Angebot kann aufgrund dieser verschärften Bedingungen vor allem bei den besonders beliebten Inseln kaum mit der Nachfrage mithalten. Immer wieder kommt es daher vor, dass die Unterkunftskontingente auf den beliebteren Inseln überlastet sind. „Überzählige" Reisende werden daher, häufig erst kurz vor Antritt der lange vorbereiteten Reise oder gar erst

[1471] S. etwa *BGH* 2005, 1047; *OLG Frankfurt a.M.* RRa 1998, 68; *OLG Celle* RRa 2002, 260; *AG Hanau* RRa 1997, 112.

[1472] Vgl. zu den Angaben die Übersicht in der Zeitschrift Unterwasser, Heft 01/2004, S. 62.

[1473] S. *Shihab*, Malediven aktuell, in: Unterwasser, Heft 01/2004, S. 11.

vor Ort, mit dieser Situation konfrontiert. Sie erhalten nicht die von ihnen gewünschte Insel, sondern werden auf einer der weniger attraktiven Inseln untergebracht, die als solche aus den verschiedensten Gründen nicht primär von den Reisenden gewählt werden.

Kaum ein Reisender will die lange ersehnte Reise nun einfach stante pede völlig abbrechen und wird daher wohl oder übel die Ersatzinsel akzeptieren.[1474] Zumindest bisher[1475] war ein derartiges Verfahren für die Veranstalter anscheinend ein kalkulierbares Risiko; nur wenige Reisende verweigern den angebotenen Ersatz und wollen sich auch nach der Reise nicht noch mit einem Prozess herumärgern.

Und selbst in einem solchen Fall blieb das Risiko bisher für die Veranstalter kalkulierbar, weil häufig nach der Rechtsprechung bei Ersatzunterbringung zumeist nur eine relativ geringfügige Minderung angenommen wurde im Bereich von etwa 10-25%,[1476] nachdem bei gleicher Kategorie und Reiseziel ja eine scheinbar vergleichbare Reiseleistung erbracht wurde.

Überbuchungssituationen treten natürlich auch abseits der Malediven auf, zeitweise etwa in beliebten Badeorten der Türkei; sie sind leider als allgemein nicht ungewöhnlich anzusehen.[1477] Auch unterliegen derartige überbuchungsneuralgische Reisegebiete zum Teil einem gewissen Wandel, je nach Verbraucherverhalten bzw. Reisemode und dem Schritthalten der Urlaubsgebiete mit der sich ändernden Nachfrage. Besonders häufig treten Überbuchungen auch hinsichtlich des Beförderungselements der Pauschalreise auf, bei den Flugverbindungen. Hier wird von den Fluggesellschaften - insbesondere bei Linienflügen, aber teilweise auch bei den für die Pauschalreisen bedeutenderen Charterflügen - zur Vermeidung leerer Sitzplätze von vornherein eine gewisse Anzahl nicht antretender Flugpassagiere (sog. „no-shows") pro Flug einkalkuliert und es werden daher entsprechend von vornherein mehr Plätze vergeben, als überhaupt an Bord vorhanden sind.

Hinter den absichtlich herbeigeführten[1478] Überbuchungen steht die Überlegung, dass erfahrungsgemäss ein gewisser statistischer Anteil der Reisenden die Reise nicht antreten wird[1479]; um dennoch die Kapazität voll auszunutzen, werden diese Nicht-Erscheinenden von vorneherein einkalkuliert. Die Motivation der Veranstalter - oder auch der Leistungs-

---

[1474] S. a. *Fischer*, RRa 2005, 98, zur notgedrungenen Bereitschaft der Reisenden, Ersatzangebote zu akzeptieren, weil sie in der Regel den Urlaub nicht verlegen könnten, „was den Reiseveranstaltern bekannt ist und womit sie u. U. sogar rechnen".

[1475] Eine Änderung des Überbuchungsverhaltens der Veranstalter erwartet angesichts des klaren Urteils des *BGH* NJW 2005, 1047, u. a. *Schmid*, LMK 2005, 67; ähnlich meint *Tonner*, JZ 2005, 734 (735), dass die Veranstalter nun stärker gegen Überbuchungen werden vorgehen müssen, insbesondere im Rahmen ihrer Reservierungsverträge mit den Hoteliers.

[1476] Vgl. hierzu die eingehende Rechtsprechungsübersicht bei *Führich*, Reiserecht, § 9 III. 1. a), Rn. 314.

[1477] *Führich*, Reiserecht, § 13 II. 3. b), Rn. 491, spricht von einer „eingerissenen Unsitte"; nach der Erhebung durch *Schlotmann*, RRa 1995, 2 (6), betreffen 16,9% der Beschwerden die Kategorie „Modifikation-Überbuchung" und damit Fälle, in denen die Kunden in einer anderen als der gebuchten Unterkunft untergebracht wurden; und auch der berühmten Entscheidung des *BGH* zur Einheitslösung, BGHZ 97, 255, s. u. Dritter Teil A. I. 4.) (S. 307), lag ein Fall der Überbuchung zugrunde.

[1478] Nämlich zur Leerkapazitätenvermeidung - natürlich können sich Überbuchungen auch aufgrund versehentlicher Fehlorganisation ergeben, was aber gleichwohl als Fahrlässigkeit gem. §§ 276, 278 BGB ein Verschulden des Veranstalters begründet; s. *Schmid*, LMK 2005, 66 (67).

[1479] *Staudinger/J. Eckert*, § 651a Rn. 165.

träger, die mehr Kontingente an Veranstalter vergeben, als sie Kapazität haben - liegt auf der Hand: leerstehende Zimmer auf der vom Veranstalter kontingentierten Ferieninsel oder ein leerer Sitzplatz auf dem ohnehin fliegenden Flugzeug sind teuer. Die Veranstalter sind an einer möglichst vollständigen Auslastung interessiert. Hotels werden zu 110% belegt, weil sie erfahrungsgemäß von 10% Absagen ausgehen.[1480] Ein Problem ergibt sich natürlich dann, wenn alle Reisenden vertragsgemäß erscheinen und die vereinbarte Leistung in Anspruch nehmen wollen.

2.) Juristische Begriffsbewertung

Bei einer Überbuchung wird also eine Reiseleistung - typischerweise die Unterkunft oder auch der Transport - häufiger vergeben, als sie vorhanden ist. Der Begriff bezieht sich damit nicht - wie man bei juristischem Verständnis der „Buchung" als Antrag § 145 BGB meinen könnte[1481] - auf zu viele Anfragen auf eine Reiseleistung, sondern diese ist tatsächlich öfter vertraglich geschuldet, als sie geleistet werden kann.

Unter Überbuchung versteht man demnach etwas, das von außen betrachtet verblüfft: der „Verkäufer" Reiseveranstalter verkauft wissentlich von vornherein verbindlich mehr „Ware", als er hat, und schafft so – zumeist sehenden Auges, also bedingt vorsätzlich, bzw. u. U. sogar ganz absichtlich[1482] – eine Unmöglichkeit. Einem Außenstehenden erscheint eine solche Verfahrensweise als ein Unding. Aus den Augen der Tourismuswirtschaft allerdings handelt es sich um etwas völlig normales, ja Selbstverständliches: ist es nicht wirtschaftlich sinnvoller, die Flugzeuge fliegen regelmäßig ausgelastet, und gelegentlich bleiben eben einzelne überzählige Passagiere außen vor, als wenn umgekehrt ständig 10% leere Sitzplätze teuer durch die Luft bewegt werden?

Ökonomisch mag dies einleuchten - rechtlich kann dies aber die Nichtleistung gegenüber dem einzelnen Gläubiger nicht rechtfertigen; für diesen ist - auch unjuristisch - allein entscheidend, dass er nicht die Leistung erhält, die er fest vereinbart und in der Regel auch schon bezahlt hat.[1483] Bei einem Bäcker käme auch niemand auf die Idee, dieser dürfe mehr Gebäck und Torten zur Lieferung an mehrere stattfindende Veranstaltungen zu einem bestimmten Anlass zusagen, als er hernach herstellen bzw. liefern kann, mit der Begründung, es könne ja sein bzw. ist für diesen erfahrungsgemäss sogar in aller Regel so, dass einige Veranstaltungen ausfallen oder ohnehin meist etwas übrig bleibt. Die Analogie dieses Beispiels hinkt zwar ein wenig, trifft aber doch den Kern der Sache: Bäcker wie Reiseveranstalter haben einen festen Anspruch auf ihre Vergütung aufgrund des jeweiligen Vertrages. Wenn die Gegenseite die angebotene Leistung nicht annimmt, behält der Bäcker dennoch seinen Anspruch auf Zahlung des vereinbarten Preises. Und auch der Reiseveranstalter er-

---

[1480] Schmitt, JR 1987, 265.

[1481] S.o. Erster Teil B. I. 2.) a) (S. 39).

[1482] Nämlich in den (eher selteneren) bewusst herbeigeführten Fällen, in denen die Gäste dann vom beliebten überbuchten Hotel des Reiseangebots als Ersatz auf ein weniger ausgelastetes, da weniger attraktives Objekt des Veranstalters verlegt werden.

[1483] S. a. *Schmid*, LMK 2005, 67 u.

hält in einem solchen Fall über § 651i II BGB mindestens eine weitgehend der Vergütung entsprechende Entschädigung, obwohl er die Leistungen nicht erbringen muss, denn im Reisevertragsrecht verliert der Reisende bei Annahmeverzug aufgrund des Fixcharakters des Reisevertrages seinen Anspruch auf die Reise.

Im Unterschied zu den typischen anderen Reisemängeln handelt es sich bei der Überbuchung nicht darum, dass der Schuldner aus Nachlässigkeit in Organisation und konkreter Leistungserbringung eine mangelhafte Leistung etwa bei einem unzureichenden Frühstück, nicht hinreichend gesäubertem Zimmer o. ä. quasi „geschehen lässt", vielmehr wird mit der Überbuchung bei einer ansonsten eigentlich mangelfrei erbringbaren Reise schuldhaft ein Mangel herbeigeführt. Am Vertretenmüssen des Veranstalters ändert sich dabei weder etwas dadurch, dass die Überbuchung möglicherweise durch seinen Leistungsträger als Erfüllungsgehilfen gem. § 278 BGB herbeigeführt wurde, noch dadurch, dass es sich bei der Überbuchung um eine verbreitete, in der Branche quasi „übliche" Unsitte handelt.[1484]

3.) Gebot zur Annahme einer Ersatzleistung

Hinsichtlich der Zumutbarkeit einer im Zusammenhang mit der überbuchten Unterkunft häufig angebotenen Ersatzleistung ist äußerste Zurückhaltung angezeigt, damit eine solche Vorgehensweise nicht letztlich effektiv auf ein faktisches einseitiges Leistungsbestimmungsrecht des Reiseveranstalters entgegen der festen vertraglichen Vereinbarung hinausläuft. Für derartige Bedürfnisse eines Veranstalters, der verschiedene Hotelanlagen in einer Region flexibel belegen können möchte, steht das Modell einer vertraglich vereinbarten Auswahlmöglichkeit im Rahmen der Fortunareise[1485] zur Verfügung.

Hinsichtlich einer wie auch immer aus den juristischen Folgen resultierenden faktischen Verpflichtung bzw. Zwang zur Annahme eines Ersatzangebots ist zunächst zu bedenken, dass für die Zumutbarkeit eines Ersatzangebotes nicht auf Preis und Kategorie als objektive Werte abgestellt werden kann, sondern an der u. U. subjektiv begründeten Wahl des ursprünglichen Hotels als Teil des vom Reisenden realisierten Reisecharakters festgehalten werden muss.[1486] An der Fehlereigenschaft der Umbuchung in ein anderes Quartier vermag auch ein objektiv gleicher oder gar höherer Marktwert dieser Abhilfeleistung grundsätzlich zunächst nichts zu ändern. Um eine Analogie zum Autokauf zu bemühen, die die Situation aber vielleicht greifbarer macht: Wenn ich als seriösen Geschäftswagen oder aus welchen Gründen auch immer ein Auto Marke/Typ XY in grau bestellt habe, und bekomme auch genau dieses Modell XY, aber in neongelb ausgeliefert, dann haben beide Fahrzeuge zwar den gleichen objektiven Wert und Katalogpreis - dennoch würde in diesem Fall wohl niemand auf die Idee kommen, deswegen die Fehlerhaftigkeit dieser Leistung abzulehnen. Und

---

[1484] *Führich*, Reiserecht, § 13 II. 3. b), Rn. 491.

[1485] S. o. Zweiter Teil D. III. 2.) m) (S. 236).

[1486] S. dazu auch völlig zutreffend *Staudinger/J. Eckert*, § 651a Rn. 165, wonach der Reiseveranstalter sich bei Überbuchung nicht durch ein gleichwertiges Ersatzangebot einseitig von seinen Verpflichtungen lösen könne; er verweist auf die „höchst individuelle Entscheidung des Reisenden für ein bestimmtes Urlaubsziel", weshalb eine Gleichwertigkeit ohnehin schwer feststellbar sei.

zwar selbst dann nicht, wenn die gelbe Lackierung sogar wesentlich teurer und objektiv damit sogar einen höheren Vermögenswert hat.

Wer eine objektiv gleichwertige Ersatzleistung für ausreichend erachten will,[1487] verkennt die - aus welchen subjektiven Gründen auch immer - vorgenommene Wahl des Reisenden, die sich in einem konkreten Vertragsinhalt niedergeschlagen hat, und dass eine solche Ansicht unter Aufhebung des Vertragsbindungsgrundsatzes letztendlich ein einseitiges Leistungsbestimmungsrecht des Veranstalters begründen und jede Reise zu einer unfreiwilligen Fortunareise (s.o.) auf dem objektiven Niveau der gewählten Kategorie machen würde.[1488]

Außer in den Ausnahmefällen, in denen zweifelsfrei ausschließlich klare objektive Gründe für die Wahl der gebuchten Reise durch den Reisenden bestehen, und diese identisch durch die Ersatzreise erfüllt werden, kann daher schon von vornherein keine wie auch immer geartete Verpflichtung (etwa hinsichtlich der Mitwirkungspflicht zum Gelingen der Reise, § 242 BGB) bzw. Obliegenheit (hinsichtlich des Erhalts der Gewährleistungsrechte) des Reisenden bestehen, die angebotene Ersatzreise anzunehmen.[1489]

Allenfalls Überlegungen zu Treu und Glauben könnten einen Ansatzpunkt dahingehend bilden, ob in einem Extremfall eine unzulässige Rechtsausübung vorliegt, wenn sich die Ablehnung des Ersatzangebotes durch den Reisenden als rein willkürlich und sachfremd, aufgrund nicht schützenswerter Motive erfolgend darstellt - der *BGH* nennt als Beispiel die schlichte Vertragsreue.[1490]

Auch dann ist aber m. E. im Wertungsrahmen von Treu und Glauben das seinerseits vertragsbrüchige Verhalten des Veranstalters zu berücksichtigten, der die Überbuchungssituation ja zu verantworten hat. Mangels eigener Vertragstreue vermag sich also auch aus Treu und Glauben kaum ein rechtlicher Ansatzpunkt des Veranstalters hinsichtlich eines Rechts zur Erfüllung mit einer Ersatzleistung ergeben, und somit umgekehrt kein entsprechender

---

[1487] *Schmid*, LMK 2005, 66 [2. a)], nennt eine bei einigen Reiseveranstaltern verfestigte Ansicht, man müsse bei Überbuchung des gebuchten Hotels dem Reisenden nur ein Ersatzangebot unterbreiten, um seine Vertragspflichten zu erfüllen; vgl. ähnlich auch *Tonner*, JZ 2005, 734 (735), mit dem Verweis darauf, dass man bei den üblichen Leistungsänderungsvorbehalten davon ausgegangen sei, dass gleichwertige Ersatzunterkünfte in derselben Urlaubsregion zu akzeptieren seien, und dass in der Praxis die Unterbringung in Ersatzquartieren grundsätzlich als legitim angesehen werde; s. a. MüKo/*Tonner*, § 651a Rnn. 116f; s. a. *Schlotmann*, Recht, A. V. 1., S. 45, die eine „herrschende Meinung“ beschreibt, dass ein Reisender eine gleichwertige Ersatzleistung akzeptieren müsse, da die einzelnen Reiseleistungen in bestimmtem Rahmen austauschbar seien, dem Veranstalter daher ein gewisser „Spielraum zur Gestaltung“ zugestanden werde.

[1488] S. a. die Schilderung einer Gefahr, dass die Veranstalter ein solches Vorgehen benutzen, um anderweitig bestehende Leerkapazitäten aufzufüllen, bei *Niehuus*, Reiserecht, § 6 Rn. 56, S. 248. Vgl. auch die eindringliche Schilderung der Verfahrensweisen der Veranstalter in der Praxis bei *Schlotmann*, Recht, C. II. 1. b), S. 102, wonach die Vertragsabweichungen wegen Überbuchung von den Veranstaltern bereits einkalkuliert würden und die bisherige Rechtsprechungspraxis als Freibrief für ein solches Verhalten aufgefasst werde; auch Hotels, die für ihre ständigen Überbuchungen bekannt sind, würden weiterhin mit unverändertem Belegungskontingent angeboten, und selbst wenn schon die ersten Überbuchungen aus der Situation vor Ort gemeldet werden, würde dennoch auf einen Buchungsstopp verzichtet. Die Reisekunden würden über die absehbare Unmöglichkeit der buchungsgemäßen Unterbringung bewusst nicht informiert, um eine Kündigung durch die Reisenden zu verhindern. Wenn die Reisenden dann vor Ort gleichwertig in einem anderen Objekt untergebracht werden können, seien die Veranstalter noch nicht einmal zur Zahlung einer Minderung verpflichtet.

[1489] *BGH* 2005, 1047 (1048); *LG Frankfurt a.M.* RRa 2006, 264; *Staudinger/J. Eckert*, § 651a Rn. 165.

[1490] *BGH* NJW 2005, 1047 (1048) [II. 2. f) (1)].

Zwang des Reisenden zur Annahme. Ein ausnahmsweise geradezu missbräuchlich wirkendes ablehnendes Verhalten des Reisenden könnte lediglich anspruchsmindernd als Obliegenheitsverletzung im Rahmen eines Mitverschuldens zu berücksichtigen sein[1491] - aber eine wie auch immer geartete originäre Pflicht zur Annahme des Ersatzangebotes kann juristisch für den Reisenden nicht bestehen.[1492]

Der Reisende *kann* eine angebotene Ersatzleistung annehmen, und diese Abhilfe ist auch zu berücksichtigen hinsichtlich bei der quantitativen Bewertung der Intensität der verbliebenen Mangelhaftigkeit der Reise - er ist dazu aber nicht verpflichtet, und grundsätzlich bleibt es dabei, dass ein erheblicher Reisemangel vorliegt.

4.) Rechtsfolgen

Aufgrund des Wesens der Überbuchung tritt diese nicht in „leichter" und „schwerer" Form auf, vielmehr stellt sie sich jedes Mal als schlichte Unmöglichkeit, als völliger Ausfall der betroffenen vertraglich vereinbarten Leistung dar. Unterschiede bestehen allenfalls dahingehend, welche Teil-Reiseleistung betroffen ist, und ob angesichts der Unmöglichkeit eine (und welche Art von) Ausweichmöglichkeit angeboten wird.

Überbuchung ist eine mindestens fahrlässig, wenn nicht bedingt vorsätzlich herbeigeführte Unmöglichkeit der Erbringung der vertraglich geschuldeten Leistung, im Gegensatz etwa zu dem Fall, in dem eine solche Unmöglichkeit unverschuldet wegen höherer Gewalt eintritt, z.B. das Hotel wegen Naturgewalten tatsächlich einfach nicht mehr da ist[1493] oder aufgrund derartiger Ereignisse beschädigt wurde und daher nur noch eine geringere Zahl an Zimmern zur Verfügung steht. Nachdem die Überbuchung als Grund der Nichterbringbarkeit der Reiseleistung aus der Betriebssphäre des Veranstalters herrührt, kann sie kein Fall höherer Gewalt sein, s. a. Art. 4 VI 3 lit. ii der EG-Pauschalreiserichtlinie.[1494]

Überbuchung führt zu einer Nichterfüllung in Form mindestens der Teil-, oft genug auch der völligen Unmöglichkeit; beides fällt im Reisevertragsrecht im Rahmen der Einheitslösung ohnehin unter den universalen reisevertragsrechtlichen Leistungsstörungsbegriff des Reisemangels.[1495]

Daran vermag auch eine gleichzeitig angebotene Abhilfeleistung,[1496] also bspw. eine Ersatzunterkunft in einer anderen Hotelanlage statt der überbuchten, nichts ändern.[1497]

[1491] S. hierzu Dritter Teil G. IV. 4.) b) (S. 462).

[1492] *Schmid*, LMK 2005, 66.

[1493] Vgl. den Fall *BGH* NJW 83, 218, in dem das Hotel durch ein Erdbeben zerstört wurde.

[1494] Ohnehin werden auch Fälle höherer Gewalt nach deutschem Reisevertragsrecht im Rahmen der verschuldensunabhängigen Einstandspflicht des Veranstalters grundsätzlich als Reisemängel aufgefasst, eine Besonderheit besteht lediglich in Form der Sonderregelung des § 651j BGB mit einer beiderseitigen Kündigungsmöglichkeit; s. dazu den nächsten Abschnitt.

[1495] S. u. Dritter Teil A. I. 4.) (S. 307),

[1496] *Schmid*, LMK 2005, 66, klassifiziert die Ersatzunterkunft als Leistung an Erfüllungs Statt; dies ist unpräzise, denn diese allgemeine Rechtsfigur geht m. E. gerade auch unter Beachtung der Einheitslösung, s. u. Dritter Teil A. I. 4.) (S. 307), in dieser Konstellation in der reisevertragsrechtlichen Figur der Abhilfe auf.

[1497] S. *Schmid*, LMK 2005, 66.

Auch dürfte kein Zweifel daran bestehen, dass es sich im Rahmen der verschuldensunabhängigen Einstandspflicht schon im Sinne der Risikosphärentheorie[1498] um eine Störung handelt, die aus dem betrieblichen Bereich des Veranstalters herrührt. Insofern liegt ein Reisemangel vor, der grundsätzlich die entsprechenden Gewährleistungsrechte auslöst.

Doch darüber hinaus liegt auch das für Schadensersatzansprüche zusätzlich erforderliche Verschulden vor. Unabhängig davon, ob der Reiseveranstalter selbst die Überbuchung herbeiführt, oder diese möglicherweise sogar ohne Kenntnis des Veranstalters vom Leistungsträger verursacht wird - beispielsweise vom Hotelier, der mehr Kontingente an verschiedene Veranstalter vergibt, als er tatsächlich an Kapazitäten zur Verfügung hat. Auch in letzterem Fall ist dieses Verschulden seines Erfüllungsgehilfen dem Veranstalter zuzurechnen gem. § 278 BGB. In der Regel betrifft die Überbuchung den Ausfall von Unterkunft oder Flug und stellt damit eine erhebliche Beeinträchtigung bzw. völlige Vereitelung der Reise dar.

Somit steht dem mit der Überbuchung konfrontierten Reisenden wegen dieses Reisemangels die ganze Palette an Gewährleistungsrechten zu:

Der Reisekunde, dem eröffnet wird, dass bspw. sein Flug oder seine Hotelunterkunft wegen Überbuchung nicht zur Verfügung steht, hat zunächst Anspruch auf Abhilfe gem. § 651c II BGB. Und es ist auch zumindest theoretisch denkbar, dass der Veranstalter einen der anderen Gäste durch entsprechende Anreize dazu bewegen kann, seinen Platz zu räumen und ein anderweitiges Angebot des Veranstalters anzunehmen.
In aller Regel wird aber ein solches Ersatzangebot als erweiterte Abhilfe[1499] dem betroffenen Reisenden selbst angeboten werden, auf ein solches Ersatzhotel oder Ersatzflug hat der Reisende nach § 651c II BGB auch einen Anspruch,[1500] de iure eigentlich auch auf eine im Rahmen des Reisecharakters vergleichbare höherwertige Ersatzleistung, - die Mehrkosten dafür trägt der Veranstalter -, wenn nur so für Abhilfe gesorgt werden kann.

Juristisch durchsetzbar dürfte dieser rechtliche Anspruch vor Ort im Ausland aus praktischen Gründen allerdings nicht sein, allenfalls bei einer Bekanntgabe der Überbuchung und Auseinandersetzung zwischen Reisendem und Veranstalter einige Zeit *vor* Reiseantritt wäre einstweiliger Rechtsschutz denkbar.

Umgekehrt ist der Reisende aber nicht *verpflichtet*, ein solches Ersatzangebot anzunehmen, erst recht, soweit seine Ablehnung im weitesten Sinne sachlich begründet, jedenfalls nicht völlig willkürlich erscheint.[1501] Ein solcher Grund liegt in jeder nicht völlig unerheblichen Abweichung des Ersatzangebotes von der ursprünglich gebuchten Reiseleistung, gemessen am Reisecharakter. Auch ein unzureichendes Ersatzangebot *kann* der Reisende annehmen, ohne dabei seine Gewährleistungsrechte bzgl. der dennoch verbleibenden Mangelhaftigkeit zu verlieren; er *muss* es aber nicht - so weit kann seine Mitwirkungspflicht zum Gelingen der Reise nicht reichen.

[1498] S. o. Zweiter Teil C. III. 1.) (S. 154).
[1499] S. allgemein zur Abhilfe Dritter Teil B. (S. 318).
[1500] S. a. Dritter Teil B. II. 3.) b) (S. 325) u. B. II. 5.) (S. 331).
[1501] Vgl. *BGH* NJW 2005, 1047 (1048); s. dazu auch Dritter Teil B. II. 5.) b) (S. 333) u. B. III. 2.) (S. 339).

Wird dem Reisenden keine Abhilfe angeboten, kann er unter den Voraussetzungen des § 651c III BGB zur Selbstabhilfe schreiten.[1502] Wegen der zumindest prinzipiell möglichen Abhilfe, s. o., ist dabei nicht von vornherein auf ein entsprechendes Abhilfeverlangen des Reisenden zu verzichten.[1503]
Er kann sich also nach erfolglosem Abhilfeverlangen beispielsweise auf eigene Faust ein Ersatzhotel suchen oder bei Überbuchung seines Fluges ins Zielgebiet selbst um einen Ersatzflug kümmern und seinem Urlaub quasi „nachfliegen"; die dafür erforderlichen Ausgaben erhält er gem. § 651c III 1 HS 2 BGB vom Veranstalter ersetzt. Eine gesuchte Ersatzunterkunft muss sich dabei im wesentlichen am ursprünglich gebuchten Objekt orientieren und damit innerhalb des Reisecharakters bewegen.[1504]

Soweit dem Reisenden keine Abhilfe durch doch noch erfolgende Erbringung der ursprünglich geschuldeten Reiseleistung oder durch eine gleichwertige Ersatzleistung geboten wird und der Reisende auch nicht selbst für Abhilfe sorgen kann, bleibt die Reise mangelhaft und dies mindert entsprechend den Reisepreis.[1505] Mit der Nichterbringung der ursprünglichen Unterkunftsleistung liegt ein erheblicher Mangel vor und der Reisende kann den Vertrag kündigen, unabhängig davon, ob bei Annahme der vom Reisenden abgelehnten anderweitigen Ersatzunterbringung etwa die sonst erforderliche Schwelle der erheblichen Beeinträchtigung nicht erreicht würde.[1506]
Diese Kündigung richtet sich nach den Voraussetzungen des § 651e BGB und nicht nach § 651j BGB, da eine Überbuchung schon begrifflich als aus der betrieblichen Sphäre des Veranstalters herrührende Störung keinesfalls einen Fall höherer Gewalt darstellen kann.
Falls der Reisende vor Ort kündigt, ist er gem. § 651e IV BGB umgehend vom Veranstalter nach Hause zu befördern sowie bis zu dieser Abreise unterzubringen und zu versorgen; die Kosten dafür trägt der Veranstalter.[1507]

Zwar liegt mit der Überbuchung eine schuldhafte Pflichtverletzung durch den Veranstalter vor, Schadensersatzansprüche nach § 651f I BGB dürften aber dennoch nur eingeschränkt in Betracht kommen. Denn falls der Reisende wie oben angedeutet selbst für Unterkunft oder Flug gesorgt hat, sind ihm die Ausgaben dafür im Rahmen des Erstattungsanspruchs des § 651c III 1 BGB vom Veranstalter zu ersetzen, er hätte theoretisch sogar vor Ort schon aus dieser Norm Anspruch auf Vorausleistung dieser Aufwendungen für die Vornahme der Selbstabhilfe.[1508] Der ohne entsprechende Gegenleistung gezahlte Reisepreis wird ihm über den aus der Minderung folgenden Rückzahlungsanspruch erstattet.[1509] Insofern verbleibt ein

[1502] Zur Selbstabhilfe s. u. Dritter Teil C. (S. 341).
[1503] So aber *OLG Frankfurt a.M.* RRa 1998, 68 (69/70).
[1504] Vgl. *Tempel*, RRa 2000, 107 (112/113) [III. 5. b) (1)].
[1505] Zur Minderung allgemein s. Dritter Teil D. (S. 350).
[1506] *OLG Frankfurt a.M.* RRa 1995, 224 (225).
[1507] S. u. Dritter Teil E. III. 3.) (S. 415).
[1508] *Niehuus*, Reiserecht, § 6 Rn. 95; s. a. Dritter Teil C. III. (S. 350).
[1509] S. u. Dritter Teil F. I. a. E. (S. 419).

Anwendungsbereich des § 651f I BGB hauptsächlich im Falle einer Reisekündigung für vergebliche Aufwendungen wie etwa die Kosten für Visa und Impfungen.[1510]

Allerdings ergibt sich in aller Regel ein substantieller Anspruch aus § 651f II BGB für nutzlos aufgewendete Urlaubszeit. Das mit der Reise vom Reisenden verfolgte Erholungserlebnis[1511] wurde wegen der Überbuchung verfehlt; die Reise wurde durch die Nichtleistung der vertraglich geschuldeten Leistung vereitelt; auf die Frage, ob bei Annahme der angebotenen Ersatzleistung aufgrund der relativ geringfügigen Abweichungen nur eine unerhebliche Beeinträchtigung und damit die Voraussetzung des § 651f II BGB (Erheblichkeit) nicht vorgelegen hätte, kommt es daher nicht an.[1512] Ausdruck für den finanziellen Wert dieses immateriellen Begriffs des mit der Reise verbundenen Erholungserlebnisses ist der Reisepreis, den der Reisende für diesen Urlaub zu zahlen bereit war.
Nur hierbei, im Rahmen der Schadensminderungsobliegenheit § 254 II 1 Var. 3 BGB und aufgrund des vorliegenden besonderen Entschädigungsgegenstandes des immateriellen Erholungserlebnisses, kann ein Ersatzangebot eine Rolle spielen, und zwar wenn das ausgeschlagene Ersatzangebot durch den Veranstalter angesichts des Reisecharakters der ursprünglich gebuchten Reise ein gleiches Erholungserlebnis gewährt hätte.[1513]

Diese mögliche anderweitige Erreichung des Erholungserlebnisses ist - zurückhaltend - anzurechnen bei tatsächlich anzunehmender weitgehender Identität von ursprünglicher Reise und Ersatzangebot gemessen am Reisecharakter; sie lässt die Entschädigung aber keinesfalls vollständig entfallen: auch bei unnachvollziehbarer Verweigerung durch den Reisenden wäre es dazu ohne das Verschulden des Veranstalters gar nicht erst gekommen. Somit wären selbst im Extremfall eines uneinsichtigen Reisenden beide Vertragsteile an der Schadensentstehung zu gleichen Anteilen beteiligt.

Nach hier vertretener Auffassung[1514] ist zudem eine vom Reisenden selbst anderweitig vorgenommene Ersatzreise zu berücksichtigen. Die Kosten einer solchen erhält er bei weitgehender Reisecharakteridentität der Ersatzreise mit der ursprünglichen Reise über § 651f I BGB ersetzt - dann muss aber bei entsprechend gleichem Reisecharakter auch im Rahmen des § 651f II BGB der Umstand Berücksichtigung finden, dass das mit der Reise verfolgte Erholungserlebnis doch noch weitgehend oder gar vollständig erreicht wurde.

In Anlehnung an das konkrete Beispiel des *BGH*-Falls zur überbuchten Malediveninsel, bei dem den Reisenden nur andere Inseln ohne das gewünschte Hausrifftauchen angeboten

---

[1510] S. Dritter Teil F. III. 1.) (S. 428).
[1511] S. u. Dritter Teil G. IV. 1.) b) (S. 441).
[1512] *BGH* NJW 2005, 1047 (1048) [II. 2. e)].
[1513] S. u. Dritter Teil G. IV. 2.) a) (bb) (S. 444) u. G. IV. 4.) b) (S. 462).
[1514] A. A. *BGH* NJW 2005, 1047 (1049) [II. 3. a) (2)], der jeglichen Ersatzurlaub des Reisenden unberücksichtigt lassen will, da es sich um eine auf eigener Initiative des Kunden beruhende nutzbringende Gestaltung seiner Urlaubszeit handele, zu der er nicht verpflichtet war, und die ihm daher als überpflichtmäßige Anstrengung nicht im Rahmen der Vorteilsausgleichung angerechnet werden dürfe. Dies entspricht zwar konsequenter Anwendung der allgemeinen Grundsätze des normalen zivilrechtlichen Schadensersatzes, verkennt aber m. E. den besonderen Charakter des Anspruchs aus § 651f II BGB, der sich nicht ohne weiteres in das allgemeine System des Schadensersatzrechts und dessen Regeln einfügt, s. a. Dritter Teil G. (S. 431).

worden waren, wäre für § 651f II BGB in Anrechnung zu bringen, wenn es den Reisenden gelungen wäre, auf eigene Faust einen Urlaub auf einer in der Tat vergleichbaren Nachbarinsel zu organisieren, die neben gleichem generellen Standard das gewünschte Hausrifftauchen und beispielsweise auch Zugang zu den gleichen Tauchgebieten geboten hätte.

Trotz der zumindest zuzurechnenden Kenntnis des Veranstalters von dem von ihm verschuldeten Reisemangel der Überbuchung, weshalb auch die Voraussetzung der Mängelanzeige grundsätzlich entfällt, und der in der Regel vor Ort stattgefundenen Gespräche zwischen Reisendem und Reiseleitung ist der Reisende nach Rückkehr aus dem Urlaub gehalten, gem. § 651g I BGB innerhalb eines Monats nach ursprünglich geplantem Ende der Reise seine Ansprüche aus Gewährleistung aufgrund der Überbuchung hierzulande beim Reiseveranstalter anzumelden, um sie nicht zu verlieren.[1515]

V. Höhere Gewalt als eigene Form des Reisemangels

Häufig sind es spektakuläre Ereignisse höherer Gewalt, etwa Naturkatastrophen oder Terroranschläge, die ein Reisegebiet über die Massenmedien in das akute Bewusstsein der Öffentlichkeit rücken. Beispiele sind die verheerende Tsunami-Katastrophe Ende 2004, die Terroranschläge vom 11. September 2001 oder die immer wieder vorkommenden zerstörerischen Wirbelstürme in der Karibik.
Dabei gilt das hiesige kollektive wie auch individuelle Entsetzen und Mitgefühl zunächst den dortigen Menschen, die davon betroffen sind, die möglicherweise Familienangehörige, Hab und Gut, ihre Existenzgrundlage verloren und selbst oft nur mit knapper Not überlebt haben.

In einem nicht lange danach erfolgenden gedanklichen zweiten Schritt aber werden von der Sorge der hiesigen Gesellschaft auch die Schicksale deutscher Reisender, der „gestrandeten" Urlauber erfasst, und schließlich wirken sich derartige Ereignisse auch auf die individuelle eigene Reisebereitschaft wegen der Sorge um die eigene Unversehrtheit aus.[1516]

Ohne Zweifel stellt es, nüchtern objektiv betrachtet, aus der Sicht des Reisenden eine erhebliche Beeinträchtigung der Reise im Sinne des § 651c I BGB dar, wenn durch eine Naturkatastrophe, beispielsweise durch ein Erdbeben, eine Flutwelle oder einen Wirbelsturm, seine Ferienunterkunft oder das ganze Urlaubsgebiet verwüstet und die Durchführung der Reise an sich dadurch nicht mehr möglich ist. Gleiches gilt für „menschengemachte" Katastrophen wie Kriege, Terroranschläge oder Industrieunfälle, man denke an Tschernobyl oder Tankerunglücke. Es muss sich auch nicht zwangsläufig um spektakuläre Vorfälle handeln, auch kann beispielsweise ein Generalstreik im Urlaubsland oder langanhaltender dichter Bodennebel am Flughafen als höhere Gewalt die Reise verhindern oder beeinträchtigen.

Keine höhere Gewalt liegt hingegen vor bei Überbuchung, Nichterreichen der Mindestteilnehmerzahl, Unverfügbarkeit der Hotelunterkunft wegen Renovierung oder Brand auf dem

---

[1515] S. u. Dritter Teil I. I. (S. 481).
[1516] Zum entsprechenden Kündigungsverhalten der Reisenden eingehend Dritter Teil H. II. 3.) b) (S. 476).

Nil-Kreuzfahrtschiff, da diese Probleme innerhalb der betrieblich-organisatorischen Sphäre des Veranstalters liegen.[1517]

1.) Rechtliche Bewertung

Im Rahmen des weiten Mangelbegriffs haftet der Veranstalter grundsätzlich verschuldensunabhängig für das Gelingen der Reise an sich, und damit konsequent auch für Beeinträchtigungen der Reise durch höhere Gewalt. Im Gegensatz dazu ist es das Bestreben der Minderheit, die den engen Mangelbegriff vertritt, durch die Beschränkung der Haftung des Veranstalters auf die durch ihn beherrschbare mangelfreie Erbringung der Einzelleistungen die Einstandspflicht des Veranstalters insbesondere auch für derartige Umfeldstörungen außerhalb der Beeinflussbarkeit einzugrenzen;[1518] diese Ansicht entspricht aber gerade nicht der Intention des Gesetzgebers und dem Wortlaut des Gesetzes.[1519] Reisebeeinträchtigungen durch höhere Gewalt stellen nach dem anzuwendenden weiten Mangelbegriff der ganz herrschenden Meinung einen Reisemangel im Sinne des § 651c I BGB dar und lösen grundsätzlich die üblichen Gewährleistungsrechte der §§ 651c ff BGB aus.[1520]

Eine Ausnahme davon besteht allerdings für Beeinträchtigungen durch höhere Gewalt in den Fällen, in denen diese sich in besonders intensiver Weise auf die Reise auswirken. In diesen Fällen einer erheblichen Erschwerung, Gefährdung oder Beeinträchtigung[1521] steht in Gestalt des § 651j BGB eine vorrangige Sonderregelung zur Verfügung, die es *beiden* Vertragsparteien ermöglicht, sich von der Vertragsdurchführung zu lösen.

Die Reise wird dann abgebrochen bzw. gar nicht erst angetreten, der Reisepreisanspruch verfällt, nur für die bereits erbrachten und im Rahmen der Abwicklung noch zu erbringenden Leistungen erhält der Veranstalter eine Entschädigung. Der Reisende ist zurückzubefördern, die dabei entstehenden Mehrkosten werden von den Parteien je zur Hälfte getragen, übrige Mehrkosten trägt der Reisende.[1522] Für unter dieser Schwelle des § 651j I BGB liegende Reisebeeinträchtigungen geringerer Intensität durch höhere Gewalt verbleibt es aber bei der normalen Einstandspflicht des Veranstalters für beeinträchtigende Reisefehler.

2.) Beobachtungs- und Informationspflicht des Veranstalters

Eine weitere Haftung des Veranstalters bei Ereignissen höherer Gewalt ergibt sich dadurch, dass er seine diesbezüglichen Beobachtungs- und somit Informationspflichten gegenüber den Reisenden verletzt haben kann, also beispielsweise den bevorstehenden Wirbelsturm nicht erkannt oder zumindest diese Information nicht an die Reisenden weitergegeben

[1517] Zur Kasuistik s. *Geib*, in: *Bamberger/Roth*, § 651j Rn. 9; s. a. eingehend Dritter Teil H. II. 1.) b) (S. 470).
[1518] S. o. Zweiter Teil C. II. 2.) (S. 147).
[1519] S. o. Zweiter Teil C. II. 3.) (S. 150).
[1520] Statt vieler vgl. *Führich*, Reiserecht, § 7 II. 1. c), Rn. 221; MüKo/*Tonner*, § 651d Rn. 6, jeweils m. w. Nachw.; a. A. soweit ersichtlich nur *Bidinger/Müller*, § 651c Anm. 23, sowie *Bechhofer*, S. 45/46; vgl. auch schon *BGH* NJW 1983, 33.
[1521] Zu diesen Tatbestandsmerkmalen vgl. Dritter Teil H. II. 3.) a) (S. 474).
[1522] Zu § 651j BGB siehe eingehend Dritter Teil H. (S. 464).

hat.[1523]

Das Kündigungsrecht nach § 651j BGB steht beiden Vertragsparteien zu;[1524] über die Informationspflicht des Veranstalters soll der Reisende in die Lage versetzt werden, sich auf die Reisegefährdung durch höhere Gewalt einzustellen und eine Entscheidung darüber treffen zu können, ob er die Reise überhaupt antreten oder nach § 651j BGB kündigen will. Aufgrund der nicht erfolgten Information durch den Reiseveranstalter wird dem Reisenden diese Möglichkeit genommen. Der Veranstalter haftet hierbei nicht *für* die höhere Gewalt im engeren Sinne, sondern anlässlich der höheren Gewalt für die Verletzung seiner diesbezüglichen Aufklärungspflicht.[1525]

Konsequenterweise kann der Reisende daher nach der günstigeren Regelung des § 651e BGB kündigen, die Sperrwirkung des § 651j BGB als Sonderregelung für Fälle höherer Gewalt gem. § 651j I BGB a. E. tritt nicht ein, weil haftungsbegründender Reisemangel ja nicht die höhere Gewalt selbst, sondern die Pflichtverletzung des Reiseveranstalters ist.

3.) <u>Höhere Gewalt und allgemeines Lebensrisiko</u>

Während also Beeinträchtigungen durch höhere Gewalt grundsätzlich einen Reisemangel darstellen, sind hingegen aus der Einstandspflicht des Veranstalters die Ereignisse herauszunehmen, in denen sich für den Reisenden das allgemeine Lebensrisiko verwirklicht hat.[1526]

Diese gegensätzliche Einordnung innerhalb der reisemangelbedingten Haftung kann auf den ersten Blick unverständlich erscheinen, schließlich sind beide Aspekte, höhere Gewalt und allgemeines Lebensrisiko, letztlich reiseleistungsunabhängige Faktoren,[1527] beides wird nicht willentlich von den Vertragsparteien beherrscht. Insofern drängt sich die Frage nach einer Abgrenzung der beiden Begriffe auf.

Nach anerkannter Definition ist höhere Gewalt „ein außerordentliches Ereignis, das unverschuldet von außerhalb des Betriebskreises hereinbricht und unter den gegebenen Umständen auch durch äußerste, nach Lage der Sache vom Betroffenen zu erwartende Sorgfalt nicht verhindert werden kann".[1528]

Die Figur des allgemeinen Lebensrisikos hingegen erfreut sich zwar im Reisevertragsrecht als Ausschlusskriterium zunehmender Verbreitung,[1529] zugleich mangelt es aber an einer ebenso etabliert anerkannten und konkreten Definition, wie dies bei der höheren Gewalt der

---

[1523] Vgl. etwa *OLG Frankfurt a.M.* RRa 2001, 178.

[1524] S. eingehend u. Dritter Teil H. (S. 464).

[1525] S. a. *Bidinger/Müller*, § 651c Anm. 23 a. E.

[1526] S. bereits Zweiter Teil C. III. 1.) (S. 154).

[1527] *Siebert*, RRa 1994, 110 (112).

[1528] Siehe schon *RGZ* 101, 95; 117, 12; *BGHZ* 100, 185 (188); MüKo/*Tonner*, § 651j Rn. 7; *Erman/Seiler*, § 651j Rn. 3; *Brennecke*, S. 63.

[1529] S. eingehend oben Zweiter Teil C. III. 1.) a) (S. 154ff); s. a. *Tonner*, Reisevertrag, § 651c Rn. 28 am Anf., der i. ü. die Figur des allgemeinen Lebensrisikos als Rechtsbegriff ablehnt und für nicht tauglich als Ausschlusskriterium hält: unter den Begriff des allgemeinen Lebensrisikos könne man nicht subsumieren, vielmehr bezeichne dies nur das (negative) Ergebnis einer anderweitig anzustellenden Prüfung der Einstandspflicht, vgl. *ders.* in MüKo/*Tonner*, § 651c Rn. 25.

Fall ist.[1530] Es bleibt etwas nebulös, was unter dem Begriff des allgemeinen Lebensrisikos zu verstehen ist.

Der Begriff selber stammt ursprünglich aus dem Schadensersatzrecht.[1531] Dort dient er zur Eingrenzung des Zurechnungszusammenhangs zwischen schädigender Handlung und Schadensverursachung.[1532] Dieser entfällt, wenn sich der Schaden bei wertender Beurteilung als Verwirklichung eines allgemeinen Lebensrisikos darstellt. Casum sentit dominus - den Schaden, für den niemand einzustehen hat, weil er zufällig eingetreten ist, trägt der Inhaber des geschädigten Rechtsgutes. Nach *Mädrich* umfasst das Gesamtspektrum allgemeiner Lebensrisiken „sowohl diejenigen Gefahren, welche mit dem normalen Ablauf einer im Dasein des Betroffenen regelmäßig vorkommenden bzw. jederzeit zu erwartenden Verhaltensweise verknüpft sind, als auch solche Möglichkeiten, rechtlich relevante Nachteile zu erleiden, die unabhängig von einem gerade durch den Haftungsfaktor ausgelösten Tun oder Unterlassen des Geschädigten ganz allgemein mit der menschlichen Existenz in den jeweiligen Sozialisations- und Zivilisationsformen verbunden sind."[1533]

Gleichwohl ist auch dort das allgemeine Lebensrisiko als Rechtsinstitut nicht hinreichend geklärt.[1534] Festgehalten werden kann immerhin, dass die Verwirklichung des allgemeinen Lebensrisikos Fälle aus der Haftung herausnimmt, wenn die vom Nachteil betroffene Person den mit einer bestimmten Verhaltensweise verbundenen Gefahren unabhängig vom Eintritt des haftungsrelevanten Umstandes üblicherweise wenigstens latent ausgesetzt war.[1535]

Da es sich bei der Frage nach einem Reisemangel aber um eine verschuldensunabhängige Einstandspflicht für das Gelingen der Reise als solcher und zur Eröffnung der reisevertraglichen Gewährleistungsrechte handelt, ist dieses Kriterium des Schadensersatzrechts, welches sich an Fragen des Verschuldens, des Schutzzwecks und des adäquaten Zusammenhangs orientiert, so nicht ohne weiteres übertragbar.

Nach *Brennecke* liegt reisevertraglich ein Fall des allgemeinen Lebensrisikos und damit kein Reisemangel vor, wenn zwischen der Beeinträchtigung und der geschuldeten Reise kein Zusammenhang besteht, weil erstere auf Umständen beruht, die außerhalb des Organisationsbereichs des Reiseveranstalters liegen, und mit deren Eintritt auch im privaten Alltagsleben, zuhause oder vor Ort im Urlaubsgebiet, vernünftigerweise gerechnet werden

---

1530 Ein näherer Versuch der Definition findet sich nunmehr bei *Brennecke*, VII., S. 135ff.

1531 Grundlegend *Mädrich*, Das allgemeine Lebensrisiko, 1980; der Begriff entwickelte sich aus einer gegen Ende der sechziger Jahre aufkommenden, schadensersatzeingrenzenden Rechtsprechung des *BGH* (vgl. *BGHZ* 27, 137) und wurde als solcher laut *Deutsch*, VersR 1993, 1041, erstmals im Jahre 1960 durch *Hermann Lange* verwendet. Siehe zuletzt auch *BGH* RRa 2005, 112 (114), wonach die zur Abgrenzung von Haftung und allgemeinem Lebensrisiko im Deliktsrecht entwickelten Grundsätze ebenso bei der Anwendung der Schutzzwecklehre bei vertraglichem Schadensersatz gelten.

1532 *Palandt/Heinrichs*, Vorb v § 249 Rn. 88.

1533 *Mädrich*, S. 130.

1534 Vgl. das Resümee von *Deutsch*, VersR 1993, 1041 (1046), wonach man dem allgemeinen Lebensrisiko bestimmte Nichthaftungen zuordnen könne, umgekehrt habe man aber noch keine Kriterien gefunden, welche dieses Rechtsinstitut ausmachen, so dass man Ableitungen vornehmen könne.

1535 *Deutsch*, VersR 1993, 1041 (1042), unter Verweis auf *Mädrich*.

muss. Andererseits dürfe dem Reisenden nicht über das Merkmal des allgemeinen Lebensrisikos das unternehmerische Risiko des Reiseveranstalters auferlegt werden, weshalb entsprechende Beeinträchtigungen, die im unmittelbaren Zusammenhang mit den reisevertraglichen Pflichten des Veranstalters stehen, einen Fehler der Reise darstellen.[1536] Ein solcher Zusammenhang ergebe sich aus der Reisebeschreibung im Prospekt oder sonstigen haftungsbegründenden Zusagen.[1537]

Diese letzte, im weitesten Sinne vertragsinhaltliche Einschränkung des allgemeinen Lebensrisikos entspricht dem hier vorgetragenen Ansatz über den Reisecharakter; dem Privatrisiko des Reisenden, das dieser selbst zu tragen hat, unterliegen demnach nur die nicht Vertragsgrundlage gewordenen, nicht reisespezifischen Umfeldrisiken.[1538]

Nach einem reiserechtlichen Definitionsansatz durch *Führich*[1539] umfasst das allgemeine Lebensrisiko Fälle, die nicht reisespezifisch sind und mit deren Auftreten auch im privaten Alltag gerechnet werden muss. Hierzu erfolgt aber der wichtige Zusatz, dass derjenige, der reist, sich dadurch persönlich einem erhöhten Lebensrisiko aussetzt. Zutreffender könnte man diese richtige Auffassung daher nicht als allgemeines, sondern den Umständen entsprechendes oder reiseerhöhtes Lebensrisiko bezeichnen.

Zudem ist die ursprüngliche Begründung für eine Haftungsfreistellung für Verwirklichungen des allgemeinen Lebensrisikos heranzuziehen, wonach derartige Ereignisse, die dem Reisenden zustoßen, nicht in die Risikosphäre des Veranstalters fallen, sondern dem persönlichen privaten Risikobereich des Reisenden zugerechnet werden.

Maßgeblich sind m. E. für ein sachgerechtes Verständnis und daraus folgende Anwendung dieses Kriteriums die beiden folgenden grundlegenden Überlegungen zur Einstandspflicht des Reiseveranstalters und zum allgemeinem Lebensrisiko:

Soweit ein Reiseveranstalter sich ein bestimmtes Umfeld, ein Ereignis oder eine sonstige mit der Reise nach jeweiligem Reisecharakter verbundene Eigenschaft zur Grundlage seines Reiseangebots macht, trägt er im Rahmen der verschuldensunabhängigen Einstandspflicht für das Gelingen der Reise an sich auch das volle unternehmerische Risiko dafür, dass die zur Grundlage seines Angebots gemachten Umstände und damit der im Rahmen des Reisecharakters der jeweiligen Reise geschuldete Vertragsgegenstand, das Gelingen der Reise, auch erfüllt wird.[1540]

Dieses unternehmerische Risiko des Veranstalters darf nicht über das Kriterium des allgemeinen Lebensrisikos auf den reisenden Verbraucher übergewälzt werden, weshalb sich die Verwirklichung von Unwägbarkeiten und Risiken, die in unmittelbarem Zusammenhang mit dem im Rahmen der Einstandspflicht des Veranstalters für das Gelingen der Reise an

[1536] So auch bereits *Staudinger/J. Eckert*, § 651c Rn. 57.
[1537] S. insges. *Brennecke*, S. 136f.
[1538] S. a. *Führich*, Reiserecht, § 7 II. 1. b), Rn. 220, S. 175.
[1539] *Führich*, Reiserecht, § 7 II. 4. a) aa), Rn. 247.
[1540] Ähnlich auch *Staudinger/J. Eckert*, § 651c Rn. 51, S. 240/241, m. w. Nachw.

sich in Gestalt des jeweiligen Reisecharakters bestehenden Vertragsgegenstand stehen, nicht als allgemeines Lebensrisiko, sondern als Mangel der Reise darstellt.[1541]

Für den zweiten Schritt, die praktische Unterscheidung zwischen Fällen höherer Gewalt und allgemeinem Lebensrisiko, lassen sich sodann folgende Unterscheidungsmerkmale festhalten, die sich insbesondere auch am Definitionsmerkmal der „Außergewöhnlichkeit" der höheren Gewalt orientieren:

Höhere Gewalt betrifft die Reise an sich, es handelt sich um *außergewöhnliche* Ereignisse, die also von bedeutender Intensität sind, generell die Allgemeinheit unabhängig von subjektivem Empfinden und Besonderheiten negativ betreffen und mit denen im normalen Leben, auch vor Ort, nicht zu rechnen ist. Umgekehrt betreffen Verwirklichungen des allgemeinen Lebensrisikos vor allem den einzelnen an sich und in seiner subjektiven Beziehung zur Umwelt, es handelt sich um Ereignisse, die zwar nicht wahrscheinlich sein müssen, aber im weitesten Sinne unter Zugrundelegung des jeweiligen lokalen oder sozialen Kontexts zum Leben dazugehören.

Angewandt erzielt man die gerecht erscheinenden Ergebnisse, dass das Antreffen von Schmutz im Meer zum allgemeinen Risiko auch des Badereisenden gehört, nicht hingegen eine plötzlich auftretende intensive Algenpest oder ein Tankerunglück, welches das Baden gänzlich unmöglich macht, letzteres stellt höhere Gewalt dar. Gerade auch beim Wetter wird man unterscheiden müssen zwischen allgemein schlechtem Wetter, das der Reisende durchaus negativ empfinden mag, und katastrophalen Naturgewalten wie Tornados oder Wirbelstürmen, oder auch zwischen normalem Schneefall und außergewöhnlicher Schneelage, die die Versorgung und Verbindung zu eingeschneiten Gebieten zusammenbrechen lässt.[1542]

Vom Reisenden selbst zu tragen sind auch die allgemeinen Risiken, vor Ort Opfer von Kriminalität zu werden oder einen Unfall in Form eines Sturzes bzw. eines Verkehrsunfalls zu erleiden - wohlgemerkt nur, insofern sich dies allgemein und nicht aufgrund hinzutretender besonderer Umstände in einer dem Veranstalter zurechenbarer Weise ereignet.[1543]

Denn einen Reisemangel stellen auch allgemeine Lebensrisiken wie beispielsweise schlechtes Wetter oder Stürze dar, wenn sich aufgrund des Reisecharakters eine Einstandspflicht des Veranstalters ergibt, beispielsweise hinsichtlich der Wetterlage aufgrund einer Zusicherung für bestimmte Windstärken bei einem Surfurlaub, entsprechend konkret zu verstehender, nicht lediglich unverbindlicher Werbeaussage über „Sonnengarantie" bei Badeurlauben oder etwa die Bezeichnung eines Skigebiets als „schneesicher";[1544] hinsichtlich Unfällen des Reisenden durch Stürze etc. aufgrund baulichen Zustands der Hotelanlage ist auf die normale Einstandspflicht des Veranstalters §§ 276, 278 BGB für eine gefahrlose Leistungs-

---

[1541] In Anlehnung an die treffende Feststellung von *Staudinger/J. Eckert*, § 651c Rn. 57.
[1542] Vgl. *Führich*, Reiserecht, § 15 II. 1. e), Rn. 541.
[1543] Vgl. hingegen die verbreitete gegenteilige Ansicht der Rechtsprechung zu fehlender Haftung bei Stürzen gerade auch auf dem Hotelgelände aufgrund von Mängeln der Anlage, Zweiter Teil C. III. 1.) a) (S. 154).
[1544] S. a. Zweiter Teil B. III. 3.) b) (aa) (S. 133).

erbringung hinzuweisen,[1545] dies gilt in verschärftem Maße für Reisen, aus deren Charakter sich eine erhöhte diesbezügliche Sicherungspflicht ergibt, beispielsweise Kuraufenthalte oder ausgesprochene Familien-/Kinderreisen.[1546]

VI. Unfälle und deliktische Haftung des Veranstalters

Unerlaubte Handlungen, die über das Deliktsrecht nach §§ 823 I, II o. 831 I BGB zu Ansprüchen des Reisenden gegen den Veranstalter führen, gehören technisch formal-dogmatisch nicht zu den Fällen der schuldrechtlichen Gewährleistung für einen Reisemangel. Gleichwohl werden hier praktisch immer zugleich - aber eben parallel und dogmatisch strikt zu trennen - auch Reisemängel und damit vertragliche Schadensersatzansprüche gem. § 651f BGB gegeben sein.[1547] Bedeutsam sind derartige deliktische Ansprüche dennoch wegen bestehender Unterschiede zum vertraglichen Schadensersatzanspruch für Reisemängel, s. dazu noch im Folgenden.

1.) Unerlaubte Handlungen im Rahmen der Leistungserbringung

Zunächst könnte man meinen, derartige deliktische Ansprüche gegen den Reiseveranstalter selbst würden kaum virulent.[1548] Schließlich wird der Veranstalter selten gem. § 823 I BGB selbst bzw. gem. § 831 I BGB über eigenes Personal tätig und insofern eine unerlaubte Handlung begehen. Statt dessen erfolgt die Erbringung der Reiseleistungen in aller Regel durch die beauftragten Leistungsträger, die allerdings per definitionem als selbständig Handelnde nicht in einem entsprechenden sozialen Abhängigkeitsverhältnis zum Veranstalter im Sinne einer Verrichtungsgehilfeneigenschaft stehen können.[1549] Ein Anspruch aus § 831 I BGB gegen den Veranstalter wegen Fehlverhalten der Leistungserbringer scheidet daher ebenfalls in der Regel aus,[1550] es sei denn, die Leistungserbringung vor Ort erfolgt ausnahmsweise durch den Veranstalter selbst.

Deliktische Ansprüche gegen den Leistungsträger selbst oder seine Angestellten sind gem. Art. 40 I EGBGB vor Ort nach dem ausländischen Recht des Tatorts zu verfolgen und insofern für den Reisenden regelmäßig wertlos bzw. uninteressant, da wenig aussichtsreich.[1551]

Die Rechtsprechung, insbesondere der BGH, hat gegen Ende der achtziger Jahre eine deliktische Haftung des Veranstalters nach § 823 I BGB konstruiert über die Verletzung von Verkehrssicherungspflichten zur Auswahl und Überwachung der Leistungsträger. Darauf wird noch zurückzukommen sein; motiviert war diese Konstruktion eines deliktischen An-

---

[1545] S. dazu auch den folgenden Abschnitt über Unfälle und deliktische Haftung.

[1546] S. o. Zweiter Teil D. III. 2.) i) (S. 231) u. D. III. 2.) o) (S. 240).

[1547] S. a. MüKo(2. Aufl.)/*Tonner*, § 651f Rn. 10; *Soergel/H.-W. Eckert*, Vor § 651c Rn. 20.

[1548] Vgl. insofern, auch im Folgenden, *Posner*, F. I., S. 121.

[1549] Sie agieren selbständig und sind nur lose vertraglich als Subunternehmer dem Veranstalter verpflichtet; s. a. *Palandt/Sprau*, § 831, Rnn. 6 u. 8 a. E.; *AG Baden-Baden* RRa1994, 16 (Ls. 1).

[1550] S. auch oben Erster Teil C. IV. 3.) (S. 112).

[1551] S. o. Erster Teil C. IV. 4.) b) (S. 114); *Posner*, F. II., S. 126; MüKo(2. Aufl.)/*Tonner*, § 651f Rn. 12; *Führich*, Reiserecht, § 11 IV.1.c), Rn. 427;

spruchs des Reisenden aus der nachteilig empfundenen Schadensersatzregelung im Rahmen des reisevertraglichen Schadensersatzanspruchs, siehe dazu im Folgenden.

2.) Unterschiede zum vertraglichen Schadensersatzanspruch für Reisemängel

Nach alter Rechtslage erschien im Vergleich zum reisevertraglichen Schadensersatzanspruch aus Sicht des Reisenden ein Anspruch aus unerlaubter Handlung ungleich attraktiver. Tatsächlich bestand lange Zeit die Tendenz zu einer regelrechten „Flucht ins Deliktsrecht",[1552] die erheblichen praktischen Unterschiede zwischen deliktischem und vertraglichem Schadensersatzanspruch im Reisevertragsrecht wurden aber mittlerweile sukzessiv durch inzwischen erfolgte Gesetzesänderungen[1553] beseitigt bzw. abgemildert:

- Die regelmäßig bestehende Haftungsbeschränkung gem. § 651h BGB für den reisevertraglichen Schadensersatzanspruch nach § 651f BGB gilt nun nicht mehr für Körperschäden.[1554] Allerdings können ansonsten nach wie vor die Beschränkungen des § 651h BGB nach vorherrschender Meinung nicht per AGB auf Ansprüche aus unerlaubter Handlung erstreckt werden,[1555] so dass weiterhin zumindest hinsichtlich Nicht-Körperschäden eine mögliche Begrenzung des Haftungsbetrages einen Nachteil des reisevertraglichen Schadensersatzanspruchs darstellt.
- Die grobe Diskrepanz zwischen der ursprünglich sehr kurzen sechsmonatigen Verjährungsfrist des § 651g II BGB gegenüber § 852 I BGB a.F. mit einer Verjährung deliktischer Ansprüche in drei Jahren ab Kenntnis bzw. 30 Jahre absolut, wurde inzwischen entschärft. Die reisevertragliche Verjährungsfrist beträgt nunmehr zwei Jahre, regelmäßig durch AGB abgekürzt auf ein Jahr gem. § 651m S. 2 BGB, die Verjährungsfrist für deliktische Ansprüche entsprechend der allgemeinen Frist in § 195 BGB drei Jahre ab Kenntnis mit einer kenntnisunabhängigen Höchstfrist von zehn bzw. 30 Jahren gem. § 199 II, III BGB.

  Allerdings besteht für reisevertragliche Ansprüche nach wie vor die einmonatige Ausschlussfrist des § 651g I BGB für die Anmeldung der Ansprüche. Diese Anmeldefrist kann nach Ansicht des *BGH*[1556] auch nicht vertraglich, etwa durch AGB, auf deliktische Ansprüche ausgedehnt werden; dies ist allerdings umstritten.[1557]

[1552] MüKo/*Tonner*, § 651f Rn. 63.

[1553] Nämlich durch die Umsetzung der Pauschalreiserichtlinie (1994), die Schuldrechtsreform (2002) und die Reform des Schadensersatzrechts (ebenfalls 2002), vgl. jew. Erster Teil A. I. (S. 16, S. 18 bzw. S. 19).

[1554] S. a. MüKo/*Tonner*, § 651f Rn. 15.

[1555] *BGH* NJW 1987, 1931 (1937); MüKo/*Tonner*, Rn. 15 a. E. *Seyderhelm*, § 651h Rn. 6; MüKo/*Tonner*, § 651h Rn. 4f; *Führich*, Reiserecht, § 13 I. 2. b), Rn. 487; *Erman/Seiler*, § 651h Rn. 5; RGRK/*Recken*, § 651h Rn. 2 a. E; *Palandt/Sprau*, § 651h Rn. 1; a. A.: *Staudinger/J. Eckert*, § 651h Rn. 16ff; *Soergel/H.-W. Eckert*, § 651h Rn. 3.

[1556] *BGHZ* 100, 157 (182); *BGH* NJW 2004, 2965 (= RRa 2004, 215).

[1557] Wie der *BGH* gegen eine Ausdehnung der Ausschlussfrist auch auf deliktische Ansprüche etwa *Seyderhelm*, § 651g Rn. 7; MüKo/*Tonner*, § 651g Rnn. 4f; RGRK/*Recken*, § 651g Rn. 4; hingegen a. A. u. a. *Erman/Seiler*, § 651g Rn. 1 a. E.; *Staudinger/J. Eckert*, § 651h Rn. 6; *Soergel/H.-W. Eckert*, § 651g Rn. 6; *Führich*, Reiserecht, § 12 II. 1. b) (8), Rn. 441; jew. m. w. Nachw.

- Die Möglichkeit, bei Körperverletzungen immateriellen Schadensersatz in Form von Schmerzensgeld zu verlangen, bestand früher nur für Ansprüche aus unerlaubter Handlung gem. dem mittlerweile aufgehobenen § 847 BGB, nunmehr aber gem. § 253 II BGB allgemein für Schadensersatzansprüche und somit sowohl für solche aus Reisevertrag wie aus unerlaubter Handlung.[1558]

3.) Deliktische Veranstalterhaftung aus Verkehrssicherungspflicht

Wohl auch aus Billigkeitserwägungen im Zusammenhang mit der o.g. Vorteilhaftigkeit eines deliktischen Anspruchs für den unfallgeschädigten Reisenden hat die Rechtsprechung hauptsächlich durch den *BGH*[1559] die deliktische Haftung des Veranstalters für Mängel im Bereich des Leistungsträgers erheblich ausgeweitet. Dies geschah über eine Konstruktion deliktisch verletzbarer Organisationspflichten im Rahmen des § 823 I BGB, grundlegend aufgestellt im sog. „Balkonsturzfall“[1560] des *BGH*:

Der Reisende war auf Gran Canaria noch am Abreisetag vom Balkongeländer seines Hotelzimmers gestürzt, weil sich das Holzgeländer gelöst hatte. In erster Linie trifft natürlich den Hotelbetreiber eine Verkehrssicherungspflicht für seine Anlage.

Der *BGH* erkannte zwar, dass eine Haftung des Reiseveranstalters für seinen Leistungsträger nach § 831 I BGB aufgrund dessen fehlender Weisungsgebundenheit ausscheidet. Gleichzeitig nahm er aber ein eigenes Verschulden des Veranstalters im Rahmen seiner Organistions- und Verkehrssicherungspflichten an. Die vertragliche Verpflichtung des Reiseveranstalters beschränke sich nicht auf die bloße Vermittlung von Transportmitteln und Unterkünften. Vielmehr habe er diese Leistungen in eigener Verantwortung zu erbringen.

Der *BGH* stellte im Rahmen einer entsprechenden Verkehrssicherungspflicht sodann recht hohe Anforderungen[1561] an die Auswahl und regelmäßige sicherheitsrelevante Überwachung des Leistungsträgers auf. Der Veranstalter habe demnach die Vertragshotels nicht nur sorgfältig auszuwählen, sondern auch regelmäßig durch „sachkundige und pflichtbewusste Beauftragte“ die sicherheitsrelevanten Einrichtungen des Hotels und die Unterkünfte zu überprüfen, in der Prüfungsintensität abhängig von den jeweiligen Umständen. Im konkreten Streitfall hätte angesichts der „wenig soliden Bauweise in südlichen Urlaubsregionen“ selbst eine erneute Kontrolle jeweils zu Beginn der Saison allenfalls den Mindestanforderungen an die Verkehrssicherungspflicht genügen können.

Diese Auffassung zur deliktischen Verkehrssicherungspflicht des Reiseveranstalters hat der *BGH* in späteren Entscheidungen wiederholt bestätigt.[1562]

Nach anfänglichem Zögern der instanzgerichtlichen Rechtsprechung ob dieser als streng

[1558] S. hierzu auch MüKo/*Tonner*, § 651f, Rn. 14 a. E.

[1559] Die Instanzgerichte sind dem nur zögerlich gefolgt, s. Darstellung bei MüKo/*Tonner*, § 651f Rnn. 17, 19.

[1560] *BGHZ* 103, 298 (=NJW 1988, 1380).

[1561] S. a. *Tonner*, Reisevertrag, Einl. Rn. 29.

[1562] S. *BGH* NJW 2005, 418 (Reitunfall II); NJW 2006, 2918 (kindgerechte Ausstattung/splitternde Glastür) sowie NJW 2006, 3269 (Wasserrutsche).

empfundenen Maßstäbe hat sich die Ansicht des *BGH* mittlerweile in der Rechtsprechung weitgehend durchgesetzt.[1563]

Bei den anzulegenden Sicherheitsstandards müssen vom Veranstalter im Rahmen seiner Verkehrssicherungspflicht keineswegs inländische Verhältnisse zugrundegelegt werden.[1564] Für die Bestimmung von Art und Umfang bestehender Sorgfalts- und Verkehrssicherungspflichten kommt es daher m. E. im Einzelfall auf den jeweiligen Reisecharakter der konkreten Reise an,[1565] es liegt auf der Hand, dass an die Zustände von Wegen in einem Dschungelcamp bei einer Expedition durch Sumatra andere Anforderungen zu stellen sind als in einer Gartenanlage eines orthopädischen Kurhotels in Mitteleuropa.[1566]

4.) Bedenken gegen Konstruktion deliktischer Verkehrssicherungspflichten

Die Begründung einer Haftung aus unerlaubter Handlung, die sich nur durch Vertragsabschluss und -erfüllung sowie nur gegenüber diesem konkreten Vertragspartner ergibt, begegnete in der Literatur einiger Kritik.[1567] Diese Kritik richtete sich insbesondere gegen das Ergebnis einer als zu weitgehend empfundenen Einstandspflicht, man befürchtete[1568] durch zu weitgespannte, nicht erfüllbare Überwachungsanforderungen eine zu strenge Haftung der Reiseveranstalter.[1569]

M. E. vermag aber die Konstruktion weitgehender deliktischer Sicherungspflichten des *BGH* unabhängig vom Ergebnis vielmehr vom gedanklichen Ansatz her nicht recht zu befriedigen.

Deliktische Verkehrssicherungspflichten bestehen zunächst einmal grundsätzlich unabhängig von vertraglichen oder vorvertraglichen Beziehungen, nicht gegenüber Vertragspartnern, sondern gegenüber jedermann. Das würde bei einer Pflicht des Veranstalters, für einen

---

[1563] Vgl. eingehende Darstellung bei MüKo/*Tonner*, § 651f Rnn. 17ff.; umfangreiche Kasuistik bei *Führich*, Reiserecht, § 11 IV. 2., Rnn. 430ff (S. 349-356), sowie auch *Tonner*, Reisevertrag, § 651f, Rn. 22ff; s. a. *Echtermeyer*, RRa 2003, 60 (61ff).

[1564] MüKo/*Tonner*, § 651f, Rn. 20. Vgl. auch bspw. *OLG Düsseldorf* NJW-RR 1993, 315; *LG München* RRa 1993, 25.

[1565] S. a. oben Zweiter Teil D. II. 3.) (S. 199).

[1566] Zu letzterem vgl. oben Zweiter Teil D. III. 2.) o) (S. 240) u. dort Fn. 1395; s. a. insges. oben Zweiter Teil D. II. 2.) b) (S. 198).

[1567] *Soergel/H.-W. Eckert*, § 651f Rn. 9 (es könnten allenfalls gelegentliche Stichproben hinsichtlich des Zustandes zum Beispiel eines Hotelzimmers erwartet werden, nicht aber die ständige Überwachung etwa der installierten Strom- und Gasleitungen) u. dort Fn. 11; *Gerauer*, BB 1989, 1003 (1004) („Entscheidung des BGH mit dieser Begründung nicht haltbar"); *Tempel*, Materielles Recht (2. Aufl.), § 6 IV. 6. c) (1) a. E., S. 450; *Seyderhelm*, § 651f Rn. 25, S. 232 u.; *Staudinger/J. Eckert*, § 651f Rn. 75; *Posner*, F. II., S. 126; vgl. auch die Darstellung bei *Siebert*, RRa 1994, 110 (111) mit dem Aufschrei der Reiseveranstalter und dem von diesen in erster Aufregung verbreiteten „Märchen von einer Armada hilfreicher, kleiner grüner Männchen, die tagaus, tagein alle Zielgebiete rund um den Globus bereisen und begutachten sollten"; s. a. Einschätzung bei *Tonner*, § 651f, Rn. 22; s. auch schon zuvor *LG Frankfurt a.M.* NJW 1985, 2424, hinsichtlich der Ablehnung entsprechender Verkehrssicherungspflichten des Veranstalters – nur bei Kenntnis (über die örtliche Reiseleitung) von Sicherheitsmängeln und dennoch fehlendem Einschreiten; der Veranstalter sei kein Betreiber, ihn treffe daher grundsätzlich keine Verkehrssicherungspflicht.

[1568] Vgl. aber *Kaller*, Reiserecht, C. Teil 1 IV. 5. b), Rn. 207, mit der anscheinend unkritischen Einschätzung, durch die Aufstellung derartiger Verkehrssicherungspflichten lasse sich „der Anwendungsbereich der §§ 823ff BGB beliebig ausdehnen".

[1569] *Gerauer*, BB 1989, 1003 (1004) [2. b) bb)]; *Tempel*, Materielles Recht (2. Aufl.), § 6 IV. 6. c) (1) a. E., S. 450; *Seyderhelm*, § 651f Rn. 25, S. 232 u.; *Staudinger/J. Eckert*, § 651f Rn. 75.

entsprechend sicheren Zustand etwa eines Hotels zu sorgen, zu dem doch merkwürdigen Ergebnis führen, dass jegliche Touristen oder sonstige Personen, die in einem Hotel einen Schaden erleiden, Ansprüche gegen alle Veranstalter hätten, die mit dem Hotel als Leistungsträger in Vertragsbeziehung stehen. Dies will auch der *BGH* nicht. Der Ansatz des *BGH* zur Begründung deliktischer Verkehrssicherungspflichten lautet dahingehend, dass der Reiseveranstalter an sich fremde Reiseleistungen als eigene anbiete, womit er im Rahmen seiner Gewerbeausübung eine Gefahrenquelle für Dritte eröffne. Dies verpflichte ihn, die Sicherheitsvorkehrungen zu treffen, die erforderlich und zumutbar sind, um seine Kunden vor Schäden zu bewahren, die bei der Vorbereitung und Durchführung der von ihm veranstalteten Reise entstehen können.[1570] Mit anderen Worten, der Veranstalter haftet für die Gefahreröffnung, die darin liegt, dass er die quasi „gefährliche" Reise dorthin vorbereitet und durchführt, dass er über seine Vertragsleistung *seine* Kunden dem ungenügend gesicherten bzw. überwachten Hotel oder sonstiger Reiseleistung aussetzt.[1571]

Einerseits wird hier mit dem Abstellen auf deliktische Verkehrssicherungspflichten eine allgemeine Haftung eröffnet; andererseits schränkt der *BGH* diese Haftung und die Sorgfaltspflichten aber auf die Vertragsparteien ein. Dies wirkt m. E. etwas bemüht, denn die eigentliche Gefahrenquelle ist ja nicht die Aufnahme beispielsweise des Hotels in das Programm des Veranstalters, sondern die dahinter stehenden konkreten Mängel der Anlage selbst.[1572] Juristisch durchaus konstruierbar, aber eben nicht wirklich befriedigend.

Schon der ursprüngliche Regierungsentwurf als unmittelbarer Vorläufer des zuletzt verwirklichten gekürzten Entwurfs des Reisevertragsgesetzes sah in § 3 I 2[1573] vor, dass der Veranstalter sich „geeigneter und zuverlässiger Leistungsträger" zu bedienen habe, was laut Begründung[1574] nicht nur eine sorgfältige Auswahl mit besonderem Augenmerk auf Eignung und Zuverlässigkeit erfordere, sondern vielmehr auch von Zeit zu Zeit einer Überprüfung bedürfe, ob der Leistungsträger diesen Anforderungen noch immer genügt.
Abgesehen davon, dass dabei ausdrücklich offengelassen wird, wie häufig bzw. intensiv diese spätere Überwachung zu erfolgen hat[1575], beschreibt dies doch jedenfalls nur schuldrechtliche Pflichten innerhalb des Reisevertrages, betrifft demnach auch nur die vertragliche Haftung.

Es handelt sich somit bei der Annahme weitgehender deliktischer Sicherungspflichten des Veranstalters für seine Kunden im Rahmen der Vertragsdurchführung bei einem selbständigen Leistungsträger um eine recht verwinkelte Konstruktion, auf die man besser verzichten sollte zugunsten einer Heranziehung der Ansprüche aus § 651f I BGB.

[1570] *BGH* NJW 2000, 1188 (1190) [II. 2. b)].
[1571] *BGH* NJW 1988, 1380.
[1572] Ähnlich *Gerauer*, BB 1989, 1003 (1004) [2. b) aa)].
[1573] BT-Dr. 8/786, S. 4.
[1574] BT-Dr. 8/786, S. 17.
[1575] BT-Dr. 8/786, S. 17: „Wie intensiv diese periodische Überprüfung im einzelnen sein muß, wird sich allgemein nicht festlegen lassen, sondern vom Reiseveranstalter nach der Sorgfalt eines ordentlichen Reiseveranstalters zu bestimmen sein."

Im Rahmen der vertraglichen Haftung ist es aber nach zivilrechtlichen Grundsätzen unproblematisch, dem Schuldner über § 278 BGB sämtliche vor Ort erfolgende Sorgfaltspflichtverletzungen in Form von Kenntnissen über Gefahren und/oder Unterlassung der Beseitigung derartiger Gefahren zuzurechnen,[1576] ohne dass es dafür den Umweg eines Anspruchs aus § 823 I BGB mit als „überzogen“ empfundenen,[1577] konstruierten deliktischen Sicherungspflichten des Veranstalters selbst bedarf.[1578] Mit der Änderung des § 253 II BGB kann nun auch über den vertraglichen Schadensersatzanspruch des § 651f I BGB bei Gesundheitsbeschädigung, und zwar wegen der gleichzeitigen Änderung des § 651g I BGB für Körperschäden betraglich unbegrenzt,[1579] Schadensersatz gefordert werden.

Nachdem die Motivation der Rechtsprechung für den gewählten Umweg einer Konstruktion deliktischer Verkehrssicherungspflichten sicherlich vornehmlich in der früher grob unterschiedlichen und insofern als teilweise unbillig empfundenen Schadensersatzregelung in § 651f I BGB gegenüber § 823 I BGB lag, dieser Unterschied mittlerweile aber weitgehend nivelliert wurde (s. o.), sollten derartige Sachverhalte juristisch korrekt über den reisevertraglichen Schadensersatzanspruch gelöst werden.

Diesen Weg eines vertraglichen Schadensersatzanspruchs wegen eines Reisemangels gem. §§ 651f i. V. m. 651c I BGB auch auf Schmerzensgeld gem. dem neuen § 253 II BGB deutet in seiner neuesten Entscheidung zur deliktischen Haftung auch der *BGH* für die Zukunft an[1580] - der entschiedene Fall stammte noch aus der Zeit vor der Gesetzesänderung.

Damit erledigt sich weitgehend die lebhafte Diskussion über die deliktische Haftung der Veranstalter und der dabei vorgebrachten Kritik, dass die aufgestellten Sorgfaltsmaßstäbe zu streng und überzogen seien, weil doch vom Veranstalter schlecht erwartet werden könne, etwa die bauliche Sicherheit der Hotels eigens durch einen Statiker und die Sicherheit der elektrischen Verkabelung durch einen Elektriker in jedem Hotelzimmer etc. zu überprüfen.[1581]

Denn im Rahmen vertraglicher Haftung hat der Veranstalter gem. § 278 BGB auch für die Leistungsträger und deren Angestellte als Erfüllungsgehilfen einzustehen, und zumindest

---

[1576] S. a. *LG Frankfurt a.M.* RRa 1999, 233 (235); OLG Köln RRa 2005, 161 (163); insofern nicht nachvollziehbar die Schwierigkeiten, die *Seyderhelm*, § 651a Rn. 154, hinsichtlich *vertraglicher Sicherungspflichten* erkennen will.

[1577] S. o. Fn. 1567.

[1578] Illustrativ und treffend zu diesem Themenkreis die Überlegungen des *LG Frankfurt a.M.* RRa 1999, 233 (234f), wonach bei einem Unfall vor Ort durch einen Fahrer eines örtlichen, selbständigen Leistungsträgers eine deliktische Haftung des Veranstalters abgelehnt, zugleich aber über § 278 BGB ein reisevertraglicher Schadensersatzanspruch zugesprochen wurde. Auffällig ist auch, dass gelegentlich in der Diskussion um die Verkehrssicherungspflichten der elementare Unterschied zwischen vertraglicher Haftung aus § 651f I BGB und deliktischen Ansprüchen aus § 823 I BGB verkannt bzw. die kritisierten deliktischen Pflichten mit vertraglichen vermischt werden, vgl. etwa bei *Schlotmann*, Recht, A. V. 5., S. 58/59.

[1579] Zu beidem s. o. Zweiter Teil E. VI. 2.) (S. 269).

[1580] S. *BGH* NJW 2006, 3268 [Tz. 16]: „Nach neuem Schuldrecht wäre in erster Linie ein reisevertraglicher Ersatzanspruch wegen eines Reisemangels zu prüfen (§§ 651f, 651c BGB)“.

[1581] Vgl. etwa *Soergel/H.-W. Eckert*, § 651f, Rn. 9, *Staudinger/J. Eckert*, § 651f Rn. 75, sowie die übrigen in Fn. 1567 Genannten.

diesen sind die Mängel vor Ort bekannt, und es trifft sie als Erfüllungsgehilfen mit Wirkung für den Veranstalter eine entsprechende Pflicht hinsichtlich derartiger Gefahrenquellen.[1582]

F. Sonstige Störungen und Vertragsänderungen

In diesem Abschnitt sollen noch abschließend Sachverhalte angesprochen werden, die zwar Störungen des Reisevertrages im weiteren Sinne, aber keine Reisemängel im technischen Sinne des § 651c I BGB darstellen.

I. Anfechtung wegen Irrtums des Reisenden

Soweit der Reisende bei Abschluss des Reisevertrages einem Irrtum unterlag oder etwa vom Veranstalter arglistig getäuscht wurde, kann er den Reisevertrag - bzw. genaugenommen seine darauf gerichtete Willenserklärung - nach den allgemeinen Regeln der §§ 119ff anfechten.[1583] Auf eine derartige Anfechtung finden die üblichen Stornopauschalen[1584] keine Anwendung, Rechtsfolge ist allenfalls der Ersatz des negativen Interesses gem. § 122 BGB. Der Reiseveranstalter kann also regelmäßig nur seine fehlgeschlagenen Aufwendungen und Auslagen ersetzt verlangen.[1585]

Ausgenommen von der Anfechtung ist der Irrtum gem. § 119 II BGB über eine wesentliche Eigenschaft der Reise, soweit sich dies als Reisemangel darstellt; statt dessen sind in diesem Fall die ohnehin günstigeren Gewährleistungsregelungen des Reisevertragsrechts für Reisemängel heranzuziehen.[1586] Auch führt eine Verletzung von Aufklärungspflichten stets zu einem Reisemangel und es sind daher die §§ 651c ff BGB heranzuziehen.[1587]

II. Benennung eines Ersatzreisenden § 651b BGB

Hindernisse für die Reisedurchführung können sich schon vor Reiseantritt gerade auch durch Probleme ergeben, die in der Person oder ureigenen Sphäre des Reisenden liegen. Terminschwierigkeiten wegen wichtiger Geschäftstermine, Erkrankungen naher Angehöriger oder des Reisenden selber u. ä. können einen Reiseantritt der als Reiseteilnehmer angemeldeten Person praktisch unmöglich machen.

Auch dafür hält das Reisevertragsrecht eine Regelung bereit, in § 651b I 1 BGB ist explizit eine gesetzliche Ersetzungsbefugnis des Reisenden festgeschrieben. Er kann demnach verlangen, dass statt seiner ein von ihm benannter Dritter in die Rechte und Pflichten des Reisevertrages eintritt. Dogmatisch gesehen handelt es sich hierbei um eine Vertragsübernahme.[1588]

Der Reiseveranstalter hat gem. § 651b I 2 BGB das Recht, diesem Eintritt des Dritten zu

---

[1582] S. a. *OLG Düsseldorf* RRa 2003, 14 (14, 17); siehe dazu auch unten Dritter Teil F. II. 3.) a) (S. 423).
[1583] Vgl. RGRK/*Recken* § 651i Rn. 3; *Staudinger/J. Eckert*, § 651i Rn. 7; *Bidinger/Müller*, § 651i Anm. 5.
[1584] S. u. Zweiter Teil F. III. 3.) (S. 278).
[1585] S. *Recken*, a. a. O. (Fn. 1583); vgl. auch *Führich*, Reiserecht, § 5 III. 1. d), Rn. 112, S. 90.
[1586] Vgl. *Bidinger/Müller*, a. a. O. (Fn. 1583).
[1587] S. *Staudinger/J. Eckert*, a. a. O. (Fn. 1583).
[1588] Für die geltende Fassung (im Gegensatz zur a. F.)des § 651b BGB ist diese dogmatische Einordnung nun weitgehend unstrittig, vgl. *Tonner*, Reisevertrag, § 651b Rn. 4; *Führich*, Reiserecht, § 6 I. 2., Rn. 185.

widersprechen, wenn dieser den besonderen Anforderungen der konkreten Reise nicht genügt oder seiner Teilnahme an der Reise gesetzliche bzw. behördliche Hindernisse entgegenstehen. Den Reisepreis kann der Veranstalter gem. § 651b II BGB von altem und neuem Vertragspartner gesamtschuldnerisch verlangen, zudem hat er Anspruch auf die Ersetzung der ihm durch die Vertragsübertragung verursachten Mehrkosten.[1589]

Das Gesetz ist m. E. sehr unsauber formuliert, da es die beiden unterschiedlichen Begriffe des „Reisenden" i. S. d. § 651a I 2 BGB, also des Vertragspartners aus dem Reisevertrag, und des „Reiseteilnehmers", also der Person, die die Reiseleistungen tatsächlich in Anspruch nimmt, verwischt; beide Begriffe sind ja gerade nicht identisch.[1590] Genaugenommen müsste m. E. zwischen dem Recht zum Austausch des Vertragspartners einerseits und dem Recht zur Benennung eines neuen Reiseteilnehmers unterschieden werden.[1591] Sinnvoll erscheint ohnehin nur der Austausch des tatsächlichen Reiseteilnehmers, bspw. bei dessen Verhinderung etwa wegen Krankheit oder wahrzunehmenden anderweitigen Terminen. Inwiefern allein der nicht-reiseteilnehmende Vertragspartner bei gleichbleibendem Reiseteilnehmer ein Interesse an der Regelung des § 651b BGB haben könnte, erscheint dem Verfasser wenig nachvollziehbar.

Die Vorgabe der Pauschalreiserichtlinie[1592], auf der die Neufassung des § 651b BGB beruht, war demgegenüber präziser: in Art. 4 Abs. 3 S. 1 der Richtlinie ist die Ersetzungsbefugnis daran gekoppelt, dass der Verbraucher daran gehindert ist, die Reise *anzutreten*. Damit ist die Ersetzung von vornherein auf den Fall einer nicht möglichen Reise*teilnahme* und diesbezüglichen Stellung eines neuen Reiseteilnehmers zugeschnitten.[1593] Die Umsetzung in § 651b BGB kennt für die Ersetzungsbefugnis weder die Voraussetzung einer nicht möglichen Teilnahme, noch beschränkt sich der Wortlaut auf einen Austausch des Reiseteilnehmenden. Dies mag zwar sonderbar wirken, stellt aber dennoch eine Erweiterung des nach der Richtlinie zu gewährenden Mindest-Verbraucherrechts und wäre damit zulässig,[1594] wenn auch m. E. wenig sinnvoll.

Aus der zunächst einmal unstrittigen Tatsache, dass die Ersetzungsbefugnis des § 651b BGB in der gerichtlichen Praxis praktisch keine Rolle spielt,[1595] wird in der Literatur teilweise die Bedeutungslosigkeit der Norm gefolgert, andererseits gerade aus der fehlenden

---

[1589] Neben den Kosten für Umschreibung etc. sind derartige Mehrkosten etwa denkbar, wenn der neue Reisende anderen Geschlechts ist und der Veranstalter dadurch hins. der Unterbringung nun zwei Einzelzimmer zu beschaffen hat, vgl. Beispiel bei *Eisner*, S. 19.

[1590] S. o. Erster Teil C. I. 1.) (S. 59).

[1591] So braucht der in den Vertrag eintretende Dritte ja gar nicht i. S. d. § 651b I 2 BGB den Erfordernissen der Reise zu genügen, wenn er selber gar nicht der Reiseteilnehmer ist.

[1592] Richtlinie 90/314/EWG des Rates v. 13.6.1990 über Pauschalreisen, ABlEG Nr. L 158 v. 23.6.1990, S. 59; s. a. Erster Teil A. I. (S. 16).

[1593] Vgl. auch die alte, vor dem 11.11.1994 geltende Fassung des § 651b I 1 BGB: der Reisende konnte „verlangen, dass statt seiner ein Dritter an der Reise teilnimmt."

[1594] Ein weitergehendes Schutzniveau als der Mindestschutz der Richtlinie ist gem. Art. 8 immer möglich; vgl. auch *Führich*, Reiserecht, § 6 I. 1., Rn. 184, S. 148.

[1595] Soweit ersichtlich lediglich zwei veröffentlichte Entscheidungen, kurioserweise beide aus Baden-Baden: *AG Baden-Baden* RRa 1994, 154 u. *LG Baden-Baden* RRa 1996, 13 (15f).

forensischen Präsenz der Norm ihre Bewährung in der Praxis und somit ihre erhebliche Bedeutung gefolgert.[1596]

Festzuhalten ist jedenfalls, dass die auch schon vor Einführung des § 651b BGB durch vertragliche Vereinbarung übliche Praxis[1597] einer Möglichkeit der Ersetzung des ursprünglichen Reiseteilnehmers durch einen anderen („name change") für beide Vertragsparteien eine vernünftige und vorteilhafte Regelung darstellt.
So kann der Reisende den - u.U. sehr hohen - Stornokosten für einen ansonsten nötigen Rücktritt vom Vertrag entgehen;[1598] andererseits hat der Reiseveranstalter damit die Möglichkeit, sich durch Vertragsdurchführung den vollen Reisepreis zu verdienen und nicht nur über die Stornokosten einen Ersatz für seine Aufwendungen zu erlangen.[1599]

III. Rücktritt vor Reisebeginn § 651i BGB

Aus Sicht des Reisenden kann eine Störung des geplanten Urlaubs auch dergestalt vorliegen, dass Umstände aus dem eigenen Umfeld des Reisenden den Reiseantritt unmöglich machen bzw. unpassend oder nicht mehr erstrebenswert erscheinen lassen, man denke etwa an Überschneidungen mit wichtigen Terminen, Streitigkeiten unter den Partnern einer gemeinsamen Reise, plötzlich auftretende Angst vor der Auslandsreise aufgrund weltpolitischer Ereignisse. Falls der Reisende keinen Ersatzreisenden benennen kann (s. zuvor), und auch die häufig kulanterweise eingerichtete Möglichkeit der Umbuchung nicht zur Verfügung steht (s. u.), hilft hier § 651i I BGB weiter, wonach sich der Reisende jederzeit vor Reiseantritt noch vom Vertrag lösen kann.

1.) Wesen und Anwendungsbereich

Dieser jederzeit mögliche Rücktritt des Reisenden[1600] vor Reisebeginn stellt kein Gewährleistungsrecht wegen eines Mangels der Reise im eigentlichen Sinne dar, sondern ein einseitig nur dem Reisenden eingeräumtes Recht, sich jederzeit und ohne Grund vom Vertrag lösen zu können. Damit wird durch das Gesetz zweierlei Überlegungen Rechnung getragen: zum einen können angesichts des u. U. sehr langen Zeitraums von der Planung und Buchung der Reise im voraus bis zum tatsächlichen Reiseantritt Umstände eintreten, die es dem Reisenden unmöglich machen oder erscheinen lassen, die Reise anzutreten.[1601] Zum anderen wirkt es angesichts des besonderen Sinns und Zwecks des Reisevertrages, dem

[1596] Vgl. *Pick*, § 651b Rn. 2 a. E.; *Bechhofer*, § 651b S. 28 (geringe praktische Bedeutung erkennbar an den fehlenden Urteilen hierzu); *Staudinger/J. Eckert*, § 651b Rn. 1 (Vorschrift unbedeutend); *Führich*, Reiserecht, § 6 I. 1., Rn. 184 a. E. (Regelung hat in der Praxis keine Bedeutung); *Tonner*, Reisevertrag, § 651b Rn. 1 (aus fehlenden Urteilen nicht auf fehlende praktische Bedeutung schließen); *Kaller*, Reiserecht (2. Aufl.), B., Rn. 105 (in der Praxis nicht zu unterschätzende Bedeutung, fehlende gerichtliche Entscheidungen Indiz für praktische Bewährung der Norm).
[1597] Vgl. *Pick*, § 651b Rn. 2.
[1598] *Führich*, Reiserecht, § 6 I. 1., Rn. 184, S. 148; *Pick*, § 651b Rn. 3; *Tonner*, Reisevertrag, § 651b Rn. 1.
[1599] *Staudinger/J. Eckert*, § 651b Rn. 2.
[1600] Daher umfasst § 651i BGB auch unproblematisch *direkt* die Fälle einer Unmöglichkeit seitens des Reisenden, ungenau insofern *Teichmann*, JZ 1986, 759 (761).
[1601] Vgl. *Staudinger/J. Eckert*, § 651i Rn. 1.

Reisenden Erholung zu verschaffen, wenig sinnvoll, ihn an einer Reisedurchführung gegen seinen Willen festzuhalten.[1602]

Dass es für den Rücktritt nach § 651i I BGB keines Reisemangels bedarf, ist gerade auch Abgrenzungsmerkmal zu § 651e I BGB. Liegen die Voraussetzungen des § 651e I BGB vor, so ist diese Norm auch vor Reiseantritt (bspw. bei sich bereits sicher abzeichnendem erheblichen Mangel der späteren Reise) die einschlägige und für den Reisenden ohnehin günstigere Regelung.[1603]

Hingegen können sich gegenüber § 651j BGB Abgrenzungsschwierigkeiten ergeben, wenn der Reisende etwa bei Furcht vor einem möglichen Wirbelsturm oder Terrorgefahr die Reise nicht antreten möchte. Auch hier stellt sich § 651j BGB als die für den Reisenden günstigere Regelung dar und geht als Sonderregelung dem freien Rücktrittsrecht des § 651i BGB vor,[1604] soweit die tatbestandliche Voraussetzung der höheren Gewalt erfüllt ist, insbesondere eine besonders intensive Auswirkung der höheren Gewalt auf die Reise.[1605] Bestehen Zweifel am Vorliegen der Voraussetzung der höheren Gewalt, so wird dem Reisenden, will er die Reise dennoch nicht antreten, letztlich nur der Rücktritt nach § 651i BGB bleiben.[1606]

Obwohl der Rücktritt nach § 651i BGB keiner Begründung bedarf, ist trotzdem ganz allgemein danach zu unterscheiden, ob er aufgrund einer Störung erfolgt, die allein in der Sphäre des Reisenden liegt, oder ob es sich um eine Störung aus der Sphäre des Reiseveranstalters, mithin um einen Reisemangel im Sinn des § 651c BGB handelt. Im letzteren Fall ist gem. der Einheitslösung zugunsten des Reisenden die Störung innerhalb des Gewährleistungssystems der §§ 651c ff BGB zu behandeln, nur bei einer Störung aus der Risikosphäre des Reisenden ist dabei § 651i BGB anzuwenden, der als lex specialis die Regelung des § 362 II BGB verdrängt.[1607]

Die Abgrenzung des § 651i BGB zu anderen Vorschriften, insbesondere auch zum kostenfreien Rücktritt bei Änderung der Reiseleistung durch den Veranstalter gem. § 651a V 2 BGB (s. u.), ist gerade auch wegen der in § 651i II, III BGB vorgesehenen Entschädigungspflicht von Bedeutung. Die gesetzliche Regelung des § 651i BGB nimmt durch diese Entschädigungsregelung Rücksicht auf das Interesse des Reiseveranstalters. Macht der Reisende von seinem Rücktrittsrecht gem. § 651i I BGB Gebrauch, so erhält der Veranstalter eine hinreichende Entschädigung, die auch seinen einkalkulierten Gewinn umfasst (s. dazu im Folgenden) und durch die Möglichkeit der Pauschalisierung von ihm vereinfacht erhoben werden kann.

[1602] Vgl. Begründung Regierungsentwurf BT-Dr 8/786, S. 19; s. a. *Führich*, Reiserecht, § 14 I. 1., Rn. 505.

[1603] *Führich*, Reiserecht, § 14 I. 2. a), Rn. 506; nicht nachvollziehbar hingegen der Einwand von *Kaller*, Reiserecht, F. II. 1. a) aa), Rn. 369, eine zur Kündigung nach § 651e BGB berechtigende Beeinträchtigung der Reise könne sich schlechthin nicht schon vor Antritt der Reise zeigen - man denke demgegenüber etwa an den Fall, vor Reiseantritt würde bekannt, dass das gebuchte, weithin einzige Hotel durch ein Feuer zerstört wurde und die dortigen Reisenden in Zelten und Notunterkünften mit stark eingeschränkter Verpflegung untergebracht werden.

[1604] *Führich*, Reiserecht, § 14 I. 2. b), Rn. 507.

[1605] Hierzu s. u. Dritter Teil H. II. 3.) (S. 474).

[1606] Vgl. etwa *AG Nürtingen* RRa 2001, 95 (nicht gerechtfertigte Angst des Reisenden vor Nachbeben).

[1607] *Führich*, Reiserecht, § 14 I. 2. c), Rn. 508.

2.) Rücktrittserklärung

Die Erklärung des Rücktritts gem. § 651i I BGB kann formfrei und ohne Angabe von Gründen erfolgen, als einseitig empfangsbedürftige Willenserklärung bedarf sie zur Wirksamkeit lediglich des Zugangs beim Empfänger, dem Reiseveranstalter.[1608] Als empfangszuständig ist aber auch das Reisebüro anzunehmen, bei dem die ursprüngliche Buchung erfolgte.[1609]

Spätester Zeitpunkt der Rücktrittserklärung ist nach klarem Gesetzeswortlaut des § 651i I BGB unmittelbar vor Reiseantritt, also noch vor der Inanspruchnahme der ersten Reiseteilleistung.[1610] Erste Leistung des Reiseveranstalters ist beispielsweise die Annahme des Gepäcks beim Einchecken oder das Aushändigen der Bordkarte,[1611] oder auch schon das Besteigen des Zugs für den Transfer zum Flughafen, soweit dies Teil der Reiseleistungen ist (z.B. „rail & fly“).

Die Rücktrittserklärung muss nicht explizit, sondern kann sogar konkludent erfolgen, indem der Reisende am Abreisetag die Reise schlicht nicht antritt, [1612] sog. „no-show“. Insofern ist dem Reisenden auch sein verspätetes Erscheinen beispielsweise zum Einchecken am Flughafen zum letztmöglichen Zeitpunkt des Reisetermins (Fixcharakter!) mit dem objektiven Erklärungsgehalt eines Rücktritts vom Reisevertrag zuzurechnen.[1613]

3.) Folgen

Mit wirksamer Rücktrittserklärung entfällt gem. § 651i II 1 BGB der Anspruch des Veranstalters auf den Reisepreis, der geschlossene Reisevertrag wird rückwirkend beseitigt bzw. in ein Rückabwicklungsschuldverhältnis umgewandelt.[1614] Entsprechend kann der Reisende

---

[1608] Vgl. *Führich, Reiserecht,* § 14 II. 1. a), Rn. 513.

[1609] S. MüKo/*Tonner*, § 651i Rn. 9; *Führich, Reiserecht,* § 14 II. 1. b), Rn. 514.

[1610] Vgl. *Staudinger/J. Eckert*, § 651i Rn. 10 m. umfangr. Nachw.; *Kaller*, Reiserecht, F. II. 2., Rn. 372; a. A. *Pick*, § 651i Rn. 68: analoge Anwendung des § 651i BGB auch nach Beginn der Reise (angesichts des klaren Wortlauts der Norm und des nur insoweit eingegrenzt sachgerechten Anwendungsbereichs abzulehnen).

[1611] *Schmid*, Charterflug, S. 62.

[1612] Str., vgl. wie hier *Staudinger/J. Eckert*, § 651i Rn. 17; *Führich*, Reiserecht, § 14 II. 1. a), Rn. 513; *Soergel/H.-W. Eckert*, § 651i Rn. 9; MüKo/*Tonner*, § 651i Rn. 9, S. 2272; s. auch schon im Gesetzgebungsverfahren Protokoll Nr. 49 (8. Wahlperiode) des Rechtsausschusses vom 4.10.1978, S. 86; a. A. (ausdrückliche Erklärung notwendig) *Bidinger/Müller*, § 651i Anm. 16; *Seyderhelm*, § 651i Rn. 17; differenzierend (konkludente Rücktrittserklärung durch schlüssiges Verhalten gds. möglich, aber nicht im Fall des Nichtantritts) *Pick*, § 651i Rn. 91ff; RGRK/*Recken*, § 651i Rn. 16; eingehende (vgl. S. 45ff) Ablehnung bei *Hansen*, 2. Kap. II. 3., S. 47f.

[1613] Vgl. *H.-W. Eckert*, 4. Kap. II. 1., S. 145 (Konsequenz aus der Formfreiheit der Kündigungserklärung); ferner *Führich*, Reiserecht, § 14 II. 1. a), Rn. 513, S. 411; *Soergel/H.-W. Eckert*, § 651i Rn. 9; *Staudinger/J. Eckert*, § 651i Rn. 17, S. 410; a. A. *Seyderhelm*, § 651i Rn. 18; auch *Hansen*, 2. Kap. II. 3., S. 47ff, meint, diesen Erklärungsgehalt könne man dem Nichterscheinen nicht beilegen, weil letzterer alle möglichen Ursachen haben könne, also auch das schlichte Verpassen des Termins, wofür es sachgerechter wäre, ihm ohne Wertung als Rücktritt im Sinne des § 651i BGB den Reisepreis weiterhin voll aufzuerlegen und dafür andererseits die Möglichkeit einzuräumen, doch noch auf eigene Faust seine angelaufene Reise noch einzuholen (a. a. O., S. 49); dies betrifft m. E. aber nur einen Sonderfall und ändert nichts am objektiven Erklärungsgehalt des Nichtantritts, wie ihn ein Dritter verstehen darf.

[1614] S. *Staudinger/J. Eckert*, § 651i Rn. 20.

nach § 346 I BGB den bereits gezahlten Reisepreis zurückverlangen.[1615]
Zu beachten ist diesbezüglich aber der Entschädigungsanspruch des Reiseveranstalters nach § 651i II, III BGB, mit dem er gegenüber dem Rückzahlungsanspruch des Reisenden aufrechnen kann:
Nach § 651i II 2 BGB hat der Veranstalter Anspruch auf eine „angemessene Entschädigung". Von der Rechtsnatur her dürfte es sich dabei nach zutreffender h. M. um einen Schadensersatzanspruch sui generis handeln.[1616] Gem. § 651i II 3 BGB bestimmt sich dieser Anspruch nach dem Reisepreis unter Abzug des Wertes ersparter Aufwendungen und dessen, was der Veranstalter durch anderweitige Verwendung der nicht in Anspruch genommenen Reiseleistungen erwerben kann. Durch diese Art der Berechnung bleibt dem Veranstalter sein einkalkulierter Gewinn erhalten.[1617] Bezüglich der anderweitigen Verwendung der Reiseleistungen ist anzumerken, dass dieses Merkmal praktisch nur dann erfüllt ist, wenn es dem Veranstalter bei ansonsten völlig ausgebuchter Reise möglich war, für genau diesen stornierten „Platz" einen Ersatzkunden zu finden.[1618] Statt, wie von *Führich* vorgeschlagen, einen Dritten dazu zu bewegen, beim Veranstalter um die stornierte Reise nachzufragen,[1619] dürfte es für den Reisenden in diesem Fall deutlich empfehlenswerter sein, einen dazu bereiten Dritten gleich als Ersatzreisenden gem. § 651b I 1 BGB[1620] einzusetzen.[1621]

In aller Regel erfolgt in der Praxis die Entschädigung ohnehin in Form der nach § 651i III BGB ermöglichten prozentualen Pauschalierung.[1622] Sie wird in Gestalt der sogenannten Stornoklauseln in den jeweiligen AGB der Veranstalter vereinbarter Bestandteil des Reisevertrags.
Die in den Stornoklauseln des Rücktrittsrechts festgelegten, auf den Reisepreis bezogenen Prozentsätze staffeln sich abhängig vom Zeitpunkt vor Reiseantritt; die jeweils maximal zulässige Höhe dieser Prozentsätze für „gewöhnliche ersparte Aufwendungen" und „durch anderweitige Verwendung der Reiseleistungen gewöhnlich möglichen Erwerb" ist - wie nicht anders zu erwarten - Gegenstand eingehender Kasuistik und Entwicklung,[1623] als zulässig werden nach derzeitigem Stand beispielsweise für reguläre Flugpauschalreisen ohne Besonderheiten Werte zwischen 20% Stornogebühr bis 30 Tage vor Reisebeginn bis 55% ab dem sechsten Tag vor Reiseantritt und schließlich maximal 75% bei Rücktritt am Reise-

---

[1615] *Führich*, Reiserecht, § 14 II. 2., Rn. 516; *Staudinger/J. Eckert*, § 651i Rn. 19; *H.-W. Eckert*, 4. Kap. II. 1., S. 146.
[1616] So die wohl h. M., vgl. *Führich*, Reiserecht, § 14 II. 3. a), Rn. 517 m. w. Nachw. dort in Fn. 42; eingehend problematisiert und letztlich abgelehnt bei *Staudinger/J. Eckert*, § 651i Rnn. 22ff. Von Bedeutung ist die Rechtsnatur für die Frage, ob Stornoklauseln in AGB an § 309 Nr. 5 BGB gemessen werden können.
[1617] *Staudinger/J. Eckert*, § 651i Rn. 27.
[1618] Vgl. MüKo/*Tonner*, § 651i Rn. 13; *Staudinger/J. Eckert*, § 651i Rnn. 34f; s. a. *Führich*, Reiserecht, § 14 II. 3. b), Rn. 519; RGRK/*Recken*, § 651i Rn. 21.
[1619] S. *Führich*, Reiserecht, § 14 II. 3. b), Rn. 519 a. E.
[1620] S. o. Zweiter Teil F. II. (S. 274).
[1621] Vgl. auch *Seyderhelm*, § 651i Rn. 10.
[1622] Vgl. *Staudinger/J. Eckert*, § 651i Rn. 2.
[1623] Vgl. diesbezügliche eingehende Darstellung bei *Führich*, Reiserecht, § 14 II. 4. c), Rn. 522 (dort auch zu den folgenden Stornosätzen), u. Rn. 523 a. E., sowie bei *Staudinger/J. Eckert*, § 651i Rn. 40.

tag angesehen.[1624] Verwendet der Veranstalter in seinen AGB zu hohe und damit unwirksame Stornosätze, so erfolgt keine geltungserhaltende Reduktion auf das zulässige Maß, sondern es ist auf die gesetzliche Regelung des § 651i II 2 BGB zurückzugreifen.[1625]

IV. Einseitiger Reiseabbruch durch den Reisenden

Die eingangs zum Rücktrittsrecht nach § 651i BGB angesprochenen persönlichen Probleme des Reisenden, die den Urlaub in Frage stellen, können auch während der Reise auftreten. In diesem Zusammenhang genannte Beispiele sind Todesfall oder Erkrankung aus dem (auch zuhause gebliebenen) Umkreis des Reisenden oder Verletzungen/Erkrankungen des Reisenden selbst.[1626] Auch ist denkbar, dass im Falle von Ereignissen höherer Gewalt der Reisende persönlich aus seiner Einschätzung vor Ort nun doch nicht mehr die Reise fortführen will, obwohl ihm wegen grundsätzlicher Kenntnis eine Kündigung nach § 651j BGB mangels fehlender Voraussehbarkeit verwehrt ist,[1627] oder aufgrund subjektiv vom Reisenden wahrgenommener, objektiv für § 651j BGB aber nicht ausreichender Beeinträchtigung durch höhere Gewalt, die sich während des Urlaubsaufenthalts entwickelt.

Eine ausdrückliche Regelung für einen entsprechenden Rücktritt während der Reise ist in den §§ 651a ff BGB des Reisevertragsrechts nicht enthalten, gleichwohl zeigt sich die Notwendigkeit einer allgemeinen Lösungsmöglichkeit für den Reisenden. Er kann auch tatsächlich schlecht zur Fortführung der Reise gezwungen werden,[1628] es stellt sich allerdings die Frage nach den rechtlichen Folgen eines solchen Reiseabbruchs.

Das Primat des geschlossenen Charakters des reisevertraglichen Gewährleistungssystems nach der sog. Einheitslösung[1629] findet hier keine Anwendung, denn es handelt sich beim einseitigen Abbruch um eine Störung allein aus dem persönlichen Bereich des Reisenden und nicht um einen Gewährleistungsfall für einen Reisemangel.

Somit bieten sich grundsätzlich drei Ansätze für eine rechtliche Behandlung des Reiseabbruchs durch den Reisenden, für ein untechnisch-faktisches „allgemeines Rücktrittsrecht“ während der Reise an:

[1624] S. o. *Führich*, a. a. O. (Fn. 1623); vgl. auch den ursprünglichen, umfangreicheren Regierungsentwurf zum Reisevertragsgesetz BT-Dr 8/786, S. 5, der in § 8 II gesetzliche Pauschalentschädigungen vorsah in Höhe von 30 DM oder 2% des Reisepreises bis zum 22. Tag vor Reisebeginn, 20% bis zum 15. Tag vor Reisebeginn, und danach bis Reiseantrittstag 35%, also bemerkenswert verbraucherfreundlichere Sätze als die heute übliche und von der Rechtsprechung für zulässig erachtete Praxis.

[1625] Ganz h. M., vgl. etwa *Staudinger/J. Eckert*, § 651i Rn. 61; *Bidinger/Müller*, § 651i Anm. 30; *Führich*, Reiserecht, § 14 II. 4. e), Rn. 524.

[1626] Vgl. den zugrundeliegenden Sachverhalt in *LG Frankfurt a.M.* RRa 1999, 233, sowie Punkt 3. a) (2) der anschließenden (S. 235ff) Anmerkung dazu von *Tempel*; weitere Beispiele etwa bei *Bidinger/Müller*, § 651i Anm. 19; *Seyderhelm*, § 651i Rn. 6. Klarzustellen ist, dass hier nicht Fälle gemeint sind, in denen reisecharakterprägende Mitreisende dem Veranstalter gewährleistungsrechtlich zurechenbar betroffen werden und sich dies als Reisemangel auch auf den Reisenden auswirkt (Beispiel: Kind verletzt sich an schadhafter Einrichtung des Hotels: dies stellt ausstrahlend auch für die Eltern einen Reisemangel dar und führt bei entsprechender Erheblichkeit u.a. zur Kündigungsmöglichkeit nach § 651e BGB), s. a. Zweiter Teil D. II. 2.) b) (S. 198).

[1627] S. dazu eingehend unten Dritter Teil H. II. 2.) (S. 472).

[1628] *H.-W. Eckert*, 4. Kap. II. 2., S. 158 a. E.

[1629] S. u. Dritter Teil A. I. 4.) (S. 307).

- die analoge Anwendung der reisevertragsrechtlichen Regelung für einen Rücktritt vor Reisebeginn § 651i BGB,[1630]
- analoge Anwendung der werkvertraglichen Regelungen in §§ 645, 649 BGB[1631] oder
- Anwendung der allgemeinen Regeln zur Leistungsstörung bei gegenseitigem Vertrag, insbesondere § 326 II BGB.[1632]

Der Weg, in solchen Fällen das Rücktrittsrecht des Reisenden vor Reisebeginn aus § 651i BGB analog anzuwenden, scheidet dabei m. E. von vornherein aus. Begründet wird die analoge Anwendung des § 651i BGB von ihren Anhängern damit, dass dann alle Fälle einheitlich erfasst würden, in denen der Reisende aus persönlichen Gründen die Reise nicht durchführen kann.[1633] Zu bedenken ist jedoch, dass § 651i BGB ein freies Rücktrittsrecht einräumt,[1634] bei dem der Reisepreis an sich entfällt und nur eine angemessene Entschädigung gewährt wird.

So bedauerlich die persönlichen Gründe für einen Rücktritt des Reisenden von seinem Urlaub auch sind, es handelt sich hierbei letztlich doch um Umstände aus der Sphäre des Reisenden und jedenfalls nicht aus irgendeiner Haftung oder gar Verantwortlichkeit des Veranstalters. Die dennoch nach § 651i BGB gewährte Möglichkeit des freien Rücktritts ist *vor Reisebeginn* dadurch gerechtfertigt, dass der Veranstalter dabei noch eine zumindest theoretische, ansonsten von der verbleibenden Zeit und anderen Faktoren abhängige Möglichkeit zur Umdisponierung hat[1635] - dem wird durch die entsprechende Staffelung der Stornopauschalen nach § 651i II, III BGB Rechnung getragen.

Mit Reiseantritt und somit begonnener Inanspruchnahme der Reise durch den Reisenden ist eine anderweitige Verwendung oder sonstiges Umdisponieren jedenfalls praktisch kaum mehr möglich, es wäre hier unbillig, dem Reisenden ein von jeglicher Begründung unabhängiges freies Rücktrittsrecht einzuräumen;[1636] das Abstellen auf den Reisebeginn erscheint auch nicht als willkürliche Zäsur, sondern ist vielmehr sachlich begründet.

Zudem würde eine analoge Anwendung deutlich *contra legem* erfolgen, die ausdrückliche Begrenzung durch den Wortlaut des § 651i BGB „vor Reisebeginn" hat erkennbar nur für eine Ausgrenzung der Fälle eines Rücktritts nach Reisebeginn Bedeutung; über diese klare Gesetzesbeschränkung würde man sich hinwegsetzen.[1637]

[1630] So *Pick*, § 651i Rn. 68, und RGRK/*Recken*, § 651i Rn. 2. Sogar für *direkte* Anwendung des § 651i BGB MüKo(2. Aufl.)/*Wolter* § 651c Rn. 4 a. E. sowie § 651i Rnn. 3 u. 21; hingegen einschränkend *ders.*, AcP 183 (1983), 35 (73) [IV. 3.]: § 651i BGB in Fällen unverschuldeter Rücktrittsgründe.

[1631] *Führich*, Reiserecht, § 14 II. 1. c), Rn. 515, S. 412; *Seyderhelm*, § 651i Rn. 6; *Jauernig/Teichmann*, § 651i Rn. 1 u. Vorbem v § 651c Rn. 3; nunmehr auch MüKo/*Tonner*, § 651i Rn. 6 (unter ausdrücklicher Aufgabe der noch in der Vorauflage vertretenen analogen Anwendung des § 651i BGB).

[1632] *Staudinger/J. Eckert*, § 651i Rn. 12; *Bidinger/Müller*, § 651i Anm. 19; *H.-W. Eckert*, 4. Kap. II. 2., S. 159, sowie *ders.* in *Soergel/H.-W. Eckert*, § 651i Rn. 6.

[1633] RGRK/*Recken*, § 651i Rn. 2 a. E.; *Pick*, § 651i Rn. 68.

[1634] Vgl. Bedenken bei *Staudinger/J. Eckert*, § 651i Rn. 12.

[1635] Vgl. *Staudinger/J. Eckert*, § 651i Rn. 12.

[1636] S. a. *J. Eckert*, a. a. O. (Fn. 1635); *Seyderhelm*, § 651i Rn. 6.

[1637] Vgl. auch *Bidinger/Müller*, § 651i Anm. 19, mit dem Hinweis darauf, dass eine entsprechende Gesetzesänderung allein dem Gesetzgeber vorbehalten sei und dieser entsprechende Gelegenheiten in den seither erfolgten Gesetzesnovellen nicht wahrgenommen habe.

Ohne eine Lösung innerhalb der reisevertragsrechtlichen §§ 651a ff BGB erschiene das sachlich nächstliegende eine analoge Anwendung zumindest der schuldrechtsthematisch verwandten Regelungen des Werkvertrags, hier insbesondere der Kündigungsregelung in § 649 BGB.

Von *H.-W. Eckert* wird dies abgelehnt mit dem Hinweis, dadurch würde die in § 651i BGB bekundete bewusste Entscheidung des Gesetzgebers gegen ein allgemeines Rücktrittsrecht unterlaufen.[1638]

Dies erscheint m. E. insofern unverständlich, als auch der von *H.-W. Eckert* gewählte Weg einer Anwendung der allgemeinen §§ 320ff BGB zum praktisch gleichen Ergebnis führt bei diesbezüglich inhaltlich beinahe identischer Formulierung der Rechtsfolgen in den jeweils herangezogenen Normen. Mit dem Abbruch der Reise verweigert der Reisende die (weitere) Annahme der Reiseleistungen, dem Veranstalter wird es ungeachtet der §§ 293, 300ff BGB aufgrund des Fixcharakters der Reise unmöglich, die nach § 651a I 1 BGB geschuldete Reise zu erbringen. Gemäß des insofern zutreffend nach Ansicht *H.-W. Eckerts* anzuwendenden § 326 II BGB[1639] behält wie auch im Fall des § 649 BGB der Veranstalter grundsätzlich den Anspruch auf den vereinbarten Reisepreis, und er muss sich nur, wiederum in beiden Fällen, ersparte Aufwendungen und Nutzen aus anderweitiger Verwendung der Reise, soweit dies überhaupt noch möglich ist, anrechnen lassen (s. a. im Folgenden).

An der Ablehnung der analogen Anwendung des § 649 BGB durch *J. Eckert* erscheint nicht überzeugend, dass dieser durch § 651i BGB verdrängt werde. Wie *J. Eckert* selber im weiteren ausführt, ist § 651i BGB bei einem Rücktritt nach Reisebeginn ja gerade nicht einschlägig.[1640]

Vom praktischen Ergebnis her ist es somit unerheblich, ob § 326 II BGB oder analog § 649 BGB angewandt wird,[1641] in beiden Fällen behält der Veranstalter grundsätzlich seinen Vergütungsanspruch auf den Reisepreis und muss sich lediglich anrechnen lassen, was er durch den Reiseabbruch an Aufwendungen erspart oder durch anderweitige Verwendung der von ihm organisierten Reiseleistungen erwirbt bzw. böswillig zu erwerben unterlässt. Dies erscheint auch als billige Behandlung des Sachverhaltes, der ja letztlich durch eine allein in den persönlichen Risikobereich des Reisenden fallende Störung geprägt ist.

V. Einvernehmliche Vertragsänderung, Umbuchung

Statt eines Rücktritts vom Vertrag nach § 651i BGB ist es dem Reisenden bei Problemen bezüglich der gebuchten Reise natürlich unbenommen, im Rahmen der allgemeinen Vertragsfreiheit beim Veranstalter nachzufragen, ob es möglich wäre, eine Umbuchung vorzunehmen, die je nach Art des Problems des Reisenden den Reisetermin verschieben oder

---

1638 *H.-W. Eckert*, 4. Kap. II. 2. S. 159; zustimmend *Bidinger/Müller*, § 651i Anm. 19.

1639 Vgl. *H.-W. Eckert*, a. a. O. (Fn. 1638) - zum Zeitpunkt des Werkes von *H.-W. Eckert* noch der entsprechende § 324 I BGB a. F., was aber inhaltlich nichts an der Argumentation ändert.

1640 Vgl. *Staudinger/J. Eckert*, § 651i Rn. 12.

1641 So auch *Führich*, Reiserecht, § 14 II. 1. c), Rn. 516, S. 412 a. E.: „Ergebnis dasselbe".

eine andere Reise, in ein anderes Zielgebiet, zum Inhalt haben würde.[1642] Das Gesetz regelt solche Umbuchungen nicht,[1643] die AGB der Veranstalter sehen aber regelmäßig diese Möglichkeit vor.[1644] Die ARB definieren die Umbuchung als nach Buchung einer Reise erfolgende Änderungen auf Wunsch des Kunden hinsichtlich des Reisetermins, des Reiseziels, des Ortes des Reiseantritts, der Unterkunft oder der Beförderungsart und sehen bis zu einem festen Termin vor Reiseantritt eine solche Vertragsänderung gegen ein Umbuchungsentgelt vor.[1645]

Vor einem Antritt der Reise erscheint es auch im Gegenzug zu Vereinbarungen vor Ort während der Reise[1646] unbedenklich, den Parteien im Rahmen der Vertragsfreiheit das allgemeine Recht zuzugestehen,[1647] individuell eine konsensuale Änderung des bestehenden Vertrages zu vereinbaren, zumal, wenn die Initiative hierzu ohnehin vom Reisenden ausgeht. Natürlich ist es dem Veranstalter dabei völlig freigestellt, ob er auf eine solche Anfrage des Reisekunden überhaupt eingeht. Insofern kann er für eine solche Umbuchung auch grundsätzlich frei entscheiden, ob er hierfür eine Gebühr („Umbuchungsentgelt", „Bearbeitungsgebühr") und in welcher Höhe verlangt. Soweit der Reiseveranstalter die Möglichkeit von Umbuchungen in seinen AGB überhaupt regelt, kann er dabei natürlich auch ein angemessenes Umbuchungsentgelt festsetzen.[1648]

Weil die Regelungen zur Umbuchung inkl. der Umbuchungsgebühr dabei durch AGB festgelegt werden, unterliegt die Höhe des Entgelts einer Kontrolle an den Maßstäben des § 308 Nr. 5 lit. b und insbesondere Nr. 7 lit. b BGB. Eine gängige Pauschale im Bereich von bis zu 30 € zur Deckung des Verwaltungsaufwandes einer Umbuchung wird allgemein als unbedenklich angesehen.[1649]

In diesem Zusammenhang gilt es allerdings generell zu beachten, dass die Anfrage des Reisenden nach einer Umbuchung keine Rücktrittserklärung im Sinne des § 651i I BGB[1650] darstellt bzw. nicht als solche ausgelegt werden darf. Auch wäre nach §§ 307, 308 Nr. 5 BGB eine Klausel unzulässig, wonach in den AGB auf die Umbuchung die generellen Stornierungsbedingungen i. S. d. § 651i III BGB angewendet werden, indem der Umbuchungswunsch des Reisenden als Rücktritt verbunden mit Neuanmeldung fingiert wird.[1651] Wohlgemerkt kann der Veranstalter in seinen AGB festlegen, dass er beispielsweise ab einem gewissen Zeitpunkt keine „Umbuchungen" mehr akzeptiert, und er kann verlangen, dass der

---

[1642] S. a. *Staudinger/J. Eckert*, § 651a Rn. 191.
[1643] *Tonner*, Reisevertrag, § 651i Rn. 29.
[1644] Vgl. Ziff. 5.5 u. 5.6 ARB (2004).
[1645] S. Fn. 1644.
[1646] S. a. Dritter Teil B. II. 4.) c) (S. 329).
[1647] Problematisch weitgehend diesbezüglich *Seyderhelm*, § 651a Rn. 129, wonach einvernehmliche Änderungen jederzeit möglich sein sollen; m. E. bedarf dies wegen der „Zwangssituation" des Reisenden vor Ort bei Reisemängeln Einschränkungen hinsichtlich des Aspekts eines (dabei ausgeübten) Gewährleistungsverzichts, vgl. Dritter Teil B. II. 4.) c) (S. 329).
[1648] S. *J. Eckert*, a. a. O. (Fn. 1642).
[1649] Vgl. *Führich*, Reiserecht, § 5 VII. 5., Rn. 181 (25 €) u. § 14 III. 3., Rn. 527 (30€); s. a. *Tonner*, Reisevertrag, § 651i Rn. 29 a. E. (25 bis 50 DM).
[1650] S. u. Zweiter Teil F. III. 2.) (S. 278).
[1651] S. *BGH* NJW 1992, 3158 (3161) [Ls. 4 u. IX. 2. a)]; *Führich*, Reiserecht, § 5 VII. 5., Rn. 181.

Reisende dann nur noch sein gesetzliches Rücktrittsrecht § 651i BGB ausübt, den Rücktritt erklärt, die entsprechende Stornogebühr auslöst und eine Neuanmeldung vornimmt[1652] - er darf diese Bedeutung nur nicht ohne weiteres einer Umbuchungsanfrage entnehmen bzw. unterstellen.

VI. Änderung des Vertragsinhalts durch den Veranstalter § 651a IV, V BGB

Die auf dem Markt angebotenen Pauschalreisen müssen schon lange vorher organisiert und vorbereitet werden, insbesondere bei den großen Reiseveranstaltern besteht eine erhebliche Vorlaufzeit, so dass zwischen Drucklegung der Kataloge und den letzten Gültigkeitstagen derselben oft sehr lange Zeitspannen liegen können.[1653] Zudem werden Reisen auch seitens der Reisekunden häufig lange Zeit im voraus gebucht, so dass sich verschiedene tatsächliche Umstände der Reiseorganisation und -kalkulation bis zum Reiseantritt verändern können.

Vor diesem Hintergrund sieht die EG-Pauschalreiserichtlinie[1654] in Art. 4 IV - IV verschiedene Möglichkeiten für nachträgliche Vertragsänderungen durch den Veranstalter vor. Diese Vorgaben wurden in den Regelungen § 651a IV u. V BGB in nationales deutsches Recht umgesetzt.[1655] Diese Umsetzung ist wenig geglückt und hat insgesamt zu einem komplizierten und doch unzureichenden Regelungsgeflecht geführt.[1656]

Diese Änderungsmöglichkeiten sind schon von vornherein grundsätzlich kritisch zu sehen, muss doch auch im Reiserecht der Grundsatz der Bindung an den Vertrag gelten,[1657] auf den sich auch der Reisende verlassen können muss. Es wird hier letztlich ein einseitiges Leistungsbestimmungsrecht für den Veranstalter eingeräumt.

Andererseits ist im Rahmen der Vertragsfreiheit zuzugestehen, dass in den Vertragsbestimmungen entsprechende Änderungsvorbehalte vereinbart werden. Der Reisende hat allerdings hierbei aufgrund der Marktstruktur der Reiseanbieter und deren gleichförmigen Verhaltens wenig Wahlmöglichkeiten, werden doch alle Veranstalter entsprechende Vorbehaltsklauseln verwenden; entsprechend streng sind solche AGB-Bestimmungen zu prüfen.

Dennoch ist der Reisekunde aber mit der Aufnahme entsprechender Vorbehalte in den Vertrag[1658] zumindest - im wahrsten Sinne des Ausdrucks - auf dem Papier über diese Möglichkeiten der Leistungsänderung informiert. Letztlich ist die drohende Schlechterstellung des Reisenden dadurch weitgehend entschärft, dass § 651a IV, V BGB recht enge Grenzen für die Vertragsänderungen setzt.

[1652] S. *Staudinger/J. Eckert*, § 651a Rn. 192 a. E.

[1653] *Führich*, Reiserecht, § 5 VII., Rn. 160; *Staudinger/J. Eckert*, § 651a Rn. 146; *Schmid*, NJW 2000, 1301.

[1654] Richtlinie 90/314/EWG des Rates v. 13.6.1990 über Pauschalreisen, ABlEG Nr. L 158 v. 23.6.1990, S. 59; s. a. Erster Teil A. I. (S. 16).

[1655] Vgl. BT-Dr 12/5354.

[1656] Vgl. etwa *Seyderhelm*, § 651a Rn. 120 („Neuregelung insgesamt wenig glücklich"); *Tempel*, RRa 1999, 107 (109) („keine Meisterleistung").

[1657] *Staudinger/J. Eckert*, § 651a Rn. 146 a. E.

[1658] *Jauernig/Teichmann*, § 651a Rn. 12: vertragliche Vereinbarung der Vorbehalte ist Grundvoraussetzung.

1.) Preisänderung § 651a IV BGB

Die bereits angesprochene Situation einer u. U. sehr langen Zeitspanne zwischen Vertragsschluss und Reiseantritt kann auch dazu führen, dass der Veranstalter zwischenzeitlich mit höheren Kosten durch seine Leistungsträger belastet wird und dies seine Kalkulation bezüglich des Reisepreises zunichte macht; zu denken ist insbesondere an Wechselkursschwankungen oder gestiegene Treibstoffpreise bzgl. der Beförderung. Auch hier ist das Einräumen eines nachträglichen Änderungsrechts für den Veranstalter bei einem so elementaren Vertragsbestandteil wie dem Preis kritisch zu sehen.

Grundsätzlich trägt der Veranstalter wie jeder andere Unternehmer auch das Kalkulationsrisiko für seine nach entsprechender Planung abgeschlossenen Verträge; zudem ist es ihm zumindest de iure unbenommen, durch langfristige Organisation und Verträge mit entsprechender vertraglicher Bindung oder über Durchsetzung seiner vertraglichen Rechte auf das Problem von Preisveränderungen seitens seiner Leistungsträger zu reagieren.
Andererseits werden der Preisänderung in § 651a IV BGB recht enge Grenzen gesetzt. Grundsätzlich bleibt demnach eine Preisänderung unzulässig,[1659] es sei denn, die besonderen Voraussetzungen des § 651a IV sind erfüllt:
So muss überhaupt die Möglichkeit zur Preiserhöhung gem. § 651 IV 1 BGB im Reisevertrag vorgesehen sein,[1660] vgl. auch § 6 II Nr. 4 BGB-InfoV. Auch kommt die Preisänderung nur in den abschließend[1661] aufgeführten Gründen des § 651a IV 1 BGB in Betracht: wegen Erhöhung der Beförderungskosten, der Abgaben für bestimmte Leistungen wie Hafen- oder Flughafengebühren, oder wegen der Änderung der die Reise betreffenden Wechselkurse.[1662] Dies sind sachlich anerkennenswerte Faktoren, da sie sich der planerischen Kalkulierbarkeit und dem Einfluss des Veranstalters entziehen.[1663]
Zudem müssen genaue Angaben des Veranstalters zur Berechnung des neuen Preises bereits im Vertrag vorliegen, und diese entsprechenden Regelungen in den AGB unterliegen den Anforderungen der §§ 305ff BGB,[1664] insbesondere dem Transparenzgebot des § 307 I 2 BGB.[1665] Schwierigkeiten bereitet dies insbesondere in den praktisch bedeutsamsten[1666] Fällen der sog. Kerosinzuschläge, den erhöhten Kosten für das Flugbenzin aufgrund gestiegener Rohstoffpreise.[1667] Diese können nicht auf pauschalem Wege einheitlich für alle

---

[1659] S. BT-Dr 12/5354, S. 9; *Soergel/H.-W. Eckert*, § 651a Rn. 59 a. E.
[1660] Soweit *Bechhofer*, S. 20, die Auffassung vertritt, es bedürfe keines vertraglichen Vorbehalts und der Veranstalter habe direkt aus § 651 IV BGB eine Möglichkeit zur Reisepreisänderung, so entspricht dies deutlich nicht dem Gesetzeswortlaut und i. ü. auch nicht der allg. Ansicht, vgl. etwa *Bidinger/Müller*, § 651a Anm. 25, S. 66; *Staudinger/J. Eckert*, § 651a Rn. 151.
[1661] *Soergel/H.-W. Eckert*, § 651a Rn. 60.
[1662] Eingehend hierzu jeweils *Führich*, Reiserecht, § 5 VII. 1. b), Rn. 163.
[1663] S. *Führich*, ebenda; kritisch hinsichtlich Berücksichtigung des Wechselkursrisikos *Pick*, § 651a Rn. 84.
[1664] Dass in § 651a IV 3 BGB insofern überflüssigerweise (vgl. aber *Geib*, in: *Bamberger/Roth*, § 651a Rn. 39) § 309 Nr.1 BGB explizit genannt wird, liegt in der Gesetzesentstehung begründet, da hierbei die Anwendung dieser Norm umstritten war (s. a. *Pick*, § 651a Rn. 87), und bedeutet nicht etwa im Umkehrschluss, dass die übrigen Normen des AGB-Rechts nicht gelten würden, s. MüKo/*Tonner*, § 651a Rn. 104.
[1665] *Führich*, RRa 2003, 4 (6); eingehend zur Problematik der Berechnungsangaben in den AGB s. *Staudinger/J. Eckert*, § 651a Rn. 154ff.
[1666] So MüKo/*Tonner*, § 651a Rn. 97.
[1667] *BGH* NJW 2003, 507.

Flugreisen mit dem Verweis auf einen „Treibstoffzuschlag“ erhoben werden,[1668] sondern es bedarf konkreter Darlegung der Modalitäten. Auch reicht es nicht aus, wenn *nach* Vertragsschluss wegen anstehender Preiserhöhung ein entsprechendes Informationsschreiben über die Berechnung versand wird.[1669] Als konkrete Angabe zur Neuberechnung ist allerdings ausreichend, dass der Reisende nachvollziehbare Angaben zur Überprüfung erhält, es ist nicht zu verlangen, dass der Veranstalter seine Kalkulationsgrundlagen offenlegt.[1670]

Umgekehrt enthält § 651a IV BGB keine Aussage zur Weitergabe von Kosten*senkungen*. Soweit *Tonner*[1671] und *Führich*[1672] meinen, die deutsche Regelung sei daher eine unzureichende Umsetzung der Vorgaben der Pauschalreiserichtlinie, findet sich hierfür m. E. jedenfalls im allein maßgeblichen Wortlaut der Richtlinie keine Stütze.[1673] Dort ist an entscheidender Stelle in Art. 4 IV lit. a RiLi lediglich für die Zulässigkeit jeglicher Preisänderung u. a. die Voraussetzung genannt, dass „der Vertrag die Möglichkeit einer Preiserhöhung oder -senkung ausdrücklich vorsieht“. Die von *Führich* und *Tonner* unterstellte Aussage dahingehend, dass Preiserhöhungsklauseln nur dann zulässig seien, wenn gleichzeitig auch umgekehrt entsprechende Preissenkungsklauseln vorgesehen sind, ließe sich allenfalls auf eine Formulierung „Möglichkeit einer Preiserhöhung und - senkung“ o. ä. in Art. 4 IV lit. a RiLi stützen, nicht aber auf die de lege lata existierende.[1674] Die Notwendigkeit einer richtlinienkonformen Auslegung der deutschen Regelung dahingehend, dass entsprechende Preisänderungsklauseln in den AGB zur Gültigkeit immer auch korrespondierend Preissenkungen vorschreiben müssen,[1675] ist daher schon mangels einer diesbezüglichen Vorgabe in der Richtlinie abzulehnen.

So attraktiv und wünschenswert die Weitergabe von Preissenkungen aus Verbrauchersicht auch erscheinen mag, so ist sie dennoch rechtlich noch nicht einmal unter dem Ansatz von *Tonner* und *Führich* durchzusetzen. Denn entscheidend ist letztlich, dass selbst unter Zugrundelegung von deren Auffassung einer entsprechenden Vorbehaltsklausel mit Preissenkungsmöglichkeit in den AGB damit noch lange keine *Pflicht* des Veranstalters besteht, von dieser *Möglichkeit* auch tatsächlich Gebrauch zu machen,[1676] wie er ja auch bei Preiserhöhungsvorbehalten von der Möglichkeit nur Gebrauch machen *kann*, aber nicht *muss*.

Schließlich ist die Preisänderung gem. § 651a IV 2 BGB unzulässig, wenn diese ab dem 20. Tag vor dem Abreisetermin erfolgt, und aus § 651a IV 3 i. V. m. § 309 Nr. 1 BGB ergibt sich generell ein Preiserhöhungsverbot für Reisen, die innerhalb vier Monaten nach Vertragsschluss durchgeführt werden sollen. Diese Viermonatsgrenze dürfte angesichts des Erscheinungszeitpunkts und halbjährlichen Geltungszeitraums der Kataloge sowie des Bu-

---

[1668] *Soergel/H.-W. Eckert*, § 651a Rn. 60; *Niehuus*, Rieserecht, § 9 Rn. 6, S. 272.
[1669] *Führich*, Reiserecht, § 5 VII. 1. a), Rn. 162.
[1670] Juris Praxiskommentar/*Keller*, § 651a Rn. 45.
[1671] MüKo/*Tonner*, § 651a Rn. 103.
[1672] *Führich*, Reiserecht, § 5 VII. 1. a), Rn. 162 a. E.
[1673] S. a. *Bidinger/Müller*, § 651a Anm. 31, S. 68.
[1674] S. a. *Geib*, in: *Bamberger/Roth*, § 651a Rn. 41.
[1675] So aber *Führich*, Reiserecht, § 5 VII. 1. a), Rn. 162.
[1676] Zutreffend *Bidinger/Müller*, § 651a Anm. 31 a. E., S. 68.

chungsverhaltens der Reisekunden erhebliche praktische Relevanz haben und einen Grossteil der Reiseverträge von Preiserhöhungen ausnehmen.[1677]

Und auch wenn alle bisher genannten Hürden für zulässige Preiserhöhungen genommen sind, so dürfen sie nur maximal 5% betragen, ohne dass sie ein Rücktrittsrecht des Reisenden nach § 651a V 2 BGB oder einen Anspruch auf Ersatzreise § 651a V 3 BGB auslösen.

Die gesamte, recht komplizierte Regelung zur Preiserhöhung ist somit m. E. für die Veranstalter in der Praxis wenig hilfreich.[1678] Zudem werden durch eine Anwendung dieser Möglichkeit zur Preiserhöhung unter diesen Bedingungen gerade die für die Veranstalter aus organisatorischen Gründen so wertvollen Frühbucher verprellt und in ihrem Vertrauen und damit Bereitschaft zu frühzeitigem Reisevertragsabschluss erschüttert.[1679]

2.) Inhaltliche Vertragsänderung § 651a IV i. V. m. V 1 BGB

Wie auch die zulässige Absage der Reise,[1680] so wird auch die zulässige Änderung einer wesentlichen Reiseleistung in § 651a V 1 BGB lediglich genannt, ohne dass hier oder an anderer Stelle im Gesetz die Voraussetzungen derselben dargelegt werden. Die Zulässigkeit entscheidet sich demnach - wie schon vor Einführung des § 651a V BGB - an der Zulässigkeit einer entsprechenden Klausel in den AGB gem. § 308 Nr. 4 BGB.[1681]

Von vornherein scheiden aber zunächst ganz geringfügige Abweichungen aus dem Problemkreis der Zulässigkeit von Leistungsänderungen heraus, soweit diese nach allg. Ansicht als bloße Unannehmlichkeiten auch nach Reiseantritt mangels merklicher Beeinträchtigung nicht unter den Mangelbegriff des § 651c I BGB fallen[1682] bzw. nach hier vertretener Auffassung als Abweichungen im Rahmen der normalen Variabilität der Leistungserbringung schon keinen Reisefehler darstellen.[1683] Weiterhin ist am anderen Ende der Beeinträchtigungsskala auch klar, dass ganz erhebliche Änderungen nicht zulässig sein können, die so wesentlich sind, dass sie den Charakter der Reise insgesamt verändern würden.

In der dazwischenliegenden Spannbreite an möglichen Leistungsänderungen bestimmt sich deren Zulässigkeit somit anhand § 308 Nr. 4 BGB, der als maßgebliches Kriterium die Zumutbarkeit für den anderen Vertragsteil, also hier den Reisenden, nennt.

Weil bei unzulässigen Änderungen dem Reisenden erst recht das Rücktrittsrecht und der Anspruch auf eine Ersatzreise gem. § 651a V 2 bzw. 3 BGB zuzusprechen sind,[1684] hat die Unterscheidung zwischen zulässigen und unzulässigen Änderungen allein Bedeutung für die Frage, ob *neben* den Rechten aus § 651a V 2, 3 BGB auch - nämlich im Falle unzulässi-

---

[1677] Eingehend zur Kontroverse um die Viermonatsgrenze *Führich*, Reiserecht, § 5 VII. 1. d), Rn. 165.
[1678] S. a. *Bidinger/Müller*, § 651a Anm. 24, S. 66.
[1679] Vgl. die Problemdarstellung bei *Führich*, RRa 2003, 4.
[1680] S. u. Zweiter Teil F. VII. (S. 293).
[1681] S. etwa *Führich*, Reiserecht, § 5 VII. 2., Rn. 168; *Staudinger/J. Eckert*, § 651a Rn. 69, S. 144; Seyderhelm, § 651a Rnn. 122, 124.
[1682] S. o. Zweiter Teil C. III. 2.) (S. 166), s. a. *Führich*, Reiserecht, § 5 VII. 2., Rn. 168.
[1683] S. dazu Zweiter Teil C. III. 3.) (S. 172), D. I. 3.) (S. 187) sowie D. II. 4.) d) (S. 207).
[1684] S. dazu im Folgenden Zweiter Teil F. VI. 3.) (S. 290) u. F. VI. 4.) (S. 291).

ger Änderungen - Gewährleistungsrechte wegen Reisemangels bestehen.[1685]
Würde man aber die Frage der Unzulässigkeit gleichsetzen mit dem Mangelbegriff des § 651c I BGB, so wäre jede Änderung außerhalb des ohnehin zulässigen Geringfügigkeitsrahmens auf der Ebene eines Reisemangels zugleich auch eine unzulässige Leistungsänderung, was auch die Gewährleistungsrechte wie bei einem Reisemangel auslösen würde. Für den in § 651a V 1 BGB angesprochenen Fall einer *zulässigen* Leistungsänderung, die *nur* die Rechte aus § 651a V 2, 3 BGBG zur Folge hat, bliebe bei einer solchen Auslegung kein Anwendungsraum mehr.
Daher muss über das Kriterium der Zumutbarkeit des § 308 Nr. 4 BGB ein Intensitätsbereich an Änderungen geschaffen werden, der außerhalb einer Geringfügigkeit zwar während der Reise durchaus einen Reisemangel darstellen würde, bei vorheriger Ankündigung durch den Veranstalter aber noch eine zulässige Leistungsänderung darstellt.

Auch enthält der Begriff der Zumutbarkeit ein gewisses Redlichkeitselement und es spielt daher eine Rolle, ob die Gründe für die Leistungsänderung bereits vor Vertragsschluss vorlagen und dem Veranstalter bekannt waren bzw. hätten sein müssen,[1686] oder ob diese später vom Veranstalter selber herbeigeführt wurden.[1687] Unter diese Rubrik sind auch die in der Praxis häufigen Fälle einer Leistungsänderung in Form eines Wechsels der Fluggesellschaft für die Beförderung des Reisenden einzuordnen. Konsequent wird nach ganz h. M.[1688] die Zulässigkeit einer solchen Änderung abgelehnt, wenn der Veranstalter bei Vertragsschluss die Fluggesellschaft konkret benannt hat. Ein Änderungsvorbehalt kann die Bindung an zugesagte, beispielsweise auch im Katalog genannte, Fluggesellschaften nicht unterlaufen. Will sich der Veranstalter eine entsprechende Wechselmöglichkeit offen halten, so muss er auf die namentliche Nennung von Fluggesellschaften verzichten oder ganz klar deutlich machen, dass genannte Fluggesellschaften nur beispielhaft aufgezählt sind. Auch der Vorbehalt der Änderung des Flugplans und ganz allgemein terminliche Änderungen sind kritisch zu sehen.[1689]

Zumutbarkeit und damit eine *zulässige Änderung* liegen somit zusammenfassend vor, wenn kumulativ die Voraussetzungen erfüllt werden, dass

- die Änderung durch nach Vertragsschluss vorliegende Gründe notwendig wird und diese auch nicht unredlich vom Veranstalter selbst herbeigeführt wurden,[1690]
- auch bei objektiv gleichwertiger anderer Leistung nicht der Reisecharakter an sich geändert wird, und

---

[1685] *Staudinger/J. Eckert*, § 651a Rn. 173.
[1686] *Eisner*, S. 16.
[1687] *Führich*, Reiserecht, § 5 VII. 2. b), Rn. 170, S. 138 o.
[1688] Statt aller s. *Führich*, Reiserecht, § 5 VII. 2. b), Rn. 171, S. 139 a. E., m. umfangr. Nachw. dort in Fn. 656.
[1689] *Führich*, ebenda, S. 140.
[1690] S. a. *Tempel*, RRa 1999, 107 (110) (weitergehende Berücksichtigung des Vertretenmüssens im Rahmen seiner Organisationspflichten).

- die Änderung eine zwar nicht ganz geringfügige, aber eben auch noch nicht beträchtliche Veränderung darstellt im Sinne der erheblichen Beeinträchtigung etwa des § 651e I BGB.[1691]

Zu letzterem Punkt stellt sich die Frage, ob man dies im Sinne einer von der Rechtsprechung so gerne vorgenommenen Quantifizierung an einem bestimmten Prozentsatz orientieren könnte.

Bei einem Seitenblick auf den ebenfalls möglichen Preisänderungsvorbehalt liegt dort die Zulässigkeitsgrenze bei 5%, so dass man entsprechend des Reisepreises als Anhaltspunkt für den Wert der Reise[1692] auch hier von einer Grenze ausgehen könnte, die einer Minderung von 5% entspricht, was eher niedrig erscheint. Vereinzelte Rechtsprechung[1693] will unter Anlehnung an die Erheblichkeit der Beeinträchtigung in § 651e I 1 BGB den Rücktritt nach § 651a V 2 BGB erst ab einer Schwelle von 20% entsprechender Minderung zulassen und erachtet somit umgekehrt Änderungen bis zu diesem Ausmaß für zulässig.

Insoweit man überhaupt auf einen entsprechenden Minderungsprozentsatz abstellen will, so dürfte die „Wahrheit" im Sinne einer angemessenen Schwelle wohl irgendwo auf halbem Wege zwischen diesen beiden Eckwerten liegen.[1694]

Wie auch in den anderen Fällen schematisierter Ansätze, etwa hinsichtlich § 651e I 1 oder § 651f II BGB,[1695] erscheint es aber auch hier ohnehin vorzugswürdiger, keine starre Prozentsatzgrenze zu errichten, sondern jeweils im Einzelfall die konkreten Umstände einzubeziehen. Dabei bietet das Kriterium der Zumutbarkeit auch den Schlüssel, um im Rahmen einer Wertung und Abwägung außergewöhnliche Umstände des Einzelfalls zu berücksichtigen.

So hielt es das *LG Hannover* bei einer Kreuzfahrt nach dem 11. September 2001 angesichts der allgemeinen Lage nach den Terroranschlägen für eine zulässige Leistungsänderung, wenn vorgesehene Stationen in Häfen in Ägypten und Oman nicht angesteuert wurden.[1696] Die Intention hierbei ist offensichtlich, es liegt zwar einerseits eine deutlich erhebliche Änderung des Reiseinhalts vor, andererseits wird aber das erforderliche Gefährdungsausmaß für eine Kündigung wegen höherer Gewalt § 651j BGB wohl noch nicht erreicht. Die Herausnahme gefährdet erscheinender Programmpunkte motiviert durch Vorsichtsüberlegungen des Veranstalters stellt insofern einen nachvollziehbaren Kompromiss und somit keine willkürliche einseitige (Um-)Gestaltung der Vertragsinhalts, sondern eine unter den gegebenen Umständen zulässige Leistungsänderung dar, die sich insofern innerhalb des Wertungsbereichs des Merkmals der *Zumutbarkeit* verorten lässt.[1697]

[1691] Vgl. auch Pkt. 4.1 der ARB (2004).
[1692] S. a. Dritter Teil D. III. 1.) a) (S. 357).
[1693] *Seyderhelm*, 651a Rn. 122; *AG Bad Homburg v.d.H.* RRa 2001, 8.
[1694] Zu weitgehend auch *Eisner*, S. 16, der direkt Begriff und Schwelle der Erheblichkeit des § 651e I BGB anwenden will; die Unzulässigkeit muss m. E. aus den dargelegten Gründen bereits weit vorher einsetzen.
[1695] S. u. Dritter Teil E. II. 1.) a) (bb) (S. 402) u. G. III. 2.) (S. 435).
[1696] *LG Hannover* RRa 2003, 27.
[1697] Vgl. *LG Hannover*, ebenda.

Abschließend sei noch kurz auf Änderungsvorbehalte außerhalb der AGB eingegangen. Nachdem sich obige Definition der zulässigen Änderung mangels anderer Regelungen vor allem an § 308 Nr. 4 BGB ausrichtet, bedeutet dies umgekehrt auch, dass es im Rahmen *individueller* Vereinbarungen möglich sein muss, den Rahmen zulässiger Änderungen weiter zu stecken, als dies durch AGB der Fall ist.[1698] Die Zulässigkeit wäre dann unter Beachtung der Umstände des individuellen Reisevertrages, insbesondere an dessen Reisecharakter zu orientieren.

Praktisch in Frage kommt eine individuelle Vereinbarung ohnehin weniger bei den großen Reisezahlen der führenden Reisekonzerne, sondern vor allem in Sonderfällen besonders organisierter Reisen kleinerer Spezialreiseveranstalter. So wäre ein weitergehender, individueller Änderungsvorbehalt hinsichtlich konkreter Route, Programmpunkten und Ausgestaltung etwa bei einer Abenteuer-Expedition denkbar, organisiert durch einen kleineren Spezialveranstalter, und auch nur in derartigen Fällen sinnvoll.

Und schließlich zeigt auch das allgemein anerkannte Modell der Fortuna-Reisen,[1699] bei denen der Reiseveranstalter einseitig die Unterkunft aus einer vorher bestimmten Auswahlmenge aussuchen kann, dass je nach Reisecharakter eine weitgehende Leistungsänderungsmöglichkeit durch Einräumung eines Bestimmungsrechts im konkreten Vertrag möglich sein muss.

3.) <u>Rücktrittsrecht bei wesentlichen Änderungen § 651 V 2 BGB</u>

Gemäß § 651a V 2 BGB kann der Reisende bei einer Preisänderung um mehr als 5% oder bei erheblicher Änderung einer wesentlichen Reiseleistung vom Vertrag zurücktreten.

Die systematische Stellung des § 651a V 2 BGB beschränkt diese Vorschrift auf die in Satz 1 beschriebenen zulässigen Vertragsänderungen. Dennoch ist nach allg. Ansicht das Rücktrittsrecht des § 651a V 2 BGB auch auf unzulässige Leistungsänderungen zumindest analog anzuwenden.[1700] Wenn der Reisende bei zulässigen Vertragsänderungen ein Rücktrittsrecht haben soll, so muss dies erst recht für unzulässige Änderungen gelten.

Zwar hat der Reisende bei unzulässigen Änderungen weiterhin seinen Anspruch auf die Durchführung des geschlossenen Vertrages zu den ursprünglichen Bedingungen,[1701] und die Änderungen führen daher zu Gewährleistungsansprüchen hinsichtlich der geändert durchgeführten Reise,[1702] insbesondere zu einer Minderung. Wenn er aber aufgrund der zu erwartenden unausweichlichen Abweichungen der Reisedurchführung die Reise gar nicht erst antreten will, wäre er ohne eine Anwendung des § 651a V 2 BGB auf den wesentlich ungünstigeren[1703] Rücktritt nach § 651i BGB angewiesen, soweit die unzulässige Änderung zwar wesentlich ist, aber zu einem Mangel führen wird, der unterhalb der Erheblichkeits-

---

[1698] S. a. *Staudinger/J. Eckert*, § 651a Rn. 170.
[1699] S. dazu eingehend oben, Zweiter Teil D. III. 2.) m) (S. 236).
[1700] S. *Führich*, Reiserecht, § 10 I. 4. c), Rn. 358 a. E.; s. a. *Staudinger/J. Eckert*, § 651a Rn. 173.
[1701] S. a. *Geib*, in: *Bamberger/Roth*, § 651a Rn. 53.
[1702] *Staudinger/J. Eckert*, § 651a Rn. 173; *Seyderhelm*, § 651a Rn. 124.
[1703] Vgl. die Rechtsfolgen gem. § 651i II, III BGB, s. eingehend hierzu Zweiter Teil F. III. 3.) (S. 278).

schwelle für eine Kündigung nach § 651e I BGB liegen würde. Im übrigen besteht das Rücktrittsrecht neben dem Kündigungsrecht aus § 651e I BGB.[1704]

Das Rücktrittsrecht nach § 651a V 2 BGB ist kostenfrei für den Reisenden,[1705] die Entschädigungsregelungen des Rücktritts nach § 651i BGB[1706] finden keine Anwendung.[1707] Erfüllt die zum Rücktritt nach § 651a V 2 BGB berechtigende Änderung zugleich die Anforderungen an einen erheblichen Mangel im Sinne des § 651e I BGB, so steht dem Reisenden neben diesem Rücktritt auch die Möglichkeit offen, eine Kündigung wegen erheblichen Mangels § 651e I BGB zu erklären.[1708] Nachdem das Kündigungsrecht nach § 651e I BGB durch das Rücktrittsrecht nach § 651a V 2 BGB nicht verdrängt wird, ist die Vorgehensweise über § 651e I BGB für den Reisenden insofern vorteilhaft, als ihm dadurch die Gewährleistungsrechte der §§ 651c ff BGB erhalten bleiben, insbesondere Schadensersatzansprüche.[1709]

4.) Ersatzreise § 651a V 3 BGB

Neben dem Rücktritt gem. § 651a V 2 BGB kann der Reisende aber gem. § 651a V 3 BGB auch die Teilnahme an einer mindestens gleichwertigen Ersatzreise verlangen. Dabei ist m. E. entgegen verbreiteter Ansicht[1710] für das Merkmal der Gleichwertigkeit nicht, und schon gar nicht allein,[1711] auf den Preis abzustellen, sondern auf den Reisecharakter der ursprünglichen Reise. Dem Reisenden, der sich auf seine gebuchte zweiwöchige Badereise auf den Balearen gefreut hat, ist mit einer einwöchigen Studien- und Museenreise in Paris wenig gedient, selbst wenn diese vom Preis her sogar objektiv höherwertig sein mag.

Mehrkosten der Ersatzreise hat gem. § 651a V 3 BGB („ohne Mehrpreis“) der Veranstalter zu tragen. Umgekehrt ist bei einer billigeren Ersatzreise der Differenzbetrag zur ursprünglich gebuchten Reise zu erstatten; dies folgt nicht allein aus logisch-wertender Betrachtung eines solchen Falls, sondern lässt sich auch konkret aus dem Merkmal „ohne Mehrpreis“ des Gesetzeswortlautes ableiten. Denn bezogen auf den Wert der Ersatzreise stellt sich der höhere Preis für die ursprüngliche, wertvollere Primärreise als ein Mehrpreis dar. Die Notwendigkeit der Erstattung ergibt sich zudem schon allein aufgrund der zwingenden Vorgabe des Art. 4 VI lit. a der EG-Pauschalreiserichtlinie,[1712] weshalb § 651a V 3 BGB ohnehin entsprechend richtlinienkonform auf eine Pflicht zur Erstattung des Minderwerts hin auszulegen ist.[1713]

[1704] S. *Führich*, Reiserecht, § 10 I. 4. c), Rn. 358.
[1705] *Staudinger/J. Eckert*, § 651e Rn. 5.
[1706] S. u Zweiter Teil F. III. 3.) (S. 278).
[1707] *Staudinger/J. Eckert*, § 651a Rn. 186.
[1708] Zu § 651e BGB s. eingehend unten Dritter Teil E. (S. 398).
[1709] *Staudinger/J. Eckert*, § 651a Rn. 186.
[1710] Vgl. etwa *Staudinger/J. Eckert*, § 651a Rn. 188; Bidinger/Müller, § 651a Anm. 86.
[1711] Vgl. *J. Eckert* u. *Bidinger/Müller*, a. a. O. (Fn. 1710).
[1712] Richtlinie 90/314/EWG des Rates v. 13.6.1990 über Pauschalreisen, ABlEG Nr. L 158 v. 23.6.1990, S. 59; s. a. Erster Teil A. I. (S. 16) sowie zum Erfordernis richtlinienkonformer Auslegung Erster Teil A. III. (S. 27).
[1713] So auch *Tempel*, RRa 2000, 107 (114) [IV. 4. b) (1)].

Es müssten prima facie eigentlich (siehe aber im Folgenden) die gleichen Kriterien gelten, wie sie für die Frage einer gleichwertigen Ersatzleistung im Rahmen der Abhilfeleistung angelegt werden.[1714] Diese sind jedoch recht streng; werden sie nicht erfüllt, so bleibt es eben bei der ursprünglichen Mangelhaftigkeit. Dies passt nur bedingt auf den vorliegenden Fall des § 651a V BGB. Letztlich kann die Frage der Gleichwertigkeit aber im Rahmen des § 651a V 2, 3 BGB insofern dahingestellt bleiben, da auch bei Gleichwertigkeit der Reisende schon nach Gesetzeswortlaut wie auch allgemeiner Ansicht in keinem Fall verpflichtet ist, das Ersatzangebot anzunehmen,[1715] sondern ein völlig freies Wahlrecht hat, dennoch gem. § 651a V 2 BGB kostenfrei zurückzutreten[1716] oder auch überhaupt nicht auf die Änderungsanzeige zu reagieren.

Lehnt der Reisekunde eine Ersatzreise ab, so soll er nach Ansicht von *Führich* aber davon ausgeschlossen sein, selber eine Ersatzreise zu buchen.[1717] Nachdem es dem Reisenden schlicht nicht verwehrt werden kann, selber eine Ersatzreise zu buchen, ist die Aussage *Führichs* wohl dahingehend zu verstehen, dass er die Kosten dieser Ersatzreise nicht im Rahmen von Selbstabhilfe oder Schadensersatz geltend machen kann.
Diese Konsequenz ist bei einer *zulässigen* Änderung nach § 651a V BGB offensichtlich, denn eine solche Ersatzreise quasi als Selbstabhilfe ist hier gar nicht vorgesehen. § 651a V 3 BGB erlegt dem Veranstalter lediglich die Pflicht auf, eine Ersatzreise anzubieten, und auch nur dann, wenn er dazu in der Lage ist.[1718] Nur wenn der Veranstalter diese Pflicht verletzt, kann im Rahmen eines Schadensersatzanspruchs auch eine Erstattung oder Schadensersatz für eine vom Reisenden statt dessen selbst angetretenen Reise relevant werden. Dann ist aber gerade keine entsprechende Ersatzreise angeboten worden im Sinne des Ausgangsfalles von *Führich*.

Bei einer *unzulässigen* Änderung bedarf dies freilich anderer Bewertung. Hier richtet sich die Frage hinsichtlich einer Ersatzreise nach den Kriterien der Gewährleistungsrechte Abhilfe und Selbstabhilfe.[1719]

5.) <u>Unverzügliche Geltendmachung § 651a V 4 BGB</u>

Der Reisende muss sein Rücktrittsrecht und sein Verlangen nach einer Ersatzreise gem. § 651a V 4 BGB unverzüglich, also ohne schuldhaftes Zögern i. S. d. § 121 I 1 HS 1 BGB, durch Erklärung gegenüber dem Veranstalter geltend machen. Ausgehend vom Sinn der Regelung in § 651a V 2, 3 BGB ist bei der Beurteilung eines „schuldhaften Zögerns" darauf Rücksicht zu nehmen, dass der Reisende zunächst nach einer Ersatzreise verlangt und dann

---

1714 S. u. Dritter Teil B. II. 5.) b) u. c) (S. 333 bzw. 336).
1715 *Tempel*, RRa 2000, 107 (114) [IV. 4. b)].
1716 *Staudinger/J. Eckert*, § 651a Rn. 189.
1717 *Führich*, Reiserecht, § 5 VII. 4.c), Rn. 178.
1718 Aus dieser Einschränkung ergibt sich letztlich nach MüKo/*Tonner*, § 651a Rn. 109, die geringe praktische Bedeutung des Anspruchs auf Ersatzreise.
1719 S. insofern Dritter Teil B. (S. 318), insbesondere B. II. 5.) (S. 331), sowie C. (S. 341).

noch auf sein Rücktrittsrecht zurückgreifen kann, wenn sich herausstellt, dass der Veranstalter keine Ersatzreise anbieten kann.[1720]

VII. Absage der Reise durch den Veranstalter § 651a V 1 Var. 3 BGB

In § 651a V 1 Var. 3 BGB wird die zulässige Absage der Reise durch den Veranstalter genannt, ohne dass dies an dieser oder anderer Stelle weiter ausgeführt wird,[1721] insbesondere ohne Angaben zu Fällen bzw. Voraussetzungen, in denen dieses weitreichende Recht ausgeübt werden kann.[1722]

Eine freies Recht zur Absage der Reise würde den Reisenden weitgehend schutzlos bzgl. seines vertraglichen Anspruchs auf die Reise stellen und würde den elementaren Grundsatz der Vertragsbindung aushebeln, eine entsprechende Lösungsmöglichkeit müsste also zumindest vertraglich vereinbart sein. Davon ist in der Vergangenheit auch schon vor Einführung der heutigen gesetzlichen Regelung in § 651a V BGB durch Vereinbarung verschiedener Rücktrittsmöglichkeiten seitens der Veranstalter in ihren AGB Gebrauch gemacht worden.[1723]

Nach Verabschiedung der Pauschalreiserichtlinie[1724] würde ein weitgehendes Absagerecht gegen den Mindestverbraucherschutzcharakter der Richtlinie verstoßen,[1725] denn diese nennt nur zwei zulässige Gründe für einen Rücktritt des Veranstalters: höhere Gewalt und Verfehlen der Mindestteilnehmerzahl.

Der deutsche Gesetzgeber hat diese Vorgabe nicht mit konkreten Regelungen innerhalb der §§ 651a ff BGB umgesetzt; dies ist wohl schlicht auf ein Versehen des Gesetzgebers zurückzuführen.[1726] Jedenfalls muss das in § 651a V 1 Var. 3 BGB genannte Recht zur Absage daher richtlinienkonform dahingehend eingeschränkt bzw. überhaupt interpretiert werden, dass es nur gegeben ist bei Vorliegen bestimmter, die Absage rechtfertigender Gründe im Sinne der Pauschalreiserichtlinie.[1727]

Art. 4 VI der Richtlinie nennt explizit das Nichterreichen der Mindestteilnehmerzahl und die höhere Gewalt als Fälle, in denen eine entschädigungslose Absage der Reise durch den Veranstalter möglich ist.[1728] In anderen Fällen stellt die Absage der Reise durch den Reiseveranstalter schlicht eine Nichterfüllung des Reisevertrages dar, was als Reisemangel die

[1720] MüKo/*Tonner*, § 651a Rn. 110.

[1721] *Seyderhelm*, § 651a Rn. 120 a. E., bezeichnet u. a. auch deswegen die Regelung des § 651a V BGB „insgesamt als wenig glücklich“.

[1722] *Staudinger/J. Eckert*, § 651a Rn. 174.

[1723] MüKo/*Tonner*, § 651a Rn.128 a. E.

[1724] Richtlinie 90/314/EWG des Rates v. 13.6.1990 über Pauschalreisen, ABlEG Nr. L 158 v. 23.6.1990, S. 59; s. a. Erster Teil A. I. (S. 16).

[1725] MüKo/*Tonner*, § 651a Rnn. 127, 129.

[1726] MüKo/*Tonner*, § 651a Rnn. 129.

[1727] S. etwa *Seyderhelm*, § 651a Rn. 136; *Staudinger/J. Eckert*, § 651a Rn. 174; *Geib*, in: *Bamberger/Roth*, § 651a Rn. 48.

[1728] S. a. *Staudinger/J. Eckert*, § 651a, Rn. 174; *Eisner*, S. 6.

Gewährleistungsrechte der §§ 651c ff BGB auslöst und in diesem Fall insbesondere zu Schadensersatzansprüchen nach § 651f I, II BGB führt.[1729]

Die Ereignisse höherer Gewalt fallen hierbei jedoch von vornherein aus der Betrachtung des § 651a V 1 BGB heraus, da für diese ohnehin mit § 651j BGB eine Sonderregelung mit Lösungsmöglichkeit des Veranstalters besteht.[1730]

Die zweite in der Richtlinie genannte sachliche Rechtfertigung für eine Absage ist das Nichterreichen der Mindestteilnehmerzahl. Dies setzt logisch wie auch nach der Vorgabe des § 4 I 1 Nr. 7 BGB-InfoV voraus, dass eine vertragliche Vereinbarung über eine zu erreichende Mindestteilnehmerzahl überhaupt getroffen wurde. Dieser Grund bedarf also vorheriger vertraglicher Vereinbarung eines entsprechenden Absagevorbehalts, was auch durch AGB erfolgen kann.[1731]

Weitere sachliche Gründe für eine zulässige Absage der Reise wären theoretisch zwar denkbar,[1732] allerdings stellt Art. 4 VI der Richtlinie klar, dass in diesen Fällen der Veranstalter nicht von einer Entschädigung befreit ist. Dem entspricht die Lösung nach nationalem deutschen Reisevertragsrecht, wonach eine einseitige Absage der Reise durch den Veranstalter schlicht eine Nichterfüllung und damit einen Reisemangel darstellt, was die entsprechenden Gewährleistungsrechte auslöst.

Damit läuft auch die in den AGB der Reiseveranstalter zu findende,[1733] in der Literatur abgelehnte[1734] Klausel einer Rücktrittsmöglichkeit des Veranstalters bei wirtschaftlicher Unmöglichkeit jedenfalls ins Leere. Der Veranstalter mag zwar einen „Rücktritt" erklären, er vereitelt damit aber unzulässig die Reise und macht sich gewährleistungs-, insbesondere schadensersatzpflichtig.

Die Absage der Reise hat der Veranstalter gem. § 651a V 1 BGB unverzüglich nach Kenntnis des Absagegrundes mitzuteilen, also nach Erkennen, dass die Mindestteilnehmerzahl nicht erreicht werden kann.

In Folge einer zulässigen Absage der Reise durch den Veranstalter hat der Reisende gemäß § 651a V 1, 3 BGB Anspruch auf eine Ersatzreise,[1735] den er aber gem. § 651a V 4 BGB wiederum unverzüglich geltend zu machen hat.[1736] Andernfalls entsteht durch die Absage ein Rückgewährschuldverhältnis, so dass dem Reisenden gem. § 346 I BGB der Reisepreis zurückzuerstatten ist, soweit dieser bereits gezahlt wurde.[1737]

[1729] *Führich*, Reiserecht, § 5 VIII. 3., Rn. 172.
[1730] S. dazu Dritter Teil H. (S. 464).
[1731] *Staudinger/J. Eckert*, § 651a Rn. 175.
[1732] So *Staudinger/J. Eckert*, § 651a Rn. 174.
[1733] Vgl. Nr. 7.3 ARB (2004).
[1734] *Führich*, Reiserecht, § 5 VIII. 3. b), Rn. 174; *Seyderhelm*, § 651a Rn. 141; MüKo/*Tonner*, § 651a Rn. 134f; s. a. eingehend hierzu *Staudinger/J. Eckert*, § 651a Rnn. 180-182, mit ablehnendem Ergebnis (Rn. 181 a. E.).
[1735] S. dazu Zweiter Teil F. VI. 4.) (S. 291).
[1736] S. dazu Zweiter Teil F. VI. 5.) (S. 292).
[1737] *Geib*, in: *Bamberger/Roth*, § 651a, Rn. 50; zur Vorauskassepraxis s. a. Erster Teil C. I. 3.) (S. 66).

Schließlich sind im vorliegenden Kontext noch die Fälle anzusprechen, in denen der Reisende aus den verschiedensten Gründen eine Undurchführbarkeit der Reise verschuldet. Erfüllt der Reisende zwingend notwendige Voraussetzungen für die Reise nicht, man denke etwa an Visum- oder Impfbestimmungen, so bestehen keine Bedenken dagegen, dass der Reiseveranstalter deshalb eine solche Reise „absagt". Denn dies stellt keine Absage des Veranstalters im Sinne des 651a V 1 BGB bzw. des Art. 4 VI der RiLi dar,[1738] sondern es wird durch ihn schlicht die ohnehin bestehende Sach- und Rechtslage einer Undurchführbarkeit der Reise *festgestellt*, wobei diese Undurchführbarkeit seitens des Reisenden als faktischer Fall des § 651i BGB[1739] anzusehen ist; diese Konstruktion stellt die entsprechende vorrangige reisevertragliche Regelung des allgemeinen Grundsatzes der §§ 275 I, 326 II BGB dar.[1740]

VIII. Insolvenz des Reiseveranstalters

Aus der untechnischen Sicht des Reisenden erscheint es auch als ein erheblicher „Mangel" seiner Reise, wenn ihn eine Insolvenz seines Reiseveranstalters im Urlaub dergestalt einholt, dass ihm der (weitere) Aufenthalt im Hotel, der Rückflug oder sonstige gebuchte und bereits mit dem Reisepreis bezahlte Reiseleistungen verweigert oder nur gegen erneute Zahlung erbracht werden.[1741] Weniger kritisch, aber nicht weniger ärgerlich ist es, wenn trotz des bereits gezahlten Reisepreises wegen der Insolvenz des Veranstalters die Reise schon gar nicht angetreten werden kann.

Der Fall einer Zahlungsunfähigkeit des Reiseveranstalters ist nunmehr[1742] eigens in § 651k BGB geregelt. Darin ist zwar eine Insolvenzsicherung vorgesehen, die für den Reiseveranstalter von wenigen Ausnahmen in § 651k VI BGB abgesehen (Gelegenheitsveranstalter oder Veranstalter als Person des öffentlichen Rechts sowie bei eintägigen Reisen ohne Übernachtung für einen Reisepreis von maximal 75 €) verpflichtend ist, diese hat aber bei folgender näherer Betrachtung bzgl. des Themas dieser Arbeit nur geringen Wert hinsichtlich Gewährleistungsrechten des Reisenden im engeren Sinne.

1.) Schicksal etwaiger Gewährleistungsansprüche

Es wird zwar eigens eine Kundengeldabsicherung durch einen Versicherer oder ein Kreditinstitut vorgeschrieben und dabei das Instrument des Sicherungsscheins eingeführt;[1743] jedoch umfasst gem. § 651k I Nr. 1 u. 2 BGB diese Absicherung nur die Rückzahlung des

---

[1738] Vgl. auch die Formulierung eingangs des Art. 4 VI RiLi: Rücktritt des Veranstalters „gleich aus welchem Grund, ausgenommen Verschulden des Verbrauchers".

[1739] S. o. Zweiter Teil F. III. (S. 276).

[1740] A. A. *Geib*, in: *Bamberger/Roth*, § 651a, Rn. 52 a. E., der insofern „§§ 275 I u. II, 326 I u. II BGB" anwenden will.

[1741] Vgl. den berühmten Fall der Veranstalterkonkurse im Sommer 1993, v.a. der MP-Travel-Line, von dem ca. 20.000 deutsche Urlauber in der Türkei, Portugal und Florida insofern betroffen waren, als sie Hotel und Rückflug erneut zahlen mussten, vgl. *Kaller*, Reiserecht, Rn. 422, sowie *Pick*, § 651k Rnn 4ff.

[1742] § 651k BGB wurde zum 1.11.1994 in das BGB eingefügt, s.o. Erster Teil A. I. (S. 17), und zwischenzeitlich mehrfach geändert; zur Gesetzgebungsgeschichte des § 651k BGB s. *Kaller*, Reiserecht, H. I., Rnn. 422ff, sowie *Staudinger/J. Eckert*, § 651k Rnn 1-7.

[1743] S. a. Erster Teil C. II. 4.) (S. 73).

gezahlten Reisepreises sowie etwaige durch die Insolvenz entstandene Aufwendungen des Reisenden für seine Rückreise. Der Kundengeldabsicherer (also in der Regel die Versicherung, die den Sicherungsschein ausgestellt hat, vgl. § 651k II, III BGB) haftet aber in keinem Fall für offene Ansprüche aus Reisemängeln, ab dem Zeitpunkt der Insolvenz des Reiseveranstalters können Gewährleistungsansprüche nur noch gegen den Insolvenzverwalter geltend gemacht werden,[1744] sie sind wirtschaftlich-tatsächlich betrachtet weitgehend wertlose, nicht bevorrechtigte Insolvenzforderungen.

Etwas anderes gilt allerdings für die Konstellation, dass der Reisende zum Zeitpunkt der Eröffnung des Insolvenzverfahrens den Reisepreis noch nicht vollständig gezahlt hat und der Insolvenzverwalter sich gem. § 103 I InsO für die Bezahlung des Reisepreises und Durchführung der Reise entscheidet. Wenn nunmehr Gewährleistungsansprüche aus dieser (u. U. über andere Reiseveranstalter durchgeführte) Reise entstehen, sind diese bei späterer Masseunzulänglichkeit gem. § 209 II Nr.1 InsO „vorrangig gesichert“[1745] bzw. zumindest privilegierte Massenverbindlichkeiten.

2.) Erstattung gezahlter Beträge

Nur dann, wenn den Reisenden die Insolvenz des Veranstalters mitten im Urlaub ereilt und der Kunde dadurch verursachte Ausgaben hat, stellt sich § 651k BGB aus Sicht des Verbrauchers in gewissem untechnischen Sinne als ein „Gewährleistungsrecht“ dar.

§ 651k I 1 Nr.1 BGB nennt als Sicherungsgegenstand den „gezahlten Reisepreis, soweit Reiseleistungen infolge Zahlungsunfähigkeit oder Eröffnung des Insolvenzverfahrens über das Vermögen des Reiseveranstalters ausfallen.“ Diesem Begriff des gesicherten gezahlten Reisepreises unterfallen zunächst einmal die vor Antritt der Reise geleisteten Anzahlungen bei völligem Ausfall der Reise. Sodann besteht ein Erstattungsanspruch nach Reiseantritt jeweils anteilig bezüglich der noch nicht erbrachten Reiseleistungen.

Von besonderem Interesse ist schließlich, dass auch der Fall erfasst wird einer (im Ergebnis aus Sicht des Reisenden doppelten, da ja bereits mit dem Reisepreis entrichteten) Zahlung der Hotelkosten, die der Reisende u. U. vor Ort an den Hotelier zu entrichten hat, um das Hotel verlassen und seinen Rücktritt antreten zu können.

Diese Forderung des Hoteliers beruht auf der fehlenden Vergütung für die Unterbringung durch den zahlungsunfähig gewordenen Reiseveranstalter, ist somit durch die Insolvenz veranlasst und vom richtlinienkonform am Begriff der „Erstattung der gezahlten Beträge“ in Art. 7 der Pauschalreiserichtlinie[1746] auszulegenden § 651k I 1 Nr.1 BGB mit umfasst.[1747]

[1744] Unstr.; s. *Führich*, Reiserecht, § 16 II. 2., Rn. 574 u. § 16 II. 3. a), Rn. 579; MüKo/*Tonner*, § 651k Rn. 11; *Soergel/H.-W. Eckert*, § 651k Rn. 8; *Staudinger/J. Eckert*, § 651k Rn. 1 a. E., m. w. Nachw.

[1745] *Führich*, Reiserecht, § 16 II. 2., Rn. 574.

[1746] Art. 7 der Richtlinie 90/314/EWG des Rates v. 13.6.1990 über Pauschalreisen, ABlEG Nr. L 158 v. 23.6.1990, S. 59; s. a. Erster Teil A. I. (S. 16).

[1747] *Führich*, Reiserecht, § 16 II. 3. a), Rn. 580.

3.) Aufwendungen für die Rückreise

In § 651k I 1 Nr. 2 BGB ist eine Absicherung des Erstattungsanspruchs bzgl. der für die Rückreise notwendigen Aufwendungen im Fall des veranstalterinsolvenzbedingten Reiseabbruchs vorgeschrieben. Wichtig ist hierbei die Feststellung, dass der Reisende also nicht etwa wie geplant seinen Urlaub zu Ende verbringen kann und alle dafür anfallenden Beträge vom Versicherer ersetzt erhält. Vielmehr bekommt er nur die notwendigen Rückreisekosten erstattet, Maßstab ist § 670 BGB.[1748]

Grundsätzlich muss der Reisende umgehend zurückreisen, dies bedeutet konkret, dass er sich um den nächstmöglichen Rückflug bemühen muss.
Einerseits gilt hierbei, dass er nicht sofort den nächsten teuren Linienflug nehmen darf, wenn am nächsten oder übernächsten Tag ein wesentlich günstigerer Rückflug möglich ist.
Andererseits dürfen die Anforderungen an den Reisenden nicht derart überspannt werden, dass man von ihm eine präzise Kalkulation erwartet, welche Vorgehensweise für den Versicherer günstiger wäre, gerade, wenn man sich die emotionale Ausnahmesituation des vom plötzlichen Reiseabbruch betroffenen Reisenden vor Augen führt. Daher sind nur *offensichtlich* überteuerte, nicht gerechtfertigte und „Luxus"-Ausgaben (etwa für ein zur Überbrückung gebuchtes besonders hochklassiges Hotel) von der Erstattung auszunehmen.[1749]

Ansonsten ist hinsichtlich des Transportmittels sowie einer bis zum tatsächlich möglichen Antritt der Rückreise zu benutzenden Unterkunft[1750] an sich auf den Standard der ursprünglich gebuchten Reise abzustellen.
Ferner werden grundsätzlich sämtliche insolvenzverursachten Mehrkosten der Rückreise umfasst, also bspw. Aufenthaltskosten (inkl. Verpflegung) bis zur möglichen Rückreise, Transferkosten, zusätzliche Flughafengebühren sowie Telefon- und ähnliche Kosten für die selbst zu erbringende[1751] Organisation der Rückreise.

G. Kurzzusammenfassung zum Begriff des Reisemangels

Die gefundenen Ergebnisse und der demnach anzuwendende Mangelbegriff sollen noch einmal kurz zusammengefasst werden, bevor im nächsten Teil der Arbeit eine Darstellung der sich daraus ergebenden Gewährleistungsrechte erfolgt.

Ein Reisemangel im Sinne des § 651c BGB kann in Form der nicht erfüllten Zusicherung oder der Beeinträchtigung der Reise durch einen Reisefehler vorliegen.[1752]

Die Zusicherung prägt auch den Vertragsinhalt und überschneidet sich insofern mit der zweiten Mangelalternative des beeinträchtigenden Reisefehlers[1753]. Dennoch hat die Zusicherung im Rahmen der reisevertraglichen Gewährleistung eine eigenständige Bedeutung, hinsichtlich des Reisemangels in Form nicht erfüllter Zusicherung § 651c I Alt. 1 BGB

[1748] *Führich*, Reiserecht, § 16 II. 3. a), Rn. 581.
[1749] Vgl. MüKo/*Tonner*, § 651k Rn. 10.
[1750] Übernachtungen auf dem Flughafen sind hierbei nicht zumutbar, vgl. MüKo/*Tonner*, § 651k BGB Rn. 8.
[1751] *Führich*, Reiserecht, § 16 II. 3. b), Rn. 581, S. 455.
[1752] Zweiter Teil A. (S. 120).
[1753] Zweiter Teil B. II. (S. 125).

muss für das Vorliegen eines Reisemangels keine Beeinträchtigung der Reise vorliegen.[1754] Eine Zusicherung kann sich u. a. aus einer entsprechend deutlichen Prospektangabe oder aus prägenden schriftlichen oder mündlichen Zusagen ergeben. [1755]

Ein Reisemangel in Form des beeinträchtigenden Reisefehlers erfordert zunächst die Ermittlung eines bestehenden Fehlers über eine Abweichung der Ist- von der Sollbeschaffenheit nach subjektiv-objektiver Fehlertheorie. Ein Fehler liegt damit vor bei einer Abweichung von der vereinbarten, ansonsten von der üblichen Beschaffenheit.[1756] Die Sollbeschaffenheit ergibt sich aus allen vertragsinhaltsgestaltenden Elementen des Reisecharakters. Hierzu zählen konkrete inhaltliche Angaben im Reiseprospekt ebenso wie im Rahmen der Buchung explizit oder konkludent aufgrund der Umstände als vereinbart anzunehmende Vertragsbestandteile.[1757] In einem zweiten gedanklichen Schritt zur Ermittlung eines Reisemangels muss sich durch den Reisefehler eine Nutzungsbeeinträchtigung der Reise ergeben.[1758] Zugrundezulegen ist hierbei der sogenannte „weite Mangelbegriff", wonach ausgehend von der *Gesamtheit* an Reiseleistungen als geschuldetem Vertragsgegenstand eine verschuldensunabhängige Einstandspflicht des Veranstalters für das Gelingen die Reise *an sich* besteht, nicht nur für einzelne, isoliert betrachtete Teilleistungen, wie dies von den Vertretern des engen Mangelbegriffs propagiert wird.[1759]

Zur Eingrenzung der nach dem weiten Mangelbegriff sehr weitreichenden Haftung sind bei der Prüfung der Beeinträchtigung zunächst - allerdings unter zurückhaltender Anwendung - die Risikosphärentheorie der h. M. heranzuziehen und damit Störungen in Form der Verwirklichung des allgemeinen Lebensrisikos aus dem Mangelbegriff grundsätzlich auszuschließen.[1760] Eine Einstandspflicht des Veranstalters für derartige Umstände kann sich allenfalls über eine entsprechende Zusicherung aus Vereinbarung ergeben.[1761]

Im Rahmen der Prüfung der Beeinträchtigung werden sodann als weitere Haftungseinschränkungen üblicherweise gewisse Störungen unter den Aspekten der Landesüblichkeit, des Massentourismus oder schlicht der bloßen Unannehmlichkeit als hinzunehmende geringfügige Beeinträchtigungen bewertet und aus dem Mangelbegriff herausgenommen.[1762]

Richtigerweise stellen sich diese allerdings unter dem Begriff des Reisecharakters als Teil der nach Vertrag geschuldeten Reise dar.[1763] Was üblich bzw. innerhalb der gebuchten Reise vertragsimmanent ist, hängt jeweils vom konkret individuell zugrundezulegenden *Reisecharakter* ab. Über den Reisecharakter werden auch Faktoren wie etwa landesüblich und preisniveauabhängig zu erwartende Erbringung der Reiseleistung, besondere Rücksicht auf

---

[1754] Zweiter Teil B. II. 2.) (S. 126).
[1755] Zweiter Teil B. III. (S. 127).
[1756] Zweiter Teil C. I. (S. 142).
[1757] Zweiter Teil C. I. 3.) (S. 143).
[1758] Zweiter Teil C. II. (S. 144).
[1759] Zweiter Teil C. II. 3.) (S. 150).
[1760] Zweiter Teil C. III. 1.) (S. 154).
[1761] Zweiter Teil C. III. 1.) b) (bb) a. E. (S. 166).
[1762] Zweiter Teil C. III. 2.) (S. 166).
[1763] Zweiter Teil C. III. 3.) (S. 172).

Besonderheiten des Reisenden und ihm als besonders wichtig erkannte Reisemerkmale in die Bewertung mit einbezogen.[1764]

Demnach entscheidet sich über den Reisecharakter, ob angesichts der Sollbeschaffenheit überhaupt ein Reisefehler vorliegt,[1765] aber auch, wann eine entsprechende Beeinträchtigung der Reise durch denselben anzunehmen ist. Denn auch der schwer fassbare „Nutzen der Reise" nimmt in Form des jeweiligen Reisecharakters Gestalt an.[1766]

Über den Reisecharakter entscheidet sich aber im übrigen nicht nur, *ob* ein Fehler und durch Beeinträchtigung des Nutzens der Reise damit ein Mangel vorliegt, sondern auch, als *wie schwerwiegend* dieser zu beurteilen ist, was von Bedeutung hinsichtlich der daraus folgenden Gewährleistungsrechte ist.[1767]

Dieser Reisecharakter kann in unterschiedlicher Gewichtung Aspekte wie die Person des Reisenden und eventueller Mitreisender, spezielle oder speziell ausgeprägte Sorgfaltspflichten des Veranstalters, Landesüblichkeit, Reisepreis und anderes mehr umfassen.[1768] Wohl bedeutendstes Element des Reisecharakters ist die spezifische Reiseart.[1769]

Weder der Reisecharakter, noch nicht einmal die Reiseart der jeweiligen Reise müssen zwingend abschließend umfassend quasi „ausformuliert" bzw. benannt werden können angesichts der vielen Zutaten aus verschiedenen „Töpfen" (bspw. viel „Badeurlaub" mit Betonung des „Hotelpools", ein klein wenig „Besichtigung", eine Prise „untere Preiskategorie" etc. pp.), es ist nur wichtig, dass die vielen Einzelaspekte der Reise gedanklich einen Reisecharakter formen, dessen jeweils relevante Aspekte dann bezüglich der konkret zu bewertenden Störung heranzuziehen sind.[1770]

Reisemängel von besonderer praktischer Relevanz sind die Fälle der Überbuchung;[1771] diese stellen eine schuldhaft vom Veranstalter herbeigeführte Nichterfüllung und damit einen Reisemangel dar; sie können grundsätzlich nicht ohne weiteres einseitig durch Ersatzangebote des Veranstalters ausgeglichen werden. Der Reisende kann ein Ersatzangebot verlangen und annehmen, er ist aber dazu nicht sanktionsbedroht zur Annahme gehalten, äußerste Grenze dabei ist eine geradezu rechtsmissbräuchliche Ablehnung eines gemessen am Reisecharakter der ursprünglichen Reise identischen Ersatzangebots.

Einen Sonderfall stellen auch Ereignisse höherer Gewalt dar, die zwar allgemein bei Beeinträchtigung der Reise einen Reisemangel darstellen, für die aber bei besonders intensiven Auswirkungen eine besondere Kündigungsregelung nach § 651j BGB vorgesehen ist.[1772] Abzugrenzen sind Fälle höherer Gewalt als *außergewöhnliche* Ereignisse von der Verwirklichung des allgemeinen Lebensrisikos, wie es sich im Rahmen der jeweiligen lokalen und

---

[1764] Zweiter Teil D. (S. 175).
[1765] Zweiter Teil D. I. 3.) (S. 187).
[1766] Zweiter Teil D. I. 2.) (S. 185).
[1767] Zweiter Teil D. I. 4.) (S. 191).
[1768] Zweiter Teil D. II. (S. 193).
[1769] Zweiter Teil D. II. 1.) a) (S. 193) u. D. III. (S. 210).
[1770] Zweiter Teil D. III. 4.) (S. 243).
[1771] Zweiter Teil E. IV. (S. 252).
[1772] Zweiter Teil E. V. (S. 262).

sozialen Verhältnisse darstellt.

Keine Reisemängel im technischen Sinne sind unerlaubte Handlungen,[1773] die deliktische Ansprüche nach §§ 823 ff BGB auslösen, auch wenn in diesen Fällen praktisch immer zugleich auch ein Reisemangel und somit parallel vertragliche Ansprüche vorliegen. Die bisher eingehend geführte Diskussion über die Konstruktion deliktischer Verkehrssicherungspflichten im Rahmen von Ansprüchen aus § 823 I BGB ist insofern nach Ansicht des Verfassers überholt, als sich durch die zwischenzeitlich erfolgten gesetzlichen Änderungen Ansprüche verletzter Reisender auch als vertragliche Schadensersatzansprüche hinreichend verfolgen lassen. Hinsichtlich vertraglicher Ansprüche aber sind schuldhaft verursachte Verletzungen des Reisenden durch eine unsichere Erbringung der Reiseleistungen unproblematisch durch die Leistungsträger als Erfüllungsgehilfen nach allgemeinen Grundsätzen über § 278 BGB dem Veranstalter zuzurechnen.

Auch die Absage der Reise durch den Veranstalter, nachträgliche einseitige oder einverständliche Vertragsänderungen bzw. Umbuchungen, die Insolvenz des Veranstalters, die Auswechslung der Person des Reisenden oder der Abbruch der Reise durch selbigen stellen sich als Reisestörungen dar, die kein Reisemangel im reisevertragsrechtlichen Gewährleistungssinne sind. Für derartige Probleme bei der Vertragsdurchführung gelten jeweils eigene, durchaus auch reisevertragsrechtsspezifische Regelungen.[1774]

[1773] Zweiter Teil E. VI. (S. 268).
[1774] Zweiter Teil F. (S. 274).

Dritter Teil: Reisevertragsrechtliche Folgen des Mangels

Nachdem der Reisemangel als Voraussetzung für das Entstehen von Rechten aus Gewährleistung untersucht wurde, soll abschließend auf die Rechtsfolgen eingegangen werden,

Auf die Möglichkeiten und Rechtsfolgen bei sonstigen Störungen und Vertragsfolgen wurde zuvor kurz eingegangen, hier soll im Folgenden spezifisch das reisevertragsrechtliche Gewährleistungssystem für Reisemängel auf dem derzeitigen Stand von Literatur und Rechtsprechung untersucht werden sowie dabei an den geeigneten strittigen Stellen die gewonnenen Erkenntnisse, insbesondere zur Mangelhaftigkeitsermittlung über den Reisecharakter, nutzbar gemacht werden.

Vorab ist aber zu klären, welche Rechte bei Vorliegen eines Reisemangels überhaupt in Frage kommen, genauer gesagt geht es um die Klärung des Verhältnisses des reisevertragsrechtlichen Gewährleistungssystems gegenüber den allgemeinen Regelungen des Leistungsstörungsrechts im BGB.

A. Anwendungsbereich des reisevertraglichen Gewährleistungssystems

Es gilt zunächst festzustellen, wie umfassend und abschließend der Mangelbegriff des § 651c I BGB bzw. das reisevertragliche Gewährleistungssystem für Leistungsstörungen im weitesten Sinne ist, bzw. inwieweit andere, insbesondere die allgemeinen Leistungsstörungsrechte in Betracht kommen. Dies betrifft insbesondere das Verhältnis der reisevertraglichen Gewährleistung für Schlechtleistung zu den Regelungen der Unmöglichkeit im Sinne der Nichterfüllung.

I. Der Streit um das Verhältnis zum allgemeinen Leistungsstörungsrecht

Gemäß § 651c I BGB ist „der Reiseveranstalter ... verpflichtet, die Reise so zu erbringen, dass sie die zugesicherten Eigenschaften hat und nicht mit Fehlern behaftet ist, die den Wert oder die Tauglichkeit zu dem gewöhnlichen oder vereinbarten Nutzen aufheben oder mindern." Diese Formulierung ist beinahe identisch dem Wortlaut des alten Werkmangelbegriffs in § 633 I BGB (a. F.) nachgebildet, es wurde lediglich aus dem „Unternehmer" im Reiserecht der „Reiseveranstalter", aus dem „Werk" die „Reise" und aus dem dabei vorausgesetzten „Gebrauch" der vorausgesetzte „Nutzen".[1775]

Insofern könnte man in der Tat auf den Gedanken verfallen, wie auch beim damaligen identisch formulierten Werkmangelbegriff bzw. -gewährleistungssystem die §§ 651c ff BGB auf die Fälle der Schlechterfüllung zu beschränken, und im Fall der teilweisen oder vollständigen Nichterfüllung auf das allgemeine Leistungsstörungsrecht (§§ 275ff und 320ff BGB) zurückzugreifen.[1776] Wie sich aber gerade an der teilweisen Nichterfüllung wegen Unmöglichkeit zeigt, gelangt man hierbei in kaum sauber lösbare Abgrenzungsschwierigkeiten, die sich auch aus der Natur des Reisevertrages als komplexes Gesamtwerk Reise bestehend aus

[1775] S. a. Begründung Rechtsausschuss BT-Dr 8/2343, S. 9.
[1776] Vgl. auch *H.-W. Eckert*, Risikoverteilung, 1. Kap. II. 2. b), S. 18.

durchaus abgrenzbaren Einzelleistungen ergibt. Nicht umsonst wurde diese Abgrenzungsfrage als „eines der schwierigsten Probleme des Reisevertragsrechts“ angesehen.[1777]

Wie ist jeweils der Fall zu beurteilen,

wenn der zugesagte Urlaubstauchkurs ausfällt, weil es die Tauchschule nicht mehr gibt;

wenn das Hotel überbucht oder nicht bezugsfähig fertiggestellt ist und daher keine Unterbringung im gebuchten Hotel erfolgen kann,

wenn bei einer Kreuzfahrt eine Station nicht angelaufen werden kann und somit dort auch das Besichtigungsprogramm ausfällt ,

schließlich der besonders extreme Fall, dass bei einer Fernreise schon der erste Zubringerflug wegen Überbuchung ausfällt und somit die ganze Reise nicht stattfinden kann?[1778]

Allgemeiner formuliert, ist der Ausfall einer Einzelleistung oder eines Teils derselben, möglicherweise noch verbunden mit dem dadurch zwingenden Ausfall weiterer Leistungsteile, nun ein Mangel der Reise oder ein Fall der (teilweisen) Nichterfüllung wegen Unmöglichkeit?

Weil die vertragliche Erfüllungspflicht des Reiseveranstalters darin besteht, die Reiseleistung mangelfrei zu erbringen, kann man genaugenommen jede mangelhafte Leistung zugleich als eine teilweise Nichterfüllung ansehen.[1779] Umgekehrt stellt der völlige Ausfall einer abgrenzbaren Teilleistung wegen Unmöglichkeit hinsichtlich der geschuldeten Gesamtheit von Reiseleistungen zugleich auch einen Mangel des „Gesamtwerks“ Reise dar.[1780]

Auch die Rechtsprechung war nach Inkrafttreten des Reisevertragsgesetzes diesbezüglich uneinheitlich; bspw. wurde eine notwendige Unterbringung des Reisenden in einer anderen als der gebuchten Unterkunft sowohl als Reisemangel wie auch als Fall der Unmöglichkeit gewertet.[1781]

1.) Gesetzgebungsgeschichtlicher Hintergrund

Zu dieser klärungsbedürftigen Kollision zwischen reisevertraglichem Gewährleistungsrecht und allgemeinen Unmöglichkeitsregelungen kam es unbedachterweise am Ende des jahrelangen Gesetzgebungsverfahrens.[1782]

Im ursprünglichen Regierungsentwurf sollte das „Reiseveranstaltungsrecht“ als ein Sondergesetz außerhalb des BGB geschaffen werden, mit einem eigenen, universellen Leistungsstörungsbegriff, der den allgemeinen Vorschriften des BGB über Leistungsstörungen - Un-

---

1777 Vgl. *Coester-Waltjen*, Jura 1995, 329 (330).

1778 Diese zuletzt genannte Fallgestaltung lag dem wegweisenden Urteil *BGHZ* 97, 255, zugrunde, auf das noch zurückzukommen sein wird.

1779 S. a. *H.-W. Eckert*, 1. Kap. II. 2. a), S. 16; *Wolter*, AcP 183 (1983), 35 (45) [I. 2. a)].

1780 Vgl. BT-Dr 8/2343, S. 9.

1781 Reisemangel: *LG Frankfurt a.M.* NJW 1983, 233; Unmöglichkeit: *OLG München* NJW 1984, 132 [II 2 a].

1782 Vgl. insgesamt zur Gesetzgebungsgeschichte Erster Teil A. I. (S. 12ff).

möglichkeit, Verzug, positive Vertragsverletzung - als Sonderbestimmungen dieses Sondergesetzes vorgeht.[1783] In der Gesetzesbegründung wurde dazu ausgeführt, dass sich insbesondere der Begriff der Unmöglichkeit als zu starr erweise, um damit eine angemessene Lösung der typischerweise bei einer Pauschalreise auftretenden Störungen zu ermöglichen. Zudem könne in vielen Fällen gar nicht von einer Unmöglichkeit ausgegangen werden, da der Reiseveranstalter im Wege der Änderung (§ 13 RegEntw) oder der Ersatzabhilfe (§ 15 III RegEntw) andere Leistungen erbringen dürfe.[1784]

Entsprechend behandelte der Vierte Abschnitt des ursprünglichen Regierungsentwurfs einheitlich die „Gewährleistung wegen Nichterbringung oder nicht vertragsgemäßer Erbringung von Reiseleistungen".[1785]
Der Gesetzgeber wollte also durch dieses Sonderregelung ganz bewusst von der Leistungsstörungsdogmatik des BGB abweichen und im Sondergesetz einheitlich neben klassischen Mängeln auch die teilweise oder völlige Nichterbringung wegen Unmöglichkeit mit dem reiserechtlichen Mangelbegriff erfassen. Insofern hätten sich keine Kollisionsprobleme ergeben.[1786]

Als sich schließlich der Bundestag entschloss, den Regierungsentwurf zu verwerfen, von der Schaffung eines Sondergesetzes abzusehen und statt dessen eine stark gekürzte Fassung in das BGB selbst einzufügen, blieben dabei die systematischen und terminologischen Eigenheiten des ursprünglichen Entwurfs in stark verkürzter Fassung bestehen, fanden sich nun aber innerhalb der Systematik des BGB wieder.
Die Konsequenzen im Hinblick auf das Verhältnis zum allgemeinen Leistungsstörungsrecht des BGB wurden dabei nicht erkannt,[1787] es ergaben sich daher aus der fehlenden systematischen Abgrenzung in der Rechtsanwendung komplizierte Struktur- und schwer lösbare Abgrenzungsprobleme zwischen Reisemangel und Teilunmöglichkeit.[1788] Diese waren auch wesentlicher Bestandteil der ursprünglichen Kritik am Reisevertragsrecht nach dessen Einführung.[1789]

[1783] Vgl. schon zu einem früheren Entwurf (BT-Dr 7/5141) die Gegenäußerung der Bundesregierung vom 6.5.1976 zur Stellungnahme des Bundesrates, BT-Dr 7/5141, S. 36 (Anlage 3): „Die ganze oder teilweise Nichterfüllung oder Schlechterfüllung solcher Einzelleistungen kann nur mit erheblichen, dem rechtsunkundigen Bürger kaum zumutbaren Schwierigkeiten den herkömmlichen, nach Voraussetzungen und Rechtsfolgen differenzierenden Vorschriften über Unmöglichkeit, Verzug, positive Vertragsverletzung und Werkmangel zugeordnet werden. Der Gesetzentwurf behandelt demgegenüber alle im Verlauf einer Reise auftretenden Störungen nach einheitlichen rechtlichen Maßstäben Dies liegt im Interesse der Klarheit, der Rechtssicherheit und Praktikabilität der Vorschriften auch für den in rechtlichen Fragen weniger bewanderten Bürger."

[1784] S. Begründung Regierungsentwurf BT-Dr 8/786, S. 12.

[1785] S. Regierungsentwurf BT-Dr 8/786, S. 7.

[1786] Vgl. *Führich*, Reiserecht, § 7 I. 3. a), Rn. 201, S. 157/158.

[1787] Vgl. *Teichmann*, JZ 1979, 737; *Tonner*, Reisevertrag, § 651c Rn. 6; *Staudinger/J. Eckert*, Vorbem zu §§ 651c-g Rn. 16.

[1788] *Führich*, Reiserecht, § 7 I. 3. a), Rn. 201, S. 158.

[1789] Vgl. H.-W. Eckert, 1. Kap. II. 2., S. 16, m. w. Nachw. dort in Fn. 118; *Führich*, Reiserecht, § 7 I. 3. c) aa), Rn. 203, S. 163, m. w. Nachw. dort in Fn. 53; *Teichmann*, JZ 1986, 759 (761).

2.) Praktische Bedeutung der Abgrenzung

Die Unterscheidung war gerade zu jener Zeit von Bedeutung hinsichtlich der damaligen kurzen Verjährung im Reiserecht gem. § 651g II BGB (a. F.) innerhalb von nur sechs Monaten gegenüber der damaligen regulären 30-jährigen Frist des § 195 BGB (a. F.). Nachdem das Gesetz zur Modernisierung des Schuldrechts[1790] die allgemeine Verjährungsfrist im neuen § 195 BGB auf drei Jahre verkürzt und zugleich die reiserechtliche in § 651g II BGB auf zwei Jahre verlängert hat,[1791] wäre dieser Unterschied heute nicht mehr derart gravierend. Auch findet die strenge Ausschlussfrist zur Geltendmachung der Gewährleistungsansprüche innerhalb eines Monats des § 651g I BGB zunächst nur auf die reisevertragsrechtlichen Gewährleistungsrechte direkte Anwendung, eine analoge Anwendung bei einer Lösung über das allgemeine Leistungsstörungsrecht war zumindest umstritten.[1792]

Als drastisch bezeichnet *Kaller* die Auswirkungen der Unterscheidung bei einer Kündigung des Reisenden am Urlaubsort nach § 651e BGB. Der Reisende wäre nach der Kündigung an einer kostenlosen Rückbeförderung interessiert, die ihm im Rahmen einer Bewertung als Reisemangel auch zustünde, weil den Reiseveranstalter dann aus der Vertragsaufhebung die Pflicht zur Rückbeförderung des Reisenden treffe, s. a. § 651e IV 1 BGB. Im Falle einer Einordnung als Unmöglichkeit wäre die rechtliche Stellung des Reisenden wesentlich schwächer, weil er keinen Anspruch auf kostenlose Rückbeförderung habe.[1793]

Er spricht hierbei aber nicht die Tatsache an,[1794] dass zumindest bei vom Veranstalter zu vertretender Unmöglichkeit die allgemeine zivilrechtliche Regelung über die Unmöglichkeit auf ein ähnliches Ergebnis hinausläuft.

Auch im Rahmen der allgemeinen zivilrechtlichen Regelungen zur Unmöglichkeit würde man über die Anwendung der allgemeinen Regeln der §§ 275 IV, 280 I, 283 BGB zumindest bei vom Veranstalter zu vertretender Unmöglichkeit zu einem letztlich ähnlichen Ergebnis gelangen; auch wenn der Reisende in der Tat keinen „Anspruch" auf die außerplanmäßige Rückbeförderung hätte, so würde er aber zumindest die Kosten für einen selbst durchgeführten Rückflug als adäquate verursachte Folgeschäden vom Veranstalter über die normalen Regeln des Schadensersatzes erstattet bekommen.

Zumindest finanziell liefe dieser Weg also auf das gleiche Ergebnis hinaus. Zudem wäre an eine allgemeine vertragliche Pflicht § 242 BGB zur Betreuung und Rückbeförderung in einem solchen Fall zu denken.

[1790] S. o. Erster Teil A. I. (S. 17).

[1791] Wenngleich diese nach § 651m 2 BGB durch AGB auf bis zu ein Jahr verkürzt werden kann, wovon die Reiseveranstalter regelmäßig Gebrauch machen, vgl. auch Nr. 13.2 ARB (2004).

[1792] Verneinend *H.-W. Eckert*, 1. Kap. II. 2. a), S. 17 m. w. Nachw. dort in Fn. 127; analoge Anwendung bejahend hingegen *Tempel*, Materielles Recht (2. Aufl.), § 6 VI. 1. c), S. 465, wegen des nötigen Schutzes des Reiseveranstalters (zw.).

[1793] Vgl. *Kaller*, Reiserecht, C. 1. III. 3., Rn. 199, unter Verweis auf seine - im wesentlichen aber wörtlich identischen - Ausführungen in *Kaller*, RRa 1999, S. 20, sowie auf *Pick*, § 651c Rn. 83, beide zur alten Rechtslage vor dem Schuldrechtsmodernisierungsgesetz; jedoch vgl. auch damals § 325 BGB (a. F.).

[1794] *Kaller* bezieht sich augenscheinlich auf eine Fallgestaltung wie bei *H.-W. Eckert*, 1. Kap. II. 2. a), S. 17; letzterer bezog sein Beispiel aber ausdrücklich auf den Fall eines von keiner Seite zu vertretenden Reisemangels; diese Einschränkung wird bei *Kaller* nicht deutlich.

Dennoch - je nach Fallgestaltung kann die rechtliche Einordnung als Reisemangel oder (Teil-)Unmöglichkeit weitreichende abweichende Folgen sowohl hinsichtlich der Tatbestandsvoraussetzungen als auch der Rechtsfolgen haben.[1795]

3.) Lösungsvorschläge in der Literatur

Die Diskussion über das Verhältnis bzw. die Abgrenzung zwischen dem reiserechtlichen Gewährleistungssystem und dem allgemeinen Leistungsstörungsrecht, insbesondere den allgemeinen Regeln zur Unmöglichkeit, hat im reiserechtlichen Schrifttum breiten Niederschlag gefunden, mit weit auseinandergehenden Meinungen. Zunächst war vorherrschende Ansicht, dass die allgemeinen Vorschriften zur Unmöglichkeit grundsätzlich Anwendung finden, weil die §§ 651c ff BGB keine explizite Regelung über die Unmöglichkeit beinhalten;[1796] unklar war innerhalb dieser grundsätzlichen Übereinstimmung aber, in welchen konkreten Fällen bzw. welchem Umfang.

Nach einer sehr weitgehenden Auffassung[1797] wären die Regeln zur Unmöglichkeit immer anzuwenden, wenn die Reise als Ganzes oder in wesentlichen Teilen ausfällt. Teilunmöglichkeit sei hierbei der vollständigen Unmöglichkeit gleichzustellen und liege immer dann vor, wenn wichtige Reiseleistungen entfallen; entscheidend für die Abgrenzung zum Reisemangel sei nach dieser Ansicht somit das Ausmaß der Beeinträchtigung der einzelnen Leistung und die Bedeutung, die diese Leistung für die Reise insgesamt hat. In diesem Sinne will *Heinz* Schlecht- und Nichterfüllung danach unterscheiden, ob eine Haupt- oder eine Nebenpflicht nicht oder nicht ordnungsgemäß erbracht wurde: in ersterem Falle liege eine Nichterfüllung vor, auf die somit Unmöglichkeitsrecht anzuwenden sei, im anderen Fall, bezüglich einer Nebenpflicht, liege ein Mangel vor.[1798]
Auch *Tempel* vertrat ursprünglich eine ähnlich weitgehende Ansicht zur Anwendbarkeit der Unmöglichkeitsregeln; er hielt zunächst die allgemeinen Regeln zur Leistungsstörung für grundsätzlich neben dem Reisevertragsrecht anwendbar,[1799] wollte später die Vorschriften zur Nichterfüllung gem. §§ 323 ff BGB (a.F.) nur dann anwenden, wenn Fehler einzelner Reiseleistungen die Reise in ihrer Gesamtheit beeinträchtigen, hat diese Ansichten aber nunmehr völlig aufgegeben und folgt der Einheitslösung des *BGH* (s. u.).[1800]

Eine sozusagen „liberale" Ansicht, vertreten u. a. von *Löwe*, sah im Rahmen einer „Zweigleisigkeit" schlicht beide Regelungssysteme als nebeneinander anwendbar, der Reisende habe ein Wahlrecht, nach welchen Vorschriften er vorgehen wolle.[1801]

Nach Ansicht *Teichmanns* sollen grundsätzlich die Gewährleistungsregeln des Reiserechts die allgemeinen Regeln über Leistungsstörungen verdrängen; Ausnahmen davon will er

---

[1795] Vgl. *Kaller*, Reiserecht, C. 1. III. 1., Rn. 196.
[1796] Vgl. *H.-W. Eckert*, 1.Kap. II. 2. a), S. 18 m. umfangr. Nachw. dort in Fn. 139; s. a. *Isermann*, NJW 1988, 873 (875) [II. 4. b)].
[1797] Vgl. etwa *Blaurock/Wagner*, Jura 1985, 169 (177/178); *Rixecker*, VersR 1985, 216 (218).
[1798] S. *U. Heinz*, Rechtsstellung, IV.1., S. 58ff.
[1799] *Tempel*, Materielles Recht, § 6 I. 3. b), S. 252.
[1800] *Tempel*, in *ders./Seyderhelm*, § 7 I. 2. e), S. 451.
[1801] *Löwe*, BB 1979, 1357 (1361).

streng handhaben und die Regeln zur Nichterfüllung wegen Unmöglichkeit in qualitativer Abgrenzung nur dann anwenden, wenn nur ganz geringfügige Teile der Reise erbracht werden oder bei völliger Zweckverfehlung der Reise: Die §§ 651c - 651j BGB verdrängten weitestgehend die Regeln zur Unmöglichkeit, soweit begrifflich überhaupt irgendeine Leistung erbracht wurde. Dies sei bei einer aliud-Leistung der Fall, nicht aber, wenn nur ganz geringfügige Bruchstücke der Reiseleistung geleistet wurden oder eine völlige Verfehlung des Reisezwecks vorliege.[1802] *Eilmann* vertritt in seiner Dissertation einen ähnlichem Ansatz noch lange nach der *BGH*-Entscheidung zur sog. Einheitslösung.[1803] Nach seiner Ansicht setze ein Reisemangel und damit die Anwendung der §§ 651c ff BGB voraus, dass zumindest Teilleistungen der Reise durch den Veranstalter erbracht wurden. Bei einem Totalausfall oder bei einer aliud-Leistung liege schon keine Reise bzw. kein Reisemangel vor, weshalb die allgemeinen Vorschriften der §§ 323 ff BGB anzuwenden seien.[1804]

Gegen diese sachliche Abgrenzung anhand der Schwere des Leistungsausfalls wurde als Kritik eingewendet, dass diese Ansichten dazu führten, dass die speziellen reiserechtlichen Vorschriften nur bei geringfügigen Leistungsstörungen anwendbar wären, während sie gerade bei schwerwiegenden Mängeln durch die unspezifischen allgemeinen Unmöglichkeitsnormen verdrängt würden.[1805]

H.-W. Eckert gelangt nach beeindruckend eingehender Untersuchung des Streitstandes zu dem Ergebnis, dass die §§ 651c ff BGB als Spezialnormen bei Überschneidung alleinig anzuwenden seien; die allgemeinen Unmöglichkeitsvorschriften seien entsprechend nur noch dann heranzuziehen, wenn die Voraussetzungen für eine Anwendung der §§ 651c ff BGB nicht gegeben sind.[1806] Dies ist m. E. jedoch nur bedingt hilfreich, weil er keine Kriterien oder Beispiele nennt, wann ein solcher Fall, der aber nach seiner Ansicht wohl eine absolute Ausnahme darstellt, vorliegen soll.

Ähnlich hält *Rauch* die Vorschriften des Reisevertragsrechts bzw. den Reisemangel für weitgehend umfassend und vorrangig und will die Unmöglichkeitsvorschriften nur in den Fällen noch zur Anwendung kommen lassen, wenn der Reiseveranstalter keinerlei Leistungen erbringt, also die Reise vollständig ausfällt.[1807] Ausschlaggebender Zeitpunkt sei dabei die erste vertraglich geschuldete Leistungserbringung durch den Veranstalter, wozu aber nach ihrer Ansicht auch vorbereitende Tätigkeiten wie je nach Umständen etwa Vornahme der Buchungen vor Ort und Organisation der entsprechenden Papiere zu zählen seien.[1808] Ein solcher Zeitpunkt erscheint m. E. aber rein praktisch etwas zu unbestimmt und von internen Zufälligkeiten beim Veranstalter abhängig, die von außen auch nicht unbedingt erkennbar sind.

[1802] *Teichmann*, JZ 1979, 737 (738/739) [II. 1. b)].
[1803] S. dazu sogleich im Folgenden.
[1804] *Eilmann*, S. 167f.
[1805] S. *H.-W. Eckert*, 1. Kap. II. 2. c), S. 23.
[1806] Vgl. *H.-W. Eckert*, 1. Kap. II. 2. c), S. 24.
[1807] *Rauch*, 1. Abschnitt A. I. 4. b), S. 61.
[1808] *Rauch*, 1. Abschnitt A. I. 4. b), S. 62.

Mehrere Ansichten stellen auf einen formalen Zeitpunkt ab, nach dem nur noch die reisevertragsrechtlichen Gewährleistungsregeln gelten und das allgemeine Unmöglichkeitsrecht verdrängen. Eine Auffassung hierzu, vertreten von *J. Eckert*,[1809] ähnlich auch *Bernreuther*,[1810] stellt hierfür als Zeitpunkt auf den Reisebeginn ab; bei Unmöglichkeit der Reisedurchführung nach Vertragsschluss aber vor tatsächlichem Reiseantritt sollen die allgemeinen Regeln zur Nichterfüllung wegen Unmöglichkeit zur Anwendung gelangen. Denn erst ab tatsächlichem Antritt der Reise liege die besondere Situation vor, für die die reiserechtlichen Gewährleistungsregeln speziell geschaffen worden seien.[1811] Diese Begründung ähnelt dem Gedanken, der der inhaltlichen Abgrenzung von *H.-W. Eckert* zugrunde liegt, gibt allerdings im Gegensatz zu jenem mit dem formalen Zeitpunkt des Reiseantritts ein in der Praxis leicht handhabbares Kriterium.
Noch früher setzt *Wolter* an und hält ab Abschluss des Reisevertrages ausschließlich das Reisevertragsrecht für anwendbar.[1812] In einem eigens dieser Problematik des Verhältnisses zwischen §§ 651c ff BGB und dem allgemeinen Leistungsstörungsrecht gewidmeten, eingehenden Beitrag gelangt er somit zur restriktivsten Ansicht eines völligen Ausschlusses der allgemeinen Regeln zur nachträglichen Unmöglichkeit. Durch eine weite Interpretation des Mangelbegriffs werden alle Fälle der Teilunmöglichkeit einbezogen, und jeder Mangel einer Teilleistung ist zugleich eine Nichterfüllung der Veranstalterpflicht hinsichtlich mangelfreier Erbringung der Leistung *Reise* als Gesamtheit. Diese Ansicht einer weitestgehend ausschließlichen Geltung der speziellen reiserechtlichen Gewährleistungsregeln ab Vertragsschluss hat in der Folge in der Literatur weitgehende Zustimmung gefunden und liegt auch den beiden entscheidenden diesbezüglichen *BGH*-Urteilen zugrunde.[1813]

4.) BGH-Entscheidungen: Einheitslösung

Letztlich war es der *BGH*, der mit zwei grundlegenden Entscheidungen die Diskussion vor allem für die Praxis der Rechtsprechung, aber auch weitgehend in der Literatur beendete. Bereits in *BGHZ* 85, 301[1814] hatte er festgestellt, dass die vertragliche Unterbrechung des Hinflugs im Rahmen einer Pauschalreise einen Reisemangel darstellt und nach den Regeln des Reisevertragsrechts zu bewerten sei; die allgemeinen Leistungsstörungsnormen seien dabei ausgeschlossen.

[1809] Vgl. *Staudinger/J. Eckert*, Vorbem zu §§ 651c-g Rn. 19ff.
[1810] *Bernreuther*, 3. Kap. A. II. 3. b), S. 127f: Anwendung der §§ 651c ff BGB in allen Fällen des Mangels oder Ausfalls der Einzelleistungen; allgemeine Unmöglichkeitsregeln lediglich bei Totalausfall der Reise, der nur dann anzunehmen ist, wenn noch keine einzelne Reiseleistung, noch nicht einmal bruchstückhaft wie etwa im Rahmen der Beförderung zum Flughafen, erbracht sei.
[1811] *Staudinger/J. Eckert*, Vorbem zu §§ 651c-g Rn. 19.
[1812] *Wolter*, AcP 183 (193), 35 (57ff) [I. 3.].
[1813] Vgl. etwa *Bechhofer*, § 651a B. I. 1., S. 4; *Brender*, J. 1., S. 245; *Brox/Walker*, § 28 V., Rn. 14; MüKo/*Tonner*, § 651c Rn. 43ff; *Palandt/Sprau*, Vorb v §§ 651c-g Rn. 9; *Wedepohl*, S. 5ff; *Posner*, H. I., S. 141; RGRK/*Recken*, § 651c Rn. 2; im Ergebnis auch *Geib*, in: *Bamberger/Roth*, § 651c Rn. 3; *Erman/Seiler*, Vor 651c Rn. 5; *Seyderhelm*, 651c Rn. 4f.
[1814] = *BGH* NJW 1983, 448.

In dem der Entscheidung *BGHZ* 97, 255[1815] zugrundeliegenden Fall war für die Reisenden, die eine achttägige Reise nach Dubai gebucht hatten, bereits der erste Zubringerflug wegen Überbuchung ausgefallen. Die Reisenden erreichten ihren eigentlichen Urlaubsflieger nicht mehr. Mit dem Ausfall schon des Reiseantritts wurde ein gänzlicher Ausfall der gesamten Reise unterstellt,[1816] eine völlige Unmöglichkeit, die es nun hinsichtlich des anzuwendenden Gewährleistungsrechts zu bewerten galt. Der *BGH* entschied, dass es sich um einen Reisefehler handle, und dass allein die §§ 651c ff BGB anzuwenden seien, wenn bei einer Pauschalreise eine nach dem Vertrag geschuldete Reiseleistung aus Gründen, die nicht allein in der Person des Reisenden liegen, ganz oder teilweise nicht erbracht wird.[1817]

Zur Begründung führt er aus, dass das Gewährleistungsrecht des Reisevertrages als besonderer Art des Werkvertrages noch mehr als im allgemeinen Werkvertragsrecht die allgemeinen Regeln der Leistungsstörung verdränge. Nach Abschluss des Reisevertrages hafte der Reiseveranstalter für den Erfolg und trage grundsätzlich die Gefahr des Nichtgelingens. Ob ein Reisemangel behoben werden kann, sei für diese reisevertragliche Gewährleistung ohne Belang. Die Fehlerfreiheit der gesamten „Reise“ an sich bilde den Kern der Erfüllungspflicht des Reiseveranstalters. Diese Erfolgshaftung sei in der Eigenart des Reisevertrags begründet und umfasse zwangsläufig unmöglich gewordene Leistungen, deshalb seien die reisvertraglichen Vorschriften anzuwenden.
Der *BGH* verweist ferner auf das Gesetzgebungsverfahren und stellt fest, dass auch nach der letztlich umgesetzten Kürzung und Eingliederung des Reisevertragsrechts in das BGB der ursprüngliche Wille des Gesetzgebers noch deutlich sei, eine alle nachträglichen Störungen einer Reise umfassende Regelung zu treffen.
Daher könne auch der Ansicht nicht gefolgt werden, die auf den tatsächlichen Reiseantritt abstellen will, denn der Reiseveranstalter übernehme mit Vertragsschluss die vertragsgemäße Erfolgshaftung, und verschiedene Regelungen der §§ 651c ff BGB - nämlich §§ 651c II, 651e I 2, 651f I und II BGB - fänden auch schon vor dem Antritt der Reise Anwendung.

Diese seither als „Einheitslösung“ bezeichnete Ansicht des BGH eines umfassenden Vorrangs der Gewährleistungsbestimmungen des Reisevertragsrechts ähnelt sehr der zuvor schon von *Wolter* und anderen vertretenen Ansicht (s.o.).

Das Bestechende daran ist die hohe Praktikabilität dieses Ansatzes: entgegen den Abgrenzungsschwierigkeiten nach verschiedenen übrigen in der Literatur vertretenen Theorien ist sofort erkennbar, ob bzw. dass der Fall mit den Regelungen des Reisevertragsrechts zu lösen ist. In der Tat war es der „Charme des praktischen Nutzens dieser Entscheidung“, der in der Folge auch viele der Literaturstimmen überzeugte, die zuvor die Abgrenzung noch als erhebliches dogmatisches Problem ansahen.[1818] Die Einheitslösung setzte sich in der Folge

[1815] (= *BGH* NJW 1986, 1748).
[1816] Es handelte sich um eine immerhin achttägige Reise nach Dubai; insofern wäre es m. E. durchaus erwägenswert gewesen, ob nicht durch einen späteren Flug der Rest des Urlaubs noch zu erbringen war.
[1817] *BGHZ* 97, 255 (259); nochmals bekräftigt in BGHZ 100, 157 (180/181)
[1818] So *Isermann*, NJW 1988, 873 (875) [II. 4. b)] a. E., m. w. Nachw. dort in Fn. 26; vgl. auch *Seyderhelm*, § 651c Rn. 5.

durch und ist mittlerweile von vereinzelten Ausnahmen abgesehen die ganz vorherrschende Meinung in Literatur und Rechtsprechung.[1819] M. E. besteht kein triftiger Grund, sich dieser nicht anzuschließen. Insbesondere auch gemessen am Gesetzeswortlaut liegt es durchaus im Wortsinn der Formulierung der „Beeinträchtigung von Wert oder Tauglichkeit nach dem vertraglich vorausgesetzten Nutzen" in § 651c I BGB, auch die Nichtleistung der Reise mit unter diesen Mangelbegriff zu fassen.[1820]

Dennoch stellt sich neben wenigen anderen *J. Eckert* gegen die seither vorherrschende Einheitslösung. Nach seiner Ansicht widerspreche diese dem unmissverständlichen Willen des Gesetzgebers. Zwar habe dieser in seinem ursprünglichen Entwurf einen eigenen einheitlichen reiserechtlichen Leistungsstörungsbegriff unter Ausschluss des allgemeinen Leistungsstörungssystems des BGB schaffen wollen. Weil er aber dann diesen Entwurf gekürzt in das BGB integrierte, habe er sich damit zugleich für eine Rückkehr zum allgemeinen System der Leistungsstörung des BGB entschieden.

Diese gesetzgeberische Entscheidung mag zwar unpraktisch und unmodern erscheinen, dennoch sei dieser gesetzgeberische Wille in der Rechtsanwendung als bindend hinzunehmen. Die Einheitslösung des BGH und der herrschenden Meinung sei daher abzulehnen.[1821]

Diese historische Argumentation ist m. E. unzutreffend.[1822] Einen expliziten Willen hat der Gesetzgeber nicht geäußert, und es erscheint mehr als zweifelhaft, ob sich der Gesetzgeber überhaupt der Problematik des Verhältnisses des von ihm ins BGB integrierten, gekürzten Reisevertragsrechts zum allgemeinem Leistungsstörungsrecht des BGB bewusst war. Die gängige Ansicht geht nicht umsonst davon aus, dass es zur ganzen Problematik überhaupt nur deswegen kam, weil dieses Problem nicht bedacht wurde; m. E. ist dem angesichts der Begründungen in BT-Dr 8/786 und BT-Dr 8/2343 sowie gerade auch der einzelnen Wortmeldungen in den Protokollen zur maßgeblichen zweiten Bundestagslesung zuzustimmen, soweit man darin überhaupt einen gesetzgeberischen Willen erkennen kann.[1823]

[1819] Vgl. Einschätzung von *Tempel* , RRa 2000, 107 [I. 2.]: „entspricht heute allgemeiner Praxis und Rechtsüberzeugung"; s. a. *Schlotmann*, Reisevertragsgesetz, C. III. 2. a) dd), S. 80.

[1820] A. A. *Eilmann*, S. 166 u. dort Fn. 536.

[1821] *Staudinger/J. Eckert*, Vorbem zu §§ 651c-g Rn. 18.

[1822] So im Ergebnis auch MüKo/*Tonner*, § 651c Rn. 47.

[1823] Entscheidend vor allem die auf den Bericht des Rechtsausschusses BT-Dr 8/2343 folgende 2. Lesung im Bundestag am 13.12.1978, s. Plenarprotokoll 8/124 v. 13.12.1978, Verhandlungen des Deutschen Bundestages, 8. Wahlperiode, Stenographische Berichte Band 108, S. 9693ff, bei dessen Lektüre ohnehin Zweifel an einer ernsthaft ausgeübten gesetzgeberischen Kernfunktion der Legislative aufkommen können, nachdem in den launigen Redebeiträgen der Grundton vorherrscht, man wolle hier keine eingehende juristisch-gesetzestechnische Analyse der einzelnen Normen vornehmen, sondern eher davon weg, vom „juristischen Fieselkram herunterkommen" (so *Linde*, Berichterstatter des Rechtsausschusses (sic!), in seinem Redebeitrag, S. 9700). Einziger Ansatzpunkt für die Ansicht *J. Eckerts* ist die in den Protokollen des Rechtsausschusses zu findende Aussage des Berichterstatters *Schöfberger*, die „Aufnahme des Reiseveranstaltungsrechts in das Bürgerliche Gesetzbuch böte gegenüber einer Spezialgesetzgebung folgende Vorteile: erstens würde der Rechtszersplitterung entgegengewirkt, zweitens könne an die Systematik des Allgemeinen Teils des Schuldrechts, aber auch an die Regelungen des Werkvertragsrechts und damit an gesicherte Begriffe angeknüpft werden. Dies schaffe den erheblichen Vorteil, dass das ganze Gesetzgebungsverfahren wesentlich kürzer und präziser werde und sich in die bekannte Rechtsprechung und Terminologie zum bürgerlichen Recht einfüge", s. Protokoll Nr. 49 (8. Wahlperiode) des Rechtsausschusses vom 4.10.1978, S. 8.

Vielmehr hätte es der Gesetzgeber wiederholt in der Hand gehabt, in mehreren seither ergangenen Gesetzesänderungen auch zum Reisevertragsrecht die durch die grundlegende *BGH*-Entscheidung erfolgte Abgrenzung legislativ zu korrigieren, wenn sie nicht seinem gesetzgeberischen Willen zur Anwendung des Reisevertragsrechts entspricht, wie es die Legislative beispielsweise durch entsprechende Gesetzesänderung hinsichtlich der *BGH*-Auffassung zum Verhältnis zwischen § 651e und § 651j BGB im Mauritiusfall[1824] sowie in der Frage der Vollmachtsvorlage und Anwendung des § 174 BGB bei Anspruchsanmeldung § 651g I BGB[1825] getan hat.

Es kann somit m. E. davon ausgegangen werden, dass der Gesetzgeber diese Abgrenzungslösung hinsichtlich der Anwendung des Gewährleistungssystems des Reisevertragsrechts zumindest nicht ausdrücklich ablehnt.

Gegen die Einheitslösung stellt sich heute zudem noch *Kaller*,[1826] der sich auf den gleichlautenden Ansatz bei *Pick* bezieht.[1827] *Kaller* will die reisevertragsrechtlichen Gewährleistungsvorschriften vorrangig anwenden, aber auf die allgemeinen Regelungen der §§ 311a ff, 323 ff BGB zurückgreifen bei Totalausfall der Reise und bei Erbringung einer völlig anderen als der geschuldeten Reise (vollständige aliud-Leistung). Bei einer aliud-Teilleistung hingegen sollen die §§ 651c ff BGB zur Anwendung gelangen. Eine solche liege vor, wenn eine andere Teilleistung erbracht werde; eine vollständige aliud-Leistung liege vor, wenn eine völlig andere Reise erbracht werde, beispielsweise eine Mallorca-Reise statt einer Gran-Canaria-Reise.[1828] Unklar bleibt dabei, ob jetzt beispielsweise die Unterbringung auf einer Mallorca-Nachbarinsel für *Kaller* nun eine aliud-Teilleistung oder vollständige aliud-Leistung darstellt. Ab wieviel km Unterschied liegt ein vollständiges aliud vor, auch schon beim falschen Hotel auf der anderen Straßenseite, oder auch nur dem falschen Zimmer bzw. falschen Unterbringungskategorie im gleichen Objekt? Mit seiner Unterscheidung zwischen aliud-Teilleistung und vollständigem aliud wird von *Kaller* letztlich die längst beantwortete ursprüngliche Streit zu Teil-Nichterfüllung / Unmöglichkeit und Schlechterfüllung wiederbelebt.

Insbesondere dieser wichtige Teilaspekt Element zu aliud-Leistungen lässt seinen Ansatz in sich schon nicht überzeugend erscheinen, und eine Vorteilhaftigkeit gegenüber der Einheitslösung ist erst recht nicht zu erkennen.

[1824] Im sog. Mauritiusfall BGHZ 85, 50 hatte der *BGH* anlässlich eines Sachverhalts mit Verwüstung des Urlaubsortes durch höhere Gewalt das unklare Verhältnis der Kündigungsmöglichkeiten nach § 651e oder § 651j BGB zugunsten des § 651e BGB entschieden; der Gesetzgeber entzog dieser missliebigen Auslegung daraufhin anlässlich der ohnehin erfolgenden Gesetzesnovelle im Rahmen der Umsetzung der EG-Pauschalreiserichtlinie durch Neufassung des § 651j BGB die Grundlage; vgl. hierzu auch *Staudinger/J. Eckert*, Vorbem zu §§ 651a-m Rn. 19.

[1825] BGHZ 145, 343, wonach der Veranstalter nach Ansicht des *BGH* eine Anspruchsanmeldung gem. § 651g I BGB durch einen Anwalt durch Telefax wegen fehlender Originalvollmacht unter Anwendung des § 174 BGB zurückweisen konnte; der Gesetzgeber entzog dieser Entscheidung die Grundlage, indem er schlicht durch das 2. Reiserechtsänderungsgesetz in § 651g I BGB den Satz 2 einfügte, wonach eine Anwendung des § 174 BGB ausgeschlossen sei.; vgl. hierzu auch *Führich*, Reiserecht, § 12 II. 4. d), Rn. 453.

[1826] *Kaller*, Reiserecht, C. 1. III. 6., Rn. 209.

[1827] *Pick*, § 651c Rn. 94.

[1828] *Kaller*, Reiserecht, C. 1. III. 4., Rnn. 200f.

Daher ist der ganz überwiegenden Ansicht zuzustimmen, die mit der Einheitslösung m. E. nicht nur dem ursprünglichen - und wahrscheinlich auch späteren - gesetzgeberischen Willen entspricht, sondern vor allem auch sachlich überzeugt und nicht zuletzt auch unabweisbare Vorteile hinsichtlich der Praktikabilität und Klarheit der Anwendung für sich hat.[1829]
Als Konsequenz der Einheitslösung sind demnach die §§ 651c ff BGB allein anzuwenden bei Nichterbringung einer Hauptleistung - auch wegen höherer Gewalt, vorzeitigem Abbruch der Reise, völliger Zweckverfehlung und im Fall der Erbringung einer völlig anderen Reiseleistung (aliud).[1830]

Abschließend erwähnenswert ist m. E. noch die subtile ironische Note, die darin liegt, dass im eingangs angesprochenen berühmten, vom *BGH* entschiedenen und somit der heutigen Einheitslösung zugrundeliegenden Ausgangsfall *BGHZ* 97, 255 die Anwendung der - eigentlich ja zum Schutz des reisenden Verbrauchers geschaffenen[1831] - speziellen Regeln des Reisevertragsrechts gerade dazu führte, dass die Klage der Betroffenen im konkreten Fall abgewiesen wurde, denn mit der Anwendung des reisevertraglichen Gewährleistungssystems war auch § 651g BGB anzuwenden: Die einmonatige Ausschlussfrist zur Anmeldung ihrer Ansprüche hatte das Schreiben der Kläger gerade noch eingehalten - man versäumte aber, die Klage innerhalb der sechsmonatigen Verjährungsfrist zu erheben. Ihr Geld bekamen die verhinderten Urlauber somit jedenfalls nicht vom Reiseveranstalter, sondern allenfalls - möglicherweise - von der Berufshaftpflichtversicherung ihres Rechtsanwalts.

5.) Auswirkungen durch das Gesetz zur Modernisierung des Schuldrechts

Durch das Gesetz zur Modernisierung des Schuldrechts[1832] erfolgte zum einen die Umsetzung mehrerer EU-Richtlinien in nationales Recht, zum anderen gerade aber auch eine umfangreiche Neugestaltung des Schuldrechts im BGB.
Und obwohl die umfangreichen Neuerungen vor allem das allgemeine Leistungsstörungsrecht, Änderungen des Kauf- und des Werkvertragsrechts, die Rückabwicklung synallagmatischer Verträge sowie die Verjährung zum Gegenstand hatten, blieb auch das System des Pauschalreiserechts nicht völlig verschont. Die für das Reisevertragsrecht interessanten Änderungen betreffen die regelmäßige Verjährung des § 195 BGB und die Ausnahmeverjährung des § 651g II BGB.
Damit wurde nun zwar die im früher so heftig geführten Streit über das Verhältnis des Reisevertragsrechts zu den allgemeinen Regelungen des BGB entscheidende Diskrepanz zwischen der allgemeinen und der reisevertragsrechtlichen Verjährungsfrist[1833] entschärft. Der Streit über das Verhältnis des Reisevertragsrechts zum allgemeinen Leistungsstörungsrecht

[1829] Dies räumt schließlich auch *J. Eckert* ein, vgl. *Staudinger/J. Eckert*, Vorbem zu §§ 651c-g Rn. 17.
[1830] *Isermann*, A. II. 7. b), S. 101.
[1831] *J. Eckert* hält dementsprechend der Einheitslösung trotz seiner Ablehnung zugleich zugute, dass die einheitliche Behandlung aller Störungen über die §§ 651c ff BGB verbraucher- bzw. kundenfreundlich sei, vgl. *Staudinger/J. Eckert*, Vorbem zu §§ 651c-g Rn. 17.
[1832] S. o. Erster Teil A. I. (S. 16).
[1833] S. o. Dritter Teil A. I. 2.) (S. 304).

ist aber, wie soeben gezeigt, seit der BGH-Entscheidung zur Einheitslösung ohnehin weitgehend beigelegt.

Das reisevertragsrechtliche Gewährleistungssystem an sich ist hingegen von der Schuldrechtsmodernisierung nicht betroffen:[1834] Das neue Leistungsstörungsrecht hat für die Regelung über den zentralen Begriff der Pflichtverletzung in § 280 I BGB sowohl für den Kauf- wie auch den Werkvertrag das gleiche Regelungsmodell des UN-Kaufrechts zum Vorbild,[1835] das auch schon bei der Schaffung des reiserechtlichen Gewährleistungssystems Pate stand. U. a. besteht für die Anwendung der neuen allgemeinen Pflichtverletzungsnorm § 280 I BGB auch hinsichtlich der positiven Vertragsverletzung von Nebenpflichten i. S. d. § 241 II BGB insofern kein Bedarf, als der Anwendungsbereich der reisevertraglichen Schadensersatznorm § 651f I BGB ohnehin Nebenpflichten einschließend weit gefasst ist; zudem sind die in anderen Vertragstypen wie Kauf- oder Werkvertragsrecht als Nebenpflichten einzuordnenden Pflichten im Reiserecht als Hauptpflichten klassifiziert.[1836]

Es wurde daher bei der Gesetzgebung keine Notwendigkeit gesehen, an dem von Rspr. und h. Lit. entwickelten Vorrang des Gewährleistungsrechts nach §§ 651c ff BGB eine Veränderung vorzunehmen.[1837] Entsprechend ist dies als erneute Bestätigung der Akzeptanz des Gesetzgebers anzusehen hinsichtlich der von Rechtsprechung und Literatur entwickelten Einheitslösung zur ausschließlichen Anwendung der Gewährleistungsvorschriften ab Vertragsschluss.[1838] Es bleibt somit bei der bereits beschriebenen vorrangigen bzw. exklusiven Anwendung der reiserechtlichen Gewährleistungsvorschriften ab dem Zeitpunkt des Abschlusses des Reisevertrags für sämtliche Störungen der Reise, die nicht allein in der Person des Reisenden liegen.

II. Anwendbarkeit des allgemeinen Leistungsstörungsrechts im Einzelnen

Als Folge des weiten Anwendungsbereichs der §§ 651c ff BGB verdrängen diese weitestgehend die allgemeinen Institute des BGB für Leistungsstörungen; stattdessen werden derartige Fälle über den Begriff des Reisemangels erfasst.

1.) Unmöglichkeit

Nach Feststellung des *BGH* im Rahmen der Einheitslösung gelten ab dem Zeitpunkt des Reisevertragsabschlusses ausschließlich die §§ 651c ff BGB auch bei teilweiser oder vollständiger Nichterfüllung aus Gründen, die nicht allein in der Person des Reisenden liegen.[1839] Für die allgemeinen Unmöglichkeitsregeln bleibt nur ein entsprechend schmaler Restanwendungsbereich übrig, vor allem, wenn man den Ansatz des *BGH* mit *Führich* kon-

---

[1834] Vgl. *Führich*, NJW 2002, 1082 (1084) [III. 2.]; *ders.*, Reiserecht, § 1 III. 5. b) dd), Rn. 25, S. 20 und § 7 I. 1. c), Rn. 203, S. 163.
[1835] Vgl. BT-Dr 14/6040, S. 86.
[1836] S. a. Erster Teil C. II. 4.) (S. 73).
[1837] *Führich*, Reiserecht, § 1 III. 5. b) dd), Rn. 25, S. 20.
[1838] *Führich*, ebenda.
[1839] *BGHZ* 97, 255 (259).

sequent auch auf die Fälle anfänglicher Unmöglichkeit erstreckt.[1840] Es blieben somit nur noch die Fälle übrig, in denen das Leistungshindernis allein aus der dem Reisenden zuzurechnenden Sphäre stammt.

Doch auch hier ist zu beachten, dass wiederum die besondere reisevertragsrechtliche Regelung des § 651i BGB als Sondervorschrift vorrangig zur Anwendung gelangt.[1841] Für die allgemeinen Unmöglichkeitsregeln bleibt demnach kein denkbarer Anwendungsbereich mehr.

2.) <u>Positive Vertragsverletzung</u>

Auch für Ansprüche des Reisenden aus positiver Vertragsverletzung § 280 I BGB besteht aus Reisemangelsicht wenig Raum.[1842]

Die Verletzung von Schutz- bzw. Obhutspflichten des Veranstalters stellt sich zugleich als zurechenbarer Reisemangel dar und wird entsprechend über die §§ 651c ff BGB abgewickelt, wenn bzw. weil sie in aller Regel auf den Nutzen der Reise durchschlagen werden.[1843] Insbesondere umfasst der in solchen Fällen primär in Frage kommende Anspruch aus § 651f I BGB[1844] nach allgemeiner Ansicht auch sämtliche Mangelfolgeschäden.[1845]

Es bliebe daher nur ein Anwendungsbereich für (schwer denkbare) Fälle, in denen der Reisende durch eine Nebenpflichtverletzung, etwa eine falsche Information außerhalb der Reiseinformationen, am Urlaubsort einen Schaden erleidet, der sich aber nicht auf die Reise auswirken darf - denn sonst läge ja ein Reisemangel vor (s.o. Reisebegriff).[1846]

Ausgehend von diesem Ansatz wird teilweise eine Mindermeinung vertreten, welche die Informationspflichten etwa hinsichtlich Einreisebestimmungen lediglich als Nebenpflichten einordnet, so dass die Vertreter dieser Ansicht nicht §§ 651c ff BGB, sondern die allgemeinen Regeln der p.V.V. anwenden wollen.[1847]

Zu beachten ist aber m. E., dass durch die Schaffung des § 651a III 2 BGB i. V. m. der entspr. InfVO, nunmehr die §§ 4ff BGB-InfoV, die entsprechende Information als Hauptpflicht des Reiseveranstalters anzusehen ist.

Die *BGH*-Entscheidung zur Informationspflicht über Einreisebestimmungen als Nebenpflicht, auf die sich die Vertreter dieser Ansicht teilweise beziehen, stammt aus dem Jahre

---

[1840] *Führich*, Reiserecht, § 7 I. 3. c) aa), Rn. 203, S. 162.

[1841] S. a. MüKo/*Tonner*, § 651i Rn. 5; zu § 651i BGB s. a. Zweiter Teil F. III. (S. 276).

[1842] Vgl. *Tonner*, Reisevertrag, § 651c Rn. 8, sowie MüKo/*ders.*, § 651f Rn. 5, mit der Einschätzung, dass gerade auch die Rspr. die Grenzen des § 651f I BGB sehr weit ziehe, so dass praktisch kein Fall der Anwendung des § 280 BGB mehr übrig bleibe. Illustrativ für die umfassende Reichweite des Reisemangels als universeller Leistungsstörungsbegriff des Reiserechts zeigt sich gerade auch das Urteil des *AG Frankfurt a.M.* in NJW-RR 1993, 1328: infolge unsachgemäßen Bügelns wurden einige Kleidungsstücke des Reisenden beschädigt. Was sonst ein klarer Fall der p.V.V. bzw. § 280 I BGB wäre, wird hier über die Beeinträchtigung, die Kleidungsteile während der Reise nicht tragen zu können, zu einem Mangel der Reise.

[1843] So die allg. Ansicht, vgl. *Führich*, Reiserecht, § 5 I. 3. c) cc), Rn. 205, S. 165.

[1844] S. eingehend Dritter Teil F. (S. 419).

[1845] *Führich*, Reiserecht, § 7 I. 3. c) cc), Rn. 205, S. 165, m. w. Nachw. dort in Fn. 69; MüKo/*Tonner*, § 651f Rn. 16; s. a. unten Dritter Teil F. III. 1.) (S. 428).

[1846] Vgl. auch *Führich*, Reiserecht, § 11 I. 2. a), Rn. 391f.

[1847] *Tempel*, NJW 1996, 1625 (1627); zuneigend *Führich*, Reiserecht, § 5 I. 3. c) cc), Rn. 205, S. 165.

1985 und somit aus der Zeit vor der Gesetzesänderung des § 651a III BGB i. V. m. der Schaffung der InfVO.[1848] Somit fällt m. E. auch dieses Rückzugsgebiet für eine Anwendbarkeit der p.V.V. im Reiserecht weg.

Erhalten bleibt die Bedeutung der p.V.V. auch im Bereich des Reisevertragsrechts selbstverständlich für die klassischen Fälle einer Verletzung von Nebenpflichten in Form von Sorgfalts-, Obhuts- und Verkehrssicherungspflichten, die nicht vertrags-, hier also nicht reisevertragsspezifisch sind bzw. aus besonderen Gründen zu keinem Reisemangel führen, etwa, wenn sich der Reisekunde nach Vertragsschluss beim Verlassen des Reisebüros verletzt,[1849] oder wenn sich Erkrankungen durch verdorbenes Essen der Hotelanlage o. ä. bzw. sonstige Mängel der eigtl. Reiseleistung erst *nach* der Rückkehr zuhause auswirken[1850] und somit keine Beeinträchtigung der Reise selbst im Sinne der Reisefehlerdefinition vorliegt.
Wie schon bei den Regeln zur Unmöglichkeit ist ein Anspruch aus p.V.V. gem. §§ 280 I i. V. m. 241 II BGB jedenfalls unproblematisch in umgekehrter Richtung bei einem Verschulden des Reisenden denkbar; denn die Konstellation einer Verletzung vertraglicher Nebenpflichten durch den Reisenden selbst etwa in Form von Nichteinhalten der Mitwirkungspflichten ist in den §§ 651c ff BGB nicht geregelt.

3.) Verschulden bei Vertragsverhandlungen

Wie schon im Ersten Teil der Arbeit hinsichtlich der Haftung des Reiseveranstalters für seinen Erfüllungsgehilfen Reisebüro dargestellt, und wie auch in § 651a III 2 BGB i. V. m. §§ 4, 5 BGB-InfoV kodifiziert, haftet der Reiseveranstalter auch schon vor Vertragsschluss für die entsprechend vorgeschriebenen Informationen durch ordnungsgemäße Beratung und Prospektangaben. Führt eine diesbezügliche Pflichtverletzung zu einem späteren Schaden des Reisenden im Rahmen der gebuchten Reise, so ist dieser Fall somit abschließend durch das Reisevertragsrecht geregelt, der Veranstalter haftet für unrichtige Prospektangaben oder Zusagen im Beratungsgespräch; für die Anwendung der allgemeinen Regeln über das Verschulden bei Vertragsverhandlungen gem. §§ 280 I i. V. m. 241 II, 311 II BGB bleibt demnach wegen der Gewährleistung für einen Reisemangel kein Raum.[1851]
Anwendbar bleibt die culpa in contrahendo wie auch schon oben die p.V.V., wenn es sich um eine Verletzung allgemein bestehender Sorgfalts- bzw. Schutzpflichten handelt, die nicht zu einem Reisemangel führen, so etwa in Übertragung des berühmten Linoleumrollenfalls[1852] auf das Reisebüro: der buchende Reisende stolpert beim Betreten des Reisebüros über eine Stufe, ein herumliegendes Stromkabel o. ä. - er müsste dann aber sozusagen schnell vorher noch zumindest den Namen des Reiseveranstalters gerufen haben,[1853] damit dieser auch für das Reisebüro als seinem Erfüllungsgehilfen haftet, wie man sieht, ein doch

[1848] *BGH*, Urt. v. 17.01.1985, VII ZR 375/83 (NJW 1985, 1165).
[1849] Wofür (auch) der Reiseveranstalter über § 278 BGB haftet, s.o. Erster Teil C. III. 5.) (S. 79).
[1850] Vgl. auch MüKo/*Tonner*, § 651c Rn. 51.
[1851] *Führich*, Reiserecht, § 5 I. 3. c) dd), Rn. 206.
[1852] *RGZ* 78, 239.
[1853] Diese nicht unerhebliche Einschränkung unterschlägt *Kaller*, Reiserecht, C. 1. III. 5. a), Rn. 203, bei seiner Übertragung des „Teppichrollenfalls" auf einen Sturz im Reisebüro.

eher konstruiert wirkender, unwahrscheinlicher Kathederfall. Ein ähnlich wenig realitätsnah erscheinender Anwendungsbereich wäre eröffnet im kaum denkbaren Fall, dass der Reisende durch die Fehlinformation vor Vertragsschluss einen Schaden erleidet, der sich aber nicht auf die Reise auswirkt.[1854]

4.) Verzug

Eine Reise ist regelmäßig ein Fixgeschäft: auch für die Anwendung der Regeln über den Verzug §§ 280 I, II i. V. m. 286 BGB besteht kein Raum. Eine Verspätung erfüllt regelmäßig die Voraussetzungen eines beeinträchtigenden Reisefehlers i. S. d. § 651c I BGB und löst somit als Reisemangel die Gewährleistungsrechte der §§ 651c ff BGB aus;[1855] in der Regel führt bei der Reise als absolutes Fixgeschäft eine Verzögerung ohnehin zu einer Teil- bzw. Unmöglichkeit (und damit zu einem Reisemangel, s. o.), denn nur selten wird sich eine Reiseleistung noch zu einem späteren Zeitpunkt unverändert und somit mangelfrei durchführen lassen.[1856]
Wiederum kommt aber auch dieses Rechtsinstitut umgekehrt für Ansprüche des Veranstalters gegen den Reisenden in Frage, typischerweise etwa bei verzögerter Zahlung des Reisepreises.[1857]

5.) Wegfall der Geschäftsgrundlage

Ein Wegfall der Geschäftsgrundlage gem. § 313 BGB könnte erwogen werden in den Fällen, in denen durch höhere Gewalt wie etwa durch unvorhersehbare Unwetter, Naturkatastrophen oder Kriege die Reise erheblich beeinträchtigt oder völlig vereitelt wird. Doch gerade auch für diese Fälle besteht mit § 651j BGB eine reisevertragsrechtliche Sonderregelung; nach allgemeiner Ansicht ist daher das allgemeine Rechtsinstitut des Wegfalls der Geschäftsgrundlage innerhalb des Reisevertrags nicht anwendbar.[1858]
Anzumerken ist in diesem Zusammenhang zudem, dass der Veranstalter im Rahmen der besonderen reisevertragsrechtlichen verschuldensunabhängigen Einstandspflicht für das Gelingen der Reise an sich auch für solche äußere Umstände haftet, auf die er im Sinne des Reisecharakters sein Reiseangebot ausgerichtet hat und für die er somit das unternehmerische Risiko trägt.[1859]

6.) Anfechtung

Erlangt der Reisende nach Vertragsschluss davon Kenntnis, dass die bevorstehende Reise einen Mangel aufweisen wird, so ist auch dieser als „bevorstehender" Reisemangel über die §§ 651c ff BGB und nicht etwa als Irrtum über eine wesentliche Eigenschaft der Reise über

[1854] Vgl. *Staudinger/J. Eckert*, Vorbem zu §§ 651c-g Rn. 27 a. E.
[1855] S. a. *BGHZ* 100, 157 (180/181); *Tonner*, Reisevertrag, § 651c Rn. 7.
[1856] Vgl. *Führich*, Reiserecht, § 5 I. 3. c) bb), Rn. 204, S. 164; *Staudinger/J. Eckert*, Vorbem zu §§ 651c-g Rn. 23; vgl. auch schon *Teichmann*, JZ 1979, 727 (740) [II. 2. a)]; *Posner*, C. II., S. 111 u. H. II., S. 141.
[1857] *Tonner*, Reisevertrag, § 651c Rn. 7; *Führich*, Reiserecht, § 5 I. 3. c) bb), Rn. 204 a. E.
[1858] Vgl. statt vieler *Führich*, Reiserecht, § 5 I. 3. c) ee), Rn. 207; *Staudinger/J. Eckert*, Vorbem zu §§ 651c-g Rn. 29.
[1859] S. o. Zweiter Teil E. V. 3.) (S. 264) und auch C. III. 1.) b) (bb) (S. 164) a. E.

§ 119 II BGB zu regeln, namentlich kommt hier eine Kündigung nach § 651e BGB noch vor Reiseantritt in Frage.

Hat sich der Reisende bei Abgabe seiner Willenserklärung geirrt, so wird ihm von der wohl h. M. eine Anfechtung nach § 119 I BGB zugestanden.[1860] Denkbar wäre m. E. aber auch, dass er von seinem Rücktrittsrecht nach § 651i BGB Gebrauch macht, was hinsichtlich der in den AGB regelmäßig vereinbarten pauschalierten Stornierungs-Bearbeitungsgebühren entweder über § 122 I BGB oder eben über § 651i II 2 BGB zum gleichen finanziellen Ergebnis führen dürfte.
In Betracht käme möglicherweise eine Anfechtung wegen Irrtums über eine Eigenschaft in der Person des Vertragspartners § 119 II BGB, also des Reiseveranstalters,[1861] wobei aber auch hier schwerlich ein praktischer Fall dieser Art konstruierbar sein dürfte.

III. Verhältnis zum Recht einzelner Reiseleistungen

Nachdem die Reise im Sinne des § 651a I BGB aus einer Bündelung vieler Reiseeinzelleistungen entsteht, könnte man auf den Gedanken verfallen, ob neben dem Reisevertragsrecht auch das Recht der jeweiligen Einzelleistung darauf angewendet werden kann.
Mit dem Reisevertragsrecht der §§ 651a ff BGB wurde für die Pauschalreise ein eigener Vertragstyp des Reisevertrages gem. § 651a I 1 BGB geschaffen. Die im Rahmen der Pauschalreise zu erbringenden jeweiligen Einzelleistungen wie etwa Beförderung, Unterkunft etc. verlieren damit innerhalb dieses neuen Vertragstyps ihre rechtliche Eigenständigkeit,[1862] der Veranstalter schuldet die Teilleistungen nicht isoliert, sondern nur als Bestandteil des Vertragsgegenstandes Pauschalreise,[1863] für die allein die §§ 651a ff BGB gelten.[1864]

Daraus folgt, dass die für die jeweiligen Einzelleistungen geltenden rechtlichen Regelungen nicht angewendet werden können. Dies würde überdies auch zu einer unzulässigen Haftungskumulation aus unterschiedlichen Vorschriften führen,[1865] verträgt sich aber ohnehin schon von vornherein nicht mit dem Sinn des Reisevertragsrechts als einschlägiger, abschließender Sonderregelung für „die Reise".[1866]

[1860] Vgl. *Staudinger/J. Eckert*, Vorbem zu §§ 651c-g Rn. 28; *Führich*, Reiserecht, § 5 I. 4. a), Rn. 208; s. hierzu auch oben Zweiter Teil F. I. (S. 274).

[1861] *Staudinger/J. Eckert*, Vorbem zu §§ 651c-g Rn. 28.

[1862] A. A. *LG Frankfurt a.M.* bspw. hinsichtlich Anwendung der Vermieterhaftung, s. NJW 1983, 2264 (2265), insofern konsequent angesichts der von diesem Gericht (bzw. seiner 24. Zivilkammer) mit dem engen Mangelbegriff vertretenen Auffassung vom Gegenstand des Reisevertrages als Erbringung von Einzelleistungen; später aber hinsichtlich analoger Anwendung der Gastwirtshaftung (§ 701 BGB) abgelehnt in NJW-RR 1994, 1477; s. a. *AG Bamberg* NJW-RR 1994, 1138.

[1863] Siehe auch zum Vertragsgegenstand „Reise" als eigenständige Gesamtheit von Reiseleistungen die Ausführungen zum Streit um den engen und weiten Mangelbegriff, Zweiter Teil C. II. (S. 144ff).

[1864] *Erman/Seiler*, Vorbemerkung §§ 651c-651g Rn. 10; *Staudinger/J. Eckert*, Vorbem zu §§ 651c-g Rn. 31.

[1865] S. *Seiler* u. *J. Eckert*, jeweils ebenda; *Posner*, B. I. 3. b) ee), S. 75.

[1866] Vgl. *Blaurock/Wagner*, Jura 1985, 169 (174): wie bei anderen Vertragstypen des Schuldrechts handele es sich beim Reisevertrag um ein geschlossenes System der Ausbalancierung von Parteiinteressen, das nicht durch Leihgaben aus anderen Regelungskreisen aus dem Gleichgewicht gebracht werden dürfe; s. a. *Soergel/H.-W. Eckert*, Vor § 651c Rn. 12.

Die zu den einzelnen Reiseleistungen bestehenden Regelungen[1867] können allenfalls im Einzelfall als gedankliche Ansatzpunkte bei der Behandlung ähnlicher Probleme im Rahmen einer Reise gem. § 651a I 1 BGB dienen; die entsprechende herausgearbeitete Lösung muss aber dennoch innerhalb des Reisevertragsrechts der §§ 651a ff BGB ihre Verankerung finden.[1868]

IV. Verhältnis zum Deliktsrecht

Der Veranstalter haftet dem Reisenden wie jeder Dritte nach den §§ 823ff BGB für unerlaubte Handlungen; zudem werden ihm in seiner Funktion als Reiseveranstalter spezifische Verkehrssicherungspflichten im Rahmen des § 823 I BGB auferlegt.[1869] Entsprechende deliktische Ansprüche gegen den Reiseveranstalter bestehen grundsätzlich parallel zu den reisevertragsrechtlichen Gewährleistungsrechten.[1870] Dass die abschließende schuldrechtliche Sonderregelung in den §§ 651c ff BGB keine Auswirkungen auf Ansprüche aus unerlaubter Handlung hat, ergibt sich schon aus den allgemeinen zivilrechtlichen Grundsätzen zum Verhältnis zwischen vertraglichen und deliktischen Ansprüchen.

Bei einem deliktischen Anspruch wegen Verletzung etwa von Verkehrssicherungspflichten nach § 823 I BGB liegt regelmäßig auch ein Reisemangel vor. Nach alter Rechtslage war es für den Reisenden meist günstiger, für seine Ansprüche auf Schadensersatz gegen den Reiseveranstalter aus deliktischer Haftung vorzugehen. Die Diskrepanz zwischen vertraglichem und deliktischem Schadensersatz wurde mittlerweile weitgehend abgemildert. Zu den entsprechenden Einzelheiten und Besonderheiten sei auf die bereits erfolgte Darstellung verwiesen.[1871]

V. Verhältnis zu internationalen Übereinkommen

Internationale Übereinkommen, die sich auf das Reisevertragsrecht auswirken, bestehen praktisch allein in der Form von Vereinbarungen zum grenzüberschreitenden Beförderungsverkehr. Diese wirken sich zudem vor allem im Rahmen betragsmäßiger Beschränkung der Haftung des Reiseveranstalters nach § 651h II BGB bei Schadensersatzansprüchen des Reisenden aus, siehe daher die jeweiligen Ausführungen an den entsprechenden Stellen.[1872] Entgegen der früheren Regelung durch das Warschauer Abkommen[1873] wird der Anspruch aus § 651f II BGB nicht mehr durch das nunmehr geltende Montrealer Übereinkommen[1874] verdrängt.[1875]

[1867] Man denke etwa an die Gastwirtshaftung nach § 701ff BGB, s. *Führich*, Reiserecht, § 7 I. 4. b), Rn. 209, oder die Vermieterhaftung nach §§ 536, 536a BGB, s. *Staudinger/J. Eckert*, Vorbem zu §§ 651c-g Rn. 32.
[1868] Vgl. insofern den von *Blaurock/Wagner*, a. a. O. (Fn. 1866), zum Ausdruck gebrachten Grundsatz.
[1869] S. dazu eingehend Zweiter Teil E. VI. (S. 268).
[1870] *Führich*, Reiserecht, § 11 IV. 1. a) (2), Rn. 425.
[1871] S. o. Zweiter Teil E. VI. (S. 268).
[1872] S. Erster Teil C. IV. 2.) b) (aa) (S. 108) sowie Dritter Teil F. III. 3.) (S. 431) u. G. IV. 4.) (S. 461).
[1873] BGBl 1961 I, 1160.
[1874] ABlEG Nr. L 194 v. 18.7.2001, S. 39.
[1875] *Führich*, Reiserecht, § 11 III. 1. a) (2), Rn. 409, und § 13 III. 3. b), Rn. 498, S. 401; vgl. zum früheren Recht *Bidinger/Müller*, § 651c Anm. 2.

Wird der Veranstalter einer Pauschalreise aber hinsichtlich Mängeln der Flugbeförderung bei luftfahrttypischen Fallgestaltungen als vertraglicher Luftfrachtführer in Anspruch genommen, so haftet er für materielle Schäden nicht nach § 651f I BGB, sondern nach Art. 17ff des Montrealer Übereinkommens.[1876]

B. Mangelbeseitigung durch Abhilfe § 651c II BGB

Bei Vorliegen eines Reisemangels kann der Reisende zunächst gemäß § 651c II 1 BGB Abhilfe verlangen, also die Herbeiführung des vertragsgemäßen Zustandes des Reiseleistungserbringung fordern.[1877] Das Instrument der Abhilfe nach § 651c II 1 BGB ist angesichts des spezifischen Charakters des Reisevertrages als ein „Quasi-Dauerschuldverhältnis für die Zeit der Reisedurchführung" sehr sinnvoll, ermöglicht es doch im Sinne beider Parteien eine erfolgreiche Vertragsdurchführung auch bei auftretenden Störungen.
Der Reisende erhält die Möglichkeit, gerade auch bei kleineren Mängeln seinen wertvollen Urlaub noch zu „retten" - dies ist wesentlich vorzugswürdiger gegenüber einer Regelung, bei der er zwar später nach Beendigung Mängel geltend machen könnte, der Urlaub aber dann schon vorbei und seine gewünschte Erholung vereitelt ist. Umgekehrt bietet die Abhilfe dem Veranstalter die Möglichkeit, auf Störungen zu reagieren und somit die spätere Geltendmachung von Gewährleistungsrechten durch den Reisenden, insbesondere die Minderung des Reisepreises, abzumildern oder ganz abzuwenden.[1878]

I. Abhilfeverlangen § 651c II 1 BGB

Der erste Schritt der Abhilfe ist, dass der Reisende sie vom Veranstalter einfordert, indem er die Herbeiführung des vertragsgemäßen Zustandes durch Abstellen einer Störung oder auch Erbringung einer Ersatzleistung verlangt.

1.) Form und Inhalt

Das Abhilfeverlangen ist eine einseitig empfangsbedürftige Willenserklärung[1879], die den Wunsch nach Beseitigung der Mängel zum Ausdruck bringt.[1880] Sie unterliegt keinem Formzwang, auch wenn sich aus Beweisgründen u. U. eine schriftliche Abfassung empfehlen kann.[1881] Zwar muss hinreichend genau der gerügte Mangel bezeichnet werden, damit dem Veranstalter deutlich wird und er beurteilen kann, um welche Mängel es sich handelt, es dürfen aber angesichts der Urlaubssituation sicherlich keine überhöhten Anforderungen an Substantiierung, Detail sowie Formulierung und Art der Erklärung gestellt werden.[1882]

[1876] S. a. *Führich*, ebenda.

[1877] S. a. *Tempel/Seyderhelm*, § 7 IV., S. 486.

[1878] Vgl. auch *Führich*, Reiserecht, § 7 II. 1., Rn. 263: Möglichkeit, um „den Urlaubsgenuss des Reisenden sicherzustellen".

[1879] *Führich*, Reiserecht, § 7 III. 1. c), Rn. 265; RGRK/*Recken* § 651c Rn. 17.

[1880] S. *Pick*, § 651c Rn. 61; zum Schluss von der Mängelanzeige auf ein Abhilfeverlangen s. Dritter Teil B. I. 3.) (S. 320).

[1881] *Xanke/Dutschke*, B. III. 1., Rn. 82.

[1882] Etwas überzogen erscheint daher m. E. der „Musterbrief" für eine Abhilfeaufforderung des Reisenden während des Urlaubs bei *Kaller*, Reiserecht, C. Teil 1 II. 1. c), Rn. 180.

Eine Fristsetzung für die Mangelbeseitigung ist nicht nötig, aber im Hinblick auf das Selbstabhilferecht § 651c III BGB sinnvoll.[1883]

2.) Adressat

Das Abhilfebegehren ist gegenüber dem Veranstalter als Vertragspartner zu erklären, meist ist dieser vor Ort durch seine Reiseleiter vertreten.

In aller Regel wird die Erklärung auch bei dieser örtlichen Reiseleitung abgegeben werden,[1884] da diese sich vor Ort befindet und naturgemäß auch schneller für Abhilfe sorgen kann.[1885] Der Veranstalter ist gem. § 8 I Nr. 3 BGB-InfoV verpflichtet, vor Reiseantritt Anschrift und Telefonnummer einer örtlichen Vertretung oder sonst zuständigen Stelle mitzuteilen, die dem Reisenden bei Schwierigkeiten Hilfe leistet.[1886] Derartige Stellen sind auch als bevollmächtigt anzusehen hinsichtlich der Entgegennahme von Abhilfeverlangen.[1887]

Eine über diese Kontaktadressen hinausgehende generelle Pflicht zur Einrichtung einer regelrechten Reiseleitung an sich besteht nicht,[1888] kann sich aber aus dem jeweiligen Reisecharakter der konkreten Reise ergeben.[1889]
Weil aber dem Reisenden ermöglicht werden muss, sein Abhilfeverlangen vor Ort abgeben zu können, muss zumindest ein entsprechender Vertreter benannt werden, beispielsweise der Leistungsträger selbst,[1890] der ansonsten grundsätzlich kein tauglicher Empfänger des Abhilfeverlangens ist (wohlverstanden aus rechtlicher Sicht - rein *tatsächlich* kann dies u. U. bei kleineren Mängeln durchaus erfolgversprechend sein).[1891]

Nur in Sonderfällen kann das Abhilfeverlangen auch direkt beim Leistungsträger (bspw. Hotelier) geltend gemacht werden, wie etwa im schon genannten Fall, dass der Leistungsträger ausdrücklich zur Entgegennahme ermächtigt wurde. Auch dann, wenn keine Reiseleitung und auch sonst kein Vertreter des Veranstalters räumlich und zeitlich zumutbar erreichbar ist, muss der Veranstalter das gegenüber dem an sich unzuständigen Leistungsträger geäußerte Abhilfeverlangen gegen sich gelten lassen.[1892]
Und schließlich kann selbstverständlich die Mängelbeseitigung dann direkt gegenüber dem Hotel bzw. Leistungserbringer verlangt werden, wenn es sich dabei um einen Eigenbetrieb des Veranstalters handelt.[1893]

[1883] *Xanke/Dutschke*, B. III. 1., Rn. 83.
[1884] *Teichmann*, JZ 1993, 990 (991) [IV. 2.].
[1885] S. a. *Bidinger/Müller*, § 651c Anm. 29; vgl. *Pick*, § 651c Rn. 62: örtliche Reiseleitung als „berufener Empfänger" für Mängelanzeige und Abhilfeverlangen.
[1886] Dem Reisenden ist zudem gem. § 6 II Nr. 6 BGB-InfoV auch die Kontaktadresse des Veranstalters selber bekannt.
[1887] *Bidinger/Müller*, § 651c Anm. 29.
[1888] So aber wohl *Führich*, Reiserecht, § 7 III. 1. d) bb), Rn. 266, S. 209.
[1889] Zur Reiseleitung s. a. Erster Teil C. IV. 6.) (S. 116).
[1890] *Soergel/H.-W. Eckert*, § 651c Rn. 32; *Bidinger/Müller*, § 651c Anm. 29
[1891] S. a. Erster Teil C. IV. 5.) (S. 114); s. a. *Seyderhelm*, § 651d Rn. 109, der aus § 242 BGB sogar ableiten will, dass der Reisende sich bei geringfügigen Mängeln zunächst einmal an das Hotel wenden *muss*.
[1892] *Soergel/H.-W. Eckert*, § 651c Rn. 32.
[1893] S. a. *Tempel*, NJW 1986, 547(549).

Auch wenn die Pflicht besteht, einen vor Ort erreichbaren zuständigen Kontakt einzurichten, so steht die Möglichkeit der Erklärung des Abhilfeverlangens direkt gegenüber dem Reiseveranstalter, also bspw. durch Telefongespräch zum deutschen Firmensitz, dem Reisenden nach allg. Ansicht immer offen. Durch AGB kann zwar zusätzlich ermöglicht werden, dass der Reisende sich mit seinem Abhilfeverlangen *auch* an den Leistungsträger wenden kann, es darf aber nicht zu seinen Ungunsten (s. a. § 651m S. 1 BGB!) darin festgelegt werden, dass er sich nicht direkt an den Veranstalter wenden könne, sondern nur an die örtliche Reiseleistung.[1894]

3.) Verhältnis zur Mängelanzeige

Nach h. M. ist das Abhilfeverlangen von der bloßen Mängelanzeige zu unterscheiden.[1895] Aus einer bloßen Mängelanzeige könne nicht auf ein Abhilfeverlangen geschlossen werden,[1896] sie ist ein rechtliches Minus zum Abhilfeverlangen.[1897] Umgekehrt enthält aber die Geltendmachung des Abhilfeanspruchs nach allg. Ansicht logisch zwingend zugleich die Mängelanzeige.[1898]

Die penible Unterscheidung von Mängelanzeige und Abhilfeverlangen ist m. E. schwer nachvollziehbar; es erscheint nicht ganz klar, was eine Mängelanzeige darstellen soll, bei der gerade *nicht* zugleich auch die Beseitigung bzw. das Abstellen des Mangels verlangt wird.[1899] Mit einem nach herkömmlicher Ansicht unterstellten Aussageinhalt, lediglich den Mangel für eine spätere Minderung anzeigen zu wollen,[1900] aber keine Abhilfe zu wünschen, würde sich der Reisende widersprüchlich verhalten, denn was sollte ein Verzicht auf Abhilfe anderes bedeuten, als eine Billigung des Mangels? Und damit wäre eigentlich auch der Charakter der Mängelanzeige an sich in Frage gestellt.[1901]

Mit der Ablehnung eines in der Mängelanzeige enthaltenen Abhilfeverlangens durch die vorherrschende Ansicht ist auch wenig gewonnen, insbesondere, wenn man bedenkt, dass

---

[1894] *Bidinger/Müller*, § 651c Anm. 28.

[1895] Vgl. etwa *Bidinger/Müller*, § 651c Anm. 26; *Führich*, Reiserecht, § 7 II. 1., Rn. 263; MüKo/*Tonner*, § 651c Rn. 53, u. § 651d Rn. 7; *Staudinger/J. Eckert*, § 651c Rn. 145 u. § 651d Rn. 13; a. A. *Schlotmann*, Recht, A. VI. 1. a., S. 66 o.; *Seyderhelm*, § 651c Rn. 55.

[1896] Vgl. *LG Freiburg* NJW-RR 1994, 125; s. dazu auch Fn. 1901.

[1897] MüKo(2. Aufl.)/*Wolter* § 651c Rn. 48; betonend auch *Bidinger/Müller*, § 651c Anm. 26; vgl. ferner *Staudinger/J. Eckert*, § 651c Rn. 147; *Soergel/H.-W. Eckert*, § 651c Rn. 31; MüKo/*Tonner*, § 651c Rn. 53.

[1898] Vgl. *Xanke/Dutschke*, B. III. 1., Rn. 81f; vgl. auch die in Fn. 1897 genannten.

[1899] So auch *Tempel*, Materielles Recht (2. Aufl.), § 6 IV. 3. a) (2), S. 429: in der Praxis fielen beide regelmäßig zusammen, da in jedem Abhilfeverlangen eine Mängelanzeige (und umgekehrt) liege - „Kein Reisender würde als Nichtjurist hier einen Unterschied sehen"; vgl. auch *Führich*, Reiserecht von A-Z, S. 7 u. 160: Mängelanzeige und Abhilfeverlangen decken sich inhaltlich.

[1900] Vgl. MüKo(2. Aufl.)/*Wolter*, § 651c Rn. 48; MüKo/*Tonner*, § 651c Rn. 53.

[1901] Das in diesem Zusammenhang regelmäßig zitierte Urteil des *LG Freiburg* NJW-RR 1994, 125, erscheint verfehlt. Wenn der Reisende einen Mangel anzeigt, dabei aber zugleich erklärt, er fühle sich auch ohne Abhilfe wohl, so liegt mangels einer Beeinträchtigung i. S. d. § 651c I BGB schon kein Mangel vor, vielmehr zeigt der Reisende mit dieser Erklärung gerade seine Billigung des insofern im Rahmen der Vertragsfreiheit nunmehr geänderten Vertragsinhalts, es liegt kein Mangel und keine Mangelanzeige vor; i. ü. wird bei der Anführung dieses Urteils m. E. häufig nicht bedacht, dass dem Reiseveranstalter in Folge einer Mängelanzeige ein *Recht* auf Vornahme der Abhilfe und damit Beseitigung eines Mangels zuzugestehen ist, s. eingangs, Dritter Teil B. (S. 318).

dem Veranstalter nach der Kenntnis vom Mangel durch die Mängelanzeige des Reisenden ohnehin völlig unstreitig das Recht zugestanden wird, von sich aus eine Abhilfe vorzunehmen - auch wenn der Reisende das nicht will.[1902]

Es ändert sich also durch eine angestrengte Unterscheidung zwischen Mängelanzeige und Abhilfeverlangen nichts: Sieht man die Erklärung des Reisenden nur als Mängelanzeige ohne Abhilfebegehren, so steht es dem Veranstalter aus eigenem Recht offen, diesem Mangel abzuhelfen oder nicht. Tut er es nicht, so haftet er hinsichtlich der unbeseitigten Mängel im Rahmen der Gewährleistung. Anerkennt man aber lebensnah, dass mit der Mängelanzeige auch ein Verlangen verbunden ist, die Mängel zu beseitigen, so steht es dem Veranstalter ebenso offen, darauf einzugehen und den Mangel zu beseitigen, oder eben nicht, wodurch er sich in letzterem Fall genauso gewährleistungspflichtig macht.

Logisch auszuschließen von diesen Überlegungen sind natürlich all die Fälle, in denen eine Abhilfe ohnehin nicht möglich ist und die Mängelanzeige nur zur Erhaltung anderweitiger Gewährleistungsrechte vorgenommen wird; hier ist es schlicht irrelevant, ob in der Mängelanzeige auch ein Abhilfeverlangen zu sehen ist.

In den Fällen aber, in denen eine Abhilfe möglich ist, erweist sich m. E. nur die Auslegung als einleuchtend, lebensnah und in sich widerspruchsfrei, die in einer Mängelanzeige („Die Zimmertür lässt sich nicht schließen!") zugleich auch implizit das Verlangen nach Beseitigung des Mangels („Bitte reparieren Sie die Zimmertür!") sieht, wie dies auch umgekehrt angenommen wird.

Sowohl Mängelanzeige wie auch Abhilfeverlangen dienen auch nach h. M. dem gleichen Zweck, nämlich den Veranstalter davon in Kenntnis zu setzen, dass ein Mangel vorliegt und dass der Reisende nicht gewillt ist, diesen Mangel hinzunehmen, sowie um dem Veranstalter die Möglichkeit zu eröffnen, auf den Mangel mit einer Abhilfe zu reagieren.

Schließlich fallen beide Erklärungen ohnehin zusammen, auch innerhalb der Vertreter der h. M., die ein Abhilfeverlangen fordert, wird von niemandem die Abgabe von zwei Willenserklärungen durch den Reisenden verlangt.[1903]

Dass eine Mangelanzeige auch einen Wunsch nach Abhilfe beinhaltet, ergibt sich aus dem Sinn einer Mängelanzeige,[1904] und nicht aus einem formelhaft angehängten, gekünstelt wirkenden ceterum censeo „- ich verlange diesbezüglich Abhilfe".[1905]

[1902] S. u. Zweiter Teil B. II. (S. 322) u. dort Fn. 1907.

[1903] S. *Führich*, Reiserecht, § 8 II. 2. a), Rn. 291; *Tempel*, Materielles Recht (2. Aufl.), § 6 IV. 3. a) (2), S. 429.

[1904] So im Ergebnis auch *Schlotmann, Recht*, A. VI.1. a., S. 66 o.; *Seyderhelm*, § 651c Rn. 55; vgl. auch *Tempel*, Materielles Recht (2. Aufl.), § 6 IV. 1. b) (2), S. 423: im Zweifel müsse davon ausgegangen werden, dass der Reisende Abhilfe verlangt, ansonsten obliege es dem Veranstalter, durch Rückfragen deutlich zu klären, ob der Reisende tatsächlich keine Abhilfe will; vgl. ferner *LG Hamburg* RRa 2002, 214: es genüge hinsichtlich des Erfordernisses eines Abhilfeverlangens, dass der Reisende den Mangel anzeigt und der Reiseleitung dadurch Möglichkeit der Kenntnisnahme und Abhilfe verschafft wird.

[1905] Selbst insoweit - m. E. überzogen und wenig lebensnah (vgl. o. Fn. 1882) - eine eingehende Substantiierung und Darlegung im Rahmen des Abhilfeverlangens gefordert wird, bezieht sich diese Detaillierung nur auf die ohnehin auch bei der Mängelanzeige ebenso konkret darzulegenden *Mängel*, nicht aber auf eine eingehende konkrete Darstellung der gewünschten Art der Abhilfevornahme, vgl. den Musterbrief von *Kaller*, a. a. O. (Fn. 1882).

Anders ist der Fall zu beurteilen, dass wegen Kenntnis des Veranstalters (bzw. seines Reiseleiters vor Ort) vom Mangel keine Pflicht zur Mängelanzeige angenommen wird;[1906] denn hier entfällt zwar die Mängelanzeige, der Reisende muss gleichwohl aber ausdrücklich Abhilfe verlangen, damit er nicht Gefahr läuft, dass sein völliges Schweigen zur Sache als eine Billigung des Mangels aufgefasst wird.

II. Abhilfeleistung

Die Abhilfeleistung ist genaugenommen ein eigens ausgestalteter Teil des reisevertraglichen Erfüllungsanspruchs; bei einer Abhilfe durch Erbringung einer Ersatzleistung (sog. erweiterte Abhilfe, s. u.) wird dieser ursprüngliche Erfüllungsanspruch allerdings modifiziert, es wird mit einer anderen als der vertraglich geschuldeten Leistung erfüllt.

Zu beachten ist auch, dass dem Abhilfeanspruch des Reisenden umgekehrt auch ein Recht des Veranstalters auf Vornahme der Abhilfe gegenübersteht.[1907] Der Reisende muss dem Veranstalter ermöglichen, dass dieser - auch zur Vermeidung weitergehender Gewährleistungsrechte des Reisenden - durch Abhilfe seine vertragliche Leistung in geschuldeter Weise und mangelfrei erbringen kann; er ist insofern zur Annahme der Abhilfe gehalten, andernfalls er seine Gewährleistungsrechte auch ohne Abhilfe verliert.[1908]

1.) Durchführung der Abhilfe; Mängelniederschrift

Nachdem ein Mangel bei der Reiseleitung gerügt wurde, wird diese sich je nach Art des Mangels ein Bild davon machen. Sie muss Stellung nehmen, ob sie den Mangel anerkennt und Abhilfe leisten kann bzw. will.[1909] Bei und ab Anerkennung der Mängel muss sich die Reiseleitung selbst um eine Abhilfe bemühen, ein Verweis an den Leistungsträger, beispielsweise die Hotelrezeption, wird allgemein als nicht ausreichend erachtet.[1910] Eine Weigerung löst unmittelbar das Selbstabhilferecht des Reisenden aus;[1911] als Weigerung anzusehen sind auch unverbindliche Floskeln, Vertröstungen, Bagatellisierungen oder gar keine Erklärung durch die Reiseleitung zum Vorbringen des Reisenden.[1912]

Umstritten ist, ob der Reisende von der Reiseleitung eine *gemeinsame Beweissicherung* etwa in Form eines gemeinsamen Mangelprotokolls verlangen kann, bzw. eine Art Anerkenntnis des Mangels durch den Reiseleiter, im Hinblick auf einen späteren Reisemangelprozess. Die Befürworter wollen eine solche Beweissicherungspflicht aus dem Reisevertrag i. V. m. Treu und Glauben herleiten,[1913] die Gegner lehnen eine solche Herleitung gerade ab.[1914]

[1906] S. Dritter Teil D. II. 3.) (S. 354).
[1907] Vgl. *Isermann*, Reiserecht, A. II. 5. a), S. 91; *Bidinger/Müller*, § 651c Anm. 24 a. E.
[1908] S. u. Dritter Teil B. III. 2.) (S. 339).
[1909] *Führich*, Reiserecht, § 7 II. 3. a) (1), Rn. 269.
[1910] Vgl. *Bidinger/Müller*, § 651c Anm. 34.; *Tempel*, Materielles Recht (2. Aufl.), § 6 IV. 1. c) (4), S. 425.
[1911] S. u. Dritter Teil C. (S. 341), insbesondere C. I. 3.) (S. 344).
[1912] S. *Tempel*, Materielles Recht (2. Aufl.), § 6 IV. 1. c) (2), S. 423/424.
[1913] Vgl. etwa *Tempel*, RRa 1998, 19 (31) [III. 7. c)]; Führich, *Reiserecht*, § 7 II. 3. a) (2), Rn. 269.
[1914] Vgl. *Bidinger/Müller*, § 651c Anm. 34.

Die besseren Argumente sprechen m. E. *für* eine Pflicht der örtlichen Reiseleitung, vorhandene Mängel gemeinsam mit dem Reisenden festzuhalten bzw. zumindest eine entsprechende Niederschrift gegenzuzeichnen.

Dass dies ethisch und damit mittelfristig auch wirtschaftlich wirksam Ausdruck einer ernsthaften Kundenorientierung sei,[1915] mag zwar stimmen, hilft aber rein rechtlich nicht weiter. Zu bedenken ist aber auch aus rechtlicher Sicht, dass durch eine solche Dokumentationspflicht ähnlich wie beim ärztlichem Eingriff oder der festgehaltenen Abnahme im Baurecht durch relativ wenig Aufwand die Schwierigkeiten einer später weitaus komplizierteren und langwierigeren Feststellung verhindert werden.[1916] Von der später wesentlichen Erschwerung der Beweisehrhebung profitiert der beklagte Veranstalter, der Hintergrund seiner Weigerung liegt also auf der Hand - gerade aus diesem Blickwinkel erscheint die Verweigerung der Dokumentation der Mängel treuwidrig.

Insbesondere, wenn man Folgendes mit in die Überlegung einbezieht: die Reiseleitung trifft ohnehin die - soweit wohl unstreitige[1917] - Pflicht, sich des Abhilfebegehrens anzunehmen, d. h. sie hat ohnehin zu überprüfen, ob und welche Art von Mangel vorliegt, und ob eine Abhilfe vorgenommen werden kann. Wenn man aber diese an sich unstreitige, direkt aus dem Vertrag folgende Pflicht anerkennt, dann ist nicht einzusehen, warum die dabei gefundenen Ergebnisse nicht festgehalten werden sollen.
Insofern erscheint ein Anspruch auf eine entsprechende gemeinsame Beweissicherung als vertragliche Nebenpflicht theoretisch gerechtfertigt und sinnvoll. Es geht bei dieser Niederschrift ja auch nicht um eine rechtliche Bewertung, ob mit den festgehaltenen Monita auch tatsächlich ein Reisemangel vorliegt (was aus den unterschiedlichsten Gründen nicht der Fall sein kann, wie etwa bei Landesüblichkeit oder absoluter Geringfügigkeit) - dies ist Gegenstand der gerichtlichen Feststellung, einer Mängelniederschrift darf insofern kein Beweiswert oder gar quasi anerkenntnisgleiche Wirkung hinsichtlich der Mangelqualität im Sinne einer rechtlichen Bewertung beigelegt werden. Es geht lediglich darum, die Tatsache der Mängelanzeige, die gemeinsame Mängelbegutachtung und den vorgefundenen Zustand festzuhalten.[1918]

In der Praxis freilich dürfte dieser hier vertretene rechtliche Anspruch dem Reisenden m. E. allerdings wenig nützen: Vor Ort wird ein solcher „Beweissicherungsanspruch" in aller Regel praktisch nicht gerichtlich durchsetzbar sein, und im Rahmen des späteren Mangelprozesses[1919] erstreckt eine solche verweigerte Pflicht die bestehende Beweisproblematik nur um ein weiteres Feld. Denn ein Reiseleiter, der im Prozess wahrheitswidrig das Vorliegen des Mangels bestreitet, wird im Zweifel auch abstreiten, vom Reisenden um Abhilfe

---

[1915] S. *Tempel*, RRa 1998, 19 (31) [III. 7. c)]; *Führich*, Reiserecht, § 7 II. 3. a) (2), Rn. 269.
[1916] S. *Tempel* und *Führich*,. jew. a. a. O. (Fn. 1915).
[1917] Vgl. *Führich*, Reiserecht, § 7 II. 3. a) (1), Rn. 269, wie auch *Bidinger/Müller*, § 651c Anm. 34.
[1918] Vgl. daher *Kaller*, C. 2. V. 2., Rn. 242, S. 230: lediglich Vermerk „zur Kenntnis genommen" und Datum; s. a. MüKo/*Tonner*, § 651c Rn. 9.
[1919] *Tempel*, RRa 1998, 19 (31) [III. 7. c)]; vgl. a. *Führich*, Reiserecht, § 7 II. 3. a) (2), Rn. 269: Würdigung der Verweigerung einer Mängelprotokollerstellung im Rahmen des § 286 I ZPO.

gebeten bzw.- überhaupt darauf aufmerksam gemacht worden zu sein. Der Reisende wäre also wie auch schon bezüglich des eigentlich streitgegenständlichen Mangels auf Mitreisende als Zeugen angewiesen - die Mängel selber könnte er demgegenüber eventuell je nach Art sogar bedeutend unkomplizierter fotografisch festhalten.[1920]

2.) Eigentliche und erweiterte Abhilfe

Will der Veranstalter nun durch seine Reiseleitung aber wegen eines anerkannten Mangels Abhilfe leisten, so soll hierbei nach einer Ansicht begrifflich dahingehend differenziert werden, ob mit der Beseitigung eines Reisemangels durch einfache Herbeiführung der vertragsgemäßen Leistung „eigentliche Abhilfe“, oder durch Erbringung einer ursprünglich vertraglich so nicht vereinbarten, anderen Ersatzleistung eine „erweiterte Abhilfe“ vorliegt.[1921] Im ersteren Fall würde beispielsweise der Lärm abgestellt oder das verschmutzte Zimmer gereinigt, im zweiten Fall der Reisende statt im eigentlich vertraglich geschuldeten, aber überbuchten Hotel in einem gleich- oder höherwertigen Nachbarhotel untergebracht.

Die h. M.[1922] führt diese Differenzierung nicht durch und sieht einheitlich in jeder Beseitigung einer Mangelhaftigkeit eine Abhilfe. Den Befürwortern einer semantischen Differenzierung in eigentliche und erweiterte Abhilfe ist m. E. aber zuzugeben, dass diese sprachliche Präzisierung zumindest, in Darstellungen zur Materie terminologisch zwischen der relativ unproblematischen einfachen Mangelabstellung und der mit rechtlichen Problemen behafteten Ersatzleistung als Abweichung vom ursprünglichen Vertragsinhalt begrifflich zu unterscheiden.[1923]

3.) Teilweise und vollständige Abhilfe

Eine weitere terminologische Differenzierung erscheint nicht nur sinnvoll, sondern notwendig, nämlich die zwischen einer nur teilweisen und einer vollständigen Abhilfe.

Gelegentlich wird ein ähnlicher Ansatz zur Unterscheidung unter der Terminologie einer unvollständigen als „unzumutbare“ und nur der vollständigen als „zumutbare“ Abhilfe angestellt;[1924] die Bezeichnung „unzumutbare Abhilfe“ erscheint dem Verfasser aber aus den im Folgenden noch näher darzulegenden Gründen heraus weniger treffend, denn eine teilweise Abhilfe kann in Ausnahmefällen dennoch zumutbar bzw. sie wird im Allgemeinen sogar häufig gewünscht bzw. willkommen sein.

Entscheidend für die folgenden Überlegungen ist die Dichotomie des Begriffs Abhilfe, die einerseits ein Recht des Veranstalters mit korrespondierender Annahmeobliegenheit des

---

[1920] S. a. *Bidinger/Müller*, § 651c Anm. 34.

[1921] Vgl. *LG Frankfurt a.M.* NJW 1985, 1474, sowie *Tempel*, NJW 1986, 547 (554); der Unterscheidung zustimmend auch *Bidinger/Müller*, § 651c Anm. 24. S. a. Verwendung der Begriffe jeweils durch *AG Bad Homburg v.d.H.* RRa 2001, 141; *T. Heinz*, Reisevertragsrecht, S. 2; *Seyderhelm*, § 651c Rn. 61.

[1922] Vgl. schon MüKo(2. Aufl.)/*Wolter* § 651c Rn. 52 m. w. Nachw.; *Brender*, S. 159f; *Führich*, Reiserecht, § 7 III. 1. b), Rn. 264.

[1923] S. a. *Bidinger/Müller*, § 651c Anm. 24 und 25 a. E.

[1924] Vgl. *Seyderhelm*, § 651c Rn. 81ff.

Reisenden, andererseits einen Anspruch des Reisenden beinhaltet.[1925] Zwischen beiden Seiten der Abhilfe-Medaille ist zu unterscheiden, beide sind aber zugleich bei der juristischen Begriffsklärung zu berücksichtigen.

a) Die vollwertige Abhilfeleistung

In Literatur und Rechtsprechung werden immer wieder strenge Voraussetzungen bzw. hohe Hürden für die Abhilfeleistung aufgestellt[1926] So wird gefordert, die Abhilfe müsse „alsbaldig - angemessen - kostenfrei“ erfolgen, sie müsse „zumutbar“ oder „geeignet“ sein und „unverzüglich“ erfolgen; auf diese einzelnen Eigenschaften der Abhilfe wird noch näher einzugehen sein, vorab ist aber allgemein auf diese strengen Voraussetzungen an die Abhilfe einzugehen.

Sind diese erfüllt, so ist der Reisende gehalten, die Abhilfe anzunehmen. Lehnt er nämlich eine insofern zumutbare Abhilfe ab, verliert er dennoch seine Gewährleistungsrechte bzgl. der weiterhin insofern mangelhaften Reise.[1927] Der Veranstalter wird also durch eine den hohen Anforderungen an eine geeignete, zumutbare Abhilfe genügende Ersatzleistung auch bei Nichtannahme von seiner Gewährleistungspflicht befreit, und zwar ab dem (hypothetischen) Zeitpunkt der Abhilfevornahme.[1928]

b) Abhilfeanspruch auch auf unvollkommene Ersatzleistung

Die peniblen, strengen Anforderungen der h. M. an die Abhilfeleistung sind dann konsequent, wenn man die Abhilfe dahingehend verabsolutiert, dass nur eine vollwertige Ersatzleistung eine Abhilfe darstellt und damit aber auch gleichzeitig jegliche Gewährleistung ausschließt. Letzteres gerade auch dann, wenn der Reisende eine vollständige Abhilfe insofern unberechtigt abgelehnt hat: er ist mit seinem Vorbringen bzgl. dieses Mangels ex nunc ausgeschlossen. In diesem Fall einer vollwertigen Ersatzleistung bietet es sich an, von einer *vollständigen* Abhilfe zu sprechen.
Hier steht das *Recht* des Veranstalters auf Abhilfe im Vordergrund, um seine Vertragspflicht doch noch mangelfrei zu erfüllen und damit etwaigen Gewährleistungsansprüchen des Reisenden wegen des Mangels zu begegnen. Nur in dieser Hinsicht machen die üblicherweise aufgestellten hohen Anforderungen an die Abhilfeleistung Sinn, weil sie dann die entsprechenden Folgen einer Haftungsfreistellung auslöst.

Wenn man sich aber erst einmal von diesem gedanklichen Ansatz eines Alles-oder-Nichts gelöst hat, dass eine Hinnahme der Abhilfeleistung zugleich einen Verzicht auf die Geltendmachung von Gewährleistungsrechten darstellt, so steht der m. E. sachgerechten Überlegung nichts mehr im Wege, dass nicht nur durch eine sofortige, gleich- oder höherwertige

[1925] Dieser entscheidende Punkt einer notwendigen Unterscheidung zwischen einem *Recht* des Reisenden auf Abhilfe und zugleich einem *Gebot* an den Reisenden zu einer Annahme der Abhilfe wird häufig verwischt, vgl. bspw. bei *Bernreuther*, 3. Kap. A. I. 2. b), S. 76.
[1926] S. u. Dritter Teil B. II. 4.) (S. 327).
[1927] *Bidinger/Müller*, § 651c Anm. 36; *Tempel*, NJW 86, 547 (556) [V. 5. b)]; *Seyderhelm*, § 651c Rn. 81.
[1928] S. dazu näher unten Dritter Teil B. III. (S. 338)

Ersatzleistung Abhilfe geleistet werden kann. Insofern steht hierbei der *Anspruch* des Reisenden auf eine *Abmilderung* der Mangelhaftigkeit der geschuldeten Reise im Vordergrund.

Denn der Reisende muss m. E. auch einen Abhilfeanspruch dahingehend haben, dass ihm statt der bestehenden mangelhaften Reiseleistung eine zumindest weniger oder gar nur andersartig mangelhafte Abhilfeleistung erbracht wird, soweit nur dies möglich ist. Es besteht insofern also Bedarf an einem Anspruch auf *unvollkommene*, nur teilweise Abhilfe. Und dieser ist auch in § 651c II BGB gegeben.

Eine durch verbessernde Abhilfe erreichte Verringerung der Beeinträchtigung ist aber nicht nur für den Reisenden, sondern letztlich auch für den Veranstalter im Hinblick auf die Gewährleistungsrechte des Reisenden von Interesse. Denn durch eine solche teilweise Abhilfe wird beispielsweise ein Minderungsrecht zwar nicht vollständig, aber bezüglich der erreichten Behebung der Mangelhaftigkeit, der resultierenden Verbesserung, ausgeschlossen.

Die Frage, inwiefern der Reisende umgekehrt gehalten ist, auch eine nur *unvollkommene* Abhilfeleistung anzunehmen, also eines Rechts des Veranstalters auf teilweise Abhilfe, ist äußerst restriktiv zu handhaben und stark einzelfallabhängig. Im bedeutsamsten Fall einer Ersatzleistung ist eine entsprechende Obliegenheit kritisch zu sehen bzw. abzulehnen,[1929] da ja auch die Ersatzleistung nicht der vertraglich geschuldeten Soll-Leistung entspricht. Nur in Extremfällen, in denen die Ablehnung einer wenn auch nicht vollständigen, so doch signifikanten verbessernden Abhilfeleistung[1930] ohne große Umstände durch den Reisenden beinahe schon rechtsmissbräuchlich erscheint, ist zu überlegen, ob er zur Annahme gehalten sein kann.

Nur in solchen Fällen hätte eine nicht ganz vollwertige Abhilfe eine gewährleistungsbefreiende Wirkung auch bei Ablehnung, soweit sie eben den Zustand verbessert hätte. Eine völlige Haftungsbefreiung dese Veranstalters kann sie ohnehin nicht entfalten, weil sie eben nicht der vertraglich geschuldeten Leistung in Qualität und/oder Quantität entspricht.

Um den Ansatz einer teilweisen Abhilfe abstrakt-theoretisch zu erläutern, stelle man sich vor, der Reisende erhält eine Teil-Reiseleistung, die nur 60% der Sollbeschaffenheit erreicht. Statt nun völlig auf eine Verbesserung seiner Lage verzichten zu müssen, weil keine Alternative besteht, die 100% der geschuldeten Leistung erreicht, kann bzw. wird dem Reisenden in der Regel daran gelegen sein, eine Ersatzleistung zu erhalten, die zumindest zu 80% an die eigentlich geschuldete Leistung heranreicht. Wegen der verbliebenen Mangelhaftigkeit kann er dann immer noch eine Minderung geltend machen, aber eben nur in der Höhe von 20% statt der ursprünglichen 40%.

Beispiel:
Der Reisende hat ein Hotelzimmer mit eigenem Bad / WC, TV und Telefon gebucht.

[1929] Völlig ausgeschlossen von *Tempel*, Materielles Recht (2. Aufl.), § 6 IV. 1. c) (3), S. 424.

[1930] So auch *Tonner*, Reisevertrag, § 651c Rn. 49 a. Anf.; eine solche Pflicht allerdings wie von *Tonner* vertreten aus einer Schadensminderungspflicht des Reisenden (vgl. auch *LG Frankfurt a.M.* NJW 1985, 1474: „§§ 242, 254 II BGB") herzuleiten, erscheint dogmatisch unsauber, geht es doch vorliegend nicht allein um die Frage eines Schadensersatzes, sondern ganz allgemein um die grundsätzlich verschuldensunabhängigen Gewährleistungsrechte der §§ 651c ff BGB.

Vor Ort erhält er ein Zimmer, dem sowohl ein eigenes Bad und WC wie auch TV und Telefon fehlen.
Abwandlung: Dem Zimmer fehlt nur das Telefon.

Wieso sollte nicht in diesem Beispiel eine interessante Abhilfe darin liegen, dem Reisenden ein anderes Zimmer zur Verfügung zu stellen, das zwar kein eigenes Bad, aber zumindest eine eigene Toilette aufweist? Diese Ersatzleistung entspricht zwar immer noch nicht der geschuldeten Leistung, erscheint aber deutlich vorzugswürdiger, als völlig auf einen Anspruch auf Verbesserung zu verzichten.

Genauso kann in der Abwandlung einem Reisenden durchaus daran gelegen sein, lieber auf den Fernseher als auf das Telefon zu verzichten, weshalb ihm der Wechsel in ein Zimmer vorzugswürdig erscheint, in dem zwar nun der Fernseher fehlt, aber dafür das vertraglich vereinbarte Telefon vorhanden ist. Hier hat er sich objektiv kaum verbessert oder verschlechtert, gemessen an der geschuldeten Leistung ist die Ersatzleistung ähnlich mangelhaft wie die ursprünglich erbrachte Leistung. Dennoch ist unter dem Gesichtspunkt, dass ihm vertraglich sowohl Fernseher wie auch Telefon geschuldet werden, ein Abhilfeanspruch zu gewähren, der ihm zumindest trotz Mangelhaftigkeit entgegenkommt.

In beiden Fällen kann der Reisende nach Annahme der Abhilfeleistung wegen der fortbestehenden Mangelhaftigkeit weiterhin Gewährleistungsrechte geltend machen, allerdings nur noch in der Höhe der verbliebenen Beeinträchtigung. Seine Kenntnis der verbliebenen Mangelhaftigkeit der angenommenen Ersatzleistung schadet ihm nicht.[1931]

Bietet der Veranstalter mit einer vollwertigen Ersatzleistung eine befreiende Abhilfe an, so muss der Reisende annehmen, bzw. er verliert auch bei Ablehnung die Gewährleistungsrechte ab dem Zeitpunkt des Angebots der befreienden Abhilfeleistung. Bietet der Veranstalter aber lediglich eine verbessernde, aber immer noch mangelhafte Ersatzleistung an, so muss der Reisende darauf nicht eingehen und verliert dadurch auch nicht seine Gewährleistungsrechte. Nur in den seltensten Fällen, die an eine Rechtsmissbräuchlichkeit grenzen würden, ist der Reisende unter der drohenden Sanktion eines - teilweisen - Gewährleistungsrechteverlustes gehalten, auch eine nicht ganz vollwertige, aber entsprechend zumutbare Ersatzleistung anzunehmen.

4.) Voraussetzungen der vollständigen Abhilfe

Die Abhilfe wird je nach konkreter Art des Mangels durch den Veranstalter gewährt, indem er nach allg. Ansicht die bestehende Störung abstellt oder eine gleichwertige bzw. höherwertige Ersatzleistung anbietet.[1932] Die Abhilfe muss alsbaldig, angemessen und kostenfrei erfolgen, damit sie eine vollständige Abhilfe im o. g. Sinne darstellt.

[1931] *Seyderhelm*, § 651c Rn. 83 a. E.
[1932] Vgl. *Xanke/Dutschke*, B. III. 1., Rn. 84, S. 61

a) Unverzüglichkeit

Die Abhilfe hat möglichst zeitnah zu erfolgen; dies ergibt sich schon aus dem Fixcharakter der Reise sowie dem Umstand, dass dem Reisenden nur ein sehr begrenzter Urlaubs- bzw. Aufenthaltszeitraum vor Ort zur Verfügung steht und er daher ein hohes Interesse an einer umgehenden Behebung der Mangelhaftigkeit der bereits laufenden Vertragsdurchführung hat.[1933] Die zugrundezulegende Zeitspanne deckt sich mit der Fristsetzung im Rahmen des § 651c III BGB.[1934] D.h., bei schwersten Mängeln muss die Abhilfe grundsätzlich *sofort* geleistet werden.[1935]

Zwar hat der Reiseveranstalter grundsätzlich die Möglichkeit, auch zu einem verspäteten Zeitpunkt noch Abhilfe zu leisten oder erst für diesen späteren Zeitpunkt in Aussicht zu stellen - dies ist allerdings bis dahin nur als unvollkommene Abhilfe zu werten, d. h. der Reisende braucht darauf nicht zu warten, sondern kann zur Selbstabhilfe oder Kündigung übergehen. Wartet der Reisende hingegen ab, so kann auch eine verzögerte Abhilfe durchaus eine vollständige Abhilfe darstellen, allerdings eben erst ab dem späteren Zeitpunkt. Die Folgen der Verzögerung in Form der fortdauernden Beeinträchtigung bis zur Abhilfe trägt der Veranstalter, also bspw. die Minderung für den verlängerten Zeitraum der Mangelhaftigkeit und gegebenenfalls auch Schadensersatz.

b) Angemessenheit

Spiegelbildlich zum Mangel soll die Abhilfe die Sollbeschaffenheit wiederherstellen, sie muss somit den gleichen Wert wie die ursprünglich versprochene Leistung haben bzw. deren Wert wiederherstellen, wie auch die Tauglichkeit zu dem nach Vertrag vorausgesetzten Nutzen.[1936] Insofern muss die angebotene Abhilfeleistung angemessen sein, d.h. einerseits geeignet, den Mangel vollständig zu beseitigen,[1937] andererseits auch zumutbar, sie darf also zum Beispiel nicht mehr kurz vor Abreise erfolgen, oder auch nicht durch Verlegung in ein anderes Zimmer, wenn der Reisende dadurch von Mitreisenden im Nebenzimmer, beispielsweise seinen Kindern, getrennt wird.[1938] Insofern entscheidet sich diese Frage m. E. nach dem jeweiligen Charakter der Reise.[1939] Die Probleme hinsichtlich der Angemessenheit stellen sich praktisch ausschließlich im Zusammenhang mit der erweiterten Abhilfe durch eine Ersatzleistung, weshalb dort vertieft auf diese Voraussetzung einzugehen sein wird.[1940]

Innerhalb des Kriteriums der Angemessenheit und Zumutbarkeit ist auch zu berücksichtigen, ob der Veranstalter die Situation, die nun durch eine Ersatzleistung behoben werden

---

[1933] *Tempel*, Materielles Recht (2. Aufl.),§ 6 IV. 1. c) (6), S. 425.
[1934] S. *Tempel*, Materielles Recht (2. Aufl.), § 6 IV. 1. c) (6), S. 426; vgl. auch ders., RRa 1997, 67 (68/69) [III. 3.]; hierzu s. a. Dritter Teil C. I. 3.) (S. 344).
[1935] *Tempel*, Materielles Recht (2. Aufl.), § 6 IV. 1. c) (6), S. 426.
[1936] *Tempel*, NJW 1997, 2206 (2208).
[1937] *Bidinger/Müller*, § 651c Anm. 35.
[1938] Vgl. *Führich*, Reiserecht, § 7 III. 3. d), Rn. 271, S. 216/217.
[1939] S. o. Zweiter Teil D. (S. 175).
[1940] S. u. Dritter Teil B. II. 5.) b) (S. 333).

soll, selbst herbeigeführt hat;[1941] dies betrifft vor allem Fälle der Überbuchung.[1942] Insoweit eine wie auch immer geartete „Pflicht“ des Reisenden zur Annahme eines gleichwertigen Ersatzangebots aus § 242 BGB gefolgert wird,[1943] widerspräche es im Rahmen dieser Abwägung Treu und Glauben, dem Reisenden in diesen Fällen einer durch den Veranstalter herbeigeführten Notwendigkeit einer Ersatzleistung eine Verpflicht zur Annahme derselben aufzuerlegen.

Auf die einzelnen Anforderungen an eine *Ersatzleistung* als vollständige Abhilfeleistung ist noch gesondert einzugehen.[1944]

c) Kosten- und Bedingungsfreiheit

Die Kosten der Abhilfemaßnahmen trägt allein der Reiseveranstalter, sind sie doch Teil seiner vertraglichen Erfüllungspflicht.[1945] Kann er die Abhilfe nur dadurch leisten, dass er eine höherwertige Ersatzleistung bietet, trägt er auch die insofern entstehenden Mehrkosten.[1946]

Teilweise wird in der Praxis von Veranstaltern versucht, sich quasi als „Gegenleistung“ für die Abhilfeleistung vom Reisenden durch eine Aufpreisvereinbarung eine Kostenbeteiligung[1947] oder durch entsprechende Erklärung dessen Verzicht auf Mängelrechte zusichern zu lassen. Die Zulässigkeit einer solchen Vorgehensweise ist mehr als fraglich.
Bezüglich der Verzichtserklärungen wird nach überwiegender Ansicht deren Unwirksamkeit wegen § 651m S. 1 BGB angenommen, es finden sich aber auch Gegenstimmen, insbesondere in einzelnen Entscheidungen der Rechtsprechung.[1948] Auch hinsichtlich einer Aufpreisvereinbarung, die dazu führen würde, dass der Reisende dann aufgrund dieser vertraglichen Einigung zur Zahlung der Mehrkosten für eine höherwertige Ersatzleistung verpflichtet würde, ist deren Wirksamkeit strittig.[1949].
Um diese Frage sachgerecht zu entscheiden, muss man sich die konkrete rechtliche und tatsächliche Lage vor Augen führen, in der eine solche Vereinbarung geschlossen wird. Die

---

[1941] *Bechhofer*, § 651c VI. 3. a), S. 72; *Führich*, Reiserecht, § 7 III. 3. b), Rn. 270, S. 213.
[1942] MüKo/*Tonner*, § 651c Rn. 59.
[1943] *Tempel/Seyderhelm*, § 7 IV. 1. c) (4), S. 490.
[1944] S. u. Dritter Teil B. II. 5.) (S. 331).
[1945] Im Ergebnis unstrittig, vgl. stellvertretend *Erman/Seiler*, § 651c Rn. 10.
[1946] *Tempel*, Materielles Recht (2. Aufl.), § 6 IV. 1. c) (5), S. 425; *ders*., RRa 1999, 107 (112) [III. 2. c)]; *Führich*, Reiserecht, § 7 III. 3. d), Rn. 273.
[1947] Vgl. den bei *Tempel*, RRa 1999, 107 (113), referierten tatsächlichen Fall, dass der Reiseleiter für den Umzug in ein mangelfreies Hotelzimmer einen Aufpreis von 1.000 DM verlangte.
[1948] Wirksamkeit **ablehnend** die h. M., insbesondere auch die herrschende Ansicht in der Literatur, vgl. etwa *Führich*, Reiserecht, § 7 III.3. d) Rn. 273, m. Nachw. dort in Fn. 691, sowie § 18 IV. Rn. 621 u. dort Fn. 21; *Seyderhelm*, § 651l Rn. 10; MüKo/*Tonner*, § 651c Rn. 67; *Kaller*, Reiserecht, C. Teil 1. II. 1. d), Rn. 182; hingegen **für** eine Wirksamkeit der Verzichtserklärung: *AG Hamburg* RRa 1994, 32 (33); *LG Hamburg* RRa 1994, 185 (186); für eine wirksame Verzichtserklärung vor Ort auch *AG Bad Homburg v.d.H.* RRa 2001, 54 (inklusive Abfindungszahlung) sowie *AG Frankfurt a.M.* RRa 2000, 9 (bea. jeweils ablehnende Anm. mit umfangr. Nachw. zur h. M.); ähnlich (generelle Zulässigkeit, Unzulässigkeit nur bei besonderer konkreter Drucksituation) *Bidinger/Müller*, § 651l Anm. 5; jeweils m. w. Nachw.
[1949] Wirksamkeit **ablehnend**: *Tempel*, Materielles Recht (2. Aufl.), § 6 IV. 1. c) (5), S. 425 u. dort Fn. 434; *ders*., RRa 1999, 107 (111) [III. 1. b)]; sowie *Führich* und *Kaller*, jew. a. a. O. (Fn. 1948); hingegen Wirksamkeit **bejahend**: *Bechhofer*, § 651c Anm. IV. 3. b), S. 74; *Bidinger/Müller*, § 651c Anm. 39, *Isermann*, A. II. 5. b) cc), S. 93; alle jeweils m. w. Nachw.

nachfolgend angestellten Überlegungen betreffen sowohl die Verzichtserklärung wie auch die Aufpreiszahlungsvereinbarung.

Der Urlauber sieht sich vor Ort mit einer mangelbehafteten Reiseleistung konfrontiert. Um seinen kostbaren, weil kaum nachholbaren[1950] Urlaub dennoch so weit wie möglich noch zu retten, ist er auf die Abhilfe angewiesen. Er kann gar nicht unbefangen ein vollwertiger Verhandlungspartner sein und aus wirklich freiem Willen entsprechende Erklärungen (Zahlungsvereinbarung, Gewährleistungsverzicht) abgeben.

Die Abhilfe, auf die der Reisende ohnehin Anspruch hat, will der Veranstalter nur gegen diese Gegenleistung gewähren. Weil der Reisende ohnehin Anspruch auf diese Abhilfeleistung hat,[1951] bzw. der Veranstalter dazu verpflichtet ist, auch wenn dies nur über eine höherwertige Ersatzleistung zu erreichen ist, besteht für eine Verzichtserklärung oder eine Zuzahlungsvereinbarung neben deren Missbrauch gar kein erkennbarer Bedarf beim Veranstalter. Würde sie trotzdem vorgenommen, wäre sie nur Ausdruck der Zwangslage,[1952] in der sich der Reisende zur Rettung seines Urlaubs befand: er ist „eigentlich fast gezwungen", die Abhilfe unter diesen Bedingungen zu erlangen.[1953]

Eine Vereinbarung zur Zahlung eines Aufpreises oder auch die Abgabe einer Verzichtserklärung, um dadurch in den Genuss der ohnehin vertraglich geschuldeten Leistung - auch in Form einer Übererfüllung bei höherwertiger Ersatzleistung - zu gelangen, ist daher abzulehnen.

Freilich kann das rein praktisch zu folgendem Problem führen: der Veranstalter bietet die höherwertiger Abhilfe mit Aufpreisvereinbarung an, der Reisende verweigert aber eine entsprechende Zuzahlung. Wenn nun die durch die höherwertige Unterbringung entstehenden Kosten höher sind als die zu befürchtende, in der Regel vor bundesdeutschen Gerichten ja eher niedrig ausfallende Minderung für die mangelhafte ursprüngliche Unterbringung, so kann der Veranstalter versucht sein, dem Reisenden bei dessen Zuzahlungsunwilligkeit die höherwertige Ersatzleistung und somit die Abhilfe insgesamt ganz absichtlich zu versagen.

Die Lösung liegt m. E. darin, dass der Reisende in dieser Zwangslage einen geforderten Aufpreis bezahlt, diesen jedoch später wieder kondizieren kann. Dies wird zwar teilweise so oder ähnlich in der Literatur angesprochen,[1954] leider wird dabei aber nicht die Problematik angesprochen, dass eigentlich dem Reisenden Kenntnis der Nichtschuld unterstellt werden könnte, § 814 BGB, und er dennoch zahlt. Insofern ist klarstellend hinzuzufügen, dass § 814 BGB hier einer Kondiktion nicht entgegensteht, da das Einfordern einer Zuzahlung für eine ohnehin geschuldete Leistung unter Ausnutzung der besonderen Zwangslage vor

---

[1950] Vgl. *Schlotmann*, Reisevertragsgesetz, C. III. 2. b) aa), S. 82.

[1951] Dieser Grundsatz wird an sich auch von den Befürwortern der Möglichkeit einer wirksamen Aufpreisvereinbarung anerkannt, vgl. bspw. *Bechhofer*, § 651c IV. 3. b), S. 74

[1952] Vgl. auch *Führich*, Reiserecht, § 7 III.3. d), Rn. 273, S. 218.

[1953] So *Schlotmann*, Recht, A. V. 1., S. 47; s. a. dort insges. zur Zwangslage des Reisenden in dieser Situation.

[1954] Vgl. etwa *Führich*, Reiserecht, § 7 III. 3. d), Rn. 273.

Ort gegen die guten Sitten verstößt i. S. d. § 817 S. 1 BGB, weshalb § 814 BGB nicht greift.[1955]

Als Ergebnis bleibt somit festzuhalten, dass die Durchführung der Abhilfeleistung an keine Bedingungen geknüpft werden darf; insbesondere wäre unzulässig eine Aufpreiszahlung oder Verbindung des Abhilfeangebots damit, dass der Reisende mit der Annahme auf die Geltendmachung von Gewährleistungsrechten verzichtet.[1956] Eine entsprechende Abfindungserklärung kann der Reisende aber zur Vermeidung von Schwierigkeiten, insbesondere zur tatsächlichen Erlangung der Abhilfeleistung, nach hier vertretener Auffassung folgenlos abgeben - ein solcher Verzicht verstößt gegen § 651m S. 1 BGB und ist daher nichtig,[1957] ein gezahlter Aufpreis wäre eine unberechtigte Bereicherung und daher später wieder zurückzuzahlen.

Was schon für eine Verzichtswirkung bzgl. einer einschlägigen Ersatzleistung gilt, muss erst recht für eine Kompensation mit vertragsfremden Zusatzleistungen gelten. Auch hier kann in der Zusatzleistung keine endgültig wirksame Verzichtserklärung gesehen oder hierfür verlangt werden. [1958]

5.) Ersatzleistung

Praktisch kann den meisten Mängeln nur durch erweiterte Abhilfe in Form einer Ersatzleistung begegnet werden. Beispiele wären ein späterer bzw. ein Linienflug statt des ausgefallenen Charterflugs, ein Taxi statt des nicht gestellten Transfer-Busses, oder - als bei weitem häufigster und praktisch bedeutendster Fall - die Unterbringung in einem anderen Hotel, weil das ursprünglich gebuchte Hotelzimmer mangelhaft oder wegen Überbuchung nicht verfügbar ist.[1959] Häufig finden sich in den AGB der Veranstalter Klauseln, die auf einen Leistungsänderungsvorbehalt durch Erbringung einer gleichwertigen Ersatzleistung hinauslaufen.[1960] Diese können nur deklaratorischer Natur sein und allenfalls die ohnehin bestehende, hier dargestellte Rechtslage zur Abhilfe durch gleichwertige Ersatzleistung beschreiben,[1961] keinesfalls aber abändern, s. a. § 651m BGB.

a) Generelle Möglichkeit der Abhilfe durch Ersatzleistung

Es mag zunächst überhaupt sonderbar anmuten, dass hier dem Veranstalter trotz fest und eindeutig vereinbarter vertraglicher Leistungsinhalte (bspw. Hotel X) die Möglichkeit eingeräumt wird, auch mit einer anderen als der vertraglich geschuldeten Teilleistung (bspw. Hotel Y) zu erfüllen. Hintergrund ist die häufig anzutreffende Überlegung, dass, selbst wenn man die Reise an sich für ganz individuell geprägt ansieht, so doch zumindest die

---

[1955] *Palandt/Sprau*, § 817 Rnn. 4 u. 9.
[1956] *Tempel*, Materielles Recht (2. Aufl.), § 6 IV. 1. c) (5), S. 425.
[1957] Vgl. auch MüKo/*Tonner*, § 651c Rn. 67.
[1958] S. hierzu näher unten Dritter Teil D. III. 2.) d) (S. 366).
[1959] Vgl. insges. *Schlotmann*, Reisevertragsgesetz, C. III. 2. b) aa), S. 80/81.
[1960] Vgl. Nr. 4.1 und 10.1 ARB(2004).
[1961] S. a. auch *Führich*, Reiserecht, § 7 III. 3. e) Rn. 274.

dabei zu erbringenden Teilleistungen jeweils für sich einer Gattungsschuld ähnelten, weshalb sie teilweise austauschbar seien; der Veranstalter habe insofern einen begrenzten Gestaltungsspielraum bei der Erfüllung der vertraglichen Pflichten.[1962]
Dieser vorherrschenden Argumentation ist m. E. kritisch und mit Vorsicht zu begegnen. Die jeweiligen Teilleistungen sind konkret benannt. Der Reisende hat zuvorderst Anspruch auf die benannte, vertraglich vereinbarte Leistung.[1963] Er kann aus den unterschiedlichsten Gründen ein Interesse gerade an dieser geschuldeten Leistung, beispielsweise diesem konkreten Hotel haben.[1964]

Insofern muss es beim Grundsatz bleiben, dass der Reisevertrag nur mit den konkret vereinbarten Teilleistungen erfüllt werden kann. Die Überlegungen zu einer objektiven Gleichwertigkeit der Ersatzleistungen dürfen nicht dazu führen, dass dem Reiseveranstalter letztlich ein einseitiges Leistungsbestimmungsrecht eingeräumt wird und jede Reise letztlich zu einer Art Fortuna-Reise[1965] wird.[1966]

Die Grenze ist allenfalls dann erreicht, wenn sich bei auftretenden Mängeln auch unter Berücksichtigung des Reisecharakters der jeweiligen Reise und unter den subjektiven Gründen des Reisenden die Ersatzleistung als völlig gleichwertig und eine Ablehnung als derart unbegründet darstellt, dass sie sich an der Grenze zur Rechtsmissbräuchlichkeit bewegt.[1967]
Nur in diesen Fällen kann der Reisende unter Berücksichtigung der besonderen Komplexität und entsprechender Fehleranfälligkeit des Pauschalreisevertrages aus Treu und Glauben verpflichtet sein, auch eine Ersatzleistung anzunehmen.[1968] Innerhalb des Wertungsrahmens von Treu und Glauben damit allerdings auch nur dann, wenn eine Notwendigkeit für ein Abweichen von der ursprünglich geschuldeten Leistung besteht und diese Notwendigkeit nicht im weitesten Sinne vom Veranstalter herbeigeführt wurde, siehe dazu im Folgenden.

Zu beachten ist abschließend auch der im Laufe des Gesetzgebungsverfahrens geäußerte gesetzgeberische Wille, wonach die Abhilfe durch Ersatzleistung grundsätzlich möglich sein soll.[1969]

1962 So die allg. Ansicht, vgl. etwa *Führich*, Reiserecht, § 7 III. 3. Rn. 268; *Schlotmann*, Recht, A. V. 1., S. 45.

1963 So auch *BGH* NJW 2005, 1047 (1048).

1964 Denkbar wäre etwa, dass dieses Hotel dem Reisenden von Bekannten empfohlen wurde, dass er im konkreten Hotel mit Bekannten oder anderen Reisenden einer größeren, losen Reisegruppe zusammen untergebracht werden will, dass bspw. ein Ehepaar, welches sein fünfundzwanzigjähriges Jubiläum des ersten gemeinsamen Urlaubs in diesem konkreten Hotel mit einer Wiederholung dieser Reise feiern will. Auf die „vielfältigsten Gründe für die Entscheidung, ein bestimmtes Hotel zu buchen", weist auch *Staudinger/J. Eckert*, § 651c Rn. 158, hin, wenngleich er daraus keine Konsequenz ziehen und dieser Wahl keine rechtliche Relevanz zubilligen will, s. a. *ders.*, a. a. O., Rn. 165. Vgl. ferner *OLG Celle* RRa 2002, 260 (261): auch eine u. U. nur gefühlsmäßige Ablehnung der Ersatzunterkunft durch den Reisenden muss der Veranstalter hinnehmen (der Reisende hatte die Ersatzunterkunft bzw. -insel bereits bei einem früheren Urlaub kennengelernt).

1965 S.o. Zweiter Teil D. III. 2.) m) (S. 236).

1966 S. auch schon oben zur Überbuchungsproblematik Zweiter Teil E. IV. 3.) (S. 256).

1967 Vgl. *BGH* NJW 2005, 1047 [II 2 f]; vgl. auch Anm. *Schmid* zum gleichen Fall in LMK 2005, 66.

1968 S. a. *Tempel/Seyderhelm*, § 7 IV. 1. c) (4), S. 490.

1969 Vgl. den ursprünglichen Regierungsentwurf BT-Dr 8/786, der in § 15 III BGB eigens die Umstände der Abhilfeleistung durch gleich- oder höherwertige Ersatzleistung regelte; der Kürzung des ursprünglichen Entwurfs fiel zwar die explizite Nennung im Gesetz zum Opfer, damit sollte aber bezüglich der Ersatzleistung keine inhaltliche Änderung einhergehen, vgl. zur letztlich verabschiedeten Fassung den Bericht des

Im Ergebnis ist somit der Möglichkeit, einem *Recht* des Veranstalters zu einer vollständigen Abhilfe auch durch Ersatzleistung zuzustimmen - diesem müssen aber relativ enge Grenzen gesetzt werden, weil nach wie vor der Vorrang der vertragsgetreuen Erfüllung gelten muss.

Da es sich hierbei im Rahmen von Treu und Glauben letztlich um eine wertende Beurteilung handelt, wird ein Recht des Reiseveranstalters zur Abhilfe von der h. M. konsequent dann abgelehnt, wenn er den Reisemangel und damit die Notwendigkeit einer Ersatzleistung wider Treu und Glauben selbst herbeigeführt hat, wie dies regelmäßig bei einer Überbuchung von Flug oder Hotel der Fall ist.[1970]
Der Veranstalter soll nicht selbst eine Leistungsänderung in der Hand haben bzw. provozieren können. In einem solchen Fall kann er zwar Abhilfe durch eine Ersatzleistung anbieten, es besteht für den Reisenden jedoch unabhängig von einer Gleichwertigkeit der Abhilfeleistung grundsätzlich keinerlei Verpflichtung bzw. rechtlicher „Zwang", dieses Ersatzangebot anzunehmen.[1971]

b) Gleichwertige Ersatzleistung

Die Ersatzleistung kann dabei ferner nur dann eine vollständige Abhilfeleistung darstellen, wenn sie sich gegenüber der ursprünglich geschuldeten Leistung unter dem Gesichtspunkt des Reisecharakters als voll gleichwertig darstellt. Die gängige, wenn auch wenig weiterhelfende Formel zur Bestimmung der Gleichwertigkeit lautet, dass sich letztere aus einer „wertenden Gesamtbetrachtung aus der Sicht eines verständigen Durchschnittsreisenden" ergibt.[1972]
Inwieweit eine Ersatzleistung eine vollständige Abhilfe darstellen kann, ist grundsätzlich streng zu beurteilen, denn letztendlich handelt es sich ja nicht um die konkret vereinbarte, vertraglich geschuldete Leistung.[1973] Das Instrument der vollständigen Abhilfe darf nicht in letzter Konsequenz dazu führen, dass dem Veranstalter ein einseitiges Leistungsbestimmungsrecht hinsichtlich der Reiseleistungen eingeräumt wird.[1974] Es ist grundsätzlich am ursprünglichen Vertragsinhalt festzuhalten, pacta sunt servanda. Insofern besteht eine Verpflichtung des Reisenden zur Annahme einer Ersatzleistung überhaupt nur insofern, als es

---

Rechtsausschusses BT-Dr 8/2343, S. 9: „Der Reiseveranstalter kann gegebenenfalls auch dadurch Abhilfe leisten, dass er eine gleichwertige Ersatzleistung erbringt"; vgl. auch *U. Heinz*, Rechtsstellung, IV. 2. c), S. 65.

1970 S. o. Zweiter Teil E. IV. 3.) (S. 256).

1971 Vgl. etwa *Führich*, Reiserecht, § 7 III. 3. b), Rn. 270, S. 213; MüKo/*Tonner*, § 651c Rn. 59; *Xanke/Dutschke*, B. III. 1., S. 62; hingegen lässt *BGH* NJW 2005, 1047 (1048) [II. 2. f) (2)], ausdrücklich offen, ob nicht auch in einem solchen Fall die Ablehnung eines absolut gleichwertigen Angebots durch den Reisenden als rechtsmissbräuchlich anzusehen ist. M. E. ließe sich das durchaus vertreten - sachgerechter Ansatzpunkt für die Berücksichtigung der Interessen des Reisenden und eigentliche Schwierigkeit wäre hierbei dann die Frage, ob tatsächlich eine absolute Gleichwertigkeit vorliegt. Hier müssten dann konsequent alle nicht völlig willkürlichen Gründe, die der Reisende für die Wahl der ursprünglichen Leistung hatte, zum Ausschluss der Gleichwertigkeit führen, vgl. auch *BGH*, a. a. O., [II. 2. f) (1)] a. E., sowie *OLG Celle* RRa 2002, 260 (261).

1972 Vgl. *Schlotmann*, Recht, A. V. 1., S. 46 m. w. Nachw. dort in Fn. 266; die Schwierigkeit der Bestimmung der Gleichwertigkeit sieht auch *Bernreuther*, 3. Kap. A. I. 2. b), S. 77.

1973 Vgl. auch zuletzt *BGH* NJW 2005, 1047 (1048)[II. 2. b)].

1974 Vgl. auch Darstellung hierzu bei *Staudinger/J. Eckert*, § 651c Rn. 157 u. Kritik in Rn. 158.

in Anbetracht der besonderen Umstände eines Reisevertrages im allgemeinen und des konkreten Reisevertrages mit entsprechendem Reisecharakter im besonderen gegen Treu und Glauben verstoßen würde, falls er sich nicht darauf einlässt.
Dazu gehört als Mindestvoraussetzung, dass die Ersatzleistung mangelfrei ist,[1975] und zwar nicht gemessen an der Katalogbeschreibung der Ersatzleistung, sondern gemessen an der Buchung des Reisenden, also an der ursprünglich vertraglich geschuldeten Leistung.[1976] Im weitaus häufigsten Fall einer Ersatzunterkunft als Abhilfeleistung muss diese in Kategorie[1977], Ausstattung, Lage und Standard dem ursprünglich gebuchten Objekt entsprechen und muss sich auch in räumlicher Nähe befinden.[1978]

Entscheidend ist aber nicht nur ein objektiver Standard, sondern vor allem der Reisecharakter.[1979]
Hierzu zählen offensichtliche Aspekte wie die Tatsache, dass durch die Ersatzleistung nicht die Reiseart (Stadthotel im Rahmen einer Stadt-Besichtigungsreise im Gegensatz zu einem eher für einen Badeurlaub geeigneten Strandhotel) oder der Zuschnitt der Reise (Ferienwohnung mit Kochmöglichkeit nicht durch Hotelzimmer mit Halb- oder auch Vollpension ersetzbar)[1980] geändert werden darf, aber auch die übrigen vielgestaltigen Elemente, die den Reisecharakter prägen.
Beispielsweise kann die Zugehörigkeit des Reisenden zu einer losen Reisegruppe einer Verweisung in ein anderes Hotel widersprechen, ferner aber müssen im Rahmen der Reise gerade auch Reiseart und Zweck der Reise berücksichtigt werden. Vor diesem Hintergrund ergibt sich, dass die zutreffende *BGH*-Entscheidung im sog. Malediven-Urteil[1981] einzig richtig nur dahingehend lauten konnte, dass die Unterbringung auf einer anderen Insel, die die von den Reisenden gerade gesuchte Art der Sportbetätigung Tauchen am Hausriff nicht aufweist, keine zumutbare Abhilfe darstellt.

Hingegen wird das Kriterium der räumlichen Nähe bzw. des Urlaubsortes m. E. etwas überbewertet. Hierüber wird viel und intensiv nachgedacht, u.a. auch, ob nicht schon der Begriff des Urlaubsortes zu unbestimmt sei angesichts der Größe mancher Urlaubsorte.[1982]
Auch findet sich gelegentlich die m. E. etwas unverständliche Aussage dahingehend, dass eine Ortsveränderung immer eine Gleichwertigkeit ausschließe.[1983] Dies ist m. E. in der

[1975] S. *Staudinger/J. Eckert*, § 651c Rn. 161.
[1976] *Tempel*, Materielles Recht (2. Aufl.), § 6 IV. 1. c) (5), S. 425.
[1977] Vgl. bspw. *Staudinger/J. Eckert*, § 651c Rn. 158 („Bei Hotels entscheidet die jeweilige Kategorie"); a. A., wenn auch etwas widersprüchlich, *Niehuus*, Reiserecht, § 6 Rn. 64, u. dort Fn. 92: niedrigere Klassifizierung und geringerer Preis im Katalog des Veranstalters stellten keinen Mangel dar, obwohl *Niehuus* zugleich feststellt, dass die Einordnung in eine bestimmte Kategorie „zumindest einen qualitativen Unterschied z.B. im Service oder Essen" bedeuten könne.
[1978] S. *Führich*, Reiserecht, § 7 III. 3. c), Rn. 271, S. 214, mit umfangr. Nachw. dort in Fn. 655.
[1979] Vgl. *Brender*, 2. Kap. 3. Abschn. A. I. 2., S. 160/161: nicht die objektive Gleichwertigkeit sei das entscheidende Kriterium, sondern vielmehr der Inhalt des jeweiligen Reisevertrages.
[1980] *Schlotmann*, Recht, A. V. 1., S. 46.
[1981] *BGH* NJW 2005, 1047.
[1982] Vgl. *Führich*, Reiserecht, § 7 III. 3. c) Rn. 271 S. 214/215 m. umfangr. Nachw. zur Rspr. dort in Fn. 655.
[1983] So *Staudinger/J. Eckert*, § 651c Rn. 158; vgl. auch *LG Köln* RRa 1996, 226 („ungeachtet der Motivation am vereinbarten Ort"); *AG Düsseldorf* RRa 1997, 87 m. abl. Anmerkung *Niehuus*.

Rechtsfolge zu generell und absolut, andererseits in der Voraussetzung zu unbestimmt und sagt nichts darüber aus, wann eine solche Ortsveränderung vorliegt. Worauf soll hierbei abgestellt werden? Auf ein Dorf, auf eine Region, auf den konkreten Standort, Straße/Hausnummer des Hotels?[1984]

Es liegt auf der Hand, dass das Ersatzhotel nicht an der identischen Stelle wie das gebuchte Hotel stehen kann. Stellt man hingegen auf eine Region ab, so verliert das Kriterium seine Aussagekraft bzw. Bedeutung weitestgehend. Und selbst wenn man auf das nächste Dorf abstellt - in dünner besiedelten Gegenden im Ausland macht das keinen Sinn, wenn dieses viele Kilometer entfernt ist und sämtliche, teilweise weit entfernte Unterkünfte damit zum gleichen „Ort" gezählt würden. Für einen Urlauber am Roten Meer macht es dann keinen Unterschied, ob sein Hotel irgendwo in der Einsamkeit der Wüste fünfzehn Kilometer nördlich von der nächsten Ortschaft El Quseir, zwanzig Kilometer südlich davon oder nochmals 100 Kilometer weiter und damit näher am nächsten Dorf Marsa Alam liegt - denn von diesen „Orten" sieht er ohnehin nichts. M. E. ist daher eine solche Aussage, eine Ortsveränderung für das Ersatzquartier schließe eine Gleichwertigkeit immer aus, wenig hilfreich und auch wenig sinnvoll.

In aller Regel spielt die konkrete Örtlichkeit per se als ein rein geographisches Faktum m. E. innerhalb des Reisecharakters an sich eine eher untergeordnetere Rolle, als ihr allgemein in Literatur und Rechtsprechung zugedacht wird, wichtiger sind eher die dortigen Gegebenheiten und Bestandteile des locus amoenus, um derentwillen der Reisende im Sinne des dadurch geprägten Reisecharakters dieses Ziel gewählt hat, und die dementsprechend sowohl in der Nähe als auch weiter weg ebenfalls gegeben sein können. Eine Ausnahme sind offensichtlich die Reisen, bei denen es vorrangig auf eine spezifische Örtlichkeit ankommt, wie etwa Studien- oder Städtereisen; im ersteren Fall muss die entsprechende Region getroffen werden (wichtig ist aber vor allem das Einhalten des geplanten Programms), im zweiten die konkrete Stadt.

Hingegen liegt im o. g. Beispiel das Hotel irgendwo in der Wüste am Roten Meer, und was nun die nächste Ortschaft ist, ist *vor Ort* weder merklich noch sonst von Bedeutung.

Wird generell ein Hotel mit Strand an der Küste von X geschuldet, ist es doch weniger wichtig, dass das Ersatzhotel nur zwei Kilometer, aber landeinwärts liegt - wichtiger ist doch, dass das Ersatzhotel auch mit Strand an der gleichen Küste X liegt, wenn auch vielleicht zehn oder zwanzig Kilometer entfernt. Entsprechend ist bei einem Clubhotel in einer Anlage der XY-Kette oder bei einer Anlage mit Reitmöglichkeit wesentlich wichtiger, dass der Ersatz ebenfalls eine Clubanlage der XY-Kette oder eine Reitanlage ist, statt einer Ersatzunterkunft, die dem nicht entspricht, aber nur wenige Kilometer vom ursprünglichen Hotel entfernt liegt.

[1984] Vgl.: *Seyderhelm*, § 651c Rn. 63 hält einen Umzug in eine andere Urlaubs*region* für „überhaupt nicht" und in einen anderen Urlaubs*ort* für „in der Regel nicht" zumutbar. Er merkt zwar an, dass der Begriff des Urlaubsortes nicht mit verwaltungstechnischen Beziehungen gleichzusetzen sei, versäumt aber umgekehrt, darzulegen, was denn nun stattdessen seiner Ansicht nach unter diesem Begriff zu verstehen sein soll.

Auch die Örtlichkeit kann eine Rolle bei der Beurteilung der Gleichwertigkeit spielen, damit dies jedoch merklich wird, muss es im Rahmen des Reisecharakters der konkreten Reise gerade auf *diese* Stelle, *diesen* Ort oder *diese* Region ankommen. Hingegen hilft die häufig anzutreffende Aussage, Ortsveränderung schließe eine Gleichwertigkeit immer aus, wenig weiter und geht häufig etwas an der Sache vorbei.[1985]

Im Zusammenhang mit dem Begriff der Gleichwertigkeit sei noch auf dessen teilweise widersinnige Verwendung in der Rechtsprechung hingewiesen. So ist es bei sachgerechtem Verständnis des Kriteriums der Gleichwertigkeit widersprüchlich, bei festgestellter Gleichwertigkeit der Ersatzunterkunft gleichwohl eine Minderung wegen der Abweichung vom ursprünglichen Vertrag zuzusprechen.[1986]
Entweder die Ersatzunterkunft *ist* gleichwertig, dann liegt aber mit dieser Abhilfe keine Beeinträchtigung und auch kein Minderwert i. S. d. § 651d I 1 i. V. m. § 638 III BGB mehr vor, oder sie ist es eben nicht - tertium non datur. Auch wenn diese Rechtsprechung verbraucherfreundlich motiviert sein mag - sie ist m. E. als unlogisch abzulehnen, Gleichwertigkeit und fortdauernde Beeinträchtigung schließen sich per definitionem aus. Sofern die Gerichte in den entsprechenden Fällen eine Minderung zusprechen wollten, so hätten sie eine Gleichwertigkeit verneinen und einen konkreten Minderwert, eine Schlechterleistung feststellen müssen.

c) Höherwertige Leistung

Eine genau gleichwertige Ersatzleistung zu finden, ist u. U. schwierig. Oft ist es leichter möglich, eine höherwertige Ersatzleistung anzubieten.[1987]
Kann der Veranstalter seiner vertraglichen Pflicht zur Abhilfe nur nachkommen, indem er eine höherwertige Ersatzleistung anbietet, so ist er dazu verpflichtet, dem Reisenden diese höherwertige Leistung anzudienen (also bspw. höherwertige Hotelunterkunft),[1988] und zwar ohne Mehrkosten für den Reisenden.[1989]
Umstritten ist, ob der Reisende umgekehrt generell gehalten ist, eine höherwertige Leistung als Abhilfe anzunehmen.[1990]

Bei genauerer Betrachtung stellt sich dies m. E. als Scheinproblem dar. Der Schlüssel hierzu liegt m. E. darin, dass der Begriff der „Höherwertigkeit" nicht losgelöst-generell bzw. im Sinne einer Preiskategorie (bspw. höherer Hotelstandard) verstanden werden darf, sondern

---

1985 Vgl. insges. ähnlich *Niehuus*, a. a. O. (Fn. 1983).

1986 So *AG Stuttgart* RRa 1995, 127: 15% Minderung auch bei Gleichwertigkeit der Ersatzunterkunft; vgl. auch *AG Düsseldorf* RRa 1997, 87 (Ersatzunterkunft ist ein Reisemangel, auch wenn sie mit dem gebuchten Hotel vergleichbar ist); vgl. auch *LG Frankfurt a.M.* NJW 1983, 233 u. NJW 1985, 1474; vgl. hierzu auch *Tempel*, RRa 1995, 158 (159) [II. 3.].

1987 *Führich*, Reiserecht, § 7 III. 3. c) Rn. 271, S. 215.

1988 *Tempel*, Materielles Recht (2. Aufl.), § 6 IV. 1. c) (5), S. 425; *Führich*, Reiserecht, § 7 III. 3. b), Rn. 270 a. E.; *Staudinger/J. Eckert*, § 651c Rn. 158.

1989 S. o. Dritter Teil B. II. 4.) c) (S. 329); vgl. den isoliert gebliebenen Vorschlag *Bernreuthers*, im Fall der Ersatzleistung wegen Überbuchung die Mehrkosten des höherwertigen Ersatzes zwischen Veranstalter und Reisendem zu teilen, weil auch letzterer von der Besserstellung profitiere, s. *ders.*, 3. Kap. I. 2. b), S. 79.

1990 Vgl. *Schlotmann*, Recht, A. V. 1., S. 46 u. dort Fn. 271; s. a. *Staudinger/J. Eckert*, § 651c Rn. 159; *Tempel/Seyderhelm*, § 7 IV. 1. c) (6), S. 491.

konkret auf den Reisecharakter bezogen werden muss: stellt sich die Ersatzleistung bezüglich *dieser* gebuchten, vertragsgegenständlichen Reise als höherwertig dar?

Entscheidend ist also auch in diesem Zusammenhang wiederum der konkrete Reisecharakter.[1991] Stellt sich die Ersatzleistung gemessen am Reisecharakter als tatsächlich höherwertig dar, so besteht an sich ohne weitere Umstände kein anzuerkennender Grund des Reisenden, sie abzulehnen.[1992]

Die Annehmbarkeit der höherwertigen Leistung stellt sich insofern als eine weitgehend selbsterfüllende Bedingung dar, denn die Ersatzleistung ist ja nur dann höherwertig, wenn sie für den konkreten Reisecharakter bzw. Zweck der jeweiligen Reise tatsächlich höherwertig ist.

Hat der Reisende beispielsweise das ursprüngliche Hotel gerade wegen der dort angebotenen Wellness-Programme ausgesucht und spielen andere Faktoren für diese Reise keine bzw. eine völlig untergeordnete Rollen, so ist ein Nachbarhotel, das ein noch umfangreicheres und besseres Wellness-Programm anbietet, höherwertig. Weil natürlich auch der Hotelstandard den Reisecharakter prägt, ist das Ersatzhotel dann nicht als höherwertig anzusehen, wenn es von der Klassifizierung seines Hotelstandards her niedriger eingestuft ist als das ursprüngliche Hotel.

Hat ein Reisender eine Malediveninsel wegen der besonderen Schnorchel- und Tauchmöglichkeiten am Hausriff ausgesucht, so stellt sich für ihn eine wesentlich teurere Luxus-Nachbarinsel gemessen am Charakter seiner Reise eben nicht ohne weiteres als höherwertig dar, wenn diese nicht über ein Hausriff und damit die gesuchten Schnorchel- und Tauchmöglichkeiten verfügt.[1993]

Problematisch sind allenfalls die Fälle, in denen die ersatzleistungserfordernde Situation zurechenbar grob treuwidrig durch den Veranstalter herbeigeführt wurde (bspw. absichtlich herbeigeführte Überbuchung), und zwar unter dem Aspekt subjektiver Gründe des Reisenden für die ursprüngliche Reiseleistung bzw. Ablehnung der an sich annehmbaren Ersatzleistung, die mangels Offenbarung nicht gewährleistungsrelevant Bestandteil des Reisecharakters wurden.

Es gilt hierbei das bereits generell zur Möglichkeit der Ersatzleistung gesagte:[1994] es sind in dieser Konstellation auch die erst jetzt zu Tage tretenden, zumindest nachvollziehbaren, nicht völlig willkürlichen subjektiven Gründe des Reisenden für die Wahl der konkreten ursprünglichen Leistung, die nicht Bestandteil des Reisecharakters wurden, im Rahmen der

---

1991 S. Zweiter Teil D. (S. 175).

1992 Insoweit eine höherwertige Unterkunft im Einzelfall als nicht zumutbar betrachtet wird mit der Begründung, dort - im höherklassigen Hotel - herrschen andere Umgangsformen, bspw. Kleiderzwang zu den Mahlzeiten (s. *Schlotmann*, Reisevertragsgesetz, A. V. 1., S. 46, u. dort Fn. 271f), so stellt sich auch dies richtigerweise unter dem Blickwinkel des Reisecharakters schlicht als eine nicht *höherwertige*, sondern vom Reisecharakter her *andere* Reise dar.

1993 Vgl. *BGH* NJW 2005, 1047 (1048) [II. 2. f) (2)].

1994 S. o. Dritter Teil B. II. 5.) a) (S. 331ff).

Abwägung von Treu und Glauben zu berücksichtigen; eine „Kompensation“ durch die höherwertige Leistung ist damit in diesen Fällen m. E. abzulehnen.

III. Folgen

Hinsichtlich der Folgen der Abhilfe ist zunächst zu unterscheiden, ob der Reisende die angebotene Abhilfeleistung annimmt oder ablehnt; zudem, ob es sich um eine nur teilweise oder eine vollständige Abhilfeleistung[1995] handelt.

1.) Annahme der Abhilfeleistung

Bei vollständiger Beseitigung des Mangels durch die Abhilfeleistung ist der vertragsgemäße Zustand hergestellt bzw. der Vertrag wirksam erfüllt und der Reisende verliert ab diesem Zeitpunkt bezüglich dieses Mangels seine Gewährleistungsansprüche.[1996]

Gewährleistungsrechte - in Form v.a. des Minderungsrechtes - verbleiben aber in jedem Fall bezüglich der Mangelhaftigkeit bis zum Zeitpunkt der Abhilfe sowie der Beeinträchtigungen im Rahmen der Abhilfeleistung selber;[1997] hierzu zählen beispielweise der Umzug innerhalb des Hotels oder in ein anderes Hotel.[1998] Teilweise wird für den „Umzugstag“ auch ein Anspruch aus § 651f II BGB bejaht.[1999] M. E. müsste konsequenterweise aber auch die Beeinträchtigung bzw. der Verlust an Urlaubszeit und -freude in Ansatz gebracht werden, der durch zeitliche und nervliche „Aufwendungen zur Rechtsverfolgung“ entsteht, wenn die Reiseleitung schwer zu erreichen ist, dort oder zur gemeinsamen Mangelbegutachtung längere Wartezeiten entstehen, und auch wenn die Reiseleitung nur zu ungünstigen festen Sprechzeiten erreicht werden kann, wodurch der Reisende in der freien Bestimmung seines Tagesablaufs bzw. -planung eingeschränkt wird (Ausflug nicht möglich o. ä.).[2000] Ob und in welchem Ausmaß dies in Ansatz zu bringen ist, entscheidet sich nach den Umständen des Einzelfalls gerade auch unter Zugrundelegung des jeweiligen Reisecharakters.

[1995] S.o. Dritter Teil B. II. 3.) (S. 324).

[1996] *Bidinger/Müller*, § 651c Anm. 35; *Schlotmann*, Recht, A. V. 1., S. 46; teilw. a. A. hins. Unterbringung in einem Ersatzhotel *LG Frankfurt a.M.* NJW 1983, 233 (vgl. auch. Pos. I. 1. der Frankfurter Tabelle): auch bei gleichwertiger Ersatzunterkunft rechtfertigt diese vertragswidrige Unterkunft eine Reisepreisminderung von mind. 10%.

[1997] *Bidinger/Müller*, § 651c Anm. 35.

[1998] Das *LG Frankfurt a.M.* setzt nach Frankfurter Tabelle (Pos. III. 19) erstaunlicherweise für einen Umzug innerhalb des Hotels den Wert eines halben Urlaubstages, und für einen Umzug in ein anderes Hotel sogar eines ganzen Urlaubstages an; diese Beurteilung in der Frankfurter Tabelle erscheint dem Verfasser ausnahmsweise der Höhe nach sachgerecht, beinahe schon großzügig; zustimmend auch *Führich*, Reiserecht, § 7 III. 3. c), Rn. 271, S. 216; letztendlich wäre es m. E. aber auch hier sachgerechter, statt einer Pauschalisierung mit festen Prozentsätzen (vgl. auch unten Dritter Teil D. IV. 3.) (S. 377) jeweils im konkreten Einzelfall festzustellen, inwieweit im Rahmen der jeweiligen Reise der Umzug eine Beeinträchtigung i. S. d. § 651c I BGB darstellt - freilich dürfte im Gegensatz zu den anderen Mängelpositionen der Tabelle hier eine eingehend einzelfallwürdigende Betrachtung eher zu niedrigerem Minderungssatz führen.

[1999] So etwa *Tonner*, Reisevertrag, § 651c Rn. 47 a. E.; auch *Führich*, Reiserecht, § 7 III. 3. c) Rn. 271, S. 216.

[2000] Gerade dann, wenn man dem Reisenden für die notwendige Abgabe des Abhilfeverlangens ein mehrstündiges Warten beim vielbeschäftigten Reiseleiter zumutet, vgl. *AG Bad Homburg v.d.H.* RRa 2001, 210; *Teichmann*, 2006, 499 [IV. 1. a)].

Bei nur teilweiser Abhilfe ist in einer Annahme dieser zumindest verbessernden Abhilfeleistung keinesfalls eine einvernehmliche Änderung des Reisevertrages auf die Ersatzleistung bzw. ein Verzicht auf die Gewährleistungsansprüche zu sehen,[2001] letztere bleiben im Umfang der nicht abgeholfenen Mangelhaftigkeit erhalten. Selbst ein ausdrücklich erklärter bzw. unterzeichneter Verzicht kann den Reisenden nicht binden.[2002]

Ferner zu berücksichtigen ist, dass durch eine Abhilfe u. U. fortwirkende Mangelfolgeschäden nicht beseitigt sind (bspw., wenn der Reisende sich im Rahmen einer schadhaften ursprünglichen Leistung verletzt hat); Gewährleistung bleibt dem Reisenden selbstverständlich auch hierfür erhalten.
Bezüglich neuer Mängel der Ersatzleistung ist der Reisende zu erneuter Mängelanzeige und Abhilfeverlangen verpflichtet.[2003]

2.) Ablehnung der Abhilfeleistung

Zur Annahme der Abhilfeleistung ist der Reisende nicht gehalten, wenn sich diese als allgemein geringerwertig darstellt, sie gemessen am Reisecharakter nicht vollwertig oder an sich ebenfalls, wenn auch andersartig, mangelbehaftet ist.[2004]
An eine aus rechtlichen Folgen resultierende „Verpflichtung" im weitesten Sinne zur Annahme einer anderen als der vertraglich benannten Leistung sind grundsätzlich strenge Anforderungen zu stellen, sie kann sich insbesondere dann aus Treu und Glauben § 242 BGB ergeben, wenn sich die Ablehnung schlicht als nicht nachvollziehbar rechtsmissbräuchlich darstellen würde.[2005]
Daher ist für eine rechtliche Anerkennung der Ablehnung nicht etwa an eine besonders hohe Intensität des gerügten Mangels anzuknüpfen,[2006] sondern es kommt allein auf die sachlich gerechtfertigte bzw. zumindest nicht willkürlich erscheinende Ablehnung an;[2007] die Beweislast für eine unzulässige Rechtsausübung obliegt dem Veranstalter.[2008]

Lehnt der Reisende insofern zu Recht die Abhilfe ab, so stehen ihm grundsätzlich weiterhin ungeschmälert sämtliche Gewährleistungsrechte bezüglich des gerügten Reisemangels zu, also abhängig von den jeweiligen zusätzlichen Voraussetzungen die Selbstabhilfe, die Minderung, die Kündigung und der Schadensersatz.

Ist aber die Abhilfe zumutbar, insbesondere weil durch eine vollwertige Abhilfeleistung der vertragsgemäße Zustand vollständig hergestellt würde, so obliegt dem Reisende nach Treu und Glauben die Annahme der Abhilfeleistung. Lehnt er sie somit unberechtigt ab, gehen ihm trotz fortbestehender Mangelhaftigkeit gleichwohl Gewährleistungsrechte für *die* Män-

---

[2001] S. *Tempel*, Materielles Recht (2. Aufl.), § 6 II. 1. c) (3), S. 390; vgl. auch *Schlotmann*, Recht, A. V. 1., S. 47 u. dort Fn. 278 mit Verweis auf die entsprechende ständige Rechtsprechung.
[2002] S. o. Dritter Teil B. II. 4.) c) (S. 329).
[2003] MüKo/*Tonner*, § 651c Rn. 66.
[2004] Vgl. auch *Bidinger/Müller*, § 651c Anm. 36.
[2005] S. o. Dritter Teil B. II. 5.) a) (S. 331).
[2006] So die Vorinstanz zu *BGH* NJW 2005, 1047 (1048).
[2007] *BGH* NJW 2005, 1047 (1048/1049) [II. 2. f) (2)].
[2008] *BGH* NJW 2005, 1047 (1048) [II. 2. f) (1)].

gel verloren,[2009] welche die Abhilfe beseitigt hätte,[2010] und zwar ab dem Zeitpunkt, zu dem die Abhilfe gegriffen hätte. Er wird also hypothetisch so gestellt, als ob er die Abhilfeleistung angenommen hätte und damit entsprechend die Mängel beseitigt wären.[2011]

Er kann jedoch selbst dann die Beeinträchtigungen weiterhin geltend machen, die auch bei Annahme der Abhilfe zu berücksichtigen gewesen wären, also die Mangelhaftigkeit bis zur hypothetischen Abhilfe sowie beispielsweise hinsichtlich einer Ersatzunterkunft Umzugsbeschwernisse, die unausweichlich angefallen wären,[2012] sowie bei einer abgelehnten nur teilweisen Abhilfe die auch bei Ersatzleistung hypothetisch verbliebene Mangelhaftigkeit.[2013]

Der Reisende ist also gehalten, auf ein Abhilfeangebot im Zweifel eher einzugehen, weil ihm dabei einerseits zustehende Gewährleistungsrechte verbleiben,[2014] er andererseits aber bei Ablehnung das Risiko eingehen würde, dass er seine Gewährleistungsrechte verliert, weil ein Gericht später zu einer anderen Beurteilung der oft schwierigen Frage der Gleichwertigkeit bzw. Zumutbarkeit kommt.[2015]

Grundsätzlich muss der Reisende taugliche bzw. zumutbare Abhilfeleistungen des Veranstalters bis zum Ende der Reise anzunehmen, wenn er bis zur Unterbreitung des Abhilfeangebots nicht bereits von seinem Recht der Selbstabhilfe oder Kündigung Gebrauch gemacht hat.[2016]

Von den Umständen des Einzelfalls hängt ab, ob er bei nur teilweiser Abhilfe durch Unterbringung in einem nicht vollwertigen Ersatzhotel spätere erneute Umzüge zur endgültigen Herstellung des geschuldeten Leistungsniveaus anzunehmen hat. Je nach konkretem Sachverhalt kann sich aber auf die Gewährleistungsrechte, insbesondere die Beurteilung der Beeinträchtigung im Rahmen der Minderung, auswirken, dass ein ursprünglich bzgl. der Ersatzunterbringung gerügter Umstand später dazu führt, dass der Reisende ein späteres Angebot der Unterbringung im ursprünglich gebuchten Hotel ablehnt, weil er sich mit der Ersatzunterkunft und ihren ursprünglich monierten vermeintlichen Unzulänglichkeiten arrangiert hat.[2017]

[2009] *Tempel*, NJW 1986, 547 (556) [V. 5. b)]; MüKo/*Tonner*, § 651c Rn. 65 m. w. Nachw. dort in Fn. 312.

[2010] Verfehlt, weil zu weitgehend *AG Kleve* RRa 2001, 186, das dem Reisenden bei Ablehnung eines Abhilfeangebots schlechthin sämtliche Mangelansprüche verwehren will; vgl. hingegen h. M. in Fnn. 2012f.

[2011] *Schlotmann*, Recht, A. V. 1., S. 47.

[2012] S. *LG Frankfurt a.M.* NJW 1985, 1474 (1475); *Seyderhelm*, § 651c Rn. 81; *Palandt/Sprau*, § 651c Rn. 4 a. E.; *Tonner*, Reisevertrag, § 651c Rn. 50.

[2013] Vgl. *Teichmann*, JZ 2006, 499 (500) [IV. 1. b)], in Ablehnung der Entscheidung des *AG Kleve* (Fn. 2010).

[2014] Zur Erhaltung der Gewährleistungsrechte bzgl. verbliebener Mängel bei Annahme der Abhilfeleistung s. o. Dritter Teil B. II. 4.) c) (S. 329) u. B. III. 1.) (S. 338).

[2015] Vgl. eingehend zu dieser Problematik *Schlotmann*, Recht, A. V. 1., S. 47.

[2016] *Tempel/Seyderhelm*, § 7 IV. 1. c) (10), S. 492.

[2017] Vgl. den Sachverhalt zu *OLG Karlsruhe* NJW-RR 1988, 246: im Rahmen einer „reinen Vergnügungsreise eines Männerkegelclubs“ nach Rio de Janeiro zur Zeit des Karnevals konnten die Kl. nicht im ursprünglich gebuchten Hotel untergebracht werden; bzgl. der Ersatzunterkunft rügten sie u. a., dass diese ein von Prostituierten benutztes Stundenhotel sei; als ihnen aber nach einer Woche der Umzug in das ursprünglich gebuchte Hotel angeboten wurde, wurde dies von den Kl. „nachhaltig abgelehnt“, und zwar, wie die Beweisaufnahme ergab, weil „es ihnen in der Ausweichunterkunft schließlich doch gut gefallen hat, zumal sie dort die Möglichkeit hatten, weibliche Begleitpersonen mit Duldung des Hotels auf ihre Zimmer zu nehmen“.

Stützt der Reisende also seine spätere Ablehnung einer weiteren Abhilfe auf die Begründung, dass ihm die Umstände, die die erste Abhilfe als unvollständig erscheinen ließen, nun gerade besonders gefallen, so verhält er sich widersprüchlich, wenn er diese Eigenschaften später als Reisemangel geltend machen will; mit einer entsprechenden Mängelrüge kann er daher später nicht mehr gehört werden, die Abhilfe ist *insofern* als vollständig anzusehen.

IV. Verweigerung der Abhilfe § 651c II 2 BGB

Nach § 651c II 2 BGB kann der Veranstalter eine Abhilfe verweigern, wenn diese einen unverhältnismäßigen Aufwand erfordert. Eine solche Unverhältnismäßigkeit liegt vor, wenn ein auffälliges, grobes Missverhältnis zwischen Aufwand für die Mängelbeseitigung und dem Gewicht des Reisemangels besteht.[2018]
Hingegen folgt eine Ablehnung der Abhilfe bei objektiver Unmöglichkeit nicht aus § 651c II 2 BGB,[2019] sondern aus dem allgemeinen Rechtsgrundsatz, dass niemand zur Erbringung einer unmöglichen Leistung verpflichtet ist, § 275 I BGB, impossibilium nulla est obligatio. Tatsächlich aber sind die Grenzen zwischen Unverhältnismäßigkeit und Unmöglichkeit der Abhilfe oft fließend, man denke an die Ölverschmutzung eines Küstenabschnitts in Folge einer Ölpest.[2020]

Schließlich ist noch festzustellen, dass in der Rechtswirklichkeit der Abhilfeanspruch des Reisenden gem. § 651c II BGB im Urlaub ohnehin praktisch wohl kaum gerichtlich durchsetzbar sein dürfte,[2021] so dass sich ein unerfüllter Abhilfeanspruch letztlich immer über andere Gewährleistungsrechte auswirken wird, also auf eine Reisepreisminderung hinausläuft und weitergehende Rechte wie Selbstabhilfe § 651c III BGB oder Kündigung § 651e BGB unter den jeweiligen zusätzlichen Voraussetzungen eröffnet.

C. Selbstabhilferecht mit Erstattungsanspruch § 651c III BGB

Kommt der Reiseveranstalter der gem. § 651c II 1 BGB verlangten Mangelbeseitigung nicht nach, so kann der Reisende selber zur Tat schreiten und für Abhilfe sorgen. Das könnte er zwar rein tatsächlich ohnehin immer, unter den Voraussetzungen des § 651c III 1 BGB darf er jedoch zur Selbstabhilfe schreiten und die dabei anfallenden Kosten für erforderliche Aufwendungen vom Reiseveranstalter erstattet verlangen. Genaugenommen ist diese Kostenerstattung der eigentliche Anspruch im Rahmen des Gewährleistungsrechts der Selbstabhilfe.[2022]

[2018] *Bidinger/Müller*, § 651c Anm. 38.
[2019] Insofern undeutlich *Bidinger/Müller*, § 651c Anm. 38.
[2020] S. *MüKo/Tonner*, § 651c Rn. 56 a. E.
[2021] Vgl. auch *Bidinger/Müller*, § 651c Anm. 25.
[2022] Ungenau daher *Soergel/H.-W. Eckert*, § 651c Rn. 36 mit dem Titel „IV. Anspruch auf Selbstabhilfe“.

I. Voraussetzungen

§ 651c III 1 BGB nennt als Voraussetzungen, dass der Veranstalter einen Reisemangel nicht innerhalb einer vom Reisenden bestimmten angemessenen Frist durch Abhilfeleistung beseitigt hat.

1.) Allgemeine Voraussetzungen

Voraussetzung ist demnach zunächst das Vorliegen eines tatsächlichen Reisemangels und nicht nur einer hinzunehmenden Unannehmlichkeit[2023]. Ferner muss der Reisende auf diesen Mangel aufmerksam gemacht und Abhilfe[2024] § 651c II 1 BGB verlangt haben. Schließlich muss eine vom Reisenden gesetzte Frist angemessen und ohne Behebung des Mangels abgelaufen sein. Auf ein Verschulden des Veranstalters kommt es beim Unterbleiben der Abhilfe nicht an.[2025]

Da dem Reisenden durch das Selbstabhilferecht die Befugnis eingeräumt wird, mit der Herstellung der vertragsgemäß mangelfreien Reiseleistung eine dem Veranstalter obliegende Tätigkeit vornehmen, muss er dabei auf dessen Interessen Rücksicht nehmen.[2026] Dies drückt sich v.a. in der Notwendigkeit einer *angemessenen* Abhilfefrist sowie der Einschränkung auf *erforderliche* Aufwendungen aus, s. dazu noch im Folgenden.

2.) Einfache und erweiterte Selbstabhilfe

Wie schon bei der Abhilfe[2027] erfolgt auch bezüglich der Selbstabhilfe durch das *LG Frankfurt a.M.* eine Differenzierung in „einfache“ und „erweiterte“ Selbstabhilfe.[2028]
Hinsichtlich einer semantischen Präzisierung wäre m. E. hiergegen nichts einzuwenden und diese Terminologie könnte zur sprachlichen Präzisierung bzw. Unterscheidung verwendet werden zwischen einfacher Selbstabhilfe durch bspw. eigenhändiges Befestigen der wackeligen Lampe oder eigenes Säubern des Zimmers und erweiterter Selbstabhilfe durch eigenhändiges Suchen und Umziehen in ein Ersatzquartier.

Von den nicht wenigen Verwendern dieser Terminologie wird aber diese begriffliche Differenzierung deshalb vorgenommen, weil sie damit auch tiefgreifende inhaltliche Unterschiede verbinden.[2029] So soll nur die einfache Selbstabhilfe im Rahmen des § 651c III 1 BGB möglich sein. Die erweiterte Selbstabhilfe, namentlich das Einquartieren in einem Ersatzho-

---

[2023] S. o. Zweiter Teil C. III. (S. 152) bzw. D. II. 4.) (S. 201).
[2024] S. o. Dritter Teil B. I. (318).
[2025] S. *Soergel/H.-W. Eckert*, § 651c Rn. 36.
[2026] Vgl. *H.-W. Eckert* a. a. O. (Fn. 2025).
[2027] S. o. Dritter Teil B. II. 2.) (S. 324).
[2028] Erfordernis einer Kündigung § 651e BGB erstmals in *LG Frankfurt a.M.* NJW 1983, 2884, und seither Unterscheidung in einfache und erweiterte Selbstabhilfe in ständiger Rechtsprechung dieses Gerichts, vgl. NJW-RR 1992, 310; NJW-RR 1995, 1521; RRa 1995, 48.
[2029] So u.a. *Tempel*, NJW 1986, 547 (548) [I. 2.]; *ders.*, RRa 1995, 158; *ders.*, RRa 1998, 19 (27) [II. 4. c)]; *Seyderhelm*, § 651c Rn. 93; Pick, § 651c Rn. 78; *Kaller*, Reiserecht, C. Teil 1 II. 2. c), Rn. 189, S. 115; *AG Hamburg* RRa 1995, 10 (11) u. 226; *AG Bad Homburg v.d.H.* RRa 1996, 186; *AG Duisburg* RRa 2004, 266 (267).

tel, erfordere hingegen, dass der Reisende eine Kündigung nach § 651e I BGB erklärt. Letztere erfordere aber eine erhebliche Mangelhaftigkeit.[2030]

Ziel der Vertreter dieser Ansicht ist es, zu verhindern, dass ein Reisender bei geringfügigen Mängeln doch noch versucht, über eine Ersatzleistung an die ihm vertraglich geschuldete Leistung zu gelangen.

Statt dessen soll er geringfügige Mängel hinzunehmen haben und nach der Reise über eine Minderung Gewährleistung für den Mangel erhalten.[2031] Begründet wird dies mit einem vermeintlichen Wertungswiderspruch zwischen § 651c III 1 und § 651e BGB, der Reisende könne nach § 651c III BGB leicht an eine Ersatzleistung auch für normale Mängel gelangen, die er ansonsten nur über eine Kündigung § 651e BGB mit der dortigen, wesentlich strengeren Voraussetzung eines erheblichen Mangels erhalten würde.[2032]

Diese Begründung greift aber m. E. nicht, denn es liegt kein Wertungswiderspruch zwischen beiden Vorschriften vor. § 651e I BGB führt zu einer wesentlich weitergehenden Rechtsfolge der Beendigung des gesamten Vertrages, und nicht nur einer Abänderung hinsichtlich einer einzelnen mangelhaften Teilleistung, die Kündigung verlangt daher zu Recht das Vorliegen anderer, höherer Voraussetzungen.[2033]

Schon der erklärte Zweck dieses Ansatzes erscheint m. E. missbilligenswert, dem Reisenden bei „normalen" Mängeln die Erfüllung der ihm vertraglich geschuldeten Leistung zu verwehren und ihn zu einem Erdulden, quasi zu einem „dulde und liquidiere" durch spätere Minderung zu zwingen.[2034] Pacta sunt servanda, es ist nicht Aufgabe des Reisenden, auf die ihm vertraglich zustehende Erfüllung der geschuldeten Leistung zu *verzichten*, sondern Aufgabe des Veranstalters, seinen Vertragsteil zu *erfüllen* und eben das normale kaufmännische Geschäftsrisiko zu tragen, dass er den von ihm geschlossenen Vertrag nur durch erhöhte Ausgaben erfüllen kann und dadurch seine Gewinnkalkulation im Einzelfall nicht aufgehen mag.

Der h. M.[2035] ist zudem zuzustimmen, dass eine solche Einschränkung der Selbstabhilfe mit dem Wortlaut des § 651c III BGB nicht vereinbar und eine inhaltliche Unterscheidung in einerseits eine zulässige einfache und andererseits eine nur über § 651e BGB mögliche erweiterte Selbstabhilfe daher abzulehnen ist.[2036]

Auch bei einfachen Mängeln muss eine „erweiterte" Selbstabhilfe möglich sein, eine sachgemäße Einschränkung enthält schon § 651c III 1 BGB selber mit den Tatbestandsmerkma-

[2030] S. u. Dritter Teil E. II. 1.) a) (S. 401).
[2031] Vgl. *Kaller*, Reiserecht, C. Teil 1 II. 2. c), Rn. 189 a. E.
[2032] Vgl. Argumentation bei *Seyderhelm*, § 651c Rn. 93.
[2033] So zutr. *Bidinger/Müller*, § 651c Anm. 43, S. 122.
[2034] Vgl. so aber *Kaller*, Reiserecht, C. Teil 1 II. 2. c), Rn. 190, S. 116.
[2035] Nach Einschätzung von *Seyderhelm*, § 651c Rn. 93 gar die „ganz herrschende Meinung".
[2036] Vgl. *Soergel/H.-W. Eckert*, § 651c Rn. 36; *Tonner*, Reisevertrag § 651c Rn. 61; *Bidinger/Müller*, § 651c Anm. 43, S. 121/122; *Staudinger/J. Eckert*, § 651c Rn. 164; *Führich*, Reiserecht, § 7 IV., Rn. 275 m. w. Nachw. zur Rspr. dort in Fn. 699.

len der „angemessenen“ - also auch von der Schwere des Mangels abhängigen - Frist und der „erforderlichen“ Aufwendungen,[2037] siehe dazu jeweils im Folgenden.

3.) <u>Angemessenheit und Entbehrlichkeit der Fristsetzung</u>

§ 651c III 1 BGB verlangt vor der Vornahme der Selbstabhilfe das Setzen einer angemessenen Nachfrist. Für diese Nachfristsetzung reicht die bloße Mängelanzeige mit Abhilfeverlangen[2038] nicht aus, sie kann und wird in aller Regel zwar mit einer solchen verbunden sein, es muss aber eine ausdrückliche Fristsetzung vorliegen, auch wenn diese nicht förmlich oder präzise terminiert sein muss.[2039]
Schreitet der mangelbeschwerte Reisende ohne Fristsetzung oder vor deren Ablauf eigenmächtig zur Selbstabhilfe, so kann er dafür nicht den Aufwendungsersatz nach § 651c III 1 BGB verlangen.[2040] Ihm aber weitergehend über die Versagung der Kostenerstattung für seine eigenmächtige Mangelbehebung hinaus Gewährleistungsrechte wie etwa die Minderung für den ursprünglichen Mangel völlig abzusprechen,[2041] erscheint zu weitgehend.

Die Angemessenheit der Frist gem. § 651c III 1 BG beinhaltet schon begrifflich eine Interessenabwägung.

Zum einen spielen hier das grundsätzliche Interesse des Reisenden, so schnell wie möglich Klarheit über eine Abhilfe des Mangels zu haben,[2042] sowie sein Interesse - und Anspruch! - bzgl. einer baldigen mangelfreien Erbringung der ohnehin nur zeitlich begrenzt erfolgenden Reise,[2043] aber auch die Art und Intensität des Reisemangels[2044] abhängig von der betroffenen Reiseleistung und gemessen am Reisecharakter, sowie die konkrete Situation inkl. der

---

[2037] Vgl. auch *Coester-Waltjen*, Jura 1995, 329 (331) [IV. 2.], nach der im Rahmen der Selbstabhilfe hinsichtlich der Frage der Verhältnismäßigkeit der Ersatzleistung eine Abwägung zwischen Abhilfeaufwand und dem Nutzen der Abhilfe für den Reisenden zu erfolgen habe.

[2038] Siehe dazu oben Dritter Teil B. I. (S. 318), insb. vgl. auch B. I. 3.) (S. 320).

[2039] So die h. M., vgl. etwa MüKo/*Tonner*, § 651c Rn. 68; *Seyderhelm*, § 651c Rn. 89; *Führich*, Reiserecht, § 7 IV. 1., Rn. 276 a. E.; a. A. oder missverständlich bzgl. Fristsetzung *Tempel*, Materielles Recht (2. Aufl.), § 6 IV. 2. a) (1), S. 426/427, wonach selten das förmliche Setzen einer Frist vorliegen werde, im allgemeinen werde durch das Abhilfeverlangen eine angemessene Frist in Lauf gesetzt. Hierzu ist klar festzustellen: das Abhilfeverlangen allein ohne irgendeine Fristsetzung reicht nicht. Ob die Reisenden tatsächlich als juristisch nicht versierte Laien - s. a. *Tempel/Seyderhelm*, § 7 IV. 2. a) (1), S. 494 - selten eine förmliche Frist setzen, erscheint bereits zweifelhaft, es ist durchaus wahrscheinlich, dass Herr Meier auf eine Reparatur seiner Dusche „spätestens bis morgen abend“ drängt o. ä. - und das genügt als Fristsetzung. Ein völliger Verzicht auf eine Fristsetzung ist m. E. angesichts der Warn- u. Klarstellungsfunktion der Fristsetzung abzulehnen. Aus diesen Überlegungen heraus ist aber auch die herrschende Ansicht - vgl. etwa *Führich*, Reiserecht, § 7 IV. 1., Rn. 276, S. 221; *Seyderhelm*, § 651c Rn. 89; *Bidinger/Müller*, § 651c Anm. 41, S. 120; *Tonner*, Reisevertrag, § 651c Rn. 61 - nicht ganz unproblematisch, bei unbestimmter Frist („möglichst bald“, „in kürzester Zeit“) werde eine „angemessene“ Frist in Gang gesetzt. Auch hierbei bleiben beide Parteien im Ungewissen darüber, wann denn nun genau die Abhilfe des Veranstalters als gescheitert anzusehen ist und der Reisende bspw. zur Selbstabhilfe übergehen kann; wie *Führich*, a. a. O., zutreffend bemerkt, würde diese angemessene Frist dann letztendlich erst nach der Reise durch das Gericht im Prozess festgestellt.

[2040] S. *Führich*, Reiserecht, § 7 IV. 1., Rn. 276 a. E.; *Soergel/H.-W. Eckert*, § 651c Rn. 37; *Bidinger/Müller*, § 651c Anm. 41, S. 121.

[2041] Insofern bedenklich *AG Kleve* 2003, 118, und *AG Duisburg* RRa 2004, 266.

[2042] Vgl. *Tonner*, Reisevertrag, § 651c Rn. 53.

[2043] Vgl. Begründung zum inhaltsgleichen § 15 IV des Regierungsentwurfs, BT-Dr 8/786, S. 26.

[2044] Vgl. *Tempel*, NJW 1986, 547 (550) [III. 1. b) (1)].

persönlichen Bedürfnisse des Reisenden eine Rolle (bspw. mitreisende Kinder).[2045] Im Extremfall ist eine sehr kurze Nachfrist von wenigen Stunden denkbar,[2046] gegebenenfalls sogar noch kürzer.[2047]
Häufiger Fall regelmäßiger Angemessenheit einer derartigen *sehr kurzen* Frist dürfte die Nichtverfügbarkeit der Unterkunft bei Ankunft des Reisenden am Urlaubsort sein; nach der oft anstrengenden Anreise ist dem Reisenden ein Ruhequartier wichtig, auch ist seinem Interesse Rechnung zu tragen, umgehend eine - „seine" - Unterkunft als ersten Fixpunkt in der neuen unbekannten Umgebung, als Ausgangs- und Rückzugspunkt für seine Eingewöhnung vor Ort, zur Verfügung zu stellen.[2048]

Andererseits muss abhängig vom gerügten Mangel auch der Zeitraum berücksichtigt und dem Veranstalter zugestanden werden, den die Mangelbeseitigung organisatorisch oder technisch schlicht tatsächlich erfordert.[2049] Hierauf aber kann die Reisedauer keinen Einfluss und somit m. E. auch nicht auf die Frist zur Abhilfe haben.[2050]
Das hinsichtlich eines Kriteriums der Dauer der Reise vorgebrachte Argument, das im Interesse des Reisenden der Nutzen der Reise wichtig sei und daher bei einer kurzen Reise eine Abhilfe innerhalb kürzester Frist nötig sei,[2051] ist hingegen angesichts des allgemein nur begrenzt zur Verfügung stehenden Reisezeitraums richtigerweise dahingehend zu berücksichtigen, dass die Frist allgemein möglichst kurz zu bemessen ist. Auch müssen besondere organisatorische Schwierigkeiten bei der Erbringung der Abhilfeleistung, weil der Veranstalter keine örtliche Reiseleitung unterhält oder diese überfordert ist, zu Lasten des Veranstalters gehen und führen nicht zu einer längeren Frist.[2052]

Der Veranstalter ist i. ü. auch im eigenen Interesse zu einer kurzfristigen Mangelbeseitigung gehalten, da er unabhängig von der Dauer der Frist ohnehin schon bis zur effektiven Abhilfe mit einer Minderung seines Reisepreisanspruchs haftet.
Generell ist daher zwar die Festlegung einer allgemeingültigen, starren kurzen Frist abzulehnen, sondern es sind die o.g. Bemessungskriterien in eine jeweils im Einzelfall anzulegende Frist einzubeziehen; dabei wird aber grundsätzlich in der Tat eine eher kurze Abhilfefrist anzusetzen sein, die sich tendenziell der zur Mangelbeseitigung normalerweise benötigten Zeit annähert. Es ist auch nicht einzusehen, warum der Reisende den Mangel wesentlich länger hinnehmen muss, als es zur Beseitigung nötig ist. In den meisten Fällen dürfte

[2045] S. *Führich*, Reiserecht, § 7 IV. 1., Rn. 276.
[2046] So müsse lt. *Tempel*, NJW 86, 547 (550) [III. 1.b)], der Reisende am Ankunftstag spätestens nach 2 - 3 Stunden Wartezeit die Unterkunft beziehen und dort ohne wesentliche Beeinträchtigungen übernachten können.
[2047] Vgl. *Soergel/H.-W. Eckert*, § 651c Rn. 37.
[2048] S. a. oben Erster Teil C. IV. 6.) (S. 116).
[2049] Vgl. auch Begründung zum inhaltsgleichen § 15 IV des Regierungsentwurfs, BT-Dr 8/786, S. 26; s. a. *Erman/Seiler*, § 651c Rn. 11.
[2050] A. A. allerdings die wohl h. M., vgl. *Bidinger/Müller*, Reisevertragsrecht § 651c Anm. 41, S. 120; *Kaller*, Reiserecht, C. Teil 1 II. 2. a), Rn. 185; MüKo/*Tonner*, § 651c Rn. 69; *Soergel/H.-W. Eckert*, § 651c Rn. 37; zweifelnd hingegen *Staudinger/J. Eckert*, § 651c Rn. 167, S. 277.
[2051] Vgl. *Tonner*, a. a. O. (Fn. 2050).
[2052] Vgl. *Tonner*, Reisevertrag, § 651c Rn. 55.

daher eine Beseitigung des Mangels innerhalb des oder eines Tages zuzumuten und eine entsprechende Frist angemessen sein.

Äußert der Reisende keine exakte Frist, sondern fordert nur allgemein „möglichst bald" oder „umgehend" Abhilfe, so soll dies nach h. M. automatisch eine angemessene Frist in Gang setzen.[2053] Nichts anderes kann dann aber gelten, wenn eine vom Reisenden gesetzte konkrete Frist zu kurz gewählt ist: hier ist eine Selbstabhilfe oder Kündigung erst nach der (gedachten) angemessenen Frist gerechtfertigt.
Zu bedenken ist hierbei zudem, dass der Veranstalter generell auch nach abgelaufener Frist zur Abhilfe verpflichtet bleibt. Umgekehrt ist der Reisende gehalten, auch nach Fristablauf eine doch noch erfolgende Abhilfe durch den Veranstalter anzunehmen, solange er noch nicht von seinem Recht auf Selbstabhilfe oder gar Kündigung Gebrauch gemacht hat.[2054]

Unter besonderen Umständen entfällt das Setzen einer Nachfrist gem. § 651 III 2 BGB sogar ganz. Zum einen betrifft dies nach § 651c III 2 Alt. 2 BGB die Fälle, in denen die sofortige Abhilfe angesichts besonderen Interesses des Reisenden geboten ist.
Ihm kann ein Abwarten beispielsweise nicht zugemutet werden, wenn ein Mangel der geschuldeten Beförderungsleistung Transfer zum Flughafen dazu führen würde, dass der Reisende seinen Flug verpasst, wenn er nicht sofort im Rahmen der Selbstabhilfe ein Taxi nimmt.[2055]
Wegen des Merkmals der Gebotenheit „nach dem Interesse des Reisenden" ist bei der Entbehrlichkeit der Nachfrist auch auf persönliche Befindlichkeiten des Reisenden Rücksicht zu nehmen. Als Beispiele sind Krankheit und körperliche Gebrechen , mitreisende Säuglinge oder Kleinkinder sowie allgemein Übermüdung und Erschöpfung bei Ankunft nach der Reise denkbar.[2056]
Die Nachfristsetzung ist nach § 651c III 2 Alt. 1 BGB aber auch dann entbehrlich, wenn der Veranstalter ohnehin zu erkennen gibt, dass er keine Abhilfe leisten wird und ein Fristsetzungserfordernis somit eine bloße sinnleere Förmelei darstellen würde.[2057]
Unerheblich ist dabei, ob der Veranstalter nicht abhelfen *kann* oder nicht abhelfen *will*, etwa weil er die Mangelanzeige beispielsweise für unberechtigt hält.
Die Vorschrift erinnert an die Regelung des § 323 II Nr. 1 BGB im allgemeinen Leistungsstörungsrecht. Allerdings ist für § 651c III 2 Alt. 1 BGB nicht derart streng eine ernsthafte und endgültige Weigerung zu verlangen; aufgrund der besonderen Situation des mangelbeschwerten Reisenden im Urlaub ist ihm eine Ungewissheit nicht zuzumuten und es geht zu Lasten des Veranstalters, wenn er nicht klar zu erkennen gibt, dass er den Mangel anerkennt

---

[2053] S. *Tempel*, NJW 1986, 547 (550) [III. 1. b) (2)]; *Führich*, Reiserecht, § 7 IV. 1., Rn. 276, S. 221; *Bechhofer*, § 651c S. 74; s. aber auch Anmerkung in Fn. 2039.

[2054] Vgl. *Führich*, Reiserecht, § 7 IV. 1., Rn. 276, S. 220 a. E.; *LG Frankfurt a.M.* NJW 1985, 1473 (1474); im Ergebnis ebenso, aber etwas umständlich RGRK/*Recken* § 651c Rn. 24: nach Fristablauf sei Abhilfe nur noch mit Zustimmung des Reisenden möglich, dieser sei aber aus Treu u. Glauben dazu verpflichtet; s. a. *Tempel/Seyderhelm*, § 7 IV 1. c) (10), S. 492.

[2055] Vgl. *Soergel/H.-W. Eckert*, § 651c Rn. 38.

[2056] Vgl. *Kaller*, Reiserecht, C. Teil 1 II. 2. b) aa), Rn. 187; *Bidinger/Müller*, § 651c Anm. 42 a. E.; *Tempel/Seyderhelm*, § 7 IV. 2. a) (2), S. 494.

[2057] Vgl. *Soergel/H.-W. Eckert*, § 651c Rn. 38.

und für Abhilfe sorgen wird.[2058] Dies ist der Fall, wenn er sich überhaupt nicht zum Mangel äußert oder auch nur unverbindliche Floskeln, Bagatellisierungen des Mangels oder Vertröstungen abgibt.[2059]

Schließlich muss es sich der Reiseveranstalter auch zurechnen lassen, wenn die Reiseleitung schlicht dauerhaft nicht erreichbar ist und der Reisende daher keine Frist setzen kann; dies ist so zu behandeln, als sei Abhilfe erfolglos verlangt worden.[2060]

II. Inhalt

Der Reisende darf im Rahmen der Selbstabhilfe gem. § 651c III 1 BGB die Aufwendungen treffen, die *erforderlich* sind.

1.) Grundsätze der Erforderlichkeit

Diese Frage der Erforderlichkeit ist aus der Sicht des Reisenden ex ante in der jeweiligen konkreten Situation zu beurteilen, er muss sich dabei aber am vertraglich geschuldeten Leistungsinhalt orientieren.[2061]
Dies bedeutet zwar nicht, dass er sich mit einer minderwertigen Ersatzleistung zufrieden geben muss, es wird aber allgemein gefordert, dass er bspw. unter mehreren möglichen Ersatzleistungen (bspw. Ersatzunterkünften) diejenige wählt, die der gebuchten am ehesten entspricht.[2062]

2.) Art und Umfang erforderlicher Abhilfe nach Reisecharakter

Ausschlaggebend kann hierbei aber nicht stur die gleiche Hotelkategorie[2063] oder gleiche Preisklasse[2064] sein; vielmehr ist es m. E. allein sachgerecht, die Erforderlichkeit am Charakter der Reise zu orientieren - freilich spielen dabei Kategorie und Preisniveau *auch* eine Rolle, sind aber nicht allein ausschlaggebend.

Diese Orientierung der Erforderlichkeit der Aufwendungen an der nach Reisecharakter zu beurteilenden Geeignetheit zur Mängelbeseitigung entspricht insofern den Überlegungen zur Beurteilung der Gleich- bzw. Höherwertigkeit einer Ersatzleistung im Rahmen der

---

[2058] So auch *Bidinger/Müller*, § 651c Anm. 42; MüKo/*Tonner*, § 651c Rn. 70 a. E.

[2059] *Tempel/Seyderhelm*, § 7 IV. 1. c) (2), S. 489.

[2060] Vgl. *Kaller*, Reiserecht, C. Teil 1 II. 2. b) aa), Rn. 187, S. 113/114; *Seyderhelm*, § 651c Rn. 92; *Coester-Waltjen*, Jura 1995, 329 (331) [IV. 2.].

[2061] *Führich*, Reiserecht, § 7 IV. 3., Rn. 279, S. 222; *Soergel/H.-W. Eckert*, § 651c Rn. 39.

[2062] Vgl. *Soergel/H.-W. Eckert*, § 651c Rn. 39. Angemessen ist beispielsweise aber die Inanspruchnahme eines Linienflugs, um doch noch mit minimalen Verzögerungen an den Zielort zu gelangen, wenn der Transferbus den Abflugtermin für den regulären Charterflug verpasst hat, vgl. *Führich*, Reiserecht, § 7 IV. 3., Rn. 279, S. 223 u. dort Fn. 739, sowie *Tonner*, Reisevertrag, § 651c Rn. 37 a. E.; bemerkenswertes Gegenbeispiel ist der allerdings aus der Zeit vor der Einführung des Reisevertragsrechts stammende Sachverhalt in *BGH* NJW 1979, 495f, in dem der Reisende statt des ihm versagten Charterflugs kurzerhand als Ersatz selber ein Flugzeug charterte.

[2063] So MüKo/*Tonner*, § 651c Rn. 74, sowie *ders.*, Reisevertrag, § 651c Rn. 57.

[2064] Vgl. *Soergel/H.-W. Eckert*, § 651c Rn. 39.

„normalen" Abhilfe durch den Veranstalter[2065] - der Reisende ersetzt ja im Rahmen der Selbstabhilfe lediglich die eigentlich dem Veranstalter obliegende Leistung der Abhilfe.

Dies hat zur Konsequenz, dass die Wahl des Reisenden bzgl. der Ersatzleistung daran auszurichten ist, inwieweit die jeweilige Ersatzleistung an die vom Reisecharakter geprägte ursprünglich geschuldete Reiseleistung heranreicht und daher geeignet ist, dem Mangel tatsächlich „abzuhelfen".
Insofern ist dem Reisenden u. U. auch zuzugestehen, ein teureres Hotel einem anderen Hotel vorzuziehen, das der Kategorie und Preisklasse des ursprünglich gebuchten Hotels eher entsprechen würde, wenn nur ersteres angesichts des konkreten Reisecharakters eine Abhilfe darstellt oder zumindest eine wesentliche Ausbesserung des Mangels.

Auch die Art der Ersatzleistung ist vom zu behebenden Mangel in Bezug zum Reisecharakter abhängig und kann je nach Reiseart unterschiedliche Ausprägung haben. Fehlt dem Hotel vor Ort die zugesagte Sportmöglichkeit, so kann der Reisende entsprechende Angebote dritter Anbieter vor Ort - sofern vorhanden - in Anspruch nehmen.[2066] Steht bei einer Jagdreise etwa zentral der zugesicherte Abschuss eines Mufflonwildes im Mittelpunkt, fehlt aber das Mufflonwild im Jagdrevier des Veranstalters, so sind im Rahmen der Selbstabhilfe aufgrund eigener Initiative des Reisenden diesem die Kosten für dessen Aufenthaltsverlängerung und erfolgreichen Abschuss in einem anderen Revier zu erstatten.[2067]
Teilweise wird sogar eine Selbstabhilfe bis hin zu einer Ersatzreise angenommen;[2068] das klingt spektakulärer, als es ist. Zum einen muss natürlich auch diese Reise der ursprünglichen Reise entsprechen, um eine Abhilfe darzustellen. Ob man die Kosten für eine solche im Rahmen des Selbstabhilferechts nach § 651c III 1 BGB oder, nach wohl h. M., als Schadensposition innerhalb des § 651f I BGB ersetzen will, ist dann nur noch angesichts des für den Schadensersatz nach § 651f I BGB erforderlichen Verschuldens von Bedeutung; im in der Praxis bedeutsamsten Fall der Überbuchung ist dieses jedoch ohnehin erfüllt.[2069]
So man einer verschuldensunabhängig vom Veranstalter zu erstattenden Ersatzreise im Rahmen der Selbstabhilfe zuneigt, ist eventuellen Auswüchsen und Missbrauch dieser Konstruktion im Rahmen des Kriteriums der Erforderlichkeit zu begegnen.

3.) Einschränkung der Anforderungen an die Erforderlichkeit

Die Anforderungen an die Rücksichtnahme auf die Interessen des Reiseveranstalters dürfen bei der Vornahme der Selbstabhilfe nicht zu streng angesetzt werden. Der Reisende befindet sich im Urlaub und angesichts der Mangelhaftigkeit seiner Reise ohnehin in einer Ausnahmesituation; es darf m. E. daher bei seiner Wahl einer Ersatzleistung von ihm nicht erwartet werden, dass er sich als gewieft handelnder und verhandelnder Geschäftsmann um

2065 S. o. Dritter Teil B. II. 5.) b) (S. 333) und c) (S. 336).
2066 Vgl. *Tonner*, Reisevertrag, § 651c Rn. 57.
2067 Vgl. *LG Köln* RRa 1996, 242.
2068 *Führich*, Reiserecht, § 7 IV. 3., Rn. 279, S. 223; vgl. auch Anm. *Tonner* im Anschluss an *LG Düsseldorf* RRa 1999, 61 (62).
2069 S. hierzu eingehend oben Zweiter Teil E. IV. (S. 252).

das „beste" Angebot bemüht. Die Anforderungen sind zudem auch reise- und situationsabhängig. *Kaller* münzt dies prägnant in die Formel „Preisvergleiche in der Nacht sind unzumutbar".[2070]

III. Folgen

Nach § 651c III 1 HS 2 BGB hat der Reisende einen Erstattungsanspruch gegen den Veranstalter für seine im Rahmen der Selbstabhilfe getätigten Aufwendungen. Überschreitet der Reisende trotz der dargelegten zuzugestehenden Spielräume den Rahmen dessen, was als erforderlich anzusehen ist, so besteht keine volle Erstattungspflicht des Veranstalters.[2071] Insofern läuft der Reisende Gefahr, Vorliegen und Umfang des Selbstabhilferechts falsch einzuschätzen und keine Erstattung seiner u. U. beträchtlichen Ausgaben zu erhalten.[2072] Im Risiko, dass eine vorgenommene Selbstabhilfe später im Prozess nicht als erstattungsfähig beurteilt und der Reisende daher seine nicht unerheblichen Kosten bspw. für eine Ersatzunterkunft selber tragen muss, wird auch ein Grund gesehen, warum dem Selbstabhilferecht in der Praxis keine große Bedeutung zukommt.[2073]

Richtigerweise müssten ihm m. E. aber auch dann im Rahmen eines hypothetischen Ansatzes zumindest Aufwendungen bis zu der Höhe erstattet werden, wie sie ohnehin auch bei richtiger Wahl der noch als erforderlich anzusehenden Ersatzleistung angefallen wären. *Seyderhelm* will richtigerweise dem Reisenden bei einer unberechtigten Ersatzunterkunft die Minderung erhalten, die durch die Beeinträchtigung in der ursprünglichen mangelhaften Unterkunft für die gesamte Zeit hypothetisch vorgelegen hätten.[2074]

Auch bei Geltendmachung des Erstattungsanspruchs für die Aufwendungen im Rahmen der Selbstabhilfe müssen dem Reisenden selbstverständlich seine Gewährleistungsrechte - v. a. ein Minderungsrecht, aber u. U. auch Schadensersatz - für die bis zum Zeitpunkt der Selbstabhilfe vorliegende Mangelhaftigkeit verbleiben.[2075] Beseitigt die Selbstabhilfe trotz grundsätzlicher Verbesserung den Mangel nicht vollständig, bleiben Gewährleistungsansprüche für die verbliebene Mangelhaftigkeit erhalten; dazu gehört weiterhin grundsätzlich auch ein diesbezüglicher Abhilfeanspruch.[2076]

Der Erstattungsanspruch des § 651c III 1 BGB umfasst die unmittelbar für die Selbstabhilfe, insbesondere für eine Ersatzleistung, erforderlichen Aufwendungen, darüber hinaus aber

---

2070 *Kaller*, Reiserecht, C. Teil 1 II. 2. b) bb), Rn. 188.

2071 *Soergel/H.-W. Eckert*, § 651c Rn. 39; vgl. zudem *Seyderhelm*, § 651c Rn. 98: auch kein Anspruch auf Ersatz der Aufwendungen über § 651f I BGB.

2072 Vgl. *Tonner*, Reisevertrag, § 651c Rn. 52; *Schlotmann*, Recht, A. V. 2., S. 50.

2073 S. *Schlotmann*, Recht, A. V. 2., S. 48 u. S. 50 a. E.

2074 *Seyderhelm*, § 651c Rn. 100.

2075 S. *Xanke/Dutschke*, A. III. 2. c) Rn. 92.

2076 So auch *Kaller*, Reiserecht, C. Teil 1 II. 2. f), Rn. 194; *Coester-Waltjen*, Jura 1995, 329 (331) [IV. 2.]; hingegen verfehlt *Seyderhelm*, § 651c Rn. 99, der auftretende Mängel im neuen Hotel von der Gewährleistung per se ausschließen will; dies würde auf ein zusätzliches Vabanquespiel des Reisenden hinauslaufen im Hinblick darauf, dass er mit einer nur verbessernden Abhilfe die Gewährleistung für verbleibende Mangelhaftigkeit verliert, und er sich also noch genauer überlegen muss, ob er ganz auf die Erreichung der vertraglich geschuldeten Leistung verzichtet und die ursprünglichen Mängel hinnimmt, um sie dann nach dem misslungenen Urlaub im Rahmen einer Minderung geltend machen zu können.

auch mittelbar damit im Zusammenhang stehende Aufwendungen wie beispielsweise Telefonkosten, die im Rahmen der Organisation der Selbstabhilfe notwendig waren.[2077] Weil es für die Beurteilung der Erforderlichkeit auf die subjektive Sicht des Reisenden ex ante ankommt, sind die Aufwendungen selbst dann zu erstatten, wenn sie letztlich erfolglos waren, der Reisende sie aber für erforderlich halten durfte.[2078]

Nach allgemeiner Ansicht kann der Reisende die für eine vorzunehmende Selbstabhilfe voraussichtlich anfallenden Aufwendungen eigentlich schon im voraus verlangen.[2079] Verweigert der Veranstalter diesen Vorschuss, so darf der Reisende einen Kredit aufnehmen und später auch die Kosten des Kredites geltend machen.[2080]

Hierzu ist anzumerken, dass ein solcher Vorschuss eigentlich vom Wortlaut des § 651c III 1 BGB, der von einem „Ersatz" der Aufwendungen spricht, also einer nachträglichen Erstattung, grammatikalisch nicht umfasst ist. In der Praxis ist dieser Vorschuss ohnehin nicht realisierbar - *Schlotmann* weist in diesem Zusammenhang darauf hin, dass die Reiseleiter einen vom Reisenden verlangten Vorschuss nach ausdrücklicher Anweisung der Veranstalter gar nicht gewähren dürfen, weshalb sich der Vorschussanspruch in der Praxis auf die später zusätzlich geltend gemachten Kreditkosten beschränkt.[2081]

D. Minderung des Reisepreises § 651d BGB

Die Minderung nach § 651d BGB ist die zentrale Gewährleistungsnorm des Reisevertragsrechts, sie ist das in der gerichtlichen Praxis wichtigste und häufigste Gewährleistungsrecht bei Reisemängeln.[2082]

I. Wesen der Minderung im Reisevertragsrecht

Während Abhilfe und Selbstabhilfe wie gezeigt darauf abzielen, doch noch den Vertrag wie geschuldet zu erfüllen, dient die in § 651d BGB geregelte Minderung einer Wahrung des Äquivalenzverhältnisses zwischen der eine geringere Qualität aufweisenden Reise und dem dafür zu zahlenden Reisepreis.[2083] Bei Vorliegen eines Reisemangels wird unabhängig von einem Verschulden des Veranstalters eine entsprechende Herabsetzung des Reisepreises bewirkt; diese Reisepreisminderung selbst tritt kraft Gesetzes ohne Erklärung des Reisenden ein[2084] - allerdings muss er den Mangel angezeigt haben (s. im Folgenden).

Das Ausmaß der Minderung ist abhängig von der Beeinträchtigung der Reise und damit der Dauer der Mangelhaftigkeit. Erfolgreiche Abhilfe bzw. Selbstabhilfe setzen der Minderung

---

[2077] Vgl. *Soergel/H.-W. Eckert*, § 651c Rn. 39; *Tonner*, Reisevertrag, § 651c Rn. 56 a. E.; vgl. Auflistung entsprechend erstattungsfähiger Positionen bei *Kaller*, Reiserecht, C. Teil 1 II. 2. d), Rn. 191.

[2078] S. *Pick*, 651c Rn. 79.

[2079] Vgl *Bidinger/Müller*, § 651c Anm. 45; RGRK/*Recken*, § 651c Rn. 29; *Führich*, Reiserecht, § 7 IV. 4., Rn. 280, jew. m. w. Nachw.

[2080] Vgl. *Soergel/H.-W. Eckert*, § 651c Rn. 40; *Tonner*, Reisevertrag, § 651c Rn. 59.

[2081] *Schlotmann*, Recht, A. V. 2., S. 50; vgl. auch *Kaller*, Reiserecht, C. Teil 1 II. 2. e), Rn. 192f.

[2082] S. *Isermann*, A. III., S. 104.

[2083] *Soergel/H.-W. Eckert*, § 651d Rn. 1; *Führich*, Reiserecht, § 8 I. 1., Rn. 286.

[2084] S. Bericht Rechtsausschuss BT-Dr 8/2343, S. 9; *Janssen*, S. 29 u. 32; *Führich*, Reiserecht, § 8 I. 1., Rn. 286; *Staudinger/J. Eckert*, § 651d Rn. 1.

zwar ein zeitliches Ende, können aber nicht rückwirkend eine vorherig bereits stattgefundene Beeinträchtigung beseitigen.[2085]

Ebenso kann grundsätzlich Schadensersatz gem. § 651f I und II BGB neben einer geltend gemachten Minderung verlangt werden, wenn ein Reisemangel zugleich zu entsprechenden Schäden geführt hat, die der Veranstalter zudem auch zu vertreten hat.[2086] Es ist lediglich zu beachten, dass selbstverständlich bezüglich derselben Beeinträchtigung des Reisewerts durch den Mangel nicht gleichzeitig Minderung § 651d BGB und Schadensersatz § 651f I BGB verlangt werden können. Es besteht insofern eine Anspruchskonkurrenz, bei der die Minderung als verschuldensunabhängiges Gewährleistungsrecht den praktischen Vorrang hat.[2087]

Neben einer Kündigung nach § 651e BGB oder § 651j BGB kommt die Minderung nicht in Betracht, da der Reisende in diesen Fällen ohnehin den Reisepreis insgesamt nicht mehr schuldet, und eine Beeinträchtigung der bereits erbrachten Reiseleistungen im Rahmen des § 651e III BGB (s. a. § 651j II 1 BGB) Berücksichtigung findet.[2088]

Hat der Reisende aber hierbei die Reise vorzeitig abgebrochen und die Kündigung stellt sich als unwirksam heraus, so kann er eine hypothetische Minderung nach § 651d III BGB auch für die Zeit der Nichtinanspruchnahme geltend machen,[2089] zumindest im Grundsatz, denn es ist selbstverständlich hierbei eine mögliche Abhilfe des Mangels zu berücksichtigen.

II. <u>Voraussetzungen</u>

Voraussetzung für die Minderung ist gem. § 651d I 1 1.HS BGB zunächst das Vorliegen eines Reisemangels i. S. d. § 651c I BGB. Die Minderung tritt kraft Gesetzes ohne eine entsprechende Erklärung des Reisenden ein. Allerdings ist er zur Anzeige des Mangels verpflichtet, § 651d II BGB.

1.) <u>Reisemangel</u>

Minderungsauslösende Reisemängel können entweder in der Form eines den Nutzen der Reise beeinträchtigenden Reisefehlers oder des Fehlens einer zugesicherten Eigenschaft vorliegen.[2090]

Bezüglich letzterer Variante ist allerdings zu bedenken, dass zwar auch ohne Beeinträchtigung bei fehlender Zusicherung grundsätzlich ein Reisemangel vorliegt,[2091] die konkrete Errechnung der Höhe der Minderung sich aber gerade nach der Intensität des Mangels in

---

[2085] S. o. Dritter Teil B. III. 1.) (S. 338) und C. III. (S. 349).
[2086] S. § 651f I HS 1 BGB; s. a. *Isermann*, A. III. 1., S. 105.
[2087] *Führich*, Reiserecht, § 8 I. 2., Rn. 288.
[2088] *Führich, Reiserecht,* § 8 I. 2., Rn. 287.
[2089] *Bechhofer*, § 651d Anm. 3; *LG Frankfurt a.M.* NJW-RR 1991, 880.
[2090] S. o. Zweiter Teil A. (S. 120); vgl. *Erman/Seiler*, § 651d Rn. 1; RGRK/*Recken*, § 651d Rn. 2.
[2091] Vgl. Zweiter Teil B. II. 2.) (S. 126).

Form der dadurch verursachten Wertminderung der Reise richtet.[2092] Insofern kann zwar ohne nähere Beeinträchtigung der Reise dennoch bei fehlender zugesicherter Eigenschaft ein Reisemangel vorliegen, für das Gewährleistungsrecht der Minderung ist allerdings ein solcher Reisemangel wenig ergiebig.

Auch können zwar im Prinzip selbst für geringfügige Mängel Minderungen geltend gemacht werden, in der Praxis aber werden derartige Positionen allenfalls an Klagen wegen größerer Mängel angehängt; in der Rechtsprechung werden üblicherweise Minderungen unterhalb einer prozentualen Mangelhaftigkeit[2093] von 5% nicht zugesprochen.

Im Rahmen der verschuldensunabhängigen Einstandspflicht des Veranstalters für das Gelingen der Reise nach § 651c I BGB ist es für die Minderung irrelevant, ob der Veranstalter den Mangel zu vertreten hat, auch Beeinträchtigungen der Reise durch höhere Gewalt rufen eine Minderung hervor.[2094]

2.) Mängelanzeige

Mit dem Vorliegen eines Reisemangels tritt die Minderung an sich ohne weitere Erklärung des Reisenden ein. Dieser darf allerdings gem. § 651d II BGB nicht schuldhaft versäumen, eine Anzeige des Reisemangels beim Veranstalter vorzunehmen. Tatsächlich scheitert in der Praxis an § 651d II BGB ein nicht unerheblicher Teil der Reiseprozesse.[2095]

Mit der Mängelanzeige soll dem Veranstalter die Möglichkeit eröffnet werden, auf den Mangel zu reagieren und eine Minderung durch entsprechende Abhilfe des gerügten Mangels zu verhindern oder zumindest zu minimieren. Der Reisende soll nicht einfach im Stillen den Mangel hinnehmen und dann nach der Reise eine Minderung dieses Mangels geltend machen können.[2096] Über die Obliegenheit zur Mängelanzeige ist der Reisende gem. § 6 I, II Nr. 7 BGB-InfoV vom Veranstalter bei oder unmittelbar nach Vertragsschluss zu belehren.

[2092] Dies verkennt das *OLG Düsseldorf* RRa 2004, 65 (66), wenn es bei zugesicherter, aber dann fehlender Diskothek im Hotel eine Minderung völlig unabhängig von einer beabsichtigten Inanspruchnahme derselben durch den Reisenden, also ausdrücklich auch ohne Vorliegen einer Beeinträchtigung annimmt, und keinerlei Erklärung oder Begründung dafür liefert, wie es dabei dennoch zum angenommenen Minderungsprozentwert von 5% gelangt.

[2093] Zur Beurteilung der Mangelhaftigkeit in Prozentsätzen s. im weiteren.

[2094] S. *Führich*, Reiserecht, § 8 I. 2., Rn. 287 a. E.; vgl. aber die Abgrenzung zwischen höherer Gewalt und der Verwirklichung des „allgemeinen Lebensrisikos", s.o. Zweiter Teil C. III. 1.) b) (bb) (S. 164).

[2095] S. *Seyderhelm*, § 651d Rn. 98.

[2096] Vgl. *Staudinger/J. Eckert*, § 651d Rn. 10: häufig sei den Reisenden eine Mangelanzeige bei der Reiseleitung unangenehm; daher werde vor Ort der Mangel hingenommen und nach außen der Schein gewahrt, dass alles in Ordnung ist, während gleichzeitig Beweise gesammelt würden, um später daheim mit Hilfe von Rechtsanwälten die Mängel geltend zu machen. Dieses Verhalten der Reisenden mag m. E. noch nachvollziehbar erscheinen, nicht aber, warum trotz der klaren Rechtslage derartige Klagen, die dann zwangsläufig scheitern müssen, von den Anwälten eingereicht werden. *Schlotmann* zeigt auf, dass zwischen 25 bis 30% der eingereichten Klagen schon an der formellen Voraussetzung der rechtzeitigen Mangelanzeige § 651d II BGB (vgl. a. Fn. 2095) und Anspruchsanmeldung § 651g I BGB scheitern und vermutet, dass in derartigen offensichtlichen Fällen die Klagen von den Anwälten wegen der Deckungszusagen der Rechtschutzversicherer „mit geringer Hemmschwelle" eingereicht würden; diese Deckungszusagen erfolgten bei den regelmäßig geringen Streitwerten grundsätzlich ohne Prüfung des Sachverhalts; s. *Schlotmann*, Recht, C. II. 15. b., S. 203f.

Die Mängelanzeige ist formlos möglich.[2097] Eine schriftliche Anzeige kann zwar in der Tat aus Beweisgründen vorteilhaft sein,[2098] dürfte sich aber m. E. in der konkreten Urlaubssituation oft als umständlich erweisen. Die Voraussetzung einer detaillierten Mangelbeschreibung ist als zu weitgehend abzulehnen. Es muss vielmehr entsprechend dem Sinn der Anzeigeobliegenheit genügen, dass lediglich für den Veranstalter erkennbar die gerügten Mängel bezeichnet werden.

Adressat der Mängelanzeige ist der Reiseveranstalter, in der Regel wird sich der Reisende mit seiner Mangelanzeige wirksam an dessen Reiseleitung als Vertretung vor Ort wenden. Im übrigen gilt hierzu das im Rahmen des Abhilfeverlangens dargelegte.[2099]

Über den Zeitpunkt der vorzunehmenden Mängelanzeige trifft das Gesetz keine Aussage. Klar abzulehnen ist in diesem Zusammenhang die Ansicht, der Zeitraum der Minderung berechne sich erst ab der Mangelanzeige.[2100] Dem steht nicht nur der Gesetzeswortlaut entgegen - § 651d I BGB spricht nur von der „Dauer des Mangels", nicht von der „Dauer seit Anzeige" o. ä. - sondern auch die Konsequenz, dass dem Reisenden die Obliegenheit auferlegt würde, sofort zu rügen, andernfalls er einen Teil der Minderung verliert.
Vielmehr muss es im Rahmen des § 651d I, II BGB genügen, dass der Reisende den Mangel rechtzeitig angibt; wird dies eingehalten, so beginnt der Zeitraum der Mangelhaftigkeit mit Mangelentstehung.

Dafür spricht auch folgende Überlegung vor dem Hintergrund, dass der Reisende sich grundsätzlich nach den Sprechstunden der Reiseleitung zu richten hat:[2101] der Veranstalter hat es in der Hand, durch Erreichbarkeit der Reiseleitung für zeitnahe Möglichkeit der Mangelanzeige zu sorgen; ihm darf es nicht zugutekommen, wenn bei eingeschränkten Sprechzeiten nur dienstags und freitags der Reisende bei einem kleineren Mangel ab Freitagabend tagelang warten muss, bis er seine Mängelanzeige erklären kann.

Umstritten ist aber, ob die Anzeige „unverzüglich"[2102] oder lediglich „alsbald"[2103] zu erfolgen hat.

Zunächst erscheint der Begriff einer „alsbald" zu erfolgenden Rüge viel zu unbestimmt.[2104] Ausgehend von der Legaldefinition des § 121 I 1 HS 1 BGB erscheint eine Obliegenheit zur Anzeige „ohne schuldhaftes Zögern" sachgerecht, gerade auch bei einem Seitenblick auf § 651d II BGB.[2105] Zu bedenken ist weiterhin, dass die Anzeige der Information des Veranstalters dient, damit diesem Gelegenheit zur Abhilfe gegeben wird. Er hat ab Auftreten des

---

[2097] *Soergel/H.-W. Eckert*, § 651d Rn. 4.
[2098] Vgl. *Tonner*, Reisevertrag, § 651d Rn. 17.
[2099] S. o. Dritter Teil B. I. 2.) (S. 319).
[2100] So aber *Schlotmann*, Recht, A. V. 3. a., S. 51.
[2101] Vgl. *Seyderhelm*, § 651d Rn. 120; etwas anderes gilt natürlich für schwerwiegendste, dringende Mängel, s. a. zu vergleichbarer Interessenlage hins. der Abhilfefrist und sofortiger Selbstabhilfe oben Dritter Teil C. I. 3.) (S. 344).
[2102] So *Jauernig/Teichmann*, § 651d Anm. 2; RGRK/*Recken* § 651d Rn. 3; *Xanke/Dutschke* A. III. 3. a), Rn. 97; *Führich*, Reiserecht, § 8 II. 2. e), Rn. 295; *Erman/Seiler*, § 651d Rn. 1.
[2103] So *Staudinger/J. Eckert*, § 651d Rn. 23; *Bechhofer*, § 651d II. 3., S. 81.
[2104] Er wird auch von den Vertretern dieses Ansatzes (s. o. Fn. 2103) nicht näher definiert.
[2105] Zum Zusammenhang mit § 651d II BGB vgl. *AG Kleve* RRa 2000, 169 (170).

Mangels für die dadurch eintretende Beeinträchtigung einzustehen, solange die Anzeige nur rechtzeitig erfolgt, und ist daher an einer möglichst baldigen Information interessiert.[2106] Es ist daher nicht einzusehen, warum der Reisende bei dieser Sachlage im wahrsten Sinne der Legaldefinition mit der Anzeige des Mangels „schuldhaft zögern" können soll.

Die von den Gegnern einer Unverzüglichkeit vorgebrachte Einwand, wegen sich ändernder Verhältnisse beim Mangel und auch generell müsse dem Reisenden eine Überlegungsfrist eingeräumt werden,[2107] greift nicht. Auch die Definition „ohne schuldhaftes Zögern" beinhaltet regelmäßig eine nach den Umständen des Einzelfalls angemessene Überlegungsfrist,[2108] unverzüglich bedeutet ja gerade nicht „sofort".[2109] Kein schuldhaftes Zögern liegt ferner vor, wenn sich der Zeitablauf daraus ergibt, dass die Reiseleitung schlecht bzw. nur zu bestimmten Sprechzeiten erreichbar ist.[2110]

In der Praxis wird in aller Regel ohnehin auch dem mangelbeschwerten Reisenden an einer möglichst raschen Anzeige gelegen sein.

Nimmt er sie allerdings schuldhaft verspätet vor, so ist ihm logisch zwingend eine Minderung im Rahmen einer hypothetischen Betrachtung ab dem Zeitpunkt zu versagen, ab der bei rechtzeitiger Anzeige - und möglicher Abhilfe! - der Mangel beseitigt gewesen wäre.[2111]

3.) Entbehrlichkeit der Mängelanzeige

Vor dem Hintergrund, dass die Mängelanzeige der Information des Reiseveranstalters dient, damit dieser eine Abhilfe vornehmen kann, existieren eine Reihe von Ausnahmen, in denen eine Mängelanzeige für entbehrlich angesehen wird.[2112]

So ist die Anzeige nach h. M. entbehrlich, wenn eine Mangelbeseitigung ohnehin unmöglich ist.[2113] Dies bedarf m. E. folgender Präzisierung bzw. Anmerkung. Diese Unmöglichkeit der Beseitigung bezieht sich nicht etwa auf die Störung selber, sondern auf die Abhilfe. So hat es der Veranstalter oft nicht in der Hand, ob vor Ort bei einer Großbaustelle in Nachbarschaft des Hotels Lärm entsteht. In diesen Fällen ist es ihm zwar nicht möglich, die Lärmquelle auszuschalten, es ist ihm aber u. U. dennoch eine Abhilfe durch eine Ersatzleistung - Umzug innerhalb des Hotels oder in ein anderes - möglich.[2114]

2106 Vgl. *Xanke/Dutschke*, A. III. 3. a), Rn. 97; *Führich*, Reiserecht, § 8 II. 2. e), Rn. 295, m. w. Nachw. aus der Rspr. dort in Fn. 23.

2107 S. *Staudinger/J. Eckert*, a. a. O. (Fn. 2103).

2108 Vgl. auch *Führich*, Reiserecht, § 8 II. 2. f) (2), Rn. 296, S. 232 oben; *Tempel*, RRa 1997, 67 (68) [III. 1.].

2109 S. *Palandt/Heinrichs*, § 121 Rn. 3.

2110 S. *Führich*, Reiserecht, § 8 II. 2. e), Rn. 295.

2111 *Führich*, ebenda; *Soergel/H.-W. Eckert*, § 651d Rn. 6; *Tempel/Seyderhelm*, § 7 IV. 3. b) (4) u. (5), S. 498.

2112 Vgl. auch *Tempel*, Materielles Recht (2. Aufl.), § 6 IV. 3. a) (3), S. 429.

2113 Vgl. schon Bericht Rechtsausschuss BT-Dr 8/2343, S. 10; *Soergel/H.-W. Eckert*, § 651d Rn. 7; *Seyderhelm*, § 651d Rn. 114; s. a. *OLG Düsseldorf* RRa 2004, 65 (66): Minderung bzgl. zugesagter aber fehlender Diskothek im Hotel trotz fehlender Anzeige dieses Mangels, „denn selbst wenn" der Reisende „diesen Reisemangel angezeigt hätte, hätte der Reiseleiter es tatsächlich nicht bewerkstelligen können, noch während des Aufenthalts des Klägers in der Hotelanlage eine Diskothek einzurichten."

2114 Vgl. *Seyderhelm*, a. a. O. (Fn. 2113).

Eine Unmöglichkeit der Mangelbeseitigung kann sich auch aus zeitlichen Gründen ergeben, wenn der Mangel kurz vor dem Ende der Reise auftritt.[2115] Auch hier kann eine Anzeige überhaupt entbehrlich sein, insbesondere, wenn keine örtliche Reiseleitung vorhanden bzw. erreichbar ist.[2116]

Weiterhin soll eine Anzeige nicht erforderlich sein, wenn der Reiseveranstalter den Mangel bereits kennt.[2117] Nur in extremen Ausnahmefällen dürfte auch eine grob fahrlässige Unkenntnis genügen.[2118] Thematisch verwandt damit sind die Ansätze zur Entbehrlichkeit der Anzeige, nach denen bei ähnlichen Mängeln eine bereits vorherige erfolglose Rüge stattfand oder diesbezügliche Rügen von Mitreisenden erfolgen.[2119] Dies ist m. E. kritisch zu sehen, und dürfte nur im Einzelfall bei offensichtlicher sachlicher Nähe des vorliegenden Mangels in Betracht kommen.[2120]

Eine Kenntnis des Veranstalters liegt auf der Hand, wenn er noch vor Antritt - aber selbstverständlich erst nach Vertragsschluss, denn sonst wird die Beeinträchtigung ja schon Vertragsinhalt und kann keinen Mangel darstellen - auf bestimmte Umstände, wie beispielweise eine Großbaustelle am Urlaubsort, hinweist, sowie dann, wenn eine solche Baustelle evident der örtlichen Reiseleitung bekannt sein muss.[2121]
Auch in diesen Fällen bedarf es m. E. aber einer Einschränkung: in der Natur vieler Mangelarten liegt es, dass sie nicht absolut schwarz-weiß, sondern in vielen Graustufen vorliegen, im gewählten Beispiel des Baustellenlärms kann dieser lauter oder leiser ausfallen, zu unterschiedlichen Tageszeiten, abhängig teilweise auch von der konkreten Unterbringung des Reisenden innerhalb des Hotels.[2122] Weil der Veranstalter auch bei grundsätzlicher Kenntnis der Störungsquelle oft nicht abschätzen kann, ob und wie störend der Reisende dies empfindet, ist auch bei Kenntnis abhängig von der konkreten Störung in Grenzfällen u. U. eine Mangelanzeige zu fordern.

[2115] S. RGRK/*Recken* § 651d Rn. 4 [lit. a].
[2116] Vgl. Bericht Rechtsausschuss BT-Dr 8/2343, S. 10.
[2117] Vgl. *Führich*, Reiserecht, § 8 II. 2. e), Rn. 295; *Tonner*, Reisevertrag, § 651d Rn. 17 u. dort Fn. 23.
[2118] S. *Seyderhelm*, § 651d Rn. 118; vgl. auch RGRK/*Recken* § 651d Rn. 4 [lit. b].; weitgehend *LG Frankfurt a.M.* NJW-RR 1986, 145; s. kritisch hierzu auch *Staudinger/J. Eckert*, § 651d Rn. 25.
[2119] Vgl. etwa *Seyderhelm*, § 651d Rn. 115f; ablehnend hingegen *Staudinger/J. Eckert*, § 651d Rn. 26.
[2120] Die strikte Ablehnung durch *J. Eckert* (s.o. Fn. 2119) wirkt in ihrer Absolutheit m. E. je nach konkretem Fall praxisfern: werden beispielsweise im Rahmen eines Busausfluges vor Ort entgegen der Ankündigung beim Zwischenhalt keine Getränke gereicht, so mutet es merkwürdig an, zu verlangen, dass nach der ersten Mängelanzeige eines Reisenden an den Reiseleiter - „in der Beschreibung waren uns aber eigentlich Getränke versprochen worden!" - und des darauffolgenden bedauernden Hinweises des Reiseleiters, dass nach seiner (falschen) Information keine Getränke ausgeteilt würden, da dies nicht in den Ausflugsleistungen inbegriffen sei, sich die übrigen 30 Fahrgäste quasi in einer Schlange anstellen, damit jeder nochmals diesen Mangel anzeigt.
[2121] *Seyderhelm*, § 651d Rn. 116.
[2122] Vgl. zugrundeliegenden Sachverhalt in *AG Düsseldorf* RRa 2003, 239.

Und auch, weil der Reisende oft nicht selber abschätzen kann, ob der Veranstalter den Mangel kennt oder eine Abhilfe tatsächlich unmöglich ist, ist er gehalten, Mängel anzuzeigen, um sicherzugehen, seine diesbezüglichen Gewährleistungsrechte nicht zu verlieren.[2123]

Gem. § 651d II BGB schließt das Fehlen einer Mängelanzeige die Minderung auch dann nicht aus, wenn der Reisende sie schuldlos unterlassen hat.
Zum einen zählen hierzu die Fälle, in denen eine Anzeige beispielsweise wegen fehlender oder nicht erreichbarer Reiseleitung schwierig oder schlicht tatsächlich unmöglich ist.[2124]

Dem Reisenden ist auch kein Verschulden anzulasten, wenn der Reiseveranstalter es entgegen § 6 I, II Nr. 7 BGB-InfoV unterlassen hat, über die Notwendigkeit der Mängelanzeige zu informieren.[2125] Vereinzelt wird in der Rechtsprechung vertreten, dass von einem minderjährigen Reisenden keine Mängelanzeige zu verlangen ist.[2126]

Schließlich fehlt es auch dann an einem Verschulden des Reisenden i. S. d. § 651d II BGB, wenn er beispielsweise durch Krankheit oder Unfall persönlich gehindert ist, die Mängelanzeige vorzunehmen.[2127]

III. Berechnung

Zentraler und schwierigster[2128] Punkt der Minderung, vielleicht des Reisevertragsrechts überhaupt, ist die eigentliche Ermittlung des konkreten Minderungsbetrages. Trotz verschiedener Berechnungsmethoden, Überlegungen zu Bezugsgrößen und Elementen der Berechnung, Ansätze zur Strukturierung, Formalisierung oder Schematisierung der Berechnung führt kein Weg an der Grundwahrheit vorbei, dass es sich letzten Endes im Kern schlicht um eine Schätzung, genauer eine Einschätzung der Bedeutung des Mangels, handelt.[2129]

1.) Berechnungsansatzgrundsätze

§ 651d I 1 HS 2 BGB verweist für die Berechnung der Minderung auf die Norm des § 638 III BGB des Werkvertragsrechts. Demgemäss ist die Vergütung gem. § 638 III 1 BGB in dem Verhältnis herabzusetzen, in welchem zur Zeit des Vertragsschlusses der Wert des mangelfreien Werkes zum Wert des mangelhaften Werkes gestanden hätte - oder das Ausmaß der Minderung ist gem. § 638 IV 2 BGB durch Schätzung zu ermitteln.

[2123] Vgl. auch *Seyderhelm*, § 651d Rn. 114 a. E. Nach *Staudinger/J. Eckert*, § 651d Rn. 25, sei der Verzicht auf die Mängelanzeige auch deshalb für den Reisenden gefährlich, weil die Anzeige des Mangels ein Indiz für die Beeinträchtigung darstelle.
[2124] Vgl. *OLG Frankfurt a.M.* RRa 1998, 68 (69/70); *Tempel*, RRa 1997, 67 (68) [III. 2.].
[2125] *Soergel/H.-W. Eckert*, § 651d Rn. Rn. 7 a. E.
[2126] *AG Bielefeld*, RRa 1999, 156.
[2127] S. *Führich*, Reiserecht, § 8 II. 2. f) (2), Rn. 296, S. 231; RGRK/*Recken* § 651d Rn. 4 [lit. e]; MüKo/ *Tonner*, § 651d Rn. 13.
[2128] Vgl. *Staudinger/J. Eckert*, § 651d Rn. 33.
[2129] Vgl. die Einschätzung von RGRK/*Recken*, § 651d Rn. 6 a. E.: „Abzusehen ist das Ergebnis nur selten."; *Staudinger/J. Eckert*, § 651d Rn. 33: „Moment der notwendigerweise vagen Schätzung".

a) Berechnungsformeln

Nach § 651d I 1 HS 2 BGB i. V. m. § 638 III 1 BGB ist somit der Reisepreis bis auf den Wert herabzusetzen, den die tatsächlich durchgeführte Reise im Vergleich zur vertraglich vereinbarten Reise hat.

Teilweise wird dies in einer mathematischen Formel ausgedrückt,[2130] wonach

$$\text{geminderter Preis} = \frac{\text{Preis (vereinbart)} \cdot \text{Wert (mangelhafte Reise)}}{\text{Wert (mangelfreie Reise)}}$$

Konsequenterweise ergäbe sich der Minderungsbetrag aus der Differenz zwischen dem so ermittelten geminderten Preis und dem vertraglich vereinbarten Reisepreis.

Derartige Formeln helfen m. E. nicht wirklich weiter und spiegeln lediglich den Schein einer Berechenbarkeit, Arithmetik und Genauigkeit vor: Einzige bekannte Größe dabei ist in aller Regel der Reisepreis. Die übrigen Größen, der Wert der mangelfreien und der Wert der mangelbehafteten Reise, müssen also geschätzt werden.[2131]

Wenn man sich zudem noch vor Augen hält, dass der vereinbarte Preis ohnehin meist dem Wert der mangelfreien Reise entspricht bzw. diesem durchgehend gleichgesetzt wird,[2132] so verbleibt sowohl als praktisches wie auch mathematisches Ergebnis, dass man auch gleich direkt den Wert der mangelhaften Reise oder eben spiegelbildlich den „Wert" des Mangels schätzen kann, was die Rspr. in der Praxis auch in der Tat unter Berufung auf § 287 II ZPO macht,[2133] mittlerweile ist dieser Rückgriff aber gar nicht mehr nötig, denn § 651d I 1 HS 2 BGB i. V. m. § 638 IV 2 BGB sieht ja nun ausdrücklich die Schätzung der Minderung vor.

b) Minderungsprozentsätze

Dabei hat sich in der Rechtsprechung durchgängig eingebürgert, die Minderung nicht in einem konkreten Betrag, sondern zunächst in einem Prozentsatz auszudrücken.[2134] Dies mag der Griffigkeit und Anschaulichkeit der Mangelbeurteilung sowie der Vergleichbarkeit zwischen Urteilen dienen, ist aber vom Gesetz her nicht gefordert und hat auch für den jeweiligen zu entscheidenden Einzelfall selbst keine Bedeutung: der Prozentsatz wird in einem zweiten Schritt dann einfach wiederum in einen konkreten Minderungsbetrag umgerechnet.

[2130] Vgl. etwa *Xanke/Dutschke*, A. III. 3. c), Rn. 100f, sowie *Schlotmann*, Recht, A. V. 3. b), S. 51f, beide aber zudem ungenau in der Bezeichnung der Formelbestandteile; hingegen sind die Formeln bei *Kaller*, Reiserecht, C. Teil 2. II. 1., Rn. 217, zumindest in sich präzise.

[2131] Vgl. *Bidinger/Müller*, § 651d Anm. 4 a. E.; dies räumen auch *Xanke/Dutschke* und *Schlotmann* ein, s. jew. a. a. O. (Fn. 2130).

[2132] *Seyderhelm*, § 651d Rn. 7.

[2133] S. MüKo/*Tonner*, § 651d Rn. 14 a. E.; *Staudinger/J. Eckert*, § 651d Rn. 40, S. 296; vgl. schon *BGHZ* 77, 320 (= NJW 1980, 2189).

[2134] Vgl. *Seyderhelm*, § 651d Rn. 16, m. Hinweis auf die ältere Rspr., die mit Festbeträgen arbeitete, zuletzt noch im Jahre 1995 das *AG Essen* RRa 1996, 60.

Strittig ist dabei, was Ausgangspunkt der Berechnung bzw. Anknüpfungspunkt des Minderungsprozentsatzes sein soll.[2135] Die mittlerweile weit überwiegende Ansicht stellt dabei auf den Gesamtpreis der Reise ab.[2136]

Nach einem abweichenden Ansatz soll die Minderung an der jeweiligen Teilleistung anknüpfen, die von der Mangelhaftigkeit betroffen ist.[2137] Argumentiert wird dabei mit einem vermeintlichen Wertungswiderspruch, weil bei der Gesamtreise als Anknüpfungspunkt beispielsweise regelmäßig die Transportkosten mit einbezogen würden, weshalb der gleiche Mangel zu unterschiedlichen Minderungen führen würde, je nachdem, ob er innerhalb einer Reise in ein näheres Urlaubsziel oder bei einer Fernreise mit erheblichen Flugkosten auftreten würde.[2138] Außerdem komme es in der forensischen Praxis eher dem vom Reisenden empfundenen Missmut entgegen, durch Abstellen auf die Einzelleistung einen (angesichts des Endergebnisses nur scheinbar) höheren Minderungsprozentsatz zusprechen zu können.[2139]

Teilweise wird noch als quasi vermittelnde Ansicht vertreten, generell den Gesamtpreis heranzuziehen und nur in Ausnahmefällen den Wert der Teilleistung, falls dieser klar abgrenzbar und mit Einzelpreis ausgewiesen ist.[2140]

Einig ist man sich lediglich, dass Leistungen, die außerhalb des Synallagmas stehen, bei der Berechnung vorher abzuziehen sind, so etwa eine eventuelle Reiserücktrittskostenversicherung.[2141]

Die besseren Argumente sprechen m. E. für die herrschende Meinung: § 651d I BGB stellt nicht auf den Preis oder Wert einer Reiseleistung, sondern ausdrücklich auf den „Preis *der Reise*“ und somit angesichts des § 651a I BGB auf den Gesamtpreis ab.[2142]

Die Begründung, beim Abstellen auf die Einzelleistung entsprächen nominal höhere Minderungssätze (bei letztlich gleichem Minderungsbetrag) eher der Erwartungshaltung des klagenden Reisenden, dürfte nur bei wenig rationalen Klägern greifen, im übrigen ist es nicht Aufgabe des Rechts, zu „gefallen“: nicht auf schöne Verpackung, sondern auf die inhaltlich richtige Entscheidung kommt es an.

Als rein praktisches Problem stellt sich auch die Schwierigkeit der Ermittlung des genauen Wertes der fraglichen Einzelleistung - regelmäßig ist ja nur der Gesamtpreis bekannt, die Bildung und Ausstellung eines Gesamtpreises ist ja gerade Voraussetzung für das Vorliegen einer Pauschalreise (s. o.).

2135 Vgl. auch insges. die Darstellung zum Streitstand bei *Pick*, § 651d Rnn. 14 - 30, sowie MüKo/*Tonner*, § 651d Rn. 15f.

2136 *Seyderhelm*, § 651d Rn. 114; *Pick*, Reiserecht § 651d Rnn. 14ff; MüKo/*Tonner*, § 651d Rn. 16; *Führich*, Reiserecht, § 8 III. 1. a), Rn. 299, m. umfangr. Nachw. zur Rspr. dort in Fn. 50 - 70.

2137 *Isermann*, A. III. 3. a), S. 115; vgl. auch *Müller-Langguth*, NJW 1985, 1887 (1888) (zumindest für die Exklusion der Transportkosten).

2138 *Müller-Langguth*, NJW 1985, 900 (901).

2139 So *Isermann*, A. III 3. a), S. 115.

2140 Vgl. etwa *LG Frankfurt a.M.* NJW-RR 1993, 952.

2141 Vgl. etwa *Tempel*, RRa 1997, 131 (132) [2. a)]; *Bidinger/Müller*, § 651d Anm. 9, S. 128; *Führich*, Reiserecht, § 8 III. 1. c), Rn. 301.

2142 S. a. *Bidinger/Müller*, § 651d Anm. 5.

Weiterhin ist der zugrundezulegende Gesamtpreis doch Ausdruck des Wertes, den die Reise für den Reisenden hat; insofern ist eine Einbeziehung beispielsweise der Flugkosten gerechtfertigt, ein Mangel bei einer teureren Fernreise stellt eben auch aus Vermögenssicht eine größere Beeinträchtigung dar als eine entsprechend misslungene billigere Reise.[2143]
Im praktisch bedeutendsten Kostenanteil, den Flugkosten, stellt sich dieser eben nicht als Selbstzweck dar, er dient nur der Erlangung der eigentlichen Urlaubsleistungen vor Ort und weist keinen isoliert abtrennbaren Eigenwert auf,[2144] weshalb es gerechtfertigt erscheint, ihn auf die anderen Reisleistungen umzulegen.

Letztlich stellt sich dieser Streit um den Bezugspunkt der Minderung aber m. E. zumindest größtenteils als ein Scheinproblem dar, das sich überhaupt erst stellt, wenn man anfängt, die ohnehin vom Gesetz nicht geforderte Feststellung von Minderungsprozentsätzen zu verabsolutieren bzw. zu abstrahieren und auf andere Urteile zu übertragen. Ob man als Objekt der Minderung an die Teilleistung oder die Gesamtreise anknüpft, ist eigentlich irrelevant, man muss nur den Prozentsatz entsprechend anpassen, um im Endergebnis zur gleichen Minderung zu gelangen.[2145]

Mit anderen Worten, es macht keinen Unterschied, ob man auf die Teilleistung im Wert von 500 € abstellt und 40% Minderung ansetzt, oder ob man den Wert der Gesamtreise i. H. v. 1.000 € heranzieht und eine Quote von 20 % ansetzt - in beiden Fällen gelangt man zur gleichen zuzusprechenden Minderung um 200 €.

Allerdings - und das wird allgemein zu wenig beachtet von denjenigen, die den Streit um die Bezugsgröße völlig als Scheinproblem ansehen[2146] - stellt sich beim Abstellen auf die Einzelleistung das Problem, dass bei einer erheblichen Mangelhaftigkeit oder gar völligem Ausfall der Teilleistung die maximal mögliche Minderung auf den Wert der mangelhaften Einzelleistung gedeckelt wäre. Die Ausstrahlungswirkung dieses Mangels dahingehend, dass die Reise insgesamt über den Wert der Einzelleistung hinaus beeinträchtigt wird, könnte nicht berücksichtigt werden.

Offensichtlich ist es aber leicht vorstellbar, dass bei einer schweren Mangelhaftigkeit, einer völligen Vereitelung wichtiger Teilleistungen eine Wertminderung der gesamten Reise bis auf oder nahe Null vorliegen kann.[2147]

[2143] *Seyderhelm,* § 651d Rn. 17; vgl. auch *Tempel*, Materielles Recht (2. Aufl.), § 6 IV. 3. b) (2), S. 432.

[2144] So spricht *Tempel*, NJW 1985, 1885 [I. 3.], bzgl. des Fluges vom „Mittel zum Zweck und lästiges Übel" ohne isolierten Eigenwert; vgl. auch *ders.*, NJW 1985, 97 (99) [II. 1.]. S. a. *OLG Celle* RRa 2003, 12; s. zudem oben Zweiter Teil E. III. 5.) (S. 251); bea. hierbei, vom (fehlenden ablösbaren) materiellen Eigenwert der Beförderungsleistung strikt zu unterscheiden ist der (anzunehmende) immaterielle Wert des An- und Abreisetages als Teil des Urlaubserlebnisses im Sinne des § 651f II BGB; nach Ansicht des Verfassers ist ohnehin in beiden Fällen im Gegensatz zu einer tagesanteilbasierten Berechnung jeweils eine Gesamtbetrachtung der Reise zur Beurteilung vorzunehmen, wobei sich das Problem einer isolierten Bewertung der Beförderung nicht stellt.

[2145] Ebenso *Tonner*, Reisevertrag, § 651d Rn. 4; s. a. *Bidinger/Müller,* § 651d Anm. 5; *Isermann,* A. III. 3. a) a. E., S. 116, sowie *LG Hannover* NJW 1984, 2417 (2419); im Ergebnis auch *Führich*, Reiserecht, § 8 III. 1. b), Rn. 300 a. E.

[2146] S. die eben genannten (Fn. 2145).

[2147] Was bringt die mehrtägige Flugreise in eine entfernte Stadt wegen eines „Boxkampf des Jahrhunderts", wenn der Veranstalter dann dort keinen Eintritt zur Veranstaltung leisten kann (vgl. auch *Bartl*, S. 81, Tab.

Die Vertreter des engen Mangelbegriffs bzw. des Abstellens auf die Einzelleistung behelfen sich damit, dass sie eine über die Einzelleistung hinausgehende Beeinträchtigung bzw. Wertminderung als Schaden über § 651f I BGB erfassen wollen.[2148] Damit bringen sie aber unzulässigerweise das Verschuldenserfordernis dieses Schadensersatzanspruchs ins Spiel; der Veranstalter haftet vielmehr gem. des Gesetzeswortlautes § 651d I BGB *verschuldensunabhängig* für den Wert *der Reise*. Es ist somit unzulässig, für einen Teil der Wertminderung den Umweg über einen Schadensersatzanspruch einzuschlagen und so ein Verschuldenserfordernis aufzustellen.

Die Tatsache, dass der Minderungsprozentsatz durch Schätzung nach § 287 II ZPO bzw. nunmehr § 651d I 1 HS 2 BGB i. V. m. § 638 IV 2 BGB festgelegt wird, führt dazu, dass es hinsichtlich tatsächlich oder auch nur vermeintlich gleicher Reisemängel in der Rechtsprechung ganz unterschiedliche Minderungsprozentsätze gibt.

Schlotmann kritisiert, dass es die freie richterliche Schätzung zwangsläufig mit sich bringe, dass die gleiche Art von Mängeln oft zu völlig unterschiedlichen Minderungsquoten führe, und zeigt beispielsweise auf, dass hinsichtlich des Reisemangels „Baulärm" Urteile mit Minderungssätzen von 100%, 90%, 66%, 50%, 40%, 33%, 30%, 25% und 10% erfolgten, auch anlässlich von Verpflegungsmängeln wurde auf Minderungen von 100% bis unter 5% erkannt.[2149]

Das darf m. E. aber nicht verwundern, liegen diesen Urteilen doch auch unterschiedliche Sachverhalte und eben auch unterschiedlich starke Ausprägungen des Mangels zugrunde. Es liegt also in der Natur der Sache von derart unbestimmten Mangel(ober)begriffen wie „Baulärm" oder „Verpflegung", dass dadurch eine gewisse Spannweite von Minderungssätzen umfasst wird.

Soweit die unterschiedlichen Minderungssätze Unzufriedenheit bei den klagenden Reisenden hervorrufen mögen,[2150] so dürfte dies größtenteils auf einer Verkennung des Einzelfallbezugs der Urteile beruhen, die nur den jeweiligen Sachverhalt entscheiden und per se nur Rechts- und eben auch Aussagekraft inter partes haben.

Auch dort, wo tatsächlich in vergleichbaren Fallgestaltungen im wahrsten Sinne „zu unrecht" grob unterschiedlich entschieden wird, ist dies zwar zugegebenermaßen ärgerlich, ein starres Tabellenschema stellt aber keine Lösung, keinen tauglichen Ersatz für die notwendige individuelle Einzelfallbewertung dar;[2151] kasuistische Zusammenstellungen von Mängeln können allenfalls eine Hilfestellung im Sinne eines Seitenblicks bei der notwendigen Schätzung § 287 II BGB bzw. § 651d I 1 HS 2 BGB i. V. m. § 638 III 2 BGB im jeweils vorliegenden Einzelfall sein.

Pos. 88)? Wieviel ist eine Safarireise wert, auf der mitten in der Serengeti die „Teilleistung Verpflegung" entfällt, und wieviel eine Hochzeitsreise, auf der die eigentliche Hochzeit an sich aufgrund organisatorischer Fehler des Veranstalters ausfällt? S. a. *Führich, Reiserecht,* § 11 II. 4.d), Rn. 406 u. dort Fn. 138.

[2148] Vgl. *Tempel*, Materielles Recht (2. Aufl.), § 6 IV. 5 b) (2), S. 444, sowie *LG Frankfurt a.M.* in st. Rspr., vgl. NJW-RR 1989, 1213; 1993, 1330; 2002, 270.

[2149] *Schlotmann*, Recht, A. V. 3. b), S. 52.

[2150] So *Schlotmann*, Recht, A. V. 3. b), S. 53.

[2151] S. dazu eingehend Dritter Teil D. IV. (S. 366ff).

2.) Ausmaß der Minderung

Die Höhe der Minderung, bzw. in üblicherweise angewendeter Praxis des Minderungsprozentsatzes, hängt von der Intensität der Beeinträchtigung der Reise, ihrem Minderwert ab. Dieser ergibt sich zum einen aus der Art und Intensität des Mangels an sich, sodann aber auch auf die Reise bezogen aus der Dauer, wie lange diese Beeinträchtigung vorgelegen hat.

Unstrittig dürfte sein, dass im Rahmen der Minderung grundsätzlich auch eine Reduzierung des Reisepreises bis auf Null erfolgen kann, falls aufgrund der Schwere des Mangels die Reise insgesamt als wertlos anzusehen ist.[2152]

a) Dauer des Mangels

Es liegt auf der Hand, dass ein bestimmter Mangel schwerer wiegt, wenn er beispielsweise drei Tage lang statt nur zwei Tage lang vorliegt bzw. andauert. Das Minderungsrecht besteht dementsprechend gem. Wortlaut des § 651d I BGB „für die Dauer des Mangels", somit grundsätzlich vom Auftreten des Mangels[2153] bis zu seiner Beseitigung - oder eben bis zum Ende der Reise.

Bei einer zeitlich begrenzten Mangelhaftigkeit der Reise (sie kann ja auch zeitlich vollständig, von Anfang bis Ende mangelhaft sein) ist die Minderung also pro rata temporis vorzunehmen; die allg. Ansicht bzw. gängige Praxis stellt dann zur Berechnung der Minderung auf den Tagesreisepreis ab.[2154] Dieser ergibt sich aus dem Gesamtpreis der Reise geteilt durch die Anzahl der vertraglich vereinbarten Reisetage.[2155]

Tritt beispielsweise bei einer zehntägigen Reise mit einem Gesamtreisepreis von 2.100 € an vier Tagen ein Mangel auf, der eine 20%ige Minderung darstellt, so ergibt sich als Tagesreisepreis ein Betrag von (2.100 : 10) = 210 €, daraus bei 20% Minderung eine tägliche Minderung von (210 € x 20%) = 42 € und somit bei vier Tagen Dauer als Gesamtminderung ein Betrag von 42€ x 4 = 168 €.

Ein solches Abstellen auf Reise*tage* wird vom Gesetz nicht verlangt, und man könnte genausogut (oder gar besser) mit Halbtagen, Stunden o. ä. rechnen. Schließlich macht es einen Unterschied, ob eine gebuchte Unterkunft eineinhalb Tage nicht zur Verfügung stand, oder zwei volle Tage - der Ansatz über ganze mangelbehaftete Reisetage könnte hier nicht differenzieren.[2156] Er hat sich aber in der Praxis ebenso wie das Festsetzen von Prozentsätzen durchgesetzt.

Ein nicht hinterfragtes bzw. vordergründiges Abstellen auf Tage birgt dabei allerdings die Gefahr in sich, dass nur auf die Tage abgestellt wird, an denen die Störung vorhanden war,

---

[2152] Vgl. *Staudinger/J. Eckert*, § 651d Rn. 33; vgl. auch *Führich*, Reiserecht, § 8 III. 2. b) (2), Rn. 305; *BGH* NJW 2000, 1188 (1191).

[2153] Außer bei schuldhaft unterlassener Anzeige, dann gds. erst ab Anzeige s.o. Dritter Teil D. II. 2.) (S. 353f).

[2154] Vgl. etwa *Bidinger/Müller*, § 651d Anm. 7 a. E.; *Führich*, Reiserecht, § 8 III. 2. b) (1), Rn. 305 a. Anf.; *Tempel*, RRa 1997, 67 (68) [II. 2.].

[2155] *Teichmann*, JZ 2006, 499 (500) [IV. 2.].

[2156] Man könnte dies entweder über zwei eigene Minderungswerte für jeden Tag, oder aber pragmatisch und im Ergebnis zutreffend, wenngleich eben unter Systembruch über eine Anpassung des Minderungs-Intensitätsprozentsatzes lösen, im obigen Beispiel also statt 2 x 20% für zwei Tage bei eineinhalb Tagen 2 x 15%.

und damit Rück- sowie Nachwirkungen abgelehnt werden. Im ersteren Fall beeinträchtigt der Mangel auch einen früheren, ursprünglich mangelfreien Teil der Reise, im letzteren Falle wirkt der Mangel bzw. seine Folgen auch nach Beseitigung der eigentlichen Störung fort.[2157]

Die diesbezüglich ablehnende Ansicht eines Teils der Rechtsprechung[2158] zeigt sich exemplarisch an folgenden Ausführungen aus einem Urteil des *LG Düsseldorf*:[2159]

> „Bei der Minderung ist aber immer gemäß § 651 d Abs. 1 BGB auf die „Dauer des Mangels" abzustellen. Dementsprechend muss die Minderung grundsätzlich zeitanteilig auf die Reisetage berechnet werden. Abhängig von der Dauer des Mangels ist auch die begründete Preisminderung höher oder niedriger. Daraus folgt zwangsläufig, dass Reisetage, die seitens des Veranstalters dem Reisenden ohne Beeinträchtigung erbracht worden sind, bei der Berechnung der Reisepreisminderung nicht berücksichtigt werden dürfen. Ein mangelfreier Reisetag kann auch nicht rückwirkend dadurch mangelbehaftet werden, dass die bis dahin erreichte persönliche Erholung des Reisenden durch einen nachfolgenden Mangel - teilweise - beseitigt wird."

Dies verkennt, dass die Gesetzesformulierung eben nur die Intensität beschreibt, und nicht zwingend eine tagesabhängige Berechnung vorschreibt.[2160] Vielmehr ist die Dauer schlicht als Faktor bei der Bewertung der Mangelintensität zu berücksichtigen, weil eine Stunde Baulärm eben etwas anderes sind als zehn Stunden desselben Baulärms.

Auch lässt sich dem Gesetzeswortlaut keine Aussage gegen eine Nach- oder Rückwirkung entnehmen. Dass eine Störung auch nach- oder zurückwirken kann,[2161] ist von der Wortbedeutung der Formulierung „Dauer des Mangels" unproblematisch erfasst - die Reise kann auch zeitlich über das konkrete Vorliegen der Störung selber hinaus durch diese mangelbehaftet sein.

Die Möglichkeit der Rückwirkung bzw. Fort-/Nachwirkung von Reisemängeln ist daher grundsätzlich zu bejahen[2162] und im Einzelfall abhängig von der Beziehung zwischen Mangel und Reisecharakter bzw. Auswirkung des Reisemangels auf den Nutzen der Reise i. S. d. § 651c I BGB.

Thematisch verwandt ist, dass die fehlerhafte Interpretation des Merkmals der „Dauer des Mangels" bzw. zu enges Abstellen auf mangelbehaftete Reisetage auch eine unsachgemäße Deckelung der maximal möglichen Minderung auf den Betrag eines Reisetagespreises darstellt.[2163] Dies führt insbesondere bei Reisen mit besonderem Ereignis zu unbilligen Ergeb-

---

[2157] Vgl. *OLG Frankfurt a.M.* RRa 1998, 68 (70).

[2158] Vgl. die Nachweise zur unterschiedlichen Rspr. bei *Tonner*, Reisevertrag, § 651d Rn. 1 u. dort Fn. 1, sowie bei *Führich*, Reiserecht, § 8 III. 2. b) (2), Rn. 305, Fn. 102.

[2159] Vgl. *LG Düsseldorf* RRa 2000, 12.

[2160] So zutreffend bereits *Bartl*, 1. Kap. III. 8. b), Rn. 51 u. dort Fn. 125.

[2161] Vgl. *BGH* NJW 2000, 1188; s. a. *Staudinger/J. Eckert*, § 651d Rn. 3; *Führich*, Reiserecht, § 11 II. 4. d), Rn. 406; a. A. *Tempel/Seyderhelm*, § 7 IV. 3.c) (3), S. 500, vgl. auch *ders.*, unten Fn. 2164.

[2162] Vgl. *Führich*, Reiserecht, § 8 III. 2. b) (2), Rn. 305, sowie die Nachw. in Fn. 2161.

[2163] Auf der Seite, die eine Nach- oder Rückwirkung auf die Reise insgesamt ablehnt, finden sich konsequent zumeist zugleich Vertreter des engen Mangelbegriffs - s.o. Zweiter Teil C. II. 2.) (S. 147) - wieder. So wie von diesen die Reise als eine Gesamtheit an Reiseleistungen als geschuldeter Vertragsgegenstand abgelehnt wird, so wird auch eine Beeinträchtigung der Reise als Ganzes abgelehnt. Teilweise (insbesondere

nissen. So ruft beispielsweise im Rahmen einer Reise mit Hochzeit am Zielort oder eine Reise über Silvester mit Milleniumsfestivität zum Jahrtausendwechsel bei völligem Misslingen der Hochzeitsveranstaltung bzw. der Silvestergala eine insgesamte Mangelhaftigkeit der Reise hervor, die über den Betrag des betroffenen Reisetages bzw. Zeitraums des Andauerns der direkten Störung hinausgeht.[2164] Insofern spielt auch hierbei der jeweilige Reisecharakter zur Beurteilung des Vorliegens einer nach- oder rückwirkenden Beeinträchtigung der Reise als solcher die entscheidende Rolle.

In diesem Zusammenhang ist noch grundsätzlich zu beachten, dass auch der Zeitpunkt eines Mangelvorfalls häufig von Bedeutung sein wird, denn naturgemäß kann Ärger schon zu Beginn einer Reise tendenziell den gesamten restlichen Urlaub, die bezweckte Erholung, vermiesen, u. U. trotz stattgefundener Abhilfe bzgl. der unmittelbaren Störung, während bei einem Mangel gegen Ende der Reise in der Regel zumindest der Anfang unbelastet war. Es kommt also eher zu einer Nachwirkung, als zu einer Rückwirkung. Dieser Nachwirkungseffekt ist zwar konkret schwer quantifizierbar, es kann aber im Einzelfall gerechtfertigt erscheinen, ihn in die Überlegungen zum Minderwert der Reise mit einfließen zu lassen.[2165]

b) Bewertung der Beeinträchtigung und des Minderwertes

Ausschlaggebend für die Minderung ist die Intensität der Beeinträchtigung durch den Mangel, festzustellen ist das Ausmaß des Minderwertes gemessen am konkreten Reisecharakter der jeweiligen Reise.[2166]
Die Beurteilung der durch einen Mangel vorliegenden Wertminderung der Reise ist zwar objektiv, aber nicht allgemein-generell, sondern individuell-konkret am Reisecharakter der jeweiligen Reise auszurichten.[2167] Besondere Bedeutung für die Schwere eines Mangels können hierbei insbesondere die Aspekte der Reiseart sowie einer gegebenen Zusicherung, die in der Regel auf eine besondere Bedeutung einer Eigenschaft hindeutet, haben. Beispielsweise wird das Fehlen oder die Unbenutzbarkeit des Hotelstrandes im Rahmen eines Badeurlaubs eine ganz andere Bedeutung haben, als wenn das Hotel ohnehin nur als Unterkunft im Rahmen einer Städtereise mit umfangreichem Programm genutzt wird.

Mit der mittlerweile festen Praxis der Verwendung von Prozentsätzen zur Quantifizierung der Minderung wurde die Grundlage geschaffen, um durch Tabellen für bestimmte Beein-

---

bei Unfällen/Verletzungen) behelfen sich die Vertreter dieser Ansicht im Falle einer Mangelhaftigkeit, die über den Wert hinausgeht, den der Zeitraum des Vorliegens der Störung überhaupt hat, damit, dass die überschiessende Beeinträchtigung zumindest bei einer Nachwirkung im Rahmen eines Anspruchs aus § 651f I BGB zu berücksichtigen ist, vgl. *OLG Frankfurt a.M.* RRa 1998, 68 (70) [2.2 a)], *Tempel*, RRa 1997, 67 (69) [IV. 2.]; dies ist m. E. nicht nur umständlich, sondern verfehlt, u. a. weil § 651f I BGB ein Verschulden erfordert und somit vom Charakter als Schadensersatz her etwas ganz anderes ist als die Feststellung eines verschuldensunabhängigen Minderwertes der Reise, der eben die gesamte Reise erfassen kann.

2164 A. A. *Tempel*, RRa 1997, 131 (132f), sowie *ders.*, RRa 1997, 67 (69f) [IV. u. V.] - aufgrund seines engen Mangelbegriffs, des Abstellens auf einzelne Teilleistungen und der Ablehnung des geschuldeten Erfolgs der Reise als Ganzes jeweils konsequent, aber aus diesem Grund eben auch abzulehnen; a. A. hinsichtlich der Rückwirkung auch *Bidinger/Müller*, § 651d Anm. 7.

2165 Vgl. hierzu auch Zweiter Teil E. II. (S. 248).

2166 S. o. Zweiter Teil D. I. 4.) (S. 191).

2167 Vgl. auch . *Führich, Reiserecht,* § 8 III. 2. c), Rn. 306.

trächtigungen zugleich bestimmte Minderungsprozentsätze festzuschreiben oder auch nur sammelnd festzustellen.[2168] Dies soll vorgeblich vor allem eine Gleichbehandlung ermöglichen, auch zu mehr Rechtssicherheit führen und dadurch gleichzeitig das Kostenrisiko einschränken können.[2169]

Eine derart uniforme Gleichbehandlung ist aber schon vom Ansatz her nicht erstrebenswert. Das Prinzip der Gleichbehandlung beinhaltet umgekehrt auch die ebenso wichtige Forderung, Ungleiches ungleich zu behandeln:[2170] Reisen unterscheiden sich, und je nach Reisecharakter der jeweiligen Reise bedeutet der gleiche Mangel eine ganz unterschiedliche Beeinträchtigung.

Trotz der geäußerten Kritik, auf die gerade die ursprüngliche sogenannte „Frankfurter Tabelle“ gestoßen ist (s. u.), können derartige Tabellen möglicherweise hilfreich sein, teilweise wird trotz Bedenken gleichzeitig die Verwendung von Tabellen letztlich für unumgänglich[2171] gehalten; zudem ist das Thema Minderungstabellen durch neue Vorstöße in dieser Richtung, neue Minderungstabellen im Sinne von Zusammenstellungen nach wie vor aktuell. Daher soll auf diese Mangel- bzw. Minderungstabellen und die Beurteilung derselben eigens näher eingegangen werden.[2172]

Hier bleibt zunächst festzuhalten, dass die Beurteilung der Intensität einer Beeinträchtigung durch einen Mangel, der Minderwert der Reise, in einer an allen Facetten des Reisecharakters auszurichtenden individuellen Betrachtung des jeweiligen Einzelfalls zu erfolgen hat, und nicht anhand einer generellen Einzelbetrachtung katalogisierter Kasuistik oder anhand eines notwendigerweise grob abstrakten Berechnungssystems einer Tabelle.

c) Mitverschulden des Reisenden an der Mangelhaftigkeit

Nach herrschender Meinung wird eine schuldhafte Verursachung oder ein Mitverschulden des Reisenden an der Mangelentstehung bei der Minderung nicht berücksichtigt.[2173]

Dieser kategorische Ausschluss, dass ein erhebliches Mitverschulden des Reisenden an der Mangelentstehung völlig außer Betrachtung bleibt bzw. eine Beteiligung des Reisenden an der Mangelentstehung ohne Berücksichtigung bleibt, ist in dieser Absolutheit nicht überzeugend.

2168 Vgl. *Soergel/H.-W. Eckert*, § 651d Rn. Rn. 9.

2169 *Soergel/H.-W. Eckert*, § 651d Rn. Rn. 9; *Tempel*, Materielles Recht (2. Aufl.), § 6 IV. 3. b) (5), S. 434; gerade das Ziel einer Gleichbehandlung wird vom maßgeblichen Schöpfer der Frankfurter Tabelle, *Tempel*, als Ziel der Tabelle in den Vordergrund gerückt, siehe *ders.*, NJW 1985, 97 (98) [I. 4. a)].

2170 Zum *grundrechtlichen* Gleichheitsgebot, das aber in seinem Kern als ein Prinzip der Gleichbehandlung hier in seinen elementaren philosophischen Wesenszügen auf den u. a. von *Tempel* allegierten „Gleichbehandlungsgrundsatz“ übertragbar ist, vgl. *Pieroth/Schlink*, § 11 II. 2., Rn. 436; vgl. auch *BVerfGE* 49, 148 (165) u. 86, 81 (87).

2171 Vgl. etwa *Tonner*, Reisevertrag, § 651d Rn. 6.

2172 S. u. Dritter Teil D. IV. (S. 366).

2173 Vgl. etwa *Tempel/Seyderhelm*, § 7 IV. 3. c) (4), S. 501; *Führich*, Reiserecht, § 8 III. 2. a), Rn. 304. *Seyderhelm*, § 651d Rn. 2, erkennt sogar ausdrücklich an, dass dies „im Einzelfall zu unbefriedigenden Ergebnissen führen“ kann. Unklar allerdings bei *Staudinger/J. Eckert*, § 651d Rn. 1, ob er die Aussage „ein Minderungsverlangen ist niemals treuwidrig“ in dieser wörtlichen Absolutheit verstanden haben will und somit auch auf die Fälle der Mitverursachung durch den Reisenden bezieht.

Die Frage einer Mitverursachung, eines Mitverschuldens des Reisenden stellt sich auch nicht nur bei Unfällen, wie *Tempel* dies andeutet und dies allein über einen Schadensersatzanspruch inklusive Anwendung des § 254 I BGB lösen will.[2174]
Zu denken ist bspw. an eine grob fahrlässig unsachgemäße Behandlung des Zimmers bzw. des Mobiliars (Beschädigung des Telefons, eigenmächtige Manipulation an der Klimaanlage bzw. Schlag dagegen, weil sie vermeintlich nicht funktioniert; versehentliches Überlaufenlassen der Badewanne und dadurch Nässe und Beschädigungen im Bad), welches dann bei entstandener Beschädigung als schadhaft in Form eines Reisemangels gerügt wird.
Es ist schlichtweg nicht einzusehen, dass im Extremfall ein Reisender aus Verärgerung über das schlechte Ergebnis der von ihm favorisierten Mannschaft nach oder bei der Übertragung eines Fußballspiels dem Fernsehunterbau einen Tritt gibt, dieser aufgrund der etwas zu unsoliden Bauweise des Möbels zusammen- und umfällt, der Fernseher dadurch zerstört wird und hernach der frustrierte Fußballfan ungeschmälert das Fehlen eines funktionsfähigen Fernsehgeräts in seiner entsprechend gebuchten Unterkunft als Reisemangel geltend machen kann - immerhin eine Minderung von 5 bis 15% gem. Pos. I. 5. h) der Frankfurter Tabelle.[2175]

Es hilft auch nicht weiter, dass umgekehrt der Veranstalter möglicherweise in solchen Fällen wegen der Beschädigung einen Anspruch gegen den Reisenden aus p.V.V. wegen Nebenpflichtverletzung §§ 280 I, 241 II BGB hat, der nach Feststellung einer Minderung mit derselben verrechnet bzw. derselben entgegengehalten werden kann, was letztlich auf eine „Minderung der Minderung" hinauslaufen würde. M. E. überzeugt auch dieser Ansatz nicht, dass der Reisende somit im Ergebnis die Haftung für seine Nebenpflichtverletzung über die zugesprochene Minderung effektiv einschränkt. Dieses Vorgehen erfordert zudem ein schuldhaftes Verhalten des Reisenden bei der Verursachung.
Vielmehr muss schon vorher bei der Minderung angesetzt werden. In solchen Fällen erscheint es allein sachgerecht, dem Reisenden keinen oder nur eine entsprechend seiner Mitverursachung reduzierte Kompensation zukommen zu lassen. Der von *Isermann* bzw. *Pick* gewählte Weg einer analogen oder gar direkten Anwendung des § 254 I BGB[2176] erscheint dogmatisch bedenklich, handelt es sich doch vorliegend um eine verschuldensunabhängige Minderung des Reisepreises, nicht um einen Schadensersatz.
Hingegen erscheint es - trotz im allgemeinen nachvollziehbaren Unbehagens bei der Heranziehung dieser Norm - in diesem Fall angezeigt, bei weit überwiegendem Verschulden des Reisenden diesem aus § 242 BGB aus Treu und Glauben zu verwehren, wegen des von ihm

[2174] *Tempel*, Materielles Recht (2. Aufl.), § 6 IV. 3. b) (4), S. 433f.
[2175] *Seyderhelm*, § 651d Rn. 2, deutet an, dass er Fälle eines alleinigen Verschuldens des Reisenden dergestalt lösen will, dass alleinig herbeigeführte Reisefehler schon keinen Reisemangel darstellen; dies ist zutreffend und folgt aus konsequenter Anwendung der Risikosphärentheorie der Mangeldefinition, siehe oben Zweiter Teil C. III. 1.) (S.154). Dieser Ansatz versagt aber in all den Fällen, in denen auch den Veranstalter eine Mitschuld an der letztlichen Schadens- bzw. Mangelentstehung trifft.
[2176] Direkte Anwendung des „§ 254 BGB" durch *Pick*, § 651d Rn. 80, allerdings ohne nähere Erläuterung; „entsprechende Anwendung" bei *Isermann*, A. III. 3. c), S. 118, „trotz" erkannter eigentlicher Verschuldensunabhängigkeit des Minderungsanspruchs, mit Verweis auf *LG Hildesheim* NJW-RR 1988, 1333, und *LG Frankfurt* NJW-RR 1990. 571.

verursachten Mangels eine Minderung geltend zu machen:[2177] dies stellt sich m. E. als eine *tatsächliche* Unterform des venire contra factum proprium dar; die Betonung liegt hier auf einem faktisch-tatsächlichen *factum*, der Reisende hat durch tatsächliche Handlung die Voraussetzung des Mangels geschaffen, auf den er sich dann für eine Minderung beruft. Letztere ist ihm gänzlich oder zu dem Teil, zu dem er sich seine Mitverursachung im Einzelfall anrechnen lassen muss, zu verwehren.

d) Kompensation mit Zusatzleistungen

Gelegentlich wird durch den Veranstalter bzw. in seiner Vertretung durch die Reiseleitung vor Ort auf angezeigte Mängel reagiert, indem dem Reisenden eine Kompensation mit nicht geschuldeten Zusatzleistungen angeboten wird. Denkbar ist beispielsweise, dass einem Reisenden bei Mängeln der Unterkunft (Lage, Lärm, Größe o. ä.) ein kostenloses „Upgrade" von der gebuchten Halbpension auf Vollpension angeboten wird. Dies entspricht sicherlich häufig nicht einer böswillig kalkulierten „Abfindungsfalle", sondern oftmals einem echten Bemühen des Veranstalters, mit den vor Ort zur Verfügung stehenden Mitteln pragmatisch für Zufriedenheit bzw. - untechnische - „Entschädigung" beim Reisenden zu sorgen. Das mag unjuristisch auch zum Ziel führen und hat in der Lebenswirklichkeit daher sicherlich eine nicht zu unterschätzende, positive Bedeutung.
Eine rechtliche Pflicht zur Annahme einer solchen vertragsfremden Zusatzleistung kann allerdings offensichtlich nicht bestehen.[2178] Doch ist auch darüber hinaus einer solchen Kompensation, die nicht mit der Abhilfe durch wesensgleiche Ersatzleistung[2179] verwechselt werden darf, zumindest eine rechtliche Wirkung abzusprechen, und zwar wegen § 651m S. 1 BGB sowie aus den oben dargestellten[2180] Überlegungen zur (unwirksamen) Verzichtserklärung des Reisenden in der Urlaubssituation vor Ort.[2181]

Zumindest im Prinzip - denn nimmt der Reisende eine solche Kompensationsleistung im Urlaub vorbehaltlos an oder gibt sogar einen entsprechenden Verzicht auf Gewährleistungsrechte zu erkennen, so muss ihn in einem späteren Prozess die Darlegungslast dafür treffen, warum wegen der besonderen Situation o. ä. der Wert der einvernehmlichen Kompensation im Rahmen einer Minderung nicht zumindest teilweise zu berücksichtigen sei. Ansonsten wäre der Wert einer solchen Kompensation, allerdings am Reisecharakter ausgerichtet, mit in die Überlegungen zur „Beeinträchtigung des Nutzens der Reise" einzubeziehen.

IV. Minderungstabellen

Wie schon dargestellt, ist die häufigste Art der Gewährleistung im Reiserecht die Minderung,[2182] und dabei das zentrale Problem die Beurteilung, welche Beeinträchtigungsintensi-

---

2177 Diesbezüglich „ausdrücklich erhebliche Bedenken" hat *Führich*, Reiserecht, § 8 III. 2. a), Rn. 304.
2178 S. *Seyderhelm*, § 651d Rn. 24 a. E.
2179 S. o. Dritter Teil B. II. 5.) (S. 331).
2180 S. o. Dritter Teil B. II. 4.) c) (S. 329).
2181 Insofern noch zu weitgehend *Seyderhelm*, § 651d Rn. 24.
2182 S. a. *Schmid*, NJW 2005, 2945.

tät dem vorgefundenen einzelnen Mangel beizumessen ist (woraus sich dann direkt die Minderung ableitet, s.o.).[2183] Bereits angedeutet wurde zudem auch, dass sich in diesem Zusammenhang im Reiserecht tabellarische Zusammenstellungen von Reisemängeln gebildet haben, in denen sich ein System oder eine Kasuistik von Minderungsprozentsätzen für bestimmte Mängel findet.

Auf die Bedeutung bzw. die Rolle, die derartige Minderungstabellen bei der Mangelbewertung haben können, soll im Folgenden näher eingegangen werden. Eine Sonderrolle nimmt hierbei sowohl von Struktur und Aufbau, wie auch vom Ansatz und auch der Bekanntheit her die sogenannte „Frankfurter Tabelle“ ein.[2184]

1.) Wesen der Minderungstabellen allgemein

Für den mangelbeschwerten Reisenden wie auch für seinen Anwalt in der vorprozessualen Situation stellt sich regelmäßig das Problem der Einschätzung des konkret vorgefallenen Mangels im Hinblick auf die Höhe einer geltend zu machenden Minderung,[2185] nicht nur wegen des anzusetzenden Streitwertes, der die zu erwartenden Gebühren, im Einzelfall aber auch die sachliche Gerichtszuständigkeit (§§ 23 Nr.1, 71 I GVG) beeinflusst, sondern auch zur Einschätzung, ob auf ein außergerichtliches Angebot des Veranstalters eingegangen werden oder was von einem solchen verlangt werden soll.[2186] Den mit Reklamationen befassten Sachbearbeitern und letztlich auch den schlussendlich mit einer eingereichten Klage befassten Richtern ergeht es in der konkret quantitativen Beurteilung des Reisemangels ähnlich.

Trotz Berücksichtigung der Vielzahl bzw. geradezu Unzahl aller möglichen Erscheinungsformen von Mängeln und der oftmals ausschlaggebenden Besonderheiten des Einzelfalls bestand und besteht daher der Bedarf an einer zumindest groben und ersten Orientierungshilfe in der Weite des Ermessens des § 287 ZPO bzw. § 651d I 1 HS 2 BGB i. V. m. § 638 IV 2 BGB und im Dickicht vieler oft widersprüchlich ergangener Einzelentscheidungen der Gerichte.

Eine gewisse faktische Rechtsvereinheitlichung ergibt sich zwar daraus, dass sich aufgrund der Marktkonzentration auf Seiten der Reiseveranstalter die ganz große Mehrzahl der klagenden Urlauber vor den entsprechenden Amts- und Landgerichten in Düsseldorf, Hannover, Frankfurt a.M. sowie auch München, Hamburg, Duisburg und Köln wiederfindet, wo sich die jeweiligen Firmensitze der großen Reiseveranstalter befinden.[2187]

2183 S. o. Dritter Teil D. I. (S. 350), D. III. (S. 356), D. III. 2.) b) (S. 363).

2184 Dazu näher im Folgenden Dritter Teil D. IV. 2.) b) (S. 371) u. insbesondere D. IV. 3.) (S. 377ff).

2185 Vgl. etwa *Schattenkirchner*, NJW 2005, 2506, Erläuterung Absätze 2 u. 4.

2186 S. a. *Schattenkirchner*, Preisminderung, Vorwort, S. VI.

2187 Die sechs führenden deutschen Reisekonzerne TUI, Thomas Cook, Rewe Touristik, Alltours, Öger und FTI deckten im Jahre 2005 zusammen 81,8 % des effektiven Pauschalreisemarktes ab (s. o. Fn. 49), was zu einer entsprechenden Konzentration von Klagen vor den jeweils örtlich zuständigen Gerichten dieser Unternehmen oder Ihrer Subunternehmen führte. Dies betrifft jeweils *AG* u. *LG Hannover* bzw. *OLG Celle*; *AG Oberursel*, *AG Königstein i. Ts.*, *AG*, *LG* u. *OLG Frankfurt a.M.*; *AG* u. *LG Duisburg*, *AG*, *LG* u. *OLG Düsseldorf*; *AG*, *LG* u. *OLG Köln*; *AG*, *LG* und *OLG Hamburg* sowie *AG*, *LG* und *OLG München*; vgl. auch *Tonner*, Reisevertrag, Einl Rn. 33. Die Konzentration an den Unternehmenssitzen der Reisekonzerne

Insofern erfolgt zumindest an den dortigen Landgerichten durch diese als Berufungsinstanzen der meist vor den jeweiligen Amtsgerichten eingereichten Klagen - nämlich die der Reisenden auf (teilweise) Rückzahlung der regelmäßig im Voraus vollständig gezahlten Reisepreise - eine gewisse, wenn auch sehr beschränkte faktische lokale Rechtsvereinheitlichung und damit auch -sicherheit.[2188]

Dennoch erweist es sich in diesem Zusammenhang als problematisch, dass aufgrund der regelmäßig niedrigen Streitwerte (mit dem AG als Erst- und nicht selten letzter Instanz sowie gegebenenfalls im entsprechenden Instanzenzug das LG als Berufungsinstanz)[2189] kaum verbindliche höchstrichterliche Rechtsprechung existiert,[2190] die einen Grundstock aussagekräftiger und widerspruchsfreier Minderungssätze und Regeln hierzu liefern könnte.

Zwar gab und gibt es auch im Bereich des Reiserechts die übliche Zusammenstellung einschlägiger Kasuistik in den entsprechenden Kommentaren zu den §§ 651a ff BGB,[2191] regelmäßige aktuelle Darstellungen neu ergangener Rechtsprechung in Artikeln in den einschlägigen Fachzeitschriften[2192] und sogar umfangreiche Werke, die reine Entscheidungssammlungen reiserechtlicher Urteile darstellen[2193].
Um die große Zahl v. a. amtsgerichtlicher Entscheidungen zu ordnen und als Einschätzungshilfe im o.g. Sinne nutzbar zu machen, hat sich aber zudem wie in einigen anderen Rechtsgebieten auch[2194] die Erstellung von Tabellen als Arbeitshilfe angeboten. Nicht we-

---

ist eine direkte Folge der Vorleistungspflicht des Reisenden, der im Mangelfall sein bereits gezahltes Geld zurückerstreiten muss, vgl. auch BGH NJW 1987, 1931 (1933f); vgl. a. Erster Teil C. I. 3.) (S. 66).

2188 S. *Willingmann*, RRa 1997, 91.

2189 Vgl. auch *Tonner*, Reisevertrag, Einl Rn. 32.

2190 Optimistisch zu einer heute zunehmend „zurückgewonnenen Steuerungsfunktion des *BGH*" auch im Reiserecht durch neuere Änderungen im Revisionsrecht vgl. *Tonner* in seiner Anmerkung zu *BGHZ* 161, 389 in JZ 2005, 734; hingegen etwas skeptischer bzgl. der Wahrnehmung einer klärenden Rolle durch den *BGH* ist *Schmid* in seiner Anmerkung zum gleichen BGH-Urteil in LMK 2005, 66 (67), der dem BGH nahelegt, die seltenen Gelegenheiten auch zu klärenden obiter dicta zu nutzen.

2191 Vgl. etwa *Palandt/Sprau*, § 651c Rn. 3; *Tonner*, Reisevertrag, S. 121-160 („Anhang zu § 651c – Mängelliste"); *Kaller*, Reiserecht, Rnn. 155ff; *Führich*, Reiserecht, § 9 II., Rnn. 313ff; *Bidinger/Müller*, „Anhang zu § 651d", S. 135-147.

2192 Vgl. etwa zuletzt *Schulz*, Rechtsprechungsübersicht zum Reiserecht 2004 bis 2006, VuR 2006, 177ff; *Teichmann*, Die Rechtsprechung zum Reiserecht in den Jahren 2001 bis 2005, JZ 2006, 445ff und 499ff.

2193 Vgl. die „Fremdenverkehrsrechtlichen Entscheidungen" von *Klatt* bis 1988; am bekanntesten heute wohl die „Reiserecht-Entscheidungen" von *Eisner*, mittlerweile in 6. Auflage. *Tempel* vermag am Beispiel des Mainzer Minderungsspiegels - s. u. Dritter Teil D. IV. 2.) d) (S. 374) - ohnehin keinen Unterschied zwischen umfangreichen Mängeltabellen und den „üblichen Mängel- und Minderungsübersichten" in der einschlägigen Literatur zu erkennen, vgl. *Tempel*, RRa 2000, 67, u. dort Fn 10 zu entsprechenden Übersichten. In der Tat ist der Übergang fließend; statt eines festen Unterscheidungskriteriums ergibt sich die Abgrenzung nur durch eine Gesamtwürdigung aus verschiedenen Aspekten wie äußere Tabellenform, eigenständige Herausstellung, Struktur etc. Hinsichtlich der Verwendung ist es ohnehin nur eine begriffliche Unterscheidung, eine gut geordnete, systematische und umfassende Kasuistik in einem Handbuch oder Kommentar wird in der Tat eine ebenso nützliche Arbeitshilfe darstellen. Minderungstabellen haben selbstredend kein Monopol darauf, hilfreich zu sein.

2194 Man denke etwa an die berühmte „Düsseldorfer Tabelle" für Unterhalt mit den unterhaltsrechtlichen Leitlinien der OLGe, die „Bremer Tabelle" zur Berechnung des Altersvorsorgeunterhalts, oder die für die praktische Anwaltstätigkeit so wichtigen Schmerzensgeldtabellen von *Hacks/Ring/Böhm* (Schmerzensgeldbeträge, 24. Aufl., 2006), *Slizyk* (Beck'sche Schmerzensgeldtabelle, 5. Aufl., 2006) oder Jaeger/Luckey (Schmerzensgeld, 4. Aufl., 2007); interessant gerade auch das ausgeklügelte tabellengestützte Berechnungssystem von Schulz-Borck/Hofmann zur Ermittlung des Haushaltsführungsschadens („Schadenersatz bei Ausfall von Hausfrauen und Müttern im Haushalt", 6. Aufl., 2000).

niger wichtig bzw. zu unterschätzen wäre auch der zur Vereinheitlichung der bundesweiten Rechtsprechung zu Reisemängeln beitragende Effekt solcher Tabellen - entsprechende Akzeptanz vorausgesetzt. Gerade aber auch die Bedeutung solcher Tabellen in der anteilmäßig viel bedeutenderen außergerichtlichen Kommunikation und Streitbeilegung zwischen Reisendem und Reiseveranstalter liegt auf der Hand.

2.) Einzelne Minderungstabellen

Existierte zunächst für lange Zeit lediglich die vom *LG Frankfurt a.M.* erstellte Tabelle[2195] (s. dazu im Folgenden), so haben sich gerade in jüngster Zeit hierzu aus verschiedenen Gründen „Konkurrenzmodelle" entwickelt.

Wegen der enormen praktischen Bedeutung der Reisemängeltabellen und gerade auch wegen des hohen Bekanntheitsgrades des gleichwohl nicht unumstrittenen *Begriffs* „Frankfurter Tabelle" im Reisevertragsrecht ist es angezeigt, sich mit Bedeutung und Bewertung dieser Tabellen im Folgenden eingehender auseinanderzusetzen.

a) Schadenstabelle (*Bartl*)

Bereits wenige Monate nach Einführung des Reisevertragsrechts der §§ 651a ff BGB gab es schon in dem im Frühjahr 1979 erschienenen Werk von *Bartl*[2196] zum Reiserecht eine sog. „Schadenstabelle"; in der zweiten Auflage 1981 wurde die Tabelle selbst dann geringfügig um einzelne Entscheidungen und die Monographie um eine „Fallsammlung"[2197] im Anschluss an die Tabelle ergänzt. Bei letzterer handelt es sich um eine Aufstellung kurzer Ausführungen zu alphabetisch geordneten Stichpunkten.

Die Schadenstabelle beschränkt sich entsprechend ihrem Namen nicht nur auf Minderungsfälle - im Gegenteil betont Bartl in seinen Anmerkungen[2198], dass „auch einige Minderungsfälle" aufgenommen wurden. Tatsächlich enthält sie dann aber doch vorwiegend Minderungswerte, die bemerkenswerterweise häufig noch absolute Beträge und keine Prozentsätze sind.[2199]
Die Beschreibung der einzelnen Urteile ist zwar an sich knapp, relativ zu den späteren Tabellen (s. im Folgenden) sowohl in Ansatz wie auch Ausführung aber beinahe geradezu detailliert. Dies deutet sich schon daran an, dass die gerade einmal 100 Urteile auf 23 Seiten präsentiert werden.[2200]
Die Urteile werden nach laufender Nummer aufgeführt, die Anordnung erfolgt aber kurioserweise ohne jegliche thematische Differenzierung, sondern ansteigend nach Höhe des

---

[2195] S. dazu Dritter Teil D. IV. 2.) b) (S. 371).
[2196] *Bartl* war zu dieser Zeit Richter am *AG*, zeitweise *OLG*, in *Frankfurt a.M.*, siehe diesbezüglich auch die Anmerkungen zu *Tempel* als ebenfalls in Frankfurt tätigem Richter und Schöpfer der im Anschluss dargestellten „Frankfurter Tabelle", s. dort Fn. 2207.
[2197] *Bartl*, Reiserecht 2. Aufl., Erstes Kapitel III. 10. i), S. 113-131.
[2198] *Bartl*, Reiserecht, Erstes Kapitel III. 10. g), Rn. 103, S. 60.
[2199] Zur Verwendung von Minderungsprozentsätzen vgl. auch Dritter Teil D. III. 1.) b) (S. 357).
[2200] S. *Bartl*, Reiserecht, Erstes Kapitel III. 10. h), S. 62-84; in der zweiten Auflage leicht erweitert durch Aufnahme einzelner neuer Urteile auf dann insgesamt 25 Seiten (S. 88-112).

erkannten Minderungsprozentsatzes.
Nach der ersten Spalte der *laufenden Nummer* folgen neun weitere Spalten: *Gericht* nach Gerichtsbezeichnung, Datum, Az. und gegebenenfalls - eher selten - mit Fundstellennachweis; *Reiseart* mit einer reisekatalogartigen und auch daran erinnernde Abkürzungen verwendenden Kurzbeschreibung wesentlicher Elemente wie Halbpension, Reisedauer, Anzahl teilnehmender Personen (Erwachsene/Kinder) etc.; *Preis* der Reise; *Mängel* mit Beschreibung der jeweiligen Störung; *Minderwert* gegebenenfalls mit Erläuterung des Bezugsobjekts; zugesprochene *Aufwendungen*; Schadensersatz für *vertane Urlaubszeit*; der errechnete *Gesamtschaden* als Summe aus den vorhergehenden Wertangaben; zuletzt *Anmerkungen*, die häufig stichpunktartig auf die Besonderheiten des Falls eingehen oder eine Kurzbewertung des Urteils durch *Bartl* enthalten.

Die „Schadenstabelle" soll laut Intention ihres Schöpfers die meist nicht veröffentlichten Entscheidungen zum Reiserecht interessierten Kreisen zugänglich machen.[2201] Sie dient nach *Bartl* vor allem dem Zweck, „dem Richter in beschränktem Rahmen Vergleichsmöglichkeiten zu schaffen".[2202] Im Vorwort erweitert er dies allerdings dahingehend, die „Schadenstabelle" dürfte „für den Reisekaufmann ebenso von Interesse sein ... wie für den Richter oder den beratenden Staatsanwalt[2203]", darüber hinaus aber auch für den Reisenden und die einschlägigen Unternehmen und Verbände.

Positiv bemerkenswert an dieser Zusammenstellung ist die erkennbare Hingabe und beinahe schon Detailliertheit der Angaben, sowie der allein schon lobenswerte Ansatz, überhaupt eine derartige Tabelle, zudem aus zumeist unveröffentlichten Urteilen, zu erstellen.[2204] Dies zu einer Zeit, zu der das Reiserecht noch in den Grundzügen und weitgehend abseits des Interesses der Rechtswissenschaft lag.[2205]
Trotz dieser Sympathie, die das Werk *Bartls* hervorrufen muss, weist es leider aus heutiger Sicht nicht von der Hand zu weisende Mängel auf. Zum einen fehlt der Tabelle eine Systematik, die eine gezielte Suche bzw. Recherche innerhalb der doch hundert Urteile umfassenden Zusammenstellung ermöglicht. Vor allem aber macht es die Ungnade der frühen Geburt völlig unmöglich, diese Tabelle heute noch zu verwenden: die zitierten Urteile stammen praktisch durchweg aus einer Zeit, zu der es die heute geltenden Normen des Reisevertragsrechts noch gar nicht gab, man behalf sich größtenteils mit den Normen des Werkvertragsrechts.[2206] Die gesammelten Entscheidungen beruhen auf einem damaligen, im Vergleich zu heute teilweise erheblich anderen Verständnis elementarer Fragen des Reiserechts, sie sind in Rechtsgrundlage und Ergebnis schlicht veraltet. Die Tabelle ist daher allenfalls noch von (reise-)rechtshistorischem Wert.

2201 Vgl. *Bartl*, Reiserecht, im Vorwort.
2202 *Bartl*, Reiserecht, Erstes Kapitel III. 10. g), Rn. 103, S. 60.
2203 Man merkt, dass das Werk noch aus einer anderen Zeit stammt!
2204 Vgl. *Schmid*, NJW 2005, 2945 (2946): „Mutter aller Reisepreisminderungsübersichten"; anzumerken ist allerdings, dass sie aber auch inhaltlich gerade nicht fokussiert auf Minderung abstellte.
2205 Vgl. *Bartl*, Reiserecht, im Vorwort.
2206 S. o. zur Geschichte Erster Teil A. I. (S. 12ff).

b) Frankfurter Tabelle zur Reisepreisminderung (*Tempel*)

Schöpfer der geradezu berühmten Frankfurter Tabelle ist *Tempel*, der in der Erstauflage seines bekannten Lehrbuchs „Materielles Recht im Zivilprozeß" im Jahre 1983 im Rahmen des Kapitels über prozessuale Fragen des Reisevertragsrechts erstmals seine „auf den Erfahrungen des Verfassers in Reisevertragssachen" beruhende Tabelle vorstellte, die schon zu diesem Zeitpunkt erkennbar die Grundzüge der späteren Frankfurter Tabelle aufwies. *Tempel* war Vorsitzender Richter der 24. Zivilkammer des Frankfurter Landgerichts, welches als Berufungskammer für Reisevertragssachen auf diese Rechtsmaterie spezialisiert war.[2207] Die Tabelle wurde etwas überarbeitet[2208] 1985 offiziell als „Frankfurter Tabelle" in der NJW veröffentlicht.[2209]

Dass ausgerechnet das *Landgericht Frankfurt a.M.* bzw. genaugenommen dessen 24. Zivilkammer diesen anspruchsvollen Versuch einer Katalogisierung und Schematisierung der Reisemängel unternommen hat, kommt nicht von ungefähr, sondern rührt schlicht daraus, dass im Sprengel dieses Landgerichts einer der bedeutendsten Reisekonzerne seinen Sitz hat und daher die dortige Zivilgerichtsbarkeit örtlich zuständiges Gericht des Beklagten (vgl. § 17 GVG)[2210] für eine große Zahl an Reisenden ist, die den ansässigen Reiseveranstalter wegen vermeintlicher oder tatsächlicher Mängel an dessen Firmensitz verklagen. Die 24. Kammer des *Landgerichts Frankfurt a.M.* ist hierbei als Berufungskammer zuständig für alle erstinstanzlichen amtsgerichtlichen Reiseprozesse und zeichnet in dieser Spezialisierung unter ihrem Vorsitzenden *Tempel* als Herausgeberin der 1985 veröffentlichten „Frankfurter Tabelle zur Reisepreisminderung".

Obwohl *Tempel* die wenige Jahre zuvor erschienene „Schadenstabelle" seines Kollegen *Bartl* ausdrücklich als verdienstvoll bezeichnet,[2211] wählt die Frankfurter Tabelle einen radikal anderen Weg in Ansatz und Konzeption: im Gegensatz zur Fallsammlung will die Frankfurter Tabelle ein in sich geschlossenes abstraktes System zur Mangelbeurteilung schaffen.

Inhaltlich gibt sie in sehr knappem, konzisen Stil Mangelbeschreibung und Minderungsprozentsätze zu insgesamt 73 Positionen wieder, unterteilt in die Obergruppen Unterkunft, Verpflegung, Sonstiges und Transport. Häufig finden sich nicht feste Prozentsätze, sondern Rahmensätze „von...bis", teilweise weitgespannt, bspw. von 10 bis 50 % bzgl. „Schäden" der Unterkunft oder bzgl. „Ungeziefer" in derselben.

[2207] Im Sprengel dieses *LG* hatte bzw. hat mit Neckermann / NUR / C&N / Thomas Cook bzw. nach jüngster Fusion nunmehr Thomas Cook Group plc (heute) einer der bedeutendsten Reisekonzerne seinen Sitz, weshalb die dortige Zivilgerichtsbarkeit als örtliches Gericht des Beklagten (vgl. § 17 GVG) für eine große Zahl an Reisesachen zuständig ist.

[2208] So wurden zwei Prozentsätze geändert - vgl. Pos. I. 5. k) von 10-20% auf 10-50% -, einzelne neue Schadenspositionen sowie komplett Abschnitt IV. betreffend Transportmängel eingefügt.

[2209] S. NJW 1985, 113ff.

[2210] S. u. Dritter Teil I. II. 2.) (S. 495).

[2211] *Tempel*, NJW 1985, 97 (98) [I. 4. a)].

In der Spalte „Bemerkungen" findet sich eine kurze Anmerkung zur Schadensposition (bspw. „bei Zusage" oder „je nach Stockwerk"), dennoch ist die Tabelle bzgl. der einzelnen Minderungswerte ohne jede wirkliche Erläuterung, Begründung, Hinweis oder Zitat bzgl. einer entsprechend weitergehenden Darstellung in einem Urteil, aus dem der Wert in der Tabelle bzw. eine tiefergehende Ersichtlichkeit dieser Mangelbeurteilung stammt.
Neben den reinen Minderungssätzen enthält die Tabelle aber gerade auch ein in den Erläuterungen dargelegtes, komplexes Regelwerk zu Addition und Zusammenspiel einzelner Minderungswerte sowie zu Höchstminderungssätzen für bestimme Mängelgruppen.
Eine 1994 erfolgte Aktualisierung[2212] bezog sich lediglich auf einige Erläuterungen zur Anwendung, die Systematik der Einteilung der Mängel in der Tabelle und die Minderungsprozentsätze blieben explizit[2213] unverändert.

Im Unterschied zu den noch zu besprechenden anderen Tabellen (s. im Folgenden) nennt die Tabelle in sich widerspruchsfreie, feste Werte aus einem Guss. Selbst wenn *Tempel* in seiner autoritativen Erläuterung der Tabelle bemerkt, dass bei der Erstellung auch die Entscheidungen anderer Gerichte berücksichtigt worden seien,[2214] so ist schwer zu ersehen, inwieweit die Rechtsprechung im gesamten übrigen Bundesgebiet mit ihrer teilweise zu gleichen Mängelsachverhalten sehr unterschiedlichen Bewertung berücksichtigt oder ausgeblendet wurde,[2215] auch weil die Frankfurter Tabelle ja gerade auf jede Fundstellenverweise zu den einzelnen Positionen verzichtet.

Zwar wurde später gelegentlich betont, die Tabelle befasse sich lediglich mit normalen Erholungsreisen[2216] - es bleibt aber unausgeführt, was unter einer derartigen „normalen Erholungsreise" denn genau zu verstehen sei, zumal sich im System der Tabelle auch Aussagen zu Kreuzfahrten (Pos. I. 17.) und zur zusammengesetzten „Rundreise mit anschließendem Erholungsaufenthalt" (vgl. Erläuterungen 3. lit. c) finden. Inhaltlich finden sich in der Tabelle selbst lediglich Minderungsprozentsätze; Aussagen zu Schadensersatz i. S. v. § 651f II BGB bzw. Kündigung § 651e BGB finden sich nur ansatzweise in den Erläuterungen zur Tabelle, allerdings keine Aussagen etwa zur Höhe bzw. Berechnung des Schadensersatzes gem. § 651f II BGB.
Das Hervorstechendste an der Frankfurter Tabelle ist m. E., dass sich keinerlei Fundstellen finden, die die nähere Auseinandersetzung mit einem jeweils zugrundeliegenden Fall und damit einer Begründung ermöglichen, *warum* ein entsprechender Minderungssatz ange-

2212 Veröffentlicht in NJW 1994, 1639f.
2213 S. sogleich eingangs der Mitteilung, NJW 1994, 1639 Ziff. 1 und 2.
2214 *Tempel*, NJW 1985, 97 (98) re. Spalte oben; wiederholend betonend in *Tempel*, RRa 2000, 67 (68).
2215 Vgl. auch *Kaller*, Reiserecht, C. 2. III., Rn. 223 a. E., wonach die Frankfurter Tabelle auch innerhalb des *LG Frankfurt a.M.* lediglich die Ansicht der 24. Zivilkammer wiedergibt (neben der für Berufungen in Reisesachen spezialisierten 24. Zivilkammer sind auch andere Kammern des *LG Frankfurt a.M.* in Reisesachen, nämlich als Eingangsinstanz, zuständig).
2216 Vgl. etwa *Führich*, Reiserecht, § 8 III. 3. a), Rn. 308. Die Aussage *Tempels* im Rahmen der Vorstellung der Tabelle, die darin enthaltenen Prozentsätze „gehen von dem als Normalfall gedachten Typs des Reisevertrags aus", bezieht sich lediglich auf den Umstand, dass der Veranstalter Transport, Unterkunft und Verpflegung schuldet, bezieht sich aber nicht auf eine Reiseart oder einen wie auch immer gearteten normalen „Zweck" einer Reise, vgl. *Tempel*, NJW 1985, 97 (100) [II. 2. b) aa)].

nommen wurde; insofern gibt die Tabelle schlicht blanke, unvermittelt aus blauem Frankfurter Himmel herabfallende Minderungssätze innerhalb eines abstrakten Bewertungsschemas vor.

c) Reisemängel von A-Z (*Niehuus*)

Das Werk von *Niehuus* unterscheidet sich durch seine Erscheinungsform von den übrigen hier zu untersuchenden Zusammenstellungen insofern, als diese umfangreiche Reisemängeltabelle eigenständig in reiner Nachschlagetabellen-Buchform veröffentlicht wurde.[2217]
Die Erstauflage von 1997 (Stand August 1997) verarbeitete 600 Urteile, die zweite Auflage wenige Jahre später (2001; Stand April 2000) wurde erheblich erweitert und enthält nunmehr (es ist seither keine Neuauflage erfolgt) rund 1.000 Urteile zu 400 Stichworten. Grundsätzlich werden Urteile aus dem gesamten Bundesgebiet erfasst; eine verstärkte Berücksichtigung bzw. leichte Dominanz von Urteilen aus dem Gerichtsbezirk Düsseldorf (darunter häufig unveröffentlichte, nach Az. zitierte) mag im dortigen Kanzleisitz des Autors *Niehuus* begründet sein.[2218]

Der Aufbau orientiert sich ohne thematische Grobeinteilung direkt strikt alphabetisch an den Mangelstichpunkten. Die zweite Spalte „Sachverhalt" erläutert knapp stichpunktartig Mangel und Umstände, die Spalte „Folge" enthält den Minderungssatz, teilweise auch Hinweis auf Schadensersatz oder Kündigung. In der letzten Spalte „Entscheidung" sind die jeweiligen Fundstellen zitiert: hierbei findet sich zu bestimmten, „populären" Mangelstichpunkten häufig eine gewisse Bandbreite unterschiedlicher Minderungssätze zu gleichem oder ähnlichem Sachverhalt.
In solchen Fällen tritt in der zweiten Auflage eine weitere Besonderheit der Tabelle zutage: für typische Mängel verspricht das Werk eigene Bewertungsvorschläge, sozusagen als Essenz der vorher dargestellten divergierenden Rechtsprechung zu einem Mangelstichpunkt unter eigener Einschätzung des Autors *Niehuus*.

Erfreulich sind an dieser Reisemangelübersicht m. E. Umfang bzw. verarbeitete Zahl an Urteilen und auch die wenn auch nur leicht umfangreichere Kurzcharakterisierung.
Bei den von *Niehuus* selber entworfenen „Bewertungsvorschlägen" ist leider zu beobachten, dass er dem allgemeinen Trend der Rechtsprechung zu einer eher niedrigen Bewertung von Mängeln nicht nur folgt, sondern diese teilweise sogar noch unterbietet; die entsprechenden Begründungen für seinen eigenen Vorschlag sind entweder unbrauchbar knapp oder fehlen meist völlig, und sind ansonsten schlicht nicht treffend bzw. arbeiten mit Sachverhaltsunterstellung: so berechtige beispielsweise nach seiner Ansicht ein fehlendes Radio nur zu 2%, da es ohnehin nur zeitweise genutzt werde[2219]; eine fehlende Reiseleitung be-

---

[2217] In gleicher Aufmachung ist vom Herausgeber Deutscher Anwalt Verlag auch eine Zusammenstellung zu Mietmängeln erschienen.
[2218] Vgl. *Bechhofer* in der Buchbesprechung zu *Niehuus*, Reiserecht, in RRa 1999, 79.
[2219] S. *Niehuus*, Reisemängel (2. Aufl.), S. 52.

rechtige zu gar keiner Minderung, da der Reiseveranstalter per Telefon, Fax oder Email über das Hotel direkt erreichbar sei.[2220]

d) Mainzer Minderungsspiegel (*Kaller*)

Kallers Monographie „Reiserecht“ enthielt schon in der Erstauflage 1999 eine Zusammenstellung von Reisemängeln, den sog. „Mainzer Minderungsspiegel“, mit dem er nach eigenem Bekunden[2221] ein „Konkurrenzmodell“ zur Frankfurter Tabelle schaffen wollte. Der Mainzer Minderungsspiegel ist Bestandteil seines Reiserechtsbuchs, in der Erstauflage auf S.141-224, in der Zweitauflage auf S.139-224.[2222]

Kaller unterteilt in „Beförderungs-/Transportmängel“ einerseits und „Mängel während des Aufenthalts am Urlaubsort“ andererseits; letzte Kategorie enthält nochmals eine Untergliederung, die u. a. nach den Themenbereichen Unterkunft, Umfeld, Verpflegung, Service u. a. differenziert. Insofern noch dem grundlegenden (und ohnehin ja auf der Hand liegenden) Ansatz des Frankfurter „Originals“ nicht unähnlich, wählt *Kaller* aber innerhalb der Gliederungspunkte für den eigentlichen Inhalt der verschiedenen Mängelaspekte einen anderen Weg, er ordnet diese von A bis Z nach alphabetisch angeordneten Mangel-Stichpunkten. Diese enthalten dann eine kurze Beschreibung, den Minderungssatz sowie jeweils in Fußnote den Verweis auf das jeweilige Gericht und Fundstelle. In der nunmehr erschienenen zweiten Auflage seines Werkes hat *Kaller* den Minderungsspiegel aktualisiert und nochmals erweitert.

Gegenüber der Frankfurter Tabelle macht zwar schon die Aktualität (Stand Frühjahr 2005) den Mainzer Minderungsspiegel attraktiver, vor allem aber dessen breite Basis der Verarbeitung von über 900[2223] bundesweiten Urteilen.

Zuzugeben ist seiner Herangehensweise nicht nur diese breite Erhebungsmasse,[2224] sondern auch die - meist zwar treffende, aber immer noch zu unzureichend knappe - geringfügig nähere Beschreibung zu den einzelnen Fällen. Hingegen wirkt m. E. die separate Unterbringung von jeweiligem Gericht und Fundstelle in einer eigenen Fußnote etwas unnötig umständlich.

2220 S. *Niehuus*, Reisemängel (2. Aufl.), S. 53; dies widerspricht gerade auch dem zugrundeliegenden Gedanken der st. Rspr. gegen Klauseln in den AGB, wonach sich die Reisenden bei Mängeln direkt an die deutsche Zentrale zu wenden hätten, vgl. etwa auch die Ausführungen des *BGH* NJW 1989, 2750 (2752) [II 2 a, b].

2221 So *Kaller*, Reiserecht (1999), C. Teil 2. III., Rn. 221, S. 141.

2222 *Kaller* verweist selbst darauf, dass der Minderungsspiegel auch als Begleit-CD zur ZDF-Fernsehsendung WISO unter dem Titel „*Kaller*, Der Mainzer Minderungsspiegel“, Mainz 2000, herausgegeben wurde, vgl. *Kaller*, C. 2. III., Rn. 223, dort Fn. 54.

2223 *Kaller*, Reiserecht, C. Teil 2. III., Rn. 223, S. 139; so auch schon die Erstauflage, C. Teil 2. III., Rn. 221, S. 141

2224 Auch wenn teilweise das Fehlen wichtiger Entscheidungen bemängelt wurde, so *Tempel*, RRa 2000, 67 (S. 68), und *Bechhofer* in der Buchbesprechung zu *Kaller*, Reiserecht, in RRa 2000, 64.

e) ADAC-Tabelle zur Reisepreisminderung

Die „ADAC-Tabelle zur Reisepreisminderung"[2225] wurde erstmals im September 2004 in DAR 2004, 481-493, veröffentlicht, im Folgejahr dann auch in NJW 2005, 2506ff. Sie soll jährlich aktualisiert werden und ist in der jeweils aktuellen Fassung auf dem Internet- Portal des ADAC[2226] zugänglich; die aktuelle Online-Version zum Zeitpunkt 10.12.2006 hat den Stand vom 30.4.2006. Die ADAC-Tabelle bezieht sich laut Anmerkung zu dieser Arbeitshilfe ausdrücklich auf die Frankfurter Tabelle als Grundlage: Nachdem letztere seit 1994 nicht mehr neu veröffentlicht wurde, soll die ADAC-Tabelle die Frankfurter Tabelle aktualisiert fortführen. Dabei werde sie jedoch von der Erfassungsgrundlage her erweitert und berücksichtigt bundesweit die reiserechtliche Rechtsprechung.[2227]

Bedeutendster Unterschied ist wohl der Bruch mit dem abstrakten System der Frankfurter Tabelle und stattdessen das Abstellen auf eine kasuistische Zusammenstellung tatsächlich ergangener Urteile; insofern handelt es sich gerade nicht um eine Fortführung der Frankfurter Tabelle im eigentlichen Sinne. Insgesamt 270 Urteile sind in etwa ebenso vielen Mängelpositionen in die Tabelle eingegangen. In der ansonsten der Frankfurter Tabelle nachempfundenen Spalteneinteilung heißt die Spalte „Bemerkungen" nun „Besonderheiten", doch auch diese kurzen fallspezifischen Anmerkungen zu den einzelnen Fällen bleiben m. E. zu knapp und haben daher durchgängig nur geringe Aussagekraft. Immerhin, und das ist ein entscheidender Unterschied zur Frankfurter Tabelle, weist die ADAC-Tabelle die entsprechenden Fundstellen für die Urteile zu den einzelnen Mängelarten bzw. Minderungssätzen aus. Gegenüber der ursprünglichen Frankfurter Tabelle spricht zudem die hohe Aktualität und Verbreiterung der Erhebungsbasis auf bundesweite Entscheidungen für die ADAC-Tabelle.

f) Kemptener Reisemängeltabelle (*Führich*)

Führich hält bei seiner „Kemptener Reisemängeltabelle", dem neuesten Modell einer Reisemängeltabelle, hinsichtlich der optischen Organisation bzw. systematischen Struktur am klassischen Modell der Frankfurter Tabelle fest. Ungeachtet der Bezeichnung als „Reisemängeltabelle" konzentriert sich auch diese Zusammenstellung tatsächlich thematisch auf Minderungssätze. In der fünften Auflage seines Handbuchs zum Reiserecht, in dem mit Stand Frühjahr 2005[2228] die Kemptener Reisemängeltabelle erstmals vorgestellt wurde,[2229]

[2225] Auch unter der Bezeichnung „ADAC-Tabelle zur Preisminderung bei Reisemängeln", herausgegeben von der Rechtsabteilung „Juristische Zentrale" des ADAC e.V.
[2226] Siehe http://www.adac.de/Recht_und_Rat/reiserecht/reisepreisminderung/ (Stand 10.12.2006).
[2227] S. *Schattenkirchner*, NJW 2005, 2506.
[2228] Die in der Erläuterung zur Urfassung der Tabelle, Führich, Reiserecht, S. 973, verwendete Formulierung der Erfassung der Urteile „bis 1995" ist missverständlich formuliert bzw. ein Versehen, tatsächlich findet Rspr. *ab* bzw. *seit* 1995, bis Frühjahr 2005, Berücksichtigung (ironischerweise stammt aber - ausnahmsweise - gerade die erste zitierte Entscheidung aus dem Jahre 1985).

findet sich aber neben bzw. außerhalb der Reisemängeltabelle auch die in den früheren Auflagen bereits enthaltene bisherige Form der umfangreichen und eingehender erläuterten Zusammenstellungen zu Minderungssätzen bei Mängeln, Vorliegen von Kündigungsgründen, Schadensersatz und des weiteren mehr im Rahmen der Reiserechts-Kommentierung des Handbuchs.

Die Reisemängeltabelle erfasste bei ihrem Erscheinen Urteile zu 439 Einzelpositionen, eingehend untergliedert in thematische Kategorien. Innerhalb einer thematischen Kategorie finden sich chronologisch aufsteigend geordnet die einzelnen Urteile, zu denen sich Einträge für das jeweilige Gericht, den jew. konkreten Mangel, den Minderungssatz, Fundstelle und teilweise eine sehr kurze Bemerkung finden. Entgegen der Frankfurter Tabelle berücksichtigt die Kemptener Tabelle somit ohne Schwerpunkt bundesweite Rechtsprechung tatsächlicher Urteile und eignet sich wegen der Fundstellenzitate für die nötige eingehendere Recherche zu den einzelnen Positionen.

Das m. E. besonders Bemerkenswerte an dieser Tabelle aber ist die in Aussicht gestellte fortlaufende Aktualisierung und jederzeitige Abrufbarkeit der jeweils aktuellen Version auf der Homepage des Autors.[2230]

Tatsächlich ist bereits eine Aktualisierung auch auf konventionellem Wege erfolgt, mit einer Veröffentlichung auf Stand Februar 2006 in der Monatsschrift des Deutschen Rechts;[2231] die ins Internet eingestellte Fassung wurde zum Zeitpunkt 20.11.2006 zuletzt im November 2006 aktualisiert.

Bei mittel- und langfristiger Einhaltung der Zusagen bzgl. Aktualisierung und jederzeitiger - und kostenloser! - Online-Verfügbarkeit der jeweils aktuellen Fassung hätte die Kemptener Reisemängeltabelle wie auch die ADAC-Tabelle damit m. E. einen nicht von der Hand zu weisenden Vorteil und wäre insofern eine echte Arbeitshilfe von eigener Bedeutung.

g) Preisminderung bei Reisemängeln (*Schattenkirchner*)

Das in eigenständiger Buchform unlängst erschienene Werk „Preisminderung bei Reisemängeln“ von *Schattenkirchner* [2232] ist in Form und vor allem Umfang ein Sonder- bzw. Grenzfall, es stellt gewissermaßen als Kompromiss eine Zwischenstufe zwischen einer Minderungstabelle und einer ausgewachsenen Urteilssammlung wie etwa dem Standardwerk von *Eisner*[2233] dar.

Auf knapp 230 Seiten werden 600 Gerichtsentscheidungen thematisch zu einzelnen Män-

---

2229 Unzutreffend will *Schmid*, NJW 2005, 2946 [III 1 c], die Tabelle schon in früheren Auflagen des Werkes als „Mängel. und Minderungsübersicht“ gefunden haben, verwechselt dabei aber die erst ab der fünften Auflage vorgestellte eigenständige „Kemptener Mängeltabelle“ mit genannter Übersicht, die auch weiterhin in der fünften Auflage vorhanden und nicht mit der Reisemängeltabelle identisch, sondern eine Mängelzusammenstellung innerhalb des Kommentars ist.

2230 Siehe http://www.fuehrich.de bzw. http://www.reiserecht-fuehrich.de (jew. Stand 20.11.2006).

2231 Beilage zu MDR Heft 4/2006.

2232 Die Autorin *Schattenkirchner* stellte auch die bereits o. g. „ADAC-Tabelle zur Reisepreisminderung“ in NJW 2005, 2506 vor, s. o. Dritter Teil D. IV. 2.) e) (S. 375).

2233 S. o. Fn. 2193.

gelpositionen geordnet dargestellt. Weil die Autorin nach eigener Aussage[2234] bei Verwendung derartiger Mängelübersichten auch die Besonderheiten des Einzelfalls für wichtig und dafür die übliche Tabellenform für zu knapp hält, will sie in der gewählten Buchform den nötigen Platz finden, um den „Einzelfall mit all seinen Besonderheiten" wiedergeben zu können. Dementsprechend besteht die Übersicht aus Kurzzusammenfassungen von Urteilen, die jeweils thematisch einem Stichpunkt zugeordnet sind und gegebenenfalls unter anderen Stichpunkten auch wiederholt werden. Die Autorin gibt dabei die Urteile kurz und prägnant in wenigen Zeilen bis maximal etwa einer Seite mit den ihr entscheidend erscheinenden Punkten wieder, wobei sie für Formulierung und Wortwahl offensichtlich auf Auszüge aus den Urteilen zurückgreift.

Dieser Ansatz ist gegenüber den sonstigen knappen Tabellen ein positiver Schritt in Richtung Berücksichtigung des konkreten Sachverhalts, selbst wenn dennoch auch hier - zwangsläufig - Aspekte des Falls, Umstände der konkreten Reise, teilweise im Dunkeln bleiben, so dass wiederum die Vergleichbarkeit bzw. Übertragung des gefundenen Falls darunter leiden kann. Auch ist es m. E. nicht immer einfach, bei der Recherche nach vergleichbaren Fällen oder Problemen unter den vorgegebenen Stichpunkten fündig zu werden.

Interessanterweise ist ein recht eingehendes Kapitel den Besonderheiten bei Spezialreisen gewidmet, so dass hier eine Vergleichbarkeit eher gegeben ist und der suchende Nutzer bei den charakteristischen Problemen der einzelnen Reisearten leichter fündig wird.

Zur eingehenderen und auch bei diesem Werk m. E. oft notwendigen näheren Recherche ist jeweils das Urteil mit Az. und Fundstelle angegeben. Dennoch ist dieses Werk besonders geeignet, um in einem ersten Überblick feststellen zu können, ob ein bestimmtes Urteil für die Beurteilung des dem Nutzer vorliegenden Falles überhaupt in Frage kommt.

Es verlässt dafür aber in gewisser Weise das Format, das mit dem Begriff „Tabelle" semantisch verbunden ist.

3.) Bewertung der Tabellen zur Reisepreisminderung

Bereits bei und seit Einführung der ursprünglichen Frankfurter Tabelle erfolgte eine - teils heftig geführte[2235] - Auseinandersetzung über die Bewertung einer solchen Minderungstabelle. Zur Akzeptanz, Verbreitung und Art der Verwendung der neueren Tabellen im Einzelnen lässt sich schwer eine Aussage treffen.[2236] In einem jüngeren Aufsatz „Welchen Wert haben Reisepreisminderungstabellen?" von *Schmid* hält dieser in einem generellen

[2234] *Schattenkirchner*, Vorwort S. VI.

[2235] Vgl. *Müller-Langguth*, NJW 1985, 900, sowie die entsprechende Replik *Tempel*, NJW 1985, 1885, und Duplik *Müller-Langguth*, NJW 1985, 1887; s. a. hierzu eingehend Dritter Teil D. IV. 3.) b) (bb) (S. 383).

[2236] *Kaller* bezeichnet seinen Mainzer Minderungsspiegel selber als erfolgreich aufgenommen, *ders.*, Reiserecht, C. 2. III., Rn. 223, u. dort Fnn. 54f; *Tempel* wie auch *Bechhofer* üben hingegen anlässlich der Erstveröffentlichung teilweise vernichtende Kritik an *Kallers* Buch und enthaltener Minderungstabelle, vgl. *Tempel*, RRa 2000, 67f („bedarf kritischer Anmerkungen"); *Bechhofer* in der Buchbesprechung von *Kaller*, Reiserecht, in RRa 2000, 63f („Hoffnungen weitgehend enttäuscht", „reichlich überflüssige Neuerscheinung", der Minderungsspiegel lasse gedankliche Grundkonzeption und Systematik vermissen, Informationswert sei nicht all zu hoch anzusiedeln); nur Nennung, aber keine Bewertung der Kemptener Tabelle in der Buchbesprechung zu *Führich*, Reiserecht, durch *Rodegra*, NJW 2006, 748 (749).

Kommentar die Zusammenstellungen zwar für „grundsätzlich verdienstvoll", empfindet aber bei allen „ähnliche oder gleiche Schwächen" dahingehend, dass deren „Anwendung nur mit Einschränkungen und dem Hinweis zu kritischer Distanz empfohlen" werden könne.[2237]

Im übrigen konzentriert sich die Literatur vornehmlich auf Sinn und Bewertung der Frankfurter Tabelle - s. dazu im Folgenden, D. IV. 3.) b) (S. 382). Die innerhalb dieser Diskussion eingehend ausgetauschten Argumente können nur teilweise und sehr eingeschränkt auf die anderen, neueren Tabellen übertragen werden, denn das Hauptproblem wird in dem der Frankfurter Tabelle eigenen Charakter des erhobenen Anspruchs eines geschlossenen abstrakten Systems gesehen.

a) Allgemeine Bewertung der Zusammenstellungen

Allerdings lassen sich einige allgemeine Aussagen zu Reisemängeltabellen beobachten. So ist etwa die von *Tempel* gegen den Mainzer Minderungsspiegel vorgetragene Kritik einer von ihm empfundenen zu großen Ausführlichkeit[2238] auf die anderen dargestellten Tabellen, mit Ausnahme eben von *Tempels* Frankfurter Tabelle, ebenso übertragbar, wie sie unzutreffend und abzulehnen ist.
Seine Ansicht, der Vorteil einer Tabelle als Mangelbewertungsübersicht liege gerade in der Knappheit inkl. fehlender Erläuterung bzw. Begründung der einzelnen Minderungswerte,[2239] ist nicht nachvollziehbar.
Gerade auch seine Aussage, das Zitieren der den einzelnen Minderungssätzen zugrundeliegenden Entscheidungen sei wertlos, da es keine Garantie darauf gebe, dass dasselbe Gericht nochmals so entscheide, u.a. auch weil vielleicht ja nun ein neuer Richter dort tätig sei,[2240] geht völlig an der Sache vorbei bzw. verkennt gerade die darin begründete Notwendigkeit des Heranziehens der vollständigen zugrundeliegenden Entscheidung. Es geht ja nicht um eine irgendwie geartete Rechtskrafterstreckung oder Anspruch auf Wiederholung desselben Urteils in ähnlichem Fall vor gleichem Gericht. Ganz im Gegenteil, damit der einzelne Minderungssatz einer Tabelle sich für die Bewertung eines vorliegenden Falls überhaupt nutzbar machen lässt, bedarf es ja gerade einer Heranziehung der Gründe und Umstände des Einzelfalls, die dem Tabellenwert zugrunde lagen.
Daher bedarf es des Fundstellennachweises zum jeweiligen Mangelstichwort bzw. des konkreten Aktenzeichens gerade bei unveröffentlichten Entscheidungen, und der Wert einer Mangeltabelle bzw. -übersicht als Arbeitshilfe ist auch unter dem Blickwinkel *Tempels* zudem grundsätzlich um so größer[2241] angesichts der divergierenden Lebensrealität und Be-

---

[2237] S. *Schmid*, NJW 2005, 2945 (2946); dazu noch im Folgenden.
[2238] Vgl. *Tempel*, RRa 2000, 67 [II.].
[2239] S. *Tempel*, a. a. O. (Fn. 2238).
[2240] *Tempel*, RRa 2000, 67 [III.] a. E.
[2241] Zu höherem Nutzen durch umfassende Kasuistik zur einzelnen Mangelposition vgl. auch *Bechhofer*, RRa 1999, 79, in der Buchbesprechung zur Reisemangeltabelle von *Niehuus*; zu dieser s.o. Dritter Teil D. IV. 2.) c) (S. 373).

wertungsgeschmacks des einzelnen Gerichts (bzw. Richters), je umfassender die enthaltene Kasuistik zu einem einzelnen Stichwort ausfällt – „viel hilft viel".

Generelle Bedenken gegenüber Mängeltabellen aus rein praktischen Erwägungen wurden hinsichtlich der Frankfurter Tabelle geäußert, der Ansatz lässt sich im Kern aber auch auf die anderen Tabellen übertragen: Durch die Verbreitung der Tabellen gelangten diese sozusagen in die falschen Hände, wenn sie oft unzureichend erläutert bzw. in Perspektive gesetzt in einer Vielzahl von Publikationen wie etwa Reiseteilen von Illustrierten,[2242] in Boulevardblättern oder Verbraucherinformationen unterschiedlichster Art und Güte Verbreitung fänden; es bestehe hierbei die Gefahr, dass Verbraucher diese Tabellen quasi als Anregung zum Sammeln von Mängelpositionen im Urlaub sähen[2243] und die Tabelle als allgemeinverbindlich missverstünden, womit Enttäuschungen vor Gericht vorprogrammiert seien, wenn und weil sich die Gerichte nicht an die Tabelle halten.[2244]

M. E. sind diese allgemeinen Bedenken nur bedingt nachzuvollziehen und als indirekte Nebeneffekte sicherlich kein Argument gegen die Tabellen an sich.
Ob ein Reisender, der die Tabelle „kennt", dadurch eher geneigt ist, mit Akribie jedes Mangel-Haar in der Reise-Suppe zu finden und zu vermerken, mag dahingestellt bleiben.[2245] Wer von seinem Charakter her zum unberechtigten Monieren neigt, kann sich auch ohne selbst oberflächliche Kenntnisse der Reisemängelsystematik und -kasuistik trefflich über empfundene Unzulänglichkeiten auf der Reise aufregen, wahrscheinlich sogar noch besser bzw. ungebremster, als wenn er über Grundzüge der Mangelbewertung informiert wäre - die Tabellen enthalten ja meist auch genügend Positionen zu gerade nicht ersatzfähigen, hinzunehmenden Mängeln mit Minderungssätzen von 0%.

Dazu kommt, dass die in den Tabellen wiedergegebene Mängelbewertung durch die Rechtsprechung allgemein niedriger liegt, als sie von den Reisenden selbst eingeschätzt wird.[2246]

Schmid hält schon den Begriff „Tabelle" überhaupt für problematisch. Dieser sei geeignet, das Missverständnis hervorzurufen, bei den jeweiligen angegebenen Prozentsätzen handele es sich um feste Sätze wie beispielsweise bei der Steuertabelle oder der „Düsseldorfer Tabelle zum Unterhaltsrecht". Für den juristischen Laien sei nicht erkennbar, dass der Richter nicht an die Tabelle gebunden sei und immer eine Einzelfallentscheidung nach seinem Ermessen treffen werde.[2247]

Diese Gefahr besteht m. E. vorrangig bei der Frankfurter Tabelle, da diese mangels Fundstellennachweisen und unerläuterten festen Prozentsätzen beim unbefangenen Betrachter in

---

[2242] Vgl. *Schlotmann*, Reisevertragsgesetz, E. 5. c), S. 208.
[2243] *OLG Hamburg* NJW 1985, 3031; ebenso *Müller-Langguth* in Anmerkung zu *AG St. Blasien* MDR 1986, 757: Frankfurter Tabelle sei eine „Mängelsuchliste"; vgl. auch Fn. 2222 zur Verbreitung des Mainzer Minderungsspiegels innerhalb der Reihe einer Verbraucher-Fernsehsendung.
[2244] Vgl. zu beidem *Schlotmann*, Recht, V. 3. b) aa), S. 54.
[2245] Ablehnend *Tempel*, RRa 1998, 19 (27) [III. 4. b) (3)].
[2246] Vgl. *Schlotmann*, Recht, C. II. 11. a), S.180/181, sowie u. dort Grafik 43, wonach weit mehr als die Hälfte der klagenden Reisenden mit ihren eingeklagten Beträgen eine im Vergleich zu den entsprechenden Werten der Frankfurter Tabelle weit überhöhte Rückerstattung verlangten.
[2247] *Schmid*, NJW 2005, 2945 (2946) [III. 1. b)].

der Tat den Eindruck einer gewissen Autorität und offizieller Geltung hervorrufen kann. Bei den übrigen Zusammenstellungen zeigt sich schon an dem Umstand, dass hier bzgl. der einzelnen Mängelpositionen unterschiedliche bzw. widersprüchliche Entscheidungen durch verschiedene Gerichte vorliegen, dass es keine einheitlich verbindlichen Prozentsätzen sein können. Einem solchen Missverständnis wird ohnehin jegliche Grundlage entzogen, wenn man die Benutzungshinweise zu den jeweiligen Tabellen liest, und dies gilt auch für die Frankfurter Tabelle.[2248]
Im übrigen ist es nicht das „Verschulden" der Tabellen bzw. ihrer Ersteller, wenn unsorgfältige Benutzer nicht mit dem notwendigen Mindestmaß an Aufmerksamkeit an eine solche Tabelle herangehen.

Schmid kritisiert weiterhin, dass durch das Fehlen eines kontrollierten Auswahlverfahrens die Gefahr bestehe, durch zufällige Auswahl der aufgenommenen Urteile könne ein nicht repräsentatives, verfälschendes Zerrbild entstehen. Er bildet das Beispiel, dass von 100 Urteilen zu einem Reisemangel nur 40 zur Veröffentlichung eingereicht und letztlich davon 20 veröffentlicht werden. 15 dieser veröffentlichten Urteile nennen einen Minderungssatz von 5-10%, die anderen fünf einen von 30%. Dies wäre nicht repräsentativ, wenn in den nicht veröffentlichten Urteilen bei gleichem Sachverhalt ein Großteil einen Satz von 30% angenommen hätte.[2249]
Die Überlegungen von *Schmid* sind m. E. zwar nachvollziehbar logisch, aber eher theoretischer Natur, denn praktisch existiert nur zu wenigen der vielen möglichen Mängel tatsächlich eine derart große Anzahl von Entscheidungen, dass sich das Problem überhaupt stellen kann. Und in diesen Fällen hilft schlicht aufgrund mathematisch-statistischer Gesetze einfach eine größere Masse an Entscheidungen, die von *Schmid* befürchtete Gefahr bzgl. einer Verzerrung durch die zufällige Auswahl zu minimieren. Das Potential zu Verzerrung durch zufällig ausgewählte „Ausreißer" ist um so größer, je weniger Urteile verwendet werden. Hier hilft der in letzter Zeit bei den Mängeltabellen zu beobachtende Trend, eine immer größere Anzahl von Entscheidungen zu enthalten.

Auch *Schmids* Kritik an den Bezeichnungen der Tabellen und Zusammenstellungen greift nicht, dass diese durch Ortsbezug im Titel einerseits vorgaukelten, es würden Urteile des entsprechenden Gebietes ausgewertet, und andererseits mit einem Produktnamen suggerierten, sie würden sich inhaltlich unterscheiden, während sie tatsächlich das gleiche Quellenmaterial (NJW, NJW-RR und RRa) verwendeten.[2250]

Zum einen erkennt der Benutzer spätestens bei der tatsächlichen Benutzung beispielsweise des Mainzer Minderungsspiegels, dass er es keineswegs mit Urteilen aus Mainz zu tun hat. Die in den Zusammenstellungen enthaltenen einzelnen Urteile nennen ja jeweils das erkennende Gericht.
Zum anderen handelt es sich bei der griffigen Bezeichnung als „Kemptener Reisemängelta-

---

[2248] Dies räumt auch *Schmid* ein, a. a. O. (Fn. 2247).
[2249] *Schmid*, NJW 2005, 2945 (2946f) [III. 3.] und dort Fn. 27.
[2250] *Schmid*, NJW 2005, 2945 (2947) [III. 4.].

belle" o. ä. auch nicht um eine reine Marketingmaßnahme im Sinne einer Produktbezeichnung oder Marke, wie *Schmid* meint,[2251] sondern m. E. eher um die schlichte Notwendigkeit, eine eindeutig zuzuordnende Bezeichnung zu haben, um sie unterscheiden zu können, denn letztlich unterscheiden sie sich ja doch, wie oben bei der Darstellung der einzelnen Tabellen gezeigt.

Wie man zu dieser eindeutigen Bezeichnung der jeweiligen Tabellen gelangt, ist letztlich egal; die jeweiligen Verfasser werden wohl aus Bescheidenheit damit zurückgehalten haben, sie jeweils nach sich zu benennen. Daran ist nichts auszusetzen, und auch nicht an der „Ortsbezeichnung" ihrer Entstehung.

Bedeutung für die entsprechenden Anwender haben die Mängeltabellen mit ihren Minderungssätzen allgemein gerade auch im Rahmen einer schematisierten Entscheidung der Frage, ob wegen einer *erheblichen* Mangelhaftigkeit Kündigung § 651e I BGB möglich oder Schadensersatz wegen vertaner Urlaubsfreude 651f II BGB zu zahlen ist.

Gefundene einzelne Mangelprozentsätze werden hierbei von einigen Benutzern einfach addiert, bis die Erheblichkeitsschwelle von je nach Auffassung unterschiedlicher Höhe, üblicherweise aber 50%, erreicht ist.[2252] Gerade diese Verwendung einer sturen arithmetischen Addition der aus den Tabellen unvermittelt entnommenen Einzelwerte zur Ermittlung einer erheblichen Gesamt-Mangelhaftigkeit i. S. d. § 651e I 1 BGB oder § 651f II BGB[2253] ist m. E. aber klar abzulehnen zugunsten einer die Spezifika des Einzelfalls berücksichtigenden Gesamtschau und Würdigung des Einzelfalls anhand des jeweiligen Reisecharakters.

Die - selbst von den Befürwortern der Frankfurter Tabellen eingeräumten[2254] - Ungenauigkeiten bei der Festsetzung eines pauschalen Minderungssatzes zwecks Übertragung dieses abstrakten Wertes auf einen anderen Sachverhalt werden durch die Addition mehrerer solcher Einzelfälle zur Bewertung einer gesamten Reise als Fehlerbündel keineswegs geringer, sondern das Abweichungs- bzw. Fehlbewertungspotenzial verstärkt sich dabei.

Hingegen ist gegen eine Anwendung der Tabellen als Arbeitsmittel im Sinne einer ersten Orientierung und eines Recherchehilfsmittels nichts einzuwenden. Genau dafür taugt die ursprüngliche Frankfurter Tabelle nicht, wohl aber die neueren Zusammenstellungen von Kasuistik mit Fundstellennachweisen.

So sind die neueren Tabellen allgemein als Arbeitshilfe anzusehen; Kritik erfährt nach wie vor die Frankfurter Tabelle sowohl in ihrem Anspruch wie auch in Ansatz und Ausführung.

2251 *Schmid*, ebenda.

2252 S. u. Dritter Teil E. II. 1.) a) (bb) (S. 402) bzw. G. III. 2.) (S. 435).

2253 Genau eine solche Anwendung sieht aber gerade die Frankfurter Tabelle laut den Erläuterungen vor, vgl. Ziff. 4ff (NJW 85, 115).

2254 So räumt *Tempel*, NJW 1985, 97 (98) [I. 4. a)], ein, dass *feste* Prozentsätze in der Tabelle zu bestimmten Mängeln möglich waren, wo „die Beeinträchtigung nur in geringem Maße *variiert*" (sic!) (Hervorhebung durch Autor).

b) Kritik an der Frankfurter Tabelle

Die Vorstellung der Frankfurter Reisemängeltabelle durch das *LG Frankfurt a.M.* stieß nicht auf ungeteilte Freude und Akzeptanz, und obwohl sie einen hohen Bekanntheitsgrad erlangt hat, auch außerhalb der Rechtswissenschaft, erntet sie nach wie vor innerhalb des Reiserechts breite Kritik und Widerstand.

Selbst der von richtigem Ansatz und Ausführung „seiner" Frankfurter Tabelle so überzeugte Urheber *Tempel* muss einräumen, dass sie seit der Veröffentlichung „im Kreuzfeuer der Kritik" steht[2255] bzw. „überwiegende Ablehnung" erfahren hat.[2256]

(aa) Akzeptanz in der Rechtsprechung

Gerade die für das Ziel einer Gleichbehandlung, Rechtsvereinheitlichung und Rechtssicherheit so wichtige Akzeptanz der Tabelle in der Rechtsprechung aller anderen Gerichte[2257] blieb ihr nach zutreffender Ansicht von *Führich*[2258] und *Kaller*[2259] in weitem Umfang versagt, von Einzelfällen abgesehen[2260] steht die bundesdeutsche[2261] Judikatur der Frankfurter Tabelle trotz deren Bekanntheitsgrades generell kritisch bis ausdrücklich ablehnend[2262] ge-

---

2255 *Tempel*, RRa 2000, S. 67.

2256 *Tempel*, RRa 1998, 19 (27) [III. 4. b) (3)].

2257 Aller anderer außer eben der 24. Kammer des *LG Frankfurt a.M.*, die sich selbstverständlich in ihrer Funktion als Berufungsinstanz in Reisessachen an ihre eigene Tabelle hält. Laut eigener Anmerkung der Tabelle werde sie noch nicht einmal von den anderen, erstinstanzlichen Zivilkammern des *LG Frankfurt a.M.* angewandt.

2258 *Führich*, Reiserecht, § 8. III. 3. b), Rn. 309.

2259 *Kaller*, Reiserecht, C. 2. II. 2. b) bb), Rn. 221.

2260 *Führich*, Reiserecht, § 8. III. 3. b), Rn. 309, nennt das *LG Berlin*, das *AG Mannheim*, das *AG Hanau*, das *AG Hamburg*, das *LG Münster* sowie das *AG Bad Homburg v.d.H.* und das *AG Frankfurt* (hinsichtlich letzterer AGe vermögen freilich nicht weiter zu verwundern, ist doch die 24. Zivilkammer des LG Frankfurt a.M. deren Berufungsinstanz!) – allein schon die Tatsache der *Möglichkeit* der Einzelaufzählung (die nicht etwa stellvertretend zu sehen ist) spricht m. E. für sich, bedeutsam v. a. das Fehlen der anderen schwerpunktmäßig mit Reisesachen befassten Gerichte, s. o. Fn. 2187. Interessant gerade auch die Haltung des o. g. *AG Bad Homburg v.d.H.*, in dessen Amtsgerichtsbezirk in Oberursel (Taunus) ein großer Reiseveranstalter seinen Sitz hat, und dessen Berufungsinstanz die 24. Zivilkammer des *LG Frankfurt a.M.* ist; gerade für dieses somit für die Reiserechtsspezialisierung der Berufungskammer des *LG Frankfurt a.M.* eigentlich verantwortlich zeichnende und der Tabelle am ehesten „unterworfene" AG stellt *Tonner* interessanterweise fest, dass nicht einmal dieses Gericht die Frankfurter Tabelle durchweg praktiziert, vgl. MüKo/*Tonner*, § 651d Rn. 24 a. E. Aus neuerer Zeit s. *AG Hamburg* RRa 2002, 266, das ausdrücklich unter Heranziehung der Frankfurter Tabelle argumentiert, vgl. nunmehr aber ablehnend *AG Hamburg* RRa 2005, 217 (218).

2261 Interessanterweise stellt im Gegensatz dazu *Saria* für Österreich eine durchgehende Akzeptanz der Frankfurter Tabelle als Hilfsmittel zur Berechnung der Reisepreisminderung sowohl in Lehre als auch Rechtsprechung fest; die auch dort zur Kenntnis genommene deutsche Kritik an der Tabelle würde wegen des Vorzugs der Vorhersehbarkeit der Ergebnisse verworfen, vgl. *Saria*, RRa 2001, 43 (44) sowie dort Fn. 14, was insofern der Relativierung bedarf, als die österreichische Rechtsprechung sich für eine sachgerechte Anwendung der Tabelle vorbehält, jederzeit von den Rahmensätzen der Frankfurter Tabelle im Einzelfall nach oben und nach unten abzuweichen, s. *Saria*, a. a. O., S. 45, womit man wieder bei der Quadratur des Kreises wäre, feste Vorgaben zu schaffen, von denen im Einzelfall abzuweichen ist, s. dazu unten, Dritter Teil D. IV. 3.) c) (aa) (S. 386). Mittlerweile gibt es auch in Österreich eine eigene kasuistische Reisemängeltabelle, die von *Lindinger/Scheibenpflug* im Rahmen ihres Handbuchs „Der Reiseprozess" (Wien, 2006) herausgegebene sog. „Wiener Liste" zur Reisepreisminderung als Auswertung der österreichischen Rechtsprechung.

2262 Vgl. etwa *OLG Hamburg* NJW 1985, 3031: „durchaus fragwürdig"; *AG St. Blasien* MDR 1986, 757: „kein geeignetes Mittel, um die Reisepreisminderung zu bestimmen" m. Anm. *Müller-Langguth*: „in der richterlichen Praxis spielt die ‚Frankfurter Tabelle' weder als erklärte Grundlage von Mängelfeststellungen

genüber, ihre damit geringe forensische Bedeutung ist im Laufe der Jahre nach Ansicht von *Bechhofer* zudem noch weiter geschwunden.[2263] Auch *Schlotmann* kommt in ihrer empirischen Untersuchung zu Reiseprozessen zu dem Ergebnis, dass der Frankfurter Tabelle in der Praxis keine Bedeutung zukomme.[2264]

Dabei bleibt aber außerhalb der ausdrücklich erklärten Ablehnung oder Heranziehung der Tabelle in den Urteilen m. E. noch eine gewisse Dunkelziffer, bei der mangels expliziter Aussage des Urteils nicht erkennbar ist, inwiefern die Tabelle nicht doch auf irgendeine Weise zur Entscheidungsfindung beigetragen hat, sei es als unausgesprochene, vorgegebene Tendenz, auf die in der Entscheidung dann mit passend hinterhergeschobener Begründung hingearbeitet wird, als mit in die Entscheidung einfließende Erwägung oder auch nur als Arbeitshilfsmittel für einen ersten Ausgangspunkt bei den Überlegungen. Gleiches gilt für die unbekannte Rolle der Frankfurter Tabelle bei den vielen, weitaus zahlreicheren vor- bzw. außergerichtlichen Einigungen, die praktisch durchweg außerhalb der beteiligten Parteien unbekannt bleiben.

(bb) Bewertung im Schrifttum

Auch im Schrifttum erntete die Frankfurter Tabelle nicht gerade Begeisterung, sondern vorwiegend Kritik. Immerhin wird sie gelegentlich als Arbeitshilfe akzeptiert,[2265] aber eher selten ausdrücklich gelobt,[2266] teilweise wird auf die Gefahr ihres Missbrauchs hingewiesen.[2267]

In den wenigen positiven Stimmen wird ihr zumindest zugutegehalten, dass sie immerhin 1984 erste Berechnungsmaßstäbe setzte, zu „einer Zeit, als das Reiserecht sich zu verselbständigen begonnen hatte und unberechenbar zu werden drohte"[2268].

---

und –bewertungen noch als Maßstab einer eingetretenen Minderung eine Rolle"; vgl. die zitierten umfangreichen Beispiele ablehnender Rechtsprechung bei *Führich*, Reiserecht, § 8 III. 3. b), Rn. 309, S. 240, dort in Fn. 143, sowie *Kaller*, Reiserecht, C. 2. II. 2. b), Rn. 222, dort in Fn. 52; vgl. auch *Isermann*, A. III. 3. b) bb), S. 118: „...muß festgestellt werden, daß die ‚Frankfurter Tabelle' sich jedenfalls in der richterlichen Spruchpraxis nicht durchgesetzt hat". Eingehende Darstellung der Ablehnung in der Rechtsprechung bei *Pick*, § 651d Rnn. 40-48; vgl. auch ablehnend zuletzt *AG Hamburg* RRa 2005, 217 (218).

[2263] So konstatierend *Bechhofer* in der Buchbesprechung zu *Kaller*, Reiserecht, in RRa 2000, 63.

[2264] *Schlotmann*, Recht, S. 194 u. 228.

[2265] Ablehnend u. a. *Müller-Langguth*, NJW 1985, 900f, u. *ders.*, NJW 1985, 1887f; *Staudinger/J. Eckert*, § 651d Rn. 40; *Isermann*, A. III. 3. b) bb), S.118; *ders.*, NJW 1988, 873 (877) [III .2. a)] („erster Anhaltspunkt", ansonsten „wenig hilfreich"); *Jauernig/Teichmann*, § 651d Anm. 1 (Wertungsspielraum zu stark einengend); *Soergel/H.-W. Eckert*, § 651d Rn. 9 (nicht unbedenklich, da zu schematisierender Rechtsfindung verleitend; allenfalls grobe Richtschnur); als Orientierungshilfe akzeptierend u. a. MüKo/*Tonner*, § 651d Rn. 23; *Pick* § 651d Rn. 39.

[2266] *Tilly*, RRa 1998, 51 (52), spricht von einem „in greifbare rechtliche Formen gegossenen Erfahrungsschatz"; selbst *Thieleking* betont in seiner Laudatio für *Tempel* (RRa 1994, 70), dessen Tabelle sei als Anhaltspunkt hilfreich, solange der Anwender dabei „die individuelle Sachverhaltserfassung und den Soll-/Ist-Vergleich" nicht vernachlässige (s. dort S. 71); geradezu begeistert *Seyderhelm*, § 651d Rnn. 19ff - es sei angemerkt, dass *Seyderhelm* zu dieser Zeit bereits beisitzender Richter in der die Tabelle herausgebenden 24. Zivilkammer des LG Frankfurter war.

[2267] So *Bechhofer* bzgl. der Frankfurter Tabelle in seiner Buchbesprechung zur Reisemangeltabelle von *Niehuus* - s.o. Dritter Teil D. IV. 2.) c) (S. 373) - in RRa 1999, 79; vgl. auch *Isermann*, NJW 1988, 873, (877) [III. 2. a)], der auf den nicht seltenen Fall hinweist, dass Anwälte in Klageschriften die Erläuterungen nicht anwenden und durch simple Addition zu Minderungssätzen von über 100% (!) gelangen.

[2268] So *Thieleking* in der Laudatio auf *Tempel*, RRa 1994, 70 (71).

Ansonsten findet sich zumeist Ablehnung und Kritik an der Frankfurter Tabelle.[2269] Dabei tritt als Hauptkritikpunkt, vorgebracht u. a. von führenden Reiserechts-Kommentatoren wie *J. Eckert*[2270], *Tonner*[2271] oder *Teichmann*[2272], die fehlende Einzelfallgerechtigkeit als Folge der Schematisierung und Pauschalisierung in den Vordergrund,[2273] zusammengefasst in dem Schlagwort *Müller-Langguths*, auch ein Pauschalreisender habe Anspruch auf mehr als ein Pauschalurteil.[2274]

Müller-Langguth hat die Frankfurter Tabelle besonders heftig und eingehend kritisiert. Die wechselseitigen Aufsätze bzw. Beiträge[2275] zwischen *Müller-Langguth* und *Tempel* anlässlich des Erscheinens der Frankfurter Tabelle mit teils heftigen gegenseitigen Vorwürfen heben exemplarisch den Meinungsstreit über die Frankfurter Tabelle anhand von deren Eigenschaften und der Kritik an selbigen hervor.

Müller-Langguth zeigt sowohl allgemein als auch anhand einiger Beispielsfälle auf,[2276] dass die Anwendung des Schemas der Tabelle die nötige konkrete Einzelfallwürdigung entfallen lässt und damit zu offensichtlich nicht sachgerechten Ergebnissen führt.

Tempel geht in seiner Erwiderung auf die einzelnen Ergebnisse der problematischen Beispielsfälle nicht konkret ein, sondern verwirft letztere allgemein als „untypisch", „extrem"[2277] und bezeichnet ihre Anführung als Beispiel durch *Müller-Langguth* daher als „polemisch".[2278] Statt auf die von *Müller-Langguth* aufgeworfene Fragen einzugehen, wie beispielsweise der weitgespannte Minderungssatz von 10 bis 50% für die Mangelart „Ungeziefer" zu handhaben sei, ob eine einzelne Maus in einer Nacht eine 10%ige Minderung eines dreiwöchigen Urlaubs zu rechtfertigen vermag, oder welcher Tierarten und –mengen es bedürfe, um die 50-prozentige Minderung zu begründen, bezeichnet *Tempel* dies als teilweise erheiternde Fragestellungen; in Verkennung, dass Streitpunkt bzgl. „Maus oder Eidechse als Ungeziefer" nicht die Terminologie, sondern inhaltlich die konkrete Einzelfallanwendung und -auslegung ist, nennt *Tempel* dies einen „Streit um Worte", der „allenfalls Zoologen" interessiere.[2279]

Allgemein zieht sich *Tempel* auf einen etwas widersprüchlichen Doppelstandpunkt zurück:

Weil es bei der Bemessung der Minderung nach objektiven Gesichtspunkten ohnehin kaum auf die Einzelfallgerechtigkeit ankomme und weil mit der Tabelle „Voraussehbarkeit und

---

2269 S.o. Fn. 2265.
2270 *Staudinger/J. Eckert*, § 651d Rn. 40.
2271 MüKo/*Tonner*, § 651d Rn. 23.
2272 *Jauernig/Teichmann*, § 651d Rn. 1 (Wertungsspielraum zu stark einengend).
2273 *Führich*, Reiserecht, § 8 III. 3. b), Rn. 309 a. E.
2274 *Müller-Langguth*, NJW 1985, 1887 (1888) a. E.
2275 Vorstellung und Erläuterung der Tabelle durch *Tempel* in *ders.*, NJW 1985, 97; Kritik an der Tabelle durch *Müller-Langguth*, NJW 1985, 900; Replik *Tempel*, NJW 1985, 1885, schließlich Duplik *Müller-Langguth*, NJW 1985, 1887.
2276 S. *Müller-Langguth*, NJW 1985, 900 (901).
2277 Was *Müller-Langguth* freimütig einräumt: die „dem Ziel der Darstellung entsprechend krassen" Beispiele seien „jedoch nicht etwa erfunden", *Müller-Langguth*, NJW 1985, 900 (901) [II. 3.] a. E.
2278 *Tempel*, NJW 1985, 1885 (1886) [IV.].
2279 *Tempel*, NJW 1985, 1885 (1885) [I. 2.].

Transparenz" der Minderungsberechnung, somit ein Gegenwert der Rechtssicherheit geschaffen werde, könne es insofern hingenommen werden, falls die Einzelfallgerechtigkeit dadurch zwangsläufig etwas zu kurz kommt,[2280] bzw. hält er einen „übertriebenen Ermittlungsaufwand für den Einzelfall" für nicht angezeigt.
Andererseits will er der Einzelfallgerechtigkeit auch bei Anwendung der Tabelle Rechnung tragen einerseits durch weitgespannte Rahmensätze für die Minderung[2281] bei vielen Mangelpositionen, andererseits durch den Generalvorbehalt, die Tabelle gebe ja lediglich unverbindliche Richtlinien vor, von denen im Bedarfsfall ja abgewichen werden könne.[2282]

Ferner sieht *Tempel* die Anwendung von schematisierten Pauschalsätzen als durch § 287 ZPO gedeckt wenn nicht sogar geboten,[2283] um der „Gefahr" eines übertriebenen, unnötigen und kostspieligen Aufwands zur Ermittlung des Sachverhalts in den Prozessen zu begegnen.

Müller-Langguth hingegen wendet sich grundsätzlich und vehement gegen eine Praxis der Anwendung pauschaler Tabellen für die Bewertung von Reisemängeln bei der richterlichen Rechtsfindung und hält dies angesichts der auch nach § 287 ZPO notwendigen Feststellung der konkreten Einzelheiten zu den Mängeln *vor* einer *darauf beruhenden* nach § 287 ZPO vorzunehmenden Schätzung des Minderungssatzes[2284] schlicht für gesetzwidrig.[2285] Wegen der notwendigen Feststellung der konkreten Einzelheiten zu den Mängeln bedarf es auch bei Anwendung des § 287 ZPO nach wie vor der ohnehin erforderlichen Sachverhaltsaufklärung.[2286]
In diesem Zusammenhang erwidert *Tempel*, dass stets ein Mittelmaß zwischen konkreter Feststellung und dem Verzicht auf unwesentliche Einzelheiten zu finden sei, und dass durch zu starke Konkretisierung ein übertriebener Aufwand betrieben würde; gerade dem werde in der Praxis durch Anwendung des § 287 ZPO entgegengesteuert, und zwar mit oder ohne Tabelle.[2287]

Später wurde von Anhängern der Frankfurter Tabelle versichert, dass auch bei Anwendung der Tabelle selbstverständlich ein konkreter Vergleich zwischen geschuldetem Leistungsumfang und den tatsächlichen Umständen am Urlaubsort vorzunehmen sei, bevor eine Einordnung der im Einzelfall festgestellten Leistungsabweichung in die Mängeltabelle erfolge.[2288]

Wenn allerdings abschließend aus heutiger Sicht *Schmid* kritisiert, die Frankfurter Tabelle sei wegen der zuletzt 1994 erfolgten Änderungen heutzutage „mit Fug und Recht als inzwi-

---

[2280] *Tempel*, NJW 1985, 97 (98) [I. 4. a)] a. E.
[2281] *Tempel*, NJW 1985, 1885 (1886) [III. 1.].
[2282] *Tempel*, NJW 1985, 1885 (1886) [IV.].
[2283] *Tempel*, NJW 1985, 1885 (1886) [III. 2.].
[2284] *Müller-Langguth*, NJW 1985, 1887.
[2285] *Müller-Langguth*, NJW 1985, 900 (901).
[2286] *Müller-Langguth*, NJW 1985, 1887.
[2287] *Tempel*, NJW 1985, 1885 (1886) [III. 2.].
[2288] Vgl. etwa *Seyderhelm*, § 651d Rn. 19.

schen veraltet" zu bezeichnen,[2289] so verkennt er dabei, dass die Frankfurter Tabelle ein festes, in sich geschlossenes System darstellt, das ähnlich eines abstrakten Normenwerkes sozusagen als - aus ihrer Sicht - „einmal gefundene Weisheit" keiner Aktualisierung bedarf. Zumindest diese Kritik geht also an der Frankfurter Tabelle vorbei.

c) Eigene Stellungnahme

Bei einer Beurteilung der Tabellen ist in der Tat scharf zwischen der Frankfurter Tabelle einerseits und andererseits den übrigen Zusammenstellungen bzw. Tabellen generell zu unterscheiden. Erstere weist nur ihr eigene Besonderheiten auf, die zunächst eine eingehende eigenständige Befassung mit derselben nahe legen. Davon zu trennen ist die generelle Beurteilung von Tabellen.

(aa) Mängel der Frankfurter Tabelle

Wie schon mehrfach angesprochen, nimmt die Frankfurter Tabelle eine Sonderrolle ein, sowohl was ihre Bekanntheit, als auch ihren Ansatz und ihre Unzulänglichkeiten betrifft. Sie will ein abstraktes System zur Beurteilung von Reisemängeln schaffen, dass demgemäss auch keinerlei konkrete Fundstelle für die einzelnen Mangelpositionen bzw. deren Prozentsätze aufweist, und diese auch nicht erläutert, sondern schlicht *vorgibt.* Die resultierende Mangelhaftigkeit bzw. Untauglichkeit des Systems der Frankfurter Tabelle zeigt sich sowohl an konkreten Einzelbeispielen wie auch an generell-abstrakten Überlegungen.

(1) Zugrundeliegender Mangelbegriff und konkrete Anwendung

Die grundlegende Mangelhaftigkeit der Frankfurter Tabelle schon im Ansatz liegt m. E. bereits darin begründet, dass die Schöpfer der Tabelle zugleich die Schöpfer der Mindermeinung des sog. „engen Mangelbegriffs" sind. Dieser wegen Verstoß gegen Gesetzeswortlaut und -intention abzulehnende Ansatz[2290] einer isolierten Einzelbetrachtung der einzelnen Reiseleistungen begünstigt natürlich die Schaffung eines abstrakten Systems zur Bewertung der Mangelhaftigkeit der Einzelkomponenten, weil ja gerade keine Gesamtschau der Beeinträchtigung der Reise an sich stattfindet. Diese verfehlte Auffassung zum Charakter der reisevertraglich geschuldeten Leistung ermöglicht aber nicht nur das System der Frankfurter Tabelle, es führt auch dazu, dass es in konkreter Anwendung zu unsachgerechten Ergebnissen führt, wie im Folgenden dargelegt.

Wie *Tempel*[2291] selbst ausführt, setzt sich nach seinem Verständnis die reisevertragliche Leistung, die *Reise*, aus einem Bündel isoliert zu betrachtender Einzelleistungen zusammen.[2292] Insofern ermittelt er das Ausmaß der Minderung konsequent allein ausgehend vom Wert dieser einzelnen mangelhaften Leistung. Die Ausstrahlungswirkung des einzelnen Mangels auf den Nutzen der Reise insgesamt wird im Rahmen der Minderung grundsätzlich

---

2289 *Schmid*, NJW 2005, 2945 [I.].
2290 S. o. Zweiter Teil C. II. 3.) (S. 150).
2291 Als (mindestens maßgeblicher) Schöpfer der Tabelle, s. o. Dritter Teil D. IV. 2.) b) (S. 371).
2292 S. *Tempel*, NJW 1985, 97 (99) [II. 2. a)].

ignoriert, in Folge die quantitative Beeinträchtigung a priori auf den Wert der mangelhaft erbrachten Teilleistung beschränkt.[2293] Daraus erklären sich auch die m. E. häufig zu niedrigen Minderungssätze der Tabelle.

Damit verkennt *Tempel* - und somit das der Tabelle zugrundeliegende Konzept - aber den Charakter der Reise i. S. d. § 651a I 1 BGB, sie ist eben kein loses Bündel einzeln bleibender Teilleistungen, sie ist mehr ist als die Summe der Einzelteile[2294] gerade auch insofern, als sich ein Mangel einer Teilleistung immer auf den Gesamtwert der Reise für den Reisenden auswirkt.

Eine solche Ausstrahlungswirkung des einzelnen Mangels bzw. der einzelnen mangelhaften Teilleistung auf die übrigen mangelfreien Teilleistungen will Tempel nur in Extremfällen annehmen und nur als Frage des Schadensersatzes § 651f II BGB behandeln. Dies verkennt, dass ein verschuldensabhängiger Anspruch auf Schadensersatz etwas völlig anderes ist als die verschuldensunabhängig eintretende Wertminderung der Reise. Im Extremfall einer vereitelten Reise kann diese sehr schnell eine Minderung ihres Wertes bis auf Null erfahren, ohne dass hierbei Fragen des Schadensersatzes auftauchen müssen.

Zudem ist eine gewisse Ausstrahlungswirkung, eine Beeinträchtigung der Gesamtreise durch den Einzelmangel, angesichts der Natur der Reise als komplexes Leistungsbündel mit dem geschuldeten Gesamterfolg und Zweck der Erholung *regelmäßig* anzunehmen.

Dass die Auffassung Tempels, die geschuldete Reise setze sich lediglich aus nebeneinander zu erbringenden Teilleistungen und deren Wert zusammen, zwangsläufig zu niedrige Minderungswerte bei Mängeln dieser Einzelleistungen zur Folge haben muss, liegt auf der Hand: dies erinnert m. E. an ein Bild der Reise als ein geschuldetes Gebäude, das wegen *eines* schadhaften Ziegels bei Abnahme halb eingestürzt ist, und nun soll die Wertminderung des Gesamtwerkes lediglich der Wertminderung des einzelnen mangelhaften Ziegels entsprechen.

Bei Zugrundelegung des zutreffenden Reisebegriffs als einer über Einzelleistungen hinausgehende Gesamtleistung erübrigt sich auch der Streit zwischen *Müller-Langguth* und *Tempel* über einen Eigenwert der Beförderung;[2295] dieser ist schlicht als Teil der Gesamtreise zu sehen. Eigenartigerweise sieht *Tempel* das für *diesen* Aspekt, nur für die Transportleistung, auch so; er verneint einen isolierten Eigenwert des Transports[2296] und stellt auf die Gesamtreise ab. Ein Mangel der eigentlichen Reiseleistungen vor Ort wirkt sich nach seiner Aussage auch bei ihm bzw. im System der Frankfurter Tabelle auf den Wert des Transports dorthin mit aus, selbst wenn er sonst nur den einzelnen Mangel objektiv bewerten will und die Gesamtreise dabei ausblendet.

[2293] Vgl. *Tempel*, NJW 1985, 97 (100) [II. 2. c)]: „die Minderung (hat) sich eben an den einzelnen Reiseleistungen, nicht aber an der Beeinträchtigung der ‚Reise' als solcher auszurichten".

[2294] Vgl. den weiten Mangelbegriff der h. M. oben Zweiter Teil C. II. 1.) bzw. 3.) (S. 146 bzw. 150).

[2295] *Müller-Langguth*, NJW 1985, 1887 (1888) [V.]; *Tempel*, NJW 1985, 1885 [I. 3.].

[2296] *Tempel*, NJW 1985, 1885 [I. 3.].

Weiter sei nach Auffassung *Tempels* bei der Beurteilung der Intensität der Beeinträchtigung durch einen vorliegenden Mangel objektiv vorzugehen und auf einen Durchschnittsreisenden abzustellen.[2297] Dabei hat *Tempel* explizit das Interesse des Reiseveranstalters im Auge, man könne bei einem derartigen Massengeschäft nicht auf besondere Eigenschaften des Reisenden wie Alter, Geschlecht oder besondere Empfindlichkeiten abstellen.

Er verkennt hierbei jedoch, dass der Reisevertrag nach wie vor letzten Endes eine individualvertragliche Vereinbarung zwischen dem konkreten Reisenden und dem Veranstalter ist, in dessen Rahmen sehr wohl auf erkennbare Besonderheiten der Person des Vertragspartners Reisekunde Rücksicht zu nehmen ist, und auch auf dessen besondere Empfindlichkeiten wie seine Behinderung oder erforderliche Diätverpflegung - soweit dies eben Vertragsbestandteil wurde, sei es durch Offenkundigkeit, konkludente oder explizite Vereinbarung.[2298]

Diesbezüglich will auch *Tempel* im Rahmen des Systems der Frankfurter Tabelle inkonsequenterweise zwei Ausnahmen von seiner strikt objektiven Beurteilung machen, zum einen zugunsten des Reisenden bei Gebrechen bzw. Behinderung, zum anderen zuungunsten des Reisenden, wenn bei einzelnen Mängeln in Form des Fehlens bestimmter zugesagter Leistungen der Reisende aus persönlichen Gründen ohnehin keinen Gebrauch davon gemacht hätte.[2299]

Diese beiden Ausnahmen reichen m. E. nicht, vielmehr sind im Rahmen des subjektiv-objektiven Fehlerbegriffs[2300] und unter diesbezüglicher Zugrundelegung des jeweiligen Reisecharakters[2301] generell auch die entsprechend Vertragsbestandteil gewordenen persönlichen Eigenheiten des Reisenden zu berücksichtigen. Außerhalb der Frankfurter Tabelle liegt in letzterem, von Tempel gebildeten Ausnahmefall einer ohnehin fehlenden Gebrauchsabsicht schlicht keine Beeinträchtigung gemessen am Reisecharakter und damit keine Minderung vor.

Dieser, durch einen zugunsten des Veranstalters[2302] angewendeten objektiven Mangelbegriff in Zusammenhang mit einem falschen Reisebegriff hervorgerufene, mangelnde Blick auf die geschuldete Gesamtreise erklärt, wie man bei von *Tempel* autoritativ erläuterter vorzunehmender Anwendung der Tabelle zu m. E. nicht vertretbaren Ergebnissen gelangt, die noch über die von *Müller-Langguth* bemängelten Unstimmigkeiten[2303] hinausgehen:[2304]

[2297] *Tempel*, NJW 1985, 97(100) [II. 2. d)].

[2298] Es ist daher selbstverständlich ein dem Veranstalter zurechenbarer Fehler, wenn der Veranstalter über das Reisebüro dem im Rollstuhl erschienenen Reisenden im Rahmen der Reise eine völlig ungeeignete Unterkunft zum Vertragsinhalt macht, siehe zu dieser Thematik auch oben Zweiter Teil B. III. 3.) c) (S. 138) sowie D. II. 2.) a) (S. 196).

[2299] Vgl. *Tempel*, NJW 1985, 97(100/101) [II. 2. d) (1) bzw. (2)].

[2300] S. o. Zweiter Teil C. I. (S. 142).

[2301] S. o. Zweiter Teil D. II. 2.) a) (S. 196).

[2302] Wie *Tempel* selbst zugibt, s. *ders.*, NJW 1985, 97 (100) [II. 2. d)].

[2303] Der Vorwurf allgemein zu niedrig angesetzter Minderungssätze gilt auch gegenüber *Müller-Langguth*, denn auch er gibt zu erkennen, dass er die Minderungssätze als solche eher noch für zu hoch bemessen ansieht, vgl. *ders.*, NJW 1985, 1887 (1888) [IV.].

- So will Tempel selbst unter ausnahmsweiser Abweichung vom objektiven Mangelbegriff wegen persönlichen Gebrechens und entsprechender Erhöhung des Minderungssatzes einem *Rollstuhlfahrer* nur eine Minderung von 10 bis 20% zubilligen (im Normalfall 5 bis 10%), wenn das von ihm gebuchte Hotel entgegen Zusage keine Fahrstühle aufweist.[2305] Das ist in Anbetracht der Beeinträchtigung, die dieser Mangel für *diesen* Reisenden mit sich bringt, schlicht zu wenig.
- Das völlige Fehlen der geschuldeten Verpflegung hat eine feste Minderung von 50% zur Folge (Position II.1. der Tabelle).[2306] Ein derart absoluter Wert ist verfehlt. Der einzelne Mangel erlangt seine Bedeutung nicht aus sich heraus, sondern immer nur im Kontext der gesamten Reise und Reiseumstände. Dies gilt insbesondere auch für Mängel der Verpflegung.

  Ein Ausfall der Verpflegung (laut Tabelle eben pauschal immer 50% Minderung) ist von geringerer Bedeutung, wenn sich ohne Probleme vor den Türen des Hotels in den vielen Läden und Restaurants der Stadt anderweitig die Verpflegung gleichwertig sicherstellen lässt (im Rahmen einer zumindest teilweisen Selbstabhilfe). Sie erlangt aber eine ganz andere, m. E. weit über 50% hinausgehende Bedeutung, wenn das Hotel weitab draußen auf dem Land (oder Insel!) liegt oder in einem Entwicklungsland die Versorgungsmöglichkeiten auf dem lokalen Markt von zweifelhafter hygienischer und gesundheitlicher Art sind, so dass der Reisende auf die Verpflegung in der Clubanlage dringend angewiesen ist – der Totalausfall einer solchen Hauptkomponente (Verpflegung bzw. Unterkunft) kann sehr schnell den ganzen Urlaub unbrauchbar, wertlos machen.

  Gerade diese dringend notwendige Berücksichtigung der konkreten Umstände aber lehnt Tempel ausdrücklich ab, explizit auch für diesen Fall: es sei – bzgl. der Minderung - keine Rücksicht auf in der Nachbarschaft vorhandene oder eben nicht vorhandene Verpflegungsmöglichkeiten zu nehmen.[2307]

  Auch die Unterteilung der 50% für die fehlende Verpflegung auf je 20% für Mittag-

---

[2304] Interessanterweise treffen die gleichen Kritikpunkte (fehlende Berücksichtigung des individuellen Reisecharakters bzw. Bedeutung des Mangels für den Einzelfall mit daraus folgend in der Tendenz zu niedriger Mangelbewertung bzw. schlicht unvertretbaren Ergebnissen) auch *Niehuus* mit seiner Mängeltabelle, der einzigen neben der Frankfurter Tabelle, die ebenfalls eigene Bewertungsvorschläge des Urhebers enthält, zumal auch bei *Niehuus* Begründungen fehlen, zu kurz oder eben nicht treffend sind. So arbeitet er schlicht mit Sachverhaltsunterstellung, wenn er ein fehlendes Radio mit 2% ansetzt, weil es ohnehin nur zeitweise genutzt werde; eine fehlende Reiseleitung sei gar kein Mangel, weil sich der Gast ja über die Hotelleitung per Telefon, Telefax oder Email auch direkt an den Reiseveranstalter wenden könne; einen fehlenden Kühlschrank bewertet *Niehuus* niedriger als sämtliche von ihm hierzu zitierte Rechtsprechung pauschal mit nur 3%; das dürfte vor allem die Reisenden interessieren, die sich wegen tatsächlichen Interesses den Kühlschrank haben zusichern lassen - wohlgemerkt, die Rede ist ja von ausdrücklich Vertragsgegenstand gewordenen, *zugesichertem* Kühlschrank: dies trifft nicht nur denjenigen, dem es „nur" unbedingt auf sein „kühles Bier" ankommt, damit er seinen Urlaub genießen kann - sondern auch Kranke, die in südlichen / tropischen Ländern ihre Medikamente nicht bei der dortigen „Zimmertemperatur" aufbewahren können. Die Reise ist dann entweder überhaupt nicht durchführbar, oder bei Lagerung in einem Fremdkühlschrank der Hotelküche oder sonst wo zumindest stark beeinträchtigt.

[2305] *Tempel*, NJW 1985, 97(100/101) [II. 2. d) (1)].

[2306] Vgl. auch *Tempel*, NJW 1985, 97 (100) [II. 2. b) aa)].

[2307] S. *Tempel*, NJW 1985, 1885 [II. 2.].

und Abendessen sowie 10% auf das Frühstück ist schlicht zu pauschal; je nach konkretem Reisecharakter hinsichtlich Urlaubsregion oder Reiseart kann das Frühstück die wichtigste Mahlzeit sein, und andererseits das Mittagessen in den Hintergrund treten oder ganz ausfallen.[2308]

- Weiterhin sieht das System der Frankfurter Tabelle nach autoritativer Interpretation seines Verfassers eine Erheblichkeitsschwelle von 20% vor, unterhalb derer dem Reisenden das Recht auf Selbstabhilfe § 651c III BGB schlicht abgesprochen wird.[2309]

  Der Reisende wäre nach diesem Ansatz zum Verleben einer mangelhaften Reise verdammt, er müsste, wenn der Veranstalter ihm eine lange Nase dreht, statt für Abhilfe zu sorgen, dreckiges Besteck hinnehmen (10-15% laut Pos. II.3.e) der Tabelle) und darf sich kein sauberes auf Kosten des Veranstalters besorgen. Auch muss der Reisende in seinem Tauch- oder Surfurlaub auf dem Trockenen sitzen bleiben bei Ausfall der - zugesagten(!) - Tauch- oder Surfschule (5-10% laut Pos. III. 6. der Tabelle), statt auf Kosten des Veranstalters zu einem lokalen Anbieter gehen zu dürfen, um seinen Urlaub doch noch zu retten.

- Die Unterbringung in einem Dreibettzimmer statt des gebuchten Doppelzimmers führt nach Position I. 4. c) der Tabelle zu einer Minderung von 20 bis maximal 25%, abhängig davon, ob der hinzukommende Dritte eine Person der gleichen Buchung oder ein unbekannter Reisender(!) ist. Es erscheint dem Verfasser schlicht unrealistisch, anzunehmen, dass ein (Ehe-)Paar seinen Traumurlaub auf den Bahamas als zu 75% gelungen ansieht, wenn es sich die Schlafstätte in lauen tropischen Nächten inklusive Meeresrauschen jeden Tag - bzw. Nacht - mit dem unbekannten Mr. X teilen darf. Einem solchen Urlaub würde nach Empfinden wohl jedes verständigen Verbrauchers die gesuchte Erholung bzw. der Nutzen eher insgesamt als zu einem Viertel abgesprochen werden.

  Umgekehrt dürfte es den Frohnaturen und Taucherkollegen Herrn A und Herrn B wenig ausmachen, wenn ihnen im Rahmen ihres „Spaßurlaubs" ein weiterer Tauchkollege („buddy") C zugeteilt wird, zumal, wenn sie die Unterkunft ohnehin nur als Schlafgelegenheit zwischen Sport und Unterhaltungsaktivitäten ansehen.

  Auch hier zeigt sich die grundlegende Mangelhaftigkeit der pauschalen Beurteilung, wie sie die Tabelle vornimmt. Das Maß der Beeinträchtigung kann nur im Einzelfall und unter Zugrundelegung des konkreten Reisecharakters festgestellt werden.

- Auch umgekehrt, mit einem zu hohen „Einstieg" bei den Minderungswerten, erweist sich die Tabelle als wenig tauglich, wenn beispielsweise in Position I. 8. a) der Tabelle für Lärm am *Tag* ein Prozentsatz von 5 - 25% und in Pos. I. 8. b) für Lärm in

[2308] Gerade in den südlichen Urlaubsgebieten tritt das Mittagessen oft in den Hintergrund; man denke auch an ausflugsorientierte Reisen, bei denen nach reichlichem Frühstück dann Mittags - unterwegs - nur ein Snack gereicht wird.

[2309] Vgl. *Tempel*, NJW 1985, 97(102) [III. 1.]; s. a. Dritter Teil C. I. 2.) (S. 342).

der *Nacht* von 10 bis 40% festgelegt werden. Was macht nun der reisemangelklagengeplagte Richter bei einer grenzwertigen, nicht ganz unerheblichen aber eben auch nicht besonders intensiv störenden Lärmbelästigung in der Nacht?
Nach Tabelle kann er sich entweder für den Minimalsatz von 10% entscheiden, oder die Lärmbelästigung - „de minima non curat lex“ - doch als unerhebliche Bagatelle verwerfen; oder aber er verwirft besser gleich die Tabelle, fühlt sich an deren Vorgabe nicht gebunden und entscheidet sich für einen unterstellt sachgerechten Minderungssatz von 5%. Dafür benötigt er aber nicht die Frankfurter Tabelle.

Die Liste an Beispielen ist nahezu beliebig erweiterbar. Es zeigt sich aber bereits jetzt deutlich, dass die Frankfurter Tabelle bei Anwendung auf den Einzelfall in ihrer angedachten Konzeption als in sich geschlossenes System allgemein zur Behandlung von Reisemängeln und insbesondere zur Ermittlung der Minderung der Vergütung scheitert.

(2) Das abstrakte Konzept der Frankfurter Tabelle

Die Ausführungen von *Tempel* selbst zur Erläuterung der Frankfurter Tabelle zeigen, welche Quadratur des Kreises letztere zu schaffen versucht mit ihrem Anspruch, ein verbindliches[2310] festes Schema zur Berechnung der Reisepreisminderung vorzugeben, eine „Gewähr für die gleichmäßige Behandlung gleichliegender Fälle“[2311], und zugleich aber durch Rahmensätze und die Möglichkeit der Abweichung von den vorgegebenen Prozentsätzen eine individuelle Bewertung des Einzelfalls zu ermöglichen.

Der Widerspruch ist trotz der zweifellos honorigen Intention *Tempels* unübersehbar: er will einerseits, im Sinne einer Gleichbehandlung und Verhinderung von Willkür[2312] sowie zwecks Vorhersehbarkeit, Rechtssicherheit und nicht zuletzt gerichtlicher Arbeitserleichterung eine eingehende Einzelfallbewertung durch die festen Prozentsätze der Tabelle ersetzen, andererseits aber der Einzelfallgerechtigkeit Geltung verschaffen, indem von diesen festen Prozentsätzen im Einzelfall abgewichen werden könne.[2313]

Zunächst einmal schert die Frankfurter Tabelle ohne Ansehen des individuellen Reisecharakters der jeweiligen Reise alles über einen Kamm. Die Aussage *Tempels* zur Verteidigung seiner Frankfurter Tabelle, es würden ja nur Rahmensätze aufgestellt,[2314] ist hinsichtlich vieler Mangelpositionen schlicht unzutreffend,[2315] bei einem Blick in die Tabelle zeigt sich beispielsweise, dass ein fehlendes eigenes WC gem. Position I. 5. d) immer schlicht ein fehlendes eigenes WC und mit festen 15% zu veranschlagen ist, egal, welche weiteren Umstände hinzutreten, ob man sich die Toilette nun nur mit dem Nachbarzimmer, der ganzen

---

[2310] Vgl. Bezeichnung als „Richtlinie“ in *Tempel*, NJW 1985, 1885 (1886) [V.].
[2311] *Tempel*, NJW 1985, 1885 (1886) [III. 1.].
[2312] Vgl. auch *Tempel*, RRa 1998, 19 (27) [III. 4. b (4)].
[2313] Vgl. auch *Seyderhelm*, § 651d Rn. 19 a. E.
[2314] Vgl. *Tempel*, Materielles Recht (2. Aufl.) § 6 IV. 3. b) (5), S. 434: „Dem Einzelfall wird dadurch Rechnung getragen, dass die Tabelle nur Rahmenrichtsätze enthält, innerhalb deren nach Art und Intensität des Mangels im Einzelfall der Prozentsatz vom Gericht ermittelt wird.“
[2315] *Tempel* zählt bei seiner Vorstellung und autoritativen Erläuterung der Frankfurter Tabelle in *ders.*, NJW 1985, 97 (98) [I. 4. a)], dort Fn. 17, selber die zahlreichen Mängelpositionen auf, bei denen es möglich war, „einen festen Prozentsatz festzulegen, da die Beeinträchtigung nur in geringem Maße variiert“.

Etage oder dem ganzen Hotel teilen muss, ob vorher im Prospekt eine eigene elegante Marmortoilette im Bad gezeigt wurde o. ä.
Die festen Prozentsätze der Tabelle sind verfehlt. Vielmehr muss eine konkrete Bewertung des Einzelfalls erfolgen, diese ist am Reisecharakter auszurichten, weil dieser zeigt, ob und vor allem in welchem Masse die *konkrete* Störung für *diese* Reise einen Mangel darstellt.

Die Tabelle soll, wie bereits angesprochen, mit ihrem festen System Berechenbarkeit, Vorhersehbarkeit, Konsolidierung der Rechtsprechung und damit Rechtssicherheit bringen, indem unter Verzicht auf eingehende individuelle Würdigung des Einzelfalls ein striktes Schema mit pauschalen Minderungssätzen für feste Ergebnisse sorgt.
Der wohlklingenden „Maxime der Vorhersehbarkeit" bzw. einem „Primat der Rechtssicherheit" darf man nicht unkritisch gegenüberstehen. Berechenbarkeit und Vorhersehbarkeit sind kein Selbstzweck; letztlich würde auch die Regel „alle Klagen sind abzuweisen" zu maximaler Rechtssicherheit führen. So wie aber laut *Tempel* der Transport des Reisenden an den Urlaubsort bei Ausfall der übrigen Reise keinen isolierten Eigenwert besitzt,[2316] so bleibt auch die Rechtssicherheit ein hohles, wertloses Prinzip, wenn es der zwar vorhersehbaren und berechenbaren Entscheidung letztlich aber an *Inhalt* mangelt.

Immerhin aber ist der Ansatz der Rechtssicherheit durch Verzicht auf Einzelfallbewertung zunächst in sich schlüssig.– so ist sein Ansatz mit dem System der Tabelle soweit zumindest teilweise zielführend. Treffenderweise äußert *Tempel* anlässlich der Vorstellung der Frankfurter Tabelle sein Resümee, letztere trage bei zu einer „erheblichen Konsolidierung der Rechtsprechung in Form von Einheitlichkeit, Transparenz und Arbeitsentlastung"[2317] - von Einzelfallgerechtigkeit oder sachgerecht angemessener Beurteilung ist konsequenterweise keine Rede.

Letztlich zeigt sich aber auch hier angesichts der widersprüchlichen Zielsetzung „Schematisierung bei gleichzeitiger Einzelfallbeurteilung" die dadurch hervorgerufene Unzulänglichkeit der Frankfurter Tabelle, denn dem Ziel einer festen Vorhersehbarkeit sind die teilweise recht weiten Rahmensätze von beispielsweise „10 - 50%" für Schäden der Unterkunft oder für Ungeziefer - Pos. I. 5. k) bzw. l) der Tabelle - nicht gerade zuträglich.

Denn andererseits soll auch die Einzelfallgerechtigkeit doch noch gewahrt werden durch teilweise weitgespannte Minderungsrahmen und die mögliche Abweichung von den festen Tabellenwerten im Einzelfall - um den Abweichungen vom Normalfall Rechnung zu tragen.[2318] Mit dieser Rückkehr zur individuellen Beurteilung bleibt aber wiederum die Berechenbarkeit und angestrebte Rechtssicherheit auf der Strecke, und zwar jeweils so weit, wie die Rückkehr zur individuellen Betrachtung geht.

[2316] S. o.; *Tempel*, NJW 1985, 1885 [I. 3.].
[2317] *Tempel*, NJW 1985, 97 (105) a. E.
[2318] Tatsächlich wendet *Tempel* bspw. in seiner Besprechung zum Fall *LG Hamburg* RRa 1997, 61 seine Tabelle nicht an, da „der außergewöhnliche Sachverhalt ... eine abweichende Bewertung zuläßt", vgl. *Tempel*, RRa 1997, 131 (132) [2. c)].

Insofern *Tempel* vorträgt, eine Berechnung der Mängel nach dem festen System der Frankfurter Tabelle sei für die klagenden Reisenden einsichtiger,[2319] ist dies als Begründung für ein starres System abzulehnen. Zunächst erscheint zweifelhaft, ob der Verweis auf die Regeln der Frankfurter Tabelle tatsächlich dazu taugt, die klagenden Reisenden von einem Urteil zu überzeugen, am ehesten vielleicht noch recht einfach strukturierte, nicht hinterfragende Gemüter. Die Mehrzahl reisemangelbeschwerter Kläger aber wird ein enttäuschendes Urteil, das ihnen statt der geforderten 1.000 € nur 100 € zuspricht, schlicht unerquicklich finden. Glücklicher werden sie durch das weitgehende Unterliegen im Urteil auch bei Verweis auf die Tabelle nicht, vielleicht wäre es aber immerhin im Sinne *Tempels*, wenn die dem Urteil folgende mentale Richterschelte des enttäuschten Klägers durch eine Tabellenschelte bzw. ein Beklagen der richterlichen Anwendung derselben ersetzt wird - „er konnte ja nicht anders".

Davon abgesehen ist es nicht Aufgabe des Rechts, einer Partei zu „gefallen". Man muss sich hier in der grundlegenden, philosophischen Frage zwischen Wahrheit und Schönheit entscheiden, ob man eher an einer materiell-inhaltlich „richtigen" Entscheidung oder an einer schönen Verpackung mit fragwürdigem Inhalt interessiert ist.

Schließlich weist *Tempel* wiederholt auf die Bedeutung des Grundsatzes der Gleichbehandlung hin, der die Verwendung eines festen Schemas wie das der Frankfurter Tabelle erfordere.

Er hat m. E. zwar recht, dass die ungebundene freie Einzelentscheidung in Willkür ausarten kann, je nach Qualität der Richter.[2320] Die Gefahr willkürlicher Entscheidung eines Richters ist aber ein systemimmanenter Zug unseres Gerichtswesens bzw. Rechtssystems, dem auch nur innerhalb dieses Systems durch den Instanzenzug Rechnung zu tragen ist. Auch eine verbindliche Tabelle verhindert nicht, noch weniger als das Gesetz, wenn sich ein Amtsrichter unterhalb der Berufungsschwelle recht ungebunden fühlen sollte.

Tempels Aussage aber, das feste Schema der Tabelle sei erforderlich, eine lediglich die Umstände des Einzelfalls beachtende Bewertung führe in der Praxis zu einer willkürlichen, den Gleichbehandlungsgrundsatz missachtenden Bewertung,[2321] ist schlicht falsch.
Vielmehr spricht ausgerechnet der von ihm so herausgehobene und zur Legitimation des Systems der Frankfurter Tabelle angeführte Gleichbehandlungsgrundsatz gegen letzteres. Denn dieser Grundsatz besagt gerade auch, dass umgekehrt ungleiche Sachverhalte eben auch ungleich zu behandeln sind, um ihnen gerecht zu werden.[2322] Reisen sind in der Lebenswirklichkeit vielfältig und von ganz unterschiedlichem Reisecharakter. Nicht durch eine pauschal-sture Gleichbehandlung, sondern nur durch eine einzelfallbezogene Beurteilung unter Beachtung des jeweiligen individuellen Reisecharakters kann ein jeweils sachgerechtes Ergebnis gefunden werden und damit eine gleich gerechte Behandlung erfolgen.

[2319] S. *Tempel*, Materielles Recht (2. Aufl.) § 6 IV. 3. b) (5), S. 434.
[2320] Vgl. *Tempel*, RRa 1998, 19 (27) [III. 4. b) (4)] sowie auch dort Fn. 165.
[2321] Vgl. *Tempel*, NJW 1985, 1885 (1886).
[2322] S. o. Fn. 2170.

Die Frankfurter Tabelle versagt nach all dem als System zur Bewertung von Reisemängeln. Was bliebe, wäre eine Bedeutung als Arbeitshilfe zur Orientierung über anzuwendende Minderungssätze für diverse Mängel.[2323]
Abgesehen davon, dass die Prozentsätze selber, wie gezeigt, zu niedrig angesetzt sein dürften, ist die Frankfurter Tabelle aber auch in dieser Restfunktion wertlos, weil es eben auf die individuellen Umstände des Einzelfalls, auf den jeweiligen Charakter der Reise für die Bedeutung eines an sich gleichen oder zumindest ähnlichen Mangels ankommt: Es fehlen diesbezüglich die entsprechenden Fundstellen für eine Erläuterung des jeweiligen Minderungssatzes. Ohne diese ist die Tabelle selbst aber viel zu unsubstantiiert, um einen Anhaltspunkt für eine sachgerechte Anwendung auf den Einzelfall zu geben, die Werte der Tabelle bleiben völlig unvermittelt.
Und zwar in voller Absicht: laut *Tempel*[2324] sollen die Sätze einer Tabelle gerade losgelöst sein von den zugrundeliegenden Fällen. Der Vorzug einer Reisemängeltabelle bestehe nach Ansicht des Schöpfers der Frankfurter Tabelle insbesondere darin, dass sich der Benutzer gerade nicht mit den zugrundeliegenden Einzelfällen befassen müsse.[2325]
Hierzu ist anzumerken, dass zum einen auch sein Entwurf, die Frankfurter Tabelle, mit ihrem komplexen Regelwerk in den Anwendungserläuterungen nicht dem von ihm offensichtlich angestrebten Ziel einer Fallbewertung „auf einen Blick"[2326] entspricht. Zum anderen entzieht *Tempel* der Frankfurter Tabelle mit der konsequent auf diesem Verständnis beruhenden Konzeption - mit nicht zu hinterfragenden, universell geltenden „wahren" Minderungssätzen ohne Urteilsnachweis oder Begründung - den Boden des Gebrauchswertes angesichts der bunten Vielfalt des Lebens gerade im Teilbereich reiserechtlicher Mangelerfahrungen.

Für den verbleibenden Restwert, dass der Richter mithilfe der Tabelle einen Anhaltspunkt und Rahmen habe, um wenigstens nicht mehr zwischen einer Bewertung mit 0 oder 100% „herumtappen" zu müssen,[2327] mag der jeweilige Anwender sich getrost der anderen Tabellen bzw. Zusammenstellungen bedienen, denn bei einer solchen Betrachtungsweise geht der Nutzen der ursprünglichen Frankfurter Tabelle nicht über den einer halbwegs ordentlich und sinnvoll gesammelten und dargestellten Kasuistik in einem Lehrbuch oder Kommentar hinaus, eher liegt er – aufgrund der (absichtlichen!, s. o.) Knappheit und mangelnden Fundstellen-Nachweise – weit darunter. Erst die neueren, weitaus umfangreicheren Tabellen haben daher m. E. gegenüber den üblichen Kasuistiksammlungen in Kommentaren und Handbüchern aus Praktikabilitätsgründen einen wirklichen, qualitativ höheren Eigenwert.

2323 Auf diesen (Rest-)Wert einer „Orientierungshilfe" hat sich zuletzt auch *Tempel* verstärkt bezogen, vgl. *Tempel/Seyderhelm*, § 7 IV. 3. c) (5), S. 502.
2324 So ausdrücklich *Tempel*, RRa 2000, 67.
2325 Interessanterweise kritisiert *Tempel* jedoch in anderem Zusammenhang anlässlich eines Urteils des *LG Landau* scharf die „Tendenz der Instanzgerichte, Leitsätze früherer Entscheidungen ohne Prüfung von deren tatsächlicher Basis unbesehen und unkritisch zu übernehmen", statt sich mit dem zugrundeliegenden Fall und insofern mit der Übertragbarkeit auf den vorliegenden Fall auseinanderzusetzen, s. *Tempel*, RRa 1998, 147 (151).
2326 Vgl. *Tempel*, RRa 2000, 67, li. Sp. unten.
2327 So *Tempel*, NJW 1985, 1885 (1886) [III. 1.] a. E.

(bb) Allgemeine Bewertung der Tabellen

Wenn *Tempel* bei Vorstellung und Erläuterung der Frankfurter Tabelle abschließend von einer durch diese erreichten Arbeitsentlastung des anwendenden *LG Frankfurt a.M.* spricht,[2328] so ist diese Entlastung der Gerichte allgemein ein Aspekt, der auch die übrigen Tabellen betreffen kann, zugleich aber kritischer Hinterfragung bedarf.

Im Hinblick auf eine Entlastung durch erleichterte außergerichtliche Einigungen zwischen den Parteien durch Heranziehung der Tabellen erscheint dies zwar an sich (s. aber im Folgenden) begrüßenswert;[2329] es darf aber bzgl. der Tabellen die Arbeitsentlastung nicht dahingehend miss-verstanden werden, dass im Gerichtsverfahren eine Auseinandersetzung mit den individuellen Besonderheiten des einzelnen Falls entfällt und die Urteilsfindung aus einem schlichten Aufsuchen und mathematischen Addieren bzw. Verrechnen von vermeintlich einschlägigen Mängelprozentsätzen der so verlockend handlichen Tabelle besteht;[2330] auch nicht in der Form, dass in der Praxis mit deutlichem richterlichem Hinweis, einem unmissverständlichen „Wink" mit der Tabelle, den Parteien von vornherein ein entsprechender Vergleich angesichts des zu erwartenden Urteils „nahegelegt" wird.

Aber gerade auch bei außergerichtlicher bzw. vorprozessualer Verwendung liegt die Gefahr einer unsachgemäßen Verwendung nahe - denn die Minderungssätze stehen in den Tabellen unvermittelt und ohne den Kontext des zugrundeliegenden Sachverhalts, aus dem sich in dem konkreten Fall *dieser* zugesprochene Minderungssatz ergab.
Die Angaben in den Tabellen bestehen regelmäßig aus den Elementen Mangel, Minderungshöhe, Fundstelle und Besonderheiten, wobei jedoch der Mangel nur aus einem Stichwort oder maximal einer Kurzbeschreibung von drei bis fünf Worten besteht, und auch die „Besonderheiten" umfassen allenfalls ein Stichwort bzw. eine ganz kurze Anmerkung aus wenigen Worten. Damit sind die Angaben zu unspezifisch.[2331]
Die Bedeutung des Mangels ergibt sich immer erst aus der Relation zum entsprechenden Reisecharakter der jeweiligen mangelhaften Reise.[2332] So kann auch bei einem ganz konkret benannten, an sich identischen Mangel schon der Ort entscheidend für eine Andersbewertung des gleichen Vorfalls sein, plakatives Beispiel sei das Auftreten von Kakerlaken auf einer tropischen Insel oder in einem europäischen Spitzenhotel. Ganz grundlegend ist auch

---

[2328] S. *Tempel*, NJW 1985, 97 (103) [V. 2.] a. E.

[2329] Bedenklich erscheint aber, dass hierbei der mangelbeschwerte Reisende unter dem „Druck" der Tabelle eben die dort genannten, m. E. tendenziell zu niedrig angesetzten Werte zugrunde legen und somit u. U. auf einen Teil seiner berechtigten Forderungen verzichten könnte.

[2330] Überhaupt ist Ökonomie der Rechtsprechung im Sinne einer Entlastung der Gerichte kein stichhaltiges Argument. Eine ausreichende finanzielle und letztlich personelle Ausstattung der Judikative ist Aufgabe der Politik. Es kann nicht die zu tragende Last des einzelnen Rechtssuchenden sein, für ein zu niedriges Budget, für die zu geringe Zahl an Planstellen, mit unzureichend einzelfallbeurteilenden Pauschalurteilen zu büßen.

[2331] So auch *Isermann*, NJW 1988, 873 (877) [III. 2. a)] u. dort Fn. 50: „wenig hilfreich" seien unvermittelte Mängelpositionen mit Wertungscharakter wie bspw. „verschmutzter Strand", woraus sich nicht ergebe, ob dies nur für den hoteleigenen, oder auch für den Zustand eines öffentlichen Strandes gelte; i. ü. seien Art und Ausmaß der Verschmutzung „sicher auch mit anderen Minderungssätzen vorstellbar", oder sogar nur als bloße Unannehmlichkeit.

[2332] S. o. Zweiter Teil D. I. 4.) (S. 191).

die Länge des Urlaubs entscheidend, hinsichtlich Verspätungen beim Abflug oder Ausfall eines Urlaubstages aus irgendeinem Grund macht es eben bezogen auf den Gesamtwert der Reise einen entscheidenden Unterschied, ob es sich um eine Dreitagesfahrt oder einen dreiwöchigen Urlaub handelt, um zu beurteilen, wie schwer sich der einzelne Ausfall im Verhältnis zur Gesamtreise auswirkt.

Insofern ist allgemeines Problem der Tabellen und Zusammenstellungen, dass sie ohne hinreichenden Kontext einen Minderungssatz für einen Mangelstichpunkt angeben. Jeweils mehr oder weniger ausgeprägt durchgehendes, systemimmanentes Defizit der dargestellten Tabellen ist die ungenügende Berücksichtigung des jeweiligen spezifischen Charakters der Reise und der entsprechend davon abhängenden Bedeutung des jeweiligen Mangels für die konkrete Reise im Einzelfall.
Für das allgemein niedrig anmutende Niveau der gesammelt wiedergegebenen Minderungssätze in der Rechtsprechung können die jeweiligen Verfasser bzw. Herausgeber nichts (mit Ausnahme der Frankfurter Tabelle, die ja vom *LG Frankfurt a.M.* erstellt und aus seinen eigenen Urteilen kondensiert wurde), für viel zu knappe Aussagen zum Kontext, die unzureichende Charakterisierung in den knappen Anmerkungen (jeweils „Besonderheiten", „Bemerkungen", „Sachverhalt" o. ä. genannt) schon eher.

Möglicherweise wird aber hierbei etwas von den Zusammenstellungen gefordert, was diese gar nicht leisten können: in den Tabellen können gar nicht hinreichend umfangreiche Informationen zu den einzelnen Fällen untergebracht werden, ohne dass dies jeglichen Rahmen sprengen würde. Beispielsweise zeigt die zwar kurze, im Vergleich zu den kurzen stichwortartigen Charakterisierungen der o. g. Tabellen aber geradezu umfangreiche, fünfzeilige Beschreibung des Gala-Dinner-Falls in einer Rechtsprechungsübersicht bei *Martis*,[2333] dass auch eine nähere Kurzbeschreibung noch ein in dieser Kürze pauschalisierend-entstellendes, zu Missverständnissen bei der Transapplikation einladendes Zitat sein kann.[2334]

Die Erwartung, eine Tabelle könne aus sich heraus autark die Voraussetzungen bieten für eine sachgerechte, die Umstände des Einzelfalls berücksichtigende abschließende Beurteilung des Mangels im jeweiligen vom Tabellenverwender zu prüfenden Fall, kann somit nicht erfüllt werden. Diese Aufgabe kann eine Tabelle nicht haben.

Die begrenzte Aussagekraft der knappen Angaben in den Tabellen ist auch für den Zweck einer ersten Orientierung[2335] durchaus problematisch, weil man dann doch das Urteil sehen muss, um zu erfahren, warum ein scheinbar gleicher Fall einmal mit 5% und einmal mit 50% Minderung bewertet wird, ob dies im Sachverhalt begründet liegt oder einfach einer

[2333] S. *Martis*, MDR 2002, 901 (904) [II. 14.].
[2334] Vgl. Urteilsbegründung im Originalfall *AG Kiel* RRa 2000, 190, die darlegt, warum das Gericht *im vorliegenden Fall* zu einem Prozentsatz von 15% gelangte.
[2335] Laut *Isermann*, NJW 1988, 873 (877) [III. 2. a)] kann in der Frage der Minderung keine Rechtsklarheit, sondern allenfalls eine Rechtsprechungsübersicht ermittelt werden, und daraus Anhaltspunkte.

Laune bzw. den lokalen Unterschieden zwischen verschiedenen Gerichten bei eigentlich vergleichbarem Sachverhalt entspringt.

In allen Fällen, wiederum mit Ausnahme der Frankfurter Tabelle, wird diese Unzulänglichkeit aber zumindest teilweise durch das ohnehin notwendige Heranziehen des jeweils zitierten zugrundeliegenden Urteils behoben, insoweit sich daraus die prägenden Umstände des Sachverhalts, insbesondere der Reisecharakter, ergeben.

Dabei ist *Tempel* zwar zuzugeben, dass auch bei Heranziehung der zugrundeliegenden Urteile im jeweiligen Urteilstext oft etwa die konkrete Prospektbeschreibung oder auch sonst andere wichtige Umstände des jeweiligen Sachverhalts fehlen,[2336] gerade auch angesichts der „Qualität", vor allem der Knappheit vieler amtsgerichtlicher Urteile.[2337] Dies kann zwar im Einzelfall eine exakte Vergleichbarkeit behindern, stellt aber nicht grundsätzlich die Vorgehensweise der Heranziehung des jeweiligen Urteils und dessen Überprüfung auf Verwertbarkeit und Anwendbarkeit auf den vorliegenden Fall in Frage.

Das durchaus ernstzunehmende Problem, dass einzelne Urteile in der Sache schlicht falsch sind bzw. zu einem unzutreffenden Minderungssatz gelangen, lässt sich nur dadurch relativieren, dass in der Gesamtschau möglichst mehrere Urteile zu einem ähnlichen Sachverhalt in der Tabelle erfasst sind und sich dadurch „Ausreißer" erkennen lassen. Im übrigen sind „verfehlte" Entscheidungen bei der hier zugrundegelegten sachgerechten Verwendung der Tabellen unschädlich, weil keine sklavische, unhinterfragte Bindung an die Prozentsätze besteht, sondern jeweils der Sachverhalt und Kontext des jeweils entschiedenen Minderungssatzes mitbetrachtet werden.
Vor allem aber auch, weil diese Kasuistik nur als unverbindliche Anregung für die eigene Bewertung zu sehen ist, können grob daneben liegende Urteile in den Tabellen weniger Schaden anrichten.
Insofern ist der Wert einer Tabelle um so höher, je umfangreicher sie ist, je zahlreicher die einzelnen, aufgeführten Urteile sind.

Abschließend ist festzuhalten, dass die Tabellen zu Reisemängeln m. E. als eine wichtige *Orientierungs*hilfe für einen ersten Überblick und als eine noch wichtigere *Arbeits*hilfe im Sinne einer Recherche-Erleichterung dienen können, keinesfalls aber als *Argumentations*hilfe – eine Reisemängeltabelle entfaltet aus sich heraus keine originäre Autorität, sie ist selbst keine Begründung des jeweiligen Minderungssatzes; vielmehr muss bei jeder Heranziehung der Tabelle die jeweilige zitierte Entscheidung herangezogen und der Minderungssatz im Zusammenhang mit dem jeweiligen Sachverhalt gesehen und dies für eine Übertragung berücksichtigt werden.

Dieser den Tabellen zugedachte Rolle werden die neueren Tabellen durchaus gerecht; die Frankfurter Tabelle aber erweist sich letztlich als weitgehend wertlos.

[2336] Vgl. *Tempel*, RRa 2000, 67 (68).
[2337] Vgl. Editorial zu RRa 4/1997 von *Schmid*, RRa 1997, 66.

V. Folgen

In Folge der Minderung § 651d I BGB schuldet der Reisende nur einen entsprechend verminderten Teil des Reisepreises, er müsste also nur den geringeren Betrag zahlen. Weil der Reisepreis aber in aller Regel in der Praxis vorgeleistet wird,[2338] hat der Reisende einen Rückerstattungsanspruch in Höhe des zuviel gezahlten Betrages. Diese Rückerstattung bei Minderung führt dazu, dass der Reisende in letzter Konsequenz zur Geltendmachung seiner Ansprüche den jeweiligen Reiseveranstalter an dessen Sitz verklagen muss, was zu den entsprechenden Konzentrationen von Reiseprozessen an den Standorten der großen Veranstalter führt.[2339]

Bei der Forderung auf Rückzahlung des in Folge der Minderung zuviel gezahlten Reisepreises handelt es sich nicht um einen Anspruch aus ungerechtfertigter Bereicherung § 812 I BGB, sondern um einen vertraglichen Rückzahlungsanspruch,[2340] wie nunmehr auch der explizite Verweis auf § 638 IV BGB in § 651d I 2 BGB deutlich macht,[2341] mit der Folge einer Anwendung der §§ 346ff BGB.[2342]
Der bedeutendste Unterschied bei dieser Konstruktion ist, dass der Veranstalters sich nicht auf einen Wegfall der Bereicherung nach § 818 III BGB berufen kann,[2343] beispielsweise mit dem Hinweis, er habe den erhaltenen Reisepreis bereits im Rahmen der Verträge mit den Leistungsträgern (Flug, Hotel) an diese für die Erbringung der Reiseleistungen gezahlt.

E. Kündigung wegen Reisemangels § 651e BGB

§ 651e BGB gibt dem Reisenden[2344] das Recht zur Kündigung des Reisevertrages bei Vorliegen einer besonderen Mangelhaftigkeit, nämlich entweder einer erheblichen Beeinträchtigung der Reise oder einer mangelbedingten Unzumutbarkeit für den Reisenden.
Neben diesem Kündigungsrecht und dessen Voraussetzungen in § 651e I, II BGB enthält die Norm in Abs. 3 und 4 auch nähere Regelungen zur Abwicklung des Vertrages nach erfolgter Kündigung sowie zur diesbezüglichen Kostentragung.

I. Wesen des § 651e BGB und Anwendungsbereich

Bei dem in § 651e BGB geregelten Recht des Reisenden, sich unter bestimmten Voraussetzungen vom Vertrag zu lösen, handelt es sich entgegen der offiziellen Bezeichnung nicht um eine *Kündigung* im eigentlichen Sinne.[2345] Sie wirkt nicht *ex nunc*, wie dies bei einer Kündigung üblich wäre, sondern der in § 651e III 1 BGB festgelegte vollständige Verlust

---

[2338] Zur Vorauskassepraxis s. o., Erster Teil C. I. 3.) (S. 66).
[2339] S. o. Fn. 2187; s. a. Dritter Teil I. II. 2.) (S. 495).
[2340] Vgl. *Soergel/H.-W. Eckert*, § 651d Rn. Rn. 10 a. E.; siehe aber a. A. noch *AG Kiel* RRa 2000, 190 (191).
[2341] Vgl. auch *Führich*, Reiserecht, § 8 I. 2., Rn. 286 a. E.
[2342] *Staudinger/J. Eckert*, § 651d Rn. 6.
[2343] S. *Tempel/Seyderhelm*, § 7 IV. 3. d), S. 502; *Coester-Waltjen*, Jura 1995, 329 (331) [IV. 3.].
[2344] Hingegen ist es dem Veranstalter verwehrt, den Vertrag nach § 651e BGB zu kündigen, etwa wenn bzw. weil er bei erkennbarer Mangelhaftigkeit schon vor Reiseantritt die zu erwartenden Gewährleistungskosten möglichst gering halten will, vgl. *Soergel/H.-W. Eckert*, § 651e Rn. 2.
[2345] *Staudinger/J. Eckert*, § 651e Rn. 2; *Führich*, Reiserecht, § 10 I. 1., Rn. 353; *Seyderhelm*, § 651e Rn. 2.

des Reisepreisanspruchs entspricht einer Wirkung *ex tunc*.[2346] Auch zeigen die Regelungen zur Abwicklung des Reisevertrages in § 651e III u. IV BGB, dass das Rechtsverhältnis mit der „Kündigung“ nicht erlischt, sondern inhaltlich umgestaltet wird.[2347]

Hintergrund ist die Interessenlage, dass der Reisende sich bei Kündigung regelmäßig vor Ort im Ausland befindet und daher eine weitere Betreuung bzw. Versorgung und Rückbeförderung durch den Veranstalter nötig erscheint.[2348]

In der Literatur wird daher das „Kündigungsrecht“ des § 651e I BGB entgegen dieser Bezeichnung als besonderes ausgestaltetes Wandelungsrecht betrachtet.[2349] Dem ist im Grunde zuzustimmen; aus Gründen der Übersichtlichkeit soll in der vorliegenden Arbeit aber dennoch am Begriff des Kündigungsrechts festgehalten werden, eine inhaltliche Aussage ist dabei mit dieser Terminologie aber nicht verbunden.

Strittig war lange das Verhältnis der Kündigung wegen Mangels nach § 651e BGB zur Kündigung wegen höherer Gewalt nach § 651j BGB.[2350]

Höhere Gewalt ist eigentlich das angestammte spezielle Anwendungsgebiet des § 651j BGB, aber unter Anwendung des weiten Mangelbegriffs[2351] und der grundsätzlich verschuldensunabhängigen Einstandspflicht des Veranstalters war man teilweise der Ansicht, dass Beeinträchtigungen durch höhere Gewalt als Reisemängel i. S. d. § 651c BGB eigentlich auch eine Kündigung nach § 651e I 1 BGB auslösen könnten. Letztere Norm enthält aber für den Reisenden wesentlich günstigere Rechtsfolgen als der eigentlich für Fälle höherer Gewalt intendierte § 651j BGB.[2352] Der *BGH* ging gerade auch aufgrund der für den Reisenden vorteilhafteren Regelung des § 651e BGB in der berühmten Mauritiusentscheidung[2353] von einem Vorrang des § 651e BGB aus bei Kündigung des Reisenden wegen durch höhere Gewalt bedingter Mängel der Reise.

Damit der Veranstalter einer solchen Kündigung nach § 651e BGB nicht durch eine eigene Kündigung nach § 651j BGB zuvorkommen konnte, legte der *BGH* zuletzt unter einem merkwürdigen, offensichtlich vom gewünschten Ergebnis getragenen Rechtsverständnis bei einer Kündigung des Veranstalters nach § 651j BGB die Annahme dieser Kündigungserklärung durch den Reisenden als eigene Kündigung desselben aus, und zwar zu dessen Gunsten als eine nach § 651e BGB.[2354] Kurzum, der *BGH* übertraf sich wieder einmal selbst. Diese Ansicht wurde schon damals heftig in Literatur und übriger Rechtsprechung kriti-

---

[2346] *Tempel*, Materielles Recht (2. Aufl.), § 6 IV. 4., S. 435.

[2347] *Soergel/H.-W. Eckert*, § 651e Rn. 3.

[2348] Vgl. *Gängel/Gansel*, 13.4.2, Rn. 167.

[2349] *Soergel/H.-W. Eckert*, § 651e Rn. 3 a. E. m. w. Nachw. dort in Fn. 3; s. a. *Tonner*, Reisevertrag, § 651e Rn. 1 a. E.: der Begriff Kündigung sei mit der funktionellen Ausgestaltung der Rückabwicklungsvorschriften des § 651e BGB nicht vereinbar.

[2350] *Tempel/Seyderhelm*, § 7 IV. 3. d), S. 502; eingehend die Untersuchung des Verhältnisses beider Rechte bei *Rauch*, Kündigung bei erheblicher Beeinträchtigung der Reise, Diss. 1988.

[2351] S. o. Zweiter Teil C. II. 1.) (S. 146) u. C. II. 3.) (S. 150).

[2352] Vgl. *Coester-Waltjen*, Jura 1995, 329 (332) [IV. 4.].

[2353] S. *BGHZ* 85, 50 (= NJW 1983, 33) (ein Zyklon hatte die Insel zum Zeitpunkt des Hinflugs verwüstet, woraufhin der Reisende wegen erheblicher Mängel der Unterkunft kündigte).

[2354] Vgl. *BGH* JZ 1990, 1129; vgl. zuvor schon in diesem Sinne *OLG Düsseldorf* JZ 1990, 1129ff.

siert,[2355] denn der speziell für Fälle höherer Gewalt geschaffene § 651j BGB war damit praktisch bedeutungslos geworden.[2356]

Der Gesetzgeber hat dem schließlich ein Ende gesetzt, indem er in der Gesetzesnovelle von 1994[2357] den Wortlaut des § 651j BGB derart präzisierte,[2358] dass dem Ansinnen des *BGH* jeglicher Ansatzpunkt genommen war.
Aufgrund dieser geänderten eindeutigen Formulierung des § 651j I BGB hat diese Norm nunmehr unstrittig Vorrang vor § 651e BGB, womit sich auch die Frage des Reisemangels bzw. der Einstandspflicht des Veranstalters bzgl. höherer Gewalt zumindest hinsichtlich § 651e und § 651j BGB praktisch nicht stellt:[2359] § 651e I BGB wäre ja nur bei *erheblicher* Beeinträchtigung durch höhere Gewalt anwendbar, dann aber greift bereits § 651j BGB.

Gegenüber den Rücktrittsrechten gem. § 651i BGB oder § 651a V 2 BGB ist das Kündigungsrecht nach § 651e BGB bei Vorliegen der Voraussetzungen vorrangig,[2360] es erweist sich als günstiger für den Reisenden.
So enthält § 651e I BGB die Schwelle der besonderen Mangelhaftigkeit, löst aber nicht die ungünstigen Rechtsfolgen i. S. v. § 651i II, III BGB aus. Liegen die Voraussetzungen des § 651e BGB vor, so wird eine Erklärung des Reisenden mit dem Inhalt, dass er von der Reise Abstand nimmt, gem. §§ 133, 157 BGB als vorteilhaftere Kündigung i. S. d. § 651e I BGB zu verstehen sein.

Neben § 651e BGB kann der Reisende von der Kündigung unberührt Schadensersatzansprüche geltend machen; liegen die Voraussetzungen besonderer Mangelhaftigkeit für eine Kündigung nach § 651e BGB vor, so kann in der Ausübung dieses dem Reisenden an die Hand gegebenen Rechts kein Mitverschulden i. S. d. § 254 BGB an dem durch Abbruch der Reise entstandenen Schaden zu sehen sein.

Erfolgt eine Kündigung nach § 651e I BGB, so entfällt gem. § 651e II 1 BGB grundsätzlich der Anspruch des Veranstalters auf Zahlung des Reisepreises. Insofern kann zwangsläufig keine Minderung nach § 651d BGB geltend gemacht werden.[2361] Zwar kommt eine Minderung des Wertes weiterhin für die in § 651e III 2 BGB genannte Vergütung für bereits erbrachte und im Rahmen der Abwicklung noch zu erbringenden Reiseleistungen in Betracht, für diese Rechtsfolge enthält diese Norm aber eine § 651d I 1 BGB entsprechende eigene Verweisung auf die Minderungsregel des § 638 III BGB.

2355 Vgl. *Staudinger/J. Eckert*, Vorbem zu §§ 651a-m Rn. 19: „einhellige Ablehnung" in Lehre und Rspr.; nach Einschätzung von *Soergel/H.-W. Eckert*, § 651e Rn. 4 sei die „ganz überwiegende Meinung in der Literatur nicht gefolgt"; vgl. a. *Tonner*, Reisevertrag, § 651e Rn. 4 a. E.

2356 Vgl. *Teichmann*, JZ 1990, 1117 (1118) [2.] a. E.; *Rauch*, S. 135.

2357 Vgl. Erster Teil A. I. (S. 16).

2358 Vgl. nunmehr § 651j I BGB a. E.: Kündigung bei höherer Gewalt „allein nach dieser Vorschrift".

2359 Vgl. zum Verhältnis Reisemangel und höhere Gewalt i. ü. Zweiter Teil B. II. 2.) (S. 126), C. II. 2.) (S. 147), C. III. 1.) b) (bb) (S. 164) u. D. I. 3.) (S. 187).

2360 Vgl. *Führich*, Reiserecht, § 10 I. 4. b) u. c), Rnn. 357f.

2361 Allg. Ansicht, vgl. etwa *Führich*, Reiserecht, § 10 I. 1., Rn. 353 a. E.; *Soergel/H.-W. Eckert*, § 651d Rn. 2 u. § 651e Rn. 4.

II. Voraussetzungen

Das Kündigungsrecht bedarf als Voraussetzung der in § 651e I BGB beschriebenen besonderen Mangelhaftigkeit, darüber hinaus aber muss der Reisende grundsätzlich zunächst erfolglos eine Frist zur Abhilfe gestellt haben. Erst dann kann der Reisende durch entsprechende Erklärung sein Kündigungsrecht ausüben.

1.) Kündigungsgrund Mangelhaftigkeit der Reise

Das Kündigungsrecht des § 651e I BGB besteht nicht bei jeder Art von Reisemangel, sondern nur in den in Abs. 1 S. 1 und S. 2 genannten Fällen besonderer Mangelhaftigkeit, die entweder zu einer erheblichen Beeinträchtigung der Reise führt, oder bei der dem Reisenden die Reise nicht mehr zuzumuten ist.[2362]

a) Erhebliche Mangelhaftigkeit der Reise

§ 651e I 1 BGB nennt die erhebliche Beeinträchtigung der Reise durch einen Mangel „der in § 651c bezeichneten Art“. Damit differenziert das Gesetz nicht zwischen Reisemängeln in Form des Fehlens zugesicherter Eigenschaften[2363] einerseits und des beeinträchtigenden Reisefehlers[2364] andererseits.[2365]

(aa) Reisemangel in Form des Fehlens einer zugesicherten Eigenschaft

Folglich gilt das Erfordernis einer erheblichen Beeinträchtigung der Reise für das Kündigungsrecht auch für den Fall einer zugesicherten Eigenschaft. Diese Konsequenz aus einer sauberen Anwendung des Gesetzeswortlauts ist allgemeine Ansicht;[2366] auch bei einem Reisemangel in Form nicht eingehaltener Zusicherung ist demnach die gleiche Prüfung einer dadurch vorliegenden erheblichen Beeinträchtigung der Reise vorzunehmen.[2367]

Die Zusicherung behält gleichwohl auch bei dieser Ansicht ihre an sich eigenständige Bedeutung[2368] im System der reisevertragsrechtlichen Gewährleistung: das Fehlen einer zugesicherten Eigenschaft, das keine nennenswerte Beeinträchtigung der Reise darstellt, führt dann zwar nicht zu einer Minderung und ebenfalls nicht zu einem Kündigungsrecht, der Reisende hat aber dennoch seinen Anspruch auf Abhilfe bzw. das Recht zur Selbstabhilfe zur Herstellung des zugesicherten Zustandes.

Diese Überlegungen sind aber hauptsächlich theoretischer Natur, und in der Praxis ist dem Ergebnis der h. M. zur Erheblichkeit der Beeinträchtigung durch das Fehlen zugesicherter Eigenschaften zuzustimmen, denn die Zusicherung spielt eine wichtige Rolle innerhalb des

---

2362 Zur umfangreichen diesbezüglichen Kasuistik vgl. *Führich*, Reiserecht, § 10 II. 1. b), Rnn. 366ff.

2363 S. o. Zweiter Teil B. (S. 124).

2364 S. o. Zweiter Teil C. (S. 141).

2365 *Rauch*, 1. Abschnitt A. I. 1. c), S. 44.

2366 *Soergel/H.-W. Eckert*, § 651e Rn. 6; *Staudinger/J. Eckert*, § 651e, Rn. 13; *Führich*, Reiserecht, § 10 II. 1. a), Rn. 363.

2367 So auch schon *Bidinger*, § 651e, Anm. 2.

2368 A. A. *Oetker/Maultzsch*, s. o. Zweiter Teil B. II. 1.) (S. 125).

Reisecharakters, an dem letztlich die Beurteilung der Erheblichkeit des Mangels vorzunehmen ist.

Eine Zusicherung indiziert in aller Regel im Rahmen des Reisecharakters eine gesteigerte Bedeutung dieser Eigenschaft für die Reise; damit einhergehend ist spiegelbildlich das Fehlen der zugesicherten Eigenschaft umgekehrt (in aller Regel) eine erhebliche Beeinträchtigung der Reise.[2369]

(bb) Erhebliche Beeinträchtigung

Hinsichtlich der Frage, wann eine erhebliche Beeinträchtigung der Reise anzunehmen ist, wird verbreitet auf eine quantifizierende Betrachtung des entsprechenden durch die einzelnen Mängel erreichten Gesamt-Minderungsprozentsatzes abgestellt.[2370]
Hierbei wird eine feste Minderungsquote der Gesamtmangelhaftigkeit der Reise, je nach vertretener Auffassung zwischen 20 und 50%,[2371] verlangt.

Diese wird errechnet aus den einzelnen Mangelpositionen (weitgehend durch simple Addition, insbesondere unter Benutzung einer Mängeltabelle), dies ist gerade auch in der Rechtsprechung beliebt.[2372] Fast könnte man den Eindruck gewinnen, mit dem Abstellen auf eine vermeintlich zwingende Arithmetik will man sich vor einer inhaltlichen Entscheidung drücken oder eine vermeintlich zwingend schlüssige Begründung vorweisen.

M. E. kann die Frage der erheblichen Beeinträchtigung nicht arithmetisch durch das Abstellen auf irgendwelche errechnete, letztlich willkürlich gewählte Prozentsätze erfolgen,[2373]

2369 S. o. Zweiter Teil D. II. 5.) (S. 209).

2370 Dabei ist der h. M. gds. insofern zuzustimmen, als durch das Zusammentreffen mehrerer kleiner Mängel quasi *in Summe* die erforderliche Erheblichkeitsschwelle überschritten werden kann, auch wenn sie *jeweils für sich* nur zu Abhilfe und Minderung berechtigen würden, insoweit h. M., vgl. etwa MüKo/*Tonner*, § 651e Rn. 6; *Führich*, Reiserecht, § 10 II. 1. a), Rn. 363, S. 297/298, m. w. Nachw. dort in Fn. 38.

2371 Erheblichkeitsgrenze von **20%**: *Tempel* NJW 1985, 547 (551); *LG Frankfurt a.M.* in st. Rspr. unter Anwendung der Frankfurter Tabelle (NJW 1985, 113), vgl. etwa NJW-RR 1986, 539; zuletzt RRa 2005, 165 (166) (Kündigung wg. fußballspielender Gäste neben dem Hotel zwischen 23.00 und 1.00 Uhr) in Bestätigung und mit Verweis auf die st. Rspr. dieses Gerichts; *AG Bad Homburg v.d.H.* RRa 2000, 90; RRa 2001, 8; RRa 2002, 17 (nunmehr aber 50%, s. u.); *Seyderhelm*, § 651e Rn. 14, will nur nachrangig und unterstützend auf eine Prozentsatzgrenze abstellen, sie sollte aber nach seinem Dafürhalten bei 20% gezogen werden; auch *Rauch*, 1. Abschnitt A. I. 2., S. 46, allerdings offenbar lediglich unreflektiert auf Rspr. verweisend; **33%**: MüKo(2. Aufl.)/*Wolter* 651e Rn. 7; MüKo/*Tonner*, § 651e Rn. 10 m. w. Nachw. dort in Fn. 35; *LG Koblenz* RRa 2002, 215 (216); **50%**: mittlerweile wohl h. M., vgl. etwa *Führich*, Reiserecht, § 10 II. 1. a), Rn. 365 (in Vorauflage noch 30%, nunmehr aber 50%; wobei aber eine umfassende Gesamtwürdigung aller Umstände vorzunehmen sei); *LG Hannover* NJW-RR 1986, 213; 1992, 50; *LG Stuttgart* RRa 1994, 28 (nicht bei 40%); *LG Bonn* RRa 1996, 83 u. 223; nunmehr auch *AG Bad Homburg v.d.H.* RRa 2004, 111 - vgl. hierzu Anm. *Schmid* im Anschluss (S. 115), wonach dieses Urteil einen Ausreißer darstellt und das *AG Bad Homburg v.d.H.* ansonsten bei seiner bisherigen Rspr. mit einer Grenze von 20% bleibt; s. a. *LG Köln* MDR 1991, 840: Beeinträchtigung von gewissem Gewicht, ohne dass eine Minderung von 50% erreicht zu werden braucht; *Bechhofer*, Reisevertragsrecht, § 651e III. 1. a) a. E., S. 85.

2372 *Soergel/H.-W. Eckert*, § 651e Rn. 7; vgl. auch Nachw. in Fn. 2371.

2373 Vgl. zuletzt auch *OLG Frankfurt a.M.* RRa 2005, 61 (= NJW-RR 2005, 132): „Die Beurteilung der Frage, ob eine erhebliche Beeinträchtigung der Reise vorliegt, kann nicht starr an Prozentsätzen festgemacht werden. Es ist eine am Reisezweck und am Reisecharakter orientierte Gesamtwürdigung aller Umstände vorzunehmen. Maßgebend ist, ob dem Reisenden die Fortsetzung der Reise trotz der Reisemängel und Unannehmlichkeiten zumutbar ist." (vgl. Ls. 1-3); ansatzweise auch *LG Koblenz* RRa 2002, 215: Gesamtwürdigung anhand der konkreten Ausgestaltung der geschuldeten Reise sowie der Art und Dauer der Beeinträchtigung, Minderungsquote dabei als Anhalt; **a. A.** *Tempel*, Materielles Recht (2. Aufl.), § 6 IV. 4. b), S. 437,

selbst wenn diese einzelnen Minderungswerte für sich sachlich richtig unter Berücksichtigung des individuellen Reisecharakters[2374] ermittelt würden. Denn die Frage einer erheblichen Beeinträchtigung der Reise im Sinne eines Kündigungsrechts § 651e BGB ist eine qualitativ andere, eigene Fragestellung, die für sich jeweils am Reisecharakter orientiert entschieden werden muss.[2375] Anders als bei der Minderung muss hier das Interesse des Reiseveranstalters an der weiteren Durchführung der Reise abgewogen werden gegenüber der Unzumutbarkeit der Reisefortführung für den Reisenden[2376] bzw. dessen Interesse am Abbruch. Im Hintergrund steht schließlich der Verlust des *gesamten* Reisepreisanspruchs.

Bei dieser Abwägung spielen Rechtsgedanken eine Rolle, wie sie tendenziell auch beim Institut der außerordentlichen Kündigung in anderen Vertragsformen (Arbeitsrecht, Mietrecht etc.) mitschwingen, Vertrauenstatbestände, Zumutbarkeiten und Interessen, und nicht die reine Addition von Mängelpositionen wie verschmutzter Swimmingpool, fehlende Klimaanlage und lauwarme Speisen. Es kommt nicht darauf an, ob man hierbei zu einem addierten Gesamtwert von mehr oder weniger als 50% Reisepreisminderung gelangt.[2377]

Auch wenn derartige konkrete Einzelmängel natürlich *Ausgangspunkt* der Überlegungen zur Berechtigung der Kündigung sind, muss für die Beurteilung der Erheblichkeit der Beeinträchtigung der *Reise* gem. § 651e I BGB allein das Gesamtbild der Mangelhaftigkeit unter dem Blickwinkel des Reisecharakters entscheidend sein.[2378]

Leitend dabei ist die Frage der *Unzumutbarkeit* für den Reisenden. So soll ein gleichwohl erheblicher Mangel bei absehbar nur kurzer, vorübergehender Dauer eine Kündigung unzulässig machen,[2379] etwa bei nur kurzfristiger Überbuchung der gebuchten Unterkunft[2380] - richtigerweise stellt sich die kurze Dauer eines erheblichen Mangels m. E. aber als allgemeines Fehlen einer erheblichen Beeinträchtigung der Gesamtreise durch die Mangelhaftig-

---

der das Abstellen auf die Gesamtwürdigung des individuellen Sachverhalts unter Ablehnung fester Minderungsquoten als „Umschreibung der erheblichen Beeinträchtigung mit leerformelartigen Definitionen unter Abstellen auf die Umstände des Einzelfalls" bezeichnet. An dieser jeweiligen Entscheidung im Einzelfall unter Berücksichtigung des Reisecharakters im Rahmen einer Gesamtwürdigung der Mangelhaftigkeit führt m. E. aber kein Weg vorbei, eine einfache Lösung anhand einer starren, willkürlich gewählten Minderungsquote ist verfehlt. Soweit *Tempel* in diesem Zusammenhang erneut als Argument für seine Schematisierung auf das Gebot der Gleichbehandlung abstellt, verkennt er wiederum auch hier, dass diesem Grundsatz gerade auch die ungleiche Behandlung ungleicher Fälle innewohnt, s.o. Dritter Teil D. III. 2.) b) (S. 363) u. dort Fn. 2170 sowie D. IV. 3.) c) (aa) (2) (S. 393).

[2374] S. o. Zweiter Teil D. I. 4.) (S. 191).

[2375] Vgl. auch *Führich,* Reiserecht, § 10 II. 1. a), Rn. 363; ähnlich auch *Rauch*, 1. Abschnitt A. I. 2., S. 45 (vgl. aber *dies*., o. Fn. 2371); MüKo/*Tonner*, § 651e Rn. 7.

[2376] Vgl. *Teichmann*, JZ 2006, 499 (500) [IV. 3.] u. dort Fn. 20 m. w. Nachw.

[2377] Nach Frankfurter Tabelle wäre für die genannten Beispielsfälle - Mangelhaftigkeit für die Dauer des Aufenthalts vorausgesetzt - die Erheblichkeit von 20% deutlich übertroffen und selbst die Grenze von 50% u. U. erreicht, vgl. Pos. I. 5. g) (fehlende Klimaanlage, 10-20% nach Zusage und Jahreszeit), II. 2. b) (nicht genügend warme Speisen, 10%) und III. 1. (verschmutzter Swimmingpool, 10-20% bei Zusage).

[2378] So auch *OLG Frankfurt a.M.* RRa 1995, 224 (225); *Soergel/H.-W. Eckert* § 651e Rn. 7 a. E.; s. a. oben Zweiter Teil E. I. 3.) (S. 246). Interessanterweise will *Führich* bei Analyse der Rspr. beobachtet haben, dass auch Gerichte, die sich ostentativ nach einer festen Erheblichkeitsschwelle richten, sich im Einzelfall an der Frage der jeweils individuellen Zumutbarkeit der Reisefortsetzung orientieren und sodann die zu beurteilenden Reisemängel jeweils so bewerten, dass die von ihnen zuvor aufgestellte Erheblichkeitsschwelle auch erreicht wird, vgl. *ders*., Reiserecht, § 10 II. 1. a), Rn. 365 a. E.; vgl. auch *ders*. in Fn. 2375.

[2379] S. *Tempel*, NJW 1986, 547 (551) [III. 2. a) (2)].

[2380] Vgl. *Seyderhelm*, § 651e Rn. 16.

keit dar.
Von Relevanz ist auch die Restdauer der Reise, mit einer frühen Kündigung bei erheblicher Mangelhaftigkeit kann dem Reisenden ermöglicht werden, seinen Urlaub anderweitig zu „retten", während ihm kurz vor Abreise eher ein „Durchhalten" zuzumuten ist.

b) Unzumutbare Mangelhaftigkeit der Reise

Nach § 651e I 2 BGB kann der Reisende auch dann kündigen, „wenn ihm die Reise infolge eines solchen Mangels aus wichtigem, dem Reiseveranstalter erkennbaren Grund nicht zuzumuten ist." Diese zweite Variante der besonderen Mangelhaftigkeit wird allgemein als „sprachlich missglückt" angesehen[2381] und teilweise gezweifelt, ob sie überhaupt eine eigene Bedeutung neben § 651e I 1 BGB hat.[2382]

(aa) Gesetzeswortlaut

Streng wörtlich genommen hätte S. 2 in der Tat überhaupt keinen eigenen Anwendungsbereich, denn ein „solcher Mangel" in S. 2 bezieht sich ja grammatikalisch und systematisch eigentlich auf den in S. 1 genannten „Mangel der in § 651c bezeichneten Art, der die Reise erheblich beeinträchtigt".[2383] Damit wäre S. 2 lediglich eine mit zusätzlichen Voraussetzungen versehene, von S. 1 ohnehin vollständig erfasste Teilmenge und somit eine völlig überflüssige Variante.[2384]
Aber auch bei Interpretation dieser Bezugnahme dahingehend, dass S. 2 mit einem „solchen Mangel" nur den Verweis auf § 651c I BGB meint, sich also allgemein auf den „einfachen", nicht erheblichen Reisemangel bezieht, bleibt es schwierig, eine eigene Bedeutung für diese Regelung zu finden.[2385] Die Zumutbarkeit der Fortsetzung ist ja schon in der Abwägung zur erheblichen Beeinträchtigung nach § 651e I 1 BGB enthalten, s.o.[2386]

(bb) Erklärungs- und Anwendungsansätze

Generell werden die beiden Varianten des § 651e I BGB dahingehend interpretiert, dass S. 1 primär auf eine objektiv festzustellende besondere Beeinträchtigung abstellt, während S. 2 auch dann zur Kündigung berechtigen soll, wenn der Mangel zwar objektiv nicht schwerwiegend ist, subjektiv aber dem Reisenden wegen dieses Mangels die Fortsetzung der Reise

---

2381 *Tempel*, Materielles Recht (2. Aufl.), IV. 4. b), S. 437; *Staudinger/J. Eckert*, § 651e Rn. 19, S. 315/316; MüKo(2. Aufl.)/*Wolter*, § 651e Rn. 8; *Erman/Seiler* § 651e Rn. 5.
2382 Vgl. etwa *Führich*, Reiserecht, § 10 II. 2., Rn. 369, S. 303; *Seyderhelm*, § 651e Rn. 20; *J. Eckert* a. a. O. (Fn. 2381).
2383 So auch *Staudinger/J. Eckert*, § 651e Rn. 19, S. 315/316; vgl. auch *Erman/Seiler* § 651e Rn. 5. Die Interpretation bzgl. des Gesetzestextes wird auch dadurch erschwert, dass die Gesetzgebungsmaterialien zum letztlich umgesetzten Reisevertragsgesetz, der Bericht und Beschlussempfehlung des Rechtsausschusses BT-Dr 8/2343, sich auf S. 10 nur zu § 651e I 1 BGB äußern, § 651e I 2 BGB aber mit keinem Wort auch nur erwähnen; s. aber Fn. 2388.
2384 S. a. *Bartl*, Reiserecht, III. 9. a), Rn. 72; *Eilmann*, 2. Kap. III. 2. b), S. 58f.; *Wieland*, 3. A. I. 2. b. aa., S. 92; *Rauch*, 1. Abschnitt A. I. 3., S. 47.
2385 *Bartl*, Reiserecht, III. 9. a), Rn. 73.
2386 S. a. *Tonner*, Reisevertrag, § 651e Rn. 14.

nicht zugemutet werden kann, was für den Veranstalter auch erkennbar sein muss.[2387] Es ist damit schon bei geringerer objektiver Beeinträchtigungsintensität eine Kündigung möglich, falls die zusätzliche Voraussetzung der erkennbaren subjektiven Unzumutbarkeit erfüllt ist.[2388] Die Erkennbarkeit für den Veranstalter muss nach h. M. bei Vertragsschluss vorgelegen haben.[2389]

Durchgängiges vorgetragenes Fallbeispiel ist der Körperbehinderte, der bei Vertragsschluss auf seine Behinderung hinweist und ein behindertengerechtes Hotel bucht, später aber diese behindertengerechte Beschaffenheit fehlt, etwa wegen Ausfall des Aufzugs oder Unterbringung in einem ansonsten gleichwertigen Ersatzhotel, das keinen Aufzug aufweist.[2390]

(cc) Eigene Stellungnahme und Lösungsansatz

Dieser Erklärungsversuch und der dazugehörige Beispielsfall überzeugen m. E. nicht. Es wird verkannt, dass gerade im bemühten Beispielsfall des Körperbehinderten der Inhalt des Reisevertrages, der Reisecharakter, von dieser Vereinbarung über eine behindertengerechte Ausstattung zentral geprägt ist. Es wird als Vertragsgegenstand u. a. vor allem eine „behindertengerechte Reise", quasi als Reiseart, geschuldet.[2391] Der von der vorherrschenden Ansicht gewählte Ansatz zu § 651e I 2 BGB bleibt praktisch zu eng,[2392] insbesondere, wenn man bedenkt, dass unter dem subjektiven, erst recht unter dem subjektiv-objektiven Fehlerbegriff unstrittig individuelle Vereinbarungen Vertragsbestandteil werden[2393] und insofern subjektive Einschläge auch weitgehend die Erheblichkeit des Reisemangels nach § 651e I 1 BGB bestimmen, zumal auch hierbei letztlich auf die Zumutbarkeit abzustellen ist. Der Beispielsfall wird somit schon von § 651e I 1 BGB erfasst.[2394]

Es bietet sich m. E. aber ein anderer Anwendungsbereich für eine eigenständige Bedeutung des § 651e I 2 BGB an, nämlich als konkrete reisevertragsrechtliche Ausgestaltung des ursprünglich aus § 242 BGB abgeleiteten, nunmehr in § 314 BGB kodifizierten allgemeinen Kündigungsrechts aus wichtigem Grund bei Dauerschuldverhältnissen.[2395] Eines Rückgriffs

---

[2387] S. *Führich*, Reiserecht, § 10 II. 2., Rn. 369, S. 304.

[2388] Vgl. auch die Begründung zum (nicht umgesetzten) Regierungsentwurf 8/786, S. 28.

[2389] *Staudinger/J. Eckert*, § 651e Rn. 22; *Führich*, Reiserecht, § 10 II. 2., Rn. 369, S. 304; m. E. nachvollziehbar angezweifelt von *Tempel*, NJW 1986, 547 (551) [III. 2. b)]: möglich wäre auch, auf die Erkennbarkeit im Zeitpunkt des Abhilfeverlangens abzustellen.

[2390] Vgl. *Staudinger/J. Eckert*, § 651e Rnn. 19 u. 21; *Führich*, Reiserecht, § 10 II. 2., Rn. 369, S. 304; *Seyderhelm*, § 651e Rn. 20; MüKo/*Tonner*, § 651e Rnn. 11 ff; vgl. auch schon BT-Dr 8/786, S. 23/24 (allerdings zum Rücktritt des Reisenden aus wichtigem, dem Veranstalter erkennbaren Grund bei Vertragsänderung, § 13 II des Entwurfs).

[2391] S. a. oben Zweiter Teil B. III. 3.) c) (S. 138).

[2392] Das sieht auch *Rauch*, 1. Abschnitt A. I. 3., S. 49, zieht aber keine Konsequenz, sondern stellt lapidar fest, dass daher für § 651e I 2 BGB keine große praktische Bedeutung verbleibe.

[2393] *Staudinger/J. Eckert*, § 651e Rn. 19, S. 316.

[2394] So im Ergebnis auch *Seyderhelm*, § 651e Rn. 20; *J. Eckert*, a. a. O. (Fn. 2393); vgl. einen entsprechenden Fall aus der Rspr. in *LG Frankfurt a.M.*, NJW 1989, 2397.

[2395] Vgl. *Bidinger/Müller*, § 651i Anm. 3 (zur alten Rechtslage eines noch unkodifizierten, aus § 242 BGB abgeleiteten allgemeinen Kündigungsrechts); zum Rechtsgrundsatz eines allgemeinen Kündigungsrechts aus wichtigem Grund im Rahmen von Dauerschuldverhältnissen *BGH* in BGHZ 29, 172 u. 41, 108 sowie NJW 1989, 1482 (1483).

auf § 314 BGB bedarf es insofern nicht; ein solcher erscheint angesichts der Einheitslösung mit einem geschlossenen System des Reisevertragsrechts[2396] ohnehin problematisch.[2397]

Auch bei objektiv geringer Beeinträchtigungsintensität aufgrund objektiv nicht erheblicher Mängel - beispielsweise wiederholte kleinere Mängel, Lügen bzw. vertragsuntreues Verhalten des Veranstalters - kann gleichwohl das Vertrauensverhältnis zwischen Reisendem und Veranstalter entfallen.[2398]

Gerade auch im Reisevertragsrecht ist das Vertrauen in den Vertragspartner Reiseveranstalter wichtig, weil sich der Reisende im Rahmen der Pauschalreise vertrauensvoll in dessen Hände begibt, regelmäßig in fremden Ländern mit exotischem, unbekanntem und insofern für den Reisenden schwierigem Umfeld.

Auch hier kommt wieder der Reisecharakter[2399] ins Spiel: wenn die Reise derart im angesprochenen Sinne „schwierig" ist, dass das Vertrauensverhältnis zum Veranstalter eine hohe Bedeutung hat - man denke etwa an Reisen in abgelegene Orte mit fehlender Infrastruktur, schwierigen Verständigungs- und Kommunikationsmöglichkeiten oder Abenteuerexpeditionen in widrige Umgebung (Dschungel, Wüste) - muss auch im fehlenden Vertrauen aufgrund einer Vielzahl kleinerer, an sich i. S. d. § 651e I 1 BGB objektiv nicht ausreichender Mängel und „Lügen" das Entfallen der Vertrauensbasis als Kündigungsgrund gem. § 651e I 2 BGB angesehen werden.

Handelt es sich hingegen um eine relativ unkomplizierte Reise, etwa eine „handelsübliche" Badereise im In- bzw. auch nahen europäischen Ausland, so kann dem Reisenden hingegen eher bzw. weitergehend zugemutet werden, sich weiterhin „auf das Risiko einzulassen", dass der Veranstalter auch weiterhin seine Leistung mangelbehaftet erbringt.

Diese Fallgestaltung lässt sich auch ohne Verwindung unter § 651e I 2 BGB subsumieren, denn für den Veranstalter ist bekannt bzw. ohne weiteres allgemein erkennbar, dass einem Reisenden bei fehlender Vertrauensbasis die Fortsetzung der entsprechenden Reise nicht zugemutet werden kann.

Eine ähnliche latente Erkennbarkeit für den Veranstalter dahingehend, dass dem Reisenden eine Reisefortführung nicht zugemutet werden kann, betrifft den bisweilen angesprochenen Fall, dass der Reisende etwa bei einem Unfall zwar selbst unverletzt bleibt, aber Zeuge wird, wie ein Mitreisender stirbt oder schwer verletzt wird.[2400]

2396 Zur sog. „Einheitslösung" exklusiver Anwendung der Normen des Reisevertragsrechts für sämtliche Rechte des Reisenden aufgrund Störungen, die nach Vertragsschluss auftreten und nicht allein in der Person des Reisenden liegen, s. o. Dritter Teil A. I. 4.) (S. 307); davon unberührt und unstrittig ist die Anwendung des § 314 BGB als Kündigungsrecht des Reiseveranstalters, vgl. auch *Führich*, Reiserecht, § 10 I. 4. d) bb), Rn. 360 m. w. Nachw. dort in Fn. 22.

2397 Für eine Anwendung des § 314 BGB *Führich*, Reiserecht, § 10 I. 4. d) aa), Rn. 359; kritisch *Tonner*, Reisevertrag, § 651e Rn. 7, *ders.* jedoch gds. bejahend in MüKo/*Tonner*, § 651e Rn. 2, vgl. a. dort Rnn. 11f.

2398 Gerade in diesem Fall einer Erschütterung des „Vertrauens des Reisenden in eine ordnungsgemäße Abwicklung der Reise" will *Tonner* aber § 314 BGB anwenden, vgl. *ders.* in MüKo/*Tonner*, § 651e Rn. 2.

2399 Vgl. oben Zweiter Teil D. (S. 175).

2400 *LG Frankfurt a.M.*, NJW 1991, 498; *Geib*, in: *Bamberger/Roth*, § 651e, Rn. 6 a. E.

Zur Illustration des hier vertretenen Ansatzes mag ein Sachverhalt dienen, den das *AG Bielefeld* zu entscheiden hatte und dabei - wie auch hier vertreten - zur Anwendung des § 651e I 2 BGB gelangte.[2401] Aus dem Tatbestand:

> „In einer Zeitschrift hatte die Beklagte eine Pauschalreise nach Schweden für 17 Tage zum Preise von 975,– DM pro Person angeboten. Als Abfahrtsorte waren Berlin, Hamburg, Hannover und andere Städte angegeben worden. Die Klägerin meldete sich für diese Reise zum angebotenen Abfahrtstag 15.7.1993 ab Berlin bei der Beklagten an. Am 26.2.1993 erhielt die Klägerin von der Beklagten eine Reisebestätigung. Dort war ein Reisepreis von 1.140,– DM und ein anderer Abfahrts- und Ankunftsort, nämlich Hannover, angegeben. Die Klägerin wollte die Reise trotzdem machen, überwies den Betrag von 1.140,– DM und richtete sich auf den Abfahrtsort Hannover ein. Sie kaufte sich ein Linienbusticket für die Fahrt von Berlin nach Hannover und zurück zum Preise von 62,– DM. Zur angegebenen Abfahrtszeit fand sich die Klägerin in Hannover ein. Dort waren Reiseteilnehmer erschienen, die überwiegend nicht auf der Teilnehmerliste der Beklagten standen. Eine Reiseleitung war in Hannover ebenfalls noch nicht vorhanden.
>
> Der Busfahrer lenkte den Bus mit den Fahrgästen nach Magdeburg, wo die Reiseleitung zustieg. Der Bus fuhr von Magdeburg zur allgemeinen Überraschung weiter nach Berlin. Von dort ging die Reise jedoch nicht direkt nach Saßnitz, von wo aus nach Schweden übergesetzt werden sollte, sondern zunächst zu einem Haltepunkt in der Nähe des Flughafens Schönefeld im Osten von Berlin, wo der Bus gegen 22:00 Uhr eintraf. Gegenüber der Reiseleitung der Beklagten kündigte die Klägerin hier den Reisevertrag fristlos, stieg mit ihrer Freundin aus und fuhr per Taxi nach Hause.“

Das *AG Bielefeld* erkannte ein Kündigungsrecht der verhinderten Reisenden nach § 651e I 2 BGB und führte in der Urteilsbegründung u. a. aus:

> „Die Klägerin war berechtigt, wegen eines wichtigen, dem Reiseveranstalter erkennbaren Grundes nach § 651 e Abs. 1, S. 2 BGB fristlos zu kündigen. Es ist für das Gericht überzeugend, daß die Klägerin schon auf der Hinfahrt bei dem Zwischenstop in Schönefeld das Vertrauen in die Kompetenz der Beklagten und in einen glücklichen Verlauf der Reise verloren hatte. Auf Veranlassung der Beklagten war die Klägerin gerade von Berlin nach Hannover gefahren, um dort in den Bus nach Schweden einzusteigen. Zu ihrem Ärger fuhr der Bus der Beklagten dann genau die Strecke zurück, die die Klägerin gegen Zahlung eines zusätzlichen Entgelts bereits per Bus gefahren hatte. Durch die mangelnde Organisation bei der Beklagten mußte die Klägerin also eine zeitliche Verzögerung von mehreren Stunden, Unbequemlichkeiten und zusätzliche

---

[2401] S. *AG Bielefeld* RRa 1995, 152. Ähnliche Fallgestaltungen aus der forensischen Praxis, in denen sich die hier vertretene Ansicht zur Anwendung des § 651e I 2 BGB anbietet, wären der Fall einer Beschimpfung, Bedrohung und vorübergehender Rauswurf durch den Hoteldirektor (als Erfüllungsgehilfe des Reiseveranstalters, § 278 BGB), vgl. *LG Arnsberg* RRa 1996, 144, oder der tätliche Angriff und Beleidigung durch einen Hotelangestellten *AG Hamburg* RRa 2002, 172 (173). Gerade im letzteren Fall wurden Schadensersatzansprüche wegen des fehlenden Erfüllungszusammenhangs bei den Handlungen des Hotelangestellten vom Gericht abgelehnt; zweifellos stellt ein solches Verhalten aber außerhalb der Frage des Verschuldens eine mangelhafte Erbringung der Reiseleistung Service dar, die für sich genommen möglicherweise nicht die objektive Schwelle einer erheblichen Beeinträchtigung erreicht, aber aufgrund des je nach Umständen des Einzelfalls entfallenden Vertrauensverhältnisses möglicherweise eine Kündigung nach § 651e I 2 BGB rechtfertigen könnte.

Kosten hinnehmen. Unbestritten ist auch, daß am Abfahrtsort in Hannover keine zutreffende Reiseteilnehmerliste vorhanden war. Aufgrund dieser Tatsache ist es nachvollziehbar, daß die Klägerin befürchtete, die Reise könnte überbucht sein. Die Klägerin mußte daher befürchten, sich ohne Unterkunft in einsamer Gegend in Mittelschweden wiederzufinden. Die weitere Durchführung der Reise war für die Klägerin mithin unzumutbar.
Die Zweifel an der Zuverlässigkeit der Beklagten konnten sich aus Sicht der Klägerin auch noch durch das Verhalten der Beklagten vor Reiseantritt verstärken. Die Klägerin hat in überzeugender Weise dargelegt, daß sie mit zwei Schreiben vom 2.3. und 30.5.1993 bestimmte, konkrete Fragen an die Beklagte gerichtet und keine Antwort erhalten habe. Sie hat weiter ebenfalls für das Gericht überzeugend dargelegt, daß sie am 6.7.1993 unter Androhung des Reiserücktritts Übermittlung des Reisegutscheines verlangt habe."[2402]

Objektiv gesehen finden sich in o. g. Fall eigentlich nur folgende konkrete Störungen: Eine zeitliche Verzögerung bzw. ein Umweg von einigen Stunden im Rahmen der Busfahrt, keine Reiseteilnehmerliste am Abfahrtsort, vor der Reise keine Beantwortung von Fragen der Klägerin zur Reise, Erhalt der Reisegutscheine erst auf nachdrückliches Anfordern hin, noch vor Vertragsschluss Änderungen bzgl. Reisepreis und Abfahrtsorte, dabei Organisationsfehler mit unzutreffender Angabe zum Abfahrtsort, wobei ein für den Reisenden wesentlich günstigerer möglich gewesen wäre.

Diese Probleme stellen bei nüchterner Betrachtung objektiv auch in Summe bei weitem keine erhebliche Beeinträchtigung i.S. d. § 651e I 1 BGB dar, sondern sind z. T. noch nicht einmal Reisemängel i.e.S., sondern (hinzunehmende) Unannehmlichkeiten.

Zugleich ist aber nachvollziehbar, dass sich subjektiv aus der Gesamtschau der Umstände eine Situation darstellt, in der dem Reisenden die Kündigung nach § 651e I 2 BGB möglich sein muss.

Es werden damit Umstände erfasst, die, wie dies auch der h. M. zur Auslegung des § 651e I 2 BGB entspricht, eine objektiv nicht erhebliche Beeinträchtigungsintensität erreichen, hier sogar eine sehr geringe; umgekehrt tritt das nicht unstrittige Moment der Erkennbarkeit bei Vertragsschluss in den Hintergrund - dass ein zerstörtes Vertrauensverhältnis für einen Reisekunden ein wichtiger Grund ist, muss der Reiseveranstalter nicht im Einzelfall erkennen, sondern man kann von einer allgemeinen Kenntnis dieser allgemeingültigen Tatsache, letztlich Selbstverständlichkeit, ausgehen.

2.) Formelle Voraussetzungen und Ausübung des Kündigungsrechts

Das Kündigungsrecht erfordert gem. § 631e II 1 BGB, dass der Reisende zuvor erfolglos Abhilfe verlangt hat und eine diesbezüglich gesetzte Frist erfolglos verstrichen ist. Diese Voraussetzung entspricht der Abhilfefristsetzung im Rahmen der Selbstabhilfe § 651c III

[2402] *AG Bielefeld*, a. a. O. (Fn. 2401).

BGB,[2403] es kann insofern grundsätzlich auf die dortigen Ausführungen verwiesen werden.[2404]

a) Abhilfeverlangen mit Fristsetzung § 651e II 1 BGB

Der Reisende muss vom Veranstalter grundsätzlich eine Abhilfe bzgl. der gerügten Mängel verlangen und dafür eine angemessene Frist setzen.[2405] Dem Veranstalter wird dadurch angesichts der gravierenden Folgen einer Kündigung Gelegenheit gegeben, den Mangel durch Abhilfe zu beseitigen oder zumindest soweit abzumildern, dass die verbliebene Beeinträchtigung unter der Erheblichkeitsschwelle der Kündigung liegt.[2406]
Hingegen ist ein ausdrücklicher Hinweis auf eine nach Ablauf der Frist erfolgende Kündigung, quasi ein Nachbesserungsverlangen mit Ablehnungsandrohung, nicht erforderlich.[2407]

b) Entbehrlichkeit der Fristsetzung § 651e II 2 BGB

Wie schon im Rahmen des Abhilfeverlangens vor einer Selbstabhilfe § 651c III 2 BGB,[2408] bestehen auch bzgl. der Kündigung Ausnahmen vom Erfordernis einer Abhilfefristsetzung. § 651e II 2 BGB betrifft in der ersten Variante den Fall, dass aufgrund des Mangels oder der Umstände eine Abhilfe ohnehin gar nicht möglich ist.
Die diesbezügliche Einschränkung auf eine objektive Unmöglichkeit durch die h. M.[2409] erscheint unnötig. Das Problem eines nur den konkreten Reiseveranstalter betreffenden Unvermögens dürfte eher darin liegen, dass für den Reisenden eine solche subjektive Unmöglichkeit nicht erkennbar sein dürfte. Dies ist aber letztlich das Risiko des Reisenden, einer Beschränkung auf objektive Unmöglichkeit von vornherein bedarf es m. E. nicht, denn auch bei einer subjektiven Unmöglichkeit ist das Setzen einer Abhilfefrist gegenüber dem Veranstalter letztlich sinnlos.

Die zweite Variante bezieht sich darauf, dass der Veranstalter die Vornahme der Abhilfe verweigert; gleiches muss erst recht gelten, wenn er sogar schon das Vorliegen eines Mangels in Abrede stellt.[2410] Die Abhilfeverweigerung muss ernsthaft und unmissverständlich sein, es ist dann aber auch ein entsprechendes schlüssiges Verhalten ausreichend.[2411] Sehr weitgehend wirkt in diesem Zusammenhang die Ansicht des *AG Hamburg-Altona*, das

---

[2403] S. MüKo/*Tonner*, § 651e Rn. 14.
[2404] S. o. Dritter Teil C. I. 1.) (S. 342ff).
[2405] Vgl. auch Dritter Teil C. I. 3.) (S. 344)
[2406] Vgl. *Führich*, Reiserecht, § 10 III. 1., Rn. 370 u. 3. b), Rn. 373 a. E.: nach Annahme einer Ersatzleistung im Rahmen der Abhilfe kann die Kündigung nicht mehr auf die ursprüngliche Mangelhaftigkeit, sondern nur noch auf eine verbliebene Mangelhaftigkeit und neue Mängel dieser Ersatzleistung gestützt werden.
[2407] S. *Soergel/H.-W. Eckert*, § 651e Rn. 9 a. E.; *Staudinger/J. Eckert*, § 651e Rnn. 23 u. 26; zu a. A. vgl. Anmerkung des Bundesrates in der Unterrichtung BT-Dr 8/2589, S. 4.
[2408] S. o. Dritter Teil C. I. 3.) (S. 344).
[2409] Vgl. etwa MüKo/*Tonner*, § 651e Rn. 15; *Führich*, Reiserecht, § 10 III. 2., Rn. 371; *Staudinger/J. Eckert*, § 651e Rn. 29; *Pick*, § 651e Rn. 59, jew. m. w. Nachw.
[2410] S. *Seyderhelm*, § 651e Rn. 31.
[2411] *Führich*, Reiserecht, § 10 III. 2., Rn. 371.

schon ein Abhilfeverlangen des Reisenden überhaupt für entbehrlich hält, wenn die örtliche Reiseleitung keine Alternativen anbietet.[2412]

Die dritte und letzte im Gesetz genannte Variante ermöglicht eine sofortige Kündigung ohne Abhilfefristsetzung, falls dies aufgrund der besonderen Situation durch besonderes Interesse des Reisenden gerechtfertigt ist. Dies wird regelmäßig bei einem Kündigungsgrund nach § 651e I 2 BGB der Fall sein.[2413]
Von dieser Fallgruppe sollen nach teilweise vertretener Ansicht zudem verschiedene Varianten von Sachverhalten erfasst sein, in denen aufgrund der Art und Anzahl der Mängel in Relation zur gesamten oder verbliebenen Dauer der Reise eine Abhilfe unmöglich erscheint.[2414] Dies dürfte m. E. aber letztlich schon unter die erste Variante einer Unmöglichkeit der Abhilfe zu subsumieren sein.[2415]

Auch in den Fällen, dass der Reisende bei Ankunft vor Ort feststellt, dass für ihn überhaupt keine Reservierung vorliegt, erscheint es naheliegend, ob ihm nicht doch zuzumuten ist, die Klärung des Sachverhalts abzuwarten.[2416] Letzteres ist zumindest dann anzunehmen, wenn ihm dafür ein vorübergehendes Ersatzquartier angeboten wird.[2417]
Das Ersatzquartier ist dabei nicht an dem Standard einer adäquaten Abhilfe im Sinne einer Ersatzleistung zu messen; es soll ja nicht den Mangel beseitigen, sondern nur eine zumutbare Überbrückung für das Abwarten einer - allerdings sehr kurz zu bemessenden - Abhilfefrist darstellen.

Eine Fristsetzung wird auch dann für nicht erforderlich gehalten, wenn der Veranstalter den Reisenden entgegen der bestehenden Pflicht nach § 6 II Nr. 7 BGB-InfoV nicht über das Erfordernis einer Fristsetzung unterrichtet hat.[2418]

Schließlich ist anzumerken, dass der Reisende letztlich das Risiko einer Fehleinschätzung trägt, ob die Voraussetzungen für eine Entbehrlichkeit der Abhilfefristsetzung tatsächlich vorliegen.[2419] Er sollte daher, um sicher zu gehen, eine zumindest kurze Abhilfefrist setzen.[2420]

c) <u>Kündigungserklärung</u>

Sobald die Voraussetzungen für eine Kündigung nach § 651e I u. II BGB vorliegen, muss sie an sich noch erklärt werden. Dies kann dann allerdings auch konkludent erfolgen, indem

[2412] *AG Hamburg-Altona* RRa 2000, 182 (183).
[2413] So auch *Staudinger/J. Eckert*, § 651e Rn. 32 a. E; vgl. auch Formulierung bei *Führich*, Reiserecht, § 10 III. 2., Rn. 371, S. 306: besonderes Interesse liege vor, wenn das Vertrauen des Reisenden auf eine ordnungsgemäße Abhilfe durch das vertragswidrige Verhalten des Veranstalters schwer erschüttert sei.
[2414] Vgl. Beispiele bei MüKo/*Tonner*, § 651e Rn. 15.
[2415] Vgl. auch Zweifel bei *Staudinger/J. Eckert*, § 651e Rn. 31, S. 319.
[2416] Für eine sofortige Kündigung jedoch *Staudinger/J. Eckert*, § 651e Rn. 31; MüKo/*Tonner*, § 651e Rn. 15.
[2417] So auch *J. Eckert*, a. a. O. (Fn. 2416).
[2418] S. MüKo/*Tonner*, § 651e Rn. 15; *Führich*, Reiserecht, § 10 III. 2., Rn. 371.
[2419] Zu den Folgen s. u. Dritter Teil E. III. 4.) (S. 417).
[2420] S. *Führich*, Reiserecht, § 10 III. 2., Rn. 371 a. E.

der Reisende beispielsweise wegen des Mangels die Reise vorzeitig abbricht und nach Hause fliegt.[2421]

(aa) Adressat

Die Kündigungserklärung ist dem Vertragspartner Reiseveranstalter gegenüber abzugeben; normalerweise geschieht dies gegenüber der örtlichen Reiseleitung als dessen berufener Vertretung - diese trifft ja dann in der Regel auch die nach § 651e IV BGB vorzunehmenden Maßnahmen.

Besteht keine örtliche Reiseleitung bzw. benannte Repräsentanz nach § 8 I 1 Nr. 3 BGB-InfoV, so ist aus praktischen Erwägungen auch eine Kündigung gegenüber dem Leistungsträger als Empfangsboten des Reiseveranstalters zuzulassen, man denke etwa an die Schlüsselrückgabe an den Hotelier.[2422] Kommt auch dies nicht in Betracht, so bedarf es vor Ort keiner Kündigungserklärung, der Reisende muss dies aber nach Rückkehr zuhause beim Reiseveranstalter nachholen.[2423]

(bb) Zeitpunkt der Kündigung

Das Kündigungsrecht des § 651e BGB kann bereits vor Reisebeginn bestehen, wenn zu diesem Zeitpunkt bereits hinreichend sicher absehbar ist, dass die Reise eine Mangelhaftigkeit der in § 651e I BGB geforderten Art aufweisen wird.[2424]

In diesem Fall ist für den Reisenden eine Kündigung nach § 651e BGB, soweit dessen Voraussetzung besonderer Mangelhaftigkeit vorliegt, einem ebenfalls möglichen Rücktritt nach § 651a V 2 BGB[2425] oder § 651i BGB[2426] wegen der vorteilhafteren Rechtsfolgen vorzuziehen.

Wie bereits erwähnt,[2427] kann eine Erklärung der Kündigung auch erst nach erfolgter Rückreise daheim beim Reiseveranstalter erfolgen, wenn vor Ort im Urlaub eine Reiseleitung nicht bestand oder schwer erreichbar war und eine sonstige Möglichkeit der Kündigungserklärung nicht bestand.

(cc) Verwirkung

Der Reisende ist nach verbreiteter Ansicht[2428] gehalten, seine Kündigung zwar nicht sofort, aber doch in gewissem zeitlichen Zusammenhang mit dem Mangel bzw. einer abgelaufenen Abhilfefrist zu erklären.

[2421] Vgl. auch *AG Hamburg-Altona*, a. a. O. (Fn. 2412): Kündigung durch schlüssiges Verhalten bei Nichtteilnahme an der Transferfahrt des Hotelbusses zum Rückflug-Flughafen (der Reisende war mit der Rückreiseroute nicht einverstanden).

[2422] Vgl. insges. *Tempel*, NJW 1986, 547(551/552) [III. 3. a)].

[2423] S. MüKo/*Tonner*, § 651e Rn. 14.

[2424] S. *Soergel/H.-W. Eckert*, § 651e Rn. 2.

[2425] S. o. Zweiter Teil F. VI. 1.) (S. 285).

[2426] S. o. Zweiter Teil F. III. (S. 276).

[2427] S. soeben (aa) u. dort Fn. 2423 (S. 411).

[2428] S. *Führich*, Reiserecht, § 10 III. 3. b), Rn. 373; *Soergel/H.-W. Eckert*, § 651e Rn. 11 a. E.; MüKo/*Tonner*, § 651e Rn. 14 a. E.

So soll es ein widersprüchliches Verhalten i. S. d. § 242 BGB darstellen, wenn der Reisende trotz Fortbestehens des Mangels am Urlaubsort verbleibt und die Situation so längere Zeit hinnimmt bzw. seine Kündigung erst später kurz vor Abreise erklärt.[2429]

Hintergrund dieser Ansicht ist wohl die Überlegung, dass der Reisende die gerügte Reiseleistung weiterhin in Anspruch nimmt, hernach aber durch die Kündigung die Pflicht zur Zahlung des Reisepreises entfallen lässt.
Dabei wird m. E. aber übersehen, dass auch bei einer Kündigung die bis dahin in Anspruch genommenen Reiseleistungen gem. § 651e III 2 BGB zu bezahlen sind. Auch wenn die Kündigung des Reisenden für den Veranstalter ein organisatorisches und angesichts der Mehrkosten ebenso ein finanzielles Problem darstellt (§ 651e IV BGB), so ergibt sich für den Veranstalter an sich finanziell kein großer Unterschied, ob diese Kündigung sofort oder erst später erfolgt. M. E. ist daher bei der Annahme einer treuwidrig bzw. widersprüchlich späten und damit unwirksamen Kündigung Zurückhaltung geboten, in Extremfällen ist dies aber bei einer geradezu missbräuchlichen Ausübung an der Grenze zu § 226 BGB durchaus denkbar.

Nach erklärter Kündigung ist der Reisende nicht etwa aus § 242 BGB gehalten, auf etwaige doch noch erfolgende, an sich annehmbare Abhilfeangebote einzugehen, sondern er darf an seiner erfolgten Kündigung festhalten.[2430] Dies folgt direkt aus dem Charakter auch der reisevertraglichen Sonderform der Kündigung als Gestaltungsrecht.

III. Folgen der Kündigung

Entsprechend seines Wesens als besonders geregeltes Wandelungsrecht sui generis[2431] enthält § 651e BGB eine Reihe differenzierter Regelungen für die Folgen der Kündigung.

1.) Verlust des Reisepreisanspruchs § 651e III 1 BGB

Gem. § 651e III 1 BGB bewirkt die Kündigung einen vollständigen Wegfall des Anspruchs auf Zahlung des vereinbarten Reisepreises (§ 651a I 2 BGB). Der Reisende muss also evtl. noch ausstehende Restbeträge nicht mehr begleichen, vielmehr kann er den, wie dies in der Praxis üblich ist,[2432] bereits vorausgezahlten Reisepreis zurückverlangen.
Weil die Kündigung nach § 651e I BGB das Rechtsverhältnis nicht vollständig auflöst, sondern lediglich in ein besonderes Rückabwicklungsverhältnis umgestaltet,[2433] ist die Anspruchsgrundlage für die Rückzahlung nicht in einer condictio ob causam finitam § 812 I 2 Alt. 1 BGB,[2434] sondern in einem Rückerstattungsanspruch entsprechend § 346 I BGB zu

---

2429 *Soergel/H.-W. Eckert*; MüKo/*Tonner*, jew. a. a. O. (Fn. 2428); *OLG Düsseldorf* NJW-RR 1994, 950f; 1998, 52; anders liegt der Fall natürlich, wenn der Mangel überhaupt erst bei der Abreise auftritt bzw. diese betrifft, etwa bei geänderten Rückflugmodalitäten, vgl. *AG Hamburg-Altona* RRa 2000, 182.
2430 *Führich*, Reiserecht, § 10 III. 3. b), Rn. 373.
2431 S. o. Dritter Teil E. I. (S. 398).
2432 Vgl. *Staudinger/J. Eckert*, § 651e Rn. 36; *Pick*, § 651e Rn. 74.
2433 S. o. Dritter Teil E. I. (S. 398).
2434 So aber der Bundesrat in BT-Dr 8/2589 S. 4/5; *Rauch*, 2. Abschnitt B. I. 2., S. 108; vgl. auch *Erman/Seiler*, § 651e Rn. 14; vgl. jüngst auch *BGH* NJW 2005, 1047 (1050), der Reisende könne „auf Grund

suchen.[2435] Der Veranstalter kann sich somit nicht auf eine Entreicherung berufen dahingehend, er habe den erhaltenen Reisepreis bereits für die Zahlungen an die Leistungserbringer (Hotel, Flug etc.) verbraucht.[2436]

2.) Entschädigung für Reiseleistungen § 651e III 2, 3 BGB

Zwar verliert der Veranstalter wie gezeigt den Anspruch auf Zahlung des Reisepreises, für die bis zur Kündigung bereits erbrachten und im Zuge der Abwicklung[2437] noch zu erbringenden Leistungen hat er jedoch gem. § 651e III 2 BGB einen Anspruch auf Entschädigung. Er erhält also zumindest eine teilweise Vergütung, die sich ähnlich wie beim Minderungsrecht § 651d BGB an einem laut § 651e III 2 BGB gem. § 638 IV BGB geminderten Reisepreis orientiert. Es sei insofern grundsätzlich auf die Ausführungen zu § 651d I BGB verwiesen.[2438]

Wie bei der Minderung gem. § 651d I BGB stellen sich hier die gleichen Probleme einer Ausstrahlung des Mangels im Rahmen einer Teilleistung auf die anderen Reiseleistungen bzw. auf die Reise und deren Wert insgesamt, wie auch die Frage des zeitlichen Faktors bei der Berechnung und überhaupt der Entschädigungsberechnung.

Und ebenso wie bzgl. der Minderung lässt sich auch bei § 651e III BGB die Tendenz zur Verwendung von Berechnungsformeln beobachten,[2439] und wie schon bei der Frage der Erheblichkeit in § 651e I 1 BGB wird hinsichtlich eines Gesamtwegfalls des Interesses des Reisenden an den Reiseleistungen in § 651e III 3 BGB teilweise auf eine prozentuale Quantifizierung abgestellt.[2440]

Die gegen Schemata und feste Prozentsätze bereits geäußerten Bedenken gelten hier natürlich erst recht;[2441] an einer konkreten Betrachtung ausgerichtet an den Umständen des Einzelfalls führt auch in diesem Fall für eine sachgerechte Beurteilung kein Weg vorbei.[2442]

Durch die Verwendung umständlicher Berechnungsschemata für § 651e III 2 BGB wird keine höhere Genauigkeit erzielt, da mangels Kenntnis der internen Kalkulation des Veranstalters ohnehin die Werte der einzelnen Komponenten nicht bekannt sein werden. Letztlich

---

seiner Befreiung von seiner Pflicht zur Gegenleistung (§§ 326 I 1, 812 BGB) den gezahlten Reisepreis zurückverlangen".

2435 So die h. M., vgl. etwa *Soergel/H.-W. Eckert*, § 651e Rn. 14; *Pick*, § 651e, Rn. 74; *Führich*, Reiserecht, § 10 IV. 1., Rn. 375; *Palandt/Sprau*, Einf v § 346 Rn. 12 u. § 651e Rn. 5; *J. Eckert*, *Pick* jew. a. a. O. (Fn. 2432); *BGHZ* 1985, 50, 59ff (= NJW 1983, 33, 34f) [II. 1.]. Vgl. auch oben zur Anspruchsgrundlage für Rückerstattung bei *Minderung* Dritter Teil D. V. (S. 398).

2436 Vgl. auch *Soergel/H.-W. Eckert*, § 651e Rn. 14 a. E.

2437 Zu den Abwicklungspflichten des Veranstalters s. u. Dritter Teil E. III. 3.) (S. 415).

2438 S. o. Dritter Teil D. III. (S. 356).

2439 Vgl. eingehende Darstellung bei *Kaller*, Reiserecht, C. Teil 3 III. 3. b), Rn. 258; auch *Staudinger/J. Eckert*, § 651e Rn. 42ff, letzterer zweifelt aber selbst (zu recht) die Praktikabilität einer solchen Berechnung an (a. a. O. , Rn. 45); s. a. *Pick*, § 651e Rnn. 77f; *Xanke/Dutschke*, B. IV. 2., Rn. 109.

2440 Vgl. ausdrücklich befürwortend *Seyderhelm*, § 651e Rn. 47; ferner *Pick*, § 651e Rn. 79; *Xanke/Dutschke* B. IV. 2., Rn. 109 a. E.

2441 Vgl. zu Berechnungsformeln oben Dritter Teil D. III. 1.) a) (S. 357), zur quantifizierenden Beurteilung basierend auf festen Minderungsprozentsätzen Dritter Teil E. II. 1.) a) (bb) (S. 402)

2442 Vgl. auch *Soergel/H.-W. Eckert*, § 651e Rn. 17; MüKo/*Tonner*, § 651e Rn. 22; *Erman/Seiler*, § 651e Rn. 10 a. E.

dürfte es am praktikabelsten sein, die Entschädigung zu errechnen ausgehend vom vereinbarten Reisepreis, von dem die zu schätzende Minderung des Wertes der Reise durch die Mängel abzuziehen ist.[2443]

Eine verschiedentlich erwogene[2444] Pauschalierung der Entschädigung ähnlich den Stornostaffeln für den Rücktritt vor Reisebeginn[2445] ist mit der h. M. klar abzulehnen;[2446] neben praktischen Bedenken, ob dadurch überhaupt sachgerecht die ganz unterschiedlichen Fallgestaltungen einer Kündigung erfasst werden können,[2447] ist eine solche Pauschalierung im Gesetz für die Kündigung nach § 651e BGB - im Gegensatz zu § 651i III BGB beim Rücktritt des Reisenden vor Reiseantritt - schlicht nicht vorgesehen und könnte gegen § 651m S. 1 BGB verstoßen[2448] bzw. ohnehin allenfalls zugunsten des Reisenden wirksam sein und ihm nicht die Möglichkeit einer weitergehenden Minderung nehmen.

Da es sich im Rahmen des § 651e I BGB regelmäßig um ganz erhebliche Mängel handelt, steht häufig der Wert der Reise überhaupt in Frage, zumindest für den mangelbehafteten Teil der Reise.

Lässt sich die Reise in einen mangelfreien und einen mangelbehafteten bzw. aufgrund der erfolgten Kündigung fehlenden Reisezeitraum unterteilen, beispielsweise bei Auftreten des Mangels in der Mitte einer zweiwöchigen Reise in eine mangelfreie erste Woche vor und eine erheblich mangelbehaftete zweite Woche bzw. nach Auftreten des Mangels abgebrochene Reise, so muss der Reisende den Wert des mangelfreien Teils der Reise vergüten, wobei anteilig die Kosten der Beförderung zu berücksichtigen sind.[2449]

Zu beachten ist hierbei auch, dass dem Veranstalter u. U. für den mangelbehafteten Zeitraum seit Auftreten des Mangels bis zur Erklärung der Kündigung nach Ablauf der Abhilfefrist eine, wenn auch entsprechend stark geminderte, Vergütung zustehen kann.

Ist die Reise schon bei Ankunft am Urlaubsort erheblich mangelbehaftet und erfolgt daher sofort die berechtigte Kündigung durch den Reisenden, so ist der Wert der Reise insgesamt auf Null zu mindern, die Beförderungsleistung allein hat regelmäßig keinen ablösbaren Eigenwert, selbst wenn sie einwandfrei erbracht wurde.[2450]

Zu beachten ist diesbezüglich auch § 651e III 3 BGB, wonach kein Entschädigungsanspruch des Veranstalters besteht für Reiseleistungen, die für den Reisenden aufgrund der Kündigung nicht mehr von Interesse sind.

Insofern überschneidet sich der Regelungsbereich des § 651e III 3 BGB mit dem ohnehin zu beachtenden Aspekt der Ausstrahlungswirkung eines Reisemangels auf den Wert der übri-

---

[2443] S. *Tempel*, Materielles Recht (2. Aufl.), § 6 IV. 4. e) 2), S. 440.

[2444] *LG Köln* NJW-RR 2001, 1064; s. a. *Kaller*, Reiserecht, C. Teil 3 III. 3. b), Rn. 258 a. E., S. 241/242; *Staudinger/J. Eckert*, § 651e Rn. 58; *Palandt/Sprau*, § 651e Rn. 5; Möglichkeit der Pauschalierung vorausgesetzt bei *Isermann*, A. VI. 6., S. 157.

[2445] S. o. Zweiter Teil F. III. 3.) (S. 278).

[2446] So auch MüKo/*Tonner*, § 651e Rn. 23; *Bidinger/Müller*, § 651e Anm. 15 a. E., S. 162/163.

[2447] In der Tat sehen die ARB (2004) auch keine derartige Pauschalierung vor.

[2448] *Bidinger/Müller*, a. a. O. (Fn. 2446).

[2449] *Führich*, Reiserecht, § 10 IV. 2., Rn. 376.

[2450] S.o. Dritter Teil D. III. 1.) b) (S. 359); vgl. auch *Soergel/H.-W. Eckert*, 16 a. E.

gen Reiseleistungen bzw. der Reise an sich.[2451] Dies wird schon in der Bewertung nach § 651e III 2 BGB berücksichtigt, die Entschädigung für eine derart beeinträchtigte Reise wird schon dort mit Null anzusetzen sein. Dementsprechend wird § 651e III 3 BGB gelegentlich ein eigenständiger Regelungsgehalt abgesprochen,[2452] m. E. aus dargelegter Überlegung zu § 651e III 2 BGB zu Recht; § 651e III 3 BGB hat demnach lediglich beschreibende Funktion zur Verdeutlichung des § 651e III 2 BGB.

3.) Abwicklungspflichten des Veranstalters § 651e IV BGB

Auch nach der Kündigung muss sich der Veranstalter noch um den Reisenden kümmern: in § 651e IV 1 BGB ist die Pflicht des Veranstalters zur Vornahme der „notwendigen Maßnahmen" im Rahmen der Abwicklung geregelt.
Demnach muss er namentlich für den Rücktransport des Reisenden sorgen, aber selbstredend auch für Unterbringung und Verpflegung bis dahin.[2453] Die Rückbeförderung hat der Veranstalter nach ganz h. M. unverzüglich nach der erfolgten Kündigung zu veranlassen,[2454] der Reisende soll nach seiner Kündigung nicht durch Verzögerungen bei der Abwicklung zu einer unfreiwilligen Fortsetzung der Reise gezwungen werden können (siehe auch im Folgenden zum Selbstabhilferecht des Reisenden).

Die Maßnahmen sind in Art und Weise, insbesondere Standard, an der eigentlich geschuldeten Reise zu orientieren. War Gegenstand der ursprünglich gebuchten Reise eine Hin- und Rückfahrt erster Klasse sowie eine Unterbringung in einem Vier-Sterne-Hotel, so sind auch die Maßnahmen im Rahmen der Abwicklung grundsätzlich an diesen oder höherwertigen Standards zu orientieren.[2455] Gerade angesichts der entscheidenden Rückbeförderung kann ein Ausweichen auf höherwertigen Standard angezeigt sein,[2456] um dem hierbei vorrangigen Erfordernis der Unverzüglichkeit[2457] zu genügen.

Da der Veranstalter innerhalb des § 651e BGB für ihm im Rahmen der Einstandspflicht zugerechnete Mängel haftet, erscheint es auch gerechtfertigt, ihm die aus einer entsprechenden Kündigung entstehenden Mehrkosten aufzuerlegen für die im Rahmen der Vertragsabwicklung vom Veranstalter zu treffenden Maßnahmen gem. § 651e IV 2 BGB.[2458] Darin liegt gerade auch der - sachgerechte - Unterschied zur Kündigung bei höherer Gewalt § 651j BGB, bei der diese Kosten von beiden Parteien geteilt werden.

[2451] Vgl. etwa oben Zweiter Teil D. I. 4.) (S. 191).
[2452] S. *Staudinger/J. Eckert*, § 651e Rn. 50.
[2453] Vgl. schon die Begründung zum Regierungsentwurf BT-Dr 8/786, S. 22; *Soergel/H.-W. Eckert*, § 651e Rn. 18; *Staudinger/J. Eckert*, § 651e Rn. 60.
[2454] Vgl. etwa *Führich*, Reiserecht, § 10 IV. 4. a), Rn. 379; *Bidinger/Müller*, Reisevertragsrecht, § 651e Anm. 18; MüKo/*Tonner*, § 651e Rn. 25; *Staudinger/J. Eckert*, § 651e Rn. 67, vgl. aber auch dort sowie in Rn. 64: „sofort fällig".
[2455] Vgl. *Bidinger/Müller*, Reisevertragsrecht, § 651e Anm. 17, S. 164; *Soergel/H.-W. Eckert*, § 651e Rn. 18 m. w. Nachw. dort in Fn. 36.
[2456] So die ganz h. M., vgl. etwa *Xanke/Dutschke*, B. IV. 2., Rn. 110; *Führich*, Reiserecht, § 10 IV. 4. a), Rn. 379; *Bidinger/Müller*, Reisevertragsrecht, § 651e Anm. 17.
[2457] S. o. Fn. 2454.
[2458] Vgl. auch *Soergel/H.-W. Eckert*, § 651e Rn. 19.

Der Reisende hat einen Anspruch auf diese Maßnahmen, und zwar als vertraglich geschuldete Leistung aus dem entsprechend durch die Wirkung der Kündigung modifizierten Reisevertrag. Soweit gelegentlich vor Ort versucht wird, bei Kündigungen die Reisenden für eine Rückbeförderung Verzichts- oder Abfindungserklärungen unterzeichnen zu lassen, sind derartige abgegebene Erklärungen aufgrund der besonderen Zwangssituation und wegen Verstoßes gegen § 651m S. 1 BGB als unwirksam anzusehen.[2459]

Werden diese Leistungen im Rahmen der Abwicklung und Rückbeförderung nicht mangelfrei erbracht, so wird dem Reisenden zu Recht nach h. M. diesbezüglich ein Selbstabhilferecht mit den entsprechenden Möglichkeiten in analoger Anwendung des § 651c III BGB zugesprochen.[2460] Eine analoge Anwendung des § 651c III BGB erscheint m. E. in der Tat aufgrund der Interessenlage geboten.

Die Gegenansicht, die einen Anspruch auf Selbstabhilfe direkt in S. 2 des § 651e IV BGB erkennen will,[2461] übersieht, dass diese Norm nur die Kostentragung der durch den *Veranstalter* in S. 1 getroffenen Maßnahmen erfasst und keinerlei Aussage darüber trifft, ob auch der Reisende selbst ein Recht zur Vornahme derselben hat. Insofern würde man auch bei dieser Konstruktion etwas in § 651e IV 2 BGB hineininterpretieren, das so dort nicht geregelt ist.[2462] Im Ergebnis ist man sich aber einig, dass der Reisende ein Selbstabhilferecht hat, weil sonst die in § 651e IV 1 BGB festgeschriebene Pflicht des Veranstalters ins Leere laufen würde.

Vertröstet der Veranstalter beispielsweise den Reisenden für den Rückflug auf den nächsten freien Platz auf seinem Charterflug mehrere Tage später, so kann der Reisende zur Selbstabhilfe schreiten, indem er selbst seinen Rückflug mit der nächsten Linienmaschine organisiert. Dem Interesse des Veranstalters an einem Niedrighalten der Mehrkosten bspw. durch Einsatz freier Kapazitäten zu einem späteren Zeitpunkt für den Rückflug hat der Reisende nur in sehr begrenztem Maße mit einer gering zu bemessenden Wartezeit Rechnung zu tragen.[2463]

Darüber hinausgehende Vermögensschäden als Folge der berechtigten Kündigung, letztlich also des Reisemangels, sind richtigerweise über § 651f I BGB zu erstatten. Zu nennen sind

---

[2459] MüKo/*Tonner*, § 651e Rn. 24; vgl. auch oben Dritter Teil B. II. 4.) c) (S. 329).

[2460] S. *Pick*, § 651e Rn. 87; *Führich*, Reiserecht, § 10 IV. 4. c), Rn. 381.

[2461] Vgl. MüKo/*Tonner*, § 651e Rn. 28: gleiches Ergebnis könne auch ohne analoge Anwendung des § 651c III BGB erreicht werden, der Reisende könne seine Aufwendungen für die „Selbstabhilfe" entweder direkt aus § 651e IV 2 BGB oder aus GoA für den Veranstalter gem. § 651e IV 2 i. V. m. §§ 683, 670 BGB verlangen; vgl. auch widersprüchlich *Soergel/H.-W. Eckert*, § 651e Rn. 18 a. E. (analoge Anwendung § 651c III BGB) u. Rn. 19 (Kostenerstattung für Aufwendungen im Rahmen der Selbstabhilfe direkt aus § 651e IV 2 BGB) - Grund für diese Widersprüchlichkeit dürfte wohl sein, dass *H.-W. Eckert* die Eigentümlichkeit des Selbstabhilferechts nicht bedenkt, die nicht nur in einer Möglichkeit des Reisenden selbst zur eigenen Mangelabhilfe besteht (dies kann man rein tatsächlich ohnehin kaum verwehren), sondern v. a. darin, dass er bei Vorliegen der besonderen Voraussetzungen die *Erstattung der Kosten* hierfür vom Veranstalter verlangen kann (auf denen er ohne „Selbstabhilferecht" sitzen bleiben würde), vgl. auch oben eingangs Dritter Teil C. (S. 341).

[2462] Tatsächlich plädiert *Kaller* daher für eine analoge Anwendung des § 651e IV 2 BGB, vgl. *ders.*, Reiserecht (2. Aufl.), C. Teil 3 III. 3. e), Rn. 260.

[2463] Vgl. *Staudinger/J. Eckert*, § 651e Rn. 64.

insbesondere - dogmatisch zugegebenermaßen nicht unbedenkliche - Ansprüche wegen nutzlos gewordener Aufwendungen des Reisenden (abgeschlossene Reiseversicherungen, Impfungen, eigene Anreise).[2464]

4.) Folgen unberechtigter Kündigung

Kündigt der Reisende und reist ab oder sucht sich ein Ersatzhotel vor Ort, so trägt er das Risiko dafür, dass sich die Kündigung letztlich als unberechtigt erweist, etwa weil die erforderliche besondere Mangelhaftigkeit nicht erreicht oder eine unangemessen kurze Abhilfefrist gesetzt worden war.

In diesen Fällen unwirksamer Kündigung hat er keinerlei Rechte aus § 651e BGB,[2465] er bleibt also nicht nur grundsätzlich zur vollen Reisepreiszahlung verpflichtet, sondern trägt darüber hinaus auch die Kosten seiner Rückreise oder seines Umzugs in ein Ersatzobjekt.[2466]

Dies stellt ein nicht zu unterschätzendes praktisches Problem dar, wie *Schlotmann* eingehend darlegt:[2467] Der - ohnehin zumeist rechtlich nicht versierte - Reisende kann nämlich seine rechtliche Lage schwer einschätzen, insbesondere ist es auch angesichts der uneinheitlichen Bewertung in der Praxis der Rechtsprechung - sowohl hins. Bewertung des Minderungsprozentsatzes für einzelne Mängel, wie auch des für § 651e I 1 BGB üblicherweise geforderten Gesamt-Minderungsprozentsatzes - oft nicht sicher vorhersagbar, ob eine vorgefundene Mangelhaftigkeit gerichtsfest die erforderliche Beeinträchtigungsintensität aufweist.[2468]

Letztlich ist dem Reisenden in Anbetracht der Unsicherheiten und der gravierenden Folgen zu raten, nur in eindeutigen Fällen von seinem Kündigungsrecht Gebrauch zu machen.[2469]

Hat sich der Reisende nun aber insofern verschätzt und seine Kündigung ist unwirksam, so wird ihm unter dem Schlagwort der „hypothetischen Minderung“ von der h. M.[2470] zumindest die Minderung zugesprochen, die angesichts der mangelhaften Reise bestanden hätte, wenn sie nicht abgebrochen worden wäre. Der Reisende soll zumindest nicht schlechter gestellt werden als bei Fortführung des mangelhaften Urlaubs.[2471]

U. a. *J. Eckert* lehnt eine solche hypothetische Minderung ab und verweist darauf, dass mit der Abreise die Reiseleistung nicht mehr erbracht werden könne und dem Veranstalter nach dem Grundsatz des § 326 II 1 BGB damit der Anspruch auf den vollen Reisepreis erhalten

---

2464 Siehe daher eingehend dort, Dritter Teil F. III. 1.) (S. 428).

2465 Vgl. *Führich*, Reiserecht, § 10 IV. 5., Rn. 384; *Seyderhelm*, § 651e Rn. 57.

2466 Vgl. *Seyderhelm*, § 651e Rn. 10.

2467 Vgl. *Schlotmann*, Recht, A. V. 4., S. 56f, auch zum Folgenden.

2468 S. a. *Seyderhelm*, a. a. O. (Fn. 2466).

2469 So *Schlotmann*, Recht, A. V. 4., S. 57 a. E.

2470 *LG Frankfurt a.M.* RRa 1995, 48 (49); *LG Düsseldorf* RRa 2001, 199 (200) („fiktive Minderung“); *Seyderhelm*, § 651e Rn. 57; *Tempel*, RRa 2002, 146 (148) [II. 3.]; *ders.*, in: *Tempel/Seyderhelm*, § 7 IV. 4. f), S. 508; *Bechhofer*, § 651d A. I. 3. S. 77; *Führich*, Reiserecht, § 8 I. 2., Rn. 287, und § 10 IV. 5., Rn. 384, sowie umfangr. Nachw. zur Rspr. dort in Fn. 228.

2471 *Führich*, Reiserecht, § 8 I. 2., Rn. 287 sowie § 10 IV. 5., Rn. 384.

bleibe.[2472]

Dabei missachtet er, dass die allgemeine Regelung des § 326 II BGB innerhalb des Reisevertragsrechts nach der Einheitslösung zunächst einmal ohne weiteres keine Anwendung finden kann. Statt dessen ist vorrangig innerhalb des Reisevertragsrechts eine eigenständige, unter Beachtung der entsprechenden Besonderheiten sachgerechte Lösung des Problems zu suchen. [2473]

Auch bei der Lösung im Rahmen der hypothetischen Minderung bleibt ja - im Gegensatz zur Regelung des § 651e III 1 BGB bei *wirksamer* Kündigung - der Anspruch des Veranstalters auf den Reisepreis grundsätzlich erhalten, obwohl er die Leistung nicht mehr erbringen muss. Bei der hypothetischen Betrachtung ist natürlich zu berücksichtigen, ob und wann die Mangelhaftigkeit noch im Verlauf der Reise hätte beseitigt werden können bzw. worden wäre.[2474] Der Veranstalter erhält bei dieser Lösung also nicht mehr und nicht weniger, als wenn der Reisende nicht - wohlgemerkt aufgrund eines vorhandenen, aber eben nicht ausreichenden Mangels - abgereist wäre. Es besteht m. E. kein überzeugender Grund, diese hypothetische Minderung nicht vorzunehmen.

Desweiteren wird eine analoge Anwendung des § 537 BGB gefordert, wenn der Veranstalter die infolge der (unberechtigten) Kündigung freigewordenen Kontingente beispielsweise bei der Unterkunft anderweitig verwenden kann.[2475]

Diese analoge Anwendung erscheint bedenklich, eine Reise ist kein Mietvertrag, und ein unberechtigter Abbruch der Reise durch den Reisenden, eine wegen nicht hinreichend hoher Mangelintensität unwirksame Kündigung ist keine „persönliche Verhinderung" i. S. d. § 537 BGB. Dennoch ist aber der Reisende bei einer letztlich mangelbedingten, wenn auch unwirksamen Kündigung zumindest nicht schlechter zu stellen, als hätte er ohne jeden bzw. ohne jeden vom Veranstalter anzuerkennenden Grund die Reise abgebrochen, es bietet sich also der dort dargestellte Lösungsweg an.[2476]

Demnach ist unter Heranziehung der o. g. (i. ü. auch in § 649 BGB und § 326 II BGB zum Ausdruck kommenden) Rechtsgedanken im praktischen Ergebnis den Vertretern einer analogen Anwendung des § 537 BGB zumindest insofern zuzustimmen, dass dem Reisenden die ersparten Aufwendungen und die durch anderweitige Verwendung der „freigewordenen" Reiseleistungen durch den Veranstalter erfolgte Nutzung zugute kommen.[2477]

2472 *Staudinger/J. Eckert*, § 651d Rn. 4; s. a. *Bidinger/Müller*, § 651d Anm. 7, S. 127.

2473 Aus der Sicht von *J. Eckert* ist dies allerdings konsequent, ist er doch einer der wenigen übriggebliebenen Gegner der Einheitslösung; zur Einheitslösung s. o. Dritter Teil A. I. 4.) (S. 307) und zur Ablehnung durch *J. Eckert* dort S. 309.

2474 Grundsätzlich zustimmend allerdings unter starken (abzulehnenden) Einschränkungen *Tempel*, RRa 2002, 146 (149) [II. 3. e)].

2475 So *Tempel/Seyderhelm*, § 7 IV. 4. f) (4), S. 508. Vgl. auch (jeweils abstellend auf § 552 S. 3 BGB a. F., der dem heutigen § 537 II BGB entspricht) *Führich*, Reiserecht, § 10 IV. 5., Rn. 384, S. 313; *Seyderhelm*, § 651e Rn. 57.

2476 S. o. Zweiter Teil F. IV. (S. 280).

2477 Vgl. auch *Tempel/Seyderhelm*, § 7 IV. 4. f) (4) a. E., S. 508, sowie insges. *ders.*, RRa 2002, 146 (149f) [III. u. IV.].

F. Allgemeiner reisevertraglicher Schadensersatzanspruch § 651f I BGB

§ 651f BGB enthält in seinen beiden Absätzen zwei eigenständige Anspruchsgrundlagen. Absatz 1 ergänzt dabei die verschuldensunabhängigen Gewährleistungsrechte der §§ 651c ff BGB um einen verschuldensabhängigen allgemeinen Schadensersatzanspruch des Reisenden.

Die früher zutreffende und weithin anzutreffende Bezeichnung des § 651f I BGB als „materieller Schadensersatzanspruch" - in Abgrenzung zum immateriellen Schadensersatzanspruch des § 651f II BGB - ist nunmehr hinfällig geworden, nachdem im Rahmen der Schuldrechtsreform durch die Änderung des § 253 II BGB[2478] auch von vertraglichen Schadensersatzansprüchen die dort genannten immateriellen Schadensmomente umfasst sind. § 651f I BGB kann daher gerade hinsichtlich Körperverletzungen u. ä. auch einen immateriellen Schadensersatzanspruch gewähren.

I. Wesen und Anwendungsbereich

Durch die o. g. reisevertragsrechtlichen Gewährleistungsrechte Abhilfe, Selbstabhilfe, Minderung und Kündigung werden nicht alle durch Reisemängel beim Reisenden entstehenden Nachteile aufgefangen.

Entsprechend werden eventuelle Vermögensnachteile bzw. Gesundheits- oder Sachschäden, die aus Reisemängeln resultieren, von § 651f I BGB erfasst. Diese Norm formuliert einen Anspruch auf Schadensersatz wegen „Nichterfüllung". Wie bereits im Rahmen der Abgrenzung des reisevertragsrechtlichen Gewährleistungssystems zum allgemeinen Recht der Leistungsstörungen im BGB dargelegt,[2479] sind im Reisevertragsrecht Nichterfüllung und Schlechterfüllung im Begriff des Reisemangels vereint, die Norm ist also als Ersatzanspruch für *durch Reisemängel verursachte Schäden* zu lesen.

Damit wird die vertragliche Haftung des Veranstalters erheblich über den finanziellen Rahmen der Reisedurchführung und eventuell nötiger Abhilfe- und Abwicklungsmaßnahmen hinaus erweitert. Dem Verschuldensprinzip des BGB bei Schadensersatzansprüchen entsprechend setzt § 651f I BGB voraus, dass der Veranstalter den Mangel zu vertreten hat.

Die Abhilfe gem. § 651c II BGB sowie die Selbstabhilfe § 651c II BGB stehen dem Anspruch auf Schadensersatz § 651f I BGB unabhängig vom Erfolg der Abhilfe nicht im Wege. Nur dann, wenn der Reisende ein Abhilfeverlangen oder eine Abhilfefrist zur Selbstabhilfe versäumt hat, können die dadurch entstandenen Schäden u. U. nicht über § 651f I BGB geltend gemacht werden. Das Abhilfeverlangen mit Abhilfefrist dient dazu, den Veranstalter über den Mangel in Kenntnis zu setzen, damit er entsprechend reagieren kann; diese Voraussetzungen können nicht dadurch umgangen werden, dass der Reisende etwa Ausgaben zur eigenmächtigen Behebung des Reisemangels (bspw. Umzug in ein anderes Hotel)

2478 S. o. Erster Teil A. I. (S. 17).

2479 S. o. Dritter Teil A. I. 4.) (S. 307).

als mangelbedingte Schäden geltend machen könnte. Zu klären wird sein, wie man eine fehlende Mängelanzeige bzw. Abhilfeverlangen berücksichtigt.

Im Verhältnis zur Minderung § 651d BGB und zur Kündigung § 651e BGB legt schon der Wortlaut des § 651f I BGB fest, dass der Schadenersatz „unbeschadet“ dieser Rechte verlangt werden kann.
Auch den Minderwert einer Reise kann man letztlich als Vermögensschaden sehen - tatsächlich wird vereinzelt von den Vertretern des (abzulehnenden) engen Mangelbegriffs eine Ausstrahlungswirkung des Reisemangels in einer Teilleistung auf die Gesamtreise nicht im Rahmen der Minderung des Reisewertes, sondern über einen entsprechenden Schadensersatz nach § 651f I BGB berücksichtigt.[2480] Dies ist, wie bereits dargelegt, abzulehnen, denn damit wird die verschuldensunabhängige Einstandspflicht für den Wert der Reise nach § 651d BGB unzulässigerweise zumindest teilweise dem Verschuldenserfordernis des Schadensersatzanspruches unterworfen.

Der reisevertragliche Schadensersatzanspruch nach § 651f I BGB schließt entsprechend der Einheitslösung[2481] Schadensersatzansprüche nach allgemeinem Leistungsstörungsrecht, insbesondere p.V.V., § 280 I BGB i. V. m. § 241 II BGB, aus, weil derartige Störungen unter dem weiten Mangelbegriff als Reisemängel zu einem Anspruch aus § 651f I BGB führen.[2482] Unberührt bleiben hingegen deliktische Schadensersatzansprüche aus unerlaubter Handlung.[2483]

II. <u>Voraussetzungen</u>

Der Anspruch aus § 651f I BGB verlangt als Voraussetzung einen Schaden, der durch einen Reisemangel hervorgerufen wurde, den der Veranstalter zu vertreten hat. Ob darüber hinaus formelle Voraussetzungen in Form einer Mängelanzeige oder eines Abhilfeverlangens einzuhalten sind, ist umstritten.

1.) <u>Reisemangel</u>

Zunächst muss ein Reisemangel im Sinne des § 651c I BGB vorliegen, also entweder das Fehlen einer zugesicherten Eigenschaft der Reise oder ein beeinträchtigender Reisefehler.[2484]
Im Gegensatz zu § 651e und § 651f II BGB ist keine Erheblichkeit der Beeinträchtigung der Reise durch den Mangel erforderlich.[2485] Dies ist auch einleuchtend, entscheidend ist ja weniger die Erheblichkeit des Mangels, und auch auf die Beeinträchtigung der Reise

[2480] S. o. Dritter Teil D. III. 2.) a) (S. 362) sowie dort Fn. 2163.
[2481] S. o. Dritter Teil A. I. 4.) (S. 307).
[2482] S. a. Dritter Teil A. II. 2.) (S. 313).
[2483] *Führich*, Reiserecht, § 11 I. 2. c), Rn. 394; s. a. oben Dritter Teil A. IV. (S. 317).
[2484] S. o. Zweiter Teil B. (S. 124) bzw. C. (S. 141).
[2485] Vgl. *Kaller*, Reiserecht, C. Teil 4 I. 1., Rn. 263.

kommt es im Rahmen des § 651f I BGB nicht an, allein ausschlaggebend muss sein, wie hoch der durch den Reisemangel schuldhaft verursachte Schaden beim Reisenden ist.[2486]

2.) Streit über die formelle Voraussetzung einer Mängelanzeige

Nach Gesetzeswortlaut des § 651f I BGB ist für diesen Anspruch weder eine Mängelanzeige noch eine Fristsetzung ausdrücklich erforderlich,[2487] wie dies für die übrigen Gewährleistungsrechte Voraussetzung ist.[2488] Einziger Ansatzpunkt für ein indirektes Voraussetzen einer Anzeige wäre allenfalls die Formulierung „unbeschadet der Minderung oder Kündigung".

Dennoch verlangt die h. M.,[2489] insbesondere praktisch einhellig die Rechtsprechung,[2490] das in den genannten Rechten Minderung (§ 651d II BGB) und Kündigung (§ 651e II BGB) jeweils vorausgesetzte Erfordernis einer Mängelanzeige bzw. eines Abhilfeverlangens auch für den Anspruch aus § 651f I BGB. Der dortige Normzweck der Mängelanzeige, dem Reiseveranstalter die Kenntnis und damit Möglichkeit zur Behebung der Reisemängel zu verschaffen, treffe auch auf den Schadensersatzanspruch zu.

Die ursprünglich vorherrschende,[2491] nunmehr nur noch als vereinzelte Mindermeinung vertretene Gegenansicht[2492] verweist hingegen darauf, dass § 651f I BGB eine andere Anspruchsgrundlage sei, für welche die Voraussetzungen der Minderung und der Kündigung nicht vorliegen müssen. Dementsprechend verneinen die Vertreter dieser Ansicht für § 651f I BGB die Notwendigkeit eines Abhilfeverlangens nach § 651c II 1 BGB, einer Mängelanzeige nach § 651d II BGB oder einer Abhilfefristsetzung nach § 651e II BGB.

Ihnen gibt auch eine Auslegung des Wortlautes recht.[2493] Die Formulierung „unbeschadet der Minderung und der Kündigung" stellt nur fest, dass der Anspruch auf Schadensersatz völlig selbständig als eigene Anspruchsgrundlage neben diesen Gewährleistungsrechten besteht.[2494] Sie unterscheidet sich bewusst vom Vorbild im damaligen Werkvertragsrecht. Dort gewährte § 635 BGB a.F. den Schadensersatzanspruch „*statt* Wandelung oder Minderung", es mussten also die Voraussetzungen dieser Rechte auch für den Schadensersatzan-

---

[2486] Daher zu unrecht am Sinn der fehlenden Einschränkung zweifelnd *Staudinger/J. Eckert*, § 651f Rn. 1 a. E.; unnötig problematisierend *Schmitt*, JR 1987,265 (267), da seine Lösung dann doch dem Gesetzeswortlaut und somit der hier vertretenen Auffassung entspricht, vgl. *ders.*, ebenda, S. 271.

[2487] S. *Müller*, S. 102/103; *Isermann*, NJW 1988, 873 (876) [II. 4. e)]; *Kaller*, Reiserecht, C. Teil 4 II. 4., Rn. 277.

[2488] S. jeweils Dritter Teil B. I. (S. 318), C. I. 1.) (S. 342), D. II. 2.) (S. 352), E. II. 2.) a) (S.409).

[2489] *BGHZ* 92, 177 (179ff); *Seyderhelm*, § 651f Rn. 10; *Bechhofer*, § 651f A. III. 2., S. 92; *Geib*, in: *Bamberger/Roth*, § 651f Rn. 8; *Soergel/H.-W. Eckert*, § 651f Rn. 6; *Führich*, Reiserecht, § 11 II. 2., Rn. 397; *Isermann*, S. 122; *Palandt/Sprau*, § 651f Rn. 3; RGRK/*Recken* § 651f, Rn. 5; *Rodegra*, MDR 2004, 550 (551) [I. 1. c]; *Kaller*, Reiserecht, C. Teil 4 II. 4., Rn. 277 (allerdings systematisch nur für § 651f II BGB).

[2490] *BGHZ* 92, 177 (sogar Abhilfefristsetzung); *OLG Düsseldorf* NJW-RR 1989, 735; *LG Frankfurt a.M.* RRa 1998, 234 (235); *AG Hamburg* RRa 1998, 39 (40); *AG Duisburg* RRa 2004, 264.

[2491] S. die Darstellung zum damaligen Streitstand bei *Müller*, S. 102/103, m. w. Nachw. dort in Fn. 65.

[2492] S. *Staudinger/J. Eckert*, § 651f Rn. 10; MüKo/*Tonner*, § 651f Rn. 29; *Blaurock/Wagner*, Jura 1985, 169, (172); *Teichmann*, JZ 1979, 737 (742); *Pellet*, Teil 1 D. 4. a., S. 35.

[2493] Dies einräumend auch *Bechhofer*, § 651f A. III. 2., S. 92.

[2494] Vgl. auch *Blaurock/Wagner* a. a. O. (Fn. 2492).

spruch vorliegen. Der Gesetzgeber übernahm diese Formulierung für den reisevertraglichen § 651f I BGB nicht.

Eine im Gesetz nicht vorgesehene formelle Voraussetzung einer Mängelanzeige könnte somit allenfalls im Wege einer analogen Anwendung gefordert werden,[2495] was angesichts der gesetzgeberischen Wertung des § 651m BGB bedenklich erscheint, wonach von den in den §§ 651c-651l BGB aufgestellten Regelungen nur zugunsten des Reisenden abgewichen werden darf. Was für vertragliche Vereinbarungen gilt, sollte als Grundentscheidung auch bei der gerichtlichen Auslegung Berücksichtigung finden. Im Gegensatz zu den anderen Gewährleistungsrechten, in denen jeweils auch durchaus differenzierte Voraussetzungen wie Mängelanzeige oder Abhilfeverlangen mit Fristsetzung aufgestellt werden, ist in § 651f I BGB (und auch § 651f II BGB) keine solche formelle Hürde aufgestellt.

Mit gutem Grund - das Argument der h. M., dass der Hintergrund der Kenntnisnahme und Abhilfemöglichkeit durch die Mängelanzeige auch für § 651f I BGB zutreffe, überzeugt nicht. Gerade im Bereich des Schadensersatzanspruchs wird je nach Art des Schadens eine Mängelanzeige bzw. die Forderung nach einer solchen regelmäßig wenig sinnvoll erscheinen, weil der Veranstalter nach dem klassischen Unfall oder sonstiger Schadensverursachung ohnehin dem Mangel nicht abhelfen oder jedenfalls einen entstandenen Schaden nicht mehr beseitigen kann.[2496]

Soweit es durch das Unterlassen der Mängelanzeige und dadurch dem Unterbleiben einer möglichen Abhilfe zur Schadensentstehung oder -ausweitung kam, ist dies im Rahmen des § 254 BGB zu berücksichtigen. Im Mitverschulden nach § 254 BGB liegt der Schlüssel zur (sachgerechten) Berücksichtigung unterlassener Mängelanzeigen und Abhilfeverlangen, in der Besonderheit des Verschuldenserfordernisses und des Kriteriums des Mitverschuldens liegt der sachliche Grund für ein Abweichen des § 651f I BGB:

Minderungs- und Kündigungsrecht bestehen unabhängig von einem Verschulden des Veranstalters, es ist daher nötig, das Erfordernis der Mängelanzeige und des Abhilfeverlangens für diese Rechte eigens festzuschreiben, während das Fehlen dieser Elemente ohnehin Berücksichtigung findet im Rahmen des Verschuldens und Mitverschuldens als Schadensverursachungsbeiträge im Rahmen eines beim Schadensersatzanspruch wie hier § 651f I BGB zu prüfenden Mitverschuldens.

Ist der Schaden allein durch ein Unterlassen der Anzeige eines Reisemangels entstanden, so führt dieses weit überwiegende Mitverschulden des Reisenden auch zu einem Entfallen eines Schadensersatzanspruchs.[2497]

2495 *Tempel/Seyderhelm*, § 7 IV. 5. a) (2).

2496 Freilich lässt auch die h. M. das Erfordernis einer Mängelanzeige in den Fällen entfallen, wenn dem Mangel ohnehin nicht abzuhelfen war, wenn der Schaden auch bei erfolgreicher Abhilfe nicht zu vermeiden war oder wenn der Reisende das Unterlassen der Anzeige nicht zu vertreten hat, s. *Führich*, Reiserecht, § 11 II. 2., Rn. 397 a. E.; *Kaller*, Reiserecht, C. Teil 4 II. 4., Rn. 277 a. E.; s. a. *BGHZ* 92, 177.

2497 S. a. *Kaller*, Reiserecht, C. Teil 4 I. 2. d), Rn. 268 a. E., wobei dieser unnötigerweise vorschlägt, das überwiegende Mitverschulden bereits bei der Frage des Vertretenmüssens des Veranstalters zu prüfen.

Damit gelangt auch die Mindermeinung letztlich häufig zu den gleichen praktischen Ergebnissen,[2498] allerdings ohne die umständliche Konstruktion zusätzlicher, analog herbeigezogener formeller Voraussetzungen für § 651f I BGB, und sachgerechter, weil der Schadensersatzanspruch nur dann bzw. insoweit entfällt, wie das Unterlassen der formellen Voraussetzung einer Mängelanzeige adäquat kausal zur Schadensentstehung beigetragen hat.

Die h. M. erhebt hingegen die Mängelanzeige als formelle Voraussetzung zu einem abstrakten Selbstzweck, der bei Nichtvorliegen zu einem Entfallen des Schadensersatzanspruchs führt, selbst wenn eine Mängelanzeige kaum mehr etwas am bereits entstandenen oder entstehenden Schaden ändern würde und mehr eine bloße Förmelei als eine sachgerechte Berücksichtigung eines u.U. nur geringen oder fehlenden Mitverschuldens seitens des Reisenden darstellt. Dies ist m. E. abzulehnen. Die Besonderheit des Schadensersatzanspruchs, auch des reisevertraglichen nach § 651f I BGB, *ermöglicht*[2499] und *erfordert* eine differenzierte Betrachtung der Verschuldensbeiträge, und kein Alles-oder-Nichts[2500].

3.) Vertretenmüssen des Veranstalters

Voraussetzung des Schadensersatzanspruchs ist gem. § 651f I BGB, dass der Reiseveranstalter den Umstand, auf dem der Mangel und damit der Schaden beruht, zu vertreten hat. Dieses Verschuldenserfordernis des § 276 BGB unterscheidet, auch im Reiserecht, den Schadensersatzanspruch von den übrigen Gewährleistungsrechten, hier den §§ 651c bis e BGB.[2501] Entsprechend der Formulierung[2502] in § 651f I BGB („es sei denn“) enthält diese Norm eine widerlegbare gesetzliche Vermutung des Verschuldens mit der Folge einer Beweislastumkehr: der Veranstalter muss die Umstände vortragen und beweisen, nach denen weder ihn noch seine Erfüllungsgehilfen ein Verschulden trifft.[2503]

a) Haftung für eigenes Verschulden und Erfüllungsgehilfen

Nach §§ 276, 278 BGB haftet der Reiseveranstalter für eigenes wie auch für das Verschulden der Personen, derer er sich zur Erfüllung des Reisevertrages bedient. Hierzu zählen seine eigenen Mitarbeiter, aber auch die als Erfüllungsgehilfen eingeschalteten Leistungsträger sowie deren Angestellte als wiederum deren Hilfspersonen.[2504]

[2498] Vgl. *Soergel/H.-W. Eckert*, § 651f Rn. 6; *Seyderhelm*, § 651f Rn. 10, nennt daher den „Streit müßig, da die Unterschiede in der praktischen Auswirkung gering sind“ - auch wenn im Rahmen des Mitverschuldens unter Anwendung des § 254 BGB je nach Grad des Mitverschuldens differenziert werden könne, sei jedoch eine praktische Relevanz kaum ersichtlich.

[2499] Dies räumt auch *Seyderhelm* ein, vgl. *ders.*, a. a. O. (Fn. 2498).

[2500] S. *Blaurock/Wagner*, a. a. O. (Fn. 2492).

[2501] S. a. *Kaller*, Reiserecht, C. Teil 4 I. 2., Rn. 264.

[2502] Diese Neufassung des § 651f I BGB mit einer entsprechenden Negativformulierung war durch die Pauschalreiserichtlinie (s.o. Erster Teil A. I. u. dort Fn. 90, S. 16) notwendig geworden, die in Art. 5 Abs. 2 S. 1 ebenfalls eine entsprechende Beweislastumkehr durch eine solche Formulierung vorgibt; damit wurde in der Gesetzesnovelle von 1994 zur Umsetzung der Richtlinie allerdings nur festgeschrieben, was vorher ohnehin schon durch die Rechtsprechung entwickelt worden war, s. dazu *Seyderhelm*, § 651f Rn. 6.

[2503] Vgl. *Kaller*, Reiserecht, C. Teil 4 I. 2., Rn. 264, sowie C. Teil 4 I. 2. b), Rn. 266, S. 250.

[2504] S. *Palandt/Heinrichs*, § 278 Rn. 9; bea. aber bzgl. Leistungsträgern als Erfüllungsgehilfen die Möglichkeit der Haftungsbeschränkung nach § 651h I Nr. 2 BGB, s. o. Erster Teil C. IV. 2.) b) (S. 108) sowie unten Dritter Teil F. III. 3.) (S. 431).

Auch das Reisebüro bzw. dessen Angestellte sind bei der Erfüllung der Pflichten im Rahmen des Reisevertragsschlusses Erfüllungsgehilfen des Veranstalters.[2505] Falls - wie das regelmäßig der Fall sein wird[2506] - der Reiseveranstalter seine Tätigkeit gewerblich ausübt, ist der anzulegende Maßstab entsprechend § 347 HGB die einem ordentlichen Reiseveranstalter als Kaufmann obliegende Sorgfalt.[2507]

Eigenes Verschulden des Veranstalters liegt vor, wenn er bei Vorbereitung, Organisation und Durchführung der Reise nicht die gebotene Sorgfalt walten lässt und dadurch Reisemängel entstehen.[2508]

Illustratives Beispiel sind durch Koordinierungsfehler hervorgerufene Überbuchungen oder fehlerhafte Angaben im Katalog bzw. Reiseprospekt.[2509] Auch trifft ihn schon vor Reiseantritt eine Informationspflicht, den Reisenden auf sicher oder sehr wahrscheinlich vor Ort bestehende Mängel und Schadensrisiken hinzuweisen,[2510] damit der Reisende sich darauf einstellen kann.

Darunter fallen beispielsweise gerade auch Fälle höherer Gewalt wie etwa Naturkatastrophen, Streiks, Kriegs-, Unruhe- oder Terrorgefahr.[2511]

Die Pflicht, den Reisenden über bekannte Risiken im o. g. Sinne zu informieren, muss logisch zwangsläufig einhergehen mit einer entsprechenden Pflicht zur Informationsbeschaffung,[2512] weil sonst der Veranstalter bevorzugt würde, der bewusst die Augen vor den Verhältnissen vor Ort verschließt.

Diese Pflicht zur Informationsbeschaffung darf allerdings m. E. auch nicht all zu streng angesetzt werden, der Reiseveranstalter hat keinen Gefahrenerforschungsauftrag. Es muss vielmehr genügen, wenn er im Rahmen seiner Organisationsstruktur dafür sorgt, dass ihn durch seine im Urlaubsort befindlichen Reiseleitungen oder auch die Leistungsträger als Vertragspartner die wesentlichen Informationen erreichen, die diesen vor Ort bekannt werden bzw. bekannt sein müssten.[2513]

Daneben werden ihm aber auch die Probleme über § 278 BGB zugerechnet, die sich vor Ort bei der Leistungserbringung durch den Leistungsträger und dessen Personal ergeben. Eine Grenze hierbei bildet ein eigenmächtiges deliktisches Verhalten der Angestellten, welche dann nicht mehr in Erfüllung der Verbindlichkeit handeln und somit der Zurechnungszu-

---

[2505] Allg. Ansicht, vgl. *Seyderhelm*, § 651f Rn. 4; s. a. oben, Erster Teil C. III. 5.) (S. 79); a. A. *Pick*, § 651f Rn. 73 a. E.

[2506] Zu Ausnahmen s. o. Erster Teil C. II. 2.) (S. 70).

[2507] *Seyderhelm*, § 651f Rnn. 4f; *Soergel/H.-W. Eckert*, § 651f Rn. 7.

[2508] *Soergel/H.-W. Eckert*, § 651f Rn. 8; *Führich*, Reiserecht, § 11 II. 3. a) (2), Rn. 398; *Kaller*, Reiserecht, C. Teil 4 I. 2. a), Rn. 265.

[2509] S. *Soergel/H.-W. Eckert*, § 651f Rn. 8.

[2510] Vgl. *Kaller*, Reiserecht, C. Teil 4 I. 2. a), Rn. 265, S. 249.

[2511] S. a. Zweiter Teil E. V. 2.) (S. 263).

[2512] S. *BGH* NJW 2002, 3700f (= RRa 2002, 258f); *LG Hannover* RRa 2004, 261 (262); eingehend *Schmid*, RRa 2004, 242 (243ff).

[2513] Vgl. a. *LG Frankfurt a.M.* NJW-RR 1991, 313.

sammenhang nach § 278 BGB entfällt, klassisches Beispiel ist der Diebstahl von Wertsachen des Reisenden durch Hotelpersonal.[2514]

Damit besteht zunächst keine Haftung des Veranstalters bei deliktischem Verhalten des Leistungsträgers oder seines Personals - wie gezeigt entfällt der Zurechnungszusammenhang für eine Haftung nach § 278 BGB, und auch eine deliktische Haftung nach § 831 I BGB kommt nicht in Frage, da die selbständig agierenden Leistungsträger keine Verrichtungsgehilfen des Veranstalters sein können.[2515]
Häufen sich derartige Vorfälle allerdings, so dass der Veranstalter Kenntnis von der Unzuverlässigkeit des Leistungsträgers bzw. seines Personals hat, so kann hier u. U. der nächste zu beachtende Aspekt relevant werden.

b) Auswahl- und Überwachungspflichten hinsichtlich der Leistungsträger

Den Reiseveranstalter trifft allgemein die Pflicht, seine Leistungsträger sorgfältig auszuwählen und auch später deren Zuverlässigkeit zu überwachen.[2516]
Gerichtsanhängig werden diesbezüglich meist Fälle von Verletzungen der Reisenden aufgrund baulicher Mängel der Hotelanlagen sowie Mängeln der Ausstattung der Ferienanlage; diesbezüglich hat die Rechtsprechung, insbesondere der *BGH*, deliktische Verkehrssicherungspflichten des Veranstalters konstruiert.[2517]
Hierbei besteht Uneinigkeit, wie streng die konkreten Anforderungen an die Überprüfungs- und Überwachungspflicht des Veranstalters zu stellen sind.[2518]

Teilweise wird vertreten, diese Anforderungen dürften nicht überspannt werden, da es sich bei den Leistungsträgern um selbständige Unternehmen handele, auf die und deren Organisationsbereich der Veranstalter kaum Einfluss ausüben könne.[2519] Es müssten daher gelegentliche Stichproben genügen, es könne nicht erwartet werden, dass der Leistungsträger auch die einzelnen Leistungsgegenstände wie etwa das Hotelzimmer und seine Einrichtung dahingehend überprüft, ob von diesem Gefahren für den Reisenden ausgehen.[2520]

Diese Argumentation zu einer weitgehenden Abschwächung der Auswahl- und Überwachungspflicht überzeugt m. E. hinsichtlich einer deliktischen Haftung,[2521] nicht aber wie hier zur Frage schuldrechtlichen Vertretenmüssens gem. §§ 276, 278 BGB.

[2514] S. *Führich*, Reiserecht, § 11 II. 3. b) (1), Rn. 399; s. a. Zweiter Teil C. III. 1.) a) (S. 160f).
[2515] S. *Palandt/Sprau*, § 831 Rn. 8 a. E.; *AG Baden-Baden* RRa 1994, 16; s. a. Erster Teil C. IV. 3.) (S. 112).
[2516] Vgl. *Pick*, § 651f Rn. 69.
[2517] *BGHZ* 103, 298 (=NJW 1988, 1380) (Balkonsturzfall) und *BGH* NJW 2000, 1188 (Reitunfall): S. hierzu o. Zweiter Teil E. VI. 3.) (S. 270).
[2518] Vgl. auch Darstellung bei *Schlotmann*, Recht, A. V. 5., S. 58f.
[2519] Vgl. *Soergel/H.-W. Eckert*, § 651f Rn. 9 u. dort Fn. 12.
[2520] S. o. Zweiter Teil E. VI. 4.) (S. 271).
[2521] In der Regel wird diese Diskussion auch anlässlich der Haftung des Veranstalters aus unerlaubter Handlung geführt, vgl. etwa MüKo/*Tonner*, § 651f Rnn. 17ff (systematische Einordnung unter „Deliktische Verkehrssicherungspflichten"); *Führich*, Reiserecht, § 11 IV., S. 345ff (im Kapitel „Deliktische Verkehrssicherungspflicht" innerhalb der Kommentierung zu § 651f BGB); gelegentlich wird in der Diskussion der elementare Unterschied zwischen deliktischer und vertraglicher Haftung verkannt oder verwischt, s. auch oben Fn. 1578; s. insgesamt zur Thematik eingehend Zweiter Teil E. VI. (S. 268).

Es erscheint bedenklich, dass dem Schuldner, der die Leistung nicht selbst erbringt, sondern die Erfüllung an Dritte aus der Hand gibt, die dadurch verringerte Einwirkungsmöglichkeit auf die Art der Leistungserbringung im Hinblick auf eine Gefährdung des Gläubigers zugute kommen soll. Die Lösung der Problematik „überzogene Anforderungen an die Verkehrssicherungspflicht" liegt hinsichtlich *vertraglicher* Schadensersatzansprüche schlicht und ergreifend in der allgemeinen zivilrechtlichen Figur der Haftung für den Erfüllungsgehilfen.

Selbst wenn man dem Reiseveranstalter zugestehen würde, dass es ihm selbst praktisch schwer möglich ist, genaue Kenntnis aller Objekte und der konkreten Zimmereinrichtung zu haben und fortlaufend durch Überprüfung zu erneuern, wie die Vertreter einer eingeschränkten Verantwortlichkeit argumentieren,[2522] so wird doch übersehen, dass zumindest der Leistungsträger und sein Personal ihr Reiseleistungsobjekt, bspw. die Hotelanlage, sehr genau kennen. Das Zimmermädchen oder der Hausmeister kennen (bzw. müssten kennen) das lose Kabel der schlecht installierten Stromleitung in Zimmer Nr. 42, der Bademeister und die Pool-Reinigungskräfte kennen die hervorstehende Poolfliese oder das gefährlich ungesicherte Wasser-Ansaugrohr im Becken. Diese Kenntnis liegt vor oder ist diesen Personen unproblematisch zuzumuten - und damit die Möglichkeit zur Beseitigung dieser Gefahren. In ihrer Rolle als Erfüllungsgehilfen letztlich des Reiseveranstalters treffen sie in der Erbringung der Reiseleistung die gleichen Pflichten, im gleichen Sorgfaltsmaßstab, wie den Veranstalter selbst, und ein Verstoß dagegen wirkt direkt gegen den Schuldner, den Reiseveranstalter, § 278 BGB.[2523]

Die gegen überzogene Verkehrssicherungspflichten geltend gemachten Bedenken treffen somit zumindest hinsichtlich vertraglicher Schadensersatzansprüche nicht zu; wer sich als Schuldner eines Erfüllungsgehilfen bedient, sollte sich diesen aus eigenem Interesse gut aussuchen - er haftet für dessen Nachlässigkeit über § 278 BGB.[2524]

c) Garantiehaftung für zugesicherte Eigenschaften

Nach der Schuldrechtsreform besteht nunmehr Klärungsbedarf, welche Rolle forthin die zugesicherte Eigenschaft hinsichtlich des Verschuldenserfordernisses in § 651f I BGB spielt. Durch die Änderung des § 276 I BGB wird durch den Begriff der Garantie auch die zugesicherte Eigenschaft dergestalt erfasst, dass der Schuldner verschuldensunabhängig das Nichteinhalten der Garantie zu vertreten hat.[2525]

[2522] S. a. oben, Zweiter Teil E. VI. 4.) (S. 271).

[2523] *Seyderhelm*, § 651f Rn. 25, beschränkt daher die Problematik weitgehender eigener Verkehrssicherungspflichten des Veranstalters auf die Frage deliktischer Ansprüche; s. i. ü. MüKo/*Tonner*, § 651f Rn. 37.

[2524] Die Konstruktion über deliktische Verkehrssicherungspflichten war wegen der Diskrepanz in Inhalt und Umfang zwischen vertraglichen und deliktischen Schadensersatzansprüchen nach früherer Rechtslage nötig gewesen; durch verschiedene Gesetzesänderungen sind diese Unterschiede weitgehend weggefallen, s. o. Zweiter Teil E. VI. 2.) (S. 269), insbesondere sind nunmehr angesichts § 651h I BGB n. F. und § 253 II BGB n. F. insbesondere Körperverletzungen bei Unfällen hinreichend durch vertragliche Ansprüche abgedeckt, weswegen es der Konstruktion eines Anspruchs aus § 823 I BGB über deliktische Verkehrssicherungspflichten in dieser Dringlichkeit nicht mehr bedarf; angedeutet auch in der neuesten einschlägigen *BGH*-Entscheidung, s. *BGH* NJW 2006, 3268, Tz. 16.

[2525] *Eisner*, S. 24.

Diese Frage wurde schon im Rahmen des Reisemangels in Form des Fehlens einer zugesicherten Eigenschaft angeschnitten und ist wie dort dargelegt[2526] zu beantworten: damit eine Zusage die besondere Qualität einer Garantie erhält, muss es sich bei der jeweiligen Eigenschaft um eine mit zentraler Bedeutung für die Reise handeln. Diese Bedeutung muss der Reisende bei Vertragsschluss unmissverständlich in Grund und Ausmaß deutlich machen und sich die Eigenschaft ausdrücklich zusichern lassen. Dann aber ist es auch gerechtfertigt, den Veranstalter hierfür hinsichtlich § 651f I BGB in Garantiehaftung ohne Verschuldenserfordernis zu nehmen i. S. d. § 276 I 1 BGB a. E.

III. Umfang des Schadensersatzes

§ 651f I BGB gewährt Anspruch auf „Schadensersatz wegen Nichterfüllung". Demnach ist zunächst einmal als materieller Schaden das positive Interesse des Geschädigten gemäß §§ 249ff BGB zu ersetzen, ermittelt gemäß der Differenz zwischen den Vermögenslagen bei ordnungsgemäß erbrachter Vertragsleistung und der vorliegenden mangelhaften.[2527]
Teilweise werden gegen die Schadensermittlung über die Differenzhypothese Bedenken angemeldet, weil der Wert der Reiseleistung selbst unabhängig von der Mangelhaftigkeit jedenfalls verbraucht ist und so keine Differenz feststellbar sei.[2528] Dabei wird übersehen, dass der Wert der Reise selbst ohnehin gar nicht Gegenstand des Schadensersatzanspruchs, sondern im Rahmen der Minderung zu berücksichtigen ist;[2529] der Anspruch aus § 651f I BGB richtet sich auf darüber hinausgehende sonstige Einbußen des Reisenden. Zu den erstattungsfähigen Schäden zählen Körperschäden bzw. Gesundheitsverletzungen sowie Sachschäden durch Verletzung des Eigentums des Reisenden.
Mit Änderung[2530] des § 253 II BGB erfasst ein vertraglicher Schadensersatzanspruch wie § 651f I BGB nunmehr auch immaterielle Ansprüche auf Schmerzensgeld für Verletzungen an Körper oder Gesundheit des Reisenden.[2531]

2526 S. o. Zweiter Teil B. III. 3.) d) (S. 140).

2527 Vgl. auch *Pick*, § 651f Rn. 89.

2528 *Blaurock/Wagner*, Jura 1985, 169 (175); insoweit geht aber auch der Ansatz von *Soergel/H.-W. Eckert*, § 651f Rn. 11, an der Sache vorbei, der auf den Unterschiedsbetrag zwischen geschuldeter und erbrachter Reiseleistung abstellt - damit beschreibt *H.-W. Eckert* letztlich die Minderung.

2529 Lediglich die Mindermeinung, die den engen Mangelbegriff vertritt und insofern bei der Minderung auf die einzelne Reiseleistung abstellt, will eine über diese Einzelleistung hinausgehende Beeinträchtigung der Gesamtreise im Rahmen des § 651f I BGB mit dem Reisepreis als teilweise fehlgeschlagene Aufwendung behandeln, vgl. diesbezügliche Darstellung bei *Seyderhelm*, § 651f Rn. 11. Dies ist aber abzulehnen, weil dabei in den verschuldensunabhängig zu berücksichtigenden Minderwert der Reise ein Verschuldenselement eingebracht wird; vgl. auch oben Dritter Teil D. III. 2.) a) (S. 361) u. dort Fn. 2163; bea. allerdings die ursprüngliche Einschätzung im Gesetzgebungsverfahren, BT-Dr 8/2343, S. 10, wonach der kumulierten Geltendmachung von Minderung und Schadensersatz deswegen in der Regel keine Bedeutung beikommen werde, da ja ein Minderwert der Reise gegebenenfalls über den Schadensersatzanspruch liquidiert werden könne.

2530 Durch das Zweite Gesetz zur Änderung schadensersatzrechtlicher Vorschriften, vgl. o. Erster Teil A. I. (S. 19).

2531 *Führich*, Reiserecht, § 11 I 2. d), Rn. 395.

1.) Mangelfolgeschäden und Begleitschäden

Wie bereits angesprochen, wird ein Großteil des Schadens in Form des Minderwertes der Reise schon durch die Minderung nach § 651d I BGB aufgefangen.[2532] Der Schadensersatz soll die nicht schon durch die anderen Gewährleistungsrechte - Abhilfe, Selbstabhilfe, Minderung oder Kündigung - erfassten Vermögenseinbußen ausgleichen.[2533] Ohne die Einbeziehung der Begleit- und Mangelfolgeschäden in den nach § 651f I BGB zu ersetzenden Schadensumfang hätte diese Norm nur einen sehr eingeschränkten Anwendungsbereich.[2534]

Daher soll § 651f I BGB unstrittig auch sämtliche materiellen Begleit- und Folgeschäden ersetzen, die adäquat-kausal durch den Reisemangel verursacht wurden.[2535]

Hinsichtlich der adäquat-kausal durch den Reisemangel hervorgerufenen Mangelfolgeschäden, wie etwa Schäden an Gesundheit und Eigentum des Reisenden, ist dies eine unproblematische, nur konsequente Anwendung des Schadensersatzanspruchs.

Selbst die Kosten einer Ersatzreise, die der Reisende antritt, um doch noch seinen Urlaubszweck zu erreichen, können ein ersetzungsfähiger Schaden sein.[2536] Der Reisende ist hierbei allerdings entsprechend seiner Schadensminderungspflicht gehalten, nicht das erstbeste Angebot zu wählen, sondern unter Berücksichtigung der Interessen des Veranstalters innerhalb der vom Reisecharakter her passenden Ersatzreisen ein möglichst kostengünstiges Angebot zu wählen.[2537]

Kann der Reiseveranstalter erst durch Einschaltung eines Rechtsanwaltes zur Vertragserfüllung bzw. Gewährleistung bewegt werden, so sind auch die Kosten dieses Rechtsbeistandes als Mangelfolgeschaden zu ersetzen.[2538]

Kritischer ist die Ausdehnung auf Begleitschäden zu sehen insofern, als hier auch nutzlose Aufwendungen des Reisenden entschädigt werden sollen.[2539]

[2532] *Soergel/H.-W. Eckert*, § 651f Rn. 11; *Blaurock/Wagner*, Jura 1985, 169 (175).

[2533] So eigentlich die allg. Ansicht, vgl. etwa *Medicus*, Schuldrecht, Rn. 401; s. a. die Einschätzung von *Seyderhelm*, § 651f Rn. 3, der Anspruch gem. § 651f I BGB sei „in der Praxis eine Art Auffangtatbestand für nahezu sämtliche Pflichtverletzungen des Reiseveranstalters geworden, die nicht mehr mit den §§ 651c bis e BGB reguliert werden können"; vgl. aber diesbezüglich Hinweis bei *Kaller*, Reiserecht, C. Teil 4 I. 3., Rn. 271, S. 249, dass in der Praxis der Rechtsprechung § 651f I BGB häufig nicht sauber von den anderen Gewährleistungsrechten Minderung, Aufwendungsersatz bei Selbstabhilfe und Ersatz der Mehrkosten nach erfolgter Kündigung unterschieden wird; s. in diesem Sinne auch *Führich*, Reiserecht, § 11 II. 4. a) (1), Rn. 400, sowie hins. § 651c III 1 BGB auch *Seyderhelm*, § 651f Rn. 12.

[2534] Vgl. *H.-W. Eckert* sowie *Blaurock/Wagner*, jew. a. a. O. (Fn. 2532).

[2535] *BGHZ* 92, 177, (180); *BGHZ* 97, 255 (260); *Seyderhelm*, § 651f Rn. 13; MüKo/*Tonner*, § 651f Rn. 31; s. a. *Soergel/H.-W. Eckert*, § 651f Rn. 12, m. w. Nachw. dort in Fn. 19 u. 20.; vgl. auch schon Begründung Regierungsentwurf BT-Dr 8/786, S. 29.

[2536] Sehr weitgehend *AG Bad Homburg v.d.H.* NJW-RR 2002, 1639 (=RRa 2003, 45): wegen Nichtfertigstellung des gebuchten Hotels für einen Bulgarienurlaub konnte der Kläger, da ihm keine weiteren Angebote in Bulgarien gemacht wurden, die Kosten einer 78% teureren Ersatzreise nach Ibiza erstattet verlangen (sehr zw.); s. a. MüKo/*Tonner*, § 651f Rn. 36; *Führich*, Reiserecht, § 11 III. 3. b), Rn. 414; s. a. eingehend *Tempel*, RRa 2000, 107 [I. 2.] u. 108 [II. 2. b)].

[2537] Bedenklich weitgehend aber *LG Darmstadt* RRa 2002, 121, wonach der Reisende statt der ausgefallenen Reise nach Antigua angesichts der dortigen Buchungs- und Preissituation auch einen Flug „in ein billigeres Reiseland in der Karibik" als Ersatz hätte berücksichtigen müssen (zw.); vgl. auch *Tempel*, RRa 2000, 107 (111f) [III. 4.].

[2538] *AG Hamburg* RRa 1996, 39 (41f).

[2539] S. *Soergel/H.-W. Eckert*, § 651f Rn. 12.

Nach allgemein unwidersprochener Ansicht soll der Schadensersatz nach § 651f I BGB auch Aufwendungen des Reisenden umfassen, die aufgrund der misslungenen Reise als fehlgeschlagen anzusehen sind.[2540]

Häufig dabei genanntes Beispiel ist der mit eigenem Pkw selbst anreisende Urlauber (sog. Selbstfahrer). Stellt sich sogleich vor Ort die Reise als erheblich mangelhaft oder vereitelt dar und kündigt daher der Reisende, so sind ihm je nach Auffassung die Kosten für die Rückfahrt[2541] oder - konsequenter - die gesamten Fahrtkosten[2542] zu erstatten.
Gleiches gilt für die Kosten einer ursprünglich notwendigen, durch das Fehlschlagen der Reise aber nutzlos gewordenen Impfung,[2543] für reisebedingte Versicherungen oder eigens für diese Reise angeschaffte Kleidung bzw. Ausrüstungsgegenstände.[2544]

Dies erscheint zwar im Ergebnis gerechtfertigt, die Konstruktion einer Erstattung fehlgeschlagener Aufwendungen über den vertraglichen Schadensersatz nach § 651f I BGB wirkt allerdings dogmatisch bedenklich. Diese Kosten wären dem Reisenden auch bei ordnungsgemäßer Vertragsdurchführung entstanden[2545] und sind daher grundsätzlich vom vertraglichen Schadensersatz, der auf den Ersatz des positiven Interesses gerichtet ist, nicht umfasst:[2546] Sie wären auch bei ordnungsgemäßer Vertragsdurchführung entstanden.

Zudem erscheint zweifelhaft, ob es sich bei diesen bewusst vom Reisenden vorgenommenen Ausgaben definitionsgemäß um einen unfreiwilligen Vermögensverlust handelt.[2547]

Die früher hierzu vertretene Frustrationslehre, die als allgemeines Prinzip derartige Aufwendungen des Geschädigten unabhängig vom jeweiligen Haftungsgrund vom Schadensbegriff des § 249 BGB erfasst haben will, soweit sie in Folge des schädigenden Ereignisses fehlschlagen, wird allgemein abgelehnt.[2548]
Im allgemeinen Leistungsstörungsrecht des Zivilrechts sind diese Fälle nunmehr durch den im Rahmen der Schuldrechtsmodernisierung eigens eingeführten § 284 BGB erfasst. Allerdings können hierbei die vergeblichen Aufwendungen nur *statt* des Schadensersatzes verlangt werden, nicht daneben.[2549]

[2540] Vgl. MüKo/*Tonner*, § 651e Rn. 27 u. § 651f Rn. 34; *Staudinger/J. Eckert*, § 651e Rn. 66; *Führich*, Reiserecht, § 10 IV. 5. b), Rn. 383; *Bidinger/Müller*, § 651e Anm. 20; *Bechhofer*, § 651e S. 90 oben; *Seyderhelm*, § 651f Rnn. 13 u. 15; *Tempel*, Materielles Recht (2. Aufl.), § 6 IV. 4. e) (2), S. 439/440; vgl. auch Rspr.: *LG Landau i.d.Pf.* RRa 1997, 156 (159) (allerdings unzutr. allgemein fehlgeschlagene Aufwendungen unter § 249 BGB subsumierend)); *LG Frankfurt a.M.* RRa 2000, 52 (55/56), *Frankfurt a.M.* RRa 1994, 97 (98) (allerdings Reisepreis als nutzlose Aufwendung); zuletzt *OLG Frankfurt a.M.* RRa 2005, 61 (63); hingegen unzutr. auf § 651f II BGB abstellend *Pick*, § 651e Rn. 89, sowie *Kaller*, Reiserecht, C. Teil 3 III. 3. e), Rn. 260 a. E.

[2541] So *Bidinger/Müller*, *J. Eckert*, *Bechhofer*, *Pick*, *Kaller*, jew. a. a. O. (Fn. 2540).

[2542] So *Tonner*, *Führich*, *Seyderhelm* jew. a. a. O. (Fn. 2540).

[2543] S. *LG Bremen* RRa 2001, 245 (246).

[2544] Vgl. die Kasuistik bei *Kaller*, Reiserecht, C. Teil 4 I. 3., Rn. 271, S. 253, sowie *Führich*, Reiserecht, § 11 II. 4. d), Rn. 403, auch zu weiteren Beispielen.

[2545] Vgl. auch *Pick*, § 651f Rn. 90.

[2546] *Palandt/Heinrichs*, Vorbem v § 249, Rn. 16.

[2547] *Mattheus*, in: *Schwab/Witt* (Hrsg.): Einführung in das neue Schuldrecht, S. 73 [I. b.].

[2548] Vgl. Darstellung bei *Palandt/Heinrichs*, Vorbem v § 249, Rn. 33; einen neueren Vorstoß zur Thematik frustrierter Aufwendungen stellt *Unholtz* unter Einbeziehung von Überlegungen zum negativen Interesse an, vgl. *ders.*, 9. Kap. § 4, S. 145 sowie passim.

[2549] S. Gesetzeswortlaut § 284 BGB: „Anstelle"; vgl. *Schwab/Witt*, S. 74.

Aufgrund des nach allgemeiner Ansicht abschließenden Charakters des reisevertragsrechtlichen Gewährleistungssystems[2550] kann aber ohnehin dort auf die §§ 280ff BGB und daher auch auf § 284 BGB nicht zurückgegriffen werden.[2551]

Gleichwohl lässt sich das Ergebnis einer Erfassung vergeblicher Aufwendungen durch § 651f I BGB aus einer Definition des spezifischen Charakters und Anwendungsbereichs des reisevertraglichen Schadensersatzanspruchs im Rahmen einer Gesamtschau dieser Regelung gewinnen:
§ 651f BGB soll allgemein Schäden des Reisenden erfassen, die nicht schon durch die anderen Gewährleistungsrechte aufgefangen werden. Dieser Anwendungsbereich ist derart umfassend, dass in Abweichung vom - insbesondere bei Einführung dieser Normen geltenden - allgemeinen Grundsatz, dass Nichtvermögensschäden nicht ersetzungsfähig sind, § 651f BGB über Absatz 2 sogar für die vertane Urlaubszeit entschädigen will. In § 651e III 3 BGB findet sich der Grundsatz der Ausstrahlungswirkung eines Mangels auf die gesamte Reise mit dem weggefallenen Interesse an anderen Elementen der Reise.

Aus der Gesamtschau auch unter Heranziehung des expliziten gesetzgeberischen Willens[2552] ergibt sich, dass der vertragliche Schadensersatzanspruch des § 651f I BGB auch die Erstattung fehlgeschlagener Aufwendungen erfasst; er stellt damit, wie auch § 651f II BGB, schlichtweg eine reisevertragsspezifische Anomalie im zivilrechtlichen System des BGB dar.
Der Schadensersatz gem. § 651f I BGB umfasst somit nicht nur das positive Interesse, sondern hinsichtlich fehlgeschlagener Aufwendungen als reisevertragsrechtliche Besonderheit auch das negative Interesse.[2553]

2.) Mitverschulden des Reisenden

Wie schon eingangs hinsichtlich der Frage der Erforderlichkeit einer Mängelanzeige angesprochen,[2554] ist im Rahmen des § 651f I BGB entsprechend seiner Natur als Schadensersatzanspruch gem. §§ 249 ff BGB auch das Mitverschulden des Reisenden an der Schadensentstehung nach § 254 BGB zu berücksichtigen. Dadurch kann der Anspruch aus § 651f I BGB gegen den Veranstalter teilweise[2555] oder auch völlig[2556] entfallen.
Neben der unterlassenen Mängelanzeige gegenüber dem Veranstalter, die zur Schadensentstehung beiträgt,[2557] sind typische Fälle eines Mitverschuldens die fehlende Umsicht des

---

2550 S. o. Dritter Teil A. (S. 301), insb. A. I. 4.) (S. 307) und A. II. 2.) (S. 313).
2551 *Seyderhelm/Tempel*, § 7 IV. 5. b) (5), S. 512.
2552 Vgl. Begründung Rechtsausschuss 8/2343, S. 10: Der Schadensersatzanspruch des Reisenden „hat praktische Bedeutung bei Vorliegen von Begleitschäden (z. B. nutzlose Aufwendungen)".
2553 *Seyderhelm*, § 651f Rn. 13 a. E.
2554 S. o. Dritter Teil F. II. 2.) (S. 421).
2555 Entsprechende Kasuistik bei *Führich*, Reiserecht, § 11 II. 4. e), Rn. 408; *Kaller*, Reiserecht, C. Teil 4 I. 2. d) bb), Rn. 270.
2556 Kasuistik bei *Kaller*, Reiserecht, C. Teil 4 I. 2. d) aa), Rn. 269; s. a. *Führich*, a. a. O. (Fn. 2555).
2557 S. o. Dritter Teil F. II. 2.) (S. 421).

Reisenden bzw. schlicht unvernünftiges Verhalten.[2558]

Neben einer Mitverursachung des Schadenseintritts ist auch die Pflicht des Reisenden zur Schadensminderung hinsichtlich des Schadensumfangs zu beachten.

Dogmatisch verfehlt ist es allerdings, darunter die Nichtannahme eines zumutbaren Ersatzhotels zu subsumieren,[2559] denn die unberechtigte Ablehnung der Abhilfe wird schon vollständig durch den Wegfall der Minderung ab diesem Zeitpunkt erfasst, mit dem nicht abgeholfenen Mangel wird er dann ohnehin nicht mehr gehört.

3.) Beschränkungen der Schadensersatzpflicht § 651h BGB

Reisevertragliche Schadensersatzansprüche können nach § 651h I BGB summenmäßig begrenzt werden auf den dreifachen Reisepreis. Die notwendige vertragliche Vereinbarung erfolgt in aller Regel durch die AGB des Veranstalters, in denen sich regelmäßig eine § 651h I BGB entsprechende Haftungsbeschränkung findet.

Diese Möglichkeit der Haftungsbeschränkung gilt zum einen nicht für Körperschäden[2560] und greift zum anderen überhaupt nur dann, wenn der Schaden gem. § 651h I Nr. 1 BGB weder vorsätzlich noch grob fahrlässig verursacht wurde oder gem. § 651h I Nr. 2 BGB wegen Haftung für den Leistungsträger als Erfüllungsgehilfen vom Veranstalter zu ersetzen ist. Ferner ermöglicht § 651h II BGB dem Veranstalter, sich auch ohne diesbezügliche Vereinbarung im Vertrag auf Haftungsbeschränkungen zu berufen, die für seine Leistungsträger bei ihrer Erbringung der Reiseleistungen aufgrund internationaler Übereinkommen gelten. Derartige Regelungen bestehen vor allem im Bereich der grenzüberschreitenden Beförderungsleistungen, sowohl für den internationalen Luft- wie auch den Schienen- und Schifffahrtsverkehr, nicht aber für den wichtigen Bereich der Hotels und Unterkünfte.

Hinsichtlich Einzelheiten zur Beschränkungen der Haftung für Leistungsträger gem. § 651h BGB sei auf die bereits im Ersten Teil vorgenommene diesbezügliche Darstellung verwiesen.[2561]

G. Schadensersatzanspruch wegen vertaner Urlaubszeit § 651f II BGB

Der Anspruch des Reisenden auf Entschädigung für seine nutzlos aufgewendete Urlaubszeit nach § 651f II BGB[2562] ist ein Schadensersatz ganz eigener Art.[2563] Mit ihm soll der Rei-

---

[2558] So beurteilte beispielsweise das *OLG Celle* in RRa 2003, 109 (110), das Verhalten des Klägers, angetrunken nachts in einen ihm unbekannten und unbeleuchteten Hotelpool zu springen, als derart unvernünftig, dass demgegenüber jegliche sonstigen Verursachungselemente in Form baulicher Gefahr durch eine Mauer oder fehlender Absicherung außerhalb der Betriebszeiten verdrängt werden und der Kläger keinerlei Aussicht auf Schadensersatzanspruch hat (Prozesskostenhilfe versagt).

[2559] So jedoch *LG Düsseldorf* RRa 2003, 113 - hier bestand aber m. E. ohnehin nach den oben in Dritter Teil B. II. 5.) (S. 331) dargestellten, auch in *BGH* NJW 2005, 1047 (1048), zugrundegelegten Kriterien keine Pflicht des Reisenden zur Annahme des Ersatzangebotes; vgl. auch *Rodegra*, MDR 2004, 550 (552) [I. 4.].

[2560] Vgl. aber die Möglichkeit einer Beschränkung nach § 651h II BGB im Folgenden; s. a. *Führich*, Reiserecht, § 11 II. 4. b) (3), Rn. 401.

[2561] S. o. Erster Teil C. IV. 2.) b) (S. 108).

[2562] Nach allg. Ansicht handelt es sich bei Absatz 2 des § 651f BGB um einen eigenständigen Schadensersatzanspruch; a. A. allein RGRK/*Recken*, § 651f Rn. 6: kein selbständiger Anspruch, sondern Sonderregelung für vertane Urlaubszeit innerhalb des umfassenden Schadensersatzanspruchs des § 651f I BGB.

sende bei einer misslungenen Reise für die nutzlos aufgewendete Urlaubszeit entschädigt werden.

Dieser Anspruch besteht neben den übrigen Gewährleistungsrechten des Reisevertragsrechts:[2564] Auch wenn Ansprüche aus § 651f II BGB und den anderen Gewährleistungsrechten des Reisevertragsrechts grundsätzlich unabhängig nebeneinander bestehen,[2565] sind bei einer Kumulation mit Schadensersatzansprüchen aus § 651f I BGB u. U. die Haftungshöchstgrenzen des § 651h BGB[2566] zu beachten, die auch für § 651f II BGB gelten.

I. Besonderer Charakter des Anspruchs aus § 651f II BGB

Bereits vor Schaffung des Reisevertragsgesetzes hatte der *BGH* für die nutzlose Aufwendung von Urlaubszeit durch den Reisenden einen Entschädigungsanspruch entwickelt.

Dies hatte er in der wegbereitenden Entscheidung im sog. Rumänienfall[2567] damit begründete, dass bei einem Arbeitnehmer oder Selbständigen der Urlaub durch entsprechende Arbeitsleistung verdient bzw. durch Einstellen einer Ersatzkraft für die Dauer des Urlaubs erkauft werde. Ist der Urlaub misslungen, so besteht ein Schaden darin, dass als finanziell wirksames zeitliches Moment des Aufwands für einen Nachholversuch mit einem Ersatzurlaub der Arbeitnehmer unbezahlten Urlaub nehmen müsse bzw. der Selbständige erneut Aufwendungen für eine Ersatzkraft habe.[2568]

Diese etwas bemüht wirkende Kommerzialisierungskonstruktion zur Annahme eines Vermögensschadens war wegen § 253 BGB (a. F.) nötig gewesen, der einer Annahme des vertanen Urlaubs als Nichtvermögensschaden im Wege stand.[2569]

Das Ergebnis eines Schadensersatzanspruchs für die nutzlos verbrauchte Urlaubszeit wurde im Gesetzgebungsverfahren für das Reisevertragsrecht gebilligt, darüber hinaus sollten aber auch Nichterwerbstätige wie Schüler oder Rentner in diesem Sinne zur Entschädigung berechtigt werden.[2570] Bei deren „Schaden" konnte aber nicht auf die Begründung des *BGH* im Rumänienfall mit einem Vermögensschaden wegen des Einkommensverlustes für die Urlaubsdauer bei Erwerbstätigen zurückgegriffen werden, für diesen Personenkreis stellt sich der vertane Urlaub als Nichtvermögensschaden dar.

Der dogmatische Widerspruch ist offensichtlich: mit einem Ansatz zur Ersetzung der nutzlos aufgewendeten Urlaubszeit als materieller Schaden sollte nun ein immaterieller Schaden ersetzt werden.[2571] Bei den Nicht-Erwerbstätigen muss statt dessen auf andere Aspekte wie

---

2563 Vgl. *Recken*, ebenda: „Schadensersatz besonderer Art"; so auch *Führich*, Reiserecht, § 11 III. 1. a), Rn. 409; *Seyderhelm*, § 651f, Rn. 29: „Sondernorm";

2564 MüKo/*Tonner*, § 651f Rn. 44.

2565 *Tonner*, Reisevertrag, 651f, Rn. 25; *ders.*, a. a. O. (Fn. 2564); *Führich*, Reiserecht, § 11 III. 1. a), Rn. 409.

2566 S. o. Erster Teil C. IV. 2.) b) (S. 108), sowie Dritter Teil F. III. 3.) (S. 431).

2567 *BGHZ* 63, 98; vgl. vorher schon *BGH* NJW 1956, 1234 (Seereisefall).

2568 *Blaurock/Wagner*, Jura 1985, 169 (175).

2569 *Blaurock/Wagner*, Jura 1985, 169 (175/176).

2570 Vgl. Begründung Regierungsentwurf BT-Dr 8/786, S. 30.

2571 *Blaurock/Wagner*, Jura 1985, 169 (176).

etwa das Ausmaß der Urlaubsbeeinträchtigung oder den Reisepreis als Anknüpfungspunkt abgestellt werden.[2572]

Im Gesetzeswortlaut des geschaffenen § 651f II BGB wird hierzu keine klare Aussage getroffen. Die Gesetzesmaterialien zum letztlich verwirklichten § 651f II BGB stellen auf die zu ersetzende „Urlaubsfreude" ab; für die Bemessung der Höhe der Entschädigung seien neben „allen Umständen des Einzelfalls" die „Höhe des Reisepreises", aber auch der Aufwand für die „Beschaffung eines Ersatzurlaubs" zu berücksichtigen.[2573] Auch in zwei frühzeitigen Entscheidungen hierzu machte der *BGH* deutlich, dass er fortan angesichts § 651f II BGB nicht mehr an seiner früheren Konstruktion eines materiellen Schadensersatzanspruchs wegen Vermögensschadens festhält[2574] und den Anspruch auch Nicht-Erwerbstätigen zuspricht.

Mittlerweile hat sich allgemein die Einordnung als immaterieller Schadensersatzanspruch durchgesetzt,[2575] der Entschädigungsanspruch wegen nutzlos aufgewendeter Urlaubszeit § 651f II BGB ist als eine gesetzliche Ausnahme im Sinne des § 253 I BGB anzusehen.[2576]

Trotz dieser Einigkeit über den immateriellen Charakter herrscht aber nach wie vor eine gewisse Unsicherheit im Umgang mit dieser Norm, die sich insbesondere angesichts der Uneinigkeit über die konkrete Berechnung bzw. den Ansatzpunkt hierfür zeigt:[2577]
Denn immernoch besteht Unklarheit darüber, was genau eigentlich der Entschädigungsgegenstand dieses immateriellen Schadensersatzanspruchs aus § 651f II BGB ist. Nicht zuletzt aufgrund der Unterschiedlichkeiten und Unübersichtlichkeit bei der konkreten Berechnung der Entschädigung nach § 651f II BGB ist im Zusammenhang mit dieser Norm die Rede vom „Rechtsabenteuer".[2578] Auf diesen Problemkreis ist im Folgenden noch näher einzugehen.[2579]

Außerhalb des Reisevertragsrechts wird der Anspruch aus § 651f II BGB analog angewendet auf veranstaltermäßig erbrachte touristische Einzelleistungen,[2580] er kommt daher insbesondere bei der Ferienhausmiete in Frage,[2581] wird aber richtigerweise abgelehnt bei einer reinen Flugbeförderung, weil diese selbst keine Urlaubszeit zum Gegenstand hat.[2582]

Auch bei sonstiger Beeinträchtigung von Freizeit kann § 651f II BGB nicht entsprechend für eine Entschädigung der verlorenen Freizeit, Lebensfreude o. ä. herangezogen wer-

---

2572 Vgl. auch zur Frage des Charakters des Anspruchs und dessen Auswirkung auf die Frage der Berechnung der Entschädigung eingehend im Folgenden, Dritter Teil G. IV. (S. 438).
2573 Vgl. Bericht Rechtsausschuss BT-Dr 8/2343, S. 11.
2574 *BGH* NJW 1983, 35 (36); 1983, 218 (220).
2575 *Tonner*, Reisevertrag, § 651f Rn. 36.
2576 Allg. Ansicht, vgl. etwa *Führich*, Reiserecht, § 11 III. 1. a), Rn. 409; Juris Praxiskommentar/*Keller*, § 651f Rn. 51; *Bechhofer*, § 651f B. I., S. 101/102.
2577 *Tonner*, Reisevertrag, § 651f Rn. 46.
2578 *Tempel*, RRa 1998, 19 (28); darauf bezugnehmend *Bociniak*, VersR 1998 1076 (1082).
2579 S. u. Dritter Teil G. IV. (S. 438).
2580 *Neuner*, AcP 193 (1993), 1 (32); s. a. Erster Teil B. II. (S. 52) sowie C. III. 7.) b) (S. 95).
2581 MüKo/*Tonner*, § 651f Rn. 45; s. a. oben Erster Teil B. II. (S. 52ff).
2582 *Führich*, Reiserecht, § 11 III. 1. b) (2), Rn. 410, S. 333.

den,[2583] es handelt sich um eine spezifische reisevertragsrechtliche Ausnahme angesichts des besonderen Vertragsgegenstandes Reise.[2584]

II. Allgemeine Voraussetzungen des Anspruchs

Ausweislich der Formulierung „auch" in § 651f II BGB erfordert dieser prinzipiell zunächst die gleichen Voraussetzungen wie § 651f I BGB, es gilt daher grundsätzlich das dort Gesagte. Insbesondere stellt auch hier eine Mängelanzeige keine fehlende formelle Voraussetzung dar, sondern das Unterlassen einer solchen Anzeige ist gegebenenfalls innerhalb des - dann u. U. weit überwiegenden - Mitverschuldens des Reisenden zu berücksichtigen.[2585]

III. Voraussetzung der besonders gravierenden Mangelhaftigkeit

Eine Entschädigung für die vertane Urlaubszeit kommt nicht bei jedem Reisemangel in Betracht, sondern gem. § 651f II HS 1 BGB erst bei einer in zwei Alternativen genannten besonderen Mangelhaftigkeit, nämlich der völligen Vereitelung oder der erheblichen Beeinträchtigung der Reise.

Nach autoritativer Interpretation durch den *EuGH* im sog. Leitner-Urteil[2586] schreibt die EG-Pauschalreiserichtlinie[2587] in Art. 5 auch den Ersatz immaterieller Schäden wie der vertanen Urlaubszeit vor,[2588] so dass daran auch § 651f II BGB auszurichten ist.[2589] Das Erfordernis besonderer Mangelhaftigkeit in § 651f II HS 1 BGB stellt aber unübersehbar eine merkliche Einschränkung des entsprechenden Entschädigungsrechts dar.[2590]

Nachdem der vom *EuGH* in Art. 5 festgestellte Anspruch auf Ersatz immaterieller Schäden in der Richtlinie keine gesetzliche Beschränkung vorsieht, verstößt die Voraussetzung besonders gravierender Mangelhaftigkeit in § 651f II HS 1 BGB gegen den einzuhaltenden Mindeststandard der Pauschalreiserichtlinie. Auch wenn Art. 5 II der Pauschalreiserichtlinie Beschränkungen des Schadensersatzanspruchs vorsieht , sind diese wohl als summenmäßige Haftungsbeschränkungen zu sehen, vor allem aber ist weder UA 3, der sich auf Beschränkungen nach internationalen Übereinkommen bezieht, noch UA 4, der eine nicht unangemessene vertragliche Beschränkung erlaubt, für die vorliegende gesetzliche Einschränkung in § 651f II HS 1 BGB einschlägig.[2591]

Somit enthält Art. 5 keine entsprechende Einschränkung und § 651f II HS 1 BGB ist daher im Lichte des Leitner-Urteils des *EuGH* äußerst kritisch zu sehen, das deutsche Erfordernis

---

[2583] *Führich*, Reiserecht, § 11 III. 1. b) (4), Rn. 410, S. 333

[2584] S. a. MüKo/*Tonner*, § 651f Rn. 65.

[2585] Bea. allerdings a. A. die h. M., s. Dritter Teil F. II. 2.) (S. 421).

[2586] *EuGH* Urt. vom 12.3.2002 - Rs. C 168/00 (Leitner), EuGH Slg. 2002, I-2631 (= NJW 2002, 1255 = RRa 2002, 117).

[2587] Richtlinie 90/314/EWG des Rates v. 13.6.1990 über Pauschalreisen, ABlEG Nr. L 158 v. 23.6.1990, S. 59; s. a. Erster Teil A. I. (S. 16).

[2588] *EuGH* Urt. vom 12.3.2002 - Rs. C 168/00 (Leitner), EuGH Slg. 2002, I-2631, Tz. 20ff.

[2589] S. o. Erster Teil A. III. (S. 27); s. a. MüKo/*Tonner*, § 651f, Rn. 46 a. E.

[2590] *Führich*, Reiserecht, § 11 III. 1. a) (3), Rn. 409; MüKo/*Tonner*, § 651f Rn. 52; *Tonner/Linder*, NJW 2002, 1475, 1476 [IV.].

[2591] So aber MüKo/*Tonner*, § 651f Rn. 52 bzgl. Art. 5 II UA 3 RiLi, bzw. *Führich*, Reiserecht, § 11 III. 1. a) (3), Rn. 409, bzgl. Art. 5 II UA 4 RiLi.

besonderer Mangelhaftigkeit für einen Entschädigungsanspruch würde im Streitfalle einer Überprüfung durch den *EuGH* nach dessen Grundsätzen möglicherweise nicht standhalten.[2592]

Nachdem dies aber nicht sicher vorhergesagt bzw. abschließend beurteilt werden kann, ist bis zu einer diesbezüglichen Präzisierung seines autoritativ in Art. 5 der Pauschalreiserichtlinie festgestellten immateriellen Schadensersatzanspruchs durch den *EuGH*[2593] vorerst weiterhin an der Erforderlichkeit besonderer Mangelhaftigkeit gem. § 651f II HS 1 BGB festzuhalten.

1.) Vereitelung der Reise

Die Vereitelung der Reise i. S. d. § 651f II HS 1 Alt. 1 BGB liegt einerseits vor, wenn sie völlig ausfällt oder kurz nach Reisebeginn abgebrochen wird,[2594] etwa weil der Reisende unmittelbar nach Ankunft am Urlaubsort nach Hause zurückreisen muss, da für ihn vor Ort die Unterkunft nicht zur Verfügung gestellt wird.[2595] Das Merkmal der Vereitelung bedarf keines entsprechenden formellen Elements einer Erklärung oder Kündigung.[2596]

Als vereitelt kann aber rein begrifflich auch eine an sich durchgeführte Reise angesehen werden, bei der entweder eine derart gravierende Mangelhaftigkeit vorliegt, die einer Minderung von 100% entspricht, oder bei der aufgrund der Mangelhaftigkeit der konkrete Zweck der Reise[2597] völlig verfehlt wird. In beiden Fällen kann die Reise zeitlich vollständig durchgeführt worden sein und auch Reste vertragsgemäß erbrachter Reiseleistungen enthalten, ist aber dennoch insgesamt als vereitelt zu betrachten.

Weil derartige Fälle aber ohnehin die Voraussetzungen der zweiten Alternative erfüllen (bzw. ein Unterfall derselben sind), kann diese grammatikalisch naheliegende Ausdehnung des Anwendungsbereiches der Vereitelung letztlich dahingestellt bleiben.

2.) Erhebliche Beeinträchtigung der Reise

Der Entschädigungsanspruch nach § 651f II BGB greift laut Gesetzeswortlaut (bea. jedoch die soeben dargestellten europarechtlichen Bedenken) erst ab einer gewissen Beeinträchtigungsintensität, nicht jeder Reisemangel und entsprechend denkbar einhergehende geringfügige Teil-Nutzlosigkeit löst den Ersatzanspruch aus.[2598] Anzunehmender Hintergrund ist

---

[2592] Zweifelnd auch *Tonner/Lindner*, NJW 2002, 1475 (1476) [IV.]; *Tempel/Seyderhelm*, § 7 IV. 5.c) (2) a. E., S. 514; *Echtermeyer*, VuR 2005, 184, (186). Vgl. ferner die Berufungsbegründung in *OLG Celle* RRa 2004, 158 (159), der sich das *OLG* in rechtlicher Hinsicht im Ergebnis explizit anschließt, wobei aber offengelassen wird, ob es sich dabei gerade die Überlegungen zur Notwendigkeit *richtlinienkonformer* Senkung der Erheblichkeitsschwelle zu eigen macht. A. A. hingegen drei - allerdings teils grob fehlerhafte - Entscheidungen des *LG Hannover* in RRa 2003, 93f, m. ablehnender Anm. Tonner.

[2593] MüKo/*Tonner*, § 651f, Rn. 46.

[2594] *Eisner*, S. 25; *Seyderhelm*, § 651f Rn. 32; MüKo/*Tonner*, § 651f Rn. 48; s. a. hierzu Kasuistik bei *Führich*, Reiserecht, § 11 III. 2. a), Rn. 411.

[2595] *Pick*, § 651f Rn. 96

[2596] *Führich*, Reiserecht, § 11 III. 2. a), Rn. 411 a. E.

[2597] Dazu s. o. Zweiter Teil D. II. 1.) a) (S. 193).

[2598] S. in diesem Zusammenhang das berühmte Urteil des *AG Mönchengladbach*, Urt. v. 25.4.1991 – 5a C 106/91 (NJW 1985, 884 = RRa 1995, 134) zu den die Beischlafgewohnheiten störenden Einzelbetten im Doppelzimmer - wenn überhaupt, so wäre dieser Mangel m. E. schon rein systematisch allenfalls im Rah-

wohl, dass erst ab einer gewissen Schwelle weitgehender Beeinträchtigung der Reise die Urlaubszeit als nutzlos aufgewendet anzusehen ist, während vorher zumindest hinsichtlich § 651f II BGB gewisse Beeinträchtigungen quasi als - untechnisch - „allgemeines Lebensrisiko“ bei der Verwendung der Urlaubszeit miteinzubeziehen sind.
Wie schon hinsichtlich der Frage der Erheblichkeit der Beeinträchtigung der Reise für das Recht auf Kündigung in § 651e I 1 BGB sind Rechtsprechung und auch Literatur zum Teil auch bei der im Wortlaut identischen Voraussetzung des § 651f II HS 1 Alt. 2 BGB dazu übergegangen, eine quantifizierende Betrachtung unter Abstellen auf einen festen Minderungsprozentsatz vorzunehmen.[2599] Allerdings besteht hierbei weitgehende Einigkeit über den Wert der Erheblichkeitsschwelle, der bei 50% angesetzt wird;[2600] insbesondere in der Rechtsprechung hat sich dieser feste Wert durchgesetzt.[2601]

Dabei wird überwiegend[2602] auf einzelne „vertane Urlaubstage“ abgestellt, Entschädigung ist daher für die Urlaubstage zu leisten, an denen eine Beeinträchtigung von mindestens 50% vorliegt.

Somit wird bei der Erheblichkeit berücksichtigt, wenn die Reise nur zeitweise oder in schwankender Intensität von der Mangelhaftigkeit beeinträchtigt ist.
Offensichtlich ist dies bei einer zweigeteilten Reise, beispielsweise Kreuz- oder Rundfahrt in der ersten Woche mit anschließendem Badeaufenthalt in der zweiten Woche; ist hierbei nur ein Reiseteil durch erhebliche Mängel beeinträchtigt, so ist auch die Entschädigung aus § 651f II BGB nur auf diesen Urlaubsteil zu beschränken.[2603] Aber auch bei von Tag zu Tag schwankender Intensität wird die Entschädigung angepasst. Die Beeinträchtigungsintensität muss nicht in ihrer Gesamtheit die Mangelhaftigkeit von 50% aufweisen, sondern nur an den jeweils zu entschädigenden einzelnen Reisetagen.[2604]

Der Berücksichtigung der zeitlich begrenzten und / oder dabei schwankenden Beeinträchtigungsintensität ist im Ergebnis zwar zuzustimmen, sie lässt aber zugleich das Abstellen auf die willkürliche feste Erheblichkeitsgrenze von 50% durch die Rechtsprechung noch unatt-

---

men einer Minderung zu berücksichtigen gewesen, nicht aber wie eingeklagt als Anspruch wegen vertaner Urlaubszeit mit § 651f II BGB als Anspruchsgrundlage.

2599 S. Darstellung zur Rechtsprechung m. umfangr. Nachw. bei *Staudinger/J. Eckert*, § 651f Rn. 65; vgl. auch Pos. 6. b) der Erläuterungen zur Frankfurter Tabelle.

2600 S. *Seyderhelm*, § 651f Rn. 34, sowie Nachweise dort; abweichend *Tonner*, Reisevertrag, § 651f Rn. 34 (30%), *ders.* in MüKo/*Tonner*, § 651f Rn. 51 (33,3%); *Führich*, Reiserecht, (4. Aufl.) § 11 III. 2. b), Rn. 348, S. 331: 30% (nunmehr aber in 5. Auflage ausdrücklich aufgegeben zugunsten Schwelle von 50%, *Führich*, Reiserecht, § 11 III. 2. b), Rn. 412, S. 335); s. a. *KG* MDR 1982, 317 (30%).

2601 S. MüKo/*Tonner*, § 651f Rn. 49, m. umfangr. Rspr.-Nachweisen dort in Fn. 176. Besonders krasses Beispiel hierbei das Urteil des *LG Hamburg* RRa 1999, 238 (239), das durch streng arithmetische Addition einzelner Minderungssätze zu einem Gesamtwert von 49,52% gelangt und daher einen Anspruch aus § 651f II BGB ablehnt.

2602 Bea. a. A. beispielsweise *LG Düsseldorf* RRa 2000, 151: Entschädigung nur für Tage, an denen eine Mindestbeeinträchtigung von 50% vorgelegen hat, dabei muss aber insgesamt die Reise zu 50% beeinträchtigt sein, damit die Entschädigungspflicht überhaupt ausgelöst wird; s. a. *LG Hamburg* RRa 1999, 238f.

2603 *Eisner*, S. 25 li. Sp. a. E.; *Tonner*, Reisevertrag, § 651f Rn. 35.

2604 *AG Hamburg-Blankenese* RRa 2002, 224; *Seyderhelm*, § 651f Rn. 35; *Führich*, Reiserecht, § 11 III. 2. b) (4), Rn. 412, S. 336 sowie 3. d), Rn. 416; *Tonner*, Reisevertrag, § 651f Rn. 33; *Staudinger/J. Eckert*, § 651f Rn. 66; *Tempel/Seyderhelm*, § 7 IV. 5. c) (5), S. 515, m. Nachw. dort in Fn. 792.

raktiver erscheinen. Es wirkt merkwürdig, dass eine einmalige Beeinträchtigung von 50% an einem Tag der zehntägigen Reise, somit - soweit der Mangel nicht ausstrahlt[2605] - eine Minderung von insgesamt 5% bezogen auf die Gesamtreise, zur Entschädigung nach § 651f II BGB berechtigen soll, nicht aber eine Gesamtminderung der Reise wegen eines durchgehend bestehenden Mangels von 20, 30 oder 49%.[2606]

Letztlich gilt auch hier die gleiche Kritik, die an dieser Methode eines festen Minderungsprozentsatzes zur Beurteilung der Erheblichkeit bereits im Rahmen des Kündigungsrechts vorgetragen wurde.[2607] Bei einer solchen Vorgehensweise einer rein quantitativen Betrachtung der Mangelhaftigkeit durch Addition einzelner - womöglich noch der Frankfurter Tabelle entnommener[2608] - Minderungsprozentsätze wird ein scheinbarer Gewinn an Rechtssicherheit mit dem Verlust einer sachgerecht einzelfallbezogenen qualitativen Beurteilung des Einzelfalls erkauft.[2609]

Richtigerweise ist statt dessen auch hier eine qualitative Beurteilung der Erheblichkeit der Mangelhaftigkeit im jeweils vorliegenden Fall vorzunehmen, bezogen auf diese individuelle Reise, orientiert am konkreten Reisecharakter.[2610]

In Ausarbeitung des o. g. Quantifizierungsansatzes wird bei der Beeinträchtigung teilweise nach der Person des Reisenden differenziert und auch eine zeitliche Einteilung berücksichtigt.

So soll bei Kleinkindern, Jugendlichen oder Behinderten die Intensität der Beeinträchtigung entsprechend dem jeweiligen Urlaubserleben anders zu bewerten sein.[2611]

Dem ist bei Klein- und Kleinstkindern zuzustimmen, da bzw. soweit diese noch gar nicht zwischen Urlaubserleben und Alltagsleben unterscheiden können.[2612]

[2605] S. a. Zweiter Teil E. II. (S. 248).

[2606] Bea. auch die Beeinträchtigung von 49,52% im Fall des *LG Hamburg*, s. o. Fn. 2601, das gleichwohl aber trotz einzelner Tagesbeeinträchtigungen über der Schwelle von 50% auf eben jene Gesamtbeeinträchtigung abstellte und daher eine Entschädigung insgesamt ablehnte.

[2607] S. o. Dritter Teil E. II. 1.) a) (bb) (S. 402); s. a. *Führich*, Reiserecht, § 11 III. 2. b) (2), Rn. 412, S. 335.

[2608] Zur Frankfurter Tabelle s. o. Dritter Teil D. IV. 3.) b) (S. 382), insbesondere D. IV. 3.) c) (aa) (S. 386).

[2609] Diesen Preis hält allerdings *Tonner*, Reisevertrag, § 651f Rn. 32, für gerechtfertigt; auch *Führich*, a. a. O.. (Fn. 2607), bevorzugt eine Beurteilung anhand der einzelnen vorliegenden Mängel statt der Fixierung der Erheblichkeit an einem starren Prozentsatz, hält letzteres aber als Orientierungswert nützlich im Sinne der Rechtssicherheit hinsichtlich Kalkulierbarkeit des Prozessrisikos und als praktikable Faustregel im außergerichtlichen Reklamationsverfahren. Hierbei wird m. E. allerdings übersehen, dass die Unsicherheit der Bewertung nur verschoben wird und sich dann eben bei der erforderlichen Bewertung der einzelnen Mängel als Summanden zeigt.

[2610] So auch *Staudinger/J. Eckert*, § 651f, Rn. 64; *Soergel/H.-W. Eckert*, § 651f, Rn. 14. Vgl. a. *Seyderhelm*, § 651f Rn. 33, der die Erheblichkeit der Beeinträchtigung „wertend anhand folgender Kriterien“ ermitteln will: „Art und Umfang der Reisemängel, gebuchter Standard der Reise, Reisezweck und Reiseland“; obwohl nach seiner Ansicht eine quantitative Beurteilung wie auch bei Prüfung des Kündigungsgrundes nach § 651e I 1 BGB zu kurz greife, hält er gleichwohl eine solche aus Praktikabilitätsgründen für sinnvoll, wobei allerdings die einzelnen Mängel ihrerseits anhand der Umstände des Einzelfalls zu bewerten seien.

[2611] *BGH* NJW 1983, 218 (220); *AG Kleve* RRa 1998, 177; *AG Bad Homburg v.d.H.* RRa 1999, 165; NJW-RR 2001, 348; *Führich*, Reiserecht, § 11 III. 2. b) (3), Rn. 412, S. 335; s. a. Dritter Teil G. IV. 4.) (S. 461).

[2612] Vgl. *AG Bad Homburg v.d.H.*, Urt. v. 7.7.1998 – 2 C 500/98-19, RRa 1999, 165: „Kleinkinder unter zwei Jahren haben keinen Anspruch auf Ausgleich für entgangene Urlaubsfreude, da sie noch nicht in der Lage sind, zwischen Urlaubszeit und sonstiger Zeit zu differenzieren und sie demnach auch keine Urlaubsfreude

Diese Überlegungen sollten aber nicht nur bei der Frage, ob eine „ausreichende" Beeinträchtigung vorliegt, angestellt werden. Hierbei handelt es sich m. E. auch um einen Aspekt des Umfangs des Entschädigungsanspruchs, denn die Frage eines geringeren Erlebniswertes und damit geringeren Schadens durch die nutzlos aufgewendete Urlaubszeit i. S. d. § 651f II BGB bei diesen besonderen Reisendengruppen stellt sich nicht nur bei einer beeinträchtigten, sondern auch bei einer vereitelten Reise § 651f II HS 1 Alt. 1 BGB, die gar nicht stattgefunden hat.[2613]

Insoweit das *AG Bad Homburg v.d.H.* bei einem Sehbehinderten - im Ergebnis zutreffend - den Baulärm stärker berücksichtigen und daher auch eine Quote unter 50% bei der Erheblichkeit gelten lassen will,[2614] löst es damit lediglich ein Problem, welches es sich doppelt selbst durch die starre Anwendung eines Schemas bei der Bewertung der Minderungsquote für Mängel in Verbindung mit einer festen Erheblichkeitsgrenze von 50% bei der Frage der Erheblichkeit i. S. d. § 651f II HS 1 Alt. 2 BGB gestellt hat.

Richtigerweise ist etwa eine zu berücksichtigende Sehbehinderung des Reisenden im Rahmen der nötigen Reisecharakter-orientierten Einzelfallbetrachtung schon bei der Beurteilung der Schwere der Beeinträchtigung i. S. d. § 651d I i. V. m. § 638 III BGB durch den Baulärm, spätestens aber für § 651f II BGB bei einer zutreffend ohne Schema erfolgenden Beurteilung der Erheblichkeit der Beeinträchtigung einzubeziehen.

IV. Rechtsfolge Entschädigungsanspruch

Liegen die Voraussetzungen besonderer Mangelhaftigkeit vor, so ist der Reiseveranstalter dem Reisenden zu einer „angemessenen Entschädigung" wegen dessen nutzlos aufgewendeter Urlaubszeit verpflichtet. Zentrales Problem des § 651f II BGB ist die Ermittlung dieser angemessenen Entschädigung. Ausgehend von einer Unsicherheit über den konkreten Entschädigungsgegenstand des § 651f II BGB bzw. den Charakter des zu erstattenden Schadens besteht Uneinigkeit über die Grundlagen und die konkrete Errechnung der Entschädigung.

1.) Nutzlos aufgewendete Urlaubszeit im Sinne des § 651f II BGB

Für die folgenden Überlegungen ist jeweils von ausschlagender Bedeutung, was § 651f II BGB eigentlich schützen bzw. wofür diese Norm entschädigen will, wenn von „nutzlos aufgewendeter Urlaubszeit" die Rede ist.[2615] Das ist auch der Kern des Streits um den materiellen und immateriellen Charakter des Anspruchs aus § 651f II BGB.

---

entwickeln können." S. a. *AG Kleve* RRa 1998, 177 (178), wonach bei Kindern auf einen „Erlebniswert" des Urlaubs abzustellen sei.

2613 Daher hierzu näher im Rahmen des Umfangs der Entschädigung, s. u. Dritter Teil G. IV. 4.) (S. 461).

2614 *AG Bad Homburg v.d.H.* NJW-RR 2001, 348.

2615 S. a. *Wieland*, 3. A. III. 1. b., S. 119.

a) Vertane Urlaubszeit als materieller oder immaterieller Schaden

Schon im Jahre 1956 und damit über zwei Jahrzehnte vor Inkrafttreten des Reisevertragsrechts sprach der *BGH* im sog. Seereisefall[2616] einem Reisenden Schadensersatz wegen „Beeinträchtigung des Urlaubsgenusses“ zu. Die spätere Entscheidung des *BGH* im sog. Rumänienfall[2617] von 1974 hatte auch Einfluss auf das Gesetzgebungsverfahren zur Schaffung des Reisevertragsgesetzes und damit des § 651f II BGB.
Darin musste allerdings der *BGH* den zu entschädigenden Urlaub aufgrund der damaligen Rechtslage - der Reisevertrag wurde ja als Werkvertrag behandelt und es gab keine entsprechende Vorschrift für die Ersetzung eines immateriellen Schadens wegen der vereitelten Urlaubszeit - als Vermögenswert konstruieren,[2618] indem zur Schadensbemessung der finanzielle Aufwand zugrundegelegt wurde, der zur Beschaffung zusätzlichen Urlaubs nötig wäre: bei einem Arbeitnehmer wäre das der Verdienstausfall für zusätzlichen, unbezahlten Urlaub, bei einem Selbständigen ebenfalls der Verdienstausfall oder die Kosten einer Vertretung für seine Abwesenheit.
Damit war der vertane Urlaub als ein materieller und damit erstattungsfähiger Schaden begründet, was aber zur Folge hatte, dass nur Erwerbstätige diesen Urlaubswert erstattet bekommen konnten, also grundsätzlich nicht Schüler, Arbeitslose oder Rentner.[2619]

Im Gesetzgebungsverfahren wurde der vom *BGH* entwickelte grundsätzliche Ersatzanspruch für die vertane Urlaubszeit begrüßt, man war sich aber darüber einig, ihn über den Kreis der Erwerbstätigen auf alle Reisenden auszudehnen.[2620] Allerdings fand sich noch im entsprechenden § 18 II des Regierungsentwurfs die Formulierung, der Reisende könne „eine angemessene Entschädigung in Geld auch wegen des Schadens verlangen, der darin liegt, dass er für die Durchführung der Reise Urlaubstage nutzlos aufgewendet hat“.[2621]
Derartige „Urlaubstage“ kann eigentlich strenggenommen nur der Erwerbstätige „aufwenden“, insbesondere der abhängig beschäftigte Arbeitnehmer mit der ihm begrenzt zur Verfügung stehenden, festen Zahl an Urlaubstagen. Die Begründung stellt aber klar, dass zur Berechnung nicht nur auf den Aufwand der Beschaffung zusätzlichen Urlaubs abgestellt werden könne, weil sonst nicht-berufstätige Personen keinen Ersatz für ihre nutzlos aufgewendeten Urlaubstage erhalten könnten.[2622]

Mit der eigens im Reisevertragsrecht zu schaffenden Norm war der für den *BGH* noch notwendige Umweg über einen Vermögensschaden nicht mehr nötig, und mit der Ausdehnung auf erwerbslose Reisende konnte es sich eigentlich auch nicht mehr um einen materiellen, wie auch immer auf dem Wert der entsprechenden Arbeitszeit beruhenden Anspruch, sondern nur um einen immateriellen Schadensersatzanspruch handeln. Leider wird das im

---

2616 *BGH* NJW 1956, 1234.
2617 *BGHZ* 60, 214 (= NJW 1975, 40).
2618 S. a. eingangs Dritter Teil G. I. (S. 432).
2619 Für Hausfrauen wurde in *BGH* NJW 1980, 1947, ein Entschädigungsanspruch damit begründet, dass sie durch die Hausarbeit zum gemeinsamen Familieneinkommen des erwerbstätigen Ehemannes beitragen.
2620 Begründung Regierungsentwurf BT-Dr 8/786, S. 30.
2621 Regierungsentwurf BT-Dr 8/786, S. 7.
2622 Begründung Regierungsentwurf BT-Dr 8/786, S. 30.

Wortlaut des geschaffenen § 651f II BGB nicht deutlich genug, auch dieser spricht noch etwas unscharf von der nutzlos aufgewendeten Urlaubszeit.[2623]

Die Begründung zum letztlich verwirklichten Entwurf des Rechtsausschusses[2624] spricht davon, dass sich die Erstattungsfähigkeit dieses Schadens aufgrund der Zweckbestimmung des Reisevertrages rechtfertige, dem Reisenden durch entsprechende Gestaltung der Urlaubszeit „Urlaubsfreude" zu vermitteln, und dass für die Bemessung der Entschädigung alle Umstände des Einzelfalls zu berücksichtigen seien. Hierzu seien neben dem Ausmaß der Beeinträchtigung auch die Höhe des Reisepreises von Bedeutung, ferner könne der Aufwand für die Beschaffung eines Ersatzurlaubs ein weiteres Moment sein.
Zumindest indirekt lässt sich daraus auf die Vorstellung des Gesetzgebers vom immateriellen Charakter des § 651f II BGB schließen.

Der *BGH* machte daraufhin gleich in seinen ersten Entscheidungen zum neuen Reisevertragsrecht[2625] deutlich, dass seine frühere Konstruktion eines Vermögensschadens durch die alte Rechtslage bedingt war, und er diesen Ansatz eines am Aufwand für die Verschaffung zusätzlichen Urlaubs orientierten Vermögensschadens unter der neuen Rechtslage aufgibt.
Zwar zieht der *BGH* dabei weiterhin das Einkommen als eine von mehreren Größen zur Ermittlung der Höhe der Entschädigung heran, andererseits nennt er doch ausdrücklich die nach Willen des Gesetzgebers in den Materialien zum Reisevertragsrecht zum Ausdruck gekommenen anzuwendenden Maßstäbe.[2626]
Auch wenn er dabei selber - unzutreffend - der Frage der dogmatischen Einordnung des Entschädigungsanspruchs nur untergeordnete Bedeutung beimisst und sich nicht explizit zum Rechtscharakter äußert,[2627] so bezieht er sich letztlich auf die in den Materialien genannten, vorwiegend *immateriellen* Kriterien zur Bemessung.

Obwohl der Streit über materiellen oder immateriellen Charakter dieses Entschädigungsanspruches danach noch etwas andauerte,[2628] ist nun mittlerweile anerkannt, dass es sich bei § 651f II BGB um die Entschädigung für einen immateriellen Schaden handelt.[2629]

[2623] Zur Kritik daran *Müller*, 2. Teil C. II. 1. b), S. 125f.

[2624] Bericht Rechtsausschuss BT-Dr 8/2343, S. 11.

[2625] Die in diesem Zusammenhang häufig zitierten Entscheidungen *BGHZ* 77, 116 (= NJW 1980, 1947), *BGHZ* 80, 366 (= NJW 1981, 1833), *BGHZ* 82, 219 (227) (= NJW 1982, 377) und *BGH* NJW 1982, 1522, betrafen noch Altfälle und wurden nach alter Rechtslage entscheiden.

[2626] S. *BGH* NJW 1983, 35 (36) [II 1]; *BGH* NJW 1983, 218 (220) [II 1].

[2627] *BGH* NJW 1983, 35 (36) [II 1 a].

[2628] Vgl. Darstellung bei *Müller*, 2. Teil C. I., S. 119ff; s. a. *Tempel*, Materielles Recht, § 6 III. 5. b), S. 269/270.

[2629] Allgemein anerkannt in der Rspr., vgl. Darstellung bei *Bechhofer*, § 651f, B. I., S. 101/102, m. Nachw. (der jahrelange Meinungsstreit könne als beendet angesehen werden, nachdem sich auch das *LG Frankfurt a. M.* unter Aufgabe seiner früheren Rechtsprechung der herrschenden Meinung angeschlossen habe); h. M. in der Lit.: MüKo/*Tonner*, § 651f Rn. 61; *Medicus*, Schuldrecht, § 101 III. 2. c) bb)), Rn. 401; *Staudinger/J. Eckert*, § 651f Rn. 59; *Führich*, Reiserecht, § 11 III. 5. a), Rn. 419; *Bidinger/Müller*, § 651f Anm. 10; *Seyderhelm*, § 651f Rn. 45; *Geib*, in: *Bamberger/Roth*, § 651f Rn. 17; einschränkend *Soergel/H.-W. Eckert*, § 651g Rn. 16 (zumindest immaterielle Komponente), sowie auch RGRK/*Recken*, § 651f Rn. 6 (sowohl materiell als auch immateriell); kritisch zudem *Erman/Seiler*, § 651f Rn. 6.

b) Erholungserlebnis als Entschädigungsgegenstand des § 651f II BGB

In den Gegenstand der Entschädigung fließen verschiedene Momente ein, so der vom *BGH* zuvor entwickelte Gedanke des Vermögenswertes der Urlaubszeit bei Berufstätigen, sowie eine gewisse Genugtuungsfunktion,[2630] vor allem jedoch der mit dem Urlaub erstrebte, aber entgangene Erholungs- und Erlebniswert, der „Urlaubsgenuss".[2631] *Müller* führt überzeugend aus, dass Entschädigungsgegenstand der Vorschrift weder der bei nicht Erwerbstätigen nicht vorhandene Arbeitszeitwert noch die ohnehin nicht ersetzbare Zeit an sich sein kann, sondern genaugenommen das *Durchkreuzen* der konkreten *Pläne*, die der Reisende für diese Zeit hatte. [2632]

Die Begründung des Rechtsausschusses zum Entwurf des letztlich verwirklichten § 651f II BGB redet beinahe poetisch anmutend von der „typischen Zweckbestimmung des Reisevertrags, dem Reisenden durch die versprochene Gestaltung der Urlaubszeit Urlaubsfreude zu vermitteln."[2633]

Es erscheint terminologisch-semantisch am treffendsten, für dieses schwer zu umschreibende Konzept einer spezifischen erlebnishaften Urlaubsfreude und Erholungswert den Begriff „Erholungserlebnis" zu verwenden. Denn Reisende suchen individuell auf unterschiedliche eigene Art Erholung durch jeweils gesuchte Erlebnisse, also entweder besondere Erlebnisse im Rahmen einer Bildungsreise oder eines Aktivitätenurlaubs, um „auf andere Gedanken zu kommen" und Zerstreuung zu suchen, oder eben bloße Erholung durch das Erleben von Ruhe und gerade Abwesenheit besonderer Aktivität.[2634] Der Begriff Erholungserlebnis impliziert sowohl das mit der Reise verbundene physische Erholungs- wie auch das Erlebnismoment, die beide je nach konkretem Reisecharakter ganz unterschiedliche, vom Reisenden verfolgte Ausprägungen erfahren können.[2635]

Unter modifizierender Einbeziehung und Anlehnung an die Gedanken von *Wolter*[2636] zum „Urlaubserlebnis" als Nutzen der Reise i. S. d. § 651c I BGB und *Müller*[2637] zu den „durchkreuzten Urlaubsplänen" als Entschädigungsgegenstand ist das so zu verstehen, dass das über die konkrete Ausgestaltung des Reisevertrags geplante Erholungserlebnis somit Spiegelbild des Reisecharakters ist, sozusagen die subjektive Erholungsfrucht, die der Reisende

---

[2630] MüKo/*Tonner*, § 651f, Rn. 62.

[2631] Vgl. auch die Beratungen im Rechtsausschuss, s. Protokoll Nr. 49 (8. Wahlperiode) des Rechtsausschusses vom 4.10.1978: „entgangener Lustgewinn" (S. 70, 72f), „entgangener Urlaubsgenuß" (S. 71, 73), „Urlaubsfreude" (S. 75).

[2632] *Müller*, 2. Teil C. II. 4. a) bb), S. 143ff.

[2633] Bericht Rechtsausschuss BT-Dr 8/2343, S. 11; s. a. *BGH* NJW-RR 1985 906 (907): „Urlaubsgenuß".

[2634] Vgl. hierzu ähnlich auch die Theorien zur Reisemotivation bei *Mundt*, 3.2.1.3., S. 124ff, und 3.1.2.5, S. 130ff, wonach die Reisemotivation entweder in der Suche nach Ruhe bei physischer Ermüdung oder in einem Kontrast zum Alltag bei psychischer Sättigung besteht; in letzterem Fall wird Erholung im hier verstandenen Sinne gerade auch durch neue Reize und Aktivitäten erreicht, durch das „Erholungserlebnis".

[2635] Vgl. *Tempel/Seyderhelm*, § 7 IV. 5. c) (2), S. 514: Der beeinträchtigte Urlaub sei nicht nur bei einem Erholungsurlaub als nutzlos aufgewendet zu entschädigen, sondern auch dann, wenn im Rahmen des Urlaubs nach dem vereinbarten Reisezweck bestimmte Tätigkeiten ausgeübt werden sollen, wie Sport, Sprachbildung; s. a. Erster Teil B. I. 1.) f) (S. 38).

[2636] MüKo(2. Aufl.)/*Wolter*, § 651c, Rn. 35.

[2637] *Müller*, a. a. O. (Fn. 2632).

aus dem tendenziell objektivierten, vertraglich vereinbarten Reisecharakter[2638] ziehen will. Die Vereitelung dieses Erholungserlebnisses ist Grund und Gegenstand der Entschädigung nach § 651f II BGB.

2.) Nutzlos aufgewendete Urlaubszeit als Tatbestandsmerkmal

Bei der Ermittlung einer dem Reisenden zu gewährenden Entschädigung herrscht zunächst Unklarheit darüber, wie das Merkmal „wegen nutzlos aufgewendeter Urlaubszeit" zu verstehen ist, ob hier diese vertane Urlaubszeit zu entschädigen ist, oder ob, wie es der Wortlaut andeutet, Gegenstand der Entschädigung etwas anderes ist, dass nur anlässlich bzw. wegen der vertanen Urlaubszeit erstattet wird.
Denn während der *BGH* im Sinne letzterer Auffassung bei Vorliegen der Voraussetzung der besonderen Mangelhaftigkeit zugleich immer auch die Frage der nutzlos aufgewendeten Urlaubszeit als dadurch erfüllt ansieht,[2639] versteht die übrige Auffassung in unterschiedlicher Ausprägung die nutzlos aufgewendete Urlaubszeit als Voraussetzung des Entschädigungsanspruchs und als Ansatzpunkt für eine Berücksichtigung verschiedener Einschränkungen.[2640]
Bei der Bewertung der hierzu vorgebrachten Ansichten ist das soeben entwickelte Erholungserlebnis als Gegenstand der Entschädigung mit heranzuziehen.

a) Resturlaubswert

Gängigerweise wird der Wert der anderweitig verbrachten Urlaubs- bzw. Resturlaubszeit quotenmäßig bei der Entschädigung in Abzug gebracht. Dabei sind die folgenden Fallgruppen zu unterscheiden.

(aa) Balkonurlaub

Nach verbreiteter Ansicht in Rechtsprechung und Schrifttum ist bei der Frage der Nutzlosigkeit der Urlaubszeit unter dem Stichpunkt des sog. „Balkonurlaubs" auch der Resterholungswert der wegen vereitelter Reise zuhause verbrachten Urlaubstage zu berücksichtigen.[2641] Dieser wird in der Rechtsprechung allgemein mit einem Resturlaubswert von 50% veranschlagt, solange der Reisende keine konkreten entgegenstehenden Umstände geltend machen kann.[2642]
Verfehlt, wenn nicht sogar sarkastisch erscheint auch die Argumentation zur Reduzierung

---

[2638] S. o. Zweiter Teil D. (S. 175ff).
[2639] *BGH* NJW 2005, 1047 (1049), [II 3 a]; a. A. *Müller*, 2. Teil C. II., S. 124: die Urlaubszeit gilt nicht automatisch mit Vereitelung oder erheblicher Beeinträchtigung der Reise als nutzlos aufgewendet; vielmehr handele es sich um ein Tatbestandsmerkmal.
[2640] S. dazu im Folgenden; vgl. aber *Tempel/Seyderhelm*, § 7 IV. 5. c) (3), S. 514: keine Anspruchsvoraussetzung, sondern ein Berechnungsfaktor für die Höhe der Entschädigung.
[2641] Vgl. Rspr.: *OLG Karlsruhe* NJW-RR 1988, 954 (955); *LG Frankfurt a.M.* RRa 1998, 119 (120); *LG Hannover* NJW-RR 2000, 1162; LG Düsseldorf RRa 2001, 74 (aber nicht wenn 150m neben Wohnung Autobahn verläuft); LG Bremen RRa 2001, 245 (247); Lit.: grundsätzlich zustimmend *Tonner*, Reisevertrag, § 651f Rn. 29; MüKo/*ders.*, § 651f Rn. 53; auch *Staudinger/J. Eckert*, § 651f Rn. 68 (aber kritisch gegenüber pauschaler Quote von 50%).
[2642] S. o. Rspr. in Fn. 2641.

des Anspruchs aus § 651f II BGB, wonach der verhinderte Reisende daheim ja in einer schönen Gegend wohnt: „Der Kläger lebt mit seiner Familie am Rande des Schwarzwaldes und damit in einem Gebiet, das von anderen Erholungssuchenden gerade als Urlaubsziel angefahren wird".[2643]

Dies lässt völlig außer acht, dass der Reisende mit seiner gebuchten Reise zum Ausdruck gebracht hat, dass er mit dieser Reise ein Erholungserlebnis verfolgt, das sich ihm zuhause gerade nicht bietet.

Die Berücksichtigung des Balkonurlaubs selbst unter Beachtung des „Naherholungswertes" bzw. der Freizeitmöglichkeiten am Wohnort des Reisenden lässt völlig den spezifischen Reisecharakter außer acht, dessentwegen der Reisende die Reise gebucht hat. Der zuhause verbrachte Urlaub stellt sich nicht als ein quantitatives Minus, sondern als qualitatives aliud zur gebuchten Reise dar:[2644] Jedweder wie auch immer geartete Naherholungswert seines Wohnortes nützt *dem* Reisenden nichts, der tropische Korallenriffe betauchen oder antike Stätten im Heiligen Land besichtigen wollte, und da macht es auch keinen Unterschied, ob er in Berlin oder im Schwarzwald wohnt.[2645]

Ein solcher Abzug vom Entschädigungsanspruch des § 651f II BGB erscheint daher m. E. nicht gerechtfertigt. Das ganz eigene Urlaubserlebnis, das der Reisende mit der Reise verfolgt hatte, wird mit der zuhause verbrachten Freizeit nicht erreicht.[2646]

Insofern geht auch die Überlegung von *J. Eckert* fehl, der die Berücksichtigung eines Resterholungswertes von pauschal 50% des zuhause verbrachten Balkonurlaubs mit dem Gebot der Einzelfallgerechtigkeit für unvereinbar hält, aber insofern praktische Probleme bei der Ermittlung der individuellen Umstände anerkennt.[2647] Denn es ist *weder* ein pauschaler *noch* ein individuell zu ermittelnder Erholungswert anzusetzen, wenn der Reisende zuhause bleiben muss. Die zuhause verbrachte Freizeit ist keine „geringerwertige Reise", sondern schlicht etwas qualitativ *anderes*. Zudem weist *Führich* [2648]zutreffend darauf hin, dass der Urlaubszeitraum auch ohne Reise einen Freizeitwert aufweise und dieser nicht Gegenstand des vom Reiseveranstalter im Rahmen des Reisevertrages geschuldeten Leistungsbündels i. S. d. § 651a I 1 BGB sei.[2649]

"Freizeitwert" ist hierbei im wörtlichen Sinne als der Wert der freien, nicht mit Arbeits-

---

[2643] *OLG Karlsruhe* NJW-RR 1988, 954 (955); geplant war demgegenüber ein Wohnmobilurlaub in Südfrankreich; vgl. auch die Unterscheidung des *BGH* zwischen Industriestadt und Kurort in den Entscheidungen NJW 1983, 35 (36) (Berlin) und NJW 1983, 218 (219) (Kurort); bea. aber, dass der *BGH* seine Ansicht zu einem Resterholungswert eines zu Hause verbrachten Urlaubs nunmehr ausdrücklich aufgegeben hat, *BGH* NJW 2005 1047 (1050) [II. 3. b) (3)].

[2644] *Tempel/Seyderhelm*, § 7 IV. 5. c) (6), S. 516.

[2645] Vgl. auch obige Unterscheidung Berlin - Kurort, Fn. 2643; vgl. auch zutr. *Pellet*, Teil 1 D. 4. b., S. 38: Sinn und Zweck einer Studienreise könne zu Hause nicht erreicht werden.

[2646] So auch *Führich*, Reiserecht, § 11 III 3. a), Rn. 413; *Rodegra*, MDR 2004, 550 (553) [II. 1. c.]; nunmehr auch *BGH* NJW 2005, 1047 (1049), [II. 3. a) (2)]; dem im Ergebnis zustimmend *Echtermeyer*, VuR 2005, 184 (187).

[2647] *Staudinger/J. Eckert*, § 651f, Rn. 68 a. E.

[2648] *Führich*, a. a. O. (Fn. 2646).

[2649] Zutr. *Müller*, 2. Teil C. II. 4. a) bb), S. 143/144: über die vertane Urlaubszeit selber verfüge der Reisende auch so, nur eben anders ausgestaltet als geplant. So nun auch *BGH* NJW 1047 (1050) [II. 3. b) (3)].

oder sonstigen Verpflichtungen belegten Tage zu verstehen, der Wert des Umstandes, dass diese Zeit zur freien Verfügung steht. Dieser reine Freizeitwert des Urlaubszeitraums ist nicht Teil des Reisevertrages, er besteht unabhängig von der Teilnahme an der Reise und kann folglich auch nicht Gegenstand eines Abzugs vom Entschädigungsanspruch nach § 651f II BGB sein.

(bb) Ersatzreise

Auch die Bedeutung einer vom Reisenden vorgenommenen Ersatzreise für den Entschädigungsanspruch nach § 651f II BGB ist umstritten. Während die wohl noch überwiegende Meinung den Urlaubswert einer solchen Ersatzreise bei der Höhe des Entschädigungsanspruchs in unterschiedlicher Weise mindernd in Ansatz bringen oder den Anspruch entfallen lassen will,[2650] wird dies von einer Mindermeinung, zu der allerdings nunmehr[2651] auch der *BGH* zu zählen ist,[2652] völlig abgelehnt.[2653]

M. E. bedarf die Thematik der Ersatzreise einer weiteren Differenzierung. So besteht ein im Rahmen des § 651f II BGB wegen des besonderen Entschädigungsgegenstandes zu beachtender Unterschied, ob es dem Reisenden gelingt, eine ähnliche oder gar praktisch identische Reise zu unternehmen, oder ob er quasi aus schierer Not heraus *irgendeine* Ersatzreise unternimmt, damit die vorhandene Urlaubszeit wenigstens durch diese Not-Ersatzreise gestaltet werden kann. Der letztere Fall weist Ähnlichkeiten zur Sachlage beim Balkonurlaub auf, der Reisende gestaltet hier lediglich die ohnehin zur Verfügung stehende Freizeit. Eine solche Ersatzreise ist bei der Entschädigung nach § 651f II BGB für den misslungenen „Primärurlaub" entgegen der h. M. und im Ergebnis übereinstimmend mit dem *BGH*[2654] nicht in Abzug zu bringen.

Hingegen drängt es sich auf, dass eine Ersatzreise, die der ursprünglichen Reise weitestgehend gleicht oder mit ihr praktisch identisch ist, auch das gleiche Erholungserlebnis vermittelt. Die entscheidende Vergleichbarkeit ist dabei anhand des Reisecharakters[2655] von Primär- und ersatzweisem Sekundärurlaub zu ermitteln.

Der *BGH* verweist bei seiner Ablehnung der Berücksichtigung einer Ersatzreise auf den allgemeinen Grundsatz, dass ein Verhalten des Geschädigten, zu dem er im Rahmen seiner Schadensabwendungs- und -minderungspflicht gem. § 254 II BGB nicht verpflichtet war, als überpflichtmäßige Anstrengung nicht im Wege eines Vorteilsausgleichs auf seinen Schadensersatzanspruch angerechnet werden darf.[2656] Er verkennt dabei m. E. aber, dass § 651f II BGB keinen normalen „Schadensersatzanspruch", sondern eine Anomalie darstellt

---

[2650] *LG Frankfurt a.M.* NJW-RR 1987, 568; 1992, 187; 1993, 1211; *Pellet*, Teil 1 D. 4. b., S. 38; *Staudinger/J. Eckert*, § 651f, Rn. 70; *Soergel/H.-W. Eckert*, § 651f, Rn. 15; MüKo/*Tonner*, § 651f Rn. 54 a. E.; *Rodegra*, MDR 2004, 550 (553) [II. 1. c.].

[2651] Vgl. noch die Berücksichtigung eines anderweitigen Kurzurlaubs in *BGH* NJW 1983, 218 (219).

[2652] *BGH* NJW 2005, 1047 (1048), [II. 3. (2)].

[2653] *Führich*, Reiserecht, § 11 III 3. b), Rn. 414.

[2654] S. o. Fn. 2652.

[2655] S. o. Zweiter Teil D. (S. 175ff).

[2656] *BGH*, a. a. O. (Fn. 2652).

mit dem ganz eigenen, reisevertragsrechtsspezifischen Entschädigungsgegenstand des besonderen Erholungserlebnisses, auf den dieser vom *BGH* herangezogene allgemeine Grundsatz des Schadensersatzrechts schlicht nicht passt.

Bei einer Verwendung der Urlaubszeit für eine im wesentlichen gleichen Reise, die zu einem im wesentlichen gleichen Erholungserlebnis führt, kann m. E. von einer nutzlos aufgewendeten Urlaubszeit im Sinne des § 651f II BGB keine Rede sein. In solchen Fällen muss entsprechend des Ausmaßes der Vergleichbarkeit der beiden Reisen dieses im Rahmen der Entschädigung nach § 651f II BGB Berücksichtigung finden, so dass im Extrem- bzw. Idealfall bei einer identischen Ersatzreise keine vertane Urlaubszeit vorliegt und kein Anspruch auf Entschädigung nach § 651f II BGB zu gewähren ist.[2657]

Wenn durch die Ersatzreise das gleiche Erholungserlebnis erreicht wird, das im Rahmen des § 651f II BGB als Entschädigungsgegenstand zu ersetzen wäre, dann liefe ein dies ignorierender, in voller Höhe zu zahlender Schadensersatz aus § 651f II BGB[2658] dem Grundsatz des Schadensersatzrechts zuwider, wonach dem Geschädigte zwar dessen Nachteile ausgeglichen werden sollen, er aber nicht darüber hinaus durch das Schadensereignis bereichert werden soll, bzw. stellt dann letztlich eine Art pönalen Strafschadensersatz dar, der dem deutschen Recht fremd ist.

(cc) Erwerbstätigkeit

Vereinzelt wird vertreten, der Reisende habe keinen Anspruch auf Entschädigung wegen nutzlos aufgewendeter Urlaubszeit aus § 651f II BGB, soweit er den Zeitraum der verhinderten Reise zur Erwerbstätigkeit nutzt.[2659] Verständlich ist das nur, wenn man mit einem kommerzialisierten Urlaubsbegriff von einem materiellen Schadensersatzanspruch für die Urlaubszeit ausgeht, die sich danach richtet, was der Reisende in dieser Zeit bzw. für diese Zeit an Vermögenseinbuße durch Nichteinsatz seiner Arbeitskraft bzw. bei Selbständigen durch das Einstellen einer Ersatzkraft erleidet.

Benutzt der Reisende die Urlaubszeit jedoch für seine Erwerbstätigkeit, so tritt dieser Verlust gerade nicht ein. Insofern wäre es konsequent, bei einem Verständnis des § 651f II BGB als einem Entschädigungsanspruch für den materiellen Schaden bzgl. der geldwerten Urlaubszeit diesen Anspruch entfallen zu lassen, wenn der Reisende weiterarbeitet und daher diese Vermögenseinbuße gar nicht erleidet.

Nachdem im Rahmen des § 651f II BGB aber der immaterielle Schaden des entgangenen Erholungserlebnisses zu entschädigen ist,[2660] kann diese Auffassung zur Bedeutung der Erwerbstätigkeit in der Urlaubszeit keinen Bestand haben.

Es gilt das schon zum sog. Balkonurlaub Gesagte in verschärftem Maße: wenn schon der zu Hause verbrachte Urlaub keinen Ersatz für das mit der Reise verfolgte besondere Erho-

---

[2657] Bea., die Kosten dieser Ersatzreise sowie die mit der Organisation selbiger verbundenen Kosten erhält der Reisende ohnehin gem. § 651f I BGB ersetzt, s. o. Dritter Teil F. III. 1.) (S. 428) sowie dort Fn. 2536.

[2658] So aber *BGH* NJW 2005, 1047 (1049) [II. 3. a) (2)].

[2659] *BGHZ* 82, 219 (227) (= NJW 1982, 377) (allerdings noch zur alten Rechtslage vor Einführung des Reisevertragsrechts); *OLG Düsseldorf* NJW-RR 1990, 573 (574); *Erman/Seiler*, § 651f, Rn. 8 a. E.

[2660] S. o. Dritter Teil G. IV. 1.) b) (S. 441).

lungserlebnis sein kann, dann kann eine Erwerbstätigkeit erst recht keine Kompensation für die entgangene Reise sein. Eine Anrechnung der Weiterarbeit im Urlaubszeitraum auf den Anspruch aus § 651f II BGB ist daher abzulehnen.[2661]

Problematisch erscheint, im umgekehrten Fall bei vom Veranstalter verschuldeter verspäteter Rückreise dem Reisenden - mit oder ohne Zuweisung eines Pflichturlaubstages durch den Arbeitgeber - einen Anspruch aus § 651f II BGB zubilligen zu wollen.[2662]
Diese Situation ist an sich gerade das Gegenteil der von § 651f II BGB angedachten, zu entschädigenden Fallgestaltung einer - in zeitlich wie inhaltlichem Wortsinn - Verkürzung des Erholungserlebnisses.
Der Einbuße des Reisenden, diesen angerechneten Pflichturlaubstag nicht mehr „vorrätig" und zu seiner mehr oder weniger freien Disposition zu haben, kommt allenfalls der mit diesem Urlaubstag verbundene Freizeitwert zu, der aber, wie bereits dargestellt,[2663] kein Gegenstand einer Entschädigung nach § 651f II BGB sein kann. Eine spätere Rückkehr löst somit grundsätzlich keinen Anspruch nach § 651f II BGB aus.

Aufgrund der durch die verspätete Rückkehr ausgelösten, u. U. sehr weitreichenden Komplikationen für den Reisenden ist allenfalls denkbar, dass diesem angesichts dieser bevorstehenden Probleme ab dem Zeitpunkt seiner Kenntniserlangung von der späteren Rückreise die Erholung im Urlaub nicht mehr vergönnt sein wird.
Der Reisende wäre insofern in Ausnahmefällen gehalten, die besonderen Umstände in seinem Einzelfall darzulegen, die zu einer entsprechenden Beunruhigung und Einschränkung seines verbliebenen Erholungserlebnisses führen; gegen eine entsprechende anteilige Berücksichtigung bestehen sodann aber m. E. keine grundsätzlichen Bedenken.

b) Erholungswert der An- und Abreisetage

Nach verbreiteter Ansicht in der Rechtsprechung kommt ein Erholungswert der An- und Abreisetage von vornherein nicht in Betracht, denn diese dienten nicht der Erholung, sondern der Beförderung zu und vom Urlaubsziel.[2664]

Diese Einschätzung ist unter Heranziehung des Urlaubs- bzw. Erholungserlebnisses als Entschädigungsgegenstand zu relativieren bzw. abzulehnen. Auch An- und Abreise können je nach Reisecharakter zum Urlaubserlebnis zählen und sind dann in den Umfang der Ent-

---

[2661] So auch die h. M., vgl. *BGH* NJW 2005, 1047 (1049)[II. 3. a) (2)]; *LG Frankfurt a.M.* NJW-RR 1991, 315; *Staudinger/J. Eckert*, § 651f Rn. 69; *Führich*, Reiserecht, § 11 III. 3. c), Rn. 415; *Seyderhelm*, § 651f, Rn. 40; *Rodegra*, MDR 2004, 550 (553) [II. 1. c.].

[2662] So aber *OLG Düsseldorf* NJW-RR 1988, 636 (637); *OLG Köln* NJW-RR 1993, 1019; *LG Berlin* NJW-RR 1990, 1018 (1019); *LG Frankfurt a.M.* NJW-RR 1991, 630 (631); zustimmend ferner *Seyderhelm*, § 651f Rn. 54, sowie auch *Führich*, Reiserecht, § 11 III 3. c), Rn. 415, womit letzterer sich aber m. E. in Widerspruch zu seiner zutreffenden Argumentation zum Balkonurlaub setzt, s. dazu im Folgenden.

[2663] S. o. Dritter Teil G. IV. 2.) a) (aa) (S. 442).

[2664] S. bspw. *LG Frankfurt a.M.* RRa 2003, 25 (27) (4 Tage bei Australienreise); *AG Stuttgart* RRa 1994, 83 (84); *AG Bad Homburg v.d.H.* RRa 2002, 182 (An-/Abreisetag allgemein kein Urlaubstag); *AG Münster* RRa 2003, 129 (130) (allerdings bzgl. Minderung); *AG Duisburg* RRa 2005, 214 (215) (allgemein bei Pauschalreisen An-/Abreisetag kein Urlaubstag); a. A. *LG Köln* RRa 2001, 180 (181).

schädigung mit einzubeziehen,[2665] es sei denn, dass sie ausnahmsweise nicht zum vereitelten Reisezeitraum hinzuzuzählen sind. Ist die Reise beispielsweise zunächst im wesentlichen mangelfrei und wird erst ab der Hälfte der Zeit erheblich beeinträchtigt im Sinne des § 651f II HS 1 BGB, so ist nur die Rückreise zu entschädigen, nicht aber die Anreise in den zunächst einwandfreien Urlaub. Im Falle eines völligen Ausfalls der Reise vor Ort, einer völligen Mangelhaftigkeit bzw. kurzfristiger (berechtigter) Kündigung und Rückkehr sind sowohl An- als auch Abreisetag mit zu entschädigen.[2666]
Wer würde bestreiten wollen, dass ein ganz besonderer Reiz des Urlaubs in der Anreise liegt, in der Vorfreude, dem sprichwörtlichen Reisefieber. Umgekehrt dürfte bei einem mangelbedingten Abbruch der Reise die Enttäuschung über das entgangene bzw. negative Urlaubserlebnis gerade auf der Rückreise ihren Höhepunkt finden.[2667]

Beim ohnehin vorzugswürdigen Abstellen auf eine Gesamtbetrachtung der Reise zur Beurteilung, ob der Urlaub vertan ist, führt die hier vertretene Auffassung eines anzusetzenden Wertes für An- und Abreisetage zu keinem anderen Ergebnis. Gleiches gilt für die Fälle, in denen die Reise insgesamt vereitelt ist und kein Restwert an Erholungserlebnis mehr vorliegt. Beide Male wird letztlich der Reisende nach beiden Ansichten für den gesamten Urlaub entschädigt.
Ob man daher bei einer siebentägigen Reise im Wert von 350 € auf fünf vertane Urlaubstage im Wert von jeweils (350 ÷5),
oder inklusive An- / Abreise auf sieben vertane Urlaubstage im Wert von jeweils (350 ÷7) abstellt,
macht im Ergebnis (350 ÷5 · 5 = 350 ÷7 · 7) keinen Unterschied.[2668]

Relevant werden die unterschiedlichen Ansätze dann, wenn man für die Entschädigungsbemessung auf Tagessätze abstellt, wie das allerdings verbreitet ist,[2669] und nur einzelne Tage hinreichend beeinträchtigt sind für eine Entschädigung nach § 651f II BGB. Hier wirkt sich die hier vertretene Auffassung negativ aus, wenn An- und Abreise mangelfrei sind und somit der Anteil der mangelhaften, zu entschädigenden Tage gedrückt wird. Nach herkömmlicher Ansicht konzentriert sich in einem solchen Fall der Wert der Reise allein auf die vor Ort verbrachten Urlaubstage, wodurch der einzelne Tag wertvoller wird.
In obigem Beispiel einer siebentägigen Reise würde die Entschädigung für anzunehmende nur drei mangelhafte Tage vor Ort ohne die An- und Abreisetage 350 ÷ 5 · 3 = 210 betragen, bei Einbeziehung hingegen nur 350 ÷ 7 · 3 = 150.
Umgekehrt ist die hier vertretene Auffassung für den Reisenden vorteilhaft, wenn gerade *auch* oder gar *nur* die An- und Abreisetage misslungen sind. Denn für diese erhält der Reisende nach der o. g. üblichen Ausklammerung keinerlei Entschädigung.

2665 Vgl. auch *AG Magdeburg* RRa 1996, 225/226.
2666 *Führich*, Reiserecht, § 11 III. 3. d), Rn. 416.
2667 Vgl. zur Rückreise ähnlich *Müller*, 2. Teil C. III. 3. c) cc) aaa) (1), S. 186.
2668 S. a. ähnlich *LG Köln* RRa 2001, 180 (181).
2669 S. *Führich*, Reiserecht, § 11 III. 2. b) (4), Rn. 412 m. umfangr. Nachw. aus der Rspr. dort in Fn. 220.

Wiederholend sei nochmals darauf hingewiesen, dass sich das Problem ohnehin nicht stellt, wenn man für die Beurteilung, ob und wie weit die Reise im Sinne des § 651f II BGB misslungen ist, nicht auf Einzeltage, sondern auf den Urlaub als Ganzes abstellt.

c) Ohnehin entfallender Erholungswert bei hypothetischer Kausalität

Gemeinsam ist diesem Ansatz eines Entfallens der Entschädigung bei überholender Kausalität durch eine Reserveursache mit der vorhergehend dargestellten vorherrschenden Meinung zu den An- und Abreisetagen, dass in beiden Fällen eine ohnehin fehlende Urlaubsfreude angenommen wird, die konsequent auch nicht zu entschädigen sei.

Unter dem Gesichtspunkt überholender Kausalität wurde gelegentlich ein Wegfall des Anspruchs aus § 651f II BGB diskutiert, wenn die Reise ohnehin durch ein späteres, der Sphäre des Reisenden zuzurechnendes Ereignis abgebrochen oder zumindest die Urlaubsfreude entfallen wäre. Derartige Ereignisse können Krankheit oder Todesfälle in der Familie des Reisenden oder sonstige Vorkommnisse in der Heimat oder auch reiseunabhängig vor Ort sein, die einen Abbruch erfordert hätten.[2670]

Eine Beurteilung derartiger Fälle von Reserveursachen für das Entfallen des Urlaubserlebnisses erscheint schwierig. Die Problematik hypothetischer Schadensursachen ist auch schon ohne zusätzliche reisevertragliche Besonderheiten komplex und weitreichend ungeklärt.[2671]

(aa) Allgemeine Behandlung hypothetischer Schadensursachen

Zunächst ist der Grundsatz festzuhalten, dass real ursächlich allein das ursprünglich schädigende Ereignis ist, die Reserveursache kann sich tatsächlich nicht mehr auswirken, da der Schaden bereits eingetreten ist.

Das *RG* lehnte folglich die Berücksichtigung hypothetischer Schadensursachen ab,[2672] erkannte aber eine bedeutende Ausnahme an, über die wohl weitgehende Übereinstimmung herrscht,[2673] nämlich die sogenannten *Anlagefälle*, in denen der geschädigten Person oder Sache bereits eine Schadensanlage innewohnte, die sich später ohnedies ausgewirkt hätte.

2670 Entfallen des Entschädigungsanspruchs aufgrund hypothetischer Kausalität angenommen vom *LG Frankfurt a.M.* RRa 1999, 233 (ein vor Ort bei einem Ausflug durch Unfall nicht unerheblich verletzter und insofern nach § 651f II BGB entschädigungsberechtigter Reisender erhielt daraufhin Nachricht vom Tod eines nahen Angehörigen zuhause, woraufhin er die Reise abbrach und nach Hause zurückkehrte); hingegen Einbeziehung von Überlegungen zu hypothetischer Kausalität abgelehnt von *OLG Celle* RRa 2002, 260, 262 (die Reise war noch vor Antritt wegen Überbuchung gekündigt worden, der verhinderte Reisende hatte dann zuhause während der ursprünglich geplanten Reisezeit eine Lungenentzündung erlitten).

2671 Vgl. *Tempel* in Anm. zu *LG Frankfurt a.M.* a. a. O. (Fn. 2670), S. 236: „Literatur und Rechtsprechung zur Frage der überholenden und hypothetischen Kausalität sind unübersehbar"; vgl. auch *Palandt/Heinrichs*, Vorb v § 249 Rn. 98: „Rechtsprechung und Lehre haben trotz einer über 100jährigen Diskussion keine allgemein anerkannte Lösung gefunden."

2672 *RGZ* 141, 365; 169, 117

2673 S. *RGZ* 156, 191; s. a. *BGH* NJW 1956, 1027; i. ü. allg. Ansicht, vgl. *Palandt/Heinrichs*, Vorb v § 249 Rn. 99; *Medicus*, Bürgerliches Recht, Rn. 849.

Darüber hinaus werden hauptsächlich zwei weitere verschiedene Schadensarten unterschieden, nämlich einerseits die sog. *Objektschäden*, andererseits die sog. *Dauer- und Folgeschäden.*

Bei einem *Objektschaden* erwirbt der Geschädigte mit der abgeschlossenen Beschädigung einen Ersatzanspruch gegen den Schädiger. Er trägt für diesen bereits das Forderungsrisiko der Verwirklichung seines Anspruchs, er soll daher nicht noch zusätzlich das Sachrisiko tragen, dass das Objekt ohnehin später aus anderem Grund beschädigt bzw. zerstört worden wäre.[2674] Das ursprüngliche Schadensobjekt wurde sozusagen im Vermögen des Geschädigten durch die entsprechende Entschädigungsforderung endgültig ersetzt.

Diese Argumentation ließe sich auf Fälle des § 651f II BGB dahingehend übertragen, dass auch bei vereiteltem Erholungserlebnis der geschädigte Reisende einen Anspruch aus § 651f II BGB gegen den Veranstalter erwirbt; er trägt dabei das, gerade auch angesichts des in der Praxis geringen Prozesserfolgs in Reiseverfahren[2675] nicht zu unterschätzende, Risiko der Verwirklichung dieses Anspruchs.
Auch hier, so könnte man argumentieren, solle er nicht noch zusätzlich das Risiko tragen, dass die vertane Urlaubszeit später noch aus anderem Grunde entfallen wäre - er würde ein doppeltes Risiko hinsichtlich seiner Entschädigungsverwirklichung tragen.

Eine weitere Fallgruppe betrifft *Dauer- und Folgeschäden.* Hierbei ist nicht ein einmalig fest entstandener Schaden Gegenstand, sondern andauernde oder sich entwickelnde Nachteile aus der schädigenden Ursache. Hierbei sei der weitere Geschehensablauf und daher auch ein späterer Eintritt weiterer hypothetischer Ursachen zu berücksichtigen.[2676]
Diese Argumentation wäre insofern auf die Fälle vertaner Urlaubszeit übertragbar, als es sich auch hier um einen Zustand andauernder Schadhaftigkeit handelt. Der Anspruch wegen entfallenem Erholungserlebnis besteht fort, solange die Beeinträchtigung der Reise fortdauert, kann also auch - beispielsweise durch spätere Mangelabhilfe - durchaus wieder entfallen.
Tatsächlich stellte das *LG Frankfurt a.M.* in o. g. Entscheidung[2677] darauf ab, dass der Anspruch nach § 651f II BGB gewissermaßen mit jedem vertanen Urlaubstag jeweils für diesen neu entsteht.

(bb) Anwendung auf die reisevertragliche Entschädigung nach § 651f II BGB

In Übertragung der obigen Überlegungen hängt die Antwort auf die Frage nach der Berücksichtigung der Reserveursachen m. E. davon ab, ob im zu entscheidenden Fall die Reise insgesamt vereitelt und abgebrochen bzw. gar nicht erst angetreten wurde, oder ob die zwar

---

[2674] Im vorliegenden Kontext auch „näherer" oder „unmittelbarer" Schaden, vgl. *Medicus*, Bürgerliches Recht, Rn. 851; s. a. *Palandt/Heinrichs*, Vorb v § 249 Rn. 102.
[2675] S. auch eingangs der Arbeit Einleitung S. 7 u. dort Fn. 47.
[2676] Im Gegensatz zu oben Fn. 2674 „entfernterer" bzw. „mittelbarer" Schaden, vgl. *Medicus*, Bürgerliches Recht, Rn. 851; *Palandt/Heinrichs*, Vorb v § 249 Rn. 103.
[2677] S. o. Fn. 2670.

erheblich mangelhafte Reise dennoch weiterhin vor Ort durchgeführt wird und zumindest noch *Aussicht* auf eine Besserung besteht.

In ersterem Fall ist die nach § 651f II BGB zu entschädigende Enttäuschung über das Misslingen seines Urlaubs beim Reisenden unwiederbringlich eingetreten in dem Moment, in dem die Reise im Sinne des § 651f II HS 1 BGB vereitelt wird durch Nichtantritt oder Abbruch; dies entspricht den oben angestellten Überlegungen zum sogenannten eingetretenen *Objektschaden*. Die Reise und damit das Erholungserlebnis wurde sozusagen als Gesamtobjekt ab diesem Zeitpunkt unwiederbringlich vereitelt, das Erholungserlebnis stattdessen durch den entsprechenden Entschädigungsanspruch dafür ersetzt. Spätere Reserveursachen sind daher nicht zu berücksichtigen.

In letzterem Fall hingegen dauert die zwar schadhafte Reise an sich jedoch weiterhin an. Sie bleibt solange Ursache für einen andauernden Schaden in Form der Beeinträchtigung bzw. Verfehlung des Urlaubszwecks und Erholungserlebnisses, wie diese Beeinträchtigung andauert bzw. bis der Urlaub ohnehin zu Ende ist. Hier liegt es nahe, der Argumentation zu den sogenannten entstehenden *Dauer- und Folgeschäden* zuzuneigen und später eintretende weitere Ursachen für die Vereitelung der Reise zu berücksichtigen.

Davon unabhängig sind allgemein in der Person des Reisenden zum Zeitpunkt der Vereitelung der Reise bereits angelegte Schäden, die sich ohnehin verwirklicht hätten, nach der Argumentation zu den *Anlagefällen* zu berücksichtigen dahingehend, dass ein Entschädigungsanspruch des Reisenden für die primäre Ursache der Reisevereitelung nur bis zum hypothetischen Eintritt der Vereitelung durch die angelegte Schadensursache besteht.

3.) Umfang und Berechnung des Entschädigungsanspruchs

Während über den Charakter des § 651f II BGB als immaterieller Schadensersatzanspruch mittlerweile weitgehende Einigkeit besteht,[2678] so unterschiedlich sind dennoch nach wie vor die verschiedenen Ansätze, um den konkreten Betrag der Entschädigung zu ermitteln.[2679]

Es wird sich zeigen, dass auch hierbei die angestellten Überlegungen zum Erholungserlebnis als Grund und Gegenstand der Entschädigung in § 651f II BGB hilfreich sind.

a) Einkommenswert des Urlaubszeitraums, Mischmodelle

Als schon lange überholt gelten müsste zunächst eigentlich der vor Einführung des Reisevertragsrechts verbreitete ursprüngliche Ansatz,[2680] den Anspruch aus § 651f II BGB danach zu berechnen, was es den Reisenden „kosten“ würde, wenn er für die entsprechende

[2678] S. o. Dritter Teil G. IV. 1.) a) (S. 439).

[2679] Dem klagenden Reisenden kommt allerdings zumindest zugute, dass er hier - nach allgemeinen Grundsätzen wie bei anderen immateriellen Ansprüchen auch - seinen Klageantrag insoweit nicht konkret beziffern muss, vgl. *Staudinger/J. Eckert*, § 651f Rn. 74; *Seyderhelm*, VII. 6., Rn. 23, S. 469/470; das Gericht kann eine Entschädigung zusprechen, die über der als Mindestbetrag geltend gemachten Summe liegt, ohne dabei gegen den Grundsatz des *ne ultra petita* § 308 I ZPO zu verstoßen, vgl. auch *OLG Celle* RRa 2002, 260 (262).

[2680] S. o. Dritter Teil G. IV. 1.) a) (S. 439) sowie eingangs G. I. (S. 432).

Anzahl an Urlaubstagen unbezahlten Urlaub nehmen müsste, auf sein Einkommen als Selbständiger verzichten oder eine Ersatzkraft einsetzen müsste.
Ein solches Abstellen auf das Einkommen des Reisenden ist mit dem immateriellen Charakter des § 651f II BGB und seiner Erstreckung auch auf nicht erwerbstätige Personen nicht vereinbar[2681] und entspricht so auch nicht dem Willen des Gesetzgebers.[2682]

Auch der *BGH* betonte sogleich in seinen ersten zur neuen Rechtslage nach Einführung des Reisevertragsrechts ergangenen Urteilen ausdrücklich, dass seine frühere Konstruktion einer einkommensbasierten Urlaubsentschädigung durch die alte Rechtslage bedingt war und zur Orientierung der in den Materialien zum neuen § 651f II BGB zum Ausdruck kommende Wille des Gesetzgebers einer Berücksichtigung alle Umstände maßgeblich sei.[2683] Die alte Auffassung zu einer einkommensbasierten Entschädigung behindere auch die notwendige Erstreckung desselben auf nicht im Erwerbsleben stehende Personen.[2684]

Soweit dennoch vereinzelt weiter am Einkommensverlust als Berechnungsansatz festgehalten wird[2685] mit einer auf dem alten Kommerzialisierungsgedanken beruhenden Begründung eines materiell fassbaren Schadens, so können die Vertreter dieser Ansicht diesen materiellen Schaden m. E. dann auch konsequenterweise über den entsprechenden § 651f I BGB (als materiellen Schaden) ersetzen.[2686]

Legt man dem immateriellen Entschädigungsanspruch richtigerweise das entgangene Erholungserlebnis zugrunde, so ist offensichtlich, dass der entsprechende emotionale Verlust und die Enttäuschung unabhängig vom Einkommen sind. Freuen sich ein Topmanager mit

---

[2681] *Bendref*, NJW 1986, 1721 (1723) [III. 4. f)], will bzgl. Schülern und Studenten auf BaföG-Sätze, bei Rentnern auf ihre Rentenbezüge und bei Arbeitslosen auf die Unterstützungsbeträge abstellen. Damit entspricht diese Lösung weitgehend der auf einem materiellen Verständnis beruhenden, durch Einführung des Reisevertragsgesetzes überholten Konstruktion des *BGH* zur vorher geltenden Rechtslage, s. o. Dritter Teil G. IV. 1.) a) (S. 439).

[2682] S. Protokoll Nr. 51 (8. Wahlperiode) des Rechtsausschusses vom 8.11.1978, S. 24, Abg. *Schöfberger*: die Entschädigung solle sich „auch am Reisepreis, nicht aber an dem entgangenen Einkommen des Reisenden orientieren".

[2683] *BGH* NJW 1983, 35 (36) [II. 1.].

[2684] *BGH* NJW 1983, 218 (220) [II. 1. a)].

[2685] Bspw. LG Stuttgart, NJW-RR 1986, 349; *Bendref*, NJW 1986, 1721 (1723) [III. 4. a)]; ausdrücklich auch *Kaller*, Reiserecht, C. Teil 4 II. 5. a) aa), Rn. 280. Soweit *Kaller* auch das *OLG Frankfurt a.M.* und das *OLG München* aufgrund älterer Urteile zu den Vertretern dieser Ansicht zählt (s. a. a. O., dort Fn. 132), die ausschließlich das Arbeitseinkommen zugrundelegen, so ist hierzu festzuhalten, dass nunmehr das *OLG Frankfurt a.M.* RRa 2002, 255 (257) ausdrücklich das Einkommen als einen unter mehreren Faktoren ansieht - die Entschädigung bemesse sich „nach der Schwere der Beeinträchtigung, der Höhe des Reisepreises, den Kosten der Finanzierung einer gleichwertigen Urlaubsreise (Ersatzreise), der Schwere des Verschuldens des Reiseveranstalters und den Einkommensverhältnissen des Reisenden. Dabei stehen in der Regel der Reisepreis und - soweit bekannt - die Einkommensverhältnisse als Ausgangszahlen im Vordergrund, wobei gegebenenfalls ein Mittelwert zu bilden ist. Auf dieser Grundlage sind dann die weiteren Umstände zu berücksichtigen." Und auch das *OLG München* stellt in einer jüngeren Entscheidung ausdrücklich fest: „Der Orientierung der angemessenen Entschädigung am Reisepreis gegenüber derjenigen an den Einkommensverhältnissen des Reisenden, die ebenfalls vertreten wird, ist nach Ansicht des Senats der Vorzug zu geben.", vgl. RRa 2002, 57 (62).

[2686] Interessanterweise billigte das *OLG Köln*, RRa 1995, 29 (32f), in der Tat mit ähnlicher Überlegung einen Ersatz zu für den nachgewiesenen materiellen Schaden in Form einer Urlaubsvertretung, die für den rechtzeitigen Antritt der Reise notwendig war, zusätzlich zu der vom Gericht zugesprochenen immateriellen Entschädigung für den vereitelten Urlaub gem. § 651f II BGB; m. E. zutr., denn es handelt sich um eine tatsächlich entstandene materielle Schadensposition.

10.000 € Monatseinkommen und ein geringfügig Beschäftigter mit 300 € pro Monat ceteris paribus auf die gleiche vierzehntägige Studienreise, so wird auch der emotional empfundene Verlust angesichts des entgangenen Urlaubserlebnisses ähnlich ausfallen und nicht bei ersterem beispielsweise mit 5000 € und bei letzterem mit 150 € zu veranschlagen sein. Von den Schwierigkeiten, die sich bei einem derartigen verdienstbezogenen Berechnungsansatz hinsichtlich erwerbsloser Personen (Hausfrauen/-männer, Schüler, Studenten, Rentner, Arbeitslose) ergeben, ganz zu schweigen.[2687]

Dabei müssen auch Versuche scheitern, in einem Mischmodell für die Berechnung der Entschädigung bei Erwerbstätigen auf diese erkaufte Freizeit und inkonsequent bei nicht Erwerbstätigen auf eine andere Berechnungsmethode zurückzugreifen, ebenso wie die Methode, einen arithmetischen Mittelwert zwischen dem der Urlaubszeit entsprechenden Einkommen und dem Reisepreis anzunehmen.[2688]

b) Berücksichtigung aller Umstände des Einzelfalls

In der Begründung des Rechtsausschusses zum letztlich verwirklichten Entwurf des Reisevertragsgesetzes, die der BGH ursprünglich als Grundlage zur Bemessung übernahm,[2689] heißt es zu § 651f II BGB:

> „Die Vorschrift sieht davon ab, einen starren Maßstab für die Bemessung der Entschädigung festzulegen. Der Ausschuß geht davon aus, dass bei der Bemessung der Entschädigung alle Umstände des Einzelfalls zu berücksichtigen sind. Dabei kann neben dem Ausmaß der Beeinträchtigung auch die Höhe des Reisepreises von Bedeutung sein. Ein weiteres Moment bei der Bemessung der Entschädigung kann der Aufwand sein, der für die Beschaffung eines Ersatzurlaubs erforderlich wäre."[2690]

Unklar bleibt dabei, welche Umstände demnach nun konkret heranzuziehen, und vor allem, wie diese zu gewichten sind.

Der Aspekt des „Aufwandes der Beschaffung eines Ersatzurlaubs" ist einerseits eine erhöhte Variante des bereits genannten Faktors Reisepreis, zum anderen begegnet man diesem Gedanken schon im Rahmen des regulären Schadensersatzes nach § 651f I BGB, denn die Kosten eines gleichwertigen Ersatzurlaubs - und nur ein solcher kann hier gemeint sein - erhält der Reisende bereits als materiellen Schaden ersetzt.[2691]

Konkreter ist die Vorgabe, dass das „Ausmaß der Beeinträchtigung" zu berücksichtigen sei. Dies ist auch nachvollziehbar, denn das Erholungserlebnis ist nicht von alternativem Charakter entweder ganz vorhanden oder eben vollständig entfallen, sondern entgeht dem Reisenden graduell bzw.- in aller Regel - grob proportional zu dem Maße, wie auch sein Ur-

---

[2687] S. *BGH* NJW 1983, 218 (220) [II. 1. a)]; *T. Heinz*, Reisevertragsrecht, S. 84; s. aber hierzu den Ansatz von *Bendref*, s. o. Fn. 2681.

[2688] S. *OLG Karlsruhe* NJW-RR 1988, 954 (955): bei einem Einkommen für die fünf Tage von 921 DM und einem Reisepreis von 667 DM durch Schätzung § 287 I ZPO ein Mittelwert i. H. v. 800 DM als Entschädigung gem. § 651f II BGB; ebenso *LG Düsseldorf* NJW-RR 2002, 269; s. a. *BGH* NJW 1983, 35 (37); *Tempel*, Materielles Recht, § 6 III. 5. b), S. 270.

[2689] *BGH* NJW 1983, 35 (37) [II. 1. b)]; *BGH* NJW 1983, 218 (220) [II. 1.].

[2690] Bericht Rechtsausschuss BT-Dr 8/2343, S. 11.

[2691] S. o. Dritter Teil F. III. 1.) (S. 428).

laub gem. § 651f II HS 1 Alt. 2 BGB durch Mängel beeinträchtigt wird.[2692]
In der Tat war im damaligen Gesetzgebungsverfahren für den schließlich umgesetzten Gesetzentwurf anfänglich für § 651f II BGB ein später gestrichener zweiter Satz vorgesehen, welcher für die Höhe der Entschädigung als einziges konkret benanntes Kriterium das Maß der Beeinträchtigung enthielt.[2693]
Die Berücksichtigung der Beeinträchtigungsintensität ist allerdings auch mit den anderen Berechnungsmodellen kombinierbar bzw. naheliegendes Element derselben hinsichtlich konkreter Ermittlung des *Umfangs* des Anspruchs aus § 651f II BGB[2694] - fraglich ist aber zunächst der grundsätzliche *Ausgangspunkt* für dessen Errechnung.

Angesichts der Formulierung, dass „alle Umstände des Einzelfalls zu berücksichtigen" sind, wurden in der Rechtsprechung in der Tat unterschiedlichste Faktoren herangezogen.
Dabei muss aber von vornherein das Ausmaß des Verschuldens[2695] des Veranstalters aus der Berücksichtigung ausscheiden.[2696] Die Schwere des Verschuldens darf schon allein deshalb keine Berücksichtigung finden, auch nicht unter dem Deckmantel einer an sich unproblematischen und den immateriellen Ansprüchen ohnehin immanenten Genugtuungsfunktion,[2697] da § 651f II BGB keine Strafnorm, sondern ein zivilrechtlicher Ersatzanspruch ist. Die Berücksichtigung des Verschuldensgrades verliehe dieser Erstattung den Charakter einer gesetzlichen Strafsanktion,[2698] die dem deutschen Zivilrecht grundsätzlich fremd ist.[2699]

Fast schon kurios mutet es an, wenn in die Überlegungen zur Höhe der Entschädigung vom Gericht auch die Stornosätze des Veranstalters nun gegen diesen herangezogen werden, die dieser zu dem Zeitpunkt seiner Kündigung der Reise vor Antritt verlangt hätte, wenn die Kündigung durch den Reisenden erfolgt wäre.[2700]
Hierbei wird zwar in beinahe etwas schelmisch anmutender Weise „der Spieß herumgedreht", dies ist aber letztlich verfehlt aufgrund der gänzlich anderen Sach- und Interessenlage zwischen einerseits der Kompensation des Veranstalters für seine organisatorischen Aufwendungen bei Ausübung des Rücktrittsrechts durch den Reisenden vor Urlaubsan-

---

[2692] A. A. *Bendref*, NJW 1986, 1721 (1722) [III. 2.], die Vereitelung könne nur vollkommen sein, graduelle Abstufungen gebe es dabei nicht.
[2693] Vgl. Protokoll Nr. 43 (8. Wahlperiode) des Rechtsausschusses vom 10.5.1978, Anlage 3, S. 7.
[2694] S. dazu jeweils im Folgenden.
[2695] Vgl. § 18 II 2 des Regierungsentwurfs, BT-Dr 8/786, S. 7; s. a. *OLG Frankfurt a.M.* a. a. O. (Fn. 2685).
[2696] Der im Regierungsentwurf BT-Dr 8/786, S. 7 u. 30, noch in Gesetzeswortlaut und Begründung zu findende Bezug auf den Grad des Verschuldens findet sich bezeichnenderweise in Gesetzestext und Bericht des Rechtsauschusses zur verwirklichten Fassung, BT-Dr 8/2343, S. 10f, nicht mehr.
[2697] Vgl. auch *Tempel*, Materielles Recht (1. Aufl.), § 6 III. 5. b), S. 270.
[2698] Insofern zutreffend *Müller*, 2. Teil C. III. 3. c) bb), S. 185; a. A. (m. E. dogmatisch verfehlt) *Wieland*, 3. A. III. 1. c., 123, der Grad des Verschuldens *müsse* ebenfalls einbezogen werden, *da* die Schadensersatzverpflichtung auch einen Sanktionscharakter habe.
[2699] Soweit beim Schmerzensgeld als klassischem immateriellen Schadensersatzanspruch das Verschulden des Schädigers ein Faktor bei der Bemessung der Höhe ist, so folgt dies aus dem Ziel einer Genugtuungsfunktion des Schmerzensgeldes für den Geschädigten, und eine entsprechende verschuldensabhängige Höhe als „strafende" Wirkung beim zahlungspflichtigen Schädiger ergibt sich lediglich als zwangsläufiger Reflex daraus; s. a. *BGH* NJW 1993, 781; vgl. auch *Palandt/Heinrichs*, § 253 Rn. 11.
[2700] S. *OLG Celle* RRa 2002, 260 (262).

tritt,[2701] und andererseits der immateriellen Entschädigung des Reisenden für das ihm entgangene Erholungserlebnis.

c) Tagespauschalwerte

Vor allem in der Rechtsprechung ist ein Berechnungssystem weit verbreitet, welches auf mehr oder weniger pauschale Tagessätze abstellt.[2702] Sozusagen in seiner Reinform wurde dieses Modell vom *LG Frankfurt a.M.* entwickelt und wird von diesem nach wie vor praktiziert. Für jeden vertanen Urlaubstag wird unabhängig von Reisepreis, Einkommen des Reisenden o. ä. ein pauschaler Regelsatz zugebilligt. Aus einer ursprünglichen Tagespauschale von 100 DM[2703] für einen völlig vertanen Urlaubstag wurde unter Einberechnung der allgemeinen Preissteigerung später ein Betrag von 130 DM[2704] und im Rahmen der Euro-Einführung nunmehr ein Regelsatz von 72 €[2705]. Dieser Regelsatz ist ein Höchstsatz, von dem regelmäßig Abzüge erfolgen, insoweit die Beeinträchtigungsintensität weniger als 100% Minderungsquote erreicht.[2706]

Einen ähnlichen, aber etwas abgeschwächten Ansatz verfolgte ursprünglich das *LG Hannover*. Ausgehend von einem Grundbetrag von 50 DM wurde dieser je nach den konkreten Umständen erhöht, wobei es einzelfallbezogen gemäß der ursprünglichen Formulierung des *BGH* alle Umstände wie Grad und Schwere der Reisebeeinträchtigung, Nettoeinkommen des Reisenden, Höhe des Reisepreises und Verschulden des Reiseveranstalters für eine darüber hinausgehende Entschädigung berücksichtigt und eine Obergrenze abgelehnt hat; vom System pauschaler Berechnung ist das *LG Hannover* aber mittlerweile insgesamt abgerückt und entscheidet nun nur noch einzelfallbezogen.[2707]

Das *OLG Düsseldorf* schloss sich dem ursprünglichen Ansatz des *LG Frankfurt* mit einem Regelsatz in Höhe von 100 DM an, der ebenfalls der jeweiligen Minderungsquote angepasst wird, wobei das *OLG* aber andeutet, dass es die 100 DM als einen Mindestsatz ansieht, der im Einzelfall erhöht werden kann.[2708] Das *AG Hamburg* wendet in ständiger Rechtspre-

---

[2701] S. hierzu (§ 651i BGB) eingehend oben Zweiter Teil F. III. (S. 276).

[2702] In der Literatur nur vereinzelt, so etwa *Rodegra*, MDR 2004, 550 (555f) [II. 2. d.].

[2703] Vgl. etwa *LG Frankfurt a.M.* NJW-RR 1988, 1451 (1453).

[2704] Geändert in *LG Frankfurt a.M.* RRa 1998, 119 (120); interessanterweise stellt die Begründung und damit auch das Modell pauschaler Tagessätze des *LG Frankfurt a.M.* darauf ab, der Tagessatz sei nicht aus der Luft gegriffen, sondern korreliere mit dem allgemeinen Durchschnittseinkommen. Selbst wenn man dem Tagessatzmodell des *LG Frankfurt a.M.* praktische Vorzüge der Handhabbarkeit zubilligt (vgl. das Editorial von *Tonner* in RRa 1998, 106), so erscheint diese Begründung eines abstrahiert-materiellen Entschädigungsanspruchs im Rahmen einer Kommerzialisierung basierend auf dem allgemeinen Durchschnittsverdienst dogmatisch doch sehr fragwürdig. Bestätigung des Tagessatzes von 130 DM als eigene „ständige Rechtsprechung“ in *LG Frankfurt a.M.* RRa 2000, 91; ebenfalls *AG Bad Homburg* NJW-RR 2001, 348 (65 DM bei 50% Minderungsquote).

[2705] Geändert auf 72 € in *LG Frankfurt a.M.* RRa 2003, 25 (26f); dem folgend *AG Bad Homburg* NJW-RR 2005, 856f.

[2706] Grundlegend *LG Frankfurt a.M.* NJW-RR 1988, 1451; s. a. *AG Bad Homburg v.d.H.*, a. a. O. (Fn. 2704).

[2707] *LG Hannover* NJW-RR 1989, 633 (634f), mit der beschriebenen Tagespauschale von je nach Umständen erhöhten 50DM; später in NJW-RR 1990, 1019, fiktiver Lohnausfall und Höhe der Reisekosten einer Ersatzreise; in NJW-RR 2000, 1162, dann Gesamtbewertung aus Reisepreis und Nettoeinkommen unter Berücksichtigung Reisezweck, Schwere der Mängel und Erholungswert des zu Hause verbrachten Urlaubs.

[2708] *OLG Düsseldorf* RRa 2003, 14 (18).

chung[2709] einen pauschalen Tagessatz von 100 DM in recht strenger Variante an, indem es die spätere Erhöhung des *LG Frankfurt a.M.* auf 130 DM und die Basierung auf dem allgemeinen Durchschnittsverdienst ausdrücklich ablehnt;[2710] die 100 DM sind ein Maximalsatz, der nur nach unten an den Grad der Beeinträchtigung angepasst wird.
Auch in der übrigen Rechtsprechung finden sich verbreitet Anlehnungen an den ursprünglichen 100-DM - Regelsatz des *LG Frankfurt a.M.*[2711]

Das Modell pauschaler Tagessätze ist zweifellos leicht handhabbar, insbesondere in der vom *LG Frankfurt a.M.* vertretenen Form völlig unabhängig von irgendwelchen Faktoren wie Einkommen oder Reisepreis. Dies ist konsequent hinsichtlich der Abwendung vom materiellen Kommerzialisierungsansatz über entgangenen Verdienst o. ä., lässt aber die vom Gesetzgeber intendierte Einzelfallbetrachtung[2712] schon im Ansatz außer acht. Letzteres ist zwar insofern nachvollziehbar und konsequent, als es bei der zu entschädigenden vertanen Urlaubszeit wie auch anderswo etwa beim Schmerzensgeld aufgrund des immateriellen Charakters in der Natur des schwer fassbaren Entschädigungsgegenstandes liegt, dass es schwierig erscheint, diesen überhaupt materiell zu quantifizieren.
Mit einem willkürlich festgesetzten Wert von 72 EUR pro Urlaubstag wird aber noch nicht einmal der Versuch gemacht, nach den Umständen des Einzelfalls zu differenzieren. Diese Pauschale kann den Reisepreis übersteigen oder auch nur einen Bruchteil desselben ausmachen, ebenso wie sie je nach Fall dem vom einzelnen empfundenen „Verlust" an Urlaubserlebnis nicht einmal ansatzweise gerecht wird oder diesen auch völlig überkompensieren kann.
Das Abstellen auf pauschale Tagessätze ist insofern eine aus der vermeintlichen Schwierigkeit der Bemessung entstandene Krücke, die als Vorteil vor allem eine Arbeitserleichterung für das Gericht hinsichtlich des Berechnungs- und Begründungsaufwandes mit sich bringt.

d) <u>Richtzahlensystem nach *Müller*</u>

Sozusagen als extremes Gegenbeispiel zum pauschalen Tagessatzmodell hat *Müller* in seiner Arbeit zum § 651f II BGB ein ausgeklügeltes Berechnungssystem entwickelt.[2713]

Dabei unterscheidet er zunächst die Beeinträchtigung des Urlaubs und die Person des von dieser Beeinträchtigung Betroffenen, und zur besseren zeitlichen Handhabung stellt er auf den einzelnen vertanen Urlaubstag ab. Sodann stellt er als Ausgangspunkt die Richtzahl 100 auf, die dem gänzlich beeinträchtigten Urlaubstag eines vollzeiterwerbstätigen Durchschnittsverdieners zugeordnet wird.[2714]

[2709] So das Gericht selbst in *AG Hamburg* RRa 2000, 187 (188).
[2710] *AG Hamburg* RRa 1999, 192 (193).
[2711] *OLG Celle* RRa 2003, 12 (12/13); *AG Kleve* RRa 1998, 177 (178); *AG Bad Homburg v.d.H.* MDR 1997, 29 (= NJW-RR 1997, 818); *AG Neuss* RRa 2000, 181 (182); *AG Schöneberg* NJW-RR 2002, 1284; *AG Düsseldorf* RRa 1997, 178; *AG Ludwigsburg* RRa 2005, 34 (35) (50 € pro Tag, unter ausdrücklicher Bezugnahme auf das System von Tagespauschalen der *LGe Frankfurt a.M.* und *Hannover*).
[2712] Bericht Rechtsausschuss BT-Dr 8/2343, S. 11 (kein starrer Maßstab für die Bemessung, statt dessen Berücksichtigung aller Umstände des Einzelfalls); s. a. o. Dritter Teil G. IV. 1.) a) (S. 439).
[2713] *Müller*, 2. Teil C. III. 3. c) cc), S. 185ff.
[2714] *Müller*, 2. Teil C. III. 3. c) cc), S. 186.

In späteren Beispielen zur Illustration setzt er diesen Wert 1:1 in DM um, wodurch sich ein Regeltagessatz von 100 DM ergeben würde. Diese Umsetzung 1:1 stellt Müller aber ausdrücklich zur Disposition,[2715] da es ihm nicht um konkrete Beträge, sondern ein in sich geschlossenes abstraktes System geht.

Mit Hilfe einer Formel ermittelt er die Richtzahl für den jeweiligen

$$\text{Tagessatz} = \frac{R(a) \cdot R(b)}{100}$$

wobei R(a) die Richtzahl betreffend die Auswirkungen auf den Urlaub und R(b) die Auswirkung auf den betroffenen Urlauber darstellt.

Innerhalb R(a) werden von *Müller* die verschiedenen Problemstellungen An- und Abreisetage, Zeitaufwand für Umzug vor Ort in ein anderes Hotel, Resturlaubswert zuhause und die Mangelhaftigkeit am Urlaubsort mit Richtzahlen versehen.[2716] Beispielsweise wird R(a) für den mangelbedingten Umzugstag von *Müller* gleich 100 gesetzt, da er infolge des Umzugs von einer völligen Vereitelung des jeweiligen Urlaubstages ausgeht. Bei einer Mangelhaftigkeit von 60% am jeweiligen Tag wäre R(a) = 60, wobei sich *Müller* unausgesprochen des üblichen Ansatzes der Mangelhaftigkeitsbewertung unter Angabe von Minderungsprozentsätzen[2717] bedienen kann.

In der zweiten Variablen R(b) berücksichtigt *Müller* den Erholungswert des Urlaubs für die unterschiedlichen Personenkreise, indem er ihnen unterschiedliche Werte zuweist, von denen hier nur einige beispielhaft herausgegriffen seien.

So wird einem „Vielverdiener“ oder „Vielarbeiter“ ein Wert von über 100, teilweise je nach Arbeitseinsatz (*Müller* nennt den 60 Stunde pro Woche arbeitenden Rechtsanwalt) bis über 200 zugesprochen, da dieser *Müller* besonders erholungsbedürftig erscheint, während er für einen Rentner einen Wert von R(b) = 20 für angemessen hält mit der Begründung, die Urlaubsreise bedeute für diesen „nur“ Abwechslung, nicht aber (unterstellt ohnehin gegebenes) Ausspannen und Sich-Erholen.[2718]

Studenten erhalten einen Wert von 50 zugewiesen, es sei denn, sie würden in den Semesterferien arbeiten, dann beträgt R(b) für sie 80. Auch dann, wenn sie den Urlaub für das Ausspannen vor dem Examen benötigen, wirkt sich dies im Rahmen der jeweiligen Einzelfallberücksichtigung in einem höheren Wert für R(b) aus.[2719]

Als abschließendes Beispiel bildet er den Fall einer 14-tägigen Reise und setzt für dieses Beispiel die Richtzahlen 1:1 in DM um, der Richtwert 100 entspricht also einem Tagessatz von 100 DM:

Bei mit einer Mangelhaftigkeit von 50% beeinträchtigten Reise, R(a) = 50, erhält ein Rentner, R(b) = 20, nach der oben dargestellten Formel eine Entschädigung von $50 \cdot 20 \div 100 =$

[2715] *Müller*, 2. Teil C. III. 3. c) dd), S.192.
[2716] *Müller*, 2. Teil C. III. 3. c) cc) aaa), S. 186f.
[2717] S. dazu oben Dritter Teil D. III. 1.) b) (S. 357).
[2718] *Müller*, 2. Teil C. III. 3. c) cc) bbb), S. 188
[2719] *Müller*, 2. Teil C. III. 3. c) cc) ccc), S. 190.

140 DM, hingegen ein besonders erholungsbedürftiger Vielverdiener mit R(b) = 180 gemäß 50 · 180 ÷ 100 = 1260 DM.[2720]

Das Richtzahlenmodell von *Müller* ist m. E. ein nicht uninteressanter Versuch, den Entschädigungswert für die unterschiedlich zu bewertenden Fälle der Lebenswirklichkeit[2721] in einem geschlossenen System ermittelbar zu machen. Der tatsächliche Betrag der Entschädigung ist beliebig je nach Umrechnungskurs der Richtzahlen variabel.

Sein System hat aber zwei Schwachpunkte.

Zum einen verschiebt er die Schwierigkeit der Beurteilung zumindest zu einem Teil von der Festlegung der zuzusprechenden Gesamtentschädigung, die sich bei ihm in der Tat unproblematisch rechnerisch zwangsläufig ergibt, auf die für sein System notwendig vorzunehmende Festlegung der Werte für die beiden Faktoren R(a) und R(b), denn auch diese müssen ja nach seinem Modell dem Einzelfall angepasst werden.

Zum anderen aber, und das wiegt weitaus schwerer, basiert auch sein Modell, unabhängig von der Frage der Nachvollziehbarkeit der einzelnen Werte und der dazu angestellten Überlegungen, letztlich entscheidend auf der Erwerbstätigkeit, wenn auch nicht direkt auf dem Einkommen, sondern etwas abgemildert und versteckt auf dem v. a. zeitlichen Ausmaß der Tätigkeit selber, wodurch sich aber auch in seinem Modell die Nicht-Erwerbstätigen klar im Nachteil befinden.

Dadurch kann es trotz Abmilderung auch nach seinem Ansatz zu den merkwürdigen Ergebnissen kommen, die *Müller* selbst dem Einkommensmodell entgegenhält und diesem - m. E. zutreffend - Versagen vorwirft in den Fällen, dass ein Hochverdiener einen Billigurlaub verbringt oder der Bezieher eines eher geringen Einkommens alles freie Geld in den vereitelten Urlaub gesteckt hat.[2722]

Letztlich hat das Modell von *Müller* jedenfalls keinen Widerhall gefunden.[2723] Dass es sich in der Praxis nicht durchgesetzt hat, könnte auch daran liegen, dass es einer eingehenderen Auseinandersetzung mit der Thematik und diesem Ansatz benötigt, es könnte mithin der Rechtsprechung möglicherweise schlicht zu kompliziert gewesen sein. Iudex non calculat - zumindest wohl nicht gerne, ein beachtlicher Teil der Rechtsprechung bevorzugte seinerzeit die auf dem ursprünglichen Ansatz des *LG Frankfurt a.M.* beruhenden diversen Modelle pauschaler Tagessätze oder die anderen hier dargestellten Methoden.

e) Der Reisepreis als Ansatzpunkt

Schließlich bleibt noch der Reisepreis als Ansatzpunkt für eine Ermittlung der konkreten Entschädigung für das entgangene Urlaubserlebnis. Und damit kehrt man eigentlich zu den

---

[2720] *Müller*, 2. Teil C. III. 3. c) dd), S. 191.

[2721] Insofern erscheint sein Modell zumindest den starren Tagespauschalen der Rechtsprechung (s. o.) deutlich überlegen.

[2722] Vgl. *Müller*, 2. Teil C. III. 3. c) b), S. 184.

[2723] S. MüKo/*Tonner*, § 651f Rn. 70 i. V. m. dort Fn. 229: „von der Praxis weitgehend ignoriert".

Ursprüngen des Reisevertragsgesetzes zurück,[2724] denn schon im Gesetzgebungsverfahren erkannte man diesen als Kriterium für die Bemessung.[2725] Dieser Ansatz erfreut sich in der Literatur[2726] und auch in der Rechtsprechung[2727] zunehmender Beliebtheit, er wurde gerade auch im jüngsten Malediven-Urteil des *BGH*[2728] von der Vorinstanz zur Bemessung der Entschädigung herangezogen[2729] und vom *BGH* ausdrücklich gebilligt.[2730]
Dabei deutet der *BGH* an, die Ansicht *Führichs*, bei einer umfassend schwerwiegenden Beeinträchtigung der vor Ort verbrachten Reise den gesamten Reisepreis nochmals[2731] auch als Entschädigung nach § 651f II BGB zuzusprechen, „mag ein angemessenes Ergebnis erbringen", bei einer von vornherein vereitelten, gar nicht angetretenen Reise allerdings sei die Entschädigung mit der Hälfte des Preises „nicht zu beanstanden".[2732]

Unzutreffend ist in diesem Zusammenhang aber der Gedankengang, der Reisepreis sei ein tauglicher Ansatzpunkt, weil von Bedeutung sei, welche Aufwendungen der Reisende für einen etwaigen Ersatzurlaub haben wird[2733] - *diese* Schadensposition wird über § 651f I BGB erfasst.

Gerade auch unter Heranziehung des oben entwickelten Erholungserlebnisses als Entschädigungsgegenstand stellt sich der Reisepreis als am ehesten geeignete Methode zur Quantifizierung, zur Umsetzung desselben in einen konkreten Erstattungsbetrag dar. Denn er ist

---

[2724] Bzw. noch weiter zurückliegend hatte das *OLG Nürnberg* bereits 1973 bei einer völlig vereitelten Reise (das gebuchte „Diabetiker-Hotel" in Rumänien war geschlossen und kein entsprechendes Ersatzquartier vorhanden, weshalb die Reise abgebrochen wurde) neben einer völligen Minderung den Betrag des Reisepreises auch nochmals als Interesse im Sinne vertaner Urlaubszeit zugesprochen, und dabei den Arbeitsverdienst zugleich als ungeeignet für eine Schadensberechnung angesehen - nihil novum sub sole, vgl. *OLG Nürnberg* MDR 1973, 581.

[2725] So nahm gerade auch die Minderheit im Rechtsausschuss, die den Anspruch aus § 651f II BGB begrenzen wollte, Bezug auf den Reisepreis, indem sie als Gesetzesformulierung für § 651f II BGB forderte, der Reisende solle „eine angemessene Entschädigung in Geld bis zur Höhe des Reisepreises verlangen" können; s. a. Protokoll Nr. 49 (8. Wahlperiode) des Rechtsausschusses vom 4.10.1978, S. 73; s. ferner den Beitrag von *Schöfberger* in Protokoll Nr. 51 (8. Wahlperiode) des Rechtsausschusses vom 8.11.1978, S. 24: die Entschädigung solle sich „auch am Reisepreis, nicht aber an dem entgangenen Einkommen des Reisenden orientieren". Auch die Begründung des Rechtsausschusses zur letztlich umgesetzten Fassung des Reisevertragsgesetzes, BT-Dr 8/2343, S. 11, nennt den Reisepreis in hervorhebender Weise als Kriterium für die Bemessung, s. a. oben Dritter Teil G. IV. 3.) b) (S. 452).

[2726] *Bidinger/Müller*, § 651f Anm. 18; *Führich*, Reiserecht, § 11 III. 5. b) cc), Rn. 422; *T. Heinz*, Reisevertragsrecht, S. 84; *Schmid*, LMK 2005, 66 (67); Juris Praxiskommentar/*Keller*, § 651f Rn. 53 a. E.

[2727] Vgl. etwa *OLG Düsseldorf* NJW-RR 94, 950 (noch als Sonderfall, weil Reise geprägt als Gruppenreise aus mehreren Familien, weshalb Verhältnisse des einzelnen, insb. dessen Einkommen, in den Hintergrund treten würden), daneben aber auch *OLG München* 2002, 57; *LG Koblenz* RRa 2002, 215 (216/217); *LG Bremen* RRa 2005, 208.

[2728] *BGH* NJW 2005, 1047.

[2729] Das *LG Hannover* (Az. 20 S. 21/03, unveröffentlicht) hatte in seinem vorinstanzlichen Berufungsurteil für die von vornherein vereitelte Reise etwa den halben Reisepreis als Entschädigungssumme angesetzt.

[2730] *BGH* NJW 1047 (1050) [II. 3. b) (1), (2)]; der BGH hat dabei aber ausdrücklich offengelassen, ob daneben zur Bemessung auch die in der Rechtsprechung verbreitete Bemessung aufgrund reisepreisunabhängiger Tagessätze zulässig ist. Der *BGH* hält die konkrete Berechnung als tatrichterliche Entscheidung nach § 287 I ZPO in st. Rspr. für in der Revision nur bedingt überprüfbar hinsichtlich grobem Überschreiten des Ermessensspielraums oder anderer Rechtsfehler - so auch schon in NJW 1983, 35, 37; dieses Fehlen einer klaren Stellungnahme zu Tagessätzen ausdrücklich bedauernd *Schmid*, LMK 2005, 66 (67).

[2731] Der Reisende kann bei berechtigter Kündigung den im voraus entrichteten Reisepreis zurückverlangen, § 651e III 1 BGB, s. o. Dritter Teil E. III. 1.) (S. 412).

[2732] *BGH* NJW 1047 (1050) [II. 3. b) (2)].

[2733] So aber *Wieland*, 3. A. III. 1. c., S. 123.

Ausdruck dessen, was dem Reisenden dieses jeweilige Urlaubserlebnis konkret wert war,[2734] und ist somit auch der treffendste quantifizierende Indikator dafür, wie die Enttäuschung über den Verlust dieses Urlaubserlebnisses zu bewerten ist.

Der Ansatz über den Reisepreis ist auch in hervorragender Weise praktikabel einerseits für die so an griffigen Methoden interessierte Rechtsprechung, wie auch für den Reisenden mit seinem Anwalt und deren Gegenüber beim Reiseveranstalter bei einer vor- oder außergerichtlichen Verhandlung über den Fall.

Und auch unter dem Aspekt der Rechtssicherheit würde die gerichtliche Beurteilung hinsichtlich Ansprüchen aus § 651f II BGB etwas vorhersehbarer und klarer.

f) Zusammenfassende Bewertung

Das hinter dem Entschädigungsanspruch des § 651f II BGB stehende entgangene Erholungserlebnis[2735] einerseits als zu kompensierender Schaden und andererseits als Grundlage für die Schadensbemessung ist ein unscharfer Begriff, der sich kaum konkret definieren und auch nicht durch konkrete Berechnungsformeln abschließend fassen lässt. Es ist ein höchst subjektives und daher individuell auch im Einzelfall unterschiedliches emotionales *Empfinden*, zu dem eigentlich auch der Reisepreis keine immer zwangsläufig exakte Korrelation hat. So kann es durchaus sein, dass sich der eine Reisende A auf die vereitelte „billige Kurzreise“ als einzigem Kurzurlaub im Jahr mehr gefreut hat und daher einen größeren Verlust an Urlaubsfreude bzw. Erholungserlebnis empfindet, als der Bonvivant B über die misslungene Luxusreise in die Karibik,[2736] die er zwischen seinen anderen Urlauben und Freizeitaktivitäten hatte vornehmen wollen.

Diese Unbestimmtheit ist aber der Sondernorm des § 651f II BGB mit ihrem hochgradig subjektiven, letztlich weitgehend emotional bestimmten Schutzgut inhärent zu eigen und lässt sich durch keinen Berechnungsansatz völlig beseitigen.

Unter dieser Prämisse dieser ohnehin nicht zu überwindenden Unzulänglichkeit und angesichts der zu den übrigen Ansätzen jeweils festgestellten Schwächen erscheint in der Tat der Reisepreis noch am ehesten geeignet als Ausgangspunkt für den notwendigen quantitativen Ausdruck des Anspruchs aus § 651f II BGB, denn er zeigt unabhängig von der per se unquantifizierbaren *emotionalen* Bedeutung, wie viel das aus dem objektiven Reisecharakter der vertraglich vereinbarten Reise konkret geplante Erholungserlebnis dem Reisenden *finanziell* wert war, und er erhält ja auch eine nur finanzielle Kompensation dafür, so dass sich der Kreis hierbei doch weitgehend schließt.

2734 *BGH* NJW 1047 (1050) [II. 3. b) (1) bb)]; *T. Heinz*, Reisevertragsrecht, S. 84.

2735 S. o. Dritter Teil G. IV. 1.) b) (S. 441).

2736 Hingegen objektivierend *Führich*, Reiserecht, § 11 III. 5.b) cc), Rn. 423, S. 343 a. E.: in der Praxis sei die Enttäuschung über eine teuere vertane Urlaubsreise in die Karibik größer, als bei einer billigeren Kurzreise. Dies stimmt m. E. jedenfalls dann, wenn man ceteris paribus auf den gleichen Reisenden abstellt. Wie im Text gezeigt, trifft diese zwingende Logik aber dann nicht, wenn es sich um zwei unterschiedliche Personen in unterschiedlichen Lebenssituationen handelt, von denen eine in die Karibik fliegt, die andere eine billige Kurzreise unternimmt; man muss sich eingestehen, dass man hier letztlich doch in gewisser Weise Äpfel und Birnen miteinander vergleicht, was sich aber bei der Ermittlung eines Berechnungsmodells für § 651f II BGB ohnehin kaum vermeiden lässt.

Auch vermögen die vereinzelt gegen einen reisepreisbasierten Ansatz vorgebrachten Einwände nicht recht überzeugen.

Wenn *Tonner* meint, mit diesem Modell bewege man sich in der Nähe amerikanischer *punitive damages*, weil der Reisende zusätzlich neben der über den Minderungsanspruch zu leistenden Reisepreisrückzahlung einen darüber hinausgehenden weiteren Anspruch des anteiligen Reisepreises erhält,[2737] so übersieht er dabei, dass sich auch bei sämtlichen anderen Modellen zu § 651f II BGB ein ähnlicher, über die Reisepreisminderung hinausgehender Betrag ergibt. Dies ist zwangsläufige Folge daraus, dass der Reisepreis über die Minderung bei völliger Vereitelung vollständig ersetzt wird und dann jeder zusätzlich aus dem parallel bestehenden Anspruch aus § 651f II BGB zugesprochene Betrag über den Reisepreis hinausgehen muss. Dies könnte man nur vermeiden, indem man § 651f II BGB rundheraus als *neben* den übrigen Gewährleistungsrechten bestehenden Entschädigungsanspruch ablehnen und diese in welcher Form auch immer aufeinander verrechnen würde.

Rodegra schließt sich diesem insofern verfehlten Einwand *Tonners* an[2738] und merkt darüber hinaus an, dass die Höhe des Reisepreises keine Rolle spielen dürfe, denn auch bei der prozentualen Reisepreisminderung spiele es keine Rolle, wie hoch der Reisepreis war.[2739] Unabhängig davon, dass zwischen dem Recht auf Minderung § 651d I BGB und dem immateriellen Entschädigungsanspruch § 651f II BGB ohnehin keine Wesensverwandtschaft oder Vergleichbarkeit besteht, verkennt er bei dieser Argumentation vor allem auch, dass insbesondere der Minderungsprozentsatz sich gerade auf den Reisepreis bezieht und die konkrete Minderung auch bei dem Ansatz über Minderungsprozentsätze letztlich durchaus immer ein entsprechender reisepreisabhängiger Betrag ist, so dass die von ihm angeführte abweichende Strandentfernung oder Lärmbeeinträchtigung sehr wohl eine direkt vom Reisepreis abhängige, je nach Einzelfall - lies Reisepreis - unterschiedliche Minderung zur Folge hat.

Somit bleibt am Reisepreis für die Berechnung der Entschädigung festzuhalten. Allerdings kann der Reisepreis nur der Ausgangspunkt sein, und es muss dabei die Möglichkeit bestehen, beispielsweise auch ein Erholungserlebnis zu berücksichtigen, das sich durch eine vergleichbare Ersatzreise einstellt,[2740] und zwar im Rahmen bzw. entsprechend der am Reisecharakter zu beurteilenden Vergleichbarkeit. Dazu noch im Folgenden.

Auf der Hand liegt auch, dass das Ausmaß der Beeinträchtigung der Reise zugleich die entsprechende Beeinträchtigung des Erholungserlebnisses bewirkt und damit auch den Entschädigungsbetrag beeinflussen muss. [2741]Aus Gründen der Praktikabilität mag es sich dabei anbieten, den Reisepreis auf die Reisetage aufzuteilen und den Entschädigungsanspruch

---

[2737] *Tonner*, Reisevertrag, § 651f Rn. 46 a. E., S. 199.
[2738] *Rodegra*, MDR 2004, 550 (554) [II. 2. b. a. E.].
[2739] *Rodegra*, MDR 2004, 550 (555) [II. 2. d.].
[2740] S. o. Dritter Teil G. IV. 2.) a) (bb) (S. 444).
[2741] S. o. Dritter Teil G. IV. 3.) b) (S. 452); vgl. a. Kaller Rn. 278 a. E.

gemäß der wechselnden Mangelhaftigkeit der einzelnen Tage zu ermitteln.[2742] Dies kann aber genauso auch im Rahmen einer Gesamtschau der Beeinträchtigung der Reise im Sinne des § 651f II HS 1 Alt. 2 BGB Berücksichtigung finden; Ansatzpunkt für die Beurteilung, ob mit der mangelhaften Reise überhaupt ein vereiteltes Erholungserlebnis im Sinne des § 651f II BGB vorliegt, sollte ja ohnehin die Bewertung der Reise als Ganzes sein.[2743]

Anzumerken ist noch, dass gerade auch beim in der Rechtsprechung beliebten Abstellen auf einzelne Reisetage hinsichtlich der immateriellen Entschädigung des § 651f II BGB zu Recht häufig eine Ausstrahlungswirkung auf den unbeeinträchtigten Reiseteil vor oder nach dem Mangelereignis angenommen wird.[2744] So argumentiert das *OLG Frankfurt a.M.*, dass das Erleben des Hurrikans und der entsprechenden Verwüstungen auch nach dem Verbringen der Reisenden in einen unbetroffenen Landesteil den Rest des Urlaubs der Reisenden prägte und somit der gesamte Reisezeitraum nach § 651f II BGB zu entschädigen sei.[2745] Das *OLG München* argumentierte in dem Fall eines Lawinenunglücks am dritten Tage einer Reise, bei dem der Ehemann der Reisenden getötet worden war, dass dadurch der Urlaub insgesamt betroffen und auch den ersten beiden, an sich zunächst unbeeinträchtigten Reisetagen kein Resterholungswert beizumessen sei, der Anspruch aus § 651f II BGB wurde demnach für die gesamte Reise zugesprochen.[2746]

Der Reisepreis stellt sich hinsichtlich des Anspruchs aus § 651f II BGB aber nicht nur als Ausgangspunkt, sondern auch als die Obergrenze der Entschädigung dar, wenn der Reisepreis Ausdruck des finanziellen Wertes des Urlaubserlebnisses ist. Denn dieses Urlaubserlebnis kann nicht mehr als völlig ausfallen. Zwar sind Umstände leicht denkbar, in denen der „Ärger", „Trauer" oder sonstige emotionale Beeinträchtigungen des Reisenden durch ein besonders schweres Verschulden des Veranstalters mit tragischen Folgen (man denke an Unfälle mit schweren Verletzungen oder gar Todesfällen) weit über das Maß der bloßen Vereitelung der Reise hinausgehen - für diese immateriellen Schäden soll § 651f II BGB aber nun mal nicht entschädigen, sein Entschädigungsgegenstand ist nur das entgangene, mit der Reise verfolgte Erholungserlebnis.[2747]

4.) Einschränkungen der Entschädigung

Der Reisepreis als Ausgangspunkt und Richtwert des vollständig verdorbenen Urlaubs unterliegt einer Reihe von Einschränkungen.

[2742] Vgl. auch die Formel „Entschädigung = (Reisepreis ÷ Reisedauer) • voll vertane Tage • Minderungsquote" bei *Führich*, Reiserecht, § 11 III. 5. b) cc), Rn. 423 a. E.
[2743] S. o. Dritter Teil G. III. 2.) (S. 435).
[2744] A. A. *Tempel/Seyderhelm*, § 7 IV. 5. c) (5), S. 515 u.
[2745] *OLG Frankfurt a.M.* RRa 2003, 110 (113).
[2746] *OLG München* RRa 2002, 57 (62).
[2747] Mit ähnlichen Überlegungen und im Ergebnis ebenso *Führich*, Reiserecht, § 11 III. 3. e), Rn. 417.

a) Orientierung an der Minderung § 651d II BGB

Zunächst ist die Entschädigung entsprechend herabzusetzen, wenn der Urlaub insgesamt nur teilweise beeinträchtigt wird oder auch nur einzelne Tage betroffen sind und insofern ein Rest-Urlaubswert verbleibt. Zwar ist dogmatisch zwischen dem materiellen Wert einzelner Reiseleistungen und Urlaubstage einerseits und ihrem entsprechenden immateriellen Wert für das Erholungserlebnis zu unterscheiden; unter Zugrundelegung des Reisepreises als Indiz für das Erholungserlebnis erscheint eine zumindest grundsätzliche Orientierung der Höhe der Beeinträchtigung des Erholungserlebnisses an der Erheblichkeit der Minderung ein geeigneter Ansatzpunkt. Insofern kann die Höhe der Entschädigung tendenziell an der Höhe der entsprechenden Minderung nach § 651d II BGB orientiert werden.[2748]

b) Mitverschulden § 254 I, II BGB

Darüber hinaus ist, da § 651f II BGB letztlich ein verschuldensunabhängiger Schadensersatzanspruch basierend auf dem Verschulden des Veranstalters gem. § 276 BGB ist, auch ein Mitverschulden des Reisenden gem. § 254 BGB zu berücksichtigen. Hierunter fällt beispielsweise, wenn der Reisende durch unterlassene Anzeige eines Mangels dazu beigetragen hat, dass der Mangel nicht beseitigt wurde und damit der Schaden eines verdorbenen Urlaubs überhaupt in diesem Ausmaße entstand; Berücksichtigung muss auch finden, wenn der Reisende sich bei einem Unfall selber leichtsinnig verhalten und damit den Unfall mit herbeigeführt hat.[2749] Das Mitverschulden des Reisenden kann dabei das Verschulden des Veranstalters leicht derart überwiegen, dass letzteres demgegenüber in den Hintergrund tritt und der Reiseveranstalter von der Haftung befreit wird. Auf die entsprechenden Ausführungen zur gleichen Sachlage beim Mitverschulden im Rahmen des § 651f I BGB sei verwiesen.[2750]

Im Unterschied zu dort ist hier jedoch wegen des besonderen Charakters des § 651 f II BGB auch der Aspekt interessant, dass der Kläger im Rahmen der Schadensminderungspflicht § 254 II BGB gehalten sein kann, eine Ersatzreise anzunehmen.[2751]

Dies kann m. E. allerdings nur für den Fall gelten, dass die Ersatzreise wirklich das gleiche im Rahmen des § 651f II BGB zu entschädigende Erholungserlebnis verschaffen würde. Es ist hierbei verfehlt, auf eine bloße Zumutbarkeit der angebotenen Ersatzreise abzustellen.[2752] Angesichts des subjektiven Charakters des durch die Reise verfolgten Erholungserlebnisses müssen jegliche nicht völlig willkürliche Gründe des Reisenden dabei ausreichen, damit dieser die Ersatzreise rechtlich folgenlos ablehnen kann.[2753] Auch kann die Pflicht des Reisenden zur Annahme einer angebotenen gleichwertigen Ersatzreise nicht dahinge-

---

[2748] S. dazu bereits oben, Dritter Teil G. IV. 3.) b) (S. 452).
[2749] Vgl. *OLG Düsseldorf* RRa 2003, 14 (17); s. a. *Rodegra*, MDR 2004, 550 (554).
[2750] S. o. Dritter Teil F. III. 2.) (S. 430).
[2751] S. *AG Bad Homburg v.d.H.* RRa 2000, 90; s. a. *LG Düsseldorf* RRa 2003, 113/114 (letzteres allerdings allgemein zur Annahme einer Ersatzreise aus Schadensminderungspflicht § 254 II BGB hinsichtlich eines Schadensersatzanspruchs aus § 651f I BGB).
[2752] So aber *LG Düsseldorf*, ebenda.
[2753] Vgl. nunmehr auch *BGH* NJW 2005, 1047 (1048); s. a. Zweiter Teil E. IV. 3.) (S. 256).

hend übersteigert werden, ihm vorzuwerfen, er habe aus Schadensminderungsgesichtspunkten eine Pflicht, sich selbst aktiv und ernsthaft um eine Ersatzreise zu bemühen.[2754]

c) Erlebniswert bei minderjährigen Reisenden

Weitere Einschränkungen der Entschädigung nach § 651f II BGB werden für besondere Personengruppen als Betroffene angedacht. Zwar hatte der BGH schon frühzeitig in einem seiner ersten Urteile zum Reisevertragsrecht festgestellt, dass eine Entschädigung nach § 651f II BGB grundsätzlich auch für Kinder und Jugendliche in Frage kommt.[2755] Wie bereits im Rahmen des Merkmals der erheblichen Beeinträchtigung angesprochen,[2756] wird aber dabei davon ausgegangen, dass deren Urlaubserlebnis einen andersartigen, letztlich geringer oder gar nicht zu entschädigenden Erlebniswert habe, so dass Kleinkinder, Kinder oder Schüler bzw. Jugendliche häufig keine oder nur eine geringere Entschädigung erhalten.[2757]

M. E. ist dieser Ansatz allein bei Kleinstkindern treffend,[2758] solange diese in ihrer Entwicklung noch gar nicht das Urlaubserlebnis spezifisch als solches wahrnehmen und vom Alltagsleben daheim unterscheiden können.[2759]

Sobald diese Unterscheidung von selbigen aber vorgenommen werden kann, und das dürfte bei älteren Kindern und Jugendlichen in vollem Umfang der Fall sein,[2760] ist auch bei ihnen der Reisepreis der Indikator dafür, was ihnen (bzw. ihren Eltern) dieses besondere Erho-

---

[2754] Vgl. *AG Bad Homburg v.d.H.* RRa 2000, 90/91: „Dem Kläger steht jedoch kein Schadensersatzanspruch für vertanen Urlaub nach § 651 f Abs. 2 BGB zu, weil er weder substantiiert dargelegt noch unter Beweis gestellt hat, dass er keine Ersatz-Reise im November 1998 buchen konnte ... Es ist wenig glaubhaft, dass der Kläger in der Nebensaison im November 1998 keine andere Last-Minute-Reise hätte buchen können, denn der Kläger hat nicht vorgetragen, dass er dies überhaupt versucht hat. Der Kläger hat keine konkreten Bemühungen dargelegt...“; das Urteil wurde glücklicherweise in der Berufung vom *LG Frankfurt a.M.* RRa 2000, 91, in diesem Punkt abgeändert und ein Anspruch aus § 651f II BGB zugesprochen.

[2755] S. *BGH* NJW 1983, 218 (219f); letztlich wurde dort aber den acht- und siebzehnjährigen Schülern eine Entschädigung im konkreten Fall doch versagt, weil auch die mangelhafte Reise, der Ersatzurlaub und die zuhause verbrachte Urlaubszeit bei diesen - im Unterschied zu ihren Eltern - für genügend Abwechslung, neue Eindrücke und Erholungswert gesorgt hätten.

[2756] S. o. Dritter Teil G. III. 2.) (S. 435).

[2757] *BGH* NJW 1983, 218 (219f) (keine Entschädigung für Schüler im Alter von acht und siebzehn Jahren); *LG Hannover* NJW-RR 2000, 1162 (Tagessatz von 20DM für siebenjähriges Schulkind; keine Entschädigung für noch nicht schulpflichtige Kinder); *AG Magdeburg* RRa 1996, 225/226 (unter Berücksichtigung der Eigenschaft als Schülerin und des Reisepreises Tagessatz von 50DM); *AG Kleve* RRa 1998, 177 (178) (keine Entschädigung für dreijähriges Kind, da auch Flug und Urlaub zuhause hinreichenden Erlebniswert haben) - vgl. auch das Editorial hierzu von *Schmid*, RRa 1998, 170; *AG Bad Homburg v.d.H.* RRa 1999, 165 (kein Anspruch für Kinder unter zwei Jahren); s. a. *Führich*, Reiserecht, § 11 III. 2. b) (3), Rn. 412, S. 335.

[2758] Generell dieses Kriterium ablehnend MüKo/*Tonner*, § 651f, Rn. 77.

[2759] Vgl. *AG Bad Homburg v.d.H.*, Urt. v. 7.7.1998 – 2 C 500/98-19, RRa 1999, 165: „Kleinkinder unter zwei Jahren haben keinen Anspruch auf Ausgleich für entgangene Urlaubsfreude, da sie noch nicht in der Lage sind, zwischen Urlaubszeit und sonstiger Zeit zu differenzieren und sie demnach auch keine Urlaubsfreude entwickeln können.“ S. a. *AG Kleve* RRa 1998, 177 (178), wonach bei Kindern auf einen „Erlebniswert“ des Urlaubs abzustellen sei.

[2760] Zu weitgehend daher *LG Hannover* NJW-RR 2000, 1162, mit der pauschalen Ablehnung jeglicher Entschädigung für noch nicht schulpflichtige Kinder.

lungserlebnis wert ist und wie hoch demnach grundsätzlich eine Entschädigung gem. § 651f II BGB ausfallen muss.[2761]

d) Haftungsbegrenzung § 651h BGB

Schließlich ist für die Höhe der Entschädigung noch von Bedeutung, dass die Möglichkeiten der Haftungsbeschränkung nach § 651h BGB auch auf den Anspruch aus § 651f II BGB Anwendung finden, es sei insofern auf die bereits erfolgte Erörterung hierzu verwiesen.[2762]

Zu beachten ist hierbei hinsichtlich des § 651f II BGB allerdings, dass dieser als immaterieller Schadensersatzanspruch nicht in den Anwendungsbereich des Montrealer Übereinkommens fällt, weshalb im Rahmen einer Flugpauschalreise auch durch luftfahrttypische Unfälle auftretende Beeinträchtigungen Ansprüche aus § 651f II BGB auslösen können.[2763]

H. Sonderregelung Kündigung wegen höherer Gewalt § 651j BGB

Nach § 651j BGB können sowohl der Reisende wie aber auch der Veranstalter den Reisevertrag kündigen, wenn die Reise infolge höherer Gewalt erheblich erschwert, gefährdet oder beeinträchtigt wird.
Zwar liegt mit einer Beeinträchtigung der Reise durch höhere Gewalt im Rahmen der verschuldensunabhängigen Einstandspflicht des Veranstalters für das Gelingen der Reise nach dem weiten Mangelbegriff ein Reisemangel vor; nachdem höhere Gewalt aber eine eigene Qualität hat als ein von außen an die Vertragsparteien herantretendes, unbeherrschbares und unverschuldetes Ereignis, das eine Reise schwer beeinträchtigt,[2764] ist mit der Kündigung gem. § 651j BGB eine besondere Regelung vorgesehen. Demgemäß stellt diese kein einseitiges, klassisches Gewährleistungsrecht des Reisenden dar, sondern ermöglicht beiden Seiten eine Lösung vom Vertrag und ist auch dementsprechend inhaltlich anders ausgestaltet mit einer im wesentlichen hälftigen Kostentragung. Die Kündigung nach § 651j BGB ist somit eine weitere ganz eigene reisevertragsrechtsspezifische Rechtsvorschrift.

I. Wesen und Anwendungsbereich

§ 651j BGB stellt sich als eine eigene Ausprägung des Gedankens des Wegfalls der Geschäftsgrundlage dar,[2765] ein außerordentliches Lösungsrecht, für das aufgrund der spezifischen Situation der Pauschalreisen ins Ausland mit entsprechenden dortigen Unwägbarkeiten hinsichtlich Unruhen, Kriegen oder Naturkatastrophen ein besonderer Bedarf besteht und das eine erhebliche Praxisbedeutung hat.[2766] Tatsächlich wurde damals im Reisevertragsgesetz mit § 651j BGB schlicht eine aufgrund dieses Bedürfnisses schon vorher in den

---

2761 Zutreffend *LG Bremen* RRa 2005, 208 (voller Entschädigungsanspruch für 15jährigen).
2762 S.o. Erster Teil C. IV. 2.) b) (S. 108) u. Dritter Teil F. III. 3.) (S. 431).
2763 Im Gegensatz zum vorher geltenden Warschauer Abkommen, vgl. Art. 17ff WA, s. dazu *Staudinger/ J. Eckert*, Vorbem zu §§ 651c - g Rn. 36.
2764 S. o. Zweiter Teil C. III. 1.) b) (bb) (S. 164) u. E. V. (S. 262).
2765 *Soergel/H.-W. Eckert*, § 651j Rn. 3; MüKo/*Tonner*, § 651j Rn. 1; *Führich*, Reiserecht, § 15 I. 1., Rn. 530.
2766 MüKo/*Tonner*, § 651j Rn. 3; *Führich*, ebenda.

AGB der Reiseveranstalter praktizierte Regelung übernommen.[2767]
Mit der Regelung in § 651j BGB sollen die Risiken höherer Gewalt zwischen den Parteien aufgeteilt werden. Es ist klar festzustellen, dass bei dieser Regelung der Reisende deutlich schlechter gestellt wird als bei einer Kündigung nach § 651e BGB.[2768]

Neben der Kündigung wegen erheblicher Mangelhaftigkeit der Reise § 651e BGB enthält damit das Reisevertragsrecht in § 651j BGB eine Spezialregelung für den Fall, dass eine besondere Beeinträchtigung der Reise durch Auswirkungen höherer Gewalt hervorgerufen wurde. Das Verhältnis zwischen beiden Kündigungsrechten war, vor allem wegen der unterschiedlichen Rechtsfolgen, lange heftig umstritten.[2769] Durch die nunmehrige Gesetzesformulierung „allein nach dieser Vorschrift" in § 651j I BGB a. E. ist aber der Vorrang dieser Vorschrift als lex specialis in Fällen höherer Gewalt klargestellt, der Streit ist gegenstandslos geworden.[2770]

Auch § 651i BGB, der keine besonderen Voraussetzungen für den Rücktritt enthält, tritt aus diesem Grund hinter die exklusive Sonderregelung des § 651j BGB zurück.[2771] Gegenüber dem freien Rücktrittsrecht des § 651i BGB ist aber ohnehin die Kündigung nach § 651j BGB vorteilhafter,[2772] da der Reisende nicht nur gem. § 651j II i. V. m. 651e III 1 BGB den gezahlten Reisepreis zurückerhält, sondern zudem bei einer derartigen Kündigung vor Reiseantritt kaum nach § 651j II 2, 3 BGB zu teilende Rückbeförderungskosten und Mehrkosten anfallen werden; umgekehrt wären beim Rücktritt nach § 651i II, III BGB teilweise erhebliche Stornogebühren vom Reisenden zu zahlen.[2773]

Im Verhältnis zu § 651j BGB gelangen die Gewährleistungsrechte auf Abhilfe, Selbstabhilfe und Minderung gem. §§ 651c, 651d BGB nur dann zur Anwendung, wenn die Reise trotz der Beeinträchtigung durch höhere Gewalt dennoch durchgeführt wird.[2774] Sobald aber eine Kündigung nach § 651j I BGB erfolgt, besteht kein Bedarf mehr für eine Abhilfe bzw. Selbstabhilfe. Weiterhin entfällt gem. § 651j II 1 i. V. m. § 651e III 1 BGB vollständig die Verpflichtung zur Zahlung des Kaufpreises, womit diese logisch zwangsläufig auch nicht mehr nach § 651d I BGB gemindert werden kann.[2775] Allerdings kommt wie bei der Kündigung nach § 651e I BGB[2776] auch hier eine Minderung hinsichtlich der nach § 651j II 1 i. V. m. § 651e III 2 BGB vom Reisenden zu erstattenden bereits erbrachten oder noch zu erbringenden Reiseleistungen in Frage, wofür aber hinsichtlich Mangelhaftigkeit mit dem Ver-

---

[2767] *Staudinger/J. Eckert*, § 651j Rn. 1.
[2768] *Soergel/H.-W. Eckert*, § 651j Rn. 1; bea. insbesondere die Kostentragung für die Rückbeförderung, § 651e IV 2 BGB gegenüber § 651j II 2 BGB.
[2769] Eingehend zum Streit s. o. Dritter Teil E. I. (S. 398).
[2770] MüKo/*Tonner*, § 651j Rn. 18.
[2771] *Soergel/H.-W. Eckert*, § 651j Rn. 2; s. a. *Staudinger/J. Eckert*, § 651j Rn. 3.
[2772] S. *Führich*, Reiserecht, § 15 I. 4. a), Rn. 533: auf die vom Reisenden verwendete Formulierung „Kündigung", „Rücktritt" oder „Absage" kommt es nicht an, nach dem Prinzip der Meistbegünstigung ist § 651j BGB als die Norm anzuwenden, die dem Reisenden die für ihn günstigeren Rechtsfolgen gewährt.
[2773] S. o. Zweiter Teil F. III. 3.) (S. 278).
[2774] *Soergel/H.-W. Eckert*, § 651j Rn. 2.
[2775] *Führich*, Reiserecht, § 15 I. 4. c), Rn. 535.
[2776] S. o. Dritter Teil E. I. (S. 398)

weis auf § 638 in § 651j II 1 i. V. m. § 651e III 2 BGB eine eigene Minderungsregelung besteht.

Nachdem hinsichtlich der höheren Gewalt definitionsgemäß[2777] ein Verschulden ausscheidet, kommt hierfür eine Haftung des Veranstalters auf Schadensersatz nicht in Frage.[2778] Dennoch sind auch Schadensersatzansprüche gem. § 651f BGB neben § 651j BGB denkbar, und zwar regelmäßig dann, wenn dem Veranstalter das Ereignis höherer Gewalt und dessen Auswirkungen auf die Reise bekannt war bzw. hätte bekannt sein müssen und er seine diesbezügliche Informationspflicht bzw. Informationsbeschaffungspflicht gegenüber dem Reisenden durch Nichtweitergabe der erforderlichen Information verletzt;[2779] der zur Entschädigung berechtigende Reisemangel ist hierbei wohlgemerkt nicht die Beeinträchtigung der Reise durch die höhere Gewalt, sondern die Verletzung der Pflicht zur diesbezüglichen Informationseinholung und -weitergabe an den Reisenden. Letzterer muss in die Lage einer informierten Wahlmöglichkeit versetzt werden, ob er trotz des Risikos durch höhere Gewalt die Reise antreten oder von seinem Kündigungsrecht nach § 651j BGB Gebrauch machen will.

Im Rahmen der Einheitslösung[2780] verdrängt § 651j BGB die allgemeinen Regeln zur Unmöglichkeit und zum Wegfall der Geschäftsgrundlage.[2781] Soweit gelegentlich angemerkt wird, es ergebe sich ein restlicher Anwendungsbereich für einen Wegfall der Geschäftsgrundlage in Fällen, in denen die Störung nicht auf höherer Gewalt beruht und auch keine reisevertragsrechtliche Gewährleistung auslöst,[2782] so sind jedenfalls praktisch derartige Fälle m. E. schwer vorstellbar.[2783]

Im sogenannten Tschernobyl-Fall[2784] hatte eine Schulklasse ihre Fahrt nach Prag eben wegen des Unglücks von Tschernobyl gem. § 651j BGB gekündigt. Der Veranstalter hatte noch keine Reiseleistungen erbracht und konnte demnach im Rahmen des § 651j II BGB keine Entschädigung verlangen, gleichwohl ergaben sich aber für ihn erhebliche Hotelstornierungskosten. Der *BGH* vermeinte hierbei eine Gesetzeslücke zu entdecken, die er über die Anwendung der Grundsätze des Wegfalls der Geschäftsgrundlage und § 242 BGB schloss: beide Parteien haben sich demnach diese Hotelstornierungskosten des Veranstalters zu teilen. Letztendlich läuft dies auf eine analoge Anwendung der Kostenteilung der Rückbeförderung auch auf Reservierungskosten hinaus.[2785]

[2777] S. u. Dritter Teil H. II. 1.) (S. 468).

[2778] *Führich*, Reiserecht, § 11 II 3. a) (3), Rn. 398, sowie § 15 I. 4. d), Rn. 536.

[2779] *Soergel/H.-W. Eckert*, § 651j Rn. 2; eingehend hierzu *Schmid*, RRa 2004, 242 (243ff); s. a. oben Zweiter Teil E. V. 2.) (S. 263).

[2780] S. o. Dritter Teil A. I. 4.) (S. 307).

[2781] S. a. *Staudinger/J. Eckert*, § 651j Rnn. 10, 13.

[2782] Vgl. etwa *Soergel/H.-W. Eckert*, § 651j Rn. 3 a. E.; *Staudinger/J. Eckert*, § 651j Rn. 13.

[2783] Auch die bei *H.-W. Eckert*, a. a. O., dort Fn. 10, genannten älteren Fälle Olympiaboykott und Ausfall einer Ausstellung erfüllen diese Voraussetzungen jedenfalls nicht, sondern stellen sich letztlich als Fälle der reisevertragsrechtlichen Einstandspflicht des Reiseveranstalters für das Gelingen der Reise dar, innerhalb derer er auch für die Umstände haftet, für die er als Grundlage seines Reiseangebots die unternehmerische Haftung trägt, s. hierzu auch Zweiter Teil E. V. 3.) (S. 264).

[2784] *BGHZ* 109, 224 (= NJW 1990, 572).

[2785] *Führich*, Reiserecht, § 15 III. 5., Rn. 562.

In der Literatur stößt dies auf weitreichende Ablehnung.[2786] Rechtssystematisch ist die Lösung des *BGH* verfehlt, weil er hier - wohl aus Billigkeitserwägungen des Einzelfalls[2787] - das geschlossene System des Reisevertragsrechts der §§ 651a ff BGB durchbricht, insbesondere die klare Regelung in § 651j I, II BGB.[2788] Mit seinem Abstellen auf allgemeine Grundsätze des Wegfalls der Geschäftsgrundlage sowie Treu und Glauben schafft er eine neue Generalklausel, die die klaren Bestimmungen des Reisevertragsrechts zur höheren Gewalt in § 651j BGB gefährlich aufweicht.[2789]
Tonner relativiert die Kritik und merkt an, man solle das Urteil nicht all zu sehr verallgemeinern, der Fall sei zu speziell.[2790] Dabei bleibt m. E. aber etwas unklar, was denn nun an diesem Fall, insbesondere an der Aussage des *BGH* so speziell war,[2791] dass man daraus nicht schließen könne, dass nach Ansicht des *BGH* generell Aufwendungen des Veranstalters vor Reiseantritt bei einer Kündigung wegen höherer Gewalt zur Hälfte auf den Reisenden abgewälzt werden.[2792]

Bei genauer Betrachtung muss man sich der vorherrschenden Kritik an der Lösung des *BGH* anschließen. Entscheidend ist letztlich, dass der *BGH* vom klaren Wortlaut der Regelung in §§ 651j, 651e BGB zur Kostentragung abweicht, und zwar zuungunsten des Reisenden, was schon allein wegen der gesetzgeberischen Wertung zugunsten eines nicht zu unterschreitenden Mindestverbraucherschutzcharakters der §§ 651a ff BGB gem. § 651m S. 1 BGB abzulehnen ist. Das Heranziehen allgemeiner Grundsätze und Leistungsstörungsregelungen zur Umgehung eindeutiger Aussagen des Reisevertragsrechts widerspricht nicht zuletzt auch der Einheitslösung des *BGH* selbst.[2793]
Außerdem stehen dieser Auslegung des § 651j BGB durch den *BGH* m. E. auch europarechtliche Bedenken entgegen. Die Pauschalreiserichtlinie[2794] sieht in Art. 4 VI zwar die Möglichkeit des Veranstalters vor, bei Ereignissen höherer Gewalt die Reise vor Beginn abzusagen; dieser Vorgabe entspricht die Anwendung der nationalen deutschen Rechtsnorm des § 651j BGB auf Fälle der Kündigung vor Reiseantritt. Gleichzeitig statuiert diese Vorschrift der Richtlinie aber, dass zwar der Veranstalter in diesem Fall keine Entschädigung zu leisten habe, umgekehrt aber der Verbraucher gem. Art. 4 VI lit. b RiLi Anspruch hat auf

---

[2786] *Seyderhelm*, § 651j Rn.36; *Staudinger/J. Eckert*, § 651j Rn. 39; *Erman/Seiler*, § 651j Rn. 7; *Führich*, Reiserecht, § 15 III. 5., Rn. 562, jew. m. w. Nachw.; zustimmend hingegen RGRK/*Recken*, § 651j Rn. 16.
[2787] Dies andeutend MüKo/*Tonner*, § 651j, Rn. 26: es mag eine Rolle gespielt haben, dass hier als Reisender das Land Baden-Württemberg und als Reiseveranstalter ein kleines Busunternehmen beteiligt waren.
[2788] Die rechtsdogmatisch berechtigte Kritik wegen des Abweichens des *BGH* von der gesetzlichen Lösung räumen auch die wenigen Vertreter ein, die *im Ergebnis* dem Urteil des *BGH* zustimmen, vgl. MüKo/*Tonner*, § 651j, Rn. 26; *Geib*, in: *Bamberger/Roth*, § 651j Rn. 11.
[2789] S. *Führich*, Reiserecht, § 15 III. 5., Rn. 562; *Seyderhelm*, § 651j, Rn. 36.
[2790] MüKo/Tonner, § 651j, Rn. 26.
[2791] *Geib*, in: *Bamberger/Roth*, § 651j Rn. 11, sieht diese Besonderheit in den erheblichen Stornokosten, die im vorliegenden Fall angefallen waren, weshalb er konsequent die Lösung des *BGH* „in geeigneten Fällen" für allgemein anwendbar hält, womit wohl Sachverhalte mit erheblichen Reservierungsaufwendungen des Veranstalters gemeint sein dürften.
[2792] Vielmehr lassen die Aussagen des *BGH* NJW 1990, 572 (573) [II. 2.] eine allgemeine, über den Streitfall hinausgehende Ansicht des *BGH* erkennen.
[2793] S. dazu Dritter Teil A. I. 4.) (S. 307).
[2794] Richtlinie 90/314/EWG des Rates v. 13.6.1990 über Pauschalreisen, ABlEG Nr. L 158 v. 23.6.1990, S. 59; s. a. Erster Teil A. I. (S. 16).

„schnellstmögliche Erstattung aller von ihm aufgrund des Vertrages gezahlten Beträge". Diese Regelung lässt in Sachen Deutlichkeit wenig zu wünschen übrig, von irgendwelchen Entschädigungsansprüchen oder Vorbereitungskosten des Veranstalters ist hier keine Rede, im Gegenteil, diese sind durch die eindeutige Formulierung des Art. 4 VI lit. b der Richtlinie klar ausgeschlossen.

Allgemein ist daher für § 651j BGB richtlinienkonform festzustellen, dass bei einer Kündigung wegen höherer Gewalt vor Reisebeginn keinerlei Ansprüche des Veranstalters gegen den Reisenden bestehen. Eine andere Auffassung würde gegen Art. 4 VI der Richtlinie verstoßen, den zwingend einzuhaltenden Mindestverbraucherschutzstandard der Richtlinie unterschreiten.[2795] Allerdings entspricht der Wortlaut des § 651j II 1 i. V. m. 651e III 2 BGB genaugenommen eigentlich den europarechtlichen Vorgaben, denn bei einer Kündigung vor Reiseantritt liegen im Sinne dieser Vorschrift in aller Regel sowohl bereits erbrachte wie auch zur Beendigung zu erbringende Reiseleistungen noch nicht vor, für die eine Entschädigung zu zahlen wäre. Man muss diese Norm also nur sauber gemäß des Gesetzeswortlauts anwenden.

II. Voraussetzungen

§ 651j BGB nennt als konkrete Voraussetzungen erstens das Vorliegen höherer Gewalt, die zweitens nicht voraussehbar gewesen sein darf und die sich schließlich drittens auf die Reise erheblich erschwerend, gefährdend oder beeinträchtigend auswirkt.

1.) Höhere Gewalt

Mittelpunkt und raison d'etre des § 651j BGB ist die Voraussetzung eines Ereignisses höherer Gewalt.

a) Definition

Für den Begriff der höheren Gewalt des § 651j BGB wird nach der h. M. die allgemein auch im Rahmen von § 701 III BGB und § 1 II HaftPflG verwendete Definition herangezogen. Demnach sei diese „ein außerordentliches Ereignis, das unverschuldet von außerhalb des Betriebskreises hereinbricht und unter den gegebenen Umständen auch durch äußerste, nach Lage der Sache vom Betroffenen zu erwartende Sorgfalt nicht verhindert werden kann".[2796] Hinsichtlich des Reisenden, der im Rahmen einer Reise im Sinne des § 651a I BGB zwingend immer als Privatmann betroffen sein wird, ist das Merkmal des Betriebskreises sinngemäß dahingehend zu verstehen, dass das Ereignis nicht dem privaten Risikobereich des Reisenden zuzurechnen sein darf.[2797]

[2795] Zur zwingend notwendigen richtlinienkonformen Auslegung s. o. Erster Teil A. III. (S. 27).

[2796] Siehe schon *RGZ* 101, 95; 117, 12; *BGHZ* 100, 185 (188); MüKo/*Tonner*, § 651j Rn. 7; *Erman/Seiler*, § 651j Rn. 3; *Brennecke*, 4. E., S. 63.

[2797] Unausgesprochen allg. Ansicht, wie sie beispielsweise auch bei *Führich*, VersR 2004, 445 [II. 1.] zum Ausdruck kommt.

Die Definition der höheren Gewalt in Art. 4 VI 2 der EG-Pauschalreiserichtlinie[2798] weicht insofern ab, als das Ereignis dort nicht „von außen“ kommen muss. Diese Abweichung der nationalen deutschen Definition ist aber zulässig,[2799] denn sie erfolgt zugunsten des Reisenden: durch den insofern engeren Anwendungsbereich des § 651j BGB wird der Weg frei für die Kündigung nach § 651e BGB, bei der vorrangig der Veranstalter die Kosten trägt und die insofern für den Reisenden vorteilhafter ist. Der einzuhaltende Mindeststandard des Verbraucherschutzes in der Richtlinie[2800] wird also durch die engere nationale Definition der höheren Gewalt nicht unterschritten, sondern es wird seine Rechtslage verbessert im Sinne des Art. 8 der Richtlinie.

Sowohl von der Wortbedeutung wie auch von der o.g. Definition her enthält der Begriff der höheren Gewalt selbst keine Aussage über eine Erheblichkeit des Ereignisses, sondern lediglich über die fehlende Möglichkeit der Einflussnahme bei Entstehung und Verlauf des Ereignisses höherer Gewalt. Vielmehr spielt die Intensität der höheren Gewalt m. E. lediglich hinsichtlich des Tatbestandsmerkmals der Erheblichkeit der Auswirkung auf die Reise eine Rolle. Insofern erfüllt ein metaphorischer „Wirbelsturm im Wasserglas“ zwar u. U. das Kriterium der höheren Gewalt,[2801] scheidet als Kündigungsgrund gem. § 651j I BGB aber möglicherweise dennoch angesichts der Voraussetzung erheblicher Auswirkungen auf die Reise aus. Die h. M. will höhere Gewalt erst ab einer gewissen notwendigen Schwelle annehmen,[2802] hinsichtlich Störungen aus der Umwelt etwa erst ab dem Niveau einer katastrophalen Natureinwirkung.[2803]

Dem ist zuzustimmen, denn mit dieser Intensität wird auch das Merkmal der „Außergewöhnlichkeit“ sachlich richtig ausgefüllt. Die höhere Gewalt ist gerade auch über dieses Kriterium eines außergewöhnlichen Ereignisses von der Verwirklichung eines allgemeinen Lebensrisikos des Reisenden abzugrenzen, welches dem privaten Risikobereich des Reisenden zuzurechnen wäre.[2804] Das allgemeinen Lebensrisiko umfasst Ereignisse, die zwar nicht wahrscheinlich sein müssen, mit deren Eintritt aber reiseunspezifisch allgemein erfahrungsgemäß immer wieder gerechnet werden kann, und die den Reisenden selbst in seinem privaten Lebensbereich oder in seiner subjektiven Beziehung zur Umwelt betreffen. Dabei ist auf die „allgemeinen“ Verhältnisse des Urlaubslandes abzustellen, auf die sich der Rei-

---

[2798] Richtlinie 90/314/EWG des Rates v. 13.6.1990 über Pauschalreisen, ABlEG Nr. L 158 v. 23.6.1990, S. 59; s. a. Erster Teil A. I. (S. 16).

[2799] *Soergel/H.-W. Eckert*, § 651j Rn. 4.

[2800] S. o. Erster Teil A. III. (S. 27).

[2801] Insofern besteht ein fließender Übergang zum Begriff des allgemeinen Lebensrisikos in der Variante des Umfeldrisikos, das vom Reisenden hinzunehmen ist, s. dazu eingehend Zweiter Teil C. III. 1.) b) (bb) (S. 164 und E. V. 3.) (S. 264).

[2802] Vgl. etwa *Führich*, Reiserecht, § 15 II. 1. a), Rn. 537, und e), Rn. 541; *Seyderhelm*, § 651j Rnn. 16f; MüKo/*Tonner*, § 651j Rn. 14; *Soergel/H.-W. Eckert*, § 651j Rn. 6, m. w. Nachw. dort in Fn. 19.

[2803] S. *Führich*, ebenda; vgl. hierzu *LG Frankfurt a.M.* NJW-RR 1991, 1272: auch einzelner Blitzschlag stellt sich als höhere Gewalt dar (Blitz hatte in Abwesenheit der Reisenden in das Ferienhaus eingeschlagen).

[2804] Vgl. hins. letzterem *Führich*, Reiserecht, § 15 II. 1., Rn. 537.

sende mit der Wahl seines Reiseziels bewusst eingelassen hat. Siehe diesbezüglich die bereits erfolgte eingehendere Darstellung.[2805]

b) Einzelfälle

Die Begründung des ursprünglichen Regierungsentwurfs und dieser selbst enthielten nicht den Begriff der höheren Gewalt, sondern den der „außergewöhnlichen Umstände" und nannten als Beispiele recht ausführlich „Krieg, innere Unruhen, Streik, hoheitliche Anordnungen, Epidemien oder Naturkatastrophen".[2806]
Der sodann im Rahmen des Gesetzgebungsverfahrens vom Rechtsausschuss behandelte, später verwirklichte gekürzte Entwurf schränkte dies ein auf die Formulierung „nicht voraussehbarer außergewöhnlicher Umstände, wie Krieg, innere Unruhen oder Naturkatastrophen".[2807] Auch diese Formulierung wurde später noch verkürzt und durch den Begriff der „höheren Gewalt" ersetzt - anscheinend auch wegen Bedenken, erstmals das Wort „Krieg" in das BGB aufzunehmen.[2808]
Der Rechtsausschuss, insbesondere die das Gesetz aufsetzenden Vertreter des Innenministeriums, gingen dabei sonderbarerweise davon aus, dass der Begriff der höheren Gewalt enger sei und innere Unruhen sowie fortgesetzte Streiks durch den Begriff der höheren Gewalt nicht erfasst seien.[2809] Trotz dieser vermeintlichen Einschränkung wählte man diese Formulierung und begnügte sich mit dem Ausblick, die Behandlung der Fälle fortgesetzten Streiks oder innerer Unruhen „jeweils durch die Gerichte klären zu lassen".[2810]
Auch die Begründung des Rechtsausschusses zur endgültigen Fassung nennt nur Krieg, innere Unruhen und Naturkatastrophen als konkrete Fälle;[2811] Streiks finden in diesem Zusammenhang keine Erwähnung mehr. Immerhin ist in beiden Begründungen zu den Entwürfen wie auch mit der Verwendung des Begriffes der höheren Gewalt aber klargestellt, dass die genannten Fallgruppen nicht abschließend sind.

In der Tat hat sich zu den Fällen höherer Gewalt gem. § 651j I BGB eine umfangreiche Kasuistik gebildet.[2812] Konkrete Einzelfälle lassen sich aber fast durchgehend unproblematisch unter Anwendung der o.g. Definition entscheiden; schwierig ist regelmäßig nicht die Frage, ob ein Fall höherer Gewalt vorliegt, schwierig ist vielmehr die Frage, ob das für eine Kündigung nach § 651j BGB erforderliche Ausmaß an erheblicher Auswirkung auf die Reise gegeben ist.[2813]

[2805] S. o. Zweiter Teil C. III. 1.) b) (S. 162 und E. V. 3.) (S. 264).
[2806] Regierungsentwurf BT-DR 8/786, S. 6 (§ 11 I) u. 21.
[2807] S. Protokoll Nr. 43 (8. Wahlperiode) des Rechtsausschusses vom 10.5.1978, Anlage 3, S. 11.
[2808] S. die Äußerungen von *Schöfberger* und *Lenz* in Protokoll Nr. 49 (8. Wahlperiode) des Rechtsausschusses vom 4.10.1978, S. 28 (*Schöfberger*) u. S. 29 (*Lenz*).
[2809] Vgl. Beitrag *Rebmann* in Protokoll Nr. 49 (8. Wahlperiode) des Rechtsausschusses vom 4.10.1978, S. 30; s. a. MüKo/*Tonner*, § 651j Rn. 14 a. E.
[2810] S. Beitrag *Schöfberger* in Protokoll Nr. 49 (8. Wahlperiode) des Rechtsausschusses vom 4.10.1978, S. 30.
[2811] Bericht Rechtsausschuss BT-Dr 8/2343, S. 12.
[2812] S. hierzu eingehend *Brennecke*, 12. Teil B., S. 175-211.
[2813] S. ähnlich MüKo/*Tonner*, § 651j Rn. 7 a. E.

Zunächst wird bei sauberer Anwendung dieser Voraussetzung beispielsweise klar, dass Beeinträchtigungen, die durch strenge sicherheitsbehördliche Maßnahmen entstehen, weil ein Ministerpräsident und ein Staatspräsident mit ihren Familien zugleich ihren Urlaub im gleichen Hotel verbringen, kein Fall höherer Gewalt sein können - nicht zuletzt hatte es das Hotel ja selbst in der Hand, ob es diese Personen als Hotelgäste aufnimmt, der Umstand wirkte also nicht von außerhalb auf den Hotelbetrieb ein.[2814]

So ist auch die häufig eingehender[2815] diskutierte Frage, ob ein Streik höhere Gewalt darstellt, letztlich anhand des Definitionsmerkmals zu lösen, ob dieser „von außen" auf die Reise einwirkt, oder im weitesten Sinne Teil der zurechenbaren Betriebssphäre des Veranstalters ist, für die dieser vertraglich einzustehen hat. Daher stellt sich ein Streik der Bediensteten des Reiseveranstalters oder seiner Leistungsträger (bspw. Hotel-, Flugpersonal) nicht als höhere Gewalt dar, hingegen ein Streik von in diesem Sinne dritten Personen im Urlaubsland schon, bspw. Flughafenpersonal oder Zollbeamte, bzw. eine Blockade der Straßen oder Eisenbahnlinie durch streikende Demonstranten oder gar ein Generalstreik.[2816]

Auch stellen Terroranschläge bzw. Terrordrohungen nach obiger Definition eigentlich unproblematisch Fälle höherer Gewalt dar - wer würde schon in Abrede stellen wollen, dass es sich dabei um ein von außen kommendes, keinen betrieblichen Zusammenhang aufweisendes, auch durch die äußerste vernünftigerweise zu erwartende Sorgfalt nicht abwendbares Ereignis handelt?[2817] Problematisch ist hierbei allein, ob auch die für die erheblichen Auswirkungen auf die Reise § 651j I BGB erforderliche Intensität an Gefährdung erreicht wird. Diese z. T. schwierige Entscheidung ist aber eben erst dort im Rahmen der Frage erheblicher Auswirkungen[2818] auf die Reise zu treffen, nicht bereits beim Merkmal der höheren Gewalt.

Völlig verfehlt stellt sich ein nur als „Ausrutscher" zu bezeichnendes Urteil des *AG Hamburg*[2819] dar, das auch bei einer Renovierung des Hotels höhere Gewalt annahm. Begründung: Der Veranstalter hätte bei Vertragsschluss nichts von späterer Renovierung durch seinen Vertragspartner vor Ort gewusst. Zudem hätte das Hotel im übrigen ja schließlich genauso gut inzwischen abbrennen können, dann wäre es ja auch ein Fall höherer Gewalt § 651j BGB gewesen (!).

Hinsichtlich der witterungsbedingten Störungen wie fehlendem Schnee beim Skiurlaub liegt auch hierbei zwar eine von außen einwirkende, nicht beherrschbare Beeinträchtigung vor. Eine Kündigung wegen höherer Gewalt dürfte aber in diesem Beispiel daran scheitern, dass

---

[2814] *AG Düsseldorf* RRa 98, 158

[2815] Vgl. etwa *Staudinger/J. Eckert*, § 651j Rnn. 21ff, oder *Brennecke*, 12. B. I., S. 176-183; s. a. die (m. E. unzutreffende) Einschätzung von *Geib*, in: *Bamberger/Roth*, § 651c Rn. 39 a. E.: „schwierigste und am heftigsten umstrittene Frage".

[2816] S. *Seyderhelm*, § 651j Rn. 15; *Führich*, Reiserecht, § 15 II. 1. f), Rn. 542; *Soergel/H.-W. Eckert*, § 651j Rn. 7.

[2817] Ungenau daher jew. wegen Ablehnung höherer Gewalt an sich bei einzelnen Terroranschlägen *Führich*, Reiserecht, § 15 II. 1. d), Rn. 540; *Soergel/H.-W. Eckert*, § 651j, Rn. 6.

[2818] S. u. Dritter Teil H. II. 3.) (S. 474).

[2819] *AG Hamburg* RRa 1999, 157.

diese Witterungsprobleme nicht *außergewöhnlich* entsprechend der Definition höherer Gewalt sind, sondern die Wahrscheinlichkeit etwa des Schneemangels jedermann bekannt ist und insofern ein gewisses Risiko des Schneemangels sozusagen Teil des Reisecharakters eines Skiurlaubs darstellt.

Nur bei entsprechend außergewöhnlicher Schneelage, etwa bei eingeschneiten Orten mit zusammenbrechender Versorgung, stellt sich diese Witterung nicht mehr als Teil einer Skireise, sondern als höhere Gewalt dar, mit entsprechendem Kündigungsrecht.[2820]

Unbenommen davon kann sich außerhalb des § 651j BGB eine Gewährleistung des Veranstalters auch für gewöhnliche Ereignisse etwa der Witterung aus einer entsprechenden Zusicherung ergeben, beispielsweise, wenn eine Reise in ein „schneesicheres" Skigebiet Vertragsinhalt wurde.[2821]

c) Zeitpunkt des Vorliegens höherer Gewalt

Die höhere Gewalt muss im Zeitpunkt der Kündigungserklärung vorliegen.[2822] Bezüglich der Beurteilung, ob bei noch nicht eingetretenen Ereignissen bereits aufgrund der Gefährdung ein Fall höherer Gewalt vorliegt, wird dem Reisenden diese Einschätzung durch die Hinweise des Auswärtigen Amtes zumindest hinsichtlich der positiven Feststellung etwas erleichtert.[2823]

Zwar ist *Schmid* m. E. vollumfänglich zuzustimmen, dass die Hinweise des Auswärtigen Amtes „hinsichtlich der Klarheit der Aussage häufig den Vergleich mit dem Orakel in Delphi nicht zu scheuen brauchen" und „unter starker diplomatischer Rücksichtnahme erstellt werden."[2824] Eine gewisse Hilfe sind die Sicherheitshinweise und Reisewarnungen aber trotz der politisch motivierten Rücksichtnahme und Zurückhaltung hinsichtlich der Herausgabe dieser Warnhinweise, denn eine um so höhere Indizwirkung hat es, wenn doch einmal eine konkrete Warnung erfolgt.[2825] Auf diese kann sich der Reisende in aller Regel gegenüber dem Veranstalter berufen.

Umgekehrt aber muss das Fehlen eines Warnhinweises aus o. g. Gründen noch lange nicht bedeuten, dass tatsächlich keine Gefahr besteht, es kann also durchaus dennoch höhere Gewalt wegen drohender Gefahr des Ereigniseintritts vorliegen.[2826]

2.) Fehlende Voraussehbarkeit

Auch wenn ein Fall höherer Gewalt vorliegt, führt dies für die Vertragsparteien nicht zur Kündigungsmöglichkeit nach § 651j I BGB, wenn dieses Ereignis für sie vorhersehbar war. Im Gesetzgebungsverfahren wurde dieses Merkmal der Vorhersehbarkeit in den § 651j BGB mit aufgenommen, damit im Rahmen der Vertragsfreiheit bewusst von den Vertrags-

---

[2820] Im Ergebnis ebenso *Führich*, Reiserecht, § 15 II. 1. e), Rn. 541.
[2821] Zur Zusicherung s. o. Zweiter Teil B. (S. 124).
[2822] *Soergel/H.-W. Eckert*, § 651j Rn. 8.
[2823] *H.-W. Eckert*, ebenda.
[2824] *Schmid*, RRa 2004, 242, (244).
[2825] Vgl. *Führich*, Reiserecht, § 15 II. 3 b) bb)), Rn. 556 m. w. Nachw. dort in Fn. 146.
[2826] *Soergel/H.-W. Eckert*, § 651j Rn. 88; Schmid, RRa 2004, 242 (244).

parteien das Risiko in Kauf genommen und bspw. eine Reise in ein Krisengebiet als Vertragsgegenstand unternommen werden kann.[2827] Gleichwohl dürfte mindestens ebenso ausschlaggebend der Gedanke sein, dass ein Reisender, der quasi sehenden Auges trotz bestehender Gefahrenlage die Reise antritt, insofern nicht schutzwürdig erscheint;[2828] gleiches gilt für einen Veranstalter, der eine solche Reise anbietet.

Zu Recht merkt *Führich* an, dass angesichts der Globalisierung des Terrors letztlich Anschläge und begrenzte Kriege nirgendwo auf der Welt ausgeschlossen werden können, was aber noch lange nicht heißt, dass diese vorhersehbar im Sinne des § 651j I BGB sind. Vielmehr ist das Merkmal einschränkend dahingehend auszulegen, dass eine konkrete Gefahrenlage bezogen auf die jeweilige Reise vorliegen muss.[2829]

Ein Ereignis höherer Gewalt ist nur dann „nicht voraussehbar", wenn es nicht vorausgesehen wird *und* dies nicht auf Fahrlässigkeit beruht.[2830] Vorhersehbarkeit v. a. bzgl. des Veranstalters kann beispielsweise der Fall sein auch bei witterungsbedingten Reisebeeinträchtigungen und Naturereignissen wie Strandverschmutzung durch Anschwemmungen, besonderer Trockenheit mit Wasserausfällen oder umgekehrt schweren Regenfälle, wenn diese Ereignisse jahreszeitlich oder saisonbedingt regelmäßig zu bestimmten Zeiten auftreten.[2831] Erfolgte vor Vertragsschluss in den Medien eine breite Berichterstattung über das Ereignis bzw. die Gefahr, so wird auch dem Reisenden mangels Unvorhersehbarkeit verwehrt, sich auf diese höhere Gewalt zu berufen.[2832]

Zwar trifft den Reiseveranstalter eine Pflicht zur Erkundigung und Beobachtung der Verhältnisse in der Urlaubsregion,[2833] die er über seine leistungserbringenden Vertragspartner, Reiseleiter sowie sonstige Vertreter vor Ort erfüllen kann,[2834] welche ihn auch über drohende terroristische Entwicklungen informieren können - zu beachten ist aber, dass es beim Merkmal der Vorhersehbarkeit allein sachgerecht ist, auf den Zeitpunkt des Vertragsschlusses abzustellen. Erfolgt dieser wie so häufig viele Monate vor Reiseantritt, so besteht ein erhebliches Potential für eine zu diesem Zeitpunkt noch nicht absehbare Entwicklung, deren Risiko gerechterweise im grundsätzlichen Sinne des § 651j BGB beide Parteien des so früh geschlossenen Vertrages zu gleichen Teilen tragen sollen.

Bei der Voraussehbarkeit ist jeweils auf den Vertragsteil abzustellen, der von diesem Kündigungsrecht Gebrauch machen will.

[2827] Die Protokolle sprechen zwar nur davon, dass „jemand bewusst in ein Krisengebiet fahren wolle", vgl. Protokoll Nr. 51 (8. Wahlperiode) des Rechtsausschusses vom 8.11.1978, S. 31, beziehen sich also auf den Reisenden; zwangsläufig gehören zu einem solchen Vertrag aber immer zwei, auch der Veranstalter muss eine solche Reise anbieten wollen; vgl. auch *Seyderhelm*, § 651j Rn. 18.

[2828] *Führich*, Reiserecht, § 15 II. 2. (1), Rn. 545.

[2829] *Führich*, VersR 2004, 445 (447).

[2830] *Erman/Seiler*, § 651j Rn. 3.

[2831] *Soergel/H.-W. Eckert*, § 651j Rn. 6; *Bidinger/Müller*, § 651j Anm. 5, S. 226.

[2832] *Seyderhelm*, § 651j Rn. 22; s. a. *Führich*, Reiserecht, § 15II. 2. (2), Rn. 546, m. Nachw. dort in Fn. 107.

[2833] Eingehend *Schmid*, RRa 2004, 242 (243ff).

[2834] Zutreffend verweist *Schmid*, ebenda, S. 244, darauf, dass der Veranstalter sich nicht auf die Reisewarnungen des Auswärtigen Amtes verlassen kann, da diese häufig wenig konkret und unter politischer Rücksichtnahme erstellt würden; s. hierzu auch *Führich*, VersR 2004, 445 (449).

War dem Reisenden aus welchen Gründen auch immer bei Vertragsschluss das bereits eingetretene Ereignis oder die entsprechend hohe Wahrscheinlichkeit eines Eintretens höherer Gewalt bekannt bzw. fahrlässig unbekannt, kann er sich später nicht mehr auf dieses berufen, sondern kann vor Antritt allenfalls nach § 651i BGB zurücktreten.[2835] Nach Beginn der Reise stellt sich sein Rücktritt schlicht als einseitiger Abbruch durch den Reisenden dar.[2836]

Auch dem Reiseveranstalter bleibt es bei Kenntnis oder fahrlässiger Unkenntnis verwehrt, die Reise nach § 651j BGB zu kündigen. Statt dessen muss er sich die durch die höhere Gewalt bedingte Beeinträchtigung bzw. Ausfall der Reise wegen der Vorhersehbarkeit zurechnen lassen und ist einer Kündigung des Reisenden nach § 651e BGB sowie den übrigen Gewährleistungsansprüchen ausgesetzt.

3.) Erhebliche Auswirkungen auf die Reise

Die Reise muss durch die höhere Gewalt erheblich erschwert, gefährdet oder beeinträchtigt sein. Nach verbreitet anzutreffender Ansicht sei die Abgrenzung dieser einzelnen Varianten weder möglich[2837] noch erforderlich, da ohnehin jeweils die gleiche Rechtsfolge ausgelöst werde; es sei daher generell auf das Erfordernis der erheblichen Beeinträchtigung der Reise wie auch beispielsweise in § 651e I 1 BGB abzustellen.[2838]

Dem kann mit der Gegenansicht[2839] nicht zugestimmt werden. Auch wenn im zweiten Schritt der *Rechtsfolge* alle drei Varianten übereinstimmen, so ist doch zunächst im ersten Schritt der *Anwendbarkeit* überhaupt festzustellen, ob die Voraussetzungen vorliegen.
Die drei Varianten der Auswirkungen höherer Gewalt auf die Reise in § 651j I BGB sind nur bei oberflächlicher Betrachtung gleich, tatsächlich kann man ihnen aber sinnvoll unterschiedliche Bedeutungen beilegen und so eröffnen sie die Kündigungsmöglichkeit des § 651j BGB auf jeweils unterschiedliche Weise. So liegt in der Variante der erheblichen Gefährdung noch keine konkret messbare Abweichung der Ist- von der Sollbeschaffenheit und somit keine Beeinträchtigung der tatsächlich zu erbringenden Reiseleistungen vor.[2840]

a) Auswirkungen

Ausgehend vom Wortsinn her bietet sich die folgende grammatikalische Auslegung an; das Kriterium der erforderlichen Erheblichkeit muss sich dabei sinngemäß auf alle drei Varianten beziehen, auf diese Erheblichkeit der Auswirkung ist im Anschluss nochmals eigens einzugehen.

[2835] S. o. Zweiter Teil F. III. (S. 276).
[2836] Dazu o. Zweiter Teil F. IV. (S. 280).
[2837] *Sudbrink*, B. I. 2. d), S. 30f.
[2838] *Rauch*, 1. Abschnitt B. 2., S. 86f; *Soergel/H.-W. Eckert*, § 651j Rn. 9, Fn. 28; *Führich*, Reiserecht (4. Aufl.), § 15 II. 3., Rn. 442 (bea. aber folgende Fn.); *Staudinger/J. Eckert*, § 651j Rn. 24; *Erman/Seiler*, § 651h Rn. 2; abgeschwächt *Seyderhelm*, § 651j Rn. 23: eine Abgrenzung sei kaum möglich, aber auch wenig sinnvoll.
[2839] RGRK/*Recken*, § 651j Rn. 6; MüKo/*Tonner*, § 651j Rnn. 12ff; *Bidinger/Müller*, § 651j Anm. 6; *Brennecke*, 5. Teil C. III. 3., S. 74f; nunmehr (vgl. Fn. zuvor) auch *Führich*, Reiserecht, § 15 II. 3. a) (1), Rn. 549.
[2840] *Brennecke*, 5. Teil C. III. 3., S. 75.

Demnach würde mit der *Erschwerung* auf Fälle abgestellt, in denen das *eingetretene* Ereignis höherer Gewalt die Durchführung der Reise stört, man denke an überschwemmte oder unbrauchbare Strassen, Stromausfall etc. aufgrund eines Wirbelsturms.[2841] Die Durchführung wäre noch möglich, aber in erheblicher Weise mit höherem Aufwand und Erschwernissen für den Veranstalter oder Belastungen für den Reisenden verbunden.[2842]

Die erhebliche *Gefährdung* hingegen beschreibt eine Situation ex-ante, in der ein konkretes Ereignis höherer Gewalt unmittelbar *bevorsteht* und zu schweren Folgen für die Reise bzw. gravierenden Risiken für den Reisenden führen würde, so es denn eintritt.[2843] Dies wäre beispielsweise bei Terrorgefahr oder drohendem Wirbelsturm der Fall.[2844] Der *BGH* hat in letzterem Fall eine Eintrittswahrscheinlichkeit von 25% als hinreichend angesehen.[2845] Unter Verweis auf „das hohe Rechtsgut von Leib und Leben des Reisenden" wird diese niedrige Wahrscheinlichkeitsschwelle allgemein auch auf andere Formen höherer Gewalt ausgedehnt.[2846] Dem ist zumindest im Regelfall zuzustimmen, in dem - auch - die Person des Reisenden selbst und nicht bloß die Durchführung der Reise gefährdet ist, es sich also um ein persönliches Sicherheitsrisiko[2847] handelt. Betrifft die Gefährdung allerdings nur die technische Machbarkeit der Reisedurchführung, wie etwa die drohende Schließung eines Flughafens,[2848] so kann als Schwelle m. E. eine höhere Eintrittswahrscheinlichkeit verlangt werden.

Eine erhebliche *Beeinträchtigung* der Reise wirkt sich direkt auf die zu erbringenden Reiseleistungen aus.[2849] Dies betrifft Sachverhalte, in denen die gesamte Reise als solche teilweise beeinträchtigt ist, oder aber einzelne Reiseteile aufgrund eingetretener Ereignisse höherer Gewalt einfach wegfallen, während davon abgesehen die übrige Reisedurchführung an sich weder erschwert noch gefährdet wird. Beispiel für letzteres wäre, dass im Rahmen einer Karibikkreuzfahrt einige der anzulaufenden Inseln bzw. Häfen ausfallen, weil dort eine Naturkatastrophe wütet(e). Weiteres Beispiel dafür, dass ein Teil der Reise schlicht unmöglich wird, ist das Tankerunglück, das im Rahmen eines Badeurlaubs sämtliche Strände im Ur-

---

[2841] *Führich*, RRa 2003, 50 (56) [IV. 3. a.], nennt im Zusammenhang mit terroristischer Gefahrenlage als Beispiel auch scharfe polizeiliche Sicherheitsmaßnahmen mit Hausarrest des Reisenden im Hotel.

[2842] S. a. *Führich*, Reiserecht, § 15 II. 3. a) (1), Rn. 549, S. 437; *ders.*, RRa 2003, 50 (56).

[2843] *Führich*, RRa 2003, 50 (56) [IV. 3. a.], s. a. *ders.*, VersR 2004, 445 (448), will allein auf das Kriterium des Risikos für die Sicherheit des Reisenden abstellen; dieses ist zwar vorrangig, ein Abstellen *allein* hierauf aber m. E. zu eng; auch eine - entsprechend höher als bei Gefahr für Leib und Leben anzusetzende - Wahrscheinlichkeit, dass (nur) die Reise als solche aufgrund höherer Gewalt völlig misslingen wird, muss es den Beteiligten ermöglichen, diese gar nicht erst anzutreten.

[2844] MüKo/*Tonner*, § 651j Rn. 15.

[2845] *BGH* NJW 2002, 3700 (3701), = RRa 2002, 258 (260), und auch die Vorinstanz *OLG Frankfurt a.M.* RRa 2001, 178 (179), sprechen von einer „Eintreffwahrscheinlichkeit von 1 : 4", im erstinstanzlichen Urteil ist dies dahingehend näher erläutert, dass die herausgegebene „Vorwarnung" einer Wahrscheinlichkeit von 20-25% entspricht; die Beklagte hatte sich auf eine Wahrscheinlichkeit von 25% eingelassen, vgl. *LG Frankfurt a.M.* RRa 2000, 223 (224).

[2846] So *Führich*, Reiserecht, § 15 II. 3. b) aa), Rn. 551 und Rn. 555 a. E.; *ders.*, RRa 2003, 50 (57); MüKo/*Tonner*, § 651j Rn. 16; LG Frankfurt a.M. NJW 2003, 2618; gegen die Tendenz einer schematischen, auf die Schwelle von 25% abstellenden Beurteilung *AG Augsburg* RRa 2005, 84 (85).

[2847] So *Führich*, Reiserecht, § 15 II. 3. b), Rn. 550.

[2848] *Brennecke*, 5. Teil C. III. 1., S. 74.

[2849] *Bidinger/Müller*, § 651j Anm. 6.

laubsgebiet unbenutzbar macht.[2850] Die erhebliche Beeinträchtigung der Reise nach § 651j I BGB stimmt in dieser Variante im Wortlaut mit der entsprechenden Voraussetzung in den §§ 651e I 1 und 651f II HS 1 Var. 2 BGB überein.[2851]

b) Erheblichkeit

Erforderlich ist jedenfalls in allen drei Varianten eine gewisse Erheblichkeit der Auswirkung auf die Reise selbst. Es kommt also nicht darauf an, wie schwerwiegend das Ereignis höherer Gewalt selbst ist, sondern allein, wie gravierend es sich in Relation zur Reise darstellt. Daher können Unruhen oder Naturkatastrophen selbst von größerem Ausmaß im Urlaubsland unberücksichtigt bleiben, wenn sie sich auf den konkreten Urlaubsort des Reisenden bzw. auf dessen Reise nicht oder nur geringfügig auswirken.[2852]

An diesem Punkt ergibt sich häufig ein Interessenkonflikt zwischen Reisendem und Reiseveranstalter. Durch entsprechende Medienpräsenz spektakulärer Geschehnisse wird in der Öffentlichkeit häufig ein Unsicherheitsgefühl ausgelöst,[2853] das außer Verhältnis zur tatsächlichen Auswirkung auf die konkrete Reise des Einzelnen steht. Auch wenn bspw. der Reisende aus einem subjektiv empfundenen Unsicherheitsgefühl heraus angesichts des Irak-Krieges keine Mittelmeerkreuzfahrt in Italien[2854] unternehmen oder nach den Anschlägen vom 11. September 2001 seine fast ein halbes Jahr später stattfindende Karibik-Flugreise[2855] nicht mehr antreten möchte, so fehlt es dennoch ungeachtet der zweifellos hohen Bedeutung der dem Gefährdungsempfinden zugrundeliegenden Ereignisse an der für eine Kündigung nach § 651j BGB erforderlichen Gefährdungsintensität für diese *konkrete* Reise.

Eine gleichwohl erfolgende Kündigung des Reisenden kann rechtlich nur als Rücktritt nach § 651i BGB[2856] gewertet werden, mit entsprechenden Stornokosten.[2857]

2850 *Brennecke*, a. a. O. (Fn. 2848).

2851 Siehe Dritter Teil E. II. 1.) a) (S. 401) bzw. G. III. 2.) (S. 435).

2852 S. a. *Sudbrink*, B. I. 2. a), S. 28/29.

2853 Vgl. *Nies*, RRa 2002, 251, wonach in Folge der Terroranschläge vom 11.09.2001 die Zahl der den Reiserücktrittskostenversicherern gemeldeten Fälle zunächst um ein Drittel, danach im Oktober um die Hälfte im Vergleich zum Vorjahr angestiegen war; die Kunden beriefen sich, da die Anschläge kein versichertes Ereignis darstellten, auf attestierte Angst- und Panikreaktionen mit Krankheitswert - vgl. diesbezüglich die - durchweg ablehnenden - Gerichtsentscheidungen in Leitsätzen in RRa 2003, 92f, sowie *LG Aachen* RRa 2003, 42 u. *AG Melsungen* RRa 2004, 92; siehe aber auch a. A. *LG Koblenz* RRa 2004, 269(270f) m. Anm. *Fehr* u. *Brüning*. S. a. das diesbezügliche Editorial von *Tonner* in RRa 2003, 49 sowie die Einschätzung von *Führich* in VersR 2004, 445 (449), wonach in der Zeit der Irak-Krise erneut wie schon nach den Anschlägen vom 11. September 2001 eine große Zahl Reiseunwilliger auf der Suche nach Gefälligkeitsattesten von Ärzten für vorgetäuschte Krankheiten gewesen seien.

2854 S. *AG München* RRa 2004, 183.

2855 Vgl. *AG Neuwied* 2002, 231 für eine im Februar 2002 geplante Reise (zutr. § 651j BGB abgelehnt); s. a. *LG Bonn* 2003, 214 (§ 651j BGB abgelehnt bei Karibikreise 14 Tage nach den Anschlägen vom 11.09.2001); hingegen zutr. für eine *unmittelbar* nach diesen Terroranschlägen am 13.11. stattfindende Amerika-Rundreise Kündigung nach § 651j BGB bejaht durch *AG Hannover* RRa 2002, 226; s. a. *LG Frankfurt a.M.* NJW 2003, 2618 (zulässige Kündigung nach § 651j BGB am 26.9.2001 für eine Reise nach New York ab 24.11.2001)

2856 S. o. Zweiter Teil F. III. (S. 276).

2857 *LG Bonn* 2003, 214 (215); s. a. *Teichmann*, JZ 2006, 499 (504) [V. 1. a)]; s. aber *Stuppi*, RRa 2002, 54 (55), der den Reisenden eine Kündigung nach § 651j BGB weitreichend „in den auf September 2001 folgenden Monaten" zuspricht.

Immerhin werden in der Praxis den verängstigten Reiseunwilligen in dieser Situation von den Veranstaltern häufig aus Kulanz kostenlose Umbuchungen oder Stornierungen angeboten[2858] - einen Rechtsanspruch darauf haben sie allerdings nicht.[2859]

Das Erfordernis der konkreten Auswirkung auf die Reise ist weiterhin auch unter dem Aspekt problematisch, dass die mentale Präsenz der Berichterstattung aus den betroffenen Gebieten insofern auch ein ethisches Problem für den Reisenden darstellen mag, wenn er in einem unbetroffenen Teil des Reiselandes seinen vergleichsweise luxuriösen Urlaub verbringt, während an anderem Ort zur gleichen Zeit Leid und Elend herrschen.
Dieses Problem besteht aber unabhängig von den in den Medien hervorgehobenen aktuellen Naturkatastrophen und gewalttätigen Konflikten ohnehin immer, zumal in vielen Ländern der Dritten Welt als Fernreisezielen. Es handelt sich letztlich um ein allgemeines Problem selektiver bzw. durch die Massenmedien gesteuerter Wahrnehmung - bzw. umgekehrt Nichtwahrnehmung des latent bestehenden Elends - und kann als solches jedenfalls durch den § 651j BGB des Reisevertragsrecht nicht erfasst werden.[2860]

Eine Schematisierung zur Frage der Erheblichkeit wie etwa von der Rechtsprechung bei § 651e I 1 BGB dahingehend angenommen, die Kündigung sei starr ab einer Beeinträchtigung entsprechend einer Minderungsquote ab 50% möglich,[2861] ist für § 651j I BGB erst recht abzulehnen.[2862] Die Erheblichkeit ist hier, wahrscheinlich sogar noch stärker als im Rahmen des § 651e I BGB, anhand des Reisecharakters zu ermitteln. So wird es einem Expeditionsteilnehmer eher zuzumuten bzw. dieser eher bereit sein, Erschwerungen der Reisedurchführung oder Beeinträchtigungen des Reiseprogramms hinzunehmen; dies gilt auch für eine Gefährdung der Reisedurchführung an sich. Hinsichtlich einer Gefährdungslage für die Person des Reisenden ist eher unabhängig vom Reisecharakter darauf abzustellen, ob die Durchführung der Reise zugemutet werden kann angesichts der konkreten Leibesgefahr für den Reisenden.[2863]

Teilweise wird problematisiert, ob auch Fälle der Unmöglichkeit unter § 651j BGB fallen, da diese Konstellation vom Gesetzeswortlaut des § 651j BGB nicht erfasst sei. Die allgemeine Ansicht bejaht dies.[2864] Dieser Ansicht ist nicht nur im Ergebnis zuzustimmen, vielmehr stellt sich m. E. schon das Problem nicht, denn ein völliger Ausfall, eine Unmöglichkeit der Reise wegen höherer Gewalt ist doch nichts anderes als die höchste Stufe der in § 651j BGB genannten erheblichen Beeinträchtigung, sozusagen die erheblichste aller denk-

---

2858 *Führich*, RRa 2003, 50 (52f u. 57); *Teichmann*, a. a. O. (Fn. 2857), dort in Fn. 89.
2859 *Schmid*, RRa 2003, 63f; vgl. auch *ders.* im Editorial von RRa 2001, 218.
2860 Vgl. auch *Führich*, Reiserecht, § 15 II. 3., Rn. 549.
2861 S. o. Dritter Teil E. II. 1.) a) (bb) (S. 402).
2862 Vgl. auch *Seyderhelm*, § 651j Rn. 24: schon allein wegen der im Rahmen von § 651j BGB ausreichenden Gefährdung verbiete sich eine Übernahme der Schematisierung zu § 651e BGB; s. a. *Führich*, VersR 2004, 445 (448).
2863 S. a. *Führich*, RRa 2003, 50 (56) [IV. 3. a.].
2864 *Soergel/H.-W. Eckert*, § 651j Rn. 9 a. E.; *Erman/Seiler*, § 651j Rn. 9; *Führich*, Reiserecht, § 15 I. 2., Rn. 531; s. a. Bericht Rechtsausschuss BT-Dr. 8/2343, S. 12 („braucht nicht unmöglich zu sein"); a. A. *Bernreuther*, 3. Kap. A. II. 4. c) aa), S. 132.

baren Beeinträchtigungen; gegenüber einer Lösung über § 326 I BGB[2865] entspricht dies auch dem Gedanken der Einheitslösung,[2866] schließlich fällt unter die Beeinträchtigung der Reise in § 651c I BGB ja ebenfalls der völlige Ausfall bzw. die Unmöglichkeit.

4.) Kündigungserklärung

Die Kündigung nach § 651j I BGB ist vom Reisenden oder dem Veranstalter der jeweils anderen Partei zu erklären und wird mit Zugang bei dieser wirksam;[2867] sie bedarf keiner besonderen Form[2868] und kann sowohl vor als auch nach Reisebeginn erfolgen.[2869]

Auch ist in der Kündigungserklärung die Angabe des Grundes bzw. die Berufung auf das Vorliegen höherer Gewalt nach allgemeiner Ansicht nicht erforderlich.[2870] Dies erscheint nicht völlig unbedenklich, es ist dieser Auffassung aber letztlich zuzustimmen, da bei einer formlos möglichen Kündigungserklärung u. U. auch schon die konkludente Kündigung durch Abbruch der Reise und Rückflug erfolgen kann und hierbei erst Recht keine Gründe mitgeteilt werden bzw. werden können. Dennoch ist dem Reisenden zumindest zu raten, sich auf das Vorliegen höherer Gewalt zu berufen, damit von vornherein keinerlei Zweifel aufkommen, ob er einfach so aus freien Stücken abreist.[2871]

Im Gegensatz zur Kündigung wegen Mangels nach § 651e I, II 1 BGB ist hier also keine Mängelanzeige mit Fristsetzung zur Abhilfe erforderlich. Dies würde in den Fällen des § 651j BGB auch keinerlei Sinn ergeben, erfolgt doch die Kündigung nach § 651j BGB gerade wegen des Vorliegens höherer Gewalt, die sich schon definitionsgemäß nicht beherrschen bzw. beseitigen lässt.

III. Folgen

§ 651j BGB verweist in Abs. 2 hinsichtlich der Rechtsfolgen zunächst auf die entsprechenden Regelungen innerhalb § 651e BGB. Hinsichtlich der folgenden Ausführungen sei daher generell jeweils auch auf die zu § 651e III BGB erfolgten Darstellungen verwiesen.[2872]

1.) Verlust des Reisepreisanspruchs § 651j II 1 i. V. m. § 651e III 1 BGB

Der Veranstalter verliert zunächst einmal gem. § 651j II 1 i. V. m. § 651e III 1 BGB seinen Anspruch auf den Reisepreis. Ein nach gängiger Praxis bereits teilweise oder vollständig gezahlter Reisepreis kann zurückverlangt werden, Anspruchsgrundlage ist das durch die

---

[2865] Vgl. *Erman/Seiler*, § 651j Rn. 9 (zu § 323 BGB a. F.).

[2866] S. Dritter Teil A. I. 4.) (S. 307).

[2867] *Staudinger/J. Eckert*, § 651j Rn. 27.

[2868] *Führich*, Reiserecht, § 15 II. 4., Rn. 557; *Staudinger/J. Eckert*, § 651j Rn. 26; *Soergel/H.-W. Eckert*, § 651j Rn. 10.

[2869] *BGH* NJW 1990, 572 (573); *Pick*, § 651j Rn. 3; *Palandt/Sprau*, § 651j Rn. 1; *Staudinger/J. Eckert*, § 651j Rn. 25; a. A. noch *Tempel*, Materielles Recht (2. Aufl.), § 6 V. a) (1), S. 459, mittlerweile aber aufgegeben in *ders./Seyderhelm*, § 7 VI. 1. a) (2), S. 528.

[2870] *Soergel/H.-W. Eckert*, § 651j Rn. 10; *Staudinger/J. Eckert*, § 651j Rn. 26; *Führich*, Reiserecht, § 15 II. 4., Rn. 557.

[2871] *Seyderhelm*, § 651j Rn. 26.

[2872] S. o. Dritter Teil E. III. (S. 412ff).

Kündigung umgewandelte[2873] Vertragsverhältnis.[2874] Es gelten die zum entsprechenden Rückzahlungsanspruch aus Rückgewährschuldverhältnis §§ 346ff BGB zur Kündigung nach § 651e BGB dargestellten Überlegungen.[2875]

2.) Entschädigung für Reiseleistungen § 651j II 1 i. V. m. § 651e III 2, 3 BGB

Für die bereits erbrachten und bis zur Beendigung noch zu erbringenden Reiseleistungen hat der Veranstalter gem. § 651j II 1 i. V. m. § 651e III 2 BGB einen Anspruch auf Entschädigung. Mangels eines Verweises in § 651j II 1 BGB auf die Bestimmung des § 651e III 3 BGB kommt es hierbei nicht darauf an, ob die jeweiligen Reiseleistungen für den Reisenden von Interesse sind.[2876]

Von Relevanz ist dies etwa dann, wenn der Veranstalter unmittelbar nach Ankunft des Reisenden am Urlaubsort die Kündigung wegen höherer Gewalt ausspricht und der Reisende stante pede zurückbefördert wird. An der Beförderung ohne nennenswerten Aufenthalt vor Ort hat der Reisende kein Interesse; dennoch muss er sich die Kosten für Hin- und Rückflug und Kurzaufenthalt mit dem Veranstalter teilen.[2877]

Dies sei sachgerecht deswegen, weil der Veranstalter hier nicht wie in § 651e BGB für eine mangelhaft erbrachte Leistung haftet, sondern eine Verteilung der durch das allgemeine Risiko höherer Gewalt hervorgerufenen Lasten stattfinden soll.[2878] Unter dieser Begründung ist es aber nur sachgerecht, wenn lediglich die tatsächlich dem Veranstalter angefallenen Kosten ohne dessen Gewinnspanne zugrundegelegt werden.[2879] Zudem ist auch die Entschädigung für erbrachte Leistungen entsprechend zu mindern, soweit diese mangelhaft waren; es ist also nur der Wert der tatsächlich erbrachten Leistung anzusetzen.[2880]

Zu beachten ist ferner, wie bereits eingangs dargelegt, dass bei einer Kündigung vor Reisebeginn keinerlei Entschädigung für Vorbereitungsaufwendungen gegenüber dem Reisenden geltend gemacht werden können, da ja noch keine Leistungen im Sinne des § 651j II 1 i. V. m. § 651e III 2 BGB erbracht worden sind.[2881]

3.) Rückbeförderung, sonstige Mehrkosten § 651j II i. V. m. § 651e IV 1 BGB

Der Veranstalter ist gem. § 651j II 1 i. V. m. § 651e IV 1 BGB verpflichtet, für die Rückbeförderung des Reisenden zu sorgen, falls diese auch Teil des ursprünglichen Vertrages

---

[2873] *Staudinger/J. Eckert*, § 651j, Rn. 37.

[2874] *Bidinger/Müller*, § 651e Anm. 14, S. 162; *Seyderhelm*, § 651e, Rn. 41; vgl. hingegen *Geib*, in: *Bamberger/ Roth*, § 651j, Rn. 12, sowie *Führich*, Reiserecht, § 15 III. 2., Rn. 559 a. E.: Rückzahlungsanspruch unmittelbar aus § 651j BGB.

[2875] S. o. Dritter Teil E. III. 1.) (S. 412).

[2876] *Soergel/H.-W. Eckert*, § 651j Rn. 12; *Staudinger/J. Eckert*, § 651j Rn. 30.

[2877] *Führich*, Reiserecht, § 15 III. 2., Rn. 559.

[2878] *J. Eckert*, a. a. O. (Fn. 2876).

[2879] A. A. *Staudinger/J. Eckert*, § 651j Rn. 32.

[2880] *Führich*, Reiserecht, § 15 III. 2., Rn. 559, S. 442; ebenfalls *Staudinger/J. Eckert*, § 651j Rn. 32 a. E.

[2881] S. a. *Tempel/Seyderhelm*, § 7 VI. 1. c) (2), S. 531; a. A. *BGHZ* 109, 224 (=NJW 1990, 572), s. dazu eingehend oben Dritter Teil H. I. a. E. (S. 466).

war.[2882] Die Verpflichtung entfällt natürlich, wenn es gerade die Beförderung ist, die aufgrund der höheren Gewalt entfällt - impossibilium nulla est obligatio. Hinsichtlich der Kosten dieser außerplanmäßigen Rückbeförderung weicht § 651j BGB nun aber mit einer eigenen Regelung in § 651j II 2 BGB ab, wonach der Reisende und der Veranstalter sich die Mehrkosten dieser Rückbeförderung je zur Hälfte teilen. Die übrigen Mehrkosten infolge der Kündigung trägt gem. § 651j II 3 BGB der Reisende allein.

Diese Regelungen des § 651j BGB sind für den Veranstalter erheblich günstiger als die des § 651e BGB. Der Veranstalter soll von seiner Haftung für Ereignisse höherer Gewalt, auf die er keinen Einfluss hat, die aber seine Vertragsleistung Reise beeinträchtigen, teilweise entlastet werden.
Im Ergebnis der Regelung des § 651j BGB trägt nun aber der Reisende sogar zum überwiegenden Teil die Kosten.
Der Reisende kann aber noch weniger dafür, dass er im Rahmen der Reise unter den Auswirkungen der höheren Gewalt zu leiden hat. Der § 651j BGB ist daher mit seinen Abweichungen von § 651e BGB über das Ziel einer gerechten Teilung eines Risikos, dem beide Vertragsteile gleichermaßen machtlos gegenüberstehen, zu Ungunsten des Reisenden etwas über das Ziel hinausgeschossen.[2883]

4.) Folgen unberechtigter Kündigung

Erfolgt eine Kündigung des Reisenden gem. § 651j BGB vor Reiseantritt, obwohl die Voraussetzungen der Kündigung wegen höherer Gewalt nicht vorliegen,[2884] so ist sein Verhalten als Rücktritt § 651i BGB zu werten.[2885] Nach Beginn der Reise stellt das Verhalten des Reisenden schlicht einen allgemeinen einseitigen Reiseabbruch dar, er kann allenfalls für die bis dahin vorhandenen bzw. ohnehin nicht behebbaren Mängel noch Minderung geltend machen.[2886]

Wird umgekehrt vom Reiseveranstalter zu Unrecht die Reise wegen höherer Gewalt gekündigt, so stellt sich diese Durchführungsverweigerung als eine einseitige Nichterfüllung des Vertrages, und damit nach dem umfassenden Mangelbegriff des Reisevertragsrechts[2887] als ein Reisemangel dar, und zwar als ein ganz erheblicher.
Der Reisende kann wegen dieses völligen Ausfalls den Reisepreis vollständig mindern,

---

[2882] Falls die Beförderung nicht Teil der geschuldeten Reiseleistungen war, so kann sich zwar dennoch aus vertraglicher Fürsorgepflicht als Ausprägung des Grundsatzes von Treu und Glauben eine Rückbeförderungspflicht des Veranstalters ergeben; in diesem Fall trägt aber der Reisende entgegen § 651j II 2 BGB diese Kosten alleine; s. a. *Staudinger/J. Eckert*, § 651j Rn. 34 a. E.

[2883] Vgl. auch *H.-W. Eckert*, 3. Kap. III. 3., S. 130.

[2884] Derlei Fälle von Reiseabsagen wegen *vermeintlich* höherer Gewalt - insbesondere Terrorgefahr - dürften relativ häufig sein. Regelmäßig reagieren die Reisenden in großer Zahl mit „Stornierungen" auf entsprechende Berichterstattung in den Massenmedien, ohne dass die rechtliche Voraussetzung, die juristisch erforderliche beeinträchtigende Intensität der höheren Gewalt bezogen auf die konkrete Reise für eine entsprechende Kündigung erreicht wird; s. o. Dritter Teil H. II. 3.) (S. 476).

[2885] *Seyderhelm*, § 651j Rn. 37; und s. o. Zweiter Teil F. III. (S. 276).

[2886] S. o. Zweiter Teil F. IV. (S. 280).

[2887] S. o. Dritter Teil A. I. 4.) (S. 307).

kann also letztendlich des Reisepreis zurückverlangen,[2888] hat aber zusätzlich noch Ansprüche auf Schadensersatz. Dazu zählt die Erstattung gegebenenfalls angefallener vergeblicher Aufwendungen (Impfungen, Visa) wie auch die Ausgaben für eine Ersatzreise gemäß § 651f I BGB, zudem u. U. Entschädigung für die vertane Urlaubszeit gem. § 651f II BGB. Für die Einzelheiten zum Umfang der Schadensersatzansprüche sei auf die jeweiligen dortigen Ausführungen verwiesen.

Dies gilt grundsätzlich auch für den Fall, dass die unberechtigte Kündigung durch den Veranstalter erst während der Reise erfolgt, allerdings sind hierbei die bis zur Kündigung erbrachten Reiseleistungen zu berücksichtigen, der Reisepreis wird also nicht bis auf Null gemindert werden können.[2889]

I. Geltendmachung der Ansprüche § 651g I, II BGB

In § 651g BGB werden als eigene reisevertragliche Sonderregeln recht strenge Fristen für den Ausschluss und die Verjährung der Gewährleistungsansprüche aufgestellt. Diese für den Verbraucher sehr ungünstigen Regelungen wurden im Interesse der Veranstalter aufgenommen,[2890] und in der Tat scheitern hieran, vor allem an der Ausschlussfrist des § 651g I BGB, viele an sich materiell berechtigte mangelbedingte Ansprüche der Reisekunden.[2891]

Die im konkreten Fall anzustellenden gesamten bisher dargestellten Überlegungen zum Vorliegen und zur Beurteilung eines Reisemangels sowie zu den Voraussetzungen und Einzelheiten der Gewährleistungsansprüche sind hinfällig, wenn der Reisende nach der Rückkehr aus dem Urlaub die einmonatige Ausschlussfrist des § 651g I 1 BGB zur Geltendmachung seiner Ansprüche versäumt, oder seine Ansprüche trotz Anmeldung nicht innerhalb der besonderen reisevertragsrechtlichen Verjährungsfrist gem. § 651g II BGB einfordert.

Auch wenn im Rahmen der Arbeit nicht näher auf reiseprozessuale Spezifika eingegangen wird, so gebietet es dennoch die Bedeutung der reisevertraglichen Sonderregeln in § 651g BGB für die effektive Verwirklichung der Gewährleistungsrechte, sich abschließend noch kurz dieser Norm und den dabei bestehenden Fragestellungen zuzuwenden.

I. Anspruchsanmeldung innerhalb Ausschlussfrist § 651g I BGB

Soweit die Reise mangelbehaftet war, muss der Reisende gem. § 651g I 1 BGB innerhalb eines Monats nach dem vertraglich vorgesehenen Ende der Reise seine Gewährleistungsansprüche gegenüber dem Veranstalter geltend machen, um sie nicht zu verlieren. Diese Ausschlussfrist zugunsten des Veranstalters wurde erst später im Gesetzgebungsverfahren in den § 651g BGB eingefügt.[2892]

[2888] So im Ergebnis auch *Seyderhelm*, § 651j Rn. 38.

[2889] *Seyderhelm*, ebenda.

[2890] *Seyderhelm*, § 651g Rn. 2; s. hierzu unverständlich MüKo/*Tonner*, § 651g Rn. 1: inwiefern kurze Fristen und damit ein früher Ausschluss von der Geltendmachung seiner Rechte auch im Interesse des Reisenden sein sollen, erscheint dem Verfasser nicht nachvollziehbar.

[2891] *Seyderhelm*, § 651g Rn. 1.

[2892] Die Ausschlussfrist des § 651g I BGB fand sich in der ursprünglichen Entwurfsfassung noch nicht, vgl. Protokoll Nr. 43 (8. Wahlperiode) des Rechtsausschusses vom 10.5.1978, Anlage 3, S. 8, und wurde erst

1.) Wesen und Anwendungsbereich

Die veranstalterfreundliche Regelung einer kurzen Ausschlussfrist soll der schnellen Abwicklung von reisevertraglichen Gewährleistungsfällen dienen. Hintergrund ist das schnelllebige Massengeschäft in der Reisebranche sowie die hier besondere Problematik mitunter weit entfernter und dort durch selbständige einheimische Vertragspartner erfolgende Leistungserbringung.[2893] Der Veranstalter soll kurzfristig Klarheit darüber bekommen, ob Gewährleistungsansprüche auf ihn zukommen, und damit in die Lage versetzt werden, die Berechtigung der vom Reisenden gerügten Mängel überprüfen[2894] und eine schnelle Beweissicherung durchführen zu können,[2895] was ihm beides mit zeitlichem Abstand zum Ereignis zunehmend schwerer fällt.[2896] Letzteres gilt auch für seinen Regress beim Leistungsträger als seinem Vertragspartner.[2897]

Diesen telos der Ausschlussfrist des § 651g I BGB, dem Veranstalter durch Klarheit über eine gewährleistungsrechtliche Inanspruchnahme die Möglichkeit einer schnellen Abwicklung zu verschaffen, gilt es bei der Anwendung und Auslegung der Norm im Hinterkopf zu behalten.[2898]

Immer ist aber auch mit zu bedenken, dass es sich bei dieser Regelung um eine besondere Ausnahmeregelung zugunsten eines an sich - verschuldet oder unverschuldet - vertragsverletzenden Schuldners handelt, die sich deutlich beeinträchtigend auf die Rechte des Gläubigers, des reisenden Verbrauchers, auswirkt. Gerade auch unter dem Aspekt, dass im Lichte der Pauschalreiserichtlinie national keine Fristen gesetzt werden dürfen, die die dort garantierten Rechte bzw. deren Verfolgung zu sehr behindern,[2899] ist die Vorschrift des § 651g I BGB vorsichtig und in der Auslegung generell eher zurückhaltend anzuwenden.[2900]

---

später auf Anregungen im Rechtsausschuss hin eingefügt, vgl. Protokoll Nr. 49 (8. Wahlperiode) des Rechtsausschusses vom 4.10.1978, S. 56 u. 69; vgl. aber zuvor bereits § 21 RegEntw, BT-Dr 8/786, S. 8.

[2893] Vgl. Protokoll Nr. 51 (8. Wahlperiode) des Rechtsausschusses vom 8.11.1978, S. 24f, wonach dem Veranstalter andernfalls organisatorische Schwierigkeiten entstünden; s. a.. Bericht Rechtsausschuss BT-Dr 8/2343, S. 11.

[2894] *Führich*, Reiserecht, § 12 II. 1. a) (3), Rn. 440.

[2895] *Matlach*, ZfS 2006, 423, (424); BGH NJW 2004, 3178 (3179) [II 1 a (1)]; *Geib*, in: *Bamberger/Roth*, § 651g Rn. 1.

[2896] Vgl. Bericht Rechtsausschuss BT-Dr 8/2343, S. 11, wonach der Reiseveranstalter nach Ablauf eines Monats regelmäßig Schwierigkeiten habe, wenn er die Berechtigung der Mängelrüge überprüfen wolle; vgl. zuvor schon Begründung Regierungsentwurf, BT-Dr 8/786, S. 32. M. E. sollte bei dieser immer wieder anzutreffenden Inbezugnahme von zeitabhängigen Sachverhaltsaufklärungs- und Beweisschwierigkeiten seitens des Veranstalters auch nicht vergessen werden, dass zuvorderst der Reisende als Anspruchsteller vortrags- und beweispflichtig ist.

[2897] S. zu beidem *Schlotmann*, Reisevertragsgesetz, C. IV. 2. a) bb), S. 111; MüKo/*Tonner*, § 651g Rn.1; *Niehuus*, Reiserecht, § 11 A., Rn. 1, S. 309; s. a. Fn. 2896.

[2898] So auch *Seyderhelm*, § 651g Rn. 1 a. E.

[2899] *Führich* Reiserecht, § 12 I. 1., Rn. 437 a. E.; MüKo/*Tonner*, § 651g Rnn. 37ff; vgl. aber diesbezüglich lit. k des Anhangs zur Richtlinie 90/314/EWG des Rates v. 13.6.1990 über Pauschalreisen, ABlEG Nr. L 158 v. 23.6.1990, S. 59, wonach Fristen für die Anspruchsanmeldung grundsätzlich möglich bzw. vorgesehen sind.

[2900] Hingegen wird dieser Hintergrund von den Eingangsgerichten gelegentlich ignoriert und § 651g I BGB all zu formalistisch angewandt, vgl. *Führich*, Reiserecht, § 12 I. 1., Rn. 437, nach Ansicht von *Tempel*, RRa 1998, 19 (28) [III. 5. a)], wohl auch als bequemer Weg, um im Sinne einer Arbeitserleichterung Fälle schnell erledigt beiseite räumen zu können.

Die knappe Ausschlussfrist des § 651g I BGB stellt gerade auch für Sozialversicherungsträger wie beispielsweise Krankenkassen ein Problem dar.[2901] Auf sie gehen bei Verletzungen des Reisenden gem. § 116 SGB X dessen Ansprüche gegen den Veranstalter als Schädiger über, es gilt jedoch auch für sie die einmonatige Ausschlussfrist,[2902] was diese Einrichtungen vor organisatorische Probleme stellt und nicht selten zur Uneinbringlichkeit der an sich bestehenden Ansprüche gegen den Veranstalter führt.[2903]

Die rechtzeitige Geltendmachung der Ansprüche beim Veranstalter i. S. d. § 651g I 1 BGB ist eine rechtsgeschäftsähnliche Handlung,[2904] die Ausschlussfrist § 651g I 3 BGB eine von Amts wegen vom Gericht zu beachtende Einwendung. Der Reisende muss die fristgerechte Anmeldung seiner Ansprüche beim Veranstalter als Anspruchvoraussetzung darlegen und gegebenenfalls im Bestreitensfalle beweisen.[2905]

Grundsätzlich gilt § 651g I BGB von vornherein nur für reisevertragliche Ansprüche. Nicht erfasst werden daher allgemeine Ansprüche etwa aus p.V.V. oder c.i.c. innerhalb des Rest-Anwendungsbereiches, der dem allgemeinen Leistungsstörungsrecht nach der Einheitslösung[2906] noch bleibt;[2907] ansonsten gilt die Frist nach § 651g I BGB konsequent auch für alle im Rahmen der Einheitslösung über §§ 651c ff BGB reisevertragsrechtlich erfassten Fälle von p.V.V. oder Unmöglichkeit.[2908]

Nachdem § 651f I BGB unterschiedslos sowohl direkte wie auch Mangelfolgeschäden umfasst und auch § 651g I BGB diesbezüglich nicht differenziert, gilt die einmonatige Ausschlussfrist zwangsläufig auch für sämtliche Folgeschäden.[2909] Dies wirkt m. E. unglücklich, weil sich bei vermeintlich harmlosen Schäden möglicherweise erst nach einiger Zeit schwerere Komplikationen abzeichnen bzw. einstellen können,[2910] und somit durch § 651g I BGB *die* Reisenden bestraft werden, die zunächst auch im Sinne des Veranstalters einen kleineren Mangel auf sich beruhen lassen wollen, während umgekehrt diejenigen belohnt

---

[2901] S. eingehend *Matlach*, ZfS 2006, 423 (424ff).

[2902] S. *BGH* NJW 2004, 3178 (= RRa 2004, 227).

[2903] *Matlach*, a. a. O. (Fn. 2901). Zu beachten ist in diesem Zusammenhang allerdings, dass gem. § 651g I 3 BGB hinsichtlich des Sozialversicherungsträgers nicht auf den Zeitpunkt der vertraglichen Reisebeendigung abzustellen ist, sondern auf die Kenntnis des Sozialversicherungsträgers von Schädigung und Ersatzpflichtigem, s. a. *Führich*, Reiserecht, § 12 II. 2. b) (4), Rn. 445.

[2904] So *BGHZ* 145, 343 (346f) = NJW 2001, 289 (290); *Staudinger/J. Eckert*, § 651g Rn. 16 m. w. Nachw.; a. A. *Führich*, Reiserecht, § 12 II. 4. d), Rn. 453, S. 376, sowie *Soergel/H.-W. Eckert*, § 651g Rn. 7: reine Tatsachenmitteilung. Der Streit hatte vor allem Bedeutung für die Frage der Anwendbarkeit des § 174 BGB bzgl. Erforderlichkeit der Vorlage einer Originalvollmacht für eine wirksame Anspruchsanmeldung durch den Rechtsanwalt; nachdem diese Frage aber durch den nunmehr eindeutigen Wortlaut des § 651g I 2 BGB als erledigt anzusehen ist, ist auch der Streit um die Rechtsnatur der Anmeldung weitgehend obsolet; s. a. unten Dritter Teil I. I. 6.) (S. 492).

[2905] *Führich*, Reiserecht, § 12 II 1 a), Rn. 439; *Staudinger/J. Eckert*, § 651g Rn. 2 a. E.; *Bidinger/Müller*, § 651g Anm. 1; a. A. *Seyderhelm*, § 651g Rn. 3, wonach es sich um eine Einrede des Veranstalters handele, was aber als dogmatische Einordnung für die Praxis kaum relevant sei, weil sich die Reiseveranstalter fast immer darauf beriefen.

[2906] S. o. Dritter Teil A. I. 4.) (S. 307).

[2907] *Staudinger/J. Eckert*, § 651g Rn. 7.

[2908] *Führich*, Reiserecht, § 12 II. 1. a) (5), Rn. 440.

[2909] *Führich*, ebenda.

[2910] Man denke an beschädigte Ausrüstungsteile (bspw. Fotoausrüstung), die erst zum Fachmann eingeschickt werden müssen, oder an Körperschäden oder Erkrankungen, die sich erst später als erheblich herausstellen.

werden, die wegen jeder Kleinigkeit grundsätzlich Ansprüche beim Veranstalter anmelden. Möglicherweise verbleiben den Ersteren dann aber deliktische Ansprüche, s. dazu noch im Folgenden.[2911]

Der Wortlaut des § 651g I 1 BGB beschränkt die Anmeldeerfordernis mit Ausschlussfrist auf „Ansprüche nach den §§ 651c bis 651f". Demnach erfasst die Norm zwar auch den aus einer Minderung resultierenden vertraglichen Reisepreisrückzahlungs*anspruch* gem. §§ 651d I 2, 638 IV BGB, aber m. E. entgegen der vorherrschenden Meinung[2912] nicht die Minderung nach § 651d I BGB selbst, denn dabei handelt es sich nicht um einen *Anspruch*, der gegen den Veranstalter geltend gemacht wird, sondern um ein Minderungsrecht, eine Wertminderung, die in diesem Fall überdies kraft Gesetzes bei Vorliegen eines Mangels von selbst entsteht.[2913]

Hat somit der Reisende entgegen allgemeiner Vorauskassepraxis im konkreten Fall den Reisepreis noch nicht (oder nicht vollständig) entrichtet, so kann er nach der hier vertretenen Auffassung die Minderung als Einwendung gegen den Reisepreiszahlungsanspruch des Veranstalters geltend machen, auch wenn er von diesem erst *nach* einem Monat nach Reiseende in Anspruch genommen wird, § 651g I BGB erfasst die Minderung nicht.

Es besteht auch keine Notwendigkeit, entgegen dem Gesetzeswortlaut auch die Minderung selbst in die Ausschlussfrist mit einzubeziehen. Die Sachlage ist eine andere als bei den Gewährleistungsansprüchen, die der Reisende gegen den Veranstalter erhebt. Denn hier hat der Reiseveranstalter, zu dessen Gunsten die Ausschlussfrist des § 651g I BGB installiert wurde, es selber in der Hand, ob er seinen Reisepreiszahlungsanspruch zügig geltend macht. Verzichtet er aber selbst auf die rasche Abwicklung und wartet mit seinem Anspruch über die Monatsspanne des § 651g I BGB hinaus, so muss dem Reisenden dann auch ermöglicht werden, sich noch auf die Minderung zu beziehen.

Kritisch ist weiterhin die allgemeine Ansicht zu sehen, welche die Ausschlussfrist gem. § 651g I BGB auch auf Ansprüche des Reisenden aus § 651j BGB ausweitet.[2914]

Begründet wird dies damit, dass § 651j BGB auf § 651e III, IV BGB verweise und somit eine abgewandelte vertragliche Rückabwicklung vorliege.[2915]

Dem stehen allerdings m. E. der klare Wortlaut des § 651g I 1 BGB wie auch des § 651j BGB entgegen. Letzterer stellt insbesondere nach der Änderung in Folge der Mauritius-Entscheidung mit der Formulierung „allein nach Maßgabe dieser Vorschrift" klar, dass es sich bei der Kündigung wegen höherer Gewalt um eine eigenständige Vorschrift handelt,

---

[2911] Siehe unten S. 486.

[2912] Vgl. etwa *Führich*, Reiserecht, § 12 II 1 b) (1), Rn. 440; MüKo/*Tonner*, § 651g Rn. 8; *Geib*, in: *Bamberger/Roth*, § 651g Rn. 2.

[2913] S. o. Dritter Teil D. I. (S. 350); dies räumt auch MüKo/*Tonner*, § 651g Rn. 8, ausdrücklich ein, will aber gleichwohl § 651g I BGB hierauf erstrecken.

[2914] Vgl. etwa *Staudinger/J. Eckert*, § 651g Rn. 6; *Führich*, Reiserecht, § 12 II 1 b) (3), Rn. 440; *Bidinger/Müller*, § 651g Anm. 3, S. 184; MüKo/*Tonner*, § 651g Rn. 2; *Seyderhelm*, § 651g Rn. 5; *Soergel/H.-W. Eckert*, § 651g Rn. 5; *Palandt/Sprau*, § 651j Rn. 5; *Tempel/Seyderhelm*, § 7 VII. 1. c) (1), S. 539.

[2915] Vgl. *Führich*, a. a. O. (Fn. 2914); s. a. *AG Stuttgart* RRa 1995, 227.

und kein Unterfall oder Variante der Kündigung nach § 651e BGB. § 651j BGB ist aber in § 651g I 1 BGB nicht genannt.

Soweit man die Ausschlussfrist auch auf § 651j BGB wegen des Verweises in § 651j II 1 BGB auf § 651e III 1, 2, IV 1 BGB ausdehnen will,[2916] so kann von dieser Argumentation zumindest die dem § 651j II 2 BGB *eigene* Regelung nicht davon erfasst sein. Damit unterlägen zwar die Ansprüche auf Entschädigung für erbrachte und noch zu erbringende Reiseleistungen sowie auf Abwicklung und Rückbeförderung der Frist nach § 651g I BGB, nicht aber die Regelung, dass sich gem. § 651j II 2 BGB der Reisende und der Veranstalter die entstandenen Mehrkosten der Rückbeförderung teilen.

Als Kostentragungsregelung wird § 651j II 2 BGB nicht nur systematisch, sondern auch inhaltlich nicht vom Geltungsbereich des § 651g I BGB umfasst, unabhängig davon, ob der Reiseveranstalter entstandene Ausgaben hälftig vom Reisenden verlangt, oder umgekehrt. Es darf keinen Unterschied im Sinne einer einseitigen Anwendung des § 651g I BGB machen, ob der Veranstalter oder der Reisende Kosten verauslagt hat und dafür nun die Hälfte vom jeweils anderen erstattet bekommen soll.

Auch Ansprüche des Reisenden in Folge eines Rücktritts von der Reise nach § 651a V 2 BGB oder § 651i BGB fallen entgegen teilweise vertretener Ansicht[2917] weder dem Wortlaut noch dem Regelungsgehalt nach unter § 651g I BGB.[2918] Hier gibt es keine vor Ort am Reiseziel aufzuklärenden Mängel o. ä., im Falle des § 651a V 2 BGB setzt der Veranstalter zudem selbst durch seine Preis- oder Inhaltsänderung den Rücktrittsgrund und muss ihn daher ohnehin kennen.[2919]

Der Sinn der Regelung des § 651g I BGB, eine rechtzeitige Unterrichtung auch zwecks Beweissicherung vor Ort (s. eingangs), passt auf diese Fälle schlicht und ergreifend nicht,[2920] weshalb kein Grund besteht, die Norm entgegen ihrem Wortlaut auf diese Fälle auszudehnen.

Wegen § 651m S. 1 BGB ist es dann aber m. E. entgegen der allgemeinen Ansicht auch

---

2916 S. durchweg die in Fn. 2914 Genannten.

2917 Wobei auf Rückzahlungsansprüche in Folge von § 651a V 2 BGB nicht explizit eingegangen wird, vgl. aber *Staudinger/J. Eckert*, § 651g Rn. 6, dessen Ansicht zu § 651i BGB gerade auch auf § 651a V 2 BGB zutrifft; unsauber auch *Niehuus*, Reiserecht, § 11 A., Rn. 3, S. 309 („§ 651j BGB, § 651i BGB und § 651 Abs. 4 BGB", meint wohl „§ 651a VI BGB" a.F. = § 651a V BGB); s. a. *Seyderhelm* bzgl. § 651a IV a. F. (= § 651a V n. F.) BGB, nicht aber bzgl. § 651i BGB; zumeist äußern sich Autoren aber hierzu schlicht gar nicht (s. *Kaller*, Reiserecht, E. I., Rn. 339) oder nicht explizit, sondern unterstellen pauschal alle Ansprüche aus Reisevertrag der Frist des § 651g I BGB, vgl. etwa exemplarisch *Jauernig/Teichmann*, § 651g Rn. 5; *Bechhofer*, § 651g A. III. 1., S. 108; *Geib*, in: *Bamberger/Roth*, § 651g Rn. 2; s. a. *Bidinger/Müller*, § 651g Anm. 3, S. 184; *Pick*, § 651g Rnn. 6ff.

2918 *LG Frankfurt a.M.* NJW-RR 1994, 376; *AG Hamburg* RRa 2000, 186; ähnlich der hier vertretenen Auffassung auch *AG Kleve* NJW-RR 2001, 1062; *Führich*, Reiserecht, § 12 II 1 b)(4), Rn. 440; MüKo/*Tonner*, § 651g Rn. 2.

2919 So auch *Führich*, a. a. O. (Fn. 2918) (unklar, nennt dabei zwar Rücktritt nach § 651i BGB, bezieht sich sinngemäß -Mängelmitteilung- aber eher auf den Rücktritt nach 651a V BGB); vgl. auch *Palandt/Sprau*, § 651g Rn. 1 (bzgl. § 651i BGB); einer teleologischen *Reduktion*, wie von *Tempel/Seyderhelm*, § 7 VII. 1. c) (3), S. 540, bzgl. § 651i BGB vorgeschlagen, bedarf es dazu angesichts des eindeutigen Wortlauts nicht, es genügt, die Norm nicht contra legem auf diese Fälle *auszudehnen*.

2920 S. a. MüKo/*Tonner*, § 651g Rn. 7; dies erkennend auch *Staudinger/J. Eckert*, § 651g Rn. 6, der aber dennoch, wenngleich ohne Begründung, § 651g I BGB anwenden will

nicht möglich, durch AGB die Regelung des § 651g I BGB auf diese Ansprüche zu erstrecken.[2921]

Strittig ist schließlich sogar, ob § 651g BGB nicht sogar deliktische Ansprüche aus §§ 823 ff BGB erfasse.[2922] Hiergegen spricht schon der klare Wortlaut; darüber hinaus kann aber nach einer teilweise vertretenen Meinung, zu der allerdings nunmehr auch der *BGH* zu zählen ist,[2923] die Ausschlussfrist auch nicht vertraglich durch AGB auf Ansprüche aus unerlaubter Handlung erstreckt werden.[2924]
Gerade aber diese Möglichkeit der Erstreckung auf deliktische Ansprüche durch AGB ist nach wie vor strittig und wird wohl von der überwiegenden Ansicht bejaht,[2925] es überzeugt aber letztlich die Einschätzung des *BGH*, dass eine Erstreckung der kurzen Anmeldefrist durch AGB über vertragliche Ansprüche hinaus auch auf solche aus unerlaubter Handlung eine zu weit gehende, unangemessene Benachteiligung des Reisenden darstellt.[2926] Zudem ist § 651g BGB eine derart einseitig benachteiligende Sondervorschrift innerhalb des besonderen schuldrechtlichen Gewährleistungssystems des Reisevertragsrechts, dass sie für Anspruchsgrundlagen aus dem allgemeinen Deliktsrecht keine Wirkung entfalten sollte,[2927] auch nicht über AGB.

2.) Adressat der Anspruchsanmeldung

Aus Sicht des Verbrauchers ohne nähere Rechtskenntnis erscheint es nur natürlich, sich mit seinen im Urlaub erlebten Widrigkeiten zunächst einmal dorthin zu wenden, wo man dieses Produkt Reise „gekauft" hat, nämlich an sein Reisebüro.[2928] Dieses ist aber, wie in Teil 1 gezeigt,[2929] regelmäßig eigentlich nur Vermittler und als solches in tatsächlicher wie gerade auch rechtlicher Hinsicht falscher Adressat hinsichtlich Beschwerden über Mängel während der Reise. Dennoch ist unter Berücksichtigung der alten Gesetzeslage die vor allem früher in Rechtsprechung und Literatur häufige Ansicht nachvollziehbar, die auch eine Geltendmachung beim Reisebüro für wirksam i. S. d. § 651g I BGB hielt.[2930]

2921 So aber die h. M., vgl. etwa *Bidinger/Müller*, § 651g Anm. 3, S. 184; *Führich*, Reiserecht, § 12 II 1 b)(4), Rn. 440; *Palandt/Sprau*, § 651g Rn. 1a.

2922 Dagegen: *Bidinger/Müller*, § 651g Anm. 3, S. 184; *Niehuus*, Reiserecht, § 11 A., Rn. 5, S. 310; Pick, § 651g Rn. 9; *Seyderhelm*, § 651g Rn. 7; MüKo/*Tonner*, § 651g Rn. 4; *ders.*, Reisevertrag, § 651g Rn. 1; *Erman/Seiler*, § 651g Rn. 1; *Soergel/H.-W. Eckert*, § 651g Rn. 6. Hingegen dafür: *Bechhofer*, § 651g A. III. 3., S. 108; *Geib*, in: *Bamberger/Roth*, § 651g Rn. 3.

2923 *BGH* NJW 2004, 2965.

2924 *Bidinger/Müller*, § 651g Anm. 3, S. 184/185; *Seyderhelm*, § 651g Rn. 7; MüKo/*Tonner*, § 651g Rn. 4.

2925 *Niehuus*, Reiserecht, § 11 A., Rn. 5, S. 310; *Erman/Seiler*, § 651g Rn. 1; *Soergel/H.-W. Eckert*, § 651g Rn. 6; *Tempel/Seyderhelm*, § 7 VII. 1. c) (2), S. 540; *Geib*, in: *Bamberger/Roth*, § 651g Rn. 2; *Staudinger/J. Eckert*, § 651g Rn. 7; leicht einschränkend bzw. differenzierend *Führich*, Reiserecht, § 12 II 1 b), Rn. 441: soweit auf Zusammenhang mit reisevertraglicher Leistungserbringung beschränkt.

2926 *BGH* NJW 2004, 2965 (2966).

2927 Vgl. a. *Seyderhelm*, § 651g Rn. 7.

2928 Nach *Schlotmann*, Reisevertragsgesetz, E. II. 4. a), S. 186f, wenden sich mindestens knapp 40% der Reisenden nach der Reise mit ihren Mängelansprüchen an ihr Reisebüro; s. a. *Pick*, § 651g Rn. 36 a. E.

2929 S. o. Erster Teil C. I. 3.) (S. 66ff).

2930 Vgl. *Schlotmann*, Reisevertragsgesetz, C. II. 2) b) bb), S. 39/40, unter Verweis auf die (dort in Fn. 289 nachgewiesene) geübte Rspr. des *LG Hannover* und des *LG Frankfurt a.M.*, damals bestätigt auch durch *BGH* NJW 1988, 488 (489); s. a. *AG Magdeburg* RRa 1996, 225 (226).

Schon damals aber wäre es dem Veranstalter zu ermöglichen gewesen, in seinen AGB das Reisebüro als Adressat für die Anspruchsanmeldung auszuschließen und nur die Hauptverwaltung des Veranstalters selbst dafür vorzusehen.[2931]

Mit der Änderung der Gesetzeslage bedarf dies ohnehin einer Neubewertung. Die Ansprüche hat der Reisende nun grundsätzlich gegenüber dem Reiseveranstalter geltend zu machen, und zwar unter der Adresse, die ihm gem. § 6 II Nr. 8 BGB-InfoV in den Reiseunterlagen, also in der Reisebestätigung oder auch den AGB,[2932] vom Veranstalter genannt wurde.[2933]

Nur, wenn der Veranstalter seiner Informationspflicht zur Benennung der für die Anspruchsanmeldung zuständigen Stelle nicht nachkommt, soll sich der Reisende auch fristwahrend an das Reisebüro wenden können, bei dem er die Reise ursprünglich gebucht hatte.[2934]

Dies ist nicht unumstritten; eine Gegenansicht hält generell weiterhin auch die fristwahrende Abgabe der Erklärung beim Reisebüro für möglich.[2935]

Es fragt sich zunächst, ob mit einer immer auch beim Reisebüro möglichen Geltendmachung nicht die gesetzliche Regelung des § 6 II Nr. 8 BGB-InfoV ihren Sinngehalt verliert, ob also aus ihrer Existenz nicht sinnstiftend geschlossen werden muss, dass eine generelle Geltendmachung beim Reisebüro nicht möglich ist.

Dies ist m. E. zu verneinen. Die Norm des § 6 II Nr. 8 BGB mit der enthaltenen Vorgabe ist mindestens noch dahingehend sinnvoll, dass bei den für den Verbraucher oft unübersichtlichen Konzernstrukturen ihm eine klar zuständige Adresse benannt wird. Alleine aus der Existenz des § 6 II Nr. 8 BGB kann daher keine Aussage gegen die wirksame Anmeldung der Ansprüche beim Reisebüro gefolgert werden.

Im der Praxis dürfte der Streit zumindest insoweit häufig entschärft sein, als das Reisebüro regelmäßig die Reklamation weiterleiten[2936] oder zumindest auf seine Unzuständigkeit hinweisen wird. Eine gegenüber dem Reisebüro abgegebene Geltendmachung wirkt dann in dem Moment, in dem sie den Reiseveranstalter erreicht gem. § 130 I BGB (analog)[2937], das Reisebüro fungiert also zumindest als Erklärungsbote des Reisenden.

Zu bedenken ist weiterhin, dass nach der hier vertretenen Auffassung eines zwischen Reisendem und Reisebüro bestehenden Geschäftsbesorgungsvertrages letzteres für die Abwicklung des Reisevertrages zuständig und so auch vertraglich aus Treu u. Glauben verpflichtet

---

[2931] S. *AG Stuttgart* 1994, 93; a. A. *LG Frankfurt a.M.* NJW-RR 1987, 745: Reisebüro trotz entgegenstehender AGB-Klausel zuständig für Anspruchsanmeldung i. S. d. § 651g I BGB.

[2932] *Führich*, Reiserecht, § 12 II. 3. a) (2), Rn. 446, S. 367.

[2933] *Palandt/Sprau*, § 651g Rn. 2; statt vieler s. a. *Staudinger/Eckert*, § 651g Rn. 12.

[2934] *Führich*, Reiserecht, § 12 II. 3. a), Rn. 446f; einschränkend *AG Düsseldorf* RRa 1999, 59 (60): bei fehlender Angabe an den Veranstalter selbst oder Bevollmächtigte, nicht aber ohne weiteres an Buchungsstelle.

[2935] *Geib*, in: *Bamberger/Roth*, § 651g Rn. 5; *Pick*, § 651g Rn. 36; *Seyderhelm*, § 651g Rn. 9; *Tempel*, RRa 1998, 19 (29) [III. 5. b) (3)].

[2936] S. a. *BGH* RRa 2005, 112 (113) (= NJW 2005, 1420). Tatsächlich enthält nach *Schlotmann*, Reisevertragsgesetz, E. II. 4., S. 186, die Erklärung von einem guten Drittel der Reisenden, die sich an das Reisebüro wenden, die Bitte um Weiterleitung an den Reiseveranstalter

[2937] Je nach Ansicht zur Rechtsnatur der Anspruchsanmeldung, dazu s. o. Fn. 2904.

ist, den Reisenden zumindest auf seine Unzuständigkeit hinzuweisen, mit der Folge einer entsprechenden Haftung des Reisebüros, wenn es diese Pflicht verletzt.[2938]

Letztlich und entscheidend ist aber, dass das Reisebüro im Rahmen der Doppelfunktion *auch* (bzw. nach Ansicht des *BGH*[2939] *allein*) als Erfüllungsgehilfe des Veranstalters fungiert;[2940] ein unterlassener Hinweis auf die Unzuständigkeit dürfte dann zumindest dazu führen, dass die Fristversäumnis durch den Reisenden gem. § 651g I 3 BGB als unverschuldet anzusehen ist.[2941]

3.) Das Verhältnis von Mängelanzeige und Anspruchsanmeldung

Es fragt sich, inwiefern bei ohnehin während der Reise abzugebender Mängelanzeige nochmals nach Reiseende eine Anspruchsanmeldung gem. § 651g I BGB nötig ist.

Die vor Ort abzugebende Mängelanzeige verfolgt den Zweck, den Veranstalter, üblicherweise vertreten durch seine örtliche Reiseleitung, über bestehende Mängel in Kenntnis zu setzen und damit die Möglichkeit zu eröffnen, auf diese Missstände durch Abhilfe zu reagieren.[2942]

Die nach § 651g I BGB notwendige Anspruchsanmeldung verfolgt den Zweck, dem inländischen Organisationsbereich des Veranstalters deutlich zu machen, dass die Reise mangelhaft war und der Reisende deswegen Ansprüche erheben will; der Veranstalter kann dann die monierte Situation eruieren, Beweise sichern und seinerseits zeitnah Regressansprüche gegen seinen Vertragspartner Leistungsträger stellen.[2943]

Der jeweilige Zweck ist also ein anderer,[2944] und damit auch der betroffene Organisationsbereich des Veranstalters:[2945] Während im ersteren Fall eine Kenntnisgabe vor Ort zur Mangelbehebung und „Rettung" des Urlaubs im Hintergrund steht, dient die Anspruchsanmeldung gem. § 651g I BGB dazu, den Veranstalter „zuhause in Deutschland" in Kenntnis zu setzen über die vom Reisenden daheim nach der Reise verfolgte Geltendmachung von Ansprüchen - ein förmliches Reklamationsverfahren wird in Gang gesetzt,[2946] weshalb der Veranstalter zur Klärung des Sachverhalts und zur schnellen Beweissicherung im Rahmen seiner Organisationsstruktur befähigt werden soll.

[2938] *Tamm*, VuR 2006, 329 (335) [II. 3. c)].

[2939] S. dazu eingehend Erster Teil C. III. 8.) (S. 98).

[2940] S. o. Erster Teil C. III. 4.) (S. 78).

[2941] Angedeutet bei *Führich*, Reiserecht, § 12 II. 3.b) (2), Rn. 447 a. E.; weitgehend MüKo/*Tonner*, § 651g Rn. 10, der das Reisebüro immer als zumindest aus Rechtsschein bevollmächtigten Empfangsvertreter für die Anspruchsanmeldung ansieht.

[2942] S. dazu auch Dritter Teil B. I. 3.) (S. 320) u. D. II. 2.) (S. 352); s. a. *Staudinger/J. Eckert*, § 651g Rn. 13, S. 373/374.

[2943] Siehe eingangs, Dritter Teil I. I. 1.) (S. 482), sowie *Staudinger/J. Eckert*, § 651g Rn. 13, S. 374.

[2944] S. a. *Staudinger/J. Eckert*, § 651g Rn. 13.

[2945] S. *Tempel/Seyderhelm*, § 7 1. b) (1), S. 538.

[2946] *Führich*, Reiserecht, § 12 II. 3. a) (2), Rn. 448.

Dementsprechend wäre der allgemeinen Ansicht zu folgen, wonach eine bloße Mängelanzeige vor Ort als nicht ausreichend angesehen wird für eine Anspruchsanmeldung im Sinne des § 651g I 1 BGB.[2947]

Nur in Ausnahmefällen kann es aus Gründen des Vertrauensschutzes geboten sein, eine vor Ort erfolgende Mangelaufnahme durch die Reiseleitung auch zur Wahrung der Anmeldung gem. § 651g I 1 BGB gelten zu lassen.[2948] Dies insbesondere dann, wenn die örtliche Reiseleitung ausdrücklich zusagt, sich bei der Zentrale um geltend gemachte Gewährleistungsansprüche des Reisenden zu kümmern und ihm zusichert, er werde vom Veranstalter diesbezüglich hören. Hierbei handelt es sich aber eigentlich nicht mehr um eine bloße Mängelanzeige, sondern bereits um die Frage einer wirksamen Anspruchsanmeldung im Sinne des § 651g I BGB bereits vor Reiseende; beides ist eigentlich grundsätzlich zu unterscheiden.

Die Anspruchsanmeldung soll aber nach Ansicht des *BGH* in der Tat bereits während der Reise möglich sein, wenn der Reisende bereits eindeutig und vorbehaltlos zu erkennen gibt, dass er entsprechende Gewährleistungsansprüche an den Veranstalter richten wird.[2949] Die Gegenansicht verweist auf den Wortlaut des § 651g I 1 BGB[2950] - „nach ... Beendigung der Reise" - und verlangt eine auch zeitlich klare Trennung zwischen Mängelanzeige und Anspruchsanmeldung durch die Voraussetzung einer erneuten Geltendmachung nach Beendigung der Reise.[2951]

Zu bedenken ist aber wie bereits festgestellt der Zweck des § 651g I BGB: der Reiseveranstalter soll darüber Kenntnis erhalten, dass seitens des Reisenden Gewährleistungsansprüche auf ihn zukommen. Die kurze Monatsfrist dient dazu, dem Veranstalter zu ermöglichen, bei noch „frischer" Beweislage vor Ort die Berechtigung der gerügten Mängel zu ermitteln, indem er die Lage vor Ort untersuchen, Beweise sichern und Angestellten befragen kann.

Dem ist auch bzw. erst recht dadurch gedient, dass der Reisende bereits im Urlaub unmissverständlich seine Ansprüche im Sinne des § 651g I BGB anmeldet. Insofern liefe es in der Tat, wie der *BGH* meint, auf eine „nicht gebotene Förmelei" hinaus, wenn man stur eine erneute gleichlautende Anspruchsanmeldung nach Reiseende fordert.[2952] Voraussetzung ist

---

[2947] *BGHZ* 90, 363 (367) (= NJW 1994, 301); s. a. *Führich*, Reiserecht, § 12 II. 3. a) (2), Rn. 448, Fn. 70, sowie *Pick*, § 651g Rn. 53, jew. m. umfangr. weiteren Nachw.

[2948] Vgl. *Staudinger/J. Eckert*, § 651g Rn. 11, mit dem Fall, dass ein vor Ort durch den Reiseveranstalter erstelltes förmliches Mängelprotokoll beim Reisenden den Eindruck und damit das schutzwürdige Vertrauen hervorruft, dass dadurch bereits seine späteren Gewährleistungsansprüche angemeldet würden. Vgl. auch die st. Rspr. des *LG Frankfurt a.M.*, das regelmäßig eine vor Ort vom Reiseleiter mit dem Reisenden vorgenommene Mängelniederschrift für § 651g I 1 BGB ausreichen lässt, vgl. *LG Frankfurt a.M.* NJW 1984, 1628 ; 1985, 146; NJW-RR 1987, 568.

[2949] *BGHZ* 102, 80 (= NJW 1988, 488); ablehnend noch die Vorinstanz *OLG München* NJW-RR 1987, 369; zustimmend auch *Geib*, in: *Bamberger/Roth*, § 651g Rn. 7 a. E.; *Bidinger/Müller*, § 651g Anm. 10, S. 189/190; MüKo/*Tonner*, § 651g Rn. 19; Erman/Seiler, § 651g Rn. 2; weitgehend RGRK/*Recken* § 651g Rn. 12 (Anspruchsanmeldung generell schon während der Reise möglich).

[2950] *Staudinger/J. Eckert*, § 651g Rn. 12; *Führich*, Reiserecht, § 12 II. 3. d), Rn. 449, S. 370.

[2951] *AG Düsseldorf* RRa 97, 151: aus Gründen der Rechtssicherheit sei Anmeldung gem. § 651g BGB strikt von Mängelanzeigen während der Reise zu trennen; s. a. *J. Eckert* sowie *Führich*, jew. a. a. O. (Fn. 2950), beide m. umfangr. Nachw. zur Rspr.; vgl. zudem eine Anmeldung bereits während der Reise entschieden ablehnend *Bechhofer*, § 651g A. V., S. 111.

[2952] *BGH*, a. a. O. (Fn. 2949); s. a. *Geib*, in: *Bamberger/Roth*, § 651g Rn. 10.

allerdings, dass die bereits während der Reise erfolgte Geltendmachung eindeutig und vorbehaltlos ist.[2953]

Etwaige Unklarheiten gehen dabei zu Lasten des Reisenden; ob ihm aber deshalb besser damit gedient sei, ihm diese Möglichkeit von vornherein abzusprechen, um Auslegungsprobleme von vornherein zu verhindern, wie *Führich* dies andeutet,[2954] darf bezweifelt werden. Kein Recht zu haben, ist zwar unter dem Aspekt der Rechtssicherheit eindeutig - aber nicht vorteilhaft.

4.) Das Verhältnis von Klageerhebung und Anspruchsanmeldung

Die nach § 651g I BGB geforderte Anspruchsanmeldung soll nach verbreiteter Ansicht auch gleich durch Mahnbescheid oder Klageerhebung möglich sein.[2955] Dies wird von der Gegenansicht abgelehnt unter Hinweis darauf, eine Klageerhebung genüge nicht dem Normzweck des § 651g I BGB, der ein Vorverfahren ermöglichen und zugleich verhindern soll, dass der Veranstalter „überraschend mit einer Klage überzogen" werde.[2956] Es würde dem Veranstalter die Möglichkeit genommen, sachlich die Vorwürfe zu prüfen und unter Umständen ohne Gerichtsverfahren die Angelegenheit zu erledigen.[2957]

Zwar ist dieser Ansicht zuzugeben, dass es möglicherweise auch für den Reisenden oftmals vernünftig bzw. einfacher wäre, die Sache außergerichtlich zu regeln.[2958]

Wieso ein Gerichtsverfahren keine Möglichkeit der sachlichen Prüfung eröffnen soll, wird von der Mindermeinung nicht dargetan. Letztlich stellen sich doch nur zwei Alternativen: die Klage des Reisenden ist unberechtigt, dann muss der Veranstalter weder im Vorverfahren noch im Gerichtsverfahren zahlen. Sind die Ansprüche des Reisenden berechtigt, so bleibt es dem Veranstalter unbenommen, diese im Sinne des § 93 ZPO anzuerkennen; auch hier treffen ihn keine über die berechtigten Ansprüche hinausgehenden Kosten, denn die Gebühren für die verfrühte Einschaltung des Gerichts trägt der klagende Reisende. Es ist somit das alleinige Risiko des Reisenden, wenn er sich zu einer möglicherweise unberechtigten Anspruchsanmeldung gem. § 651g I 1 BGB direkt durch Klageerhebung entschließt. Es besteht kein Grund, ihn zu seinem Glück eines außergerichtlichen Vorverfahrens zu zwingen, indem man ihm diese Möglichkeit nimmt.[2959]

Immerhin ist den Gegnern einer Anspruchsanmeldung durch Klageerhebung insofern zuzustimmen und entgegenzukommen, dass die Klageeinreichung bei Gericht nicht fristwahrend

---

2953 *BGH*, a. a. O. (Fn. 2949); *Tempel/Seyderhelm*, § 7 VII. b) (1), S. 539 o.

2954 *Führich*, Reiserecht, § 12 II. 3. d), Rn. 449, S. 370.

2955 *Geib*, in: *Bamberger/Roth*, § 651g Rn. 8; *Bidinger/Müller*, § 651g Anm. 6, S. 186; MüKo/*Tonner*, § 651g Rn. 16.

2956 *Seyderhelm*, § 651g Rn. 28; *Niehuus*, Reiserecht, § 11 Rn. 34, S. 316/317; *Führich*, Reiserecht, § 12 II. 4. a), Rn. 450.

2957 *Führich*, a. a. O.

2958 Dies gilt allerdings schlicht allgemein für die ganz große Mehrheit an Lebenssachverhalten, die letztlich dann aber doch vor Gericht landen, weil sich die Parteien eben gerade nicht einigen können.

2959 So aber *Führich*, Reiserecht, § 12 II. 4. a), Rn. 450

wirkt,[2960] sondern diese Klage tatsächlich innerhalb der Monatsfrist beim Veranstalter zugestellt worden sein muss, um § 651g I BGB zu genügen.[2961]

5.) Form und Inhalt der Anspruchsanmeldung

Die Geltendmachung im Sinne des § 651g I 1 BGB kann ohne besondere Form, also auch mündlich oder gar fernmündlich erfolgen,[2962] allerdings trägt der Reisende dabei das Risiko der späteren Beweisbarkeit.[2963] Inhaltlich müssen sowohl die Reisemängel bezeichnet werden[2964] als auch allgemein ein Zahlungsverlangen bzw. die Absicht der Rechtsdurchsetzung aus der Erklärung hervorgehen.[2965]
Weil die Anspruchsanmeldung des § 651g I 1 BGB aber nur dem Zweck der Kenntnisnahme und Beurteilungs- sowie Beweissicherungsmöglichkeit des Veranstalters dient, wäre es überzogen, in diesem Stadium bereits die genaue Substantiierung und Bezifferung in dem Maße zu verlangen, wie dies für die spätere Klage nötig ist.[2966] Eine stichwortartige Benennung der Mängel genügt, damit dieser mit der Ausschlussfrist verfolgte Zweck erreicht wird.[2967] Allerdings muss die Geltendmachung hinreichend ergeben, dass sich der Reisende nicht nur pauschal beschweren will, sondern konkret ein Reklamationsverfahren anstrebt.[2968] Bei der Einreichung einer Liste mit ganz erheblichen Mängeln muss der Veranstalter aber davon ausgehen, dass der Reisende dafür Kompensation verlangen wird und sich nicht nur unverbindlich beschweren bzw. seinem Ärger Ausdruck geben will.[2969] Im übrigen ist der Veranstalter bei Zweifeln nach Treu und Glauben gehalten, beim Reisenden nachzufragen.[2970]
Aus dem Zweck der Anspruchsanmeldung § 651g I 1 BGB ergibt sich auch, dass der Reisende hinsichtlich des späteren Gerichtsverfahrens zwar an die gemeldeten Mängel gebunden ist und keine mehr nachschieben kann, andererseits aber keine Bindungswirkung hinsichtlich der geforderten Kompensation in rechtlicher Art u. Betragshöhe besteht; er kann also später in der Klage als konkrete Forderung weniger oder mehr verlangen.[2971]

[2960] Eine Anwendung von § 167 ZPO wird, soweit überhaupt angesprochen (vgl. ohne irgendeine Erwähnung bspw. bei *Kaller*, Reiserecht), einhellig abgelehnt, vgl. *Baumbach/Hartmann*, § 167 Rn. 7 a. E., m. w. Nachw. zur Rspr.; s. hierzu auch *Führich*, Reiserecht, § 12 II. 4. a), Rn. 450, S. 371, der die Klageerhebung ohnehin nicht als taugliche Anspruchsanmeldung im Sinne des § 651g I BGB anerkennt, mit der treffenden Begründung, § 270 III ZPO a. F. (entspricht § 167 ZPO n. F.) soll einen Schaden verhindern, der ansonsten demjenigen entstehen könnte, der zur Fristwahrung auf die Mithilfe des Gerichts angewiesen ist; dies ist bei § 651g I BGB gerade nicht der Fall.

[2961] Überzeugend *Seyderhelm*, § 651g Rn. 28.

[2962] *Staudinger/J. Eckert*, § 651g Rn. 16; *Tempel/Seyderhelm*, § 7 VII. 1. d) (2), S. 542; *MüKo/Tonner*, § 651g Rn. 12; *Seyderhelm*, § 651g Rn. 31.

[2963] Vgl. *Tempel/Seyderhelm*, ebenda; s. a. Bericht Rechtsausschuss BT-Dr 8/2343, S. 11.

[2964] *Staudinger/J. Eckert*, § 651g Rn. 17, zieht insofern eine interessante Parallele zur *substantiierten Rüge* nach § 377 HGB.

[2965] *Geib*, in: *Bamberger/Roth*, § 651g Rn. 9.

[2966] *Führich*, Reiserecht, § 12 II. 4. b), Rn. 451, S. 372; *Tempel/Seyderhelm*, § 7 VII. 1. f), S. 544f.

[2967] *Führich* a. a. O. (Fn. 2966); *Staudinger/J. Eckert*, § 651g Rn. 18.

[2968] Hinsichtlich Kasuistik und Formulierungsbeispielen siehe *Führich*, a. a. O. (Fn. 2966), sowie MüKo/ *Tonner*, § 651g Rn. 27.

[2969] MüKo/*Tonner*, § 651g Rn.27.

[2970] *Geib*, in: *Bamberger/Roth*, § 651g Rn. 9 a. E.

[2971] *Führich*, Reiserecht, § 12 II. 4. b), Rn. 451, S. 374.

6.) Anmeldebefugnis

Die Geltendmachung der Ansprüche aus Gewährleistung muss durch den jeweiligen Anspruchsinhaber (bzw. durch seinen Vertreter) erfolgen, weshalb auch aus der fristwahrenden Anmeldung hervorgehen muss, wer Anspruchsinhaber und -steller ist.
Das ist bei Einzelreisenden unproblematisch der Reisende als Vertragspartner, ansonsten richtet sich die Befugnis zur Anmeldung im Sinne des § 651g I 1 BGB nach der Aktivlegitimation für den späteren Prozess.[2972]

Hinsichtlich einer Anspruchstellung für andere Personen bzw. für Personenmehrheiten ergeben sich einige Fallstricke. Wie schon im Ersten Teil zur Buchung für Dritte angeführt, liegt bei einer als solche erkennbaren Reise einer Familie oder nichtehelichen Lebensgemeinschaft nur ein einziger Reisevertrag mit dem Anmeldenden zugrunde.[2973] Dieser ist dann auch zur Anmeldung der Gewährleistungsrechte für die übrigen Mitglieder befugt - allerdings nicht hinsichtlich höchstpersönlicher Schadensersatzansprüche, die jedes Familienmitglied selber anmelden muss.[2974] Falls ein anderes Familienmitglied als der ursprünglich buchende Vertragspartner des Veranstalters diese Ansprüche geltend machen will, so muss er vom vertragsabschließenden Familienmitglied dazu bevollmächtigt oder es müssen ihm die Forderungen abgetreten worden sein.[2975]
Auf die Spitze getrieben wird diese formelle Voraussetzung von Gerichten, wenn sie das Einklagen von Schadensersatzansprüchen der Eltern für ihre minderjährigen Kinder an der Aktivlegitimation scheitern lassen: das Abtreten der Forderung sei kein lediglich vorteilhaftes Geschäft, so dass es der Genehmigung der gesetzlichen Vertreter bedürfe - diese sind aber Begünstigte der Abtretung (§ 181 BGB), es bedarf daher vormundschaftsgerichtlicher Genehmigung, die häufig genug fehlt.[2976] Für die Betroffenen dürfte diese juristische Feinheit häufig nicht nachvollziehbar sein.[2977]

Wenn die familiäre Beziehung zwischen den Reisenden bei Buchung nicht erkennbar hervortritt oder sonst bei einer Gruppenreise bei Anmeldung von einer Vertretung auszugehen war, so bestehen eigenständige Reiseverträge zu den einzelnen Reisenden der Gruppe, § 164 I BGB. Insofern ist auch selbstverständlich jeder Einzelne von ihnen zur Geltendmachung von Gewährleistungsansprüchen aus seinem Reisevertrag befugt.[2978]
Allerdings kann die Anmeldung durch den ursprünglich Buchenden erfolgen, wenn dieser von den übrigen entsprechend bevollmächtigt wurde. Erfolgt die Geltendmachung der Ansprüche durch den ursprünglich Buchenden, ohne dass er eine entsprechende Bevollmächti-

---

2972 *Bechhofer*, § 651g A. VII., S. 113.
2973 S. o. Erster Teil C. I. 2.) (S. 60); s. a. *AG Bielefeld* RRa 2001, 39.
2974 *OLG Düsseldorf*, RRa 2003, 211 (213), m. w. Nachw.; *Führich*, Reiserecht, § 12 II. 4. c), Rn. 452, S. 374; MüKo/*Tonner*, § 651g Rn. 34.
2975 S. *LG Frankfurt a.M.* RRa 2000, 52 (55).
2976 *AG München* RRa 1995, 133f; s. a. *AG Bremen* RRa 1997, 156; *AG Bielefeld* 2001, 209; vgl. hingegen gegenteiliges Ergebnis bei *OLG Düsseldorf*, RRa 2003, 211 (213), mit der Konstruktion Ermächtigung zum Forderungseinzug und gewillkürter Prozessstandschaft.
2977 S. a. *Meyer*, RRa 2003, 254.
2978 *Führich*, Reiserecht, § 12 II. 4. c), Rn. 452, S. 375, m. Nachw. zur Rspr. dort in Fn. 143.

gung vorlegt, so ist von einer konkludenten Bevollmächtigung auszugehen.[2979]
Eine Abtretung der Ansprüche zwecks gerichtlicher Geltendmachung kann grundsätzlich durch die AGB des Veranstalters ausgeschlossen werden.[2980]

Hinsichtlich der Geltendmachung durch einen Rechtsanwalt oder sonstigen Vertreter hatte der *BGH* recht praxisfern und verbraucherunfreundlich[2981] entschieden, dass der Veranstalter sich auf § 174 BGB berufen könne, wenn der Anspruchsanmeldung durch den Anwalt des Reisenden keine Originalvollmacht beiliege, wodurch auch Anspruchsanmeldungen durch Telefaxschreiben ungültig wurden.
Der Gesetzgeber hat dieser Ansicht des BGH wie überhaupt dem Meinungsstreit über die Anwendbarkeit des § 174 BGB schließlich durch explizite Änderung des Gesetzeswortlauts im Rahmen des Zweiten Reiserechtsänderungsgesetzes[2982] bewusst die Grundlage entzogen,[2983] für eine wirksame vorprozessuale Anspruchsanmeldung ist nunmehr explizit gem. § 651g I 2 BGB keine Vorlage der Vollmacht im Original notwendig.

7.) Fristberechnung und schuldlose Fristversäumnis

Die Ausschlussfrist des § 651g I BGB beginnt mit der vertraglich vorgesehenen Beendigung der Reise, unabhängig davon, ob der Reisende die Reise schon vorher abbricht oder gar nicht erst antritt.[2984] Umgekehrt wäre es auch nach dem Zweck des § 651g I BGB verfehlt, bei letztlich vom Veranstalter zu verantwortender Verlängerung des Aufenthalts - etwa bei ausfallender oder verspäteter Rückbeförderung - auf das vertragliche Ende abzustellen und somit die Frist für den Reisenden noch weiter zu verkürzen. Daher ist in diesen Fällen nach allg. Ansicht auf den Zeitpunkt des tatsächlichen Reiseendes abzustellen.[2985]

Die Berechnung der Frist erfolgt nach den allgemeinen Regeln gem. §§ 187 I, 188 II Alt. 1 BGB,[2986] die Anspruchanmeldung muss dem Veranstalter gem. § 130 I 1 BGB (analog)[2987] bis zum Fristablauf zugegangen sein.

Ist sie das nicht, so ist der Reisende grundsätzlich mit all seinen Gewährleistungsansprüchen ausgeschlossen,[2988] es sei denn, er war unverschuldet an der Einhaltung der Frist gehindert gem. § 651g I 3 BGB.

[2979] *Tempel/Seyderhelm*, § 7 VII. e) (2).
[2980] *AG Düsseldorf*, RRa 2004, 179 (180/181); s. aber zu Einschränkungen *Führich*, Reiserecht, § 19 II. 1. a) (3), Rn. 635, S. 493/494, m. Rspr.-Nachw. dort in Fn. 41, sowie § 19 II. 1. b), Rn. 636.
[2981] *Führich*, Reiserecht, § 12 II. 4. d), Rn. 453, S. 375 unten.
[2982] S. o. Erster Teil A. I. (S. 17) u. dort Fn. 102.
[2983] S. BT-Dr. 14/5944, S. 19; s. a. MüKo/*Tonner*, § 651g Rn. 13ff; *Geib*, in: *Bamberger/Roth*, § 651g Rn. 8.
[2984] *Führich*, Reiserecht, § 12 II 2., Rn. 444; *Staudinger/J. Eckert*, § 651g Rn. 9, *Bechhofer*, § 651g A. IV., S. 109; a. A. *Pick*, § 651g Rn. 7, dem zuzugeben ist, dass bei Nichtantritt der Reise die der kurzen Ausschlussfrist zugrundeliegende Interessenlage einer Klärung und Beweissicherung am Reiseziel meist nicht gegeben ist; sein Ansatz würde aber eine weitere sachgerechte Differenzierung der Fälle des Nichtantritts nach jeweiligem Grund erfordern.
[2985] *Führich*, Reiserecht, § 12 II. 2., Rn. 444; *Bechhofer*, § 651g A. IV., S. 109.
[2986] *Bechhofer*, § 651g A. IV., S. 109; *Tempel/Seyderhelm*, § 7 VII. 1. d), S. 541; *Jauernig/Teichmann*, § 651g Rn. 4; *Soergel/H.-W. Eckert*, § 651g Rn. 10; eingehend gerade auch *Kaller*, Reiserecht, E. I. 3., Rnn. 343f.
[2987] S. o. Dritter Teil I. I. 1.) (S. 483) sowie dort Fn. 2904.
[2988] *Staudinger/J. Eckert*, § 651g Rn. 2.

Eine solche schuldlose Fristversäumnis liegt beispielsweise vor bei schwerer Krankheit oder Verletzung, aber auch bei Zusicherung einer längeren Anmeldefrist durch die Reiseleitung,[2989] ferner, wenn der Veranstalter seine gem. § 6 II Nr. 8 BGB-InfoV bestehende Pflicht nicht erfüllt, den Reisenden auf die nach § 651g BGB einzuhaltende Frist hinzuweisen.[2990]
Und schließlich sind über § 651g I 3 BGB zudem die Fälle zu behandeln, in denen Ansprüche des verletzten Reisenden gem. § 116 I SGB X auf einen Sozialversicherungsträger übergehen und dieser erst später Kenntnis von Schaden und Schädiger erhält.[2991]

In diesen Fällen ist der Anspruchsteller aber nicht völlig von der Anmeldeerfordernis befreit, sondern muss diese unverzüglich nachholen, sobald der Entschuldigungsgrund wegfällt.[2992]

II. Klageerhebung innerhalb Verjährungsfrist § 651g II BGB

Nachdem der Reisende der Monatsfrist des § 651g I BGB zur grundsätzlichen Anmeldung seiner Ansprüche entsprochen hat, hat er gem. § 651g II BGB zwei Jahre Zeit, um seine Ansprüche nötigenfalls gerichtlich durchzusetzen. Diese zwei Jahre werden dem Reisenden erst seit der Schuldrechtsreform zugestanden, vorher galt eine sechsmonatige Verjährung.[2993]
Die neue zweijährige Verjährungsfrist kann allerdings gem. § 651m S. 2 BGB auf ein Jahr verkürzt werden, wovon die Veranstalter in aller Regel in ihren AGB Gebrauch machen.[2994]
Der nach dem scheinbar eigens darauf hin formulierten Gesetzeswortlaut des § 651m S. 2 BGB konstruierbare Fall, dass der Reisende mit dem Veranstalter *nach* seiner Mitteilung der Mangelhaftigkeit eine noch kürzere Verjährungsfrist vereinbart,[2995] ist m. E. praktisch nicht vorstellbar.[2996]

1.) Verjährungsfrist § 651g II BGB

Wie schon die Ausschlussfrist des § 651g I BGB beginnt die Verjährungsfrist gem. § 651g II 2 BGB ebenfalls mit dem vertraglich vorgesehenen Ende der Reise zu laufen. Auch stellen sich hinsichtlich des Wortlauts die gleichen Probleme des Anwendungsbereiches, es sei daher auf die bereits erfolgte Darstellung hierzu im Rahmen des § 651g I BGB verwiesen,[2997] ebenso bezüglich der Fristberechnung.[2998]

[2989] *AG Bad Homburg v.d.H.* RRa 1996, 139; weitere Fälle bei *Führich*, Reiserecht, § 12 II. 5., Rn. 454, S. 377; s. a. *Seyderhelm*, § 651g Rn. 35, auch mit dem grundsätzlich sachgerechten Hinweis zur Heranziehung der Kasuistik zu § 233 ZPO; s. diesbezüglich *Baumbach/Hartmann*, § 233 Rnn. 18ff.
[2990] *Geib*, in: *Bamberger/Roth*, § 651g Rn. 12 a. E.
[2991] *Matlach*, ZfS 2006, 423 (424).
[2992] S. a. *Führich*, Reiserecht, § 12 II. 5., Rn. 454, S. 377f.
[2993] Zu Gesetzesänderung und (unzutr.) Kritik an der Verjährungsverlängerung s. o. Erster Teil A. I. (S. 18).
[2994] *Führich*, Reiserecht, § 18 V., Rn. 622.
[2995] Vgl. auch *Geib*, in: *Bamberger/Roth*, § 651g Rn. 13; eingehend *Staudinger/J. Eckert*, § 651m Rn. 13.
[2996] S. a. *Führich*, Reiserecht, § 18 V., Rn. 622: Norm hat bisher keine praktische Bedeutung erlangt.
[2997] S. o. Dritter Teil I. I. 1.) (S. 482).
[2998] S. o. Dritter Teil I. I. 7.) (S. 493).

Durch die Aufnahme von Verhandlungen mit dem Reiseveranstalter wird die Verjährung gem. § 203 S. 1 BGB gehemmt, ebenso durch Klageerhebung § 204 I Nr. 1 BGB.
Der Zustand schwebender Verhandlungen wird durch abschließende Entscheidung einer der Parteien beendet,[2999] in der Regel durch die endgültige Zurückweisung sämtlicher oder weitergehender Ansprüche des Reisenden durch den Veranstalter, bzw. wenn letzterer durch ein endgültiges Vergleichsangebot zu erkennen gibt, dass seine Sachprüfung abgeschlossen ist.[3000] Mit dem Schlagwort der „Scheckfalle" wird die Konstellation bezeichnet, dass der Veranstalter sein Vergleichsangebot sogleich mit einem entsprechenden Scheck und der Bedingung verbindet, dass die Scheckeinlösung als Annahme des Vergleichsangebots gelte.[3001] Zu Recht wundert sich diesbezüglich *Tonner*, dass immer wieder selbst anwaltlich vertretene Reisende vor Gericht über die entsprechende Wirkung ihrer Einlösung der Schecks belehrt werden müssen.[3002]

2.) <u>Gerichtsstand</u>

Soweit die außergerichtlichen Verhandlungen für den Reisenden unbefriedigend verlaufen beziehungsweise scheitern und er innerhalb der Verjährungsfrist Klage erheben will, so stellt sich dabei die Frage des örtlich zuständigen Gerichts.

Die übliche und zulässige[3003] Vorauskassepraxis, den Reisepreis bereits vor Reiseantritt zu entrichten, führt i. V. m. den allgemeinen Regeln der ZPO (§§ 12, 13, 17 I ZPO) dazu, dass der Reisende Rückzahlungsansprüche insbesondere wegen Reisepreisminderung aus seinen Gewährleistungsrechten am Firmensitz des Veranstalters einklagen muss.

Im Gesetzgebungsverfahren war auch kurz angedacht worden, dem Reisenden eine Klage dort zu ermöglichen, wo der Vertrag abgeschlossen wurde,[3004] also typischerweise im Gerichtsbezirk des Reisebüros, was für den Reisekunden in aller Regel günstiger wäre. Man verwarf aber die Einführung einer entsprechenden Sondervorschrift und hielt bewusst an der normalen Regelung der Klage am Gericht des Firmensitzes fest, weil man sich dadurch eine Konzentration der Reiseprozesse an den dortigen Gerichten erhoffte. Diese Konzentration von reisevertragsrechtlichen Streitigkeiten an einzelnen Gerichten würde einerseits zu einer Rechtsvereinheitlichung führen und andererseits zu einer Spezialisierung und Expertise dieser Gerichte für Reisevertragsstreitigkeiten, was dann in Form fachkundiger und sachgerechter Urteile letztlich auch dem Reisenden zugute kommen würde.[3005]

[2999] *Führich*, Reiserecht, § 12 III. 3. b) bb), Rn. 464.
[3000] *Führich*, Reiserecht, § 12 III. 3. b) bb), Rn. 466.
[3001] S. *AG Ludwigsburg* RRa 1998, 115; *AG Kleve* RRa 1998, 157; *AG Hamburg* RRa 2003, 171; 2003, 267; *AG Duisburg*, RRa 2004, 176; s. a. *Tonner*, Reisevertrag, § 651g Rn. 27; *Führich*, Reiserecht, § 12 III. 3. b) bb), Rn. 466 a. E.
[3002] *Tonner*, Reisevertrag, § 651g Rn. 27 a. E.
[3003] Hierzu s. o. Erster Teil C. I. 3.) (S. 66).
[3004] Vgl. Protokoll Nr. 51 (8. Wahlperiode) des Rechtsausschusses vom 8.11.1978, S. 32, mit dem Vorschlag des Abg. *Lambinus*, die ZPO durch Einführung eines entsprechend formulierten § 29b ZPO zu ergänzen; eine solche Gerichtsstandsfestlegung sah auch schon der Regierungsentwurf innerhalb des Reiseveranstaltungsgesetzes vor, vgl. § 23 RegEntw, BT-Dr 8/786, S. 8.
[3005] S. Protokoll Nr. 51 (8. Wahlperiode) des Rechtsausschusses vom 8.11.1978, S. 32/33.

Tatsächlich hat sich eine entsprechende Konzentration von Reiseprozessen vor den Gerichten an den Firmensitzen der großen Reiseveranstalter entwickelt[3006], dennoch bildete sich keine einheitliche Handhabung und Auslegung des Reisevertragsrechts, es bleibt jeweils lokal je nach Gericht eingefärbt. Und ausgerechnet das schon rein quantitativ wegen der Vielzahl veröffentlichter Urteile so bedeutende *LG Frankfurt a.M.* entwickelte, wie in der Arbeit an verschiedenen Stellen offenbar wurde (vgl. bspw. enger Mangelbegriff, Frankfurter Tabelle, diverse Quantifizierungen), in wichtigen Fragen recht eigene Ansichten.[3007].

3.) Inhalt der Klage hinsichtlich Substantiierung der Reisemängel

Geradezu erstaunlich sind die teilweise kleinlichen Anforderungen, die von Gerichten an die detaillierte Substantiierung der Klage gestellt werden.[3008] Diesen überzogenen Anforderungen werden die Klagen häufig nicht gerecht[3009] und daher als unsubstantiiert abgewiesen. Dies mögen einige wenige, keineswegs außergewöhnliche Beispiele kurz illustrieren:

So genügt es nicht, wenn der Reisende plausibel darlegt, die Klimaanlage habe nicht funktioniert, sondern es muss von ihm genau festgehalten werden, zu jeweils welchen Zeiten genau welche überhöhten Temperaturen herrschten.[3010]

Im Rahmen einer Ecuador-Rundreise im Kleinbus, bei welcher der Reiseleiter unvorhergesehen als Fahrer fungieren musste und kein Mikrofon hatte, wurde entsprechend wegen unzureichender Erläuterungen und Erklärungen eine mangelnde Reiseleitung geltend gemacht. Das *AG Königstein i.T.* allerdings empfand den Vortrag des Klägers als zu unsubstantiiert: „Zumindest in der ersten Reihe hinter dem Fahrer dürften Äußerungen des Fahrers problemlos zu verstehen sein. Zu einem schlüssigen Vortrag hätte daher gehört, an welchen Tagen und in welcher Sitzposition die Kläger Wahrnehmungsschwierigkeiten hatten.“[3011]

Es genügt auch regelmäßig nicht, wenn das Essen als generell „nicht besonders gut“ o. ä. oder lange Wartezeiten gerügt werden, selbst wenn dies übereinstimmend von Mitreisenden bestätigt wird;[3012] vielmehr wird eine genaue Schilderung gefordert, wie genau bspw. sich das Frühstück zusammensetzte, welche Komponenten dabei fehlten oder in welcher Form mangelhaft waren; die einzelnen Wartezeiten müssen jeweils in Länge und Begebenheit dargelegt werden.

[3006] S. o. Fn 2187.

[3007] Vgl. auch MüKo(2. Aufl.)/*Wolter*, Vor § 651a Rn. 50f, wonach sich durch die Anzahl der Veröffentlichungen und die dabei eigenen Ansichten des *LG Frankfurt a.M.* ein regelrechtes eigenständiges „Frankfurter Reiserecht“ herausgebildet habe.

[3008] Kritisch auch *Tempel*, RRa 1998, 19 (30/31): übertriebene, ans Groteske grenzende Anforderungen. An der Problematik vermag auch der inzwischen geltende § 139 I 1 ZPO nichts zu ändern; dieser verhindert zwar ein plötzliches, unerwartetes Scheitern der Klage, ändert aber nichts an der nach wie vor auferlegten Darlegungslast.

[3009] Instruktiv *Schlotmann*, RRa 1995, 42 (45).

[3010] *LG Stuttgart* RRa 1996, 187 (188) m. Anm. *Noll*.

[3011] *AG Königstein i. T.* RRa 1996, 162 (163).

[3012] Zu beidem *OLG Frankfurt a.M.* RRa 1995, 50 (51).

Ein Reisender machte geltend, dass in seinem Urlaubshotel am ostafrikanischen Strand im Rahmen einer dortigen Militärübung 700 - 1.000 US-Soldaten einquartiert waren, was u. a. auch zu Warteschlangen beim Abendessen führte, wofür er auch eine entsprechende Reisepreisminderung zugesprochen bekam. Seine Rüge aber hinsichtlich der Tatsache, dass diese auch bewaffnet am Strand patrouillierten, wurde vom *AG Köln* als zu unsubstantiiert empfunden, hierzu würden nähere Angaben zur Größe des Strandes, der Anzahl und des genauen Aufenthaltes der sich jeweils dort befindlichen Soldaten fehlen.[3013]

Auch Lärmbelästigungen müssen peinlich genau festgehalten werden. So wurden sowohl der Vortrag, dass sich vor der Suite eine Baustelle befunden habe und die dort eingesetzten Maschinen in unregelmäßigen Abständen sehr lauten Schall verursacht hätten, als auch die in einem anderen Fall gerügten „starken Lärmbelästigungen Tag und Nacht, die von der um die Hotelanlage herumführenden Schnellstraße herrühren" und sogar die „bis nach Mitternacht dröhnende Disco-Musik" als nicht ausreichend substantiiert abgelehnt.[3014]

Das *AG Wiesbaden*[3015] betont, „bezüglich verschiedener vorgetragener Mängel wie Baulärm, Auftreten von Ungeziefer und Feuchtigkeitsschäden im Hotelzimmer muss der Reisende im Verfahren sehr genaue Angaben machen, um seiner Substantiierungspflicht zu genügen" und führt beispielsweise hinsichtlich des geforderten substantiierten Vortrags zu Lärm aus, was darunter zu verstehen sei:

> „Die weiter vorgetragenen Mängel sind unsubstantiiert. Soweit der Kläger rügt, etwa 20 m vom Hotel entfernt habe sich eine Baustelle befunden, die in der Zeit von 6:00 – 22:30 Uhr Lärm erzeugt habe, genügt dieser Vortrag nicht den Substantiierungsanforderungen. Denn die Hotelanlage ist weitläufig ausgerichtet. Daher hätte der Kläger angeben müssen, wie weit die Baustelle von seinem Zimmer aus bzw. von den von ihm genutzten Hoteleinrichtungen entfernt gewesen ist und welche Art von Geräuschentwicklung ihn in seiner Erholung gestört hat. Behauptet der Reisende die Beeinträchtigung durch Baulärm, so muß er genaue Angaben bzgl. Bauzeiten und der eingesetzten Baumaschinen machen."[3016]

Bei einer gerügten Lärmbelästigung wegen Unterbringung nahe eines Flughafens genügt nach Ansicht des *AG München* nicht die Angabe der Zeiten des Flugbetriebs: „erforderlich wäre zumindest (!) die Angabe, in welchen Abständen Flugzeuge an- und abgeflogen sind und in welcher Lautstärke sie im Hotel der Klägerin zu hören waren."[3017]

Bei diesen hohen, m. E. teilweise schlicht überzogenen Anforderungen wird dem normalen Reisenden die Gewährleistung für geringfügigere Mängel effektiv genommen, denn es stellt sich für ihn hier im Rahmen einer Nutzen-Aufwand-Analyse die Frage, ob nicht durch die Notwendigkeit penibler Erfassung der Mängel eine größere Beeinträchtigung des Urlaubs-

---

[3013] *AG Köln* NJW-RR 2002, 702.

[3014] Vgl. *LG Stuttgart* RRa 1996, 187 (188) u. dort Anm. *Noll*.

[3015] *AG Wiesbaden* RRa 1997, 115 (116)

[3016] *AG Wiesbaden* a. a. O. (Fn. 3015); vgl. auch *AG Bad Homburg v.d.H.* RRa 2003, 28 (29), wonach die Rüge des am Pool hörbaren Baulärms nicht genüge: „Erforderlich sind Angaben über Art des Mangels, seine Intensität, Häufigkeit und Dauer sowie Auswirkungen auf die einzelnen Reisenden."

[3017] *AG München* RRa 1997, 159.

erlebnisses hervorgerufen wird, als durch den Mangel selbst.
So werden es viele Reisende vorziehen, lieber den Mangel hinzunehmen, als über eingehende Dokumentation vor Ort während der Reise eine spätere Gewährleistung zu verfolgen, die bei derartigen Mängeln regelmäßig im Bereich von zugesprochenen 5-10% Minderung pro Reisetag und damit ohnehin bei nur wenigen Euro liegen wird.[3018]

Insofern ist *Führich* zuzustimmen, wenn er allgemein anmerkt, an die Darlegungslast dürften keine übertriebenen Anforderungen gestellt werden, denn schließlich sei der „Reisende Urlauber und nicht Buchhalter".[3019]

[3018] Vgl. das Ergebnis der Untersuchung von *Schlotmann*, Recht, C. II. 11., S. 178, wonach nur 1,4 % der Klagen in erster Instanz eine effektive Klagesumme von unter 100 DM, und nur etwa 13 % von unter 500 DM zum Gegenstand hatten - das liegt sicherlich nicht etwa daran, dass geringfügige Mängel so viel seltener sind im Vergleich zu erheblicheren Mängeln.
[3019] *Führich*, Reiserecht, § 7 VI., Rn. 285.

J. Kurzzusammenfassung zu den Gewährleistungsrechten

Für eine Darstellung der aus einem Reisemangel resultierenden Rechtsfolgen ist zunächst das Verhältnis des reisevertragsrechtlichen Gewährleistungsrechts zu den allgemeinen Leistungsstörungsregeln des BGB zu klären. Nach zwei wegweisenden *BGH*-Entscheidungen hat sich mittlerweile eine auch schon zuvor vertretene Meinung als sogenannte Einheitslösung allgemein durchgesetzt, wonach ab Vertragsschluss die §§ 651c ff BGB die allgemeinen Leistungsstörungsregeln ausschließen.[3020] Demnach stellt das Reisevertragsrecht ein weitestgehend abgeschlossenes Sonderrecht dar, mit einem universalen Leistungsstörungsbegriff in Form des Reisemangels, der u. a. sowohl Nichtleistung wie Schlechtleistung, Unmöglichkeit und p.V.V. umfasst.

Liegt demnach eine Leistungsstörung in Form des Reisemangels vor, so ist das primäre Gewährleistungsrecht des Reisenden die Abhilfe, § 651c II BGB.[3021] Die Abhilfe dient, soweit möglich, einerseits als Anspruch des Reisenden einer Sicherstellung der Erbringung der vertraglich geschuldeten Reiseleistung, ist andererseits aber auch ein Recht des Reiseveranstalters, um durch Beseitigung des Mangels weitergehende Gewährleistungsrechte abzumildern oder zu verhindern.

Die vorherrschende betonte Unterscheidung zwischen Abhilfeverlangen und bloßer Mängelanzeige ist als realitätsfern und auch juristisch wenig sinnvoll abzulehnen.[3022]
Im Rahmen des Abhilfeverlangens und der Durchführung ist dem Reisenden angesichts der tatsächlichen Situation und der juristischen Bedeutung auch ein Anspruch auf eine gemeinsame Niederschrift der Mängel zusammen mit der Reiseleitung zuzugestehen.[3023]

Die strengen Anforderungen, die an die Abhilfeleistung gestellt werden, sind nur sinnvoll, wenn man die Abhilfe aus der Sicht eines Rechts des Veranstalters mit korrespondierendem Gebot der Annahme durch den Reisenden sieht.
Mit einer den strengen Voraussetzungen genügenden Abhilfe kann der Veranstalter durch Mangelbeseitigung weitergehende Gewährleistungsrechte verhindern. In der Tat ist hierbei ein Recht des Veranstalters auf Leistung einer unvollkommenen Abhilfe durch eine ebenfalls mangelhafte Abhilfeleistung kritisch zu sehen.
Vorrangig ist in der Abhilfe aber ein Anspruch des Reisenden zu sehen. Hierbei sind die strengen Anforderungen, die an eine vollständige Abhilfeleistung gestellt werden, verfehlt. Der Reisende kann auch Interesse an einer nur leichten Verbesserung seiner Situation durch Änderung der Mangelhaftigkeit haben. Insofern ist in § 651c II BGB gerade auch ein Anspruch auf unvollkommene Abhilfe zu sehen.[3024] Durch die Annahme einer lediglich teilweise verbessernden unvollkommenen Abhilfe begibt sich der Reisende nicht seiner Gewährleistungsrechte hinsichtlich der verbliebenen Mangelhaftigkeit.

[3020] Dritter Teil A. I. 4.) (S. 307).
[3021] Dritter Teil B. (S. 318).
[3022] Dritter Teil B. I. 3.) (S. 320).
[3023] Dritter Teil B. II. 1.) (S. 322).
[3024] Dritter Teil B. II. 3.) b) (S. 325).

Zur Annahme einer Abhilfe durch eine Ersatzleistung[3025] ist der Reisende gehalten, wenn diese zumutbar ist; sie muss unverzüglich erfolgen, selber mangelfrei oder weitestgehend mangelfrei sein - gemessen am Reisecharakter der ursprünglichen Reiseleistung; falls nicht anders zu erreichen auch durch eine höherwertige Leistung. Ferner muss sie kosten- und bedingungsfrei erfolgen und schließlich darf die Notwendigkeit der Abhilfe durch Ersatzleistung nicht durch den Veranstalter selbst herbeigeführt worden sein, wie das etwa bei Überbuchungen der Fall ist. Lehnt der Reisende unter diesen Voraussetzungen zu Unrecht eine Abhilfeleistung ab, verliert er dennoch seine Gewährleistungsrechte, wie wenn die Abhilfe erfolgt und die Mangelhaftigkeit damit beseitigt worden wäre.[3026]

Ist nach Setzen einer angemessenen Frist keine Abhilfe durch den Veranstalter erfolgt, so kann der Reisende zur Selbstabhilfe gem. § 651c III BGB schreiten.[3027] Er darf selber für Abhilfe sorgen und dabei die erforderlichen Aufwendungen tätigen, d. h. ein gesuchter Ersatz muss am Reisecharakter ausgerichtet der ursprünglichen Reiseleistung entsprechen.[3028] Die Kosten einer erforderlichen Abhilfeleistung hat ihm der Veranstalter zu erstatten.[3029]

Praktisch bedeutendste Norm innerhalb des Gewährleistungsrechts des Reisevertrags ist die Minderung, geregelt in § 651d BGB.[3030] Diese tritt von selbst bei einer Beeinträchtigung der Reise durch Reisemängel ein, und zwar entsprechend als Wertminderung in der Höhe dieser Beeinträchtigung; allerdings ist grundsätzlich eine Mängelanzeige durch den Reisenden Voraussetzung.

Insbesondere die Beurteilung der Schwere der Beeinträchtigung und damit des Minderungsbetrages gestaltet sich als schwierig. Berechnungsformeln helfen hierbei nicht weiter, da auch sie die letztlich erforderliche Schätzung nicht ersetzen.[3031]

Die Rechtsprechung stellt zur Berechnung des Ausmaßes[3032] der Minderung auf einzelne beeinträchtigte Urlaubstage und dabei auf Prozentsätze der jeweiligen Tagesbeeinträchtigung ab. Dabei ist aber je nach Art des Mangels in Relation zum Reisecharakter eine zeitliche Ausstrahlungswirkung der Beeinträchtigung über den einzelnen Tag hinaus zu bedenken; das Abstellen auf den unmittelbar betroffenen Tag darf nicht zu einer strikten Deckelung der Minderung auf den errechneten jeweiligen Tageswert der Reise führen.[3033]

Durch die Verwendung abstrakter Prozentsätze wird ein Vergleich zugesprochener Minderungssätze zwischen verschiedenen Urteilen scheinbar erleichtert. Dabei ist aber zu bedenken, dass sich die Bedeutung des gleichen Mangels und damit die Höhe der Minderung immer erst in Relation zur konkreten Reise, gemessen an deren Reisecharakter, ergibt.[3034]

[3025] Dritter Teil B. II. 4.) (S. 327) und 5.) (S. 331).
[3026] Dritter Teil B. III. 2.) (S. 339).
[3027] Dritter Teil C. (S. 341).
[3028] Dritter Teil C. II. (S. 347).
[3029] Dritter Teil C. III. (S. 349).
[3030] Dritter Teil C. III. (S. 349).
[3031] Dritter Teil D. III. 1.) a) (S. 357).
[3032] Dritter Teil D. III. 2.) (S. 361).
[3033] Dritter Teil D. III. 2.) a) (S. 361).
[3034] Dritter Teil D. III. 2.) b) (S. 363).

Entgegen der allgemeinen Ansicht ist auch eine Mitverursachung des Mangels durch den Reisenden über § 242 BGB zu berücksichtigen.[3035]

Wegen der Flut divergierender Entscheidungen und des Bedarfs an Anhaltspunkten für die notwendige Schätzung bei der Beurteilung einzelner Mängel haben sich im Reiserecht sogenannte Mängeltabellen herausgebildet.[3036] Die Verwendung dieser Reisemängeltabellen ist kritisch zu sehen, da hierbei die Gefahr besteht, dass die nötige Einzelfallbetrachtung auf der Strecke bleibt.

Als von vornherein wenig brauchbar ist dabei die geradezu berühmte Frankfurter Tabelle zu beurteilen. Sie stellt im Gegensatz zu den anderen Mängeltabellen keine Urteilssammlung dar, sondern ein abstraktes Berechnungsschema mit festen Werten für bestimmte Mängelarten. Als theoretisches System ist sie unbrauchbar, weil sie von einem fehlerhaften engen Mangelbegriff ausgehend eine isolierte Betrachtung einzelner Reiseleistungen vornimmt und dabei die konkrete Reise an sich mit ihrem Reisecharakter und dessen Bedeutung für die sachgerechte Einschätzung der Beeinträchtigung durch den Mangel ignoriert. Die praktische Anwendung der Frankfurter Tabelle führt deshalb leicht zu unsachgerechten Ergebnissen.

Die Frankfurter Tabelle ist als System abzulehnen und selbst als Hilfsmittel wegen der fehlenden Erläuterungen oder Fundstellen zu den einzelnen Minderungswerten wenig tauglich. In der Literatur wird sie weitgehend abgelehnt, auch in der Rechtsprechung hat sie sich nicht durchgesetzt.[3037]

Nur in Relation des Mangels zum Reisecharakter der jeweils betroffenen Reise lässt sich die Minderung sachgerecht ermitteln. Daher ist es bei der Heranziehung eines Minderungswertes aus einer anderen Entscheidung immer notwendig, die entscheidenden Umstände des zugrundeliegenden Falls zu berücksichtigen, um damit im Vergleich des jeweiligen Reisecharakters der Fälle zu einer Einschätzung der Übertragbarkeit zu gelangen. Die übrigen mittlerweile erschienenen Reisemangel-Zusammenstellungen können für diese Arbeitsschritte eine nützliche Arbeitshilfe zur ersten Orientierung und zur konkreten Recherche zum Einzelfall sein. Sie entfalten aber aus sich heraus keinen originären Argumentationswert - es sind immer die jeweils zugrundeliegenden Entscheidungen und die dortigen Umstände und Gründe für den gefundenen Minderungswert zu berücksichtigen.[3038]

Soweit eine Minderung vorliegt, führt diese regelmäßig aufgrund der Vorauskassepraxis zu einem vertraglichen Rückzahlungsanspruch des Reisenden gegen den Veranstalter in entsprechender Höhe.[3039]

Bei erheblichen Mängeln steht dem Reisenden überdies ein Recht auf Kündigung nach § 651e I 1 BGB zu;[3040] zuvor muss der Reisende dem Veranstalter eine Frist zur Abhilfe

---

[3035] Dritter Teil D. III. 2.) c) (S. 364).
[3036] Dritter Teil D. IV. (S. 366).
[3037] Dritter Teil D. IV. 3.) b) (S. 382) und D. IV. 3.) c) (aa) (S. 386).
[3038] Dritter Teil D. IV. 3.) a) (S. 378) und D. IV. 3.) c) (bb) (S. 395).
[3039] Dritter Teil D. V. (S. 398).
[3040] Dritter Teil E. (S. 398).

bzgl. der Mängel gesetzt haben. Für die Erheblichkeit der Mängel stellt die Rechtsprechung mit einem quantifizierenden Ansatz auf einen festen, allerdings unter den Gerichten uneinheitlich gehandhabten Minderungsprozentsatz ab.
Dies ist abzulehnen, vielmehr ist angesichts der Folgen des § 651e BGB, Abbruch der Reise mit Verlust des Reisepreisanspruchs, eine Abwägung zwischen den Interessen der Vertragsparteien vor dem Hintergrund des Mangels und dessen Bedeutung sowie Ausmaß innerhalb der konkreten Reise vorzunehmen.[3041]

In der gesetzestechnisch reichlich missglückten Kündigung der Reise wegen Unzumutbarkeit § 651e I 2 BGB[3042] ist nach hier vertretener Auffassung eine besondere reisevertragsrechtliche Ausprägung eines außerordentlichen Kündigungsrechts zu sehen, das dem Reisenden aufgrund der jeweiligen Reisesituation bei Vertrauensverlust in den Veranstalter aufgrund entsprechender Vorkommnisse eine Vertragskündigung und Reisebeendigung ermöglicht.[3043]

In Folge berechtigter Kündigung muss der Veranstalter den Reisenden umgehend zurückbefördern und trägt die entstehenden Mehrkosten.[3044]
Allerdings ist die Kündigung nach § 651e BGB für den Reisenden risikoreich, denn falls sich im Nachhinein herausstellt, dass die Kündigung unberechtigt erfolgte, weil nach Ansicht des Gerichts die erforderliche Mangelhaftigkeit nicht erreicht war, trägt der Reisende die in Folge des Reiseabbruchs entstandenen nicht unerheblichen Kosten, wie auch der Reisepreis dem Veranstalter grundsätzlich weiter zusteht.
Allerdings ist hierbei die tatsächlich bestehende Mangelhaftigkeit der abgebrochenen Reise zu berücksichtigen, für den durch den Abbruch entfallenen Reiseteil in Form einer hypothetischen Minderung.[3045]

Für die durch die anderen Gewährleistungsrechte, insbesondere die Minderung, nicht abgedeckten Schäden des Reisenden steht in § 651f I BGB ein allgemeiner vertraglicher Schadensersatzanspruch bereit.[3046] Dieser umfasst sämtliche Mängelfolgeschäden, sogar frustrierte Aufwendungen, unter Umständen die Kosten einer Ersatzreise und darüber hinaus seit der Änderung des § 253 II BGB auch die dort genannten immateriellen Schäden.
Entgegen der herrschenden Meinung ist das in den anderen Gewährleistungsrechten genannte Erfordernis einer Mängelanzeige oder eines Abhilfeverlangens nicht auf § 651f I BGB zu übertragen; da es sich um einen Schadensersatzanspruch handelt, kann hier ein entsprechendes Versäumnis sachgerechter im Rahmen des § 254 BGB nach dem Grad des Mitverschuldens berücksichtigt werden.[3047]

[3041] Dritter Teil E. II. 1.) a) (bb) (S. 402).
[3042] Dritter Teil E. II. 1.) b) (S. 404).
[3043] Dritter Teil E. II. 1.) b) (cc) (S. 405).
[3044] Dritter Teil E. III. (S. 412).
[3045] Dritter Teil E. III. 4.) (S. 417).
[3046] Dritter Teil F. (S. 419).
[3047] Dritter Teil F. II. 2.) (S. 421).

Dies gilt auch für § 651f II BGB, der als ganz eigentümliche Norm des Reisevertragsrechts einen immateriellen Anspruch auf Ersatz der nutzlos aufgewendeten Urlaubszeit gewährt.[3048]

Dessen Voraussetzung einer erheblich beeinträchtigten oder vereitelten Reise erscheint höchst bedenklich angesichts der einzuhaltenden Vorgaben der Pauschalreiserichtlinie, die nach Interpretation des *EuGH* einen immateriellen Anspruch enthält, und die hierbei grundsätzlich keine derartige Beschränkung vorsieht.[3049]

Der Charakter des § 651f II BGB ist nicht völlig geklärt. Auch wenn gegenüber der früheren Konstruktion eines Vermögensschadens wegen des Wertes der Urlaubszeit gemessen am entsprechenden Verdienstausfall nunmehr weitgehend Übereinstimmung über den immateriellen Charakter des Anspruchs aus § 651f II BGB herrscht, so besteht dennoch nach wie vor Uneinigkeit und Unsicherheit, was denn nun der eigentliche Entschädigungsgegenstand des § 651f II BGB ist. Dies schlägt sich in ganz unterschiedlichen Berechnungsmodellen für die konkrete Entschädigung und sehr uneinheitlich gehandhabten Abzügen für die anderweitige Verwendung der Freizeit nieder.[3050]

Nach hier vertretener Auffassung wird der Reisende über § 651f II BGB für sein verdorbenes *Erholungserlebnis* entschädigt, das sich als subjektives Spiegelbild des Reisecharakters und über diesen verfolgtes Ziel des Reisenden darstellt.[3051] Wegen dieses nur durch die geplante Reise zu erreichenden spezifischen Erholungserlebnisses sind Abzüge für anderweitige Freizeitaktivitäten des Reisenden innerhalb des Zeitraums der vereitelten Reise nicht vorzunehmen, lediglich eine Ersatzreise, die gemessen am Reisecharakter das gleiche Erholungserlebnis bietet, ist anspruchsmindernd zu berücksichtigen.

Unter den verschiedenen Berechnungsansätzen für den entscheidenden finanziellen Betrag der Entschädigung erscheint allein eine Ausrichtung am gezahlten Reisepreis überzeugend, da dieser noch am ehesten ein fassbarer Ausdruck für den eigentlich emotionalen Wert des Erholungserlebnisses darstellt, weil er quantifiziert, was dieses über die konkrete Reise verfolgte Erholungserlebnis dem Reisenden finanziell wert war.[3052]

Zu den reisevertragsrechtlichen Leistungsstörungsregelungen ist auch die Sondernorm des § 651j BGB zu zählen.[3053] Diese stellt kein klassisches Gewährleistungsrecht des Reisenden dar, sondern gibt beiden Vertragsparteien ein Lösungsrecht bei Ereignissen höherer Gewalt, wenn diese sich erheblich auf die Reise auswirken. Schwierigkeiten bereitet dabei insbesondere die Beurteilung, wann die Intensität einer drohenden Gefahr für eine Kündigung ausreicht.[3054] Angelehnt an das Kündigungsrecht wegen Mangels nach § 651e BGB sieht auch § 651j BGB nach der Kündigung eine Rückbeförderungspflicht des Veranstalters vor,

---

[3048] Dritter Teil G. (S. 431).
[3049] Dritter Teil G. III. (S. 434).
[3050] Dritter Teil G. IV. 2.) (S. 442) und G. IV. 3.) (S. 450).
[3051] Dritter Teil G. IV. 1.) b) (S. 441).
[3052] Dritter Teil G. IV. 3.) f) (S. 459).
[3053] Dritter Teil H. (S. 464).
[3054] Dritter Teil H. II. 3.) (S. 474).

allerdings erfolgt im Gegensatz zur mangelbedingten Kündigung hier eine weitestgehende Teilung der Kosten.[3055]

In § 651g BGB stellt der Gesetzgeber mit einer einmonatigen Ausschlussfrist zur Anspruchsanmeldung in Abs. 1[3056] und mit einer kurzen Verjährungsfrist in Abs. 2[3057] bewusst entschieden veranstalterfreundliche, formale Regelungen auf, die häufig dazu führen, dass Reisende ihre an sich berechtigten Gewährleistungsansprüche wegen erlittener Reisemängel nicht realisieren können.

Die Begründung insbesondere für die kurzfristige Ausschlussfrist ist, dass dem Veranstalter angesichts der besonderen Situation im Pauschalreiserecht, bei der die Leistung durch fremde selbständige Unternehmer und häufig entfernt im Ausland erfolgt, durch die Kenntnis der auf ihn zukommenden Ansprüche des Verbrauchers Gelegenheit zur zeitnahen Sachverhaltsaufklärung und Beweissicherung vor Ort gegeben und damit u. U. auch der Regress beim Leistungsträger ermöglicht werden soll. Dies ist an sich nachvollziehbar; die Sondernorm des § 651g I BGB sollte dann aber auch nur ihrem Wortlaut gemäß auf die entsprechenden Ansprüche beschränkt und nicht contra legem auf andere Rechte erstreckt werden, bei denen die besondere Situation hinsichtlich Kenntnisnahme- und Beweissicherungserfordernis nicht gegeben ist.[3058]

Die übliche Vorauskassepraxis führt dazu, dass die Reisenden ihre Ansprüche durch Klage vor den Gerichten verfolgen müssen, in deren Gerichtsbezirk die jeweiligen Reiseveranstalter ihren Unternehmenssitz haben. Angesichts der Marktstruktur mit wenigen sehr großen Anbietern erfolgt daher eine weitgehende Konzentration der Reiseprozesse vor den entsprechenden Gerichten. Zu einer Rechtsvereinheitlichung hat dies allerdings kaum beigetragen.[3059]

Im Rahmen der Klageerhebung werden von der Rechtsprechung teilweise sehr weitgehende Anforderungen in Form von oft unverhältnismäßig eingehender Substantiierung selbst geringer Mängel gestellt. Hierbei besteht die Gefahr, dass die reisevertraglichen Gewährleistungsrechte gerade für geringfügige Mängel aufgrund dieser hohen Anforderungen und des dafür notwendigen Dokumentationsaufwands effektiv leerlaufen.[3060]

[3055] Dritter Teil H. III. (S. 478).
[3056] Dritter Teil I. I. (S. 481).
[3057] Dritter Teil I. II. (S. 494).
[3058] Dritter Teil I. I. 1.) (S. 482).
[3059] Dritter Teil I. II. 2.) (S. 495).
[3060] Dritter Teil I. II. 3.) (S. 496).

Schlussbetrachtung

Entsprechend des Gegenstandes dieser Arbeit, eine evaluierende Darstellung des reisevertragsrechtlichen Gewährleistungssystems mit eingehender Untersuchung des zentralen Begriffs des Reisemangels und seiner Handhabung vorzunehmen, ergibt sich nicht *ein* Ergebnis, sondern viele Einzelergebnisse zu größeren und kleineren rechtlichen Problemen und Fragestellungen innerhalb der einzelnen Regelungen. Diese können naturgemäß hier nicht sämtlich vollständig wiederholt werden, weil dies auf eine gestraffte und dennoch zwangsläufig umfangreiche Repetition der Arbeit hinauslaufen würde. Auch eine erneute Kurzzusammenfassung punktueller Ergebnisse würde lediglich die entsprechenden Ausführungen in den Zusammenfassungen zu den drei Teilen der Arbeit unnötig wiederholen. Auf diese sei daher verwiesen.[3061]

Statt dessen ein abschließendes Resümee zum Gewährleistungssystem des Reisevertragsrechts an sich als Untersuchungsobjekt der Arbeit:

Mit den §§ 651a ff BGB wurde für einen sehr speziellen Lebensbereich ein ganz eigenes, spezialisiertes Reiserecht geschaffen, das trotz Verortung innerhalb des BGB ein in sich geschlossenes Sonderschuldrecht bildet, mit einem ganz eigenen Vertragsgegenstand „Reise", ganz eigenem, universellen Leistungsstörungsbegriff und ganz eigenen Rechtsinstituten innerhalb eines eigenen Gewährleistungssystems. All dies, um nach Intention des Gesetzgebers einen angemessenen Interessenausgleich innerhalb des Lebenssachverhalts Pauschalreise zu schaffen, auf einem Gebiet, auf dem auch aufgrund der Marktsituation der Anbieterseite der reisende Verbraucher strukturell unterlegen ist. Dem Verbraucher sollten Schutzrechte eingeräumt und verständlich seine Rechte festgelegt sowie zugleich damit auch aufgezeigt werden.

Nach Lektüre des vorliegenden Werkes mag sich der Leser sein eigenes Urteil darüber bilden, ob nach über einem Vierteljahrhundert juristischer Klärungsansätze mit dem Reisevertragsrecht die Intention eines „überschaubaren und für jeden Bürger verständlichen" Verbraucherrechts[3062] erreicht wurde.

Immerhin aber konnte jedenfalls gezeigt werden, dass mit den im Gewährleistungssystem des Reisevertragsrechts zur Verfügung gestellten Regeln durchaus die erwünschten sachgerechten Ergebnisse erzielt werden können. Zusätzlich bedarf es dabei und dafür aber bereits vorher einer zutreffenden Antwort auf die Frage nach der Mangelhaftigkeit. Diese kann nicht gewonnen werden, wenn dabei stur schematisiert vorgegangen wird, sondern allein über eine jeweils einzelfallbezogene Bewertung, die nach dem hier ausgebreiteten Ansatz die Vorkommnisse und Störungen immer in Relation zum individuellen Reisecharakter der konkreten Reise sieht.

[3061] S. Erster Teil D. (S. 118), Zweiter Teil G. (S. 297) und Dritter Teil J. (S. 499).

[3062] Vgl. Redebeitrag des Berichterstatters *Schöfberger* in der Zweiten Lesung des Reisevertragsgesetzes, Plenarprotokoll 8/124 v. 13.12.1978, Verhandlungen des Deutschen Bundestages, 8. Wahlperiode, Stenographische Berichte Band 108, S. 9696.

Sinnvolles Verbraucherrecht erfordert nicht einseitig vorteilhafte, privilegierende rechtliche Regelungen, sondern ist durch eine angemessene rechtliche Berücksichtigung und Durchsetzung der wohlverstandenen Interessen des Verbrauchers gegenüber dem strukturell überlegenen Vertragspartner zu erreichen, im Rahmen einer sachgerechten rechtlichen Lösung, welche die Interessen beider Parteien und die situativen Besonderheiten innerhalb der juristischen Regelung des jeweiligen Lebenssachverhalts gerecht abwiegt.

Im Zusammenwirken von sachgerechter Auslegung der gesetzlichen Regelungen der §§ 651a ff BGB und der Berücksichtigung des jeweiligen Reisecharakters im konkreten Einzelfall in der Anwendung kann mit dem Reisevertragsrecht das Ziel einer für beide Seiten, Reisender und Reiseveranstalter, angemessenen rechtlichen Lösung sowie auf diesem Wege auch die gesuchte Festigung der Rechtsstellung des reisenden Verbrauchers[3063] erreicht werden.

Allein, gemäß dem alten Rechtssprichwort „Das Recht kann niemanden zwingen ohne den Richter" seien die Gerichte darin bestärkt oder auch ermuntert, dem Reisevertragsrecht dazu zu verhelfen, das gesetzgeberische Ziel eines angemessenen Interessenausgleichs und dadurch auch des Schutzes des reisenden Verbrauchers in der Rechtsanwendung zu verwirklichen.

Gerade für Reisende gilt oft genug in doppeltem Sinne:

coram iudice et in alto mare sumus in manu Dei...

[3063] Vgl. Bericht Rechtsausschuss, BT-Dr 8/2343, S. 6.

ibidem-Verlag
Melchiorstr. 15
D-70439 Stuttgart
info@ibidem-verlag.de

www.ibidem-verlag.de
www.ibidem.eu
www.edition-noema.de
www.autorenbetreuung.de

FSC
www.fsc.org
MIX
Papier | Fördert
gute Waldnutzung
FSC® C083411

Kolibri 360 GmbH
Ferdinand-Jühlke-Straße 7
99095 Erfurt, Deutschland
produktsicherheit@kolibri360.de